公路工程水泥混凝土相关标准规范汇编

人民交通出版社
中国标准出版社 编

人民交通出版社
中国标准出版社

北 京

图书在版编目（CIP）数据

公路工程水泥混凝土相关标准规范汇编/人民交通出版社，中国标准出版社编．—北京：人民交通出版社，2008.4

ISBN 978-7-114-07062-4

Ⅰ.公…　Ⅱ.①人…②中…　Ⅲ.道路工程-混凝土-规范-中国　Ⅳ.U414.1-65

中国版本图书馆CIP数据核字(2008)第042229号

书　　名：公路工程水泥混凝土相关标准规范汇编
著 作 者：人民交通出版社　中国标准出版社
责任编辑：毛鹏　余化　丁润铎
出版发行：人民交通出版社
地　　址：(100011)北京市朝阳区安定门外外馆斜街3号
网　　址：http://www.ccpress.com.cn
销售电话：(010)59757969，59757973
总 经 销：北京中交盛世书刊有限公司
经　　销：各地新华书店
印　　刷：中国标准出版社秦皇岛印刷厂
开　　本：880×1230　1/16
印　　张：45.25
字　　数：1420千
版　　次：2008年4月第1版
印　　次：2009年7月第2次印刷
书　　号：ISBN 978-7-114-07062-4
印　　数：3001～6500册
定　　价：155.00元

出 版 说 明

在公路建设过程中，国家和行业主管部门颁布的标准规范是广大工程建设单位和建设者必须遵循的技术准则，这些标准规范对于提高工程建设管理水平，保证公路建设质量和工程安全，降低工程造价，节约建筑材料和能源，促进技术进步等方面起到了重要的作用。

为了方便广大公路建设者更好地查找和应用标准规范，我们对现行的公路建设常用的水泥混凝土、钢材、金属三大材料及其试验检测相关标准规范进行了整理汇编，出版《公路工程水泥混凝土相关规范汇编》、《公路工程常用金属材料与钢结构标准汇编》、《公路工程金属试验规程汇编》，汇编收录的均为现行标准，具有很强的实用性，同时，汇编还收录了条文说明，以方便读者更深刻地理解和应用标准的内容。

本书所收集的国家标准和行业标准的属性（推荐性或强制性）已在目录中标明，标准年号用四位数字表示。鉴于部分标准是在标准清理整顿前出版的，目前尚未修订，故正文部分仍保留原样（包括标准正文中“引用标准”或“规范性引用文件”一章中的标准的属性），但其属性以本汇编目录中标明的为准，读者在使用这些标准时请注意查对。目录中部分行业标准年代号后加“（1996）”，表示该标准在1996年进行了确认，但未重新出版。目录中标有“*”号的表示该标准有修改单，标准中相关内容已按修改单改正。

本汇编是公路工程设计、科研、施工、监理等单位有关人员不可或缺的工具书。因时间所限，可能有部分相关标准未能收集到汇编中来，欢迎广大读者及时与我们联系交流。

编者

2008年3月

目　　录

一、混凝土原材料与辅料

二、混凝土性能试验方法

三、混凝土结构、施工与质量检测

一、混凝土原材料与辅料

前　　言

根据砂资源的变化及建筑用砂技术发展，本标准是在总结 GB/T 14684—1993《建筑用砂》基础上修订的。修订时，参考了 ISO、欧洲及美、英、日等国的有关标准，使标准技术指标、试验方法既符合国情又便于国际交流。

本标准与 GB/T 14684—1993 相比主要修改点有：

1. 增加了人工砂，天然砂去除了特细砂品种与产品等级的划分；

2. 砂筛的筛孔采用了国际标准 ISO 6274:1982《混凝土集料的筛分》的相关规定；

3. 增加了人工砂的技术要求，修改了天然砂含泥量、泥块含量、轻物质、氯化物、松散堆积密度等部分技术要求；

4. 增设了人工砂、轻物质与碱集料快速反应的试验方法，完善了试验方法中的一些要求。

本标准自 2002 年 2 月 1 日起实施，自实施之日起代替 GB/T 14684—1993。

根据工程需要，如测定砂的吸水率与饱和面干的表面含水率可按附录 B、附录 C 进行。

本标准的附录 A 是标准的附录。附录 B 和附录 C 是提示的附录。

本标准由国家建筑材料工业局提出。

本标准负责起草单位：中国砂石协会。

本标准参加起草单位：北京市建材行业管理办公室、北京建筑工程学院、北京市建筑材料质量监督检验站、诺德伯格北京办事处、北京三联混凝土有限公司、上海市建筑材料及构件质量监督检验站、上海建设路桥机械设备有限公司、天津西斯尔混凝土公司蓟县石矿、浙江宁波市地方建筑材料管理处、浙江湖洲市新开元碎石有限公司(上海市建筑工程材料公司)、浙江杭州市獐山石矿、广东广州嘉华(黄陂)石矿、惠记集团鸿利石场、福建中国标准砂厂、河南商丘市人工砂研究会、贵州中建建筑科研设计院。

本标准主要起草人：陈家珑、杨永起、乔继科、张国民、姚利君、丘勤、母树春、刘伟超。

本标准 1993 年首次发布。

本标准委托中国砂石协会负责解释。

中华人民共和国国家标准

建 筑 用 砂

GB/T 14684—2001

Sand for building

1 范围

本标准规定了建筑用砂的定义、分类与规格、技术要求、试验方法、检验规则、标志、储存和运输等。

本标准适用于建筑工程中混凝土及其制品和建筑砂浆用砂。

2 引用标准

下列标准所包含的条文，通过在本标准中引用而构成为本标准的条文。本标准出版时，所示版本均为有效。所有标准都会被修订，使用本标准的各方应探讨使用下列标准最新版本的可能性。

GB 175—1999 硅酸盐水泥、普通硅酸盐水泥

GB/T 177—1985 水泥胶砂强度试验方法

GB/T 601—1988 化学试剂 滴定分析(容量分析)用标准溶液的配制

GB/T 602—1988 化学试剂 杂质测定用标准溶液的制备

GB/T 2419—1994 水泥胶砂流动度测定方法

GB/T 6003.1—1997 金属丝编织网试验筛(eqv ISO 3310-1:1990)

GB/T 6003.2—1997 金属穿孔板试验筛(eqv ISO 3310-2:1990)

GB/T 17671—1999 水泥胶砂强度检验方法(ISO 法)(idt ISO 679:1989)

3 定义

本标准采用下列定义。

3.1 天然砂 natural sand

由自然风化、水流搬运和分选、堆积形成的、粒径小于 4.75 mm 的岩石颗粒，但不包括软质岩、风化岩石的颗粒。

3.2 人工砂 manufactured sand

经除土处理的机制砂、混合砂的统称。

机制砂：由机械破碎、筛分制成的，粒径小于 4.75 mm 的岩石颗粒，但不包括软质岩、风化岩石的颗粒。

混合砂：由机制砂和天然砂混合制成的砂。

3.3 含泥量 material finer than 75 μm in natural sand

天然砂中粒径小于 75 μm 的颗粒含量。

3.4 石粉含量 material finer than 75 μm in manufactured sand

人工砂中粒径小于 75 μm 的颗粒含量。

3.5 泥块含量 clay lump

砂中原粒径大于 1.18 mm，经水浸洗、手捏后小于 600 μm 的颗粒含量。

3.6 细度模数 fineness module

中华人民共和国国家质量监督检验检疫总局 2001-07-13 批准 2002-02-01 实施

衡量砂粗细度的指标。

3.7 坚固性 soundness

砂在自然风化和其他外界物理化学因素作用下抵抗破裂的能力。

3.8 轻物质 material lighter than 2 000 kg/m³

表观密度小于 2 000 kg/m³ 的物质。

3.9 碱集料反应 alkali-aggregate reaction

指水泥、外加剂等混凝土组成物及环境中的碱与集料中碱活性矿物在潮湿环境下缓慢发生并导致混凝土开裂破坏的膨胀反应。

3.10 亚甲蓝 *MB* 值 methylene blue value

用于判定人工砂中粒径小于 75 μm 颗粒含量主要是泥土还是与被加工母岩化学成分相同的石粉的指标。

4 分类与规格

4.1 分类

砂按产源分为天然砂、人工砂两类：

天然砂：包括河砂、湖砂、山砂、淡化海砂；

人工砂：包括机制砂、混合砂。

4.2 规格

砂按细度模数分为粗、中、细三种规格，其细度模数分别为：

粗：3.7～3.1

中：3.0～2.3

细：2.2～1.6

4.3 类别

砂按技术要求分为Ⅰ类、Ⅱ类、Ⅲ类。

4.4 用途

Ⅰ类宜用于强度等级大于 C60 的混凝土；Ⅱ类宜用于强度等级 C30-C60 及抗冻、抗渗或其他要求的混凝土；Ⅲ类宜用于强度等级小于 C30 的混凝土和建筑砂浆。

5 技术要求

5.1 颗粒级配

砂的颗粒级配应符合表 1 的规定。

表 1 颗粒级配

累计筛余，% 级配区 / 方筛孔	1	2	3
9.50 mm	0	0	0
4.75 mm	10～0	10～0	10～0
2.36 mm	35～5	25～0	15～0
1.18 mm	65～35	50～10	25～0
600 μm	85～71	70～41	40～16

表 1(完)

累计筛余,% 级配区 / 方筛孔	1	2	3
300 μm	95～80	92～70	85～55
150 μm	100～90	100～90	100～90

1) 砂的实际颗粒级配与表中所列数字相比,除 4.75 mm 和 600 μm 筛档外,可以略有超出,但超出总量应小于 5%。

2) 1 区人工砂中 150 μm 筛孔的累计筛余可以放宽到 100～85,2 区人工砂中 150 μm 筛孔的累计筛余可以放宽到 100～80,3 区人工砂中 150 μm 筛孔的累计筛余可以放宽到 100～75。

5.2 含泥量、石粉含量和泥块含量

5.2.1 天然砂的含泥量和泥块含量应符合表 2 的规定。

表 2 含泥量和泥块含量

项　目	指　标		
	Ⅰ类	Ⅱ类	Ⅲ类
含泥量(按质量计),%	＜1.0	＜3.0	＜5.0
泥块含量(按质量计),%	0	＜1.0	＜2.0

5.2.2 人工砂的石粉含量和泥块含量应符合表 3 的规定。

表 3 石粉含量

项　目				指　标		
				Ⅰ类	Ⅱ类	Ⅲ类
1	亚甲蓝试验	MB 值＜1.40 或合格	石粉含量(按质量计),%	＜3.0	＜5.0	＜7.0[1)]
2			泥块含量(按质量计),%	0	＜1.0	＜2.0
3		MB 值≥1.40 或不合格	石粉含量(按质量计),%	＜1.0	＜3.0	＜5.0
4			泥块含量(按质量计),%	0	＜1.0	＜2.0

1) 根据使用地区和用途,在试验验证的基础上,可由供需双方协商确定

5.3 有害物质

砂不应混有草根、树叶、树枝、塑料、煤块、炉渣等杂物。砂中如含有云母、轻物质、有机物、硫化物及硫酸盐、氯盐等,其含量应符合表 4 的规定。

表 4 有害物质含量

项目		指标		
		Ⅰ类	Ⅱ类	Ⅲ类
云母(按质量计),%,	<	1.0	2.0	2.0
轻物质(按质量计),%,	<	1.0	1.0	1.0
有机物(比色法)		合格	合格	合格
硫化物及硫酸盐(按 SO_3 质量计),%,	<	0.5	0.5	0.5
氯化物(以氯离子质量计),%,	<	0.01	0.02	0.06

5.4 坚固性

5.4.1 天然砂采用硫酸钠溶液法进行试验,砂样经 5 次循环后其质量损失应符合表 5 的规定。

表 5 坚固性指标

项目		指标		
		Ⅰ类	Ⅱ类	Ⅲ类
质量损失,%,	<	8	8	10

5.4.2 人工砂采用压碎指标法进行试验,压碎指标值应小于表 6 的规定。

表 6 压碎指标

项目		指标		
		Ⅰ类	Ⅱ类	Ⅲ类
单级最大压碎指标,%,	<	20	25	30

5.5 表观密度、堆积密度、空隙率

砂表观密度、堆积密度、空隙率应符合如下规定:表观密度大于 2 500 kg/m^3;松散堆积密度大于 1 350 kg/m^3;空隙率小于 47%。

5.6 碱集料反应

经碱集料反应试验后,由砂制备的试件无裂缝、酥裂、胶体外溢等现象,在规定的试验龄期膨胀率应小于 0.10%。

6 试验方法

6.1 试样

6.1.1 取样方法

6.1.1.1 在料堆上取样时,取样部位应均匀分布。取样前先将取样部位表层铲除,然后从不同部位抽取大致等量的砂 8 份,组成一组样品。

6.1.1.2 从皮带运输机上取样时,应用接料器在皮带运输机机尾的出料处定时抽取大致等量的砂 4 份,组成一组样品。

6.1.1.3 从火车、汽车、货船上取样时,从不同部位和深度抽取大致等量的砂 8 份,组成一组样品。

6.1.2 试样数量

单项试验的最少取样数量应符合表 7 的规定。做几项试验时,如确能保证试样经一项试验后不致影响另一项试验的结果,可用同一试样进行几项不同的试验。

表 7 单项试验取样数量 kg

序号	试验项目		最少取样数量
1	颗粒级配		4.4
2	含泥量		4.4
3	石粉含量		6.0
4	泥块含量		20.0
5	云母含量		0.6
6	轻物质含量		3.2
7	有机物含量		2.0
8	硫化物与硫酸盐含量		0.6
9	氯化物含量		4.4
10	坚固性	天然砂	8.0
		人工砂	20.0
11	表观密度		2.6
12	堆积密度与空隙率		5.0
13	碱集料反应		20.0

6.1.3 试样处理

6.1.3.1 用分料器法:将样品在潮湿状态下拌和均匀,然后通过分料器,取接料斗中的其中一份再次通过分料器。重复上述过程,直至把样品缩分到试验所需量为止。

6.1.3.2 人工四分法:将所取样品置于平板上,在潮湿状态下拌和均匀,并堆成厚度约为 20 mm 的圆饼,然后沿互相垂直的两条直径把圆饼分成大致相等的四份,取其中对角线的两份重新拌匀,再堆成圆饼。重复上述过程,直至把样品缩分到试验所需量为止。

6.1.3.3 堆积密度、人工砂坚固性检验所用试样可不经缩分,在拌匀后直接进行试验。

6.2 试验环境和试验用筛

6.2.1 试验环境:试验室的温度应保持在 15℃～30℃。

6.2.2 试验用筛:应满足 GB/T 6003.1 和 GB/T 6003.2 中方孔试验筛的规定,筛孔大于 4.00 mm 的试验筛采用穿孔板试验筛。

6.3 颗粒级配

6.3.1 仪器设备

a) 鼓风烘箱:能使温度控制在(105±5)℃;

b) 天平:称量 1 000 g,感量 1 g;

c) 方孔筛:孔径为 150 μm、300 μm、600 μm、1.18 mm、2.36 mm、4.75 mm 及 9.50 mm 的筛各一只,并附有筛底和筛盖;

d) 摇筛机;

e) 搪瓷盘,毛刷等。

6.3.2 试验步骤

6.3.2.1 按 6.1 规定取样,并将试样缩分至约 1 100 g,放在烘箱中于(105±5)℃下烘干至恒量,待冷却至室温后,筛除大于 9.50 mm 的颗粒(并算出其筛余百分率),分为大致相等的两份备用。

注:恒量系指试样在烘干 1 h～3 h 的情况下,其前后质量之差不大于该项试验所要求的称量精度(下同)。

6.3.2.2 称取试样 500 g,精确至 1 g。将试样倒入按孔径大小从上到下组合的套筛(附筛底)上,然后进行筛分。

6.3.2.3 将套筛置于摇筛机上，摇 10 min；取下套筛，按筛孔大小顺序再逐个用手筛，筛至每分钟通过量小于试样总量 0.1%为止。通过的试样并入下一号筛中，并和下一号筛中的试样一起过筛，这样顺序进行，直至各号筛全部筛完为止。

6.3.2.4 称出各号筛的筛余量，精确至 1 g，试样在各号筛上的筛余量不得超过按式(1)计算出的量，超过时应按下列方法之一处理。

$$G = \frac{A \times d^{1/2}}{200} \quad \cdots\cdots(1)$$

式中：G——在一个筛上的筛余量，g；

A——筛面面积，mm^2；

d——筛孔尺寸，mm。

a）将该粒级试样分成少于按式(1)计算出的量，分别筛分，并以筛余量之和作为该号筛的筛余量。

b）将该粒级及以下各粒级的筛余混合均匀，称出其质量，精确至 1 g。再用四分法缩分为大致相等的两份，取其中一份，称出其质量，精确至 1 g，继续筛分。计算该粒级及以下各粒级的分计筛余量时应根据缩分比例进行修正。

6.3.3 结果计算与评定

6.3.3.1 计算分计筛余百分率：各号筛的筛余量与试样总量之比，计算精确至 0.1%。

6.3.3.2 计算累计筛余百分率：该号筛的筛余百分率加上该号筛以上各筛余百分率之和，精确至 0.1%。筛分后，如每号筛的筛余量与筛底的剩余量之和同原试样质量之差超过 1%时，须重新试验。

6.3.3.3 砂的细度模数按式(2)计算，精确至 0.01：

$$M_x = \frac{(A_2 + A_3 + A_4 + A_5 + A_6) - 5A_1}{100 - A_1} \quad \cdots\cdots(2)$$

式中：M_x——细度模数；

A_1、A_2、A_3、A_4、A_5、A_6——分别为 4.75 mm、2.36 mm、1.18 mm、600 μm、300 μm、150 μm 筛的累计筛余百分率。

6.3.3.4 累计筛余百分率取两次试验结果的算术平均值，精确至 1%。细度模数取两次试验结果的算术平均值，精确至 0.1；如两次试验的细度模数之差超过 0.20 时，须重新试验。

6.4 含泥量

6.4.1 仪器设备

a）鼓风烘箱：能使温度控制在(105±5)℃；

b）天平：称量 1 000 g，感量 0.1 g；

c）方孔筛：孔径为 75 μm 及 1.18 mm 的筛各一只；

d）容器：要求淘洗试样时，保持试样不溅出(深度大于 250 mm)；

e）搪瓷盘、毛刷等。

6.4.2 试验步骤

6.4.2.1 按 6.1 规定取样，并将试样缩分至约 1 100 g，放在烘箱中于(105±5)℃下烘干至恒量，待冷却至室温后，分为大致相等的两份备用。

6.4.2.2 称取试样 500 g，精确至 0.1 g。将试样倒入淘洗容器中，注入清水，使水面高于试样面约 150 mm，充分搅拌均匀后，浸泡 2 h，然后用手在水中淘洗试样，使尘屑、淤泥和粘土与砂粒分离，把浑水缓缓倒入 1.18 mm 及 75 μm 的套筛上(1.18 mm 筛放在 75 μm 筛上面)，滤去小于 75 μm 的颗粒。试验前筛子的两面应先用水润湿，在整个过程中应小心防止砂粒流失。

6.4.2.3 再向容器中注入清水，重复上述操作，直至容器内的水目测清澈为止。

6.4.2.4 用水淋洗剩余在筛上的细粒，并将 75 μm 筛放在水中(使水面略高出筛中砂粒的上表面)来回摇动，以充分洗掉小于 75 μm 的颗粒，然后将两只筛的筛余颗粒和清洗容器中已经洗净的试样一并倒入搪瓷盘，放在烘箱中于(105±5)℃下烘干至恒量，待冷却至室温后，称出其质量，精确至 0.1 g。

6.4.3 结果计算与评定

6.4.3.1 含泥量按式(3)计算，精确至 0.1%：

$$Q_a = \frac{G_0 - G_1}{G_0} \times 100 \quad \cdots\cdots(3)$$

式中：Q_a——含泥量，%；

G_0——试验前烘干试样的质量，g；

G_1——试验后烘干试样的质量，g。

6.4.3.2 含泥量取两个试样的试验结果算术平均值作为测定值。

6.5 石粉含量

6.5.1 试剂和材料

a) 亚甲蓝：($C_{16}H_{18}ClN_3S \cdot 3H_2O$)含量≥95%；

b) 亚甲蓝溶液：将亚甲蓝粉末在(100±5)℃下烘干至恒量(若烘干温度超过 105℃，亚甲蓝粉末会变质)，称取烘干亚甲蓝粉末 10 g，精确至 0.01 g，倒入盛有约 600 mL 蒸馏水(水温加热至 35℃～40℃)的烧杯中，用玻璃棒持续搅拌 40 min，直至亚甲蓝粉末完全溶解，冷却至 20℃。将溶液倒入 1 L 容量瓶中，用蒸馏水淋洗烧杯等，使所有亚甲蓝溶液全部移入容量瓶，容量瓶和溶液的温度应保持在(20±1)℃，加蒸馏水至容量瓶 1 L 刻度。振荡容量瓶以保证亚甲蓝粉末完全溶解。将容量瓶中溶液移入深色储藏瓶中，标明制备日期，失效日期(亚甲蓝溶液保质期应不超过 28 d)，并置于阴暗处保存。

c) 定量滤纸：快速。

6.5.2 仪器设备

a) 鼓风烘箱：能使温度控制在(105±5)℃；

b) 天平：称量 1 000 g，感量 0.1 g 及称量 100 g，感量 0.01 g 各一台；

c) 方孔筛：孔径为 75 μm 及 1.18 mm 的筛各一只；

d) 容器：要求淘洗试样时，保持试样不溅出(深度大于 250 mm)；

e) 移液管：5 mL、2 mL 移液管各一个；

f) 三片或四片式叶轮搅拌器：转速可调〔最高达(600±60) r/min〕，直径(75±10) mm；

g) 定时装置：精度 1 s；

h) 玻璃容量瓶：1 L；

i) 温度计：精度 1℃；

j) 玻璃棒：2 支(直径 8 mm，长 300 mm)；

k) 搪瓷盘、毛刷、1 000 mL 烧杯等。

6.5.3 试验步骤

6.5.3.1 亚甲蓝 *MB* 值的测定

a) 按 6.1 规定取样，并将试样缩分至约 400 g，放在烘箱中于(105±5)℃下烘干至恒量，待冷却至室温后，筛除大于 2.36 mm 的颗粒备用。

b) 称取试样 200 g，精确至 0.1 g。将试样倒入盛有(500±5) mL 蒸馏水的烧杯中，用叶轮搅拌机以(600±60) r/min 转速搅拌 5 min，形成悬浮液，然后持续以(400±40) r/min 转速搅拌，直至试验结束。

c) 悬浮液中加入 5 mL 亚甲蓝溶液，以(400±40) r/min 转速搅拌至少 1 min 后，用玻璃棒沾取一滴悬浮液(所取悬浮液滴应使沉淀物直径在 8 mm～12 mm 内)，滴于滤纸(置于空烧杯或其他合适的支撑物上，以使滤纸表面不与任何固体或液体接触)上。若沉淀物周围未出现色晕，再加入 5 mL 亚甲蓝溶液，继续搅拌 1 min，再用玻璃棒沾取一滴悬浮液，滴于滤纸上，若沉淀物周围仍未出现色晕，重复上述步骤，直至沉淀物周围出现约 1 mm 的稳定浅蓝色色晕。此时，应继续搅拌，不加亚甲蓝溶液，每 1 min

进行一次沾染试验。若色晕在 4 min 内消失，再加入 5 mL 亚甲蓝溶液；若色晕在第 5 min 消失，再加入 2 mL 亚甲蓝溶液。两种情况下，均应继续进行搅拌和沾染试验，直至色晕可持续 5 min。

d) 记录色晕持续 5 min 时所加入的亚甲蓝溶液总体积，精确至 1 mL。

6.5.3.2 亚甲蓝的快速试验

a) 按 6.5.3.1 a)制样；

b) 按 6.5.3.1 b)搅拌；

c) 一次性向烧杯中加入 30 mL 亚甲蓝溶液，在(400±40) r/min 转速持续搅拌 8 min，然后用玻璃棒沾取一滴悬浮液，滴于滤纸上，观察沉淀物周围是否出现明显色晕。

6.5.3.3 测定人工砂中含泥量或石粉含量的试验步骤按照 6.4.2 所述进行。

6.5.4 结果计算与评定

6.5.4.1 亚甲蓝 MB 值结果计算

亚甲蓝值按式(4)计算，精确至 0.1。

$$MB = \frac{V}{G} \times 10 \quad \cdots\cdots(4)$$

式中：MB——亚甲蓝值，g/kg，表示每千克 0～2.36 mm 粒级试样所消耗的亚甲蓝克数；

G——试样质量，g；

V——所加入的亚甲蓝溶液的总量，mL。

注 1：公式中的系数 10 用于将每千克试样消耗的亚甲蓝溶液体积换算成亚甲蓝质量。

6.5.4.2 亚甲蓝快速试验结果评定

若沉淀物周围出现明显色晕，则判定亚甲蓝快速试验为合格，若沉淀物周围未出现明显色晕，则判定亚甲蓝快速试验为不合格。

6.5.4.3 人工砂中含泥量或石粉含量计算和评定按 6.4.3 所述进行。

6.6 泥块含量

6.6.1 仪器设备

a) 鼓风烘箱：能使温度控制在(105±5)℃；

b) 天平：称量 1 000 g，感量 0.1 g；

c) 方孔筛：孔径为 600 μm 及 1.18 mm 的筛各一只。

d) 容器：要求淘洗试样时，保持试样不溅出(深度大于 250 mm)。

e) 搪瓷盘，毛刷等。

6.6.2 试验步骤

6.6.2.1 按 6.1 规定取样，并将试样缩分至约 5 000 g，放在烘箱中于(105±5)℃下烘干至恒量，待冷却至室温后，筛除小于 1.18 mm 的颗粒，分为大致相等的两份备用。

6.6.2.2 称取试样 200 g，精确至 0.1 g。将试样倒入淘洗容器中，注入清水，使水面高于试样面约 150 mm，充分搅拌均匀后，浸泡 24 h。然后用手在水中碾碎泥块，再把试样放在 600 μm 筛上，用水淘洗，直至容器内的水目测清澈为止。

6.6.2.3 保留下来的试样小心地从筛中取出，装入浅盘后，放在烘箱中于(105±5)℃下烘干至恒量，待冷却到室温后，称出其质量，精确至 0.1 g。

6.6.3 结果计算与评定

6.6.3.1 泥块含量按式(5)计算，精确至 0.1%：

$$Q_b = \frac{G_1 - G_2}{G_1} \times 100 \quad \cdots\cdots(5)$$

式中：Q_b——泥块含量，%；

G_1——1.18 mm 筛筛余试样的质量，g；

G_2——试验后烘干试样的质量，g。

6.6.3.2　泥块含量取两次试验结果的算术平均值，精确至0.1%。

6.7　云母含量

6.7.1　仪器设备

a) 鼓风烘箱：能使温度控制在(105±5)℃；

b) 放大镜：3倍～5倍放大率；

c) 天平：称量100 g，感量0.01 g；

d) 方孔筛：孔径为300 μm及4.75 mm的筛各一只；

e) 钢针、搪瓷盘等。

6.7.2　试验步骤

6.7.2.1　按6.1规定取样，并将试样缩分至约150 g，放在烘箱中于(105±5)℃下烘干至恒量，待冷却至室温后，筛除大于4.75 mm及小于300 μm的颗粒备用。

6.7.2.2　称取试样15 g，精确至0.01 g。将试样倒入搪瓷盘中摊开，在放大镜下用钢针挑出全部云母，称出云母质量，精确至0.01 g。

6.7.3　结果计算与评定

6.7.3.1　云母含量按式(6)计算，精确至0.1%：

$$Q_c = \frac{G_2}{G_1} \times 100 \qquad \cdots\cdots\cdots\cdots(6)$$

式中：Q_c——云母含量，%；

G_1——300 μm～4.75 mm颗粒的质量，g；

G_2——云母质量，g。

6.7.3.2　云母含量取两次试验结果的算术平均值，精确至0.1%。

6.8　轻物质含量

6.8.1　试剂和材料

a) 氯化锌：化学纯；

b) 重液：向1 000 mL的量杯中加水至600 mL刻度处，再加入1 500 g氯化锌；用玻璃棒搅拌使氯化锌全部溶解，待冷却至室温后，将部分溶液倒入250 mL量筒中测其相对密度；若相对密度小于2 000 kg/m³，则到回1 000 mL量杯中，再加入氯化锌，待全部溶解并冷却至室温后测其密度，直至溶液密度达到2 000 kg/m³为止。

6.8.2　仪器设备

a) 鼓风烘箱：能使温度控制在(105±5)℃；

b) 天平：称量1 000 g，感量0.1 g；

c) 量具：1 000 mL量杯，250 mL量筒，150 mL烧杯各一只；

d) 密度计：测定范围为1 800 kg/m³～2 000 kg/m³；

e) 方孔筛：孔径为4.75 mm及300 μm的筛各一只；

f) 网篮：内径和高度均约为70 mm，网孔孔径不大于300 μm；

g) 陶瓷盘、玻璃棒、毛刷等。

6.8.3　试验步骤

6.8.3.1　按6.1规定取样，并将试样缩分至约800 g，放在烘箱中于(105±5)℃下烘干至恒量，待冷却至室温后，筛除大于4.75 mm及小于300 μm的颗粒，分为大致相等的两份备用。

6.8.3.2　称取试样200 g，精确至0.1 g。将试样倒入盛有重液的量杯中，用玻璃棒充分搅拌，使试样中的轻物质与砂充分分离，静置5 min后，将浮起的轻物质连同部分重液倒入网篮中，轻物质留在网篮上，而重液通过网篮流入另一容器，倾倒重液时应避免带出砂粒，一般当重液表面与砂表面相距约20 mm

～30 mm 时即停止倾倒，流出的重液倒回盛试样的量杯中，重复上述过程，直至无轻物质浮起为止。

6.8.3.3 用清水洗净留存于网篮中的物质，然后将它倒入已恒量的烧杯，放在烘箱中于(105±5)℃下烘干至恒量，待冷却至室温后，称出轻物质与烧杯的总质量，精确至 0.1 g。

6.8.4 结果计算与评定

6.8.4.1 轻物质含量，按式(7)计算，精确至 0.1%：

$$Q_d = \frac{G_2 - G_3}{G_1} \times 100 \quad \cdots\cdots\cdots\cdots(7)$$

式中：Q_d——轻物质含量，%；

G_1——300 μm～4.75 mm 颗粒的质量，g；

G_2——烘干的轻物质与烧杯的总质量，g；

G_3——烧杯的质量，g。

6.8.4.2 轻物质含量取两次试验结果的算术平均值，精确至 0.1%。

6.9 有机物含量

6.9.1 试剂和材料

a) 试剂：氢氧化钠、鞣酸、乙醇，蒸馏水；

b) 标准溶液：取 2 g 鞣酸溶解于 98 mL 浓度为 10% 乙醇溶液中(无水乙醇 10 mL 加蒸馏水 90 mL)即得所需的鞣酸溶液。然后取该溶液 25 mL 注入 975 mL 浓度为 3% 的氢氧化钠溶液中(3 g 氢氧化钠溶于 100 mL 蒸馏水中)，加塞后剧烈摇动，静置 24 h 即得标准溶液。

6.9.2 仪器设备

a) 天平：称量 1 000 g，感量 0.1 g 及称量 100 g，感量 0.01 g 各一台；

b) 量筒：10 mL、100 mL、250 mL、1 000 mL；

c) 方孔筛：孔径为 4.75 mm 的筛一只；

d) 烧杯、玻璃棒、移液管。

6.9.3 试验步骤

6.9.3.1 按 6.1 规定取样，并将试样缩分至约 500 g，风干后，筛除大于 4.75 mm 的颗粒备用。

6.9.3.2 向 250 mL 容量筒中装入风干试样至 130 mL 刻度处，然后注入浓度为 3% 的氢氧化钠溶液至 200 mL 刻度处，加塞后剧烈摇动，静置 24 h。

6.9.3.3 比较试样上部溶液和标准溶液的颜色，盛装标准溶液与盛装试样的容量筒大小应一致。

6.9.4 结果评定

试样上部的溶液颜色浅于标准溶液颜色时，则表示试样有机物含量合格，若两种溶液的颜色接近，应把试样连同上部溶液一起倒入烧杯中，放在 60℃～70℃ 的水浴中，加热 2 h～3 h，然后再与标准溶液比较，如浅于标准溶液，认为有机物含量合格；如深于标准溶液，则应配制成水泥砂浆作进一步试验。即将一份原试样用 3% 氢氧化钠溶液洗除有机质，再用清水淋洗干净，与另一份原试样分别按相同的配合比按 GB/T 17671 制成水泥砂浆，测定 28 d 的抗压强度。当原试样制成的水泥砂浆强度不低于洗除有机物后试样制成的水泥砂浆强度的 95% 时，则认为有机物含量合格。

6.10 硫化物和硫酸盐含量

6.10.1 试剂和材料

a) 浓度为 10% 氯化钡溶液(将 5 g 氯化钡溶于 50 mL 蒸馏水中)；

b) 稀盐酸(将浓盐酸与同体积的蒸馏水混合)；

c) 1% 硝酸银溶液(将 1 g 硝酸银溶于 100 mL 蒸馏水中，再加入 5 mL～10 mL 硝酸，存于棕色瓶中)。

6.10.2 仪器设备

a) 鼓风烘箱：能使温度控制在(105±5)℃；

b）天平：称量 100 g，感量为 0.001 g；

c）高温炉：最高温度 1 000 ℃；

d）方孔筛：孔径为 75 μm 的筛一只；

e）烧杯：300 mL；

f）量筒：20 mL 及 100 mL；

g）粉磨钵或破碎机；

h）定量滤纸；

i）干燥器、瓷坩埚、搪瓷盘、毛刷等。

6.10.3 试验步骤

6.10.3.1 按 6.1 规定取样，并将试样缩分至约 150 g，放在烘箱中于(105±5)℃下烘干至恒量，待冷却至室温后，粉磨全部通过 75 μm 筛，成为粉状试样。再按四分法缩分至 30 g～40 g，放在烘箱中于(105±5)℃下烘干至恒量，待冷却至室温后备用。

6.10.3.2 称取粉状试样 1 g，精确至 0.001 g。将粉状试样倒入 300 mL 烧杯中，加入 20 mL～30 mL 蒸馏水及 10 mL 稀盐酸，然后放在电炉上加热至微沸，并保持微沸 5 min，使试样充分分解后取下，用中速滤纸过滤，用温水洗涤 10 次～12 次。

6.10.3.3 加入蒸馏水调整滤液体积至 200 mL，煮沸后，搅拌滴加 10 mL 浓度为 10%的氯化钡溶液，并将溶液煮沸数分钟，取下静置至少 4 h(此时溶液体积应保持在 200 mL)，用慢速滤纸过滤，用温水洗涤至氯离子反应消失(用 1%硝酸银溶液检验)。

6.10.3.4 将沉淀物及滤纸一并移入已恒量的瓷坩埚内，灰化后在 800℃高温炉内灼烧 30 min。取出瓷坩埚，在干燥器中冷却至室温后，称出试样质量，精确至 0.001 g。如此反复灼烧，直至恒量。

6.10.4 结果计算与评定

6.10.4.1 水溶性硫化物和硫酸盐含量(以 SO_3 计)按式(8)计算，精确至 0.1%：

$$Q_c = \frac{G_2 \times 0.343}{G_1} \times 100 \qquad \cdots\cdots(8)$$

式中：Q_c——水溶性硫化物和硫酸盐含量，%；

G_1——粉磨试样质量，g；

G_2——灼烧后沉淀物的质量，g；

0.343——硫酸钡($BaSO_4$)换算成 SO_3 的系数。

6.10.4.2 硫化物和硫酸盐含量取两次试验结果的算术平均值，精确至 0.1%。若两次试验结果之差大于 0.2%时，须重新试验。

6.11 氯化物含量

6.11.1 试剂和材料

a）氯化钠标准溶液 $c(NaCl)=0.01$ mol/L；

b）硝酸银标准溶液 $c(AgNO_3)=0.01$ mol/L；

c）5%铬酸钾指示剂溶液。

以上三种溶液配制及标定方法参照 GB/T 601、GB/T 602 规定进行。

6.11.2 仪器设备

a）鼓风烘箱：能使温度控制在(105±5)℃；

b）天平：称量 1 000 g，感量 0.1 g；

c）带塞磨口瓶：1 L；

d）三角瓶：300 mL；

e）移液管：50 mL；

f）滴定管：10 mL 或 25 mL，精度 0.1 mL；

g）容量瓶：500 mL；

h）1 000 mL 烧杯、滤纸、搪瓷盘、毛刷等。

6.11.3 试验步骤

6.11.3.1 按 6.1 规定取样，并将试样缩分至约 1 100 g，放在烘箱中于（105±5）℃下烘干至恒量，待冷却至室温后，分为大致相等的两份备用。

6.11.3.2 称取试样 500 g，精确至 0.1 g。将试样倒入磨口瓶中，用容量瓶量取 500 mL 蒸馏水，注入磨口瓶，盖上塞子，摇动一次后，放置 2 h，然后，每隔 5 min 摇动一次，共摇动 3 次，使氯盐充分溶解。将磨口瓶上部已澄清的溶液过滤，然后用移液管吸取 50 mL 滤液，注入到三角瓶中，再加入 5%铬酸钾指示剂 1 mL，用 0.01 mol/L 硝酸银标准溶液滴定至呈现砖红色为终点。记录消耗的硝酸银标准溶液的毫升数，精确至 1 mL。

6.11.3.3 空白试验：用移液管移取 50 mL 蒸馏水注入三角瓶内，加入 5%铬酸指示剂 1 mL，并用 0.01 mol/L 硝酸银溶液滴定至溶液呈现砖红色为止，记录此点消耗的硝酸银标准溶液的毫升数，精确至 1 mL。

6.11.4 结果计算与评定

6.11.4.1 氯离子含量按式（9）计算，精确至 0.01%：

$$X = \frac{C(V - V_0)M \times 10}{m \times 1\,000} \times 100 = \frac{C(V - V_0)M}{m} \quad \cdots\cdots(9)$$

式中：X——氯离子含量，%；

C——硝酸银标准溶液的实际浓度，mol/L；

V——样品滴定时消耗的硝酸银标准溶液的体积，mL；

V_0——空白试验时消耗的硝酸银标准溶液的体积，mL；

M——氯离子的摩尔质量，g/mol（M=35.5 g/mol）；

10——全部试样溶液与所分取试样溶液的体积比；

m——试样质量，g。

6.11.4.2 氯离子含量取两次试验结果的算术平均值，精确至 0.01%。

6.12 坚固性

6.12.1 硫酸钠溶液法

6.12.1.1 试剂和材料

a）10%氯化钡溶液；

b）硫酸钠溶液：在 1 L 水中（水温 30℃左右），加入无水硫酸钠（Na_2SO_4）350 g，或结晶硫酸钠（$Na_2SO_4 \cdot H_2O$）750 g，边加入边用玻璃棒搅拌，使其溶解并饱和。然后冷却至 20℃～25℃，在此温度下静置 48 h，即为试验溶液，其密度应为 1.151 g/cm³～1.174 g/cm³。

6.12.1.2 仪器设备

a）鼓风烘箱：能使温度控制在（105±5）℃；

b）天平：称量 1 000 g，感量 0.1 g；

c）三脚网篮：用金属丝制成，网篮直径和高均为 70 mm，网的孔径应不大于所盛试样中最小粒径的一半；

d）方孔筛：同 6.3.1；

e）容器：瓷缸，容积不小于 10 L；

f）密度计；

g）玻璃棒、搪瓷盘、毛刷等。

6.12.1.3 试验步骤

6.12.1.3.1 按 6.1 规定取样，并将试样缩分至约 2 000 g。将试样倒入容器中，用水浸泡、淋洗干净后，放在烘箱中于(105±5)℃下烘干至恒量,待冷却至室温后,筛除大于 4.75 mm 及小于 300 μm 的颗粒,然后按 6.3 规定筛分成 300 μm～600 μm,600 μm～1.18 mm,1.18 mm～2.36 mm 和 2.36 mm～4.75 mm 四个粒级备用。

6.12.1.3.2 称取各粒级试样各 100 g,精确至 0.1 g。将不同粒级的试样分别装入网篮,并浸入盛有硫酸钠溶液的容器中,溶液的体积应不小于试样总体积的 5 倍。网篮浸入溶液时,应上下升降 25 次,以排除试样的气泡,然后静置于该容器中,网篮底面应距离容器底面约 30 mm,网篮之间距离应不小于 30 mm,液面至少高于试样表面 30 mm,溶液温度应保持在 20℃～25℃。

6.12.1.3.3 浸泡 20 h 后,把装试样的网篮从溶液中取出,放在烘箱中于(105±5)℃烘 4 h,至此,完成了第一次试验循环,待试样冷却至 20℃～25℃后,再按上述方法进行第二次循环。从第二次循环开始,浸泡与烘干时间均为 4 h,共循环 5 次。

6.12.1.3.4 最后一次循环后,用清洁的温水淋洗试样,直至淋洗试样后的水加入少量氯化钡溶液不出现白色浑浊为止,洗过的试样放在烘箱中于(105±5)℃下烘干至恒量。待冷却至室温后,用孔径为试样粒级下限的筛过筛,称出各粒级试样试验后的筛余量,精确至 0.1 g。

6.12.1.4 结果计算

a) 各粒级试样质量损失百分率按式(10)计算,精确至 0.1%:

$$P_i = \frac{G_1 - G_2}{G_1} \times 100 \quad \cdots\cdots(10)$$

式中:P_i——各粒级试样质量损失百分率,%;

G_1——各粒级试样试验前的质量,g;

G_2——各粒级试样试验后的筛余量,g。

b) 试样的总质量损失百分率按式(11)计算,精确至 1%:

$$P = \frac{\partial_1 P_1 + \partial_2 P_2 + \partial_3 P_3 + \partial_4 P_4}{\partial_1 + \partial_2 + \partial_3 + \partial_4} \quad \cdots\cdots(11)$$

式中: P——试样的总质量损失率,%;

∂_1、∂_2、∂_3、∂_4——分别为各粒级质量占试样(原试样中筛除了大于 4.75 mm 及小于 300 μm 的颗粒)总质量的百分率,%;

P_1、P_2、P_3、P_4——分别为各粒级试样质量损失百分率,%。

6.12.2 压碎指标法

6.12.2.1 仪器设备

a) 鼓风烘箱:能使温度控制在(105±5)℃;

b) 天平:称量 10 kg 或 1 000 g、感量为 1 g;

c) 压力试验机:50 kN～1 000 kN;

d) 受压钢模:由圆筒、底盘和加压压块组成。其尺寸如图 1 所示:

e) 方孔筛:孔径为 4.75 mm、2.36 mm、1.18 mm、600 μm 及 300 μm 的筛各一只;

f) 搪瓷盘、小勺、毛刷等。

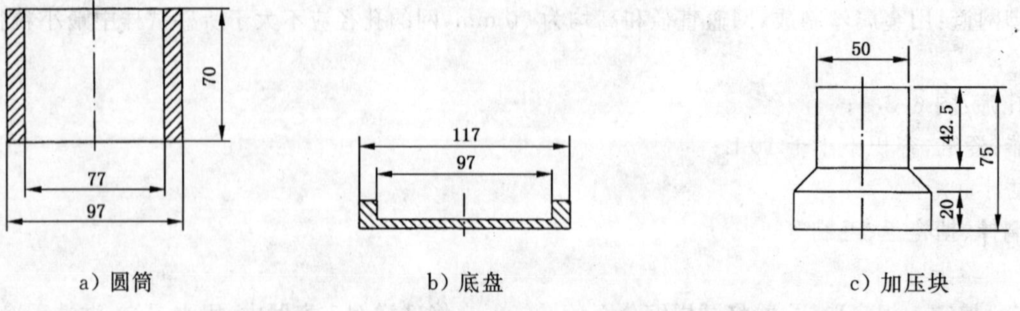

图 1 受压钢模示意图

6.12.2.2 试验步骤

a）按 6.1 规定取样，放在烘箱中于(105±5)℃下烘干至恒量，待冷却至室温后，筛除大于 4.75 mm 及小于 300 μm 的颗粒，然后按 6.3 筛分成 300 μm～600 μm；600 μm～1.18 mm；1.18 mm～2.36 mm 及 2.36 mm～4.75 mm 四个粒级，每级 1 000 g 备用。

b）称取单粒级试样 330 g，精确至 1 g。将试样倒入已组装成的受压钢模内，使试样距底盘面的高度约为 50 mm。整平钢模内试样的表面，将加压块放入圆筒内，并转动一周使之与试样均匀接触。

c）将装好试样的受压钢模置于压力机的支承板上，对准压板中心后，开动机器，以每秒钟 500 N 的速度加荷。加荷至 25 kN 时稳荷 5 s 后，以同样速度卸荷。

d）取下受压模，移去加压块，倒出压过的试样，然后用该粒级的下限筛(如粒级为 4.75 mm～2.36 mm 时，则其下限筛指孔径为 2.36 mm 的筛)进行筛分，称出试样的筛余量和通过量，均精确至 1 g。

6.12.2.3 结果计算与评定

a）第 i 单级砂样的压碎指标按式(12)计算，精确至 1%：

$$Y_i = \frac{G_2}{G_1 + G_2} \times 100 \quad \cdots\cdots(12)$$

式中：Y_i——第 i 单粒级压碎指标值，%；

G_1——试样的筛余量，g；

G_2——通过量，g。

b）第 i 单粒级压碎指标值取三次试验结果的算术平均值，精确至 1%。

c）取最大单粒级压碎指标值作为其压碎指标值。

6.13 表观密度

6.13.1 仪器设备

a）鼓风烘箱：能使温度控制在(105±5)℃；

b）天平：称量 10 kg 或 1 000 g，感量 1 g；

c）容量瓶：500 mL；

d）干燥器、搪瓷盘、滴管、毛刷等。

6.13.2 试验步骤

6.13.2.1 按 6.1 规定取样，并将试样缩分至约 660 g，放在烘箱中于(105±5)℃下烘干至恒量，待冷却至室温后，分为大致相等的两份备用。

6.13.2.2 称取试样 300 g，精确至 1 g。将试样装入容量瓶，注入冷开水至接近 500 mL 的刻度处，用手旋转摇动容量瓶，使砂样充分摇动，排除气泡，塞紧瓶盖，静置 24 h。然后用滴管小心加水至容量瓶 500 mL刻度处，塞紧瓶塞，擦干瓶外水分，称出其质量，精确至 1 g。

6.13.2.3 倒出瓶内水和试样，洗净容量瓶，再向容量瓶内注水(应与 6.13.2.2 条水温相差不超过 2℃，并在 15℃～25℃范围内)至 500 mL 刻度处，塞紧瓶塞，擦干瓶外水分，称出其质量，精确至 1 g。

6.13.3 结果计算与评定

6.13.3.1 砂的表观密度按式(13)计算，精确至 10 kg/m³：

$$\rho_0 = \left(\frac{G_0}{G_0 + G_2 - G_1}\right) \times \rho_{水} \quad \cdots\cdots(13)$$

式中：ρ_0——表观密度，kg/m³；

$\rho_{水}$——水的密度，1 000 kg/m³；

G_0——烘干试样的质量，g；

G_1——试样，水及容量瓶的总质量，g；

G_2——水及容量瓶的总质量，g。

6.13.3.2 表观密度取两次试验结果的算术平均值，精确至 10 kg/m³；如两次试验结果之差大于

20 kg/m³,须重新试验。

6.14 堆积密度与空隙率

6.14.1 仪器设备

a) 鼓风烘箱:能使温度控制在(105±5)℃;

b) 天平:称量 10 kg,感量 1 g;

c) 容量筒:圆柱形金属筒,内径 108 mm,净高 109 mm,壁厚 2 mm,筒底厚约 5 mm,容积为 1 L;

d) 方孔筛:孔径为 4.75 mm 的筛一只;

e) 垫棒:直径 10 mm,长 500 mm 的圆钢;

f) 直尺、漏斗或料勺、搪瓷盘、毛刷等。

6.14.2 试验步骤

6.14.2.1 按 6.1 规定取样,用搪瓷盘装取试样约 3 L,放在烘箱中于(105±5)℃下烘干至恒量,待冷却至室温后,筛除大于 4.75 mm 的颗粒,分为大致相等的两份备用。

6.14.2.2 松散堆积密度:取试样一份,用漏斗或料勺将试样从容量筒中心上方 50 mm 处徐徐倒入,让试样以自由落体落下,当容量筒上部试样呈堆体,且容量筒四周溢满时,即停止加料。然后用直尺沿筒口中心线向两边刮平(试验过程应防止触动容量筒),称出试样和容量筒总质量,精确至 1 g。

6.14.2.3 紧密堆积密度:取试样一份分两次装入容量筒。装完第一层后,在筒底垫放一根直径为 10 mm的圆钢,将筒按住,左右交替击地面各 25 次。然后装入第二层,第二层装满后用同样方法颠实(但筒底所垫钢筋的方向与第一层时的方向垂直)后,再加试样直至超过筒口,然后用直尺沿筒口中心线向两边刮平,称出试样和容量筒总质量,精确至 1 g。

6.14.3 结果计算与评定

6.14.3.1 松散或紧密堆积密度按式(14)计算,精确至 10 kg/m³:

$$\rho_1 = \frac{G_1 - G_2}{V} \qquad \cdots\cdots(14)$$

式中:ρ_1——松散堆积密度或紧密堆积密度,kg/m³;

G_1——容量筒和试样总质量,g;

G_2——容量筒质量,g;

V——容量筒的容积,L。

6.14.3.2 空隙率按式(15)计算,精确至 1%:

$$V_0 = \left(1 - \frac{\rho_1}{\rho_2}\right) \times 100 \qquad \cdots\cdots(15)$$

式中:V_0——空隙率,%;

ρ_1——试样的松散(或紧密)堆积密度,kg/m³;

ρ_2——按式(13)计算的试样表观密度,kg/m³。

6.14.3.3 堆积密度取两次试验结果的算术平均值,精确至 10 kg/m³。空隙率取两次试验结果的算术平均值,精确至 1%。

6.14.4 容量筒的校准方法

将温度为(20±2)℃的饮用水装满容量筒,用一玻璃板沿筒口推移,使其紧贴水面。擦干筒外壁水分,然后称出其质量,精确至 1 g。容量筒容积按式(16)计算,精确至 1 mL:

$$V = G_1 - G_2 \qquad \cdots\cdots(16)$$

式中:V——容量筒容积,mL;

G_1——容量筒、玻璃板和水的总质量,g;

G_2——容量筒和玻璃板质量,g。

6.15 碱集料反应

在碱集料反应试验前，应先用岩相法鉴定岩石种类及所含的活性矿物种类。试验方法见附录A(标准的附录)。

6.15.1 碱-硅酸反应

6.15.1.1 适用范围

本方法适用于检验硅质集料与混凝土中的碱发生潜在碱-硅酸反应的危害性。不适用于碳酸盐类集料。

6.15.1.2 仪器设备

a) 鼓风烘箱：能使温度控制在(105±5)℃；

b) 天平：称量1 000 g，感量0.1 g；

c) 方孔筛：4.75 mm，2.36 mm，1.18 mm，600 μm，300 μm及150 μm的筛各一只；

d) 比长仪：由百分表和支架组成，百分表量程为10 mm，精度0.01 mm；

e) 水泥胶砂搅拌机：符合GB/T 177要求；

f) 恒温养护箱或养护室：温度(40±2)℃，相对湿度95%以上；

g) 养护筒：由耐腐蚀材料制成，应不漏水，筒内设有试件架；

h) 试模：规格为25 mm×25 mm×280 mm，试模两端正中有小孔，装有不锈钢质膨胀端头；

i) 跳桌、秒表、干燥器、搪瓷盘、毛刷等。

6.15.1.3 环境条件

a) 材料与成型室的温度应保持在20.0℃～27.5℃，拌合水及养护室的温度应保持在(20±2)℃；

b) 成型室、测长室的相对湿度不应少于80%；

c) 恒温养护箱或养护室温度应保持在(40±2)℃。

6.15.1.4 试件制作

a) 按6.1规定取样，并将试样缩分至约5 000 g，用水淋洗干净后，放在烘箱中于(105±5)℃下烘干至恒量，待冷却至室温后，筛除大于4.75 mm及小于300 μm的颗粒，然后按6.3规定筛分成150 μm～300 μm，300 μm～600 μm，600 μm～1.18 mm，1.18 mm～2.36 mm和2.36 mm～4.75 mm五个粒级，分别存放在干燥器内备用。

b) 采用碱含量(以Na_2O计，即$K_2O \times 0.658 + Na_2O$)大于1.2%的高碱水泥。低于此值时，掺浓度为10%的Na_2O溶液，将碱含量调至水泥量的1.2%。

c) 水泥与砂的质量比为1∶2.25，一组3个试件共需水泥440 g，精确至0.1 g，砂990 g(各粒级的质量按表8分别称取，精确至0.1 g)。用水量按GB/T 2419确定。跳桌跳动频率为6 s跳动10次，流动度以105 mm～120 mm为准。

表8 碱集料反应用砂各粒级的质量

筛孔尺寸	4.75 mm～2.36 mm	2.36 mm～1.18 mm	1.18 mm～600 μm	600 μm～300 μm	300 μm～150 μm
质量，g	99.0	247.5	247.5	247.5	148.5

d) 砂浆搅拌应按GB/T 177规定完成。

e) 搅拌完成后，立即将砂浆分两次装入已装有膨胀测头的试模中，每层捣40次，注意膨胀测头四周应小心捣实，浇捣完毕后用镘刀刮除多余砂浆，抹平、编号并表明测长方向。

6.15.1.5 养护与测长

a) 试件成型完毕后，立即带模放入标准养护室内。养护(24±2) h后脱模，立即测量试件的长度，此长度为试件的基准长度。测长应在(20±2)℃的恒温室中进行。每个试件至少重复测量两次，其算术平均值作为长度测定值，待测的试件须用湿布覆盖，以防止水分蒸发。

b) 测完基准长度后，将试件垂直立于养护筒的试件架上，架下放水，但试件不能与水接触(一个养护筒内的试件品种应相同)，加盖后放入(40±2)℃的养护箱或养护室内。

c) 测长龄期自测定基准长度之日起计算,14 d,1 个月、2 个月、3 个月、6 个月,如有必要还可适当延长。在测长前一天,应把养护筒从(40±2)℃的养护箱或养护室内取出,放到(20±2)℃的恒温室内。测长方法与测基准长度的方法相同,测量完毕后,应将试件放入养护筒中,加盖后放回(40±2)℃的养护箱或养护室继续养护至下一个测试龄期。

d) 每次测长后,应对每个试件进行挠度测量和外观检查。

挠度测量:把试件放在水平面上,测量试件与平面间的最大距离应不大于 0.3 mm。

外观检查:观察有无裂缝,表面沉积物或渗出物,特别注意在空隙中有无胶体存在,并作详细记录。

6.15.1.6 计算与评定

a) 试件膨胀率按式(17)计算,精确至 0.001%:

$$\Sigma_t = \frac{L_t - L_0}{L_0 - 2\Delta} \times 100 \qquad \cdots\cdots(17)$$

式中:Σ_t——试件在 t 天龄期的膨胀率,%;

L_t——试件在 t 天龄期的长度,mm;

L_0——试件的基准长度,mm;

Δ——膨胀端头的长度,mm。

b) 膨胀率以 3 个试件膨胀值的算术平均值作为试验结果,精确至 0.01%。一组试件中任何一个试件的膨胀率与平均值相差不大于 0.01%,则结果有效,而对膨胀率平均值大于 0.05%时,每个试件的测定值与平均值之差小于平均值的 20%,也认为结果有效。

6.15.1.7 结果判定

当半年膨胀率小于 0.10%时,判定为无潜在碱-硅酸反应危害。反之,则判定为有潜在碱-硅酸反应危害。

6.15.2 快速碱-硅酸反应

6.15.2.1 适用范围同 6.15.1.1。

6.15.2.2 试剂和材料

a) 氢氧化钠:分析纯;

b) 蒸馏水或去离子水;

c) 氢氧化钠溶液:40 gNaOH 溶于 900 mL 水中,然后加水到 1 L,所需氢氧化钠溶液总体为试件总体积的(4±0.5)倍(每一个试件的体积约为 184 mL)。

6.15.2.3 仪器设备

a) 鼓风烘箱:能使温度控制在(105±5)℃;

b) 天平:称量 1 000 g,感量 0.1 g;

c) 方孔筛:4.75 mm,2.36 mm,1.18 mm,600 μm,300 μm 及 150 μm 的筛各一只;

d) 比长仪:由百分表和支架组成,百分表的量程为 10 mm,精度 0.01 mm;

e) 水泥胶砂搅拌机:(符合 GB/T 177 要求)

f) 高温恒温养护箱或水浴:温度保持在(80±2)℃;

g) 养护筒:由可耐碱长期腐蚀的材料制成,应不漏水,筒内设有试件架,筒的容积可以保证试件分离地浸没在体积为(2 208±276) mL 水中或 1 mol/L 的氢氧化钠溶液中,且不能与容器壁接触。

h) 试模:规格为 25 mm×25 mm×280 mm,试模两端正中有小孔,装有不锈钢质膨胀端头;

i) 干燥器、搪瓷盘、毛刷等。

6.15.2.4 环境条件

a) 材料与成型室的温度应保持在 20.0℃~27.5℃,拌合水及养护室的温度应保持在(20±2)℃;

b) 成型室、测长室的相对湿度不应少于 80%;

c) 高温恒温养护箱或水浴应保持在(80±2)℃。

附 录 A
（标准的附录）
集料碱活性检验（岩相法）

A1 适用范围

通过肉眼和显微镜观察，鉴定所用集料（包括砂、石）的种类和成分，从而确定碱活性集料的种类和数量。

A2 试剂和材料

盐酸、茜素红、折光率浸油、金刚砂、树胶（如冷杉树）以及酒精等。

A3 仪器设备

A3.1 套筛：方孔筛孔径 150 μm、300 μm、600 μm、1.18 mm、2.36 mm、4.75 mm、19.0 mm、37.5 mm、53.0 mm，并有筛底和筛盖。
A3.2 磅秤：称量 100 kg，感量 100 g。
A3.3 架盘天平：称量 1 kg，感量 0.5 g。
A3.4 切片机、磨光机、镶嵌机。
A3.5 实体显微镜、偏光显微镜。
A3.6 其他：载玻片、盖玻片、地质锤、砧板及酒精灯等。

A4 取样

将砂样用四分法缩减至 5 kg，取约 2 kg 砂样冲洗干净，在(105±5)℃烘箱中烘干，冷却后按本标准 6.3 方法进行筛分，然后按表 A1 规定的数量称取砂样。

表 A1 砂试样质量

砂样粒径	砂样质量，g	砂样粒数，颗	备 注
4.75 mm～2.36 mm	100	至少 300	两种取样方法可任选一种
2.36 mm～1.18 mm	50		
1.18 mm～600 μm	25		
600 μm～300 μm	10		
300 μm～150 μm	10		
＜150 μm	5		

A5 砂样鉴定

将砂样放在实体显微镜下挑选，鉴别出碱活性骨料的种类及含量。小粒径砂在实体显微镜下挑选有困难时，需在镶嵌机上压型（用树胶或环氧树脂胶结）制成薄片，在偏光显微镜下鉴定。

A6 试验结果处理

A6.1 砂样一般只分析活性骨料的种类和含量。
A6.2 根据鉴定结果，骨料被评定为非碱活性时，既作为最后结论。如评定为碱活性骨料或可疑时，应按本标准 6.15 方法进行检验。

附　录　B
（提示的附录）
吸水率的测定

B1　仪器设备

a）鼓风烘箱：能使温度控制在(105±5)℃；
b）天平：称量 1 000 g，感量 0.1 g；
c）吹风机(手提式)：450 W；
d）饱和面干试模及重约 340 g 的捣棒(见图 B1)；
e）干燥器、吸管、搪瓷盘、毛刷等。

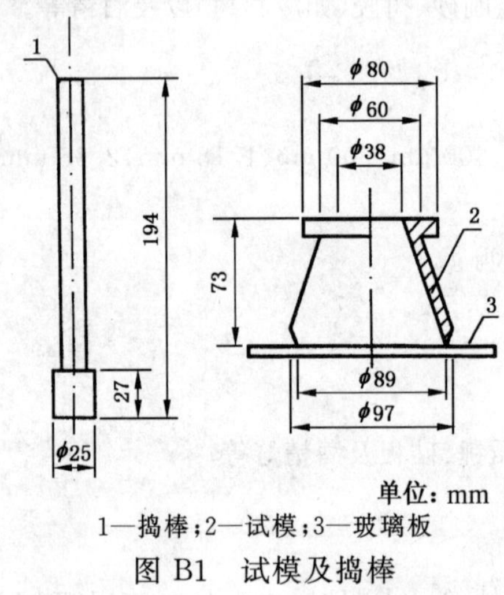

单位：mm
1—捣棒；2—试模；3—玻璃板
图 B1　试模及捣棒

B2　试验步骤

B2.1　将自然潮湿状态下的试样用四分法缩分至约 1 100 g，拌匀后分为大致相等的两份备用。

B2.2　将一份试样倒入搪瓷盘中，注入饮用水，使水面高出试样表面约 20 mm(水温在(20±5)℃范围内)，用玻璃棒连续搅拌 5 min，以排除气泡。静置 24 h 后，细心倒去试样上的水，并用吸管吸去余水。在盘中摊开试样，用吹风机缓缓吹拂暖风，并不断翻动试样，使试样表面水份均匀蒸发。

B2.3　将试样分两层装入饱和面干试模中，第一层装入模高度的一半，用捣棒均匀捣 13 下(捣棒离试样表面约 10 mm 处自由落下)。第二层装满试模，再轻捣 13 下，刮平试模上口后，垂直将试模徐徐提起，如试样呈图 B2a)状，说明试样仍含有表面水，应再行暖风干燥，并按上述方法试验，直至试模提起后，试样呈图 B2b)状为止。若试模提起后，试样呈图 B2c)状，说明试样过干，此时应喷洒水 50 mL，在充分拌匀后，静置于加盖容器中 30 min，再按上述方法进行试验，直至达到图 B2b)状为止。

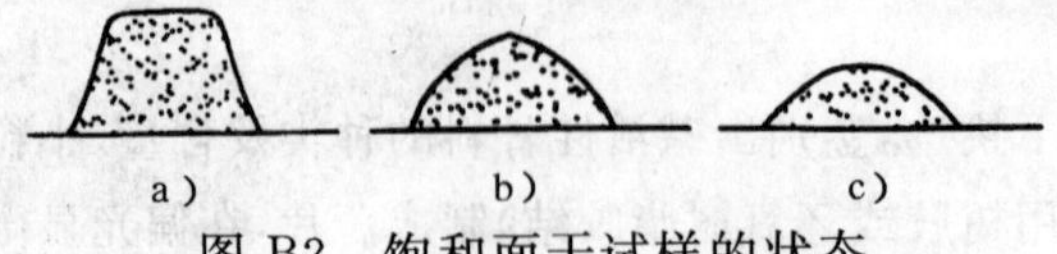

图 B2　饱和面干试样的状态

B2.4　立即称取饱和面干试样 500 g，精确至 0.1 g，倒入已知质量的烧杯中，放在烘箱中于(105±5)℃下烘干至恒量，在干燥器中冷却至室温后，准确称取试样和烧杯质量，精确至 0.1 g。

B3　结果计算与评定

B3.1　吸水率按式(B1)计算，精确至 0.1%：

$$W = \frac{500-(G_2-G_1)}{G_2-G_1} \times 100 \quad \cdots\cdots(B1)$$

式中：W——吸水率，%；

500——饱和面干状态下试样质量，g；

G_1——烧杯质量，g；

G_2——烧杯和干试样质量，g。

B3.2 吸水率取两次试验结果的算术平均值，精确至0.1%。两次试验结果之差大于0.2%时，须重新试验。

附 录 C
（提示的附录）
含水率及以吸水率为基准的饱和面干状态的表面含水率的测定

C1 仪器设备

a) 鼓风烘箱：能使温度控制在(105±5)℃；

b) 天平：称量1 000 g，感量0.1 g；

c) 吹风机(手提式)：450 W；

d) 饱和面干试模及重约340 g的捣棒(见图B1)；

e) 干燥器、吸管、搪瓷盘、小勺、毛刷等。

C2 试验步骤

C2.1 将自然潮湿状态下的试样用四分法缩分至约1 100 g，拌匀后分为大致相等的两份备用。

C2.2 称取一份试样的质量，精确至0.1 g。将试样倒入已知质量的烧杯中，放在烘箱中于(105±5)℃下烘至恒量。待冷却至室温后，再称出其质量，精确至0.1 g。

C3 结果计算与评定

C3.1 含水率按式(C1)计算，精确至0.1%：

$$Z = \frac{G_2-G_1}{G_1} \times 100 \quad \cdots\cdots(C1)$$

式中：Z——含水率，%；

G_2——烘干前的试样质量，g；

G_1——烘干后的试样质量，g。

C3.2 以吸水率为基准的饱和面干状态的表面含水率按式(C2)计算，精确至0.1%：

$$H = (Z-W) \times \frac{1}{1+\frac{W}{100}} \quad \cdots\cdots(C2)$$

式中：H——以吸水率为基准的饱和面干状态的表面含水率，%；

Z——按式(C1)求得的含水率，%；

W——按式(B1)求得的吸水率，%。

C3.3 含水率及以吸水率为基准的饱和面干状态的表面含水率取两次试验结果的算术平均值，精确至0.1%；两次试验结果之差大于0.2%时，须重新试验。

前　　言

本标准是在GB/T 14685—1993标准实践多年和卵石、碎石资源及生产变化发展的基础上，参考ISO、欧洲及美、英、日等国90年代以来的有关标准修订而成。主要技术指标的修订在符合国情的前提下尽量与国际先进标准靠拢，便于国际交流。

本标准与GB/T 14685—1993相比主要修改点有：

1. 卵石、碎石筛的筛孔按国际标准ISO 6274的要求改为方孔、修订了部分孔径和少量的筛余指标；

2. 修订了产品等级的划分；

3.修订了含泥量、泥块含量、针片状颗粒含量、氯化物、碎石压碎指标、松散堆积密度部分定义和技术要求；

4. 完善了试验方法中的一些要求，增加了碱集料反应的快速试验和碱－碳酸盐反应试验方法。

本标准自2002年2月1日起实施，自实施之日起代替GB/T 14685—1993。

根据工程需要，如测定卵石、碎石的吸水率与含水率和表面含水率可按附录B、附录C进行。

本标准的附录A是标准的附录。附录B和附录C是提示的附录。

本标准由国家建筑材料工业局提出。

本标准负责起草单位：中国砂石协会。

本标准参加起草单位：北京市建材行业管理办公室、北京建筑工程学院、北京市建筑材料质量监督检验站、诺德伯格北京办事处、北京三联混凝土有限公司、上海市建筑材料及构件质量监督检验站、上海建设路桥机械设备有限公司、天津西斯尔混凝土公司蓟县石矿、浙江宁波市地方建筑材料管理处、浙江湖洲市新开元碎石有限公司（上海市建筑工程材料公司）、浙江杭州市獐山石矿、广东广州嘉华（黄陂）石矿、惠记集团鸿利石场、福建中国标准砂厂、河南商丘市人工砂研究会、贵州中建建筑科研设计院。

本标准主要起草人：陈家珑、杨永起、姚利君、张国民、乔继科、丘勤、刘伟超、高玮。

本标准1993年首次发布。

本标准委托中国砂石协会负责解释。

中华人民共和国国家标准

GB/T 14685—2001

建筑用卵石、碎石

Pebble and crushed stone for building

1 范围

本标准规定了建筑用卵石、碎石的定义、分类与规格、技术要求、试验方法、检验规则、标志、储存和运输。

本标准适用于建筑工程中水泥混凝土及其制品用卵石和碎石。其他工程用卵石和碎石也可参照本标准执行。

2 引用标准

下列标准所包含的条文，通过在本标准中引用而构成为本标准的条文。本标准出版时，所示版本均为有效。所有标准都会被修订，使用本标准的各方应探讨使用下列标准最新版本的可能性。

GB 175—1999 硅酸盐水泥、普通硅酸盐水泥

GB/T 177—1985 水泥胶砂强度试验方法

GB/T 2419—1994 水泥胶砂流动度测定方法

GB/T 6003.1—1997 金属丝编织网试验筛(eqv ISO3310-1:1990)

GB/T 6003.2—1997 金属穿孔板试验筛(eqv ISO3310-2:1990)

3 定义

本标准采用下列定义。

3.1 卵石 Pebble

由自然风化、水流搬运和分选、堆积形成的、粒径大于 4.75 mm 的岩石颗粒。

3.2 碎石 crushed stone

天然岩石或卵石经机械破碎、筛分制成的，粒径大于 4.75 mm 的岩石颗粒。

3.3 针、片状颗粒 elongated flaky particle

卵石和碎石颗粒的长度大于该颗粒所属相应粒级的平均粒径 2.4 倍者为针状颗粒；厚度小于平均粒径 0.4 倍者为片状颗粒(平均粒径指该粒级上、下限粒径的平均值)。

3.4 含泥量 material finer than 75 μm in pebble and crushed stone

卵石、碎石中粒径小于 75μm 的颗粒含量。

3.5 泥块含量 clay lump

卵石、碎石中原粒径大于 4.75 mm，经水浸洗、手捏后小于 2.36 mm 的颗粒含量。

3.6 坚固性 soundness

卵石、碎石在自然风化和其它外界物理化学因素作用下抵抗破裂的能力。

3.7 碱集料反应 alkali-aggregate reaction

指水泥、外加剂等混凝土构成物及环境中的碱与集料中碱活性矿物在潮湿环境下缓慢发生并导致混凝土开裂破坏的膨胀反应。

中华人民共和国国家质量监督检验检疫总局 2001-07-13 批准　　2002-02-01 实施

4 分类与规格

4.1 分类

a）卵石；

b）碎石。

4.2 规格

按卵石、碎石粒径尺寸分为单粒粒级和连续粒级。亦可以根据需要采用不同单粒级卵石、碎石混合成特殊粒级的卵石、碎石。

4.3 类别

按卵石、碎石技术要求分为Ⅰ类、Ⅱ类、Ⅲ类。

4.4 用途

Ⅰ类宜用于强度等级大于C60的混凝土；Ⅱ类宜用于强度等级C30～C60及抗冻、抗渗或其他要求的混凝土；Ⅲ类宜用于强度等级小于C30混凝土。

5 技术要求

5.1 颗粒级配

卵石和碎石的颗粒级配应符合表1的规定。

表1 颗粒级配

公称粒径，mm \ 方筛孔，mm / 累计筛余，%		2.36	4.75	9.50	16.0	19.0	26.5	31.5	37.5	53.0	63.0	75.0	90
连续粒级	5～10	95～100	80～100	0～15	0								
	5～16	95～100	85～100	30～60	0～10	0							
	5～20	95～100	90～100	40～80	—	0～10	0						
	5～25	95～100	90～100	—	30～70	—	0～5	0					
	5～31.5	95～100	90～100	70～90	—	15～45	—	0～5	0				
	5～40	—	95～100	70～90	—	30～65	—	—	0～5	0			
单粒粒级	10～20		95～100	85～100		0～15	0						
	16～31.5		95～100		85～100			0～10	0				
	20～40			95～100		80～100			0～10	0			
	31.5～63				95～100			75～100	45～75		0～10	0	
	40～80					95～100			70～100		30～60	0～10	0

5.2 含泥量和泥块含量

卵石、碎石的含泥量和泥块含量应符合表2的规定。

表2 含泥量和泥块含量

项目	指标		
	Ⅰ类	Ⅱ类	Ⅲ类
含泥量（按质量计），%	<0.5	<1.0	<1.5
泥块含量（按质量计），%	0	<0.5	<0.7

5.3 针片状颗粒含量

卵石和碎石的针片状颗粒含量应符合表3的规定。

表3 针片状颗粒含量

项目	指标		
	Ⅰ类	Ⅱ类	Ⅲ类
针片状颗粒(按质量计),% <	5	15	25

5.4 有害物质

卵石和碎石中不应混有草根、树叶、树枝、塑料、煤块和炉渣等杂物。其有害物质含量应符合表4的规定。

表4 有害物质含量

项目	指标		
	Ⅰ类	Ⅱ类	Ⅲ类
有机物	合格	合格	合格
硫化物及硫酸盐(按 SO_3 质量计),% <	0.5	1.0	1.0

5.5 坚固性

采用硫酸钠溶液法进行试验,卵石和碎石经5次循环后,其质量损失应符合表5的规定。

表5 坚固性指标

项目	指标		
	Ⅰ类	Ⅱ类	Ⅲ类
质量损失,%<	5	8	12

5.6 强度

5.6.1 岩石抗压强度

在水饱和状态下,其抗压强度火成岩应不小于80 MPa,变质岩应不小于60 MPa,水成岩应不小于30 MPa。

5.6.2 压碎指标

压碎指标值应小于表6的规定。

表6 压碎指标 %

项目	指标		
	Ⅰ类	Ⅱ类	Ⅲ类
碎石压碎指标,<	10	20	30
卵石压碎指标,<	12	16	16

5.7 表观密度、堆积密度、空隙率

表观密度、堆积密度、空隙率应符合如下规定:表观密度大于2500 kg/m^3;松散堆积密度大于1350 kg/m^3;空隙率小于47%。

5.8 碱集料反应

经碱集料反应试验后，由卵石、碎石制备的试件无裂缝、酥裂、胶体外溢等现象，在规定的试验龄期的膨胀率应小于0.10%。

6 试验方法

6.1 试样

6.1.1 取样方法

6.1.1.1 在料堆上取样时，取样部位应均匀分布。取样前先将取样部位表层铲除，然后从不同部位抽取大致等量的石子15份(在料堆的顶部、中部和底部均匀分布的15个不同部位取得)组成一组样品。

6.1.1.2 从皮带运输机上取样时，应用接料器在皮带运输机机尾的出料处定时抽取大致等量的石子8份，组成一组样品。

6.1.1.3 从火车、汽车、货船上取样时，从不同部位和深度抽取大致等量的石子16份，组成一组样品。

6.1.2 试样数量

单项试验的最少取样数量应符合表7的规定。做几项试验时，如确能保证试样经一项试验后不致影响另一项试验的结果，可用同一试样进行几项不同的试验。

表7 单项试验取样数量　　kg

序号	试验项目	不同最大粒径(mm)下的最少取样量							
		9.5	16.0	19.0	26.5	31.5	37.5	63.0	75.0
1	颗粒级配	9.5	16.0	19.0	25.0	31.5	37.5	63.0	80.0
2	含泥量	8.0	8.0	24.0	24.0	40.0	40.0	80.0	80.0
3	泥块含量	8.0	8.0	24.0	24.0	40.0	40.0	80.0	80.0
4	针片状颗粒含量	1.2	4.0	8.0	12.0	20.0	40.0	40.0	40.0
5	有机物含量	按试验要求的粒级和数量取样							
6	硫酸盐和硫化物含量								
7	坚固性								
8	岩石抗压强度	随机选取完整石块锯切或钻取成试验用样品							
9	压碎指标值	按试验要求的粒级和数量取样							
10	表观密度	8.0	8.0	8.0	8.0	12.0	16.0	24.0	24.0
11	堆积密度与空隙率	40.0	40.0	40.0	40.0	80.0	80.0	120.0	120.0
12	碱集料反应	20.0	20.0	20.0	20.0	20.0	20.0	20.0	20.0

6.1.3 试样处理

将所取样品置于平板上，在自然状态下拌和均匀，并堆成堆体，然后沿互相垂直的两条直径把堆体分成大致相等的四份，取其中对角线的两份重新拌匀，再堆成堆体。重复上述过程，直至把样品缩分到试验所需量为止。

6.1.4 堆积密度检验所用试样可不经缩分，在拌匀后直接进行试验。

6.2 试验环境和试验用筛

6.2.1 试验环境：试验室的温度应保持在15℃～30℃。

6.2.2 试验用筛：应满足GB/T 6003.1、GB/T 6003.2中方孔筛的规定，筛孔大于4.00mm的试验筛采用穿孔板试验筛。

6.3 颗粒级配

6.3.1 仪器设备

a）鼓风烘箱：能使温度控制在(105±5)℃；

b）台秤：称量10 kg，感量1 g；

c）方孔筛：孔径为 2.36 mm、4.75 mm、9.50 mm、16.0 mm、19.0 mm、26.5 mm、31.5 mm、37.5 mm、53.0 mm、63.0 mm、75.0 mm 及 90 mm 的筛各一只，并附有筛底和筛盖（筛框内径为 300 mm）；

d）摇筛机；

e）搪瓷盘、毛刷等。

6.3.2 试验步骤

6.3.2.1 按 6.1 规定取样，并将试样缩分至略大于表 8 规定的数量，烘干或风干后备用。

表 8 颗粒级配试验所需试样数量

最大粒径，mm	9.5	16.0	19.0	26.5	31.5	37.5	63.0	75.0
最少试样质量，kg	1.9	3.2	3.8	5.0	6.3	7.5	12.6	16.0

6.3.2.2 称取按表 8 规定数量的试样一份，精确到 1 g。将试样倒入按孔径大小从上到下组合的套筛（附筛底）上，然后进行筛分。

6.3.2.3 将套筛置于摇筛机上，摇 10 min；取下套筛，按筛孔大小顺序再逐个用手筛，筛至每分钟通过量小于试样总量 0.1%为止。通过的颗粒并入下一号筛中，并和下一号筛中的试样一起过筛，这样顺序进行，直至各号筛全部筛完为止。

注：当筛余颗粒的粒径大于 19.0 mm 时，在筛分过程中，允许用手指拨动颗粒。

6.3.2.4 称出各号筛的筛余量，精确至 1 g。

6.3.3 结果计算与评定

6.3.3.1 计算分计筛余百分率：各号筛的筛余量与试样总质量之比，计算精确至 0.1%。

6.3.3.2 计算累计筛余百分率：该号筛的筛余百分率加上该号筛以上各分计筛余百分率之和，精确至 1%。筛分后，如每号筛的筛余量与筛底的筛余量之和同原试样质量之差超过 1%时，须重新试验。

6.3.3.3 根据各号筛的累计筛余百分率，评定该试样的颗粒级配。

6.4 含泥量

6.4.1 仪器设备

a）鼓风烘箱：能使温度控制在(105±5)℃；

b）天平：称量 10 kg，感量 1 g；

c）方孔筛：孔径为 75 μm 及 1.18 mm 的筛各一只；

d）容器：要求淘洗试样时，保持试样不溅出；

e）搪瓷盘，毛刷等。

6.4.2 试验步骤

6.4.2.1 按 6.1 规定取样，并将试样缩分至略大于表 9 规定的数量，放在烘箱中于(105±5)℃下烘干至恒量，待冷却至室温后，分为大致相等的两份备用。

注：恒量系指试样在烘干 1 h～3 h 的情况下，其前后质量之差不大于该项试验所要求的称量精度(下同)。

表 9 含泥量试验所需试样数量

最大粒径，mm	9.5	16.0	19.0	26.5	31.5	37.5	63.0	75.0
最少试样量，kg	2.0	2.0	6.0	6.0	10.0	10.0	20.0	20.0

6.4.2.2 称取按表 9 规定数量的试样一份，精确到 1 g。将试样放入淘洗容器中，注入清水，使水面高于试样上表面 150 mm，充分搅拌均匀后，浸泡 2 h，然后用手在水中淘洗试样，使尘屑、淤泥和粘土与石子颗粒分离，把浑水缓缓倒入 1.18 mm 及 75 μm 的套筛上(1.18 mm 筛放在 75 μm 筛上面)，滤去小于 75 μm 的颗粒。试验前筛子的两面应先用水润湿。在整个试验过程中应小心防止大于 75 μm 颗粒流失。

6.4.2.3 再向容器中注入清水，重复上述操作，直至容器内的水目测清澈为止。

6.4.2.4 用水淋洗剩余在筛上的细粒，并将 75 μm 筛放在水中(使水面略高出筛中石子颗粒的上表面)来回摇动,以充分洗掉小于 75 μm 的颗粒,然后将两只筛上筛余的颗粒和清洗容器中已经洗净的试样一并倒入搪瓷盘中,置于烘箱中于(105±5)℃下烘干至恒量,待冷却至室温后,称出其质量,精确至 1 g。

6.4.3 结果计算与评定

6.4.3.1 含泥量按式(1)计算,精确至 0.1%:

$$Q_a = \frac{G_1 - G_2}{G_1} \times 100 \qquad \cdots\cdots(1)$$

式中:Q_a——含泥量,%;

G_1——试验前烘干试样的质量,g;

G_2——试验后烘干试样的质量,g。

6.4.3.2 含泥量取两次试验结果的算术平均值,精确至 0.1%。

6.5 泥块含量

6.5.1 仪器设备

a) 鼓风烘箱:能使温度控制在(105±5)℃;

b) 天平:称量 10 kg,感量 1 g;

c) 方孔筛:孔径为 2.36 mm 及 4.75 mm 筛各一只;

d) 容器:要求淘洗试样时,保持试样不溅出;

e) 搪瓷盘,毛刷等。

6.5.2 试验步骤

6.5.2.1 按 6.1 规定取样,并将试样缩分至略大于表 9 规定的数量,放在烘箱中于(105±5)℃下烘干至恒量,待冷却至室温后,筛除小于 4.75 mm 的颗粒,分为大致相等的两份备用。

6.5.2.2 称取按表 9 规定数量的试样一份,精确到 1 g。将试样倒入淘洗容器中,注入清水,使水面高于试样上表面。充分搅拌均匀后,浸泡 24 h。然后用手在水中碾碎泥块,再把试样放在 2.36 mm 筛上,用水淘洗,直至容器内的水目测清澈为止。

6.5.2.3 保留下来的试样小心地从筛中取出,装入搪瓷盘后,放在烘箱中于(105±5)℃下烘干至恒量,待冷却至室温后,称出其质量,精确到 1 g。

6.5.3 结果计算与评定

6.5.3.1 泥块含量按式(2)计算,精确至 0.1%:

$$Q_b = \frac{G_1 - G_2}{G_1} \times 100 \qquad \cdots\cdots(2)$$

式中:Q_b——泥块含量,%;

G_1——4.75 mm 筛筛余试样的质量,g;

G_2——试验后烘干试样的质量,g。

6.5.3.2 泥块含量取两次试验结果的算术平均值,精确至 0.1%。

6.6 针片状颗粒含量

6.6.1 仪器设备

a) 针状规准仪与片状规准仪(见图 1 和图 2);

b) 台秤:称量 10 kg,感量 1 g;

c) 方孔筛:孔径为 4.75 mm,9.50 mm,16.0 mm,19.0 mm,26.5 mm,31.5 mm 及 37.5 mm 的筛各一个;

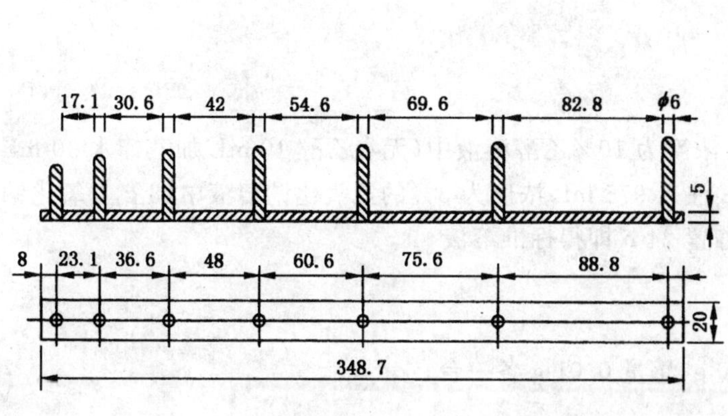

单位 mm

图 1　针状规准仪

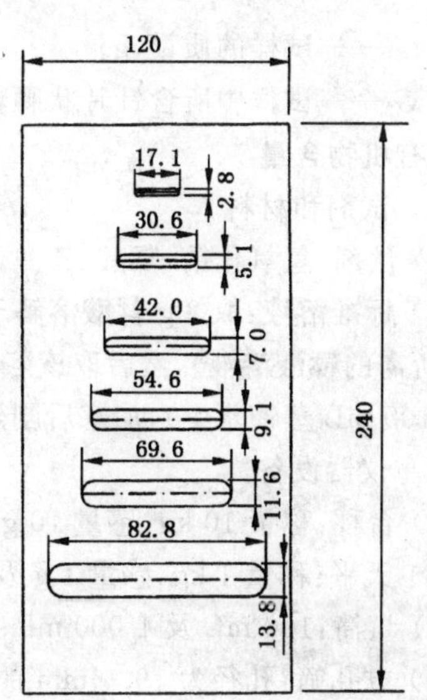

单位 mm

图 2　片状规准仪(3 mm 钢板做基板)

6.6.2　试验步骤

6.6.2.1　按 6.1 条规定取样，并将试样缩分至略大于表 10 规定的数量，烘干或风干后备用。

表 10　针、片状颗粒含量试验所需试样数量

最大粒径,mm	9.5	16.0	19.0	26.5	31.5	37.5	63.0	75.0
最少试样质量,kg	0.3	1.0	2.0	3.0	5.0	10.0	10.0	10.0

6.6.2.2　称取按表 10 规定数量的试样一份，精确到 1 g。然后按表 11 规定的粒级按 6.3 条规定进行筛分。

表 11　针、片状颗粒含量试验的粒级划分及其相应的规准仪孔宽或间距　　mm

石子粒级	4.75-9.50	9.50-16.0	16.0-19.0	19.0-26.5	26.5-31.5	31.5-37.5
片状规准仪相对应孔宽	2.8	5.1	7.0	9.1	11.6	13.8
针状规准仪相对应间距	17.1	30.6	42.0	54.6	69.6	82.8

6.6.2.3　按表 11 规定的粒级分别用规准仪逐粒检验，凡颗粒长度大于针状规准仪上相应间距者，为针状颗粒；颗粒厚度小于片状规准仪上相应孔宽者，为片状颗粒。称出其总质量，精确至 1 g。

6.6.2.4　石子粒径大于 37.5 mm 的碎石或卵石可用卡尺检验针片状颗粒，卡尺卡口的设定宽度应符合表 12 的规定。

表 12　大于 37.5 mm 颗粒针、片状颗粒含量试验的粒级划分及其相应的卡尺卡口设定宽度

mm

石子粒级	37.5-53.0	53.0-63.0	63.0-75.0	75.0-90.0
检验片状颗粒的卡尺卡口设定宽度	18.1	23.2	27.6	33.0
检验针状颗粒的卡尺卡口设定宽度	108.6	139.2	165.6	198.0

6.6.3　结果计算

针片状颗粒含量按式(3)计算，精确至 1%：

$$Q_c = \frac{G_2}{G_1} \times 100 \qquad \cdots\cdots(3)$$

式中：Q_c——针、片状颗粒含量，%；

G_1——试样的质量,g;

G_2——试样中所含针片状颗粒的总质量,g。

6.7 有机物含量

6.7.1 试剂和材料

a) 试剂:氢氧化钠、鞣酸、乙醇,蒸馏水;

b) 标准溶液:取 2 g 鞣酸溶解于 98 mL 浓度为 10%乙醇溶液中(无水乙醇 10 mL 加蒸馏水 90 mL 即得所需的鞣酸溶液),然后取该溶液 25 mL 注入 975 mL 浓度为 3%的氢氧化钠溶液中(3 g 氢氧化钠溶于 100 mL 蒸馏水中),加塞后剧烈摇动,静置 24 h 即得标准溶液。

6.7.2 仪器设备

a) 台秤:称量 10 kg,感量 10 g;

b) 天平:称量 1 kg,感量 1 g 及称量 100 g,感量 0.01 g 各一台;

c) 量筒:100 mL 及 1 000 mL;

d) 方孔筛:孔径为 19.0 mm 的筛一只;

e) 烧杯、玻璃棒、移液管等。

6.7.3 试验步骤

6.7.3.1 按 6.1 规定取样,筛除大于 19.0 mm 以上的颗粒,然后缩分至约 1.0 kg,风干后备用。

6.7.3.2 向 1 000 mL 容量筒中装入风干试样至 600 mL 刻度处,然后注入浓度为 3%的氢氧化钠溶液至 800 mL 刻度处,剧烈搅动后静置 24 h。

6.7.3.3 比较试样上部溶液和标准溶液的颜色,盛装标准溶液与盛装试样的容量筒大小应一致。

6.7.4 结果评定

试样上部的溶液颜色浅于标准溶液颜色时,则表示试样有机物含量合格,若两种溶液的颜色接近,应把试样连同上部溶液一起倒入烧杯中,放在 60℃～70℃的水浴中,加热 2h～3 h,然后再与标准溶液比较,如浅于标准溶液,认为有机物含量合格;如深于标准溶液,则应配制成混凝土作进一步试验。即将一份原试样用 3%氢氧化钠溶液洗除有机质,再用清水淋洗干净,与另一份原试样分别按相同的配合比制成混凝土,测定 28 d 的抗压强度。当原试样制成的混凝土强度不低于淘洗试样制成的混凝土强度的 95%时,则认为有机物含量合格。

6.8 硫化物和硫酸盐含量

6.8.1 试剂和材料

a) 浓度为 10%氯化钡溶液(将 5 g 氯化钡溶于 50 mL 蒸馏水中);

b) 稀盐酸(将浓盐酸与同体积的蒸馏水混合);

c) 1%硝酸银溶液(将 1 g 硝酸银溶于 100 mL 蒸馏水中,再加入 5 mL～10 mL 硝酸,存于棕色瓶中)。

d) 定量滤纸。

6.8.2 仪器设备

a) 鼓风烘箱:能使温度控制在(105±5)℃;

b) 台秤:称量 10 kg,感量 10 g;

c) 天平:称量 1 kg,感量为 1 g 及称量 100 g,感量为 0.001 g 各一台;

d) 高温炉:最高温度 1 000℃;

e) 方孔筛:孔径为 75 μm 的筛一只;

f) 烧杯:300 mL;

g) 量筒:20 mL 及 100 mL;

h) 粉磨钵或破碎机;

i) 干燥器、瓷坩埚、搪瓷盘、毛刷等。

6.8.3 试验步骤

6.8.3.1 按 6.1 规定取样,筛除大于 37.5 mm 的颗粒,然后缩分至约 1.0 kg。风干后粉磨,筛除大于 75 μm的颗粒。将小于 75 μm 的粉状试样再按四分法缩分至 30 g～40 g,放在烘箱中于(105±5)℃下烘干至恒量,待冷却至室温后备用。

6.8.3.2 称取粉状试样 1 g,精确至 0.001 g。将粉状试样倒入 300 mL 烧杯中,加入 20 mL～30 mL 蒸馏水及 10 mL 稀盐酸,然后放在电炉上加热至微沸,并保持微沸 5 min,使试样充分分解后取下,用中速滤纸过滤,用温水洗涤 10 次～12 次。

6.8.3.3 加入蒸馏水调整滤液体积至 200 mL,煮沸后,搅拌滴加 10 mL 浓度为 10%的氯化钡溶液,并将溶液煮沸数分钟,取下静置至少 4 h(此时溶液体积应保持在 200 mL),用慢速滤纸过滤,用温水洗涤至氯离子反应消失(用 1%硝酸银溶液检验)。

6.8.3.4 将沉淀物及滤纸一并移入已恒量的瓷坩埚内,灰化后在 800℃高温炉内灼烧 30 min。取出瓷坩埚,在干燥器中冷却至室温后,称出试样质量,精确至 0.001 g。如此反复灼烧,直至恒量。

6.8.4 结果计算与评定

6.8.4.1 水溶性硫化物和硫酸盐含量(以 SO_3 计)按式(8)计算,精确至 0.1%:

$$Q_d = \frac{G_2 \times 0.343}{G_1} \times 100 \qquad \cdots\cdots(4)$$

式中:Q_d——水溶性硫化物和硫酸盐含量,%;

G_1——粉磨试样质量,g;

G_2——灼烧后沉淀物的质量,g;

0.343——硫酸钡($BaSO_4$)换算成 SO_3 的系数。

6.8.4.2 硫化物和硫酸盐含量取两次试验结果的算术平均值,精确至 0.1%。若两次试验结果之差大于 0.2%时,须重新试验。

6.9 坚固性

6.9.1 试剂和材料

a) 10%氯化钡溶液;

b) 硫酸钠溶液:在 1 L 水中(水温 30℃左右),加入无水硫酸钠(Na_2SO_4)350 g,或结晶硫酸钠($Na_2SO_4 \cdot H_2O$)750 g,边加入边用玻璃棒搅拌,使其溶解并饱和。然后冷却至 20℃～25℃,在此温度下静置48 h,即为试验溶液,其密度应为 1.151～1.174 g/cm³。

6.9.2 仪器设备

a) 鼓风烘箱:能使温度控制在(105±5)℃;

b) 台秤:称量 10 kg 感量 10 g;

c) 天平:称量 1 kg,感量 1 g;

d) 三脚网篮:用金属丝制成,网篮直径为 100 mm,高为 150 mm,网的孔径 2 mm～3 mm;

e) 方孔筛:同 6.3.1;

f) 容器:瓷缸,容积不小于 50 L;

g) 密度计;

h) 玻璃棒、搪瓷盘、毛刷等。

6.9.3 试验步骤

6.9.3.1 按 6.1 规定取样,并将试样缩分至可满足表 13 规定的数量,用水淋洗干净,放在烘箱中于(105±5)℃下烘干至恒量,待冷却至室温后,筛除小于 4.75 mm 的颗粒,然后按 6.3 条规定进行筛分后备用。

表 13 坚固性试验所需的试样数量

石子粒级,mm	4.75～9.50	9.50～19.0	19.0～37.5	37.5～63.0	63.0～75.0
试样量,g	500	1000	1500	3000	3000

6.9.3.2 按表 13 规定数量称取的试样,精确至 1g,将不同粒级的试样分别装入网篮,并浸入盛有硫酸钠溶液的容器中,溶液的体积应不小于试样总体积的 5 倍。网篮浸入溶液时,应上下升降 25 次,以排除试样的气泡,然后静置于该容器中,网篮底面应距离容器底面约 30 mm,网篮之间距离应不小于30 mm,液面至少高于试样表面 30 mm,溶液温度应保持在 20℃～25℃。

6.9.3.3 浸泡 20 h 后,把装试样的网篮从溶液中取出,放在烘箱中于(105±5)℃烘 4 h,至此,完成了第一次试验循环,待试样冷却至 20℃～25℃后,再按上述方法进行第二次循环。从第二次循环开始,浸泡与烘干时间均为 4 h,共循环 5 次。

6.9.3.4 最后一次循环后,用清洁的温水淋洗试样,直至淋洗试样后的水加入少量氯化钡溶液不出现白色浑浊为止,洗过的试样放在烘箱中于(105±5)℃下烘干至恒量。待冷却至室温后,用孔径为试样粒级下限的筛过筛,称出各粒级试样试验后的筛余量,精确至 0.1 g。

6.9.4 结果计算

6.9.4.1 各粒级试样质量损失百分率按式(5)计算,精确至 0.1%:

$$P_i = \frac{G_1 - G_2}{G_1} \times 100 \qquad \cdots\cdots(5)$$

式中:P_i——各粒级试样质量损失百分率,%;

G_1——各粒级试样试验前的质量,g;

G_2——各粒级试样试验后的筛余量,g。

6.9.4.2 试样的总质量损失百分率按式(6)计算,精确至 1%:

$$P = \frac{\partial_1 P_1 + \partial_2 P_2 + \partial_3 P_3 + \partial_4 P_4 + \partial_5 P_5}{\partial_1 + \partial_2 + \partial_3 + \partial_4 + \partial_5} \qquad \cdots\cdots(6)$$

式中: P——试样的总质量损失率,%;

∂_1、∂_2、∂_3、∂_4、∂_5——分别为各粒级质量占试样(原试样中筛除了小于 4.75mm 颗粒)总质量的百分率,%;

P_1、P_2、P_3、P_4、P_5——分别为各粒级试样质量损失百分率,%。

6.10 岩石抗压强度

6.10.1 仪器设备

a) 压力试验机:量程 1 000 kN;示值相对误差 2%;

b) 钻石机或锯石机;

c) 岩石磨光机;

d) 游标卡尺和角尺。

6.10.2 试件

a) 立方体试件尺寸:50 mm×50 mm×50 mm;

b) 圆柱体试件尺寸:ϕ50 mm×50 mm;

c) 试件与压力机压头接触的两个面要磨光并保持平行,6 个试件为一组。对有明显层理的岩石,应制作二组,一组保持层理与受力方向平行,另一组保持层理与受力方面垂直,分别测试。

6.10.3 试验步骤

6.10.3.1 用游标卡尺测定试件尺寸,精确至 0.1 mm,并计算顶面和底面的面积。取顶面和底面的算术平均值作为计算抗压强度所用的截面积。将试件浸没于水中浸泡 48 h。

6.10.3.2 从水中取出试件,擦干表面,放在压力机上进行强度试验,加荷速度为 0.5 MPa/s～

1 MPa/s。

6.10.4 结果计算与评定

6.10.4.1 试件抗压强度按式(7)计算,精确至 0.1 MPa:

$$R = \frac{F}{A} \quad \cdots\cdots(7)$$

式中:R——抗压强度,MPa;

F——破坏荷载,N;

A——试件的截面积,mm²。

6.10.4.2 岩石抗压强度取 6 个试件试验结果的算术平均值,并给出最小值,精确至 1 MPa。

6.10.4.3 对存在明显层理的岩石,应分别给出受力方向平行层理的岩石抗压强度与受力方向垂直层理的岩石抗压强度。

注:仲裁检验时,以 ϕ50 mm×50 mm 圆柱体试件的抗压强度为准。

6.11 压碎指标值

6.11.1 仪器设备

a) 压力试验机:量程 300 kN,示值相对误差 2%;

b) 台秤:称量 10 kg,感量 10 g;

c) 天平:称量 1 kg,感量 1 g;

d) 受压试模(压碎值测定仪,见图 3);

e) 方孔筛:孔径分别为 2.36 mm、9.50 mm 及 19.0 mm 的筛各一只;

f) 垫棒:ϕ10 mm,长 500 mm 圆钢。

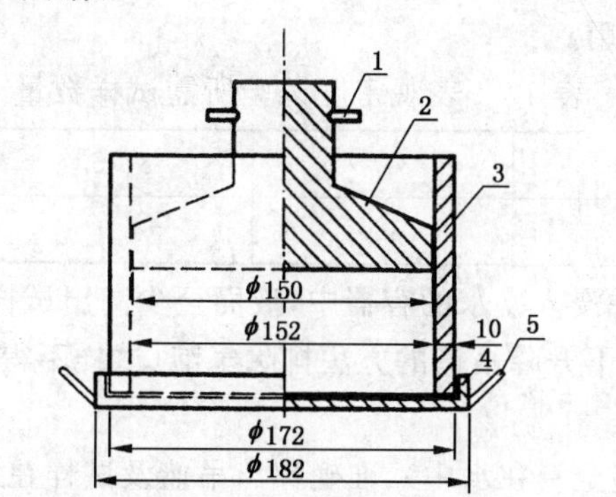

1—把手;2—加压头;3—圆模;4—底盘;5—手把

图 3 压碎值测定仪

6.11.2 试验步骤

6.11.2.1 按 6.1 规定取样,风干后筛除大于 19.0 mm 及小于 9.50 mm 的颗粒,并去除针片状颗粒,分为大致相等的三份备用。

6.11.2.2 称取试样 3 000 g,精确至 1 g。将试样分两层装入圆模(置于底盘上)内,每装完一层试样后,在底盘下面垫放一直径为 10 mm 的圆钢,将筒按住,左右交替颠击地面各 25 次,两层颠实后,平整模内试样表面,盖上压头。

注 1:当试样中粒径在 9.50 mm~19.0 mm 之间的颗粒不足时,允许将粒径大于 19.0 mm 的颗粒破碎成粒径在 9.50 mm~19.0 mm 之间的颗粒用作压碎指标值试验。

注 2:当圆模装不下 3 000 g 试样时,以装至距圆模上口 10 mm 为准。

6.11.2.3 把装有试样的模子置于压力机上,开动压力试验机,按 1 kN/s 速度均匀加荷至 200 kN 并稳荷 5 s,然后卸荷。取下加压头,倒出试样,用孔径 2.36 mm 的筛筛除被压碎的细粒,称出留在筛上的试样质量,精确至 1 g。

6.11.3 结果计算与评定

6.11.3.1 压碎指标值按式(8)计算,精确至0.1%;

$$Q_e = \frac{G_1 - G_2}{G_1} \times 100 \qquad \cdots\cdots(8)$$

式中:Q_e——压碎指标值,%;

G_1——试样的质量,g;

G_2——压碎试验后筛余的试样质量,g。

6.11.3.2 压碎指标值取三次试验结果的算术平均值,精确至1%。

6.12 表观密度

6.12.1 液体比重天平法

6.12.1.1 仪器设备

a)鼓风烘箱:能使温度控制在(105±5)℃;

b)台秤:称量5 kg,感量5 g;其型号及尺寸应能允许在臂上悬挂盛试样的吊篮,并能将吊篮放在水中称量;

c)吊篮:直径和高度均为150 mm,由孔径为1 mm～2 mm的筛网或钻有2 mm～3 mm孔洞的耐锈蚀金属板制成;

d)方孔筛:孔径为4.75 mm的筛一只;

e)盛水容器:有溢流孔;

f)温度计、搪瓷盘,毛巾等。

6.12.1.2 试验步骤

a)按6.1规定取样,并缩分至略大于表14规定的数量,风干后筛除小于4.75 mm的颗粒,然后洗刷干净,分为大致相等的两份备用。

表14 表观密度试验所需试样数量

最大粒径,mm	小于26.5	31.5	37.5	63.0	75.0
最少试样质量,kg	2.0	3.0	4.0	6.0	6.0

b)取试样一份装入吊篮,并浸入盛水的容器中,液面至少高出试样表面50 mm。浸水24 h后,移放到称量用的盛水容器中,并用上下升降吊篮的方法排除气泡(试样不得露出水面)。吊篮每升降一次约1 s,升降高度为30 mm～50 mm。

c)测定水温后(此时吊篮应全浸在水中),准确称出吊篮及试样在水中的质量,精确至5 g。称量时盛水容器中水面的高度由容器的溢流孔控制。

d)提起吊篮,将试样倒入浅盘,放在烘箱中于(105±5)℃下烘干至恒量,待冷却至室温后,称出其质量,精确至5 g。

e)称出吊篮在同样温度得水中的质量,精确至5 g。称量时盛水容器的水面高度仍由溢流孔控制。

注:试验时各项称量可以在15℃～25℃范围内进行,但从试样加水静止的2 h起至试验结束,其温度变化不应超过2℃。

6.12.1.3 结果计算与评定

a)表观密度按式(9)计算,精确至10 kg/m³:

$$\rho_0 = \left(\frac{G_0}{G_0 + G_2 - G_1}\right) \times \rho_{水} \qquad \cdots\cdots(9)$$

式中:ρ_0——表观密度,kg/m³;

G_0——烘干后试样的质量,g;

G_1——吊篮及试样在水中的质量,g;

G_2——吊篮在水中的质量,g;

$\rho_{水}$——1 000 kg/m³。

b）表观密度取两次试验结果的算术平均值，两次试验结果之差大于 20 kg/m³，须重新试验。对颗粒材质不均匀的试样，如两次试验结果之差超过 20 kg/m³，可取 4 次试验结果的算术平均值。

6.12.2 广口瓶法

本方法不宜用于测定最大粒径大于 37.5mm 的碎石或卵石的表观密度。

6.12.2.1 仪器设备

a）鼓风烘箱：能使温度控制在（105±5）℃；

b）天平：称量 2 kg，感量 1 g；

c）广口瓶：1 000 mL，磨口，带玻璃片

d）方孔筛：孔径为 4.75 mm 的筛一只；

e）温度计、搪瓷盘、毛巾等。

6.12.2.2 试验步骤

a）按 6.1 规定取样，并缩分至略大于表 14 规定的数量，风干后筛除小于 4.75 mm 的颗粒，然后洗刷干净，分为大致相等的两份备用。

b）将试样浸水饱和，然后装入广口瓶中。装试样时，广口瓶应倾斜放置，注入饮用水，用玻璃片覆盖瓶口。以上下左右摇晃的方法排除气泡；

c）气泡排尽后，向瓶中添加饮用水，直至水面凸出瓶口边缘。然后用玻璃片沿瓶口迅速滑行，使其紧贴瓶口水面。擦干瓶外水分后，称出试样、水、瓶和玻璃片总质量，精确至 1 g。

d）将瓶中试样倒入浅盘，放在烘箱中于（105±5）℃下烘干至恒量，待冷却至室温后，称出其质量，精确至 1 g。

e）将瓶洗净并重新注入饮用水，用玻璃片紧贴瓶口水面，擦干瓶外水分后，称出水、瓶和玻璃片总质量，精确至 1 g。

注：试验时各项称量可以在 15℃～25℃范围内进行，但从试样加水静止的 2 h 起至试验结束，其温度变化不应超过 2℃。

6.12.2.3 结果计算与评定

a）表观密度按式（9）计算，精确至 10 kg/m³：

$$\rho_0 = \left(\frac{G_0}{G_0 + G_2 - G_1}\right) \times \rho_{水} \qquad \cdots\cdots(9)$$

式中：ρ_0——表观密度，kg/m³；

G_0——烘干后试样的质量，g；

G_1——试样、水、瓶和玻璃片的总质量，g；

G_2——水、瓶和玻璃片的总质量，g；

$\rho_{水}$——1 000 kg/m³。

b）表观密度取两次试验结果的算术平均值，两次试验结果之差大于 20 kg/m³，须重新试验。对颗粒材质不均匀的试样，如两次试验结果之差超过 20 kg/m³，可取 4 次试验结果的算术平均值。

6.13 体积密度与空隙率

6.13.1 仪器设备

a）台秤：称量 10 kg，感量 10 g；

b）磅秤：称量 50 kg 或 100 kg，感量 50 g；

c）容量筒：容量筒规格见表 15；

d）垫棒：直径 16 mm，长 600 mm 的圆钢；

e）直尺，小铲等。

表 15 容量筒的规格要求

最大粒径,mm	容量筒容积,L	容量筒规格		
		内径,mm	净高,mm	壁厚,mm
9.5,16.0,19.0,26.5	10	208	294	2
31.5,37.5	20	294	294	3
53.0,63.0,75.0	30	360	294	4

6.13.2 试验步骤

6.13.2.1 按 6.1 规定取样,烘干或风干后,拌匀并把试样分为大致相等两份备用。

6.13.2.2 松散堆积密度

取试样一份,用小铲将试样从容量筒口中心上方 50 mm 处徐徐倒入,让试样以自由落体落下,当容量筒上部试样呈堆体,且容量筒四周溢满时,即停止加料。除去凸出容量口表面的颗粒,并以合适的颗粒填入凹陷部分,使表面稍凸起部分和凹陷部分的体积大致相等(试验过程应防止触动容量筒),称出试样和容量筒总质量。

6.13.2.3 紧密堆积密度

取试样一份分为三次装入容量筒。装完第一层后,在筒底垫放一根直径为 16mm 的圆钢,将筒按住,左右交替颠击地面各 25 次,再装入第二层,第二层装满后用同样方法颠实(但筒底所垫钢筋的方向与第一层时的方向垂直),然后装入第三层,如法颠实。试样装填完毕,再加试样直至超过筒口,用钢尺沿筒口边缘刮去高出的试样,并用适合的颗粒填平凹处,使表面稍凸起部分与凹陷部分的体积大致相等。称取试样和容量筒的总质量,精确至 10 g。

6.13.3 结果计算与评定

6.13.3.1 松散或紧密堆积密度按式(10)计算,精确至 10 kg/m³

$$\rho_1 = \frac{G_1 - G_2}{V} \qquad \cdots\cdots(10)$$

式中:ρ_1——松散堆积密度或紧密堆积密度,kg/m³;

G_1——容量筒和试样的总质量,g;

G_2——容量筒质量,g;

V——容量筒的容积,L。

6.13.3.2 空隙率按式(11)计算,精确至 1%:

$$V_0 = \left(1 - \frac{\rho_1}{\rho_2}\right) \times 100 \qquad \cdots\cdots(11)$$

式中:V_0——空隙率,%;

ρ_1——按式(10)计算的松散(或紧密)堆积密度,kg/m³;

ρ_2——按式(9)计算的表观密度,kg/m³。

6.13.3.3 堆积密度取两次试验结果的算术平均值,精确至 10 kg/m³。空隙率取两次试验结果的算术平均值,精确至 1%。

6.13.4 容量筒的校准方法

将温度为(20±2)℃的饮用水装满容量筒,用一玻璃板沿筒口推移,使其紧贴水面。擦干筒外壁水分,然后称出其质量,精确至 10 g。容量筒容积按式(12)计算,精确至 1 mL:

$$V = G_1 - G_2 \qquad \cdots\cdots(12)$$

式中:V——容量筒容积,mL;

G_1——容量筒、玻璃板和水的总质量,g;

G_2——容量筒和玻璃板质量,g。

6.14 碱集料反应

在碱集料反应试验前，应先用岩相法鉴定岩石种类及所含的活性矿物种类，试验方法见附录A（标准的附录）。

6.14.1 碱-硅酸反应

6.14.1.1 适用范围

本方法适用于检验硅质集料与混凝土中的碱发生潜在碱-硅酸反应的危害性。不适用于碳酸类集料。

6.14.1.2 仪器设备

a）鼓风烘箱：能使温度控制在(105± 5)℃；

b）天平：称量1 000 g，感量0.1 g；

c）方孔筛：4.75 mm、2.36 mm、1.18 mm、600 μm、300 μm及150 μm的筛各一只；

d）比长仪：由百分表和支架组成。百分表的量程10 mm，精度0. 01 mm；

e）水泥胶砂搅拌机（符合GB/T 177要求）；

f）恒温养护箱或养护室：温度(40±2)℃，相对湿度95%以上；

g）养护筒：由耐腐蚀材料制成，应不漏水，筒内设有试件架；

h）试模：规格为25 mm×25 mm×280 mm，试模两端正中有小孔，装有不锈钢质膨胀测头；

i）破碎机；

j）跳桌、秒表、干燥器、搪瓷盘、毛刷等。

6.14.1.3 环境条件

a）材料与成型室的温度应保持在20.0℃～27.5℃，拌合水及养护室的温度应保持在(20±2)℃；

b）成型室、测长室的相对湿度应不小于80%；

c）恒温养护箱或养护室温度应保持在(40±2)℃。

6.14.1.4 试件制作

a)按6.1规定取样，并缩分至约5.0 kg，将试样破碎后筛分成150 μm～300 μm、300 μm～600 μm、600 μm～1.18 mm，1.18 mm～2.36 mm和2.36 mm～4.75 mm五个粒级。每一个粒级在相应筛上用水淋洗干净后，放在烘箱中于(105±5)℃下烘干至恒量，分别存放在干燥器内备用。

b）采用碱含量(以Na_2O计，即K_2O×0.658+Na_2O)大于1.2%的高碱水泥。低于此值时，掺浓度为10%的Na_2O溶液，将碱含量调至水泥量的1.2%。

c）水泥与集料的质量比为1：2.25，一组3个试件共需水泥440 g，精确至0.1 g，集料990 g（各粒级的质量按表16分别称取，精确至0.1 g）。用水量按GB 2419确定。跳桌跳动频率为6 s跳动10次，流动度以105 mm～120 mm为准。

表16 碱集料反应用破碎集料各粒级的质量

筛孔尺寸	4.75 mm～2.36 mm	2.36 mm～1.18 mm	1.18 mm～600 μm	600 μm～300 μm	300 μm～150 μm
质量，g	99.0	247.5	247.5	247.5	148.5

d）砂浆搅拌应按GB/T 177规定进行。

e）搅拌完成后，立即将砂浆分两次装入已装有膨胀测头的试模中，每层捣40次，注意膨胀测头四周应小心捣实，浇捣完毕后用镘刀刮除多余砂浆，抹平、编号并表明测长方向。

6.14.1.5 养护与测长

a）试件成型完毕后，立即带模放入标准养护室内。养护(24±2)h后脱模，立即测量试件的长度，此长度为试件的基准长度。测长应在(20±2)℃的恒温室中进行。每个试件至少重复测量两次，其算术平均值作为长度测定值，待测的试件须用湿布覆盖，以防止水分蒸发。

b）测完基准长度后，将试件垂直立于养护筒的试件架上，架下放水，但试件不能与水接触（一个养护筒内的试件品种应相同)，加盖后放入(40±2)℃的养护箱或养护室内。

c) 测长龄期自测定基准长度之日起计算，14 d，1 个月、2 个月、3 个月、6 个月，如有必要还可适当延长。在测长前一天，应把养护筒从(40±2)℃的养护箱或养护室内取出，放到(20±2)℃的恒温室内。测长方法与测基准长度的方法相同，测量完毕后，应将试件放入养护筒中，加盖后放回(40±2)℃的养护箱或养护室继续养护至下一个测试龄期。

d) 每次测长后，应对每个试件进行挠度测量和外观检查。

挠度测量：把试件放在水平面上，测量试件与平面间的最大距离应不大于 0.3 mm。

外观检查：观察有无裂缝，表面沉积物或渗出物，特别注意在空隙中有无胶体存在，并作详细记录。

6.14.1.6　结果计算与评定

a) 试件膨胀率按式(13)计算，精确至 0.001%：

$$\Sigma_t = \frac{L_t - L_0}{L_0 - 2\Delta} \times 100 \qquad \cdots\cdots(13)$$

式中：Σ_t——试件在 t 天龄期的膨胀率，%；

L_t——试件在 t 天龄期的长度，mm；

L_0——试件的基准长度，mm；

Δ——膨胀端头的长度，mm。

b) 膨胀率以 3 个试件膨胀值的算术平均值作为试验结果，精确至 0.01%。一组试件中任何一个试件的膨胀率与平均值相差不大于 0.01%，则结果有效，而对膨胀率平均值大于 0.05%时，每个试件的测定值与平均值之差小于平均值的 20%，也认为结果有效。

6.14.1.7　结果判定

当半年膨胀率小于 0.10%时，判定为无潜在碱-硅酸反应危害。反之，则判定为有潜在碱-硅酸反应危害。

6.14.2　快速碱-硅酸反应

6.14.2.1　适用范围

同 6.14.1.1。

6.14.2.2　试剂和材料

a) 氢氧化钠：分析纯；

b) 蒸馏水或去离子水；

c) 氢氧化钠溶液：40gNaOH 溶于 900mL 水中，然后加水到 1 L，所需氢氧化钠溶液总体积为试件总体积的(4±0.5)倍(每一个试件的体积约为 184 mL)。

6.14.2.3　仪器设备

a) 鼓风烘箱：能使温度控制在(105±5)℃；

b) 天平：称量 1 000 g，感量 0.1 g；

c) 方孔筛：4.75 mm、2.36 mm、1.18 mm、600 μm、300 μm 及 150 μm 的筛各一只；

d) 比长仪：由百分表和支架组成。百分表的量程 10 mm，精度 0. 01 mm；

e) 水泥胶砂搅拌机；(符合 GB/T 177 要求)

f) 高温恒温养护箱或水浴：温度保持在(80±2)℃；

g) 养护筒：由可耐碱长期腐蚀的材料制成，应不漏水，筒内设有试件架，筒的容积可以保证试件分离地浸没在体积为(2208±276)mL 水中或 1 mol/L 的氢氧化钠溶液中，且不能与容器壁接触。

h) 试模：规格为 25 mm×25 mm×280 mm，试模两端正中有小孔，装有不锈钢质膨胀测头；

i) 破碎机；

j) 干燥器、搪瓷盘、毛刷等。

6.14.2.4　环境条件

a）材料与成型室的温度应保持在 20.0℃～27.5℃，拌合水及养护室的温度应保持在(20±2)℃；

b）成型室、测长室的相对湿度应不小于 80%；

c）高温恒温养护箱或水浴应保持在(80±2)℃。

6.14.2.5 试件制作

a）按 6.1 规定取样，并将试样缩分至约 5.0 kg，将试样破碎后筛分成 150 μm～300 μm、300 μm～600 μm、600 μm～1.18mm、1.18 mm～2.36mm 和 2.36 mm～4.75mm 五个粒级。每一个粒级在相应筛上用水淋洗干净后，放在烘箱中于(105±5)℃下烘干至恒量，分别存放在干燥器内备用。

b）采用符合 GB 175 技术要求的硅酸盐水泥，水泥中不得有结块，并在保质期内。

c）水泥与集料的质量比为 1∶2.25，水灰比为 0.47。一组 3 个试件共需水泥 440 g，精确至 0.1 g，砂 990 g(各粒级的质量按表 16 分别称取，精确至 0.1 g)。

d）砂浆搅拌应按 GB/T 177 规定进行。

e）搅拌完成后，立即将砂浆分两次装入已装有膨胀测头的试模中，每层捣 40 次，注意膨胀测头四周应小心捣实，浇捣完毕后用镘刀刮除多余砂浆，抹平、编号并表明测长方向。

6.14.2.6 养护与测长

a）试件成型完毕后，立即带模放入标准养护室内。养护(24±2)h 后脱模，立即测量试件的初始长度。待测的试件须用湿布覆盖，以防止水分蒸发。

b）测完初始长度后，将试件浸没于养护筒(一个养护筒内的试件品种应相同)内的水中，并保持水温在(80±2)℃的范围内(加盖放在高温恒温养护箱或水浴中)，养护(24±2)h。

c）从高温恒温养护箱或水浴中拿出一个养护筒，从养护筒内取出试件，用毛巾擦干表面，立即读出试件的基准长度〔从取出试件至完成读数应在(15±5)s 时间内〕，在试件上覆盖湿毛巾，待全部试件测完基准长度后，再将所有试件分别浸没于养护筒内的 1 mol/L NaOH 溶液中，并保持溶液温度在(80±1)℃的范围内(加盖放在高温恒温养护箱或水浴中)。

d）测长龄期自测定基准长度之日起计算，在测基准长度后第 3d、7d、10d 各测量一次，每次测长时间安排在每天近似同一时刻内，测长方法与测基准长度的方法相同，每次测长完毕后，应将试件放入原养护筒中，加盖后放回(80±1)℃的高温恒温养护箱或水浴中继续养护至下一个测试龄期。14 d 后如需继续测长，可安排每 7 d 一次测长。

6.14.2.7 结果计算与评定

同 6.14.2.6。

6.14.2.8 结果判定

a）当 14 d 膨胀率小于 0.10%时，在大多数情况下可以判定为无潜在碱-硅酸反应危害；

b）当 14 d 膨胀率大于 0.20%时，可以判定为有潜在碱-硅酸反应危害；

c）当 14 d 膨胀率在 0.10%～0.20%之间时，不能最终判定有潜在碱-硅酸反应危害，可以按 6.14.1方法再进行试验来判定。

6.14.3 碱-碳酸盐反应

6.14.3.1 适用范围

本方法适用于检验碳酸盐类集料与混凝土中的碱发生潜在碱-碳酸盐反应的危害性。不适用于硅质集料。

6.14.3.2 试剂和材料

a）氢氧化钠：化学纯；

b）氢氧化钠溶液 c(NaOH)＝1 mol/L：将(40±1)g NaOH 溶解于 1 L 蒸馏水中；

c）蒸馏水。

6.14.3.3 仪器设备

a）圆筒钻机(φ9 mm)；

b）测长仪：量程 25 mm～50 mm，精度 0.01 mm；

c）养护瓶：由耐碱材料制成，能盖严以避免溶液变质；

d）锯石机、磨片机

6.14.3.4 试验步骤

a）将一块岩石按其层理方向水平放置（如岩石层理不清，可任意放置），再按三个相互垂直的方向钻切三个岩石圆柱体[ϕ(9±1)mm，长(35±5)mm]试件，试件两端面应磨光，互相平行且垂直于圆柱体主轴，并保持干净显露岩面本色。

b）试件编号后，放入盛有蒸馏水的养护瓶中，置于(20±2)℃的恒温室内，每隔 24 h 取出擦干表面，进行测长，直到前后两次测得的长度变化率之差≤0.02%为止，以最后一次测得的长度为基准长度。

c）再将试件浸入盛有 1 mol/L 氢氧化钠溶液的养护瓶中，液面高出岩石柱不少于 10 mm，且每个试件的平均需液量应不少于 50 mL，同一容器中不得浸泡不同品种的试件。盖严养护瓶，置于(20±2)℃的恒温室内。溶液每六个月更换一次。

d）将试件从氢氧化钠溶液中取出，用蒸馏水洗净，擦干表面，在(20±2)℃恒温室内测长，测定的周期为 7d、14d、21d、28d、56d、84d，如有需要，以后可每 4 周测长一次，一年后，每 12 周测长一次。注意观察在碱液浸泡过程中，试件的开裂，弯曲，断裂等变化，并及时记录。

6.14.3.5 结果计算与评定

a）膨胀率计算同 6.14.1.6a)。

b）同块岩石所取的试件，取膨胀率最大的一个测值作为岩样的膨胀率。

c）结果判定：试件浸泡 84d 的膨胀率，如超过 0.10%，则判定该岩石样品具有潜在碱-碳酸盐反应危害。

7 检验规则

7.1 检验分类

7.1.1 出厂检验

卵石和碎石的出厂检验项目为：颗粒级配、含泥量、泥块含量、针片状含量。

7.1.2 型式检验

卵石和碎石的型式检验项目为本标准 5.1～5.6 所规定的所有技术要求，碱集料反应根据需要进行。

有下列情况之一时，应进行型式检验：

a）新产品投产和老产品转产时；

b）原料资源或生产工艺发生变化时；

c）正常生产时，每年进行一次；

d）国家质量监督机构要求检验时。

7.2 组批规则

按同品种、规格、适用等级及日产量每 600 t 为一批，不足 600 t 亦为一批，日产量超过 2 000 t，按 1 000 t为一批，不足 1 000 t 亦为一批。日产量超过 5 000 t，按 2 000 t 为一批，不足 2 000 t 亦为一批。

7.3 判定规则

7.3.1 检验(含复检)后，各项性能指标都符合本标准的相应类别规定时，可判为该产品合格。

7.3.2 技术要求 5.1～5.6 若有一项性能指标不符合本标准要求时，则应从同一批产品中加倍取样，对不符合标准要求的项目进行复检。复检后，该项指标符合本标准要求时，可判该类产品合格，仍然不符合本标准要求时，则该批产品判为不合格。

8 标志、储存和运输

8.1 卵石、碎石出厂时，供需双方在厂内验收产品，生产厂应提供产品质量合格证书，其内容包括：

a）类别、规格和生产厂名；

b）批量编号及供货数量；

c）检验结果、日期及执行标准编号；

d）合格证编号及发放日期；

e）检验部门及检验人员签章。

8.2 卵石、碎石应按类别、规格分别堆放和运输，防止人为碾压及污染产品。

8.3 运输时，应认真清扫车船等运输设备并采取措施防止杂物混入和粉尘飞扬。

附 录 A
（标准的附录）
集料碱活性检验（岩相法）

A1 适用范围

通过肉眼和显微镜观察，鉴定所用集料（包括砂、石）的种类和成分，从而确定碱活性集料的种类和数量。

A2 试剂和材料

盐酸、茜素红、折光率浸油、金刚砂、树胶（如冷杉树）以及酒精等。

A3 仪器设备

A3.1 套筛：方孔筛孔径 150 μm、300 μm、600 μm、1.18 mm、2.36 mm、4.75 mm、19.0 mm、37.5 mm、53.0 mm，并有筛底和筛盖。

A3.2 磅秤：称量 100 kg，感量 100 g。

A3.3 架盘天平：称量 1 kg，感量 0.5 g。

A3.4 切片机、磨光机、镶嵌机。

A3.5 实体显微镜、偏光显微镜。

A3.6 其它：载玻片、盖玻片、地质锤、砧板及酒精灯等。

A4 取样

用四分法选取石料，风干后进行筛分，按表 A1 所规定的数量称取试样。

表 A1 石料试样质量

石料粒径，mm	试样质量，kg	备 注
37.5～19.0	50	试样数量，也可按颗粒计，但每级至少 300 颗
19.0～4.75	20	

A5 石料的鉴定

A5.1 将试样逐粒进行肉眼鉴定。需要时可将颗粒放在砧板上用地质锤击碎（注意应是岩石片损失最小），观察颗粒新鲜断口。

A5.2 石料鉴定按下列准则分类：

（1）岩石名称及物理性质。包括主要的矿物成分、风化程度、有无裂缝、坚硬性、有无包裹体和断口形状等。

（2）化学性质。分为在混凝土中可能或不能产生碱集料反应两种。

（3）对初步确定为碱活性集料的岩石颗粒，应制成薄片，在显微镜下鉴定矿物组成、结构等，应特别测定其隐晶体、玻璃质成份的含量。

A6 试验结果处理

根据鉴定结果，骨料被评定为非碱活性时，既作为最后结论。如评定为碱活性骨料或可疑时，应按本标准 6.15 方法进行检验。

附　录　B
（提示的附录）
吸水率的测定

B1　仪器设备

a.　鼓风烘箱：能使温度控制在（105±5）℃；

b.　台秤：称量 10 kg，感量 10 g；

c.　天平：称量 1 kg，感量 1 g；

d.　方孔筛：孔径为 4.75 mm 的筛一只；

e.　容器、搪瓷盘、毛巾、刷子等。

B2　试验步骤

B2.1　按 6.3 规定取样，并将试样缩分至略大于表 B1 规定的数量。洗刷干净后分为大致相等的两份备用。

表 B1　试样数量

石子最大粒径，mm	9.50	16.0	19.0	26.5	31.5	37.5	63.0	75.0
最少试样质量，kg	2.0	2.0	4.0	4.0	4.0	6.0	6.0	8.0

B2.2　取试样一份置于盛水的容器中，水面应高出试样表面约 5 mm，浸泡 24 h 后，从水中取出，烘干的湿毛巾将颗粒表面的水分擦干，即成为饱和面干试样，立即称出其质量，精确至 1 g。

B2.3　将饱和面干试样放在烘箱中于（105±5）℃下烘干至恒重，待冷却至室温后，称出其质量，精确至 1 g。

B3　结果计算与评定

B3.1　吸水率按式（B1）计算，精确至 0.1%

$$W = \frac{G_1 - G_2}{G_2} \times 100 \qquad \cdots\cdots\cdots\cdots (B1)$$

式中：W——吸水率，%；

G_1——饱和面干试样的质量，g；

G_2——烘干后试样的质量，g。

B3.2　吸水率取两次试验结果的算术平均值，精确至 0.1%。

附　录　C
（提示的附录）
含水率与表面含水率的测定

C1　仪器设备

a）鼓风烘箱：能使温度控制在（105±5）℃；

b）天平：称量 10 kg，感量 1 g；

c）小铲、搪瓷盘、毛巾、刷子等。

C2 试验步骤

C2.1 按 6.3 规定取样，并将试样缩分至约 4.0 kg，拌匀后分为大致相等的两份备用。

C2.2 称取试样一份，精确至 1 g，放在烘箱中于(105±5)℃下烘干至恒重，待冷却至室温后，称出其质量，精确至 1 g。

C3 结果计算与评定

C3.1 含水率按式(C1)计算，精确至 0.1%：

$$Z = \frac{G_1 - G_2}{G_2} \times 100 \qquad \cdots\cdots(C1)$$

式中：Z——含水率，%；

G_1——烘干前试样的质量，g；

G_2——烘干后试样的质量，g。

C3.2 表面含水率按式(C2)计算，精确至 0.1%：

$$H = (Z - W) \times \frac{1}{HW/100} \qquad \cdots\cdots(C2)$$

式中：H——表面含水率，%；

Z——按式(C1)计算的含水率，%；

W——按式(B1)计算的吸水率，%。

C3.3 含水率与表面含水率取两次试验结果的算术平均值，精确至 0.1%。

前　言

本标准是由 JC/T 785—81(96)《粉煤灰陶粒和陶砂》、JC/T 786—81(96)《粘土陶粒和陶砂》、JC/T 787—81(96)《页岩陶粒和陶砂》、JC/T 788—81(96)《天然轻集料》、JC/T 789—81(96)《轻集料试验方法》及 JC 487—92《超轻陶粒和陶砂》和 JC/T 541—94《自燃煤矸石轻集料》等 7 个标准修订成的 1 个标准。修订后标准名称为:《轻集料及其试验方法》。标准由两部分组成:第 1 部分为轻集料;第 2 部分为轻集料试验方法。

本标准的第 1 部分是在 JC/T 785～788—81(96)及 JC 487—92 和JC/T 541—94 等 6 项标准实施多年来实践和科研成果的基础上,参考美、英、法、德和前苏联等国 80 年代以来的有关标准修订而成。为与国际同类标准的编制方法相一致,改变了过去按轻集料品种编制,而采用以性能为主兼顾品种的编制方式;在指标中则尽量与国际先进标准靠拢,使之更为简练、实用。

本标准由国家建筑材料工业局提出。

本标准负责起草单位:中国建筑科学研究院建筑工程材料及制品研究所、国家建筑材料工业局标准化研究所。

本标准参加起草单位:陕西省建筑科学研究设计院、黑龙江省寒地建筑科学研究院、同济大学材料科学与工程学院、上海市建筑科学研究院、辽宁省建设科学研究院、上海申威陶粒制品有限公司和北京格恩特新型建材公司。

本标准主要起草人:龚洛书、陈烈芳、周运灿、杨　斌、关淑君、刘異伯、董金道、沈　玄、宋淑敏等。

中华人民共和国国家标准

轻集料及其试验方法 第1部分：轻集料

GB/T 17431.1—1998

Lightweight aggregates and its test methods —Part 1: Lightweight aggregates

1 范围

本标准规定了轻集料的定义、分类、技术要求、试验方法、检验规则和产品合格证、堆放和运输等。

本标准适用于土木建筑工程混凝土用的无机轻集料，主要包括粘土陶粒、页岩陶粒、粉煤灰陶粒、浮石、火山渣、膨胀矿渣珠、煤渣和自燃煤矸石等轻集料。其他品种和用途的轻集料也可参照使用。

2 引用标准

下列标准所包含的条文，通过在本标准中引用而构成为本标准的条文。本标准出版时，所示版本均为有效。所有标准都会被修订，使用本标准的各方应探讨使用下列标准最新版本的可能性。

GB 6763—1988 建筑材料用的工业废渣放射性物质限制标准

GB 9196—1986 掺工业废渣建筑材料产品放射性物质控制标准

GB/T 17431.2—1998 轻集料及其试验方法 第2部分：轻集料试验方法

JG J51—1990 轻集料混凝土技术规程

3 定义

本标准采用下列定义。

3.1 轻集料

堆积密度不大于1 100 kg/m^3的轻粗集料和堆积密度不大于1 200 kg/m^3的轻细集料的总称。

3.2 粘土陶粒

由粘土和粉质粘土等为主要原料，经加工制粒、烧胀而成的一种人造轻集料。

3.3 页岩陶粒

由粘土质页岩、板岩等为主要原料经破碎、筛分，或粉磨制粒，烧胀而成的一种人造轻集料。

3.4 粉煤灰陶粒

以粉煤灰为主要原料，经加工成球，烧结或烧胀而成的一种工业废料轻集料。

3.5 浮石

火山爆发形成的可浮于水的块状多孔岩石，经破碎、筛分而成的一种天然轻集料。

3.6 火山渣

火山爆发形成的、状如煤渣的多孔岩石碎块，经破碎、筛分而成的一种天然轻集料。

3.7 煤渣

煤在锅炉内燃烧后的多孔残渣，经破碎、筛分而成的一种工业废料轻集料。

3.8 自燃煤矸石

国家质量技术监督局1998-07-15批准 1999-02-01实施

采煤、选煤过程中排出的煤矸石,经堆积、自燃、破碎、筛分而成的一种工业废料轻集料。

3.9 膨胀矿渣珠

以高炉熔融矿渣为原料,经专门工艺加工而成的一种工业废料轻集料。

3.10 超轻集料

堆积密度不大于 500 kg/m³ 的保温用或结构保温用的轻粗集料。

3.11 普通轻集料

堆积密度大于 510 kg/m³ 的轻粗集料。

3.12 高强轻集料

强度标号不小于 25 MPa 的结构用轻粗集料。

4 分类与等级

4.1 分类

按其性能分为:

a) 超轻集料;

b) 普通轻集料;

c) 高强轻集料。

4.2 等级

按其技术指标分为:

a) 优等品(A);

b) 一等品(B);

c) 合格品(C)。

5 技术要求

5.1 颗粒级配

5.1.1 各种轻集料的颗粒级配应符合表 1 的要求,但人造轻粗集料的最大粒径不宜大于 20.0 mm。

5.1.2 轻细集料的细度模数宜在 2.3~4.0 范围内。

表 1 颗粒级配

编号	轻集料种类	级配类别	公称粒级,mm	各号筛的累计筛余(按质量计),%										
				筛孔尺寸,mm										
				40.0	31.5	20.0	16.0	10.0	5.00	2.50	1.25	0.630	0.315	0.160
1	细集料	—	0~5					0	0~10	0~35	20~60	30~80	65~90	75~100
2	粗集料	连续粒级	5~40	0~10	—	40~60	—	50~85	90~100	95~100				
3			5~31.5	0~5	0~10	—	40~75	—	90~100	95~100				
4			5~20	—	0~5	0~10	—	40~80	90~100	95~100				
5			5~16	—	—	0~5	0~10	20~60	85~100	95~100				
6			5~10	—	—	—	0	0~15	80~100	95~100				
7		单粒级	10~16	—	—	0	0~15	85~100	90~100					
注:公称粒级的上限,为该粒级的最大粒径。														

5.2 堆积密度

轻集料按堆积密度划分的密度等级应符合表2的要求。轻集料的匀质性指标，以堆积密度的变异系数计，不应大于0.10。

表2 密度等级

密度等级		堆积密度范围，kg/m³
轻粗集料	轻细集料	
200	—	110～200
300	—	210～300
400	—	310～400
500	500	410～500
600	600	510～600
700	700	610～700
800	800	710～800
900	900	810～900
1 000	1 000	910～1 000
1 100	1 100	1 010～1 100
—	1 200	1 110～1 200

5.3 筒压强度与强度标号

5.3.1 不同密度等级超轻粗集料的筒压强度应不低于表3的规定。

表3 超轻粗集料筒压强度 MPa

超轻集料品种	密度等级	筒压强度		
		优等品	一等品	合格品
粘土陶粒 页岩陶粒 粉煤灰陶粒	200	0.3	0.2	
	300	0.7	0.5	
	400	1.3	1.0	
	500	2.0	1.5	
其他超轻粗集料	≤500	—		

5.3.2 不同密度等级的普通轻粗集料的筒压强度应不低于表4的规定。

表4 普通轻粗集料筒压强度 MPa

轻集料品种	密度等级	筒压强度		
		优等品	一等品	合格品
粘土陶粒 页岩陶粒 粉煤灰陶粒	600	3.0	2.0	
	700	4.0	3.0	
	800	5.0	4.0	
	900	6.0	5.0	
浮石 火山渣 煤渣	600	—	1.0	0.8
	700	—	1.2	1.0
	800	—	1.5	1.2
	900	—	1.8	1.5
自燃煤矸石 膨胀矿渣珠	900	—	3.5	3.0
	1 000	—	4.0	3.5
	1 100	—	4.5	4.0

5.3.3 不同密度等级高强轻粗集料的筒压强度和强度标号均应不低于表5的规定。

表5 高强轻粗集料的筒压强度和强度标号 MPa

密度等级	筒压强度	强度标号
600	4.0	25
700	5.0	30
800	6.0	35
900	6.5	40

5.4 吸水率与软化系数

5.4.1 不同密度等级轻粗集料的吸水率应不大于表6的规定。

表6 轻粗集料的吸水率

类别	轻集料品种	密度等级	吸水率,%
超轻集料	粘土陶粒 页岩陶粒 粉煤灰陶粒	200	30
		300	25
		400	20
		500	15
普通轻集料	粘土陶粒 页岩陶粒	600～900	10
	粉煤灰陶粒	600～900	22
	煤渣	600～900	10
	自燃煤矸石	600～900	10
	膨胀矿渣珠	900～1 100	15
	天然轻集料	—	不作规定
高强轻集料	粘土陶粒 页岩陶粒	600～900	8
	粉煤灰陶粒	600～900	15

5.4.2 软化系数

人造轻粗集料和工业废料轻粗集料的软化系数应不小于0.8;天然轻粗集料的软化系数应不小于0.7。

5.4.3 轻细集料的吸水率和软化系数不作规定。

5.5 粒型系数

5.5.1 不同粒型轻粗集料的粒型系数应符合表7的规定。

表7 轻粗集料的粒型系数

轻集料粒型	平均粒型系数		
	优等品	一等品	合格品
圆球型 ≤	1.2	1.4	1.6
普通型 ≤	1.4	1.6	2.0
碎石型 ≤	—	2.0	2.5
注:轻集料粒型的分类及其定义见JG J51。			

5.6 有害物质含量

轻集料有害物质含量应符合表8的规定。

表8 有害物质含量

项 目 名 称		质量指标	备 注
煮沸质量损失,%	≤	5	
烧失量,%	≤	5	天然轻集料不作规定;用于无筋混凝土的煤渣允许达20
硫化物和硫酸盐含量(按 SO_3 计),%	≤	1.0	用于无筋混凝土的自燃煤矸石允许含量≤1.5
含泥量,%	≤	3	结构用轻集料≤2;不允许含有粘土块
有机物含量		不深于标准色	
放射性比活度		符合GB 9196规定	煤渣、自燃煤矸石应符合GB 6763的规定

6 试验方法

轻集料各项性能指标的检测按本标准GB/T 17431.2和GB 6763、GB 9196的有关规定进行。

7 检验规则

7.1 检验分类

7.1.1 出厂检验

轻粗集料的检验项目为:颗粒级配、堆积密度、粒型系数、筒压强度(高强轻粗集料尚应检测强度标号)和吸水率。

轻细集料的检验项目为:细度模数、堆积密度。

7.1.2 型式检验

轻集料检验项目,应按第5章规定的技术要求全部检测。

有下列情况之一者,必须进行型式检验:

a) 新产品投产和老产品转产时;

b) 正常生产时,每半年进行一次(放射性比活度除外);

c) 当原材料或生产工艺变化时;

d) 停产半年以上,恢复生产时;

e) 国家质量监督机构要求检验时。

7.2 组批规则

轻集料按品种、种类、密度等级和质量等级分批检验与验收。每200 m^3 为一批。不足200 m^3 亦以一批论。

7.3 抽样规则

样品的抽样按GB/T 17431.2和GB 6763、GB 9196的有关规定进行。

7.4 判定规则

7.4.1 检验(含复检)后,各项性能指标都符合本标准的相应等级规定时,可判为该等级。

7.4.2 若有一项性能指标不符合本标准要求时,则应从同一批轻集料中加倍取样,对不符合标准要求的项目进行复检。

复检后，仍然不符合本标准要求时，则该批产品判为降等或不合格。

8 产品合格证、堆放和运输

8.1 轻集料出厂时，生产厂应提供质量合格证书，其内容包括：

a）轻集料品种名称和生产厂名；

b）合格证编号及发放日期；

c）检验结果及执行标准编号；

d）批量编号及供货数量；

e）检验部门及检验人员签盖。

8.2 轻集料应按品种、密度等级、质量等级和颗粒级配类别分别堆放和运输。必要时，应有防雨淋措施。

8.3 可用车、船散装或袋装运输。运输过程中应避免污染或压碎。

8.4 运输时，应采取措施以防粉尘飞扬。

前言

本标准是由 JC/T 785—81(96)《粉煤灰陶粒和陶砂》、JC/T 786—81(96)《粘土陶粒和陶砂》、JC/T 787—81(96)《页岩陶粒和陶砂》、JC/T 788—81(96)《天然轻集料》、JC/T 789—81(96)《轻集料试验方法》及 JC 487—92《超轻陶粒和陶砂》和 JC/T 541—94《自燃煤矸石轻集料》等 7 个标准修订成的 1 个标准。修订后标准名称为:《轻集料及其试验方法》。标准由两部分组成:第 1 部分为轻集料;第 2 部分为轻集料试验方法。

本标准的第 2 部分是在 JC/T 789—81(96)标准实施 10 多年来实践和科研成果的基础上,参考美、英、法、德和前苏联等国有关标准修订而成。标准中的试验方法保留了原标准中行之有效的部分;删去了不再列入本标准的个别指标的有关试验方法;某些指标虽然本标准不再列入,但其试验方法具有较高科研与实用价值的亦仍然保留。

本标准由国家建筑材料工业局提出。

本标准负责起草单位:中国建筑科学研究院建筑工程材料及制品研究所、国家建筑材料工业局标准化研究所。

本标准参加起草单位:陕西省建筑科学研究设计院、黑龙江省寒地建筑科学研究院、辽宁省建设科学研究院、同济大学材料工程系、上海市建筑科学研究院、上海申威陶粒制品有限公司、北京格恩特新型建材公司等。

本标准的主要起草人:龚洛书、刘巽伯、董金道、沈　玄、宋淑敏、杨　斌、关淑君、陈烈芳、周运灿等。

中华人民共和国国家标准

轻集料及其试验方法
第2部分：轻集料试验方法

GB/T 17431.2—1998

Lightweight aggregates and its test methods
—Part 2: Test methods for lightweight aggregates

1 范围

本标准适用于土木建筑工程混凝土用的无机轻集料(主要包括粘土陶粒、页岩陶粒、粉煤灰陶粒、浮石、火山渣、膨胀矿渣珠、煤渣和自燃煤矸石轻集料等)的质量检验。其他品种和用途的轻集料也可参照使用。

2 引用标准

下列标准所包含的条文,通过在本标准中引用而构成为本标准的条文。本标准出版时,所示版本均为有效。所有标准都会被修订,使用本标准的各方应探讨使用下列标准最新版本的可能性。

GB 6763—86 建筑材料用的工业废渣放射性物质限制标准

GB 9196—88 掺工业废渣建筑材料产品放射性物质控制标准

3 一般规定

3.1 试验用的轻集料试样,都应在恒温温度为105～110℃的条件下干燥至恒量。当试样干燥至恒量时,相邻两次称量的时间间隔不得小于2 h。当相邻两次称量值之差不大于该项试验要求的精度时,则称为恒量值。

3.2 本标准中三氧化硫含量、有机物含量等试验所用的试剂应为分析纯,水为蒸馏水。

3.3 每项试验应填写相应的试验报告。试验报告的内容一般应包括:

a) 材料名称、品种和产地;

b) 试验项目;

c) 数据的记录;

d) 试验结果的计算及取值;

e) 结果评定及执行标准编号;

f) 试验日期和试验人员等。

4 抽样

4.1 应从每批产品中抽取有代表性的试样。

4.2 初次抽取的试样应不少于10份,其总料量应多于试验用料量(按表1)的1倍。

4.3 初取试样应在下列场合抽取:

a) 生产企业中进行常规检验时,应在通往料仓或料堆的运输机的整个宽度上,在一定的时间间隔内抽取;

国家质量技术监督局1998-07-15批准　　1999-02-01实施

b）对均匀料堆进行取样时，以 200 m^3 为一批，不足一批者亦以一批论。试样可从料堆锥体从上到下的不同部位、不同方向任选 10 个点抽取。但要注意避免抽取离析的及面层的材料；

c）从袋装料和散装料（车、船）抽取试样时，应从 10 个不同位置和高度（或料袋）中抽取。

4.4 初次抽取的试样拌合均匀后，按四分法缩减到试验所需的用料量（按表 1）。

表 1 轻集料各项试验用料量

序 号	试验项目	用 料 量,L		
		细 集 料	粗 集 料	
			D_{max}≤20 mm	D_{max}>20 mm
1	颗粒级配（筛分析）	2	10	20
2	堆积密度	5	30	40
3	表观密度	—	4	4
4	筒压强度	—	5	5
5	强度标号	—	20	20
6	吸水率	—	4	4
7	软化系数	—	10	10
8	含泥量及粘土块含量	—	5～7	5～7
9	粒型系数	—	2	2
10	煮沸质量损失	—	2	4
11	硫化物及硫酸盐含量	1	1	1
12	烧失量	1	1	1
13	有机物含量	6	3～8	4～10

5 筛分析

5.1 范围

本方法适用于测定轻集料的颗粒级配及细度模数。

5.2 仪器设备

a）干燥箱。

b）台秤：称量粗集料用 10 kg 台秤（分度值为 5 g）；称量细集料用 5 kg 的托盘天平（分度值为 5 g）。

c）套筛：筛分粗集料用的筛子规格如下：圆孔筛，筛孔直径为：40.0、31.5、20.0、16.0、10.0 和 5.0 mm共计 6 种，并附有筛底和筛盖；筛分细集料的筛子规格为：10.0、5.00、2.50、1.25、0.630、0.315、0.160 mm 共计 7 种，其中 1.25、0.630、0.315、0.160 mm 为方孔筛，其他为圆孔筛。

d）摇筛机：电动振动筛，振幅为（5±0.1）mm，频率为（50±3）Hz。

e）搪瓷盘、毛刷。

5.3 试验步骤

5.3.1 取粗集料 10 L（集料最大粒径小于或等于 20 mm 时）或 20 L（集料最大粒径大于 20 mm 时），细集料 2 L，置于干燥箱中干燥至恒量。然后，分成二等份，分别称取试样质量。

5.3.2 筛子按孔径从小到大顺序叠置，孔径最小者置于最下层，附上筛底，将一份试样倒入最上层筛里，上加筛盖，顺序过筛。

5.3.3 筛分粗集料，当每号筛上筛余层的厚度大于该试样的最大粒径时，应分两次筛，直至各筛每分钟通过量不超过试样总量的 0.1%。

5.3.4 细集料的筛分可先将套筛用振动摇筛机过筛 10 min 后，取下，再逐个用手筛，也可直接用手筛，直至每分钟通过量不超过试样总量的 0.1%时即可。试样在各号筛上的筛余量均不得超过 0.4 L；否则，应将该筛余试样分成两份，再次进行筛分，并以其筛余量之和作为该号筛的筛余量。

5.3.5 称取每号筛的筛余量。所有各筛的分计筛余量和筛底中剩余量的总和，与筛分前的试样总量相比，相差不得超过1%。

5.4 结果计算与评定

5.4.1 计算分计筛余百分率——每号筛上的筛余量除以试样总量的质量百分率，计算精确至0.1%。

5.4.2 计算累计筛余百分率——每号筛上的分计筛余百分率与大于该号筛以上各号筛上的分计筛余百分率之和，计算精确至1%。

5.4.3 根据各筛的累计筛余百分率，按本标准第1部分表1评定轻集料的颗粒级配。

5.4.4 轻细集料的细度模数按式(1)计算：

$$M_x = \frac{(A_2 + A_3 + A_4 + A_5 + A_6) - 5A_1}{100 - A_1} \quad \cdots\cdots(1)$$

式中： M_x——细度模数，计算精确至0.1；

A_1、A_2……A_6——分别为5.00，2.50……0.160 mm孔径筛上的累计筛余百分率。

5.4.5 结果评定

取两次试验结果的算术平均值作为测定值。两次试验结果所得的细度模数之差大于0.20时，应重新取样进行试验。

5.5 试验报告

按本标准3.3。

6 堆积密度

6.1 范围

本方法适用于测定轻集料在自然堆积状态下单位体积的质量。

6.2 仪器设备

a）地秤：最大称量50 kg(分度值为50 g)；

b）托盘天平：最大称量5 kg(分度值为5 g)；

c）容量筒：金属制，其内部尺寸可根据容积大小取直径与高度相等。容积为10 L、5 L、1 L。粗集料最大粒径大于20 mm时，用10 L的容量筒；粗集料最大粒径小于或等于20 mm时，用5 L的容量筒。细集料用1 L的容量筒；

d）干燥箱；

e）直尺、取样勺或料铲等。

6.3 试验步骤

取粗集料30～40 L或细集料5 L，放入干燥箱内干燥至恒量。分成两份，备用。

用取样勺或小料铲将试样从离容器口上方50 mm处(或采用标准漏斗)均匀倒入，让试样自然落下，不得碰撞容量筒。装满后使容量筒口上部试样成锥体，然后用直尺沿容量筒边缘从中心向两边刮平，表面凹陷处用粒径较小的集料填平后，称量。

6.4 结果计算与评定

堆积密度按式(2)计算：

$$\rho = \frac{(m - m_1) \times 1\,000}{V} \quad \cdots\cdots(2)$$

式中：ρ——堆积密度，kg/m^3，计算精确至10 kg/m^3；

m——试样和容量筒的质量，kg；

m_1——容量筒的质量，kg；

V——容量筒的容积，L。

取两次试验结果的算术平均值作为测定值。

6.5 试验报告

按本标准 3.3。

7 表观密度

7.1 范围

本方法适用于测定轻粗集料颗粒单位体积的质量。

7.2 仪器设备

a) 干燥箱；

b) 托盘天平：最大称量 1 kg(分度值为 1 g)；

c) 量筒：容积 1 000 mL 或 500 mL；

d) 瓷盘：尺寸为 40 cm×30 cm 左右；

e) 取样勺、毛巾和 5.00 mm 筛子。

7.3 试验步骤

7.3.1 取试样 4 L，用筛孔为 5.00 mm 的筛子过筛，取筛余物干燥至恒量，备用。

7.3.2 把干燥后的试样拌匀后，称取 300～500 g，(超轻集料取 100～150 g)放入量筒中浸水 1 h(如有颗粒漂浮于水上，必须用带柄的圆形金属板将其压入水中)后取出，倒入 5.00 mm 的筛子上，滤水 1～2 min。然后倒在拧干的湿毛巾上，用手握住毛巾两端，使其成为槽形，让集料在毛巾上来回滚动 8～10 次后，倒入瓷盘里。

7.3.3 将试样倒入 1 000 mL 的量筒中，再注入 500 mL 清水。如有试样漂浮于水上，可用已知体积(V_1)的圆形金属板压入水中，读出量筒的水位(V)。

7.4 结果计算与评定

粗集料的颗粒表观密度按式(3)计算：

$$\rho_{ap} = \frac{m \times 100}{V - V_1 - 500} \qquad \cdots\cdots(3)$$

式中：ρ_{ap}——粗集料颗粒表观密度，kg/m^3，计算精确至 10 kg/m^3；

m——烘干试样质量，g；

V_1——圆形金属板的体积，mL；

V——倒入试样和放入压板后量筒中水的体积，mL。

取两次试验结果的算术平均值作为测定值。如两次结果之差大于平均值的 2%时，应重新取样进行试验。

8 空隙率

8.1 在测定粗集料堆积密度和颗粒表观密度的基础上，通过计算，确定轻集料在自然堆积状态下颗粒间的空隙率。

8.2 粗集料空隙率按式(4)计算：

$$\upsilon = (1 - \frac{\rho}{\rho_{ap}}) \times 100 \qquad \cdots\cdots(4)$$

式中：υ——空隙率，%，计算精确至 1%；

ρ——粗集料的堆积密度，kg/m^3；

ρ_{ap}——粗集料的颗粒表观密度，kg/m^3。

9 筒压强度

9.1 范围

本方法适用于用承压筒法测定轻粗集料颗粒的平均相对强度指标。

9.2 仪器设备

a) 承压筒:由圆柱形筒体(另带筒底)、冲压模和导向筒三部分组成(见图 1);筒体可用无缝钢管制作,有足够刚度,筒体内表面和冲压模底面须经渗碳处理。筒体可拆,并装有把手。冲压模外表面有刻度线,以控制装料高度和压入深度。导向筒用以导向和防止偏心;

b) 压力机:根据筒压强度的大小选择合适吨位的压力机,测定值的大小宜位于所选压力机表盘最大读数的 20%～80%范围内;

c) 托盘天平:最大称量 5 kg(分度值 5 g);

d) 干燥箱。

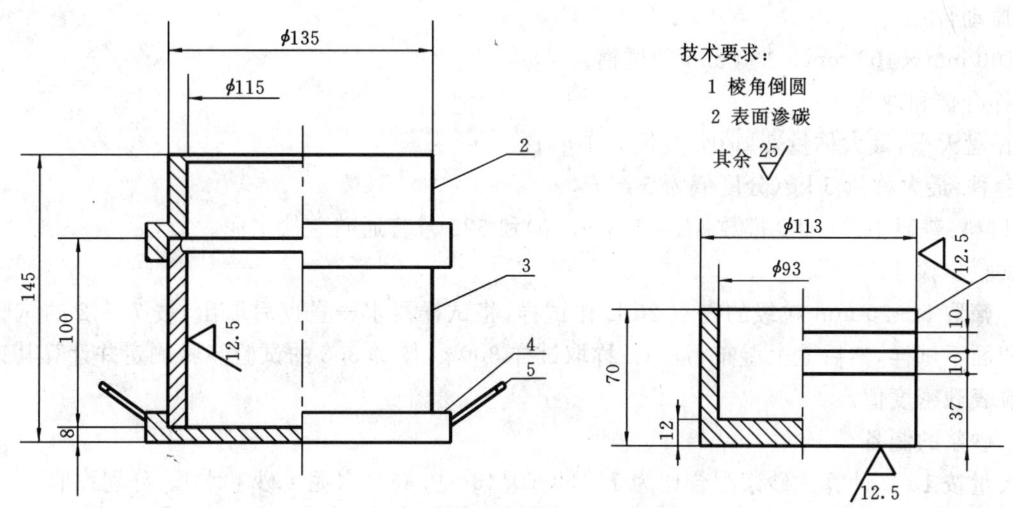

1—冲压模;2—导向筒;3—筒体;4—筒底;5—把手

图 1 测定轻集料筒压强度的承压筒

9.3 试验步骤

9.3.1 筛取 10～20 mm 粒级(粉煤灰陶粒允许按 10～15 mm 的粒级;超轻陶粒按 5～10 mm或 5～20 mm粒级)的试样 5 L,其中 10～15 mm 粒级的体积含量应占 50%～70%。

9.3.2 按本标准 6.3 要求用带筒底的承压强度筒装试样至筒口平齐,分别测定 3 次松散料质量,取其算术平均值。将测得的平均松散料重乘以填充系数作为试样量;不同轻集料的填充系数分别为:天然轻集料和煤渣:1.15;粉煤灰陶粒和超轻陶粒:1.05;其他轻集料:1.10。

9.3.3 按上述试样量称取试样,装入承压筒内,先用木锤沿筒壁四周轻敲数次,然后装上导向筒和冲压模。检查冲压模的下刻度线是否与导向筒的上缘重合,如不重合,再轻敲筒壁四周直至完全重合为止。

把承压筒放在压力机的下压板上,以每秒 300～500 N 的速度匀速加荷。当冲压模压入深度为 20 mm时,记下压力值。

9.4 结果计算与评定

粗集料的筒压强度按式(5)计算:

$$f_a = \frac{p}{F} \quad \cdots\cdots(5)$$

式中:f_a——粗集料的筒压强度,MPa,计算精确至 0.1 MPa;

p——压入深度为 20 mm 时的压力值,N;

F——承压面积(即冲压模面积 F=10 000 mm^2)。

粗集料的筒压强度以 3 次试验结果的算术平均值作为测定值。若 3 次试验结果中最大值和最小值之差大于平均值的 15%时,须重做。

9.5 试验报告

按本标准 3.3。

10 强度标号

10.1 范围

本方法适用于测定高强陶粒的强度标号。

强度标号是指该陶粒按本试验方法制成的混凝土的合理强度值。

10.2 仪器设备及材料

a) 压力试验机；

b) 振动台；

c) 100 mm×100 mm×100 mm 的试模；

d) 拌合铲和球形钵；

e) 托盘天平：最大称量 2 kg(分度值为 1 g)；

f) 台秤：最大称量 5 kg(分度值为 5 g)；

g) 材料：普通中砂(细度模数 M_x=2.3～3.0)和 525 号普通硅酸盐水泥。

10.3 试验步骤

10.3.1 筛取 5～20 mm 粒级的陶粒 20 L 作试样，将试样浸水一昼夜后取出，按 7.3.2 的试验步骤制备成饱和面干试样，然后盖上湿布，备用。称取试样 300 g，按 7.3.3 的试验步骤测定并计算其饱水状态下的颗粒表观密度值。

10.3.2 砂浆的制备

砂浆量按 15 L 计算。砂浆配合比为 1：1：(0.40～0.45)(水泥：砂：水)。分别称取

水泥：$C=0.015\times\rho_m\dfrac{1}{1+1+(0.40\sim0.45)}$；

砂：$S=C\times1.0$；

水：$W=C\times(0.40\sim0.45)$。

式中：ρ_m——新拌砂浆的表观密度(kg/m^3)，若无试验值，可按 2 200 kg/m^3 取值。

先将砂和水泥干拌均匀后，再加水搅拌成砂浆后备用。

10.3.3 混凝土拌合物的制备

称取饱和面干陶粒和砂浆，拌合成陶粒混凝土拌合物。为确保每个试件内陶粒的绝对体积和含量恒定，每个试件的混凝土拌合物应单独称料拌合。其用量按式(6)和式(7)计算：

$$\omega_{ap}=n\times V_0\times\rho_{ap} \qquad \cdots\cdots(6)$$

$$M=(1-n)\times V_0\times\rho_m \qquad \cdots\cdots(7)$$

式中：ω_{ap}——每个试件的饱和面干陶粒用量，kg；

n——混凝土中陶粒的绝对体积含量，$n=0.45$；

V_0——试件体积，$V_0=0.001\ m^3$；

ρ_{ap}——饱和面干陶粒的表观密度，kg/m^3；

M——每个试件的砂浆用量，kg。

陶粒和砂浆在球型钵中用铲拌合成混凝土拌合物。拌合前，钵和铲先用水润湿。拌合时间应不小于 2 min。共拌制 9 份拌合物备用。

10.4 试件在振动台上成型。共成型 100 mm×100 mm×100 mm 的砂浆和混凝土试件各 9 个。当混凝土试件振实抹光时只允许将多余的砂浆刮去，不准将上浮的陶粒剔出。如果振实时，试模内混凝土拌合物量不够时，应填补砂浆。

10.5 试件成型一昼夜后拆模，并分成 3 组编号。每组包括砂浆和混凝土试件各 3 个。同时放在水温为 20～40℃的水中养护至规定龄期。

10.6 试样养护一周后，进行抗压强度试验。3组试件可在不同龄期进行试验。

试件在抗压试验前，应测定混凝土的湿表观密度。若一组混凝土试件密度的最小值与最大值之差大于平均值的5%时，则此组试件应舍去。

如果砂浆抗压强度低于40 MPa，应适当延长砂浆和混凝土的养护龄期，以确保在满足要求的强度条件下进行试压。

10.7 结果计算

10.7.1 砂浆和混凝土方立体抗压强度按式(8)计算：

$$f = \frac{p}{F} \quad \cdots\cdots(8)$$

式中：f——砂浆和混凝土立方体抗压强度，MPa，计算精确至1 MPa；

p——破坏荷载，N；

F——立方体试件受压面积，mm^2。

10.7.2 根据各组试件所得的砂浆和混凝土抗压强度，查图2。按其在图中的区域，确定陶粒的强度标号。

3组试件中至少应有两组落在图2中的同一强度标号区内，则该区的强度标号确定为该陶粒的强度标号值，否则应重新进行试验。

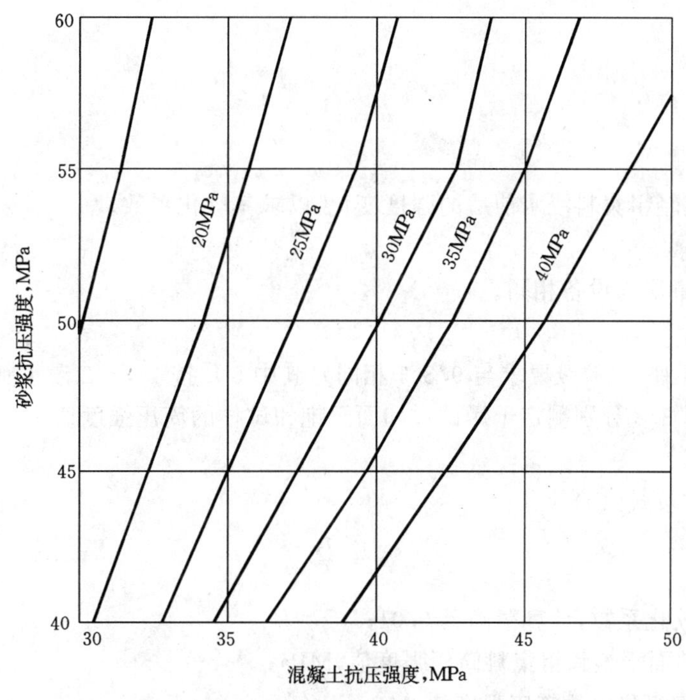

图2 按砂浆强度和混凝土强度确定陶粒强度标号

10.8 试验报告

按本标准3.3。

11 吸水率

11.1 范围

本方法适用于测定干燥状态轻粗集料1 h的吸水率。

11.2 仪器设备

a) 托盘天平：最大称量1 kg(分度值为1 g)；

b）干燥箱；

c）筛子：筛孔为 5.00 mm；

d）容器、瓷盘及毛巾等。

11.3 试验步骤

11.3.1 取试样 4 L，用筛孔为 5.00 mm 的筛子过筛。取筛余物干燥至恒量，备用。

11.3.2 把试样拌合均匀，分成三等份，分别称量，然后放入盛水的容器中。如有颗粒漂浮于水上，必须设法将其压入水中。

试样浸水 1 h 后，按 5.3.2 的方法，将试样制成饱和面干，然后称量。

11.4 结果计算与评定

粗集料 1 h 吸水率按式(9)计算：

$$\omega_a = \frac{m_1 - m_0}{m_0} \times 100 \qquad \cdots\cdots\cdots\cdots (9)$$

式中：ω_a——粗集料 1 h 吸水率，%，计算精确至 0.1%；

m_1——浸水试样质量，g；

m_0——烘干试样质量，g。

以 3 次试验结果的算术平均值作为测定值。

11.5 试验报告

按本标准 3.3。

12 软化系数

12.1 范围

本方法适用于测定轻粗集料浸水前后的强度变化，以求其软化系数。

12.2 仪器设备

与第 11 章及第 9 章所需设备相同。

12.3 试验步骤

12.3.1 取轻集料试样 10 L（粒级要求与 9.3.1 相同），其中 5 L 按 11.3.2 浸水制备成面干饱和试样。

12.3.2 按 9.3.2 和 9.3.3 分别测定干燥试样和面干饱和试样的筒压强度值。

12.4 计算结果与评定

粗集料的软化系数按式(10)计算：

$$\psi = \frac{f_t}{f_0} \qquad \cdots\cdots\cdots\cdots (10)$$

式中：ψ——粗集料的软化系数，计算精确至 0.01；

f_t——浸水 1 h 的面干饱和粗集料筒压强度值，MPa；

f_0——干燥状态下粗集料的筒压强度值，MPa。

面干饱和试样和干燥试样筒压强度值试验结果的计算和评定方法与 9.4 同。

软化系数以 3 次试验结果的算术平均值作为测定值。

12.5 试验报告

按本标准 3.3。

13 含泥量及粘土块含量

13.1 含泥量

13.1.1 适用范围

本方法适用于测定轻粗集料中小于 0.08 mm 的尘屑和粘土含量。

13.1.2 仪器设备

a) 托盘天平:最大称量 2 kg(分度值为 1 g);

b) 干燥箱;

c) 瓷盆、瓷盘及冲洗试样时能保持试样不溅出的足够大的容器;

d) 筛子:筛孔尺寸为 10.0 mm,1.25 mm 和 0.08 mm 的筛子。

13.1.3 试验步骤

13.1.3.1 量取试样 5~7 L(注意防止细粉丢失),干燥至恒量,冷却至室温,备用。

13.1.3.2 称取干燥后的试样 1 000~2 000 g 装入瓷盆里,加水将其浸没,静置 12 h,然后搅拌5 min,使尘屑和粘土与集料颗粒在水中分离。将 10.0 mm,1.25 mm 和 0.08 mm 筛子叠置(10.0 mm 筛子放置上面),先用水湿润,然后将试样和水一起倒入套筛上,滤去小于 0.08 mm 的颗粒。用水流冲洗筛上(从最大筛孔的筛子开始)集料,直至筛上剩余物中看不见有泥土,以及冲洗后的水变清澈为止。最后将 0.08 mm 筛放在水中(使水面略高出筛内颗粒)来回摇动,以充分洗去小于 0.08 mm 的尘屑。将三个筛上的筛余物,从最小号筛开始一并倒入瓷盘,置于干燥箱中干燥至恒量,取出,冷却至室温后,称取试样质量。

13.1.4 结果计算与评定

粗集料的含泥量按式(11)计算:

$$\omega_c = \frac{m_1 - m_2}{m_1} \times 100 \qquad \cdots\cdots(11)$$

式中:ω_c——粗集料的含泥量,%,计算精确至 0.1%;

m_1——冲洗前试样的干燥质量,g;

m_2——冲洗并干燥后试样的质量,g。

以两次试验结果的算术平均值作为测定值,如两次试验值的差值大于 0.2%,须重做。

13.1.5 试验报告

按本标准 3.3。

13.2 粘土块含量

13.2.1 范围

本方法适用于测定轻粗集料中的粘土块含量。

13.2.2 仪器设备

a) 托盘天平,最大称量 1 kg(分度值为 1 g);

b) 台秤:最大称量 5 kg(分度值为 5 g);

c) 筛子:孔径为 2.50 和 5.00 mm 的筛各一个。

13.2.3 试验步骤

按表 1 规定取样,筛去 5 mm 以下颗粒后,用四分法缩分至 3 kg 试样量(对超轻陶粒,取试样量为 1.5~2 kg)。取两份试样放在干燥箱中干燥至恒量,冷却至室温后,分别称量(m_3)并在容器中摊成薄层,加入水将其浸没。在浸水 24 h 后,把水放出,用手压碎粘土块,然后把试样放在 2.50 mm 筛上用水冲洗。保留下来的试样小心地从筛中取出,并在干燥箱中干燥至恒量,冷却至室温,称量(m_4)。

13.2.4 结果计算与评定

粘土块含量按式(12)计算:

$$\omega_c = \frac{m_3 - m_4}{m_3} \times 100 \qquad \cdots\cdots(12)$$

式中:ω_c——粘土块含量,%,计算精确至 0.1%;

m_3——试验前试样的干燥质量,g;

m_4——试验后试样的干燥质量,g。

以两次试验结果的算术平均值作为测定值。两次测定值相差超过0.2%,应重新试验。

测定结果 ω_c<0.5%时,则可认为是不含粘土块。

13.2.5 试验报告

按本标准3.3。

14 粒型系数

14.1 范围

本方法适用于测定轻粗集料颗粒的长向最大尺寸与中间截面最小尺寸,以计算其粒型系数。

14.2 仪器设备

a) 游标卡尺;

b) 容器:容积为1 L。

14.3 试样制备

取试样1~2 L,用四分法缩分,随机拣出50粒。

14.4 试验步骤

用游标卡尺量取每个颗粒的长向最大值和中间截面处的最小尺寸,精确至1 mm。

14.5 结果计算与评定

14.5.1 每颗的粒型系数按式(13)计算:

$$K_e' = \frac{D_{max}}{D_{min}} \quad \cdots\cdots(13)$$

式中: K_e'——每颗集料的粒型系数,计算精确至0.1;

D_{max}——粗集料颗粒长向最大尺寸,mm;

D_{min}——粗集料颗粒中间截面的最小尺寸,mm。

14.5.2 粗集料的平均粒型系数按式(14)计算:

$$K_e = \frac{\sum_{i=1}^{n} K_{e,i}'}{n} \quad \cdots\cdots(14)$$

式中: K_e——粗集料的平均粒型系数;

$K_{e,i}'$——某一颗粒的粒型系数;

n——被测试样的颗粒数,n=50。

以两次试验结果的算术平均值作为测定值。

14.6 试验报告

按本标准3.3。

15 匀质性指标的统计检验

15.1 范围

本方法适用于计算轻粗集料的堆积密度的变异系数。

15.2 堆积密度测定结果的整理及计算

生产单位进行变异系数的统计计算时,采用一个季度该轻集料堆积密度的所有测定结果为一批,但每批不得少于50组的测定值。

堆积密度的平均值,按式(15)计算:

$$\overline{X} = \frac{\sum_{i=1}^{n} X_i}{n} \quad \cdots\cdots(15)$$

式中：$\overline{X}$——堆积密度的平均值；

X_i——堆积密度每组测定值；

n——统计的组数。

堆积密度的标准差(S)，按式(16)计算：

$$S=\sqrt{\frac{1}{n-1}\sum_{i=1}^{n}(X_i-\overline{X})^2} \qquad \cdots\cdots(16)$$

堆积密度的变异系数(C_V)，按式(17)计算：

$$C_v=\frac{S}{\overline{X}} \qquad \cdots\cdots(17)$$

16 煮沸质量损失

16.1 范围

本方法适用于检验轻粗集料中生石灰等易分解物质对其安定性的影响。

16.2 仪器设备

a) 托盘天平：最大称量 2 kg(分度值为 1 g)；

b) 干燥箱；

c) 粗集料筛分用筛子一套；

d) 带盖带孔容器或自制的孔径不大于 2.50 mm 的金属网；

e) 电炉；

f) 盛水容器：可放装有试样的带盖带孔容器。

16.3 试样制备

取轻粗集料试样 2～4 L，用被试验轻粗集料公称粒级相应的最大和最小孔径筛子过筛，取最小孔径筛上的筛余物，洗净颗粒表面粘附的碎屑和粉尘，干燥至恒量，分成两份备用。

16.4 试验步骤

将试样放入带孔容器中，放入盛水的容器中浸泡(容器中的水平面应比带孔容器中的试样高出 20 mm以上)，48 h 后再将盛水容器连同装有试样的带孔容器一起放在电炉上加热至沸，沸煮 4 h 后取出带孔容器，并干燥至恒量。取出集料，用孔径为试样粒级下限的筛子过筛，并称取筛余试样质量。

16.5 结果计算与评定

粗集料的煮沸质量损失按式(18)计算：

$$\omega_f=\frac{m_1-m_2}{m_1}\times 100 \qquad \cdots\cdots(18)$$

式中：ω_f——粗集料煮沸质量损失，%，计算精确至 0.1%；

m_1——试验前试样的干燥质量，g；

m_2——试验后筛余试样的干燥质量，g。

以两次试验结果的算术平均值作为测定值。

16.6 试验报告

按本标准 3.3。

17 硫化物和硫酸盐含量

17.1 范围

本方法适用于测定轻集料中硫化物和硫酸盐含量(按 SO_3 百分含量计算)。

17.2 仪器设备

a) 干燥箱；

b）高温炉：最高温度 1 000～1 200℃；

c）分析天平：最大称量 100 g（分度值为 0.1 mg）；

d）干燥器、瓷坩埚、烧杯、瓷研钵等；

e）0.080 mm 筛。

17.3 试剂配制

a）氨水（1：1）：将浓氨水与等体积水混合；

b）盐酸（1：1）：将浓盐酸溶于等体积的水中；

c）10%（*m/m*）的氯化钡溶液：将 10 g 氯化钡溶于 100 mL 水中。若溶液浑浊需过滤后使用；

d）1%（*m/m*）的硝酸银溶液：将 1 g 硝酸银溶于 100 mL 水中，加入 5～10 mL 硝酸，贮存于棕色瓶中；

e）0.2%（*m/m*）甲基红指示剂溶液：将 0.2 g 甲基红溶于 100 mL95%乙醇中；

f）0.1%（*m/m*）硝酸铵溶液。

17.4 试样制备

取烘干试样 1 L，破碎成最大粒径为 2.5 mm 的颗粒（用轻细集料测定时，不用破碎），用四分法缩分至 100 g。仔细拌匀后再用四分法缩分至 20～25 g。把试样用瓷研钵研磨成粉，使其全部通过0.080 mm 的筛子，置烘箱中烘至恒量，然后放入干燥器内，冷却室温，备用。

17.5 试验步骤

用分析天平称取 1 g 试样（m），放入 300 mL 的烧杯中，加入 20～30 mL 蒸馏水及 10 mL 的盐酸（1：1）中，然后将烧杯放在电炉上煮沸，使试样充分分解，再加入蒸馏水稀释至约 150 mL。

将溶液加热至沸，取下，加入 2～3 滴 0.2%甲基红指示剂溶液，在搅拌下滴加氨水（1：1），至溶液呈黄色。过量滴加 1～2 滴，再稍加煮沸，取下静置片刻，以快速滤纸过滤。用中性热 0.1%硝酸氨溶液充分洗涤至氯根反应消失为止（用硝酸银溶液检验）。滤液及洗涤液收集于 400 mL 的烧杯中。

在上述溶液中滴加盐酸（1：1）至溶液呈红色，并过量 2 mL，加热浓缩至约 150～200 mL。在煮沸搅拌下滴加 10 mL 浓度为 10%氯化钡溶液，再煮沸数分钟，移至温热处静置 2～4 h 或放置过夜。然后用慢速定量滤纸过滤，并用水洗涤至氯根反应消失为止（用硝酸银溶液检验）。将沉淀物和滤纸一并放入已灼烧恒量（m_1）的瓷坩埚内，置电炉上灰化后，在 800℃高温炉内灼烧 30 min。取出坩埚，置于干燥器中冷却至室温，称量。如此反复灼烧至恒量（m_2）。

17.6 结果计算与评定

三氧化硫含量按式（19）计算：

$$\omega_{SO_3} = \frac{(m_2 - m_1) \times 0.343}{m} \times 100 \quad \cdots\cdots(19)$$

式中：ω_{SO_3}——三氧化硫（SO_3）的含量，%，计算精确至 0.01%；

m_1——灼烧恒重的瓷坩埚质量，g；

m_2——灼烧恒重的瓷坩埚和灼烧后沉淀物总量，g；

m——试样质量，g；

0.343——硫酸钡折算为三氧化硫的换算系数。

以两次试验的算术平均值作为测定值。若两次试验结果之差大于 0.15%时，须重做。

17.7 试验报告

按本标准 3.3。

18 烧失量

18.1 适用范围

本方法适用于测定轻集料的烧失量。

18.2 仪器设备

a）干燥箱；

b）高温炉：最高温度 1 000～1 200℃；

c）托盘天平：最大称量 2 kg（分度值为 1 g）；

d）分析天平：最大称量 100 g（分度值为 0.1 mg）；

e）干燥器、瓷坩埚、瓷研钵和 0.080 mm 筛。

18.3 试样制备方法同 17.4。

18.4 试验步骤

称取 1 g 干燥试样，置于已烧灼至恒量的瓷坩埚中，放在高温炉内从低温开始逐渐升高温度，在 950℃下灼烧 45 min 后，取出，置于干燥器中，冷至室温恒量。再灼烧 20 min，取出，冷却后称量。两次冷却后称量误差小于 0.02%，即为恒量。

18.5 结果计算与评定

轻集料的烧失量，按式（20）计算：

$$\omega_s = \frac{m_1 - m_2}{m} \times 100 \qquad \cdots\cdots（20）$$

式中：ω_s——轻集料的烧失量，%，计算精确至 0.02%；

m_1——灼烧前试样的干燥质量，g；

m_2——灼烧后试样的重量，g。

以两次试验结果的算术平均值作为测定值。若两次试验结果之差大于 0.20%时，须重做。

18.6 试验报告

按本标准 3.3。

19 有机物含量

19.1 范围

本标准适用于用比色法测定轻集料中的有机物含量。

19.2 仪器设备

a）托盘天平：最大称量 1 kg（分度值为 0.5 g）；

b）工业分析天平：最大称量 100 g（分度值为 0.01 g）；

c）量筒：容积为 10 mL、100 mL 和 250 mL 及 500 mL 带塞量筒；

d）筛子：筛孔为 5.00 mm 和 20.0 mm 的筛子；

e）烧杯、玻璃棒等。

19.3 试剂制备

19.3.1 试剂：氢氧化钠溶液（氢氧化钠与蒸馏水之质量比为 3：97）、鞣酸、乙醇等。

19.3.2 标准溶液的制备：

取 2 g 鞣酸粉溶解于 98 mL 浓度 10%的乙醇溶液中，即得浓度为 2%的鞣酸溶液。然后取该溶液 10 mL，注入 390 mL 浓度为 3%的氢氧化钠溶液中，加塞后剧烈摇动，静置 24 h 即得标准溶液。

19.4 试样制备

取轻细集料 6 L；粗集料最大粒径小于或等于 20 mm 时取 3～8 L；粗集料最大粒径大于 20 mm 时取 4～10 L。轻细集料用 5.00 mm 的筛子，粗集料用 20.0 mm 的筛子过筛。取筛下料，用四分法缩分，轻细集料取约 500 mg，粗集料取约 1 kg，风干后备用。

19.5 试验步骤

19.5.1 向 250 mL 带塞量筒中倒入轻细集料试样至 130 mL 刻度处，再注入浓度为 3%的氢氧化钠溶液，至 200 mL 刻度处，剧烈摇动后静置 24 h。

19.5.2 向 500 mL 带塞量筒中倒入轻粗集料试样至 300 mL 刻度处，再注入浓度为 3%的氢氧化钠溶液至 400 mL 刻度处，剧烈摇动后静置 24 h。

19.5.3 比较试样上部溶液和新配制标准溶液的颜色，盛标准溶液与盛试样的量筒容积应一致。

19.6 结果评定

19.6.1 若试样上部的溶液颜色比标准溶液的颜色浅，则试样的有机质含量鉴定合格。

19.6.2 如两种溶液的颜色接近，则应将试样和溶液倒入烧杯中，放在温度为 60～70℃的水浴锅中加热 2～3 h，然后再与标准液比色。

19.6.3 如溶液的颜色深于标准溶液的颜色，则应按下法作进一步检验：取试样一份，用 3%氢氧化钠溶液洗出有机杂质，再用清水淘洗干净，直至试样用比色法检验时溶液的颜色浅于标准色。然后，用经淘洗和未经淘洗的试样分别以相同的配合比配成和易性基本相同的轻集料混凝土或轻砂水泥砂浆，测定 7 d 和 28 d 的抗压强度，如未经淘洗的试样制成的混凝土强度或砂浆强度不低于经淘洗的试样制成的混凝土强度或砂浆强度的 95%时，则此集料可以采用。

19.7 试验报告

按本标准 3.3。

UDC

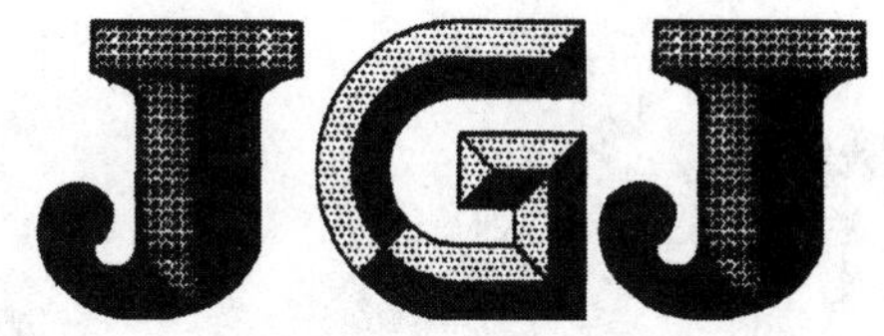

中华人民共和国行业标准

P　　　　　　　　　　　　　　　　　　　　　JGJ 52—2006

普通混凝土用砂、石质量及检验方法标准

Standard for technical requirements and test method of sand and crushed stone (or gravel) for ordinary concrete

2006-12-19 发布　　　　　　　　　　　　　　2007-06-01 实施

中华人民共和国建设部　发布

中华人民共和国建设部公告

第 529 号

建设部关于发布行业标准《普通混凝土用砂、石质量及检验方法标准》的公告

现批准《普通混凝土用砂、石质量及检验方法标准》为行业标准，编号为 JGJ 52—2006，自 2007 年 6 月 1 日起实施。其中，第 1.0.3、3.1.10 条为强制性条文，必须严格执行。原行业标准《普通混凝土用砂质量标准及检验方法》JGJ 52—92 和《普通混凝土用碎石或卵石质量标准及检验方法》JGJ 53—92 同时废止。

本标准由建设部标准定额研究所组织中国建筑工业出版社出版发行。

中华人民共和国建设部

2006 年 12 月 19 日

前　言

根据建设部建标[2002]84号文的要求，标准编制组经广泛调查研究，认真总结实践经验，参考有关国际标准和国外先进标准，并在广泛征求意见的基础上，对原《普通混凝土用砂质量标准及检验方法》JGJ 52—92和《普通混凝土用碎石或卵石质量标准及检验方法》JGJ 53—92进行了修订。

本标准的主要技术内容是：1. 总则；2. 术语、符号；3. 质量要求；4. 验收、运输和堆放；5. 取样与缩分；6. 砂的检验方法；7. 石的检验方法。

修订的主要技术内容是：1. 砂的种类增加了人工砂和特细砂，同时增加了相应的质量指标及试验方法；2. 增加了海砂中贝壳的质量指标及试验方法；3. 增加了C60以上混凝土用砂石的质量指标；4. 将原筛分析试验方法中的圆孔筛改为方孔筛；5. 增加了砂石碱活性试验的快速法。

本标准由建设部负责管理和对强制性条文的解释，由主编单位负责具体技术内容的解释。

本标准主编单位：中国建筑科学研究院（地址：北京市北三环东路30号；邮政编码：100013）

本标准参加单位：铁道部产品质量监督检验中心
贵州中建建筑科研设计院
重庆市建筑科学研究院
上海市建筑科学研究院
山东省建筑科学研究院
浙江省建筑科学设计研究院
河南省商丘市建委人工砂研究会
上海建工材料工程有限公司
济南四建（集团）有限责任公司
上海市东星建材试验设备有限公司
绍兴肯特机械电子有限公司

本标准主要起草人：陆建雯　钟美秦　张裕民　林力勋
敬相海　徐国孝　王文奎　袁惠星
陈尧亮　韩跃红　徐　彦　甄景泰

中华人民共和国行业标准

普通混凝土用砂、石质量及检验方法标准

JGJ 52—2006

Standard for technical requirements and test method of sand and crushed stone (or gravel) for ordinary concrete

---

1 总则

1.0.1 为在普通混凝土中合理使用天然砂、人工砂和碎石、卵石,保证普通混凝土用砂、石的质量,制定本标准。

1.0.2 本标准适用于一般工业与民用建筑和构筑物中普通混凝土用砂和石的质量要求和检验。

1.0.3 对于长期处于潮湿环境的重要混凝土结构所用的砂、石,应进行碱活性检验。

1.0.4 砂和石的质量要求和检验.除应符合本标准外,尚应符合国家现行有关标准的规定。

2 术语、符号

2.1 术语

2.1.1 天然砂 natural sand

由自然条件作用而形成的,公称粒径小于5.00mm的岩石颗粒。按其产源不同,可分为河砂、海砂、山砂。

2.1.2 人工砂 artificial sand

岩石经除土开采、机械破碎、筛分而成的,公称粒径小于5.00mm的岩石颗粒。

2.1.3 混合砂 mixed sand

由天然砂与人工砂按一定比例组合而成的砂。

2.1.4 碎石 crushed stone

由天然岩石或卵石经破碎、筛分而得的,公称粒径大于5.00mm的岩石颗粒。

2.1.5 卵石 gravel

由自然条件作用形成的,公称粒径大于5.00mm的岩石颗粒。

2.1.6 含泥量 dust content

砂、石中公称粒径小于80μm颗粒的含量。

2.1.7 砂的泥块含量 clay lump content in sands

砂中公称粒径大于1.25mm,经水洗、手捏后变成小于630μm的颗粒的含量。

2.1.8 石的泥块含量 clay lump content in stones

石中公称粒径大于5.00mm,经水洗、手捏后变成小于2.50mm的颗粒的含量。

2.1.9 石粉含量 crusher dust content

人工砂中公称粒径小于80μm,且其矿物组成和化学成分与被加工母岩相同的颗粒含量。

2.1.10 表观密度 apparent density

骨料颗粒单位体积(包括内封闭孔隙)的质量。

2.1.11 紧密密度 tight density

骨料按规定方法颠实后单位体积的质量。

2.1.12 堆积密度 bulk density

骨料在自然堆积状态下单位体积的质量。

2.1.13 坚固性 soundness

骨料在气候、环境变化或其他物理因素作用下抵抗破裂的能力。

2.1.14 轻物质 light material

砂中表观密度小于 2000kg/m^3 的物质。

2.1.15 针、片状颗粒 elongated and flaky particle

凡岩石颗粒的长度大于该颗粒所属粒级的平均粒径 2.4 倍者为针状颗粒;厚度小于平均粒径 0.4 倍者为片状硕粒。平均粒径指该粒级上、下限粒径的平均值。

2.1.16 压碎值指标 crushing value index

人工砂、碎石或卵石抵抗压碎的能力。

2.1.17 碱活性骨料 alkali-active aggregate

能在一定条件下与混凝土中的碱发生化学反应导致混凝土产生膨胀、开裂甚至破坏的骨料。

2.2 符号

δ_a——碎石或卵石的压碎值指标;

δ_{sa}——人工砂压碎值指标;

ε_t——试件在 t 天龄期的膨胀率;

ε_{st}——试件浸泡 t 天的长度变化率;

μ_f——细度模数;

ρ——表观密度;

ρ_c——紧密密度;

ρ_L——堆积密度;

ω_b——贝壳含量;

ω_c——含泥量;

$\omega_{c,L}$——泥块含量;

ω_{cl}——氯离子含量;

ω_f——石粉含量;

ω_l——轻物质含量;

ω_m——云母含量;

ω_p——碎石或卵石中针、片状颗粒含量;

ω_{wa}——吸水率;

ω_{wc}——含水率;

m_r——试样在一个筛上的剩留量;

MB——人工砂中亚甲蓝测定值。

3 质量要求

3.1 砂的质量要求

3.1.1 砂的粗细程度按细度模数 μ_f 分为粗、中、细、特细四级,其范围应符合下列规定:

粗砂:$\mu_f = 3.7 \sim 3.1$

中砂:$\mu_f = 3.0 \sim 2.3$

细砂:$\mu_f = 2.2 \sim 1.6$

特细砂:$\mu_f = 1.5 \sim 0.7$

3.1.2 砂筛应采用方孔筛。砂的公称粒径、砂筛筛孔的公称直径和方孔筛筛孔边长应符合表3.1.2-1的规定。

表3.1.2-1 砂的公称粒径、砂筛筛孔的公称直径和方孔筛筛孔边长尺寸

砂的公称粒径	砂筛筛孔的公称直径	方孔筛筛孔边长
5.00mm	5.00mm	4.75mm
2.50mm	2.50mm	2.36mm
1.25mm	1.25mm	1.18mm
630μm	630μm	600μm
315μm	315μm	300μm
160μm	160μm	150μm
80μm	80μm	75μm

除特细砂外，砂的颗粒级配可按公称直径630μm筛孔的累计筛余量（以质量百分率计，下同），分成三个级配区（见表3.1.2-2），且砂的颗粒级配应处于表3.1.2-2中的某一区内。

砂的实际颗粒级配与表3.1.2-2中的累计筛余相比，除公称粒径为5.00mm和630μm（表3.1.2-2斜体所标数值）的累计筛余外，其余公称粒径的累计筛余可稍有超出分界线，但总超出量不应大于5%。

当天然砂的实际颗粒级配不符合要求时，宜采取相应的技术措施，并经试验证明能确保混凝土质量后，方允许使用。

表3.1.2-2 砂颗粒级配区

级配区 / 累计筛余（%） / 公称粒径	Ⅰ区	Ⅱ区	Ⅲ区
5.00mm	10～0	10～0	10～0
2.50mm	35～5	25～0	15～0
1.25mm	65～35	50～10	25～0
630μm	85～71	70～41	40～16
315μm	95～80	92～70	85～55
160μm	100～90	100～90	100～90

配制混凝土时宜优先选用Ⅱ区砂。当采用Ⅰ区砂时，应提高砂率，并保持足够的水泥用量，满足混凝土的和易性；当采用Ⅲ区砂时，宜适当降低砂率；当采用特细砂时，应符合相应的规定。

配制泵送混凝土，宜选用中砂。

3.1.3 天然砂中含泥量应符合表3.1.3的规定。

表3.1.3 天然砂中含泥量

混凝土强度等级	≥C60	C55～C30	≤C25
含泥量（按质量计，%）	≤2.0	≤3.0	≤5.0

对于有抗冻、抗渗或其他特殊要求的小于或等于C25混凝土用砂，其含泥量不应大于3.0%。

3.1.4 砂中泥块含量应符合表3.1.4的规定。

表3.1.4 砂中泥块含量

混凝土强度等级	≥C60	C55～C30	≤C25
泥块含量（按质量计，%）	≤0.5	≤1.0	≤2.0

对于有抗冻、抗渗或其他特殊要求的小于或等于C25混凝土用砂，其泥块含量不应大于1.0%。

3.1.5 人工砂或混合砂中石粉含量应符合表3.1.5的规定。

表3.1.5 人工砂或混合砂中石粉含量

混凝土强度等级		≥C60	C55～C30	≤C25
石粉含量（%）	MB＜1.4（合格）	≤5.0	≤7.0	≤10.0
	MB≥1.4（不合格）	≤2.0	≤3.0	≤5.0

3.1.6 砂的坚固性应采用硫酸钠溶液检验，试样经5次循环后，其质量损失应符合表3.1.6的规定。

表3.1.6 砂的坚固性指标

混凝土所处的环境条件及其性能要求	5次循环后的质量损失（%）
在严寒及寒冷地区室外使用并经常处于潮湿或干湿交替状态下的混凝土 对于有抗疲劳、耐磨、抗冲击要求的混凝土 有腐蚀介质作用或经常处于水位变化区的地下结构混凝土	≤8
其他条件下使用的混凝土	≤10

3.1.7 人工砂的总压碎值指标应小于30%。

3.1.8 当砂中含有云母、轻物质、有机物、硫化物及硫酸盐等有害物质时，其含量应符合表3.1.8的规定。

表3.1.8 砂中的有害物质含量

项　目	质　量　指　标
云母含量（按质量计，%）	≤2.0
轻物质含量（按质量计，%）	≤1.0
硫化物及硫酸盐含量（折算成SO_3按质量计，%）	≤1.0
有机物含量（用比色法试验）	颜色不应深于标准色。当颜色深于标准色时，应按水泥胶砂强度试验方法进行强度对比试验，抗压强度比不应低于0.95

对于有抗冻、抗渗要求的混凝土用砂，其云母含量不应大于1.0%。

当砂中含有颗粒状的硫酸盐或硫化物杂质时，应进行专门检验，确认能满足混凝土耐久性要求后，方可采用。

3.1.9 对于长期处于潮湿环境的重要混凝土结构用砂，应采用砂浆棒（快速法）或砂浆长度法进行骨料的碱活性检验。经上述检验判断为有潜在危害时，应控制混凝土中的碱含量不超过$3kg/m^3$，或采用能抑制碱—骨料反应的有效措施。

3.1.10 砂中氯离子含量应符合下列规定：

1 对于钢筋混凝土用砂，其氯离子含量不得大于0.06%（以干砂的质量百分率计）；

2 对于预应力混凝土用砂，其氯离子含量不得大于0.02%（以干砂的质量百分率计）。

3.1.11 海砂中贝壳含量应符合表3.1.11的规定。

表3.1.11 海砂中贝壳含量

混凝土强度等级	≥C40	C35～C30	C25～C15
贝壳含量（按质量计，%）	≤3	≤5	≤8

对于有抗冻、抗渗或其他特殊要求的小于或等于C25混凝土用砂，其贝壳含量不应大于5%。

3.2 石的质量要求

3.2.1 石筛应采用方孔筛。石的公称粒径、石筛筛孔的公称直径与方孔筛筛孔边长应符合表3.2.1-1

的规定。

表 3.2.1-1　石筛筛孔的公称直径与方孔筛尺寸(mm)

石的公称粒径	石筛筛孔的公称宜径	方孔筛筛孔边长
2.50	2.50	2.36
5.00	5.00	4.75
10.0	10.0	9.5
16.0	16.0	16.0
20.0	20.0	19.0
25.0	25.0	26.5
31.5	31.5	31.5
40.0	40.0	37.5
50.0	50.0	53.0
63.0	63.0	63.0
80.0	80.0	75.0
100.0	100.0	90.0

碎石或卵石的颗粒级配,应符合表 3.2.1-2 的要求。混凝土用石应采用连续粒级。

单粒级宜用于组合成满足要求的连续粒级;也可与连续粒级混合使用,以改善其级配或配成较大粒度的连续粒级。

当卵石的颗粒级配不符合本标准表 3.2.1-2 要求时,应采取措施并经试验证实能确保工程质量后,方允许使用。

表 3.2.1-2　碎石或卵石的颗粒级配范围

级配情况	公称粒级(mm)	累计筛余,按质量(%)											
		方孔筛筛孔边长尺寸(mm)											
		2.36	4.75	9.5	16.0	19.0	26.5	31.5	37.5	53	63	75	90
连续粒级	5~10	95~100	80~100	0~15	0	—	—	—	—	—	—	—	—
	5~16	95~100	85~100	30~60	0~10	0	—	—	—	—	—	—	—
	5~20	95~100	90~100	40~80	—	0~10	0	—	—	—	—	—	—
	5~25	95~100	90~100	—	30~70	—	0~5	0	—	—	—	—	—
	5~31.5	95~100	90~100	70~90	—	15~45	—	0~5	0	—	—	—	—
	5~40		95~100	70~90	—	30~65	—	—	0~5	0	—	—	—
单粒级	10~20	—	95~100	85~100	—	0~15	0	—	—	—	—	—	—
	16~31.5	—	95~100	—	85~100	—	—	0~10	0	—	—	—	—
	20~40	—	—	95~100	—	80~100	—	—	0~10	0	—	—	—
	31.5~63	—	—	—	95~100	—	—	75~100	45~75	—	0~10	0	—
	40~80	—	—	—	—	95~100	—	—	70~100	—	30~60	0~10	0

3.2.2　碎石或卵石中针、片状颗粒含量应符合表 3.2.2 的规定。

表 3.2.2　针、片状颗粒含量

混凝土强度等级	≥C60	C55~C30	≤C25
针、片状颗粒含量(按质量计,%)	≤8	≤15	≤25

3.2.3　碎石或卵石中含泥量应符合表 3.2.3 的规定。

表 3.2.3 碎石或卵石中含泥量

混凝土强度等级	≥C60	C55 ~ C30	≤C25
含泥量(按质量计,%)	≤0.5	≤1.0	≤2.0

对于有抗冻、抗渗或其他特殊要求的混凝土,其所用碎石或卵石中含泥量不应大于1.0%。当碎石或卵石的含泥是非黏土质的石粉时,其含泥量可由表3.2.3的0.5%、1.0%、2.0%,分别提高到1.0%、1.5%、3.0%。

3.2.4 碎石或卵石中泥块含量应符合表3.2.4的规定。

表 3.2.4 碎石或卵石中泥块含量

混凝土强度等级	≥C60	C55 ~ C30	≤C25
泥块含量(按质量计,%)	≤0.2	≤0.5	≤0.7

对于有抗冻、抗渗或其他特殊要求的强度等级小于C30的混凝土,当所用碎石或卵石中泥块含量不应大于0.5%。

3.2.5 碎石的强度可用岩石的抗压强度和压碎值指标表示。岩石的抗压强度应比所配置的混凝土强度至少高20%。当混凝土强度等级大于或等于C60时,应进行岩石抗压强度检验。岩石强度首先应由生产单位提供,工程中可采用压碎值指标进行质量控制。碎石的压碎值指标宜符合表3.2.5-1的规定。

表 3.2.5-1 碎石的压碎值指标

岩 石 品 种	混凝土强度等级	碎石压碎值指标(%)
沉积岩	C60 ~ C40	≤10
	≤C35	≤16
变质岩或深成的火成岩	C60 ~ C40	≤12
	≤C35	≤20
喷出的火成岩	C60 ~ C40	≤13
	≤C35	≤30

注:沉积岩包括石灰岩、砂岩等;变质岩包括片麻岩、石英岩等;深成的火成岩包括花岗岩、正长岩、闪长岩和橄榄岩等,喷出的火成岩包括玄武岩和绿辉岩等。

卵石的强度可用压碎值指标表示。其压碎值指标宜符合表3.2.5-2的规定。

表 3.2.5-2 卵石的压碎值指标

混凝土强度等级	C60 ~ C40	≥C35
压碎值指标(%)	≤1.2	≤16

3.2.6 碎石或卵石的坚固性应用硫酸钠溶液法检验,试样经5次循环后,其质量损失应符合表3.2.6的规定。

表 3.2.6 碎石或卵石的坚固性指标

混凝土所处的环境条件及其性能要求	5次循环后的质量损失(%)
在严寒及寒冷地区室外使用,并经常处于潮湿或干湿交替状态下的混凝土;有腐蚀性介质作用或经常处于水位变化区的地下结构或有抗疲劳、耐磨、抗冲击等要求的混凝土	≤8
在其他条件下使用的混凝土	≤12

3.2.7 碎石或卵石中的硫化物和硫酸盐含量以及卵石中有机物等有害物质含量,应符合表3.2.7的规定。

表 3.2.7 碎石或卵石中的有害物质含量

项　目	质量要求
硫化物及硫酸盐含量（折算成 SO_3，按质量计，%）	≤1.0
卵石中有机物含量（用比色法试验）	颜色应不深于标准色。当颜色深于标准色时，应配置成混凝土进行强度对比试验，抗压强度比应不低于 0.95

当碎石或卵石中含有颗粒状硫酸盐或硫化物杂质时，应进行专门检验，确认能满足混凝土耐久性要求后，方可采用。

3.2.8　对于长期处于潮湿环境的重要结构混凝土，其所使用的碎石或卵石应进行碱活性检验。

进行碱活性检验时，首先应采用岩相法检验碱活性骨料的品种、类型和数量。当检验出骨料中含有活性二氧化硅时，应采用快速砂浆棒法和砂浆长度法进行碱活性检验，当检验出骨料中含有活性碳酸盐时. 应采用岩石柱法进行碱活性检验。

经上述检验，当判定骨料存在潜在碱－碳酸盐反应危害时，不宜用作混凝土骨料；否则，应通过专门的混凝土试验，做最后评定。

当判定骨料存在潜在碱－硅反应危害时，应控制混凝土中的碱含量不超过 $3kg/m^3$，或采用能抑制碱－骨料反应的有效措施。

4　验收、运输和堆放

4.0.1　供货单位应提供砂或石的产品合格证及质量检验报告。

使用单位应按砂或石的同产地同规格分批验收。采用大型工具（如火车、货船或汽车）运输的，应以 $400m^3$ 或 600t 为一验收批；采用小型工具（如拖拉机等）运输的，应以 200 m^3 或 300t 为一验收批。不足上述量者，应按一验收批进行验收。

4.0.2　每验收批砂石至少应进行颗粒级配、含泥量、泥块含量检验。对于碎石或卵石，还应检验针片状颗粒含量；对于海砂或有氯离子污染的砂，还应检验其氯离子含量；对于海砂，还应检验贝壳含量；对于人工砂及混合砂，还应检验石粉含量。对于重要工程或特殊工程，应根据工程要求增加检测项目。对其他指标的合格性有怀疑时，应予检验。

当砂或石的质量比较稳定、进料量又较大时，可以 1000t 为一验收批。

当使用新产源的砂或石时，供货单位应按本标准第 3 章的质量要求进行全面检验。

4.0.3　使用单位的质量检验报告内容应包括：委托单位、样品编号、工程名称、样品产地、类别、代表数量、检测依据、检测条件、检测项目、检测结果、结论等。检测报告可采用附录 A、附录 B 的格式。

4.0.4　砂或石的数量验收，可按质量计算，也可按体积计算。测定质量，可用汽车地量衡或船舶吃水线为依据，测定体积，可按车皮或船舶的容积为依据。采用其他小型运输工具时，可按量方确定。

4.0.5　砂或石在运输、装卸和堆放过程中，应防止颗粒离析、混入杂质，并应按产地、种类和规格分别堆放。碎石或卵石的堆料高度不宜超过 5m，对于单粒级或最大粒径不超过 20mm 的连续粒级，其堆料高度可增加到 10m。

5　取样与缩分

5.1　取样

5.1.1　每验收批取样方法应按下列规定执行：

1　从料堆上 取样时，取样部位应均匀分布。取样前应先将取样部位表层铲除，然后由各部位抽取大致相等的砂 8 份，石子为 16 份，组成各自一组样品。

2　从皮带运输机上取样时，应在皮带运输机机尾的出料处用接料器定时抽取砂 4 份、石 8 份组成各自一组样品。

3　从火车、汽车、货船上取样时，应从不同部位和深度抽取大致相等的砂 8 份，石 16 份组成各自一组样品。

5.1.2 除筛分析外，当其余检验项目存在不合格项时，应加倍取样进行复验。当复验仍有一项不满足标准要求时，应按不合格品处理。

注：如经观察，认为各节车皮间（汽车、货船间）所载的砂、石质量相差甚为悬殊时，应对质量有怀疑的每节列车（汽车、货船）分别取样和验收。

5.1.3 对于每一单项检验项目，砂、石的每组样品取样数量应分别满足表 5.1.3-1 和表 5.1.3-2 的规定。当需要做多项检验时，可在确保样品经一项试验后不致影响其他试验结果的前提下，用同组样品进行多项不同的试验。

表 5.1.3-1 每一单项检验项目所需砂的最少取样质量

检验项目	最少取样质量（g）
筛分析	4400
表观密度	2600
吸水率	4000
紧密密度和堆积密度	5000
含水率	1000
含泥量	4400
泥块含量	20000
石粉含量	1600
人工砂压碎值指标	分成公称粒级 5.00～2.50mm；2.50～1.25mm；1.25mm～630μm；630～315μm；315～160μm 每个粒级各需 1000g
有机物含量	2000
云母含量	600
轻物质含量	3200
坚固性	分成公称粒级 5.00～2.50mm；2.50～1.25mm；1.25mm～630μm；630～315μm；315～160μm 每个粒级各需 100g
硫化物及硫酸盐含量	50
氯离子含量	2000
贝壳含量	10000
碱活性	20000

表 5.1.3-2 每一单项检验项目所需碎石或卵石的最小取样质量（kg）

试验项目	最大公称粒径（mm）							
	10.0	16.0	20.0	25.0	31.5	40.0	63.0	80.0
筛分析	8	15	16	20	25	32	50	64
表观密度	8	8	8	8	12	16	24	24
含水率	2	2	2	2	3	3	4	6
吸水率	8	8	16	16	16	24	24	32
堆积密度、紧密密度	40	40	40	40	80	80	120	120
含泥量	8	8	24	24	40	40	80	80
泥块含量	8	8	24	24	40	40	80	80
针、片状含量	1.2	4	8	12	20	40	—	—
硫化物及硫酸盐	1.0							

注：有机物含量、坚固性、压碎值指标及碱－骨料反应检验，应按试验要求的粒级及质量取样。

5.1.4 每组样品应妥善包装，避免细料散失，防止污染，并附样品卡片，标明样品的编号、取样时间、代表数量、产地、样品量、要求检验项目及取样方式等。

5.2 样品的缩分

5.2.1 砂的样品缩分方法可选择下列两种方法之一：

1 用分料器缩分(见图5.2.1)；将样品在潮湿状态下拌和均匀，然后将其通过分料器，留下两个接料斗中的一份，并将另一份再次通过分料器。重复上述过程，直至把样品缩分到试验所需量为止。

2 人工四分法缩分：将样品置于平板上，在潮湿状态下拌合均匀，并堆成厚度约为20mm的“圆饼”状，然后沿互相垂直的两条直径把“圆饼”分成大致相等的四份，取其对角的两份重新拌匀，再堆成“圆饼”状。重复上述过程，直至把样品缩分后的材料量略多于进行试验所需量为止。

5.2.2 碎石或卵石缩分时，应将样品量于平板上，在自然状态下拌均匀，并堆成锥体，然后沿互相垂直的两条直径把锥体分成大致相等的四份，取其对角的两份重新拌匀，再堆成锥体。重复上述过程，直至把样品缩分至试验所需量为止。

5.2.3 砂、碎石或卵石的含水率、堆积密度、紧密密度检验所用的试样，可不经缩分，拌匀后直接进行试验。

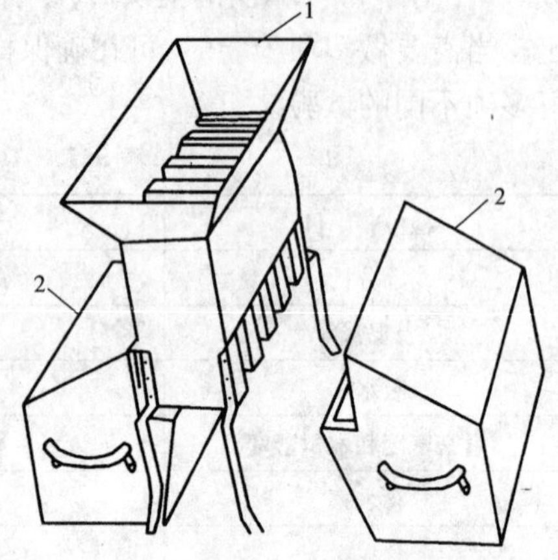

图5.2.1 分料器
1-分料漏斗；2-接料斗

6 砂的检验方法

6.1 砂的筛分析试验

6.1.1 本方法适用于测定普通混凝土用砂的颗粒级配及细度模数。

6.1.2 砂的筛分析试验应采用下列仪器设备：

1 试验筛——公称直径分别为10.0mm、5.00mm、2.50mm、1.25mm、630μm、315μm、160μm的方孔筛各一只，筛的底盘和盖各一只；筛框直径为300mm或200mm。其产品质量要求应符合现行国家标准《金属丝编织网试验筛》GB/T 6003.1和《金属穿孔板试验筛》GB/T 6003.2的要求；

2 天平——称量1000g，感量1g；

3 摇筛机；

4 烘箱——温度控制范围为(105±5)℃；

5 浅盘、硬、软毛刷等。

6.1.3 试样制备应符合下列规定：

用于筛分析的试样，其颗粒的公称粒径不应大于10.0mm。试验前应先将来样通过公称直径10.0mm的方孔筛，并计算筛余。称取经缩分后样品不少于550g两份，分别装入两个浅盘，在(105±5)℃的温度下烘干到恒重。冷却至室温备用。

注：恒重是指在相邻两次称量间隔时间不小于3h的情况下，前后两次称量之差小于该项试验所要求的称量精度(下同)。

6.1.4 筛分析试验应按下列步骤进行：

1 准确称取烘干试样500g(特细砂可称250g)，置于按筛孔大小顺序排列(大孔在上、小孔在下)的套筛的最上一只筛(公称直径为5.00mm的方孔筛)上；将套筛装入摇筛机内固紧，筛分10min；然后取出套筛，再按筛孔由大到小的顺序，在清洁的浅盘上逐一进行手筛，直至每分钟的筛出量不超过试样总量的0.1%时为止；通过的颗粒并入下一只筛子，并和下一只筛子中的试样一起进行手筛。按这样顺序依次进行，直至所有的筛子全部筛完为止。

注：1 当试样含泥量超过5%时，应先将试样水洗，然后烘干至恒重，再进行筛分；
2 无摇筛孔时，可改用手筛。

2　试样在各只筛子上的筛余量均不得超过按式(6.1.4)计算得出的剩留量,否则应将该筛的筛余试样分成两份或数份,再次进行筛分,并以其筛余量之和作为该筛的筛余量。

$$m_r = \frac{A\sqrt{d}}{300} \tag{6.1.4}$$

式中:m_r——某一筛上的剩留量(g);

d——筛孔边长(mm);

A——筛的面积(mm^2)。

3　称取各筛筛余试样的质量(精确至 1g),所有各筛的分计筛余量和底盘中的剩余量之和与筛分前的试样总量相比,相差不得超过 1%。

6.1.5　筛分析试验结果应按下列步骤计算:

1　计算分计筛余(各筛上的筛余量除以试样总量的百分率),精确至 0.1%;

2　计算累计筛余(该筛的分计筛余与筛孔大于该筛的各筛的分计筛余之和),精确至 0.1%;

3　根据各筛两次试验累计筛余的平均值,评定该试样的颗粒级配分布情况,精确至 1%;

4　砂的细度模数应按下式计算.精确至 0.01:

$$\mu_f = \frac{(\beta_2 + \beta_3 + \beta_4 + \beta_5 + \beta_6) - 5\beta_1}{100 - \beta_1} \tag{6.1.5}$$

式中:μ_f——砂的细度模数;

β_1、β_2、β_3、β_4、β_5、β_6——分别为公称直径 5.00mm、2.50mm、1.25mm、630μm、315μm、160μm 方孔筛上的累计筛余;

5　以两次试验结果的算术平均值作为测定值,精确至 0.1。当两次试验所得的细度模数之差大于 0.20 时,应重新取试样进行试验。

6.2　砂的表观密度试验(标准法)

6.2.1　本方法适用于测定砂的表观密度。

6.2.2　标准法表观密度试验应采用下列仪器设备:

1　天平——称量 1000g,感量 1g;

2　容量瓶——容量 500mL;

3　烘箱——温度控制范围为(105±5)℃;

4　干燥器、浅盘、铝制料勺、温度计等。

6.2.3　试样制备应符合下列规定:

经缩分后不少于 650g 的样品装入浅盘,在温度为(105±5)℃的烘箱中烘干至恒重,并在干燥器内冷却至室温。

6.2.4　标准法表观密度试验应按下列步骤进行:

1　称取烘干的试验 300g(m_0),装入盛有半瓶冷开水的容量瓶中。

2　摇转容量瓶,使试样在水中充分搅动以排除气泡,塞紧瓶塞,静置 24h;然后用滴管加水至瓶颈刻度线平齐,再塞紧瓶塞,擦干容量瓶外壁的水分,称其质量(m_1)。

3　倒出容量瓶中的水和试样,将瓶的内外壁洗净,再向瓶内加入与本条文第 2 款水温相差不超过 2℃的冷开水至瓶颈刻度线。塞紧瓶塞,擦干容量瓶外壁水分,称质量(m_2)。

注:在砂的表观密度试验过程中应测量并控制水的温度,试验的各项称量可在 15~25℃的温度范围内进行。从试样加水静置的最后 2h 起直至试验结束,其温度相差不应超过 2℃。

6.2.5　表观密度(标准法)应按下式计算,精确至 $10kg/m^3$:

$$\rho = \left(\frac{m_0}{m_0 + m_2 - m_1} - \alpha_t\right) \times 1000 \tag{6.2.5}$$

式中:ρ——表观密度(kg/m^3);

m_0——试样的烘干质量(g);

m_1——试样、水及容量瓶总质量(g);

m_2——水及容量瓶总质量(g);

α_t——水温对砂的表观密度影响的修正系数,见表6.2.5。

6.2.5 不同水温对砂的表观密度影响的修正系数

水温(℃)	15	16	17	18	19	20
α_t	0.002	0.003	0.003	0.004	0.004	0.005
水温(℃)	21	22	23	24	25	—
α_t	0.005	0.006	0.006	0.007	0.008	—

以两次试验结果的算述平均值作为测定值。当两次结果之差大于20kg/m^{3}时,应重新取样进行试验。

6.3 砂的表观密度试验(简易法)

6.3.1 本方法适用于测定砂的表观密度。

6.3.2 简易法表观密度试验应采用下列仪器设备:

1 天平——称量1000g,感量1g;

2 李氏瓶——容量250mL;

3 烘箱——温度控制范围为(105±5)℃;

4 其他仪器设备应符合本标准第6.2.2条的规定。

6.3.3 试样制备应符合下列规定:

将样品缩分至不少于120g,在(105±5)℃的烘箱中烘干至恒重,并在干燥器中冷却至室温,分成大致相等的两份备用。

6.3.4 简易法表观密度试验应按下列步骤进行:

1 向李氏瓶中注入冷开水至一定刻度处,擦干瓶颈内部附着水,记录水的体积(V_1);

2 称取烘干试样50g(m_0),徐徐加入盛水的李氏瓶中;

3 试样全部倒入瓶中后,用瓶内的水将粘附在瓶颈和瓶壁的试样洗入水中,摇转李氏瓶以排除气泡,静置约24h后,记录瓶中水面升高后的体积(V_2)。

注:在砂的表观密度试验过程中应测量并控制水的温度,允许在15~25℃的温度范围内进行体积测定,但两次体积测定(指V_1和V_2)的温差不得大于2℃。从试样加水静置的最后2h起,直至记录完瓶中水面高度时止,其相差温度不应超过2℃。

6.3.5 表观密度(简易法)应按下式计算,精确至10kg/m^3:

$$\rho=\left(\frac{m_0}{V_2-V_1}-\alpha_t\right)\times1000 \tag{6.3.5}$$

式中:ρ——表观密度(kg/m^3);

m_0——试样的烘干质量(g);

V_1——水的原有体积(mL);

V_2——倒入试样后的水和试样的体积(mL);

α_t——水温对砂的表观密度影响的修正系数,见表6.2.5。

以两次试验结果的算术平均值作为测定值,两次结果之差大于20kg/m^{3}时,应重新取样进行试验。

6.4 砂的吸水率试验

6.4.1 本方法适用于测定砂的吸水率,即测定以烘干质量为基准的饱和面干吸水率。

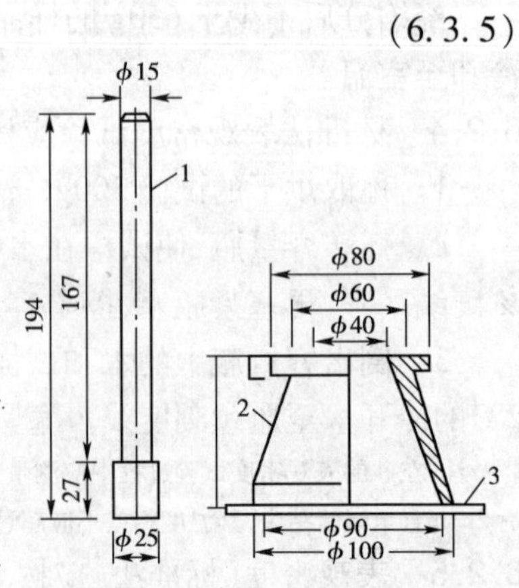

图6.4.2 饱和面干试模及其捣棒

(单位:mm)

1-捣棒;2-试模;3-玻璃板

6.4.2 吸水率试验应采用下列仪器设备:

1 天平——称量1000g,感量1g;

2　饱和面干试模及质量为(340±15)g的钢制捣棒(见图6.4.2);

3　干燥器、吹风机(手提式)、浅盘、铝制料勺、玻璃棒、温度计等;

4　烧杯——容量500mL;

5　烘箱——温度控制范围为(105±5)℃。

6.4.3　试样制备应符合下列规定:

饱和面干试样的制备,是将样品在潮湿状态下用四分法缩分至1000g,拌匀后分成两份,分别装入浅盘或其他合适的容器中,注入清水,使水面高出试样表面20mm左右[水温控制在(20±5)℃]。用玻璃棒连续搅拌5min,以排除气泡。静置24h以后,细心地倒去试样上的水,并用吸管吸去余水。再将试样在盘中摊开,用手提吹风机缓缓吹入暖风,并不断翻拌试样,使砂表面的水分在各部位均匀蒸发。然后将试样松散地一次装满饱和面干试模中,捣25次(捣棒端面距试样表面不超过10mm,任其自由落下),捣完后,留下的空隙不用再装满,从垂直方向徐徐提起试模。试样呈6.4.3(a)形状时,则说明砂中尚含有表面水,应继续按上述方法用暖风干燥,并按上述方法进行试验,直至试模提起后试样呈图6.4.3(b)的形状为止。试模提起后,试样呈图6.4.3(c)的形状时,则说明试样已干燥过分,此时应将试样洒水5mL,充分拌匀,并静置于加盖容器中30min后,再按上述方法进行试验,直至试样达到图6.4.3(b)的形状为止。

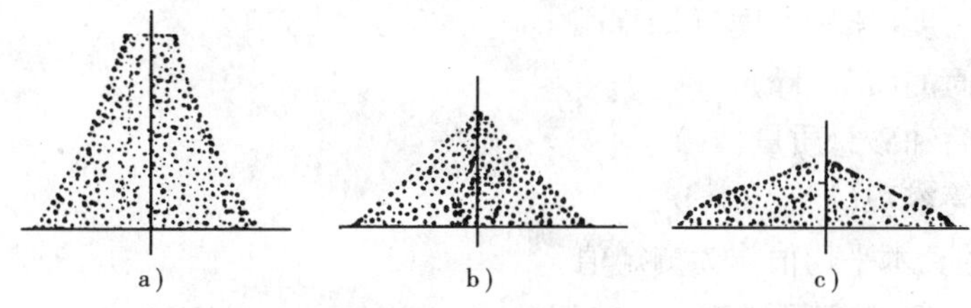

图6.4.3　试样的塌陷情况

6.4.4　吸水率试验应按下列步骤进行:

立即称取饱和面干试样500g,放入已知质量(m_1)烧杯中,于温度为(105±5)℃的烘箱中烘干至恒重,并在干燥器内冷却至室温后,称取干样与烧杯的总质量(m_2)。

6.4.5　吸水率w_{wa}应按下式计算,精确至0.1%:

$$w_{wa} = \frac{500 - (m_2 - m_1)}{m_2 - m_1} \times 100\% \tag{6.4.5}$$

式中:w_{wa}——吸水率(%);

m_1——烧杯质量(g);

m_2——烘干的试样与烧杯的总质量(g)。

以两次试验结果的算术平均值作为测定值,当两次结果之差大于0.2%时,应重新取样进行试验。

6.5　砂的堆积密度和紧密密度试验

6.5.1　本方法适用于测定砂的堆积密度、紧密密度及空隙率。

6.5.2　堆积密度和紧密密度试验应采用下列仪器设备:

1　秤——称量5kg,感量5g;

2　容量筒——金属制,圆柱形,内径108mm,净高109mm,筒壁厚2mm,容积1L,筒底厚度为5mm;

3　漏斗(见图6.5.2)或铝制料勺;

4　烘箱——温度控制范围为(105±5)℃;

5　直尺、浅盘等。

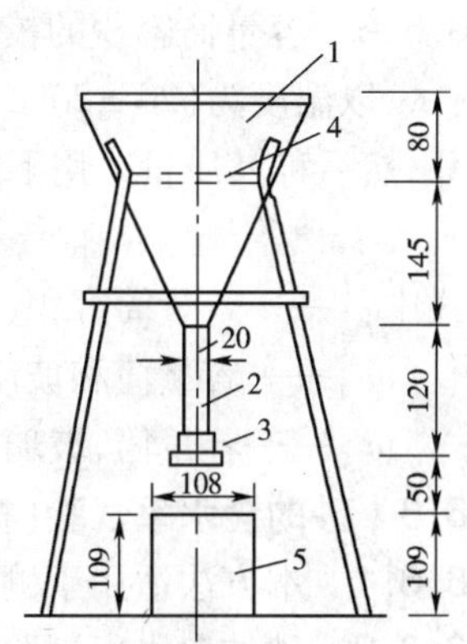

图6.5.2　标准漏斗(单位:mm)

1-漏斗;2-ϕ20mm管子;3-活动门;4-筛;5-金属量筒

6.5.3　试样制备应符合下列规定:

先用公称直径5.00mm的筛子过筛,然后取经缩分后的样品不少于3L,装入浅盘,在温度为(105±5)℃烘箱中烘干至恒重,取出并冷却至室温,分成大致相等的两份备用。试样烘干后若有结块,应在试验前先予捏碎。

6.5.4 堆积密度和紧密密度试验应按下列步骤进行:

1 堆积密度:取试样一份,用漏斗或铝制勺,将它徐徐装入容量筒(漏斗出料口或料勺距容量筒筒口不应超过50mm)直至试样装满并超出容量筒筒口。然后用直尺将多余的试样沿筒口中心线向相反方向刮平,称其质量(m_2)。

2 紧密密度:取试样一份,分两层装入容量筒。装完一层后,在筒底垫放一根直径为10mm的钢筋,将筒按住,左右交替颠击地面各25下,然后再装入第二层;第二层装满后用同样方法颠实(但筒底所垫钢筋的方向应与第一层放置方向垂直);二层装完并颠实后,加料直至试样超出容量筒筒口,然后用直尺将多余的试样沿筒口中心线向两个相反方向刮平,称其质量(m_2)。

6.5.5 试验结果计算应符合下列规定:

1 堆积密度(ρ_L)及紧密密度(ρ_c)按下式计算,精确至10kg/m³;

$$\rho_L(\rho_c)=\frac{m_2-m_1}{V}\times 1000 \tag{6.5.5-1}$$

式中:$\rho_L(\rho_c)$——堆积密度(紧密密度)(kg/m³);

m_1——容量筒的质量(kg);

m_2——容量筒和砂总质量(kg);

V——容量筒容积(L)。

以两次试验结果的算术平均值作为测定值。

2 空隙率按下式计算,精确至1%:

$$空隙率\ v_L=\left(1-\frac{\rho_L}{\rho}\right)\times 100\% \tag{6.5.5-2}$$

$$v_c=\left(1-\frac{\rho_c}{\rho}\right)\times 100\% \tag{6.5.5-3}$$

式中:v_L——堆积密度的空隙率(%);

v_c——紧密密度的空隙率(%);

ρ_L——砂的堆积密度(kg/m³);

ρ——砂的表观密度(kg/m³);

ρ_c——砂的紧密密度(kg/m³)。

6.5.6 容量筒容积的校正方法:

以温度为(20±2)℃的饮用水装满容量筒,用玻璃板沿筒口滑移,使其紧贴水面。擦干筒外壁水分,然后称其质量。用下式计算筒的容积:

$$V=m'_2-m'_1 \tag{6.5.6}$$

式中:V——容量筒容积(L);

m'_1——容量筒和玻璃板质量(kg);

m'_2——容量筒、玻璃板和水总质量(kg)。

6.6 砂的含水率试验(标准法)

6.6.1 本方法适用于测定砂的含水率。

6.6.2 砂的含水率试验(标准法)应采用下列仪器设备:

1 烘箱——温度控制范围为(105±5)℃;

2 天平——称量1000g,感量1g;

3 容器——如浅盘等。

6.6.3 含水率试验(标准法)应按下列步骤进行:

由密封的样品中取各重500g的试样两份,分别放入已知质量的干燥容器(m_1)中称重,记下每盘试样与容器的总重(m_2)。将容器连同试样放入温度为(105±5)℃的烘箱中烘干至恒重,称量烘干后的试样与容器的总质量(m_3)。

6.6.4 砂的含水率(标准法)按下式计算,精确至0.1%:

$$\omega_{wc} = \frac{m_2 - m_3}{m_3 - m_1} \times 100\% \tag{6.6.4}$$

式中:ω_{wc}——砂的含水率(%);

m_1——容器质量(g);

m_2——未烘干的试样与容器的总质量(g);

m_3——烘干后的试样与容器的总质量(g)。

以两次试验结果的算术平均值作为测定值。

6.7 砂的含水率试验(快速法)

6.7.1 本方法适用于快速测定砂的含水率。对含泥量过大及有机杂质含量较多的砂不宜采用。

6.7.2 砂的含水率试验(快速法)应采用下列仪器设备:

1 电炉(或火炉);

2 天平——称量1000g,感量1g;

3 炒盘(铁制或铝制);

4 油灰铲、毛刷等。

6.7.3 含水率试验(快速法)应按下列步骤进行:

1 由密封样品中取500g试样放入干净的炒盘(m_1)中,称取试样与炒盘的总质量(m_2);

2 置炒盘于电炉(或火炉)上,用小铲不断地翻拌试样,到试样表面全部干燥后,切断电源(或移出火外),再继续翻拌1min,稍予冷却(以免损坏天平)后,称干样与炒盘的总质量(m_3)。

6.7.4 砂的含水率(快速法)应按下式计算,精确至0.1%:

$$\omega_{wc} = \frac{m_2 - m_3}{m_3 - m_1} \times 100\% \tag{6.7.4}$$

式中:ω_{wc}——砂的含水率(%);

m_1——炒盘质量(g);

m_2——未烘干的试样与炒盘的总质量(g);

m_3——烘干后的试样与炒盘的总质量(g)。

以两次试验结果的算术平均值作为测定值。

6.8 砂中含泥量试验(标准法)

6.8.1 本方法适用于测定粗砂、中砂和细砂的含泥量,特细砂中含泥量测定方法见本标准第6.9节。

6.8.2 含泥量试验应采用下列仪器设备:

1 天平——称量1000g,感量1g;

2 烘箱——温度控制范围为(105±5)℃;

3 试验筛——筛孔公称直径为80μm及1.25mm的方孔筛各一个;

4 洗砂用的容器及烘干用的浅盘等。

6.8.3 试样制备应符合下列规定:

样品缩分至1100g,置于温度为(105±5)℃的烘箱中烘干至恒重,冷却至室温后,称取各为400g(m_0)的试样两份备用。

6.8.4 含泥量试验应按下列步骤进行:

1 取烘干的试样一份置于容器中,并注入饮用水,使水面高出砂面约150mm,充分拌匀后,浸泡

2h，然后用手在水中淘洗试样，使尘屑、淤泥和黏土与砂粒分离，并使之悬浮或溶于水中。缓缓地将浑浊液倒入公称直径为1.25mm、80μm的方孔套筛（1.25mm筛放置于上面）上，滤去小于80μm的颗粒。试验前筛子的两面应先用水润湿，在整个试验过程中应避免砂粒丢失。

2 再次加水于容器中，重复上述过程，直到筒内洗出的水清澈为止。

3 用水淋洗剩留在筛上的细粒，并将80μm筛放在水中（使水面略高出筛中砂粒的上表面）来回摇动，以充分洗除小于80μm的颗粒。然后将两只筛上剩留的颗粒和容器中已经洗净的试样一并装入浅盘，置于温度为(105±5)℃的烘箱中烘干至恒重。取出来冷却至室温后，称试样的质量(m_1)。

6.8.5 砂中含泥量应按下式计算，精确至0.1%：

$$\omega_c = \frac{m_0 - m_1}{m_0} \times 100\% \tag{6.8.5}$$

式中：ω_c——砂中含泥量（%）；

m_0——试验前的烘干试样质量（g）；

m_1——试验后的烘干试样质量（g）。

以两个试样试验结果的算术平均值作为测定值。两次结果之差大于0.5%时，应重新取样进行试验。

6.9 砂中含泥量试验（虹吸管法）

6.9.1 本方法适用于测定砂中含泥量。

6.9.2 含泥量试验（虹吸管法）应采用下列仪器设备：

1 虹吸管——玻璃管的直径不大于5mm，后接胶皮弯管；

2 玻璃容器或其他容器——高度不小于300mm，直径不小于200mm；

3 其他设备应符合本标准第6.8.2条的要求。

6.9.3 试样制备应按本标准第6.8.3条的规定进行。

6.9.4 含泥量试验（虹吸管法）应按下列步骤进行：

1 称取烘干的试样500g(m_0)，置于容器中，并注入饮用水，使水面高出砂面约150mm，浸泡2h，浸泡过程中每隔一段时间搅拌一次，确保尘屑、淤泥和黏土与砂分离；

2 用搅拌棒均匀搅拌1min（单方向旋转），以适当宽度和高度的闸板闸水，使水停止旋转。经20~25s后取出闸板，然后，从上到下用虹吸管细心地将浑浊液吸出，虹吸管吸口的最低位置应距离砂面不小于30mm；

3 再倒入清水，重复上述过程，直到吸出的水与清水的颜色基本一致为止；

4 最后将容器中的清水吸出，把洗净的试样倒入浅盘并在(105±5)℃的烘箱中烘干至恒重，取出，冷却至室温后称砂质量(m_1)。

6.9.5 砂中含泥量（虹吸管法）应按下式计算，精确至0.1%：

$$\omega_c = \frac{m_0 - m_1}{m_0} \times 100\% \tag{6.9.5}$$

式中：ω_c——砂中含泥量（%）；

m_0——试验前的烘干试样质量（g）；

m_1——试验后的烘干试样质量（g）。

以两个试样试验结果的算术平均值作为测定值。两次结果之差大于0.5%时，应重新取样进行试验。

6.10 砂中泥块含量试验

6.10.1 本方法适用于测定砂中泥块含量。

6.10.2 砂中泥块含量试验应采用下列仪器设备：

1 天平——称量1000g，感量1g；称量5000g，感量5g；

2 烘箱——温度控制范围为(105 ±5)℃;

3 试验筛——筛孔公称直径为 630μm 及 1.25mm 的方孔筛各一只;

4 洗砂用的容器及烘干用的浅盘等。

6.10.3 试样制备应符合下列规定:

将样品缩分至 5000g,置于温度为(105 ±5)℃的烘箱中烘干至恒重,冷却至室温后,用公称直径 1.25mm的方孔筛筛分,取筛上的砂不少于 400g 分为两份备用。特细砂按实际筛分量。

6.10.4 泥块含量试验应按下列步骤进行:

1 称取试样约 200g(m_1)置于容器中,并注入饮用水,使水面高出砂面 150mm。充分拌匀后,浸泡 24h,然后用手在水中碾碎泥块,再把试样放在公称直径 630μm 的方孔筛上,用水淘洗,直至水清澈为止。

2 保留下来的试样应小心地从筛里取出,装入水平浅盘后,置于温度为(105 ±5)℃烘箱中烘干至恒重,冷却后称重(m_2)。

6.10.5 砂中泥块含量应按下式计算,精确至 0.1%:

$$\omega_{c,L} = \frac{m_1 - m_2}{m_1} \times 100\% \tag{6.10.5}$$

式中:$\omega_{c,L}$——泥块含量(%);

m_1——试验前的干燥试样质量(g);

m_2——试验后的干燥试样质量(g)。

以两次试样试验结果的算术平均值作为测定值。

6.11 人工砂及混合砂中石粉含量试验(亚甲蓝法)

6.11.1 本方法适用于测定人工砂和混合砂中石粉含量。

6.11.2 石粉含量试验(亚甲蓝法)应采用下列仪器设备:

1 烘箱——温度控制范围为(105 ±5)℃;

2 天平——称量 1000g,感量 1g;称量 100g,感量 0.01g;

3 试验筛——筛孔公称直径为 80μm 及 1.25mm 的方孔筛各一只;

4 容器——要求淘洗试样时,保持试样不溅出(深度大于 250mm);

5 移液管——5mL、2mL 移液管各一个;

6 三片或四片式叶轮搅拌器——转速可调[最高达(600 ±60)r/min],直径(75 ±10)mm;

7 定时装置——精度 1s;

8 玻璃容量瓶——容量 1L;

9 温度计——精度 1℃;

10 玻璃棒——2 支,直径 8mm,长 300mm;

11 滤纸——快速;

12 搪瓷盘、毛刷、容量为 1000mL 的烧杯等。

6.11.3 溶液的配制及式样制备应符合下列规定:

1 亚甲蓝溶液的配制按下述方法:

将亚甲蓝($C_{16}H_{18}C1N_3S \cdot 3H_2O$)粉末在(105 ±5)℃下烘干至恒重,称取烘干亚甲蓝粉末 10g,精确至 0.01g,倒入盛有约 600mL 蒸馏水(水温加热至 35 ~40℃)的烧杯中,用玻璃棒持续搅拌 40min,直至亚甲蓝粉末完全溶解,冷却至 20℃。将溶液倒入 1L 容量瓶中,用蒸馏水淋洗烧杯等,使所有亚甲蓝溶液全部移入容量瓶,容量瓶和溶液的温度应保持在(20 ±1)℃,加蒸馏水至容量瓶 1L 刻度。振荡容量瓶以保证亚甲蓝粉末完全溶解。将容量瓶中溶液移入深色储藏瓶中,标明制备日期、失效日期(亚甲蓝溶液保质期应不超过 28d),并置于阴暗处保存。

2 将样品缩分至 400g,放在烘箱中于(105 ±5)℃下烘干至恒重,待冷却至室温后,筛除大于公称直径 5.0mm 的颗粒备用。

6.11.4 人工砂及混合砂中的石粉含量按下列步骤进行：

1 亚甲蓝试验应按下述方法进行：

1）称取试样 200g，精确至 1g。将试样倒入盛有（500 ±5）mL 蒸馏水的烧杯中，用叶轮搅拌机以（600 ±60）r/min 转速搅拌 5min，形成悬浮液，然后以（400 ±40）r/min 转速持续搅拌，直至试验结束。

2）悬浮液中加入 5mL 亚甲蓝溶液，以（400 ±40）r/min 转速搅拌至少 1min 后，用玻璃棒蘸取一滴悬浮液（所取悬浮液滴应使沉淀物直径在 8 ~12mm 内），滴于滤纸（置于空烧杯或其他合适的支撑物上，以使滤纸表面不与任何固体或液体接触）上。若沉淀物周围未出现色晕，再加入 5mL 亚甲蓝溶液，继续搅拌 1min，再用玻璃棒蘸取一滴悬浮液，滴于滤纸上，若沉淀物周围仍未出现色晕，重复上述步骤，直至沉淀物周围出现约 1mm 宽的稳定浅蓝色色晕。此时，应继续搅拌，不加亚甲蓝溶液，每 1min 进行一次蘸染试验。若色晕在 4min 内消失，再加入 5mL 亚甲蓝溶液；若色晕在第 5min 消失，再加入 2mL 亚甲蓝溶液。两种情况下，均应继续进行搅拌和蘸染试验，直至色晕可持续 5min。

3）记录色晕持续 5min 时所加入的亚甲蓝溶液总体积，精确至 1mL。

4）亚甲蓝 MB 值按下式计算：

$$MB = \frac{V}{G} \times 10 \qquad (6.11.4)$$

式中：MB——亚甲蓝值（g/kg），表示每千克 0 ~2.36mm 粒级试样所消耗的亚甲蓝克数，精确至 0.01；

G——试样质量（g）；

V——所加入的亚甲蓝溶液的总量（mL）。

注：公式中的系数 10 用于将每千克试样消耗的亚甲蓝溶液体积换算成亚甲蓝质量。

5）亚甲蓝试验结果评定应符合下列规定：

当 MB 值 <1.4 时，则判定是以石粉为主；当 MB 值≥1.4 时，则判定为以泥粉为主的石粉。

2 亚甲蓝快速试验应按下述方法进行：

1）应按本条第一款第一项的要求进行制样；

2）一次性向烧杯中加入 30mL 亚甲蓝溶液，以（400 ±40）r/min 转速持续搅拌 8min，然后用玻璃棒蘸取一滴悬浊液，滴于滤纸上，观察沉淀物周围是否出现明显色晕，出现色晕的为合格，否则为不合格。

3 人工砂及混合砂中的含泥量或石粉含量试验步骤及计算按本标准 6.8 节的规定进行。

6.12 人工砂压碎值指标试验

6.12.1 本方法适用于测定粒级为 315μm ~5.00mm 的人工砂的压碎指标。

6.12.2 人工砂压碎指标试验应采用下列仪器设备：

1 压力试验机，荷载 300kN；

2 受压钢模（图 6.12.2）；

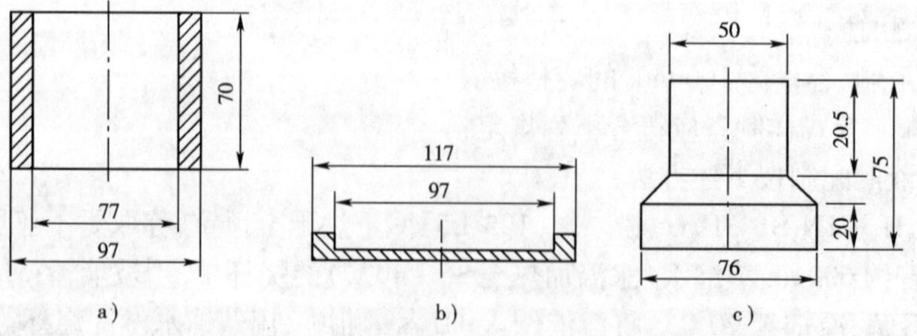

图 6.12.2 受压钢模示意图（单位：mm）

a）圆筒；b）底盘；c）加压块

3 天平——称量为 1000g，感量 1g；

4 试验筛——筛孔公称直径分别为 5.00mm、2.50mm、1.25mm、630μm、315μm、160μm、80μm 的

方孔筛各一只；

5 烘箱——温度控制范围为(105 ±5)℃；

6 其他——瓷盘10个，小勺2把。

6.12.3 试样制备应符合下列规定：

将缩分后的样品置于(105 ±5)℃的烘箱内烘干至恒重，待冷却至室温后，筛分成5.00 ~2.50mm、2.50 ~1.25m、1.25mm ~630μm、630 ~315μm四个粒级，每级试样质量不得少于1000g。

6.12.4 试验步骤应符合下列规定：

1 置圆筒于底盘上，组成受压模，将一单级砂样约300g装入模内，使试样距底盘约为50mm；

2 平整试模内试样的表面，将加压块放入圆筒内，并转动一周使之与试样均匀接触；

3 将装好砂样的受压钢模置于压力机的支承板上，对准压板中心后，开动机器，以500N/s的速度加荷，加荷至25kN时持荷5s，而后以同样速度卸荷；

4 取下受压模，移去加压块，倒出压过的试样并称其质量(m_0)，然后用该粒级的下限筛(如砂样为公称粒级5.00 ~2.50mm时，其下限筛为筛孔公称直径2.50mm的方孔筛)进行筛分，称出该粒级试样的筛余量(m_1)。

6.12.5 人工砂的压碎指标按下述方法计算：

1 第i单级砂样的压碎指标按下式计算，精确至0.1%：

$$\delta_i = \frac{m_0 - m_1}{m_0} \times 100\% \qquad (6.12.5\text{-}1)$$

式中：δ_i——第i单级砂样压碎指标(%)；

m_0——第i单级试样的质量(g)；

m_1——第i单级试样的压碎试验后筛余的试样质量(g)。

以三份试样试验结果的算术平均值作为各单粒级试样的测定值。

2 四级砂样总的压碎指标按下式计算：

$$\delta_{s\alpha} = \frac{\alpha_1\delta_1 + \alpha_2\delta_2 + \alpha_3\delta_3 + \alpha_4\delta_4}{\alpha_1 + \alpha_2 + \alpha_3 + \alpha_4} \times 100\% \qquad (6.12.5\text{-}2)$$

式中：$\delta_{s\alpha}$——总的压碎指标(%)，精确至0.1%；

α_1、α_2、α_3、α_4——公称直径分别为2.50mm、1.25mm、630μm、315μm各方孔筛的分计筛余(%)；

δ_1、δ_2、δ_3、δ_4——公称粒级分别为5.00 ~2.50mm、2.50 ~1.25mm、1.25mm ~630μm；630 ~315μm单级试样压碎指标(%)。

6.13 砂中有机物含量试验

6.13.1 本方法适用于近似地判断天然砂中有机物含量是否会影响混凝土质量。

6.13.2 有机物含量试验应采用下列仪器设备：

1 天平——称量100g，感量0.1g和称量1000g，感量1g的天平各一台；

2 量筒——容量为250mL、100mL和10mL；

3 烧杯、玻璃棒和筛孔公称直径为5.00mm的方孔筛；

4 氢氧化钠溶液——氢氧化钠与蒸馏水之质量比为3∶97；

5 鞣酸、酒精等。

6.13.3 试样的制备与标准溶液的配制应符合下列规定：

1 筛除样品中的公称粒径5.00mm以上颗粒，用四分法缩分至500g，风干备用；

2 称取鞣酸粉2g，溶解于98mL的10%酒精溶液中，即配得所需的鞣酸溶液；然后取该溶液2.5mL，注入97.5mL浓度为3%的氢氧化钠溶液中，加塞后剧烈摇动，静置24h，即配得标准溶液。

6.13.4 有机物含量试验应按下列步骤进行：

1 向250mL量筒中倒入试样至130mL刻度处，再注入浓度为3%氢氧化钠溶液至200mL刻度处，剧烈摇动后静置24h；

2 比较试样上部溶液和新配制标准溶液的颜色，盛装标准溶液与盛装试样的量筒容积应一致。

6.13.5 结果评定应按下列方法进行：

1 当试样上部的溶液颜色浅于标准溶液的颜色时，则试样的有机物含量判定合格；

2 当两种溶液的颜色接近时，则应将该试样（包括上部溶液）倒入烧杯中放在温度为60～70℃的水浴锅中加热2～3h，然后再与标准溶液比色；

3 当溶液颜色深于标准色时，则应按下法进一步试验：

取试样一份，用3%的氢氧化钠溶液洗除有机杂质，再用清水淘洗干净，直至试样上部溶液颜色浅于标准溶液的颜色，然后用洗除有机质和未洗除的试样分别按现行的国家标准《水泥胶砂强度检验方法（ISO法）》GB/T 17671配制两种水泥砂浆，测定28d的抗压强度，当未经洗除有机杂质的砂的砂浆强度与经洗除有机物后的砂的砂浆强度比不低于0.95时，则此砂可以采用，否则不可采用。

6.14 砂中云母含量试验

6.14.1 本方法适用于测定砂中云母的近似百分含量。

6.14.2 云母含量试验应采用下列仪器设备：

1 放大镜（5倍）；

2 钢针；

3 试验筛——筛孔公称直径为5.00mm和315μm的方孔筛各一只；

4 天平——称量100g，感量0.1g。

6.14.3 试样制备应符合下列规定：

称取经缩分的试样50g，在温度（105±5）℃的烘箱中烘干至恒重，冷却至室温后备用。

6.14.4 云母含量试验应按下列步骤进行：

先筛出粒径大于公称粒径5.00mm和小于公称粒径315μm的颗粒，然后根据砂的粗细不同称取试样10～20g（m_0），放在放大镜下观察，用钢针将砂中所有云母全部挑出，称取所挑出云母质量（m）。

6.14.5 砂中云母含量ω_m应按下式计算，精确至0.1%：

$$\omega_m = \frac{m}{m_0} \times 100\% \qquad (6.14.5)$$

式中：ω_m——砂中云母含量（%）；

m_0——烘干试样质量（g）；

m——云母质量（g）。

6.15 砂中轻物质含量试验

6.15.1 本方法适用于测定砂中轻物质的近似含量。

6.15.2 轻物质含量试验应采用下列仪器设备和试剂；

1 烘箱——温度控制范围为（105±5）℃；

2 天平——称量1000g，感量1g；

3 量具——量杯（容量1000mL）、量筒（容量250mL）、烧杯（容量150mL）各一只；

4 比重计——测定范围为1.0～2.0；

5 网篮——内径和高度均为70mm，网孔孔径不大于150μm（可用坚固性检验用的网篮，也可用孔径150μm的筛）；

6 试验筛——筛孔公称直径为5.00mm和315μm的方孔筛各一只；

7 氯化锌——化学纯。

6.15.3 试样制备及重液配制应符合下列规定：

1 称取经缩分的试样约800g，在温度为（105±5）℃的烘箱中烘干至恒重，冷却后将粒径大于公称粒径5.00mm和小于公称粒径315μm的颗粒筛去，然后称取每份为200g的试样两份备用；

2 配制密度为1950～2000kg/m^3 的重液：向1000mL的量杯中加水至600mL刻度处，再加入1500g氯化锌，用玻璃棒搅拌使氯化锌全部溶解，待冷却至室温后，将部分溶液倒入250mL量筒中测其密度；

3 如溶液密度小于要求值，则将它倒回量杯，再加入氯化锌，溶解并冷却后测其密度，直至溶液密度满足要求为止。

6.15.4 轻物质含量试验应按下列步骤进行：

1 将上述试样一份（m_0）倒入盛有重液（约500mL）的量杯中，用玻璃棒充分搅拌，使试样中的轻物质与砂分离，静置5min后，将浮起的轻物质连同部分重液倒入网篮中，轻物质留在网篮中，而重液通过网篮流入另一容器，倾倒重液时应避免带出砂粒，一般当重液表面与砂表面相距约20～30mm时即停止倾倒，流出的重液倒回盛试样的量杯中，重复上述过程，直至无轻物质浮起为止；

2 用清水洗净留存于网篮中的物质，然后将它倒入烧杯，在（105±5）℃的烘箱中烘干至恒重，称取轻物质与烧杯的总质量（m_1）。

6.15.5 砂中轻物质的含量 ω_1 应按下式计算，精确到0.1%：

$$\omega_1 = \frac{m_1 - m_2}{m_0} \times 100\% \tag{6.15.5}$$

式中：ω_1——砂中轻物质含量（%）；

m_1——烘干的轻物质与烧杯的总质量（g）；

m_2——烧杯的质量（g）；

m_0——试验前烘干的试样质量（g）；

以两次试验结果的算术平均值作为测定值。

6.16 砂的坚固性试验

6.16.1 本方法适用于通过测定硫酸钠饱和溶液渗入砂中形成结晶时的裂胀力对砂的破坏程度，来间接地判断其坚固性。

6.16.2 坚固性试验应采用下列仪器设备和试剂：

1 烘箱——温度控制范围为（105±5）℃；

2 天平——称量1000g，感量1g；

3 试验筛——筛孔公称直径为160μm、315μm、630μm、1.25mm、2.50mm、5.00mm的方孔筛各一只；

4 容器——搪瓷盆或瓷缸，容量不小于10L；

5 三脚网篮——内径及高均为70mm，由铜丝或镀锌铁丝制成，网孔的孔径不应大于所盛试样粒级下限尺寸的一半；

6 试剂——无水硫酸钠；

7 比重计；

8 氯化钡——浓度为10%。

16.16.3 溶液的配制及试样制备应符合下列规定：

1 硫酸钠溶液的配制应按下述方法进行：

取一定数量的蒸馏水（取决于试样及容器大小，加温至30～50℃），每1000mL蒸馏水加入无水硫酸钠（Na_2SO_4）300～350g，用玻璃棒搅拌，使其溶解并饱和，然后冷却至20～25℃，在此温度下静置两昼夜，其密度应为1151～1174kg/m^3；

2 将缩分后的样品用水冲洗干净，在（105±5）℃的温度下烘干冷却至室温备用。

6.16.4 坚固性试验应按下列步骤进行：

1 称取公称粒级分别为315～630μm、630μm～1.25mm、1.25～2.50mm和2.50～5.00mm的试样各100g。若是特细砂，应筛去公称粒径160μm以下和2.50mm以上的颗粒，称取公称粒级分别为160～315μm、315～630μm、630μm～1.25mm、1.25～2.50mm的试样各100g。分别装入网篮并浸入盛有硫酸钠溶液的容器中，溶液体积应不小于试样总体积的5倍，其温度应保持在20～25℃。三脚网篮浸入溶液时，应先上下升降25次以排除试样中的气泡，然后静置于该容器中。此时，网篮底面应距容器底面约30mm（由网篮脚高控制），网篮之间的间距应不小于30mm，试样表面至少应在液面以下30mm。

2 浸泡20h后，从溶液中提出网篮，放在温度为（105±5）℃的烘箱中烘烤4h，至此，完成了第一次循环。待试样冷却至20～25℃后，即开始第二次循环，从第二次循环开始，浸泡及烘烤时间均为4h。

3 第五次循环完成后，将试样置于20～25℃的清水中洗净硫酸钠，再在（105±5）℃的烘箱中烘干至恒重，取出并冷却至室温后，用孔径为试样粒级下限的筛，过筛并称量各粒级试样试验后的筛余量。

注：试样中硫酸钠是否洗净，可按下法检验：取冲洗过试样的水若干毫升，滴入少量10%的氯化钡（$BaCl_2$）溶液，如无白色沉淀，则说明硫酸钠已被洗净。

6.16.5 试验结果计算应符合下列规定：

1 试样中各粒级颗粒的分计质量损失百分率δ_{ji}应按下式计算：

$$\delta_{ji}=\frac{m_i-m'_i}{m_i}\times 100\% \tag{6.16.5-1}$$

式中：δ_{ji}——各粒级颗粒的分计质量损失百分率（%）；

m_i——每一粒级试样试验前的质量（g）；

m'_i——经硫酸钠溶液试验后，每一粒级筛余颗粒的烘干质量（g）。

2 300μm～4.75mm粒级试样的总质量损失百分率δ_j应按下式计算，精确至1%：

$$\delta_j=\frac{\alpha_1\delta_{j1}+\alpha_2\delta_{j2}+\alpha_3\delta_{j3}+\alpha_4\delta_{j4}}{\alpha_1+\alpha_2+\alpha_3+\alpha_4}\times 100\% \tag{6.16.5-2}$$

式中：δ_j——试样的总质量损失百分率（%）；

α_1、α_2、α_3、α_4——公称粒级分别为315～630μm、630μm～1.25mm、1.25～2.50mm、2.50～5.00mm粒级在筛除小于公称粒径315μm及大于公称粒径5.00mm颗粒后的原试样中所占的百分率（%）。

δ_{j1}、δ_{j2}、δ_{j3}、δ_{j4}——公称粒级分别为315～630μm、630μm～1.25mm、1.25～2.50mm、2.50～5.00mm各粒级的分计质量损失百分率（%）。

3 特细砂按下式计算，精确至1%：

$$\delta_j=\frac{\alpha_0\delta_{j0}+\alpha_1\delta_{j1}+\alpha_2\delta_{j2}+\alpha_3\delta_{j3}}{\alpha_0+\alpha_1+\alpha_2+\alpha_3}\times 100\% \tag{6.16.5-3}$$

式中：δ_j——试样的总质量损失百分率（%）；

α_0、α_1、α_2、α_3——公称粒级分别为160～315μm、315～630μm、630μm～1.25mm、1.25～2.50mm粒级在筛除小于公称粒径160μm及大于公称粒径2.50mm颗粒后的原试样中所占的百分率（%）。

δ_{j0}、δ_{j1}、δ_{j2}、δ_{j3}——公称粒级分别为160～315μm、315～630μm、630μm～1.25mm、1.25～2.50mm各粒级的分计质量损失百分率（%）。

6.17 砂中硫酸盐及硫化物含量试验

6.17.1 本方法适用于测定砂中的硫酸盐及硫化物含量（按SO_3百分含量计算）。

6.17.2 硫酸盐及硫化物试验应采用下列仪器设备和试剂：

1 天平和分析天平——天平，称量1000g，感量1g；分析天平，称量100g，感量0.0001g；

2 高温炉——最高温度1000℃；

3 试验筛——筛孔公径直径为80μm的方孔筛一只；

4 瓷坩锅；

5 其他仪器——烧瓶、烧杯等；

6 10%（W/V）氯化钡溶液——10g氯化钡溶于100mL蒸馏水中；

7 盐酸（1+1）——浓盐酸溶于同体积的蒸馏水中；

8 1%（W/V）硝酸银溶液——1g 硝酸银溶于 100mL 蒸馏水中，并加入 5～10mL 硝酸，存于棕色瓶中。

6.17.3 试样制备应符合下列规定：

样品经缩分至不少于 10g，置于温度为（105±5）℃烘干至恒重，冷却至室温后，研磨至全部通过筛孔公称直径为 80μm 的方孔筛，备用。

6.17.4 硫酸盐及硫化物含量试验应按下列步骤进行：

1 用分析天平精确称取砂粉试样 1g（m），放入 300mL 的烧杯中，加入 30～40mL 蒸馏水及 10mL 的盐酸（1+1），加热至微沸，并保持微沸 5min，试样充分分解后取下，以中速滤纸过滤，用温水洗涤 10～12 次；

2 调整滤液体积至 200mL，煮沸，搅拌同时滴加 10mL10% 氯化钡溶液，并将溶液煮沸数分钟，然后移至温热处静置至少 4h（此时溶液体积应保持在 200mL），用慢速滤纸过滤，用温水洗到无氯根反应（用硝酸银溶液检验）；

3 将沉淀及滤纸一并移入已灼烧至恒重的瓷坩锅（m_1）中，灰化后在 800℃ 的高温炉内灼烧 30min。取出坩锅，置于干燥器中冷却至室温，称量，如此反复灼烧，直至恒重（m_2）。

6.17.5 硫化物及硫酸盐含量（以 SO_3 计）应按下式计算，精确至 0.01%：

$$\omega_{SO_3} = \frac{(m_2 - m_1) \times 0.343}{m} \times 100\% \tag{6.17.5}$$

式中：ω_{SO_3}——硫酸盐含量（%）；

m——试样质量（g）；

m_1——瓷坩锅的质量（g）；

m_2——瓷坩锅质量和试样总质量（g）；

0.343——$BaSO_4$ 换算成 SO_3 的系数。

以两次试验的算术平均值作为测定值，当两次试验结果之差大于 0.15% 时，须重做试验。

6.18 砂中氯离子含量试验

6.18.1 本方法适用于测定砂中的氯离子含量。

6.18.2 氯离子含量试验应采用下列仪器设备和试剂：

1 天平——称量 1000g，感量 1g；

2 带塞磨口瓶——容量 1L；

3 三角瓶——容量 300mL；

4 滴定管——容量 10mL 或 25mL；

5 容量瓶——容量 500mL；

6 移液管——容量 50mL，2mL；

7 5%（W/V）铬酸钾指示剂溶液；

8 0.01mol/L 的氯化钠标准溶液；

9 0.01mol/L 的硝酸银标准溶液。

6.18.3 试样制备应符合下列规定：

取经缩分后样品 2kg，在温度（105±5）℃的烘箱中烘干至恒重，经冷却至室温备用。

6.18.4 氯离子含量试验应按下列步骤进行：

1 称取试样 500g（m），装入带塞磨口瓶中，用容量瓶取 500mL 蒸馏水，注入磨口瓶内，加上塞上，摇动一次，放置 2h，然后每隔 5min 摇动一次，共摇动 3 次，使氯盐充分溶解。将磨口瓶上部已澄清的溶液过滤，然后用移液管吸取 50mL 滤液，注入三角瓶中，再加入浓度为 5% 的（W/V）铬酸钾指示剂 1mL，用 0.01mol/L 硝酸银标准溶液滴定至呈现砖红色为终点，记录消耗的硝酸银标准溶液的毫升数（V_1）。

2 空白试验：用移液管准确吸取 50mL 蒸馏水到三角瓶内，加入 5% 铬酸钾指示剂 1mL，并用

0.01mol/L的硝酸银标准溶液滴定至溶液呈砖红色为止，记录此点消耗的硝酸银标准溶液的毫升数(V_2)。

6.18.5 砂中氯离子含量 ω_{cl} 应按下式计算，精确至0.001%：

$$\omega_{cl}=\frac{C_{AgNO_3}(V_1-V_2)\times 0.0355\times 10}{m}\times 100\% \qquad (6.18.5)$$

式中：ω_{cl}——砂中氯离子含量(%)；

C_{AgNO_3}——硝酸银标准溶液的浓度(mol/L)；

V_1——样品滴定时消耗的硝酸银标准溶液的体积(mL)；

V_2——空白试验时消耗的硝酸银标准溶液的体积(mL)；

m——试样质量(g)。

6.19 海砂中贝壳含量试验(盐酸清洗法)

6.19.1 本方法适用于检验海砂中的贝壳含量。

6.19.2 贝壳含量试验应采用下列仪器设备和试剂：

1 烘箱——温度控制范围为(105±5)℃；

2 天平——称量1000g、感量1g和称量5000g、感量5g的天平各一台；

3 试验筛——筛孔公称直径为5.00mm的方孔筛一只；

4 量筒——容量1000mL；

5 搪瓷盆——直径200mm左右；

6 玻璃棒；

7 (1+5)盐酸溶液——由浓盐酸(相对密度1.18，浓度26%~38%)和蒸馏水按1:5的比例配制而成；

8 烧杯——容量2000mL。

6.19.3 试样制备应符合下列规定：

将样品缩分至不少于2400g，置于温度为(105±5)℃烘箱中烘干至恒重，冷却至室温后，过筛孔公称直径为5.00mm的方孔筛后，称取500g(m_1)试样两份，先按本标准第6.8节测出砂的含泥量(ω_c)，再将试样放入烧杯中备用。

6.19.4 海砂中贝壳含量应按下列步骤进行：

在盛有试样的烧杯中加入(1+5)盐酸溶液900mL，不断用玻璃棒搅拌，使反应完全。待溶液中不再有气体产生后，再加少量上述盐酸溶液，若再无气体生成则表明反应已完全。否则，应重复上一步骤，直至无气体产生为止。然后进行五次清洗，清洗过程中要避免砂粒丢失。洗净后，置于温度为(105±5)℃的烘箱中，取出冷却至室温，称重(m_2)。

6.19.5 砂中贝壳含量 ω_b 应按下式计算，精确至0.1%：

$$\omega_b=\frac{m_1-m_2}{m_1}\times 100\%-\omega_c \qquad (6.19.5)$$

式中：ω_b——砂中贝壳含量(%)；

m_1——试样总量(g)；

m_2——试样除去贝壳后的质量(g)；

ω_c——含泥量(%)。

以两次试验结果的算术平均值作为测定值，当两次结果之差超过0.5%时，应重新取样进行试验。

6.20 砂的碱活性试验(快速法)

6.20.1 本方法适用于在1mol/L氢氧化钠溶液中浸泡试样14d以检验硅质骨料与混凝土中的碱产生潜在反应的危害性，不适用于碱碳酸盐反应活性骨料检验。

6.20.2 快速法碱活性试验应采用下列仪器设备：

1 烘箱——温度控制范围为(105±5)℃；

2 天平——称量1000g,感量1g;

3 试验筛——筛孔公称直径为5.00mm、2.50mm、1.25mm、630μm、315μm、160μm的方孔筛各一只;

4 测长仪——测量范围280~300mm,精度0.01mm;

5 水泥胶砂搅拌机——应符合现行行业标准《行星式水泥胶砂搅拌机》JC/T 681的规定;

6 恒温养护箱或水浴——温度控制范围为(80±2)℃;

7 养护筒——由耐碱耐高温的材料制成,不漏水,密封,防止容器内湿度下降,筒的容积可以保证试件全部浸没在水中。筒内设有试件架,试件垂直于试件架放置;

8 试模——金属试模,尺寸为25mm×25mm×280mm,试模两端正中有小孔,装有不锈钢测头;

9 镘刀、捣棒、量筒、干燥器等。

6.20.3 试件的制作应符合下列规定:

1 将砂样缩分成约5kg,按表6.20.3中所示级配及比例组合成试验用料,并将试样洗净烘干或晾干备用。

表6.20.3 砂级配表

公称粒级	5.00~2.50mm	2.50~1.25mm	1.25mm~630μm	630~315μm	315~160μm
分级质量(%)	10	25	25	25	15

注:对特细砂分级质量不作规定。

2 水泥应采用符合现行国家标准《硅酸盐水泥、普通硅酸盐水泥》GB 175要求的普通硅酸盐水泥。水泥与砂的质量比为1:2.25,水灰比为0.47。试件规格25mm×25mm×280mm,每组三条,称取水泥440g,砂990g。

3 成型前24h,将试验所用材料(水泥、砂、拌合用水等)放入(20±2)℃的恒温室中。

4 将称好的水泥与砂倒入搅拌锅,应按现行国家标准《水泥胶砂强度检验方法(ISO法)》GB/T 17671的规定进行搅拌。

5 搅拌完成后,将砂浆分两层装入试模内,每层捣40次,测头周围应填实,浇捣完毕后用镘刀刮除多余砂浆,抹平表面,并标明测定方向及编号。

6.20.4 快速法试验应按下列步骤进行:

1 将试件成型完毕后,带模放入标准养护室,养护(24±4)h后脱模。

2 脱模后,将试件浸泡在装有自来水的养护筒中,并将养护筒放入温度(80±2)℃的烘箱或水浴箱中养护24h。同种骨料制成的试件放在同一个养护筒中。

3 然后将养护筒逐个取出。每次从养护筒中取出一个试件,用抹布擦干表面,立即用测长仪测试件的基长(L_0)。每个试件至少重复测试两次,取差值在仪器精度范围内的两个读数的平均值作为长度测定值(精确至0.02mm),每次每个试件的测量方向应一致,待测的试件须用湿布覆盖,防止水分蒸发;从取出试件擦干到读数完成应在(15±5)s内结束,读完数后的试件应用湿布覆盖。全部试件测完基准长度后,把试件放入装有浓度为1mol/L氢氧化钠溶液的养护筒中,并确保试件被完全浸泡。溶液温度应保持在(80±2)℃,将养护筒放回烘箱或水浴箱中。

注:用测长仪测定任一组试件的长度时,均应先调整测长仪的零点。

4 自测定基准长度之日起,第3d、7d、10d、14d再分别测其长度(L_t)。测长方法与测基长方法相同。每次测量完毕后,应将试件调头放入原养护筒,盖好筒盖,放回(80±2)℃的烘箱或水浴箱中,继续养护到下一个测试龄期。操作时防止氢氧化钠浴液溢溅,避免烧伤皮肤。

5 在测量时应观察试件的变形、裂缝、渗出物等,特别应观察有无胶体物质,并作详细记录。

6.20.5 试件中的膨胀率应按下式计算,精确至0.01%:

$$\varepsilon_t = \frac{L_t - L_0}{L_0 - 2\Delta} \times 100\% \qquad (6.20.5)$$

式中：ε_t——试件在 t 天龄期的膨胀率（%）；

L_t——试件在 t 天龄期的长度（mm）；

L_0——试件的基长（mm）；

Δ——测头长度（mm）。

以三个试件膨胀率的平均值作为某一龄期膨胀率的测定值。任一试件膨胀率与平均值均应符合下列规定：

1 当平均值小于或等于0.05%时，其差值均应小于0.01%；

2 当平均值大于0.05%时，单个测值与平均值的差值均应小于平均值的20%；

3 当三个试件的膨胀率均大于0.10%时，无精度要求；

4 当不符合上述要求时，去掉膨胀率最小的，用其余两个试件的平均值作为该龄期的膨胀率。

6.20.6 结果评定应符合下列规定：

1 当14d膨胀率小于0.10%时，可判定为无潜在危害；

2 当14d膨胀率大于0.20%时，可判定为有潜在危害；

3 当14d膨胀率在0.10%~0.20%之间时，应按本标准第6.21节的方法再进行试验判定。

6.21 砂的碱活性试验（砂浆长度法）

6.21.1 本方法适用于鉴定硅质骨料与水泥（混凝土）中的碱产生潜在反应的危害性，不适用于碱碳酸盐反应活性骨料检验。

6.21.2 砂浆长度法碱活性试验应采用下列仪器设备：

1 试验筛——应符合本标准第6.1.2条的要求；

2 水泥胶砂搅拌机——应符合现行行业标准《行星式水泥胶砂搅拌机》JC/T 681规定；

3 镘刀及截面为14mm×13mm、长120~150mm的钢制捣棒；

4 量筒、秒表；

5 试模和测头——金属试模，规格为25mm×25mm×280mm，试模两端正中应有小孔，测头在此固定埋入砂浆，测头用不锈钢金属制成；

6 养护筒——用耐腐蚀材料制成，应不漏水，不透气，加盖后放在养护室中能确保筒内空气相对湿度为95%以上，筒内设有试件架，架下盛有水，试件垂直立于架上并不与水接触；

7 测长仪——测量范围280~300mm，精度0.01mm；

8 室温为（40±2）℃的养护室；

9 天平——称量2000g，感量2g；

10 跳桌——应符合现行行业标准《水泥胶砂流动度测定仪》JC/T 958要求。

6.21.3 试件的制备应符合下列规定：

1 制作试件的材料应符合下列规定：

1）水泥——在做一般骨料活性鉴定时，应使用高碱水泥，含碱量为1.2%；低于此值时，掺浓度为10%的氢氧化钠溶液，将碱含量调至水泥量的1.2%；对于具体工程，当该工程拟用水泥的含碱量高于此值，则应采用工程所使用的水泥；

注：水泥含碱量以氧化钠（Na_2O）计，氧化钾（K_2O）换算为氧化钠时乘以换算系数0.658。

2）砂——将样品缩分成约5kg，按表6.21.3中所示级配及比例组合成试验用料，并将试样洗净晾干。

表6.21.3 砂级配表

公称粒级	5.00~2.50mm	2.50~1.25mm	1.25mm~630μm	630~315μm	315~160μm
分级质量（%）	10	25	25	25	15

注：对特细砂分级质量不作规定。

2 制作试件用的砂浆配合比应符合下列规定：

水泥与砂的质量比为1:2.25。每组3个试试,共需水泥440g,砂料990g,砂浆用水量应按现行国家标准《水泥胶砂流动度测定方法》GB/T 2419确定,跳桌次数改为6s跳动10次,以流动度在105~120mm为准。

3 砂浆长度法试验所用试件应按下列方法制作:

1)成型前24h,将试验所用材料(水泥、砂、拌和用水等)放入(20±2)℃的恒温室中;

2)先将称好的水泥与砂倒入搅拌锅内,开动搅拌机,拌合5s后徐徐加水,20~30s加完,自开动机器起搅拌(180±5)s停机,将粘在叶片上的砂浆刮下,取下搅拌锅;

3)砂浆分两层装入试模内,每层捣40次;测头周围应填实,浇捣完毕后用镘刀刮除多余砂浆,抹平表面并标明测定方向和编号。

6.21.4 砂浆长度法试验应按下列步骤进行:

1 试件成型完毕后,带模放入标准养护室,养护(24±4)h后脱模(当试件强度较低时,可延至48h脱模),脱模后立即测量试件的基长(L_0)。测长应在(20±2)℃的恒温室中进行,每个试件至少重复测试两次,取差值在仪器精度范围内的两个读数的平均值作为长度测定值(精确至0.02mm)。待测的试件须用湿布覆盖,以防止水分蒸发。

2 测量后将试件放入养护筒中,盖严后放入(40±2)℃养护室里养护(一个筒内的品种应相同)。

3 自测基长之日起,14d、1个月、2个月、3个月、6个月再分别测其长度(L_t),如有必要还可适当延长。在测长前一天,应把养护筒从(40±2)℃养护室中取出,放入(20±2)℃的恒温室。试件的测长方法与测基长相同,测量完毕后,应将试件调头放入养护筒中,盖好筒盖,放回(40±2)℃养护室继续养护到下一测龄期。

4 在测量时应观察试件的变形、裂缝和渗出物,特别应观察有无胶体物质,并作详细记录。

6.21.5 试件的膨胀率应按下式计算,精确至0.001%:

$$\varepsilon_t = \frac{L_t - L_0}{L_0 - 2\Delta} \times 100\% \tag{6.21.5}$$

式中:ε_t——试件在t天龄期的膨胀率(%);

L_0——试件的基长(mm);

L_t——试件在t天龄期的长度(mm);

Δ——测头长度(mm)。

以三个试件膨胀率的平均值作为某一龄期膨胀率的测定值。任一试件膨胀率与平均值均应符合下列规定:

1 当平均值小于或等于0.05%时,其差值均应小于0.01%;

2 当平均值大于0.05%时,其差值均应小于平均值的20%;

3 当三个试件的膨胀率均超过0.10%时,无精度要求;

4 当不符合上述要求时,去掉膨胀率最小的,用其余两个试件的平均值作为该龄期的膨胀率。

6.21.6 结果评定应符合下列规定:

当砂浆6个月膨胀率小于0.10%或3个月的膨胀率小于0.05%(只有在缺少6个月膨胀率时才有效)时,则判为无潜在危害。否则,应判为有潜在危害。

7 石的检验方法

7.1 碎石或卵石的筛分析试验

7.1.1 本方法适用于测定碎石或卵石的颗粒级配。

7.1.2 筛分析试验应采用下列仪器设备:

1 试验筛——筛孔公称直径为100.0mm、80.0mm、63.0mm、50.0mm、40.0mm、31.5mm、25.0mm、20.0mm、16.0mm、10.0mm、5.00mm和2.50mm的方孔筛以及筛的底盘和盖各一只,其规格和质量要求

应符合现行国家标准《金属穿孔板试验筛》GB/T 6003.2 的要求，筛框直径为 300mm；

2 天平和秤——天平的称量 5kg，感量 5g；秤的称量 20kg，感量 20g；

3 烘箱——温度控制范围为（105 ±5）℃；

4 浅盘。

7.1.3 试样制备应符合下列规定：试验前，应将样品缩分至表 7.1.3 所规定的试样最少质量，并烘干或风干后备用。

表 7.1.3 筛分析所需试样的最少质量

公称粒径（mm）	10.0	16.0	20.0	25.0	31.5	40.0	63.0	80.0
试样最少质量（kg）	2.0	3.2	4.0	5.0	6.3	8.0	12.6	16.0

7.1.4 筛分析试验应按下列步骤进行：

1 按表 7.1.3 的规定称取试样；

2 将试样按筛孔大小顺序过筛，当每只筛上的筛余层厚度大于试样的最大粒径值时，应将该筛上的筛余试样分成两份，再次进行筛分，直至各筛每分钟的通过量不超过试样总量的 0.1%；

注：当筛余试样的颗粒粒径比公称粒径大 20mm 以上时，在筛分过程中，允许用手拨动颗粒。

3 称取各筛筛余的质量，精确至试样总质量的 0.1%。各筛的分计筛余量和筛底剩余量的总和与筛分前测定的试样总量相比，其相差不得超过 1%。

7.1.5 筛分析试验结果应按下列步骤计算：

1 计算分计筛余（各筛上筛余量除以试样的百分率），精确至 0.1%；

2 计算累计筛余（该筛的分计筛余与筛孔大于该筛的各筛的分计筛余百分率之总和），精确至 1%；

3 根据各筛的累计筛余，评定该试样的颗粒级配。

7.2 碎石或卵石的表观密度试验（标准法）

7.2.1 本方法适用于测定碎石或卵石的表观密度。

7.2.2 标准法表观密度试验应采用下列仪器设备：

1 液体天平——称量 5kg，感量 5g，其型号及尺寸应能允许在臂上悬挂盛试样的吊篮，并在水中称重（见图 7.2.2）；

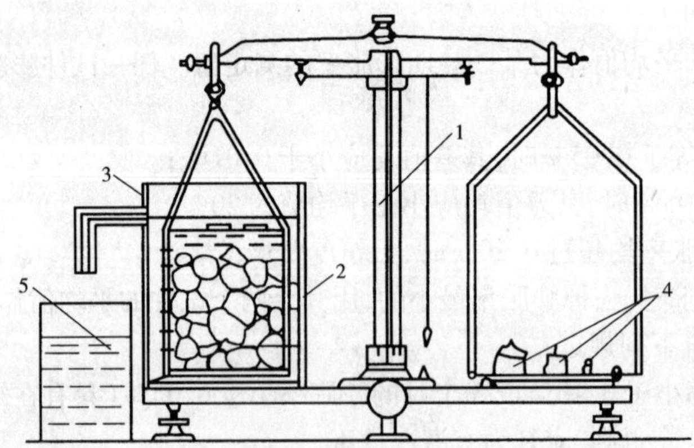

图 7.2.2 液体天平

1-5kg 天平；2-吊篮；3-带有溢流孔的金属容器；4-砝码；5-容器

2 吊篮——直径和高度均为 150mm，由孔径为 1 ~ 2mm 的筛网或钻有孔径为 2 ~ 3mm 孔洞的耐锈蚀金属板制成；

3 盛水容器——有溢流孔；

4 烘箱——温度控制范围为（105 ±5）℃；

5 试验筛——筛孔公称直径为 5.00mm 的方孔筛一只；

6 温度计——0~100℃；

7 带盖容器、浅盘、刷子和毛巾等。

7.2.3 试样制备应符合下列规定：

试验前，将样品筛除公称粒径5.00mm以下的颗粒，并缩分至略大于两倍于表7.2.3所规定的最少质量，冲洗干净后分成两份备用。

表7.2.3 表观密度试验所需的试样最少质量

最大公称粒径(mm)	10.0	16.0	20.0	25.0	31.5	40.0	63.0	80.0
试样最少质量(kg)	2.0	2.0	2.0	2.0	3.0	4.0	6.0	6.0

7.2.4 标准法表观密度试验应按以下步骤进行：

1 按表7.2.3的规定称取试样；

2 取试样一份装入吊篮，并浸入盛水的容器中，水面至少高出试样50mm；

3 浸水24h后，移放到称量用的盛水容器中，并用上下升降吊篮的方法排除汽泡（试样不得露出水面）。吊篮每升降一次约为1s，升降高度为30~50mm；

4 测定水温（此时吊篮应全浸在水中），用天平称取吊篮及试样在水中的质量（m_2）。称量时盛水容器中水面的高度由容器的溢流孔控制；

5 提起吊篮，将试样置于浅盘中，放入（105±5）℃的烘箱中烘干至恒重；取出来放在带盖的容器中冷却至室温后，称重（m_0）；

注：恒重是指相邻两次称量间隔时间不小于3h的情况下，其前后两次称量之差小于该项试验所要求的称量精度。下同。

6 称取吊篮在同样温度的水中质量（m_1），称量时盛水容器的水面高度仍应由溢流口控制。

注：试验的各项称重可以在15~25℃的温度范围内进行，但从试样加水静置的最后2h起直至试验结束，其温度相差不应超过2℃。

7.2.5 表观密度ρ应按下式计算，精确至10kg/m³：

$$\rho = \left(\frac{m_0}{m_0 + m_1 - m_2} - \alpha_t\right) \times 1000 \tag{7.2.5}$$

式中：ρ——表观密度（kg/m³）；

m_0——试样的烘干质量（g）；

m_1——吊篮在水中的质量（g）；

m_2——吊篮及试样在水中的质量（g）；

α_t——水温对表观密度影响的修正系数，见表7.2.5。

表7.2.5 不同水温下碎石或卵石的表观密度影响的修正系数

水温(℃)	15	16	17	18	19	20	21	22	23	24	25
α_t	0.002	0.003	0.003	0.004	0.004	0.005	0.005	0.006	0.006	0.007	0.008

以两次试验结果的算术平均值作为测定值。当两次结果之差大于20kg/m³时，应重新取样进行试验。对颗粒材质不均匀的试样，两次试验结果之差大于20kg/m³时，可取四次测定结果的算术平均值作为测定值。

7.3 碎石或卵石的表观密度试验（简易法）

7.3.1 本方法适用于测定碎石或卵石的表观密度，不宜用于测定最大公称粒径超过40mm的碎石或卵石的表观密度。

7.3.2 简易法测定表观密度应采用下列仪器设备：

1 烘箱——温度控制范围为（105±5）℃；

2 秤——称量20kg，感量20g；

3 广口瓶——容量1000mL，磨口，并带玻璃片；

4 试验筛——筛孔公称直径为5.00mm的方孔筛一只；

5 毛巾、刷子等。

7.3.3 试样制备应符合下列规定：

试验前，筛除样品中公称粒径为5.00mm以下的颗粒，缩分至略大于本标准表7.2.3所规定的量的两倍。洗刷干净后，分成两份备用。

7.3.4　简易法测定表观密度应按下列步骤进行：

1　按本标准表7.2.3规定的数量称取试样；

2　将试样浸水饱和，然后装入广口瓶中。装试样时，广口瓶应倾斜放置，注入饮用水，用玻璃片覆盖瓶口，以上下左右摇晃的方法排除气泡；

3　气泡排尽后，向瓶中添加饮用水直至水面凸出瓶口边缘。然后用玻璃片沿瓶口迅速滑行，使其紧贴瓶口水面。擦干瓶外水分后，称取试样、水、瓶和玻璃片总质量（m_1）；

4　将瓶中的试样倒入浅盘中，放在（105±5）℃的烘箱中烘干至恒重；取出，放在带盖的容器中冷却至室温后称取质量（m_0）；

5　将瓶洗净，重新注入饮用水，用玻璃片紧贴瓶口水面，擦干瓶外水分后称取质量（m_2）。

注：试验时各项称重可以在15～25℃的温度范围内进行，但从试样加水静置的最后2h起直至试验结束，其温度相差不应超过2℃。

7.3.5　表观密度ρ应按下式计算，精确至10kg/m^3：

$$\rho=\left(\frac{m_0}{m_0+m_2-m_1}-\alpha_t\right)\times 1000 \tag{7.3.5}$$

式中：ρ——表观密度（kg/m^3）；

m_0——烘干后试样质量（g）；

m_1——试样、水、瓶和玻璃片的总质量（g）；

m_2——水、瓶和玻璃片总质量（g）；

α_t——水温对表观密度影响的修正系数，见表7.2.5。

以两次试验结果的算术平均值作为测定值。当两次结果之差大于20kg/m^{3}时，应重新取样进行试验。对颗粒材质不均匀的试样，如两次试验结果之差大于20kg/m^{3}时，可取四次测定结果的算术平均值作为测定值。

7.4　碎石或卵石的含水率试验

7.4.1　本方法适用于测定碎石或卵石的含水率。

7.4.2　含水率试验应采用下列仪器设备；

1　烘箱——温度控制范围为（105±5）℃；

2　秤——称量20kg，感量20g；

3　容器——如浅盘等。

7.4.3　含水率试验应按下列步骤进行：

1　按本标准表5.1.3-2的要求称取试样，分成两份备用；

2　将试样置于干净的容器中，称取试样和容器的总质量（m_1），并在（105±5）℃的烘箱中烘干至恒重；

3　取出试样，冷却后称取试样与容器的总质量（m_2），并称取容器的质量（m_3）。

7.4.4　含水率ω_{wc}应按下式计算，精确至0.1%：

$$\omega_{wc}=\frac{m_1-m_2}{m_2-m_3}\times 100\% \tag{7.4.4}$$

式中：ω_{wc}——含水率（%）；

m_1——烘干前试样与容器总质量（g）；

m_2——烘干后试样与容器总质量（g）；

m_3——容器质量（g）。

以两次试验结果的算术平均值作为测定值。

注：碎石或卵石含水率简易测定法可采用“烘干法”。

7.5 碎石或卵石的吸水率试验

7.5.1 本方法适用于测定碎石或卵石的吸水率，即测定以烘干质量为基准的饱和面干吸水率。

7.5.2 吸水率试验应采用下列仪器设备：

1 烘箱——温度控制范围为(105±5)℃；

2 秤——称量20kg，感量20g；

3 试验筛——筛孔公称直径为5.00mm的方孔筛一只；

4 容器、浅盘、金属丝刷和毛巾等。

7.5.3 试样的制备应符合下列要求：

试验前，筛除样品中公称粒径5.00mm以下的颗粒，然后缩分至两倍于表7.5.3所规定的质量，分成两份，用金属丝刷刷净后备用。

表7.5.3 吸水率试验所需的试样最少质量

最大公称粒径(mm)	10.0	16.0	20.0	25.0	31.5	40.0	63.0	80.0
试样最少质量(kg)	2	2	4	4	4	6	6	8

7.5.4 吸水率试验应按下列步骤进行：

1 取试样一份置于盛水的容器中，使水面高出试样表面5mm左右，24h后从水中取出试样，并用拧干的湿毛巾将颗料表面的水分拭干，即成为饱和面干试样。然后，立即将试样放在浅盘中称取质量(m_2)，在整个试验过程中，水温必须保持在(20±5)℃。

2 将饱和面干试样连同浅盘置于(105±5)℃的烘箱中烘干至恒重。然后取出，放入带盖的容器中冷却0.5~1h，称取烘干试样与浅盘的总质量(m_1)，称取浅盘的质量(m_3)。

7.5.5 吸水率ω_{wa}应按下式计算，精确至0.01%：

$$\omega_{wa}=\frac{m_2-m_1}{m_1-m_3}\times 100\% \tag{7.5.5}$$

式中：ω_{wa}——吸水率(%)；

m_1——烘干后试样与浅盘总质量(g)；

m_2——烘干前饱和面干试样与浅盘总质量(g)；

m_3——浅盘质量(g)。

以两次试验结果的算术平均值作为测定值。

7.6 碎石或卵石的堆积密度和紧密密度试验

7.6.1 本方法适用于测定碎石或卵石的堆积密度、紧密密度及空隙率。

7.6.2 堆积密度和紧密密度试验应采用下列仪器设备：

1 秤——称量100kg，感量100g；

2 容量筒——金属制，其规格见表7.6.2；

3 平头铁锹；

4 烘箱——温度控制范围为(105±5)℃。

表7.6.2 容量筒的规格要求

碎石或卵石的最大公称粒径(mm)	容量筒容积(L)	容量筒规格(mm)		筒壁厚度(mm)
		内径	净高	
10.0,16.0,20.0,25	10	208	294	2
31.5,40.0	20	294	294	3
63.0,80.0	30	360	294	4

注：测定紧密密度时，对最大公称粒径为31.5mm、40.0mm的骨料，可采用10L的容量筒，对最大公称粒径为63.0mm、80.0mm的骨料，可采用20L容量筒。

7.6.3 试样的制备应符合下列要求：

按表5.1.3-2的规定称取试样，放入浅盘，在(105±5)℃的烘箱中烘干，也可摊在清洁的地面上风干，拌匀后分成两份备用。

7.6.4 堆积密度和紧密密度试验应按以下步骤进行：

1 堆积密度：取试样一份，置于平整干净的地板（或铁板）上，用平头铁锹铲起试样，使石子自由落入容量筒内。此时，从铁锹的齐口至容量筒上口的距离应保持为50mm左右。装满容量筒除去凸出筒口表面的颗粒，并以合适的颗粒填入凹陷部分，使表面稍凸起部分和凹陷部分的体积大致相等，称取试样和容量筒总质量(m_2)。

2 紧密密度：取试样一份，分三层装入容量筒。装完一层后，在筒底垫放一根直径为25mm的钢筋，将筒按住并左右交替颠击地面各25下，然后装入第二层。第二层装满后，用同样方法颠实（但筒底所垫钢筋的方向应与第一层放置方向垂直），然后再装入第三层，如法颠实。待三层试样装填完毕后，加料直到试样超出容量筒筒口，用钢筋沿筒口边缘滚转，刮下高出筒口的颗料，用合适的颗粒填平凹处，使表面稍凸起部分和凹陷部分的体积大致相等。称取试样和容量筒总质量(m_2)。

7.6.5 试验结果计算应符合下列规定：

1 堆积密度(ρ_L)或紧密密度(ρ_c)按下式计算，精确至10kg/m³：

$$\rho_L(\rho_c)=\frac{m_2-m_1}{V}\times 1000 \tag{7.6.5-1}$$

式中：ρ_L——堆积密度(kg/m³)；

ρ_c——紧密密度(kg/m³)；

m_1——容量筒的质量(kg)；

m_2——容量筒和试样总质量(kg)；

V——容量筒的体积(L)。

以两次试验结果的算术平均值作为测定值。

2 空隙率(v_L、v_c)按7.6.5-2及7.6.5-3计算，精确至1%：

$$v_L=\left(1-\frac{\rho_L}{\rho}\right)\times 100\% \tag{7.6.5-2}$$

$$v_c=\left(1-\frac{\rho_c}{\rho}\right)\times 100\% \tag{7.6.5-3}$$

式中：v_L、v_c——空隙率(%)；

ρ_L——碎石或卵石的堆积密度(kg/m³)；

ρ_c——碎石或卵石的紧密密度(kg/m³)；

ρ——碎石或卵石的表观密度(kg/m³)。

7.6.6 容量筒容积的校正应以(20±5)℃的饮用水装满容量筒，用玻璃板沿筒口滑移，使其紧贴水面，擦干筒外壁水分后称取质量。用下式计算筒的容积：

$$V=m'_2-m'_1 \tag{7.6.6}$$

式中：V——容量筒的体积(L)；

m'_1——容量筒和玻璃板质量(kg)；

m'_2——容量筒、玻璃板和水总质量(kg)。

7.7 碎石或卵石中含泥量试验

7.7.1 本方法适用于测定碎石或卵石中的含泥量。

7.7.2 含泥量试验应采用下列仪器设备：

1 秤——称量20kg，感量20g；

2 烘箱——温度控制范围为(105±5)℃；

3 试验筛——筛孔公称直径为1.25mm及80μm的方孔筛各一只；

4 容器——容积约10L的瓷盘或金属盒；

5 浅盘。

7.7.3 试样制备应符合下列规定：

将样品缩分至表7.7.3所规定的量（注意防止细粉丢失），并置于温度为(105±5)℃的烘箱内烘干至恒重，冷却至室温后分成两份备用。

表7.7.3 含泥量试验所需的试样最少质量

最大公称粒径(mm)	10.0	16.0	20.0	25.0	31.5	40.0	63.0	80.0
试样量不少于(kg)	2	2	6	6	10	10	20	20

7.7.4 含泥量试验应按下列步骤进行：

1 称取试样一份(m_0)装入容器中摊平，并注入饮用水，使水面高出石子表面150mm；浸泡2h后，用手在水中淘洗颗粒，使尘屑、淤泥和黏土与较粗颗粒分离，并使之悬浮或溶解于水。缓缓地将浑浊液倒入公称直径为1.25mm及80μm的方孔套筛(1.25mm筛放置上面)上，滤去小于80μm的颗粒。试验前筛子的两面应先用水湿润。在整个试验过程中应注意避免大于80μm的颗粒丢失。

2 再次加水于容器中，重复上述过程，直至洗出的水清澈为止。

3 用水冲洗剩留在筛上的细粒，并将公称直径为80μm的方孔筛放在水中(使水面略高出筛内颗粒)来回摇动，以充分洗除小于80μm的颗粒。然后将两只筛上剩留的颗粒和筒中已洗净的试样一并装入浅盘，置于温度为(105±5)℃的烘箱中烘干至恒重。取出冷却至室温后，称取试样的质量(m_1)。

7.7.5 碎石或卵石中含泥量ω_c应按下式计算，精确至0.1%：

$$\omega_c = \frac{m_0 - m_1}{m_0} \times 100\% \tag{7.7.5}$$

式中：ω_c——含泥量(%)；

m_0——试验前烘干试样的质量(g)；

m_1——试验后烘干试样的质量(g)。

以两个试样试验结果的算术平均值作为测定值。两次结果之差大于0.2%时，应重新取样进行试验。

7.8 碎石或卵石中泥块含量试验

7.8.1 本方法适用于测定碎石或卵石中泥块的含量。

7.8.2 泥块含量试验应采用下列仪器设备：

1 秤——称量20kg，感量20g；

2 试验筛——筛孔公称直径为2.50mm及5.00mm的方孔筛各一只；

3 水筒及浅盘等；

4 烘箱——温度控制范围为(105±5)℃。

7.8.3 试样制备应符合下列规定：

将样品缩分至略大于表7.7.3所示的量，缩分时应防止所含黏土块被压碎。缩分后的试样在(105±5)℃烘箱内烘至恒重，冷却至室温后分成两份备用。

7.8.4 泥块含量试验应按下列步骤进行：

1 筛去公称粒径5.00mm以下颗粒，称取质量(m_1)；

2 将试样在容器中摊平，加入饮用水使水面高出试样表面，24h后把水放出，用手碾压泥块，然后把试样放在公称直径为2.50mm的方孔筛上摇动淘洗，直至洗出的水清澈为止；

3 将筛上的试样小心地从筛里取出，置于温度为(105±5)℃烘箱中烘干至恒重。取出冷却至室温后称取质量(m_2)。

7.8.5 泥块含量$\omega_{c,L}$应按下式计算，精确至0.1%：

$$\omega_{c,L}=\frac{m_1-m_2}{m_1}\times 100\% \tag{7.8.5}$$

式中：$\omega_{c,L}$——泥块含量（%）；

m_1——公称直径5mm筛上筛余量（g）；

m_2——试验后烘干试样的质量（g）。

以两个试样试验结果的算术平均值作为测定值。

7.9 碎石或卵石中针状和片状颗粒的总含量试验

7.9.1 本方法适用于测定碎石或卵石中针状和片状颗粒的总含量。

7.9.2 针状和片状颗粒的总含量试验应采用下列仪器设备：

1 针状规准仪（见图7.9.2-1）和片状规准仪（见图7.9.2-2），或游标卡尺；

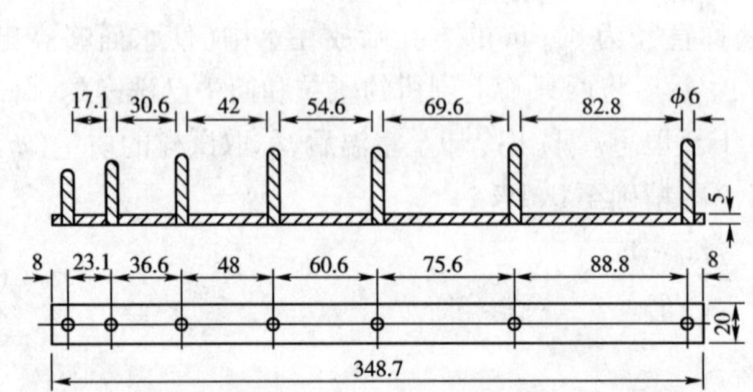

图7.9.2-1 针状规准仪（单位：mm）

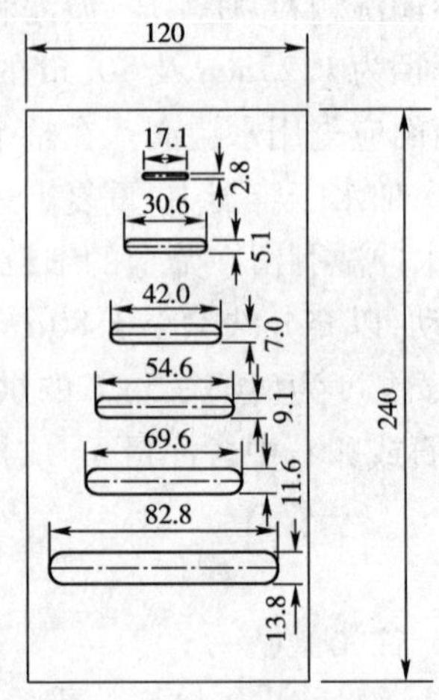

图7.9.2-2 片状规准仪（单位：mm）

2 天平和秤——天平的称量2kg，感量2g；秤的称量20kg，感量20g；

3 试验筛——筛孔公称直径分别为5.00mm、10.0mm、20.0mm、25.0mm、31.5mm、40.0mm、63.0mm和80.0mm的方孔筛各一只，根据需要选用；

4 卡尺。

7.9.3 试样制备应符合下列规定：

将样品在室内风干至表面干燥，并缩分至表7.9.3-1规定的量，称量（m_0），然后筛分成表7.9.3-2所规定的粒级备用。

表7.9.3-1 针状和片状颗粒的总含量试验所需的试样最少质量

最大公称粒径（mm）	10.0	16.0	20.0	25.0	31.5	≥40.0
试样最少质量（kg）	0.3	1	2	3	5	10

表7.9.3-2 针状和片状颗粒的总含量试验的粒级划分及其相应的规准仪孔宽或间距

公称粒级（mm）	5.00~10.0	10.0~16.0	16.0~20.0	20.0~25.0	25.0~31.5	31.5~40.0
片状规准仪上相对应的孔宽（mm）	2.8	5.1	7.0	9.1	11.6	13.8
针状规准仪上相对应的间距（mm）	17.1	30.6	42.0	54.6	69.6	82.8

7.9.4 针状和片状颗粒的总含量试验应按下列步骤进行：

1 按表7.9.3-2所规定的粒级用规准仪逐粒对试样进行鉴定,凡颗粒长度大于针状规准仪上相对应的间距的,为针状颗粒。厚度小于片状规准仪上相应孔宽的,为片状颗粒。

2 公称粒径大于40mm的可用卡尺鉴定其针片状颗粒,卡尺卡口的设定宽度应符合表7.9.4的规定。

表7.9.4 公称粒径大于40mm用卡尺卡口的设定宽度

公称粒级(mm)	40.0~63.0	63.0~80.0
片状颗粒的卡口宽度(mm)	18.1	27.6
针状颗粒的卡口宽度(mm)	108.6	165.6

3 称取由各粒级挑出的针状和片状颗粒的总质量(m_1)。

7.9.5 碎石或卵石中针状和片状颗粒的总含量 ω_p 应按下式计算,精确至1%:

$$\omega_p = \frac{m_1}{m_0} \times 100\% \tag{7.9.5}$$

式中:ω_p——针状和片状颗粒的总含量(%);

m_1——试样中所含针状和片状颗粒的总质量(g);

m_0——试样总质量(g)。

7.10 卵石中有机物含量试验

7.10.1 本方法适用于定性地测定卵石中的有机物含量是否达到影响混凝土质量的程度。

7.10.2 有机物含量试验应采用下列仪器、设备和试剂:

1 天平——称量2kg、感量2g和称量100g、感量0.1g的天平各1台;

2 量筒——容量为100mL、250mL和1000mL;

3 烧杯、玻璃棒和筛孔公称直径为20mm的试验筛;

4 浓度为3%的氢氧化钠溶液——氢氧化钠与蒸馏水之质量比为3:97;

5 鞣酸、酒精等。

7.10.3 试样的制备和标准溶液配制应符合下列规定:

1 试样制备:筛除样品中公称粒径20mm以上的颗粒,缩分至约1kg,风干后备用;

2 标准溶液的配制方法:称取2g鞣酸粉,溶解于98mL的10%酒精溶液中,即得所需的鞣酸溶液,然后取该溶液2.5mL注入97.5mL浓度为3%的氢氧化钠溶液中,加塞后剧烈摇动,静置24h即得标准溶液。

7.10.4 有机物含量试验应按下列步骤进行:

1 向1000mL量筒中,倒入干试样至600mL刻度处,再注入浓度为3%的氢氧化钠溶液至800mL刻度处,剧烈搅动后静置24h;

2 比较试样上部溶液和新配制标准溶液的颜色。盛装标准溶液与盛装试样的量筒容积应一致。

7.10.5 结果评定应符合下列规定:

1 若试样上部的溶液颜色浅于标准溶液的颜色,则试样有机物含量鉴定合格;

2 若两种溶液的颜色接近,则应将该试样(包括上部溶液)倒入烧杯中放在温度为60~70℃的水浴锅中加热2~3h,然后再与标准溶液比色;

3 若试样上部的溶液的颜色深于标准色,则应配制成混凝土作进一步检验。其方法为:取试样一份,用浓度3%氢氧化钠溶液洗除有机物,再用清水淘洗干净,直至试样上部溶液的颜色浅于标准色;然后用洗除有机物的和未经清洗的试样用相同的水泥、砂配成配合比相同、坍落度基本相同的两种混凝土,测其28d抗压强度。若未经洗除有机物的卵石混凝土强度与经洗除有机物的混凝土强度之比不低于0.95,则此卵石可以使用。

7.11 碎石或卵石的坚固性试验

7.11.1 本方法适用于以硫酸钠饱和溶液法间接地判断碎石或卵石的坚固性。

7.11.2　坚固性试验应采用下列仪器、设备及试剂；

1　烘箱——温度控制范围为(105±5)℃；

2　台秤——称量5kg，感量5g；

3　试验筛——根据试样粒级，按表7.11.2选用；

4　容器——搪瓷盆或瓷盆，容积不小于50L；

5　三脚网篮——网篮的外径为100mm，高为150mm，采用网孔公称直径不大于2.50mm的网，由铜丝制成；检验公称粒径为40.0～80.0mm的颗粒时，应采用外径和高度均为150mm的网篮；

6　试剂——无水硫酸钠。

表7.11.2　坚固性试验所需的各粒级试样量

公称粒级(mm)	5.00～10.0	10.0～20.0	20.0～40.0	40.0～63.0	63.0～80.0
试样重(g)	500	1000	1500	3000	3000

注：1　公称粒级为10.0～20.0mm试样中，应含有40%的10.0～16.0mm粒级颗粒、60%的16.0～20.0mm粒级颗粒；

2　公称粒级为20.0～40.0mm的试样中，应含有40%的20.0～31.5mm粒级颗粒、60%的31.5～40.0mm粒级颗粒。

7.11.3　硫酸钠溶液的配制及试样的制备应符合下列规定：

1　硫酸钠溶液的配制：取一定数量的蒸馏水(取决于试样及容器的大小)。加温至30～50℃，每1000mL蒸馏水加入无水硫酸钠(Na_2SO_4)300～350g，用玻璃棒搅拌，使其溶解至饱和，然后冷却至20～25℃。在此温度下静置两昼夜。其密度保持在1151～1174kg/m^{3}范围内；

2　试样的制备：将样品按表7.11.2的规定分级，并分别擦洗干净，放入105～110℃烘箱内烘24h，取出并冷却至室温，然后按表7.11.2对各粒级规定的量称取试样(m_1)。

7.11.4　坚固性试验应按下列步骤进行：

1　将所称取的不同粒级的试样分别装入三脚网篮并浸入盛有硫酸钠溶液的容器中。溶液体积应不小于试样总体积的5倍，其温度保持在20～25℃的范围内。三脚网篮浸入溶液时应先上下升降25次以排除试样中的气泡，然后静置于该容器中。此时，网篮底面应距容器底面约30mm(由网篮脚控制)，网篮之间的间距应不小于30mm，试样表面至少应在液面以下30mm。

2　浸泡20h后，从溶液中提出网篮，放在(105±5)℃的烘箱中烘4h。至此，完成了第一个试验循环。待试样冷却至20～25℃后，即开始第二次循环。从第二次循环开始，浸泡及烘烤时间均可为4h。

3　第五次循环完后，将试样置于25～30℃的清水中洗净硫酸钠，再在(105±5)℃的烘箱中烘至恒重。取出冷却至室温后，用筛孔孔径为试样粒级下限的筛过筛，并称取各粒级试样试验后的筛余量(m'_i)。

注：试样中硫酸钠是否洗净，可按下法检验：取洗试样的水数毫升，滴入少量氯化钡($BaCl_2$)溶液，如无白色沉淀，即说明硫酸钠已被洗净。

4　对公称粒径大于20.0mm的试样部分，应在试验前后记录其颗粒数量，并作外观检查，描述颗粒的裂缝、开裂、剥落、掉边和掉角等情况所占颗粒数量，以作为分析其坚固性时的补充依据。

7.11.5　试样中各粒级颗粒的分计质量损失百分率δ_{ji}应按下式计算：

$$\delta_{ji}=\frac{m_i-m'_i}{m_i}\times100\% \qquad (7.11.5\text{-}1)$$

式中：δ_{ji}——各粒级颗粒的分计质量损失百分率(%)；

m_i——各粒级试样试验前的烘干质量(g)；

m'_i——经硫酸钠溶液法试验后，各粒级筛余颗粒的烘干质量(g)。

试样的总质量损失百分率δ_j应按下式计算，精确至1%：

$$\delta_j=\frac{\alpha_1\delta_{j1}+\alpha_2\delta_{j2}+\alpha_3\delta_{j3}+\alpha_4\delta_{j4}+\alpha_5\delta_{j5}}{\alpha_1+\alpha_2+\alpha_3+\alpha_4+\alpha_5}\times100\% \qquad (7.11.5\text{-}2)$$

式中：δ_j——总质量损失百分率(%)；

α_1、α_2、α_3、α_4、α_5——试样中分别为5.00～10.0mm、10.0～20.0mm、20.0～40.0mm、40.0～63.0mm、

63.0～80.0mm 各公称粒级的分计百分含量(%)；

δ_{j1}、δ_{j2}、δ_{j3}、δ_{j4}、δ_{j5}——各粒级的分计质量损失百分率(%)。

7.12 岩石的抗压强度试验

7.12.1 本方法适用于测定碎石的原始岩石在水饱和状态下的抗压强度。

7.12.2 岩石的抗压强度试验应采用下列设备：

1 压力试验机——荷载 1000kN；

2 石材切割机或钻石机；

3 岩石磨光机；

4 游标卡尺、角尺等。

7.12.3 试样制备应符合下列规定：

试验时，取有代表性的岩石样品用石材切割机切割成边长为 50mm 的立方体，或用钻石机钻取直径与高度均为 50mm 的圆柱体。然后用磨光机把试件与压力机压板接触的两个面磨光并保持平行，试件形状须用角尺检查。

7.12.4 至少应制作六个试块。对有显著层理的岩石，应取两组试件(12 块)分别测定其垂直和平行于层理的强度值。

7.12.5 岩石抗压强度试验应按下列步骤进行：

1 用游标卡尺量取试件的尺寸(精确至 0.1mm)，对于立方体试件，在顶面和底面上各量取其边长，以各个面上相互平行的两个边长的算术平均值作为宽或高，由此计算面积。对于圆柱体试件，在顶面和底面上各量取相互垂直的两个直径，以其算术平均值计算面积。取顶面和底面面积的算术平均值作为计算抗压强度所用的截面积。

2 将试件置于水中浸泡 48h，水面应至少高出试件顶面 20mm。

3 取出试件，擦干表面，放在有防护网的压力机上进行强度试验，防止岩石碎片伤人。试验时加压速度应为 0.5～1.0MPa/s。

7.12.6 岩石的抗压强度 f 应按下式计算，精确至 1MPa：

$$f=\frac{F}{A} \tag{7.12.6}$$

式中：f——岩石的抗压强度(MPa)；

F——破坏荷载(N)；

A——试件的截面积(mm^2)。

7.12.7 结果评定应符合下列规定：

以六个试件试验结果的算术平均值作为抗压强度测定值；当其中两个试件的抗压强度与其他四个试件抗压强度的算术平均值相差三倍以上时，应以试验结果相接近的四个试件的抗压强度算术平均值作为抗压强度测定值。

对具有显著层理的岩石，应以垂直于层理及平行于层理的抗压强度的平均值作为其抗压强度。

7.13 碎石或卵石的压碎值指标试验

7.13.1 本方法适用于测定碎石或卵石抵抗压碎的能力，以间接地推测其相应的强度。

7.13.2 压碎值指标试验应采用下列仪器设备：

1 压力试验机——荷载 300kN；

2 压碎值指标测定仪(图 7.13.2)；

3 秤——称量 5kg，感量 5g；

4 试验筛——筛孔公称直径为 10.0mm 和 20.0mm 的方孔筛各一只。

7.13.3 试样制备应符合下列规定：

1 标准试样一律采用公称粒级为 10.0～20.0mm 的颗粒，并在风干状态下进行试验。

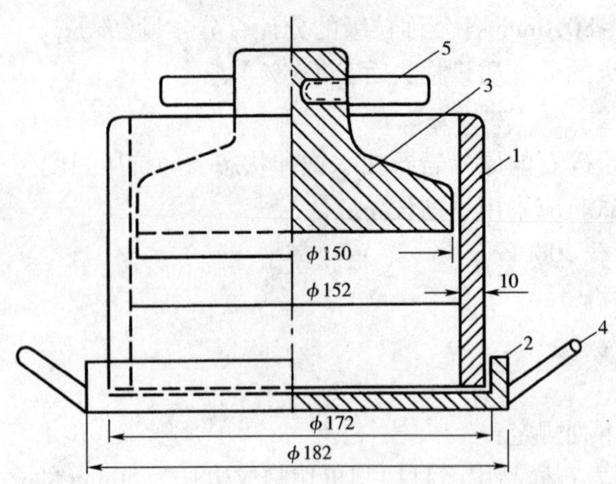

图 7.13.2 压碎值指标测定仪

1-圆筒；2-底盘；3-加压头；4-手把；5-把手

2 对多种岩石组成的卵石，当其公称粒径大于 20.0mm 颗粒的岩石矿物成分与 10.0 ~ 20.0mm 粒级有显著差异时，应将大于 20.0mm 的颗粒应经人工破碎后，筛取 10.0 ~ 20.0mm 标准粒级另外进行压碎值指标试验。

3 将缩分后的样品先筛除试样中公称粒径 10.0mm 以下及 20.0mm 以上的颗粒，再用针状和片状规准仪剔除针状和片状颗粒，然后称取每份 3kg 的试样 3 份备用。

7.13.4 压碎值指标试验应按下列步骤进行：

1 置圆筒于底盘上，取试样一份，分二层装入圆筒。每装完一层试样后，在底盘下面垫放一直径为 10mm 的圆钢筋，将筒按住，左右交替颠击地面各 25 下。第二层颠实后，试样表面距盘底的高度应控制为 100mm 左右。

2 整平筒内试样表面，把加压头装好(注意应使加压头保持平正)，放到试验机上在 160 ~ 300s 内均匀地加荷到 200kN，稳定 5s，然后卸荷，取出测定筒。倒出筒中的试样并称其质量(m_0)，用公称直径为 2.50mm 的方孔筛筛除被压碎的细粒，称量剩留在筛上的试样质量(m_1)。

7.13.5 碎石或卵石的压碎值指标 δ_α，应按下式计算(精确至 0.1%)：

$$\delta_\alpha = \frac{m_0 - m_1}{m_0} \times 100\% \qquad (7.13.5\text{-}1)$$

式中：δ_α——压碎值指标(%)；

m_0——试样的质量(g)；

m_1——压碎试验后筛余的试样质量(g)。

多种岩石组成的卵石，应对公称粒径 20.0mm 以下和 20.0mm 以上的标准粒级(10.0 ~ 20.0mm)分别进行检验，则其总的压碎值指标 δ_α 应按下式计算：

$$\delta_\alpha = \frac{\alpha_1\delta_{\alpha1} + \alpha_2\delta_{\alpha2}}{\alpha_1 + \alpha_2} \times 100\% \qquad (7.13.5\text{-}2)$$

式中：δ_α——总的压碎值指标(%)；

α_1、α_2——公称粒径 20.0mm 以下和 20.0mm 以上两粒级的颗粒含量百分率；

$\delta_{\alpha1}$、$\delta_{\alpha2}$——两粒级以标准粒级试验的分计压碎值指标(%)。

以三次试验结果的算术平均值作为压碎指标测定值。

7.14 碎石或卵石中硫化物及硫酸盐含量试验

7.14.1 本方法适用于测定碎石或卵石中硫化物及硫酸盐含量(按 SO_3 百分含量计)。

7.14.2 硫化物及硫酸盐含量试验应采用下列仪器、设备及试剂：

1 天平——称量 1000g，感量 1g；

2 分析天平——称量100g,感量0.0001g;

3 高温炉——最高温度1000℃;

4 试验筛——筛孔公称直径为630μm的方孔筛一只;

5 烧瓶、烧杯等;

6 10%氯化钡溶液——10g氯化钡溶于100mL蒸馏水中;

7 盐酸(1+1)——浓盐酸溶于同体积的蒸馏水中;

8 1%硝酸银溶液——1g硝酸银溶于100mL蒸馏水中,加入5~10mL硝酸,存于棕色瓶中。

7.14.3 试样制作应符合下列规定:

试验前,取公称粒径40.0mm以下的风干碎石或卵石约1000g,按四分法缩分至约200g,磨细使全部通过公称直径为630μm的方孔筛,仔细拌匀,烘干备用。

7.14.4 硫化物及硫酸盐含量试验应按下列步骤进行:

1 精确称取石粉试样约1g(m)放入300mL的烧杯中,加入30~40mL蒸馏水及10mL的盐酸(1+1),加热至微沸,并保持微沸5min,使试样充分分解后取下,以中速滤纸过滤,用温水洗涤10~12次;

2 调整滤液体积至200mL,煮沸,边搅拌边滴加10mL氯化钡溶液(10%),并将溶液煮沸数分钟,然后移至温热处至少静置4h(此时溶液体积应保持在200mL),用慢速滤纸过滤,用温水洗至无氯根反应(用硝酸银溶液检验);

3 将沉淀及滤纸一并移入已灼烧至恒重(m_1)的瓷坩埚中,灰化后在800℃的高温炉内灼烧30min。取出坩埚,置于干燥器中冷却至室温,称重,如此反复灼烧,直至恒重(m_2)。

7.14.5 水溶性硫化物及硫酸盐含量(以SO_3计)(ω_{SO_3})应按下式计算,精确至0.01%:

$$\omega_{SO_3}=\frac{(m_2-m_1)\times 0.343}{m}\times 100\% \tag{7.14.5}$$

式中:ω_{SO_3}——硫化物及硫酸盐含量(以SO_3计)(%);

m——试样质量(g);

m_2——沉淀物与坩埚共重(g);

m_1——坩埚质量(g);

0.343——$BaSO_4$换算成SO_3的系数。

以两次试验的算术平均值作为评定指标,当两次试验结果的差值大于0.15%时,应重做试验。

7.15 碎石或卵石的碱活性试验(岩相法)

7.15.1 本方法适用于鉴定碎石、卵石的岩石种类、成分,检验骨料中活性成分的品种和含量。

7.15.2 岩相法试验应采用下列仪器设备:

1 试验筛——筛孔公称直径为80.0mm、40.0mm、20.0mm、5.00mm的方孔筛以及筛的底盘和盖各一只;

2 秤——称量100kg,感量100g;

3 天平——称量2000g,感量2g;

4 切片机、磨光机;

5 实体显微镜、偏光显微镜。

7.15.3 试样制备应符合下列规定:

经缩分后将样品风干,并按表7.15.3的规定筛分、称取试样。

表7.15.3 岩相试验样最少质量

公称粒级(mm)	40.0~80.0	20.0~40.0	5.00~20.0
试验最少质量(kg)	150	50	10

注:1 大于80.0mm的颗粒,按照40.0~80.0mm一级进行试验;

2 试样最少数量也可以以颗粒计,每级至少300颗。

7.15.4 岩相试验应按下列步骤进行：

1 用肉眼逐粒观察试样，必要时将试样放在砧板上用地质锤击碎（应使岩石碎片损失最小），观察颗粒新鲜断面。将试样按岩石品种分类。

2 每类岩石先确定其品种及外观品质，包括矿物质成分、风化程度、有无裂缝、坚硬性、有无包裹体及断口形状等。

3 每类岩石均应制成若干薄片，在显微镜下鉴定矿物质组成、结构等，特别应测定其隐晶质、玻璃质成分的含量。测定结果填入表7.15.4中。

表7.15.4 骨料活性成分含量测定表

委托单位			样品编号	
样品产地、名称			检测条件	
公称粒级（mm）		40.0~80.0	20.0~40.0	5.00~20.0
质量百分数（%）				
岩石名称及外观品质				
碱活性矿物	品种及占本级配试样的质量百分含量（%）			
	占试样总重的百分含量（%）			
	合计			
结论			备注	

注：1 硅酸类活性硬度物质包括蛋白石、火山玻璃体、玉髓、玛瑙、蠕石英、磷石英、方石英、微晶石英、燧石、具有严重波状消光的石英；

2 碳酸盐类活性矿物为具有细小菱形的白云石晶体。

7.15.5 结果处理应符合下列规定：

根据岩相鉴定结果，对于不含活性矿物的岩石，可评定为非碱活性骨料。

评定为碱活性骨料或可疑时，应按本标准第3.2.8条的规定进行进一步鉴定。

7.16 碎石或卵石的碱活性试验（快速法）

7.16.1 本方法适用于检验硅质骨料与混凝土中的碱产生潜在反应的危害性，不适用于碳酸盐骨料检验。

7.16.2 快速法碱活性试验应采用下列仪器设备：

1 烘箱——温度控制范围为（105±5）℃；

2 台秤——称量5000g，感量5g；

3 试验筛——筛孔公称直径为5.00mm、2.50mm、1.25mm、630μm、315μm、160μm的方孔筛各一只；

4 测长仪——测量范围280~300mm，精度0.01mm；

5 水泥胶砂搅拌机——应符合现行国家标准《行星式水泥胶砂搅拌机》JC/T 681要求；

6 恒温养护箱或水浴——温度控制范围为（80±2）℃；

7 养护筒——由耐碱耐高温的材料制成，不漏水，密封，防止容器内温度下降，筒的容积可以保证试件全部浸没在水中；筒内设有试件架，试件垂直于试架放置；

8 试模——金属试模尺寸为25mm×25mm×280mm，试模两端正中有小孔，可装入不锈钢测头；

9 镘刀、捣棒、量筒、干燥器等；

10 破碎机。

7.16.3 试样制备应符合下列规定：

1 将试样缩分成约5kg，把试样破碎后筛分成按表6.20.3中所示级配及比例组合成试验用料，并将试样洗净烘干或晾干备用；

2　水泥采用符合现行国家标准《硅酸盐水泥、普通硅酸盐水泥》GB 175 要求的普通硅酸盐水泥，水泥与砂的质量比为 1∶2.25，水灰比为 0.47；每组试件称取水泥 440g，石料 990g；

3　将称好的水泥与砂倒入搅拌锅，应按现行国家标准《水泥胶砂强度检验方法（ISO 法）》GB/T 17671 规定的方法进行；

4　搅拌完成后，将砂浆分两层装入试模内，每层捣 40 次，测头周围应填实，浇捣完毕后用镘刀刮除多余砂浆，抹平表面，并标明测定方向。

7.16.4　碎石或卵石快速法试验应按下列步骤进行：

1　将试件成型完毕后，带模放入标准养护室，养护（24 ±4）h 后脱模。

2　脱模后，将试件浸泡在装有自来水的养护筒中，并将养护筒放入温度（80 ±2）℃的恒温养护箱或水浴箱中，养护 24h，同种骨料制成的试件放在同一个养护筒中。

3　然后将养护筒逐个取出，每次从养护筒中取出一个试件，用抹布擦干表面，立即用测长仪测试件的基长（L_0），测长应在（20 ±2）℃恒温室中进行，每个试件至少重复测试两次，取差值在仪器精度范围内的两个读数的平均值作为长度测定值（精确至 0.02mm），每次每个试件的测量方向应一致，待测的试件须用湿布覆盖，以防止水分蒸发；从取出试件擦干到读数完成应在（15 ±5）s 内结束，读完数后的试件用湿布覆盖。全部试件测完基长后，将试件放入装有浓度为 1mol/L 氢氧化钠溶液的养护筒中，确保试件被完全浸泡，且溶液温度应保持在（80 ±2）℃，将养护筒放回恒温养护箱或水浴箱中。

注：用测长仪测定任一组试件的长度时，均应先调整测长仪的零点。

4　自测定基长之日起，第 3d、7d、14d 再分别测长（L_t），测长方法与测基长方法一致。测量完毕后，应将试件调头放入原养护筒中，盖好筒盖放回（80 ±2）℃的恒温养护箱或水浴箱中，继续养护至下一测试龄期。操作时应防止氢氧化钠溶液溢溅烧伤皮肤。

5　在测量时应观察试件的变形、裂缝和渗出物等，特别应观察有无胶体物质，并作详细记录。

7.16.5　试件的膨胀率按下式计算，精确至 0.01%：

$$\varepsilon_t = \frac{L_t - L_0}{L_0 - 2\Delta} \times 100\% \tag{7.16.5}$$

式中：ε_t——试件在 t 天龄期的膨胀率（%）；

L_0——试件的基长（mm）；

L_t——试件在 t 天龄期的长度（mm）；

Δ——测头长度（mm）。

以三个试件膨胀率的平均值作为某一龄期膨胀率的测定值。任一试件膨胀率与平均值应符合下列规定：

1　当平均值小于或等于 0.05% 时，单个测值与平均值的差值均应小于 0.01%

2　当平均值大于 0.05% 时，单个测值与平均值的差值均应小于平均值的 20%；

3　当三个试件的膨胀率均大于 0.10% 时，无精度要求；

4　当不符合上述要求时，去掉膨胀率最小的，用其余两个试件膨胀率的平均值作为该龄期的膨胀率。

7.16.6　结果评定应符合下列规定：

1　当 14d 膨胀率小于 0.10% 时，可判定为无潜在危害；

2　当 14d 膨胀率大于 0.20% 时，可判定为有潜在危害；

3　当 14d 膨胀率在 0.10% ~0.20% 之间时，需按 7.17 节的方法再进行试验判定。

7.17　碎石或卵石的碱活性试验（砂浆长度法）

7.17.1　本方法适用于鉴定硅质骨料与水泥（混凝土）中的碱产生潜在反应的危险性，不适用于碱碳酸盐反应活性骨料检验。

7.17.2　砂浆长度法碱活性试验应采用下列仪器设备：

1　试验筛——筛孔公称直径为160μm、315μm、630μm、1.25mm、2.50mm、5.00mm方孔筛各一只；

2　胶砂搅拌机——应符合现行国家标准《行星式水泥胶砂搅拌机》JC/T 681的规定；

3　镘刀及截面为14mm×13mm、长130~150mm的钢制捣棒；

4　量筒、秒表；

5　试模和测头（埋钉）——金属试模，规格为25mm×25mm×280mm，试模两端板正中有小洞，测头以耐锈蚀金属制成；

6　养护筒——用耐腐材料（如塑料）制成，应不漏水、不透气，加盖后在养护室能确保筒内空气相对湿度为95%以上，筒内设有试件架，架下盛有水，试件垂直立于架上并不与水接触；

7　测长仪——测量范围160~185mm，精度0.01mm；

8　恒温箱（室）——温度为(40±2)℃；

9　台秤——称量5kg，感量5g；

10　跳桌——应符合现行行业标准《水泥胶砂流动度测定仪》JC/T 958的要求。

7.17.3　试样制备应符合下列规定：

1　制备试样的材料应符合下列规定：

1）水泥：水泥含碱量应为1.2%，低于此值时，可掺浓度10%的氢氧化钠溶液，将碱含量调至水泥量的1.2%。当具体工程所用水泥含碱量高于此值时，则应采用工程所使用的水泥。

注：水泥含碱量以氧化钠(Na_2O)计，氧化钾(K_2O)换算为氧化钠时乘以换算系数0.658。

2）石料：将试样缩分至约5kg，破碎筛分后，各粒级都应在筛上用水冲净粘附在骨料上的淤泥和细分，然后烘干备用。石料按表7.17.3的级配配成试验用料。

表7.17.3　石料级配表

公称粒级	5.00~2.50mm	2.50~1.25mm	1.25mm~630μm	630~315μm	315~160μm
分级质量（%）	10	25	25	25	15

2　制作试件用的砂浆配合比应符合下列规定：

水泥与石料的质量比为1:2.25。每组3个试件，共需水泥440g，石料990g。砂浆用水量按现行国家标准《水泥胶砂流动度测定方法》GB/T 2419确定，跳桌跳动次数应为6s跳动10次，流动度应为105~120mm。

3　砂浆长度法试验所用试件应按下列方法制作：

1）成型前24h，将试验所用材料（水泥、骨料、拌合用水等）放入(20±2)℃的恒温室中。

2）石料水泥浆制备：先将称好的水泥，石料倒入搅拌锅内，开动搅拌机。拌合5s后，徐徐加水，20~30s加完，自开动机器起搅拌120s。将粘在叶片上的料刮下，取下搅拌锅。

3）砂浆分二层装入试模内，每层捣40次，测头周围应捣实，浇捣完毕后用镘刀刮除多余砂浆，抹平表面，并标明测定方向及编号。

7.17.4　砂浆长度法试验应按下列步骤进行：

1　试件成型完毕后，带模放入标准养护室，养护24h后，脱模（当试件强度较低时，可延至48h脱模）。脱模后立即测量试件的基长(L_0)，测长应在(20±2)℃的恒温室中进行，每个试件至少重复测试两次，取差值在仪器精度范围内的两个读数的平均值作为测定值。待测的试件须用湿布覆盖，防止水分蒸发。

2　测量后将试件放入养护筒中，盖严筒盖放入(40±2)℃的养护室里养护（同一筒内的试件品种应相同）。

3　自测量基长起，第14d、1个月、2个月、3个月、6个月再分别测长(L_t)，需要时可以适当延长。在测长前一天，应把养护筒从(40±2)℃的养护室取出，放入(20±2)℃的恒温室。试件的测长方法与测基长相同，测量完毕后，应将试件调头放入养护筒中。盖好筒盖，放回(40±2)℃的养护室继续养护至下一测试龄期。

4 在测量时应观察试件的变形、裂缝和渗出物等，特别应观察有无胶体物质，并作详细记录。

7.17.5 试件的膨胀率应按下式计算，精确至0.001%：

$$\varepsilon_t = \frac{L_t - L_0}{L_0 - 2\Delta} \times 100\% \tag{7.17.5}$$

式中：ε_t——试件在t天龄期的膨胀率（%）；

L_0——试件的基长（mm）；

L_t——试件在t天龄期的长度（mm）；

Δ——测头长度（mm）。

以三个试件膨胀率的平均值作为某一龄期膨胀率的测定值。任一试件膨胀率与平均值应符合下列规定：

1 当平均值小于或等于0.05%时，单个测值与平均值的差值均应小于0.01%；

2 当平均值大于0.05%时，单个测值与平均值的差值均应小于平均值的20%；

3 当三个试件的膨胀率均超过0.10%时，无精度要求；

4 当不符合上述要求时，去掉膨胀率最小的，用其余两个试件膨胀率的平均值作为该龄期的膨胀率。

7.17.6 结果评定应符合下列规定：

当砂浆半年膨胀率低于0.10%时或3个月膨胀率低于0.05%时（只有在缺半年膨胀率资料时才有效），可判定为无潜在危害。否则，应判定为具有潜在危害。

7.18 碳酸盐骨料的碱活性试验（岩石柱法）

7.18.1 本方法适用于检验碳酸盐岩石是否具有碱活性。

7.18.2 岩石柱法试验应采用下列仪器、设备和试剂：

1 钻机——配有小圆筒钻头；

2 锯石机、磨片机；

3 试件养护瓶——耐碱材料制成，能盖严以避免溶液变质和改变浓度；

4 测长仪——量程25～50mm，精度0.01mm；

5 1mol/L氢氧化钠溶液——（40±1）g氢氧化钠（化学纯）溶于1L蒸馏水中。

7.18.3 试样制备应符合下列规定：

1 应在同块岩石的不同岩性方向取样；岩石层理不清时，应在三个相互垂直的方向上各取一个试件；

2 钻取的圆柱体试件直径为（9±1）mm，长度为（35±5）mm，试件两端面应磨光、互相平行且与试件的主轴线垂直，试件加工时应避免表面变质而影响碱溶液渗入岩样的速度。

7.18.4 岩石柱法试验应按下列步骤进行：

1 将试件编号后，放入盛有蒸馏水的瓶中，置于（20±2）℃的恒温室内，每隔24h取出擦干表面水分，进行测长，直至试件前后两次测得的长度变化不超过0.02%为止，以最后一次测得的试件长度为基长（L_0）。

2 将测完基长的试件浸入盛有浓度为1mol/L氢氧化钠溶液的瓶中，液面应超过试件顶面至少10mm，每个试件的平均液量至少应为50mL。同一瓶中不得浸泡不同品种的试件，盖严瓶盖，置于（20±2）℃的恒温室中。溶液每六个月更换一次。

3 在（20±2）℃的恒温室中进行测长（L_t）。每个试件测长方向应始终保持一致。测量时，试件从瓶中取出，先用蒸馏水洗涤，将表面水擦干后再测量。测长龄期从试件泡入碱液时算起，在7d、14d、21d、28d、56d、84d时进行测量，如有需要，以后每1个月一次，一年后每3个月一次。

4 试件在浸泡期间，应观测其形态的变化，如开裂、弯曲、断裂等，并作记录。

7.18.5 试件长度变化应按下式计算，精确至0.001%：

$$\varepsilon_{st}=\frac{L_t-L_0}{L_0}\times 100\% \tag{7.18.5}$$

式中：ε_{st}——试件浸泡 t 天后的长度变化率；

L_t——试件浸泡 t 天后的长度(mm)；

L_0——试件的基长(mm)。

注：测量精度要求为同一试验人员、同一仪器测量同一试件，其误差不应超过 ±0.02%；不同试验人员，同一仪器测量同一试件，其误差不应超过 ±0.03%。

7.18.6 结果评定应符合下列规定：

1 同块岩石所取的试样中以其膨胀率最大的一个测值作为分析该岩石碱活性的依据；

2 试件浸泡 84d 的膨胀率超过 0.10%，应判定为具有潜在碱活性危害。

附录 A 砂的检验报告表

A.0.1 砂的检验报告可采用表 A.0.1 中的格式。

表 A.0.1 砂的检验报告表

报告日期 NO.

<table>
<tr><td colspan="2">委托单位</td><td colspan="3"></td><td colspan="3">样品编号</td><td colspan="2"></td></tr>
<tr><td colspan="2">工程名称</td><td colspan="3"></td><td colspan="3">代表数量</td><td colspan="2"></td></tr>
<tr><td colspan="2">样品产地、名称</td><td colspan="3"></td><td colspan="3">收样日期</td><td colspan="2">年 月 日</td></tr>
<tr><td colspan="2">检验条件</td><td colspan="3"></td><td colspan="3">检验依据</td><td colspan="2"></td></tr>
<tr><td colspan="2">检验项目</td><td colspan="2">检测结果</td><td>附记</td><td colspan="3">检验项目</td><td>检测结果</td><td>附记</td></tr>
<tr><td colspan="2">表观密度(kg/m³)</td><td colspan="2"></td><td></td><td colspan="3">有机物含量</td><td></td><td></td></tr>
<tr><td colspan="2">堆积密度(kg/m³)</td><td colspan="2"></td><td></td><td colspan="3">云母含量(%)</td><td></td><td></td></tr>
<tr><td colspan="2">紧密密度(kg/m³)</td><td colspan="2"></td><td></td><td colspan="3">轻物质含量(%)</td><td></td><td></td></tr>
<tr><td colspan="2">含泥量(%)</td><td colspan="2"></td><td></td><td colspan="3">坚固性质量损失率(%)</td><td></td><td></td></tr>
<tr><td colspan="2">泥块含量(%)</td><td colspan="2"></td><td></td><td colspan="3">硫酸盐及硫化物含量(%)</td><td></td><td></td></tr>
<tr><td colspan="2">氯离子含量(%)</td><td colspan="2"></td><td></td><td rowspan="2">人工砂</td><td colspan="2">石粉含量(%)</td><td></td><td></td></tr>
<tr><td colspan="2">含水率(%)</td><td colspan="2"></td><td></td><td colspan="2">MB 值</td><td></td><td></td></tr>
<tr><td colspan="2">吸水率(%)</td><td colspan="2"></td><td></td><td colspan="3">压碎值指标(%)</td><td></td><td></td></tr>
<tr><td colspan="2">碱活性</td><td colspan="2"></td><td></td><td colspan="3">贝壳含量(%)</td><td></td><td></td></tr>
<tr><td colspan="9">颗 粒 级 配</td><td>检测结果</td></tr>
<tr><td colspan="2">公称粒径</td><td>10.0mm</td><td>5.00mm</td><td>2.50mm</td><td>1.25mm</td><td>630μm</td><td>315μm</td><td>160μm</td><td>细度模数</td></tr>
<tr><td rowspan="3">砂级
颗配
粒区</td><td>Ⅰ区</td><td>0</td><td>10~0</td><td>35~5</td><td>65~35</td><td>85~71</td><td>95~80</td><td>100~90</td><td rowspan="3"></td></tr>
<tr><td>Ⅱ区</td><td>0</td><td>10~0</td><td>25~0</td><td>50~10</td><td>70~41</td><td>92~70</td><td>100~90</td></tr>
<tr><td>Ⅲ区</td><td>0</td><td>10~0</td><td>15~0</td><td>25~0</td><td>40~16</td><td>85~55</td><td>100~90</td></tr>
<tr><td colspan="2">实际累计
筛余(%)</td><td></td><td></td><td></td><td></td><td></td><td></td><td></td><td>级配区属区砂</td></tr>
<tr><td>结 论</td><td colspan="3"></td><td>备 注</td><td colspan="5"></td></tr>
</table>

技术负责人： 校核 检验： 检测单位：(盖章)

附录B 石的检验报告表

B.0.1 碎石或卵石检验报告可采用表B.0.1中的格式。

表B.0.1 碎石或卵石检验报告表

报告日期 NO.

<table>
<tr><td>委托单位</td><td colspan="3"></td><td colspan="5">样品编号</td><td colspan="3"></td></tr>
<tr><td>工程名称</td><td colspan="3"></td><td colspan="5">代表数量</td><td colspan="3"></td></tr>
<tr><td>样品产地、名称</td><td colspan="3"></td><td colspan="5">收样日期</td><td colspan="3">年 月 日</td></tr>
<tr><td>检验条件</td><td colspan="3"></td><td colspan="5">检验依据</td><td colspan="3"></td></tr>
<tr><td>检验项目</td><td colspan="2">检测结果</td><td>附记</td><td colspan="5">检验项目</td><td colspan="2">检测结果</td><td>附记</td></tr>
<tr><td>表观密度(kg/m³)</td><td colspan="2"></td><td></td><td colspan="5">有机物含量</td><td colspan="2"></td><td></td></tr>
<tr><td>堆积密度(kg/m³)</td><td colspan="2"></td><td></td><td colspan="5">坚固性质量损失率(%)</td><td colspan="2"></td><td></td></tr>
<tr><td>紧密密度(kg/m³)</td><td colspan="2"></td><td></td><td colspan="5">岩石强度(N/mm²)</td><td colspan="2"></td><td></td></tr>
<tr><td>吸水率(%)</td><td colspan="2"></td><td></td><td colspan="5">压碎值指标(%)</td><td colspan="2"></td><td></td></tr>
<tr><td>含水率(%)</td><td colspan="2"></td><td></td><td colspan="5">SO₃含量(%)</td><td colspan="2"></td><td></td></tr>
<tr><td>含泥量(%)</td><td colspan="2"></td><td></td><td colspan="5">碱活性</td><td colspan="2"></td><td></td></tr>
<tr><td>泥块含量(%)</td><td colspan="2"></td><td></td><td colspan="5"></td><td colspan="2"></td><td></td></tr>
<tr><td>针状和片状颗粒总含量(%)</td><td colspan="2"></td><td></td><td colspan="5"></td><td colspan="2"></td><td></td></tr>
<tr><td colspan="12">颗 粒 级 配</td></tr>
<tr><td>公称粒径(mm)</td><td>80.0</td><td>63.0</td><td>50.0</td><td>40.0</td><td>31.5</td><td>25.0</td><td>20.0</td><td>16.0</td><td>10.0</td><td>5.00</td><td>2.50</td></tr>
<tr><td>标准颗粒级配范围累积筛余(%)</td><td></td><td></td><td></td><td></td><td></td><td></td><td></td><td></td><td></td><td></td><td></td></tr>
<tr><td>实际累计筛余(%)</td><td></td><td></td><td></td><td></td><td></td><td></td><td></td><td></td><td></td><td></td><td></td></tr>
<tr><td>检验结果</td><td colspan="11"></td></tr>
<tr><td>结 论</td><td colspan="3"></td><td colspan="4">备 注</td><td colspan="3"></td><td></td></tr>
</table>

技术负责人： 校核 检验： 检测单位：(盖章)

本标准用词说明

1 为便于在执行本标准条文时区别对待,对于要求严格程度不同的用词说明如下:

1)表示很严格,非这样做不可的:

正面词采用“必须”,反面词采用“严禁”。

2)表示严格,在正常情况下均应这样做的:

正面词采用“应”,反面词采用“不应”或“不得”。

3)表示允许稍有选择,在条件许可时首先应这样做的:

正面词采用“宜”,反面词采用“不宜”。

表示允许有选择,在一定条件下可以这样做的,采用“可”。

2 条文中指明应按其他有关标准执行的写法为“应符合…的规定”或“应按…执行”。

中华人民共和国行业标准

普通混凝土用砂、石质量及检验方法标准

JGJ 52—2006

条 文 说 明

前 言

《普通混凝土用砂、石质量及检验方法标准》JGJ 52—2006，经建设部2006年12月19日以第529号公告批准发布。

本标准第一版为两本标准:《普通混凝土用砂质量标准及检验方法》JGJ 52—92 和《普通混凝土用碎石或卵石质量标准及检验方法》JGJ 53—92，主编单位是中国建筑科学研究院，参加单位是陕西省建筑科学研究设计院、黑龙江省低温建筑研究所、四川省建筑科学研究设计院、中建四局科研设计所、上海市建筑工程材料公司、福建省建筑科研所、山东省建筑科学研究设计院、冶金部建筑科学研究总院、河南建材研究设计院。

为便于广大设计、施工、科研、学校等单位有关人员在使用本标准时能正确理解和执行条文规定，《普通混凝土用砂、石质量及检验方法标准》编制组按章、节、条顺序编制了本标准的条文说明，供使用者参考。在使用中如发现本条文说明有不妥之处，请将意见函寄中国建筑科学研究院建筑工程质量检测中心(地址:北京市北三环东路30号;邮政编码:100013)。

1 总则

1.0.1 为在建筑工程上合理地选择和使用天然砂、人工砂和碎石、卵石，保证新配制的普通混凝土的质量，制定本标准。

1.0.2 本标准适用于一般工业与民用建筑和构筑物中的普通混凝土用砂和石的要求和质量检验。对用于港工、水工、道路等工程的砂和石，除按照各行业相应标准执行外，也可参照本标准执行。

修订标准中的砂系指：天然砂即河砂、海砂、山砂及特细砂；人工砂（包括尾矿）以及混合砂。石系指：碎石、碎卵石及卵石。通过本次修订扩大了砂的使用种类，将人工砂及特细砂纳入本标准，主要考虑天然砂资源日益匮乏，而建筑市场随着国民经济的发展日益扩大，天然砂供不应求，为了充分地利用有限的资源，解决供需矛盾，特作此修订。

1.0.3 "长期处于潮湿环境的重要混凝土结构"指的是处于潮湿或干湿交替环境，直接与水或潮湿土壤接触的混凝土工程；及有外部碱源，并处于潮湿环境的混凝土结构工程，如：地下构筑物，建筑物桩基、地下室、处于高盐碱地区的混凝土工程、盐碱化学工业污染范围内的工程。引起混凝土中砂石碱活性反应应具备三个条件：一是活性骨料，二是有水，三是高碱。骨料产生碱活性反应，直接影响混凝土的耐久性、建筑物的安全及使用寿命，因此将长期处于潮湿环境的重要混凝土结构用砂石应进行碱活性检验作为强制性条文。

1.0.4 砂、石的质量标准及检验除应符合本标准外，尚应符合国家现行的有关标准的规定。

2 术语、符号

2.1.1 由于试验筛孔径改为方孔，原5.00mm的筛孔直径改为边长4.75mm，为不改变习惯称呼，将原来砂的粒径和筛孔直径，称为砂的公称粒径和砂筛的公称直径，与方孔筛筛孔尺寸对应起来。

2.1.2 增加人工砂、混合砂是由于天然砂资源日益减少，混凝土用砂的供需矛盾日益突出。为了解决天然砂供不应求的问题，从20世纪70年代起，贵州省首先在建筑工程上广泛使用人工砂，近十几年来我国相继在十几个省市使用人工砂，并制定了各地区的人工砂标准及规定。

由于人工砂颗粒形状棱角多，表面粗糙不光滑，粉末含量较大。配制混凝土时用水量应比天然砂配制混凝土的用水量适当增加，增加量由试验确定。

人工砂配制混凝土时，当石粉含量较大时，宜配制低流动度混凝土，在配合比设计中，宜采用低砂率。细度模数高的宜采用较高砂率。

人工砂配制混凝土宜采用机械搅拌，搅拌时间应比天然砂配制混凝土的时间延长1min左右。

人工砂混凝土要注意早期养护。养护时间应比天然砂混凝土延长2~3d。

实践证明人工砂配制混凝土的技术是可靠的，将给建筑工程带来经济与质量的双赢。

2.1.3 混合砂的使用是为了克服机制砂粗糙、天然砂细度模数偏细的缺点。采用人工砂与天然砂混合，其混合的比例可按混凝土拌合物的工作性及所要求的细度模数进行调整，以满足不同要求的混凝土。

3 质量要求

3.1 砂的质量要求

3.1.1 本次修订增加了特细砂的细度模数。考虑到天然砂资源越来越匮乏，使用特细砂的地区已不限于重庆地区。而原建筑工程部标准BJG 19—65关于《特细砂混凝土配制及应用规程》至今一直未作修订，因此本次修订将特细砂纳入本标准范围内。

由特细砂配制的混凝土，俗称特细砂混凝土，在我国特别是重庆地区应用已有半个世纪，经研究和工程应用表明其许多物理力学性能和耐久性与天然砂配制的混凝土性能相当或接近，只要材料选择适当，配合比设计合理，完全可以用于一般混凝土和钢筋混凝土工程。与人工砂复合改性，提高混合砂的细度模数与级配,也可以用于预应力混凝土工程。

用特细砂配制的混凝土拌合物黏度较大,因此,主要结构部位的混凝土必须采用机械搅拌和振捣。搅拌时间要比中、粗砂配制的混凝土延长1~2min。配制混凝土的特细砂细度模数满足表1要求。

表1 配制混凝土特细砂细度模数的要求

强度等级	C50	C40~C45	C35	C30	C20~C25	C20
细度模数(不小于)	1.3	1.0	0.8	0.7	0.6	0.5

配制C60以上混凝土,不宜单独使用特细砂,应与天然砂、粗砂或人工砂按适当比例混合使用。

特细砂配制混凝土,砂率应低于中、粗砂混凝土。水泥用量和水灰比:最小水泥用量应比一般混凝土增加20kg/m^3,最大水泥用量不宜大于550kg/m^3,最大水灰比应符合《普通混凝土配合比设计规程》JGJ 55的有关规定。

特细砂混凝土宜配制成低流动度混凝土,配制坍落度大于70mm以上的混凝土时,宜掺外加剂。

3.1.2 本次修订,筛分析试验与ISO 6274《混凝土-骨料的筛分析》一致,将原2.50mm以上的圆孔筛改为方孔筛,原2.50mm、5.00mm、10.0mm孔径的圆孔筛,改为2.36mm、4.75mm、9.50mm孔径的方孔筛。经编制组试验证明:筛的孔径调整后,砂的颗粒级配区,用新旧两种不同的筛子无明显不同,砂的细度模数也无明显的差异。

考虑到以往的习惯用法,编制了表3.1.2-1。为不改变习惯称呼,将原来砂的粒径和砂筛筛孔直径,称为砂的公称粒径和砂筛的公称直径,与方孔筛筛孔尺寸对应起来。

本次修订规定砂(除特细砂外)颗粒级配应满足本标准要求。

由于特细砂多数均为150μm以下颗粒,因此无级配要求。

由于天然砂是自然状态的级配,若不满足级配要求,允许采取一定的技术措施后,在保证混凝土质量的前提下,可以使用。

3.1.3 增加了C60及C60以上混凝土的含泥量。国内外相关标准对含泥量的最严格的限定:美国标准ASTMC33规定受磨损的混凝土的限值为3%,其他混凝土限值为5.0%;德国DIN4226、英国BS882标准中最严格的要求均是4%。我国砂石国家产品标准规定Ⅰ类产品为1%,《高强混凝土结构技术规定》CECS104:99要求配制C70以上混凝土时为1.0%。经569批次C60混凝土用砂含泥量调查统计结果如下,含泥量:>1.5%占20.0%、>1.8%占18.4%、>2%占13.9%,鉴于砂子实际含量的状况及国内外标准,同时考虑到在运输过程中的污染,因此将C60及C60以上混凝土的含泥量定在2%之内。

经试验证明,不同含泥量对混凝土拌合物和易性有一定影响。对低等级混凝土的影响比对高等级混凝土影响小,尤其是对低等级塑性贫混凝土,含有一定量的泥后,可以改善拌合物的和易性,因此含泥量可酌情放宽,放宽的量应视水泥等级和水泥用量而定,因此本次修订去掉了对C10以下混凝土中含泥量的规定。

3.1.4 增加了C60及C60以上混凝土用砂的泥块含量限值。美国标准对泥块的含量不分等级,所有混凝土限值均为3.0%;国内《建筑用砂》、《高强混凝土结构技术规程》要求C60以上混凝土,泥块含量为0。据调查,用于C60混凝土中的砂569个批次,泥块含量>0.3%占18.3%、>0.5%占10.2%、>0.8%占8.6%,考虑到砂子的现实状况及运输堆放过程中的污染,允许有0.5%的泥块含量存在是合理的。

对C10和C10以下的混凝土用砂,适量的非包裹型的泥或胶泥,经加水搅拌粉碎后可改善混凝土的和易性,其量视水泥等级而定,因此本次修订去掉了对C10以下混凝土中泥块含量的规定。

3.1.5 石粉是指人工砂及混合砂中的小于75μm以下的颗粒。人工砂中的石粉绝大部分是母岩被破碎的细粒,与天然砂中的泥不同,它们在混凝土中的作用也有很大区别。石粉含量高一方面使砂的比表面积增大,增加用水量;另一方面细小的球形颗粒产生的滚珠作用又会改善混凝土和易性。因此不能将人工砂中的石粉视为有害物质。

石粉含量对人工砂的综合影响经过几十年的试验证明:贵州省从20世纪70年代开始研究使用人

工砂，当人工砂中石粉含量在0～30%时，对混凝土的性能影响很小，对中、低等级混凝土的抗压、抗拉强度无影响，C50级混凝土强度的降低也极小，收缩与河砂接近。铁科院的试验研究也证明，人工砂配制的混凝土各项力学性能与河砂混凝土相比更好一些（在水泥用量与混凝土拌合物稠度相等的条件下）。

许多工业发达国家早在数十年前对人工砂进行研究并把人工砂列入国家标准，现将我国有关标准及国外标准对石粉含量的要求列入表2～表4。

表2　贵州省《山砂混凝土技术规定》

强度等级	<C20	C20～C30	>C30
石粉含量	<20%	<15%	<10%

表3　国标《建筑用砂》

产品分类	Ⅰ类	Ⅱ类	Ⅲ类
石粉含量（%）	<3.0	<5.0	<7.0

表4　国外石粉含量的限值

美国	英国	日本	德国（0.063mm以下）
5%～7%	用于承重混凝土≤9% 一般混凝土≥16%	<7%	4%～22%

经试验证明，当人工砂中含有7.5%的石粉时，配制C60泵送混凝土强度比普通天然砂的强度稍高，当石粉含量为14.5%时，配制C35的强度比普通天然砂高。因此现将石粉含量限值定为：大于等于C60时为≤5%、C55～C30时为≤7%、小于等于C25时为≤10%是可行的。

考虑到采矿时山上土层没有清除干净或有土的夹层会在人工砂中夹有泥土，标准要求人工砂或混合砂需先经过亚甲蓝法判定。亚甲蓝法对石粉的敏感性如何？经试验证明，此方法对于纯石粉其测值是变化不大的，当含有一定量的石粉时其测值有明显变化，黏土含量与亚甲蓝 *MB* 值之间的相关系数在0.99。

3.1.6　保留原条文。

3.1.7　人工砂的压碎值指标是检验其坚固性及耐久性的一项指标。经试验证明，中、低等级混凝土的强度不受压碎指标的影响，人工砂的压碎值指标对高等级混凝土抗冻性无显著影响，但导致耐磨性明显下降，因此将压碎值指标定为30%。

3.1.8　保留原条文。

3.1.9　将原“对重要工程结构混凝土使用的砂”改为“对长期处于潮湿环境的重要结构混凝土用砂”应进行碱活性检验。因活性骨料产生膨胀，需水及高碱，缺一不可，否则不会膨胀。

去掉了原采用的化学法检验砂的碱活性，增加了砂浆棒法。因化学法易受某些因素的干扰如：碳酸盐、氧化铝等。快速砂浆棒法从制作到在1mol/L的氢氧化钠溶液里浸泡14d，共16d即能判断砂的碱活性，快捷、方便、直观。

本标准本次修订提出了当骨料判为有潜在危害时，应控制混凝土中的碱含量不应超过3kg/m^3，与《混凝土结构设计规范》GB 50010一致。

3.1.10　本条文为强制性条文。本标准要求除海砂外，对受氯离子侵蚀或污染的砂，也应进行氯离子检测。

3.1.11　本标准中的贝壳指的是4.75mm以下被破碎了的贝壳。海砂中的贝壳对混凝土的和易性、强度及耐久性均有不同程度的影响，特别是对于C40以上的混凝土，两年后的混凝土强度会产生明显下降，对于低等级混凝土其影响较小，因此C10或C10以下的混凝土用砂的贝壳含量可不予规定。

3.2　石的质量要求

3.2.1　ISO 6274《混凝土-骨料的筛分析》方法中规定试验用筛要求用方孔筛，为与国际标准一致，同时考虑到试验筛与生产用筛一致,将原来的圆孔筛改为方孔筛。为使原有指标不产生大的变化,圆孔改为方孔后,筛子的尺寸相应的变小。编制组共进行了164组对比试验,对不同公称粒径的级配进行了圆孔筛及方孔筛筛分析。试验证明,筛分结果基本与原标准的颗粒级配范围基本相符合。因此表3.2.1-2中除将5~16的4.75mm筛上的累计筛余由原90~100改为85~100外,其余的均没变。

由于原圆孔筛与现在的方孔筛进行的筛分试验结果基本相符,在圆孔筛未损坏时,仍可作用。

为满足用户的习惯要求,筛孔尺寸改变,公称粒径称呼不变。

本次修订规定混凝土用石应采用连续粒级,去掉了可用单一粒级配制混凝土。主要是单粒级配制混凝土会加大水泥用量,对混凝土的收缩等性能造成不利影响。由于卵石的颗粒级配是自然形成的,若不满足级配要求时,允许采取一定的技术措施后,在保证混凝土质量的前提下,可以使用。

3.2.2 碎石或卵石的针、片状含量增加了大于等于C60以上混凝土的指标。经调查用于C60混凝土的808个批次的碎石针、片状颗粒含量>8.0%的占39.6%、>10%的占22.5%、>12%的占5.4%,若将指标定在5%将有一半的石子无法使用,实践证明8%含量的针、片状颗粒能够配制C60的混凝土,因此本次修订将C60及C60以上混凝土的针、片状颗粒含量规定为≤80%。

3.2.3 碎石或卵石中含泥量增加了大于等于C60的混凝土指标。经827批次的数据统计:含泥量>0.5%占21.8%、>0.6%的占13.9%、>0.8%的占4.1%。应考虑到含泥对混凝土耐久性有较大影响,将指标定在0.5%。

3.2.4 增加了大于等于C60的混凝土泥块含量的指标。国标《建筑用卵石、碎石》要求I类等级泥块含量为0。美国根据不同气候条件及使用部位将黏土块含量为10%、5.0%、3.0%、2.0%四等。经827批次用于C60混凝土的石子统计,>0.2%的占5。6%、>0.3的占1.4%、>0.5的占0.1%,应考虑到运输过程的污染,将指标定在0.2%,既满足使用要求又满足实际情况。

3.2.5 对配制C60及以上混凝土的岩石,由原来要求"岩石的抗压强度与混凝土强度等级之比不应小于1.5",修改成"岩石的立方体抗压强度宜比新配制的混凝土强度高20%以上"。主要考虑 到,随着混凝土等级的不断提高,原有的1.5倍要求不易达到。而提高混凝土等级不只是依靠岩石的强度,可通过不同的技术途径,实践证明是可以做到的。

3.2.6 保留原条文。

3.2.7 保留原条文。

3.2.8 同3.1.9条。

4 验收、运输和堆放

4.0.1 将砂、石验收批作了统一的规定,小型工具系指拖拉机等。

4.0.2 "当质量比较稳定,进料量又较大时,可定期检验"系指日进量在1000t以上,连续复检五次以上合格,可按1000t为一批。规定了砂、石检验的必试项目,增加了人工砂、混合砂需对石粉进行必试,以及海砂应进行贝壳含量的检测。

4.0.3 规定了砂、石质量检验报告的内容及可参照的报告格式。

4.0.4 规定了砂、石数量验收的方法,可按重量计也可按体积计。

4.0.5 规定了砂、石堆放的要求。

5 取样与缩分

5.1 取样

5.1.1 规定了砂、石在料堆上、皮带运输机上、火车、汽车、货船不同地方取样的方法及份数。

5.1.2 规定了对不合格试样可进行加倍复验。但不包括筛分析。

5.1.3 规定了每组样品的取样数量,数量约是试验量的四倍,经四分法后,得试样重。同时规定了当做几项试验,如确保样品经一项试验后不致影响另一项试验的结果,可用同一组样品做几项不同的试验。

5.1.4 规定了样品的包装。

5.2 样品的缩分

5.2.1 规定了砂的样品的缩分的两种方法:1.用分料器;2.用人工四分法。

5.2.2 石子的缩分用人工四分法。

5.2.3 做砂、石含水率、堆积密度、紧密密度试验时,所用试样可不缩分。

6 砂的检验方法

6.1 砂的筛分析试验

试验筛改为方孔筛,原孔径10.0mm、5.00mm、2.50mm的圆孔筛改为9.50mm、4.75mm、2.36mm的方孔筛。

筛框可采用内径为ϕ200或ϕ300。

6.2 砂的表观密度试验(标准法)

保留原条文。

6.3 砂的表观密度试验(简易法)

保留原条文。

6.4 砂的吸水率试验

保留原条文。

6.5 砂的堆积密度和紧密密度试验

保留原条文。

6.6 砂的含水率试验(标准法)

保留原条文。

6.7 砂的含水率试验(快速法)

保留原条文。

6.8 砂中含泥量试验(标准法)

此方法不适用于特细砂中含泥量的测定。因特细砂中公称粒径80μm以下的颗粒较多,用此方法将小于80μm以下的颗粒均作为泥计算了,公称粒径80μm方孔筛边长为75μm。

6.9 砂中含泥量试验(虹吸管法)

本方法适用于砂中的含泥量,尤其适用于测定特细砂中的含泥量。通过沉淀虹吸不会使细小的颗粒流出。

6.10 砂中泥块含量试验

删除了"两次结果的差值超过0.4%时,应重新取样进行试验"的提法。因泥块不似泥粉具有分散性,当两次试验,一份有泥块,而一份无泥块时,差值往往会超过0.4%的要求。因此取两次试验结果的算术平均值作为测定值。

6.11 人工砂及混合砂中石粉含量试验(亚甲蓝法)

本方法是此次修订新增的试验方法,是参照欧洲标准EW 933—9:1999《骨料几何特性试验中的细粉评估——亚甲蓝试验》编制。

方法的原理是试样的水悬液中连续逐次加入亚甲蓝溶液,每次加亚甲蓝溶液后,通过滤纸蘸染试验检验游离染料的出现,以检查试样对染料溶液的吸附,当确认游离染料出现后,即可计算出亚甲蓝值(MB)表示为每千克试验粒级吸附的染料克数。

也可用快速法,一次加入30mL亚甲蓝溶液,此时$MB \geq 1.4$,若出现色晕即为合格;若不出现,即为不合格,快速简便。

人工砂及混合砂中的石粉含量的测定,首先应进行亚甲蓝试验,通过亚甲蓝试验来评定,细粉是石粉还是泥粉。

当亚甲蓝值 $MB<1.4$ 时，则判定是石粉；若 MB 值 ≥ 1.4 时，则判定为泥粉。

亚甲蓝对石粉的敏感性：经试验将机制砂中分别掺入不含黏土成分的纯石灰石粉 10%、15%、20%；测定其亚甲蓝值分别为 0.35、0.75、0.75，见图 1。

从图中可以看出机制砂中掺入不同比例的石粉，亚甲蓝测定值变化不大，说明亚甲蓝对纯石粉不敏感。

当石粉中掺入黏土时，用亚甲蓝法测其 MB 值，发现其相关性很高，相关系数可达 0.9959。这说明用亚甲蓝法检测石粉中的黏土含量精确度很高。试验结果如图 2 所示。

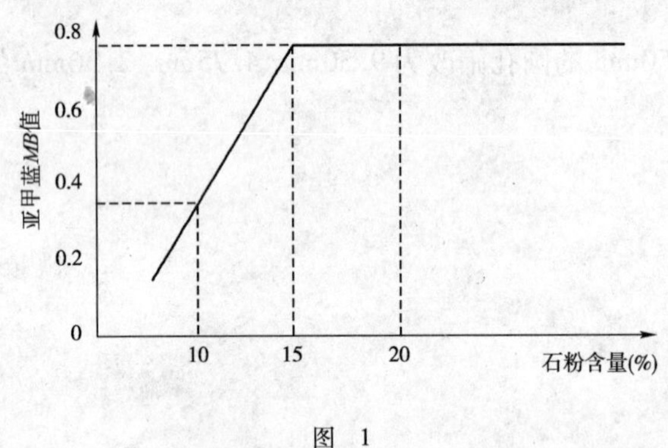

图 1

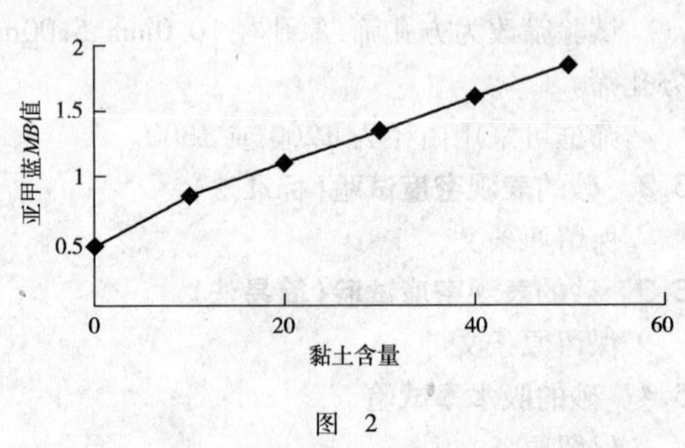

图 2

6.12 人工砂压碎值指标试验

压碎值指标是表示人工砂坚固性的一项指标。本方法取自于贵州省地方标准《山砂混凝土技术规定》。

方法规定采用四个粒级的筛分分别进行压碎，然后将四级砂样进行总的压碎值指标计算。试验证明 5~10mm 颗粒级的压碎指标比其他粒级要明显大，总的趋势是粒径越大压碎指标越小，鉴于砂的定义，公称粒径 5.00mm 以下的颗粒为砂，所以取公称粒径 5.00mm 以下的颗粒分成公称粒级 5.00~2.50mm、2.50~1.25mm、1.25mm~630μm、630~315μm 四个粒级，每级试样 1000g。

6.13 砂中有机物含量试验

保留原条文。

6.14 砂中云母含量试验

保留原条文。

6.15 砂中轻物质含量试验

保留原条文。

6.16 砂的坚固性试验

增加了氯化钡的浓度为 10%，去掉了工业用的十水结晶硫酸钠试剂，使试验更为准确。增加了特细砂的粒级及特细砂坚固性的计算公式。

其他条文不变。

6.17 砂中硫酸盐及硫化物含量试验

试验步骤保持不变。

6.18 砂中氯离子含量试验

为使试验步骤更具有操作性，空白试验时，具体规定加入 5% 铬酸钾指示剂"1mL"。

6.19 海砂中贝壳含量试验(盐酸清洗法)

本方法是新增的，本方法参照《宁波地区建筑用海砂技术规定(试行)》编写而成，该方法操作方便、实用。

试验前可以先洗去含泥，用洗去泥的砂子做贝壳含量，也可用原样做，最终结果减去含泥量。

6.20 砂的碱活性试验(快速法)

本方法是按照 ASTM C1260—94《碱骨料潜在活性标准试验方法(砂浆棒法)》编写而成。

1 本方法适用于检验硅质骨料与混凝土中的碱产生潜在反应的危害性,不适用于碳酸盐骨料。

本方法采用1mol/L 氢氧化钠溶液浸泡试件14d,温度为80℃的条件下来加速骨料的碱-硅反应。当然该试验条件不能代替混凝土在使用过程中所处的实际条件,可能对于反应缓慢或在反应后期产生膨胀的骨料有用。

2 由于本方法试件是浸泡在氢氧化钠溶液中,水泥的碱含量不是影响膨胀的首要因素,所以试验中没有考虑水泥的碱含量。

3 制作试件的骨料要有一定的级配。骨料的级配与日本、美国、水工方法是一致的。并对其每一级配的重量作了规定,由于特细砂粗颗粒较少,所以对分级重量不作规定。

4 标准中制作试件的水泥与砂的重量比、水灰比及制作方法、测试步骤均与美国标准 ASTM 1260—94 一致。

5 由于此方法国内采用时间不长,对这方面经验积累不多。结果评定是根据美国标准制定,并与国际一致,若当14d 的膨胀率在0.1% ~0.2%之间时,要用砂浆长度法进行试验判定,即用3个月或半年的慢速方法进行[水泥含碱量为1.2%,温度(40±2)℃]。

6.21 砂的碱活性试验(砂浆长度法)

保留原条文。

7 石的检验方法

7.1 碎石或卵石的筛分析试验

根据 ISO 6274—1984《混凝土-骨料的筛分析》试验用筛要求用方孔筛,本次修订与国际标准一致,将原为圆孔筛改为方孔筛,筛孔尺寸,由原来的圆孔直径为:100、80.0、63.0、50.0、40.0、31.5、25.0、20.0、16.0、10.0、5.00 和 2.50mm 改为方孔边长 90.0、75.0、63.0、53.0、37.5、31.5、26.5、19.0、16.0、9.50、4.75 和 2.36mm。习惯上仍按原来圆孔直径称呼。

7.2 碎石或卵石的表观密度试验(标准法)

保留原条文。

7.3 碎石或卵石的表观密度试验(简易法)

保留原条文。

7.4 碎石或卵石的含水率试验

保留原条文。

7.5 碎石或卵石的吸水率试验

保留原条文。

7.6 碎石或卵石的堆积密度和紧密密度试验

保留原条文。

7.7 碎石或卵石中含泥量试验

保留原条文。

7.8 碎石或卵石中泥块含量试验

删除"如两次结果的差值超过0.2%,应重新取样进行试验",理由同6.10节。

其他条款,保留原条文。

7.9 碎石或卵石中针状和片状颗粒的总含量试验

针片状规准仪的尺寸,由于试验筛孔径的改变而改变了。根据定义,长度大于2.5倍的平均粒度为针状,厚度小于0.4倍平均粒度为片状,规准仪的尺寸作了相应的调整,具体数值见表5、表6。

表5　针状规准仪(单位:mm)

新		82.8	69.6	54.6	42	30.6	17.1
旧		85.8	67.8	54	43.2	31.2	18
粒级	新	37.5~31.5	31.5~26.5	26.5~19	19~16	16~9.5	9.5~4.75
	旧	40~31.5	31.5~25	25~20	20~16	16~10	10~5

表6　片状规准仪(单位:mm)

粒级	新	37.5~31.5	31.5~26.5	26.5~19	19~16	16~9.5	9.5~4.75
	旧	40~31.5	31.5~25	25~20	20~16	16~10	10~5
新		13.8	11.6	9.1	7.0	5.1	2.8
旧		14.3	11.3	9	7.2	5.2	3

其他条文保留原条文。

7.10　卵石中有机物含量试验

保留原条文。

7.11　碎石或卵石的坚固性试验

保留原条文。

7.12　岩石的抗压强度试验

增加了试件"应放在有防护网的"压力机上进行强度试验,"以防岩石碎片伤人"。因岩石强度越高脆性越大,破坏时会产生崩裂,碎片四溅易伤人。

7.13　碎石或卵石的压碎值指标试验

保留原条文。

7.14　碎石或卵石中硫化物及硫酸盐含量试验

增加分析天平一台,因做化学分析时,称量精度要求万分之一。

7.15　碎石或卵石的碱活性试验(岩相法)

保留原条文。

7.16　碎石或卵石的碱活性试验(快速法)

碎石或卵石的试样缩分成约5kg,然后把试样破碎后筛分成6.20.3中所要求的级配及比例组合。其他同6.20节。

7.17　碎石或卵石的碱活性试验(砂浆长度法)

同6.21节。

7.18　碳酸盐骨料的碱活性试验(岩石柱法)

保留原条文。

UDC

JGJ

中华人民共和国行业标准

P　　JGJ 63—2006

混凝土用水标准

Standard of water for concrete

2006-07-25 发布　　2006-12-01 实施

中华人民共和国建设部　发布

中华人民共和国建设部公告

第461号

建设部关于发布行业标准《混凝土用水标准》的公告

现批准《混凝土用水标准》为行业标准，编号为JGJ 63—2006，自2006年12月1日起实施。其中，第3.1.7条为强制性条文，必须严格执行。原行业标准《混凝土拌合用水标准》JGJ 63—89同时废止。

中华人民共和国建设部

2006年7月25日

前　言

根据建设部建标[2004]66号文的要求，标准编制组经广泛调查研究，认真总结实践经验，参考有关国外先进标准，在广泛征求意见的基础上，对原《混凝土拌合用水标准》JGJ 63—89进行修订。

本标准的主要技术内容是：1.总则；2.术语；3.技术要求；4.检验方法；5.检验规则；6.结果评定。

修订的主要内容是：1.将标准名称修订为《混凝土用水标准》，将混凝土养护用水纳入本标准；2.增加术语一章，取消分类一章；3.将再生水纳入本标准；4.在水质技术要求中，预应力混凝土用水pH值由4.0提高到5.0，钢筋混凝土和素混凝土用水pH值由4.0提高到4.5；钢筋混凝土用水中氯化物含量(以Cl^-计)由1200mg/L减少到1000mg/L；设计使用年限为100年的结构混凝土用水氯离子含量不得超过500mg/L；硫酸盐(以SO_4^{2-}计)含量由2700mg/L减少到2000mg/L；取消了硫化物检验项目；增加了碱含量内容；5.增加了放射性检验项目；6.确定水泥胶砂强度试验为惟一的强度对比试验方法；7.全部检验方法采用国家标准；8.增加检验频率内容。

本标准由建设部负责管理和对强制性条文的解释，由主编单位负责具体技术内容的解释。

本标准主编单位：中国建筑科学研究院(地址：北京市北三环东路30号；邮政编码：100013)

本标准参加单位：北京排水集团京城中水公司、深圳大学、中国环境监测总站、云南建工混凝土有限公司、深圳高新建商品混凝土有限公司、北京市丰台区榆树庄构件厂、北京市节约用水管理中心、贵州中建建筑科研设计院、建研建材有限公司。

本标准主要起草人员：丁威、冷发光、霍健、邢峰、王强、杜炜、郭惠斌、李昕成、杨玉启、何建平、马冬花、赵继成、黄蕾、王宇杰、林力勋。

1 总则

1.0.1 为保证混凝土用水的质量，使混凝土性能符合技术要求，制定本标准。

1.0.2 本标准适用于工业与民用建筑以及一般构筑物的混凝土用水。

1.0.3 混凝土用水除应符合本标准外，尚应符合国家现行有关标准的规定。

2 术语

2.0.1 混凝土用水 water for concrete

混凝土拌合用水和混凝土养护用水的总称，包括：饮用水、地表水、地下水、再生水、混凝土企业设备洗刷水和海水等。

2.0.2 地表水 nature surface water

存在于江、河、湖、塘、沼泽和冰川等中的水。

2.0.3 地下水 underground water

存在于岩石缝隙或土壤孔隙中可以流动的水。

2.0.4 再生水 urban recycling water

指污水经适当再生工艺处理后具有使用功能的水。

2.0.5 不溶物 insoluble matter

在规定的条件下，水样经过滤，未通过滤膜部分干燥后留下的物质。

2.0.6 可溶物 soluble matter

在规定的条件下，水样经过滤，通过滤膜部分干燥蒸发后留下的物质。

3 技术要求

3.1 混凝土拌合用水

3.1.1 混凝土拌合用水水质要求应符合表 3.1.1 的规定。对于设计使用年限为 100 年的结构混凝土，氯离子含量不得超过 500mg/L；对使用钢丝或经热处理钢筋的预应力混凝土，氯离子含量不得超过 350mg/L。

表 3.1.1 混凝土拌合用水水质要求

项　目	预应力混凝土	钢筋混凝土	素混凝土
pH 值	≥5.0	≥4.5	≥4.5
不溶物(mg/L)	≤2000	≤2000	≤5000
可溶物(mg/L)	≤2000	≤5000	≤10000
Cl^- (mg/L)	≤500	≤1000	≤3500
SO_4^{2-} (mg/L)	≤600	≤2000	≤2700
碱含量(mg/L)	≤1500	≤1500	≤1500

注：碱含量按 $Na_2O+0.658K_2O$ 计算值来表示。采用非碱活性骨料时，可不检验碱含量。

3.1.2 地表水、地下水、再生水的放射性应符合现行国家标准《生活饮用水卫生标准》GB 5749 的规定。

3.1.3 被检验水样应与饮用水样进行水泥凝结时间对比试验。对比试验的水泥初凝时间差及终凝时间差均不应大于 30min；同时，初凝和终凝时间应符合现行国家标准《硅酸盐水泥、普通硅酸盐水泥》GB 175 的规定。

3.1.4 被检验水样应与饮用水样进行水泥胶砂强度对比试验，被检验水样配制的水泥胶砂 3d 和 28d 强度不应低于饮用水配制的水泥胶砂 3d 和 28d 强度的 90%。

3.1.5 混凝土拌合用水不应有漂浮明显的油脂和泡沫，不应有明显的颜色和异味。

3.1.6 混凝土企业设备洗刷水不宜用于预应力混凝土、装饰混凝土、加气混凝土和暴露于腐蚀环境的混凝土；不得用于使用碱活性或潜在碱活性骨料的混凝土。

3.1.7 未经处理的海水严禁用于钢筋混凝土和预应力混凝土。

3.1.8 在无法获得水源的情况下，海水可用于素混凝土，但不宜用于装饰混凝土。

3.2 混凝土养护用水

3.2.1 混凝土养护用水可不检验不溶物和可溶物，其他检验项目应符合本标准3.1.1条和3.1.2条的规定。

3.2.2 混凝土养护用水可不检验水泥凝结时间和水泥胶砂强度。

4 检验方法

4.0.1 pH值的检验应符合现行国家标准《水质　pH值的测定　玻璃电极法》GB/T 6920的要求，并宜在现场测定。

4.0.2 不溶物的检验应符合现行国家标准《水质　悬浮物的测定　重量法》GB/T 11901的要求。

4.0.3 可溶物的检验应符合现行国家标准《生活饮用水标准检验法》GB 5750中溶解性总固体检验法的要求。

4.0.4 氯化物的检验应符合现行国家标准《水质　氯化物的测定　硝酸银滴定法》GB/T 11896的要求。

4.0.5 硫酸盐的检验应符合现行国家标准《水质　硫酸盐的测定　重量法》GB/T 11899的要求。

4.0.6 碱含量的检验应符合现行国家标准《水泥化学分析方法》GB/T 176中关于氧化钾、氧化钠测定的火焰光度计法的要求。

4.0.7 水泥凝结时间试验应符合现行国家标准《水泥标准稠度用水量、凝结时间、安定性检验方法》GB/T 1346的要求。试验应采用42.5级硅酸盐水泥，也可采用42.5级普通硅酸盐水泥；出现争议时，应以42.5级硅酸盐水泥为准。

4.0.8 水泥胶砂强度试验应符合现行国家标准《水泥胶砂强度检验方法(ISO法)》GB/T 17671的要求。试验应采用42.5级硅酸盐水泥，也可采用42.5级普通硅酸盐水泥；出现争议时，应以42.5级硅酸盐水泥为准。

5 检验规则

5.1 取样

5.1.1 水质检验水样不应少于5L；用于测定水泥凝结时间和胶砂强度的水样不应少于3L。

5.1.2 采集水样的容器应无污染；容器应用待采集水样冲洗三次再灌装，并应密封待用。

5.1.3 地表水宜在水域中心部位、距水面100mm以下采集，并应记载季节、气候、雨量和周边环境的情况。

5.1.4 地下水应在放水冲洗管道后接取，或直接用容器采集；不得将地下水积存于地表后再从中采集。

5.1.5 再生水应在取水管道终端接取。

5.1.6 混凝土企业设备洗刷水应沉淀后，在池中距水面100mm以下采集。

5.2 检验期限和频率

5.2.1 水样检验期限应符合下列要求：

1 水质全部项目检验宜在取样后7d内完成；

2 放射性检验、水泥凝结时间检验和水泥胶砂强度成型宜在取样后10d内完成。

5.2.2 地表水、地下水和再生水的放射性应在使用前检验；当有可靠资料证明无放射性污染时，可不检验。

5.2.3 地表水、地下水、再生水和混凝土企业设备洗刷水在使用前应进行检验；在使用期间，检验频率宜符合下列要求：

1 地表水每6个月检验一次；

2 地下水每年检验一次；

3 再生水每3个月检验一次；在质量稳定一年后，可每6个月检验一次；

4 混凝土企业设备洗刷水每3个月检验一次；在质量稳定一年后，可一年检验一次；

5 当发现水受到污染和对混凝土性能有影响时，应立即检验。

6 结果评定

6.0.1 符合现行国家标准《生活饮用水卫生标准》GB 5749要求的饮用水，可不经检验作为混凝土用水。

6.0.2 符合本标准3.1节要求的水，可作为混凝土用水；符合本标准3.2节要求的水，可作为混凝土养护用水。

6.0.3 当水泥凝结时间和水泥胶砂强度的检验不满足要求时，应重新加倍抽样复检一次。

本标准用词说明

1 为便于在执行本标准条文时区别对待，对要求严格程度不同的用词说明如下：

1）表示很严格，非这样做不可的：

正面词采用“必须”；反面词采用“严禁”。

2）表示严格，在正常情况下均应这样做的：

正面词采用“应”；反面词采用“不应”或“不得”。

3）表示允许稍有选择，在条件许可时首先应这样做的：

正面词采用“宜”；反面词采用“不宜”。

表示有选择，在一定条件下可以这样做的，采用“可”。

2 条文中指明应按其他有关标准执行的写法为：“应符合……的规定”或“应按……执行”。

中华人民共和国行业标准

JGJ 63—2006

混凝土用水标准

条文说明

前　言

《混凝土用水标准》JGJ 63—2006，经建设部2006年7月25日以公告第461号批准，业已发布。

原《混凝土拌合用水标准》JGJ 63—89的主编单位是中国建筑科学研究院，参加单位是北京市市政设计院研究所、北京市第一建筑构件厂。

为便于广大设计、施工、科研、学校等单位有关人员在使用本标准时能正确理解和执行条文规定，《混凝土用水标准》编制组按章、节、条顺序编制了本标准的条文说明，供使用者参考。在使用中如发现本条文说明有不妥之处，请将意见函寄中国建筑科学研究院（主编单位）。

1　总则

1.0.1　水是混凝土不可缺少、不可替代的主要组分之一，直接影响混凝土拌合物的性能，如力学性能、长期性能和耐久性能，应制定技术标准进行规范，保证混凝土质量，满足建设工程的要求。本标准规定的混凝土用水包括了混凝土拌合用水和养护用水，与原标准相比，增加了养护用水的内容。

1.0.2　规定了本标准的适用范围。

1.0.3　相关规定。

2　术语

2.0.1　定义混凝土用水及其主要内容。

2.0.2　定义地表水。在我国，通常所说的地表水并不包括海洋水，属于狭义的地表水的概念。主要包括河流水、湖泊水、冰川水和沼泽水，并把大气降水视为地表水体的主要补给源。把分别存在于河流、湖库、沼泽、冰川和冰盖等水体中水分的总称定义为地表水。

2.0.3　定义地下水。

2.0.4　定义再生水。再生水也称为中水，应符合《城市污水利用　城市杂用水水质》GB/T 18920的要求。

2.0.5、2.0.6　混凝土用水水质专有测试项目。

3　技术要求

3.1　混凝土拌合用水

3.1.1　规定混凝土拌合用水中影响混凝土性能的物质含量限值。

1　原标准规定pH值大于4.0，试验证明，pH值约为4.0时，对水泥凝结时间和胶砂强度影响不大。但考虑到pH值约为4.0时，水呈较明显的酸性，尤其是腐殖酸或有机酸等对混凝土耐久性可能造成影响，因此，适当提高pH值，有益于混凝土的耐久性。正常情况下，各类水均可达到pH值大于4.5的要求。对于预应力混凝土，要求应高一些，如桥梁工程中预应力混凝土应用较多，《公路桥涵施工技术规范》JTJ 041—2000规定pH值不得小于5.0。另外，喷射混凝土用水的pH值小于5.0也会影响混凝土的施工性能。

2　不溶物含量限值主要是限制水中泥土、悬浮物等物质，当这类物质含量较高时，会影响混凝土质量，但控制在水泥含量的1%以内，影响较小。

3　可溶物含量限值主要是限制水中各类盐的总量，从而限制水中各类离子对混凝土性能的影响。原标准规定的限值是合理的。

4　氯离子会引起钢筋锈蚀，《混凝土结构设计规范》GB 50010—2002 和《混凝土质量控制标准》GB 50164—92 对不同环境条件下混凝土中氯离子含量有明确的规定，本标准中的规定与其是协调的。对钢筋混凝土用水的要求与欧洲标准一致。

5　硫酸根离子(SO_4^{2-})会与水泥水化产物反应，进而影响混凝土的体积稳定性，对钢筋也有腐蚀作用，混凝土各原材料的有关标准对其都有规定。在原标准的基础上，修订钢筋混凝土用水的要求与欧洲标准相一致。

6　如使用碱活性骨料，则必须限制混凝土中的碱含量，避免发生碱骨料反应。《混凝土结构设计规范》GB 50010—2002 对混凝土中最大碱含量有明确的规定。本标准的规定与其是协调的，也与欧洲标准一致。

3.1.2　放射性要求按饮用水标准从严控制，超标者不能使用。

3.1.3　本条款除保证混凝土拌合物施工性能外，对一些未列入检验的水中物质含量也是间接的控制。

3.1.4　强度是混凝土的主控项目，对比试验也反映水的质量。水泥胶砂试验使用材料一致，试验控制标准化水平高，对比性强，误差小。

3.1.5　采用油污染的水和泡沫明显的水会影响混凝土性能；采用明显颜色的水会影响混凝土质量；采用异味的水会影响环境。

3.1.6　经试验验证，混凝土生产企业（主要是商品混凝土搅拌站）设备洗刷水含 $Ca(OH)_2$，pH 值可达12 左右；若沉淀不足会含有细颗粒；水中含有一些有害物质，如碱含量较高等。鉴于这些情况的影响，作出相应的规定。

3.1.7　未经处理的海水不能满足混凝土用水的技术要求。海水中含盐量较高，可超过 30000mg/L，尤其是氯离子含量高，可超过 15000mg/L。高含盐量会影响混凝土性能，尤其会严重影响混凝土耐久性，例如，高氯离子含量会导致混凝土中钢筋锈蚀，使结构物破坏。因此，海水严禁用于钢筋混凝土和预应力混凝土。

3.1.8　即使将海水用于素混凝土，也是在无法获得其他水源情况下的不得已的做法。海水会引起混凝土表面潮湿和泛霜，影响混凝土表面质量。

3.2　混凝土养护用水

3.2.1、3.2.2　对硬化混凝土的养护用水，重点控制 pH 值、氯离子含量、硫酸根离子含量和放射性指标等。对混凝土养护用水的要求，可较拌合用水适当放宽，检测项目可适当减少。

4　检验方法

4.0.1～4.0.8　全部检验方法都采用国家标准规定的方法。

4.0.7、4.0.8　42.5 级普通硅酸盐水泥受矿物掺合料影响较小，使用最普遍；42.5 级硅酸盐水泥受矿物掺合料影响更小。

5　检验规则

5.1　取样

5.1.1　规定检验水样的最小用量。

5.1.2　避免其他物质沾染容器，影响水样检验的准确性。

5.1.3　地表水取样应有代表性，并注意环境等影响因素。

5.1.4 地下水取样应避免管道中或地表附近物质的影响。

5.1.5 规定再生水取样位置。

5.1.6 混凝土生产企业设备洗刷用水在使用前应充分沉淀，取样情况也应相同。

5.2 检验期限和频率

5.2.1 避免水样陈放时间过长变质。

5.2.2 放射性检验不宜重复。

5.2.3 规定的检验频率可以满足监控混凝土用水质量稳定性的要求，便于及时解决发现的问题。

6 结果评定

6.0.1 符合《生活饮用水卫生标准》GB 5749 的饮用水完全可以满足本标准要求，可以不经检验，直接用于混凝土生产。

6.0.2 满足混凝土拌合用水要求即可满足混凝土养护用水要求；混凝土养护用水要求可略低于混凝土拌合用水要求。

6.0.3 水泥凝结时间检验和水泥胶砂强度不符合要求，有可能是材料（如水泥）或操作等因素的影响，可对这两项进行复检。

ICS 91.100.10
Q 11

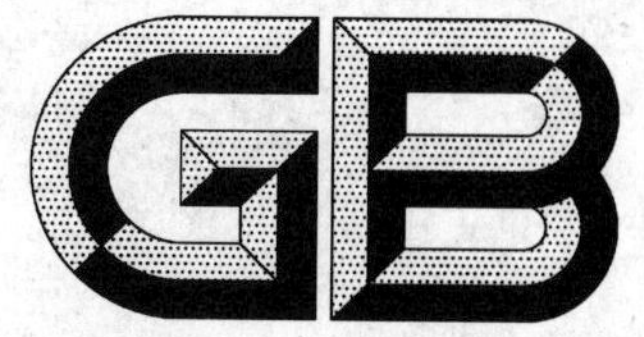

中华人民共和国国家标准

GB 175—2007
代替 GB 175—1999,GB 1344—1999,GB 12958—1999

通用硅酸盐水泥

Common portland cement

2007-11-09 发布　　2008-06-01 实施

中华人民共和国国家质量监督检验检疫总局
中国国家标准化管理委员会　发布

前　言

本标准第 7.1、7.3.1、7.3.2、7.3.3、9.4 为强制性条款，其余为推荐性条款。

本标准与欧洲水泥标准 EN 197-1:2000《通用波特兰水泥》的一致性程度为非等效。

本标准自实施之日起代替 GB 175—1999《硅酸盐水泥、普通硅酸盐水泥》、GB 1344—1999《矿渣硅酸盐水泥、火山灰质硅酸盐水泥、粉煤灰硅酸盐水泥》、GB 12958—1999《复合硅酸盐水泥》三个标准。

与 GB 175—1999、GB 1344—1999、GB 12958—1999 相比，本标准主要变化如下：

——全文强制改为条文强制(本版前言)；

——增加了通用硅酸盐水泥的定义(本版第 3 章)；

——将各品种水泥的定义取消(原版 GB 175—1999、GB 1344—1999、GB 12958—1999 第 3 章)；

——将组分与材料合并为一章(原版 GB 175—1999、GB 1344—1999、GB 12958—1999 第 4 章，本版第 5 章)；

——普通硅酸盐水泥中“掺活性混合材料时，最大掺量不超过 15%，其中允许用不超过水泥质量 5%的窑灰或不超过水泥质量 10%的非活性混合材料来代替”改为“活性混合材料掺加量为>5%且≤20%，其中允许用不超过水泥质量 8%且符合本标准第 5.2.4 条的非活性混合材料或不超过水泥质量 5%且符合本标准第 5.2.5 条的窑灰代替”(原版 GB 175—1999 中第 3.2 条，本版第 5.1 条)；

——将矿渣硅酸盐水泥中矿渣掺加量由“20%～70%”改为“>20%且≤70%”，并分为 A 型和B 型。A 型矿渣掺量>20%且≤50%，代号 P·S·A；B 型矿渣掺量>50%且≤70%，代号 P·S·B(原版 GB 1344—1999 中第 3.1 条，本版第 5.1 条)；

——将火山灰质硅酸盐水泥中火山灰质混合材料掺量由“20%～50%”改为“>20%且≤40%”(原版GB 1344—1999 中第 3.2 条，本版第 5.1 条)；

——将复合硅酸盐水泥中混合材料总掺加量由“应大于 15%，但不超过 50%”改为“>20%且≤50%”(原版 GB 12958—1999 中第 3 章，本版第 5.1 条)；

——材料中增加了粒化高炉矿渣粉(本版第 5.2.3、5.2.4 条)；

——取消了复合硅酸盐水泥中允许掺加粒化精炼铬铁渣、粒化增钙液态渣、粒化碳素铬铁渣、粒化高炉钛矿渣等混合材料以及符合附录 A 新开辟的混合材料，并将附录 A 取消(原版 GB 12958—1999 中第 4.2、4.3 条和附录 A)；

——增加了 M 类混合石膏，取消了 A 类硬石膏(原版 GB 175—1999、GB 1344—1999 和 GB 12958—1999 中第 3 章，本版第 5.2.1.1 条)；

——助磨剂允许掺量由“不超过水泥质量的 1%”改为“不超过水泥质量的 0.5%”(原版 GB 175—1999、GB 1344—1999 和 GB 12958—1999 中第 4.5 条，本版第 5.2.6 条)；

——普通水泥强度等级中取消了 32.5 和 32.5R(原版 GB 175—1999 中第 5 章，本版第 6 章)；

——将矿渣硅酸盐水泥、火山灰质硅酸盐水泥、粉煤灰硅酸盐水泥和复合硅酸盐水泥中“熟料中的氧化镁含量”改为“水泥中的氧化镁含量”，其中要求 P·S·A 型、P·P 型、P·F 型、P·C 型水泥中的氧化镁含量不大于 6.0%，并加注 b 说明‘如果水泥中氧化镁含量大于 6.0%时，应进行水泥压蒸试验并合格’；P·S·B 型无要求。(原版 GB 1344—1999 和 GB 12958—1999 中第 6.1 条，本版第 7.1 条)；

——增加了氯离子限量的要求，即水泥中氯离子含量不大于 0.06%(本版第 7.1 条)；

——将各强度等级的普通硅酸盐水泥的强度指标改为和硅酸盐水泥一致，将各强度等级复合硅酸盐水泥的强度指标改为和矿渣硅酸盐水泥、火山灰质硅酸盐水泥、粉煤灰硅酸盐水泥一致(原版 GB 12958—1999 中第 6.6 条,本版第 7.3.3 条);

——增加了 45 μm 方孔筛筛余不大于 30%作为选择性指标(本版第 7.3.4 条);

——增加了选择水泥组分试验方法的原则和定期校核要求(本版第 8.1 条);

——将“按 0.50 水灰比和胶砂流动度不小于 180 mm 来确定用水量”的规定的适用水泥品种扩大为火山灰质硅酸盐水泥、粉煤灰硅酸盐水泥、复合硅酸盐水泥和掺火山灰质混合材料的普通硅酸盐水泥(原版 GB 1344—1999 第 7.5 条,本版第 8.5 条);

——编号与取样中增加了年生产能力“200×10^4 t 以上”的级别,即:200×10^4 t 以上,不超过4 000 t 为一个编号;将“120 万吨以上,不超过 1 200 吨为一个编号”改为“120×10^4 t～200×10^4 t,不超过 2 400 t 为一个编号”(原版 GB 175—1999、GB 1344—1999、GB 12958—1999 中第 8.1 条,本版第 9.1 条);

——将“出厂水泥应保证出厂强度等级,其余技术要求应符合本标准有关要求”改为“经确认水泥各项技术指标及包装质量符合要求时方可出厂”(原版 GB 175—1999、GB 1344—1999、GB 12958—1999 中第 8.2 条,本版第 9.2 条);

——增加了出厂检验项目(本版第 9.3 条);

——取消了废品判定(原版 GB 175—1999、GB 1344—1999、GB 12958—1999 中第 8.3 条);

——不合格品判定中取消了细度和混合材料掺加量的规定,将判定规则改为“检验结果符合本标准 7.1、7.3.1、7.3.2、7.3.3 条技术要求为合格品。检验结果不符合本标准 7.1、7.3.1、7.3.2、7.3.3 条中任何一项技术要求为不合格品。(原版 GB 175—1999、GB 1344—1999、GB 12958—1999 中第 8.3.2 条,本版第 9.4.1、9.4.2 条);

——检验报告中增加了“合同约定的其他技术要求”(原版 GB 175—1999、GB 1344—1999、GB 12958—1999 中第 8.4 条,本版第 9.5 条);

——交货与验收中增加了“安定性仲裁检验时,应在取样之日起 10 d 以内完成”(本版第 9.6.2 条);

——包装标志中将“且应不少于标志质量的 98%”改为“且应不少于标志质量的 99%”(原版 GB 175—1999、GB 1344—1999、GB 12958—1999 中第 9.1 条,本版第 10.1 条);

——包装标志中将“火山灰质硅酸盐水泥、粉煤灰硅酸盐水泥和复合硅酸盐水泥包装袋的两侧印刷采用黑色”改为“火山灰质硅酸盐水泥、粉煤灰硅酸盐水泥和复合硅酸盐水泥包装袋的两侧印刷采用黑色或蓝色”(原版 GB 1344—1999、GB 12958—1999 中第 9.2 条,本版第 10.2 条)。

本标准由中国建筑材料工业协会提出。

本标准由全国水泥标准化技术委员会(SAC/TC 184)归口。

本标准主要起草单位:中国建筑材料科学研究总院。

本标准参加起草单位:唐山冀东水泥股份有限公司、福建水泥股份有限公司、山东丛林集团、都江堰拉法基水泥有限公司、云南国资水泥红河有限公司、云南国资水泥昆明有限公司、合肥水泥设计院、广东省建筑科学研究院、山东省水泥质量监督检验站、上海市建筑科学研究院有限公司、建筑材料工业技术情报研究所、冠鲁集团山东万利水泥有限公司、唐山隆丰水泥有限公司。

本标准主要起草人:颜碧兰、江丽珍、肖忠明、刘晨、张秋英、陈萍、霍春明、席劲松、宋立春、王昕、郭俊萍。

本标准所代替标准的历次版本情况为:

——GB 175—1956、GB 175—1962、GB 175—1977、GB 175—1985、GB 175—1992、GB 175—1999;

——GB 1344—1956、GB 1344—1962、GB 1344—1977、GB 1344—1985、GB 1344—1992、GB 1344—1999;

——GB 12958—1981、GB 12958—1991、GB 12958—1999。

通 用 硅 酸 盐 水 泥

1 范围

本标准规定了通用硅酸盐水泥的术语和定义、分类、组分与材料、强度等级、技术要求、试验方法、检验规则和包装、标志、运输与贮存等。

本标准适用于通用硅酸盐水泥。

2 规范性引用文件

下列文件中的条款通过本标准的引用而成为本标准的条款。凡是注日期的引用文件，其随后所有的修改单(不包括勘误的内容)或修订版均不适用于本标准，然而，鼓励根据本标准达成协议的各方研究是否可使用这些文件的最新版本。凡是不注日期的引用文件，其最新版本适用于本标准。

GB/T 176 水泥化学分析方法(GB/T 176—1996,eqv ISO 680:1990)

GB/T 203 用于水泥中的粒化高炉矿渣

GB/T 750 水泥压蒸安定性试验方法

GB/T 1345 水泥细度检验方法 筛析法

GB/T 1346 水泥标准稠度用水量、凝结时间、安定性检验方法(GB/T 1346—2001,eqv ISO 9597:1989)

GB/T 1596 用于水泥和混凝土中的粉煤灰

GB/T 2419 水泥胶砂流动度测定方法

GB/T 2847 用于水泥中的火山灰质混合材料

GB/T 5483 石膏和硬石膏

GB/T 8074 水泥比表面积测定方法 勃氏法

GB 9774 水泥包装袋

GB 12573 水泥取样方法

GB/T 12960 水泥组分的定量测定

GB/T 17671 水泥胶砂强度检验方法(ISO 法)(GB/T 17671—1999,idt ISO 679:1989)

GB/T 18046 用于水泥和混凝土中的粒化高炉矿渣粉

JC/T 420 水泥原料中氯离子的化学分析方法

JC/T 667 水泥助磨剂

JC/T 742 掺入水泥中的回转窑窑灰

3 术语和定义

下列术语和定义适用于本标准。

通用硅酸盐水泥 common portland cement

以硅酸盐水泥熟料和适量的石膏，及规定的混合材料制成的水硬性胶凝材料。

4 分类

本标准规定的通用硅酸盐水泥按混合材料的品种和掺量分为硅酸盐水泥、普通硅酸盐水泥、矿渣硅酸盐水泥、火山灰质硅酸盐水泥、粉煤灰硅酸盐水泥和复合硅酸盐水泥。各品种的组分和代号应符合5.1的规定。

5 组分与材料

5.1 组分

通用硅酸盐水泥的组分应符合表1的规定。

表1 %

品种	代号	组分(质量分数)				
		熟料+石膏	粒化高炉矿渣	火山灰质混合材料	粉煤灰	石灰石
硅酸盐水泥	P·Ⅰ	100	—	—	—	—
	P·Ⅱ	≥95	≤5	—	—	—
		≥95	—	—	—	≤5
普通硅酸盐水泥	P·O	≥80且<95	>5且≤20[a]			—
矿渣硅酸盐水泥	P·S·A	≥50且<80	>20且≤50[b]	—	—	—
	P·S·B	≥30且<50	>50且≤70[b]	—	—	—
火山灰质硅酸盐水泥	P·P	≥60且<80	—	>20且≤40[c]	—	—
粉煤灰硅酸盐水泥	P·F	≥60且<80	—	—	>20且≤40[d]	—
复合硅酸盐水泥	P·C	≥50且<80	>20且≤50[e]			

a 本组分材料为符合本标准5.2.3的活性混合材料,其中允许用不超过水泥质量8%且符合本标准5.2.4的非活性混合材料或不超过水泥质量5%且符合本标准5.2.5的窑灰代替。

b 本组分材料为符合GB/T 203或GB/T 18046的活性混合材料,其中允许用不超过水泥质量8%且符合本标准第5.2.3条的活性混合材料或符合本标准第5.2.4条的非活性混合材料或符合本标准第5.2.5条的窑灰中的任一种材料代替。

c 本组分材料为符合GB/T 2847的活性混合材料。

d 本组分材料为符合GB/T 1596的活性混合材料。

e 本组分材料为由两种(含)以上符合本标准第5.2.3条的活性混合材料或/和符合本标准第5.2.4条的非活性混合材料组成,其中允许用不超过水泥质量8%且符合本标准第5.2.5条的窑灰代替。掺矿渣时混合材料掺量不得与矿渣硅酸盐水泥重复。

5.2 材料

5.2.1 硅酸盐水泥熟料

由主要含CaO、SiO_2、Al_2O_3、Fe_2O_3的原料,按适当比例磨成细粉烧至部分熔融所得以硅酸钙为主要矿物成分的水硬性胶凝物质。其中硅酸钙矿物含量(质量分数)不小于66%,氧化钙和氧化硅质量比不小于2.0。

5.2.2 石膏

5.2.2.1 天然石膏:应符合GB/T 5483中规定的G类或M类二级(含)以上的石膏或混合石膏。

5.2.2.2 工业副产石膏:以硫酸钙为主要成分的工业副产物。采用前应经过试验证明对水泥性能无害。

5.2.3 活性混合材料

应符合GB/T 203、GB/T 18046、GB/T 1596、GB/T 2847标准要求的粒化高炉矿渣、粒化高炉矿渣粉、粉煤灰、火山灰质混合材料。

5.2.4 非活性混合材料

活性指标分别低于GB/T 203、GB/T 18046、GB/T 1596、GB/T 2847标准要求的粒化高炉矿渣、粒化高炉矿渣粉、粉煤灰、火山灰质混合材料；石灰石和砂岩，其中石灰石中的三氧化二铝含量(质量分数)应不大于2.5%。

5.2.5　窑灰

应符合 JC/T 742 的规定。

5.2.6　助磨剂

水泥粉磨时允许加入助磨剂，其加入量应不大于水泥质量的0.5%，助磨剂应符合 JC/T 667 的规定。

6　强度等级

6.1　硅酸盐水泥的强度等级分为42.5、42.5R、52.5、52.5R、62.5、62.5R 六个等级。

6.2　普通硅酸盐水泥的强度等级分为42.5、42.5R、52.5、52.5R 四个等级。

6.3　矿渣硅酸盐水泥、火山灰质硅酸盐水泥、粉煤灰硅酸盐水泥、复合硅酸盐水泥的强度等级分为32.5、32.5R、42.5、42.5R、52.5、52.5R 六个等级。

7　技术要求

7.1　化学指标

通用硅酸盐水泥化学指标应符合表2的规定。

表2　　%

<table>
<tr><th>品种</th><th>代号</th><th>不溶物
(质量分数)</th><th>烧失量
(质量分数)</th><th>三氧化硫
(质量分数)</th><th>氧化镁
(质量分数)</th><th>氯离子
(质量分数)</th></tr>
<tr><td rowspan="2">硅酸盐水泥</td><td>P·Ⅰ</td><td>≤0.75</td><td>≤3.0</td><td rowspan="3">≤3.5</td><td rowspan="3">≤5.0[a]</td><td rowspan="8">≤0.06[c]</td></tr>
<tr><td>P·Ⅱ</td><td>≤1.50</td><td>≤3.5</td></tr>
<tr><td>普通硅酸盐水泥</td><td>P·O</td><td>—</td><td>≤5.0</td></tr>
<tr><td rowspan="2">矿渣硅酸盐水泥</td><td>P·S·A</td><td>—</td><td>—</td><td rowspan="2">≤4.0</td><td>≤6.0[b]</td></tr>
<tr><td>P·S·B</td><td>—</td><td>—</td><td>—</td></tr>
<tr><td>火山灰质硅酸盐水泥</td><td>P·P</td><td>—</td><td>—</td><td rowspan="3">≤3.5</td><td rowspan="3">≤6.0[b]</td></tr>
<tr><td>粉煤灰硅酸盐水泥</td><td>P·F</td><td>—</td><td>—</td></tr>
<tr><td>复合硅酸盐水泥</td><td>P·C</td><td>—</td><td>—</td></tr>
</table>

a　如果水泥压蒸试验合格，则水泥中氧化镁的含量(质量分数)允许放宽至6.0%。

b　如果水泥中氧化镁的含量(质量分数)大于6.0%时，需进行水泥压蒸安定性试验并合格。

c　当有更低要求时，该指标由买卖双方确定。

7.2　碱含量(选择性指标)

水泥中碱含量按 $Na_2O+0.658K_2O$ 计算值表示。若使用活性骨料，用户要求提供低碱水泥时，水泥中的碱含量应不大于0.60%或由买卖双方协商确定。

7.3　物理指标

7.3.1　凝结时间

硅酸盐水泥初凝时间不小于45 min，终凝时间不大于390 min。

普通硅酸盐水泥、矿渣硅酸盐水泥、火山灰质硅酸盐水泥、粉煤灰硅酸盐水泥和复合硅酸盐水泥初凝不小于45 min，终凝不大于600 min。

7.3.2　安定性

沸煮法合格。

7.3.3 强度

不同品种不同强度等级的通用硅酸盐水泥，其不同龄期的强度应符合表 3 的规定。

表 3

单位为兆帕

品 种	强度等级	抗压强度		抗折强度	
		3 d	28 d	3 d	28 d
硅酸盐水泥	42.5	≥17.0	≥42.5	≥3.5	≥6.5
	42.5R	≥22.0		≥4.0	
	52.5	≥23.0	≥52.5	≥4.0	≥7.0
	52.5R	≥27.0		≥5.0	
	62.5	≥28.0	≥62.5	≥5.0	≥8.0
	62.5R	≥32.0		≥5.5	
普通硅酸盐水泥	42.5	≥17.0	≥42.5	≥3.5	≥6.5
	42.5R	≥22.0		≥4.0	
	52.5	≥23.0	≥52.5	≥4.0	≥7.0
	52.5R	≥27.0		≥5.0	
矿渣硅酸盐水泥 火山灰硅酸盐水泥 粉煤灰硅酸盐水泥 复合硅酸盐水泥	32.5	≥10.0	≥32.5	≥2.5	≥5.5
	32.5R	≥15.0		≥3.5	
	42.5	≥15.0	≥42.5	≥3.5	≥6.5
	42.5R	≥19.0		≥4.0	
	52.5	≥21.0	≥52.5	≥4.0	≥7.0
	52.5R	≥23.0		≥4.5	

7.3.4 细度(选择性指标)

硅酸盐水泥和普通硅酸盐水泥的细度以比表面积表示，其比表面积不小于 300 m^2/kg；矿渣硅酸盐水泥、火山灰质硅酸盐水泥、粉煤灰硅酸盐水泥和复合硅酸盐水泥的细度以筛余表示，其 80 μm 方孔筛筛余不大于 10%或 45 μm 方孔筛筛余不大于 30%。

8 试验方法

8.1 组分

由生产者按 GB/T 12960 或选择准确度更高的方法进行。在正常生产情况下，生产者应至少每月对水泥组分进行校核，年平均值应符合 5.1 的规定，单次检验值应不超过本标准规定最大限量的 2%。

为保证组分测定结果的准确性，生产者应采用适当的生产程序和适宜的方法对所选方法的可靠性进行验证，并将经验证的方法形成文件。

8.2 不溶物、烧失量、氧化镁、三氧化硫和碱含量

按 GB/T 176 进行试验。

8.3 压蒸安定性

按 GB/T 750 进行试验。

8.4 氯离子

按 JC/T 420 进行试验。

8.5 标准稠度用水量、凝结时间和安定性

按 GB/T 1346 进行试验。

8.6 **强度**

按 GB/T 17671 进行试验。火山灰质硅酸盐水泥、粉煤灰硅酸盐水泥、复合硅酸盐水泥和掺火山灰质混合材料的普通硅酸盐水泥在进行胶砂强度检验时，其用水量按 0.50 水灰比和胶砂流动度不小于 180 mm 来确定。当流动度小于 180 mm 时，应以 0.01 的整倍数递增的方法将水灰比调整至胶砂流动度不小于 180 mm。

胶砂流动度试验按 GB/T 2419 进行，其中胶砂制备按 GB/T 17671 规定进行。

8.7 **比表面积**

按 GB/T 8074 进行试验。

8.8 **80 μm 和 45 μm 筛余**

按 GB/T 1345 进行试验。

9 检验规则

9.1 **编号及取样**

水泥出厂前按同品种、同强度等级编号和取样。袋装水泥和散装水泥应分别进行编号和取样。每一编号为一取样单位。水泥出厂编号按年生产能力规定为：

200×10^4 t 以上，不超过 4 000 t 为一编号；

120×10^4 t～200×10^4 t，不超过 2 400 t 为一编号；

60×10^4 t～120×10^4 t，不超过 1 000 t 为一编号；

30×10^4 t～60×10^4 t，不超过 600 t 为一编号；

10×10^4 t～30×10^4 t，不超过 400 t 为一编号；

10×10^4 t 以下，不超过 200 t 为一编号。

取样方法按 GB 12573 进行。可连续取，亦可从 20 个以上不同部位取等量样品，总量至少 12 kg。当散装水泥运输工具的容量超过该厂规定出厂编号吨数时，允许该编号的数量超过取样规定吨数。

9.2 **水泥出厂**

经确认水泥各项技术指标及包装质量符合要求时方可出厂。

9.3 **出厂检验**

出厂检验项目为 7.1、7.3.1、7.3.2、7.3.3 条。

9.4 **判定规则**

9.4.1 检验结果符合 7.1、7.3.1、7.3.2、7.3.3 的规定为合格品。

9.4.2 检验结果不符合 7.1、7.3.1、7.3.2、7.3.3 中的任何一项技术要求为不合格品。

9.5 **检验报告**

检验报告内容应包括出厂检验项目、细度、混合材料品种和掺加量、石膏和助磨剂的品种及掺加量、属旋窑或立窑生产及合同约定的其他技术要求。当用户需要时，生产者应在水泥发出之日起 7 d 内寄发除 28 d 强度以外的各项检验结果，32 d 内补报 28 d 强度的检验结果。

9.6 **交货与验收**

9.6.1 交货时水泥的质量验收可抽取实物试样以其检验结果为依据，也可以生产者同编号水泥的检验报告为依据。采取何种方法验收由买卖双方商定，并在合同或协议中注明。卖方有告知买方验收方法的责任。当无书面合同或协议，或未在合同、协议中注明验收方法的，卖方应在发货票上注明“以本厂同编号水泥的检验报告为验收依据”字样。

9.6.2 以抽取实物试样的检验结果为验收依据时，买卖双方应在发货前或交货地共同取样和签封。取样方法按 GB 12573 进行，取样数量为 20 kg，缩分为二等份。一份由卖方保存 40 d，一份由买方按本标准规定的项目和方法进行检验。

在 40 d 以内，买方检验认为产品质量不符合本标准要求，而卖方又有异议时，则双方应将卖方保存的另一份试样送省级或省级以上国家认可的水泥质量监督检验机构进行仲裁检验。水泥安定性仲裁检验时，应在取样之日起 10 d 以内完成。

9.6.3 以生产者同编号水泥的检验报告为验收依据时，在发货前或交货时买方在同编号水泥中取样，双方共同签封后由卖方保存 90 d，或认可卖方自行取样、签封并保存 90 d 的同编号水泥的封存样。

在 90 d 内，买方对水泥质量有疑问时，则买卖双方应将共同认可的试样送省级或省级以上国家认可的水泥质量监督检验机构进行仲裁检验。

10 包装、标志、运输与贮存

10.1 包装

水泥可以散装或袋装，袋装水泥每袋净含量为 50 kg，且应不少于标志质量的 99%；随机抽取 20 袋总质量（含包装袋）应不少于 1 000 kg。其它包装形式由供需双方协商确定，但有关袋装质量要求，应符合上述规定。水泥包装袋应符合 GB 9774 的规定。

10.2 标志

水泥包装袋上应清楚标明：执行标准、水泥品种、代号、强度等级、生产者名称、生产许可证标志（QS）及编号、出厂编号、包装日期、净含量。包装袋两侧应根据水泥的品种采用不同的颜色印刷水泥名称和强度等级，硅酸盐水泥和普通硅酸盐水泥采用红色，矿渣硅酸盐水泥采用绿色；火山灰质硅酸盐水泥、粉煤灰硅酸盐水泥和复合硅酸盐水泥采用黑色或蓝色。

散装发运时应提交与袋装标志相同内容的卡片。

10.3 运输与贮存

水泥在运输与贮存时不得受潮和混入杂物，不同品种和强度等级的水泥在贮运中避免混杂。

ICS 91.100.10
Q 11

中华人民共和国国家标准

GB 13693—2005
代替 GB 13693—1992

道路硅酸盐水泥

Portland cement for road

2005-04-22 发布　　　　2005-12-01 实施

中华人民共和国国家质量监督检验检疫总局
中国国家标准化管理委员会　发布

前　言

本标准中6.1～6.9为强制性的，其余为推荐性的。

本标准代替GB 13693—1992《道路硅酸盐水泥》。

本标准与GB 13693—1992相比主要变化如下：

——水泥标号改为强度等级(1992年版的第5章，本版的第5章)；

——水泥的干缩率试验方法采用JC/T 603的最新版本(1992年版的7.4；本版的7.4)；

——水泥的耐磨性试验方法采用JC/T 421的最新版本(1992年版的7.5；本版的7.5)；

——水泥强度检验方法由GB/T 17671《水泥胶砂强度检验方法(ISO法)》代替GB/T 177—1985《水泥胶砂强度检验方法》(1992年版的7.6；本版的7.6)。

请注意本标准的某些内容有可能涉及专利。本标准的发布机构不应承担识别这些专利的责任。

本标准由中国建筑材料工业协会提出。

本标准由全国水泥标准化技术委员会(SAC/TC 184)归口。

本标准负责起草单位：中国建筑材料科学研究院。

本标准参加起草单位：宁波舜江水泥有限公司、山东华银特种水泥股份有限公司、甘肃永登祁连山水泥股份有限公司、湖南石门特种水泥有限公司、四川省新都如意实业公司、四川省犍为宝马水泥有限责任公司、成都嘉华特种工程材料有限公司。

本标准主要起草人：王显斌、张晓明、刘云、倪竹君、刘克忠、叶伯丰、马国宁、鞠庆、李生钰、徐合林、李玉林、杨朝林、张水建。

本标准首次发布于1992年。

道 路 硅 酸 盐 水 泥

1 范围

本标准规定了道路硅酸盐水泥的术语和定义、材料要求、强度等级、技术要求、试验方法、检验规则、包装、标志、运输和贮存等。

本标准适用于道路路面及对耐磨、抗干缩等性能要求较高的其他工程用的道路硅酸盐水泥。

2 规范性引用文件

下列文件中的条款通过本标准的引用而成为本标准的条款。凡是注日期的引用文件,其随后所有的修改单(不包括勘误的内容)或修订版均不适用于本标准,然而,鼓励根据本标准达成协议的各方研究是否可使用这些文件的最新版本。凡是不注日期的引用文件,其最新版本适用于本标准。

GB/T 176 水泥化学分析方法(GB/T 176—1996,eqv ISO 680:1990)

GB/T 203 用于水泥中的粒化高炉矿渣

GB/T 1346 水泥标准稠度用水量、凝结时间、安定性检验方法(GB/T 1346—2001,eqv ISO 9597:1989)

GB/T 1596 用于水泥和混凝土中的粉煤灰

GB/T 5483 石膏和硬石膏

GB/T 6645 用于水泥中的粒化电炉磷渣

GB/T 8074 水泥比表面积测定方法 勃氏法

GB 9774 水泥包装袋

GB 12573 水泥取样方法

GB/T 17671 水泥胶砂强度检验方法(ISO法)(GB/T 17671—1999,idt ISO 679:1989)

JC/T 421 水泥胶砂耐磨性试验方法

JC/T 603 水泥胶砂干缩试验方法

JC/T 667 水泥助磨剂

YB/T 022 用于水泥中的钢渣

3 术语和定义

本标准采用下列术语和定义。

道路硅酸盐水泥 portland cement for road

由道路硅酸盐水泥熟料,适量石膏,可加入本标准规定的混合材料,磨细制成的水硬性胶凝材料,称为道路硅酸盐水泥(简称道路水泥),代号P·R。

4 材料要求

4.1 道路硅酸盐水泥熟料

铝酸三钙($3CaO\cdot Al_2O_3$)的含量应不超过5.0%,铁铝酸四钙($4CaO\cdot Al_2O_3\cdot Fe_2O_3$)的含量应不低于16.0%,游离氧化钙的含量,旋窑生产应不大于1.0%;立窑生产应不大于1.8%。

铝酸三钙的含量按式(1)、铁铝酸四钙的含量按式(2)计算:

$$w(3CaO\cdot Al_2O_3)=2.65(w(Al_2O_3)-0.64w(Fe_2O_3)) \quad \cdots\cdots(1)$$

$$w(4CaO\cdot Al_2O_3\cdot Fe_2O_3)=3.04w(Fe_2O_3) \quad \cdots\cdots(2)$$

式中：

$w(3CaO \cdot Al_2O_3)$——硅酸盐水泥熟料中铝酸三钙的含量，单位为质量分数(%)；

$w(4CaO \cdot Al_2O_3 \cdot Fe_2O_3)$——硅酸盐水泥熟料中铁铝酸四钙的含量，单位为质量分数(%)；

$w(CaO)$——硅酸盐水泥熟料中氧化钙的含量，单位为质量分数(%)；

$w(Al_2O_3)$——硅酸盐水泥熟料中三氧化二铝的含量，单位为质量分数(%)；

$w(Fe_2O_3)$——硅酸盐水泥熟料中三氧化二铁的含量，单位为质量分数(%)。

4.2 石膏

天然石膏：符合 GB/T 5483 的规定。

工业副产石膏：工业生产中以硫酸钙为主要成分的副产品。采用工业副产石膏时，应经过试验，证明对水泥性能无害。

4.3 混合材料

道路硅酸盐水泥中活性混合材的掺加量按质量分数计为 0～10%。

混合材料应为符合 GB/T 1596 表 1 的 F 类粉煤灰、符合 GB/T 203 的粒化高炉矿渣、符合 GB/T 6645的粒化电炉磷渣或符合 YB/T 022 的钢渣。

4.4 助磨剂

水泥粉磨时允许加入助磨剂，其加入量应不超过水泥质量的 1%，助磨剂应符合 JC/T667 的规定。

5 强度等级

道路硅酸盐水泥分 32.5 级、42.5 级和 52.5 级三个等级。

6 技术要求

6.1 氧化镁

道路水泥中氧化镁含量应不大于 5.0%。

6.2 三氧化硫

道路水泥中三氧化硫含量应不大于 3.5%。

6.3 烧失量

道路水泥中的烧失量应不大于 3.0%。

6.4 比表面积

比表面积为 300 m^2/kg～450 m^2/kg。

6.5 凝结时间

初凝应不早于 1.5 h，终凝不得迟于 10 h。

6.6 安定性

用沸煮法检验必须合格。

6.7 干缩率

28 d 干缩率应不大于 0.10%。

6.8 耐磨性

28 d 磨耗量应不大于 3.00 kg/m^2。

6.9 强度

水泥的强度等级按规定龄期的抗压和抗折强度划分，各龄期的抗压强度和抗折应不低于表 1 数值。

6.10 碱含量

碱含量由供需双方商定。若使用活性骨料，用户要求提供低碱水泥时，水泥中碱含量应不超过 0.60%。碱含量按 $w(Na_2O)+0.658w(K_2O)$ 计算值表示。

表 1 水泥的等级与各龄期强度

单位为兆帕

强度等级	抗折强度		抗压强度	
	3 d	28 d	3 d	28 d
32.5	3.5	6.5	16.0	32.5
42.5	4.0	7.0	21.0	42.5
52.5	5.0	7.5	26.0	52.5

7 试验方法

7.1 三氧化二铝(Al_2O_3)、三氧化二铁(Fe_2O_3)、氧化镁(MgO)、三氧化硫(SO_3)、烧失量、游离氧化钙、氧化钠(Na_2O)和氧化钾(K_2O)

按 GB/T 176 进行。

7.2 比表面积

按 GB/T 8074 进行。

7.3 凝结时间和安定性

按 GB/T 1346 进行。

7.4 干缩率

按 JC/T 603 进行。

7.5 耐磨性

按 JC/T 421 进行。

7.6 强度

按 GB/T 17671 进行。

8 检验规则

8.1 编号及取样

水泥出厂前按同强度等级编号和取样。袋装水泥和散装水泥应分别进行编号和取样。每一编号为一取样单位，水泥出厂编号按水泥厂年产量规定：

10 万吨以上，不超过 400 t 为一编号；

10 万吨以下，不超过 200 t 为一编号。

取样方法按 GB/T 12573 进行。当散装水泥运输工具的容量超过该厂规定出厂编号吨数时，允许该编号的数量超过取样规定吨数。

取样应有代表性。可连续取，亦可从 20 个以上不同部位取等量样品，总量至少 14 kg。

所取样品按本标准第 7 章规定的方法进行出厂检验。

8.2 检验分类

8.2.1 出厂检验

出厂水泥检验项目应包括第 6 章除干缩率和耐磨性以外的技术要求。

8.2.2 型式检验

型式检验项目为第 6 章规定的全部技术要求。

有下列情况之一者，应进行型式检验：

a) 新产品试制定型鉴定；

b) 正式生产后，如材料、工艺有较大改变，可能影响产品性能时；

c) 正常生产时，对每周第一个编号的水泥进行干缩率和耐磨性试验；

d) 产品长期停产后，恢复生产时；

e) 国家质量监督检验机构提出型式检验要求时。

8.3 出厂水泥

出厂水泥应保证出厂强度等级和干缩率及耐磨性指标，其余技术要求符合本标准的有关指标要求。

8.4 废品与不合格品

8.4.1 废品

凡氧化镁、三氧化硫、初凝时间、安定性中的任一项不符合本标准规定的指标时，均为废品。

8.4.2 不合格品

凡比表面积、终凝时间、烧失量、干缩率和耐磨性的任一项不符合本标准规定，或强度低于商品等级规定的指标时，均为不合格品。水泥包装标志中水泥品种、等级、工厂名称和出厂编号不全的也属于不合格品。

8.5 试验报告

试验报告内容应包括本标准规定除干缩率和耐磨性以外的各项技术要求及试验结果，助磨剂、工业副产石膏、混合材料名称和掺加量、属旋窑或立窑生产。水泥厂应在水泥发出日起 7 d 内寄发除 28 d 强度的各项试验结果，28 d 强度数值，应在水泥发出日起 32 d 内补报。

8.6 交货与验收

8.6.1 交货

交货时水泥的质量验收可抽取实物试样以其检验结果为依据，也可以水泥厂同编号水泥的检验报告为依据。采取何种方法验收由买卖双方商定，并在合同或协议中注明。

8.6.2 验收

8.6.2.1 以抽取实物试样的检验结果为验收依据时，买卖双方应在发货前或交货地共同取样和签封。取样方法按 GB 12573 进行，取样应在水泥发货前或到达地三日内进行，取样数量为 22 kg，缩分为两等份，一份由卖方保存 40 d，一份由买方按本标准规定的项目和方法进行检验。

在 40 d 以内，买方检验认为产品质量不符合本标准要求，而卖方又有争议时，则双方应将卖方保存的另一份试样送省级或省级以上国家认可的水泥质量监督检验机构进行仲裁检验。

8.6.2.2 以水泥厂同编号水泥的检验报告为验收依据时，在发货前或交货时买方在同编号水泥中抽取试样，双方共同签封后保存三个月；或委托卖方在同编号水泥中抽取试样，签封后保存三个月。

在三个月内，买方对水泥质量有疑问时，则买卖双方应将共同签封的试样送省级或省级以上国家认可的水泥质量监督检验机构进行仲裁检验。

9 包装、标志、运输、贮存

9.1 包装

水泥可以袋装或散装，袋装水泥每袋净含量 50 kg，且不得少于标志质量的 98%；随机抽取 20 袋总质量不得少于 1 000 kg。其他包装形式由供需双方协商确定，但有关袋装质量要求，必须符合上述原则规定。

水泥包装袋应符合 GB 9774 的规定。

9.2 标志

水泥袋上应清楚标明：产品名称、代号、净含量、强度等级、生产许可证编号、生产者名称和地址、出厂编号、执行标准号、包装年、月、日。包装袋两侧应印有水泥名称和等级，用黑色印刷。

散装时应提交与包装袋标志相同内容的卡片。

9.3 运输与贮存

水泥在运输与贮存时，不得受潮和混入杂物，不同品种和等级的水泥应分别贮存，不得混杂。

ICS 91.100.10
Q 11

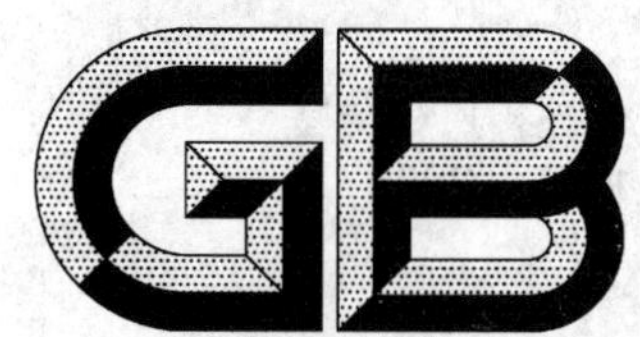

中华人民共和国国家标准

GB/T 1345—2005
代替 GB/T 1345—1991

水泥细度检验方法 筛析法

The test sieving method for fineness of cement

2005-01-19 发布 2005-08-01 实施

中华人民共和国国家质量监督检验检疫总局
中国国家标准化管理委员会 发布

前　言

本标准参考 ASTM C786-96《用 300 μm(No:50)筛，150 μm(No:100)筛，和 75 μm(No:200)筛的水筛法测定水泥及生料细度的方法标准》，ISO/DIS/10749《水泥试验方法—细度测定》和 BS EN196-6：2000《水泥试验方法　第六部分　细度测定》。

本标准自实施之日起代替 GB/T 1345—1991《水泥细度检验方法(80 μm 筛筛析法)》。

与 GB/T 1345—1991 相比变化如下：

——标准名称改为《水泥细度检验方法　筛析法》(1991 版标准名称；本版第 4 条)；

——增加了筛孔规格为 45 μm 的方孔筛(见本版第 1 条)；

——增加了术语和定义(见本版第 4 条)；

——增加了样品要求的规定(见本版第 6 条)；

——增加了合格试验时用二个试样的平行结果平均值代替一个试样的测定值作为样品的筛析结果(见本版第 8.3 条)；

——增加了试验筛清洗和标定的规定(见本版第 7.5 条和附录 A)。

本标准的附录 A 为规范性附录。

本标准由中国建材工业协会提出。

本标准由全国水泥标准化技术委员会归口。

本标准负责起草单位：中国建筑材料科学研究院。

本标准参加起草单位：浙江绍兴陶堰新兴仪器厂、陕西西安西缆铜网厂。

本标准主要起草人：陈萍、张大同、颜碧兰、席劲松、陶宝荣、张西强。

本标准所代替标准的历次版本发布情况为：

——GB 1345—1962、GB 1345—1977、GB/T 1345—1991。

水泥细度检验方法　筛析法

1　范围

本标准规定了 45 μm 方孔标准筛和 80 μm 方孔标准筛的水泥细度筛析试验方法。

本标准适用于硅酸盐水泥、普通硅酸盐水泥、矿渣硅酸盐水泥、火山灰质硅酸盐水泥、粉煤灰硅酸盐水泥、复合硅酸盐水泥以及指定采用本标准的其他品种水泥和粉状物料。

2　规范性引用文件

下列文件中的条款通过本标准的引用而成为本标准的条款。凡是注日期的引用文件，其随后所有的修改单(不包括勘误的内容)或修订版均不适用于本标准，然而，鼓励根据本标准达成协议的各方研究是否可使用这些文件的最新版本。凡是不注日期的引用文件，其最新版本适用于本标准。

GB/T 5329　试验筛与筛分试验　术语

GB/T 6003.1　金属丝编织网试验筛

GB/T 6005　试验筛　金属丝编织网、穿孔板和电成型薄板、筛孔的基本尺寸

GB 12573—1990　水泥取样方法

GSB 14-1511　水泥细度和比表面积标准样

JC/T 728　水泥物理检验仪器　标准筛

3　方法原理

本标准是采用 45 μm 方孔筛和 80 μm 方孔筛对水泥试样进行筛析试验，用筛上筛余物的质量百分数来表示水泥样品的细度。

为保持筛孔的标准度，在用试验筛应用已知筛余的标准样品来标定。

4　术语和定义

本标准采用 GB/T 5329 及下列术语和定义。

4.1

负压筛析法　vacuum sieving

用负压筛析仪，通过负压源产生的恒定气流，在规定筛析时间内使试验筛内的水泥达到筛分。

4.2

水筛法　wet sieving

将试验筛放在水筛座上，用规定压力的水流，在规定时间内使试验筛内的水泥达到筛分。

4.3

手工筛析法　manual sieving

将试验筛放在接料盘(底盘)上，用手工按照规定的拍打速度和转动角度，对水泥进行筛析试验。

5 仪器

5.1 试验筛

5.1.1 试验筛由圆形筛框和筛网组成，筛网符合 GB/T 6005 R20/3 80 μm，GB/T 6005 R20/3 45 μm 的要求，分负压筛、水筛和手工筛三种，负压筛和水筛的结构尺寸见图 1 和图 2，负压筛应附有透明筛盖，筛盖与筛上口应有良好的密封性。手工筛结构符合 GB/T 6003.1，其中筛框高度为 50 mm，筛子的直径为 150 mm。

单位为毫米

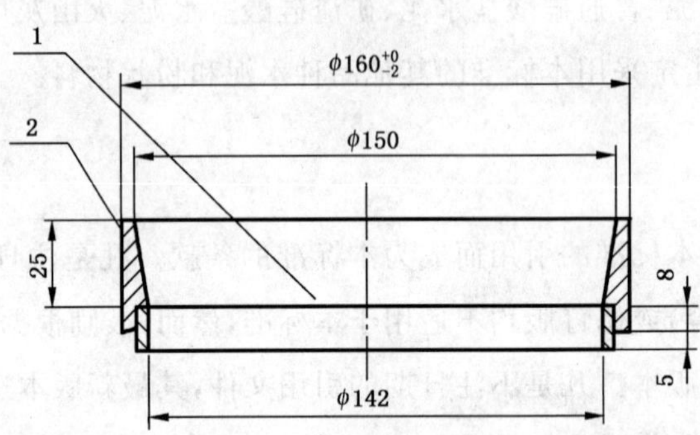

1——筛网；
2——筛框。

图 1 负压筛

单位为毫米

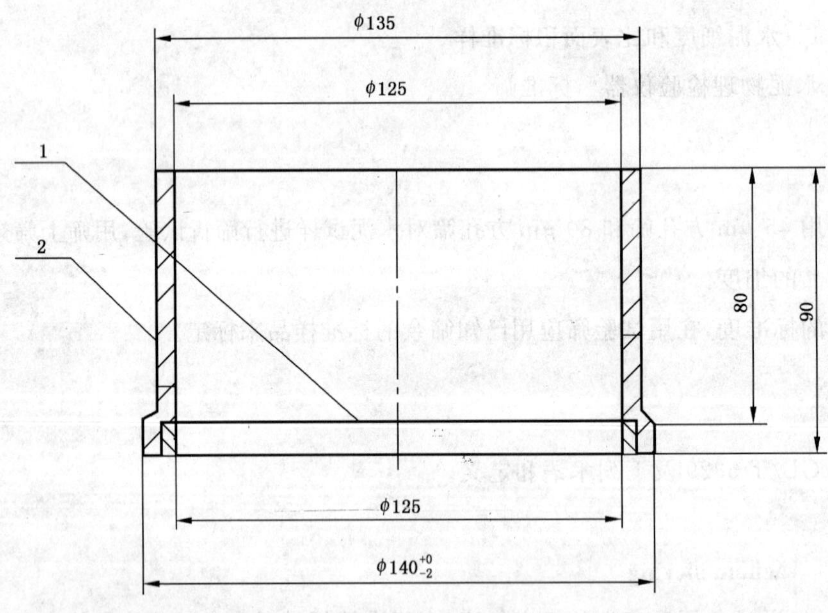

1——筛网；
2——筛框。

图 2 水筛

5.1.2 筛网应紧绷在筛框上，筛网和筛框接触处，应用防水胶密封，防止水泥嵌入。

5.1.3 筛孔尺寸的检验方法按 GB/T 6003.1 进行。由于物料会对筛网产生磨损，试验筛每使用 100 次后需重新标定，标定方法按附录 A 进行。

5.2 负压筛析仪

5.2.1 负压筛析仪由筛座、负压筛、负压源及收尘器组成，其中筛座由转速为 30 r/min±2 r/min 的喷气嘴、负压表、控制板、微电机及壳体构成，见图 3。

单位为毫米

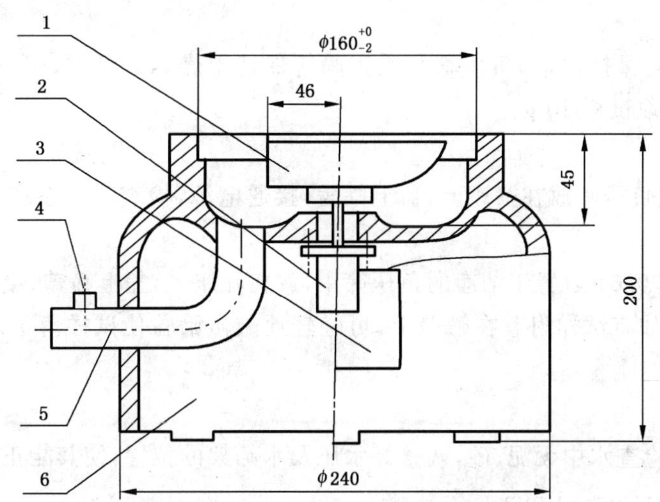

1——喷气嘴；

2——微电机；

3——控制板开口；

4——负压表接口；

5——负压源及收尘器接口；

6——壳体。

图 3 负压筛析仪筛座示意图

5.2.2 筛析仪负压可调范围为 4 000 Pa～6 000 Pa。

5.2.3 喷气嘴上口平面与筛网之间距离为 2 mm～8 mm。

5.2.4 喷气嘴的上开口尺寸见图 4。

单位为毫米

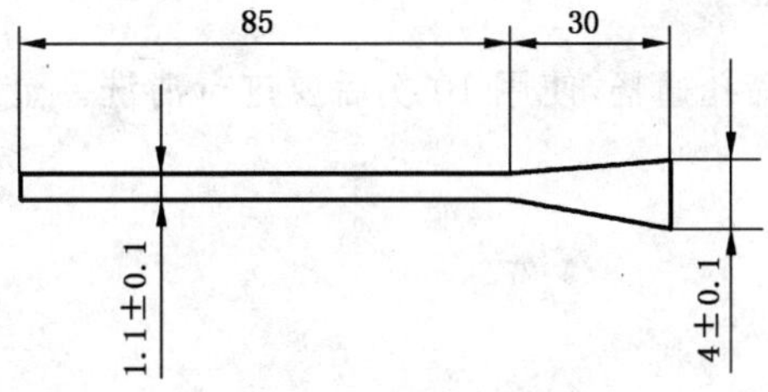

图 4 喷气嘴上开口

5.2.5 负压源和收尘器，由功率≥600 W 的工业吸尘器和小型旋风收尘筒组成或用其他具有相当功能的设备。

5.3 水筛架和喷头

水筛架和喷头的结构尺寸应符合 JC/T 728 规定，但其中水筛架上筛座内径为 140^{+0}_{-3} mm。

5.4 天平

最小分度值不大于 0.01 g。

6 样品要求

水泥样品应有代表性，样品处理方法按 GB 12573—1990 第 3.5 条进行。

7 操作程序

7.1 试验准备

试验前所用试验筛应保持清洁，负压筛和手工筛应保持干燥。试验时，80 μm 筛析试验称取试样 25 g，45 μm 筛析试验称取试样 10 g。

7.2 负压筛析法

7.2.1 筛析试验前应把负压筛放在筛座上，盖上筛盖，接通电源，检查控制系统，调节负压至 4 000 Pa～6 000 Pa 范围内。

7.2.2 称取试样精确至 0.01 g，置于洁净的负压筛中，放在筛座上，盖上筛盖，接通电源，开动筛析仪连续筛析 2 min，在此期间如有试样附着在筛盖上，可轻轻地敲击筛盖使试样落下。筛毕，用天平称量全部筛余物。

7.3 水筛法

7.3.1 筛析试验前，应检查水中无泥、砂，调整好水压及水筛架的位置，使其能正常运转，并控制喷头底面和筛网之间距离为 35 mm～75 mm。

7.3.2 称取试样精确至 0.01g，置于洁净的水筛中，立即用淡水冲洗至大部分细粉通过后，放在水筛架上，用水压为 0.05 MPa±0.02 MPa 的喷头连续冲洗 3 min。筛毕，用少量水把筛余物冲至蒸发皿中，等水泥颗粒全部沉淀后，小心倒出清水，烘干并用天平称量全部筛余物。

7.4 手工筛析法

7.4.1 称取水泥试样精确至 0.01g，倒入手工筛内。

7.4.2 用一只手持筛往复摇动，另一只手轻轻拍打，往复摇动和拍打过程应保持近于水平。拍打速度每分钟约 120 次，每 40 次向同一方向转动 60°，使试样均匀分布在筛网上，直至每分钟通过的试样量不超过 0.03 g 为止。称量全部筛余物。

7.5 对其他粉状物料、或采用 45 μm～80 μm 以外规格方孔筛进行筛析试验时，应指明筛子的规格、称样量、筛析时间等相关参数。

7.6 试验筛的清洗

试验筛必须经常保持洁净，筛孔通畅，使用 10 次后要进行清洗。金属框筛、铜丝网筛清洗时应用专门的清洗剂，不可用弱酸浸泡。

8 结果计算及处理

8.1 计算

水泥试样筛余百分数按下式计算：

$$F = \frac{R_t}{W} \times 100$$

式中：

F——水泥试样的筛余百分数，单位为质量百分数(%)；

R_t——水泥筛余物的质量，单位为克(g)；

W——水泥试样的质量，单位为克(g)。

结果计算至 0.1%。

8.2 筛余结果的修正

试验筛的筛网会在试验中磨损，因此筛析结果应进行修正。修正的方法是将 8.1 的结果乘以该试验筛按附录 A 标定后得到的有效修正系数，即为最终结果。

实例：

用A号试验筛对某水泥样的筛余值为5.0%，而A号试验筛的修正系数为1.10，则该水泥样的最终结果为：5.0%×1.10=5.5%。

合格评定时，每个样品应称取二个试样分别筛析，取筛余平均值为筛析结果。若两次筛余结果绝对误差大于0.5%时（筛余值大于5.0%时可放至1.0%）应再做一次试验，取两次相近结果的算术平均值，作为最终结果。

8.3 试验结果

负压筛析法、水筛法和手工筛析法测定的结果发生争议时，以负压筛析法为准。

附　录　A
（规范性附录）
水泥试验筛的标定方法

A.1　范围

本附录所规定的方法适用于水泥试验筛的标定。

A.2　原理

用标准样品在试验筛上的测定值，与标准样品的标准值的比值来反映试验筛筛孔的准确度。

A.3　试验条件

A.3.1　水泥细度标准样品

符合 GSB 14-1511 要求，或相同等级的标准样品。有争议时以 GSB 14-1511 标准样品为准。

A.3.2　仪器设备

符合本标准第 5 章要求的相应设备。

A.4　被标定试验筛

被标定试验筛应事先经过清洗，去污，干燥（水筛除外）并和标定试验室温度一致。

A.5　标定

A.5.1　标定操作

将标准样装入干燥洁净的密闭广口瓶中，盖上盖子摇动 2 分钟，消除结块。静置 2 分钟后，用一根干燥洁净的搅拌棒搅匀样品。按照 7.1 称量标准样品精确至 0.01 g，将标准样品倒进被标定试验筛，中途不得有任何损失。接着按 7.2 或 7.3 或 7.4 进行筛析试验操作。每个试验筛的标定应称取二个标准样品连续进行，中间不得插做其他样品试验。

A.5.2　标定结果

二个样品结果的算术平均值为最终值，但当二个样品筛余结果相差大于 0.3%时应称第三个样品进行试验，并取接近的两个结果进行平均作为最终结果。

A.6　修正系数计算

修正系数按下式计算：

$$C = F_s / F_t$$

式中：

C——试验筛修正系数；

F_s——标准样品的筛余标准值，单位为质量百分数（%）；

F_t——标准样品在试验筛上的筛余值，单位为质量百分数（%）。

计算至 0.01。

A.7　合格判定

A.7.1　当 C 值在 0.80～1.20 范围内时，试验筛可继续使用，C 可作为结果修正系数。

A.7.2　当 C 值超出 0.80～1.20 范围时，试验筛应予淘汰。

前　言

本标准等效采用ISO 9597:1989《水泥试验方法——凝结时间和安定性的测定》，其中水泥净浆标准稠度用水量(试杆法)、凝结时间、安定性检验方法(雷氏法)与ISO 9597:1989一致，并在本标准中列为标准法，但同时考虑中国的国情，在标准中增加了水泥净浆标准稠度用水量(试锥法)、安定性检验方法(试饼法)作为代用法，凝结时间测定没有代用法，有矛盾时以标准法为准。

本标准与GB/T 1346—1989《水泥标准稠度用水量、凝结时间、安定性检验方法》相比，主要做了以下几个方面的修改：

1. 将ISO 9597:1989中规定的水泥净浆标准稠度测定方法(试杆法)及安定性检验方法(雷氏法)作为标准法，而将GB/T 1346—1989标准中规定的水泥净浆标准稠度测定方法(试锥法)及试饼法检验水泥安定性作为代用法，有矛盾时以标准法为准。

2. 初凝时间的确定：由“试针沉至距底板2 mm～3 mm，即为水泥达到初凝状态”修改为：“试针沉至距底板4 mm±1 mm，即为水泥达到初凝状态”。

3. 终凝时间的测定改用安装环形附件的专用试针，使得终凝时间的测定更为直观和准确。

本标准自实施之日起代替GB/T 1346—1989。

本标准由国家建筑材料工业局提出。

本标准由全国水泥标准化技术委员会归口。

本标准起草单位：中国建筑材料科学研究院水泥科学与新型建筑材料研究所。

本标准主要起草人：颜碧兰、张大同、江丽珍、刘晨、肖忠明。

中华人民共和国国家标准

水泥标准稠度用水量、凝结时间、安定性检验方法

GB/T 1346—2001
eqv ISO 9597:1989
代替 GB/T 1346—1989

Test methods for water requirement of normal consistency, setting time and soundness of the portland cements

1 范围

本标准规定了水泥标准稠度用水量、凝结时间和由游离氧化钙造成的体积安定性的检验方法。

本标准适用于硅酸盐水泥、普通硅酸盐水泥、矿渣硅酸盐水泥、粉煤灰硅酸盐水泥、火山灰质硅酸盐水泥、复合硅酸盐水泥以及指定采用本方法的其他品种水泥。

2 引用标准

下列标准所包含的条文，通过在本标准中引用而构成为本标准的条文。本标准出版时，所示版本均为有效。所有标准都会被修订，使用本标准的各方应探讨使用下列标准最新版本的可能性。

JC/T 727—1982(1996) 水泥物理检验仪器 净浆标准稠度与凝结时间测定仪

JC/T 729—1989(1996) 水泥物理检验仪器 水泥净浆搅拌机

3 原理

3.1 水泥标准稠度净浆对标准试杆(或试锥)的沉入具有一定阻力。通过试验不同含水量水泥净浆的穿透性，以确定水泥标准稠度净浆中所需加入的水量。

3.2 凝结时间以试针沉入水泥标准稠度净浆至一定深度所需的时间表示。

3.3 安定性

3.3.1 雷氏法是观测由二个试针的相对位移所指示的水泥标准稠度净浆体积膨胀的程度。

3.3.2 试饼法是观测水泥标准稠度净浆试饼的外形变化程度。

4 仪器设备

4.1 水泥净浆搅拌机：符合 JC/T 729 的要求。

4.2 标准法维卡仪：如图 1 所示，标准稠度测定用试杆[见图 1c)]有效长度为 50 mm±1 mm、由直径为 ϕ10 mm±0.05 mm 的圆柱形耐腐蚀金属制成。测定凝结时间时取下试杆，用试针[见图 1d)、e)]代替试杆。试针由钢制成，其有效长度初凝针为 50 mm±1 mm、终凝针为 30 mm±1 mm、直径为 ϕ1.13 mm±0.05 mm 的圆柱体。滑动部分的总质量为 300 g±1 g。与试杆、试针联结的滑动杆表面应光滑，能靠重力自由下落，不得有紧涩和旷动现象。

盛装水泥净浆的试模[见图 1a)]应由耐腐蚀的、有足够硬度的金属制成。试模为深 40 mm±0.2 mm、顶内径 ϕ65 mm±0.5 mm、底内径 ϕ75 mm±0.5 mm的截顶圆锥体。每只试模应配备一个大于试模、厚度≥2.5 mm 的平板玻璃底板。

中华人民共和国质量监督检验检疫局 2001-04-29 批准 2001-10-01 实施

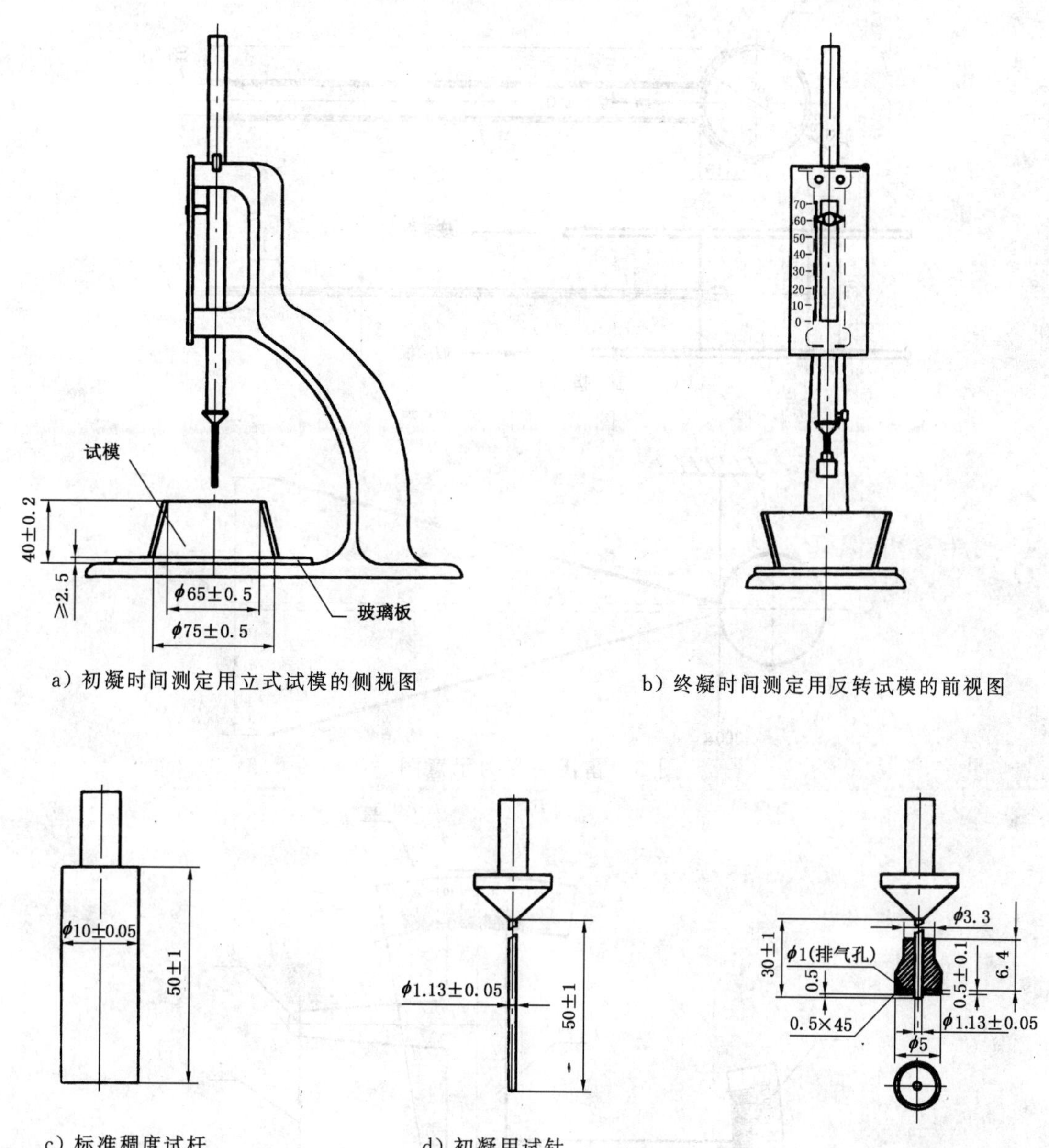

图 1　测定水泥标准稠度和凝结时间用的维卡仪

4.3　代用法维卡仪：符合 JC/T 727 要求。

4.4　雷氏夹：由铜质材料制成，其结构如图 2。当一根指针的根部先悬挂在一根金属丝或尼龙丝上，另一根指针的根部再挂上 300 g 质量的砝码时，两根指针针尖的距离增加应在 17.5 mm±2.5 mm 范围内，即 $2x$=17.5 mm±2.5 mm（见图 3），当去掉砝码后针尖的距离能恢复至挂砝码前的状态。

4.5　沸煮箱：有效容积约为 410 mm×240 mm×310 mm，篦板的结构应不影响试验结果，篦板与加热器之间的距离大于 50 mm。箱的内层由不易锈蚀的金属材料制成，能在 30 min±5 min内将箱内的试验用水由室温升至沸腾状态并保持 3 h 以上，整个试验过程中不需补充水量。

4.6　雷氏夹膨胀测定仪：如图 4 所示，标尺最小刻度为 0.5 mm。

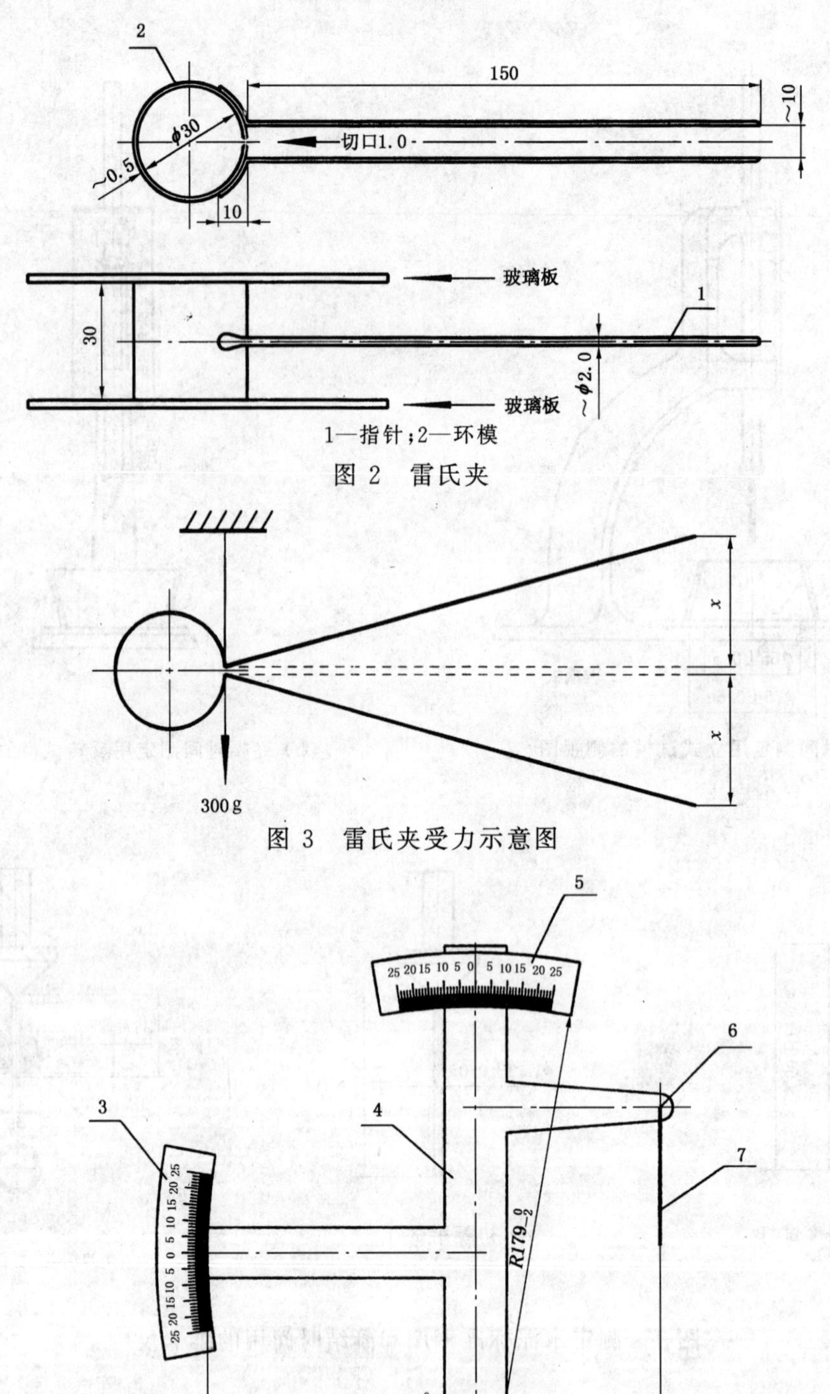

1—指针;2—环模

图 2 雷氏夹

图 3 雷氏夹受力示意图

1—底座;2—模子座;3—测弹性标尺;4—立柱;5—测膨胀值标尺;6—悬臂;7—悬丝

图 4 雷氏夹膨胀测定仪

4.7 量水器:最小刻度 0.1 mL,精度 1%。

4.8 天平:最大称量不小于 1 000 g,分度值不大于 1 g。

5 材料

试验用水必须是洁净的饮用水，如有争议时应以蒸馏水为准。

6 试验条件

6.1 试验室温度为20℃±2℃，相对湿度应不低于50%；水泥试样、拌和水、仪器和用具的温度应与试验室一致；

6.2 湿气养护箱的温度为20℃±1℃，相对湿度不低于90%。

7 标准稠度用水量的测定(标准法)

7.1 试验前必须做到

a) 维卡仪的金属棒能自由滑动；

b) 调整至试杆接触玻璃板时指针对准零点；

c) 搅拌机运行正常。

7.2 水泥净浆的拌制

用水泥净浆搅拌机搅拌，搅拌锅和搅拌叶片先用湿布擦过，将拌和水倒入搅拌锅内，然后在5 s～10 s内小心将称好的500 g水泥加入水中，防止水和水泥溅出；拌和时，先将锅放在搅拌机的锅座上，升至搅拌位置，启动搅拌机，低速搅拌120 s，停15 s，同时将叶片和锅壁上的水泥浆刮入锅中间，接着高速搅拌120 s停机。

7.3 标准稠度用水量的测定步骤

拌和结束后，立即将拌制好的水泥净浆装入已置于玻璃底板上的试模中，用小刀插捣，轻轻振动数次，刮去多余的净浆；抹平后迅速将试模和底板移到维卡仪上，并将其中心定在试杆下，降低试杆直至与水泥净浆表面接触，拧紧螺丝1 s～2 s后，突然放松，使试杆垂直自由地沉入水泥净浆中。在试杆停止沉入或释放试杆30 s时记录试杆距底板之间的距离，升起试杆后，立即擦净；整个操作应在搅拌后1.5 min内完成。以试杆沉入净浆并距底板6 mm±1 mm的水泥净浆为标准稠度净浆。其拌和水量为该水泥的标准稠度用水量(P)，按水泥质量的百分比计。

8 凝结时间的测定

8.1 测定前准备工作：调整凝结时间测定仪的试针接触玻璃板时，指针对准零点。

8.2 试件的制备：以标准稠度用水量按7.2条制成标准稠度净浆一次装满试模，振动数次刮平，立即放入湿气养护箱中。记录水泥全部加入水中的时间作为凝结时间的起始时间。

8.3 初凝时间的测定：试件在湿气养护箱中养护至加水后30 min时进行第一次测定。测定时，从湿气养护箱中取出试模放到试针下，降低试针与水泥净浆表面接触。拧紧螺丝1 s～2 s后，突然放松，试针垂直自由地沉入水泥净浆。观察试针停止下沉或释放试针30 s时指针的读数。当试针沉至距底板4 mm±1 mm时，为水泥达到初凝状态；由水泥全部加入水中至初凝状态的时间为水泥的初凝时间，用“min”表示。

8.4 终凝时间的测定：为了准确观测试针沉入的状况，在终凝针上安装了一个环形附件〔见图1e)〕。在完成初凝时间测定后，立即将试模连同浆体以平移的方式从玻璃板取下，翻转180°，直径大端向上，小端向下放在玻璃板上，再放入湿气养护箱中继续养护，临近终凝时间时每隔15 min测定一次，当试针沉入试体0.5 mm时，即环形附件开始不能在试体上留下痕迹时，为水泥达到终凝状态，由水泥全部加入水中至终凝状态的时间为水泥的终凝时间，用“min”表示。

8.5 测定时应注意，在最初测定的操作时应轻轻扶持金属柱，使其徐徐下降，以防试针撞弯，但结果以自由下落为准；在整个测试过程中试针沉入的位置至少要距试模内壁10 mm。临近初凝时，每隔 5 min

测定一次，临近终凝时每隔 15 min 测定一次，到达初凝或终凝时应立即重复测一次，当两次结论相同时才能定为到达初凝或终凝状态。每次测定不能让试针落入原针孔，每次测试完毕须将试针擦净并将试模放回湿气养护箱内，整个测试过程要防止试模受振。

注：可以使用能得出与标准中规定方法相同结果的凝结时间自动测定仪，使用时不必翻转试体。

9 安定性的测定(标准法)

9.1 测定前的准备工作

每个试样需成型两个试件，每个雷氏夹需配备质量约 75 g～85 g 的玻璃板两块，凡与水泥净浆接触的玻璃板和雷氏夹内表面都要稍稍涂上一层油。

9.2 雷氏夹试件的成型

将预先准备好的雷氏夹放在已稍擦油的玻璃板上，并立即将已制好的标准稠度净浆一次装满雷氏夹，装浆时一只手轻轻扶持雷氏夹，另一只手用宽约 10 mm 的小刀插捣数次，然后抹平，盖上稍涂油的玻璃板，接着立即将试件移至湿气养护箱内养护 24 h±2 h。

9.3 沸煮

9.3.1 调整好沸煮箱内的水位，使能保证在整个沸煮过程中都超过试件，不需中途添补试验用水，同时又能保证在 30 min±5 min 内升至沸腾。

9.3.2 脱去玻璃板取下试件，先测量雷氏夹指针尖端间的距离(A)，精确到 0.5 mm，接着将试件放入沸煮箱水中的试件架上，指针朝上，然后在 30 min±5 min 内加热至沸并恒沸 180 min±5 min。

9.3.3 结果判别：沸煮结束后，立即放掉沸煮箱中的热水，打开箱盖，待箱体冷却至室温，取出试件进行判别。测量雷氏夹指针尖端的距离(C)，准确至 0.5 mm，当两个试件煮后增加距离($C-A$)的平均值不大于 5.0 mm 时，即认为该水泥安定性合格，当两个试件的($C-A$)值相差超过 4.0 mm 时，应用同一样品立即重做一次试验。再如此，则认为该水泥为安定性不合格。

10 标准稠度用水量的测定(代用法)

10.1 试验前必须做到

a) 维卡仪的金属棒能自由滑动；

b) 调整至试锥接触锥模顶面时指针对准零点；

c) 搅拌机运行正常。

10.2 水泥净浆的拌制同 7.2 条。

10.3 标准稠度的测定

10.3.1 采用代用法测定水泥标准稠度用水量可用调整水量和不变水量两种方法的任一种测定。

采用调整水量方法时拌和水量按经验找水，采用不变水量方法时拌和水量用 142.5 mL。

10.3.2 拌和结束后，立即将拌制好的水泥净浆装入锥模中，用小刀插捣，轻轻振动数次，刮去多余的净浆；抹平后迅速放到试锥下面固定的位置上，将试锥降至净浆表面，拧紧螺丝 1 s～2 s 后，突然放松，让试锥垂直自由地沉入水泥净浆中。到试锥停止下沉或释放试锥30 s时记录试锥下沉深度。整个操作应在搅拌后 1.5 min 内完成。

10.3.3 用调整水量方法测定时，以试锥下沉深度 28 mm±2 mm 时的净浆为标准稠度净浆。其拌和水量为该水泥的标准稠度用水量(P)，按水泥质量的百分比计。如下沉深度超出范围需另称试样，调整水量，重新试验，直至达到 28 mm±2 mm 为止。

10.3.4 用不变水量方法测定时，根据测得的试锥下沉深度 S(mm)按式(1)(或仪器上对应标尺)计算得到标准稠度用水量 P(%)。

$$P = 33.4 - 0.185S \quad \cdots\cdots(1)$$

当试锥下沉深度小于 13 mm 时，应改用调整水量法测定。

11 安定性的测定(代用法)

11.1 测定前的准备工作

每个样品需准备两块约 100 mm×100 mm 的玻璃板,凡与水泥净浆接触的玻璃板都要稍稍涂上一层油。

11.2 试饼的成型方法

将制好的标准稠度净浆取出一部分分成两等份,使之成球形,放在预先准备好的玻璃板上,轻轻振动玻璃板并用湿布擦过的小刀由边缘向中央抹,做成直径 70 mm～80 mm、中心厚约10 mm、边缘渐薄、表面光滑的试饼,接着将试饼放入湿气养护箱内养护 24 h±2 h。

11.3 沸煮

11.3.1 同 9.3.1 条。

11.3.2 脱去玻璃板取下试饼,在试饼无缺陷的情况下将试饼放在沸煮箱水中的篦板上,然后在 30 min±5 min内加热至沸并恒沸 180 min±5 min。

11.3.3 结果判别:沸煮结束后,立即放掉沸煮箱中的热水,打开箱盖,待箱体冷却至室温,取出试件进行判别。目测试饼未发现裂缝,用钢直尺检查也没有弯曲(使钢直尺和试饼底部紧靠,以两者间不透光为不弯曲)的试饼为安定性合格,反之为不合格。当两个试饼判别结果有矛盾时,该水泥的安定性为不合格。

12 试验报告

试验报告应包括标准稠度用水量、初凝时间、终凝时间、雷氏夹膨胀值或试饼的裂缝、弯曲形态等所有的试验结果。

前　言

本标准是根据 ISO 679:1989《水泥试验方法——强度测定》制定的，主要内容与 ISO 679 完全一致，某些地方根据中国情况作了修订。其抗压强度检验结果与 ISO 679:1989 等同。

本标准采用中国产的 ISO 标准砂；其鉴定、质量验证与质量控制以德国标准砂公司的 ISO 基准砂为基准材料。

本标准规定可用全波振幅 0.75 mm，频率 2 800～3 000 次/min 的振动台为代用振实设备，其振实操作细则列入第 7 章中。本标准测定结果有异议时以基准法为准。

本标准在以下三个方面较 ISO 679:1989 作了更具体的规定：

1. 在"1 范围"中增加"本标准适用于硅酸盐水泥、普通硅酸盐水泥、矿渣硅酸盐水泥、粉煤灰硅酸盐水泥、复合硅酸盐水泥、石灰石硅酸盐水泥的抗折与抗压强度的检验。其他水泥采用本标准时必须研究本标准规定的适用性"。

2. 在"8.1 脱模前的处理和养护"中增加"两个龄期以上的试体，在编号时应将同一试模中的三条试体分在两个以上龄期内"。

3. 在"10.2 试验结果的确定"中增加"10.2.1 抗折强度，以一组三个棱柱体抗折结果的平均值作为试验结果。当三个强度值中有超出平均值±10%时，应剔除后再取平均值作为抗折强度试验结果"。

本标准由国家建筑材料工业局提出。

本标准由全国水泥标准化技术委员会归口。

本标准由中国建筑材料科学研究院水泥科学与新型建筑材料研究所负责起草。

本标准主要起草人：张大同、王文义、白显明、杨基典、肖忠明、颜碧兰、王　昕、陈　萍、刁志坚、江丽珍、赵双全。

ISO 前言

ISO(国际标准化组织)是世界性国家标准部门(ISO 成员单位)的联合会。国际标准起草工作通常是由 ISO 技术委员会完成的。对技术委员会已确定课题感兴趣的每一个成员单位有权向委员会提出建议,与 ISO 联络的政府和非政府国际组织也可参加工作。对于所有电工材料标准化工作,ISO 和国际电工委员会(IEC)进行共同研究。

由技术委员会起草的国际标准草案在 ISO 接受为国际标准之前应得到其成员的认可。按 ISO 程序要求至少有 75%的成员单位表示同意。

国际标准 ISO 679 是由 ISO/TC 74 水泥和石灰技术委员会起草的。

中华人民共和国国家标准

水泥胶砂强度检验方法(ISO 法)

GB/T 17671—1999
idt ISO 679:1989

Method of testing cements—Determination of strength

1 范围

本标准规定了水泥胶砂强度检验基准方法的仪器、材料、胶砂组成、试验条件、操作步骤和结果计算等。其抗压强度测定结果与ISO 679结果等同。同时也列入可代用的标准砂和振实台,当代用后结果有异议时以基准方法为准。

本标准适用于硅酸盐水泥、普通硅酸盐水泥、矿渣硅酸盐水泥、粉煤灰硅酸盐水泥、复合硅酸盐水泥、石灰石硅酸盐水泥的抗折与抗压强度的检验。其他水泥采用本标准时必须研究本标准规定的适用性。

2 引用标准

下列标准所包含的条文,通过在本标准中引用而构成为本标准的条文。本标准出版时,所示版本均为有效。所有标准都会被修订,使用本标准的各方应探讨使用下列标准最新版本的可能性。

GB/T 6003—1985 试验筛

JC/T 681—1997 行星式水泥胶砂搅拌机

JC/T 682—1997 水泥胶砂试体成型振实台

JC/T 683—1997 40 mm×40 mm 水泥抗压夹具

JC/T 723—1982(1996) 水泥物理检验仪器 胶砂振动台

JC/T 724—1982(1996) 水泥物理检验仪器 电动抗折试验机

JC/T 726—1997 水泥胶砂试模

3 方法概要

本方法为40 mm×40 mm×160 mm棱柱试体的水泥抗压强度和抗折强度测定。

试体是由按质量计的一份水泥、三份中国ISO标准砂,用0.5的水灰比拌制的一组塑性胶砂制成。中国ISO标准砂的水泥抗压强度结果必须与ISO基准砂的相一致(见第11章)。

胶砂用行星搅拌机搅拌,在振实台上成型。也可使用频率2 800～3 000次/min,振幅0.75 mm振动台成型(见第11章)。

试体连模一起在湿气中养护24 h,然后脱模在水中养护至强度试验。

到试验龄期时将试体从水中取出,先进行抗折强度试验,折断后每截再进行抗压强度试验。

4 试验室和设备

4.1 试验室

试体成型试验室的温度应保持在20℃±2℃,相对湿度应不低于50%。

国家质量技术监督局1999-02-08批准 1999-05-01实施

试体带模养护的养护箱或雾室温度保持在 20℃±1℃，相对湿度不低于 90%。

试体养护池水温度应在 20℃±1℃范围内。

试验室空气温度和相对湿度及养护池水温在工作期间每天至少记录一次。

养护箱或雾室的温度与相对湿度至少每 4 h 记录一次，在自动控制的情况下记录次数可以酌减至一天记录二次。在温度给定范围内，控制所设定的温度应为此范围中值。

4.2 设备

4.2.1 总则

设备中规定的公差，试验时对设备的正确操作很重要。当定期控制检测发现公差不符时，该设备应替换，或及时进行调整和修理。控制检测记录应予保存。

对新设备的接收检测应包括本标准规定的质量、体积和尺寸范围，对于公差规定的临界尺寸要特别注意。

有的设备材质会影响试验结果，这些材质也必须符合要求。

4.2.2 试验筛

金属丝网试验筛应符合 GB/T 6003 要求，其筛网孔尺寸如表 1(R20 系列)。

表 1 试验筛

系列	网眼尺寸 mm
R20	2.0
	1.6
	1.0
	0.50
	0.16
	0.080

4.2.3 搅拌机

搅拌机(见图 1)属行星式，应符合 JC/T 681 要求。

用多台搅拌机工作时，搅拌锅和搅拌叶片应保持配对使用。叶片与锅之间的间隙，是指叶片与锅壁最近的距离，应每月检查一次。

4.2.4 试模

试模由三个水平的模槽组成(见图 2)，可同时成型三条截面为 40 mm×40 mm，长 160 mm 的棱形试体，其材质和制造尺寸应符合 JC/T 726 要求。

当试模的任何一个公差超过规定的要求时，就应更换。在组装备用的干净模型时，应用黄干油等密封材料涂覆模型的外接缝。试模的内表面应涂上一薄层模型油或机油。

成型操作时，应在试模上面加有一个壁高 20 mm 的金属模套，当从上往下看时，模套壁与模型内壁应该重叠，超出内壁不应大于 1 mm。

为了控制料层厚度和刮平胶砂，应备有图 3 所示的二个播料器和一金属刮平直尺。

4.2.5 振实台

振实台(见图 4)应符合 JC/T 682 要求。振实台应安装在高度约 400 mm 的混凝土基座上。混凝土体积约为 0.25 m^3，重约 600 kg。需防外部振动影响振实效果时，可在整个混凝土基座下放一层厚约 5 mm天然橡胶弹性衬垫。

将仪器用地脚螺丝固定在基座上，安装后设备成水平状态，仪器底座与基座之间要铺一层砂浆以保证它们的完全接触。

注：振实台的代用设备振动台见 11.7。

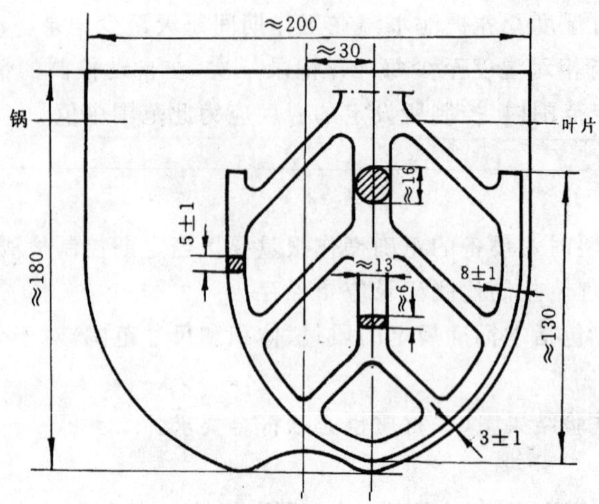

图 1 搅拌机

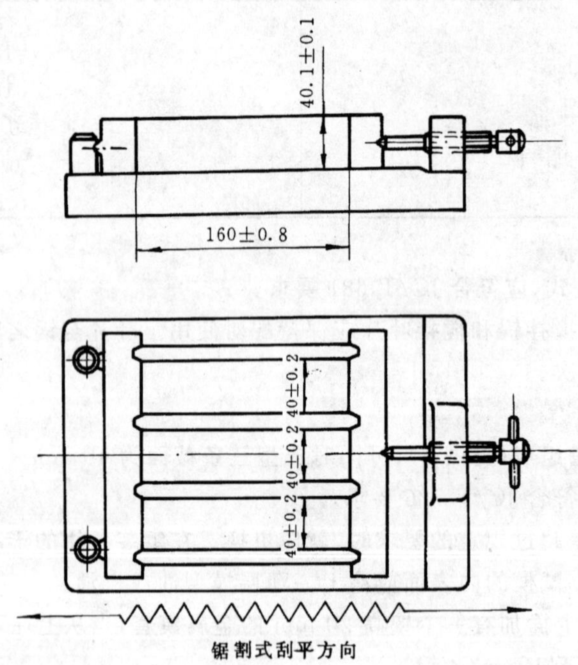

注：不同生产厂家生产的试模和振实台可能有不同的尺寸和重量，因而买主应在采购时考虑其与振实台设备的匹配性。

图 2 典型的试模

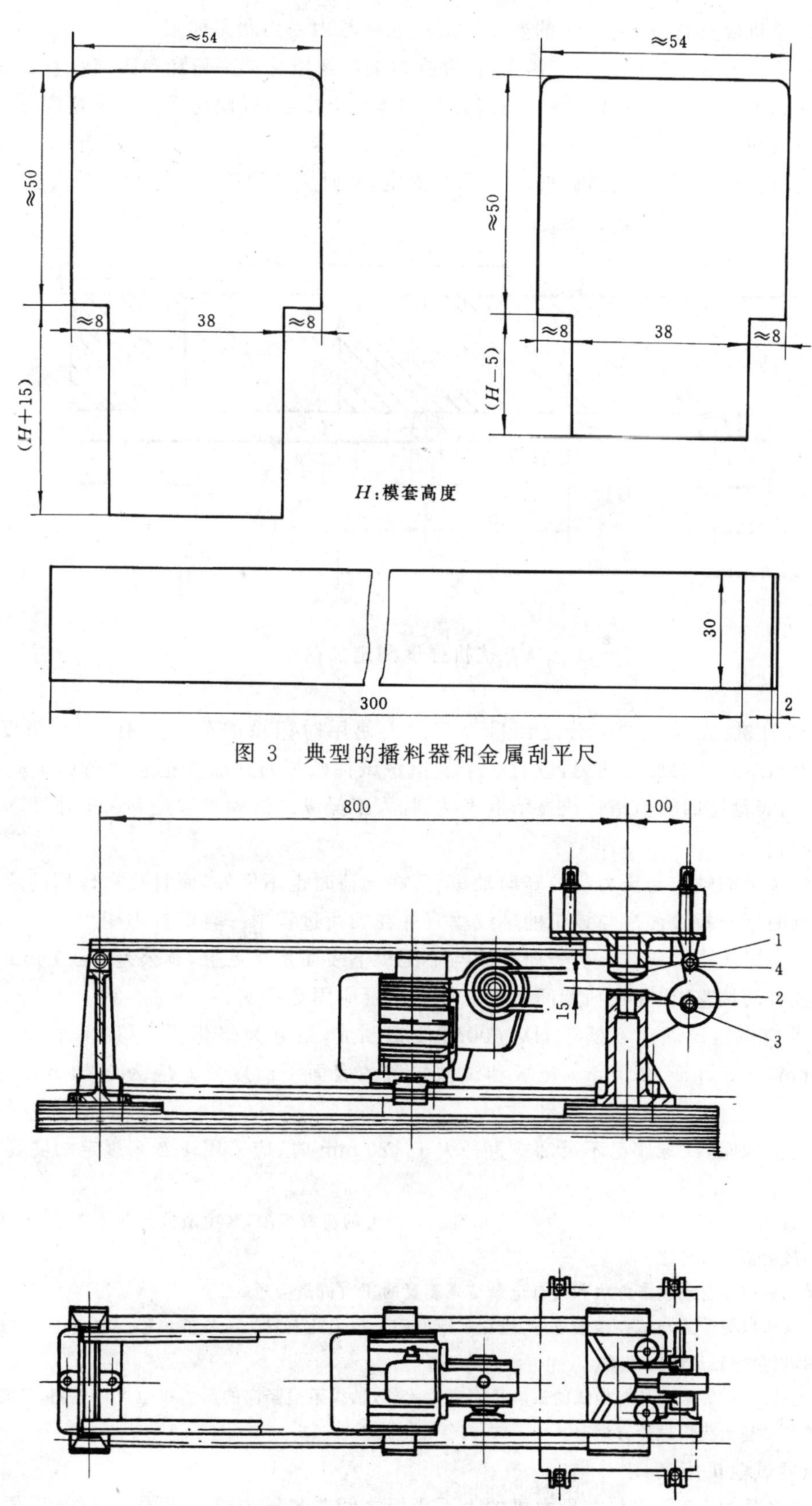

图 3　典型的播料器和金属刮平尺

1—突头；2—凸轮；3—止动器；4—随动轮

图 4　典型的振实台

4.2.6　抗折强度试验机

抗折强度试验机应符合 JC/T 724 的要求。试件在夹具中受力状态如图 5。

通过三根圆柱轴的三个竖向平面应该平行，并在试验时继续保持平行和等距离垂直试体的方向，其中一根支撑圆柱和加荷圆柱能轻微地倾斜使圆柱与试体完全接触，以便荷载沿试体宽度方向均匀分布，同时不产生任何扭转应力。

抗折强度也可用抗压强度试验机（见 4.2.7）来测定，此时应使用符合上述规定的夹具。

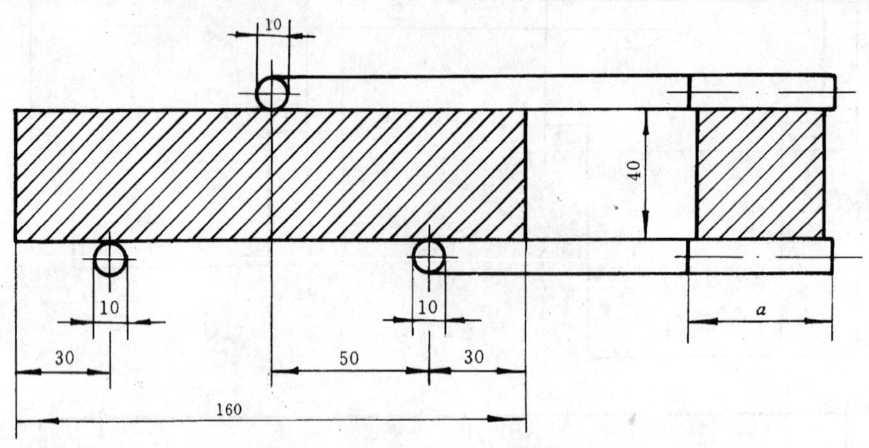

图 5　抗折强度测定加荷图

4.2.7　抗压强度试验机

抗压强度试验机，在较大的五分之四量程范围内使用时记录的荷载应有±1%精度，并具有按 2 400 N/s±200 N/s速率的加荷能力，应有一个能指示试件破坏时荷载并把它保持到试验机卸荷以后的指示器，可以用表盘里的峰值指针或显示器来达到。人工操纵的试验机应配有一个速度动态装置以便于控制荷载增加。

压力机的活塞竖向轴应与压力机的竖向轴重合，在加荷时也不例外，而且活塞作用的合力要通过试件中心。压力机的下压板表面应与该机的轴线垂直并在加荷过程中一直保持不变。

压力机上压板球座中心应在该机竖向轴线与上压板下表面相交点上，其公差为±1 mm。上压板在与试体接触时能自动调整，但在加荷期间上下压板的位置应固定不变。

试验机压板应由维氏硬度不低于 HV 600 硬质钢制成，最好为碳化钨，厚度不小于 10 mm，宽为 40 mm±0.1 mm，长不小于 40 mm。压板和试件接触的表面平面度公差应为 0.01 mm，表面粗糙度(R_a)应在 0.1～0.8 之间。

当试验机没有球座，或球座已不灵活或直径大于 120 mm 时，应采用 4.2.8 规定的夹具。

注

1　试验机的最大荷载以 200～300 kN 为佳，可以有二个以上的荷载范围，其中最低荷载范围的最高值大致为最高范围里的最大值的五分之一。

2　采用具有加荷速度自动调节方法和具有记录结果装置的压力机是合适的。

3　可以润滑球座以便使其与试件接触更好，但在加荷期间不致因此而发生压板的位移。在高压下有效的润滑剂不适宜使用，以免导致压板的移动。

4　“竖向”、“上”、“下”等术语是对传统的试验机而言。此外，轴线不呈竖向的压力机也可以使用，只要按 11.7 规定和其他要求接受为代用试验方法时。

4.2.8　抗压强度试验机用夹具

当需要使用夹具时，应把它放在压力机的上下压板之间并与压力机处于同一轴线，以便将压力机的荷载传递至胶砂试件表面。夹具应符合 JC/T 683 的要求，受压面积为 40 mm×40 mm。夹具在压力机上位置见图 6，夹具要保持清洁，球座应能转动以使其上压板能从一开始就适应试体的形状并在试验中保持不变。使用中夹具应满足 JC/T 683 的全部要求。

注

1 可以润滑夹具的球座,但在加荷期间不会使压板发生位移。不能用高压下有效的润滑剂。

2 试件破坏后,滑块能自动回复到原来的位置。

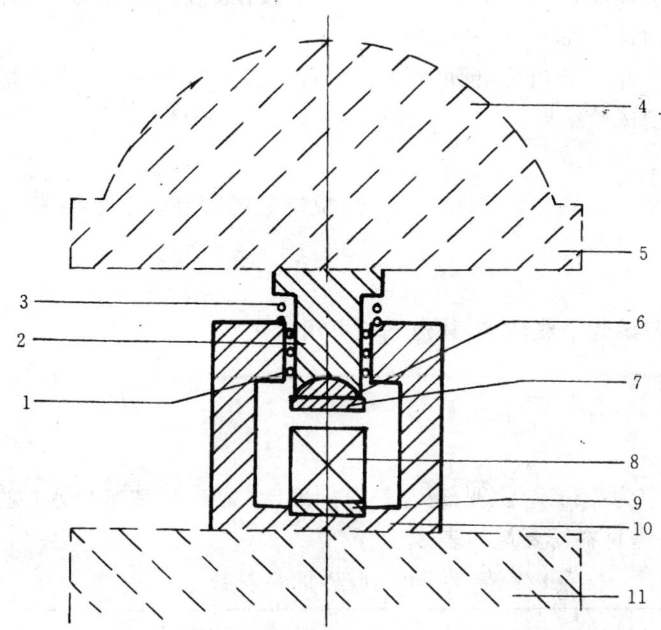

1—滚珠轴承;2—滑块;3—复位弹簧;4—压力机球座;5—压力机上压板;6—夹具球座;7—夹具上压板;8—试体;9—底板;10—夹具下垫板;11—压力机下压板

图 6 典型的抗压强度试验夹具

5 胶砂组成

5.1 砂

5.1.1 总则

各国生产的ISO标准砂都可以用来按本标准测定水泥强度。中国ISO标准砂符合ISO 679中5.1.3要求。中国ISO标准砂的质量控制按本标准第11章进行。对标准砂作全面地和明确地规定是困难的,因此在鉴定和质量控制时使砂子与ISO基准砂比对标准化是必要的。ISO基准砂在5.1.2中叙述。

5.1.2 ISO基准砂

ISO基准砂(reference sand)是由德国标准砂公司制备的SiO_2含量不低于98%的天然的圆形硅质砂组成,其颗粒分布在表2规定的范围内。

表 2 ISO基准砂颗粒分布

方孔边长,mm	累计筛余,%
2.0	0
1.6	7±5
1.0	33±5
0.5	67±5
0.16	87±5
0.08	99±1

砂的筛析试验应用有代表性的样品来进行,每个筛子的筛析试验应进行至每分钟通过量小于0.5 g为止。

砂的湿含量是在105～110℃下用代表性砂样烘2 h的质量损失来测定,以干基的质量百分数表示,应小于0.2%。

5.1.3 中国 ISO 标准砂

中国 ISO 标准砂完全符合 5.1.2 颗粒分布和湿含量的规定。生产期间这种测定每天应至少进行一次。这些要求不足以保证标准砂与基准砂等同。这种等效性是通过标准砂和基准砂比对检验程序来保持的。这种程序和相关的计算在 11.6 中叙述。

中国 ISO 标准砂可以单级分包装,也可以各级预配合以 1 350 g±5 g 量的塑料袋混合包装,但所用塑料袋材料不得影响强度试验结果。

5.2 水泥

当试验水泥从取样至试验要保持 24 h 以上时,应把它贮存在基本装满和气密的容器里,这个容器应不与水泥起反应。

5.3 水

仲裁试验或其他重要试验用蒸馏水,其他试验可用饮用水。

6 胶砂的制备

6.1 配合比

胶砂的质量配合比应为一份水泥(见 5.2)三份标准砂(见 5.1)和半份水(见 5.3)(水灰比为 0.5)。一锅胶砂成三条试体,每锅材料需要量如表 3。

表 3 每锅胶砂的材料数量 g

材料量 / 水泥品种	水泥	标准砂	水
硅酸盐水泥	450±2	1 350±5	225±1
普通硅酸盐水泥			
矿渣硅酸盐水泥			
粉煤灰硅酸盐水泥			
复合硅酸盐水泥			
石灰石硅酸盐水泥			

6.2 配料

水泥、砂、水和试验用具的温度与试验室相同(见 4.1),称量用的天平精度应为±1 g。当用自动滴管加 225 mL 水时,滴管精度应达到±1 mL。

6.3 搅拌

每锅胶砂用搅拌机(见 4.2.3)进行机械搅拌。先使搅拌机处于待工作状态,然后按以下的程序进行操作:

把水加入锅里,再加入水泥,把锅放在固定架上,上升至固定位置。

然后立即开动机器,低速搅拌 30 s 后,在第二个 30 s 开始的同时均匀地将砂子加入。当各级砂是分装时,从最粗粒级开始,依次将所需的每级砂量加完。把机器转至高速再拌 30 s。

停拌 90 s,在第 1 个 15 s 内用一胶皮刮具将叶片和锅壁上的胶砂,刮入锅中间。在高速下继续搅拌 60 s。各个搅拌阶段,时间误差应在±1 s 以内。

7 试件的制备

7.1 尺寸应是 40 mm×40 mm×160 mm 的棱柱体。

7.2 成型

7.2.1 用振实台成型

胶砂制备后立即进行成型。将空试模和模套固定在振实台上，用一个适当勺子直接从搅拌锅里将胶砂分二层装入试模，装第一层时，每个槽里约放300 g胶砂，用大播料器（见图3）垂直架在模套顶部沿每个模槽来回一次将料层播平，接着振实60次。再装入第二层胶砂，用小播料器播平，再振实60次。移走模套，从振实台上取下试模，用一金属直尺（见图3）以近似90°的角度架在试模模顶的一端，然后沿试模长度方向以横向锯割动作慢慢向另一端移动，一次将超过试模部分的胶砂刮去，并用同一直尺以近乎水平的情况下将试体表面抹平。

在试模上作标记或加字条标明试件编号和试件相对于振实台的位置。

7.2.2 用振动台成型

当使用代用的振动台成型时，操作如下：

在搅拌胶砂的同时将试模和下料漏斗卡紧在振动台的中心。将搅拌好的全部胶砂均匀地装入下料漏斗中，开动振动台，胶砂通过漏斗流入试模。振动120 s±5 s停车。振动完毕，取下试模，用刮平尺以7.2.1规定的刮平手法刮去其高出试模的胶砂并抹平。接着在试模上作标记或用字条表明试件编号。

8 试件的养护

8.1 脱模前的处理和养护

去掉留在模子四周的胶砂。立即将作好标记的试模放入雾室或湿箱的水平架子上养护，湿空气应能与试模各边接触。养护时不应将试模放在其他试模上。一直养护到规定的脱模时间时取出脱模。脱模前，用防水墨汁或颜料笔对试体进行编号和做其他标记。二个龄期以上的试体，在编号时应将同一试模中的三条试体分在二个以上龄期内。

8.2 脱模

脱模应非常小心[1)]。对于24 h龄期的，应在破型试验前20 min内脱模[2)]。对于24 h以上龄期的，应在成型后20～24 h之间脱模[2)]。

注：如经24 h养护，会因脱模对强度造成损害时，可以延迟至24 h以后脱模，但在试验报告中应予说明。

已确定作为24 h龄期试验（或其他不下水直接做试验）的已脱模试体，应用湿布覆盖至做试验时为止。

8.3 水中养护

将做好标记的试件立即水平或竖直放在20℃±1℃水中养护，水平放置时刮平面应朝上。

试件放在不易腐烂的篦子上，并彼此间保持一定间距，以让水与试件的六个面接触。养护期间试件之间间隔或试体上表面的水深不得小于5 mm。

注：不宜用木篦子。

每个养护池只养护同类型的水泥试件。

最初用自来水装满养护池（或容器），随后随时加水保持适当的恒定水位，不允许在养护期间全部换水。

除24 h龄期或延迟至48 h脱模的试体外，任何到龄期的试体应在试验（破型）前15 min从水中取出。揩去试体表面沉积物，并用湿布覆盖至试验为止。

8.4 强度试验试体的龄期

试体龄期是从水泥加水搅拌开始试验时算起。不同龄期强度试验在下列时间里进行。

——24 h±15 min；

——48 h±30 min；

——72 h±45 min；

1）脱模时可用塑料锤或橡皮榔头或专门的脱模器。

2）对于胶砂搅拌或振实操作，或胶砂含气量试验的对比，建议称量每个模型中试体的重量。

——7 d±2 h；
——>28 d±8 h。

9 试验程序

9.1 总则

用4.2.6规定的设备以中心加荷法测定抗折强度。

在折断后的棱柱体上进行抗压试验，受压面是试体成型时的两个侧面，面积为40 mm×40 mm。

当不需要抗折强度数值时，抗折强度试验可以省去。但抗压强度试验应在不使试件受有害应力情况下折断的两截棱柱体上进行。

9.2 抗折强度测定

将试体一个侧面放在试验机（见4.2.6）支撑圆柱上，试体长轴垂直于支撑圆柱，通过加荷圆柱以50 N/s±10 N/s的速率均匀地将荷载垂直地加在棱柱体相对侧面上，直至折断。

保持两个半截棱柱体处于潮湿状态直至抗压试验。

抗折强度 R_f 以牛顿每平方毫米（MPa）表示，按式（1）进行计算：

$$R_f = \frac{1.5F_fL}{b^3} \qquad \cdots\cdots(1)$$

式中：F_f——折断时施加于棱柱体中部的荷载，N；
L——支撑圆柱之间的距离，mm；
b——棱柱体正方形截面的边长，mm。

9.3 抗压强度测定

抗压强度试验通过4.2.7和4.2.8规定的仪器，在半截棱柱体的侧面上进行。

半截棱柱体中心与压力机压板受压中心差应在±0.5 mm内，棱柱体露在压板外的部分约有10 mm。

在整个加荷过程中以2 400 N/s±200 N/s的速率均匀地加荷直至破坏。

抗压强度 R_c 以牛顿每平方毫米（MPa）为单位，按式（2）进行计算：

$$R_c = \frac{F_c}{A} \qquad \cdots\cdots(2)$$

式中：F_c——破坏时的最大荷载，N；
A——受压部分面积，mm^2（40 mm×40 mm=1 600 mm^2）。

10 水泥的合格检验

10.1 总则

强度测定方法有两种主要用途，即合格检验和验收检验。本条叙述了合格检验，即用它确定水泥是否符合规定的强度要求。验收检验在第11章叙述。

10.2 试验结果的确定

10.2.1 抗折强度

以一组三个棱柱体抗折结果的平均值作为试验结果。当三个强度值中有超出平均值±10%时，应剔除后再取平均值作为抗折强度试验结果。

10.2.2 抗压强度

以一组三个棱柱体上得到的六个抗压强度测定值的算术平均值为试验结果。

如六个测定值中有一个超出六个平均值的±10%，就应剔除这个结果，而以剩下五个的平均数为结果。如果五个测定值中再有超过它们平均数±10%的，则此组结果作废。

10.3 试验结果的计算

各试体的抗折强度记录至 0.1 MPa，按 10.2.1 规定计算平均值。计算精确至 0.1 MPa。

各个半棱柱体得到的单个抗压强度结果计算至 0.1 MPa，按 10.2.2 规定计算平均值，计算精确至 0.1 MPa。

10.4 试验报告

报告应包括所有各单个强度结果（包括按 10.2 规定舍去的试验结果）和计算出的平均值。

10.5 检验方法的精确性

检验方法的精确性通过其重复性（11.5）和再现性（见 10.6）来测量。

合格检验方法的精确性是通过它的再现性来测量的。

验收检验方法和以生产控制为目的检验方法的精确性是通过它的重复性来测量的。

10.6 再现性

抗压强度测量方法的再现性，是同一个水泥样品在不同试验室工作的不同操作人员，在不同的时间，用不同来源的标准砂和不同套设备所获得试验结果误差的定量表达。

对于 28 d 抗压强度的测定，在合格试验室之间的再现性，用变异系数表示，可要求不超过 6%。

这意味着不同试验室之间获得的两个相应试验结果的差可要求（概率 95%）小于约 15%。

11 中国 ISO 标准砂和振实台代用设备的验收检验

11.1 总则

按 ISO 679 进行水泥试验不能基于一种普遍可得的试验砂。因此有几种被视同为 ISO 标准砂的试验砂是必要的，也是可行的。

同样，国际标准不能要求试验室使用一种规定类型的振实设备，因此使用了“代用材料和设备”的术语。显然这种自由选择不可避免要与国际标准的要求相联系，因而不得不对代用物作某些限制。因此 ISO 679 标准的重要特点之一是代用物必须通过一个试验程序以保证按验收检验得到的强度结果不会因用代用物代替“基准”材料或设备而受到明显影响。

验收检验程序应包含对一个新提出代用物符合本标准要求的鉴定试验和保证通过鉴定的代用物继续符合 ISO 679 标准的验证试验。

由于砂子和振实设备是两种最重要的代用物，对其检验分别在 11.6 和 11.7 中叙述，作为验收检验总的原则说明。

11.2 试验结果的确定

在一组三条棱柱体上测得的六个抗压强度算术平均值作为该组试验结果。

11.3 试验结果的计算

同 10.3。

11.4 试验方法的精确度

对于验收检验和生产控制为目的的试验方法的精确度是通过它的重复性来评定的（对于再现性，见 10.6）。

11.5 重复性

抗压强度试验方法的重复性是由同一个试验室在基本相同的情况下（相同的操作人员，相同的设备，相同的标准砂，较短时间间隔内等）用同一水泥样品所得试验结果的误差来定量表达。

对于 28 d 抗压强度的测定，一个合格的试验室在上述条件下的重复性以变异系数表示，可要求在 1%～3%之间。

11.6 中国 ISO 标准砂

11.6.1 中国 ISO 标准砂的鉴定试验

作为中国 ISO 标准砂应通过规定的鉴定。

鉴定试验以 28 d 抗压强度为依据，并由鉴定试验室来承担，按本标准规定的程序进行。

鉴定试验室应进行国际合作，并参加合作试验计划以保证中国生产的标准砂长期与基准砂质量的一致性。

11.6.2 砂子的验证试验

验证试验程序是中国 ISO 标准砂生产更换年度证书所要求的。它包括鉴定机构对一个随机砂样的年度试验和该机构对砂子生产质量控制检验记录的检查。

验证试验项目和鉴定试验相同。

砂子生产质量控制检验由厂家试验室或鉴定试验室定期进行(在连续生产情况下每月一次)。作为验证程序的一个部分，应提供至少三年的质量控制试验结果记录供鉴定机构检查。

11.6.3 中国 ISO 标准砂的鉴定试验方法

11.6.3.1 总则

在初生产的至少三个月期间，由鉴定机构对要作为中国 ISO 标准砂的推荐砂取三个独立的砂样进行鉴定试验。

与 ISO 基准砂进行对比试验，应将这三个砂样中的每一个砂样用鉴定机构为对比目的选取的三个水泥中的每一个来进行。

在 28 d 龄期，这些对比试验的每一个，使相应砂样可以验收时，此推荐的砂子可接受作为一种 ISO 标准砂。

11.6.3.2 验收指标

用推荐砂最终测得的水泥 28 d 抗压强度与用 ISO 基准砂获得的强度结果相差在 5%以内为合格。

11.6.3.3 每个对比试验步骤

每个中国 ISO 标准砂推荐砂样和 ISO 基准砂各制备一批胶砂试体，共用 20 对试模制备。这两批胶砂中的每一对为一组，每组应按本标准一个接着另一个进行试体成型，各组顺序可以打乱。经 28 d 养护后，对两批各对的全部六条试体进行抗压强度试验，并按 10.3 计算每种砂子的试验结果，推荐 ISO 标准砂结果为 x，ISO 基准砂结果为 y。

11.6.3.4 每个比对试验的评定

计算下列参数：

a) 20 组中由 ISO 基准砂制备的所有 20 个的抗压强度平均值 $\overline{y}$；

b) 20 组中由推荐中国 ISO 标准砂制备的所有 20 个的抗压强度平均值 $\overline{x}$；

计算 $D=100(\overline{x}-\overline{y})/\overline{y}$，精确至 0.1，不计正负。

11.6.3.5 离差处理

如果出现超差，计算下列参数：

a) 每对试验结果的代数差 $\Delta=x-y$；

b) 结果平均差 $\overline{\Delta}=\overline{x}-\overline{y}$；

c) 差值的标准偏差 S；

d) 3 S 的值；

e) 如 Δ 最高值即 Δ_{max} 和 $\overline{\Delta}$ 之间，Δ 最低值即 Δ_{min} 和 $\overline{\Delta}$ 之间的差中有一个大于 3 S，应剔除有关值(Δ_{max} 或 Δ_{min})，并重复计算剩下的 19 个差值。

11.6.3.6 验收要求

按 11.6.3.4 计算的三个 D 中的每一个都小于 5 时，此推荐中国 ISO 标准砂通过鉴定，该砂可作为中国 ISO 标准砂。当计算 D 值有一个或多个等于或大于 5 时该砂不能通过鉴定，该砂不能作为中国 ISO 标准砂。必须对原砂或工艺过程进行调整，并重新鉴定。

11.6.4 中国 ISO 标准砂的验证试验方法

11.6.4.1 鉴定机构的年度检验

由鉴定机构从生产厂抽取一个单独的随机砂样，并按 11.6.3.3 叙述的总的操作步骤用检验机构为验证专门选取的一种水泥试样进行试验。

按 11.6.3.4 计算 D 值小于 5 时，该砂样被认为符合验证试验要求。如果 D 值等于或大于 5 时，应按 11.6.1 全部鉴定检验操作步骤再试验三个随机砂样。

11.6.4.2 砂子生产的月检

砂生产者应按 11.6.4.1 验证检验办法进行月检，以鉴定机构为月检而选的一种水泥，用这个月生产的一个随机砂样与已鉴定合格的 ISO 标准砂至少进行 10 个样品的比对。

如果按 11.6.3.4 计算的 D 值，在连续 12 个月比对检验中大于 2.5 的超过 2 次，就应通知鉴定机构，并应按 11.6.1 进行三个随机样品的全部鉴定试验程序。

11.7 振实台代用设备的检验

中国的振实台代用设备为全波振幅 0.75 mm±0.02 mm，频率为 2 800～3 000 次/min 的振动台，其结构和配套漏斗如图 7、图 8。它的制造应符合 JC/T 723 的有关要求。

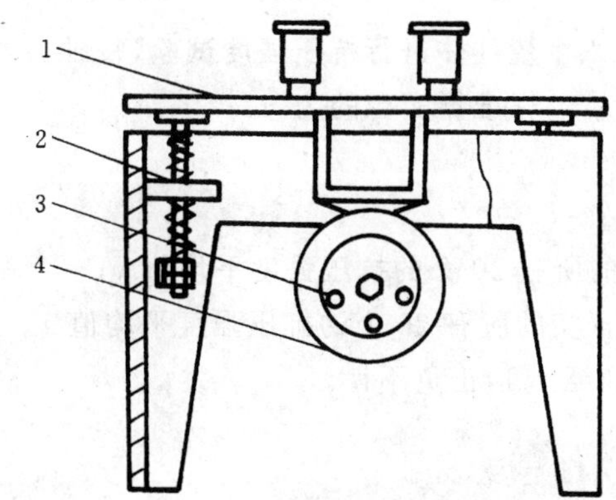

1—台板；2—弹簧；3—偏重轮；4—电机

图 7 胶砂振动台

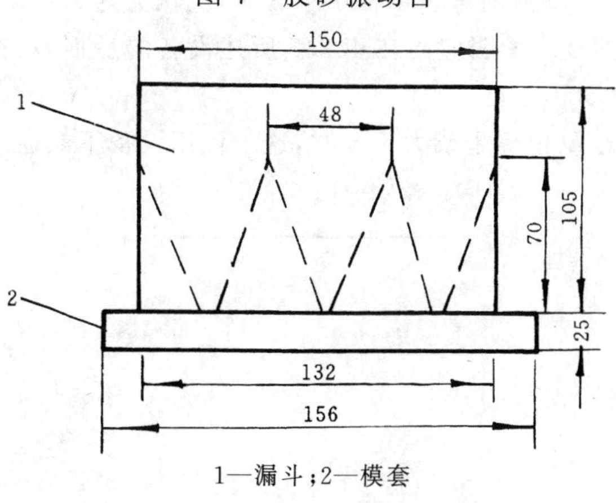

1—漏斗；2—模套

图 8 下料漏斗

11.7.1 总则

当要求进行代用振实设备验收时，检验机构应选择三套能从市场买到的设备，并排放在检定机构试验室内符合 4.2.5 要求标准设备的旁边。

试验设备应附有：

——详细的设计和结构技术说明书；

——操作说明书；

——保证正常运行的检测项目；

——推荐振实操作的详细说明。

检验机构应对设备在试验条件下的技术性能和所提供的技术说明书进行仔细比较。然后应进行三组比对试验,即每台用检验机构为此目的选取三个水泥中每一个水泥样和ISO基准砂来进行。

当三组试验的每一个都可以通过代用设备的验收试验时,该推荐振实设备被认为是可接受的代用品。

11.7.2 代用设备

11.7.2.1 验收指标

用该设备的振实方法最终所得的28 d抗压强度与按ISO 679规定方法所得强度之差在5%以内为合格。

11.7.2.2 每个比对试验步骤

用为此目的选取的水泥试样,制备两组20对胶砂,一组用推荐的代用振实设备振实成型试件,另一组用标准振实设备振实。

两组中每一对应一个接一个地制备,各对次序可以打乱,振实后的棱柱体(试件)的处理按本标准的规定进行。

养护28 d后,对两组的所有六个棱柱体进行抗压强度试验,每种振实试验方法的结果应按11.3进行计算,推荐的代用设备振实的为x,标准振实台的为y。

11.7.2.3 每个比对试验的评定

计算下列参数:

a) 20组中用标准设备振实的所有20个的抗压强度平均值$\bar{y}$;

b) 20组中用推荐代用设备振实的所有20个的抗压强度平均值$\bar{x}$。

计算$D=100(\bar{x}-\bar{y})/\bar{y}$,精确至0.1,正负不计。

11.7.2.4 超差处理

见11.6.3.5。

11.7.2.5 推荐代用设备的验收要求

当按11.7.2.3计算的三个D值的每一个都小于5时,应认为这个代用设备可以接受。

在这种情况下该种设备的技术说明应附在4.2.5所述设备的后面,其振实操作说明应附在7.2操作程序的后面。

当其中一个或多个计算的D值等于或大于5时,这个代用设备不能通过鉴定。

ICS 91.100.10
Q 12

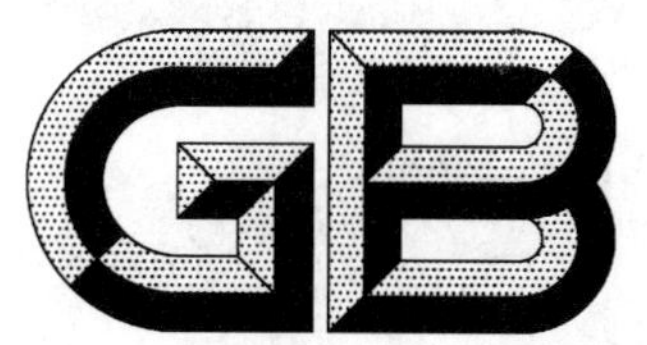

中华人民共和国国家标准

GB/T 1596—2005
代替 GB/T 1596—1991

用于水泥和混凝土中的粉煤灰

Fly ash used for cement and concrete

2005-01-19 发布 2005-08-01 实施

中华人民共和国国家质量监督检验检疫总局
中国国家标准化管理委员会 发布

前　言

本标准参考 ASTMC 618—2003《用于波特兰水泥混凝土掺合料的粉煤灰和原状或煅烧的天然火山灰》、JISA 6201—1999《混凝土用粉煤灰》。

本标准自实施之日起代替 GB/T 1596—1991《用于水泥和混凝土中的粉煤灰》。

本标准与 GB/T 1596—1991 相比，主要变化如下：

——增加了定义和术语（本版第 3 章）；

——增加了分类（本版第 4 章）；

——增加了 C 类粉煤灰及相应的技术要求（本版第 6 章 6.1 条和 6.2 条）；

——增加了放射性技术要求（本版第 6 章 6.3 条）；

——增加了碱含量技术要求（本版第 6 章 6.4 条）；

——增加了粉煤灰均匀性要求（本版第 6 章 6.5 条）；

——增加了附录 A 含水量试验方法（本版附录 A）；

——将Ⅱ级粉煤灰的细度指标由原来的 45 μm 方孔筛筛余不大于 20%改为不大于 25%（原版第 4 章4.1 条；本版第 6 章 6.1 条）；

——取消水泥活性混合材料用粉煤灰的等级划分（原版第 4 章 4.2 条；本版第 6 章 6.2 条）；

——水泥活性混合材料用粉煤灰的烧失量改为不大于 8.0%（原版第 4 章 4.2 条；本版第 6 章 6.2 条）；

——水泥活性混合材料用粉煤灰的三氧化硫由不大于 3.0%改为不大于 3.5%（原版第 4 章 4.2 条；本版第 6 章 6.2 条）；

——用活性指数代替抗压强度比，并规定活性指数不小于 70%（原版第 4 章 4.2 条；本版第 6 章 6.2 条）；

——强度检验方法采用 GB/T 17671—1999《水泥胶砂强度检验方法(ISO 法)》（本版附录 D）；

——规范了检验规则、标志和包装等内容（本版第 8 章和第 9 章）；

——需水量比试验所用标准砂采用符合 GB/T 17671—1999 规定的 0.5 mm～1.0 mm 的中级砂，流动度由 125 mm～135 mm 改为 130 mm～140 mm（原版附录 B；本版附录 B）。

本标准由中国建筑材料工业协会提出。

本标准由全国水泥标准化技术委员会（SAC/TC 184）归口。

本标准起草单位：中国建筑材料科学研究院、长江科学院。

本标准参加起草单位：上海市建筑材料发展应用管理办公室、上海市建筑科学研究院、赤峰东元电力发展有限责任公司、淮南常华电力实业总公司、山东邹县发电厂、南阳鸭河口电厂粉煤灰公司。

本标准起草人：江丽珍、杨基典、王述银、吴超寰、颜碧兰、白显明、刘晨、宋立春、王昕、董维佳。

本标准所代替标准的历次版本发布情况为：

——GB 1596—1979、GB 1596—1991。

用于水泥和混凝土中的粉煤灰

1 范围

本标准规定了用于水泥和混凝土中的粉煤灰的定义和术语、分类、技术要求、试验方法、检验规则、包装标志与批号、运输与储存。

本标准适用于拌制混凝土和砂浆时作为掺合料的粉煤灰及水泥生产中作为活性混合材料的粉煤灰。

2 规范性引用文件

下列文件中的条款通过本标准的引用而成为本标准的条款。凡是注日期的引用文件,其随后所有的修改单(不包括勘误的内容)或修订版均不适用于本标准,然而,鼓励根据本标准达成协议的各方研究是否可使用这些文件的最新版本。凡是不注日期的引用文件,其最新版本适用于本标准。

GB/T 176 水泥化学分析方法(GB/T 176—1996,eqv ISO 680:1990)

GB/T 1346 水泥标准稠度用水量、凝结时间、安定性检验方法(GB/T 1346—2001,eqv ISO 9597:1989)

GB/T 2419 水泥胶砂流动度试验方法

GB 6566 建筑材料放射性核素限量

GB 12573 水泥取样方法

GB/T 17671—1999 水泥胶砂强度检验方法(ISO 法)(idt ISO 679:1989)

GSB 08-1337 中国 ISO 标准砂

GSB 14-1510 强度检验用水泥标准样品

3 定义和术语

本标准采用下列定义和术语。

3.1

粉煤灰 fly ash

电厂煤粉炉烟道气体中收集的粉末称为粉煤灰。

3.2

对比样品 contrast sample

符合 GSB 14-1510《强度检验用水泥标准样品》。

3.3

试验样品 testing sample

对比样品和被检验粉煤灰按 7∶3 质量比混合而成。

3.4

对比胶砂 contrast mortar

对比样品与 GSB 08-1337 中国 ISO 标准砂按 1∶3 质量比混合而成。

3.5

试验胶砂　testing mortar

试验样品与 GSB 08-1337 中国 ISO 标准砂按 1∶3 质量比混合而成。

3.6

强度活性指数　strength activity index

试验胶砂抗压强度与对比胶砂抗压强度之比，以百分数表示。

4 分类

按煤种分为 F 类和 C 类。

4.1 F 类粉煤灰——由无烟煤或烟煤煅烧收集的粉煤灰。

4.2 C 类粉煤灰——由褐煤或次烟煤煅烧收集的粉煤灰，其氧化钙含量一般大于 10%。

5 等级

拌制混凝土和砂浆用粉煤灰分为三个等级：Ⅰ级、Ⅱ级、Ⅲ级。

6 技术要求

6.1 拌制混凝土和砂浆用粉煤灰应符合表 1 中技术要求

表 1　拌制混凝土和砂浆用粉煤灰技术要求

项　目		技术要求		
		Ⅰ级	Ⅱ级	Ⅲ级
细度(45 μm 方孔筛筛余)，不大于/%	F 类粉煤灰	12.0	25.0	45.0
	C 类粉煤灰			
需水量比，不大于 /%	F 类粉煤灰	95	105	115
	C 类粉煤灰			
烧失量，不大于/%	F 类粉煤灰	5.0	8.0	15.0
	C 类粉煤灰			
含水量，不大于/%	F 类粉煤灰	1.0		
	C 类粉煤灰			
三氧化硫，不大于/%	F 类粉煤灰	3.0		
	C 类粉煤灰			
游离氧化钙，不大于/%	F 类粉煤灰	1.0		
	C 类粉煤灰	4.0		
安定性 雷氏夹沸煮后增加距离，不大于/mm	C 类粉煤灰	5.0		

6.2 水泥活性混合材料用粉煤灰应符合表2中技术要求

表2 水泥活性混合材料用粉煤灰技术要求

项目		技术要求
烧失量,不大于/%	F类粉煤灰	8.0
	C类粉煤灰	
含水量,不大于/%	F类粉煤灰	1.0
	C类粉煤灰	
三氧化硫,不大于/%	F类粉煤灰	3.5
	C类粉煤灰	
游离氧化钙,不大于/%	F类粉煤灰	1.0
	C类粉煤灰	4.0
安定性 雷氏夹沸煮后增加距离,不大于/mm	C类粉煤灰	5.0
强度活性指数,不小于/%	F类粉煤灰	70.0
	C类粉煤灰	

6.3 放射性

合格。

6.4 碱含量

粉煤灰中的碱含量按 Na_2O+0.658 K_2O 计算值表示,当粉煤灰用于活性骨料混凝土,要限制掺合料的碱含量时,由买卖双方协商确定。

6.5 均匀性

以细度(45 μm 方孔筛筛余)为考核依据,单一样品的细度不应超过前10个样品细度平均值的最大偏差,最大偏差范围由买卖双方协商确定。

7 试验方法

7.1 细度

按附录A进行。

7.2 需水量比

按附录B进行。

7.3 烧失量、三氧化硫、游离氧化钙和碱含量

按GB/T 176进行。

7.4 含水量

按附录C进行。

7.5 安定性

净浆试验样品按本标准第3.3条制备,安定性试验按GB/T 1346进行。

7.6 活性指数

按附录D进行。

7.7 放射性

按GB 6566进行。

7.8 均匀性

按附录A进行。

8 检验规则

8.1 编号与取样

8.1.1 编号

以连续供应的200 t相同等级、相同种类的粉煤灰为一编号。不足200 t按一个编号论，粉煤灰质量按干灰(含水量小于1%)的质量计算。

8.1.2 取样

8.1.2.1 每一编号为一取样单位，当散装粉煤灰运输工具的容量超过该厂规定出厂编号吨数时，允许该编号的数量超过取样规定吨数。

8.1.2.2 取样方法按GB 12573进行。取样应有代表性，可连续取，也可从10个以上不同部位取等量样品，总量至少3 kg。

8.1.2.3 拌制混凝土和砂浆用粉煤灰，必要时，买方可对粉煤灰的技术要求进行随机抽样检验。

8.2 出厂检验

8.2.1 拌制混凝土和砂浆用粉煤灰，出厂检验项目为6.1条全部技术要求。

8.2.2 水泥活性混合材料用粉煤灰，出厂检验项目为6.2条表2中烧失量、含水量、三氧化硫、游离氧化钙、安定性。

8.3 型式检验

8.3.1 拌制混凝土和砂浆用粉煤灰型式检验项目为6.1、6.3条技术要求。

8.3.2 水泥活性混合材料用粉煤灰型式检验项目为6.2、6.3条技术要求。

8.3.3 有下列情况之一应进行型式检验：

——原料、工艺有较大改变，可能影响产品性能时；

——正常生产时，每半年检验一次(放射性除外)；

——产品长期停产后，恢复生产时；

——出厂检验结果与上次型式检验有较大差异时。

8.4 判定规则

8.4.1 拌制混凝土和砂浆用粉煤灰，试验结果符合本标准6.1条表1技术要求时为等级品。若其中任何一项不符合要求，允许在同一编号中重新加倍取样进行全部项目的复检，以复检结果判定，复检不合格可降级处理。凡低于本标准第6.1条表1最低级别要求的为不合格品。

8.4.2 水泥活性混合材料用粉煤灰

8.4.2.1 出厂检验结果符合本标准6.2条表2技术要求时，判为出厂检验合格。若其中任何一项不符合要求，允许在同一编号中重新加倍取样进行全部项目的复检，以复检结果判定。

8.4.2.2 型式检验结果符合本标准6.2条表2技术要求时，判为型式检验合格。若其中任何一项不符合要求，允许在同一编号中重新加倍取样进行全部项目的复检，以复检结果判定。只有当活性指数小于70.0%时，该粉煤灰可作为水泥生产中的非活性混合材料。

8.5 仲裁

当买卖双方对产品质量有争议时，买卖双方应将双方认可的样品签封，送省级或省级以上国家认可的质量监督检验机构进行仲裁检验。

9 标志和包装

9.1 标志

袋装粉煤灰的包装袋上应标明产品名称(F类粉煤灰或C类粉煤灰)、等级、分选或磨细、净含量、批号、执行标准号、生产厂名称和地址、包装日期。

散装粉煤灰应提交与袋装标志相同内容的卡片。

9.2 包装

粉煤灰可以袋装或散装。袋装每袋净含量为 25 kg 或 40 kg，每袋净含量不得少于标志质量的 98%。其他包装规格由买卖双方协商确定。

10 运输和贮存

粉煤灰在运输和贮存时不得受潮、混入杂物，同时应防止污染环境。

附 录 A
（规范性附录）
粉煤灰细度试验方法

A.1 范围

本附录规定了粉煤灰细度试验用负压筛析仪的结构和组成，适用于粉煤灰细度的检验。

A.2 原理

利用气流作为筛分的动力和介质，通过旋转的喷嘴喷出的气流作用使筛网里的待测粉状物料呈流态化，并在整个系统负压的作用下，将细颗粒通过筛网抽走，从而达到筛分的目的。

A.3 仪器设备

A.3.1 负压筛析仪

负压筛析仪主要由 45 μm 方孔筛、筛座、真空源和收尘器等组成，其中 45 μm 方孔筛内径为 ϕ150 mm，高度为 25 mm。45 μm 方孔筛及负压筛析仪筛座结构示意图如图 A.1 所示。

单位为毫米

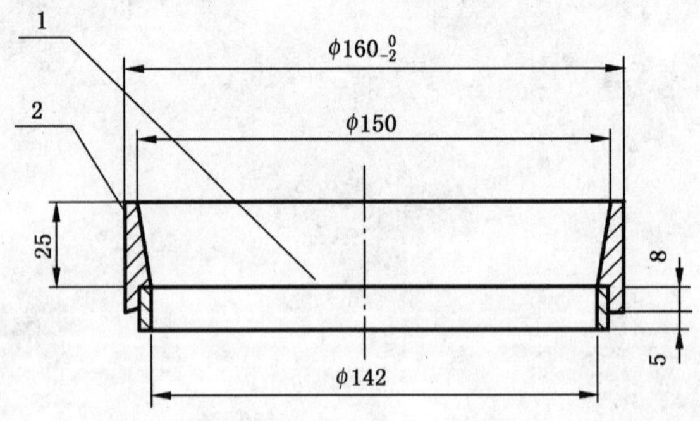

1——筛网；

2——筛框。

图 A.1 45 μm 方孔筛示意图

A.3.2 天平

量程不小于 50 g，最小分度值不大于 0.01 g。

A.4 试验步骤

A.4.1 将测试用粉煤灰样品置于温度为 105℃～110℃烘干箱内烘至恒重，取出放在干燥器中冷却至室温。

A.4.2 称取试样约 10 g，准确至 0.01 g，倒入 45 μm 方孔筛筛网上，将筛子置于筛座上，盖上筛盖。

A.4.3 接通电源，将定时开关固定在 3 min，开始筛析。

A.4.4 开始工作后，观察负压表，使负压稳定在 4 000 Pa～6 000 Pa。若负压小于 4 000 Pa，则应停机，清理收尘器中的积灰后再进行筛析。

A.4.5 在筛析过程中，可用轻质木棒或硬橡胶棒轻轻敲打筛盖，以防吸附。

A.4.6 3 min 后筛析自动停止，停机后观察筛余物，如出现颗粒成球、粘筛或有细颗粒沉积在筛框边缘，用毛刷将细颗粒轻轻刷开，将定时开关固定在手动位置，再筛析 1 min～3 min 直至筛分彻底为止。将筛网内的筛余物收集并称量，准确至 0.01 g。

单位为毫米

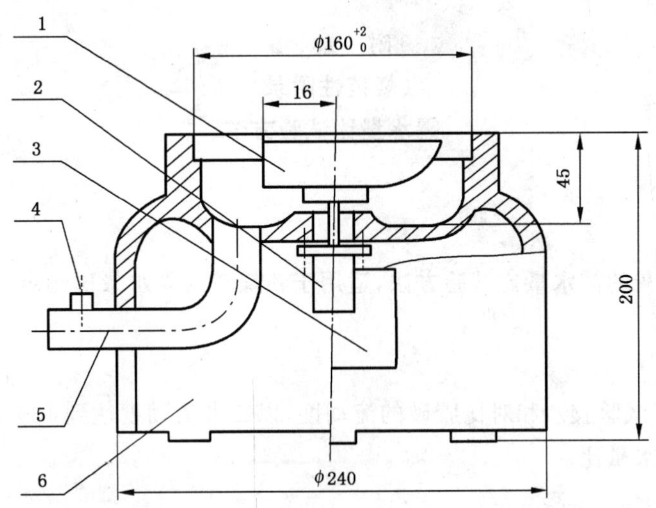

1——喷气嘴；

2——微电机；

3——控制板开口；

4——负压表接口；

5——负压源及收尘器接口；

6——壳体。

图 A.2 筛座示意图

A.5 结果计算

45 μm 方孔筛筛余按式(A.1)计算：

$$F = (G_1/G) \times 100 \qquad \cdots\cdots(A.1)$$

式中：

F——45 μm 方孔筛筛余，单位为百分数(%)；

G_1——筛余物的质量，单位为克(g)；

G——称取试样的质量，单位为克(g)。

计算至 0.1%。

A.6 筛网的校正

筛网的校正采用粉煤灰细度标准样品或其他同等级标准样品，按 A.4 步骤测定标准样品的细度，筛网校正系数按式(A.2)计算：

$$K = m_0/m \qquad \cdots\cdots(A.2)$$

式中：

K——筛网校正系数；

m_0——标准样品筛余标准值，单位为百分数(%)；

m——标准样品筛余实测值，单位为百分数(%)。

计算至 0.1。

注 1：筛网校正系数范围为 0.8～1.2。

注 2：筛析 150 个样品后进行筛网的校正。

附　录　B
（规范性附录）
需水量比试验方法

B.1　范围

本附录规定了粉煤灰的需水量比试验方法，适用于粉煤灰的需水量比测定。

B.2　原理

按 GB/T 2419 测定试验胶砂和对比胶砂的流动度，以二者流动度达到 130 mm～140 mm 时的加水量之比确定粉煤灰的需水量比。

B.3　材料

B.3.1　水泥：GSB 14-1510 强度检验用水泥标准样品。

B.3.2　标准砂：符合 GB/T 17671—1999 规定的 0.5 mm～1.0 mm 的中级砂。

B.3.3　水：洁净的饮用水。

B.4　仪器设备

B.4.1　天平

量程不小于 1 000 g，最小分度值不大于 1 g。

B.4.2　搅拌机

符合 GB/T 17671—1999 规定的行星式水泥胶砂搅拌机。

B.4.3　流动度跳桌

符合 GB/T 2419 规定。

B.5　试验步骤

B.5.1　胶砂配比按表 B.1。

表 B.1

胶砂种类	水泥/g	粉煤灰/g	标准砂/g	加水量/mL
对比胶砂	250	—	750	125
试验胶砂	175	75	750	按流动度达到 130 mm～140 mm 调整

B.5.2　试验胶砂按 GB/T 17671 规定进行搅拌。

B.5.3　搅拌后的试验胶砂按 GB/T 2419 测定流动度，当流动度在 130 mm～140 mm 范围内，记录此时的加水量；当流动度小于 130 mm 或大于 140 mm 时，重新调整加水量，直至流动度达到 130 mm～140 mm 为止。

B.6　结果计算

需水量比按式(B.1)计算：

$$X = (L_1/125) \times 100 \qquad \cdots\cdots\cdots\cdots(B.1)$$

式中：

X——需水量比，单位为百分数（%）；

L_1——试验胶砂流动度达到 130 mm～140 mm 时的加水量，单位为毫升（mL）；

125——对比胶砂的加水量，单位为毫升（mL）。

计算至 1%。

附 录 C
（规范性附录）
含水量试验方法

C.1 范围

本附录规定了粉煤灰的含水量试验方法，适用于粉煤灰含水量的测定。

C.2 原理

将粉煤灰放入规定温度的烘干箱内烘至恒重，以烘干前和烘干后的质量之差与烘干前的质量之比确定粉煤灰的含水量。

C.3 仪器设备

C.3.1 烘干箱

可控制温度不低于110℃，最小分度值不大于2℃。

C.3.2 天平

量程不小于50 g，最小分度值不大于0.01 g。

C.4 试验步骤

C.4.1 称取粉煤灰试样约50 g，准确至0.01 g，倒入蒸发皿中。

C.4.2 将烘干箱温度调整并控制在105℃～110℃。

C.4.3 将粉煤灰试样放入烘干箱内烘至恒重，取出放在干燥器中冷却至室温后称量，准确至0.01 g。

C.5 结果计算

含水量按式(C.1)计算：

$$W = [(w_1 - w_0)/w_1] \times 100 \quad \text{(C.1)}$$

式中：

W——含水量，单位为百分数(%)；

w_1——烘干前试样的质量，单位为克(g)；

w_0——烘干后试样的质量，单位为克(g)。

计算至0.1%。

附 录 D
（规范性附录）
活性指数试验方法

D.1 范围

本附录规定了粉煤灰的活性指数试验方法，适用于粉煤灰活性指数的测定。

D.2 原理

按 GB/T 17671—1999 测定试验胶砂和对比胶砂的抗压强度，以二者抗压强度之比确定试验胶砂的活性指数。

D.3 材料

D.3.1 水泥：GSB 14-1510 强度检验用水泥标准样品。
D.3.2 标准砂：符合 GB/T 17671—1999 规定的中国 ISO 标准砂。
D.3.3 水：洁净的饮用水。

D.4 仪器设备

天平、搅拌机、振实台或振动台、抗压强度试验机等均应符合 GB/T 17671—1999 规定。

D.5 试验步骤

D.5.1 胶砂配比按表 D.1。

表 D.1

胶砂种类	水泥/g	粉煤灰/g	标准砂/g	水/mL
对比胶砂	450	—	1 350	225
试验胶砂	315	135	1 350	225

D.5.2 将对比胶砂和试验胶砂分别按 GB/T 17671 规定进行搅拌、试体成型和养护。
D.5.3 试体养护至 28 天，按 GB/T 17671 规定分别测定对比胶砂和试验胶砂的抗压强度。

D.6 结果计算

活性指数按式 D.1 计算：

$$H_{28} = (R/R_0) \times 100 \qquad \text{(D.1)}$$

式中：

H_{28}——活性指数，单位为百分数（%）；
R——试验胶砂 28 d 抗压强度，单位为兆帕（MPa）；
R_0——对比胶砂 28 d 抗压强度，单位为兆帕（MPa）。

计算至 1%。

注：对比胶砂 28 d 抗压强度也可取 GS B14-1510 强度检验用水泥标准样品给出的标准值。

ICS 91.100.10
Q 12

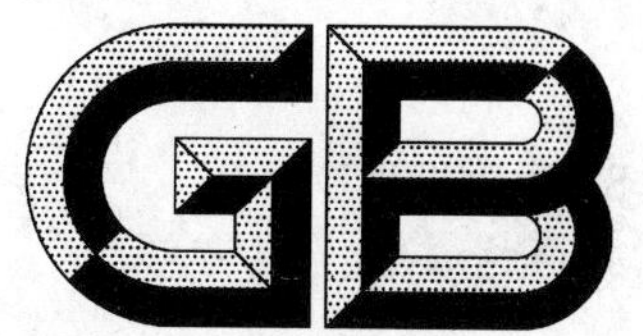

中华人民共和国国家标准

GB/T 8075—2005
代替 GB/T 8075—1987

混凝土外加剂定义、分类、命名与术语

Definition, classification, nomenclature and terms of concrete admixtures

2005-01-19 发布 2005-08-01 实施

中华人民共和国国家质量监督检验检疫总局
中国国家标准化管理委员会 发布

前言

本标准代替GB/T 8075—1987《混凝土外加剂的分类、命名与定义》。与GB/T 8075—1987相比主要变化如下：

——对外加剂的定义作了修改；

——对新品种外加剂和矿物外加剂进行了命名和定义；

——增加了外加剂术语，并将其分为基本术语和性能术语两部分；

——增加了外加剂命名和术语的中文索引和英文索引。

本标准由中国建筑材料工业协会提出。

本标准由全国水泥制品标准化技术委员会归口。

本标准负责起草单位：中国建筑材料科学研究院。

本标准参加起草单位：清华大学、中国建筑科学研究院、建筑材料工业技术监督研究中心、山东莱芜汶河化工有限公司、苏州混凝土水泥制品研究院。

本标准主要起草人：田培、王玲、姚燕、杨斌、吴佩刚、郭京育、吴延乐、郭涛、白杰。

本标准委托中国建筑材料科学研究院负责解释。

本标准首次发布时间1987年，本次为第一次修订。

混凝土外加剂定义、分类、命名与术语

1 范围

本标准规定了水泥混凝土外加剂的定义、分类、命名与术语。水泥净浆和砂浆用外加剂也可参考本标准采用。

2 定义

混凝土外加剂是一种在混凝土搅拌之前或拌制过程中加入的、用以改善新拌混凝土和(或)硬化混凝土性能的材料。以下简称外加剂。

3 分类

混凝土外加剂按其主要使用功能分为四类：

3.1 改善混凝土拌合物流变性能的外加剂,包括各种减水剂和泵送剂等；

3.2 调节混凝土凝结时间、硬化性能的外加剂,包括缓凝剂、促凝剂和速凝剂等；

3.3 改善混凝土耐久性的外加剂,包括引气剂、防水剂、阻锈剂和矿物外加剂等；

3.4 改善混凝土其他性能的外加剂,包括膨胀剂、防冻剂、着色剂等。

4 命名

4.1

普通减水剂 water reducing admixture

在混凝土坍落度基本相同的条件下,能减少拌合用水量的外加剂。

4.2

早强剂 hardening accelerating admixture

加速混凝土早期强度发展的外加剂。

4.3

缓凝剂 set retarder

延长混凝土凝结时间的外加剂。

4.4

促凝剂 set accelerating admixture

能缩短拌合物凝结时间的外加剂。

4.5

引气剂 air entraining admixture

在混凝土搅拌过程中能引入大量均匀分布、稳定而封闭的微小气泡且能保留在硬化混凝土中的外加剂。

4.6

高效减水剂 superplasticizer

在混凝土坍落度基本相同的条件下,能大幅度减少拌合用水量的外加剂。

4.7

缓凝高效减水剂 set retarding superplasticizer

兼有缓凝功能和高效减水功能的外加剂。

4.8

早强减水剂 hardening accelerating and water reducing admixture

兼有早强和减水功能的外加剂。

4.9

缓凝减水剂 set retarding and water reducing admixture

兼有缓凝和减水功能的外加剂。

4.10

引气减水剂 air entraining and water reducing admixture

兼有引气和减水功能的外加剂。

4.11

防水剂 water-repellent admixture

能提高水泥砂浆、混凝土抗渗性能的外加剂。

4.12

阻锈剂 anti-corrosion admixture

能抑制或减轻混凝土中钢筋和其他金属预埋件锈蚀的外加剂。

4.13

加气剂 gas forming admixture

混凝土制备过程中因发生化学反应,放出气体,使硬化混凝土中有大量均匀分布气孔的外加剂。

4.14

膨胀剂 expanding admixture

在混凝土硬化过程中因化学作用能使混凝土产生一定体积膨胀的外加剂。

4.15

防冻剂 anti-freezing admixture

能使混凝土在负温下硬化,并在规定养护条件下达到预期性能的外加剂。

4.16

着色剂 coloring admixture

能制备具有彩色混凝土的外加剂。

4.17

速凝剂 flash setting admixture

能使混凝土迅速凝结硬化的外加剂。

4.18

泵送剂 pumping aid

能改善混凝土拌合物泵送性能的外加剂。

4.19

保水剂 water retaining admixture

能减少混凝土或砂浆失水的外加剂。

4.20

絮凝剂 flocculating agent

在水中施工时,能增加混凝土粘稠性,抗水泥和集料分离的外加剂。

4.21

增稠剂 viscosity enhancing agent

能提高混凝土拌合物粘度的外加剂。

4.22

减缩剂 shrinkage reducing agent

减少混凝土收缩的外加剂。

4.23

保塑剂 plastic retaining agent

在一定时间内,减少混凝土坍落度损失的外加剂。

4.24

磨细矿渣 grounded furnace slag

粒状高炉矿渣经干燥、粉磨等工艺达到规定细度的产品。

4.25

硅灰 silica fume

在冶炼硅铁合金或工业硅时,通过烟道排出的硅蒸气氧化后,经收尘器收集得到的以无定形二氧化硅为主要成分的产品。

4.26

磨细粉煤灰 grounded fly ash

干燥的粉煤灰经粉磨达到规定细度的产品。

4.27

磨细天然沸石 grounded natural zeolite

以一定品位纯度的天然沸石为原料,经粉磨至规定细度的产品。

5 术语

5.1 基本术语

5.1.1

外加剂掺量 dosage of admixture

外加剂掺量以外加剂占水泥(或者总胶凝材料)质量的百分数表示。

5.1.2

推荐掺量范围 recommended range of dosage

由外加剂生产企业根据试验结果确定的、推荐给使用方的外加剂掺量范围。

5.1.3

适宜掺量 compliance dosage

满足相应的外加剂标准要求时的外加剂掺量,由外加剂生产企业说明,适宜掺量应在推荐掺量的范围之内。

5.1.4

最大推荐掺量 maximum recommended dosage

推荐掺量范围的上限。

5.1.5

多功能外加剂 multifunction admixture

能改善新拌和硬化混凝土两种或两种以上性能的外加剂。

5.1.6

主要功能 primary function

多功能外加剂功能中起主导作用的一种功能。

5.1.7

次要功能　secondary function

多功能外加剂除主要功能外的功能。

5.1.8

标准型外加剂　standard-type admixture

具有不改变混凝土凝结时间和早期硬化速度功能的外加剂。

5.1.9

缓凝型外加剂　set retarding-type admixture

具有延缓混凝土凝结时间功能的外加剂。

5.1.10

促凝型外加剂　set accelerating-type admixture

具有促进混凝土凝结功能的外加剂。

5.1.11

基准水泥　reference cement

专门用于检测混凝土外加剂性能的水泥。

5.1.12

基准混凝土　reference concrete

符合相关标准实验条件规定的、未掺有外加剂的混凝土。

5.1.13

受检混凝土　tested concrete

符合相关标准实验条件规定的、掺有外加剂的混凝土。

5.1.14

受检标养混凝土 tested concrete cured in standard condition

按照相关标准规定条件配制的掺加有防冻剂的标准养护混凝土。

5.1.15

受检负温混凝土　tested concrete curing at negative temperature

按照相关标准规定条件配制的掺加有防冻剂并按规定条件养护的混凝土。

5.1.16

基准砂浆　reference mortar

符合相关标准实验条件规定的、未掺加外加剂的水泥砂浆。

5.1.17

受检砂浆　tested mortar

符合相关标准实验条件规定的、掺加有一定比例外加剂的水泥砂浆。

5.1.18

复合矿物外加剂　compound mineral admixture

由两种或两种以上矿物外加剂复合而成的产品。

5.2　性能术语

5.2.1

减水率　water reducing rate

在混凝土坍落度基本相同时，基准混凝土和受检混凝土单位用水量之差与基准混凝土单位用水量之比。

5.2.2

泌水率　bleeding rate

单位质量混凝土泌出水量与其用水量之比。

5.2.3

泌水率比　ratio of bleeding rate

受检混凝土和基准混凝土的泌水率之比。

5.2.4

凝结时间　setting time

混凝土由塑性状态过渡到硬化状态所需时间。

5.2.5

初凝时间　initial setting time

混凝土从加水开始到贯入阻力达到 3.5 MPa 所需要的时间。

5.2.6

终凝时间　final setting time

混凝土从加水开始到贯入阻力达到 28 MPa 所需要的时间。

5.2.7

凝结时间差　difference in setting time

受检混凝土与基准混凝土凝结时间的差值。

5.2.8

抗压强度比　ratio of compressive strength

受检混凝土与基准混凝土同龄期抗压强度之比。

5.2.9

收缩率比　ratio of shrinkage

受检混凝土与基准混凝土同龄期收缩率之比。

5.2.10

钢筋锈蚀试验　test of corrosion of reinforcing steel bar

用来判定外加剂对钢筋有无锈蚀危害的试验,用新拌或硬化砂浆的阳极极化曲线来测试。

5.2.11

坍落度增加值　slump increase value

水灰比相同时,受检混凝土和基准混凝土坍落度之差。

5.2.12

常压泌水率比　ratio of bleeding rate at normal pressure

受检混凝土与基准混凝土在常压条件下的泌水率之比。

5.2.13

压力泌水率比　ratio of bleeding rate at pressure

受检泵送混凝土与基准混凝土在压力条件下的泌水率之比。

5.2.14

初始坍落度　initial slump

混凝土搅拌出机后,立刻测定的坍落度。

5.2.15

坍落度保留值　slump retain value

混凝土拌合物按规定条件存放一定时间后的坍落度值。

5.2.16

坍落度损失　slump loss

混凝土初始坍落度与某一特定时间的坍落度保留值的差值。

5.2.17

抗渗压力比　ratio of penetration pressure

受检混凝土抗渗压力与基准混凝土抗渗压力之比。

5.2.18

抗渗高度比　ratio of penetration height

受检混凝土抗渗高度与基准混凝土抗渗高度之比。

5.2.19

限制膨胀率　expansion rate in restrict condition

掺有膨胀剂的试件在规定的纵向限制器具限制下的膨胀率。

5.2.20

吸水量比　ratio of absorption

受检砂浆的吸水量与基准砂浆的吸水量之比。

5.2.21

需水量比　ratio of water demand

受检砂浆的流动度达到基准砂浆相同的流动度时,两者用水量之比。

5.2.22

水泥砂浆工作性　workability of cement mortar

在规定的试验条件下,受检砂浆和基准砂浆的流动度相同时,受检砂浆的减水率。

5.2.23

总碱量　total alkali content

外加剂中以氧化钠当量百分数表示的氧化钠和氧化钾的总和。

5.2.24

活性指数　index of activity

受检砂浆和基准砂浆试件标养至相同规定龄期的抗压强度之比。

5.2.25

相对耐久性指标　index of relative durability

受检混凝土经快速冻融 200 次后动弹性模量的保留值,用百分数来表示。

5.2.26

pH 值　pH value

液体外加剂酸碱程度的数值。

5.2.27

固体含量　solid content

液体外加剂中固体物质的含量。

5.2.28

含水率　moisture content

固体外加剂在规定温度下烘干失去水的重量占外加剂重量之比。

5.2.29

水泥净浆流动度　fluidity of cement paste

在规定的试验条件下,水泥浆体在玻璃平面上自由流淌的直径。

命名和术语的中文索引

命名和术语的英文索引

M

P

R

S

前言

本标准是在 GB 8076—87 基础上修订的，主要技术内容未作重大修订。本次修订主要内容如下：

增加缓凝高效减水剂的品种及性能指标；将试验混凝土的坍落度由 60 mm±10 mm 提高至 80 mm±10 mm；调整原标准表 1 中各种混凝土外加剂的部分性能指标；外加剂的检测掺量改按推荐掺量；规定了粉状外加剂细度要求；增加了附录 B、C、D，规定了钢筋锈蚀和外加剂总碱量的测定方法。

本标准自生效之日起，同时代替 GB 8076—87。

本标准的附录 A、附录 B、附录 C、附录 D 是标准的附录。

本标准首次发布时间 1987 年，第一次修订时间 1996 年。

本标准由国家建筑材料工业局提出。

本标准由全国水泥制品标准化技术委员会归口，委托中国建筑材料科学研究院房建材料与混凝土研究所解释。

本标准负责起草单位：中国建筑材料科学研究院房建材料与混凝土研究所。

本标准参加起草单位：冶金部建筑研究总院、上海市建筑科学研究院、天津市建筑工程质量检测监督中心、北京市建筑工程质量检测监督中心、南京水利科学研究院、铁道部科学研究院、北京科技大学、青岛市应用化学建材厂、湛江外加剂厂、江都市减水剂厂、山东省莱芜硫酸厂负责起草。

本标准主要起草人：田培、姚燕、熊大玉、吴菊珍、张璐明、于新文、奚迎收、刘文长。

中华人民共和国国家标准

GB 8076—1997

混凝土外加剂

代替 GB 8076—87

Concrete admixtures

1 范围

本标准规定了用于水泥混凝土中外加剂的定义、技术要求、试验方法、检验规则、包装、出厂、贮存及退货等。

本标准适用于普通减水剂、高效减水剂、缓凝高效减水剂、早强减水剂、缓凝减水剂、引气减水剂、早强剂、缓凝剂和引气剂共九种混凝土外加剂。

2 引用标准

下列标准包含的条文通过在本标准中引用而构成本标准的条文。本标准出版时，所示版本均为有效。所有标准都会被修订，使用本标准的各方应探讨使用下列标准最新版本的可能性。

GB/T 176—1996 水泥化学分析方法

GB/T 8074—87 水泥表面积测定方法 勃氏法

GB/T 8075—87 混凝土外加剂的分类、命名与定义

GB/T 8077—87 混凝土外加剂匀质性能试验方法

GB/T 14684—93 建筑用砂

GB/T 14685—93 建筑用卵石、碎石

GBJ 80—85 普通混凝土拌合物性能试验方法

GBJ 81—85 普通混凝土力学性能试验方法

GBJ 82—85 普通混凝土长期性能和耐久性能试验方法

JGJ 55—81 普通混凝土配合比设计技术规定

JGJ 63—89 混凝土拌合用水标准

3 定义

本标准采用下列定义。

3.1 外加剂

缓凝高效减水剂：兼有缓凝和大幅度减少拌合用水量的外加剂。

其余混凝土外加剂的定义见 GB/T 8075。

3.2 基准水泥

符合本标准附录 A 要求的、专门用于检验混凝土外加剂性能的水泥。

3.3 基准混凝土

按照本标准试验条件规定配制的不掺外加剂的混凝土。

4 技术要求

4.1 掺外加剂混凝土性能指标

掺外加剂混凝土性能指标应符合表 1 的要求。

国家技术监督局1997-05-06批准　　　　1997-11-01实施

表 1　掺外加剂混凝土性能指标

试验项目		外加剂品种																	
		普通减水剂		高效减水剂		早强减水剂		缓凝高效减水剂		缓凝减水剂		引气减水剂		早强剂		缓凝剂		引气剂	
		一等品	合格品	一等品	合格品	一等品	合格品	一等品	合格品	一等品	合格品	一等品	合格品	一等品	合格品	一等品	合格品	一等品	合格品
减水率,%,不小于		8	5	12	10	8	5	12	10	8	5	10	10	—	—	—	—	6	6
泌水率比,%,不大于		95	100	90	95	95	100	100		100		70	80	100		100	110	70	80
含气量,%		≤3.0	≤4.0	≤3.0	≤4.0	≤3.0	≤4.0	<4.5		<5.5		>3.0		—		—		>3.0	
凝结时间之差 min	初凝	−90～+120		−90～+120		−90～+90		>+90		>+90		−90～+120		−90～+90		>+90		−90～+120	
	终凝							—		—						—			
抗压强度比,% 不小于	1d	—	—	140	130	140	130	—		—		—		135	125	—		—	
	3d	115	110	130	120	130	120	125	120	100		115	110	130	120	100	90	95	80
	7d	115	110	125	115	115	110	125	115	110		110		110	105	100	90	95	80
	28d	110	105	120	110	105	100	120	110	110	105	100		100	95	100	90	90	80
收缩率比,% 不大于	28d	135		135		135		135		135		135		135		135		135	
相对耐久性指标,% 200 次,不小于		—		—		—		—		—		80	60	—		—		80	60
对钢筋锈蚀作用		应说明对钢筋有无锈蚀危害																	

注

1　除含气量外,表中所列数据为掺外加剂混凝土与基准混凝土的差值或比值。

2　凝结时间指标,“−”号表示提前,“+”号表示延缓。

3　相对耐久性指标一栏中,“200 次≥80 和 60”表示将 28 d 龄期的掺外加剂混凝土试件冻融循环 200 次后,动弹性模量保留值≥80%或≥60%。

4　对于可以用高频振捣排除的,由外加剂所引入的气泡的产品,允许用高频振捣,达到某类型性能指标要求的外加剂,可按本表进行命名和分类,但须在产品说明书和包装上注明“用于高频振捣的××剂”

4.2 匀质性指标

匀质性指标应符合表 2 的要求。

表 2 匀质性指标

试验项目	指　　标
含固量或含水量	a. 对液体外加剂,应在生产厂所控制值的相对量的 3%内; b. 对固体外加剂,应在生产厂控制值的相对量的 5%之内
密度	对液体外加剂,应在生产厂所控制值的±0.02 g/cm³ 之内
氯离子含量	应在生产厂所控制值相对量的 5%之内
水泥净浆流动度	应不小于生产控制值的 95%
细度	0.315mm 筛筛余应小于 15%
pH 值	应在生产厂控制值±1 之内
表面张力	应在生产厂控制值±1.5 之内
还原糖	应在生产厂控制值±3%
总碱量(Na_2O+0.658K_2O)	应在生产厂控制值的相对量的 5%之内
硫酸钠	应在生产厂控制值的相对量的 5%之内
泡沫性能	应在生产厂控制值的相对量的 5%之内
砂浆减水率	应在生产厂控制值±1.5%之内

5 试验方法

5.1 材料

5.1.1 水泥

采用本标准附录 A 规定的基准水泥。在因故得不到基准水泥时,允许采用 C_3A 含量 6%～8%,总碱量(Na_2O+0.658K_2O)不大于 1%的熟料和二水石膏、矿渣共同磨制的标号大于(含)525 号普通硅酸盐水泥。但仲裁仍需用基准水泥。

5.1.2 砂

符合 GB/T 14684 要求的细度模数为 2.6～2.9 的中砂。

5.1.3 石子

符合 GB/T 14685 粒径为 5 mm～20 mm(圆孔筛),采用二级配,其中 5 mm～10 mm占 40%,10 mm～20 mm 占 60%。如有争议,以卵石试验结果为准。

5.1.4 水

符合 JGJ 63 要求。

5.1.5 外加剂

需要检测的外加剂。

5.2 配合比

基准混凝土配合比按 JGJ 55 进行设计。掺非引气型外加剂混凝土和基准混凝土的水泥、砂、石的比例不变。配合比设计应符合以下规定:

a) 水泥用量:采用卵石时,(310±5) kg/m³;采用碎石时,(330±5) kg/m³。

b) 砂率:基准混凝土和掺外加剂混凝土的砂率均为36%～40%,但掺引气减水剂和引气剂的混凝土砂率应比基准混凝土低1%～3%。

c) 外加剂掺量:按科研单位或生产厂推荐的掺量。

d) 用水量:应使混凝土坍落度达(80±10) mm。

5.3 混凝土搅拌

采用60 L自落式混凝土搅拌机,全部材料及外加剂一次投入,拌合量应不少于15 L,不大于45 L,搅拌3 min,出料后在铁板上用人工翻拌2～3次再行试验。

各种混凝土材料及试验环境温度均应保持在(20±3)℃。

5.4 试件制作及试验所需试件数量

5.4.1 试件制作:混凝土试件制作及养护按GBJ 80进行,但混凝土预养温度为(20±3)℃。

5.4.2 试验项目及所需数量详见表3。

表3 试验项目及所需数量

试验项目	外加剂类别	试验类别	试验所需数量			
			混凝土拌合批数	每批取样数目	掺外加剂混凝土总取样数目	基准混凝土总取样数目
减水率	除早强剂、缓凝剂外各种外加剂	混凝土拌合物	3	1次	3次	3次
泌水率比	各种外加剂		3	1个	3个	3个
含气量			3	1个	3个	3个
凝结时间差			3	1个	3个	3个
抗压强度比		硬化混凝土	3	9或12块	27或36块	27或36块
收缩比率			3	1块	3块	3块
相对耐久性指标	引气剂、引气减水剂	硬化混凝土	3	1块	3块	3块
钢筋锈蚀	各种外加剂	新拌或硬化砂浆	3	1块	3块	3块
注 1 试验时,检验一种外加剂的三批混凝土要在同一天内完成。 2 试验龄期参考表1试验项目栏						

5.5 混凝土拌合物

5.5.1 减水率测定:减水率为坍落度基本相同时基准混凝土和掺外加剂混凝土单位用水量之差与基准混凝土单位用水量之比。坍落度按GBJ 80测定。减水率按式(1)计算:

$$W_R = \frac{W_0 - W_1}{W_0} \times 100 \qquad \cdots\cdots(1)$$

式中:W_R——减水率,%;

W_0——基准混凝土单位用水量,kg/m^3;

W_1——掺外加剂混凝土单位用水量,kg/m^3。

W_R以三批试验的算术平均值计,精确到小数点后一位。若三批试验的最大值或最小值中有一个与中间值之差超过中间值的15%时,则把最大值与最小值一并舍去,取中间值作为该组试验的减水率。若有两个测值与中间值之差均超过15%时,则该批试验结果无效,应该重做。

5.5.2 泌水率比测定:泌水率比按式(2)计算,精确到小数点后一位数。

$$B_R = \frac{B_t}{B_c} \times 100 \qquad \cdots\cdots(2)$$

式中:B_R——泌水率之比,%;

B_t——掺外加剂混凝土泌水率,%;

B_c——基准混凝土泌水率,%。

泌水率的测定和计算方法如下:

先用湿布润湿容积为5 L的带盖筒(内径为185 mm,高200 mm),将混凝土拌合物一次装入,在振动台上振动20 s,然后用抹刀轻轻抹平,加盖以防水分蒸发。试样表面应比筒口边低约20 mm。自抹面开始计算时间,在前60 min,每隔10 min用吸液管吸出泌水一次,以后每隔20 min吸水一次,直至连续三次无泌水为止。每次吸水前5 min,应将筒底一侧垫高约20 mm,使筒倾斜,以便于吸水。吸水后,将筒轻轻放平盖好。将每次吸出的水都注入带塞的量筒,最后计算出总的泌水量,准确至1 g,并按式(3)、(4)计算泌水率:

$$B = \frac{V_W}{(W/G)G_W} \times 100 \qquad \cdots\cdots(3)$$

$$G_W = G_1 - G_0 \qquad \cdots\cdots(4)$$

式中:B——泌水率,%;

V_W——泌水总质量,g;

W——混凝土拌合物的用水量,g;

G——混凝土拌和物的总质量,g;

G_W——试样质量,g;

G_1——筒及试样质量,g;

G_0——筒质量,g。

试验时,每批混凝土拌合物取一个试样,泌水率取三个试样的算术平均值。若三个试样的最大值或最小值中有一个与中间值之差大于中间值的15%,则把最大值与最小值一并舍去,取中间值作为该组试验的泌水率,如果最大与最小值与中间值之差均大于中间值的15%时,则应重做。

5.5.3 含气量:按GBJ 80用气水混合式含气量测定仪,并按该仪器说明进行操作,但混凝土拌合物一次装满并稍高于容器,用振动台振实15 s~20 s,用高频插入式振捣器(ϕ25 mm,14 000次/min)在模型中心垂直插捣10 s。

试验时,每批混凝土拌合物取一个试样,含气量以三个试样测值的算术平均值来表示。若三个试样中的最大值或最小值中有一个与中间值之差超过0.5%时,将最大值与最小值一并舍去,取中间值作为该批的试验结果,如果最大值与最小值均超过0.5%,则应重作。

5.5.4 凝结时间差测定:凝结时间差按式(5)计算:

$$\Delta T = T_t - T_c \qquad \cdots\cdots(5)$$

式中:ΔT——凝结时间之差,min;

T_t——掺外加剂混凝土的初凝或终凝时间,min;

T_c——基准混凝土的初凝或终凝时间,min。

凝结时间采用贯入阻力仪测定,仪器精度为5 N,凝结时间测定方法如下:

将混凝土拌合物用5 mm(圆孔筛)振动筛筛出砂浆,拌匀后装入上口内径为160 mm,下口内径为150 mm,净高150 mm的刚性不渗水的金属圆筒,试样表面应低于筒口约10 mm,用振动台振实(约3 s~5 s),置于(20±3)℃的环境中,容器加盖。一般基准混凝土在成型后3 h~4 h,掺早强剂的在成型后

1 h～2 h,掺缓凝剂的在成型后 4 h～6 h 开始测定,以后每 0.5 h 或 1 h 测定一次,但在临近初、终凝时,可以缩短测定间隔时间。每次测点应避开前一次测孔,其净距为试针直径的 2 倍,但至少不小于15 mm,试针与容器边缘之距离不小于 25 mm。测定初凝时间用截面积为 100 mm^2 的试针,测定终凝时间用 20 mm^2的试针。贯入阻力按式(6)计算:

$$R = \frac{P}{A} \qquad \cdots\cdots(6)$$

式中:R——贯入阻力值,MPa;

P——贯入深度达 25 mm 时所需的净压力,N;

A——贯入仪试针的截面积,mm^2。

根据计算结果,以贯入阻力值为纵坐标,测试时间为横坐标,绘制贯入阻力值与时间关系曲线,求出贯入阻力值达 3.5 MPa 时对应的时间作为初凝时间及贯入阻力值达 28 MPa 时对应的时间作为终凝时间。凝结时间从水泥与水接触时开始计算。

试验时,每批混凝土拌合物取一个试样,凝结时间取三个试样的平均值。若三批试验的最大值或最小值之中有一个与中间值之差超过 30 min 时,则把最大值与最小值一并舍去,取中间值作为该组试验的凝结时间。若两测值与中间值之差的均超过 30 min 时,该组试验结果无效,则应重做。

5.6 硬化混凝土

5.6.1 抗压强度比测定:抗压强度比以掺外加剂混凝土与基准混凝土同龄期抗压强度之比表示,按式(7)计算:

$$R_S = \frac{S_t}{S_c} \times 100 \qquad \cdots\cdots(7)$$

式中:R_S——抗压强度比,%;

S_t——掺外加剂混凝土的抗压强度,MPa;

S_c——基准混凝土的抗压强度,MPa。

掺外加剂与基准混凝土的抗压强度按 GBJ 81 进行试验和计算。试件用振动台振动 15 s～20 s,用插入式高频振捣器(ϕ25 mm,14 000 次/min)振捣时间为 8 s～12 s。试件预养温度为(20±3)℃。试验结果以三批试验测值的平均值表示,若三批试验中有一批的最大值或最小值与中间值的差值超过中间值的 15%,则把最大及最小值一并舍去,取中间值作为该批的试验结果,如有两批测值与中间值的差均超过中间值的 15%,则试验结果无效,应该重做。

5.6.2 收缩率比测定:收缩率比以龄期 28 d 掺外加剂混凝土与基准混凝土干缩率比值表示,按(8)式计算:

$$R_\varepsilon = \frac{\varepsilon_t}{\varepsilon_c} \times 100 \qquad \cdots\cdots(8)$$

式中:R_ε——收缩率比,%;

ε_t——掺加外加剂的混凝土的收缩率,%;

ε_c——基准混凝土的收缩率,%。

掺外加剂及基准混凝土的收缩率按 GBJ 82 测定和计算,试件用振动台成型,振动 15 s～20 s,用插入式高频振动器(ϕ25 mm,14 000 次/min)插捣 8 s～12 s。每批混凝土拌合物取一个试样,以三个试样收缩率的算术平均值表示。

5.6.3 相对耐久性试验:按 GBJ 82 进行,试件采用振动台成型,振动 15 s～20 s,用插入式高频振捣器(ϕ25 mm,14 000 次/min)时,应距两端 120 mm 各垂直插捣 8 s～12 s。标准养护 28 d 后进行冻融循环试验。

每批混凝土拌合物取一个试样,冻融循环次数以三个试件动弹性模量的算术平均值表示。

相对耐久性指标是以掺外加剂混凝土冻融 200 次后的动弹性模量降至 80%或 60%以上评定外加

剂质量。

5.7 钢筋锈蚀试验

钢筋锈蚀采用钢筋在新拌或硬化砂浆中阳极极化电位曲线来表示，测定方法按本标准附录B、C规定进行。

5.8 外加剂匀质性

外加剂匀质性试验按GB/T 8077进行。总碱量按本标准附录D进行测定。

6 检验规则

6.1 取样及编号

6.1.1 试样分点样和混合样。点样是在一次生产的产品所得试样，混合样是三个或更多的点样等量均匀混合而取得的试样。

6.1.2 生产厂应根据产量和生产设备条件，将产品分批编号，掺量大于1%（含1%）同品种的外加剂每一编号为100 t，掺量小于1%的外加剂每一编号为50 t，不足100 t或50 t的也可按一个批量计，同一编号的产品必须混合均匀。

6.1.3 每一编号取样量不少于0.2 t水泥所需用的外加剂量。

6.2 试样及留样

每一编号取得的试样应充分混匀，分为两等份，一份按表2中规定部分项目进行试验。另一份要密封保存半年，以备有疑问时提交国家指定的检验机关进行复验或仲裁。

6.3 检验分类

6.3.1 出厂检验：每编号外加剂检验项目，根据其品种不同按表4项目进行检验。

表4 外加剂测定项目

测定项目	外加剂品种									备注
	普通减水剂	高效减水剂	早强减水剂	缓凝高效减水剂	缓凝减水剂	引气减水剂	早强剂	缓凝剂	引气剂	
固体含量	✓	✓	✓	✓	✓	✓	✓	✓	✓	
密度										液体外加剂必测
细度										粉状外加剂必测
pH值	✓	✓	✓	✓	✓	✓				
表面张力		✓		✓		✓			✓	
泡沫性能						✓			✓	
氯离子含量	✓	✓	✓	✓	✓	✓	✓	✓	✓	
硫酸钠含量										含有硫酸钠的早强减水剂或早强剂必测
总碱量	✓	✓	✓	✓	✓	✓	✓	✓	✓	每年至少一次
还原糖分	✓			✓	✓			✓		木质素磺酸钙减水剂必测
水泥净浆流动度	✓	✓	✓	✓	✓	✓				两种任选一种
水泥砂浆流动度	✓	✓	✓	✓	✓	✓	✓	✓		

6.3.2 型式检验：型式检验项目包括表2中匀质性及表1中新拌及硬化混凝土性能指标。有下列情况之一者，应进行型式检验：

a）新产品或老产品转厂生产的试制定型鉴定；

b）正式生产后，如材料、工艺有较大改变，可能影响产品性能时；

c) 正常生产时，一年至少进行一次检验；

d) 产品长期停产后，恢复生产时；

e) 出厂检验结果与上次型式检验有较大差异时；

f) 国家质量监督机构提出进行型式试验要求时。

6.4 判定规则

产品经检验，匀质性符合表 2 的要求，各种类型的减水剂的减水率、缓凝型外加剂的凝结时间差、引气型外加剂的含气量及硬化混凝土的各项性能符合表 1 要求，则判定该编号外加剂为相应等级的产品，如不符合上述要求时，则判该编号外加剂不合格。其余项目作为参考指标。

6.5 复验

复验以封存样进行。如使用单位要求现场取样，应事先在供货合同中规定，并在生产和使用单位人员在场的情况下于现场取平均样，复验按照型式检验项目检验。

7 包装、出厂、贮存及退货

7.1 包装

粉状外加剂应采用有塑料袋衬里的编织袋，每袋重 20 kg～50 kg。液体外加剂应采用塑料桶、金属桶包装或槽车运输。

所有包装的容器上均应在明显位置注明以下内容：产品名称、型号、净质量或体积(包括含量或浓度)、生产厂名。生产日期及出厂编号应于产品合格证上予以说明。

7.2 产品出厂

凡有下列情况之一者，不得出厂：不合格品、技术文件不全(产品说明书、合格证、检验报告)、包装不符、质量不足、产品受潮变质，以及超过有效期限。

生产厂随货提供说明书的内容应包括产品名称及型号、出厂日期、主要特性及成分、适用范围及推荐掺量、外加剂总碱量、氯离子含量、有无毒性、易燃状况、储存条件及有效期、使用方法及注意事项。

7.3 贮存

外加剂应存放在专用仓库或固定的场所妥善保管，以易于识别，便于检查和提货为原则。

7.4 退货

7.4.1 使用单位在规定的存放条件和有效期限内，经复验发现外加剂性能与本标准不符时，则应予退回或更换。

7.4.2 实际的质量、体积与规定的质量、体积(按固形物计)有 2% 的差异时，可以要求退货或补足。粉状的可取 50 包，液体的可取 30 桶(其他包装形式由双方协商)，称量取平均值计算。

7.4.3 凡无出厂文件或出厂技术文件不全，以及发现实物质量与出厂技术文件不符合，可退货。

附 录 A

（标准的附录）

混凝土外加剂性能检验用基准水泥技术条件

基准水泥是统一检验混凝土外加剂性能的材料，是由符合下列品质指标的硅酸盐水泥熟料与二水石膏共同粉磨而成的标号大于(含)525 号的硅酸盐水泥。基准水泥必须由经中国水泥质量监督中心确认具备生产条件的工厂供给。

A1 品质指标(除满足 525 号硅酸盐水泥技术要求外)

A1.1 铝酸三钙(C_3A)含量 6%～8%。

A1.2 硅酸三钙(C_3S)含量 50%～55%。

A1.3 游离氧化钙(fCaO)含量不得超过 1.2%。

A1.4 碱($Na_2O+0.658K_2O$)含量不得超过 1.0%。

A1.5 水泥比表面积(320±20)m^2/kg。

A2 试验方法

A2.1 游离氧化钙、氧化钾和氧化钠的测定，按 GB/T 176 进行。

A2.2 水泥比表面积的测定，按 GB/T 8074 进行。

A2.3 铝酸三钙和硅酸三钙含量由熟料中氧化钙、二氧化硅、三氧化二铝和三氧化二铁含量，按下式计算得：

$$C_3S = 3.80 \cdot SiO_2(3KH - 2) \quad \cdots\cdots(A1)$$

$$C_3A = 2.65 \cdot (Al_2O_3 - 0.64 \cdot Fe_2O_3) \quad \cdots\cdots(A2)$$

$$KH = \frac{CaO - fCaO - 1.65 \cdot Al_2O_3 - 0.35 \cdot Fe_2O_3}{2.80 \cdot SiO_2} \quad \cdots\cdots(A3)$$

式中：C_3S、C_3A、SiO_2、Al_2O_3、Fe_2O_3 和 fCaO 分别表示该成分在熟料中所占的质量百分数，KH 表示石灰保护系数。

A3 验收规则

A3.1 基准水泥出厂一吨为一编号。每一编号应取三个有代表性的样品，分别测定比表面积，测定结果均须符合规定。

A3.2 凡不符合本技术条件 A1 中任何一项规定时，均不得出厂。

A4 包装及贮运

包装袋应结实牢固和密封良好，采用金属桶装或加有塑料袋的纸袋包装。每袋净重 50 kg。袋中须有合格证，注明生产日期、编号。有效储存期为半年。

附 录 B

（标准的附录）

钢筋锈蚀快速试验方法（新拌砂浆法）

B1 仪器设备

a）恒电位仪

专用的符合本标准要求的钢筋锈蚀测量仪，或恒电位/恒电流仪，或恒电流仪，或恒电位仪（输出电流范围不小于 0～2 000 μA，可连续变化 0～2 V，精度≤1%）；

b）甘汞电极；

c）定时钟；

d）电线：铜芯塑料线；

e）绝缘涂料（石蜡：松香＝9：1）；

f）试模：塑料有底活动模（尺寸 40 mm×100 mm×150 mm）。

B2 试验步骤

B2.1 制作钢筋电极

将Ⅰ级建筑钢筋加工制成直径 7 mm，长度为 100 mm，表面粗糙度 R_a 的最大允许值为 1.6 μm 的试件，用汽油、乙醇、丙酮依次浸擦除去油脂，并在一端焊上长 130 mm～150 mm 的导线，再用乙醇仔细擦去焊油，钢筋两端浸涂热熔石蜡松香绝缘涂料，使钢筋中间暴露长度为 80 mm，计算其表面积。经过处理后的钢筋放入干燥器内备用，每组试件三根。

B2.2 拌制新鲜砂浆

在无特定要求时，采用水灰比 0.5，灰砂比 1：2 配制砂浆，水为蒸馏水，砂为检验水泥强度用的标准砂，水泥为基准水泥（或按试验要求的配合比配制）。干拌 1 min，湿拌 3 min。检验外加剂时，外加剂按比例随拌和水加入。

B2.3 砂浆及电极入模

把拌制好的砂浆浇入试模中，先浇一半（厚 20 mm 左右）。将两根处理好经检查无锈痕的钢筋电极平行放在砂浆表面，间距 40 mm，拉出导线，然后灌满砂浆抹平，并轻敲几下侧板，使其密实。

B2.4 连接试验仪器

按图 B1 连接试验装置，以一根钢筋作为阳极接仪器的“研究”与“＊号”接线孔，另一根钢筋为阴极（即辅助电极）接仪器的“辅助”接线孔，再将甘汞电极的下端与钢筋阳极的正中位置对准，与新鲜砂浆表面接触，并垂直于砂浆表面。甘汞电极的导线接仪器的“参比”接线孔。在一些现代新型钢筋锈蚀测量仪或恒电位/恒电流仪上，电极输入导线通常为集束导线，只须按规定将三个夹子分别接阳极钢筋、阴极钢筋和甘汞电极即可。

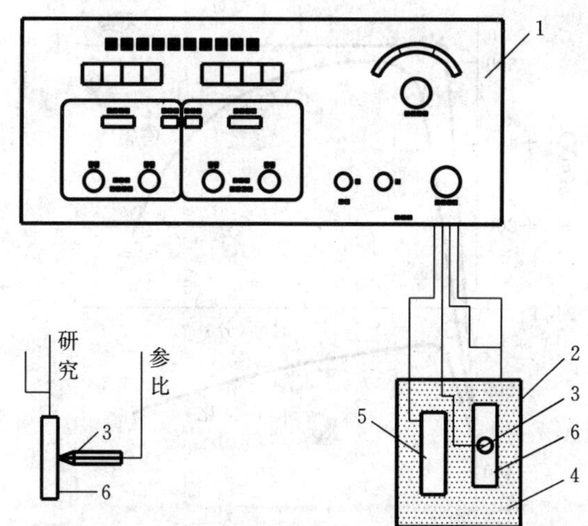

1—钢筋锈蚀测量仪或恒电位/恒电流仪；2—硬塑料模；
3—甘汞电极；4—新拌砂浆；5—钢筋阴极；6—钢筋阳极

图 B1 新鲜砂浆极化电位测试装置图

B2.5 测试

a）未通外加电流前，先读出阳极钢筋的自然电位 V（即钢筋阳极与甘汞电极之间的电位差值）。

b）接通外加电流，并按电流密度 50×10^{-2} A/m²（即 50 μA/cm²）调整 μA 表至需要值。同时，开始计算时间，依次按 2、4、6、8、10、15、20、25、30、60 min，分别记录阳极极化电位值。

B3 试验结果处理

B3.1 以三个试验电极测量结果的平均值，作为钢筋阳极极化电位的测定值，以时间为横坐标，阳极极化电位为纵坐标，绘制电位-时间曲线（如图 B2）。

B3.2 根据电位-时间曲线判断砂浆中的水泥、外加剂等对钢筋锈蚀的影响。

a）电极通电后，阳极钢筋电位迅速向正方向上升，并在 1 min～5 min 内达到析氧电位值，经30 min 测试，电位值无明显降低，如图 B2 中的曲线①，则属钝化曲线。表明阳极钢筋表面钝化膜完好无损，所测外加剂对钢筋是无害的。

b）通电后，阳极钢筋电位先向正方向上升，随着又逐渐下降，如图 B2 中的曲线②，说明钢筋表面钝化膜已部分受损。而图 B2 中的曲线③属活化曲线，说明钢筋表面钝化膜破坏严重。这两种情况均表明钢筋钝化膜已遭破坏。但这时对试验砂浆中所含的水泥、外加剂对钢筋锈蚀的影响仍不能作出明确的判断，还必须再作硬化砂浆阳极极化电位的测量，以进一步判别外加剂对钢筋有无锈蚀危害。

c）通电后，阳极钢筋电位随时间的变化有时会出现图 B2 中曲线①和②之间的中间态情况，即电位先向正方上升至较正电位值（例如≥＋600 mV），持续一段稳定时间，然后渐呈下降趋势，如电位值迅速下降，则属第②项情况。如电位值缓降，且变化不多，则试验和记录电位的时间再延长 30 min，继续 35，40，45，50，55，60 分 min 分别记录阳极极化电位值，如果电位曲线保持稳定不再下降，可认为钢筋表面尚能保持完好钝化膜，所测外加剂对钢筋是无害的；如果电位曲线继续持续下降，可认为钢筋表面钝化膜已破损而转变为活化状态，对于这种情况，还必须再作硬化砂浆阳极极化电位的测量，以进一步判别外加剂对钢筋有无锈蚀危害。

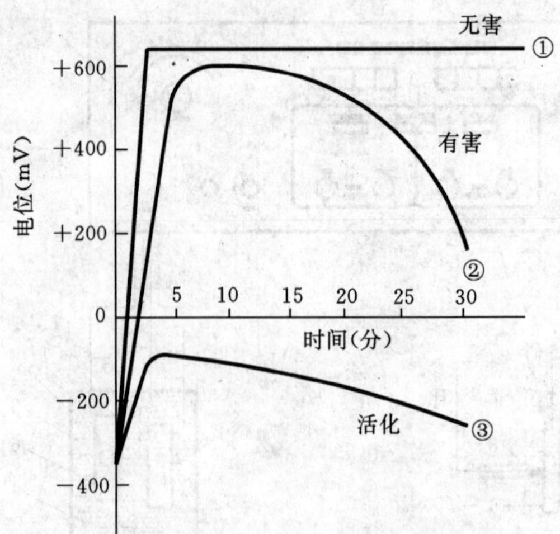

图 B2　恒电流、电位-时间曲线分析图

附　录　C
（标准的附录）
钢筋锈蚀快速试验方法(硬化砂浆法)

C1　仪器设备

a) 恒电位仪：专用的符合本标准要求的钢筋锈蚀测量仪或恒电位/恒电流仪，或恒电流仪，或恒电位仪(输出电流范围不小于 0～2 000 μA，可连续变化 0～2 V，精度≤1%)；

b) 不锈钢片电极；

c) 甘汞电极(232 型或 222 型)；

d) 定时钟；

e) 电线；铜芯塑料线(型号 RV1×16/0.15 mm)；

f) 绝缘涂料(石蜡：松香＝9：1)；

g) 搅拌锅、搅拌铲；

h) 试模：长 95 mm，宽和高均为 30 mm 的棱柱体，模板两端中心带有固定钢筋的凹孔，其直径为 7.5 mm，深 2～3 mm，半通孔。试模用 8 mm 厚，硬聚氯乙烯塑料板制成。

C2　试验步骤

C2.1　制备埋有钢筋的砂浆电极

a) 制备钢筋

采用 I 级建筑钢筋经加工成直径 7 mm，长度 100 mm，表面粗糙度 R_a 的最大允许值为 1.6 μm 的试件，使用汽油、乙醇、丙酮依次浸擦除去油脂，经检查无锈痕后放入干燥器中备用，每组三根。

b) 成型砂浆电极

将钢筋插入试模两端的预留凹孔中，位于正中。按配比拌制砂浆，灰砂比为 1：2.5，采用基准水泥、检验水泥强度用的标准砂、蒸馏水(用水量按砂浆稠度 5 cm～7 cm 时的加水量而定)，外加剂采用推荐掺量。将称好的材料放入搅拌锅内干拌 1 min，湿拌 3 min。将拌匀的砂浆灌入预先按放好钢筋的试模内，置检验水泥强度用的振动台上振 5 s～10 s，然后抹平。

c) 砂浆电极的养护及处理

试件成型后盖上玻璃板，移入标准养护室养护，24 h 后脱模，用水泥净浆将外露的钢筋两头覆盖，继续标准养护 2 d。取出试件，除去端部的封闭净浆，仔细擦净外露钢筋头的锈斑。在钢筋的一端焊上长 130 mm～150 mm 的导线，用乙醇擦去焊油，并在试件两端浸涂热石蜡松香绝缘，使试件中间暴露长度为 80 mm，如图 C1 所示。

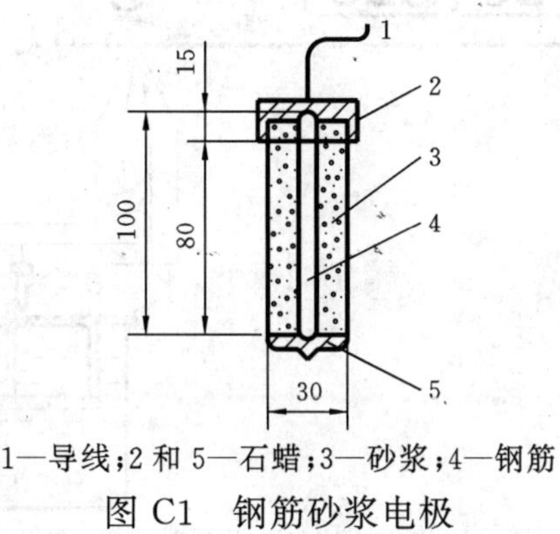

1—导线；2 和 5—石蜡；3—砂浆；4—钢筋

图 C1 钢筋砂浆电极

C2.2 测试

a）将处理好的硬化砂浆电极置于饱和氢氧化钙溶液中，浸泡数小时，直至浸透试件，其表征为监测硬化砂浆电极在饱和氢氧化钙溶液中的自然电位至电位稳定且接近新拌砂浆中的自然电位，由于存在欧姆电压降可能会使两者之间有一个电位差。试验时应注意不同类型或不同掺量外加剂的试件不得放置在同一容器内浸泡，以防互相干扰。

b）把一个浸泡后的砂浆电极移入盛有饱和氢氧化钙溶液的玻璃缸内，使电极浸入溶液的深度为 8 cm，以它作为阳极，以不锈钢片作为阴极（即辅助电极），以甘汞电极作参比。按图 C2 要求接好试验线路。

c）未通外加电流前，先读出阳极（埋有钢筋的砂浆电极）的自然电位 V。

f）接通外加电流，并按电流密度 50×10^{-2} A/m^2（即 50 μA/cm^2）调整 μA 表至需要值。同时，开始计算时间，依次按 2、4、6、8、10、15、20、25、30 min，分别记录埋有钢筋的砂浆电极阳极极化电位值。

C3 试验结果处理

C3.1 取一组三个埋有钢筋的硬化砂浆电极极化电位的测量结果的平均值作为测定值，以阳极极化电位为纵坐标，时间为横坐标，绘制阳极极化电位-时间曲线。

C3.2 根据电位-时间曲线判断砂浆中的水泥、外加剂等对钢筋锈蚀的影响。

a）电极通电后，阳极钢筋电位迅速向正方向上升，并在 1 min～5 min 内达到析氧电位值，经30 min 测试，电位值无明显降低，如图 B2 中的曲线①，则属钝化曲线。表明阳极钢筋表面钝化膜完好无损，所测外加剂对钢筋是无害的。

b）通电后，阳极钢筋电位先向正方向上升，随着又逐渐下降，如图 B2 中的曲线②，说明钢筋表面钝化膜已部分受损。而图 B2 中的曲线③活化曲线，说明钢筋表面钝化膜破坏严重。这两种情况均表明钢筋钝化膜已遭破坏，所测外加剂对钢筋是有锈蚀危害的。

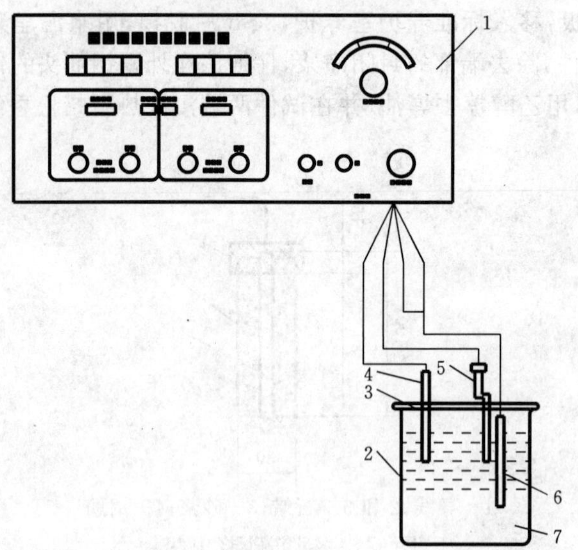

1—钢筋锈蚀测量仪或恒电位/恒电流仪；2—烧杯 1 000 mL；3—有机玻璃盖；4—不锈钢片（阴极）；5—甘汞电极；6—硬化砂浆电极（阳极）；7—饱和氢氧化钙溶液

图 C2 硬化砂浆极化电位测试装置图

附 录 D
（标准的附录）
混凝土外加剂中碱总量的测定方法
（火焰光度法）

D1 适用范围

矿物质的混凝土外加剂：如膨胀剂等，不在此范围之内。

D2 方法提要

试样用约 80℃的热水溶解，以氨水分离铁、铝；以碳酸钙分离钙、镁。滤液中的碱（钾和钠），采用相应的滤光片，用火焰光度计进行测定。

D3 试剂与仪器

a）水：本方法所涉及的水为蒸馏水或同等纯度的水。

b）试剂：本方法所涉及的化学试剂除特别注明外，均为分析纯化学试剂。

c）氧化钾、氧化钠标准溶液：精确称取已在 130～150℃烘过 2 h 的氯化钾（光谱纯）0.792 0 g 及氯化钠（光谱纯）0.943 0 g，置于烧杯中，加水溶解后，移入 1 000 mL 容量瓶中，用水稀释至标线，摇匀，转移至干燥的带盖的塑料瓶中。此标准溶液每毫升相当于氧化钾及氧化钠 0.5 mg。

d）盐酸（1+1）。

e）氨水（1+1）。

f）碳酸铵溶液[10%(*W*/*V*)]

g）甲基红指示剂{[0.2%(*W*/*V*)]乙醇溶液}。

h）火焰光度计。

D4 工作曲线的绘制

分别向 100 mL 容量瓶中注入 0.00;1.00;2.00;4.00;8.00;12.00 mL 的氧化钾、氧化钠标准溶液(分别相当于氧化钾、氧化钠各 0.00;0.50;1.00;2.00;4.00;6.00 mg),用水稀释至标线,摇匀,然后分别于火焰光度计上按仪器使用规程进行测定,根据测得的检流计读数与溶液的浓度关系,分别绘制氧化钾及氧化钠的工作曲线。

D5 分析步骤

准确称取一定量的试样置于 150 mL 的瓷蒸发皿中,用 80℃左右的热水润湿并稀释至 30 mL,置于电热板上加热蒸发,保持微沸 5 min 后取下,冷却,加 1 滴甲基红指示剂{[0.2%(*W/V*)]乙醇溶液},滴加氨水(1+1),使溶液呈黄色;加入 10 mL 碳酸铵溶液[10%(*W/V*)],搅拌,置于电热板上加热并保持微沸 10 min,用中速滤纸过滤,以热水洗涤,滤液及洗液盛于容量瓶中,冷却至室温,以盐酸(1+1)中和至溶液呈红色,然后用水稀释至标线,摇匀,以火焰光度计按仪器使用规程进行测定。称样量及稀释倍数见表 D1。

表 D1

总碱量,%	称样量,g	稀释体积,mL	稀释倍数(*n*)
1.0	0.2	100	1
1.0~5.0	0.1	250	2.5
5.0~10.0	0.05	250 或 500	2.5 或 5.0
10.0	0.05	500 或 1 000	5.0 或 10.0

D6 氧化钾与氧化钠含量计算

氧化钾百分含量(X_1)及氧化钠百分含量(X_2)分别按(D1)和(D2)式计算:

$$X_1(\%) = \frac{C_1 \times n}{G \times 1\,000} \times 100 \quad \cdots\cdots(D1)$$

$$X_2(\%) = \frac{C_2 \times n}{G \times 1\,000} \times 100 \quad \cdots\cdots(D2)$$

式中:C_1——在工作曲线上查得每 100 mL 被测定液中氧化钾的含量,mg;

C_2——在工作曲线上查得每 100 mL 被测溶液中氧化钠的含量,mg;

n——被测溶液的稀释倍数;

G——试样质量,g。

D7 总碱量按(D3)式计算

$$总碱量(\%) = 0.658 \times X_1 + X_2 \quad \cdots\cdots(D3)$$

式中:X_1——氧化钾含量,%;

X_2——氧化钠含量,%。

D8 分析结果的允许误差范围

分析结果的允许误差范围见表 D2。

表 D2

总碱量,%	室内允许误差,%	室间允许误差,%
1.0	0.10	0.15
1.0～5.0	0.20	0.30
5.0～10.0	0.30	0.50
大于 10.0	0.50	0.80

D9 总碱量的测定

总碱量的测定亦可采用原子吸收光谱法,参见 GB/T 176 中 3.11.2。

UDC

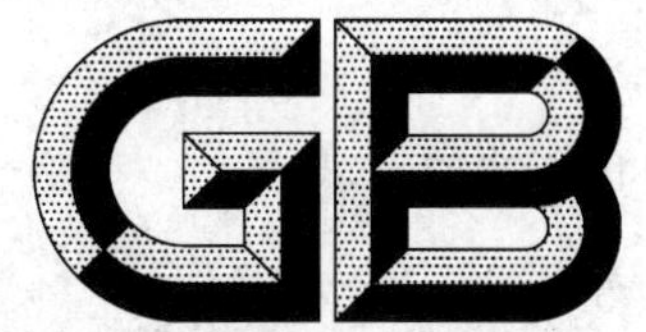

中华人民共和国国家标准

P GB 50119—2003

混凝土外加剂应用技术规范

Code for utility technical of concrete admixture

2003-04-25 发布 2003-09-01 实施

中华人民共和国建设部
国家质量监督检验检疫总局 联合发布

前　　言

根据建设部建标[1998]94号文《1998年工程建设国家标准制订、修订计划的通知》的要求，规范编制组在广泛调查研究、认真总结实践经验、参考国外有关先进标准、广泛征求意见的基础上，对原国家标准《混凝土外加剂应用技术规范》(GBJ 119—88)进行了修订。

本规范的主要技术内容是：1.总则；2.基本规定；3.普通减水剂及高效减水剂；4.引气剂及引气减水剂；5.缓凝剂、缓凝减水剂及缓凝高效减水剂；6.早强剂及早强减水剂；7.防冻剂；8.膨胀剂；9.泵送剂；10.防水剂；11.速凝剂；附录A，混凝土外加剂对水泥的适应性检测方法；附录B，补偿收缩混凝土的膨胀率及干缩率的测定方法；附录C，灌浆用膨胀砂浆竖向膨胀率的测定方法；本规范用词用语说明。

修订的主要内容是：1.本规范对原规范中的10种外加剂的应用技术进行了修订，增加制订了缓凝高效减水剂、泵送剂、防水剂、速凝剂4种外加剂的应用技术；2.取消了原规范附录一“外加剂的名词解释”；3.取消了原规范附录二“混凝土配合比设计”；4.取消原规范附录四“早强剂、早强减水剂的组成与剂量”；5.本规范增加了附录A“混凝土外加剂对水泥的适应性检测方法”；6.本规范各章施工一节中均增加规定了进入工地外加剂的检测项目；7.本规范对危害人体健康和污染环境问题给予了极大的重视，在第二、六、七章均有明文规定。

本规范将来可能需要进行局部修订，有关局部修订的信息和条文内容将刊登在《工程建设标准化》杂志上。

本规范以黑体字标识的条文为强制性条文，必须严格执行。

本规范由建设部负责管理和对强制性条文的解释，中国建筑科学研究院负责具体技术内容的解释(北京市北三环东路30号中国建筑科学研究院国家标准《混凝土外加剂应用技术规范》管理组，邮编：100013)。

本规范编制单位和主要起草人名单：

主编单位：中国建筑科学研究院。

参编单位：中国混凝土外加剂专业委员会、中国建筑材料科学研究院、上海市建筑科学研究院、冶金建筑科学研究院、南京水利水电科学研究院、北京市建筑工程研究院、哈尔滨工业大学、北京城建集团总公司构件厂、北京市辛庄汇强外加剂有限公司、北京市高星混凝土外加剂厂、北京市混凝土外加剂协会、江苏镇江特密斯混凝土外加剂总厂、上海市新浦化工厂、上海市住总建科化学建材有限公司。

主要起草人：田桂茹、郭京育、田培、陈嫣兮、游宝坤、吴菊珍、顾德珍、胡玉初、冯浩、巴恒静、张耀凯、段雄辉。

1 总则

1.0.1 为了正确选择和合理使用各类外加剂，使之掺入混凝土中能改善性能，达到预期的效果，制定本规范。

1.0.2 本规范适用于普通减水剂、高效减水剂、引气剂、引气减水剂、缓凝剂、缓凝减水剂、缓凝高效减水剂、早强剂、早强减水剂、防冻剂、膨胀剂、泵送剂、防水剂及速凝剂等十四种外加剂在混凝土工程中的应用。

1.0.3 外加剂混凝土的制作与应用，除应符合本规范外，尚应符合国家现行的有关强制性标准的规定。

2 基本规定

2.1 外加剂的选择

2.1.1 外加剂的品种应根据工程设计和施工要求选择，通过试验及技术经济比较确定。

2.1.2 严禁使用对人体产生危害、对环境产生污染的外加剂。

2.1.3 掺外加剂混凝土所用水泥，宜采用硅酸盐水泥、普通硅酸盐水泥、矿渣硅酸盐水泥、火山灰质硅酸盐水泥、粉煤灰硅酸盐水泥和复合硅酸盐水泥，并应检验外加剂与水泥的适应性，符合要求方可使用。

2.1.4 掺外加剂混凝土所用材料如水泥、砂、石、掺合料、外加剂均应符合国家现行的有关标准的规定。试配掺外加剂的混凝土时，应采用工程使用的原材料，检测项目应根据设计及施工要求确定，检测条件应与施工条件相同，当工程所用原材料或混凝土性能要求发生变化时，应再进行试配试验。

2.1.5 不同品种外加剂复合使用时，应注意其相容性及对混凝土性能的影响，使用前应进行试验，满足要求方可使用。

2.2 外加剂掺量

2.2.1 外加剂掺量应以胶凝材料总量的百分比表示，或以 mL/kg 胶凝材料表示。

2.2.2 外加剂的掺量应按供货单位推荐掺量、使用要求、施工条件、混凝土原材料等因素通过试验确定。

2.2.3 对含有氯离子、硫酸根等离子的外加剂应符合本规范及有关标准的规定。

2.2.4 处于与水相接触或潮湿环境中的混凝土，当使用碱活性骨料时，由外加剂带入的碱含量(以当量氧化钠计)不宜超过 $1kg/m^3$ 混凝土，混凝土总碱含量尚应符合有关标准的规定。

2.3 外加剂的质量控制

2.3.1 选用的外加剂应有供货单位提供的下列技术文件：

1 产品说明书，并应标明产品主要成分；

2 出厂检验报告及合格证；

3 掺外加剂混凝土性能检验报告。

2.3.2 外加剂运到工地(或混凝土搅拌站)应立即取代表性样品进行检验，进货与工程试配时一致，方可入库、使用。若发现不一致时，应停止使用。

2.3.3 外加剂应按不同供货单位、不同品种、不同牌号分别存放，标识应清楚。

2.3.4 粉状外加剂应防止受潮结块，如有结块，经性能检验合格后应粉碎至全部通过 0.63mm 筛后方可使用。液体外加剂应放置阴凉干燥处，防止日晒、受冻、污染、进水或蒸发，如有沉淀等现象，经性能检验合格后方可使用。

2.3.5 外加剂配料控制系统标识应清楚、计量应准确，计量误差不应大于外加剂用量的 2%。

3 普通减水剂及高效减水剂

3.1 品种

3.1.1 混凝土工程中可采用下列普通减水剂：

木质素磺酸盐类：木质素磺酸钙、木质素磺酸钠、木质素磺酸镁及丹宁等。

3.1.2 混凝土工程中可采用下列高效减水剂：

1 多环芳香族磺酸盐类：萘和萘的同系磺化物与甲醛缩合的盐类、胺基磺酸盐等；

2 水溶性树脂磺酸盐类：磺化三聚氰胺树脂、磺化古码隆树脂等；

3 脂肪族类：聚羧酸盐类、聚丙烯酸盐类、脂肪族羟甲基磺酸盐高缩聚物等；

4 其他：改性木质素磺酸钙、改性丹宁等。

3.2 适用范围

3.2.1 普通减水剂及高效减水剂可用于素混凝土、钢筋混凝土、预应力混凝土，并可制备高强高性能混凝土。

3.2.2 普通减水剂宜用于日最低气温5℃以上施工的混凝土，不宜单独用于蒸养混凝土；高效减水剂宜用于日最低气温0℃以上施工的混凝土。

3.2.3 当掺用含有木质素磺酸盐类物质的外加剂时应先做水泥适应性试验，合格后方可使用。

3.3 施工

3.3.1 普通减水剂、高效减水剂进入工地（或混凝土搅拌站）的检验项目应包括pH值、密度（或细度）、混凝土减水率，符合要求方可入库、使用。

3.3.2 减水剂掺量应根据供货单位的推荐掺量、气温高低、施工要求，通过试验确定。

3.3.3 减水剂以溶液掺加时，溶液中的水量应从拌合水中扣除。

3.3.4 液体减水剂宜与拌合水同时加入搅拌机内，粉剂减水剂宜与胶凝材料同时加入搅拌机内，需二次添加外加剂时，应通过试验确定，混凝土搅拌均匀方可出料。

3.3.5 根据工程需要，减水剂可与其他外加剂复合使用。其掺量应根据试验确定。配制溶液时，如产生絮凝或沉淀等现象，应分别配制溶液并分别加入搅拌机内。

3.3.6 掺普通减水剂、高效减水剂的混凝土采用自然养护时，应加强初期养护；采用蒸养时，混凝土应具有必要的结构强度才能升温，蒸养制度应通过试验确定。

4 引气剂及引气减水剂

4.1 品种

4.1.1 混凝土工程中可采用下列引气剂：

1 松香树脂类：松香热聚物、松香皂类等；

2 烷基和烷基芳烃磺酸盐类：十二烷基磺酸盐、烷基苯磺酸盐、烷基苯酚聚氧乙烯醚等；

3 脂肪醇磺酸盐类：脂肪醇聚氧乙烯醚、脂肪醇聚氧乙烯磺酸钠、脂肪醇硫酸钠等；

4 皂甙类：三萜皂甙等；

5 其他：蛋白质盐、石油磺酸盐等。

4.1.2 混凝土工程中可采用由引气剂与减水剂复合而成的引气减水剂

4.2 适用范围

4.2.1 引气剂及引气减水剂，可用于抗冻混凝土、抗渗混凝土、抗硫酸盐混凝土、泌水严重的混凝土、贫混凝土、轻骨料混凝土、人工骨料配制的普通混凝土、高性能混凝土以及有饰面要求的混凝土。

4.2.2 引气剂、引气减水剂不宜用于蒸养混凝土及预应力混凝土，必要时，应经试验确定。

4.3 施工

4.3.1 引气剂及引气减水剂进入工地（或混凝土搅拌站）的检验项目应包括pH值、密度（或细度）、含气量、引气减水剂应增测减水率，符合要求方可入库、使用。

4.3.2 抗冻性要求高的混凝土，必须掺引气剂或引气减水剂，其掺量应根据混凝土的含气量要求，通过试验确定。

掺引气剂及引气减水剂混凝土的含气量，不宜超过表4.3.2规定的含气量；对抗冻性要求高的混凝土，宜采用表 4.3.2 规定的含气量数值。

表 4.3.2 掺引气剂及引气减水剂混凝土的含气量

粗骨料最大粒径(mm)	20(19)	25(22.4)	40(37.5)	50(45)	80(75)
混凝土含气量(%)	5.5	5.0	4.5	4.0	3.5
注：括号内数值为《建筑用卵石、碎石》GB/T 14685 中标准筛的尺寸。					

4.3.3 引气剂及引气减水剂，宜以溶液掺加，使用时加入拌合水中，溶液中的水量应从拌合水中扣除。

4.3.4 引气剂及引气减水剂配制溶液时，必须充分溶解后方可使用。

4.3.5 引气剂可与减水剂、早强剂、缓凝剂、防冻剂复合使用。配制溶液时，如产生絮凝或沉淀等现象，应分别配制溶液并分别加入搅拌机内。

4.3.6 施工时，应严格控制混凝土的含气量。当材料、配合比，或施工条件变化时，应相应增减引气剂或引气减水剂的掺量。

4.3.7 检验掺引气剂及引气减水剂混凝土的含气量，应在搅拌机出料口进行取样，并应考虑混凝土在运输和振捣过程中含气量的损失。对含气量有设计要求的混凝土，施工中应每间隔一定时间进行现场检验。

4.3.8 掺引气剂及引气减水剂混凝土，必须采用机械搅拌，搅拌时间及搅拌量应通过试验确定。出料到浇筑的停放时间也不宜过长，采用插入式振捣时，振捣时间不宜超过 20s。

5 缓凝剂、缓凝减水剂及缓凝高效减水剂

5.1 品种

5.1.1 混凝土工程中可采用下列缓凝剂及缓凝减水剂：

1 糖类：糖钙、葡萄糖酸盐等；

2 木质素磺酸盐类：木质素磺酸钙、木质素磺酸钠等；

3 羟基羧酸及其盐类：柠檬酸、酒石酸钾钠等；

4 无机盐类：锌盐、磷酸盐等；

5 其他：胺盐及其衍生物、纤维素醚等。

5.1.2 混凝土工程中可采用由缓凝剂与高效减水剂复合而成的缓凝高效减水剂。

5.2 适用范围

5.2.1 缓凝剂、缓凝减水剂及缓凝高效减水剂可用于大体积混凝土、碾压混凝土、炎热气候条件下施工的混凝土、大面积浇筑的混凝土、避免冷缝产生的混凝土、需较长时间停放或长距离运输的混凝土、自流平免振混凝土、滑模施工或拉模施工的混凝土及其他需要延缓凝结时间的混凝土。缓凝高效减水剂可制备高强高性能混凝土。

5.2.2 缓凝剂、缓凝减水剂及缓凝高效减水剂宜用于日最低气温 5℃以上施工的混凝土，不宜单独用于有早强要求的混凝土及蒸养混凝土。

5.2.3 柠檬酸及酒石酸钾钠等缓凝剂不宜单独用于水泥用量较低、水灰比较大的贫混凝土。

5.2.4 当掺用含有糖类及木质素磺酸盐类物质的外加剂时应先做水泥适应性试验，合格后方可使用。

5.2.5 使用缓凝剂、缓凝减水剂及缓凝高效减水剂施工时，宜根据温度选择品种并调整掺量，满足工程要求方可使用。

5.3 施工

5.3.1 缓凝剂、缓凝减水剂及缓凝高效减水剂进入工地（或混凝土搅拌站）的检验项目应包括 pH 值、密度（或细度）、混凝土凝结时间，缓凝减水剂及缓凝高效减水剂应增测减水率，合格后方可入库、使用。

5.3.2 缓凝剂、缓凝减水剂及缓凝高效减水剂的品种及掺量应根据环境温度、施工要求的混凝土凝结

时间、运输距离、停放时间、强度等来确定。

5.3.3 缓凝剂、缓凝减水剂及缓凝高效减水剂以溶液掺加时计量必须正确，使用时加入拌合水中，溶液中的水量应从拌合水中扣除。难溶和不溶物较多的应采用干掺法并延长混凝土搅拌时间30s。

5.3.4 掺缓凝剂、缓凝减水剂及缓凝高效减水剂的混凝土浇筑、振捣后，应及时抹压并始终保持混凝土表面潮湿，终凝以后应浇水养护，当气温较低时，应加强保温保湿养护。

6 早强剂及早强减水剂

6.1 品种

6.1.1 混凝土工程中可采用下列早强剂

1 强电解质无机盐类早强剂：硫酸盐、硫酸复盐、硝酸盐、亚硝酸盐、氯盐等；

2 水溶性有机化合物：三乙醇胺，甲酸盐、乙酸盐、丙酸盐等；

3 其他：有机化合物、无机盐复合物。

6.1.2 混凝土工程中可采用由早强剂与减水剂复合而成的早强减水剂。

6.2 适用范围

6.2.1 早强剂及早强减水剂适用于蒸养混凝土及常温、低温和最低温度不低于－5℃环境中施工的有早强要求的混凝土工程。炎热环境条件下不宜使用早强剂、早强减水剂。

6.2.2 掺入混凝土后对人体产生危害或对环境产生污染的化学物质严禁用作早强剂。含有六价铬盐、亚硝酸盐等有害成分的早强剂严禁用于饮水工程及与食品相接触的工程。硝铵类严禁用于办公、居住等建筑工程。

6.2.3 下列结构中严禁采用含有氯盐配制的早强剂及早强减水剂：

1 预应力混凝土结构；

2 相对湿度大于80％环境中使用的结构、处于水位变化部位的结构、露天结构及经常受水淋、受水流冲刷的结构；

3 大体积混凝土；

4 直接接触酸、碱或其他侵蚀性介质的结构；

5 经常处于温度为60℃以上的结构，需经蒸养的钢筋混凝土预制构件；

6 有装饰要求的混凝土，特别是要求色彩一致的或是表面有金属装饰的混凝土；

7 薄壁混凝土结构，中级和重级工作制吊车的梁、屋架、落锤及锻锤混凝土基础等结构；

8 使用冷拉钢筋或冷拔低碳钢丝的结构；

9 骨料具有碱活性的混凝土结构。

6.2.4 在下列混凝土结构中严禁采用含有强电解质无机盐类的早强剂及早强减水剂：

1 与镀锌钢材或铝铁相接触部位的结构，以及有外露钢筋预埋铁件而无防护措施的结构；

2 使用直流电源的结构以及距高压直流电源100m以内的结构。

6.2.5 含钾、钠离子的早强剂用于骨料具有碱活性的混凝土结构时，应符合本规范第2.2.4条的规定。

6.3 施工

6.3.1 早强剂、早强减水剂进入工地（或混凝土搅拌站）的检验项目应包括密度（或细度），1d、3d抗压强度及对钢筋的锈蚀作用。早强减水剂应增测减水率。混凝土有饰面要求的还应观测硬化后混凝土表面是否析盐。符合要求，方可入库、使用。

6.3.2 常用早强剂掺量应符合表6.3.2中的规定。

6.3.3 粉剂早强剂和早强减水剂直接掺入混凝土干料中应延长搅拌时间30s。

6.3.4 常温及低温下使用早强剂或早强减水剂的混凝土采用自然养护时宜使用塑料薄膜覆盖或喷洒养护液。终凝后应立即浇水潮湿养护。最低气温低于0℃时除塑料薄膜外还应加盖保温材料。最低气温低于－5℃时应使用防冻剂。

表 6.3.2　常用早强剂掺量限值

混凝土种类	使用环境	早强剂名称	掺量限值(水泥重量%)不大于
预应力混凝土	干燥环境	三乙醇胺 硫 酸 钠	0.05 1.0
钢筋混凝土	干燥环境	氯离子[Cl^-] 硫 酸 钠	0.6 2.0
钢筋混凝土	干燥环境	与缓凝减水剂复合的硫酸钠 三乙醇胺	3.0 0.05
	潮湿环境	硫 酸 钠 三乙醇胺	1.5 0.05
有饰面要求的混凝土		硫 酸 钠	0.8
素混凝土		氯离子[Cl^-]	1.8
注：预应力混凝土及潮湿环境中使用的钢筋混凝土中不得掺氯盐早强剂。			

6.3.5　掺早强剂或早强减水剂的混凝土采用蒸汽养护时，其蒸养制度应通过试验确定。

7　防冻剂

7.1　品种

7.1.1　混凝土工程中可采用下列防冻剂：

1　强电解质无机盐类：

1）氯盐类：以氯盐为防冻组分的外加剂；

2）氯盐阻锈类：以氯盐与阻锈组分为防冻组分的外加剂；

3）无氯盐类：以亚硝酸盐、硝酸盐等无机盐为防冻组分的外加剂。

2　水溶性有机化合物类：以某些醇类等有机化合物为防冻组分的外加剂。

3　有机化合物与无机盐复合类。

4　复合型防冻剂：以防冻组分复合早强、引气、减水等组分的外加剂。

7.2　适用范围

7.2.1　含强电解质无机盐的防冻剂用于混凝土中，必须符合本规范第 6.2.3 条、第 6.2.4 条的规定。

7.2.2　含亚硝酸盐、碳酸盐的防冻剂严禁用于预应力混凝土结构。

7.2.3　含有六价铬盐、亚硝酸盐等有害成分的防冻剂，严禁用于饮水工程及与食品相接触的工程，严禁食用。

7.2.4　含有硝铵、尿素等产生刺激性气味的防冻剂，严禁用于办公、居住等建筑工程。

7.2.5　强电解质无机盐防冻剂应符合本规范第 6.2.5 条的规定，其掺量应符合本规范第 6.3.2 条的规定。

7.2.6　有机化合物类防冻剂可用于素混凝土、钢筋混凝土及预应力混凝土工程；

7.2.7　有机化合物与无机盐复合防冻剂及复合型防冻剂可用于素混凝土、钢筋混凝土及预应力混凝土工程，并应符合本规范第 7.2.1 条、第 7.2.2 条、第 7.2.3 条、第 7.2.4 条、第 7.2.5 条的规定。

7.2.8　对水工、桥梁及有特殊抗冻融性要求的混凝土工程，应通过试验确定防冻剂品种及掺量。

7.3 施工

7.3.1 防冻剂的选用应符合下列规定：

1 在日最低气温为0～－5℃，混凝土采用塑料薄膜和保温材料覆盖养护时，可采用早强剂或早强减水剂；

2 在日最低气温为－5～－10℃、－10～－15℃、－15～－20℃，采用上款保温措施时，宜分别采用规定温度为－5℃、－10℃、－15℃的防冻剂；

3 防冻剂的规定温度为按《混凝土防冻剂》(JC 475)规定的试验条件成型的试件，在恒负温条件下养护的温度。施工使用的最低气温可比规定温度低5℃。

7.3.2 防冻剂运到工地(或混凝土搅拌站)首先应检查是否有沉淀、结晶或结块。检验项目应包括密度(或细度)，R_{-7}、R_{+28}抗压强度比，钢筋锈蚀试验。合格后方可入库、使用。

7.3.3 掺防冻剂混凝土所用原材料，应符合下列要求：

1 宜选用硅酸盐水泥、普通硅酸盐水泥。水泥存放期超过3个月时，使用前必须进行强度检验，合格后方可使用；

2 粗、细骨料必须清洁，不得含有冰、雪等冻结物及易冻裂的物质；

3 当骨料具有碱活性时，由防冻剂带入的碱含量、混凝土的总碱含量，应符合本规范第2.2.4条的规定；

4 储存液体防冻剂的设备应有保温措施。

7.3.4 掺防冻剂的混凝土配合比，宜符合下列规定：

1 含引气组分的防冻剂混凝土的砂率，比不掺外加剂混凝土的砂率可降低2%～3%；

2 混凝土水灰比不宜超过0.6，水泥用量不宜低于300kg/m^3，重要承重结构、薄壁结构的混凝土水泥用量可增加10%，大体积混凝土的最少水泥用量应根据实际情况而定。强度等级不大于C15的混凝土，其水灰比和最少水泥用量可不受此限制。

7.3.5 掺防冻剂混凝土采用的原材料，应根据不同的气温，按下列方法进行加热：

1 气温低于－5℃时，可用热水拌合混凝土：水温高于65℃时，热水应先与骨料拌合，再加入水泥；

2 气温低于－10℃时，骨料可移入暖棚或采取加热措施。骨料冻结成块时须加热，加热温度不得高于65℃，并应避免灼烧，用蒸汽直接加热骨料带入的水分，应从拌合水中扣除。

7.3.6 掺防冻剂混凝土搅拌时，应符合下列规定：

1 严格控制防冻剂的掺量；

2 严格控制水灰比，由骨料带入的水及防冻剂溶液中的水，应从拌合水中扣除；

3 搅拌前，应用热水或蒸汽冲洗搅拌机，搅拌时间应比常温延长50%；

4 掺防冻剂混凝土拌合物的出机温度，严寒地区不得低于15℃；寒冷地区不得低于10℃。入模温度，严寒地区不得低于10℃，寒冷地区不得低于5℃。

7.3.7 防冻剂与其他品种外加剂共同使用时，应先进行试验，满足要求方可使用。

7.3.8 掺防冻剂混凝土的运输及浇筑除应满足不掺外加剂混凝土的要求外，还应符合下列规定：

1 混凝土浇筑前，应清除模板和钢筋上的冰雪和污垢，不得用蒸汽直接融化冰雪，避免再度结冰；

2 混凝土浇筑完毕应及时对其表面用塑料薄膜及保温材料覆盖。掺防冻剂的商品混凝土，应对混凝土搅拌运输车罐体包裹保温外套。

7.3.9 掺防冻剂混凝土的养护，应符合下列规定：

1 在负温条件下养护时，不得浇水，混凝土浇筑后，应立即用塑料薄膜及保温材料覆盖，严寒地区应加强保温措施；

2 初期养护温度不得低于规定温度；

3 当混凝土温度降到规定温度时，混凝土强度必须达到受冻临界强度；当最低气温不低于－10℃时，混凝土抗压强度不得小于3.5MPa；当最低温度不低于－15℃时，混凝土抗压强度不得小于

4.0MPa；当最低温度不低于－20℃时，混凝土抗压强度不得小于5.0MPa；

4　拆模后混凝土的表面温度与环境温度之差大于20℃时，应采用保温材料覆盖养护。

7.4　掺防冻剂混凝土的质量控制

7.4.1　混凝土浇筑后，在结构最薄弱和易冻的部位，应加强保温防冻措施，并应在有代表性的部位或易冷却的部位布置测温点。测温测头埋入深度应为100～150 mm，也可为板厚的1/2或墙厚的1/2。在达到受冻临界强度前应每隔2h测温一次，以后应每隔6h测一次，并应同时测定环境温度。

7.4.2　掺防冻剂混凝土的质量应满足设计要求，并应符合下列规定：

1　应在浇筑地点制作一定数量的混凝土试件进行强度试验。其中一组试件应在标准条件下养护，其余放置在工程条件下养护。在达到受冻临界强度时，拆模前，拆除支撑前及与工程同条件养护28d、再标准养护28d均应进行试压。试件不得在冻结状态下试压，边长为100mm立方体试件，应在15～20℃室内解冻3～4h或应浸入10～15℃的水中解冻3h；边长为150mm立方体试件应在15～20℃室内解冻5～6h或浸入10～15℃的水中解冻6h，试件擦干后试压；

2　检验抗冻、抗渗所用试件，应与工程同条件养护28d，再标准养护28d后进行抗冻或抗渗试验。

8　膨胀剂

8.1　品种

8.1.1　混凝土工程可采用下列膨胀剂：

1　硫铝酸钙类；

2　硫铝酸钙-氧化钙类；

3　氧化钙类。

8.2　适用范围

8.2.1　膨胀剂的适用范围应符合表8.2.1的规定。

表8.2.1　膨胀剂的适用范围

用　　途	适　用　范　围
补偿收缩混凝土	地下、水中、海水中、隧道等构筑物，大体积混凝土(除大坝外)，配筋路面和板、屋面与厕浴间防水、构件补强、渗漏修补、预应力混凝土、回填槽等。
填充用膨胀混凝土	结构后浇带、隧洞堵头、钢管与隧道之间的填充等。
灌浆用膨胀砂浆	机械设备的底座灌浆、地脚螺栓的固定、梁柱接头、构件补强、加固等。
自应力混凝土	仅用于常温下使用的自应力钢筋混凝土压力管。

8.2.2　含硫铝酸钙类、硫铝酸钙-氧化钙类膨胀剂的混凝土(砂浆)不得用于长期环境温度为80℃以上的工程。

8.2.3　含氧化钙类膨胀剂配制的混凝土(砂浆)不得用于海水或有侵蚀性水的工程。

8.2.4　掺膨胀剂的混凝土适用于钢筋混凝土工程和填充性混凝土工程。

8.2.5　掺膨胀剂的大体积混凝土，其内部最高温度应符合有关标准的规定，混凝土内外温差宜小于25℃。

8.2.6　掺膨胀剂的补偿收缩混凝土刚性屋面宜用于南方地区，其设计、施工应按《屋面工程质量验收规范》GB 50207执行。

8.3　掺膨胀剂混凝土(砂浆)的性能要求

8.3.1　施工用补偿收缩混凝土，其性能应满足表8.3.1的要求，限制膨胀率与干缩率的检验应按附录B方法进行；抗压强度的试验应按《普通混凝土力学性能试验方法标准》GB/T 50081进行。

表 8.3.1 补偿收缩混凝土的性能

项目	限制膨胀率（$\times10^{-4}$）	限制干缩率（$\times10^{-4}$）	抗压强度（MPa）
龄期	水中 14d	水中 14d，空气中 28d	28d
性能指标	≥1.5	≤3.0	≥25

8.3.2 填充用膨胀混凝土：其性能应满足表 8.3.2 的要求，限制膨胀率与干缩率的检验应按附录 B 进行。

表 8.3.2 填充用膨胀混凝土的性能

项目	限制膨胀率（$\times10^{-4}$）	限制干缩率（$\times10^{-4}$）	抗压强度（MPa）
龄期	水中 14d	水中 14d，空气中 28d	28d
性能指标	≥2.5	≤3.0	≥30.0

8.3.3 掺膨胀剂混凝土的抗压强度试验应按《普通混凝土力学性能试验方法标准》GB/T 50081 进行。填充用膨胀混凝土的强度试件应在成型后第三天拆模。

8.3.4 灌浆用膨胀砂浆：其性能应满足表 8.3.4 的要求。灌浆用膨胀砂浆用水量按砂浆流动度 250±10mm 的用水量。抗压强度采用 40mm×40mm×160mm 试模，无振动成型，拆模、养护、强度检验应按《水泥胶砂强度检验方法（ISO 法）》GB/T 17671 进行，竖向膨胀率测定方法应按附录 C 进行。

表 8.3.4 灌浆用膨胀砂浆性能

流动度（mm）	竖向膨胀率（$\times10^{-4}$）		抗压强度（MPa）		
	3d	7d	1d	3d	28d
250	≥10	≥20	≥20	≥30	≥60

8.3.5 自应力混凝土：掺膨胀剂的自应力混凝土的性能应符合《自应力硅酸盐水泥》JC/T 218 的规定。

8.4 设计要求

8.4.1 掺膨胀剂的补偿收缩混凝土应在限制条件下使用，构造（温度）钢筋的设计和特殊部位的附加筋，应符合《混凝土结构设计规范》（GB 50010）规定。

8.4.2 墙体易于出现竖向收缩裂缝，其水平构造筋的配筋率宜大于 0.4%，水平筋的间距宜小于 150mm，墙体的中部或顶端 300～400mm 范围内水平筋间距宜为 50～100mm。

8.4.3 墙体与柱子连接部位宜插入长度 1 500～2 000mm、ϕ8～10mm 的加强钢筋，插入柱子 200～300mm，插入边墙 1 200～1 600mm，其配筋率应提高 10%～15%。

8.4.4 结构开口部位、变截面部位和出入口部位应适量增加附加筋。

8.4.5 楼板宜配置细而密的构造配筋网，钢筋间距宜小于 150mm，配筋率宜为 0.6%左右；现浇补偿收缩钢筋混凝土防水屋面应配双层钢筋网，构造筋间距宜小于 150mm，配筋率宜大于 0.5%。楼面和屋面后浇缝最大间距不宜超过 50m。

8.4.6 地下室和水工构筑物的底板和边墙的后浇缝最大间距不宜超过 60m，后浇缝回填时间应不少于 28d。

8.5 施工

8.5.1 掺膨胀剂混凝土所采用的原材料应符合下列规定：

1 膨胀剂：应符合《混凝土膨胀剂》JC 476 标准的规定；膨胀剂运到工地（或混凝土搅拌站）应进行限制膨胀率检测，合格后方可入库、使用；

2 水泥：应符合现行通用水泥国家标准，不得使用硫铝酸盐水泥、铁铝酸盐水泥和高铝水泥。

8.5.2 掺膨胀剂的混凝土的配合比设计应符合下列规定：

1 胶凝材料最少用量（水泥、膨胀剂和掺合料的总量）应符合表 8.5.2 的规定；

表 8.5.2 胶凝材料最少用量

膨胀混凝土种类	胶凝材料最少用量(kg/m^3)
补偿收缩混凝土	300
填充用膨胀混凝土	350
自应力混凝土	500

2 水胶比不宜大于 0.5；

3 用于有抗渗要求的补偿收缩混凝土的水泥用量应不小于 $320kg/m^3$，当掺入掺合料时，其水泥用量不应小于 $280kg/m^3$；

4 补偿收缩混凝土的膨胀剂掺量不宜大于 12%，不宜小于 6%；填充用膨胀混凝土的膨胀剂掺量不宜大于 15%，不宜小于 10%；

5 以水泥和膨胀剂为胶凝材料的混凝土。设基准混凝土配合比中水泥用量为 m_{C0}、膨胀剂取代水泥率为 K，膨胀剂用量 $m_E = m_{C0} \cdot K$、水泥用量 $m_C = m_{C0} - m_E$；

6 以水泥、掺合料和膨胀剂为胶凝材料的混凝土，设膨胀剂取代胶凝材料率为 K、设基准混凝土配合比中水泥用量为 $m_{C'}$ 和掺合料用量为 $m_{F'}$，膨胀剂用量 $m_E = (m_{C'} + m_{F'}) \cdot K$、掺合料用量 $m_F = m_{F'}(1-K)$、水泥用量 $m_C = m_{C'}(1-K)$。

8.5.3 其他外加剂用量的确定方法：膨胀剂可与其他混凝土外加剂复合使用，应有较好的适应性，膨胀剂不宜与氯盐类外加剂复合使用，与防冻剂复合使用时应慎重，外加剂品种和掺量应通过试验确定。

8.5.4 粉状膨胀剂应与混凝土其他原材料一起投入搅拌机，拌和时间应延长 30s。

8.5.5 混凝土浇筑应符合下列规定：

1 在计划浇筑区段内连续浇筑混凝土，不得中断；

2 混凝土浇筑以阶梯式推进，浇筑间隔时间不得超过混凝土的初凝时间；

3 混凝土不得漏振、欠振和过振；

4 混凝土终凝前，应采用抹面机械或人工多次抹压。

8.5.6 混凝土养护应符合下列规定：

1 对于大体积混凝土和大面积板面混凝土，表面抹压后用塑料薄膜覆盖，混凝土硬化后，宜采用蓄水养护或用湿麻袋覆盖，保持混凝土表面潮湿，养护时间不应少于 14d；

2 对于墙体等不易保水的结构，宜从顶部设水管喷淋，拆模时间不宜少于 3d，拆模后宜用湿麻袋紧贴墙体覆盖，并浇水养护，保持混凝土表面潮湿，养护时间不宜少于 14d；

3 冬期施工时，混凝土浇筑后，应立即用塑料薄膜和保温材料覆盖，养护期不应少于 14d。对于墙体，带模板养护不应少于 7d。

8.5.7 灌浆用膨胀砂浆施工应符合下列规定：

1 灌浆用膨胀砂浆的水料(胶凝材料+砂)比应为 0.14～0.16，搅拌时间不宜少于 3min；

2 膨胀砂浆不得使用机械振捣，宜用人工插捣排除气泡，每个部位应从一个方向浇筑；

3 浇筑完成后，应立即用湿麻袋等覆盖暴露部分，砂浆硬化后应立即浇水养护，养护期不宜少于 7d；

4 灌浆用膨胀砂浆浇筑和养护期间，最低气温低于 5℃时，应采取保温保湿养护措施。

8.6 混凝土的品质检查

8.6.1 掺膨胀剂的混凝土品质，应以抗压强度、限制膨胀率和限制干缩率的试验值为依据。有抗渗要求时，还应做抗渗试验。

8.6.2 掺膨胀剂混凝土的抗压强度和抗渗检验，应按《普通混凝土力学性能试验方法标准》GB/T 50081和《普通混凝土长期性能和耐久性能试验方法》GBJ 82 进行。

9 泵送剂

9.1 品种

9.1.1 混凝土工程中,可采用由减水剂、缓凝剂、引气剂等复合而成的泵送剂。

9.2 适用范围

9.2.1 泵送剂适用于工业与民用建筑及其他构筑物的泵送施工的混凝土;特别适用于大体积混凝土、高层建筑和超高层建筑;适用于滑模施工等;也适用于水下灌注桩混凝土。

9.3 施工

9.3.1 泵送剂运到工地(或混凝土搅拌站)的检验项目应包括 pH 值、密度(或细度)、坍落度增加值及坍落度损失。符合要求方可入库、使用。

9.3.2 含有水不溶物的粉状泵送剂应与胶凝材料一起加入搅拌机中;水溶性粉状泵送剂宜用水溶解后或直接加入搅拌机中,应延长混凝土搅拌时间 30s。

9.3.3 液体泵送剂应与拌合水一起加入搅拌机中,溶液中的水应从拌合水中扣除。

9.3.4 泵送剂的品种、掺量应按供货单位提供的推荐掺量和环境温度、泵送高度、泵送距离、运输距离等要求经混凝土试配后确定。

9.3.5 配制泵送混凝土的砂、石应符合下列要求:

1 粗骨料最大粒径不宜超过 40mm;泵送高度超过 50m 时,碎石最大粒径不宜超过 25mm;卵石最大粒径不宜超过 30mm;

2 骨料最大粒径与输送管内径之比,碎石不宜大于混凝土输送管内径的 1/3;卵石不宜大于混凝土输送管内径的 2/5;

3 粗骨料应采用连续级配,针片状颗粒含量不宜大于 10%;

4 细骨料宜采用中砂,通过 0.315mm 筛孔的颗粒含量不宜小于 15%,且不大于 30%,通过 0.160mm筛孔的颗粒含量不宜小于 5%。

9.3.6 掺泵送剂的泵送混凝土配合比设计应符合下列规定:

1 应符合《普通混凝土配合比设计规程》JGJ 55、《混凝土结构工程施工质量验收规范》GB 50204 及《粉煤灰混凝土应用技术规范》GBJ 146 等;

2 泵送混凝土的胶凝材料总量不宜小于 300kg/m^3;

3 泵送混凝土的砂率宜为 35%~45%;

4 泵送混凝土的水胶比不宜大于 0.6;

5 泵送混凝土含气量不宜超过 5%;

6 泵送混凝土坍落度不宜小于 100mm。

9.3.7 在不可预测情况下造成商品混凝土坍落度损失过大时,可采用后添加泵送剂的方法掺入混凝土搅拌运输车中,必须快速运转,搅拌均匀后,测定坍落度符合要求后方可使用。后添加的量应预先试验确定。

10 防水剂

10.1 品种

10.1.1 无机化合物类:氯化铁、硅灰粉末、锆化合物等。

10.1.2 有机化合物类:脂肪酸及其盐类、有机硅表面活性剂(甲基硅醇钠、乙基硅醇钠、聚乙基羟基硅氧烷)、石蜡、地沥青、橡胶及水溶性树脂乳液等。

10.1.3 混合物类:无机类混合物、有机类混合物、无机类与有机类混合物。

10.1.4 复合类:上述各类与引气剂、减水剂、调凝剂等外加剂复合的复合型防水剂。

10.2 适用范围

10.2.1 防水剂可用于工业与民用建筑的屋面、地下室、隧道、巷道、给排水池、水泵站等有防水抗渗要求的混凝土工程。

10.2.2 含氯盐的防水剂可用于素混凝土、钢筋混凝土工程，严禁用于预应力混凝土工程，并应符合本规范第6.2.3条、第6.2.4条、第6.2.5条的规定；其掺量应符合本规范第6.3.2条的规定。

10.3 施工

10.3.1 防水剂进入工地(或混凝土搅拌站)的检验项目应包括pH值、密度(或细度)、钢筋锈蚀，符合要求方可入库、使用。

10.3.2 防水混凝土施工应选择与防水剂适应性好的水泥。一般应优先选用普通硅酸盐水泥，有抗硫酸盐要求时，可选用火山灰质硅酸盐水泥，并经过试验确定。

10.3.3 防水剂应按供货单位推荐掺量掺入，超量掺加时应经试验确定，符合要求方可使用。

10.3.4 防水剂混凝土宜采用5～25mm连续级配石子。

10.3.5 防水剂混凝土搅拌时间应较普通混凝土延长30s。

10.3.6 防水剂混凝土应加强早期养护，潮湿养护不得少于7d。

10.3.7 处于侵蚀介质中的防水剂混凝土，当耐腐蚀系数小于0.8时，应采取防腐蚀措施。防水剂混凝土结构表面温度不应超过100℃，否则必须采取隔断热源的保护措施。

11 速凝剂

11.1 品种

11.1.1 在喷射混凝土工程中可采用的粉状速凝剂：以铝酸盐、碳酸盐等为主要成分的无机盐混合物等。

11.1.2 在喷射混凝土工程中可采用的液体速凝剂：以铝酸盐、水玻璃等为主要成分，与其他无机盐复合而成的复合物。

11.2 适用范围

速凝剂可用于采用喷射法施工的喷射混凝土，亦可用于需要速凝的其他混凝土。

11.3 施工

11.3.1 速凝剂进入工地(或混凝土搅拌站)的检验项目应包括密度(或细度)、凝结时间、1d抗压强度，符合要求方可入库、使用。

11.3.2 喷射混凝土施工应选用与水泥适应性好、凝结硬化快、回弹小、28d强度损失少、低掺量的速凝剂品种。

11.3.3 速凝剂掺量一般为2%～8%，掺量可随速凝剂品种、施工温度和工程要求适当增减。

11.3.4 喷射混凝土施工时，应采用新鲜的硅酸盐水泥、普通硅酸盐水泥、矿渣硅酸盐水泥，不得使用过期或受潮结块的水泥。

11.3.5 喷射混凝土宜采用最大粒径不大于20mm的卵石或碎石，细度模数为2.8～3.5的中砂或粗砂。

11.3.6 喷射混凝土的经验配合比为：水泥用量约400kg/m^3，砂率45%～60%，水灰比约为0.4。

11.3.7 喷射混凝土施工人员应注意劳动防护和人身安全。

附 录 A
混凝土外加剂对水泥的适应性检测方法

A.0.1 本检测方法适用于检测各类混凝土减水剂及与减水剂复合的各种外加剂对水泥的适应性，也可用于检测其对矿物掺合料的适应性。

A.0.2 检测所用仪器设备应符合下列规定：

1 水泥净浆搅拌机；

2 截锥形圆模：上口内径 36 mm，下口内径 60 mm，高度 60 mm，内壁光滑无接缝的金属制品；

3 玻璃板：400 mm×400 mm×5 mm；

4 钢直尺：300 mm；

5 刮刀；

6 秒表，时钟；

7 药物天平：称量 100 g；感量 1 g；

8 电子天平：称量 50 g；感量 0.05 g。

A.0.3 水泥适应性检测方法按下列步骤进行：

1 将玻璃板放置在水平位置，用湿布将玻璃板、截锥圆模、搅拌器及搅拌锅均匀擦过，使其表面湿而不带水滴；

2 将截锥圆模放在玻璃板中央，并用湿布覆盖待用；

3 称取水泥 600 g，倒入搅拌锅内；

4 对某种水泥需选择外加剂时，每种外加剂应分别加入不同掺量；对某种外加剂选择水泥时，每种水泥应分别加入不同掺量的外加剂。对不同品种外加剂，不同掺量应分别进行试验；

5 加入 174 g 或 210 g 水(外加剂为水剂时，应扣除其含水量)，搅拌 4 min；

6 将拌好的净浆迅速注入截锥圆模内，用刮刀刮平，将截锥圆模按垂直方向提起，同时，开启秒表计时，至 30 s 用直尺量取流淌水泥净浆互相垂直的两个方向的最大直径，取平均值作为水泥净浆初始流动度。此水泥净浆不再倒入搅拌锅内；

7 已测定过流动度的水泥浆应弃去，不再装入搅拌锅中。水泥净浆停放时，应用湿布覆盖搅拌锅；

8 剩留在搅拌锅内的水泥净浆，至加水后 30、60 min，开启搅拌机，搅拌 4 min，按本规范第 A.0.3-6 方法分别测定相应时间的水泥净浆流动度。

A.0.4 测试结果应按下列方法分析：

1 绘制以掺量为横坐标，流动度为纵坐标的曲线。其中饱和点(外加剂掺量与水泥净浆流动度变化曲线的拐点)外加剂掺量低、流动度大，流动度损失小的外加剂对水泥的适应性好。

2 需注明所用外加剂和水泥的品种、等级、生产厂，试验室温度、相对湿度等。如果水灰比(水胶比)与本规定不符，也需注明。

附 录 B
补偿收缩混凝土的膨胀率及干缩率的测定方法

B.0.1 本测定方法适用于测定掺膨胀剂混凝土的限制膨胀率及限制干缩率。

B.0.2 测定补偿收缩混凝土纵向限制膨胀率和纵向限制收缩率所用仪器，应符合以下规定：

1 试模规格为 100 mm×100 mm×400 mm。试件全长为 355 mm，其中混凝土部分为 100 mm×100 mm×300 mm，试件中间埋入一个纵向限制器具。

2 纵向限制器具装置(见附图 B-1)所用的钢筋和钢板,应符合下列要求:

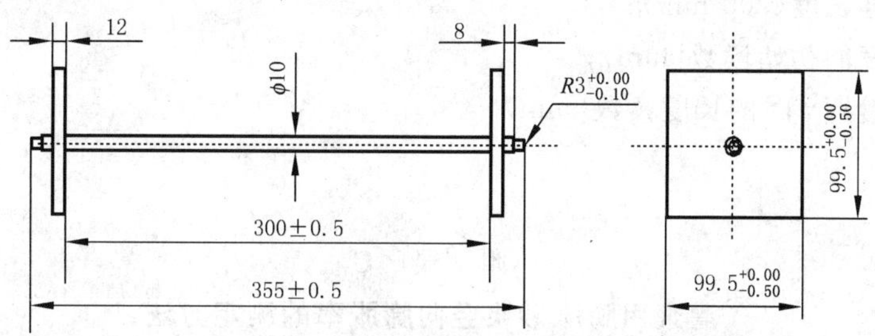

附图 B-1 纵向限制器

1)钢筋采用《钢筋混混凝土用热轧带肋钢筋》(GB 1499)中规定的钢筋,公称直径 10 mm,公称横截面面积 78.54 mm^2,钢筋两侧焊 12 mm 厚的钢板,材质符合《碳素结构钢》(GB 700)技术要求,钢筋两端点各 7.5 mm 范围内为黄铜,测头呈球面状,半径为 3 mm;

2)钢板与钢筋焊接处的焊接强度,不应低于 260 MPa;

3)纵向限制器具一般检验可重复使用三次,仲裁检验只允许使用一次,如骨架变形或焊缝开裂应废弃。

3 测量仪器精度为 0.001 mm 的专用测长仪器,附图 B-2 是混凝土膨胀、收缩测量仪示意图。

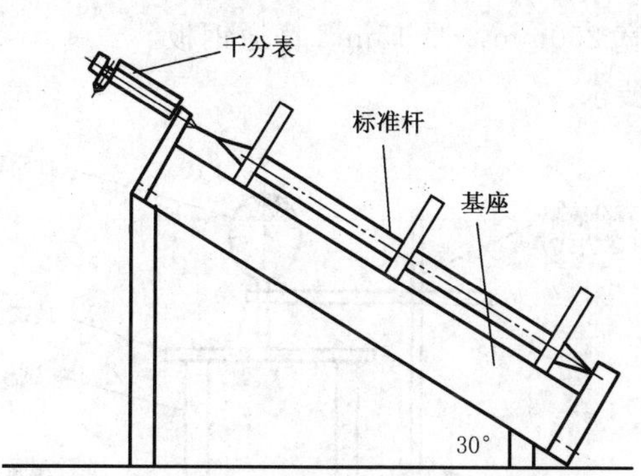

附图 B-2 补偿收缩混凝土膨胀、收缩测量仪示意图

B.0.3 补偿收缩混凝土纵向限制膨胀率和纵向限制收缩率的试验,可按下列步骤进行:

1 试件制作:先把纵向限制器具放入 100 mm×100 mm×400 mm 的试模中,然后将混凝土一次装入试模,把试模放在振动台上振动至表面呈现水泥浆、不泛气泡为止,刮去多余的混凝土并抹平;然后把试件置于温度为(20±2)℃的标准养护室内养护,试件表面用塑料布或湿布覆盖,防止水分蒸发;

2 当补偿收缩混凝土抗压强度达到 3~5 MPa 时拆模(一般为成型后 12~16 h),测量试件初始长度;

3 测量前 3h,将测长仪、标准杆放在测量室内,用标准杆校正测长仪。测量前,将试体测头及测量仪测头擦净。测量时,将记有编号的一面朝上,面向测量者,其方向和位置要固定一致,不得随意变动,使纵向限制器测头与测量仪测头正确接触,读数应精确至 0.001 mm。试件测定时间应为规定龄期±1 h。每个试件长度,应重复测量三次,取其稳定值;

4 将测定初始长度后的试件浸入(20±2)℃的水中养护,分别测定 3 d、7 d、14 d 的长度,然后移入室温为(20±2)℃相对湿度为(60±5)%的恒温恒湿箱或恒温恒湿室内养护,分别测定 28 d、42 d 的长度;上述测长龄期,一律从成型日算起;

5 每组成型的三个试件,取其算术平均值作为长度变化。计算应精确至小数点后第三位。

B.0.4 补偿收缩混凝土的纵向限制膨胀率和纵向限制干缩率按下式计算:

$$\varepsilon_t=\frac{L_t-L_0}{L}\times 100 \tag{附 B-1}$$

式中：ε_t——试件在龄期 t 时的纵向限制膨胀率或纵向限制干缩率，(%)；

L——试件基准长度(300 mm)；

L_0——试件长度的初始读数(mm)；

L_t——试件在龄期 t 时的长度读数(mm)。

附　录　C
灌浆用膨胀砂浆竖向膨胀率的测定方法

C.0.1 本试验方法适用于灌浆用膨胀砂浆的竖向膨胀率的测定。

C.0.2 测试仪器工具应符合下列规定：

1 百分表：量程 10 mm；

2 百分表架：磁力表架；

3 玻璃板：长 140 mm×宽 80 mm×厚 5 mm；

4 试模：100 mm×100 mm×100 mm 立方体试模的拼装缝应填入黄油，不得漏水；

5 铲勺：宽 60 mm，长 160 mm；

6 捣板：可钢锯条代用；

7 钢垫板：长 250 mm×宽 250mm×厚 15mm 普通钢板。

C.0.3 仪表安装应满足下列要求

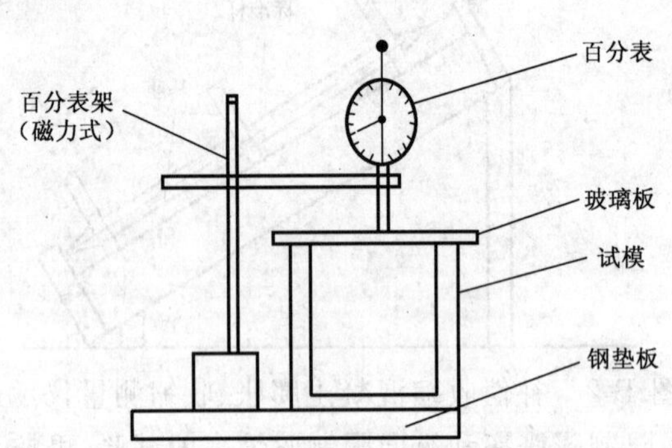

附图 C　竖向膨胀率装置示意图

1 钢垫板：表面平装，水平放置在工作台上，水平度不应超过 0.02；

2 试模：放置在钢垫板上，不可摇动；

3 玻璃板：平放在试模中间位置。其左右两边与试模内侧边留出 10 mm 空隙；

4 百分表：百分表与百分表架卡头固定牢靠。但表杆能够自由升降。安装百分表时，要下压表头，使表针指到量程的 1/2 处左右。百分表不可前后左右倾斜；

5 百分表架固定在钢垫板上，尽量靠近试模，缩短横杆悬臂长度。

C.0.4 灌浆操作应按下列步骤进行：

1 灌浆料用水量按流动度为 250±10 mm 的用水量；

2 灌浆料加水搅拌均匀后立即灌模。从玻璃板的一侧灌入。当灌到 50 mm 左右高度时，用捣板在试模的每一侧插捣 6 次，中间部位也插捣 6 次。灌到 90 mm 高度时，和前面相同再做插捣，尽量排出气体。最后一层灌浆料要一次灌至两侧流出灌浆料为止。要尽量减少灌浆料对玻璃板产生的向上冲浮作用；

3 玻璃板两侧灌浆料表面，用小刀轻轻抹成斜坡，斜坡的高边与玻璃相平。斜坡的低边与试模内侧顶面相平。抹斜坡的时间不应超过 30s。成型温度、养护温度均为(20±3)℃；

4 做完斜坡，把百分表测量头垂放在玻璃板上，在 30 s 内记录百分表读数 h_0。为初始读数；

5 测定初始读数后 30 s 内，玻璃板两侧灌浆料表面盖上二层湿棉布；

6 从测定初始读数起，每隔 2 h 浇水 1 次。连续浇水 4 次。以后每隔 4 h 浇水 1 次。保湿养护至要求龄期，测定 3 d、7 d 试件高度读数；

7 从测量初始读数开始，测量装置和试件应保持静止不动，并不受振动。

C.0.5 竖向膨胀率应按下式进行计算：

$$\varepsilon_t = \frac{h_t - h_0}{h} \times 100 \tag{附 C-1}$$

式中：ε_t——竖向膨胀率；

h_0——试件高度的初始读数(mm)；

h_t——试件龄期为 t 时的高度读数(mm)；

h——试件基准高度 100(mm)。

试验结果取一组三个试件的算术平均值，计算精确至 10^{-2}。

本规范用词用语说明

1 为便于在执行本规范条文时区别对待，对于要求严格不同的用词、用语说明如下：

1）表示很严格，非这样不可的用词：

正面词采用“必须”；

反面词采用“严禁”。

2）表示严格，在正常情况下均应这样作的用词：

正面词采用“应”；

反面词采用“不应”或“不得”。

3）表示允许稍有选择，在条件许可时，首先应这样作的用词：

正面词采用“宜”；反面词采用“不宜”。

表示有选择，在一定条件下可以这样做的，采用“可”。

2 条文中指明必须按其他有关标准和规范执行的写法为“应按……执行”或“应符合……要求规定”。

中华人民共和国国家标准

混凝土外加剂应用技术规范

GB 50119—2003

条 文 说 明

1 总则

1.0.1 混凝土外加剂可改善新拌混凝土的和易性、调节凝结时间、改善可泵性、改变硬化混凝土强度发展速率、提高耐久性。但选择及使用不当也会带来麻烦或造成工程质量问题，为正确选用外加剂，达到预期的效果制订本规范。

1.0.2 本修订规范，除对原规范中的10种外加剂的应用技术予以修订外，又增加制定了缓凝高效减水剂、泵送剂、防水剂及速凝剂的应用技术，使目前已有产品质量标准的14种混凝土外加剂均有了应用技术，为全面控制外加剂混凝土的质量提供了可靠的保证。

1.0.3 混凝土施工中掺入的外加剂的首要条件是应满足相应的产品质量标准，外加剂产品应当满足的质量标准有：《混凝土外加剂》CB 8076、《混凝土泵送剂》JC 473、《砂浆、混凝土防水剂》JC 474、《混凝土防冻剂》JC 475、《混凝土膨胀剂》JC 476 及《喷射混凝土用速凝剂》JC 477、《混凝土外加剂中释放氨的限量》CB 18588。

外加剂混凝土施工应用中还应符合有关的国家现行标准，如《混凝土结构工程施工质量验收规范》GB 50204、《混凝土质量控制标准》GB 50164、《预拌混凝土》GB 14902、《混凝土泵送施工技术规程》JCJ/T 10、《混凝土结构设计规范》GBJ 1089、《普通混凝土配合比设计规程》JGJ 55、《建筑工程冬期施工规程》JGJ 104 等。

2 基本规定

本章从外加剂的选择，外加剂掺量及外加剂的质量控制三个方面分别予以叙述，从而条理清晰，便于施工应用。

2.1 外加剂的选择

2.1.1 各种外加剂都有其特性，如改善混凝土和易性、调节凝结时间、提高强度、改善耐久性等。使用者应根据外加剂的特点，结合使用目的，如节约水泥、改善混凝土性能、加快模板周转等综合指标来考虑，即通过技术、经济比较来确定外加剂的使用品种。

2.1.2 此条是新增条款，特别强调混凝土中严禁使用对人体产生危害、对环境产生污染的外加剂。此条涉及到外加剂使用中对人体健康、对环境保护的要求，此条为强制性条文。

外加剂材料组成中有的是工业副产品、废料，有的可能是有毒的，有的会污染环境。如某些早强剂、防冻剂中含有有毒的重铬酸盐、亚硝酸盐，有的使洗刷混凝土搅拌机排出的水污染周围环境。又如以尿素为主要成分的防冻剂，在建筑物使用中有氨气逸出，污染环境、危害人体健康。因此要求外加剂在混凝土生产和使用过程中不能损害人体健康、污染环境。

2.1.3 此条着重强调外加剂对水泥的适应性问题。在混凝土材料中水泥对外加剂混凝土性能影响最大。以减水剂而言，不同减水剂品种对水泥的分散、减水、增强效果不同；对于同一种减水剂由于水泥矿物组成、混合材料品种和掺量、含碱量、石膏品种和掺量等不同，其减水增强效果差别很大。

水泥的矿物组成中 C_3S 和 C_3A 对水泥水化速度和强度的发挥起决定作用。减水剂加入到水泥——水系统后，首先被 C_3A 吸附。在减水剂掺量不变的条件下，C_3A 含量高的水泥，由于被 C_3A 吸附量大，必然使得用于分散 C_3S 和 C_2S 等其他组分的量显著减少，因此 C_3A 含量高的水泥减水效果差。

如果水泥熟料中的碱含量过高，就会使水泥凝结时间缩短，使其流动度降低。

混合材料对减水增强也有影响，掺矿渣混合材料的水泥加减水剂后效果一般较好。

用硬石膏或工业副产石膏（如氟石膏、磷石膏）作调凝剂的水泥，对不同种类的减水剂使用效果不同，如木钙、糖蜜缓凝剂掺入用硬石膏作调凝剂的水泥后会出现速凝、不减水等现象，在使用中必须注意。

其他如水泥细度、温度等也影响减水剂的减水增强效果。

对于掺早强剂、防冻剂的混凝土来说，应优先采用早期强度发展快的水泥，以提早达到所要求的强度。对于掺膨胀剂混凝土来说，同一掺量、同一种膨胀剂，膨胀率随水泥中铝酸盐矿物、三氧化硫含量的提高而增大。

综上所述，工程选用外加剂时，应根据工程材料及施工条件通过试验选定。

2.1.5　此条提出外加剂复合使用时，应注意其相容性及对混凝土性能的影响。由于使用单位不知道外加剂原材料的组成，因此将几种外加剂复合使用时会产生某些组分超出规定的允许掺量范围，配制水剂溶液，会产生絮凝、沉淀或化学反应等问题。因此应使用已复配好的外加剂，如使用单位自行将几种外加剂复合使用，必须通过试验，以保证混凝土质量。

2.2　外加剂掺量

2.2.1　外加剂的掺量应以胶凝材料重量的百分率表示。近年来，混凝土除水泥作为胶凝材料外，尚有粉煤灰、沸石粉、硅粉等作为胶凝材料，因此外加剂的掺量应考虑这些胶结料的影响。

2.2.2　外加剂掺量应按推荐掺量、使用要求、施工条件、原材料等因素通过试验确定。

使用要求指的是工程的使用要求，如早强还是缓凝，节约水泥还是改善性能等。施工条件指的是现场工地条件，如当时的气温，保温养护措施，地上施工还是地下施工，以及工地的管理操作水平。混凝土原材料的变化较大，原材料的改变对外加剂的影响效果也不一样。以上条件的变化都将影响外加剂的使用效果，因此工程确定使用外加剂品种后，应通过试验确定掺量。

2.2.3　当外加剂中含有氯离子，硫酸根离子时，应符合本规范及有关标准的规定，以保证混凝土工程质量。

2.2.4　潮湿环境中的混凝土，当使用碱活性骨料时，混凝土含碱量越大，碱-骨料反应产生的危害越大。在许多国家的标准中，均规定了混凝土碱含量的限值，一般要求每立方米混凝土含碱量小于 3 kg，对于重要工程小于 2.5 kg，外加剂是混凝土中碱的重要来源，限制外加剂的碱含量是降低混凝土碱含量的重要措施。

北京市城乡建设委员会于 1995 年 1 月作出如下规定：凡桥梁、地下铁道、人防、自来水厂、大型水池、承压输水管、水坝、梁基础、桩基等地下结构以及经常处于潮湿环境的建筑结构工程（包括建筑物），必须选用低碱外加剂，每立方米混凝土因掺用外加剂带入的碱含量不得超过 1 kg。

参照国外及北京市的规定，本规范规定当混凝土处于潮湿环境，骨料具有碱活性时，每立方米混凝土因掺用外加剂带入的碱含量不得超过 1 kg。

2.3　外加剂的质量控制

这是新增的一节。

2.3.1　外加剂供货单位应提供必要的技术资料。

2.3.2　进入工地或混凝土搅拌站的外加剂，应进行必要的简单快捷项目的检测，以确保外加剂的质量与其试配选用时一致。

2.3.3　规定了外加剂存放的标识要求。

2.3.4　规定了外加剂出现结块（或沉淀）时应如何使用的问题。

粉状外加剂受潮后结块，有的粉碎后不影响性能，仍可使用。但有的外加剂结块后不能粉碎，或影响性能，如膨胀剂受潮要影响其膨胀性。因此外加剂受潮结块后能否使用应通过试验而定，并且应满足一定的粒度要求。液体外加剂长期储存，有的会产生沉淀，使用时应上下搅拌均匀，有的会污染变质应测定密度及其性能，合格后方可使用。

2.3.5　提出了对外加剂配料的要求，以确保掺量的准确性。

3　普通减水剂及高效减水剂

3.1　品种

3.1.1　木质素磺酸盐类及丹宁，减水率约为5%～10%，一般为普通减水剂。有的高效减水剂掺量减少也只能达到普通减水剂的效果。

3.1.2　多环芳香族磺酸盐类、水溶性树脂磺酸盐类、脂肪族类及其他类型的诸如：改性木质素磺酸钙、改性丹宁减水率应在12%以上，一般为高效减水剂。

3.2　适用范围

3.2.1　减水剂一般不含氯盐，因此适用于素混凝土、钢筋混凝土及预应力混凝土。

3.2.2　混凝土拌合物的凝结时间、硬化速度和早期强度的发展与养护温度有密切关系。随着温度的降低，凝结时间延长，硬化速度减慢，早期强度低。

温度对掺减水剂混凝土凝结时间的影响在20℃以下较显著。在10℃时，掺高效减水剂与普通减水剂的凝结时间比不掺减水剂的略有延缓。

低温养护时，普通减水剂早期强度低，仅为不掺减水剂混凝土强度的70%～80%，因此有早强要求的混凝土应考虑温度影响，不宜单独使用普通减水剂，在日最低气温5℃以上使用较合适。

普通减水剂的引气量较大，并具有缓凝性，浇筑后需要较长时间才能形成一定的结构强度，所以用于蒸养混凝土必须延长静停时间，或减少掺量，否则蒸养后混凝土容易产生微裂缝，表面酥松、起鼓及肿胀等质量问题。因此普通减水剂不宜单独用于蒸养混凝土。

掺高效减水剂混凝土，混凝土强度值虽然也随着温度降低而降低，但在5℃养护条件下，3 d强度增长率仍然较高，因此高效减水剂可用于日最低气温0℃以上施工的混凝土。

高效减水剂混凝土，一般引气量较低，缓凝性较小，用于蒸养混凝土不需要延长静停时间，在实际工程中已大量应用，一般比不掺减水剂混凝土可缩短蒸养时间1/2以上。

3.2.3　用硬石膏或工业副产石膏作调凝剂的水泥，在掺用木质素磺酸盐减水剂时会引起异常凝结，应先做水泥适应性试验。

3.3　施工

3.3.1　进入工地减水剂应检测其密度(或细度)、减水率以确保减水剂的质量。

3.3.2　减水剂的常用掺量，是根据试验结果和综合考虑技术经济效果而提出的。试验结果证明，随着减水剂掺量增加，混凝土的凝结时间延长，尤其是木质素类减水剂超过适宜掺量时，强度值随之降低，而减水率增高幅度不大，有时会使混凝土较长时间不结硬而影响施工。对高效减水剂来说，过量掺入会出现泌水。

3.3.3、3.3.4　减水剂的掺加方法，采用干粉加入搅拌机中，由于减水剂的掺量很小，在拌合物中分散不匀，会影响混凝土的质量，尤其是木质素磺酸盐类减水剂会造成个别部位长期不凝的工程质量事故。如果用干掺法，减水剂应有载体分散或延长搅拌时间，保证混凝土搅拌均匀。采用溶液掺加时，配制减水剂溶液的水必须从拌合水中扣除，以保证准确的水灰比。为了减少塌落度损失，使减水剂更有效地发挥作用，可采用后掺法。对高效减水剂，掺加方法不同，效果也不同。后掺法将使混凝土的和易性及强度比同掺法优越。当采用搅拌运输车运送混凝土时，减水剂可在卸料前2 min加入搅拌运输车，并加快搅拌运输车转速，拌匀后出料，效果较好。

3.3.5　根据工程需要，为满足混凝土多种性能要求，常需用复合减水剂。在配制复合减水剂时，应注意各种外加剂的相容性，若将粉剂复合减水剂配制成溶液时如有絮凝状或沉淀等现象产生，应分别配制溶液，分别加入搅拌机中。

3.3.6　掺减水剂混凝土，要避免水分蒸发，加强养护。采用蒸养时，应通过试验确定蒸养制度。

4 引气剂及引气减水剂

4.1 品种

4.1.1 烷基磺酸盐及烷基苯磺酸盐合成高分子引气剂及松香树脂、脂肪醇磺酸盐引气剂已在工程中广泛应用。

皂甙类引气剂开发至今已有十余年。其水溶性好,且易与其他减水剂、高效减水剂等复合使用,可大大提高混凝土抗冻融性,也已应用于各类混凝土工程中。

4.1.2 由引气剂与减水剂复合而成的引气减水剂被广泛用于混凝土工程中。

4.2 适用范围

4.2.1 引气剂能经济有效地改善新拌混凝土的和易性及黏聚力。特别是对水泥用量少或骨料表面粗糙的混凝土效果更显著,如贫混凝土、机制砂混凝土、轻骨料混凝土。引气剂可以提高硬化混凝土抗冻融能力,在水工工程中规定,有抗冻融要求的混凝土必须适当引气。引气剂可提高混凝土抗渗性,适用于抗硫酸盐混凝土、抗渗混凝土。公路路面使用氯化钙、氯化钠除冰时,这种混凝土必须掺入引气剂。掺入引气剂的混凝土,由于和易性好,易于抹面,能使混凝土表面光洁。因此有饰面要求的混凝土也宜掺加引气剂。

4.2.2 引气剂一般会降低混凝土的强度,对强度要求高的混凝土一般不宜使用。由于掺入引气剂,混凝土的含气量增大,因此不宜用于蒸养混凝土及预应力混凝土。

4.3 施工

4.3.1 规定了进入工地外加剂的检验项目,以保证使用的外加剂的同一性。

4.3.2 引气剂和引气减水剂的掺量是根据混凝土含气量而定的,混凝土的含气量又是根据工程要求确定的,因此应根据含气量的需要,来调整引气剂掺量。

掺引气剂混凝土的含气量与骨料粒径有关,振捣后含气量会减少,表1为美国推荐的混凝土含气量,可供使用时参考。此外,有关国家对掺引气剂后混凝土含气量也有规定,见表2。

表1 美国推荐混凝土含气量参考表

骨料最大粒径 (mm)	拌合后的含气量 (%)	振捣后的含气量 (%)	不掺引气剂的含气量 (%)
10	8.0	7.0	3.0
15	7.0	6.0	2.5
20	6.0	5.0	2.0
25	5.0	4.5	1.5
40	4.5	4.0	1.0
50	4.0	3.5	0.5
80	3.5	3.0	0.3
150	3.0	2.5	0.2

表 2　一些国家对引气剂混凝土含气量的规定

国　家	含　气　量
比　利　时	≥(R+2.5)%
法　　国	采用 N 时≥(R+2)% 采用 M 时≤(R+4)%
以　色　列	≥(R+4)%,≤(R+6)%
意　大　利	≥(R+3)%
英　　国	≥4%,≤6%
注:R—基准混凝土含气量;N—推荐的引气剂标准剂量; M—推荐的引气剂最大剂量。	

4.3.3　引气剂一般掺量都较小,为了搅拌均匀,使用前应配成适当浓度的稀溶液,溶液浓度根据使用情况而定。

4.3.4　多数引气剂要用热水溶解;在冷水溶解时若产生絮凝或沉淀,可加热使其溶解。

4.3.5　引气剂与早强剂、防冻剂复合,若产生不相容现象,应分别配制、分别加入搅拌机。

4.3.6　影响混凝土含气量的因素很多,在材料方面如水泥品种、用量、细度及碱含量,混合材品种、用量,骨料的类型、最大粒径及级配,水的硬度,与其复合使用的外加剂品种;施工条件方面如搅拌机的类型、状态、搅拌量、搅拌速度、持续时间、振捣方式以及环境温度等。因此应根据这些情况的变化增减引气剂的掺量。在任何情况下,均应采用现场的材料和配合比,与现场环境相同的条件下进行试拌试验。同时应注意由于含气量增大而引起混凝土拌合物体积的增大,设计时应根据混凝土表观密度或含气量来调整配合比,以避免每立方米混凝土中水泥用量不足。

近年来,混凝土新技术及新工艺:如高性能混凝土、商品混凝土、泵送混凝土等已在工程中大量应用。为制备性能优异的混凝土,在掺外加剂的同时掺加矿物掺合料,为获得所需的含气量应增大引气剂的掺量,尤以掺加粉煤灰为最显著。

4.3.7　混凝土实际含气量应为入模经振捣后的含气量。混凝土经运输、浇筑、振捣等含气量将减少1/4～1/3。但入模后的含气量测定困难,因此规定在搅拌机卸料口取样检测,但也应考虑浇筑、振捣产生的含气量损失,卸料口测定的含气量值应大于实际需要的含气量值。对含气量要求严格的混凝土,施工中应定期测定含气量以便随时调整,确保工程质量。

4.3.8　引气剂及引气减水剂混凝土必须采用机械搅拌,混凝土含气量随搅拌时间长短而发生变化,搅拌 1～2 min 时含气量急剧增加,3～5 min 时增至最大,此后又趋于减少,因此搅拌时间 3～5 min 较合适。

用振动台或平板振捣器振捣,混凝土含气量损失小;用插入式振捣含气量损失大,并随振动频率提高或振动时间延长而损失增大,因此规定振动时间不宜超过 20 s。

5　缓凝剂、缓凝减水剂及缓凝高效减水剂

5.1　品种

5.1.1　在混凝土工程中,常用糖蜜或糖钙、木质素磺酸钙、柠檬酸、磷酸盐等或与其他表面活性剂等复合成的缓凝减水剂,以延长混凝土的凝结时间,其应用已有数年乃至数十年的历史,在大体积混凝土工程及水电站的主体大坝工程中,尤以木钙及糖钙类缓凝剂用量最多。缓凝剂及缓凝减水剂不仅能使混凝土的凝结时间延长,而且还能降低混凝土的早期水化热,降低混凝土最高温升,这对于减少温度裂缝、减少温控措施费用、降低工程造价、提高工程质量都有显著的作用。

5.1.2 由缓凝组分与高效减水剂复合而成的为缓凝高效减水剂。

5.2 适用范围

5.2.1 缓凝剂及缓凝减水剂的主要作用是延长混凝土的凝结时间，其缓凝效果因品种及掺量而异，在推荐掺量范围内，柠檬酸延缓混凝土凝结时间一般约为 8～19 h，氯化锌延缓 10～12 h；而糖蜜缓凝剂仅延缓 2～4 h；木钙延缓 2～3 h。

由于缓凝剂及缓凝减水剂能延缓混凝土的凝结时间，并能降低早期水泥水化热，因而可用于炎热气候条件下施工的混凝土；大体积混凝土；大面积浇筑的混凝土；连续浇筑避免冷缝出现的混凝土；需较长时间停放或长距离运输的混凝土；自流平免振混凝土；滑模施工或拉模施工的混凝土及其他需要延缓凝结时间的混凝土。缓凝高效减水剂是获得高性能混凝土的重要技术途径；缓凝高效减水剂对水泥有强烈的分散作用，因此对水泥和混凝土的减水增强效果十分显著；由于缓凝组分的存在，可延长混凝土的凝结时间，降低硬化过程中水泥水化时的放热速度和热量，避免温度应力引发的混凝土裂缝；还可控制混凝土塌落度损失，使混凝土在所需要的时间内具有良好的流动性和可泵性，从而满足泵送施工及高强高性能混凝土的要求。

5.2.2 掺缓凝剂、缓凝减水剂及缓凝高效减水剂的混凝土随气温的降低早期强度也降低，因此不适宜用于5℃以下的混凝土施工。因为早期强度增长慢达到蒸养所需结构强度的静停时间长，因此也不适宜用于有早强要求的混凝土及蒸养混凝土。

5.2.3 羟基羧酸及其盐类的缓凝剂（如柠檬酸、酒石酸钾钠等）的主要作用是延缓混凝土的凝结时间，但同时也会增加混凝土的泌水率，影响混凝土的和易性，特别是水泥用量低、水灰比大的混凝土尤为显著。为了防止因泌水离析现象加剧而导致混凝土的和易性、抗渗性等性能的下降，故在水泥用量低或水灰比大的混凝土中不宜单独使用。

5.2.4 用硬石膏或工业副产石膏作调凝剂的水泥，掺用糖蜜及木钙类等缓凝剂会引起速凝，使用前应做水泥适应性试验。

5.2.5 缓凝剂及缓凝减水剂产品标明的缓凝时间是按照 GB 8076—97 的试验方法，其试验环境温度20±3℃得出的结果，当实际施工环境温度高于或低于试验温度时，其缓凝效果有很大的差异，一般温度较低时，缓凝效果增大，而当温度较高时有的缓凝剂缓凝效果低，甚至失去缓凝效果。

5.3 施工

5.3.1 规定了进入工地缓凝剂、缓凝减水剂及缓凝高效减水剂的检验项目。

5.3.2 由于缓凝剂、缓凝减水剂及缓凝高效减水剂的品种不同，其缓凝效果也不同，所以应根据使用条件和目的选择品种，并进行试验以确定其适宜的掺量。

5.3.3 缓凝剂、缓凝减水剂及缓凝高效减水剂一般掺量较小，为胶凝材料质量的千分之几，因此以配成溶液掺加较好，以易于控制掺量的准确性，溶液中所含的水分须从拌合水中扣除。对于不溶于水的缓凝剂或缓凝减水剂应以干粉掺入到混凝土拌合料中并延长搅拌时间 30 s。

5.3.4 掺缓凝剂、缓凝减水剂及缓凝高效减水剂的混凝土早期强度较低，开始浇水养护的时间也应适当推迟。当施工气温较低时，可覆盖塑料薄膜或保温材料养护，在施工气温较高又风力较大时，应在平仓后立即覆盖混凝土表面，以防止水分蒸发产生混凝土塑性裂缝，并始终保持混凝土表面湿润，直至养护龄期结束。

6 早强剂及早强减水剂

6.1 品种

6.1.1 原规范中将早强剂分为氯盐类、硫酸盐类、有机胺类及其他 4 类，无机盐占绝大部分。十几年来早强剂组分在有机物类和无机盐类中已经大大扩展，原有分类方法不能准确反映实际情况，因此改为强电解质无机盐类、水溶性有机化合物及其他 3 类。

6.1.2 此条为早强减水剂的组成，原规范没有列入。

6.2 适用范围

6.2.1 早强剂、早强减水剂在常温、低温条件下均能显著地提高混凝土的早期强度。

在蒸养条件下,混凝土掺入早强剂或早强减水剂可以缩短蒸养时间、降低蒸养温度。对不同品种的水泥混凝土,使用不同的早强剂及早期减水剂时,有不同的最佳蒸养制度,某些早强剂、早强减水剂有缓凝作用,因此要先进行蒸养试验确定最佳方案。

在最低温度不低于−5℃环境中,加入早强剂、早强减水剂,混凝土表面采用一定的保温措施,混凝土不会受到冻害,温度转为正温时能较快地提高强度。

6.2.2 此条为新增条款。

对人体产生危害或对环境产生污染的物质严禁用作外加剂。如铵盐遇碱性环境产生化学反应释出氨,对人体有刺激性,严禁用于办公、居住等建筑工程。有些物质如重铬酸盐、亚硝酸盐、硫氰酸盐对人体有一定毒害作用均严禁用于饮水工程及与食品相接触的工程。

6.2.3,6.2.4 此两条为强制性条款。此两条规定了氯盐及强电解质无机盐早强剂不能使用的混凝土结构,对原规范6.1.3,6.1.4做了重新调整。氯盐早强剂是一种典型的强电解质无机盐,凡属强电解质无机盐不得使用的结构部位同样对氯盐早强剂也不得使用。如"与镀锌钢材或铝铁相接触部位的结构;以及有外露钢筋预埋铁件而无防护措施的结构"不得用于强电解质无机盐的情况,同样也不能允许氯盐早强剂使用。

早强剂及早强减水剂促使水泥水化热集中释出,使大体积混凝土内外温差加大故不适用。故增加此强制性条款。

氯盐早强剂混凝土表面有析盐现象及对表面的金属装饰产生盐蚀现象。因此根据国内目前混凝土表面装修中发生的问题并结合国内外同类产品技术说明增加此限制性条款。

6.2.5 含钾、钠离子的早强剂会与碱活性骨料发生化学反应,引起碱-骨料反应,故必须限制外加剂的碱含量。

6.3 施工

6.3.1 规定进入工地外加剂应检验的项目。

6.3.2 规定了常用早强剂的掺量限值。掺量限值指标与原规范基本相同,变化部分如下:

1 氯离子掺量将原规范无水氯化钙改为氯离子。以无水氯化钙乘0.6后折算成氯离子掺量。

2 混凝土中硫酸钠(纯度不低于98%)掺量超过水泥重量的0.8%即会产生表面盐析现象,不利于表面装修。

6.3.4 新浇筑混凝土在硬化过程中水分蒸发,影响混凝土早期强度的增长速率,因此应及时进行保水养护。气温低时,应增加保温措施。

6.3.5 早强剂或早强减水剂较适用于蒸养混凝土,蒸养制度适宜,才能达到最佳效果。三乙醇胺类早强剂,若静停时间不够,蒸养温度过高,会出现爆皮等现象,影响混凝土质量。故要求通过试验确定蒸养制度。

7 防冻剂

7.1 品种

7.1.1 原规范防冻剂种类只分为氯盐类、氯盐阻锈类和无氯盐类。近年来有机类防冻剂得到长足的发展,故本次修订将原规范中氯盐类、氯盐阻锈类及无氯盐类归为无机盐类;新增有机化合物类、有机化合物与无机盐复合类和复合型四种类型防冻剂。

7.2 适用范围

7.2.1 氯盐防冻剂主要是指以氯化钠、氯化钙为主的防冻剂,它们有着很好的降低冰点作用及早强效果,但其主要问题是对钢筋有促锈作用。

氯盐阻锈型防冻剂,主要是一定剂量的氯盐与阻锈剂复合而成。阻锈剂有硝酸盐、亚硝酸盐、铬酸盐、重铬酸盐、磷酸盐等。

强电解质无机盐掺入混凝土中，必须符合本规范第 6.2.3、第 6.2.4 条的规定。

7.2.2 无氯盐防冻剂对钢筋无锈蚀作用，因此适用于钢筋混凝土，但也有一定使用剂量和使用范围。高剂量使用亚硝酸盐会引起应力腐蚀和晶格腐蚀。RILEM 混凝土冬期施工委员会规定硝酸盐、碳酸盐不适用于高强钢丝的预应力混凝土结构。这是新增加的条款。

7.2.3 考虑到人身健康，有毒防冻剂严禁用于饮水工程及与食品相接触的工程。提出有毒防冻剂在使用过程中的注意事项。如操作人员手上不慎沾上这些有毒防冻剂，必须洗干净手之后才能接触食品。

7.2.4 冬季施工中由于采用硝铵尿素类防冻剂，不少工程在使用过程中，房间内总弥漫着氨的刺激性气味，使人感到不舒适，所以规定具有刺激性气味的防冻剂不得用于居住、办公等建筑工程。

7.2.5 强电解质无机盐防冻剂应符合本规范第 6.2.5 条、第 6.3.2 条的规定。

7.2.6 有机物类防冻剂对钢筋无锈蚀作用，也不存在应力腐蚀等问题，故可以用于钢筋混凝土及预应力混凝土工程。

7.2.7 有机化合物与无机盐复合类防冻剂，则应符合 7.2.1、7.2.2、7.2.3、7.2.4、7.2.5 条的规定。

7.2.8 防冻剂主要是无机盐，掺量较大，目前抗渗、抗冻融试验数据还不够充分，因此对水工、桥梁、抗冻融耐久性要求严格的工程应通过试验确定防冻剂品种及掺量。

7.3 施工

7.3.1 防冻剂的品种及掺量与气温有密切关系。

目前冬季用防冻剂普遍由减水组分、早强组分、引气组分和防冻组分复合而成，以发挥更好的效果，单一组分防冻剂效果并不好。减水组分作用是使混凝土拌合物减少用水量，从而减少混凝土中的冰胀应力，并能改善骨料界面状态，减少对混凝土的破坏应力。防冻组分是保证混凝土的液相在规定的负温条件下不冻结或少冻结，使混凝土中有较多的液相存在，为负温下水泥水化创造条件。早强组分则是在混凝土有液相存在条件下加速水泥水化，提高早期强度，使混凝土尽快的获得受冻临界强度。引气组分则可增加混凝土的耐久性，在负温条件下对冻胀应力有缓冲作用，且保证混凝土不会因引气而降低强度。

本次修订取消原规范中第 7.1.9 条及第 7.1.10 条，因制定原规范时防冻剂定型产品较少，施工单位在许多情况下需自己配制防冻剂，因而给出防冻组分及其他组分的适宜掺量。经过十多年的发展，目前防冻剂品种及质量均有很大的选择余地，施工单位无需自己配制防冻剂。

防冻剂配方设计一般是在恒定负温下试验所得，在实际施工中如按日最低气温掌握，是偏于安全的。混凝土在浇筑后如无遮挡或覆盖，则混凝土温度基本与气温一致；浇筑后有覆盖或深埋于地下，如采用塑料薄膜和保温材料覆盖于混凝土上，则混凝土内部温度高于气温，一般约高 5℃，因此建议在采取一定保温措施后，实际施工按日平均气温掌握，因为一般日平均气温比最低气温约高 5℃。如防冻剂的规定温度－10℃，工地施工时，在混凝土浇筑后加保温覆盖，可适用于日平均气温－10℃，即最低气温－15℃，负温混凝土保温材料不只限于草袋，故本次修订只提保温材料。

7.3.2 规定进入工地防冻剂的检验项目。

7.3.3 掺防冻剂混凝土的原材料要求

1 水泥：配制冬期施工的混凝土应优先选用硅酸盐水泥或普通硅酸盐水泥。因为它能使混凝土早期强度发展快，混凝土达到抗冻害临界强度所需的养护时间短，对抵抗早期冻害有利，使混凝土不易受破坏，而矿渣水泥由于早期强度增长较慢，初期强度较低，易遭受冻害。

2 粗、细骨料：冻结的或有冰雪的骨料会降低混凝土的拌合温度，也会增加用水量而使强度下降。

3 当防冻剂含有较多的碱性离子（Na^+，K^+），在混凝土硬化过程中与活性骨料作用，会产生混凝土体积膨胀，导致结构破坏。故本次修订不提“不得使用活性骨料”，只提混凝土总含碱量在限定范围之内。

7.3.4 防冻剂混凝土配合比。

7.3.5 根据不同气温，提出原材料的不同加热措施。

7.3.6 控制入模温度，主要使混凝土浇筑后有一段正温养护期，这对混凝土早期强度增长有利，可以及早达到受冻临界强度以免遭受冻害。依不同地区规定入模温度、出机温度。

7.3.7 目前冬季混凝土施工越来越广泛，已涉及到负温高强混凝土、负温抗渗混凝土等，单掺防冻剂难以达到施下要求，必须与高效减水剂、泵送剂、防水剂等外加剂共同配合使用，为防止防冻剂与这些外加剂之间发生不良反应，必须在使用前进行试配试验，确定可以共同掺入，方可使用。

7.3.8 提出掺防冻剂混凝土的浇筑和养护要求。

7.3.9 掺防冻剂混凝土的冰晶形态与不掺防冻剂的有区别，前者冰晶强度低，因此受冻临界强度也低，但仍存在受冻临界强度。根据《建筑工程冬期施工规程》JGJ 104 规定，掺防冻剂混凝土的受冻临界强度分别为 3.5 MPa、4.0 MPa、5.0 MPa。

7.4 掺防冻剂混凝土的质量要求

这是新增的一节。

7.4.1 提出混凝土工程的测温要求，以保证混凝土质量。

7.4.2 规定了混凝土工程试件成型数量，养护及抗压的要求。

8 膨胀剂

8.1 品种

8.1.1 膨胀剂种类较多，从国内外应用效果和可靠性来看，以形成钙矾石和氢氧化钙的膨胀剂稳定。因此，本规范包括三种膨胀剂：硫铝酸钙类、氧化钙类和硫铝酸钙-氧化钙类。

8.2 适用范围

8.2.1 表 8.2.1 规定了膨胀剂的适用范围。普通混凝土掺入膨胀剂后，混凝土产生适度膨胀，在钢筋和邻位约束下，可在钢筋混凝土结构中建立一定的预压应力，这一预压应力大致可抵消混凝土在硬化过程中产生的干缩拉应力、补偿部分水化热引起的温差应力，从而防止或减少结构产生有害裂缝。应指出，膨胀剂主要解决早期的干缩裂缝和中期水化热引起的温差收缩裂缝，对于后期天气变化产生的温差收缩是难以解决的，只能通过配筋和构造措施加以控制，因此，膨胀剂最适用于环境温差变化较小的地下、水工、海工、隧道等工程。对于温差较大的结构(屋面、楼板等)必须采取相应的构造措施，才能控制裂缝。

8.2.2 由于水化硫铝酸钙(钙矾石)在 80℃以上会分解，导致强度下降，故规定硫铝酸钙类，硫铝酸钙-氧化钙类膨胀剂，不得用于长期处于环境温度为 80℃以上的工程。

8.2.3 氧化钙膨胀剂水化生成的 $Ca(OH)_2$，其化学稳定性和胶凝性较差，它与 Cl^-、$SO^=$、Na^+、Mg^{++} 等离子进行置换反应，形成膨胀结晶体或被溶析出来，从耐久性角度考虑，该膨胀剂不得用于海水和有侵蚀性水的工程。

8.2.4 膨胀剂主要用于配制补偿收缩混凝土、结构自防水。当提高膨胀剂掺量时，可配制大限制下的填充性膨胀混凝土和二次灌注用的膨胀砂浆，以及用于制造压力管的自应力混凝土。

8.2.5 膨胀剂的掺入会使混凝土的早期水化热提高，为防止或减少混凝土温度裂缝，其内外温差一般宜小于 25℃。

8.3 掺膨胀剂混凝土(砂浆)的性能要求

8.3.1 补偿收缩混凝土性能指标的确定，一是在不影响抗压强度条件下膨胀率要尽量增大；二是干缩落差要小。本规范中补偿收缩混凝土(砂浆)的膨胀性能，以限制条件下的膨胀率和干缩率表示。因为混凝土收缩受到限制才会产生裂缝，而混凝土膨胀在限制条件下才能产生预压应力(σ_c)。美国 ASTM 规定 $\sigma_c=0.2$ MPa。根据 $\sigma_c=\mu \cdot E_s \cdot \varepsilon_2$ 公式，(μ——配筋率，E_s——钢筋弹性模量，ε_2——限制膨胀率)，确定 ε_2 值的大小。

本规范规定，试件尺寸为 100 mm×100 mm×300 mm，中间预埋两端带钢板的 Φ10 mm 钢筋，配筋

率 $\mu=0.785\%$，钢筋的弹性模量取 $E_s\approx2\times10^5$ MPa，则

$\sigma_c=0.785\times10^{-2}\times2\times10^5\times\varepsilon_2=1.75\times10^3\times\varepsilon_2$ (MPa)

当 $\varepsilon_2=0.015\%$，$\sigma_c=0.24$ MPa；$\varepsilon_2=0.03\%$，$\sigma_c=0.47$ MPa

当 $\varepsilon_2=0.04\%$，$\sigma_c=0.63$ MPa；$\varepsilon_2=0.05\%$，$\sigma_c=0.78$ MPa

通过计算得出膨胀自应力 $\sigma_c=0.2\sim0.7$ MPa 时其限制膨胀率 ε_2 的最大值为 0.05%，最小值为 0.015%。因此本规范规定补偿收缩混凝土水中养护 14 d 的限制膨胀率≥1.5×10^{-4}。美国规定限制膨胀率为 3×10^{-4}，日本规范为 1.5×10^{-4} 以上。根据我国大量试验结果，$\varepsilon_2=(2.5\sim4.0)\times10^{-4}$，其补偿收缩效果较好。

关于限制干缩率规定值，我国原规范与日本规范一样，试件放入 20±3℃，相对湿度 60±3%环境中 6 个月，干缩率≤4.5×10^{-4}，通过大量试验表明，掺膨胀剂的补偿收缩混凝土的干缩率比空白混凝土低 30%左右，即其收缩落差小。

鉴于测定干缩率的养护期太长，不利于工程应用，因此，本规范通过大量试验，规定试件水养 14 d 后，放入恒温恒湿试验室养护 28 d(从初长开始计算为 42 d)，其干缩率应不大于 3.0×10^{-4}。

8.3.2 填充用膨胀混凝土主要应用于大限制下的结构后浇缝、伸缩缝、大坝回填槽和钢管混凝土等。该混凝土的膨胀率比补偿收缩混凝土适当大些，它产生的膨胀压力对新老混凝土粘结更有利。通过大量试验与工程实践，填充性膨胀混凝土产生的预压力值 $\sigma_c=0.5\sim1.0$ MPa 为宜，因此，本规范规定，该混凝土在水中养护 14 d 的最小限制膨胀率≥2.5×10^{-4}，随后放在恒温恒湿室养护 28 d，其干缩率应不大于 3.0×10^{-4}。

8.3.3 由于填充用膨胀混凝土膨胀剂掺量较大，早期膨胀较大，对强度影响较大，故规定试件成型带模养护 3 d 拆模，再放入水中养护至 28 d，测定其抗压强度。试验表明，该混凝土的抗压强度应大于30.0 MPa。

8.3.4 灌浆用膨胀砂浆用于设备或接缝二次灌注，属于大流动度无收缩高强灌注料，这次对其性能指标做了调整，与国际同类产品性能要求基本相同。

灌浆用膨胀砂浆竖向膨胀率测定方法按附件 C 进行。其性能要求：3 d 膨胀率≥0.1%，7 d≥0.2%，达到无收缩的要求，以保证灌注砂浆紧密地填充二次灌注的空间，硬化后不产生收缩。

8.3.5 掺入 15%～30%膨胀剂可配制成自应力混凝土，目前，只限于制造自应力钢筋混凝土压力管。对该混凝土性能的技术指标，应符合《自应力硅酸盐水泥》JC/T 218 标准。

8.4 设计要求

8.4.1 掺膨胀剂的补偿收缩混凝土大多应用于控制有害裂缝的钢筋混凝土结构工程。混凝土的膨胀只有在限制条件下才能产生预压应力。所以，构造(温度)钢筋的设计对该混凝土有效膨胀能的利用和分散收缩应力集中起到重要作用，结构设计者必须根据不同的结构部位，采取相应的合理配筋和分缝。以往绝大多数设计图纸只写混凝土掺入膨胀剂，强度等级，抗渗等级。对混凝土的限制膨胀率没有提出具体要求，造成膨胀剂少掺或误掺，达不到补偿收缩而出现有害裂缝，根据本规范要求，掺膨胀剂的补偿收缩混凝土水中养护 14 d 的限制膨胀率≥0.015%，相当在结构中建立的预压应力大于 0.2 MPa。实际上，混凝土的膨胀率最好控制在 0.02%～0.03%，填充用膨胀混凝土的膨胀率应在 0.035%～0.045%。施工单位或混凝土搅拌站应根据设计的要求，确定膨胀剂的最佳掺量，在满足混凝土强度和抗渗要求下，同时要达到补偿收缩混凝土的限制膨胀率。只有这样，才能达到控制结构有害裂缝的效果。所以，当采用膨胀剂时，结构设计者应在设计图纸上注明："采用掺膨胀剂的补偿收缩混凝土，强度等级，抗渗等级，水中养护 14 d 的混凝土限制膨胀率≥0.015%(或更高些)。"

8.4.2 由于墙体受施工和环境温度湿度等因素影响较大，容易出现竖向收缩裂缝，混凝土强度等级越高，开裂机率越大。工程实践表明，墙体的水平构造(温度)钢筋的配筋率宜在 0.4%～0.6%，水平筋的间距应小于 150 mm，采取细而密的配筋原则。由于墙体受底板或楼板的约束较大，混凝土胀缩不一致，宜在墙体中部或端部设一道水平暗梁，这样，有利于控制墙体有害裂缝的出现。

8.4.3 对于墙体与柱子相连的结构，由于墙与柱的配筋率相差较大，混凝土胀缩变形与限制条件有关，由于应力集中原因，在离柱子 1～2 m 的墙体上易出现竖向收缩裂缝。工程实践表明，应在墙柱连接处设水平附加筋，附加筋的长度为 1 500～2 000 mm，插入柱子中 200～300 mm，插入墙体中 1 200～1 600 mm，该处配筋率提高 10%～15%。这样，有利于分散墙柱间的应力集中，避免竖向裂缝的出现。

8.4.4 结构开口部位和突出部位因收缩应力集中易于开裂，与室外相连的出入口受温差影响大也易开裂，这些部位应适当增加附加筋，以增强其抗裂能力。

8.4.5 对于楼板，为减少有害裂缝(规范规定裂缝宽度小于 0.3 mm)，可采用补偿收缩混凝土，设计上采用细而密的双向配筋，构造筋间距小于 150 mm，配筋率在 0.6%左右。对于现浇混凝土防水屋面，应配双层钢筋网，钢筋间距小于 150 mm，配筋率在 0.5%左右。楼面和屋面受大气温差影响较大，其后浇缝最大间距不宜超过 50 m。

8.4.6 由于地下室和水工构筑物长期处于潮湿状态，温差变化不大，最适宜用补偿收缩混凝土作结构自防水。大量工程实践表明，与桩基结合的底板和大体积混凝土底板，用补偿收缩混凝土可不做外防水。但边墙宜做附加防水层。底板和边墙后浇缝最大间距可延长至 60 m，后浇缝回填时间可缩短至28 d。

8.5 施工

8.5.1 掺膨胀剂混凝土对原材料的要求

膨胀剂应符合《混凝土膨胀剂》JC 476 标准的规定。按供货单位推荐掺量进行检测，合格者才能使用。

由于膨胀剂的品种和掺量不同，它与水泥、化学外加剂和掺合料存在适应性问题。因此，要进行混凝土试配。

8.5.2 掺膨胀剂的混凝土配合比设计参照《普通混凝土配合比设计规程》JGJ 55。鉴于我国混凝土大多掺入粉煤灰、矿渣粉或沸石粉等掺合料，膨胀剂可视为特殊掺合料，因此，规定膨胀混凝土(砂浆)的最低胶凝材料用量(水泥、膨胀剂和掺合料总量)。大体积混凝土宜用粉煤灰或矿渣粉、膨胀剂和缓凝型外加剂“三掺”的补偿收缩混凝土，可降低温控措施成本。水灰比为水胶比更合理，可发挥补偿收缩混凝土的抗裂防渗效应，其水胶比不宜大于 0.5。

我国膨胀剂品种有 10 多种，按 JC 476 标准规定，膨胀剂最大掺量(替代水泥率)不宜超过 12%。近年来我国已研制生产低碱低掺量膨胀剂，对于补偿收缩混凝土，膨胀剂推荐最低掺量不宜小于 6%。对于填充用膨胀混凝土，膨胀剂推荐掺量宜为 10%～15%。

原规范膨胀剂掺量以水泥用量为基数，不够合理。新规范改为胶凝材料总量为基数，在有掺合料的情况下，如果膨胀剂和掺合料都分别取代水泥用量的话，则单方水泥实际用量大为减少，混凝土强度必然受到影响。经大量工程实践证明，膨胀剂掺量应分别取代水泥和掺合料是合理的。

必须指出，膨胀剂的掺量必须满足表 8.3.1 和表 8.3.2 中的限制膨胀率和限制干缩率的规定值，否则就难以达到抗裂防渗的效果。这就要求混凝土搅拌站和建筑公司试验室添置测定掺膨胀剂砂浆和混凝土限制膨胀率的仪器设备，以及有专门的检验人员，这样才能鉴定入库膨胀剂是否合格，配制的补偿混凝土是否达到本规范的膨胀率要求。

8.5.3 膨胀剂可与其他混凝土外加剂复合使用，但必须经过试验确定外加剂品种和掺量，不得滥用。膨胀剂不宜与氯盐外加剂复合使用。

8.5.4 粉状膨胀剂应与混凝土其他原材料有序投入搅拌机中，膨胀剂重量应按施工配合比投料，重量误差小于±2%，不得少掺或多掺，考虑混凝土的匀质性，其拌制时间比普通混凝土延长 30 s。

8.5.5 掺膨胀剂的混凝土浇筑方法和技术要求与普通混凝土基本相同。混凝土的振捣必须密实，不得漏振、欠振和过振。在混凝土终凝以前，要用人工或机械多次抹压，防止表面沉缩裂缝的产生，以免影响外观质量。后浇带中杂物必须清除干净，充分预湿，然后以填充用膨胀混凝土浇筑。

8.5.6 掺膨胀剂的混凝土要特别加强养护，膨胀结晶体钙矾石($C_3A \cdot 3CaSO_4 \cdot 32H_2O$)生成需要水。

补偿收缩混凝土浇筑后1～7 d湿养护，才能发挥混凝土的膨胀效应。如不养护或养护马虎，就难以发挥膨胀剂的补偿收缩作用。底板或楼板较易养护，能蓄水养护最好，一般用麻袋或草席覆盖，定期浇水养护。墙体等立面结构，受外界温度、湿度影响较大，容易发生竖向裂缝。工程实践表明，混凝土浇筑完3～4 d内水化热温升最高，而抗拉强度很低，如果早拆模板，墙体内外温差较大而易于开裂。因此，墙体模板拆除时间宜不少于3 d。墙体浇筑完后，应从顶部设水管喷淋，模板拆除后继续养护至7 d。冬季施工不能浇水，养护不少于14 d，并进行保温养护。

8.5.7 用于二次灌注的灌浆用膨胀砂浆，由于流动度大，一般不用机械振捣，为排除空气，可用人工插捣。浇筑抹压后，暴露部分要及时覆盖。在低于5℃时应采取保温保湿养护措施。

8.6 混凝土的品质检查

8.6.1 掺膨胀剂的混凝土品质检验与普通混凝土的主要区别是增加一项混凝土限制膨胀率测量，这是确保膨胀混凝土抗裂防渗性能的一项重要技术指标。

8.6.2 膨胀混凝土的抗压强度和抗渗等级，其抽样检测参照普通混凝土品质的检验方法。

9 泵送剂

9.1 品种

9.1.1 在混凝土工程中，泵送剂主要由普通（或高效）减水剂、引气剂、缓凝剂和保塑剂等复合而成，其质量应符合《混凝土泵送剂》JC 473标准。

9.2 适用范围

9.2.1 混凝土原材料中掺入泵送剂，可以配制出不离析泌水，黏聚性好，和易性、可泵性好，具有一定含气量和缓凝性能的大坍落度混凝土，硬化后混凝土有足够的强度和满足多项物理力学性能要求。泵送剂可用于高层建筑、市政工程、工业民用建筑及其他构筑物混凝土的泵送施工。由于泵送混凝土具有缓凝性能，亦可用于大体积混凝土、滑模施工混凝土。

水下灌注桩混凝土要求坍落度在180～220 mm左右，亦可用泵送剂配制。

泵送剂亦可用于现场搅拌混凝土，用于非泵送的混凝土。

目前我国的泵送剂，氯离子含量大都≤0.5%或≤1.0%，由泵送剂带入混凝土中的氯化物含量是极微的，因此泵送剂适用于钢筋混凝土和预应力混凝土。混凝土中氯化物（以Cl^-计）总含量的最高限值应执行《预拌混凝土》GB 14902标准的规定。

9.3 施工

9.3.1 规定了进入工地泵送剂的检验项目。

9.3.2 粉状泵送剂中含有水不溶物的应以干粉直接掺入混凝土中；水溶性粉状泵送剂宜用水溶解或直接掺入混凝土中，干掺要延长混凝土搅拌时间30 s以保证混凝土搅拌均匀。

9.3.3 液体泵送剂与拌合水一起加入混凝土中，使用时可按重量计或以体积计，外加剂计量应准确。

9.3.4 泵送剂品种、掺量要考虑工程对混凝土的性能要求，环境温度，泵送高度，混凝土方量以及运输距离等，经混凝土试配后确定。

9.3.5 配制泵送混凝土对砂、石的要求

1 拌制泵送混凝土所用粗骨料的质量情况必然影响混凝土的质量。粗骨料除应符合《普通混凝土用碎石或卵石质量标准及检验方法》JGJ 53的规定外，为防止混凝土泵送时堵塞管道，必须控制粗骨料最大粒径。

2 控制粗骨料最大粒径与输送管径之比，主要是防止混凝土泵送时管道堵塞。在工程实践中，通常对于混凝土基础可采用5～40 mm、5～31.5 mm或5～25 mm连续级配骨料；对于低层泵送混凝土，可采用5～31.5 mm或5～25 mm连续级配骨料；对于高层或超高层泵送混凝土和钢筋密集的泵送混凝土，可用5～25 mm或5～16 mm的连续级配骨料。在《混凝土质量控制标准》GB 50164，《混凝土结构工程施工质量验收规范》GB 50204中对粗骨料最大粒径与输送管径之比也做了相应的规定。

3　泵送混凝土所用粗骨料应采用连续级配以及针片状含量不宜大于10%，因为针片状颗粒含量对混凝土可泵性影响很大，当针片状含量多和石子级配不好时，输送管道弯头处的管壁往往易磨损或泵管破裂损坏，针片状颗粒一旦横在输送管中，就会造成输送管堵塞，发生障碍以致影响泵送混凝土施工进度及质量。根据工程实践证实控制针片状含量小于10%时，混凝土能顺利泵送。

4　我国泵送混凝土工程实践表明：采用中砂适宜泵送，使获得的新拌混凝土具有良好和易性、黏聚性和可泵性。若用粗砂或细砂，必须通过试配，采取相应的措施，否则混凝土容易产生离析泌水，可泵性差。

通过0.315 mm筛孔的颗粒含量和通过0.16 mm筛孔的颗粒含量对可泵性影响也很大。国内南浦大桥、杨浦大桥等工程实践和北京等地泵送混凝土经验都证实了通过0.315 mm筛孔的颗粒含量不应小于15%，且不大于30%；通过0.16 mm筛孔的颗粒含量不应小于5%。

9.3.6　提出掺泵送剂混凝土的配合比设计要求。

9.3.6规定的各项要求符合《混凝土质量控制标准》GB 50164和《混凝土泵送施工技术规程》JGJ/T 10的规定。

对于泵送钢纤维混凝土，由于钢纤维的密度为7.8 g/cm^3，其砂率提高到50%以上，也可进行钢纤维混凝土的泵送施工。

9.3.7　当混凝土坍落度不能满足工地现场要求时，泵送剂可采用后添加方式掺入混凝土搅拌运输车中，必须快速转动搅拌均匀，出料测定坍落度符合要求方可使用。后添加的量应预先试验确定。未经许可不得任意采用多次后添加技术。

10　防水剂

10.1　品种

防水剂是在混凝土拌合物中掺入能改善砂浆和混凝土的耐久性、降低其在静水压力下透水性的外加剂。防水剂品种众多，防水的作用机理也不一样，所以应根据工程要求选择防水剂的品种。

10.1.1　无机化合物类中的氯盐类能促进水泥的水化硬化，在早期具有较好的防水效果，特别是在要求早期必须具有防水性的情况下，可以用它作防水剂，但因为氯盐类会使钢筋锈蚀，收缩率大，后期防水效果不大。因此，不能认为氯盐类是好的防水剂。

10.1.2　有机化合物类的防水剂主要是一些憎水性表面活性剂，聚合物乳液或水溶性树脂等，其防水性能较好，使用时应注意对强度的影响。

10.1.4　防水剂与引气剂组成的复合防水剂中由于引气剂能引入大量的微细气泡，隔断毛细管通道，减少泌水，减少沉降，减少混凝土的渗水通路，从而提高了混凝土的防水性。防水剂与减水剂组成的复合防水剂中由于减水剂的减水作用和改善和易性使混凝土更致密，从而能达到更好的防水效果。

10.2　适用范围

防水剂主要用于有抗渗要求的混凝土工程。含有氯盐的防水剂不得用于预应力混凝土。

10.3　施工

10.3.1　规定了进入工地防水剂的检验项目。

10.3.2　普通硅酸盐水泥的早期强度高，泌水性小，干缩也较小，所以在选择水泥时应优先采用普通硅酸盐水泥。但其抗水性和抗硫酸盐侵蚀能力不如火山灰质硅酸盐水泥。火山灰质硅酸盐水泥抗水性好，水化热低，抗硫酸盐侵蚀能力较好，但早期强度低，干缩率大，抗冻性较差。矿渣硅酸盐水泥的水化热较低，抗硫酸盐侵蚀能力好，但泌水性大，干缩大，抗渗性差。

10.3.3　有些防水剂，如皂类防水剂，脂肪族防水剂超量掺加时，引气量大，会形成较多气泡的混凝土拌合物，反而影响强度与防水效果，所以超过推荐掺量使用时必须通过试验。

10.3.4　防水混凝土要求密实，宜采用5～25 mm连续级配的石子。

10.3.5　含有引气剂组分的防水剂，搅拌时间对混凝土的含气量有明显的影响。一般是含气量达到最大值后，如继续进行搅拌，则含气量开始下降。

10.3.6 防水剂的使用效果与早期养护条件紧密相关，混凝土的不透水性随养护龄期增加而增强。最初7 d必须进行严格的养护，因为防水性能主要在此期间得以提高。不能采用间歇养护，因为一旦混凝土干燥，将不能轻易地将其再次润湿。

10.3.7 防水混凝土结构表面温度太高会影响到水泥石结构的稳定性，降低防水性能。

11 速凝剂

11.1 品种

提出喷射混凝土工程中可采用的速凝剂的主要化学成分及类型。

11.2 适用范围

11.2.1 速凝剂主要用于地下工程支护，还广泛用于建筑薄壳屋顶、水池、预应力油罐、边坡加固、深基坑护壁及热工窑炉的内衬、修复加固等的喷射混凝土，也可用于需要速凝的如堵漏用混凝土。

11.3 施工

11.3.1 规定了进入工地速凝剂的检验项目。

11.3.2 喷射混凝土后期强度损失较快，《喷射混凝土用速凝剂》JC 477 规定掺一等品速凝剂28 d抗压强度比不小于75%，合格品不小于70%，但有些品种的速凝剂强度损失往往高于此规定值。后期强度损失大会影响工程质量，应予以充分重视。

11.3.4 喷射混凝土施工应采用新鲜水泥，过期或受潮结块的水泥会降低速凝剂的使用效果。

11.3.5 喷射混凝土骨料的技术要求与普通混凝土大体相同，但为了减少喷射时的回弹并防止物料在管路中的堵塞，石子的最大粒径应不大于20 mm，一般宜用15 mm以下的卵石或碎石。

11.3.6 喷射混凝土的配合比，目前多依经验确定。为了减少回弹，水泥用量应较大，一般为400 kg/m^3，砂率也较高，一般为45%～60%，水灰比为0.4左右。

11.3.7 粉状速凝剂和液体速凝剂都具有较强的碱性，易烧伤皮肤。施工时应注意劳动防护和人身安全。有些增稠性的速凝剂中含有一定数量的硅灰，吸入其粉尘对人体是有害的。

附　录　A
混凝土外加剂对水泥的适应性检测方法

原规范附录一“名词解释”主要是给出规范包括的各种外加剂的定义。现在这些外加剂均制订有质量标准，故外加剂名词无需再解释了。本次修订予以取消。

原规范附录二“混凝土配合比设计”，由于《普通混凝土配合比设计规程》(JGJ 55—2000)中包括了掺外加剂混凝土，故本规范取消了此部分内容。

原规范附录四“常用复合早强剂，早强减水剂的组成与掺量”。对于早强剂的应用与发展起到一定的指导作用。随着外加剂的发展，原内容已经落后，故被取消。

外加剂对水泥的适应性问题是工程中应用外加剂的一个非常重要并迫切需要解决的问题。

附录A给出了用水泥净浆流动度的方法检验外加剂对水泥的适应性。当水泥已确定选择各类减水剂时，对每种外加剂分别加入不同掺量；当外加剂已确定选用水泥时，对每种水泥分别加入不同掺量的外加剂，进行加水后30 min、60 min水泥净浆流动度检测。绘制以掺量为横坐标，流动度(加水后30 min、60 min分别绘制)为纵坐标的曲线。其中饱和点低、流动度大，经时损失小的外加剂对水泥的适应性好。

净浆流动度随外加剂掺量增加而增大，当掺量到某一值时，再增加掺量流动度基本不再增加，有的反而减少，此掺量为饱和点。

附　录　B
补偿收缩混凝土的膨胀率及干缩率的测定方法

测定方法基本上没有大的变化。为提高测定精度在B.0.3中详细规定了测长的操作方法。

附　录　C
灌浆用膨胀砂浆竖向膨胀率的测定方法

测定方法基本上没有大的变化。在灌浆操作及测定方法上有更详细的操作要点。

中华人民共和国国家标准
粉煤灰混凝土应用技术规范
GBJ 146—90

第一章 总则

第1.0.1条 为了正确、合理地在混凝土中应用粉煤灰，使之掺入混凝土后达到改善混凝土性能、提高工程质量、节省水泥、降低混凝土成本、节约资源等要求，以适应基本建设发展的需要，特制订本规范。

第1.0.2条 本规范适用于各类工程建设中，在施工现场、集中搅拌站和预制厂，掺用粉煤灰的无筋混凝土、钢筋混凝土及预应力钢筋混凝土。

不适用于建筑砂浆和作为外加剂载体所应用的粉煤灰。

第1.0.3条 粉煤灰混凝土的应用，除执行本规范规定外，尚应符合国家现行的有关标准和规范的规定。

第二章 粉煤灰的技术要求

第一节 质量指标

第2.1.1条 用于混凝土中的粉煤灰质量的指标划分为三个等级。其质量指标应符合表2.1.1的规定。

粉煤灰质量指标的分级(%)　　表2.1.1

质量指标 / 粉煤灰等级	细　度(45μm方孔筛筛余)	烧失量	需水量比	三氧化硫含量
Ⅰ	≤12	≤5	≤95	≤3
Ⅱ	≤20	≤8	≤105	≤3
Ⅲ	≤45	≤15	≤115	≤3

第2.1.2条 干排法获得的粉煤灰，其含水量不宜大于1%；湿排法获得的粉煤灰，其质量应均匀。

第2.1.3条 主要用于改善混凝土和易性所采用的粉煤灰，可不受本规范的限制。

第二节 试验方法

第2.2.1条 粉煤灰的细度，应按本规范附录一“粉煤灰细度试验方法(气流筛法)”测定。

第2.2.2条 粉煤灰的烧失量、三氧化硫含量和含水量等，应按现行国家标准《水泥化学分析法》测定。

第2.2.3条 粉煤灰的需水量比试验方法，应按本规范附录二规定的试验方法测定。

第三节 验收要求

第2.3.1条 用灰单位应按本规范对粉煤灰进行按批检验。每批粉煤灰应有供灰单位的出厂合格证，合格证的内容应包括：厂名、合格证编号、粉煤灰等级、批号及出厂日期、粉煤灰数量及质量检验结果等。

中华人民共和国建设部1990-12-30批准　　1991-10-01实施

第2.3.2条　粉煤灰的取样，应以连续供应的200t相同等级的粉煤灰为一批；不足200t者按一批计。

第2.3.3条　粉煤灰的取样，应符合下列规定：

一、散装灰的取样，应从每批不同部位取15份试样，每份不得少于1kg，混拌要均匀，按四分法缩取出比试验用量大一倍的试样。

二、袋装灰的取样，应从每批中任抽10袋，每袋各取试样不得少于1kg，按本条第一款的方式缩取试样。

第2.3.4条　每批的粉煤灰试样，应测定细度和烧失量。对同一供灰单位每月测定一次需水量比，每季度应测定一次三氧化硫含量。

第2.3.5条　粉煤灰的质量检验，应符合本规范对粉煤灰的各项质量指标规定。当有一项指标达不到规定要求时，应重新从同一批中加倍取样进行复检，复检后仍达不到要求时，该批粉煤灰应作为不合格品或降级处理。

第三章　粉煤灰混凝土的工程应用

第3.0.1条　粉煤灰用于混凝土工程可根据等级，按下列规定应用：

一、Ⅰ级粉煤灰适用于钢筋混凝土和跨度小于6m的预应力钢筋混凝土。

二、Ⅱ级粉煤灰适用于钢筋混凝土和无筋混凝土。

三、Ⅲ级粉煤灰主要用于无筋混凝土。对设计强度等级C30及以上的无筋粉煤灰混凝土，宜采用Ⅰ、Ⅱ级粉煤灰。

四、用于预应力钢筋混凝土、钢筋混凝土及设计强度等级C30及以上的无筋混凝土的粉煤灰等级，如经试验论证，可采用比本条第一、二、三款规定低一级的粉煤灰。

第3.0.2条　粉煤灰用于跨度小于6m的预应力钢筋混凝土时，放松预应力前，粉煤灰混凝土的强度必须达到设计规定的强度等级，且不得小于20MPa。

第3.0.3条　配制泵送混凝土、大体积混凝土、抗渗结构混凝土、抗硫酸盐和抗软水侵蚀混凝土、蒸养混凝土、轻骨料混凝土、地下工程混凝土、水下工程混凝土、压浆混凝土及碾压混凝土等，宜掺用粉煤灰。

第3.0.4条　根据各类工程和各种施工条件的不同要求，粉煤灰可与各类外加剂同时使用。外加剂的适应性及合理掺量应由试验确定。

第3.0.5条　粉煤灰用于下列混凝土时，应采取相应措施：

一、粉煤灰用于要求高抗冻融性的混凝土时，必须掺入引气剂；

二、粉煤灰混凝土在低温条件下施工时，宜掺入对粉煤灰混凝土无害的早强剂或防冻剂，并应采取适当的保温措施；

三、用于早期脱模、提前负荷的粉煤灰混凝土，宜掺用高效减水剂、早强剂等外加剂。

第3.0.6条　掺有粉煤灰的钢筋混凝土，对含有氯盐外加剂的限制，应符合现行国家标准《混凝土外加剂应用技术规范》的有关规定。

第四章　粉煤灰混凝土配合比设计与粉煤灰取代水泥的最大限量

第一节　粉煤灰混凝土配合比设计

第4.1.1条　粉煤灰混凝土的设计强度等级、强度保证率、标准差及离差系数等指标，应与基准混凝土相同，其取值应按现行国家有关标准规范执行。

第4.1.2条　粉煤灰混凝土设计强度等级的龄期，地上工程宜为28d；地面工程宜为28d或60d；地下工程宜为60d或90d；大体积混凝土工程宜为90d或180d。在满足设计要求的条件下，以上各种工程采用的粉煤灰混凝土，其强度等级龄期也可采用相应的较长龄期。

第4.1.3条 混凝土中掺用粉煤灰可采用等量取代法、超量取代法和外加法。粉煤灰混凝土配合比设计，应按绝对体积法计算，其计算方法按本规范附录三规定执行。

第4.1.4条 当粉煤灰混凝土配合比设计采用超量取代法时，超量系数可按表4.1.4选用；当混凝土超强较大或配制大体积混凝土时，可采用等量取代法；当主要为改善混凝土的和易性时，可采用外加法。

粉煤灰的超量系数 表4.1.4

粉煤灰等级	超量系数
Ⅰ	1.1～1.4
Ⅱ	1.3～1.7
Ⅲ	1.5～2.0

第4.1.5条 粉煤灰的含水率大于1%时，应从粉煤灰混凝土配合比用水量中扣除。粉煤灰混凝土中掺入引气剂时，其增加的空气体积应在配合比设计的混凝土体积中扣除。

第二节 粉煤灰取代水泥的最大限量

第4.2.1条 粉煤灰在各种混凝土中取代水泥的最大限量（以重量计），应符合表4.2.1的规定。

粉煤灰取代水泥的最大限量 表4.2.1

混凝土种类	粉煤灰取代水泥的最大限量（%）			
	硅酸盐水泥	普通硅酸盐水泥	矿渣硅酸盐水泥	火山灰质硅酸盐水泥
预应力钢筋混凝土	25	15	10	—
钢筋混凝土 高强度混凝土 高抗冻融性混凝土 蒸养混凝土	30	25	20	15
中、低强度混凝土 泵送混凝土 大体积混凝土 水下混凝土 地下混凝土 压浆混凝土	50	40	30	20
碾压混凝土	65	55	45	35

第4.2.2条 当钢筋混凝土中钢筋保护层厚度小于5cm时，粉煤灰取代水泥的最大限量，应比表4.2.1的规定相应减少5%。

第五章 粉煤灰混凝土的施工

第5.0.1条 粉煤灰掺入混凝土中的方式，可采用干掺或湿掺。其掺入方法应符合下列要求：

一、干掺时，干粉煤灰单独计量，与水泥、砂、石、水等材料按规定次序加入搅拌机进行搅拌；

二、湿掺时，先将粉煤灰配制成粉煤灰与水及外加剂的悬浮浆液，与砂、石等材料按规定次序加入搅拌机进行搅拌。

第5.0.2条 使用干态或湿态粉煤灰应以重量计量，称量误差不得超过±2%。粉煤灰中的含水量，应在拌合水中扣除。

第 5.0.3 条 粉煤灰混凝土拌合物必须搅拌均匀,其搅拌时间应比基准混凝土延长 10～30s。

第 5.0.4 条 粉煤灰混凝土浇筑时,不得漏振或过振。振捣后的粉煤灰混凝土表面,不得出现明显的粉煤灰浮浆层。

第 5.0.5 条 粉煤灰混凝土振捣完毕后,应加强养护,混凝土表面宜加遮盖,并保持湿润。暴露面的潮湿养护时间,不得少于 14d;干燥或炎热气候条件下的潮湿养护时间,不得少于 21d。

第 5.0.6 条 粉煤灰混凝土在低温条件下施工时应加强表面保温,粉煤灰混凝土表面的最低温度不得低于 5℃。寒潮冲击情况下,日降温幅度大于 8℃时,应加强粉煤灰混凝土表面的保温,防止产生裂缝。

第 5.0.7 条 蒸养粉煤灰混凝土,应符合下列要求:

一、成型后热预养温度不宜高于 45℃;预养(静停)时间不得少于 1h;常温预养时,其预养时间应适当延长。

二、蒸养时的升温速度宜为 15～20℃/h;恒温温度宜为 85～90℃;降温速度宜为 35～45℃/h。

三、蒸养粉煤灰混凝土的养护周期,宜为 8～10h。

第六章 粉煤灰混凝土的检验

第 6.0.1 条 粉煤灰混凝土的质量,应以坍落度或工作度、抗压强度进行检验。引气剂的粉煤灰混凝土,应增测含气量。有特殊要求时,还应增测其他相应的检验项目。

第 6.0.2 条 现场施工粉煤灰混凝土的坍落度或工作度的检验,每班至少应测定两次,其测定值允许偏差应为±2cm。

第 6.0.3 条 粉煤灰混凝土抗压强度的检验,应符合下列规定:

一、非大体积粉煤灰混凝土每拌制 $100m^3$,至少成型一组试块;大体积粉煤灰混凝土每拌制 $500m^3$,至少成型一组试块;不足上列规定数量时,每班至少成型一组试块。

二、用边长 15cm 的立方体试块,在标准养护条件下所得的抗压强度极限值作为标准。

三、每组 3 个试块试验结果的平均值,作为该组试块强度代表值。当 3 个试块的最大或最小强度值其中一个与中间值比超过中间值 15%时,以中间值代表该组试块的强度值。当试块的最大和最小值与中间值相比均超过中间值 15%时,该组试块作废。

第 6.0.4 条 掺引气剂的粉煤灰混凝土,每班应至少测定 2 次含气量,其测定值的允许偏差应为±0.5%。

附录一 粉煤灰细度试验方法

（气流筛法）

一、目的及适用范围

测定粉煤灰的细度，作为评定粉煤灰等级的质量指标之一。

二、仪器设备

1．气流筛(包括控制仪与气流筛座)；

2．工业吸尘器(包括收尘器与真空泵)；

3．旋风分离器；

4．金属标准筛(筛网孔径 45μm)；

5．筛余物收集瓶；

6．其他：软管、毛刷、木锤。

三、试验步骤：

1．将吸尘软管一头插入工业吸尘器的吸口，另一头通过调压接头插入气流筛的抽气口。

2．将工业吸尘器的电源插头插入气流筛后面的座内。

3．将气流筛的电源插入 220V 交流电源内。

4．称取试样 50g，精度 0.1g，倒入 45μm 方孔筛筛网上，将筛子置于气流筛筛座上，盖上有机玻璃盖。

5．将定时开关开到 3min，气流筛开始筛析。

6．气流筛开始工作后，观察负压表，负压大于 2000Pa 时表示工作正常，若负压小于 2000Pa，则应停机，清理吸尘器的积灰后再进行筛析。

7．在筛析过程中，发现有细灰吸附在筛盖上，可用木锤轻轻敲打筛盖，使吸附在筛盖的灰落下。

8．3min 后气流筛自动停止工作，停机后将筛网内的筛余物收集并称重，准确至 0.1g。

四、试验结果处理

粉煤灰的细度，应按下式进行计算：

$$筛余(\%)=G\times 2 \qquad (附 1.1)$$

式中：G——筛余物重量。

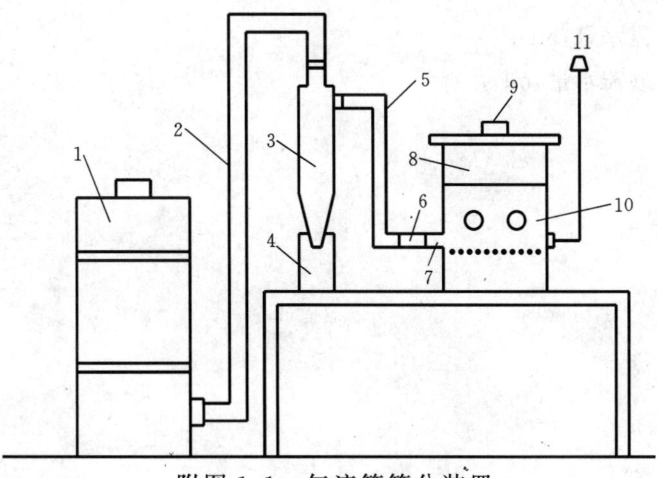

附图 1.1 气流筛筛分装置

1—工业吸尘器；2—塑料软管；3—旋风分离器；4—收集容器；5—塑料软管；6—抽气孔；7—风门；8—筛网；9—筛盖；10—控制仪；11—电源插头

附录二　粉煤灰需水量比试验方法

一、目的及适用范围

测定粉煤灰需水量比，作为评定粉煤灰等级的质量指标之一。

二、仪器设备

1. 胶砂搅拌机。

2. 跳桌。

3. 试模，上口内径70±0.5mm，下口内径100±0.5mm，高60±0.5mm，截锥圆模上有套模，套模下口须与圆模上口配合。

4. 捣棒，直径20mm，长约200mm的金属棒。

5. 卡尺，量程200～300mm。

三、试验步骤

1. 称取试验样品粉煤灰90g、硅酸盐水泥210g、标准砂750g，另外称取对比样品硅酸盐水泥300g、标准砂750g。将称取的2份样品加入适当用水量，分别进行拌合。

2. 将拌合好的胶砂分两次装入预先放置在跳桌中心用湿布擦过的截锥形圆模内。第一次先装至模高的2/3，用圆柱捣棒自边缘至中心均匀插捣15次；第二次装至高出圆模约20mm，再插捣10次，每次插捣至下层表面，然后将多余胶砂刮去抹平，并清除落在跳桌上的砂浆。

3. 将圆模垂直向上轻轻提起，以每秒1次的速度摇动跳桌手轮30次，然后用卡尺量测胶砂底部扩散直径，以相互垂直的两直径平均值为测定值。如测定值在125～135mm范围内，则所加入的用水量，即为胶砂用水量。测定结果如不符合规定的胶砂流动度，应重新调整用水量，直至胶砂流动度符合要求为止。

四、试验结果处理

粉煤灰需水量比，应按下式计算：

$$P_w(\%)=\frac{G_2}{G_1}\times 100 \qquad (附 2.1)$$

式中：P_w——需水量比，%；

G_1——水泥胶砂需水量，mL；

G_2——粉煤灰胶砂需水量，mL。

附录三　粉煤灰混凝土配合比计算方法

一、基准混凝土混合比计算方法

1．根据混凝土结构设计要求的强度和标准差的计算方法。

（1）混凝土的试配强度，应按下列公式计算：

$$R_h = R_0 + \sigma_0 \qquad (附\ 3.1)$$

式中：R_h——混凝土的试配强度；

R_0——混凝土设计要求的强度；

σ_0——混凝土强度标准差。

当施工单位具有 30 组以上混凝土试配强度的历史资料时，σ_0 可按下式求得：

$$\sigma_0 = \sqrt{\frac{\sum_{i=1}^{n} R_i^2 - nR_n^2}{n-1}} \qquad (附\ 3.2)$$

式中：R_i——第 i 组的试块强度；

R_n——n 组试块强度的平均值。

当施工单位无历史统计资料时，σ_0 可按附表 3.1 取值。

混凝土强度标准差　　附表 3.1

R_0,MPa	10～20	25～40	50～60
σ_0,MPa	4.0	5.0	6.0

（2）根据试配强度 R_h，应按下式计算水灰比值：

$$R_h = A \cdot R_c \cdot \left(\frac{C_0}{W_0} - B\right) \qquad (附\ 3.3)$$

式中：R_c——水泥的实际强度，MPa；

$\frac{C_0}{W_0}$——混凝土的灰水比；

A、B——试验系数。当缺乏 A、B 试验系数时，可按下列数值取用。采用碎石时，$A=0.46$，$B=0.52$；采用卵石时，$A=0.48$，$B=0.61$（仅适用于骨料为干燥状态）。

（3）根据骨料最大粒径及混凝土坍落度选用用水量（W_0），可按附表 3.2 选用。

混凝土用水量　　附表 3.2

粗骨料最大粒径(mm)	20	40	80	150
混凝土用水量(kg/m^3)	165～185	145～165	125～145	105～125

（4）根据水灰比、粗骨料最大粒径及砂细度模数选用砂率，可按附表 3.3 选用。

混凝土砂率　　附表 3.3

粗骨料最大粒径(mm)	20	40	80	150
砂率(%)	38～42	32～36	24～28	19～23

(5) 水泥的用量(C_0),应按下式计算:

$$C_0=(\frac{C_0}{W_0})W_0 \quad (附 3.4)$$

(6) 水泥浆的体积(V_p),应按下式计算:

$$V_p=\frac{C_0}{\gamma_c}+W_0 \quad (附 3.5)$$

式中:γ_c——水泥比重。

(7) 砂和石料的总体积(V_A),应按下式计算:

$$V_A=1000(1-a)-V_p \quad (附 3.6)$$

式中:a——混凝土含气量(%),不掺外加剂的混凝土,当骨料最大粒径为 20mm 时,可取 2%;40mm 时可取 1%;80mm 和 150mm 时可忽略不计。

(8) 砂料的重量(S_0),应按下式计算:

$$S_0=V_A\cdot Q_s\cdot\gamma_s \quad (附 3.7)$$

式中:γ_s——砂料比重;

Q_s——砂率,%。

(9) 石料的重量(G_0),应按下式计算:

$$G_0=V_A\cdot(1-Q_s)\cdot\gamma_g \quad (附 3.8)$$

式中:γ_s——石料比重。

2. 根据混凝土结构设计要求的强度(R_0)和强度保证率(P)及离差系数(C_v)的计算方法。

(1) 计算出要求的试配强度:

混凝土试配强度应等于设计强度(R_0)乘以系数 K,K 值与混凝土强度保证率和离差系数有关,可按附表 3.4 查得。

K 值 表 **附表 3.4**

C_v \ P(%)	95	90	85	80	75
0.10	1.18	1.15	1.12	1.09	1.08
0.13	1.26	1.20	1.15	1.12	1.10
0.15	1.32	1.24	1.19	1.15	1.12
0.18	1.40	1.30	1.22	1.18	1.14
0.20	1.49	1.35	1.26	1.20	1.16
0.25	1.68	1.47	1.35	1.27	1.21

表中 P 值根据结构物类型和重要性,由设计单位规定。

C_V 值由混凝土施工质量水平决定,可预先选用。当混凝土强度在 20MPa 及以上时可选用 0.15;在 20MPa 以下时可选用 0.20。以后根据施工资料调整。C_V 值应按下列方法计算:

① 计算平均强度 R_m——总体强度的特征值,指同一强度等级的混凝土若干组试件抗压强度的算术平均值,应按下列公式计算:

$$R_m=\frac{\sum_{i=1}^{n}R_i}{n} \quad (附 3.9)$$

式中:R_i——每组试件的平均极限抗压强度;

n——试件的组数。

② 混凝土强度的标准差 σ_0，应按下列公式计算：

$$\sigma_0=\sqrt{\frac{1}{n-1}\sum_{i=1}^{n}(R_i-R_m)^2} \quad (附3.10)$$

③ 混凝土强度的离差系数 C_V，应按下列公式计算：

$$C_V=\frac{\sigma_0}{R_m} \quad (附3.11)$$

(2) 水灰比、用水量、砂率、水泥用量及砂料石料重量的计算或选用方法与本附录三第(一)款第2项至第9项的内容相同。

(3) 基准混凝土配合比各种材料用量为：C_0、W_0、S_0、G_0。

二、等量取代法配合比计算方法。

1. 选定与基准混凝土相同或稍低的水灰比。

2. 根据确定的粉煤灰等量取代水泥量($f\%$)和基准混凝土水泥用量(c_0)，应按下式计算粉煤灰用量(F)和粉煤灰混凝土中的水泥量(C)：

$$F=C_0\cdot f(\%) \quad (附3.12)$$

$$C=C_0-F \quad (附3.13)$$

3. 粉煤灰混凝土的用水量(W)，应按下式计算：

$$W=\frac{W_0}{C_0}(C+F) \quad (附3.14)$$

4. 水泥和粉煤灰的浆体体积(V_p)，应按下式计算：

$$V_p=\frac{C}{\gamma_c}+\frac{F}{\gamma_f}+W \quad (附3.15)$$

式中：γ_f——粉煤灰比重。

5. 砂料和石料的总体积(V_A)，应按下式计算：

$$V_A=1000(1-a)-V_p \quad (附3.16)$$

6. 选用与基准混凝土相同或稍低的砂率(Q_s)、砂料(S)和石料(G)的重量，应按下式计算：

$$S=V_A\cdot Q_s\cdot \gamma_s \quad (附3.17)$$

$$G=V_A\cdot(1-Q_s)\cdot \gamma_s \quad (附3.18)$$

7. 等量取代法粉煤灰混凝土配合比各种材料用量为：C、F、W、S、G。

三、超量取代法配合比计算方法。

1. 根据基准混凝土计算出的各种材料用(C_0、W_0、S_0、G_0)，选取粉煤灰取代水泥率($f\%$)和超量系数(K)，对各种材料进行计算调整。

2. 粉煤灰取代水泥量(F)、总掺量(F_t)及超量部分重量(F_e)，应按下式计算：

$$F=C_0\cdot f(\%) \quad (附3.19)$$

$$F_t=K\cdot F \quad (附3.20)$$

$$F_e=(K-1)\cdot F \quad (附3.21)$$

3. 水泥的重量(C)，应按下式计算：

$$C=C_0-F \quad (附3.22)$$

4. 粉煤灰超量部分的体积应按下式计算，即在砂料中扣除同体积的砂重，求出调整后的砂重(S_e)：

$$S_e=S_0-\frac{F_e}{r_f}\cdot r_s \quad (附3.23)$$

5. 超量取代粉煤灰混凝土的各种材料用量为：C、F_t、S_e、W_0、G_0。

四、外加法配合比计算方法。

1. 根据基准混凝土计算出的各种材料用量(C_0、W_0、S_0、G_0)，选定外加粉煤灰掺入率($f_m\%$)，对各种材料进行计算调整。

2. 外加粉煤灰的重量(F_m),应按下式计算:

$$F_m = C_0 \cdot f_m(\%) \qquad (附 3.24)$$

3. 外加粉煤灰的体积,应按下式计算,即在砂料中扣除同体积的砂重,求出调整后的砂重(S_m):

$$S_m = S_0 - \frac{F_m}{r_f} \cdot r_s \qquad (附 3.25)$$

4. 外加粉煤灰混凝土的各种材料用量为:C_0、F_m、S_m、W_0、G_0。

附录四 名词解释

本规范所用名词	解释
粉煤灰	在煤粉炉中燃烧煤粉时从烟道气体中收集到的细颗粒粉末
水灰比	混凝土用水量与水泥量之比
水胶比	混凝土用水量与水泥量加粉煤灰量之比
基准混凝土	不掺粉煤灰的以硅酸盐类水泥为胶凝材料配制的混凝土
粉煤灰混凝土	掺入一定量粉煤灰的混凝土
等稠度	粉煤灰混凝土与基准混凝土具有相同坍落度或维勃秒
等量取代法	粉煤灰取代等量水泥
超量取代法	粉煤灰混凝土与基准混凝土在等强度条件下，粉煤灰量超过其取代的水泥量
外加法	粉煤灰混凝土与基准混凝土具有相同水泥量（粉煤灰不取代水泥），掺入一定量的粉煤灰
超量系数	粉煤灰掺入量与其所取代水泥量的比值
无筋混凝土	以水泥、水、砂、石为主要成分，容重在 1900～2500kg/m^3，抗压强度等级在 $C40$ 以下，用常规方法进行搅拌、振捣、养护的混凝土
高强混凝土	抗压强度等级等于或大于 $C40$ 的混凝土
中、低强混凝土	抗压强度等级等于或小于 $C30$ 的混凝土
大体积混凝土	现浇混凝土结构断面最小尺寸在 100cm 以上；或要求限制由于水化热引起混凝土体积变化的混凝土
地面混凝土	公路路面混凝土
高抗冻融性混凝土	快冻法冻融循环满足 300 次的混凝土
炎热条件下施工的混凝土	月平均气温超过 25℃条件下施工的混凝土
低温条件下施工的混凝土	寒冷地区日平均气温连续 5 天稳定在 5℃以下；温和地区日平均气温连续 5 天稳定在 3℃以下浇筑的混凝土

附录五　本规范用词说明

一、执行本标准条文时，对于要求严格程度的用词说明如下，以便在执行中区别对待。

1. 表示很严格，非这样作不可的用词：

正面词采用“必须”，反面词采用“严禁”。

2. 表示严格，在正常情况下均应这样作的用词：

正面词采用“应”，反面词采用“不应”或“不得”。

3. 表示允许稍有选择，在条件许可时，首先应这样作的用词：

正面词采用“宜”或“可”，反面词采用“不宜”。

二、条文中指明应按其他有关标准和规范执行的写法为“应按……执行”或“应符合……要求或规定”。

附加说明

本规范主编单位、参加单位和主要起草人名单

主 编 单 位：　水利水电科学研究院
参 加 单 位：　中国建筑科学研究院
　　　　　　　铁道部科学研究院
　　　　　　　冶金部冶金建筑研究总院
　　　　　　　上海市建筑科学研究所
主要起草人：　杨德福　甄永严　水翠娟　石人俊
　　　　　　　彭　先　钟美秦　谷章昭　盛丽芳
　　　　　　　杜小春

中华人民共和国城乡建设环境保护部部标准

粉煤灰在混凝土和砂浆中应用技术规程

JGJ 28—86

第一章 总则

第1.0.1条 从煤粉炉排出的烟气中收集到的细颗粒粉末称为粉煤灰。按排放方式粉煤灰分为干排灰和湿排灰。

为了正确、合理地在混凝土和砂浆中应用粉煤灰,特制定本规程。

符合本规程要求的粉煤灰可作为混凝土和砂浆的掺合料。

第1.0.2条 本规程适用于一般工业与民用建筑结构和构筑物中掺粉煤灰的混凝土和砂浆(以下简称粉煤灰混凝土和粉煤灰砂浆)。

第1.0.3条 粉煤灰混凝土和粉煤灰砂浆除应满足本规程的要求外,尚应遵守相应的专门技术标准、规范和规程的有关规定。

第二章 粉煤灰的技术要求

第一节 品质指标

第2.1.1条 粉煤灰按其品质分为Ⅰ、Ⅱ、Ⅲ三个等级。其品质指标应满足表2.1.1的规定。

粉煤灰品质指标和分类 表2.1.1

序号	指标	粉煤灰级别		
		Ⅰ	Ⅱ	Ⅲ
1	细度(0.080mm方孔筛的筛余%)不大于	5	8	25
2	烧失量(%)不大于	5	8	15
3	需水量比(%)不大于	95	105	115
4	三氧化硫(%)不大于	3	3	3
5	含水率(%)不大于	1	1	不规定

注:代替细骨料或用以改善和易性的粉煤灰不受此规定的限制。

第二节 试验方法

第2.2.1条 细度按《水泥细度检验方法(筛析法)》(GB 1345—77)测定。

第2.2.2条 烧失量、含水率和三氧化硫含量按《水泥化学分析法》(GB 176—76)测定。

第2.2.3条 需水量比按《水泥胶砂胀缩试验方法》(GB 751—65)及《用于水泥和混凝土中的粉煤灰》(GB 1596—79)的有关规定测定。

第三节 验收规则

第2.3.1条 供方应按本规程规定对粉煤灰按批检验,并签发出厂合格证,其内容包括:

(1)厂名和批号;

中华人民共和国城乡建设环境保护部1987-01-17批准　　1987-05-01实施

(2) 合格证编号及日期；

(3) 粉煤灰的级别及数量；

(4) 检验结果(按本规程第 2.1.1 条的要求)。

第 2.3.2 条 以一昼夜连续供应的 200t 相同等级的粉煤灰为一批，不足 200t 者按一批计。粉煤灰供应的数量按干灰(含水率＜1%)的重量计算。

第 2.3.3 条 必要时，需方可对粉煤灰的品质进行随机抽样检验。

(1) 散装灰取样——从不同部位取 10 份试样，每份不小于 1kg，混合拌匀，按四分法缩取比试验所需量大一倍的试样(称为平均试样)。

(2) 袋装灰取样——从每批中任抽 10 袋，并从每袋中各取试样不少于 1kg，按本条(1) 中的方法混合缩取平均试样。

第 2.3.4 条 每批粉煤灰必须按本章第二节的要求，检验细度和烧失量，有条件时，可加测需水量比，其他指标每季度至少检验一次。

第 2.3.5 条 检验后，符合本规程有关要求者为合格品；若其中任一项不符合要求时，则应重新从同一批中加倍取样，进行复检。复检仍不合格时，则该批粉煤灰应降级处理。

第四节 运输和贮存

第 2.4.1 条 粉煤灰散装运输时，必须采取措施，防止污染环境。

第 2.4.2 条 干粉煤灰宜贮存在有顶盖的料仓中，湿粉煤灰可堆放在带有围墙的场地上。

第 2.4.3 条 袋装粉煤灰的包装袋上应清楚标明《粉煤灰》、厂名、等级、批号及包装日期。

第三章 粉煤灰应用的一般规定

第一节 应用范围

第 3.1.1 条 Ⅰ级粉煤灰允许用于后张预应力钢筋混凝土构件及跨度小于 6m 的先张预应力钢筋混凝土构件。

第 3.1.2 条 Ⅱ级粉煤灰主要用于普通钢筋混凝土和轻骨料钢筋混凝土。

注：经专门试验，或与减水剂复合，也可当Ⅰ级灰使用。

第 3.1.3 条 Ⅲ级粉煤灰主要用于无筋混凝土和砂浆。

注：经专门试验，也可用于钢筋混凝土。

第二节 最大限量

第 3.2.1 条 在普通钢筋混凝土中，粉煤灰掺量不宜超过基准混凝土水泥用量的 35%，且粉煤灰取代水泥率不宜超过 20%。

预应力钢筋混凝土中，粉煤灰量大掺量不宜超过 20%。其粉煤灰取代水泥率，采用普通硅酸盐水泥时不宜大于 15%；采用矿渣硅酸盐水泥时不宜大于 10%。

第 3.2.2 条 轻骨料钢筋混凝土中，粉煤灰掺量不宜超过基准混凝土水泥用量的 30%，其粉煤灰取代水泥率不宜超过 15%。

第 3.2.3 条 无筋干硬性混凝土和砂浆中，粉煤灰掺量可适当增加，其粉煤灰取代水泥率不宜超过 40%。

第三节 其他规定

第 3.3.1 条 粉煤灰宜与外加剂复合使用以改善混凝土或砂浆拌合物和易性，提高混凝土(或砂浆)的耐久性。外加剂的合理掺量可通过试验确定。

第3.3.2条 冬期施工时，粉煤灰混凝土和砂浆应采取早强和保温措施，加强养护。

第四章 粉煤灰在普通混凝土中的应用

第一节 性能指标

第4.1.1条 用于地上工程的粉煤灰混凝土，其强度等级龄期定为28d。

注：用于地下大体积混凝土工程的粉煤灰混凝土，其强度等级龄期可定为60d。

第4.1.2条 粉煤灰混凝土的设计强度等级不得低于基准混凝土的设计强度等级。粉煤灰混凝土的标准强度、设计强度和弹性模量，与基准混凝土一样按有关规程、规范取值。

第4.1.3条 粉煤灰混凝土的收缩、徐变、抗渗等性能指标可采用相同强度等级基准混凝土的性能指标。

在等含气量的条件下，粉煤灰混凝土的抗冻性指标也可采用相同强度等级基准混凝土的抗冻性指标。

粉煤灰混凝土的抗碳化性能在满足本规程有关要求或同时掺入减水剂时，也可视为与基准混凝土基本相同。

第二节 取代水泥率

第4.2.1条 普通混凝土中，粉煤灰取代水泥率不得超过表4.2.1规定的限值。

粉煤灰取代水泥百分率(β_c) 表4.2.1

混凝土等级	普通硅酸盐水泥(%)	矿渣硅酸盐水泥(%)
C15以下	15～25	10～20
C20	10～15	10
C25～C30	15～20	10～15

注：1 以425号水泥配制成的混凝土取表中下限值；以525号水泥配制的混凝土取上限值。

2 C20以上的混凝土宜采用Ⅰ、Ⅱ级粉煤灰；C15以下的素混凝土可采用Ⅲ级粉煤灰。

第三节 配合比设计

第4.3.1条 粉煤灰混凝土的配合比设计以基准混凝土的配合比为基础，按等稠度、等强度等级原则，用超量取代法进行调整。

第4.3.2条 粉煤灰混凝土的配合比设计按下列步骤进行：

(1) 按设计要求，根据《普通混凝土配合比设计技术规定》(JGJ 55—81)进行普通混凝土基准配合比设计；

(2) 按表4.2.1选择粉煤灰取代水泥率(β_c)；

(3) 按所选用的粉煤灰取代水泥率(β_c)，求出每立方米粉煤灰混凝土的水泥用量(m_c)；

$$m_c=m_{c0}(1-\beta_c)$$

(4) 按表4.3.2选择粉煤灰超量系数(δ_c)。

粉煤灰超量系数 表4.3.2

粉煤灰级别	超量系数(δ_c)
Ⅰ	1.0～1.4
Ⅱ	1.2～1.7
Ⅲ	1.5～2.0

注：C25以上混凝土取下限，其他强度等级混凝土取上限。

(5) 按超量系数(δ_c),求出每立方米混凝土的粉煤灰掺量(m_f):

$$m_f=\delta_c(m_{co}-m_c)$$

式中:m_f——每立方米混凝土的粉煤灰掺入量,kg;

δ_c——超量系数;

m_{co}——每立方米基准混凝土的水泥用量,kg;

m_c——每立方米粉煤灰混凝土的水泥用量,kg。

(6) 计算每立方米粉煤灰混凝土中水泥、粉煤灰和细骨料的绝对体积,求出粉煤灰超出水泥的体积;

(7) 按粉煤灰超出的体积,扣除同体积的细骨料用量;

(8) 粉煤灰混凝土的用水量,按基准配合比的用水量取用;

(9) 根据计算的粉煤灰混凝土配合比,通过试配,在保证设计所需和易性的基础上,进行混凝土配合比的调整;

(10) 根据调整后的配合比,提出现场施工用的粉煤灰混凝土配合比。

粉煤灰混凝土配合比设计实例见附录二中例 1。

第 4.3.3 条 泵送粉煤灰混凝土的配合比设计,也可采用固定粉煤灰掺量法,即首先固定粉煤灰掺量、用水量、粗骨料用量,然后按等稠度、等强度等级原则进行设计,但此时应考虑坍落度损失,调整水泥、外加剂及细骨料的用量。

第四节 搅拌

第 4.4.1 条 粉煤灰投入搅拌机可采用以下方法:

(1) 干排灰经计量后与水泥同时直接投入搅拌机内。

(2) 湿排灰经计量制成料浆后使用。

(3) 粉煤灰计量的允许偏差为±2%。

第 4.4.2 条 坍落度大于 20mm 的混凝土拌合物宜在自落式搅拌机中制备;坍落度小于 20mm 的或干硬性混凝土拌合物宜在强制式搅拌机中制备。

粉煤灰混凝土拌合物一定要搅拌均匀,其搅拌时间宜比基准混凝土拌合物延长约 30s。

第 4.4.3 条 泵送粉煤灰混凝土拌合物运到现场时的坍落度不得小于 80mm,并严禁在装入泵车时加水。

第五节 浇灌和成型

第 4.5.1 条 粉煤灰混凝土的浇灌和成型与普通混凝土相同。

第 4.5.2 条 用插入式振动器振捣泵送粉煤灰混凝土时,不得漏振或过振,其振动时间为:

坍落度为 80~120mm——15~20s;

坍落度为 120~180mm——10~15s;

粉煤灰混凝土抹面时,必须进行二次压光。

第六节 养护

第 4.6.1 条 蒸养粉煤灰混凝土制品成型后宜进行不小于 1h 的干热静停。常温静停时,塑性低强度等级的粉煤灰混凝土,其静停时间宜适当延长 0.5~1h。蒸养时的升温速度不宜超过 20℃/h,恒温温度以不低于 85℃为宜。

第 4.6.2 条 粉煤灰混凝土制品自然养护时,宜保持其表面湿润,并适当延长养护时间。

第五章　粉煤灰在轻骨料混凝土中的应用

第一节　性能指标

第 5.1.1 条　粉煤灰轻骨料混凝土标养 28d 的抗压强度不应低于基准轻骨料混凝土的设计强度等级，其标准强度、设计强度、弹性模量和热工指标的取值，仍按轻骨料混凝土的有关规程的规定取用。

第 5.1.2 条　粉煤灰轻骨料混凝土的收缩、徐变、抗冻性等与基准轻骨料混凝土相同。

粉煤灰对轻骨料混凝土碳化性能的影响比普通混凝土小，在满足本规程要求或同时掺入减水剂时，其抗碳化性能与基准混凝土基本相同。

第二节　配合比设计

第 5.2.1 条　粉煤灰轻骨料混凝土的配合比可参照本规程第 4.3.2 条用超量取代法进行设计，但基准轻骨料混凝土的配合比设计按《轻骨料及轻骨料混凝土技术规定及试验方法》(J78—2)（暂行规定）的规定进行。

第 5.2.2 条　轻骨料混凝土中，粉煤灰取代水泥率(β_c)按第 3.2.2 条的要求确定。粉煤灰的超量系数(δ_c)可取 1.2～2.0。

粉煤灰轻骨料混凝土配合比设计实例见附录二中例 2。

第三节　搅拌

第 5.3.1 条　搅拌前轻骨料宜预湿，或是粗细骨料先投入搅拌机后，加部分水先搅拌约半分钟，再加入粉煤灰搅拌，最后加入水泥和剩余的水拌匀。

第 5.3.2 条　粉煤灰轻骨料混凝土宜采用强制式搅拌机进行搅拌、其投料方法可参照本规程第 4.4.1 条。

第 5.3.3 条　粉煤灰与外加剂复合使用时，外加剂宜采用后掺法。

第四节　浇灌、成型和养护

第 5.4.1 条　粉煤灰轻骨料混凝土的浇灌、成型和养护与基准轻骨料混凝土相同，其操作可参照有关有规定执行。

第六章　粉煤灰在砂浆中的应用

第一节　品种及适用范围

第 6.1.1 条　粉煤灰砂浆依其组成分为粉煤灰水泥砂浆、粉煤灰水泥石灰砂浆（简称粉煤灰混合砂浆）及粉煤灰石灰砂浆。

第 6.1.2 条　粉煤灰水泥砂浆主要用于内外墙面，台度、踢脚、窗口、沿口、勒脚、磨石地面底层及墙体勾缝等装修工程及各种墙体砌筑工程；粉煤灰混合砂浆主要用于地面上墙体的砌筑和抹灰工程；粉煤灰石灰砂浆主要用于地面以上内墙的抹灰工程。

第二节　取代水泥率

第 6.2.1 条　砂浆中的粉煤灰取代水泥率可根据其设计强度等级及使用要求参照表 6.2.1 的推荐值选用。

砂浆中粉煤灰取代水泥率及超量系数　　表 6.2.1

砂浆品种		砂浆强度等级				
		M1.0	M2.5	M5.0	M7.5	M10.0
水泥石灰砂浆	β_m(%)	15～40			10～25	
	δ_m	1.2～1.7			1.1～1.5	
水泥砂浆	β_m(%)	—	25～40	20～30	15～25	10～20
	δ_m	—	1.3～2.0		1.2～1.7	

注：表中 β_m 为粉煤灰取代水泥率，δ_m 为粉煤灰超量系数。

第 6.2.2 条　砂浆中，粉煤灰取代石灰膏率可通过试验确定，但最大不宜超过 50%。

第三节　配合比设计

第 6.3.1 条　粉煤灰砂浆的配合比设计按下列顺序进行：

(1) 按砂浆设计强度等级及水泥标号计算每立方米砂浆的水泥用量；

(2) 按求出的水泥用量计算每立方米砂浆的灰膏量；

(3) 选择取代水泥(或石灰膏)率和超量系数，计算粉煤灰掺量；

(4) 确定每立方米砂浆中砂的用量，求出粉煤灰超出水泥(或石灰膏)体积，并扣除同体积的用砂量；

(5) 通过试拌，按稠度要求确定用水量；

(6) 通过试验调整配合比。

粉煤灰砂浆配合比设计实例见附录三。

第四节　搅拌

第 6.4.1 条　粉煤灰砂浆宜采用机械搅拌，以保证拌合物均匀。砂浆各组分的计量(按重量计)允许误差为：

水泥 …………………………………………………………………… ±2%，

粉煤灰、石灰膏和细骨料…………………………………………… ±5%。

第 6.4.2 条　搅拌粉煤灰砂浆时，宜先将粉煤灰、砂与水泥及部分拌合水先投入搅拌机，待基本拌匀后再加水搅拌至所需稠度。总搅拌时间不得小于 2min。

第五节　施工

第 6.5.1 条　粉煤灰砂浆的施工操作技术基本上与普通砂浆相同，施工操作时，应遵守有关规范的要求。用粉煤灰砂浆砌筑或粉刷时，应将砌筑工程用的砖、块、构件或粉刷工程的基层面，预先浇水预湿，施工后，还应加强养护。

第七章　粉煤灰混凝土和砂浆的质量检验

第 7.0.1 条　粉煤灰混凝土的质量检验和评定，按《钢筋混凝土工程施工及验收规范》(GBJ 204—83)执行。粉煤灰混凝土的强度等级龄期按本规程第 4.1.1 条执行。

第 7.0.2 条　对现浇的、自然养护和冬期施工的粉煤灰混凝土，应加强早期强度的检验。检验时，可按实际需要检验同条件养护的早期强度，并预留后期强度试件备查。

第 7.0.3 条　粉煤灰砂浆的质量检验和评定，按《砖石工程施工及验收规范》(GBJ 203—83)和《装饰工程施工及验收规范》(GBJ 210—83)的有关规定进行。

附录一　本规程专用名词解释

1．粉煤灰混凝土　　掺入一定量粉煤灰的水泥混凝土。

2．基准混凝土　　与粉煤灰混凝土相对应的不掺粉煤灰或外加剂的对比试验用的水泥混凝土。

3．粉煤灰砂浆　　掺入一定量粉煤灰的砂浆。

4．等稠度　　是指粉煤灰混凝土拌合物与基准混凝土拌合物具有相同的坍落度或维勃秒以及粉煤灰砂浆拌合物与不掺粉煤灰的砂浆拌合物具有相同的流动度。

5．等强度等级　　粉煤灰混凝土或砂浆具有与基准混凝土或砂浆相同的抗压强度等级。

6．取代水泥率　　基准混凝土或砂浆中的水泥被粉煤灰取代的百分率。

7．超量取代法　　粉煤灰混凝土配合比设计的一种方法，即为达到粉煤灰混凝土与基准混凝土等强度的目的，粉煤灰的掺入量超过其取代的水泥量。

8．超量系数　　粉煤灰掺入量与其所取代水泥量的比值。

9．后掺法　　在混凝土拌合物中掺入液态化学外加剂的一种方法，即在混凝土拌合物基本搅拌均匀后，再加入外加剂拌匀，以减少坍落度损失和轻骨料对外加剂的吸附。

附录二　粉煤灰混凝土配合比设计实例

例1　根据某工程要求,设计粉煤灰混凝土的配合比。

已知:混凝土设计强度等级为C30,其标准差$\sigma=5$MPa;混凝土拌合物坍落度为30～50mm;水泥采用425号普通硅酸盐水泥;粗骨料为碎石,其最大粒径为20mm;细骨料为河砂,属中砂。

设计计算:

1. 根据《钢筋混凝土工程施工及验收规范》(GBJ 204—83)规定,求得混凝土试配强度(f_{cu})为:

$$f_{cu}=30+5=35\text{MPa}$$

2. 根据《普通混凝土配合比设计技术规定》(JGJ 55—81),计算出基准混凝土(不掺粉煤灰的混凝土)的材料用量:

(1) 由 $f_{cu}=0.46f_c^0(\frac{m_c}{m_w}-0.52)$,$f^0=1.13f_{ck}^0$,

得$\frac{m_c}{m_w}=2.10$,$\frac{m_w}{m_c}=0.48$

式中:f_{ck}^0——水泥标号[①];

f_c^0——水泥的实际强度(MPa)。

(2) 查(JGJ 55—81)表2.0.5得:

用水量　　$m_{w0}=195$kg;

水泥用量　　$m_{c0}=406$kg。

(3) 查(JGJ 55—81)表2.0.7:

取砂率(β_s)=0.36。

(4) 按体积法计算得每立方米混凝土的砂、石用量:

砂子用量　　$m_{s0}=648$kg;

石子用量　　$m_{g0}=1151$kg。

(5) 因此得每立方米基准混凝土材料用量为:

$m_{c0}=406$kg;

$m_{w0}=195$kg;

$m_{s0}=648$kg;

$m_{g0}=1151$kg。

3. 粉煤灰混凝土配合比设计以基准混凝土为基础,用粉煤灰超量取代法进行计算调整。

(1) 按本《规程》表4.2.1选取粉煤灰取代水泥率$\beta_c=0.15$。

(2) 按取代水泥率算出每立方米混凝土的水泥用量(m_c):

$m_c=406\times(1-0.15)=345$kg

(3) 按本《规程》表4.3.2选取粉煤灰超量系数:

$\delta_c=1.5$。

(4) 按超量系数算出每立方米混凝土的粉煤灰掺量(m_f):

$m_f=1.5(406-345)=92$kg。

(5) 计算水泥、粉煤灰和砂的绝对体积,求出粉煤灰超出水泥部分的体积,并扣除同体积砂的用量。

① 应按水泥计算强度代入,如425号水泥,则为42.5MPa(近似值)。

［取水泥用量 $\rho_c=3.1$，粉煤灰比重 $\rho_f=2.2$，砂子比重 $\rho_s=2.6$］

$$m_s=m_{s0}-(\frac{m_c}{\rho_c}+\frac{m_f}{\rho_f}-\frac{m_{c0}}{\rho_c})\rho_s=590\text{kg}。$$

(6) 取 $m_g=m_{g0}$，$m_w=m_{w0}$

由此得每立方米粉煤灰混凝土材料计算用量：

$m_c=345\text{kg}$；

$m_w=195\text{kg}$；

$m_s=590\text{kg}$；

$m_g=1151\text{kg}$；

$m_f=92\text{kg}$。

4. 经试配调整得出设计配合比：

因试配得粉煤灰混凝土的实测容重为 2410kg/m³（计算容重为 2373kg/m³），故得校正系数。

$$\alpha=\frac{2410}{2375}=1.02$$

由此得每立方米粉煤灰混凝土的材料用量为：

$m_c=352\text{kg}$；

$m_w=199\text{kg}$；

$m_s=602\text{kg}$；

$m_g=1174\text{kg}$；

$m_f=94\text{kg}$。

例 2　根据某工程要求，设计粉煤灰轻骨料混凝土，其干容重不大于 1400kg/m³，工作度等于 20s。

已知：轻骨料混凝土强度等级为 CL20；粗骨料为页岩陶粒，其松散容重 $\gamma_g=620\text{kg/m}^3$，陶粒吸水率 $W=4\%$；细骨料为陶砂，松散容重 $\gamma_s=760\text{kg/m}^3$，颗粒容重 $\gamma_k=1500\text{kg/m}^3$；水泥为 425 号矿渣硅酸盐水泥。

设计计算：

1. 根据《轻骨料及轻骨料混凝土技术规定和试验方法》(J 78—2)，按松散体积法计算基准轻骨料混凝土每立方米的材料用量：

(1) 按(J 78—2)表 1-10 及表 1-13 选择：

水泥用量　$m_{c0}=350\text{kg}$，

砂率　　　$\beta_s=0.4$

(2) 按(J 78—2)附表 5 选取粗细骨料总体积：

$V_{g+s}=1.45\text{m}^3$

(3) 计算每立方米混凝土陶砂用量：

$m_{s0}=1.45\times0.4\times760=440\text{kg}$

(4) 计算每立方米混凝土陶粒用量：

$m_{g0}=1.45\times(1-0.4)\times620=539\text{kg}$

(5) 根据工作度要求，按(J 78—2)表 1-12 选择净用水量为 180kg。因采用陶砂再增加 10kg，加上陶粒的吸水率，得总用水量：

$m_{w0}=(180+10)+539\times0.04=212\text{kg}$

(6) 核算轻骨料混凝土的千容重：

$\gamma=1.15\times350+539+440=1381.5\text{kg/m}^3$

计算结果满足设计要求，故每立方米基准轻骨料混凝土的材料用量为：

$m_{c0}=350\text{kg}$；

$m_{w0}=212\text{kg}$；

$m_{s0}=440$kg；

$m_{g0}=539$kg。

2. 以基准混凝土配合比为基础，按超量取代法计算粉煤灰轻骨料混凝土的配合比。

(1) 按本《规程》第 3.2.2 条选取粉煤灰取代水泥率：

$\beta_c=10\%$

(2) 计算每立方米粉煤灰混凝土的水泥用量：

$m_c=350(1-0.1)=315$kg

(3) 按本《规程》第 5.2.2 条选取超量系数：

$\delta_c=1.5$

(4) 计算每立方米混凝土的粉煤在掺量：

$m_f=1.5(350-315)=52.5$kg

(5) 计算每立方米混凝土的陶砂用量：

(取 $\rho_c=3.1$，$\rho_f=2.2$，$\rho_s=1.5$)

$$m_s=440-\left[\frac{315}{3.1}+\frac{52.5}{2.2}-\frac{350}{3.1}\right]1.5=421\text{kg}$$

(6) 取 $m_g=m_{g0}$，$m_w=m_{w0}$

由此得每立方米粉煤灰轻骨料混凝土材料计算用量：

$m_c=315$kg；

$m_f=52.5$kg；

$m_w=212$kg；

$m_s=421$kg；

$m_g=539$kg。

3. 经试配调整得出设计配合比与计算配合比相近，满足设计要求。

附录三　粉煤灰砂浆配合比设计实例

例1　某工程要求用325号水泥配M5.0水泥砂浆，粉煤灰取代水泥率$\beta_m=15\%$。取粉煤灰超量系数$\delta_m=1.8$。

(1) 每立方米不掺粉煤灰砂浆中的水泥用量按下式确定：

$$m_{c0}=\frac{1.15f_m}{\alpha f_{ck}^0}\times 1000$$

式中：f_m——砂浆强度等级；

f_{ck}^0——水泥标号；

α——调整系数，随砂浆强度等级与水泥强度等级而变化，其值列于附表1。

上述公式只适用于含水率为2%的中砂和粗砂，同时每立方米砂浆中的用砂量为$1m^3$。

查附表1得$\alpha=0.806$

调整系数(α值)表　　**附表1**

水泥标号(f_c^0)	砂浆强度等级				
	M10.0	M7.5	M5.0	M2.5	M1.0
	α值				
525	0.885	0.815	0.725	0.584	0.412
425	0.931	0.855	0.758	0.608	0.427
325	0.999	0.915	0.806	0.643	0.450
275	1.048	0.957	0.839	0.667	0.466
225	1.113	1.012	0.884	0.698	0.486

$$m_{c0}=\frac{1.15\times 5.0}{0.806\times 32.5}\times 1000=220\text{kg}$$

(2) 按所选用的取代水泥率β_m，求每立方米粉煤灰砂浆中的水泥用量：

$m_c=m_{c0}(1-\beta_m)=220(1-0.15)=187\text{kg}$

(3) 按超量系数(δ_m)，求出每立方米粉煤灰砂浆中的粉煤灰用量(m_f)：

$m_f=\delta_m(m_{c0}-m_c)=1.8(220-187)=59\text{kg}$

(4) 取每立方米砂浆中砂用量$m_{s0}=1450\text{kg}$。

(5) 计算水泥、粉煤灰和砂的绝对体积，求出粉煤灰超出水泥部分的体积，并扣除同体积的砂用量，则得每立方米粉煤灰砂浆中的砂用量(m_s)。

(取$\rho_c=3.1$，$\rho_f=2.2$，$\rho_s=2.62$)

$$m_s=m_{s0}-\left[\frac{m_c}{\rho_c}+\frac{m_f}{\rho_f}-\frac{m_{c0}}{\rho_c}\right]\rho_s=1450-\left[\frac{187}{3.1}+\frac{59}{2.2}-\frac{220}{3.1}\right]\times 2.62=1408\text{kg}$$

(6) 由此得每立方米粉煤灰砂浆材料用量：

$m_c=187\text{kg}$

$m_f=59\text{kg}$

$m_s=1408\text{kg}$

(7) 通过试拌，按砂浆稠度要求确定用水量。

例 2 某工程要求用 425 号水泥配 M5.0 混合水泥砂浆，粉煤灰取代水泥率 $\beta_{m1}=10\%$，取代石灰膏 $\beta_{m2}=50\%$。

取粉煤灰超量系数 $\delta_m=1.8$，

查附表 1 得 $\alpha=0.758$，

求：(1) 每立方米不掺粉煤灰砂浆水泥用量：

$$m_{c0}=\frac{1.15\times5.0}{0.758\times42.5}\times1000=178\text{kg}$$

(2) 每立方米不掺粉煤灰砂浆石灰膏用量：

$$m_{p0}=350-178=172\text{kg}$$

(3) 每立方米粉煤灰砂浆水泥用量：

$$m_c=m_{c0}(1-\beta_{m1})=178(1-0.1)=160\text{kg}$$

(4) 每立方米粉煤灰砂浆石灰膏用量：

$$m_p=m_{p0}(1-\beta_{m2})=172(1-0.5)=86\text{kg}$$

(5) 每立方米粉煤灰砂浆的粉煤灰用量：

$$m_f=\delta_m[(m_{c0}-m_c)+(m_{p0}-m_p)]=1.8(18+86)=187\text{kg}$$

(6) 计算水泥、粉煤灰、石灰膏和砂的绝对体积，求出粉煤灰超出水泥部分的体积，并扣除同体积的砂用量，得每立方米粉煤灰砂浆中的砂用量。

(取 $\rho_c=3.1$，$\rho_f=2.2$，$\rho_p=2.9$，[①] $\rho_s=2.62$)

$$\begin{aligned}m_s&=m_{s0}-\left(\frac{m_c}{\rho_c}+\frac{m_f}{\rho_f}+\frac{m_p}{\rho_p}-\frac{m_{c0}}{\rho_c}-\frac{m_{p0}}{\rho_p}\right)\rho_s\\&=1450-\left(\frac{160}{3.1}+\frac{187}{2.2}+\frac{86}{2.9}-\frac{178}{3.1}-\frac{172}{2.9}\right)\times2.62\\&=1320\text{kg}。\end{aligned}$$

(7) 由此得每立方米粉煤灰砂浆材料用量：

$m_c=160\text{kg}$；

$m_p=86\text{kg}$；

$m_f=187\text{kg}$；

$m_s=1320\text{kg}$。

(8) 通过试拌，按砂浆稠度要求，确定用水量。

① 此数需根据实测后再调整。

附加说明

本规程主编单位、参加单位和主要起草人名单

主 编 单 位：中国建筑科学研究院建筑工程材料及制品研究所
上海市建筑科学研究所

参 加 单 位：中国建筑科学研究院建筑工程材料及制品研究所
上海市建筑科学研究所
上海市施工技术研究所
陕西省建筑科学研究所
辽宁省建筑科学研究所
北京市建筑工程研究所
北京市第一建筑构件厂

主要起草人：龚洛书　谷章昭　水翠娟　平炳华
张德鸾　彭国珍　王锡英　李志恭
王如意　盛丽芳　王海民

ICS 93.080.10;ICS 91.100.10
P 66
备案号:

中华人民共和国交通行业标准

JT/T 523—2004

公路工程混凝土外加剂

Concrete admixtures for highway engineering

2004-04-16 发布 2004-07-15 实施

中华人民共和国交通部 发布

中华人民共和国交通行业标准

公路工程混凝土外加剂

JT/T 523—2004

Curing compounds of concrete for highway engineering

1 范围

本标准规定了水泥混凝土中外加剂的术语和定义、技术要求、试验方法、检验规则、标志、包装、运输和贮存。

本标准适用于公路工程用普通减水剂、高效减水剂、缓凝剂、缓凝减水剂、缓凝高效减水剂、引气剂、引气减水剂、引气高效减水剂、引气缓凝高效减水剂、早强剂和早强减水剂共十一种混凝土外加剂。

2 规范性引用文件

下列文件中的条款通过本标准的引用而成为本标准的条款。凡是注日期的引用文件,其随后所有的修改单(不包括勘误的内容)或修订版均不适用于本标准。然而,鼓励根据本标准达成协议的各方研究是否使用这些文件的最新版本。凡是不注日期的引用文件,其最新版本适用于本标准。

GB/T 8075　混凝土外加剂的分类、命名与定义
GB 8076　混凝土外加剂
GB/T 8077　混凝土外加剂匀质性能试验方法
GB/T 176　水泥化学分析方法
GB/T 14684　建筑用砂
GB/T 14685　建筑用卵石、碎石
JTJ 053　公路工程水泥混凝土试验规程
JGJ 55　普通混凝土配合比设计技术规定
JGJ 63　混凝土拌合用水标准

3 术语和定义

GB/T 8075 确立的以及下列术语和定义适用于本标准

3.1

引气高效减水剂 air entraining admixture and superplasticizer

兼有引气和高效减水功能的外加剂。

3.2

引气缓凝高效减水剂 air entraining and retarding superplasticizer

兼有引气、缓凝和高效减水功能的外加剂。

4 技术要求

4.1 外加剂的使用技术要求

外加剂掺入混凝土后提高混凝土性能,掺外加剂混凝土性能指标见表 1。

表1　掺外加剂混凝土性能指标

项目		外加剂品种										
		普通减水剂	高效减水剂	缓凝剂	缓凝减水剂	缓凝高效减水剂	引气剂	引气减水剂	引气高效减水剂	引气缓凝高效减水剂	早强剂	早强减水剂
减水率,% ≥		8	15	—	8	15	6	12	18	18	—	8
泌水率比,% ≤		95	90	100	100	100	70	70	70	70	100	95
含气量,%		≤3.0	≤3.0	—	≤4.5	≤5.5	≥3.0	≥3.0	≥3.0	≥3.0	—	≤3.0
凝结时间之差,min	初凝	-90~+120	-90~+120	>+90	>+90	>+90	-90~+120	-90~+120	-60~+90	>+90	-90~+90	-90~+90
	终凝			—								
抗压强度比,% ≥	1d	—	140	—	—	—	—	—	—	—	135	140
	3d	115	130	90	100	125	95	115	120	115	130	130
	7d	115	125	95	110	125	95	110	115	110	110	115
	28d	110	120	100	110	120	90	100	105	105	100	105
抗折强度比,% ≥	7d	—	—	—	—	—	—	—	—	—	105	110
	28d	105	115	100	105	115	100	110	115	115	100	105
收缩率比,% ≤	28d	125	125	125	125	125	120	120	120	120	130	130
磨耗量,kg/m² ≤	28d	2.0	2.0	2.0	2.0	2.0	2.5	2.5	2.5	2.5	2.0	2.0
冻融循环次数, ≥		100	100	-	-	100	200	200	200	200	100	100
碱含量,%		测定值(以混凝土每立方米总碱量不超过3kg控制)										
对钢筋锈蚀作用		无锈蚀危害										

注1:表中所列减水率、泌水率比、凝结时间之差、抗压强度比、抗折强度比、收缩率比的数据为掺外加剂混凝土与基准混凝土的差值或比值。

2:凝结时间指标:"-"号表示提前,"+"表示延缓。

3:冻融循环次数:满足相对动弹性模量值不小于80%时的最大循环次数。

4:抗折强度比、磨耗量为道面混凝土要求检项。

5:有抗冻要求时,检冻融循环次数。

4.2 匀质性指标

匀质性指标应符合表2的规定。

表2 匀质性指标

项目	指标
含固量或含水量	a)液体外加剂,应在生产控制值相对量的3%以内 b)固体外加剂,应在生产控制值相对量的5%以内
密度	对液体外加剂,应在生产厂所控制值的±0.02g/cm^{3}以内
氯离子含量	应在生产控制值相对量的5%以内
水泥净浆流动度	应不小于生产控制值的95%
细度	0.315mm方孔筛,筛余应小于10%
pH值	应在生产控制值±1以内
表面张力	应在生产控制值±1.5以内
还原糖	应在生产控制值±3%以内
总碱量($Na_2O+0.658K_2O$)	应在生产控制值的相对量的5%以内
硫酸钠	应在生产控制值的相对量的5%以内
砂浆减水率	应在生产控制值±1.5%以内

5 试验方法

5.1 材料

5.1.1 水泥

采用GB8076规定的基准水泥。在因故得不到基准水泥时,可采用C_3A含量6%~8%,总碱量($Na_2O+0.658K_2O$)不大于0.6%的熟料,以二水石膏、矿渣共同磨制的强度等级不小于42.5级的普通硅酸盐水泥。但仲裁仍需用基准水泥。

5.1.2 砂

符合GB/T 14685要求的细度模数为2.6~2.9的中砂。

5.1.3 石子

符合GB/T 14685粒径为4.75mm~16mm(方孔筛),采用二级配,其中4.75mm~9.5mm占40%,9.5mm~16mm占60%。如有争议,以卵石试验结果为准。

5.1.4 水

符合JGJ 63要求。

5.1.5 外加剂

需要检测的外加剂。

5.2 配合比

基准混凝土配合比按JGJ 55进行设计。

5.2.1 水泥用量

采用卵石时,310 kg/m^3 ±5kg/m^3;采用碎石时330 kg/m^3 ±5kg/m^3。

5.2.2 砂率

基准混凝土和掺外加剂混凝土的砂率为36%~40%,但掺引气型外加剂的混凝土砂率应比基准混凝土低1%~3%。

5.2.3 外加剂掺量

按产品推荐掺量。

5.2.4 用水量

当外加剂用于路面或桥面时，其基准混凝土和掺外加剂混凝土的用水量，应使混凝土坍落度控制在 40mm ± 10mm；其它情况，混凝土坍落度控制在 80mm ± 10mm。

5.3 混凝土搅拌

采用 60L 单卧轴强制式混凝土搅拌机，全部材料及外加剂一次投入，拌和量应不少于 15L，不大于 45L，搅拌 3min，出料后在铁板上用人工翻拌 2 ~ 3 次。

各种混凝土材料及试验环境温度均应保持在 20℃ ±5℃。

5.4 试件制作及试验所需试件数量

5.4.1 试件制作混凝土试件制作及养护按 JTJ 053 进行。

5.4.2 试验项目及所需数量详见表 3。

表 3 试验项目及所需数量

试验项目	外加剂类别	试验类别	试验所需数量			
			混凝土拌合批数	每批取样数目	掺外加剂混凝土总取样数目	基准混凝土总取样数目
减水率	除早强剂、缓凝剂外各种外加剂	混凝土拌合物	3	1 次	3 次	3 次
泌水率比	各种外加剂		3	1 个	3 个	3 个
含气量			3	1 个	3 个	—
凝结时间差			3	1 个	3 个	3 个
碱含量			3	1 个	3 个	—
抗压强度比		硬化混凝土	3	9 或 12 块	27 或 36 块	27 或 36 块
抗折强度比			3	1 或 2 块	3 或 6 块	3 或 6 块
收缩率比			3	1 块	3 块	3 块
磨耗量			3	1 块	3 块	—
冻融循环次数	除缓凝剂、缓凝减水剂		3	1 块	3 块	—
钢筋锈蚀	各种外加剂	新拌混凝土	3	1 块	3 块	—

注1. 试验时，检验一种外加剂的三批混凝土要在同一天内完成。

2. 试验龄期见表 1 试验项目栏。

5.5 混凝土拌合物

5.5.1 减水率测定

减水率为坍落度基本相同时基准混凝土和掺外加剂混凝土单位用水量之差与基准混凝土单位用水量之比。当外加剂用于路面或桥面时，基准混凝土和掺外加剂混凝土的坍落度应控制在 40mm ± 10mm，其它情况混凝土坍落度控制在 80mm ± 10mm，坍落度的测定方法按 JTJ053 执行。减水率按式（1）计算，精确到小数点后一位数。

$$W_R = \frac{W_0 - W_1}{W_0} \times 100 \qquad (1)$$

式中：

W_R——减水率，%；

W_0——基准混凝土单位用水量，kg/m^3；

W_1——掺外加剂混凝土单位用水量，kg/m^3。

试验时，每批混凝土拌合物取一个试样，减水率 W_R 以三批三个试样的算术平均值计，精确到小数点后一位。若试验中三个试样的最大值或最小值有一个与中间值之差超过中间值的 15% 时，则把最大值与最小值一并舍去,取中间值作为该组试验的减水率。

如最大值和最小值与中间值之差均大于中间值的15%时,则试验结果无效,应该重做。

5.5.2 泌水率比测定

泌水率比按式(2)计算,精确到小数点后一位数。

$$B_R = \frac{B_t}{B_c} \times 100 \tag{2}$$

式中:

B_R——泌水率比,%;

B_t——掺外加剂混凝土泌水率,%;

B_c——基准混凝土泌水率,%。

泌水率的测定和计算方法如下:

先用湿布润湿容积为5L的带盖筒(内径为185mm,高200mm),将混凝土拌合物一次装入,在振动台上振动20s,然后用抹刀轻轻抹平,加盖以防水分蒸发。试样表面应比筒口边低约20mm。自抹面开始计算时间,在前60min,每隔10min用吸液管吸出泌水一次,以后每隔20min吸水一次,直至连续三次无泌水为止。每次吸水前5min,应将筒底一侧垫高约20mm,使筒倾斜,以便于吸水。吸水后,将筒轻轻放平盖好。将每次吸出的水都注入带塞的量筒,最后计算出总的泌水量,准确至1g,并按式(3)、式(4)计算泌水率:

$$B = \frac{V_W}{(W/G)G_W} \times 100 \tag{3}$$

式中:

B——泌水率,%;

V_W——泌水总质量,g;

W——混凝土拌合物的用水量,g;

G——混凝土拌合物的总质量,g;

G_W——试样质量,g。

$$G_W = G_1 - G_0 \tag{4}$$

式中:

G_1——筒及试样质量,g;

G_0——筒质量,g。

试验时,每批混凝土拌合物取一个试样,泌水率B以三批三个试样的算术平均值计,精确到小数点后一位。若试验中三个试样的最大值或最小值有一个与中间值之差超过中间值的15%时,则把最大值与最小值一并舍去,取中间值作为该组试验的泌水率。

如最大值和最小值与中间值之差均大于中间值的15%时,则试验结果无效,应该重做。

5.5.3 含气量

按GBJ80用气水混合式含气量测定仪,并按该仪器说明进行操作。混凝土拌合物一次装满并稍高于容器,掺非引气型外加剂的混凝土用振动台振实15s~20s,掺引气型外加剂的混凝土先用振动台振实15s~20s,再用高频插入式振动捣器在容器中心部位垂直插捣10s。

试验时,每批混凝土拌合物取一个试样,含气量以三批三个试样的算术平均值计,精确到小数点后一位。若试验中的最大值或最小值中有一个与中间值之差超过中间值的0.5%时,将最大值与最小值一并舍去,取中间值作为该组试验含气量的试验结果。

如最大值和最小值与中间值之差均大于中间值的0.5%,试验结果无效,应该重做。

5.5.4 凝结时间差测定

凝结时间差按式(5)计算:

$$\Delta T = T_t - T_c \tag{5}$$

式中：

ΔT——凝结时间之差,min；

T_t——掺外加剂混凝土的初凝或终凝时间,min；

T_c——基准混凝土的初凝或终凝时间,min。

凝结时间采用贯入阻力仪测定,仪器精度为5N,凝结时间测定方法如下：

将混凝土拌合物用5mm(圆孔筛)振动筛筛出砂浆,拌匀后装入上口内径为160mm,下口内径为150mm,净高150mm刚性不渗水的金属圆筒,试样表面应低于筒口约10mm,用振动台振动实(约3s～5s),置于20℃±3℃的环境中,容器加盖。一般基准混凝土在成型后3h～4h,掺早强剂的混凝土在成型后1h～2h,掺缓凝剂的混凝土在成型后4h～6h开始测定,以后每0.5h或1h测定一次,但在临近初、终凝时,应缩短测定间隔时间。每次测点应避开前一次测孔,其净距为试针直径的两倍,但至少不小于15mm,试针与容器边缘之距离不小于25mm。测定初凝时间用截面积为$100mm^2$的试针,测定终凝时间用$20mm^2$的试针。贯入阻力按式(6)计算。

$$R = \frac{P}{A} \tag{6}$$

式中：

R——贯入阻力值,MPa；

P——贯入深度达25mm时所需的净压力,N；

A——贯入仪试针的截面积,mm^2。

根据计算结果,以贯入阻力值为纵坐标,测试时间为横坐标,绘制贯入阻力值与时间关系曲线,求出贯入阻力值达到3.5MPa时对应的时间作为初凝时间、贯入阻力值达28MPa时对应的时间作为终凝时间,凝结时间从水泥与水接触时开始计算。

试验时,每批混凝土拌合物取一个试样,凝结时间R以三批三个试样的算术平均值计。若试验中三个试样的最大值或最小值有一个与中间值之差超过30min时,则把最大值与最小值一并舍去,取中间值作为该组试验的凝结时间。

如最大值和最小值与中间值之差均大于30min时,则试验结果无效,应该重做。

5.6 硬化混凝土

5.6.1 抗压强度比测定

抗压强度比以掺外加剂混凝土与基准混凝土同龄期抗压强度之比表示,按式(7)计算。

$$R_s = \frac{S_t}{S_c} \times 100 \tag{7}$$

式中：

R_s——抗压强度比,%；

S_t——掺外加剂混凝土的抗压强度,MPa；

S_c——基准混凝土的抗压强度,MPa。

掺外加剂与基准混凝土的抗压强度试件的成型和养护按JTJ 053的规定进行,抗压强度试验和计算按JTJ 053的规定进行。试验结果以三批试验测值的平均值表示,每批试验的取样量按表三中规定的数量。三批中的最大值或最小值有一个与中间值的差值超过中间值的15%,则把最大值和最小值一并舍去,取中间值作为试验结果。

如有两批测值与中间值的差均超过中间值的15%,则试验结果无效,应该重做。

5.6.2 抗折强度比测定

抗折强度比以掺外加剂混凝土与基准混凝土同龄期抗折强度之比表示,按式(8)计算。

$$R_y = \frac{y_t}{y_c} \times 100 \tag{8}$$

式中：

R_y——抗折强度比，%；

y_t——掺外加剂混凝土的抗折强度，MPa；

y_c——基准混凝土的抗折强度，MPa。

掺外加剂与基准混凝土的抗折强度试件的成型和养护按 JTJ 053 的规定进行，抗折强度试验和计算按 JTJ 053 的规定进行。

试验结果以三批试验测值的平均值表示，每批试验的取样量按表三中规定的数量。三批中的最大值或最小值有一个与中间值的差值超过中间值的 15%，则把最大值和最小值一并舍去，取中间值作为试验结果。

如有两批测值与中间值的差均超过中间值的 15%，则试验结果无效，应该重做。

5.6.3 收缩率比测定

收缩率比以龄期 28d 掺外加剂混凝土与基准混凝土干缩率比值表示，按(9)式计算。

$$R_\varepsilon = \frac{\varepsilon_t}{\varepsilon_c} \times 100 \tag{9}$$

式中：

R_ε——收缩率比，%；

ε_t——掺加外加剂的混凝土的收缩率，%；

ε_c——基准混凝土的收缩率，%。

掺外加剂与基准混凝土的收缩率试件的成型和养护按 JTJ 053 的规定进行，收缩率试验和计算按 JTJ 053 的规定进行。每批混凝土拌合物取一个试样，以三批三个试样收缩率的算术平均值表示。

5.6.4 磨耗量测定

磨耗量是以试件磨损面上单位面积的磨耗量表示，按(10)式计算。

$$G_c = \frac{m_1 - m_2}{A} \tag{10}$$

式中：

G_c——单位面积的磨耗量，kg/m^2；

m_1——试件的初始质量，kg；

m_2——试件磨损后的质量，kg；

A——试件磨损面积，m^2。

混凝土试件的成型和养护按 JTJ 053 的规定进行，试验和计算按 JTJ 053 的规定进行。每批混凝土拌合物取一个试样，以三批三个试样磨耗量的算术平均值表示；三个试样有一个磨耗量值超过平均值的 15% 时，应以剔除，取余下两个试样结果的平均值为试验结果，如两个试样的磨耗量超过平均值的 15% 时，则试验结果无效，应该重做。

5.6.5 冻融循环次数

冻融循环次数是满足相对动弹性模量值不小于 80% 时的最大循环次数。

混凝土试件的成型和养护按 JTJ 053 的有关规定进行，试验和计算按 JTJ 053 的规定进行。每批混凝土拌合物取一个试样，动弹性模量以三批三个试样的算术平均值表示。

5.7 碱含量

是指外加剂所含各类钾盐、钠盐折合为 Na_2O 的当量含量。试验和计算按 GB8076 进行。

5.8 钢筋锈蚀

钢筋锈蚀采用钢筋在新拌砂浆中阳极极化电位曲线来表示，测定方法按 GB8076 进行。

5.9 外加剂匀质性

外加剂匀质性试验按 GB/T 8077 进行。总碱量测定方法按 GB8076 进行。

6 检验规则

6.1 取样及编号

6.1.1 试样分点样和混合样。点样是在一次生产的产品所得试样，混合样是三个或更多的点样等量均匀混合而取得的试样。

6.1.2 生产厂应根据产量和生产设备条件，将产品分批编号，掺量大于等于1%的同品种的外加剂每一编号为120t；掺量小于1%的同品种外加剂每一编号为60t，不足120t或60t的也可按一个批量计，同一编号的产品必须混合均匀。

6.1.3 每一编号取样量不少于0.2t水泥所需用的外加剂量。

6.2 试样及留样

每一编号取得的试样应充分混匀，分为两等份，一份按表2中规定部分项目进行试验，另一份要密封保存半年，以备有疑问时提交国家指定的检验机关进行复验或仲裁。

6.3 检验分类

6.3.1 出厂检验：每编号外加剂检验项目，根据其品种不同按表4进行检验。

6.3.2 型式检验：型式检验项目包括表2中匀质性及表1中新拌及硬化混凝土性能指标。有下列情况之一者，应进行型式检验：

a) 新产品或老产品转厂生产的试制定型鉴定；

b) 正式生产后，如材料，工艺有较大改变，可能影响产品性能时；

c) 正常生产时，一年至少进行一次检验；

d) 产品长期停产后，恢复生产时；

e) 出厂检验结果与上次型式检验有较大差异时；

f) 国家质量监督机构提出进行型式试验要求时。

6.4 判定规则

产品经检验，匀质性符合表2的要求，各种类型的减水剂的减水率、缓凝型外加剂的凝结时间差、引气型外加剂的含气量及硬化混凝土的各项性能符合表1要求，则判定该编号外加剂为合格产品，如不符合上述要求时，则判该编号外加剂不合格。其余项目作为参考指标。

6.5 复验

复验以封存样进行。如使用单位要求现场取样，应事先在供货合同中规定，并在生产厂家和使用单位人员在场的情况下于现场取混合样，复验按照型式检验项目检验。

7 标志、包装、运输和贮存

7.1 标志

产品应有产品标牌，内容包括：产品名称、规格型号、净质量或体积（包括含量或浓度）、有无毒性、生产厂名、生产日期、出厂编号及安全注意事项等。

7.2 包装

粉状外加剂应采用塑料袋衬里的编织袋，每袋重20 kg ~ 50kg。液体外加剂应采用塑料桶、金属桶包装或槽车运输。

7.3 运输和贮存

7.3.1 产品在运输贮存中不得污染、破损、不得与酸、碱等腐蚀物质混放。

7.3.2 应存放在专用仓库或固定的场所妥善保管，以易于识别，便于检查和提货。

表4　外加剂测定项目

测定项目	外加剂品种											备注
	普通减水剂	高效减水剂	早强减水剂	缓凝减水剂	缓凝高效减水剂	引气减水剂	引气高效减水剂	引气缓凝高效减水剂	缓凝剂	早强剂	引气剂	
固体含量	√	√	√	√	√	√	√	√	√	√	√	
密度												液体外加剂必测
细度												粉状外加剂必测
pH值	√	√	√	√	√	√	√	√				
表面张力		√			√	√	√	√			√	
泡沫性能						√	√	√			√	
氯离子含量	√	√	√	√	√	√	√	√	√	√	√	
硫酸钠含量												含有硫酸钠的早强减水剂、早强剂以及各类高效减水剂必测
总碱量	√	√	√	√	√	√	√	√	√	√	√	每年至少一次
还原糖分	√			√	√			√	√			木质素磺酸盐类减水剂必测
水泥净浆流动度	√	√	√	√	√	√	√	√				两种任选一种
水泥砂浆流动度	√	√	√	√	√	√	√	√	√	√		

ICS 91.100.30
Q 13

中华人民共和国建材行业标准

JC 901—2002

水 泥 混 凝 土 养 护 剂

Curing compounds for cement concrete

2002-12-09 发布　　　　2003-03-01 实施

中华人民共和国国家经济贸易委员会　　发 布

前　言

本标准第5章为强制性条款，其余为推荐性条款。

本标准是在总结我国水泥混凝土养护剂的科研成果和生产使用实践的基础上制定的。本标准制定时，参考了 ASTM C 309：1998《混凝土养护用液体成膜剂》与英国 BS 7542：1992《混凝土养护剂的试验方法》。

本标准在制定水泥混凝土养护剂保水率指标时主要参照了英国标准，以测定混凝土的水分损失量来计算其保水率。本标准根据我国实际情况，增补了混凝土抗压强度比、磨耗量、固含量、成膜后浸水溶解性、成膜耐热性等技术指标。

本标准的附录A、附录B为规范性附录。

本标准由中国建筑材料工业协会提出。

本标准由全国水泥制品标准化技术委员会归口。

本标准起草单位：中国建筑材料科学研究院水泥科学与新型建筑材料研究所、交通部公路科学研究所。

本标准主要起草人：付智、王显斌、牛开民、刘云、夏玲玲、隋同波。

本标准为首次发布。

水 泥 混 凝 土 养 护 剂

1 范围

本标准规定了水泥混凝土养护剂的术语、一般要求、要求、试验方法、检验规则及包装、标志、运输与贮存等。

本标准适用于表面成膜型养护剂。

2 规范性引用文件

下列文件中的条款通过本标准的引用而成为本标准的条款。凡是注日期的引用文件，其随后所有的修改单(不包括勘误的内容)或修订版均不适用于本标准，然而，鼓励根据本标准达成协议的各方研究是否可使用这些文件的最新版本。凡是不注日期的引用文件，其最新版本适用于本标准。

GB 8076—1997 混凝土外加剂

GB/T 8077 混凝土外加剂匀质性试验方法

GBJ/T 80 普通混凝土拌和物性能试验方法

GBJ/T 81 普通混凝土力学性能试验方法

JC/T 421 水泥胶砂耐磨性方法

JTJ 053 公路工程水泥混凝土试验规程

3 术语

3.1 水泥混凝土养护剂

水泥混凝土养护剂是一种喷洒或涂刷于混凝土表面，能在混凝土表面形成一层连续的不透水的密闭养护薄膜的乳液或高分子溶液。

3.2 基准混凝土

按本标准试验条件规定配制的不喷涂养护剂的混凝土。

4 一般要求

4.1 外观：均匀、无明显色差，不含其他杂质。

4.2 稠度：应满足在4℃以上易于喷涂(或按需要涂刷或辊刷)，能形成均匀涂层。

4.3 有害反应：不应对混凝土表面及混凝土性能造成有害影响。

4.4 毒性：不应含有任何对人体、生物与环境有害的化学成分。

4.5 稳定性：在贮存期内，不得出现分层、结块和絮凝现象。

5 要求

水泥混凝土养护剂产品性能应符合表1的要求。

表 1 水泥混凝土养护剂技术要求

检验项目		一级品	合格品
有效保水率/%	≥	90	75
抗压强度比/% ≥	7 d	95	90
	28 d	95	90
磨耗量[1)]/(kg/m²)	≤	3.0	3.5
固含量/%	≥	20	
干燥时间/h	≤	4	
成膜后浸水溶解性		应注明溶或不溶	
成膜耐热性		合格	
1) 在对表面耐磨性能有要求的表面上使用混凝土养护剂时为必检指标。			

6 试验方法

6.1 材料及混凝土配合比

试验所用水泥、砂、石、水等材料及混凝土配合比应符合 GB 8076 要求。

水泥混凝土养护剂用量：产品质量检验时原液的用量宜为 0.2 kg/m²，可采用生产厂家推荐的最低原液用量。推荐的原液用量必须在 0.2 kg/m²～0.25 kg/m² 范围内。

6.2 有效保水率

按本标准附录 A 进行。

6.3 抗压强度比

按本标准附录 B 进行。

6.4 磨耗量

基准试体按照 JTJ 053 试验，喷涂试体按附录 B 成型。

6.5 干燥时间

将养护剂按试验用量涂于泌水结束的符合 JC/T 421 要求的新拌水泥砂浆表面，试验室温度为(20±2)℃，相对湿度为(50±10)%。试验时从喷涂养护剂时开始计时，用手指以适度压力触压表面，无水分粘手上的触干时间定为干燥时间。

6.6 固含量

按 GB/T 8077 测定。

6.7 成膜后浸水溶解性

将水泥混凝土养护剂按试验用量一次涂于 150 mm×300 mm 的塑料板上，待完全干燥后，浸入水中，水温为(20±3)℃，浸水时间为 1 h，观察膜是否溶解。

6.8 成膜耐热性

将水泥混凝土养护剂按试验用量涂于玻璃板上，待完全干燥后，置于(65±2)℃的烘箱内，恒温 10 min后观察是否出现熔化、变色现象。

7 检验规则

7.1 取样及编号

7.1.1 试样应由买方选择在交货前或交货时在工厂或仓库取样。

7.1.2 生产厂应将产品分批编号，每 20 t 为一批量编号，不足 20 t 时按一个批量计。每一编号取一个样，取样量不少于 10 kg。

7.1.3 如果养护剂在混合罐或槽中，则刚开始灌装时，从罐中取样约三分之一，灌装至一半时，取样约三分之一，另外三分之一在灌装结束时取样。如果养护剂已装入容器中，取样的容器数量是整批容器数的立方根后取较大的整数。

7.2 试样及留样

每一编号取得的试样应充分混匀，分为两等份，一份按表1项目进行试验，另一份密封半年，以备有疑问时提交国家指定的检验机构进行复验或仲裁。取样容器应及时密封，严禁泄漏、替换或稀释。

7.3 检验分类

7.3.1 产品检验分出厂检验和型式检验。

7.3.2 出厂检验：产品出厂必须进行出厂检验，项目包括有效保水率、固含量、干燥时间和成膜后浸水溶解性。

7.3.3 型式检验：型式检验包括表1所列的全部检验项目。

有下列情况之一者，应进行型式检验：

a) 新产品或老产品转厂生产的试制定型鉴定；

b) 正式生产后，如材料、工艺有较大改变，可能影响产品性能时；

c) 正常生产时，每季度至少进行一次检验；

d) 产品长期停产后，恢复生产时；

e) 出厂检验结果与上次型式检验有较大差异时；

f) 国家质量监督机构提出进行型式检验要求时。

7.4 判定规则

所有项目均符合本标准第5章中规定的某一等级要求，则判为相应等级。其中有一项不符合合格品要求时，判为不合格。

8 包装、标志、运输与贮存

8.1 产品出厂时应提供产品质量合格证和产品说明书，产品说明书应包括生产厂名称、产品名称及型号、执行标准、外观、色泽、成膜后浸水溶解性、出厂日期、产品质量等级、有效期和注意事项。

8.2 养护剂应装入生产厂提供的洁净容器中，如塑料桶或金属桶，每个容器上应印上可识别的标志和产品名称、型号、执行标准号、净质量、生产厂家、生产日期、有效期和出厂编号。

8.3 运输时应轻拿轻放，防止破损，防止坚硬物碰撞容器。

8.4 养护剂应放在专用仓库或固定的场所妥善保管，以易于识别，便于检查和提货。

8.5 养护剂自生产之日起，在正常运输贮存条件下贮存期为半年。

附 录 A

（规范性附录）

水泥混凝土养护剂有效保水率试验方法

A.1 仪器设备

A.1.1 60 L 混凝土标准单卧轴强制式搅拌机。

A.1.2 混凝土标准振动台。

A.1.3 塑料试模 150 mm×150 mm×150 mm。

A.1.4 环境箱：控制箱内环境温度：(38±2)℃；

湿度： (32±3)%(R·H)；

风速： (0.5±0.2)m/s。

注：不能满足风速条件的试验设备只能进行定性试验，而不能作为定级及仲裁试验。

A.1.5 电子天平：称量 20 kg，感量 0.1 g。

A.2 试件

A.2.1 基准混凝土的制备

采用 60 L 搅拌机，成型混凝土的全部材料一次投入，用水量应使混凝土坍落度达到(40±10)mm，拌和量不少于 15 L，不大于 45 L，搅拌 3 min，出料后人工翻拌 2～3 次。

测定混凝土坍落度，按 GBJ/T 80 进行，须控制在(40±10)mm 的范围内。

各种混凝土材料和试验环境均应保持在温度(20±5)℃；相对湿度(50±10)%的条件下。

A.2.2 试件的成型与数量

A.2.2.1 试模：使用塑料试模，成型前将试模底部的气孔用胶带密封好，不宜在模子内抹过多的脱模剂或油，特别是顶部边缘需密封的地方。

A.2.2.2 试件成型：按 GBJ/T 81 进行，然后在顶面用抹刀抹平，并沿试模内壁插捣数次，缺料处用余浆找平，使顶面均匀密实，没有空隙和裂缝。成型后清理干净模子外缘，并水平放置。

A.2.2.3 试件数量

基准试件每组：4 块。

喷涂养护剂试件每组：4 块。

A.2.3 试件表面的制备与边缘密封

A.2.3.1 表面制备：待试件表面水消失后，用干净软毛刷轻刷表面釉层，应刷不出表面水或用手指轻擦过表面无水迹为适宜的表面条件。

A.2.3.2 基准试件的表面条件达到要求后，立即对基准试件称量，质量为 m_1，精确至 0.1 g，放入环境箱中，记录入箱时间。

A.2.3.3 喷涂养护剂试件的表面条件达到要求后，在试模和试件边缘间，剔出一条深 3 mm，宽不大于 3 mm 的 V 型槽，用密封胶或蜡等密封材料填充，封边后立即对试件称量，质量为 M_1，精确至 0.1 g。

A.2.4 混凝土养护剂的喷涂

A.2.4.1 根据生产厂家推荐用量，计算养护剂的喷涂量 M_c，如无特别要求，以 0.2 kg/m^2 的用量为准。试件喷涂面积以试件净尺寸计算。

A.2.4.2 按规定用量，在试件顶部均匀地喷涂养护剂，不得有漏喷、漏涂或明显不均匀的情况存在，每个试件一次完成。

A.2.4.3 通过比较喷涂前后试件质量，确定养护剂喷涂量是否达到要求，达到要求后，立即称取喷涂

养护剂试件质量 M_2,精确至 0.1 g。整个喷涂时间不得超过 2 min,如果最终的养护剂用量与计算用量相差超过 10%,试件无效。

A.3 试件的养护

A.3.1 立即将喷涂过养护剂的试件,放入环境箱内,并记录入箱时间。

A.3.2 基准试件和喷涂养护剂试件应等间距均匀的摆放在环境箱内,72 h 后,取出称其质量。基准试件试验最终质量 m_2;喷涂养护剂试件最终质量 M_3;称量精确至 0.1 g。

A.4 试验结果计算

A.4.1 基准试件的水分损失量按式(A.1)计算:

$$G_0 = m_1 - m_2 \tag{A.1}$$

式中:

G_0——基准试件水分损失量,g;

m_1——基准试件入箱前质量,g;

m_2——基准试件试验最终质量,g。

计算结果精确至 0.1 g。

A.4.2 喷涂养护剂试件水分损失量按式(A.2)和式(A.3)计算:

$$G_c = M_1 + (N_c \times M_c) - M_3 \tag{A.2}$$

式中:

G_c——喷涂养护剂试件水分损失量,g;

M_c——养护剂用量,g;

M_3——喷涂养护剂试件最终质量,g;

N_c——养护剂非挥发组分比例,%。

计算结果精确至 0.1 g。

$$M_c = M_2 - M_1 \tag{A.3}$$

M_1——试件封边后质量,g;

M_2——试件喷涂养护剂后的质量,g;

计算结果精确至 0.1 g。

A.4.3 试件水分损失量

以每组试件水分损失量的算术平均值作为试验结果。若同一组内水分损失量最大和最小之差超过 0.15 kg/m²,则该组试验结果无效;若一个试件水分损失量与平均值的差超过 15%,则将该数据剔除,取其余试件的算术平均值作为该组试件的水分损失量。余下的试件数不得少于 3 块;如少于 3 块则该试验作废,必须重做。

A.4.4 有效保水率按式(A.4)计算,计算结果精确至 1%。

$$Q = (1 - \overline{G_c} / \overline{G_0}) \times 100 \tag{A.4}$$

式中:

Q——养护剂有效保水率,%;

$\overline{G_0}$——基准试件组平均水分损失量,g;

$\overline{G_c}$——喷涂养护剂试件组平均水分损失量,g。

附 录 B
（规范性附录）
混凝土抗压强度比试验方法

B.1 仪器设备

B.1.1 60 L 混凝土标准单卧轴强制式搅拌机。
B.1.2 混凝土标准振动台。
B.1.3 试模：为 150 mm×150 mm×150 mm 的塑料试模或密封不透水的钢试模。
B.1.4 试件数量：基准试件与喷涂养护剂试件每个龄期至少 3 块。

B.2 原材料及配合比

按本标准 6.1 执行。

B.3 试验步骤

B.3.1 按 GBJ/T 81 规定成型，控制混凝土坍落度为(40±10)mm。
B.3.2 待试件表面水消失后，用干净软毛刷轻刷表面釉层，应刷不出表面水或用手指轻擦过表面无水迹为适宜的表面条件。
B.3.3 喷涂养护剂试件组试件表面条件达到要求后，在试模和试件边缘间，剔出一条深 3 mm，宽不大于 3 mm 的 V 型槽，用密封胶或蜡等密封材料填充，封边。
B.3.4 根据生产厂家推荐用量，计算养护剂的喷涂量 M_c，如无特别要求，以 0.2 kg/m^2 的用量为准。试件喷涂面积以试件净尺寸计算。
B.3.5 按规定用量，在试件顶部均匀地喷涂养护剂，不得有漏喷、漏涂或明显不均匀的情况存在，每个试件一次完成。
B.3.6 将喷涂养护剂试件带模置于室内养护，环境温度为(20±5)℃，相对湿度为(50±10)%。
B.3.7 基准试件按 GBJ/T 81 规定养护和测定抗压强度 S。
B.3.8 喷涂养护剂试件养护至龄期后取出，先实测试件受压面积，再按 GBJ/T 81 规定测定抗压强度。根据测定强度和受压面积计算混凝土抗压强度 S'。

B.4 结果计算

抗压强度比以每组涂养护剂混凝土与基准混凝土同龄期抗压强度的算术平均值之比表示，按式(B.1)计算，计算结果精确至 1%：

$$R_S = \frac{S'}{S} \times 100 \quad \cdots\cdots\cdots\cdots(\text{B.1})$$

式中：

R_S——抗压强度比，%；

S——基准混凝土的抗压强度，MPa；

S'——涂养护剂混凝土的抗压强度，MPa。

ICS 91.100.30
Q 13

中华人民共和国建材行业标准

JC/T 907—2002

混凝土界面处理剂

Interface treating agent for concrete

2002-12-09 发布　　2003-03-01 实施

中华人民共和国国家经济贸易委员会　发布

前　　言

本标准由中国建筑材料工业协会提出。

本标准由全国水泥制品标准化技术委员会归口。

本标准负责起草单位:上海市建筑科学研究院。

本标准参加起草单位:上海曹杨建筑粘合剂厂、上海绿建干粉建材有限公司、冶金部建筑研究总院、常州市恒成建筑粘合剂有限公司。

本标准主要起草人:韩震雄、赵敏、金爱华、张慧丽、董成斌、郎希贤、张冬梅。

本标准委托上海市建筑科学研究院负责解释。

本标准为首次发布。

引　　言

工程实践证明，使用混凝土界面处理剂是预防粉刷层与基层墙体起壳、分离、剥落的一种有效技术措施。界面处理剂近年来使用和发展较快，为规范产品性能，确保工程质量，特制定本标准。

本标准是在参考和总结国内界面剂使用经验的基础上，根据工程使用要求，通过验证试验结果而确定指标的。本标准中剪切粘结强度、拉伸粘结强度的处理条件、晾置时间等试验方法修改采用了EN 12004:2001《瓷砖粘结剂　定义与技术规范》。

混凝土界面处理剂

1 范围

本标准规定了混凝土界面处理剂(以下简称界面剂)的分类和标记、要求、试验方法、检验规则及包装、标志和贮存。

本标准适用于改善砂浆层与水泥混凝土、加气混凝土等材料基面粘结性能的水泥基界面处理剂,对于新老混凝土之间的界面,废旧瓷砖、马赛克等表面的处理剂也可参照本标准执行。

2 规范性引用文件

下列文件中的条款通过本标准的引用而成为本标准的条款。凡是注日期的引用文件,其随后所有的修改单(不包括勘误的内容)或修订版均不适用于本标准,然而,鼓励根据本标准达成协议的各方研究是否可使用这些文件的最新版本。凡是不注日期的引用文件,其最新版本适用于本标准。

GB 175 硅酸盐水泥、普通硅酸盐水泥

GB/T 3186 涂料产品的取样

GB/T 4100.5 干压陶瓷砖 第5部分 陶质砖(吸水率 $E>10\%$)

GB/T 9265—1988 建筑涂料涂层耐碱性的测定

GB 12573—1990 水泥取样方法

GB/T 17671—1999 水泥胶砂强度检验方法(ISO法)

JG/T 3049—1998 建筑室内用腻子

3 分类和标记

3.1 类别

按组成分为两种类别:

P类:由水泥等无机胶凝材料、填料和有机外加剂等组成的干粉状产品。

D类:含聚合物分散液的产品,分为单组分和多组分界面剂。

注:D类产品需与水泥等无机胶凝材料和水等按比例拌和后使用。

3.2 型号

按适用的基面分为两种型号:

Ⅰ型:适用于水泥混凝土的界面处理。

Ⅱ型:适用于加气混凝土的界面处理。

3.3 标记

由产品名称、类别、型号和标准号构成。

示例:干粉状用于水泥混凝土界面的界面处理剂标记为:

混凝土界面处理剂 P Ⅰ JC/T 907—2002

4 要求

4.1 外观

干粉状产品应均匀一致,不应有结块。液状产品经搅拌后应呈均匀状态,不应有块状沉淀。

4.2 物理力学性能

P类、D类界面剂的物理力学性能应符合表1规定。

表 1 界面剂的物理力学性能

<table>
<tr><td colspan="3" rowspan="2">项　　目</td><td colspan="2">指　　标</td></tr>
<tr><td>Ⅰ型</td><td>Ⅱ型</td></tr>
<tr><td rowspan="2">剪切粘结强度
MPa</td><td colspan="2">7d</td><td>≥1.0</td><td>≥0.7</td></tr>
<tr><td colspan="2">14d</td><td>≥1.5</td><td>≥1.0</td></tr>
<tr><td rowspan="6">拉伸粘结强度
MPa</td><td rowspan="2">未处理</td><td>7d</td><td>≥0.4</td><td>≥0.3</td></tr>
<tr><td>14d</td><td>≥0.6</td><td>≥0.5</td></tr>
<tr><td colspan="2">浸水处理</td><td rowspan="4">≥0.5</td><td rowspan="4">≥0.3</td></tr>
<tr><td colspan="2">热处理</td></tr>
<tr><td colspan="2">冻融循环处理</td></tr>
<tr><td colspan="2">碱处理</td></tr>
<tr><td colspan="3">晾置时间
min</td><td>—</td><td>≥10</td></tr>
<tr><td colspan="5">注：Ⅰ型产品的晾置时间，根据工程需要由供需双方确定。</td></tr>
</table>

5 试验方法

5.1 一般要求

5.1.1 标准试验条件为温度 23℃±2℃，相对湿度 45%～75%。

5.1.2 试验用基材应在标准试验条件下放置 24h 以上。

5.1.3 试验机：示值误差应不超过±1%，试样的破坏负荷应处于满标负荷的 20%～80%之间。

5.1.4 界面剂的拌和

5.1.4.1 界面剂检验时，水和各组分的用量应按生产商推荐的配合比例。如推荐的配合比为一定范围的数据，应取这一范围的平均值。在进行各项试验时，这一配合比应保持一致。

5.1.4.2 单组分的 D 类界面剂检验时，采用符合 GB 175 要求的强度等级为 32.5 级的普通硅酸盐水泥和符合 GB/T 17671—1999 要求的 ISO 标准砂。

5.1.4.3 界面剂用机械或手工搅拌均匀，每次试验至少准备 2 kg 拌好的界面剂。

5.1.5 试件养护时间的允许偏差见表 2。

表 2 试件养护时间的允许偏差

养　护　时　间	偏　　差
24h	±0.5h
7d	±3h
14 d	±6h

5.2 外观

用目测方法检查。

5.3 剪切粘结强度

5.3.1 试验用瓷砖

应采用符合 GB/T 4100.5 要求的陶质无釉砖，尺寸 108 mm×108 mm，至少 6 mm 厚，表面应平整。

5.3.2 试件的制备

取两块试验用瓷砖，在每块瓷砖的正面，距砖边 10 mm 处划一条与砖边平行的参照线。将拌和好的界面剂分别均匀地涂抹在两块瓷砖的正面，应保证界面剂完全覆盖。按划好的参照线将两砖粘贴压合在一起，以确保两砖错开 10 mm，刮去边上多余的界面剂。将粘合好的试件水平放置，在试件上加 7 kg±15g 的重物，保持 3 min。

按上述方法，每一龄期的剪切粘结强度各制备至少 10 个试件。

5.3.3 **养护条件**

将试件在标准试验条件下养护 7d 和 14d。

5.3.4 **试验步骤**

到 5.3.3 规定的养护龄期后，将试件放入材料试验机的夹具中，以 5mm/ min 的速度施加剪切力。图 1 和图 2 分别提供了两种试验夹具的示意图。加荷至试件破坏，记录最大荷载。试验时如瓷砖先发生破坏，且数据在该组试件平均值的±20%以内，则认为该数据有效。

5.3.5 **结果计算**

剪切粘结强度按式(1)计算：

$$\tau=\frac{F_s}{A_s} \qquad (1)$$

式中：

τ ——剪切粘结强度，MPa；

F_s——最大荷载，N；

A_s——粘结面积，mm^2。

单位为 mm

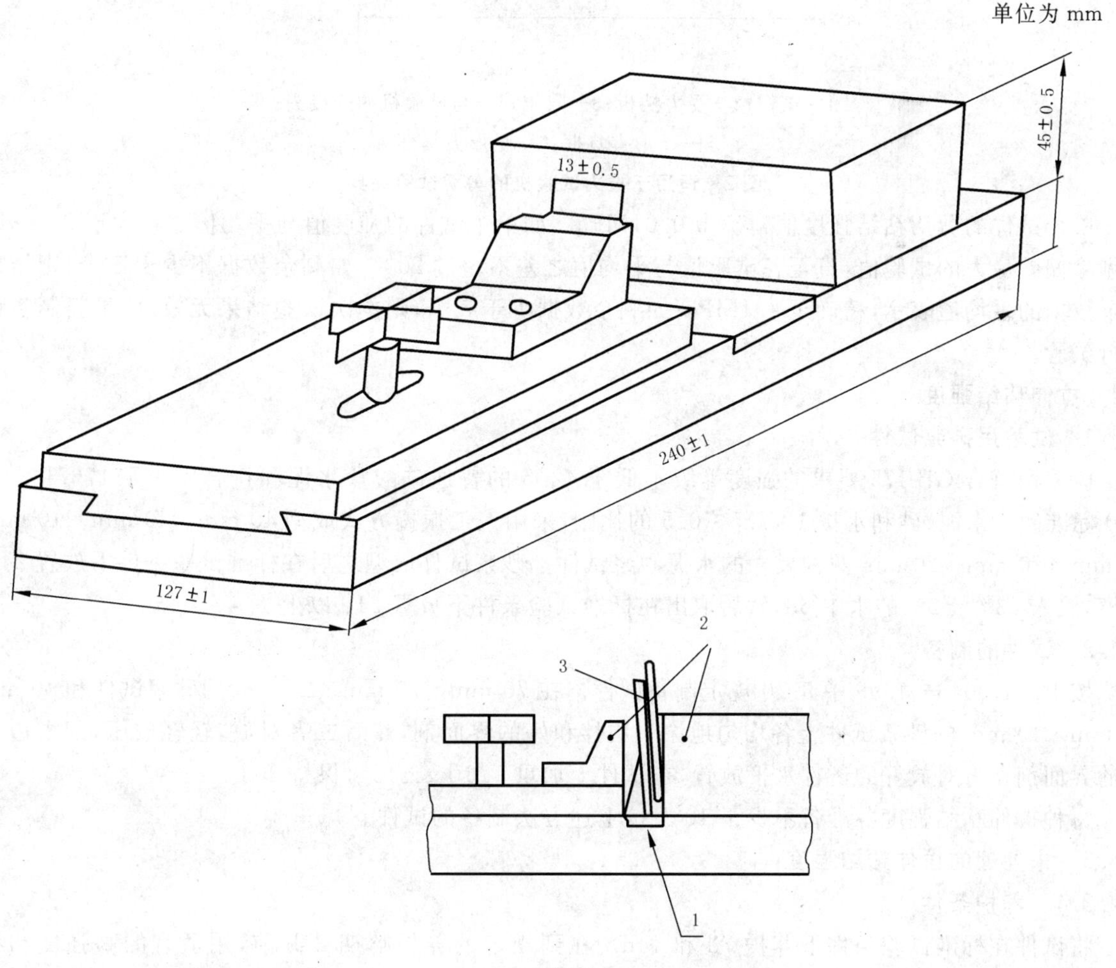

1—垫块；2—移动固定爪；3—试样。

图 1 适用于压力试验机的剪切试验夹具

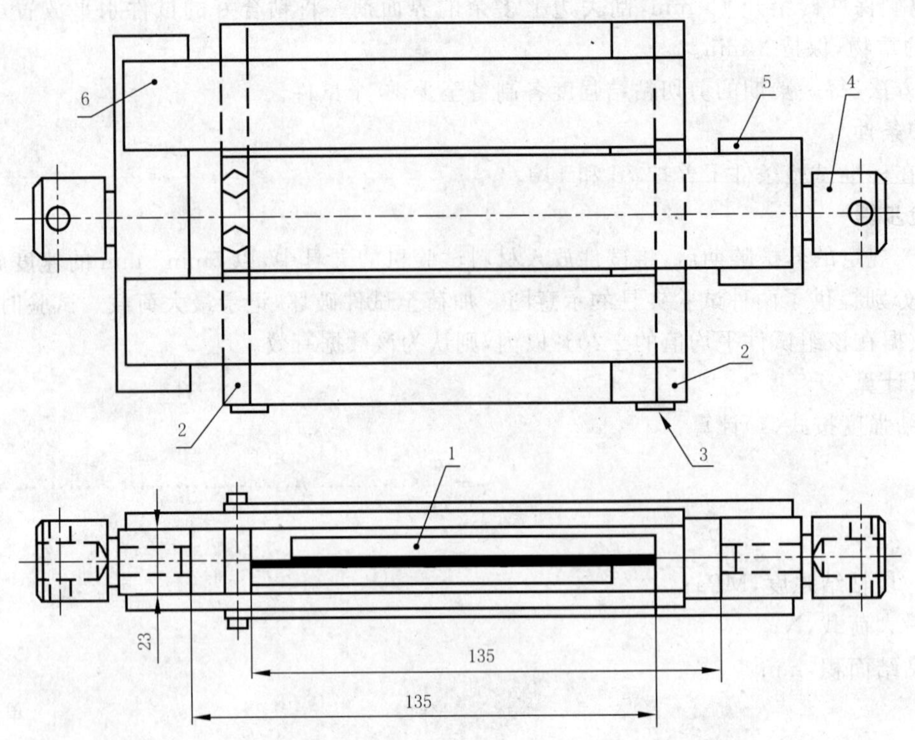

1—试样；2—受力挡板；3—限位；4—与试验机的连接头；

5—U形夹具框；6—匣形夹具框

图2 适用于拉力试验机的剪切试验夹具

单个试件的剪切粘结强度值精确至0.01MPa。如单个试件的强度值与平均值之差大于20%，则逐次剔除偏差最大的试验值，直至各试验值与平均值之差不超过20%，如剩余数据不少于5个，则结果以剩余数据的平均值表示，精确至0.1MPa；如剩余数据少于5个，则本次试验结果无效，应重新制备试件进行试验。

5.4 拉伸粘结强度

5.4.1 试验用砂浆试件

应采用符合GB 175要求的强度等级不低于42.5的普通硅酸盐水泥和符合GB/T 17671要求的ISO标准砂。水泥、砂和水按1∶2.5∶0.5的比例，采用人工振捣方式成型40 mm×40 mm×10 mm和70 mm×70 mm×20 mm两种尺寸的水泥砂浆试件。砂浆试件成型之后在标准试验条件下放置24h后拆模，浸入23℃±2℃的水中6d，然后取出在标准试验条件下放置21d以上。

5.4.2 试件的制备

按JG/T 3049—1998中5.10规定制备试件。在70 mm×70 mm×20 mm的砂浆试件和40 mm×40 mm×10 mm的砂浆试件上各均匀地涂一层拌和好的界面剂，然后二者对放，轻轻按压，刮去边上多余的界面剂。将对放好的试件水平放置，在试件上加重1.6 kg±15g，保持30s。

每种拉伸粘结强度各准备不少于10个按上述方法制备的试件。

5.4.3 未处理的拉伸粘结强度

5.4.3.1 养护条件

将试件在标准试验条件下养护7d和14d。在到规定的养护龄期24h前，用适宜的高强度粘结剂（如环氧类粘结剂）将拉拔接头（见图3）粘贴在40 mm×40 mm×10 mm的砂浆试件上。24h后按5.4.3.2测定拉伸粘结强度。

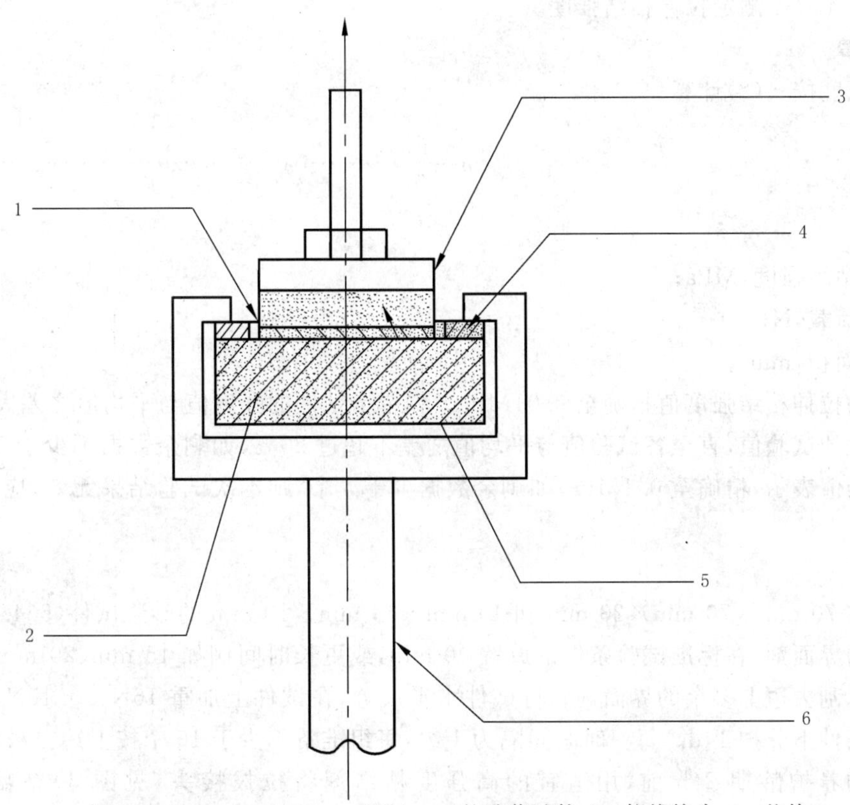

1—界面剂；2—70 mm×70 mm×20 mm 的砂浆试件；3—拉拔接头；4—垫块；
5—40 mm×40 mm×10 mm 的砂浆试件；6—拉伸试验夹具

图 3 拉拔接头与拉伸试验夹具

5.4.3.2 试验步骤

将试件放入试验机的夹具中，以 5mm/ min 的速度施加拉力，测定拉伸粘结强度。图 3 为试件与夹具装配的示意图，夹具与试验机的连接宜采用球铰活动连接。试验时如砂浆试件发生破坏，且数据在该组试件平均值的±20%以内，则认为该数据有效。

5.4.4 浸水处理的拉伸粘结强度

将试件在标准试验条件下养护 7d，然后完全浸没于 23℃±2℃ 的水中，6d 后将试件从水中取出并用布擦干表面水渍，用适宜的高强度粘结剂粘结拉拔接头，7h 后将试件浸没于 23℃±2℃ 的水中，24h 后将试件取出，擦干表面水渍，按 5.4.3.2 测定拉伸粘结强度。

5.4.5 热处理的拉伸粘结强度

将试件在标准试验条件下养护 7d，然后在 100℃±2℃ 的烘箱中放置 7d，到规定的时间后将试件从烘箱中取出冷却 4h，用适宜的高强度粘结剂粘结拉拔接头，24h 后按5.4.3.2测定拉伸粘结强度。

5.4.6 冻融循环处理的拉伸粘结强度

将试件在标准试验条件下养护 7d，然后将试件浸入 23℃±2℃ 的水中 1d。将试件取出，进行 25 次冻融循环。每次循环步骤如下：

a) 将试件从水中取出，用布擦干表面水渍，在 −15℃±3℃ 保持 2h±20 min；

b) 将试件浸入 23℃±2℃ 的水中 2h±20 min。

最后一次循环后将试件放置在标准试验条件下 4h，用适宜的高强度粘结剂粘结拉拔接头，24h 后按 5.4.3.2 测定拉伸粘结强度。

5.4.7 碱处理的拉伸粘结强度

将试件在标准试验条件下养护 7d，然后在按 GB/T 9265—1988 第 4 章规定的碱溶液中浸泡 6d，取出并用布擦干表面水渍，用适宜的高强度粘结剂粘结拉拔接头，7h 后将试件再浸没于碱溶液中，24h 后将试件取出按 5.4.3.2 测定拉伸粘结强度。

5.4.8 **结果计算**

拉伸粘结强度按式(2)计算：

$$\sigma = \frac{F_t}{A_t} \quad \cdots\cdots (2)$$

式中：

σ——拉伸粘结强度，MPa；

F_t——最大荷载，N；

A_t——粘结面积，mm^2。

单个试件的拉伸粘结强度值精确至 0.01MPa。如单个试件的强度值与平均值之差大于 20%，则逐次剔除偏差最大的试验值，直至各试验值与平均值之差不超过 20%，如剩余数据不少于 5 个，则结果以剩余数据的平均值表示，精确至 0.1MPa；如剩余数据少于 5 个，则本次试验结果无效，应重新制备试件进行试验。

5.5 **晾置时间**

按 5.4.2 在 70 mm×70 mm×20 mm 和 40 mm×40 mm×10 mm 的砂浆试件(5.4.1)上各均匀地涂一层拌和好的界面剂，在标准试验条件下放置 10 min，或更长时间例如 15 min、20 min 等，然后二者对放，轻轻按压，刮去边上多余的界面剂。将试件水平放置，在试件上加重 16N±0.15N，保持 30s。试件在标准试验条件下养护 14d。每一时间间隔为 1 组，每组准备不少于 10 个按上述方法制备的试件。

在到规定的养护龄期 24h 前，用适宜的高强度粘结剂将拉拔接头（见图 3）粘贴在 40 mm×40 mm×10 mm 的砂浆试件上。24h 后，按 5.4.3.2 测定拉伸粘结强度。

按 5.4.8 计算每一时间间隔的拉伸粘结强度。

晾置时间是指拉伸粘结强度不低于 0.5MPa 的最大时间间隔，用 min 表示。

6 检验规则

6.1 **检验分类**

产品检验分出厂检验和型式检验。

6.1.1 出厂检验项目包括外观、7d 剪切粘结强度和 7d 未处理的拉伸粘结强度。

6.1.2 型式检验项目包括第 4 章全部要求项目。有下列情况之一，应进行型式检验：

a) 新产品或老产品转厂生产的试制定型鉴定；

b) 正常生产时，每年进行 1 次；

c) 正式生产后，如结构、材料、工艺有较大改变，可能影响产品性能时；

d) 产品停产半年以上，恢复生产时；

e) 出厂检验结果与上次型式检验有较大差异时；

f) 国家质量监督机构提出进行型式检验的要求时。

6.2 **组批和抽样**

6.2.1 **组批**

用同一类型的界面剂作为 1 批，每批数量 P 类为 300t，D 类为 30t。若不足上述数量亦按 1 批计。

6.2.2 抽样

P 类产品按 GB/T 12573 中袋装水泥的规定进行取样。D 类产品中液状组分按 GB/T 3186 的规定进行取样；固体组分按 GB/T 12573 的规定取样。抽取 4 kg 样品，将样品一分为二，1 份用于检验，1 份备复验用。

6.3 判定规则

6.3.1 外观

外观符合 4.1 规定，则判外观合格。

6.3.2 物理力学性能

剪切粘结强度、拉伸粘结强度和晾置时间试验项目中，试验结果达到表 1 规定指标，则判该项目合格。

6.3.3 若性能指标中有一项达不到本标准规定要求时，允许在该批产品中抽取相同数量样品进行单项复验。若复验达到本标准要求，则判该项目合格。若仍达不到规定要求，则判该批产品为不合格。

6.3.4 综合判定

外观及物理力学性能均符合第 4 章要求，则判该批产品合格。

7 包装、标志和贮存

7.1 包装

P 类界面剂宜采用复合包装袋包装。D 类界面剂中液状组分宜采用塑料桶密封包装，但包装材料不应与界面剂发生物理和化学作用影响产品质量；固体组分宜采用复合包装袋包装。

产品包装上应含有符合 7.2 规定的标志。

7.2 标志

符合本标准要求的产品标志应含有下列内容：

a) 商品名称及商标；

b) 产品标记；

c) 生产日期或批号；

d) 贮存期；

e) 净含量；

f) 使用说明；

g) 生产商的名称、地址。

7.3 贮存

若生产商无特别说明，界面剂应贮存于 5℃～30℃的干燥室内。P 类产品贮存期为 6 个月。D 类产品液状组分贮存期为 1 年，固体组分贮存期为 6 个月。

ICS 91.100.30
Q 14
备案号：15219—2005

中华人民共和国建材行业标准

JC/T 949—2005

混凝土制品用脱模剂

Mould release agent for concrete products

2005-02-14 发布　　2005-07-01 实施

中华人民共和国国家发展和改革委员会　发布

前　　言

本标准的附录 A 为规范性附录。

本标准由中国建筑材料工业协会提出。

本标准由全国水泥制品标准化技术委员会归口。

本标准负责起草单位：苏州混凝土水泥制品研究院、苏州中材建筑建材设计研究院。

本标准参加起草单位：中山三和混凝土桩杆有限公司、河北东光县大单化工厂、江苏华龙管业有限公司、宁波浙东水泥制品有限公司。

本标准主要起草人：刘红飞、蒋元海、徐祥源、魏宜龄、陈国华、盛晓宁、单众林、蒋晓卫。

本标准委托苏州混凝土水泥制品研究院、苏州中材建筑建材设计研究院负责解释。

本标准为首次发布。

混凝土制品用脱模剂

1 范围

本标准规定了混凝土制品用脱模剂(以下简称脱模剂)的术语和定义、技术要求、试验方法、检验规则,以及包装、出厂、运输及贮存等。

本标准适用于除纯油类物质外的化学脱模剂。

2 规范性引用文件

下列文件中的条款通过本标准的引用而成为本标准的条款。凡是注日期的引用文件,其随后所有的修改单(不包括勘误的内容)或修订版均不适用于本标准,然而,鼓励根据本标准达成协议的各方研究是否可使用这些文件的最新版本。凡是不注日期的引用文件,其最新版本适用于本标准。

GB/T 1723—1993 涂料粘度测定法

GB/T 1728 漆膜、腻子膜干燥时间测定法

GB 8076—1997 混凝土外加剂

GB/T 8077—2000 混凝土外加剂匀质性试验方法

GB/T 50080 普通混凝土拌和物性能试验方法标准

GB/T 50081 普通混凝土力学性能试验方法标准

3 术语和定义

下列术语和定义适用于本标准。

混凝土制品用脱模剂 mould release agent for concrete products

喷涂(刷涂)于模具工作面,起隔离作用,在拆模时能使混凝土与模具顺利脱离,保持混凝土形状完整及模具无损的材料(液体或可溶解成液体的固体材料)。

4 技术要求

4.1 基本要求

脱模剂应无毒、无刺激性气味,不应对混凝土表面及混凝土性能产生有害影响。

4.2 匀质性

脱模剂的匀质性指标应符合表1的规定。

表1 匀质性指标

检验项目		指标
匀质性	密度	液体产品应在生产厂控制值的±0.02g/mL以内
	粘度	液体产品应在生产厂控制值的±2s以内
	pH值	产品应在生产厂控制值的±1以内
	固体含量	a. 液体产品应在生产厂控制值的相对量的6%以内 b. 固体产品应在生产厂控制值的相对量的10%以内
	稳定性	产品稀释至使用浓度的稀释液无分层离析,能保持均匀状态

4.3 施工性能

脱模剂的施工性能指标应符合表2的规定。

表 2 施工性能指标

检验项目		指标
施工性能	干燥成膜时间	10min～50min
	脱模性能	能顺利脱模，保持棱角完整无损，表面光滑；混凝土粘附量不大于 5g/m²
	耐水性能[a]	按试验规定水中浸泡后不出现溶解、粘手现象
	对钢模具锈蚀作用	对钢模具无锈蚀危害
	极限使用温度	能顺利脱模，保持棱角完整无损，表面光滑；混凝土粘附量不大于 5g/m²
[a]脱模剂在室内使用时，耐水性能可不检。		

5 试验方法

5.1 密度

按 GB/T 8077—2000 中 5.3 的规定进行。

5.2 粘度

按 GB 1723—1993 中涂—4 粘度计法的规定进行。

5.3 pH 值

测试条件按 GB/T 8077—2000 中 7.3 的规定，取 pH 值为 5.5～9 的精密试纸一条，浸入试样中，并立即取出与标准色板比对，即得试样的 pH 值。

5.4 固体含量

按 GB/T 8077 中第 4 章的规定进行。

5.5 稳定性

取产品稀释至使用浓度的稀释液 25mL，注入比色管中，在 5℃～40℃环境下静置 24h，观察其在自然光照下是否均匀，有无明显分层现象。

5.6 干燥成膜时间

在洁净、干燥的 300mm×150mm 钢板上涂刷脱模剂，涂刷量为厂家的推荐用量，测试方法按 GB/T 1728的规定进行。

5.7 脱模性能

按本标准附录 A 进行。

5.8 耐水性能

将已测过干燥成膜时间的钢板试件浸入 20℃±3℃的水中，经 30min 取出，观察膜是否出现溶解、粘手现象。

5.9 对钢模具锈蚀影响

将脱模剂涂刷于试验所用钢筋，待干燥成膜后，按 GB 8076—1997 附录 B 的规定进行。

5.10 极限使用温度

按附录 A 之 A.1、A.2.1、A.2.2 的要求成型试件两组，分别以厂方提供的极限使用温度的最低和最高温度为养护温度，养护至混凝土抗压强度达到 10MPa±2MPa 时脱模，再按 A.4 的规定进行“脱模性能”检验。

6 检验规则

6.1 取样及编号

6.1.1 点样和混合样

点样是在一次生产的产品所得的试样，混合样是三个或更多的点样等量均匀混合而取得的试样。

6.1.2 编号

生产厂应将产品分批编号，每 2t 为一批量编号，不足 2t 时按一个批量计。从同一批量中三个不同的包装随机抽取，每一个包装分别抽取约 0.5kg，液体产品抽取前应搅拌均匀，同一批量的包装数量不足三个时，应从每一个包装的三个不同部位分别取约 0.5kg。

6.2 试样及留样

每批号取得的试样应充分混匀，分为两等份，一份按本标准规定的方法与项目进行试验。另一份要密封保存半年，以备有疑问时提交国家指定的检验机构进行复验或仲裁。

6.3 检验分类

6.3.1 出厂检验

产品出厂检验项目为 4.2 匀质性所有项目和 4.3 中的干燥成膜时间。

6.3.2 型式检验

型式检验项目为 4.2、4.3 中规定的所有项目。

有下列情况之一时，应进行型式检验：

a） 正常生产时，每年进行一次；

b） 当工艺、原材料有较大改变，可能影响产品性能时；

c） 停产超过三个月，恢复生产时；

d） 新产品试制，需定型鉴定时；

e） 出厂检验结果与上次型式检验有较大差异时；

f） 国家质量监督机构、行业管理机构提出型式检验要求时；

g） 供需双方合同规定，或对产品质量发生争议时。

6.4 判定规则

全部检验项目检验合格，则该批产品判为合格。若检验项目中有一项不合格，经加倍取样对该项目进行复检且合格，则判定该批产品为合格品，否则判为不合格品。

7 包装、出厂、运输及贮存

7.1 包装

液体产品应采用清洁、有密封盖的塑料桶或金属桶包装，每桶净重 20kg～200kg；固体产品用有塑料袋衬里的编织袋包装，净重为 25kg、50kg。其净重允许偏差为±2%。

包装桶(袋)上应标有：产品名称、牌号、执行标准名称及编号、生产日期、出厂编号(批号)、净重、产品含量或浓度、生产企业名称及地址、有无毒性、腐蚀性及易燃性状况等。

7.2 出厂

出厂产品应附上产品说明书、产品合格证。产品说明书应包括主要特性及成分、有无毒性、腐蚀性及易燃性状况、贮存条件及期限、使用条件及方法、注意事项等。产品合格证应包括生产厂名、产品名称及型号、执行标准、生产日期及使用有效期、检验结果及检验人员签章。

7.3 运输及贮存

7.3.1 产品运输中应防止暴晒、雨淋及冰冻，装卸时应轻装轻卸，并应遵守运输部门的有关规定。

7.3.2 脱模剂应存放在专用仓库或固定的场所，并妥善保管，以易于识别和便于检查、提货。贮存期限为自生产之日起不超过一年。超过贮存期限，产品应重新检验，合格的仍允许使用。

附 录 A
（规范性附录）
脱模剂脱模性能试验方法

A.1 仪器设备

A.1.1 60L混凝土强制式搅拌机。

A.1.2 混凝土标准振动台。

A.1.3 混凝土收缩试模：100mm×100mm×515mm或100mm×100mm×400mm。

A.1.4 天平：称量100g，感量0.1g。

A.2 试验方法

A.2.1 混凝土制备

混凝土配比参照GB 8076—1997的规定，具体为：水泥用42.5级普通硅酸盐水泥，用量330kg/m³±5kg/m³，砂用细度模数2.6～2.9的中砂，石子粒径5mm～20mm，采用二级配，砂率36%～40%，用水量应使混凝土坍落度达到40mm±10mm。

混凝土搅拌采用60L搅拌机，成型混凝土的全部材料一次投入，拌和量不少于15L，不大于45L，搅拌3min，出料后人工翻拌2～3次。

混凝土坍落度的测定，按GB/T 50080进行。

各种混凝土材料和试验环境均应保持在温度20℃±5℃；相对湿度50%±10%的条件下。

A.2.2 试件成型

A.2.2.1 试模

成型前将试模清理干净，在模子内涂刷脱模剂，涂刷量为厂家的推荐用量。

A.2.2.2 试件成型

按GB/T 50081的规定进行试件成型，试件顶面用抹刀抹平，成型后清理干净模子外缘，并水平放置。

A.2.3 试件数量

成型试件一组，每组试件为三块。

A.3 养护

采用标准养护，养护24h脱模。

A.4 试件检验

A.4.1 外观

目测。

A.4.2 混凝土粘附量测定

用铲刀铲下粘附在底模工作面的混凝土料，收集后用天平称量，计算单位面积的粘附量。

二、混凝土性能试验方法

中华人民共和国国家标准

混凝土管用混凝土抗压强度试验方法

GB 11837—89

Test methods of the concrete compressive strength of concrete pipes for water

1 主题内容与适用范围

本标准规定了检验预应力混凝土输水管（震动挤压工艺和管芯绕丝工艺）、混凝土和钢筋混凝土排水管（离心、悬辊、立式挤压及立式震动工艺）制管用混凝土立方试体抗压强度的试验仪器与设备、试样、试验步骤、结果计算与评定、试验报告等。

注：混凝土和钢筋混凝土 排水管芯样试体抗压强度试验方法详见附录A（补充件）。

本标准适用于检验预应力混凝土输水管、混凝土和钢筋混凝土排水管的管体混凝土抗压强度。

2 引用标准

GB 5695 预应力混凝土输水管（震动挤压工艺）

GB 5696 预应力混凝土输水管（管芯绕丝工艺）

GB 11836 混凝土和钢筋混凝土排水管

3 试验仪器与设备

3.1 试体模型

立方试模为铸铁或钢制成，内表面刨光（磨光），平整度要求在100mm距离内凹凸不超过0.05mm；试模可拆卸擦洗，模内棱边尺寸的偏差不超过1mm，直角偏差不超过0.5°。

3.2 拌和设备

自落式或强制式混凝土搅拌机。

3.3 成型设备

3.3.1 标准震动台，频率为每分钟3 000±200次，负荷震幅为0.35mm，或空载震幅为0.5mm。

3.3.2 半球形插捣棒，直径为16mm、长度为650mm。

3.4 成型机具

小铁铲、镘刀、金属直尺及台秤等。

3.5 试验设备

压力试验机或万能试验机的精度（示值的相对误差）应在±2%以内；其量程应能使试体的预期破坏荷载值不小于全量程的20%，也不大于全量程的80%。

4 试样

4.1 试体规格与数量

试体为立方体，试体规格为100mm×100mm×100mm和150mm×150mm×150mm两种。以同一龄期为一组，每组至少三块。

4.2 模具准备

国家技术监督局1989-11-30批准　　　　1990-08-01实施

清理模型后，在其内表面均匀涂刷一层脱模剂。

4.3 取样方法

成型用混凝土，应在制管过程中的同一混凝土拌和物中随机取样，不应任意挑选。

4.4 成型方法

4.4.1 根据混凝土的稠度选择试体成型方式：坍落度小于或等于70mm时，使用震动台震实成型；坍落度大于70mm时，使用插捣棒捣实成型。

4.4.2 震动台震实方法

4.4.2.1 将试模置于标准震动台台面上，灌满混凝土拌和物，并稍高出模具顶面，开始震动至混凝土表面呈现乳状水泥浆时结束震动（一般不超过90s），记录震动时间。

4.4.2.2 用镘刀沿试模周边刮掉多余混凝土浆料，并抹平混凝土表面。

4.4.3 插捣棒捣实方法

4.4.3.1 混凝土拌和物分两层装入试模内，每层约为1/2试模高度。

4.4.3.2 插捣时，应按螺旋方向逐层从周边向中心均匀地进行，每层插捣次数：对于100mm×100mm×100mm试体为12次；对于150mm×150mm×150mm试体为25次。

4.4.3.3 插捣深度和力度，插捣底层时，捣棒应插到模底；插捣上层时，捣棒应插入该层底面以下20～30mm。插捣时应将捣棒垂直（不得倾斜）压下（不得冲击）。

注：捣完一层后，遇有棒坑，应使用捣棒填平。

4.4.3.4 用镘刀沿试模周边刮掉多余混凝土拌和物，静停后用镘刀抹平。

4.5 试体养护

4.5.1 标准养护

4.5.1.1 试体成型后，置于温度20±5℃，相对湿度大于50%的环境中，静停时间一般不超过24h，然后脱模、修补、编号。

4.5.1.2 将脱模后的试体在标准养护室或标准养护箱内养护；标准养护条件的温度为20±3℃，相对湿度在90%以上；或置于温度在20±3℃的水中养护，每周应换水一次。

4.5.1.3 试体养护至规定龄期后取出，在1h内进行抗压试验，取得相应龄期的抗压强度。

4.5.2 生产养护

4.5.2.1 试体成型后，随同管子在相同养护温度、湿度及时间条件下进行蒸汽养护，对于震动挤压工艺生产的预应力混凝土输水管，试体成型后应在其表面施加$30g/cm^2$的压力，再进行蒸汽养护。

4.5.2.2 管子蒸养后，取出试块、脱模，立即进行抗压试验，取得脱模强度。

4.5.2.3 测定其他龄期混凝土抗压强度试体，应放置在与管子堆放相同温度、湿度及时间条件下进行后期养护，直至规定龄期时再进行抗压试验，取得相应龄期的抗压强度。

5 试验步骤

5.1 外观检查与尺寸测量

试体不得有缺陷，相对两面应平行。在试验前应擦拭干净。测量试体尺寸应精确至1mm，计算承压面积。

5.2 试体安置

以成型时的侧面为上下承压面，将试体稳妥放在下压板上，对正上、下压板几何中心，开动试验机，当上压板与试体表面接近时，再次调整球形座，使接触均衡。

5.3 加荷速度

以每秒0.4～0.8MPa（4～8kgf/cm^2）的加荷速度连续均匀地加荷（较高的混凝土标号取较高的加荷速度），当试体接近破坏而迅速变形时，应停止调整试验机油门，直至试体破坏，记录破坏荷载。

6 结果计算与评定

6.1 混凝土立方试体抗压强度按式（1）计算:

$$R = \frac{p}{F} \times 10 \quad \cdots\cdots(1)$$

式中：R——抗压强度，MPa；

p——破坏荷载，kN；

F——承压载面面积，cm^2。

6.2 取每组（三个）试体的抗压试验结果的算术平均值作为该组试体抗压强度的代表值，计算精确至0.1MPa（1kgf/cm^2）。当三个试体中最大或最小的强度值，其中之一与中间值相比超过15%时，以中间值代表该组的混凝土抗压强度；当三个试体中的最大与最小的强度值与中间值相比均超过中间值的15%时，则该组试验结果无效。

6.3 混凝土抗压强度尺寸换算系数

试体为100mm×100mm×100mm的抗压强度，换算成标准试体（150mm×150mm×150mm）抗压强度时应乘以尺寸换算系数0.95。

6.4 混凝土抗压强度的工艺换算系数

不同制管工艺的预应力混凝土输水管管体混凝土抗压强度等于立方体混凝土抗压强度乘以工艺换算系数；工艺换算系数应通过这种工艺管体混凝土抗压强度与立方试体抗压强度对比试验取得；当尚未取得实用工艺换算系数时，可参照下表数据。

制管工艺方式	工艺换算系数K_g
管芯绕丝工艺	
离心制管工艺	1.25
悬辊制管工艺	1.00
立式震动制管工艺	1.00
震动挤压工艺	1.50

7 试验报告

试验报告应包括下列内容：

a. 试验项目名称；

b. 试验目的和要求；

c. 试体成型日期、编号、试验日期及龄期；

d. 成型方式及养护方式；

e. 混凝土等级、配合比及原材料品种规格；

f. 试体外观、修补及尺寸测量记录；

g. 脱模强度、缠丝强度、出厂强度、28d强度及其他龄期的强度值的试验结果；

h. 试验单位及检验人员签章；

i. 数据偏差、取舍说明等试验分析；

j. 标准编号。

附 录 A
芯样试体抗压强度试验方法
（补充件）

A1 主题内容与适用范围

本附录规定了从离心、悬辊、立式挤压及立式震动成型的混凝土和钢筋混凝土排水管管体钻取芯样的抗压强度试验方法，适用于产品定型及仲裁检验。

A2 试验设备及仪器

混凝土钻机：采取金刚石或人造金刚石钻头。转速大于或等于900r/min。

A3 试样

A3.1 芯样试体的技术要求。

A3.1.1 芯样试体的直径应大于或等于混凝土中粗集料最大粒径的3倍。

A3.1.2 芯样试体的高度应为其直径的1～2倍。

A3.1.3 芯样试体的两个端面与轴线间的垂直度总偏差不得超过2°。

A3.1.4 芯样试体承压面的不平度应为每100mm不超过0.05mm。

A3.1.5 芯样中应尽可能没有钢筋。若含有钢筋，应记录钢筋的直径、长度、位置及方向，并使其处于靠近端面的位置，但不露出端面。

A3.2 芯样试体的制备。

A3.2.1 芯样试体的尺寸：芯样试体直径一般采用规格有ϕ50mm，ϕ100mm两种。

A3.2.2 芯样钻取位置：从样管的中央及两端（距端部大于100mm）分三段钻取芯样，三个为一组。

A3.2.3 芯样的混凝土强度：为避免钻取芯样和芯样加工时破坏砂浆与石子之间的粘结，样管的混凝土强度应不低于10MPa。

A3.2.4 芯样的钻取

A3.2.4.1 根据钻机的型号和现场条件，固定钻机，调平底盘，使钻头垂直于管轴线。

A3.2.4.2 调整变速杆使其达到所需转速。

A3.2.4.3 开启水龙头，钻头慢慢地接触混凝土表面，钻头入槽后方可加压进钻。

A3.2.4.4 进钻后应保持钻机平稳，冷却水不可中断，需水量大小以出水温度不超过30℃，水流量能排出粉屑为准。

A3.2.4.5 钻芯完毕应慢慢提升钻头离开混凝土表面，然后停机、停水。

A3.2.4.6 芯样取出后立即编号、记录（包括取芯位置、钢筋位置、外观特征等）。

A3.2.5 芯样端面处理：芯样端面可采用磨光机磨平或采用425号以上水泥，水灰比在0.3以下配制的水泥净浆抹平。

注：用水泥净浆抹平时，宜采用一个直径比芯样直径大1～2mm的圆形套模。为了增加芯样端面与水泥净浆之间的粘结力，先在芯样端面刷上粘结剂，然后把芯样放入套模中涂抹水泥净浆。抹光压平，抹面层厚不大于3mm。次日脱模，检查其平整度。处理完两个端面后，即可养护。

A3.2.6 芯样试体养护

A3.2.6.1 端面磨平处理的试体，磨平后放入20±5℃的净水中浸泡40～48h，即可进行抗压强度试验。

A3.2.6.2 端面抹面处理的试体，抹平后放入标准养护室内养护2～3d，然后放入20±5℃的净水中浸泡40～48h，即可进行抗压强度试验。

A4 试验步骤

A4.1 详细记录芯样试体上的分层、麻面、气孔等异常特征及骨料的类型、最大粒径和混凝土的密实状况。

A4.2 凡试体表面有裂缝、缺损、缩颈、鼓肚、蜂窝及端面不符合规定者，一律不得作抗压强度试体。

A4.3 测量芯样试体的直径和高度。

A4.3.1 芯样试体直径：用游标卡尺在芯样试体的上、中、下三处测量，取其算术平均值为直径，精确到0.2mm。

A4.3.2 芯样试体高度：用游标卡尺在芯样试体侧面两个相对位置上测量，取其算术平均值为高度。精确到1mm。

A4.4 按本标准第5章进行抗压强度试验。

A5 试验结果计算

A5.1 芯样试体抗压强度按式（A1）计算：

$$R_x = \frac{4P}{\pi D^2 K_y} \quad \cdots\cdots (A1)$$

式中：R_x——芯样试体抗压强度值，MPa；

P——芯样试体破坏前载荷，N；

D——芯样试体直径，mm；

K_y——不同高径比芯样试体抗压强度换算系数，见表A1、表A2。

表 A1 直径为100mm不同高径比芯样试体抗压强度换算系数

高径比H/D	混凝土强度等级，MPa		
	$35<C\leqslant45$	$25<C\leqslant35$	$15<C\leqslant25$
1.00	1.00	1.00	1.00
1.25	0.98	0.94	0.90
1.50	0.96	0.91	0.86
1.75	0.94	0.89	0.84
2.00	0.92	0.87	0.82

注：H—芯样试体高度，mm；D—芯样试体直径，mm； C—混凝土强度等级，MPa；当H/D为其他比值时抗压强度换算系数可用内插法求得。下表同。

表 A2　直径为50mm不同高径比芯样试体抗压强度换算系数

高径比H/D	混凝土强度等级，MPa	
	$32.5<C\leqslant35$	$20<C\leqslant32.5$
1.00	1.00	1.00
1.25	0.78	0.85
1.50	0.74	0.80
1.75	0.71	0.78
2.00	0.63	0.76

A5.2　芯样试体抗压强度换算为150mm×150mm×150mm试体抗压强度按式（A2）计算：

$$\frac{R_x}{R_b}=0.56+\frac{0.7}{0.006D+\frac{H}{D}} \qquad \text{(A2)}$$

式中：R_b——150mm×150mm×150mm试体抗压强度，MPa。

附加说明：

本标准由国家建筑材料工业局提出。

本标准由国家建筑材料工业局苏州混凝土水泥制品研究院归口。

本标准由国家建筑材料工业局苏州混凝土水泥制品研究院负责起草。

本标准主要起草人费芳恒、解德信、徐忠文、张芳淑、沈丽华。

ICS 91.100.30
Q 13

中华人民共和国国家标准

GB/T 19496—2004

钻芯检测离心高强混凝土抗压强度试验方法

Determinating of the compressive strength of spun high-strength concrete cores

2004-04-30 发布 2004-12-01 实施

中华人民共和国国家质量监督检验检疫总局
中国国家标准化管理委员会 发布

前　言

本标准与英国标准 BS 1881:Part 120:1983《钻芯法检测混凝土抗压强度试验方法》的一致性程度为非等效。

本标准的附录 A 为规范性附录。

本标准由中国建筑材料工业协会提出。

本标准由全国水泥制品标准化技术委员会归口。

本标准负责起草单位:苏州混凝土水泥制品研究院、苏州中材建筑建材设计研究院。

本标准参加起草单位:广州羊城管桩有限公司、广东省建筑科学研究院、中山建华管桩有限公司、中山三和混凝土桩杆有限公司、上海建筑科学研究院、上海兴南混凝土有限公司、宁波浙东水泥制品有限公司、广东构件管桩有限公司、新会金星管桩有限公司、广州市番禺桥丰水泥制品有限公司、杭州高翔管桩有限公司、广州市番禺区建安管桩水泥制品公司、佛山市顺德区鸿业水泥制品有限公司、广东七建集团管桩基础有限公司、上海二十冶金混凝土构件有限公司、浙江宝业住宅产业股份有限公司、福建省建筑科学研究院、上海航源管桩有限公司、浙江省天和建设有限公司、增城市新塘水泥管桩预制件厂、宁波市建工集团股份有限公司构件分公司、杭州坚塔管桩有限公司、东莞市鸿昌水泥制品有限公司、福建省坚实水泥制品有限公司、中山市宏星管桩有限公司、宁波迈克水泥制品有限公司、上海宝力管桩厂、佛山管桩厂、济南试金集团有限公司、台州市建设工程机械厂。

本标准主要起草人:蒋元海、金　舜、严志隆、王新祥、章杰春、廖振中、魏宜龄、朱建华、杨明华、夏策昭、周小赫、杨中炎、于缘宝、虞志刚、强　卫、申建新、谈维汉、魏宏超、余亚超、陈　松、张造扬、沈松炎、江永澄、章　耀、来建华、李灿华、谢清明、肖海明、项伟军、贺元将、安　玲、刘　娟、王云贵。

本标准于 2004 年 4 月首次发布。

本标准委托苏州混凝土水泥制品研究院、苏州中材建筑建材设计研究院负责解释。

钻芯检测离心高强混凝土抗压强度试验方法

1 范围

本标准规定了钻芯检测离心高强混凝土抗压强度试验的主要设备、芯样钻取、芯样加工、芯样抗压强度试验、芯样试件混凝土抗压强度推算值的计算、试验结果评定等。

本标准适用于对离心高强混凝土制品(以下简称制品)的混凝土立方试件强度的代表性有异议时的试验。

2 规范性引用文件

下列文件中的条款通过本标准的引用而成为本标准的条款。凡是注日期的引用文件,其随后所有的修改单(不包括勘误的内容)或修订版均不适用于本标准,然而,鼓励根据本标准达成协议的各方研究是否可使用这些文件的最新版本。凡是不注日期的引用文件,其最新版本适用于本标准。

GB/T 2611 试验机通用技术要求

GB/T 3722 液压式压力试验机

GB/T 50081 普通混凝土力学性能试验方法标准

3 术语和定义

下列术语和定义适用于本标准。

3.1

离心高强混凝土 spun high-strength concrete

利用离心成型工艺对混凝土制品进行密实成型的强度等级为C50及其以上等级的混凝土。

3.2

芯样 concrete cores

用钻芯机在离心混凝土制品中钻取的圆柱形混凝土试件。

3.3

芯样平面度 flatness

表示芯样端面的平面要素实际形状保持理想平面的状况。

3.4

芯样平行度 parallelism

表示芯样一端面相对于另一端面保持等距离的状况。

3.5

芯样垂直度 squareness

表示芯样端面相对芯样轴线保持正确的90°夹角的状况。

3.6

芯样圆柱度 cylindricity

表示芯样圆柱面上各点对芯样轴线保持等距离的状况。

3.7

芯样内侧 inboard

芯样加工前沿芯样轴线靠近凹面的一侧。

3.8

芯样试件混凝土抗压强度推算值　estimated in-situ cub strength

用钻芯法测得的芯样强度推算成相应于同测试龄期的、边长为 150 mm 的立方体试件的抗压强度值。

注：芯样试件混凝土抗压强度推算值不等于混凝土标准养护 28 天试块抗压强度值。

4　主要设备

4.1　钻取芯样及芯样加工的主要设备均应具有产品合格证。

4.2　钻芯机应具有足够的动力、刚度，且操作灵活、固定和移动方便，并应有水冷却系统。钻芯机主轴的径向跳动应小于 0.05 mm，轴向窜动应小于 0.1 mm。

4.3　钻取芯样时宜采用内径 70 mm～100 mm 的筒型钻头，筒型钻头不得有肉眼可见的裂缝、缺边、少角、倾斜及变形等缺陷。

钻头与钻机钻轴的同轴度偏差不得大于 0.3 mm，钻头的径向跳动不得大于 1.5 mm。

4.4　锯切芯样的锯切机应有水冷却系统和牢固夹紧芯样的装置，配套使用的圆锯片应具有足够的刚度。

4.5　研磨机的加工性能应达到 6.8 规定的芯样平面度的技术要求。

4.6　压力试验机的技术要求应符合 GB/T 3722、GB/T 2611 的规定，其测量精度为±1%。试件破坏荷载应大于压力机全量程的 20%且小于压力机全量程的 80%。

5　芯样钻取

5.1　钻芯机具的操作应由熟练的试验人员完成。

5.2　采用钻芯检测离心高强混凝土抗压强度前，应具备下列资料：

a)　制品生产单位，工程名称(或代号)及其设计、施工、监理、建设单位名称；

b)　制品品种、型号、规格；

c)　设计采用的混凝土强度等级；

d)　制品成型日期、原材料(水泥品种、掺合料、粗细骨料粒径等)和混凝土立方体试件抗压强度报告；

e)　制品的质量状况及施工质量状况的记录；

f)　制品的结构设计图。

5.3　芯样应在制品的下列部位钻取：

a)　混凝土质量应具有代表性，不得在已破损的制品上钻取。对先张法预应力混凝土管桩产品，不得在沉桩或沉桩后的管桩桩身上钻取；

b)　应在制品中部且便于钻芯机安装与操作的部位，同时离制品两端 1.5 m 以外，且芯样的取样间距不宜小于 1 m，应尽量避开预应力钢筋、螺旋筋密绕的部位及桩身钢模合缝处。

5.4　钻取的芯样直径为 70 mm～100mm，一般不宜小于骨料最大粒径的 3 倍，在任何情况下不得小于骨料最大粒径的 2 倍。

5.5　钻芯机就位并安装平稳后，应将钻芯机固定，以便工作时不致产生位置偏移、跳动，钻芯机主轴应与被钻取芯样的制品的外表面切线相垂直。

5.6　钻芯时用于冷却钻头和排除混凝土料屑的冷却水的压力不宜小于 0.1 MPa，流量不宜小于3 L/min。

5.7　钻取芯样时，钻取速度应均匀，推进行程的速度不宜大于 5 mm/min。

5.8　从钻孔中取出的芯样晾干后应及时标上清晰牢固的标记，并记录制品的编号、钻取位置和方向、取样日期等。若钻取的芯样经锯切、磨平或补平加工后的高度和质量不能符合 6.2、6.8 的规定，则应重新钻取芯样。

5.9　芯样在运送前应仔细包装，搬运时应轻取轻放，不得挤压或碰撞。

6　芯样加工

6.1　芯样加工应由熟练的试验人员完成。

6.2　芯样抗压强度试件的高度和直径的比值为 1.0～1.2。

6.3　芯样试件内不宜含有钢筋。若不能满足此项要求，则 1 个试件内最多只允许含有 2 根钢筋，且钢筋应与芯样轴线垂直。

6.4　采用锯切机加工芯样时，应将芯样固定，并使锯切平面垂直芯样轴线。锯切时必须将芯样内侧的浮浆、水泥净浆及砂浆层锯切掉。锯切过程中应采用水冷却圆锯片和芯样。

6.5　芯样锯切后，应采用磨平机对芯样两端面进行磨平处理。磨平处理过程中应保证芯样端面平整及芯样端面与轴线相垂直。

6.6　如经磨平加工的芯样试件不能符合 6.8 的规定，宜用环氧胶泥或硫磺胶泥等材料在专用补平装置上补平。

用环氧胶泥或硫磺胶泥作补平材料的厚度不宜大于 2 mm，补平时宜采用厚度不小于 6 mm、直径比芯样的直径大 25mm 以上的平板玻璃作基准平板，待补平材料达到设计强度后，再将芯样的补平面与平板玻璃脱离。经端面补平后的芯样高度和直径的比值应符合 6.2 的规定。

6.7　芯样在进行抗压强度试验前应对其几何尺寸、形位公差作下列项目测量：

a)　平均直径：用游标卡尺测量芯样上、中、下 3 个部位相互垂直的 6 处直径，取其算术平均值，精确至 0.1 mm；

b)　芯样高度：用游标卡尺测量芯样端面 0°、90°、180°、270° 4 处的高度，取其算术平均值，精确至0.1 mm；

c)　芯样平面度：将钢板尺立起横放在芯样端面上，然后慢慢旋转 360°，用塞尺测量其最大间隙，精确至 0.01mm；

d)　芯样平行度：用游标卡尺测量芯样高度的最大值、最小值，求其差值，精确至 0.1mm；

e)　芯样垂直度：将游标量角器的两只脚分别紧贴于芯样侧面和端面，测出其最大偏差，一个端面测完后再测另一端面，精确至 0.1°；

f)　芯样圆柱度：将钢板尺靠在芯样的母线上，并沿圆周方向转动，用塞尺测量其与芯样表面之间的最大间隙，精确至 0.1mm；

g)　芯样端面与钢筋轴心的距离：若芯样内含钢筋，则应测量钢筋轴心与芯样端面较近一端的距离，精确至 0.1 mm。

6.8　芯样的外观质量及形位公差应符合下列规定：

a)　芯样不得有可见裂缝、掉角、孔洞；

b)　芯样圆柱度不得大于 1.5 mm；

c)　芯样平面度不得大于 0.06 mm；

d)　芯样平行度不得大于 1.0 mm；

e)　芯样垂直度不得大于 2.0°。

7 抗压强度试验

7.1 芯样的抗压强度试验按 GB/T 50081 中立方体试件抗压强度试验的规定进行。加荷时，应控制加荷速度，使之保持在 0.2 MPa/s～0.4 MPa/s 的范围内，直至最大荷载。

7.2 试验时，芯样应处于室温自然风干状态。

8 芯样试件混凝土抗压强度推算值的计算

芯样试件混凝土抗压强度推算值的计算见式(1)：

$$R = [4F/(\pi d^2)] \cdot f_1 \cdot f_2 \quad \cdots\cdots(1)$$

在式(1)的系数应按式(2)、式(3)和式(4)计算：

$$f_1 = 2.5/(1.5 + 1/\alpha) \quad \cdots\cdots(2)$$

$$f_2 = 1.0 + 1.5\{[\Sigma(d_s \cdot h_s)]/(d \cdot H)\} \quad \cdots\cdots(3)$$

$$\alpha = H/d \quad \cdots\cdots(4)$$

式中：

R——芯样试件混凝土抗压强度推算值，单位为兆帕(MPa)；

F——芯样抗压试验时测得的最大压力，单位为牛顿(N)；

d——芯样的平均直径，单位为毫米(mm)；

f_1——芯样高径比修正系数；

f_2——芯样内含钢筋修正系数，当芯样内不含钢筋时，取 $f_2=1$；

α——芯样的高径比；

H——芯样的高度，单位为毫米(mm)；

d_s——芯样内含钢筋的直径，单位为毫米(mm)；

h_s——芯样内含钢筋轴心与芯样端面较近一端的距离，单位为毫米(mm)。

芯样试件混凝土抗压强度推算值的计算应精确至 0.1 MPa。

9 试验报告

试验报告应包括表 1 有关内容，试验报告形式可参见表 1 的示例。

离心高强混凝土制品的混凝土抗压强度推算值的试验结果评定见附录 A。

表 1　试验报告示例

<table>
<tr><td colspan="5">钻芯检测离心高强混凝土抗压强度试验报告
试验报告编号________</td></tr>
<tr><td colspan="5">委托单位：__________　　制品质量状况：__________
工程名称：__________　　骨料最大粒径：__________
生产企业：__________　　混凝土强度设计等级：__________
制品名称：__________　　制品生产日期及钻芯日期：__________
制品编号：__________　　芯样检验日期：__________
检验依据：__________　　报告编写日期：__________</td></tr>
<tr><td colspan="2">芯 样 编 号</td><td>1</td><td>2</td><td>3</td></tr>
<tr><td rowspan="6">端部处理后芯样尺寸及形位公差</td><td>芯样平均直径 d/mm</td><td></td><td></td><td></td></tr>
<tr><td>端部处理后芯样高度 H/mm</td><td></td><td></td><td></td></tr>
<tr><td>芯样平面度(≤0.06 mm)</td><td></td><td></td><td></td></tr>
<tr><td>芯样平行度(≤1.0 mm)</td><td></td><td></td><td></td></tr>
<tr><td>芯样垂直度(≤2.0°)</td><td></td><td></td><td></td></tr>
<tr><td>芯样圆柱度(≤1.5 mm)</td><td></td><td></td><td></td></tr>
<tr><td colspan="2">芯样外观状况</td><td></td><td></td><td></td></tr>
<tr><td colspan="2">芯样钢筋直径 d_s/mm</td><td></td><td></td><td></td></tr>
<tr><td colspan="2">芯样钢筋位置 h_s/mm</td><td></td><td></td><td></td></tr>
<tr><td colspan="2">芯样钢筋数量，根</td><td></td><td></td><td></td></tr>
<tr><td colspan="2">芯样破坏时最大压力 F/N</td><td></td><td></td><td></td></tr>
<tr><td colspan="2">混凝土的破坏形态</td><td></td><td></td><td></td></tr>
<tr><td colspan="2">芯样抗压强度推算值 R/MPa</td><td></td><td></td><td></td></tr>
<tr><td colspan="2">芯样抗压强度推算值的平均值 $\overline{R}$/MPa</td><td colspan="3"></td></tr>
<tr><td colspan="2">芯样抗压强度推算值中的最小值 R_{min}/MPa</td><td colspan="3"></td></tr>
<tr><td>结论</td><td colspan="4"></td></tr>
<tr><td>备注</td><td colspan="4"></td></tr>
<tr><td colspan="5">批准：　　审核：　　校核：　　检验：</td></tr>
</table>

（试验单位签章）

附 录 A
（规范性附录）
试 验 结 果 评 定

A.1 同一制品中钻取并加工成符合本标准要求的芯样数量为3个。

A.2 若3个芯样所测得的芯样试件混凝土抗压强度推算值符合式(A.1)和式(A.2)规定，则判定该制品的混凝土强度合格。

$$\overline{R} \geqslant f_{\mathrm{cu,k}} \tag{A.1}$$

$$R_{\min} \geqslant 0.85\ f_{\mathrm{cu,k}} \tag{A.2}$$

式中：

$\overline{R}$——3个芯样的芯样试件混凝土抗压强度推算值的平均值，单位为兆帕(MPa)；

$R_{\min}$——3个芯样的芯样试件混凝土抗压强度推算值中的最小值，单位为兆帕(MPa)；

$f_{\mathrm{cu,k}}$——混凝土立方体抗压强度标准值，单位为兆帕(MPa)，如C80混凝土，$f_{\mathrm{cu,k}}=80$ MPa。

A.3 若钻取的3个芯样所测得的芯样试件混凝土抗压强度推算值不符合A.2的规定，则判定该制品的混凝土强度不合格。

A.4 若钻取的3个芯样所测得的芯样试件混凝土抗压强度推算值只符合A.2列项中的一项规定，则应在该制品上再钻取9个芯样进行试验。

A.4.1 若测得的芯样试件混凝土抗压强度推算值能满足式(A.3)和式(A.4)条件，则判定该制品的混凝土强度合格。

$$\overline{R}' \geqslant 0.85\ f_{\mathrm{cu,k}} \tag{A.3}$$

$$R'_{\min} \geqslant 0.75\ f_{\mathrm{cu,k}} \tag{A.4}$$

式中：

$\overline{R}'$——钻取的12个芯样的芯样试件混凝土抗压强度推算值的平均值，单位为兆帕(MPa)；

$R'_{\min}$——钻取的12个芯样的芯样试件混凝土抗压强度推算值中的最小值，单位为兆帕(MPa)。

A.4.2 若测得的芯样试件混凝土抗压强度推算值不能同时满足式A.3、式A.4条件，则判定该制品的混凝土强度不合格。

UDC

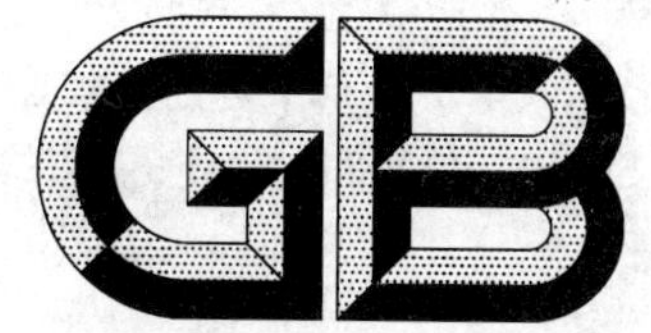

中 华 人 民 共 和 国 国 家 标 准

P　　　　GB/T 50080—2002

普通混凝土拌合物性能试验方法标准

Standard for test method of performance on ordinary fresh concrete

批准部门：中华人民共和国建设部

2003-01-10 发布　　　　2003-06-01 实施

中 华 人 民 共 和 国 建 设 部
国家质量监督检验检疫总局　联合发布

前　言

根据建设部《根据1998年工程建设国家标准制定、修订计划的通知》(建标[1998]94号)的要求,标准组在广泛调研、认真总结实践经验、参考国外先进标准、广泛征求意见的基础上,对原国家标准《普通混凝土拌合物性能试验方法》GBJ 80—85进行了修订。

本标准的主要技术内容有:1总则;2拌合物取样及试样的制备;3稠度试验;4凝结时间试验;5泌水与压力泌水试验;6拌合物表观密度试验;7拌合物含气量试验;8配合比分析试验;附录A增实因数法。

修订的主要内容是:1.删除原标准中水压法测量混凝土含气量的试验方法;2.对原标准中其他试验方法从技术上加以修订,使其更适用、完善;3.由于混凝土技术的发展,增加了坍落扩展度试验、凝结时间试验、泌水与压力泌水试验、增实因数法试验;4.原标准中的"混凝土拌合物水灰比分析"由只能分析水灰比扩展成能分析配合比四大组分的较实用的试验方法;5.对试验仪器设备提出了标准化要求;6.增加了试验报告应包括的内容等。

本规范将来可能需要进行局部修订,有关局部修订的信息和条文内容将刊登在《工程建设标准化》杂志上。

本规范由建设部负责管理,中国建筑科学研究院负责具体技术内容的解释。

为提高规范质量,请各单位在执行本规范过程中,结合工程实践,认真总结经验,并将意见和建议寄交北京市北三环东路30号中国建筑科学研究院标准研究中心国家标准《普通混凝土拌合物性能试验方法标准》管理组(邮政编码:100013,E-mail:jgbzcabr@vip.sina.com)。

本标准编制单位和主要起草人名单:

主编单位:中国建筑科学研究院。

参编单位:清华大学、同济大学材料科学与工程学院、湖南大学、铁道部产品质量监督检验中心、贵州中建建筑科研设计院、中国建筑材料科学研究院、杭州应用工程学院、上海建筑科学研究院、济南试金集团有限公司。

主要起草人:戎君明、李可长、黄小平、姚燕、杨静、李启令、黄政宇、钟美秦、林力勋、李家康、顾政民、陶立英。

1 总则

1.0.1 为进一步规范混凝土试验方法，提高混凝土试验精度和试验水平，并在检验或控制混凝土工程或预制混凝土构件的质量时，有一个统一的混凝土拌合物性能试验方法，制定本标准。

1.0.2 本标准适用于建筑工程中的普通混凝土拌合物性能试验，包括取样及试样制备、稠度试验、凝结时间试验、泌水与压力泌水试验、表观密度试验、含气量试验和配合比分析试验。

1.0.3 按本标准的试验方法所做的试验，试验报告应包括下列内容：

1 委托单位提供的内容：

1）委托单位名称；

2）工程名称及施工部位；

3）要求检测的项目名称；

4）原材料的品种、规格和产地以及混凝土配合比；

5）要说明的其他内容。

2 检测单位提供的内容：

1）试样编号；

2）试验日期及时间；

3）仪器设备的名称、型号及编号；

4）环境温度和湿度；

5）原材料的品种、规格、产地和混凝土配合比及其相应的试验编号；

6）搅拌方式；

7）混凝土强度等级；

8）检测结果；

9）要说明的其他内容。

1.0.4 普通混凝土拌合物性能试验方法，除应符合本标准的规定外，尚应按现行国家强制性标准中的有关规定的要求执行。

2 取样及试样的制备

2.1 取样

2.1.1 同一组混凝土拌合物的取样应从同一盘混凝土或同一车混凝土中取样。取样量应多于试验所需量的1.5倍，且宜不小于20L。

2.1.2 混凝土拌合物的取样应具有代表性，宜采用多次采样的方法。一般在同一盘混凝土或同一车混凝土中的约1/4处、1/2处和3/4处之间分别取样，从第一次取样到最后一次取样不宜超过15min，然后人工搅拌均匀。

2.1.3 从取样完毕到开始做各项性能试验不宜超过5min。

2.2 试样的制备

2.2.1 在试验室制备混凝土拌合物时，拌合时试验室的温度应保持在(20±5)℃，所用材料的温度应与试验室温度保持一致。

注：需要模拟施工条件下所用的混凝土时，所用原材料的温度宜与施工现场保持一致。

2.2.2 试验室拌合混凝土时，材料用量应以质量计。称量精度：骨料为±1%；水、水泥、掺合料、外加剂均为±0.5%。

2.2.3 混凝土拌合物的制备应符合《普通混凝土配合比设计规程》JGJ 55中的有关规定。

2.2.4 从试样制备完毕到开始做各项性能试验不宜超过5min。

2.3 试验记录

2.3.1 取样记录应包括下列内容：

1、取样日期和时间；

2 工程名称、结构部位；

3 混凝土强度等级；

4 取样方法；

5 试样编号；

6 试样数量；

7 环境温度及取样的混凝土温度。

2.3.2 在试验室制备混凝土拌合物时，除应记录以上内容外，还应记录下列内容：

1 试验室温度；

2 各种原材料品种、规格、产地及性能指标；

3 混凝土配合比和每盘混凝土的材料用量。

3 稠度试验

3.1 坍落度与坍落扩展度法

3.1.1 本方法适用于骨料最大粒径不大于40mm、坍落度不小于10mm的混凝土拌合物稠度测定。

3.1.2 坍落度与坍落扩展度试验所用的混凝土坍落度仪应符合《混凝土坍落度仪》JG 3021中有关技术要求的规定。

3.1.3 坍落度与坍落扩展度试验应按下列步骤进行：

1 湿润坍落度筒及底板，在坍落度筒内壁和底板上应无明水。底板应放置在坚实水平面上，并把筒放在底板中心，然后用脚踩住二边的脚踏板，坍落度筒在装料时应保持固定的位置。

2 把按要求取得的混凝土试样用小铲分三层均匀地装入筒内，使捣实后每层高度为筒高的三分之一左右。每层用捣棒插捣25次。插捣应沿螺旋方向由外向中心进行，各次插捣应在截面上均匀分布。插捣筒边混凝土时，捣棒可以稍稍倾斜。插捣底层时，捣棒应贯穿整个深度，插捣第二层和顶层时，捣棒应插透本层至下一层的表面；浇灌顶层时，混凝土应灌到高出筒口。插捣过程中，如混凝土沉落到低于筒口，则应随时添加。顶层插捣完后，刮去多余的混凝土，并用抹刀抹平。

3 清除筒边底板上的混凝土后，垂直平稳地提起坍落度筒。坍落度筒的提离过程应在5～10s内完成；从开始装料到提坍落度筒的整个过程应不间断地进行，并应在150s内完成。

4 提起坍落度筒后，测量筒高与坍落后混凝土试体最高点之间的高度差，即为该混凝土拌合物的坍落度值；坍落度筒提离后，如混凝土发生崩坍或一边剪坏现象，则应重新取样另行测定；如第二次试验仍出现上述现象，则表示该混凝土和易性不好，应予记录备查。

5 观察坍落后的混凝土试体的黏聚性及保水性。黏聚性的检查方法是用捣棒在已坍落的混凝土锥体侧面轻轻敲打，此时如果锥体逐渐下沉，则表示黏聚性良好，如果锥体倒塌、部分崩裂或出现离析现象，则表示黏聚性不好。保水性以混凝土拌合物稀浆析出的程度来评定，坍落度筒提起后如有较多的稀浆从底部析出，锥体部分的混凝土也因失浆而骨料外露，则表明此混凝土拌合物的保水性能不好；如坍落度筒提起后无稀浆或仅有少量稀浆自底部析出，则表示此混凝土拌合物保水性良好。

6 当混凝土拌合物的坍落度大于220mm时，用钢尺测量混凝土扩展后最终的最大直径和最小直径，在这两个直径之差小于50mm的条件下，用其算术平均值作为坍落扩展度值；否则，此次试验无效。

如果发现粗骨料在中央集堆或边缘有水泥浆析出，表示此混凝土拌合物抗离析性不好，应予记录。

3.1.4 混凝土拌合物坍落度和坍落扩展度值以毫米为单位，测量精确至1mm，结果表达修约至5mm。

3.1.5 混凝土拌合物稠度试验报告内容除应包括本标准第1.0.3条的内容外，尚应报告混凝土拌合物坍落度值或坍落扩展度值。

3.2 维勃稠度法

3.2.1 本方法适用于骨料最大粒径不大于 40mm，维勃稠度在 5～30s 之间的混凝土拌合物稠度测定。坍落度不大于 50mm 或干硬性混凝土和维勃稠度大于 30s 的特干硬性混凝土拌合物的稠度可采用附录 A增实因数法来测定。

3.2.2 维勃稠度试验所用维勃稠度仪应符合《维勃稠度仪》JG 3043 中技术要求的规定。

3.2.3 维勃稠度试验应按下列步骤进行：

1 维勃稠度仪应放置在坚实水平面上，用湿布把容器、坍落度筒、喂料斗内壁及其他用具润湿；

2 将喂料斗提到坍落度筒上方扣紧，校正容器位置，使其中心与喂料中心重合，然后拧紧固定螺丝；

3 把按要求取样或制作的混凝土拌合物试样用小铲分三层经喂料斗均匀地装入筒内，装料及插捣的方法应符合第 3.1.3 条中第 2 款的规定；

4 把喂料斗转离，垂直地提起坍落度筒，此时应注意不使混凝土试体产生横向的扭动；

5 把透明圆盘转到混凝土圆台体顶面，放松测杆螺钉，降下圆盘，使其轻轻接触到混凝土顶面；

6 拧紧定位螺钉，并检查测杆螺钉是否已经完全放松；

7 在开启振动台的同时用秒表计时，当振动到透明圆盘的底面被水泥浆布满的瞬间停止计时，并关闭振动台。

3.2.4 由秒表读出时间即为该混凝土拌合物的维勃稠度值，精确至 1s。

3.2.5 混凝土拌合物稠度试验报告内容除应包括本标准第 1.0.3 条的内容外，尚应报告混凝土拌合物维勃稠度值。

4 凝结时间试验

4.0.1 本方法适用于从混凝土拌合物中筛出的砂浆用贯入阻力法来确定坍落度值不为零的混凝土拌合物凝结时间的测定。

4.0.2 贯入阻力仪应由加荷装置、测针、砂浆试样筒和标准筛组成，可以是手动的，也可以是自动的。贯入阻力仪应符合下列要求：

1 加荷装置：最大测量值应不小于 1 000N，精度为±10N；

2 测针：长为 100mm，承压面积为 $100mm^2$、$50mm^2$ 和 $20mm^2$ 三种测针；在距贯入端 25mm 处刻有一圈标记；

3 砂浆试样筒：上口径为 160mm，下口径为 150mm，净高为 150mm 刚性不透水的金属圆筒，并配有盖子；

4 标准筛：筛孔为 5mm 的符合现行国家标准《试验筛》GB/T 6005 规定的金属圆孔筛。

4.0.3 凝结时间试验应按下列步骤进行：

1 应从按本标准第 2 章制备或现场取样的混凝土拌合物试样中，用 5mm 标准筛筛出砂浆，每次应筛净，然后将其拌合均匀。将砂浆一次分别装入三个试样筒中，做三个试验。取样混凝土坍落度不大于 70mm 的混凝土宜用振动台振实砂浆；取样混凝土坍落度大于 70mm 的宜用捣棒人工捣实。用振动台振实砂浆时，振动应持续到表面出浆为止，不得过振；用捣棒人工捣实时，应沿螺旋方向由外向中心均匀插捣 25 次，然后用橡皮锤轻轻敲打筒壁，直至插捣孔消失为止。振实或插捣后，砂浆表面应低于砂浆试样筒口约 10mm；砂浆试样筒应立即加盖。

2 砂浆试样制备完毕，编号后应置于温度为 20±2℃的环境中或现场同条件下待试，并在以后的整个测试过程中，环境温度应始终保持 20±2℃。现场同条件测试时，应与现场条件保持一致。在整个测试过程中，除在吸取泌水或进行贯入试验外，试样筒应始终加盖。

3 凝结时间测定从水泥与水接触瞬间开始计时。根据混凝土拌合物的性能，确定测针试验时间，以后每隔 0.5h 测试一次，在临近初、终凝时可增加测定次数。

4　在每次测试前2min，将一片20mm厚的垫块垫入筒底一侧使其倾斜，用吸管吸去表面的泌水，吸水后平稳地复原。

5　测试时将砂浆试样筒置于贯入阻力仪上，测针端部与砂浆表面接触，然后在10±2s内均匀地使测针贯入砂浆25±2mm深度，记录贯入压力，精确至10N；记录测试时间，精确至1min；记录环境温度，精确至0.5℃。

6　各测点的间距应大于测针直径的两倍且不小于15mm，测点与试样筒壁的距离应不小于25mm。

7　贯入阻力测试在0.2～28MPa之间应至少进行6次，直至贯入阻力大于28MPa为止。

8　在测试过程中应根据砂浆凝结状况，适时更换测针，更换测针宜按表4.0.3选用。

表4.0.3　测针选用规定表

贯入阻力(MPa)	0.2～3.5	3.5～20	20～28
测针面积(mm^2)	100	50	20

4.0.4　贯入阻力的结果计算以及初凝时间和终凝时间的确定应按下述方法进行：

1　贯入阻力应按下式计算：

$$f_{PR}=\frac{P}{A} \tag{4.0.4-1}$$

式中：f_{PR}——贯入阻力(MPa)；

P——贯入压力(N)；

A——测针面积(mm^2)。

计算应精确至0.1MPa。

2　凝结时间宜通过线性回归方法确定，是将贯入阻力f_{PR}和时间t分别取自然对数$\ln(f_{PR})$和$\ln(t)$，然后把$\ln(f_{PR})$当作自变量，$\ln(t)$当作因变量作线性回归得到回归方程式：

$$\ln(t)=A+B\ln(f_{PR}) \tag{4.0.4-2}$$

式中：t——时间(min)；

f_{PR}——贯入阻力(MPa)；

A、B——线性回归系数。

根据式4.0.4-2求得当贯入阻力为3.5MPa时为初凝时间t_s，贯入阻力为28MPa时为终凝时间t_e：

$$t_s=e^{(A+B\ln(3.5))} \tag{4.0.4-3}$$

$$t_e=e^{(A+B\ln(28))} \tag{4.0.4-4}$$

式中：t_s——初凝时间(min)；

t_e——终凝时间(min)；

A、B——式(4.0.4-2)中的线性回归系数。

凝结时间也可用绘图拟合方法确定，是以贯入阻力为纵坐标，经过的时间为横坐标(精确至1min)，绘制出贯入阻力与时间之间的关系曲线，以3.5MPa和28MPa划两条平行于横坐标的直线，分别与曲线相交的两个交点的横坐标即为混凝土拌合物的初凝和终凝时间。

3　用三个试验结果的初凝和终凝时间的算术平均值作为此次试验的初凝和终凝时间。如果三个测值的最大值或最小值中有一个与中间值之差超过中间值的10%，则以中间值为试验结果；如果最大值和最小值与中间值之差均超过中间值的10%时，则此次试验无效。

凝结时间用h:min表示，并修约至5min。

4.0.5　混凝土拌合物凝结时间试验报告内容除应包括本标准第1.0.3条的内容外，还应包括以下内容：

1　每次做贯入阻力试验时所对应的环境温度、时间、贯入压力、测针面积和计算出来的贯入阻力值。

2　根据贯入阻力和时间绘制的关系曲线。

3　混凝土拌合物的初凝和终凝时间。

4　其他应说明的情况。

5　泌水与压力泌水试验

5.1　泌水试验

5.1.1　本方法适用于骨料最大粒径不大于40mm的混凝土拌合物泌水测定。

5.1.2　泌水试验所用的仪器设备应符合下列条件：

1　试样筒：符合本标准第6.0.2条中第1款、容积为5L的容量筒并配有盖子；

2　台秤：称量为50kg、感量为50g；

3　量筒：容量为10mL、50mL、100mL的量筒及吸管；

4　振动台：应符合《混凝土试验室用振动台》JG/T 3020中技术要求的规定；

5　捣棒：应符合本标准第3.1.2条的要求。

5.1.3　泌水试验应按下列步骤进行：

1　应用湿布湿润试样筒内壁后立即称量，记录试样筒的质量。再将混凝土试样装入试样筒，混凝土的装料及捣实方法有两种：

1）方法A：用振动台振实。将试样一次装入试样筒内，开启振动台，振动应持续到表面出浆为止，且应避免过振；并使混凝土拌合物表面低于试样筒筒口30±3mm，用抹刀抹平。抹平后立即计时并称量，记录试样筒与试样的总质量。

2）方法B：用捣棒捣实。采用捣棒捣实时，混凝土拌合物应分两层装入，每层的插捣次数应为25次；捣棒由边缘向中心均匀地插捣，插捣底层时捣棒应贯穿整个深度，插捣第二层时，捣棒应插透本层至下一层的表面；每一层捣完后用橡皮锤轻轻沿容量外壁敲打5～10次，进行振实，直至拌合物表面插捣孔消失并不见大气泡为止；并使混凝土拌合物表面低于试样筒筒口30±3mm，用抹刀抹平。抹平后立即计时并称量，记录试样筒与试样的总质量。

2　在以下吸取混凝土拌合物表面泌水的整个过程中，应使试样筒保持水平、不受振动；除了吸水操作外，应始终盖好盖子；室温应保持在20±2℃。

3　从计时开始后60min内，每隔10min吸取1次试样表面渗出的水。60min后，每隔30min吸1次水，直至认为不再泌水为止。为了便于吸水，每次吸水前2min，将一片35mm厚的垫块垫入筒底一侧使其倾斜，吸水后平稳地复原。吸出的水放入量筒中，记录每次吸水的水量并计算累计水量，精确至1mL。

5.1.4　泌水量和泌水率的结果计算及其确定应按下列方法进行：

1　泌水量应按下式计算：

$$B_a=\frac{V}{A} \tag{5.1.4-1}$$

式中：B_a——泌水量（mL/mm²）；

V——最后一次吸水后累计的泌水量（mL）；

A——试样外露的表面面积（mm²）。

计算应精确至0.01mL/mm²。泌水量取三个试样测值的平均值。三个测值中的最大值或最小值，如果有一个与中间值之差超过中间值的15%，则以中间值为试验结果；如果最大值和最小值与中间值之差均超过中间值的15%时，则此次试验无效。

2　泌水率应按下式计算：

$$B=\frac{V_W}{(W/G)G_W}\times 100 \tag{5.1.4-2}$$

$$G_W = G_1 - G_0 \tag{5.1.4-3}$$

式中：B——泌水率(%)；

V_W——泌水总量(mL)；

G_W——试样质量(g)；

W——混凝土拌合物总用水量(mL)；

G——混凝土拌合物总质量(g)；

G_1——试样筒及试样总质量(g)；

G_0——试样筒质量(g)。

计算应精确至1%。泌水率取三个试样测值的平均值。三个测值中的最大值或最小值，如果有一个与中间值之差超过中间值的15%，则以中间值为试验结果；如果最大值和最小值与中间值之差均超过中间值的15%时，则此次试验无效。

5.1.5 混凝土拌合物泌水试验记录及其报告内容除应满足本标准第1.0.3条要求外，还应包括以下内容：

1 混凝土拌合物总用水量和总质量；

2 试样筒质量；

3 试样筒和试样的总质量；

4 每次吸水时间和对应的吸水量；

5 泌水量和泌水率。

5.2 压力泌水试验

5.2.1 本方法适用于骨料最大粒径不大于40mm的混凝土拌合物压力泌水测定。

5.2.2 压力泌水试验所用的仪器设备应符合下列条件：

1 压力泌水仪：其主要部件包括压力表、缸体、工作活塞、筛网等(图5.2.2)。压力表最大量程6MPa，最小分度值不大于0.1MPa；缸体内径125±0.02mm，内高200±0.2mm；工作活塞压强为3.2MPa，公称直径为125mm；筛网孔径为0.315mm。

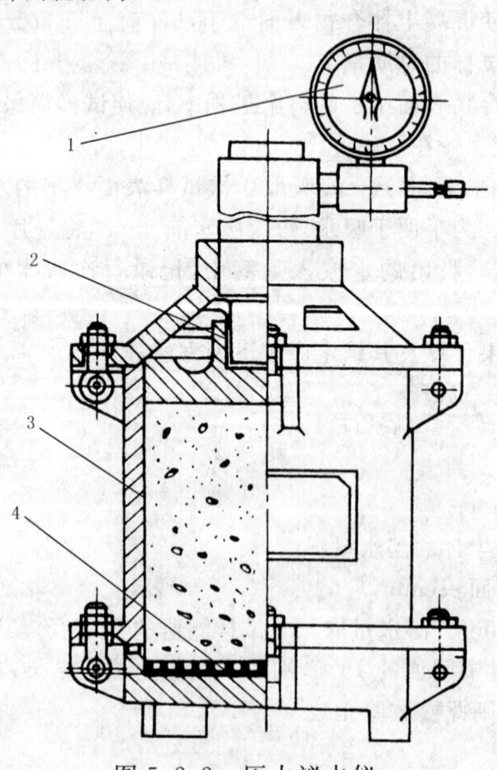

图5.2.2 压力泌水仪

1—压力表；2—工作活塞；3—缸体；4—筛网

2　捣棒：符合本规程第 3.1.2 条的规定。

3　量筒：200mL 量筒。

5.2.3　压力泌水试验应按以下步骤进行：

1　混凝土拌合物应分两层装入压力泌水仪的缸体容器内，每层的插捣次数应为 20 次。捣棒由边缘向中心均匀地插捣，插捣底层时捣棒应贯穿整个深度，插捣第二层时，捣棒应插透本层至下一层的表面；每一层捣完后用橡皮锤轻轻沿容器外壁敲打 5～10 次，进行振实，直至拌合物表面插捣孔消失并不见大气泡为止；并使拌合物表面低于容器口以下约 30mm 处，用抹刀将表面抹平。

2　将容器外表擦干净，压力泌水仪按规定安装完毕后应立即给混凝土试样施加压力至 3.2MPa，并打开泌水阀门同时开始计时，保持恒压，泌出的水接入 200mL 量筒里；加压至 10s 时读取泌水量 V_{10}，加压至 140s 时读取泌水量 V_{140}。

5.2.4　压力泌水率应按下式计算：

$$B_V=\frac{V_{10}}{V_{140}}\times 100 \tag{5.2.4}$$

式中：B_V——压力泌水率(%)；

V_{10}——加压至 10s 时的泌水量(mL)；

V_{140}——加压至 140s 时的泌水量(mL)。

压力泌水率的计算应精确至 1%。

5.2.5　混凝土拌合物压力泌水试验报告内容除应包括本标准第 1.0.3 条的内容外，还应包括以下内容：

1　加压至 10s 时的泌水量 V_{10} 和加压至 140s 时的泌水量 V_{140}；

2　压力泌水率。

6　表观密度试验

6.0.1　本方法适用于测定混凝土拌合物捣实后的单位体积质量(即表观密度)。

6.0.2　混凝土拌合物表观密度试验所用的仪器设备应符合下列规定：

1　容量筒：金属制成的圆筒，两旁装有提手。对骨料最大粒径不大于 40mm 的拌合物采用容积为 5L 的容量筒，其内径与内高均为 186±2mm，筒壁厚为 3mm；骨料最大粒径大于 40mm 时，容量筒的内径与内高均应大于骨料最大粒径的 4 倍。容量筒上缘及内壁应光滑平整，顶面与底面应平行并与圆柱体的轴垂直。

容量筒容积应予以标定，标定方法可采用一块能覆盖住容量筒顶面的玻璃板，先称出玻璃板和空筒的质量，然后向容量筒中灌入清水，当水接近上口时，一边不断加水，一边把玻璃板沿筒口徐徐推入盖严，应注意使玻璃板下不带入任何气泡；然后擦净玻璃板面及筒壁外的水分，将容量筒连同玻璃板放在台秤上称其质量；两次质量之差(kg)即为容量筒的容积 L；

2　台秤：称量 50kg，感量 50g；

3　振动台：应符合《混凝土试验室用振动台》JG/T 3020 中技术要求的规定；

4　捣棒：应符合规程第 3.1.2 条的规定。

6.0.3　混凝土拌合物表观密度试验应按以下步骤进行：

1　用湿布把容量筒内外擦干净，称出容量筒质量，精确至 50g。

2　混凝土的装料及捣实方法应根据拌合物的稠度而定。坍落度不大于 70mm 的混凝土，用振动台振实为宜；大于 70mm 的用捣棒捣实为宜。采用捣棒捣实时，应根据容量筒的大小决定分层与插捣次数：用 5L 容量筒时，混凝土拌合物应分两层装入，每层的插捣次数应为 25 次；用大于 5L 的容量筒时，每层混凝土的高度不应大于 100mm，每层插捣次数应按每 10 000mm^2 截面不小于 12 次计算。各次插捣应由边缘向中心均匀地插捣，插捣底层时捣棒应贯穿整个深度，插捣第二层时，捣棒应插透本层至下一层的表面；每一层捣完后用橡皮锤轻轻沿容器外壁敲打 5～10 次，进行振实，直至拌合物表面插捣孔消失并不见大气泡为止。

采用振动台振实时，应一次将混凝土拌合物灌到高出容量筒口。装料时可用捣棒稍加插捣，振动过程中如混凝土低于筒口，应随时添加混凝土，振动直至表面出浆为止。

3 用刮尺将筒口多余的混凝土拌合物刮去，表面如有凹陷应填平；将容量筒外壁擦净，称出混凝土试样与容量筒总质量，精确至 50g。

6.0.4 混凝土拌合物表观密度的计算应按下式计算：

$$\gamma_h=\frac{W_2-W_1}{V}\times 1\ 000 \tag{6.0.4}$$

式中：γ_h——表观密度(kg/m^3)；

W_1——容量筒质量(kg)；

W_2——容量筒和试样总质量(kg)；

V——容量筒容积(L)。

试验结果的计算精确至 10kg/m^3。

6.0.5 混凝土拌合物表观密度试验报告内容除应包括本标准第 1.0.3 条的内容外，还应包括以下内容：

1 容量筒质量和容积；

2 容量筒和混凝土试样总质量；

3 混凝土拌合物的表观密度。

7 含气量试验

7.0.1 本方法适于骨料最大粒径不大于 40mm 的混凝土拌合物含气量测定。

7.0.2 含气量试验所用设备应符合下列规定：

1 含气量测定仪：如图 7.0.2 所示，由容器及盖体两部分组成。容器：应由硬质、不易被水泥浆腐蚀的金属制成，其内表面粗糙度不应大于 3.2μm，内径应与深度相等，容积为 7L。盖体：应用与容器相同的材料制成。盖体部分应包括有气室、水找平室、加水阀、排水阀、操作阀、进气阀、排气阀及压力表。压力表的量程为 0～0.25MPa，精度为 0.01MPa。容器及盖体之间应设置密封垫圈，用螺栓连接，连接处不得有空气存留，并保证密闭；

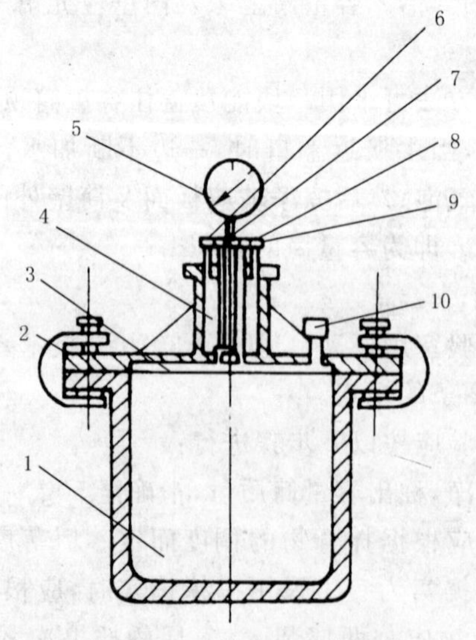

图 7.0.2 含气量测定仪

1—容器；2—盖体；3—水找平室；4—气室；5—压力表；6—排气阀；
7—操作阀；8—排水阀；9—进气阀；10—加水阀

2 捣棒：应符合本规程第 3.1.2 条的规定；

3 振动台：应符合《混凝土试验室用振动台》JG/T 3020 中技术要求的规定；

4 台秤：称量 50kg，感量 50g；

5 橡皮锤：应带有质量约 250g 的橡皮锤头。

7.0.3 在进行拌合物含气量测定之前，应先按下列步骤测定拌合物所用骨料的含气量：

1 应按下式计算每个试样中粗、细骨料的质量：

$$m_g = \frac{V}{1\,000} \times m'_g \tag{7.0.3-1}$$

$$m_s = \frac{V}{1\,000} \times m'_s \tag{7.0.3-2}$$

式中：m_g、m_s——分别为每个试样中的粗、细骨料质量(kg)；

m'_g、m'_s——分别为每立方米混凝土拌合物中粗、细骨料质量(kg)；

V——含气量测定仪容器容积(L)。

2 在容器中先注入 1/3 高度的水，然后把通过 40mm 网筛的质量为 m_g、m_s 的粗、细骨料称好、拌匀，慢慢倒入容器。水面每升高 25mm 左右，轻轻插捣 10 次，并略予搅动，以排除夹杂进去的空气，加料过程中应始终保持水面高出骨料的顶面；骨料全部加入后，应浸泡约 5min，再用橡皮锤轻敲容器外壁，排净气泡，除去水面泡沫，加水至满，擦净容器上口边缘；装好密封圈，加盖拧紧螺栓；

3 关闭操作阀和排气阀，打开排水阀和加水阀，通过加水阀，向容器内注入水；当排水阀流出的水流不含气泡时，在注水的状态下，同时关闭加水阀和排水阀；

4 开启进气阀，用气泵向气室内注入空气，使气室内的压力略大于 0.1MPa，待压力表显示值稳定；微开排气阀，调整压力至 0.1MPa，然后关紧排气阀；

5 开启操作阀，使气室里的压缩空气进入容器，待压力表显示值稳定后记录示值 P_{g1}，然后开启排气阀，压力仪表示值应回零；

6 重复以上第 7.0.3 条第 4 款和第 7.0.3 条第 5 款的试验，对容器内的试样再检测一次记录表值 P_{g2}；

7 若 P_{g1} 和 P_{g2} 的相对误差小于 0.2% 时，则取 P_{g1} 和 P_{g2} 的算术平均值，按压力与含气量关系曲线(见本标准第 7.0.6 条第 2 款)查得骨料的含气量(精确 0.1%)；若不满足，则应进行第三次试验。测得压力值 P_{g3}(MPa)。当 P_{g3} 与 P_{g1}、P_{g2} 中较接近一个值的相对误差不大于 0.2% 时，则取此二值的算术平均值。当仍大于 0.2% 时，则此次试验无效，应重做。

7.0.4 混凝土拌合物含气量试验应按下列步骤进行：

1 用湿布擦净容器和盖的内表面，装入混凝土拌合物试样；

2 捣实可采用手工或机械方法。当拌合物坍落度大于 70mm 时，宜采用手工插捣，当拌合物坍落度不大于 70mm 时，宜采用机械振捣，如振动台或插入或振捣器等；

用捣棒捣实时，应将混凝土拌合物分 3 层装入，每层捣实后高度约为 1/3 容器高度；每层装料后由边缘向中心均匀地插捣 25 次，捣棒应插透本层高度，再用木锤沿容器外壁重击 10～15 次，使插捣留下的插孔填满。最后一层装料应避免过满；

采用机械捣实时，一次装入捣实后体积为容器容量的混凝土拌合物，装料时可用捣棒稍加插捣，振实过程中如拌合物低于容器口，应随时添加；振动至混凝土表面平整、表面出浆即止，不得过度振捣；

若使用插入式振动器捣实，应避免振动器触及容器内壁和底面；

在施工现场测定混凝土拌合物含气量时，应采用与施工振动频率相同的机械方法捣实；

3 捣实完毕后立即用刮尺刮平，表面如有凹陷应予填平抹光；

如需同时测定拌合物表观密度时，可在此时称量和计算；

然后在正对操作阀孔的混凝土拌合物表面贴一小片塑料薄膜，擦净容器上口边缘，装好密封垫圈，加盖并拧紧螺栓；

4 关闭操作阀和排气阀，打开排水阀和加水阀，通过加水阀，向容器内注入水；当排水阀流出的水流不含气泡时，在注水的状态下，同时关闭加水阀和排水阀；

5 然后开启进气阀，用气泵注入空气至气室内压力略大于 0.1MPa，待压力示值仪表示值稳定后，微微开启排气阀，调整压力至 0.1MPa，关闭排气阀；

6 开启操作阀，待压力示值仪稳定后，测得压力值 P_{01}(MPa)；

7 开启排气阀，压力仪示值回零；重复上述 5 至 6 的步骤，对容器内试样再测一次压力值 P_{02}(MPa)；

8 若 P_{01} 和 P_{02} 的相对误差小于 0.2%时，则取 P_{01}、P_{02} 的算术平均值，按压力与含气量关系曲线查得含气量 A_0(精确至 0.1%)；若不满足，则应进行第三次试验，测得压力值 P_{03}(MPa)。当 P_{03} 与 P_{01}、P_{02} 中较接近一个值的相对误差不大于 0.2%时，则取此二值的算术平均值查得 A_0；当仍大于 0.2%，此次试验无效。

7.0.5 混凝土拌合物含气量应按下式计算：

$$A=A_0-A_g \tag{7.0.5}$$

式中：A——混凝土拌合物含气量(%)；

A_0——两次含气量测定的平均值(%)；

A_g——骨料含气量(%)。

计算精确至 0.1%。

7.0.6 含气量测定仪容器容积的标定及率定应按下列规定进行：

1 容器容积的标定按下列步骤进行：

1) 擦净容器，并将含气量仪全部安装好，测定含气量仪的总质量，测量精确至 50g；

2) 往容器内注水至上缘，然后将盖体安装好，关闭操作阀和排气阀，打开排水阀和加水阀，通过加水阀，向容器内注入水；当排水阀流出的水流不含气泡时，在注水的状态下，同时关闭加水阀和排水阀，再测定其总质量；测量精确至 50g；

3) 容器的容积应按下式计算：

$$V=\frac{m_2-m_1}{\rho_w}\times 1\,000 \tag{7.0.6}$$

式中：V——含气量仪的容积(L)；

m_1——干燥含气量仪的总质量(kg)；

m_2——水、含气量仪的总质量(kg)；

ρ_w——容器内水的密度(kg/m³)。

计算应精确至 0.01L。

2 含气量测定仪的率定按下列步骤进行：

1) 按第 7.0.4 条中第 5 条至第 8 条的操作步骤测得含气量为 0 时的压力值；

2) 开启排气阀，压力示值器示值回零；关闭操作阀和排气阀，打开排水阀，在排水阀口用量筒接水；用气泵缓缓地向气室内打气，当排出的水恰好是含气量仪体积的 1%时。按上述步骤测得含气量为 1%时的压力值；

3) 如此继续测取含气量分别为 2%、3%、4%、5%、6%、7%、8%时的压力值；

4) 以上试验均应进行两次，各次所测压力值均应精确至 0.01MPa；

5) 对以上的各次试验均应进行检验，其相对误差均应小于 0.2%；否则应重新率定；

6) 据此检验以上含气量 0、1%、…、8%共 9 次的测量结果，绘制含气量与气体压力之间的关系曲线。

7.0.7 气压法含气量试验报告内容除应包括本标准第 1.0.3 条的内容外，还应包括以下内容：

1 粗骨料和细骨料的含气量；

2　混凝土拌合物的含气量。

8　配合比分析试验

8.0.1　本方法适用于用水洗分析法测定普通混凝土拌合物中四大组分(水泥、水、砂、石)的含量,但不适用于骨料含泥量波动较大以及用特细砂、山砂和机制砂配制的混凝土。

8.0.2　混凝土拌合物配合比水洗分析法使用的设备应符合下列规定:

1　广口瓶:容积为 2 000mL 的玻璃瓶,并配有玻璃盖板;

2　台秤:称量 50kg、感量 50g 和称量 10kg、感量 5g 各一台;

3　托盘天平:称量 5kg,感量 5g;

4　试样筒:符合本标准第 6.0.2 条中第 1 款要求的容积为 5L 和 10L 的容量筒并配有玻璃盖板;

5　标准筛　孔径为 5mm 和 0.16mm 标准筛各一个。

8.0.3　在进行本试验前,应对下列混凝土原材料进行有关试验项目的测定:

1　水泥表观密度试验,按《水泥密度测定方法》GB/T 208 进行。

2　粗骨料、细骨料饱和面干状态的表观密度试验,按《普通混凝土用砂质量标准及检验方法》JGJ 52和《普通混凝土用碎石或卵石质量标准及检验方法》JGJ 53 进行。

3　细骨料修正系数应按下述方法测定:

向广口瓶中注水至筒口,再一边加水一边徐徐推进玻璃板,注意玻璃板下不带有任何气泡,盖严后擦净板面和广口瓶壁的余水,如玻璃板下有气泡,必须排除。测定广口瓶、玻璃板和水的总质量后,取具有代表性的两个细骨料试样,每个试样的质量为 2kg,精确至 5g。分别倒入盛水的广口瓶中,充分搅拌、排气后浸泡约半小时;然后向广口瓶中注水至筒口,再一边加水一边徐徐推进玻璃板,注意玻璃板下不得带有任何气泡,盖严后擦净板面和瓶壁的余水,称得广口瓶、玻璃板、水和细粗骨料的总质量;则细骨料在水中的质量为:

$$m_{ys}=m_{ks}-m_{p} \qquad (8.0.3\text{-}1)$$

式中:m_{ys}——细骨料在水中的质量(g);

m_{ks}——细骨料和广口瓶、水及玻璃板的总质量(g);

m_{p}——广口瓶、玻璃板和水的总质量(g)。

应以两个试样试验结果的算术平均值作为测定值,计算应精确至 1g。

然后用 0.16mm 的标准筛将细骨料过筛,用以上同样的方法测得大于 0.16mm 细骨料在水中的质量:

$$m_{ys1}=m_{ks1}-m_{p} \qquad (8.0.3\text{-}2)$$

式中:m_{ys1}——大于 0.16mm 的细骨料在水中的质量(g);

m_{ks1}——大于 0.16mm 的细骨料和广口瓶、水及玻璃板的总质量(g);

m_{p}——广口瓶、玻璃板和水的总质量(g)。

应以两个试样试验结果的算术平均值作为测定值,计算应精确至 1g。

细骨料修正系数为:

$$C_{s}=\frac{m_{ys}}{m_{ys1}} \qquad (8.0.3\text{-}3)$$

式中:C_{s}——细骨料修正系数;

m_{ys}——细骨料在水中的质量(g);

m_{ys1}——大于 0.16mm 的细骨料在水中的质量(g)。

计算应精确至 0.01。

8.0.4　混凝土拌合物的取样应符合下列规定:

1　混凝土拌合物的取样应按本标准第 2 章的规定进行。

2 当混凝土中粗骨料的最大粒径≤40mm时，混凝土拌合物的取样量≥20L，混凝土中粗骨料最大粒径＞40mm时，混凝土拌合物的取样量≥40L。

3 进行混凝土配合比分析时，当混凝土中粗骨料最大粒径≤40mm时，每份取12kg试样；当混凝土中粗骨料的最大粒径＞40mm时，每份取15kg试样。剩余的混凝土拌合物试样，按本标准第6章的规定，进行拌合物表观密度的测定。

8.0.5 水洗法分析混凝土配合比试验应按下列步骤进行：

1 整个试验过程的环境温度应在15～25℃之间，从最后加水至试验结束，温差不应超过2℃。

2 称取质量为m_0的混凝土拌合物试样，精确至50g并应符合本标准8.0.4条中的有关规定；然后按下式计算混凝土拌合物试样的体积：

$$V=\frac{m_0}{\rho} \quad (8.0.5\text{-}1)$$

式中：V——试样的体积(L)；

m_0——试样的质量(g)；

ρ——混凝土拌合物的表观密度(g/cm^3)。

计算应精确至$1g/cm^3$。

3 把试样全部移到5mm筛上水洗过筛，水洗时，要用水将筛上粗骨料仔细冲洗干净，粗骨料上不得粘有砂浆，筛下应备有不透水的底盘，以收集全部冲洗过筛的砂浆与水的混合物；称量洗净的粗骨料试样在饱和面干状态下的质量m_g，粗骨料饱和面干状态表观密度符号为ρ_g，单位g/cm^3。

4 将全部冲洗过筛的砂浆与水的混合物全部移到试样筒中，加水至试样筒三分之二高度，用棒搅拌，以排除其中的空气；如水面上有不能破裂的气泡，可以加入少量的异丙醇试剂以消除气泡；让试样静止10min以使固体物质沉积于容器底部。加水至满，再一边加水一边徐徐推进玻璃板，注意玻璃板下不得带有任何气泡，盖严后应擦净板面和筒壁的余水。称出砂浆与水的混合物和试样筒、水及玻璃板的总质量。应按下式计算细砂浆在水中的质量：

$$m'_m=m_k-m_D \quad (8.0.5\text{-}2)$$

式中：m'_m——砂浆在水中的质量(g)；

m_k——砂浆与水的混合物和试样筒、水及玻璃板的总质量(g)；

m_D——试样筒、玻璃板和水的总质量(g)。

计算应精确至1g。

5 将试样筒中的砂浆与水的混合物在0.16mm筛上冲洗，然后将在0.16mm筛上洗净的细骨料全部移至广口瓶中，加水至满，再一边加水一边徐徐推进玻璃板，注意玻璃板下不得带有任何气泡，盖严后应擦净板面和瓶壁的余水；称出细骨料试样、试样筒、水及玻璃板总质量，应按下式计算细骨料在水中的质量：

$$m'_s=C_s(m_{cs}-m_p) \quad (8.0.5\text{-}3)$$

式中：m'_s——细骨料在水中的质量(g)；

C_s——细骨料修正系数；

m_{ks}——细骨料试样、广口瓶、水及玻璃板总质量(g)；

m_p——广口瓶、玻璃板和水的总质量(g)。

计算应精确至1g。

8.0.6 混凝土拌合物中四种组分的结果计算及确定应按下述方法进行：

1 混凝土拌合物试样中四种组分的质量应按以下公式计算：

1）试样中的水泥质量应按下式计算：

$$m_c=(m'_m-m'_s)\times\frac{\rho_c}{\rho_c-1} \quad (8.0.6\text{-}1)$$

式中：m_c——试样中的水泥质量(g)；

m'_m——砂浆在水中的质量(g)；

m'_s——细骨料在水中的质量(g)；

ρ_c——水泥的表观密度(g/cm^3)。

计算应精确至1g。

2）试样中细骨料的质量应按下式计算：

$$m_s = m'_s \times \frac{\rho_s}{\rho_s - 1} \tag{8.0.6-2}$$

式中：m_s——试样中细骨料的质量(g)；

m'_s——细骨料在水中的质量(g)；

ρ_s——处于饱和面干状态下的细骨料的表观密度(g/cm^3)。

计算应精确至1g。

3）试样中的水的质量应按下式计算：

$$m_w = m_o - (m_g + m_s + m_c) \tag{8.0.6-3}$$

式中：m_w——试样中的水的质量(g)；

m_o——拌合物试样质量(g)；

m_g、m_s、m_c——分别为试样中粗骨料、细骨料和水泥的质量(g)。

计算应精确至1g。

4）混凝土拌合物试样中粗骨料的质量应按第8.0.5条中第3款得出的粗骨料饱和面干质量m_g，单位g。

2 混凝土拌合物中水泥、水、粗骨料、细骨料的单位用量，应分别按下式计算：

$$C = \frac{m_c}{V} \times 1\,000 \tag{8.0.6-4}$$

$$W = \frac{m_w}{V} \times 1\,000 \tag{8.0.6-5}$$

$$G = \frac{m_g}{V} \times 1\,000 \tag{8.0.6-6}$$

$$S = \frac{m_s}{V} \times 1\,000 \tag{8.0.6-7}$$

式中：C、W、G、S——分别为水泥、水、粗骨料、细骨料的单位用量(kg/m^3)；

m_c、m_w、m_g、m_s——分别为试样中水泥、水、粗骨料、细骨料的质量(g)；

V——试样体积(L)。

以上计算应精确至1kg/m^3。

3 以两个试样试验结果的算术平均值作为测定值，两次试验结果差值的绝对值应符合下列规定：水泥：≤6kg/m^3；水：≤4kg/m^3；砂：≤20kg/m^3；石：≤30kg/m^3，否则此次试验无效。

8.0.7 混凝土拌合物水洗法分析试验报告内容除应包括本标准第1.0.3条的内容外，还应包括以下内容：

1 试样的质量；

2 水泥的表观密度；

3 粗骨料和细骨料的饱和面干状态的表观密度；

4 试样中水泥、水、细骨料和粗骨料的质量；

5 混凝土拌合物中水泥、水、粗骨料和细骨料的单位用量；

6 混凝土拌合物水灰比。

附 录 A
增实因数法

A.0.1 本方法适用于骨料最大粒径不大于40mm、增实因数大于1.05的混凝土拌合物稠度测定。

A.0.2 增实因数试验所用的仪器设备应符合下列条件：

1 跳桌：应符合《水泥胶砂流动度测定方法》GB 2419中有关技术要求的规定。

2 台秤：称量20kg，感量20g；

3 圆筒：钢制，内径(150±0.2)mm，高(300±0.2)mm，连同提手共重(4.3±0.3)kg，见图A.0.2-1；

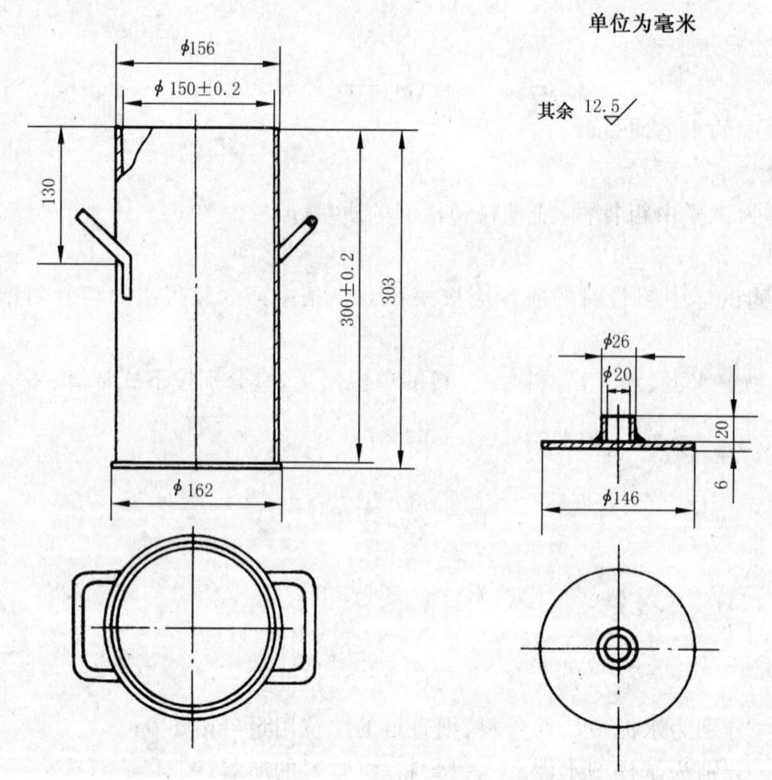

图 A.0.2-1 圆筒及盖板

4 盖板：钢制，直径(146±0.1)mm，厚(6±0.1)mm，连同提手共重(830±20)g，见图A.0.2-1。

5 量尺：刻度误差不大于1%，见图A.0.2-2。

单位为毫米

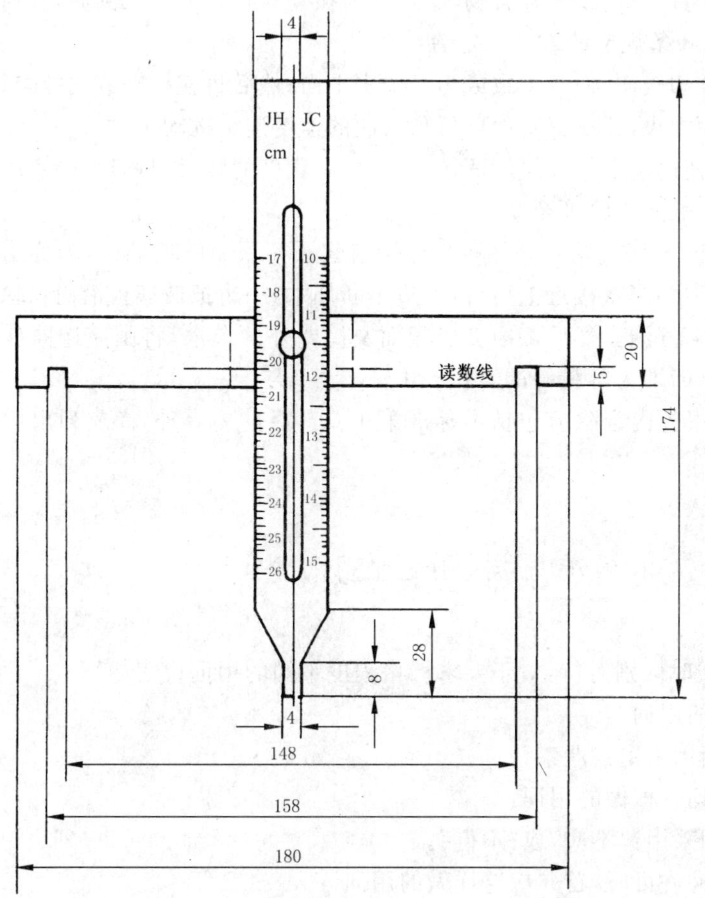

图 A.0.2-2　量尺

A.0.3　增实因数试验用混凝土拌合物的质量应按下列方法之一确定：

1　当混凝土拌合物配合比及原材料的表观密度已知时，按下式确定混凝土拌合物的质量：

$$Q=0.003\times\frac{W+C+F+S+G}{\frac{W}{\rho_w}+\frac{C}{\rho_c}+\frac{F}{\rho_f}+\frac{S}{\rho_s}+\frac{G}{\rho_g}} \tag{A.0.3-1}$$

式中：Q——绝对体积为 3 000mL 时混凝土拌合物的质量(kg)；

W,C,F,S,G——分别为水、水泥、掺合料、细骨料和粗骨料的质量(kg)；

ρ_w、ρ_c、ρ_f、ρ_s、ρ_g——分别为水、水泥、掺合料、细骨料和粗骨料的表观密度(kg/m^3)。

2　当混凝土拌合物配合比及原材料的表观密度未知时，应按下述方法确定混凝土拌合物的质量；

先在圆筒内装入质量为 7.5kg 的混凝土拌合物，无需振实，将圆筒放在水平平台上，用量筒沿筒壁徐徐注水，并轻轻拍击筒壁，将拌合物中夹持的气泡排出，直至筒内水面与筒口平齐；记录注入圆筒中的水的体积，混凝土拌合物的质量应按下式计算：

$$Q=3\,000\times\frac{7.5}{V-V_W}\times(1+A) \tag{A.0.3-2}$$

式中：Q——绝对体积为 3 000mL 时混凝土拌合物的质量(kg)；

V——圆筒的容积(mL)；

V_W——注入圆筒中水的体积(mL)；

A——混凝土含气量。

计算应精确至 0.05kg。

A.0.4　增实因数试验应按下列步骤进行：

1 将圆筒放在台秤上，用圆勺铲取混凝土拌合物，不加任何振动与扰动地装入圆筒，圆筒内混凝土拌合物的质量按本标准附录 A.0.3 条规定的方法确定后称取；

2 用不吸水的小尺轻拨拌合物表面，使其大致成为一个水平面，然后将盖板轻放在拌合物上；

3 将圆筒轻轻移至跳桌台面中央，使跳桌台面以每秒一次的速度连续跳动 15 次；

4 将量尺的横尺置于筒口，使筒壁卡入横尺的凹槽中，滑动有刻度的竖尺，将竖尺的底端插入盖板中心的小筒内，读取混凝土增实因数 JC，精确至 0.01。

A.0.5 圆筒容积应经常予以校正，校正方法可采用一块能覆盖住圆筒顶面的玻璃板，先称出玻璃板和空筒的质量，然后向圆筒中灌入清水，当水接近上口时，一边不断加水，一边把玻璃板沿筒口徐徐推入盖严。应注意使玻璃板下不带入任何气泡。然后擦净玻璃板面及筒壁外的余水，将圆筒连同玻璃板放在台秤上称其质量。两次质量之差(g)即为容量筒的容积(mL)。

A.0.6 混凝土拌合物稠度试验报告内容除应包括本标准第 1.0.3 条的内容外，尚应列出增实因素值和其他应说明的事项。

本标准用词、用语说明

1 为便于在执行本标准条文时区别对待，对于要求严格程度不同的用词说明如下：

1）表示很严格，非这样不可的用词：

正面词采用："必须"；反面词采用："严禁"。

2）表示严格，在正常情况下均这样做的用词：

正面词采用："应"；反面词采用："不应"或"不得"。

3）表示允许稍有选择，在条件许可时，首先应这样做的用词：

正面词采用："宜"；反面词采用："不宜"。

表示有选择，在一定条件下可以这样做的，采用："可"。

2 条文中指定按其他有关标准执行的写法为"应按……执行"或"应符合……的规定"。

中华人民共和国国家标准

GB/T 50080—2002

普通混凝土拌合物性能试验方法标准

条 文 说 明

前 言

根据建设部建标[1998]第 94 号文《1998 年工程建设国家标准制定、修订计划的通知》的要求,《普通混凝土拌合物性能试验方法》修编组对原标准进行了修订,新修订的《普通混凝土拌合物性能试验方法标准》(GB/T 50080—2002)经建设部 2003 年 1 月 10 日以第 103 号公告批准发布,于 2003 年 6 月 1 日正式实施。

为便于广大使用单位在使用本标准时能正确理解和执行条文的规定,《普通混凝拌合物学性能试验方法标准》修编组根据建设部关于编制标准、规范条文的统一要求,按《普通混凝土拌合物性能试验方法标准》的章、节、条、款的顺序,编制了《普通混凝拌合物学性能试验方法标准条文说明》,供有关部门和使用单位参考。在使用中如发现本条文说明有欠妥之处,请将意见直接函寄中国建筑科学研究院标准研究中心。

1 总则

1.0.1 编制本标准的目的是进一步规范混凝土拌合物试验方法、提高试验精度,使试验结果具有代表性、准确性和复演性,确保混凝土施工质量。

1.0.2 随着混凝土技术的发展和混凝土工程施工需要,本标准不但包括原标准中 6 个混凝土拌合物性能试验方法,而且还增加了坍落扩展度、增实因数、凝结时间、泌水和压力泌水等 5 个混凝土拌合物性能试验方法。这次标准的修订,更完善了混凝土拌合物性能试验方法。

1.0.3 为规范试验报告,按国际试验标准惯例,提出了按本标准试验方法所做的试验,试验报告应包括的内容。

1.0.4 规定了混凝土拌合物性能试验方法,除应符合本标准的规定,还应符合国家强制标准中的有关规定执行。与普通混凝土拌合物性能试验方法有关的国家标准有《混凝土结构工程施工质量验收规范》GB 50204、《混凝土质量控制标准》GB 50154 等。

2 取样及试样的制备

2.1 取样

2.1.1 混凝土的拌制和浇注是以一盘或一车混凝土为基本单位的,只有在同一盘或一车混凝土拌合物中取样,才代表了该基本单位的混凝土,才能用数理统计的原理,统计出各基本单位混凝土的差异。还规定了最小取样量:应多于试验所需量的 1.5 倍,且不小于 20L,以免影响取样的代表性。

2.1.2 为使取样具有代表性,往往采用多次取样。

混凝土搅拌机或搅拌运输车在出料的开始和结束阶段,容易离析,不宜取样;在约 1/4、1/2 和 3/4 处分别取样,然后人工搅拌均匀后,才能代表该车或该盘混凝土。为使取样具有代表性,往往采用多次取样。

混凝土拌合物的性能又是随时间变化的。为避免因取样时间影响混凝土拌合物的性能,规定从第一次取样到最后一次取样不宜超过 15min。

2.1.3 进一步规定了取样完毕后宜在 5min 内开始做混凝土拌合物各项性能试验(不包括成型试件),否则应重新取样或制备试样。采用"宜",说明在条件许可的情况下,首先应这样做。在条件不许可的情况下,应视混凝土拌合物的性能而定。在不影响混凝土拌合物性能的前提下,时间可适当延长。

2.2 试样的制备

2.2.1 鉴于混凝土拌合物本身的温度对其性能有显著影响,所以修订后对混凝土原材料以及试验室温度作了明确的规定。

2.2.2 规定了试验室制备混凝土拌合物时材料的计量精度。

2.2.3 说明了混凝土拌合物制备时的技术要求,如混凝土制备量、配合比的基本参数、试配、调试和确定等,应符合《普通混凝土配合比设计规程》JGJ/T 55 中的有关规定。

2.2.4 进一步规定了试样制备完毕后宜在 5min 内开始做混凝土拌合物各项性能试验(不包括成型试件),否则应重新取样或制备试样。采用"宜",说明在条件许可的情况下,首先应这样做。在条件不许可的情况下,应视混凝土拌合物的性能而定。在不影响混凝土拌合物性能的前提下,时间可适当延长。

2.3 试验记录

2.3.1 根据国际惯例,列出了取样记录内容的有关要求。

2.3.2 根据国际惯例,列出了试样制备记录内容的有关要求。

3 稠度试验

3.1 坍落度与坍落扩展度法

3.1.1 规定了本方法的使用范围,即粗骨料最大粒径不大于 40mm、坍落度不小于 10mm 的混凝土拌合物稠度的测定。国内外资料一致认为坍落度在 10～220mm 对混凝土拌合物的稠度具有良好的反映能力,但当坍落度大于 220mm 时,由于粗骨料的堆积的偶然性,坍落度就不能很好地代表拌合物的稠度。在实际工程中,坍落度大于 220mm 的混凝土,已日益增多。为适应工程需要,在修订后的新方法中增加了坍落扩展度,来测量坍落度大于 220mm 的混凝土拌合物的稠度。

3.1.2 规定了坍落度与坍落扩展度试验所用的坍落度仪,包括坍落度筒、捣棒、底板和测量标尺,应符合《混凝土坍落度仪》JG 3021 中技术要求的规定。

3.1.3 说明了坍落度与坍落扩展度试验的试验步骤。

新增加的坍落扩展度试验,是在做坍落度试验的基础上,当坍落度值大于 220mm 时,测量混凝土扩展后最终的最大直径和最小直径。在最大直径和最小直径的差值小于 50mm 时,用其算术平均值作为其坍落扩展度值。如果最大直径和最小直径的差值大于 50mm,可能的原因有:插捣不均匀;提筒时歪斜;底板干湿不匀引起的对混凝土扩展的阻力不同;底板倾斜等原因。应查明原因后重新试验。

对于混凝土坍落度大于 220mm 的混凝土,如免振捣自密实混凝土,抗离析性能的优劣至关重要,将直接影响硬化后混凝土的各种性能,包括混凝土的耐久性,应引起我们足够重视。抗离析性能的优劣,从坍落扩展度的表观形状中就能观察出来。抗离析性能强的混凝土,在扩展的过程中,始终保持其匀质性,不论是扩展的中心还是边缘,粗骨料的分布都是均匀的,也无浆体从边缘析出。如果粗骨料在中央集堆、水泥浆从边缘析出,这是混凝土在扩展的过程中产生离析而造成的,说明混凝土抗离析性能很差。

3.1.4 在以往的规定中,坍落度值表达精确至 5mm。在实际操作过程中,测量精确至 1mm。所以在修订后规定改为"测量精确至 1mm,结果表达修约至 5mm"。

3.1.5 为规范试验报告,按国际试验标准惯例,提出了按本标准试验方法所做的试验,试验报告应包括的内容。

3.2 维勃稠度法

修订后,除了对维勃稠度仪的技术要求作了明确的规定应符合《维勃稠度仪》JG 3043 中技术要求的规定外，其余条文未作删改。

对于维勃稠度大于30s的特干硬性混凝土，用维勃稠度法难以准确判别试验的终点，使试验结果有较大的离差。修订后可采用附录A增实因素法来测定维勃稠度大于30s的特干硬性混凝土的稠度，这种试验方法测量特干硬性混凝土具的稠度具有较高的灵敏度和精度。

3.2.1 规定了本方法的适用范围。

3.2.2 规定了维勃稠度仪的技术要求。

3.3.3 说明了维勃稠度的试验步骤。

3.3.4 规定了维勃稠度值的精度要求。

3.3.5 为规范试验报告，按国际试验标准惯例，提出了按本标准试验方法所做的试验，试验报告应包括的内容。

4 凝结时间试验

凝结时间是混凝土拌合物的一项重要指标，它对混凝土工程中混凝土的搅拌、运输以及施工具有重要的参考作用。本标准修订参照了美国ASTMC/403和GB 8076等有关标准，编制了本章内容。

4.0.1 本试验是通过测定对混凝土拌合物中筛出的砂浆，进行贯入阻力的测定来确定混凝土的凝结时间的。也可适用于砂浆或灌注料凝结时间的测定。

本试验可测定各种变量对混凝土凝结时间的影响，如水灰比、水泥牌号、水泥品种、掺合料品种和掺量、外加剂品种和掺量等影响因素。

4.0.2 规定了贯入阻力仪的技术要求。

4.0.3 规定了凝结时间试验的试验步骤。

1 本试验方法规定，应从按本标准第2章制备或现场取样的混凝土拌合物试样中，用5mm标准筛筛出砂浆进行混凝土拌合物凝结时间的测定。不得配置同配比的砂浆来代替，研究表明，用同配比的砂浆的凝结时间会比混凝土的凝结时间长得多；

2 凝结时间的测定，对环境温度的要求较高，ASTM/C403规定温度为20～25℃。本标准规定温度为20±2℃。这是因为根据测试凝结时间的实践证明，温度对混凝土拌合物凝结时间影响较大，有一个稳定的测试环境，是保证凝结时间测试精度的必要条件。如果试验室环境温度达不到要求，可将砂浆试样筒放置在标准养护室内进行测试。在现场同条件测试时，不但应与现场条件保持一致，而且应避免阳光直射，以免试样筒内的温度超过现场环境温度；

3 关于确定测针试验开始时间，随各种拌合物的性能不同而不同。在一般的情况下，基准混凝土在成型后2～3h、掺早强剂的混凝土在1～2h、掺缓凝剂的混凝土在4～6h后开始用测针测试；

4 在每次垫块吸水时，应避免试样筒振动，以免扰动被测砂浆；

5 在测试贯入阻力时，应掌握好测针贯入速度，贯入速度过快或过慢，会影响贯入压力的测值大小；

6 根据各测点距离要求，测针面积对应的最小测点距离见表1；

表1 最小测点距离

测针面积(mm^2)	最小测点距离(mm)
100	23
50	16
20	15

7 为确保试验精度，测点应均布在贯入阻力测值的0.2～28MPa之间，并至少有6个测点。

8 GB 8076—1997中测定凝结时间使用两种测针，在测定初凝时间时用100mm^2的测针，测定终凝时间时用20mm^2的测针。ASTMC403M—97标准采用测针按其截面分为六个规格（645mm^2、

323mm²、161mm²、65mm²、32mm² 和 16mm²）。本次标准修订，根据我国的测试经验，测针采用三个尺寸的规格，按测针截面积分别为 100mm²、50mm² 和 20mm²。可根据表 4.0.3 选择和更换测针，当不符合表 4.0.3 的要求时，宜按表中要求更换测针后再测试一次。

4.0.4 规定了贯入阻力的结果计算以及初凝时间和终凝时间的确定的方法：

1 规定了贯入阻力的计算公式及计算精度；

2 规定了凝结时间的确定方法。混凝土拌合物初凝和终凝时间分别定义为贯入阻力等于3.5MPa 和 28MPa 时的时间。当贯入阻力为 3.5MPa 时，混凝土在振动力的作用下不在呈现塑性；而当贯入阻力为 28MPa 时，混凝土立方体抗压强度大约为 0.7MPa。

凝结时间通过计算机非线性回归确定，其方法是将贯入阻 f_{PR} 和时间 t 分别取自然对数 $\ln(f_{PR})$ 和 $\ln(t)$，然后把 $\ln(f_{PR})$ 当作自变量，$\ln(t)$ 当作应变量作线性回归，对线性回归的数据可进行筛选，将明显偏离的数据舍去；凝结时间通过线性回归确定，得到回归方程式(4.0.4-2)：

$$\ln(t)=A+B\ln(f_{PR})$$

将 ln(3.5) 和 ln(28) 分别代入上式，求出 $\ln(t)$，再由 $\ln(t)$ 代入式(4.0.4-3)和(4.0.4-4)求出凝结时间 t。

以下是一个测定凝结时间的实例，其测试数据见表 2：

表 2 贯入阻力试验数据汇总表

序号	贯入阻力 f_{PR} (MPa)	时间 t (min)	$\ln(f_{PR})$	$\ln(t)$
1	0.3	200	−1.204	5.298
2	0.8	230	−0.223	5.438
3	1.5	260	0.405	5.561
4	3.7	290	1.308	5.670
5	6.9	320	1.932	5.768
6	6.9	335	1.932	5.814
7	13.8	350	2.625	5.858
8	17.6	365	2.858	5.900
9	24.3	380	3.186	5.940
10	30.6	395	3.421	5.979

首先求出 $\ln(f_{PR})$ 和 $\ln(t)$ 值，列于表 2，把 $\ln(f_{PR})$ 作为横坐标，$\ln(t)$ 作为纵坐标，将数据点在坐标之上，发现第 6 个点明显偏离直线，把它舍去(见图 1)。把 $\ln(f_{PR})$ 作为自变量 X，$\ln(t)$ 作为因变量 Y，进行计算机线性回归，相关系数 $r=0.999$，得到回归系数 $A=5.480$；$B=0.146$，即得(4.0.4-2)方程：

$$Y=5.480+0.146X$$

将 $X_1=\ln(3.5)=1.253$ 和 $X_2=\ln(28)=3.332$ 分别代入上式得：

$$Y_1=5.663, Y_2=5.966。$$

根据式(4.0.4-3)和(4.0.4-4)可得初凝时间 t_s 和终凝时间 t_e：

$$t_s=e^{5.663}=288\text{min}=4\text{h}:48\text{min}$$

$$t_e=e^{5.966}=390\text{min}=6\text{h}:30\text{min}$$

则初凝时间为 4h：50min(按标准要求精确至 5min)；终凝时间为 6h：30min。

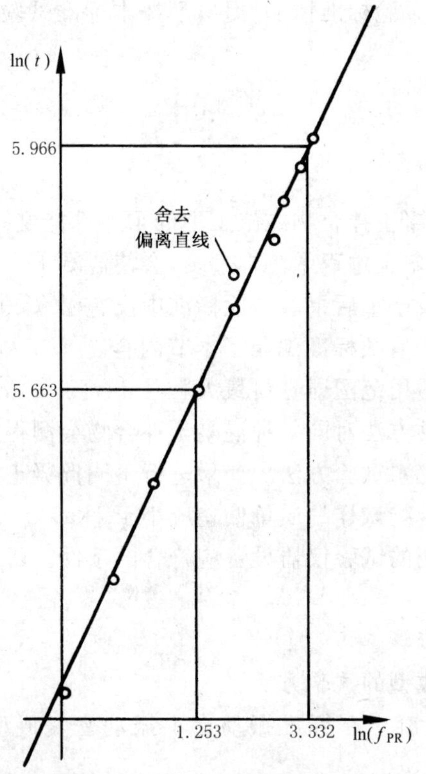

图 1　回归法确定凝结时间

用绘图拟合方法：以贯入阻力为纵坐标(精确至 0.1MPa)，经过的时间为横坐标(精确至 1min)，比例宜以 15mm 长度分别代表纵坐标 3MPa 和横坐标 h，绘制出贯入阻力与时间之间的关系曲线。以纵坐标 3.5MPa 和 28MPa 分别对应的横坐标的时间就是初凝时间为 288min，终凝时间为 389min(见图 2)。在图中也可以明显地看到，第六点明显偏离曲线，应舍去。其初凝时间和终凝时间分别为 4h：50min和 6h：30min。

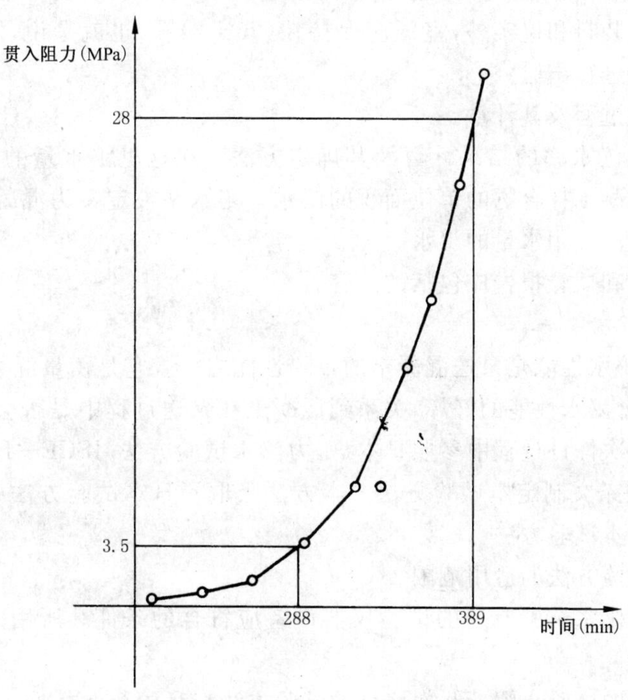

图 2　绘图法确定凝结时间

4.0.5　为规范试验报告，按国际试验标准惯例，提出了按本标准试验方法所做的试验和试验报告应包括的内容。

5　泌水与压力泌水试验

5.1　泌水试验

混凝土拌合物泌水性能是混凝土拌合物在施工中的重要性能之一，尤其是对于大流动性的泵送混凝土来说更为重要。在混凝土的施工过程中泌水过多，会使混凝土丧失流动性，从而严重影响混凝土可泵性和工作性，会给工程质量造成严重后果。在原标准中没有泌水试验方法，在本次修订中参照了美国ASTMC232和GB 8076—1997等有关标准编制了本节内容。

5.1.1　本条规定了泌水试验的适用范围即骨料最大粒径不大于40mm的混凝土拌合物的单位面积的泌水量。共包括两种方法，这两种方法对同一种混凝土拌合物会测得完全不同的结果，应根据施工所采用的密实成型方法，选用相应的泌水试验方法。如果进行不同混凝土拌合物泌水量的对比试验，应采用同一种试验方法，而且混凝土拌合物试样的质量偏差应小于1kg。

5.1.2　本条规定了泌水试验所用的试验仪器设备应符合的条件。所用的仪器设备有：试样筒、台秤、振动台、量筒、捣棒。

5.1.3　规定了泌水试验的试验步骤。

1　规定了两种混凝土密实成型的试验方法。

1）方法A：本方法规定了混凝土在标准振动台上振动密实成型的混凝土拌合物泌水量的试验方法。

2）方法B：本方法规定了用捣棒捣实混凝土拌合物的密实成型的混凝土拌合物泌水量的试验方法。

不论方法A或方法B，完成这一过程需进行五个步骤：装料、密实成型、抹平、计时和称量。

2　规定了混凝土拌合物在密实成型后的注意事项和环境条件。混凝土拌合物的泌水与混凝土拌合物在静停的过程中是否受扰动、其外露表面积的大小以及泌水后的蒸发量有很大影响，所以要求试样筒保持水平、不受振动；除了吸水操作外，应始终盖好盖子；由于环境温度对混凝土拌合物泌水比较敏感，故要求试验过程中除装料和捣实外，室温应保持在（20±2）℃，也就是说，混凝土拌合物装料、密实后，应移入标准养护室内进行试验。

3　规定了吸水操作过程及其计量。

5.1.4　规定了泌水量和泌水率的结果计算及其确定方法。在这里泌水量的定义与美国ASTMC232一致，被定义为一定量混凝土拌合物的单位面积的泌水。泌水率被定义为混凝土拌合物总泌水量和用水量之比，也就是混凝土单位用水量的泌水。

5.1.5　规定了试验记录和试验报告应包括的内容。

5.2　压力泌水试验

混凝土拌合物压力泌水性能是泵送混凝土的重要性能之一。它是衡量混凝土拌合物在压力状态下的泌水性能。混凝土压力泌水性能的好坏，关系到混凝土在泵送过程中是否会离析而堵泵。在原标准中没有此项试验方法，本次修订过程中参照日本《压力泌水试验方法》JSCE—F502和我国行业标准《混凝土泵送剂》JC 473有关条文制定本试验方法。本方法吸取了日本试验方法中可取的部分，结合我国实际情况，丰富和完善了本试验方法。

5.2.1　本条文规定了试验方法的适用范围。

5.2.2　本条规定了压力泌水试验所用的试验仪器设备应符合的条件。所用的仪器设备有：压力泌水仪、捣棒和量筒。

5.2.3　规定了泌水试验的试验步骤。此次修订的试验方法与我国行业标准《混凝土泵送剂》JC 473关于压力泌水的试验方法基本一致，而且内容更详细、更具体，更具有操作性。

5.2.4　规定了压力泌水的计算公式和计算精度。

5.2.5　规定了试验记录和试验报告应包括的内容。

6　表观密度试验

本次修订的混凝土拌合物表观密度试验方法与原试验方法基本一致,没有很大的修改,只是对仪器设备的标准化和试验报告的内容作了一些必要的规定。

6.0.1　规定了表观密度试验的适用范围。但到目前为止,不少单位还是用试模测定拌合物表观密度,因试模的容积不宜校正,而且成型时试模边角粗骨料的含量差异较大,所以不得用试模来测定拌合物的表观密度。

6.0.2　规定了混凝土拌合物表观密度试验仪器设备应符合的规定。

《混凝土拌合物表观密度的测定》ISO 6276—1982 中规定:测定混凝土拌合物表观密度的容器的最小尺寸应大于骨料最大粒径的 4 倍,所以在本条中规定容量筒内径与内高均应大于骨料最大粒径的 4 倍。按骨料的最大粒径来选择容量筒应符合表 3 的规定。

表 3　表观密度试验容量筒选择表

骨料最大粒径(mm)	容量筒规格(L)	容量筒内径(mm)	容量筒内高(mm)
40	5	186	186
50	10	234	234
63.5	15	268	268

因容量筒在制作过程中有一定误差,而且在使用过程中会碰撞变形,所以容量筒应经常标定。

6.0.3　规定了混凝土拌合物表观密度试验的步骤。

混凝土拌合物表观密度一般在试验室内进行,故不另行规定现场检测时的检验方法。如要检测现场混凝土的表观密度,宜用与现场相同的成型方法成型。

6.0.4　规定了混凝土拌合物表观密度的计算方法。

6.0.5　规定了混凝土拌合物表观密度试验报告应包括的内容。

7　含气量试验

水压法主要是水利部门采用,但由于此试验试验过程繁杂,这次修订征求意见时,水利部门反映已经不采用此方法。故本次修订取消了水压法含气量的试验方法。

对气压法含气量试验方法,根据我国多年来使用情况表明,采用改良式气压法含气量试验方法能进一步提高含气量的试验精度及其复演性,所以这次修订,采用了改良式气压法含气量试验方法。

7.0.1　含气量试验方法的适用范围与原标准一致。由于只有一种试验方法,故把气压法含气量试验方法称为含气量试验方法。

7.0.2　规定了含气量试验所用的仪器设备应符合的要求,与原标准相比,提出了一些标准化要求:对含气量测定仪提出了更明确的技术规定,包括容器材料及其表面加工粗糙度要求、强调了容器与盖体连接处不得有空气截留,后者直接涉及到对密封垫圈的质量及对试验操作要求,用以提高测量的稳定性和精度。

7.0.3　规定了拌合物所用粗细骨料含气量的测定方法,与原标准不同的是由于使用改良含气量试验方法后,多了在混凝土表面与盖体之间的充水操作;骨料含气量 A_g 和混凝土拌合物含气量 A,误差理论要求 A_g 应具有不低于 A 的精度,因此 A_g 的测得改用两次测量方法;试验用气泵包括电动的或手动的。对气室加压后,原标准要求“轻叩表盘,使指针稳定”,改为:“待压力指示器稳定后……”,主要考虑适应技术进步,产品更新,压力表将逐步由机械指针变换为更精确、更方便的电子示值。其他试验过程与原标准基本一致。

7.0.4 规定了混凝土拌合物含气量的试验步骤。

本次修订采用了改良含气量试验方法。改良含气量试验方法与原标准不同之处在于混凝土将混凝土拌合物表面与上盖之间充满水,这样避免了因混凝土拌合物修整不平、人为安装因素使气室容积产生差异而引起的测量误差。

在本次修订中,在用捣棒捣实混凝土时,改原标准要求的将容器左右交替地颠击地面的做法为用橡皮锤沿容器外壁锤击的方法。颠击地面效应受地面特征影响太大,碰撞时间长短难以控制,至使冲量差异过大。用振动台捣实时强调了不得过振,过度振动会严重影响测定的混凝土含气量的真实性。

本次修订,容许用插入式振捣器,但使用插入式振动器捣实时,应避免振动器触及容器内壁和底面,以避免与容器内壁接触的混凝土拌合物的含气量发生显著差异。

7.0.5 规定了混凝土含气量的计算方法,与原标准一致。

7.0.6 规定了气压式含气量测定仪容器容积的校正及率定方法。

由于采用了改良含气量测定方法,大大简化了试验步骤、降低了人工操作的难度、排除了认为影响因素、从而达到提高试验精度的目的。

7.0.7 规定了试验记录和试验报告应包括的内容。

8 配合比分析试验

8.0.1 这次修订还是用水洗法分析混凝土拌合物配合比,但扩展了本章的内容,从原标准只能分析混凝土拌合物水灰比,修订后扩展为混凝土配合比四大组分的分析试验。由于本次修订没有考虑特细砂、山砂对试验结果的影响,所以不适用于用特细砂和山砂配制的混凝土。对骨料含泥量波动较大的混凝土,因无法修正含泥量对水泥用量的影响,故也不适用。

8.0.2 规定了混凝土配合比分析试验所用的仪器设备应符合的要求。

8.0.3 在对混凝土配合比分析试验前,必须知道原配合比各种原材料的表观密度。

1 在对水泥表观密度的测定时,如果掺有掺合料,此时应是水泥和掺合料混合物的表观密度,而不是单纯水泥的表观密度。

2 在《普通混凝土用砂质量标准及检验方法》JGJ 52 和《普通混凝土用碎石或卵石质量标准及检验方法》JGJ 53 中,粗、细骨料的表观密度是以干燥状态下定义的,而本标准中的表观密度是在饱和面干状态下定义的。只要稍加修正,将饱和面干状态的粗、细骨料试样代替干燥状态试样,其他试验方法与《普通混凝土用砂质量标准及检验方法》JGJ 52 和《普通混凝土用碎石或卵石质量标准及检验方法》JGJ 53 中有关的试验方法相同,得出的就是饱和面干状态下的表观密度。

3 本次修订对细骨料中小于0.16mm 部分对试验精度的影响加以修正。如果不对细骨料的用量加以修正,则细骨料中小于0.16mm 部分,如砂子的含泥量和小于0.16mm 的颗粒,都会被当作水泥来看待,这样会对水泥用量的分析带来很大误差。为减小试验误差,本次修订考虑了细骨料中小于0.16mm部分对水泥用量的影响,采用细骨料修正系数,对细骨料的用量加以修正,从而达到减少试验误差的目的。

8.0.4 规定了混凝土拌合物的取样应符合的规定。

为使混凝土拌合物配合比分析具有一定精度,取样量应具有足够数量。本条规定的取样量是在满足一定试验精度要求的最小取样量。

8.0.5 规定了混凝土配合比分析试验的试验步骤:

在计算细骨料质量时,考虑了细骨料中小于 0.16mm 部分对水泥用量的影响,公式 8.0.5-3 中多了对细骨料的修正系数。

8.0.6 规定了混凝土拌合物中四种成分的结果计算及确定的方法。

1 规定了混凝土拌合物中四种组分质量的计算公式。

应该指出的是现在的混凝土中一般都掺有掺合料。如果掺有掺合料的混凝土,由公式 8.0.6-1 计算出的水泥质量，包含了掺合料的质量。所以 ρ_c 应是水泥和掺合料混合物的表观密度。

2　规定了混凝土拌合物四大成分单位用量的计算方法。

3　规定了混凝土拌合物四大成分的确定方法及试验误差。

8.0.7　规定了混凝土拌合物配合比分析的试验报告应包括的内容。

附　录　A
增实因数法

增实因数法是引用铁道部行业标准 TB/T 22181—90 混凝土拌合物稠度试验方法——跳桌增实法，并考虑混凝土掺合料的应用而修改制定的国家试验方法标准。本方法工作原理是利用跳桌对一定量的混凝土拌合物作一定量的功使其密度增大，以混凝土拌合物增实后的密度与理想密实状态（绝对密实状态）下的密度之比作为稠度指标。它以示值读数表示拌合物的稠度，试验过程无人为影响因素，试验结果复演性好。

通过试验研究，在适用的范围内，增实因数与用水量呈直线关系，维勃稠度与用水量呈双曲线关系。而它们又随外加剂品种和掺量不同而不同。根据现有的对比试验，维勃稠度与增实因数之间的关系（见表 4），只能给出对应的参考值，供使用者参考。

表 4　维勃稠度与增实因数之间的关系

维勃稠度　S	增实因数　JC
＜10	1.18～1.05
10～30	1.3～1.18
30～50	1.4～1.3
50～70	＞1.4

A.0.1　本方法适用于增实因数大于 1.05 的塑性混凝土、干硬性混凝土稠度的测定，不适应于增实因数大于 1.05 的流动性混凝土。一般用于混凝土预制构件厂。试验用圆筒直径为 150mm，允许粗骨料最大粒径为 40mm，对混凝土预制构件厂是适用的。

A.0.2　本条规定了增实因数试验所用的仪器设备应符合的条件：

其中圆筒的容积为 5301mL，应按 A.0.5 条经常校正圆筒的容积。量尺为专用量尺，以保证测量在试样筒的中心进行，得出的结果是均值。量尺同时给出拌合物增实因数与拌合物增实后的高度值。

A.0.3　本条规定了确定增实因数试验所用混凝土质量的方法：

1　当混凝土拌合物配合比及原材料的表观密度已知时确定混凝土拌合物的质量的方法。公式（A.0.3-1）计算出的是绝对体积为 3 000mL 时的混凝土拌合物的质量。

2　当混凝土拌合物配合比及原材料的表观密度未知时确定混凝土拌合物的质量的方法。公式（A.0.3-2）中 V 是圆筒的容积，V_W 是注入圆筒中水的体积，则 $V-V_W$ 为 7.5kg 混凝土拌合物的体积。但还不是绝对体积，混凝土还有含气量，去掉含气量的混凝土的绝对体积应为 $(V-V_W)/(1+A)$，那么公式（A.0.3-2）的后半式为 7.5kg 拌合物的表观密度，乘以 3 000mL 则为绝对体积为 3 000mL 的混凝土拌合物是质量。

A.0.4　本条规定了增实因数试验的试验步骤。

1　因为拌合物增实后的密度与增实方法有关，因此在用跳桌增实前对拌合物的挖取、装筒、平整、放置都强调了轻放、勿振动。

2　拌合物顶面加 6mm 厚的钢盖板，一方面使拌合物承受 4.5g/cm^2 的压力，以便拌合物沉落比较均匀，同时也便于对拌合物增实的高度进行测量。

3 跳桌跳动的次数代表给予拌合物能量的多少，采用较多的跳动次数，有利于分辨较干硬性混凝土拌合物的稠度；但对塑性混凝土拌合物的稠度测试范围就要缩小。反之，采用较少的跳动次数，有利于分辨塑性或流动性混凝土拌合物的稠度而不利于分辨干硬性混凝土拌合物的稠度。经过比较试验，采用 15 次跳动，除了流动性混凝土拌合物以外，对其他混凝土拌合物都具有较高的分辨能力。

4 用量尺可同时读取混凝土拌合物的增实因数 JC 和增实后的高度 JH。JC 与 JH 的关系如下：

$$JC=\frac{JH}{169.8}$$

式中：169.8——筒内拌合物在理想状态下体积等于 3 000mL 时的高度。

UDC

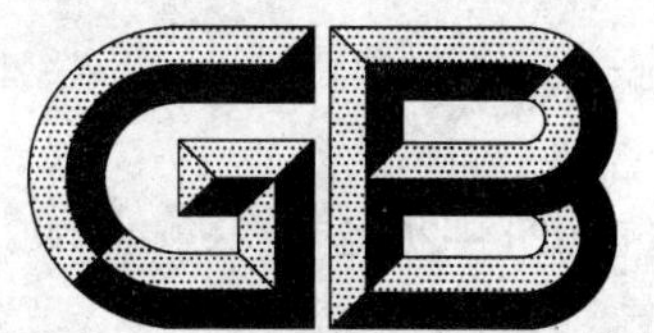

中 华 人 民 共 和 国 国 家 标 准

P　　GB/T 50081—2002

普通混凝土力学性能试验方法标准

Standard for test method of mechanical properties on ordinary concrete

批准部门：中华人民共和国建设部

2003-01-10 发布　　2003-06-01 实施

中 华 人 民 共 和 国 建 设 部
国家质量监督检验检疫总局　联合发布

前　言

根据建设部建标[1998]第94号文《1998年工程建设国家标准制定、修订计划的通知》的要求，标准组在广泛调研、认真总结实践经验、参考国外先进标准、广泛征求意见的基础上，对原国家标准《普通混凝土力学性能试验方法》(GBJ 81—85)进行了修订。

本标准的主要技术内容有：1 总则；2 取样；3 试件的尺寸、形状和公差；4 试验设备；5 试件的制作和养护；6 抗压强度试验；7 轴心抗压强度试验；8 静力受压弹性模量试验；9 劈裂抗拉强度试验；10 抗折强度试验；附录A圆柱体试件的制作和养护；附录B圆柱体试件抗压强度试验；附录C圆柱体试件静力受压弹性模量试验；附录D圆柱体试件劈裂抗拉强度试验；本标准用词、用语说明。

修订的主要内容是：1.为与国际标准接轨，在新标准的附录中增加了圆柱体试件的制作及其各种力学性能的试验方法；2.对原标准中标准养护室的温度和湿度提出了更高的要求，由原来的温度20±3℃，湿度为90%以上的标准养护室，修订为与ISO试验方法一致的温度为20±2℃，湿度为95%以上的标准养护室；3.经一系列的试验验证，混凝土静力受压弹性模量试验等同采用ISO标准试验方法。4.对混凝土强度等级不小于C60的高强混凝土力学性能，提出了更科学，更合理的试验方法；5.对试验仪器设备提出了标准化要求，对某些计量单位在物理概念上进行了更正；6.提出了试验报告应包括的内容等。

本标准主编单位：中国建筑科学研究院（地址：北京市北三环东路30号，邮编100013，E-mail：jgbzcabr@vip,sina.com）

本标准参编单位：清华大学、同济大学材料科学与工程学院、湖南大学、铁道部产品质量监督检验中心、贵阳中建建筑科学设计院、中国建筑材料科学研究院、杭州应用工程学院、上海建筑科学研究院、济南试金集团有限公司。

本标准主要起草人：戎君明、陆建雯、姚燕、杨静、李启令、黄政宇、钟美秦、林力勋、李家康、顾政民、陶立英。

1 总则

1.0.1 为进一步规范混凝土试验方法，提高混凝土试验精度和试验水平，并在检验或控制混凝土工程或预制混凝土构件的质量时，有一个统一的混凝土力学性能试验方法，特制定本标准。

1.0.2 本标准适用于工业与民用建筑以及一般构筑物中的普通混凝土力学性能试验，包括抗压强度试验、轴心抗压强度试验、静力受压弹性模量试验、劈裂抗拉强度试验和抗折强度试验。

1.0.3 按本标准的试验方法所做的试验，试验报告或试验记录一般应包括下列内容：

1 委托单位提供的内容：

1）委托单位名称；

2）工程名称及施工部位；

3）要求检测的项目名称；

4）要说明的其他内容。

2 试件制作单位提供的内容：

1）试件编号；

2）试件制作日期；

3）混凝土强度等级；

4）试件的形状与尺寸；

5）原材料的品种、规格和产地以及混凝土配合比；

6）养护条件；

7）试验龄期；

8）要说明的其他内容。

3 检测单位提供的内容：

1）试件收到的日期；

2）试件的形状及尺寸；

3）试验编号；

4）试验日期；

5）仪器设备的名称、型号及编号；

6）试验室温度；

7）养护条件及试验龄期；

8）混凝土强度等级；

9）检测结果；

10）要说明的其他内容。

1.0.4 普通混凝土力学性能试验方法，除应符合本标准的规定外，尚应按现行国家强制性标准中有关规定的要求执行。

2 取样

2.0.1 混凝土的取样应符合《普通混凝土拌合物性能试验方法标准》(GB/T 50080)第2章中的有关规定。

2.0.2 普通混凝土力学性能试验应以三个试件为一组，每组试件所用的拌合物应从同一盘混凝土或同一车混凝土中取样。

3 试件的尺寸、形状和公差

3.1 试件的尺寸

3.1.1 试件的尺寸应根据混凝土中骨料的最大粒径按表 3.1.1 选定。

表 3.1.1 混凝土试件尺寸选用表

试件横截面尺寸(mm)	骨料最大粒径(mm)	
	劈裂抗拉强度试验	其他试验
100×100	20	31.5
150×150	40	40
200×200	—	63

注：骨料最大粒径指的是符合《普通混凝土用碎石或卵石质量标准及检验方法》(JGJ 53—92)中规定的圆孔筛的孔径。

3.1.2 为保证试件的尺寸，试件应采用符合本标准第 4.1 节规定的试模制作。

3.2 试件的形状

3.2.1 抗压强度和劈裂抗拉强度试件应符合下列规定：

1 边长为 150mm 的立方体试件是标准试件。

2 边长为 100mm 和 200mm 的立方体试件是非标准试件。

3 在特殊情况下，可采用 ϕ150mm×300mm 的圆柱体标准试件或 ϕ100mm×200mm 和 ϕ200mm×400mm 的圆柱体非标准试件。

3.2.2 轴心抗压强度和静力受压弹性模量试件应符合下列规定：

1 边长为 150mm×150mm×300mm 的棱柱体试件是标准试件。

2 边长为 100mm×100mm×300mm 和 200mm×200mm×400mm 的棱柱体试件是非标准试件。

3 在特殊情况下，可采用 ϕ150mm×300mm 的圆柱体标准试件或 ϕ100mm×200mm 和 ϕ200mm×400mm 的圆柱体非标准试件。

3.2.3 抗折强度试件应符合下列规定：

1 边长为 150mm×150mm×600mm(或 550mm)的棱柱体试件是标准试件。

2 边长为 100mm×100mm×400mm 的棱柱体试件是非标准试件。

3.3 尺寸公差

3.3.1 试件的承压面的平面度公差不得超过 0.0005d(d 为边长)。

3.3.2 试件的相邻面间的夹角应为 90°，其公差不得超过 0.5°。

3.3.3 试件各边长、直径和高的尺寸的公差不得超过 1mm。

4 设备

4.1 试模

4.1.1 试模应符合《混凝土试模》(JG 3019)中技术要求的规定。

4.1.2 应定期对试模进行自检，自检周期宜为三个月。

4.2 振动台

4.2.1 振动台应符合《混凝土试验室用振动台》(JG/T 3020)中技术要求的规定。

4.2.2 应具有有效期内的计量检定证书。

4.3 压力试验机

4.3.1 压力试验机除应符合《液压式压力试验机》(GB/T 3722)及《试验机通用技术要求》(GB/T 2611)中技术要求外，其测量精度为±1%，试件破坏荷载应大于压力机全量程的 20%且小于压力机全量程的 80%。

4.3.2 应具有加荷速度指示装置或加荷速度控制装置，并应能均匀、连续地加荷。

4.3.3 应具有有效期内的计量检定证书。

4.4 **微变形测量仪**

4.4.1 微变形测量仪的测量精度不得低于 0.001mm。

4.4.2 微变形测量固定架的标距应为 150mm。

4.4.3 应具有有效期内的计量检定证书。

4.5 **垫块、垫条与支架**

4.5.1 劈裂抗拉强度试验应采用半径为 75mm 的钢制弧形垫块，其横截面尺寸如图 4.5.1 所示，垫块的长度与试件相同。

4.5.2 垫条为三层胶合板制成，宽度为 20mm，厚度为 3～4mm，长度不小于试件长度，垫条不得重复使用。

4.5.3 支架为钢支架，如图 4.5.3 所示。

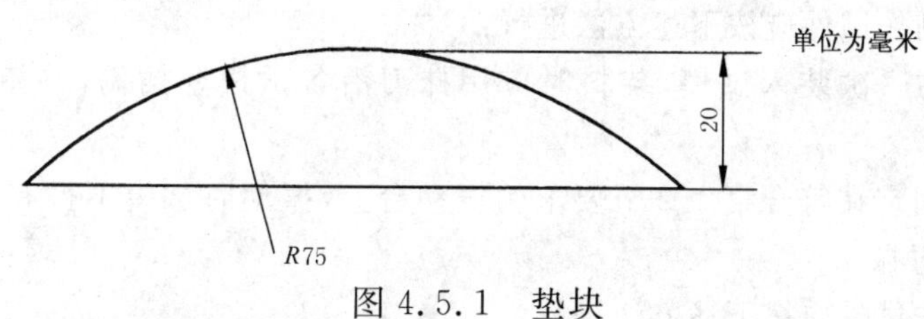

图 4.5.1 垫块

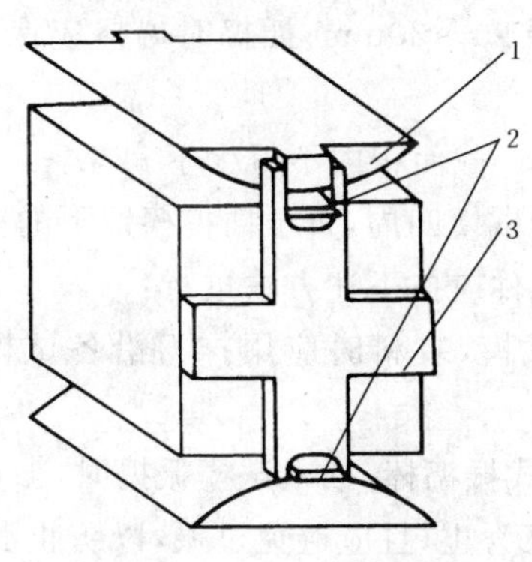

图 4.5.3 支架示意

1—垫块；2—垫条；3—支架

4.6 **钢垫板**

4.6.1 钢垫板的平面尺寸应不小于试件的承压面积，厚度应不小于 25mm。

4.6.2 钢垫板应机械加工，承压面的平面度公差为 0.04mm；表面硬度不小于 55HRC；硬化层厚度约为 5mm。

4.7 **其他量具及器具**

4.7.1 量程大于 600mm、分度值为 1mm 的钢板尺。

4.7.2 量程大于 200mm、分度值为 0.02mm 的卡尺。

4.7.3 符合《混凝土坍落度仪》(JG 3021)中规定的直径 16mm、长 600mm、端部呈半球形的捣棒。

5 试件的制作和养护

5.1 试件的制作

5.1.1 混凝土试件的制作应符合下列规定：

1 成型前，应检查试模尺寸并符合本标准第 4.1.1 条中的有关规定；试模内表面应涂一薄层矿物油或其他不与混凝土发生反应的脱模剂。

2　在试验室拌制混凝土时，其材料用量应以质量计，称量的精度：水泥、掺合料、水和外加剂为±0.5%；骨料为±1%。

3　取样或试验室拌制的混凝土应在拌制后尽短的时间内成型，一般不宜超过 15min。

4　根据混凝土拌合物的稠度确定混凝土成型方法，坍落度不大于 70mm 的混凝土宜用振动振实；大于 70mm 的宜用捣棒人工捣实；检验现浇混凝土或预制构件的混凝土，试件成型方法宜与实际采用的方法相同。

5　圆柱体试件的制作见附录 A。

5.1.2　混凝土试件制作应按下列步骤进行：

1　取样或拌制好的混凝土拌合物应至少用铁锨再来回拌合三次。

2　按本章第 5.1.1 条中第 4 款的规定，选择成型方法成型。

1）用振动台振实制作试件应按下述方法进行：

a. 将混凝土拌合物一次装入试模，装料时应用抹刀沿各试模壁插捣，并使混凝土拌合物高出试模口；

b. 试模应附着或固定在符合第 4.2 节要求的振动台上，振动时试模不得有任何跳动，振动应持续到表面出浆为止；不得过振。

2）用人工插捣制作试件应按下述方法进行：

a. 混凝土拌合物应分两层装入模内，每层的装料厚度大致相等；

b. 插捣应按螺旋方向从边缘向中心均匀进行。在插捣底层混凝土时，捣棒应达到试模底部；插捣上层时，捣棒应贯穿上层后插入下层 20～30mm；插捣时捣棒应保持垂直，不得倾斜。然后应用抹刀沿试模内壁插拔数次；

c. 每层插捣次数按在 10000mm^2 截面积内不得少于 12 次；

d. 插捣后应用橡皮锤轻轻敲击试模四周，直至插捣棒留下的空洞消失为止。

3）用插入式振捣棒振实制作试件应按下述方法进行：

a. 将混凝土拌合物一次装入试模，装料时应用抹刀沿各试模壁插捣，并使混凝土拌合物高出试模口；

b. 宜用直径为 ϕ25mm 的插入式振捣棒，插入试模振捣时，振捣棒距试模底板 10～20mm 且不得触及试模底板，振动应持续到表面出浆为止，且应避免过振，以防止混凝土离析；一般振捣时间为 20s。振捣棒拔出时要缓慢，拔出后不得留有孔洞。

3　刮除试模上口多余的混凝土，待混凝土临近初凝时，用抹刀抹平。

5.2　试件的养护

5.2.1　试件成型后应立即用不透水的薄膜覆盖表面。

5.2.2　采用标准养护的试件，应在温度为(20±5)℃的环境中静置一昼夜至二昼夜，然后编号、拆模。拆模后应立即放入温度为(20±2)℃，相对湿度为 95%以上的标准养护室中养护，或在温度为(20±2)℃的不流动的 $Ca(OH)_2$ 饱和溶液中养护。标准养护室内的试件应放在支架上，彼此间隔 10～20mm，试件表面应保持潮湿，并不得被水直接冲淋。

5.2.3　同条件养护试件的拆模时间可与实际构件的拆模时间相同，拆模后，试件仍需保持同条件养护。

5.2.4　标准养护龄期为 28d(从搅拌加水开始计时)。

5.3　试验记录

5.3.1　试件制作和养护的试验记录内容应符合本标准第 1.0.3 条第 2 款的规定。

6　抗压强度试验

6.0.1　本方法适用于测定混凝土立方体试件的抗压强度，圆柱体试件的抗压强度试验见附录 B。

6.0.2 混凝土试件的尺寸应符合本标准第 3.1 节中的有关规定。

6.0.3 试验采用的试验设备应符合下列规定：

1 混凝土立方体抗压强度试验所采用压力试验机应符合本标准第 4.3 节的规定。

2 混凝土强度等级≥C60 时，试件周围应设防崩裂网罩。当压力试验机上、下压板不符合本标准第 4.6.2 条规定时，压力试验机上、下压板与试件之间应各垫以符合本标准第 4.6 节要求的钢垫板。

6.0.4 立方体抗压强度试验步骤应按下列方法进行：

1 试件从养护地点取出后应及时进行试验，将试件表面与上下承压板面擦干净。

2 将试件安放在试验机的下压板或垫板上，试件的承压面应与成型时的顶面垂直。试件的中心应与试验机下压板中心对准，开动试验机，当上压板与试件或钢垫板接近时，调整球座，使接触均衡。

3 在试验过程中应连续均匀地加荷，混凝土强度等级＜C30 时，加荷速度取每秒钟 0.3～0.5MPa；混凝土强度等级≥C30 且＜C60 时，取每秒钟 0.5～0.8MPa；混凝土强度等级≥C60 时，取每秒钟 0.8～1.0MPa。

4 当试件接近破坏开始急剧变形时，应停止调整试验机油门，直至破坏。然后记录破坏荷载。

6.0.5 立方体抗压强度试验结果计算及确定按下列方法进行：

1 混凝土立方体抗压强度应按下式计算：

$$f_{cc}=\frac{F}{A} \tag{6.0.5}$$

式中：f_{cc}——混凝土立方体试件抗压强度(MPa)；

F——试件破坏荷载(N)；

A——试件承压面积(mm^2)。

混凝土立方体抗压强度计算应精确至 0.1MPa。

2 强度值的确定应符合下列规定：

1）三个试件测值的算术平均值作为该组试件的强度值(精确至 0.1MPa)；

2）三个测值中的最大值或最小值中如有一个与中间值的差值超过中间值的 15％时，则把最大及最小值一并舍除，取中间值作为该组试件的抗压强度值；

3）如最大值和最小值与中间值的差均超过中间值的 15％，则该组试件的试验结果无效。

3 混凝土强度等级＜C60 时，用非标准试件测得的强度值均应乘以尺寸换算系数，其值为对 200mm×200mm×200mm 试件为 1.05；对 100mm×100mm×100mm 试件为 0.95。当混凝土强度等级≥C60 时，宜采用标准试件；使用非标准试件时，尺寸换算系数应由试验确定。

6.0.6 混凝土立方体抗压强度试验报告内容除应满足本标准第 1.0.3 条要求外，还应报告实测的混凝土立方体抗压强度值。

7 轴心抗压强度试验

7.0.1 本试验方法适用于测定棱柱体混凝土试件的轴心抗压强度。

7.0.2 测定混凝土轴心抗压强度试验的试件应符合本标准第 3 章中的有关规定。

7.0.3 试验采用的试验设备应符合下列规定：

1 轴心抗压强度试验所采用压力试验机的精度应符合本标准第 4.3 节的要求。

2 混凝土强度等级≥C60 时，试件周围应设防崩裂网罩。当压力试验机上、下压板不符合本标准第 4.6.2 条规定时，压力试验机上、下压板与试件之间应各垫以符合本标准第 4.6 节要求的钢垫板。

7.0.4 轴心抗压强度试验步骤应按下列方法进行：

1 试件从养护地点取出后应及时进行试验，用干毛巾将试件表面与上下承压板面擦干净。

2 将试件直立放置在试验机的下压板或钢垫板上，并使试件轴心与下压板中心对准。

3 开动试验机，当上压板与试件或钢垫板接近时，调整球座，使接触均衡。

4 应连续均匀地加荷，不得有冲击。所用加荷速度应符合本标准第 6.0.4 条中第 3 款的规定。

5 试件接近破坏而开始急剧变形时，应停止调整试验机油门，直至破坏。然后记录破坏荷载。

7.0.5 试验结果计算及确定按下列方法进行：

1 混凝土试件轴心抗压强度应按下式计算：

$$f_{cp}=\frac{F}{A} \tag{7.0.5}$$

式中：f_{cp}——混凝土轴心抗压强度(MPa)；

F——试件破坏荷载(N)；

A——试件承压面积(mm^2)。

混凝土轴心抗压强度计算值应精确至 0.1MPa。

2 混凝土轴心抗压强度值的确定应符合本标准第 6.0.5 条中第 2 款的规定。

3 混凝土强度等级＜C60 时，用非标准试件测得的强度值均应乘以尺寸换算系数，其值为对 200mm×200mm×400mm 试件为 1.05；对 100mm×100mm×300mm 试件为 0.95。当混凝土强度等级≥C60 时，宜采用标准试件；使用非标准试件时，尺寸换算系数应由试验确定。

7.0.6 混凝土轴压抗压强度试验报告内容除应满足本标准第 1.0.3 条要求外，还应报告实测的混凝土轴心抗压强度值。

8 静力受压弹性模量试验

8.0.1 本方法适用于测定棱性体试件的混凝土静力受压弹性模量(以下简称弹性模量)。圆柱体试件的弹性模量试验见附录 C。

8.0.2 测定混凝土弹性模量的试件应符合本标准第 3 章中的有关规定。每次试验应制备 6 个试件。

8.0.3 试验采用的试验设备应符合下列规定：

1 压力试验机应符合本标准中第 4.3 节中的规定。

2 微变形测量仪应符合本标准第 4.4 节中的规定。

8.0.4 静力受压弹性模量试验步骤应按下列方法进行：

1 试件从养护地点取出后先将试件表面与上下承压板面擦干净。

2 取 3 个试件按本标准第 7 章的规定，测定混凝土的轴心抗压强度(f_{cp})。另 3 个试件用于测定混凝土的弹性模量。

3 在测定混凝土弹性模量时，变形测量仪应安装在试件两侧的中线上并对称于试件的两端。

4 应仔细调整试件在压力试验机上的位置，使其轴心与下压板的中心线对准。开动压力试验机，当上压板与试件接近时调整球座，使其接触匀衡。

5 加荷至基准应力为 0.5MPa 的初始荷载值 F_0，保持恒载 60s 并在以后的 30s 内记录每测点的变形读数 ε_0。应立即连续均匀地加荷至应力为轴心抗压强度 f_{cp} 的 1/3 的荷载值 F_a，保持恒载 60s 并在以后的 30s 内记录每一测点的变形读数 ε_a。所用加荷速度应符合本标准第 6.0.4 条中第 3 款的规定。

6 当以上这些变形值之差与它们平均值之比大于 20%时，应重新对中试件后重复本条第 5 款的试验。如果无法使其减少到低于 20%时，则此次试验无效。

7 在确认试件对中符合本条第 6 款规定后，以与加荷速度相同的速度卸荷至基准应力 0.5MPa (F_0)，恒载 60s；然后用同样的加荷和卸荷速度以及 60s 的保持恒载(F_0 及 F_a)至少进行两次反复预压。在最后一次预压完成后，在基准应力 0.5MPa(F_0)持荷 60s 并在以后的 30s 内记录每一测点的变形读数 ε_0；再用同样的加荷速度加荷至 F_a，持荷 60s 并在以后的 30s 内记录每一测点的变形读数

ε_a（见图 8.0.4）。

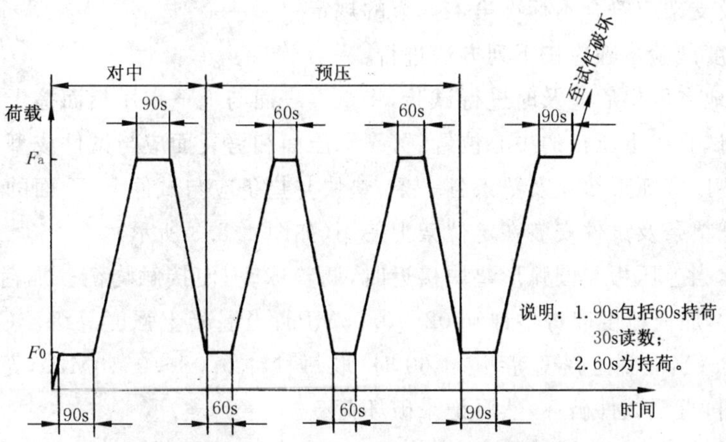

图 8.0.4 弹性模量加荷方法示意图

8 卸除变形测量仪，以同样的速度加荷至破坏，记录破坏荷载；如果试件的抗压强度与 f_{cp} 之差超过 f_{cp} 的 20%时，则应在报告中注明。

8.0.5 混凝土弹性模量试验结果计算及确定按下列方法进行：

1 混凝土弹性模量值应按下式计算：

$$E_c = \frac{F_a - F_0}{A} \times \frac{L}{\Delta n} \tag{8.0.5-1}$$

式中：E_c——混凝土弹性模量（MPa）；

F_a——应力为 1/3 轴心抗压强度时的荷载（N）；

F_0——应力为 0.5MPa 时的初始荷载（N）；

A——试件承压面积（mm^2）；

L——测量标距（mm）；

$$\Delta n = \varepsilon_a - \varepsilon_0 \tag{8.0.5-2}$$

式中：Δn——最后一次从 F_0 加荷至 F_a 时试件两侧变形的平均值（mm）；

ε_a——F_a 时试件两侧变形的平均值（mm）；

ε_0——F_0 时试件两侧变形的平均值（mm）。

混凝土受压弹性模量计算精确至 100MPa。

2 弹性模量按 3 个试件测值的算术平均值计算。如果其中有一个试件的轴心抗压强度值与用以确定检验控制荷载的轴心抗压强度值相差超过后者的 20%时，则弹性模量值按另两个试件测值的算术平均值计算；如有两个试件超过上述规定时，则此次试验无效。

8.0.6 混凝土弹性模量试验报告内容除应满足本标准第 1.0.3 条要求外，尚应报告实测的静力受压弹性模量值。

9 劈裂抗拉强度试验

9.0.1 本方法适用于测定混凝土立方体试件的劈裂抗拉强度，圆柱体劈裂抗拉强度试验方法见附录 D。

9.0.2 劈裂抗拉强度试件应符合本标准第 3 章中有关的规定。

9.0.3 试验采用的试验设备应符合下列规定：

1 压力试验机应符合本标准第 4.3 节的规定。

2 垫块、垫条及支架应符合本标准第 4.5 节的规定。

9.0.4 劈裂抗拉强度试验步骤应按下列方法进行：

1 试件从养护地点取出后应及时进行试验，将试件表面与上下承压板面擦干净。

2 将试件放在试验机下压板的中心位置，劈裂承压面和劈裂面应与试件成型时的顶面垂直；在上、下压板与试件之间垫以圆弧形垫块及垫条各一条，垫块与垫条应与试件上、下面的中心线对准并与成型时的顶面垂直。宜把垫条及试件安装在定位架上使用(如图 4.5.3 所示)。

3 开动试验机，当上压板与圆弧形垫块接近时，调整球座，使接触均衡。加荷应连续均匀，当混凝土强度等级＜C30 时，加荷速度取每秒钟 0.02～0.05MPa；当混凝土强度等级≥C30 且＜C60 时，取每秒钟 0.05～0.08MPa；当混凝土强度等级≥C60 时，取每秒钟 0.08～0.10MPa，至试件接近破坏时，应停止调整试验机油门，直至试件破坏，然后记录破坏荷载。

9.0.5 混凝土劈裂抗拉强度试验结果计算及确定按下列方法进行：

1 混凝土劈裂抗拉强度应按下式计算：

$$f_{ts}=\frac{2F}{\pi A}=0.637\frac{F}{A} \tag{9.0.5}$$

式中：f_{ts}——混凝土劈裂抗拉强度(MPa)；

F——试件破坏荷载(N)；

A——试件劈裂面面积(mm^2)。

劈裂抗拉强度计算精确到 0.01MPa。

2 强度值的确定应符合下列规定：

1）三个试件测值的算术平均值作为该组试件的强度值(精确至 0.01MPa)；

2）三个测值中的最大值或最小值中如有一个与中间值的差值超过中间值的 15%时，则把最大及最小值一并舍除，取中间值作为该组试件的抗压强度值；

3）如最大值与最小值与中间值的差均超过中间值的 15%，则该组试件的试验结果无效。

3 采用 100mm×100mm×100mm 非标准试件测得的劈裂抗拉强度值，应乘以尺寸换算系数 0.85；当混凝土强度等级≥C60 时，宜采用标准试件；使用非标准试件时，尺寸换算系数应由试验确定。

9.0.6 混凝土劈裂抗拉强度试验报告内容除应满足本标准第 1.0.3 条要求外，尚应报告实测的劈裂抗拉强度值。

10 抗折强度试验

10.0.1 本方法适用于测定混凝土的抗折强度。

10.0.2 试件除应符合本标准第 3 章的有关规定外，在长向中部 1/3 区段内不得有表面直径超过 5mm、深度超过 2mm 的孔洞。

10.0.3 试验采用的试验设备应符合下列规定：

1 试验机应符合第 4.3 节的有关规定。

2 试验机应能施加均匀、连续、速度可控的荷载，并带有能使二个相等荷载同时作用在试件跨度 3 分点处的抗折试验装置，见图 10.0.3。

3 试件的支座和加荷头应采用直径为 20～40mm、长度不小于 b+10mm 的硬钢圆柱，支座立脚点固定铰支，其他应为滚动支点。

10.0.4 抗折强度试验步骤应按下列方法进行：

1 试件从养护地取出后应及时进行试验，将试件表面擦干净。

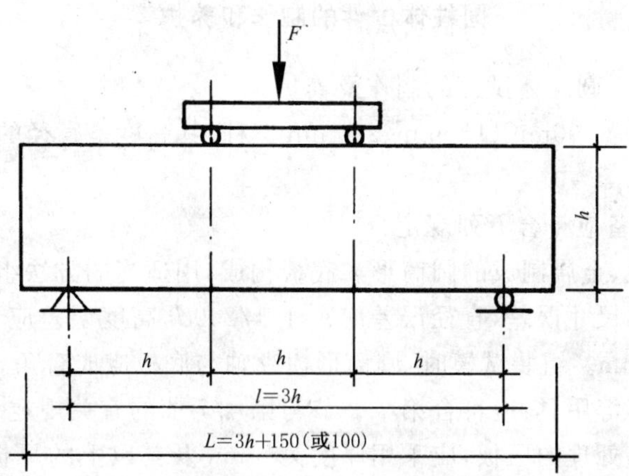

图 10.0.3 抗折试验装置

2 按图 10.0.3 装置试件，安装尺寸偏差不得大于 1mm。试件的承压面应为试件成型时的侧面。支座及承压面与圆柱的接触面应平稳、均匀，否则应垫平。

3 施加荷载应保持均匀、连续。当混凝土强度等级<C30 时，加荷速度取每秒 0.02～0.05MPa；当混凝土强度等级≥C30 且<C60 时，取每秒 0.05～0.08MPa；当混凝土强度等级≥C60 时，取每秒 0.08～0.10MPa，至试件接近破坏时，应停止调整试验机油门，直至试件破坏，然后记录破坏荷载。

4 记录试件破坏荷载的试验机示值及试件下边缘断裂位置。

10.0.5 抗折强度试验结果计算及确定按下列方法进行：

1 若试件下边缘断裂位置处于二个集中荷载作用线之间，则试件的抗折强度 f_f(MPa)按下式计算：

$$f_f=\frac{Fl}{bh^2} \tag{10.0.5}$$

式中：f_f——混凝土抗折强度(MPa)；

F——试件破坏荷载(N)；

l——支座间跨度(mm)；

h——试件截面高度(mm)；

b——试件截面宽度(mm)；

抗折强度计算应精确至 0.1MPa。

2 抗折强度值的确定应符合本标准第 6.0.5 条中第 2 款的规定。

3 三个试件中若有一个折断面位于两个集中荷载之外，则混凝土抗折强度值按另两个试件的试验结果计算。若这两个测值的差值不大于这两个测值的较小值的 15%时，则该组试件的抗折强度值按这两个测值的平均值计算，否则该组试件的试验无效。若有两个试件的下边缘断裂位置位于两个集中荷载作用线之外，则该组试件试验无效。

4 当试件尺寸为 100mm×100mm×400mm 非标准试件时，应乘以尺寸换算系数 0.85；当混凝土强度等级≥C60 时，宜采用标准试件；使用非标准试件时，尺寸换算系数应由试验确定。

10.0.6 混凝土抗折强度试验报告内容除应满足本标准第 1.0.3 条要求外，尚应报告实测的混凝土抗折强度值。

附 录 A
圆柱体试件的制作和养护

A.0.1 本方法适用于混凝土圆柱体试件的制作及养护。

A.0.2 圆柱体试件的直径为100mm、150mm、200mm三种，其高度是直径的2倍。粗骨料的最大粒径应小于试件直径的1/4倍。

A.0.3 试验采用的试验设备应符合下列规定：

1 试模：试模应由刚性、金属制成的圆筒形和底板构成，用适当的方法组装而成。试模组装后不能有变形和漏水现象。试模的尺寸误差，直径误差应小于1/200d，高度误差应小于1/100h。试模底板的平面度公差应不超过0.02mm。组装试模时，圆筒形模纵轴与底板应成直角，其允许公差为0.5°。

2 试验用振动台、捣棒等用具：应符合第4.2节与第4.7节的有关规定。

3 压板：用于端面平整处理的压板，应采用厚度为6mm及其以上的平板玻璃，压板直径应比试模的直径大25mm以上。

A.0.4 圆柱体试件的制作应按下列方法进行：

1 在试验室制作试件时，应根据混凝土拌合物的稠度确定混凝土成型方法，坍落度不大于70mm的混凝土宜用振动振实；大于70mm的宜用捣棒人工捣实。

1）采用插捣成型时，分层浇注混凝土，当试件的直径为200mm时，分3层装料；当试件为直径150mm或100mm时，分2层装料，各层厚度大致相等；浇注时以试模的纵轴为对称轴，呈对称方式装入混凝土拌合物，浇注完一层后用捣棒摊平上表面；试件的直径为200mm时，每层用捣棒插捣25次；试件的直径为150mm时，每层插捣15次；试件的直径为100mm时，每层插捣8次；插捣应按螺旋方向从边缘向中心均匀进行；在插捣底层混凝土时，捣棒应达到试模底部；插捣上层时，捣棒应贯穿该层后插入下一层20～30mm；插捣时捣棒应保持垂直，不得倾斜。当所确定的插捣次数有可能使混凝土拌合物产生离析现象时，可酌情减少插捣次数至拌合物不产生离析的程度。插捣结束后，用橡皮锤轻轻敲打试模侧面，直到捣棒插捣后留下的孔消失为止。

2）采用插入式振捣棒振实时，直径为100～200mm的试件应分2层浇注混凝土。每层厚度大致相等，以试模的纵轴为对称轴，呈对称方式装入混凝土拌合物；振捣棒的插入密度按浇注层上表面每6000mm^{2}插入一次确定，振捣下层时振捣棒不得触及试模的底板，振捣上层时，振捣棒插入下层大约15mm深，不得超过20mm；振捣时间根据混凝土的质量及振捣棒的性能确定，以使混凝土充分密实为原则。振捣棒要缓慢拔出，拔出后用橡皮锤轻轻敲打试模侧面，直到捣棒插捣后留下的孔消失为止。

3）采用振动台振实时，应将试模牢固地安装在振动台上，以试模的纵轴为对称轴，呈对称方式一次装入混凝土，然后进行振动密实。装料量以振动时砂浆不外溢为宜。振动时间根据混凝土的质量和振动台的性能确定，以使混凝土充分密实为原则。

2 振实后，混凝土的上表面稍低于试模顶面1～2mm。

A.0.5 试件的端面找平层处理按下述方法进行：

1 拆模前当混凝土具有一定强度后，清除上表面的浮浆，并用干布吸去表面水，抹上同配比的水泥净浆，用压板均匀地盖在试模顶部。找平层水泥净浆的厚度要尽量薄并与试件的纵轴相垂直；为了防止压板与水泥浆之间粘固，在压板的下面垫上结实的薄纸。

2 找平处理后的端面应与试件的纵轴相垂直；端面的平面度公差应不大于0.1mm。

3 不进行试件端部找平层处理时，应将试件上端面研磨整平。

A.0.6 圆柱体试件养护应符合本标准5.2节的规定。

附　录　B
圆柱体试件抗压强度试验

B.0.1　本方法适用于测定按附录A要求制作和养护的圆柱体试件的抗压强度。

B.0.2　测定圆柱体抗压强度的试件应是按附录A要求制作和养护的圆柱体试件。

B.0.3　圆柱体试件抗压强度试验设备应符合下列规定：

1　压力试验机：应符合本标准第4.3节中的有关规定。

2　卡尺：量程300mm，分度值0.02mm。

B.0.4　抗压强度试验步骤应按下列方法进行：

1　试件从养护地取出后应及时进行试验，将试件表面与上下承压板面擦干净，然后测量试件的两个相互垂直的直径，分别记为d_1、d_2，精确至0.02mm；再分别测量相互垂直的两个直径段部的四个高度；应符合本标准第3.3节中的有关规定。

2　将试件置于试验机上下压板之间，使试件的纵轴与加压板的中心一致。开动压力试验机，当上压板与试件或钢垫板接近时，调整球座，使接触均衡；试验机的加压板与试件的端面之间要紧密接触，中间不得夹入有缓冲作用的其他物质。

3　应连续均匀地加荷，加荷速度应符合本标准第6.0.4条中第4款的规定；当试件接近破坏，开始迅速变形时，停止调整试验机油门直至试件破坏。记录破坏荷载F(N)。

B.0.5　圆柱体试件抗压强度试验结果计算及确定按下列方法进行：

1　试件直径应按下式计算：

$$d=\frac{d_1+d_2}{2} \tag{B.0.5-1}$$

式中：d——试件计算直径(mm)；

d_1、d_2——试件两个垂直方向的直径(mm)。

试件计算直径的计算精确至0.1mm。

2　抗压强度应按下式计算：

$$f_{cc}=\frac{4F}{\pi d^2} \tag{B.0.5-2}$$

式中：f_{cc}——混凝土的抗压强度(MPa)；

F——试件破坏荷载(N)；

d——试件计算直径(mm)。

混凝土圆柱体试件抗压强度的计算精确至0.1MPa。

3　混凝土圆柱体抗压强度值的确定应符合本标准第6.0.5条中第2款的规定。

4　用非标准试件测得的强度值均应乘以尺寸换算系数，其值为对ϕ200mm×400mm试件为1.05；对ϕ100mm×200mm试件为0.95。

B.0.6　混凝土圆柱体抗压强度试验报告内容除应满足本标准第1.0.3条要求外，尚应报告实测混凝土圆柱体抗压强度值。

附　录　C
圆柱体试件静力受压弹性模量试验

C.0.1　本方法适用于测定按附录A要求制作和养护的圆柱体试件的静力受压弹性模量(以下简称弹性模量)。

C.0.2　测定圆柱体试件的弹性模量的试件应是按附录 A 要求制作和养护的圆柱体试件。每次试验应制备 6 个试件。

C.0.3　试验采用的试验设备应符合下列规定：

1　压力试验机：应符合本标准中第 4.3 节中的规定。

2　微变形测量仪：应符合本标准第 4.4 节中的规定。

C.0.4　圆柱体试件弹性模量试验步骤应按下列方法进行：

1　试件从养护地点取出后应及时进行试验，将试件擦干净，观察其外观，按本标准 B.0.4 条中第 1 款的规定，测量试件尺寸，应符合本标准第 3.3 节中的有关规定。

2　取 3 个试件按本标准附录 B 的规定，测定圆柱体试件抗压强度(f_{cp})。另 3 个试件用于测定圆柱体试件弹性模量。

3　在测定圆柱体试件弹性模量时，微变形测量仪应安装在圆柱体试件直径的延长线上并对称于试件的两端。

4　应仔细调整试件在压力试验机上的位置，使其轴心与下压板的中心线对准。开动压力试验机，当上压板与试件接近时调整球座，使其接触均衡。

5　加荷至基准应力为 0.5MPa 的初始荷载值 F_0，保持恒载 60s 并在以后的 30s 内记录每测点的变形读数 ε_0。应立即连续均匀地加荷至应力为轴心抗压强度 f_{cp} 的 1/3 的荷载值 F_a，保持恒载 60s 并在以后的 30s 内记录每一测点的变形读数 ε_a。所用加荷速度应符合本标准第 6.0.4 条中第 3 款的规定。

6　当以上这些变形值之差与它们平均值之比大于 20%时，应重新对中试件后重复本条第 5 款的试验。如果无法使其减少到低于 20%时，则此次试验无效。

7　在确认试件对中符合本条第 6 款规定后，以与加荷速度相同的速度卸荷至基准应力 0.5MPa(F_0)，恒载 60s；然后用同样的加荷和卸荷速度以及 60s 的保持恒载(F_0 及 F_a)至少进行两次反复预压。在最后一次预压完成后，在基准应力 0.5MPa(F_0)持荷 60s 并在以后的 30s 内记录每一测点的变形读数 ε_0；再用同样的加荷速度加荷至 F_a，持荷 60s 并在以后的 30s 内记录每一测点的变形读数 ε_a(见图8.0.4)。

8　卸除变形测量仪，以同样的速度加荷至破坏。记录破坏荷载；如果试件的抗压强度与 f_{cp}之差超过 f_{cp}20%时，则应在报告中注明。

C.0.5　圆柱体试件弹性模量试验结果计算及确定按下列方法进行：

1　试件计算直径 d 按 B.0.5 的有关规定计算。

2　圆柱体试件混凝土受压弹性模量值应按下式计算：

$$E_c=\frac{4(F_a-F_0)}{\pi d^2}\times\frac{L}{\Delta n}=1.273\times\frac{(F_a-F_0)L}{d^2\Delta n} \tag{C.0.5-1}$$

式中：E_c——圆柱体试件混凝土静力受压弹性模量(MPa)；

F_a——应力为 1/3 轴心抗压强度时的荷载(N)；

F_0——应力为 0.5MPa 时的初始荷载(N)；

d——圆柱体试件的计算直径(mm)；

L——测量标距(mm)；

$$\Delta n=\varepsilon_a-\varepsilon_0 \tag{C.0.5-2}$$

式中：Δn——最后一次从 F_0 加荷至 F_a 时试件两侧变形的平均值(mm)；

ε_a——F_a 时试件两侧变形的平均值(mm)；

ε_0——F_0 时试件两侧变形的平均值(mm)。

圆柱体试件混凝土受压弹性模量计算精确至 100MPa。

3　圆柱体试件弹性模量按 3 个试件的算术平均值计算。如果其中有一个试件的轴心抗压强度值与用以确定检验控制荷载的轴心抗压强度值相差超过后者的 20%时，则弹性模量值按另两个试件测值的算术平均值计算;如有两个试件超过上述规定时,则此次试验无效。

C.0.6 圆柱体试件混凝土静力受压弹性模量试验报告内容除应满足本标准第1.0.3条要求外,尚应报告实测的圆柱体试件混凝土的静力受压弹性模量值。

附 录 D
圆柱体试件劈裂抗拉强度试验

D.0.1 本方法适用于测定按附录A要求制作和养护的圆柱体试件的劈裂抗拉强度。

D.0.2 测定圆柱体劈裂抗拉强度的试件应是按附录A要求制作和养护的圆柱体试件。

D.0.3 试验采用的试验设备应符合下列规定:

1 试验机应符合本标准4.3节中的有关规定。

2 垫条应符合本标准4.5.2条的规定。

D.0.4 圆柱体劈裂抗压强度试验步骤应按下列方法进行:

1 试件从养护地点取出后应及时进行试验,先将试件擦拭干净,与垫层接触的试件表面应清除掉一切浮渣和其他附着物。测量尺寸,并检查其外观。圆柱体的母线公差应为0.15mm。

2 标出两条承压线。这两条线应位于同一轴向平面,并彼此相对,两线的末端在试件的端面上相连,以便能明确地表示出承压面。

3 擦净试验机上下压板的加压面。将圆柱体试件置于试验机中心,在上下压板与试件承压线之间各垫一条垫条,圆柱体轴线应在上下垫条之间保持水平,垫条的位置应上下对准(见图D.0.4-1)。宜把垫层安放在定位架上使用(见图D.0.4-2)。

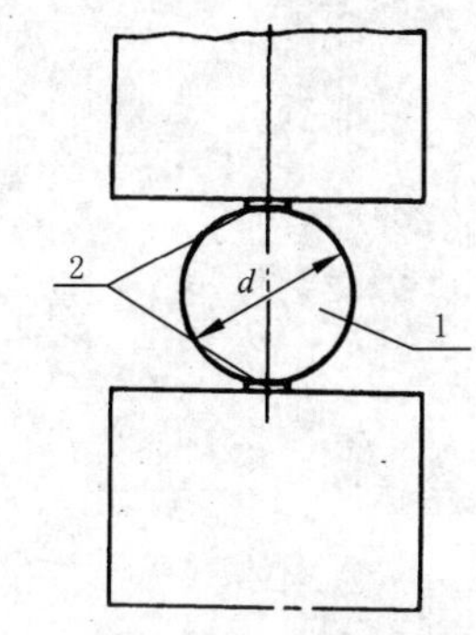

图D.0.4-1 劈裂抗拉试验

1—试件;2—垫条

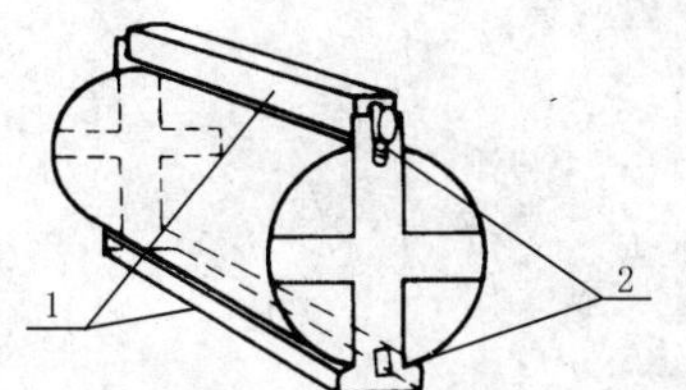

图D.0.4-2 定位架

1—定位架;2—垫条

4 连续均匀地加荷,加荷速度按本标准第9.0.3条的规定进行。

D.0.5 圆柱体劈裂抗拉强度试验结果计算及确定按下列方法进行:

1 圆柱体劈裂抗拉强度按下式计算:

$$f_{ct}=\frac{2F}{\pi\times d\times l}=0.637\frac{F}{A} \quad \text{(D.0.5)}$$

式中:f_{ct}——圆柱体劈裂抗拉强度(MPa);

F——试件破坏荷载(N);

d——劈裂面的试件直径(mm);

l——试件的高度(mm);

A——试件劈裂面面积(mm^2)。

圆柱体劈裂抗拉强度精确至 0.01MPa。

2 圆柱体的劈裂抗拉强度值的确定应符合本标准第 6.0.5 条中第 2 款的规定。

3 当采用非标准试件时，应在报告中注明。

D.0.6 混凝土圆柱体的劈裂抗拉强度试验报告内容除应满足本标准第 1.0.3 条要求外，尚应报告实测的混凝土圆柱体的劈裂抗拉强度值。

本标准用词、用语说明

1 为便于在执行本标准条文时区别对待，对于要求严格程度不同的用词说明如下：

1）表示很严格，非这样不可的用词：

正面词采用："必须"；反面词采用；"严禁"。

2）表示严格，在正常情况下均这样做的用词：

正面词采用："应"；反面词采用："不应"或"不得"。

3）表示容许稍有选择，在条件许可时，首先应这样做的用词：

正面词采用："宜"；反面词采用："不宜"。

表示有选择，在一定条件下可以这样做的，采用："可"。

2 条文中指定按其他有关标准执行的写法为"应按……执行"或"应符合……的规定"。

中华人民共和国国家标准

普通混凝土力学性能试验方法标准

GB /T 50081—2002

条 文 说 明

前　言

根据建设部建标[1998]第94号文《1998年工程建设国家标准制定、修订计划的通知》的要求,《普通混凝土力学性能试验方法》编制组对原标准进行了修订,新修订的《普通混凝土力学性能试验方法标准》(GB/T 50081—2002)经建设部2003年1月10日以公告第102号批准、发布。

为便于广大使用单位在使用本标准时能正确理解和执行条文的规定,《普通混凝土力学性能试验方法标准》编制组根据建设部关于编制标准、规范条文的统一要求,按《普通混凝土力学性能试验方法标准》的章、节、条、款的顺序,编制了《普通混凝土力学性能试验方法标准条文说明》,供有关部门和使用单位参考。在使用中如发现本条文说明有欠妥之处,请将意见直接函寄中国建筑科学研究院标准研究中心。

1　总则

1.0.1　编制本标准的目的是为了进一步规范混凝土力学性能试验方法、提高试验精度,使试验结果具有代表性、准确性和复演性,确保混凝土施工质量。

1.0.2　本标准不但包括原标准中立方体和棱柱体试件的5个混凝土力学性能试验方法,还在附录中增加了圆柱体试件的制作和养护以及圆柱体试件混凝土力学性能试验方法,从而实现了混凝土力学性能试验方法标准与国际标准全面接轨,为我国进入WTO后,建筑业面向国际市场提供了与国际标准一致的混凝土力学性能试验方法标准。

1.0.3　为规范试验报告,按国际试验标准惯例,提出了按本标准试验方法所做的试验,试验报告应包括的内容。

1.0.4　规定了混凝土力学性能试验方法,除应符合本标准的规定,还应符合国家强制标准中的有关规定。与普通混凝土力学性能试验方法有关的国家标准有《混凝土结构工程施工质量验收规范》(GB 50204)、《混凝土质量控制标准》(GB 50154)等。

2　取样

2.0.1　规定了混凝土的取样应遵循的规定。

2.0.2　每个试件的强度都是一个随机值,为避免取到极端值和与其他现行国家强制性标准统一,规定了混凝土力学性能试验必须以三个试件为一组,并规定了每组试件混凝土的取样地点。

3　试件的尺寸、形状和公差

3.1　试件的尺寸

3.1.1　试件尺寸与允许骨料最大粒径的关系,ISO推荐的规定为试件的尺寸应大于4倍的骨料最大粒径。根据我国的实际状况,经修订组讨论和广泛征求意见,修订后的规定与原标准一致即试件尺寸大于3倍的骨料最大粒径,与美国ASTM标准相同。修订组根据现行标准筛的尺寸,对相应的允许骨料的最大粒径进行了修改。

对于劈裂抗拉强度试验，骨料的最大粒径，维持原规定不变。

3.1.2 为保证试件尺寸，应使用符合要求的试模制作试件。

3.2 试件的形状

3.2.1 规定了混凝土抗压强度和劈裂抗拉强度试件的形状尺寸：

1 规定了立方体试件的标准试件的形状尺寸。

2 规定了立方体试件的非标准试件的形状尺寸。

3 在特殊情况下可采用的圆柱体标准试件和非标准试件的形状尺寸。特殊情况是指：当施工涉外工程或必须用圆柱体试件来确定混凝土力学性能时，一般情况或无特殊要求的情况下，应使用立方体试件。

3.2.2 规定了混凝土轴心抗压强度和静力受压弹性模量试件的形状尺寸：

1 规定了棱柱体试件的标准试件的形状尺寸。

2 规定了棱柱体试件的非标准试件的形状尺寸。

3 在特殊情况下可采用的圆柱体标准试件和非标准试件的形状尺寸。特殊情况是指：当施工涉外工程或必须用圆柱体试件来确定混凝土力学性能时，一般情况或无特殊要求的情况下，应使用立方体试件。

3.2.3 规定了混凝土抗折强度试件的形状尺寸：

1 规定了棱柱体试件的标准试件的形状尺寸。

2 规定了棱柱体试件的非标准试件的形状尺寸。

3.3 尺寸公差

公差包括尺寸公差和形位公差。试件的形位公差是否符合要求，对其力学性能，特别是对高强混凝土的力学性能影响甚大。对试件承压面平面度公差主要是靠试模内表面的平面度来控制，而试件相邻面夹角公差不但靠试模相邻面夹角控制，而且还取决与每次安装试模的精度。所以要使试件的形位公差符合要求，不但应采用符合标准要求的试模来制作试件，而且必须对试模的安装引起高度的重视。

3.3.1 规定了所有试件承压面的平面度公差为 $0.0005d$。为方便使用，列出各种试件对应的承压面的平面度的公差值：

表 1 试件承压面公差允许值

试件横截面边长(mm)	承压面平面度公差(mm)
100	0.050
150	0.075
200	0.100

3.3.2 规定了各种试件相邻面夹角的公差为 0.5°。

3.3.3 规定了各种试件边长的尺寸公差为 1 mm。

4 设备

4.1 试模

4.1.1 本条文对试模提出了详细的技术规定，规定了试模必须符合《混凝土试模》(JG 3019)中技术要求的规定。为方便使用单位，各种试模的技术要求见表 2：

表 2　试模的主要技术指标

部 件 名 称	技 术 指 标
试模内表面	光滑平整，不得有砂眼、裂纹及划痕
试模内表面粗糙度	不得大于 3.2 μm
组装后内部尺寸误差	不得大于公称尺寸的±0.2％
组装后相邻面夹角	90±0.3°
试模内表面平整度	100mm 不大于 0.04mm
组装后连接面缝隙	不得大于 0.2mm

4.1.2　对试模定期检查，应根据试模的使用频率来决定，至少每三个月应检查一次。

4.2　**振动台**

4.2.1　规定了振动台应符合的技术要求。其主要的技术要求见表 3。

表 3　振动台的主要技术指标

部 件 名 称	技 术 指 标
台面平整度	平面度误差不应大于 0.3mm
空载台面中心垂直振幅	0.5±0.02mm
空载台面振幅均匀度	不大于 15％
负载与空载台面中心垂直振幅比	不小于 0.7
试模固定装置	振动中试模无松动、无移动、无损伤
空载频率	50±3Hz
启动时间	不大于 2s
制动时间	不大于 5s
空载噪声	不大于 85dB

4.2.2　本条包含三个内容：

1　由法定计量部门检测；

2　定期进行检测，周期一年；

3　有计量检定证书。

以上规定是为了保持各个不同试验室中的试验仪器设备的一致性。

4.3　**压力试验机**

4.3.1　本条文强调了压力试验机测量精度为±1％，试件破坏荷载必须大于压力机全量程的 20％且小于压力机全量程的 80％；尤其对于高强混凝土，对压力试验机提出更高的要求。对原标准中精度为 2％的老式压力试验机，由于油泵和加压油缸磨损较大，随荷载增高，油泵和加压油缸的漏油量也增大，到达全量程的 60％～70％时，就无法有效调节加荷速度，故不能满足试验要求，从压力试验机生产厂调查得知，精度为 2％的压力试验机已是老产品，应属淘汰之列。

4.3.2　修订后，规定了压力试验机应具有加荷速度显示装置或加荷速度控制装置，是为了便于操作人员可按本标准要求控制加荷速度。

4.3.3　修订后规定了压力试验机应具有有效期内的计量检定证书，是为了保持各个不同试验室中的试验仪器设备性能指标的一致性，其鉴定周期为一年。

4.4　**微变形测量仪**

4.4.1　本标准中规定了微变形测量仪的精度。微变形测量仪可采用千分表、电阻应变片测长仪和激光测长仪等，但其测量精度应符合本条的要求，其性能还应满足相关标准规定的要求。

4.4.2 规定了微变形测量仪的标距为 150mm。

4.4.3 修订后规定了压力试验机应具有有效期内的计量检定证书,鉴定周期为一年,是为了保持各个不同试验室中的试验仪器设备性能指标的一致性。

4.5 垫块、垫条和支架

4.5.1 修订后将原标准的钢制弧形垫条改名为垫块,其形状尺寸没有变。

4.5.2 修订后将三合板垫层改名为垫条。

4.5.3 在做劈裂抗拉强度试验时,试件的对中很困难。试件对中精度又影响试验结果精度。修订后增加了钢支架,使试验对中变得很容易,从而提高了劈裂抗拉强度试验的速度和精度。

4.6 钢垫板

因为老的压力试验机,由于多年使用,上下压板有磨损现象,特别是压板的中心,由于压试件处磨成凹状。其平整度严重影响对压板平整度要对较高的高强混凝土的抗压强度。为提高高强混凝土抗压强度试验的精度,避免试验误差,修订后在强度等级不小于 C60 的抗压强度试验时,如压力试验机上下压板不符合钢垫板要求时,必须使用钢垫板。

4.6.1 本条规定了钢垫板承压面积和最小厚度。

4.6.2 本条规定了钢垫板承压面平面度公差、表面硬度和硬化层厚度。

4.7 其他量具和器具

本节规定了本标准所用的其他量具和器具的规格:

4.7.1 钢板尺。

4.7.2 卡尺。

4.7.3 捣棒。

5 试件的制作和养护

5.1 试件的制作

5.1.1 叙述了混凝土试件制作的一般规定:

1 成型前,应首先检查试模的尺寸,尤其是对高强混凝土,应格外重视检查试模的尺寸是否符合试模标准的要求。特别应检查 150mm×150mm×150mm 试模的内表面平整度和相邻面夹角是否符合要求。150mm×150mm×150mm 试模尺寸不符合要求是尺寸换算系数降低的主要原因。

2 规定了试验室拌制混凝土时材料用量的计量精度,与原标准一致。

3 修订后规定了混凝土拌合物拌制后宜在 15 min 内成型,一般在成型前要做坍落度试验,大约 5~10 min,15 min 内成型是完全做得到的。

4 选择成型方式:坍落度不大于 70 mm 宜用振动振实,大于 70 mm 宜采用捣棒人工捣实。但对于黏度较大的混凝土拌合物,虽然坍落度大于 70 mm,也可用振动振实方式,以充分密实,避免分层离析为原则;对拌合物稠度大于 70mm 的含气量较大的混凝土,由于采用人工插捣方法不利于混凝土排气,其强度与实际结构混凝土相差较大,也可采用振动振实方法成型。

5 修订后,本标准在附录 A 中增加了圆柱体试件的成型方法。

5.1.2 规定了混凝土试件的制作步骤:

1 规定了取样或拌制的混凝土拌合物至少应用铁锹来回拌合三次,以确保混凝土拌合物的匀质性。

2 根据混凝土拌合物稠度,选择成型方法;试件的制作有振动台振实、人工插捣和插入式振捣棒振实三种成型方法供选择。

1)叙述了用振动台振实制作试件的方法,强调了试模应牢牢地附着或固定在振动台上,振动台振动时,不容许有任何跳动,振动持续至表面出浆为止;且应避免混凝土离析。

2)叙述了用人工插捣制作试件的方法,与原标准基本一致。

3）修订后增加了在现场检验时用插入式振捣棒振实制作试件的方法。

3 修订后标准对用抹刀抹平试模表面的时间做了规定：在混凝土临近初凝时抹平试模表面，是为了避免混凝土沉缩后，混凝土表面低于试模而引起的试验误差。

5.2 试件的养护

5.2.1 规定了成型后应立即用不透水的薄膜覆盖，以防水份蒸发。这一点对高强混凝土试件特别重要。尤其在干燥天气，高强混凝土试件制作后没有立即覆盖而失水，会影响试件的早期 1d、3d 甚至 28d 强度。

5.2.2 修订后试件的静停时要求的温度和时间没有改变，温度为 20±5℃，时间为一至二昼夜。标准养护室的温度和湿度由原标准的温度从 20±3℃、相对湿度 90％以上提高到与 ISO 标准一致的温度为 20±2℃、相对湿度为 95％以上的标准养护室或温度为 20±2℃的不流动的 $Ca(OH)_2$ 饱和溶液中养护。这点改进，对高强混凝土试件非常重要。我们做过试验，对于 150mm×150mm×150mm 高强混凝土试件来说，在温度为 20±3℃、相对湿度为 90％的养护室中养护 28d 的强度会降低 10％～15％。这是因为高强混凝土的水灰比比较小、水泥用量较大、制作后试件的密实度比较大，在相对湿度为 90％的环境下，养护室中的湿空气的蒸汽压力不能足以渗透到 150mm×150mm×150mm 的试件内部，致使混凝土试件的强度降低。还规定，混凝土试件可在温度为 20±2℃的不流动的 $Ca(OH)_2$ 饱和溶液中养护。强调 $Ca(OH)_2$ 饱和溶液，是因为水泥石中存在 $Ca(OH)_2$ 是水泥水化和维持水泥石稳定的重要前提，如果养护水不是 $Ca(OH)_2$ 饱和溶液，那么混凝土中的 $Ca(OH)_2$ 就会溶出，就会影响水泥的水化进程从而影响混凝土的强度。

5.2.3 规定了同条件养护试件的养护。

5.2.4 规定了标准养护龄期为 28d；非标准养护龄期一般为 1d、3d、7d、60d、90d 和 180d。

5.3 试验记录

5.3.1 规定了试验记录的内容。

6 抗压强度试验

6.0.1 说明了本方法适用于混凝土立方体抗压强度试验。圆柱体抗压强度试验见附录 B。

6.0.2 说明了试件尺寸应符合的规定。

6.0.3 说明了试验设备应符合的规定，修订后强调了当混凝土强度等级≥C60 时压力试验机上、下压板不符合钢垫板的技术要求时，压力试验机上、下压板与试件之间应各垫以符合本标准第 4.6 节要求的钢垫板。有关试验说明垫钢垫板后高强混凝土试件的抗压强度显著提高，其原因是高强混凝土试件对钢垫板的承压面要求较高，包括对平整度、硬度的要求。还规定试件周围应设置防崩裂网罩，以免高强混凝土试件在破坏时突然崩裂射出的试件碎块伤人。

6.0.4 规定了立方体抗压强度试验的试验步骤，修订后增加了当混凝土强度等级≥C60 时的加荷速度。加荷速度对高强混凝土试件的试验结果影响很大。对 100 mm 立方体试件，由于破坏荷载小，加荷速度容易控制；而 150 mm 立方体试件，由于破坏荷载大，到接近破坏阶段，尽管油门已开至最大，加荷速度还是达不到规定的要求，结果破坏荷载就会明显减小而不能正确反映混凝土的真实强度。

6.0.5 规定了立方体抗压强度试验的计算方法和如何确定立方体抗压强度值。修订后根据高强混凝土的特殊性，规定了当混凝土强度等级≥C60 时，宜采用标准试件；使用非标准试件时，尺寸换算系数应由试验确定。在高强混凝土尺寸换算系数尚有争论的情况下，其目的有以下两点：

1 强调高强混凝土的抗压强度，以标准试件为准。

2 强调尺寸换算系数用试验确定，目的是为了纠正高强混凝土尺寸换算系数随高强混凝土强度的提高而降低的错误规定。其真正的原因是以前的高强混凝土立方体抗压强度试验方法不标准。编制组通过大量的试验证实 100 mm×100mm×100 mm 试件的尺寸换算系数还是 0.95。验证高强混凝土 100 mm×100 mm×100 mm 试件的尺寸换算系数试验的要点如下：

1）试模必须符合《混凝土试模》(JG 3019)中技术要求的规定。

2）在同一振动台上必须成对成型 150mm 立方体和 100 mm 立方体试件，还应防止过振；成型后应立即在试模上盖上塑料布。

3）养护必须在相对湿度 95%以上环境（或为雾室）的标准养护室或在氢氧化钙饱和溶液中养护。

4）压力试验时，150 mm 立方体试件上下应加标准钢垫板。

5）加荷速度必须符合本标准第 6.0.4 条的要求，尤其是对 150mm 立方体试件在接近破坏时必须保持标准要求的加荷速度。

6）确定尺寸换算系数的试件组数必须大于 20 对。

6.0.6 规定了试验报告的内容。

7 轴心抗压强度试验

7.0.1 说明了本试验方法适用于测定棱柱体混凝土试件的轴心抗压强度。

7.0.2 说明了测定轴心抗压强度的棱柱体混凝土试件应符合的规定。

7.0.3 说明了试验设备应符合的规定。

7.0.4 规定了轴心抗压强度试验的试验步骤，修订后增加了当混凝土强度等级≥C60 时的加荷速度。

7.0.5 规定了立方体抗压强度试验的计算方法和如何确定抗压强度值。修订后根据高强混凝土的特殊性，规定了当混凝土强度等级≥C60 时，宜采用标准试件；使用非标试件时，尺寸换算系数应由试验确定。

7.0.6 规定了试验报告的内容。

8 静力受压弹性模量试验

8.0.1 说明了本试验方法适用于测定棱柱体混凝土试件的静力受压弹性模量，圆柱体试件的静力受压弹性模量试验，见附录 C。静力受压弹性模量试验的试验方法在修订后有了较大的变动，经过编制组全体成员的努力和试验验证，修订后的试验方法不但与 ISO 试验方法完全一致，而且试验结果也与原试验方法的试验结果一致。

8.0.2 说明了测定静力受压弹性模量试验的试件应符合的规定。

8.0.3 说明了试验设备应符合的规定。

8.0.4 规定了静力受压弹性模量试验的试验步骤。修订后的静力受压弹性模量试验方法与原试验方法有以下不同：

1 原试验方法先预压 3 次再对中读数；修订后新试验方法先读数对中，然后预压 2 次，在预压时必须持荷 60s。

2 原试验方法只对 100 mm×100mm 截面非标准试件要求对中；修订后新试验方法不但对 100 mm×100 mm截面非标准试件要求对中，而且对标准试件也要求对中。

3 原试验方法在读数前的持荷时间为 30s，对读数时间未作出规定：修订后新试验方法在读数前的持荷时间为 60s，并要求在以后的 30s 内读数。

4 原试验方法要求最后两次试验的变形值相差应不大于 0.00002 的测量标距，否则还应进行第 6 次或第 7 次试验；修订后的新试验方法无此要求。

总之修订后的试验方法不但完全与 ISO 标准一致，而且对新旧试验方法进行了对比试验。对比试验说明：新试验方法简化了原试验方法，其试验结果与原方法试验结果基本一致。

8.0.5 规定了静力受压弹性模量试验的计算方法和如何确定静力受压弹性模量值。

8.0.6 规定了试验报告的内容。

9 劈裂抗拉强度试验

9.0.1 说明了本试验方法适用于测定立方体混凝土试件的劈裂抗拉强度试验，劈裂抗拉强度试验基本上与原试验方法一致。圆柱体试件的劈裂抗拉强度试验，见附件D。

9.0.2 说明了测定劈裂抗拉强度试验的立方体混凝土试件应符合的规定。

9.0.3 说明了试验设备应符合的规定。

9.0.4 规定了劈裂抗拉强度试验的试验步骤。由于劈裂抗拉强度试验的对中较困难，而且由于对中误差，也会导致较大的试验误差。所以修订后的试验步骤中规定了为保证对中精度和提高试验效率，可把垫条和试件安装在定位架上使用，并给出了定位架示意图。

9.0.5 规定了劈裂抗拉强度试验的计算方法和如何确定劈裂抗拉强度值。

9.0.6 规定了试验报告的内容。

10 抗折强度试验

10.0.1 说明了本试验方法适用于测定立方体混凝土试件的抗折强度试验，抗折强度试验基本上与原试验方法基本一致。

10.0.2 说明了测定抗折强度试验的棱柱体混凝土试件应符合的规定。

10.0.3 说明了试验设备应符合的规定。对试验加荷及其设备提出明确的要求：荷载必须均匀、连续和可控。试验的荷头改弧形顶面为圆柱体面。

10.0.4 规定了抗折强度试验的试验步骤。修订后的试验方法与原试验方法不同的是规定试件的支座其中一个应为铰支。还规定了高强混凝土抗折强度试验的加荷速度以及高强混凝土抗折强度试验采用非标准试件时，尺寸换算系数应由试验确定。

10.0.5 规定了抗折强度试验的计算方法和如何确定抗折强度值，对原标准的计算公式进行了更正。

10.0.6 规定了试验报告的内容。

附 录 A
圆柱体试件的制作和养护

A.0.1 说明本方法适用于圆柱体试件的制作和养护。

A.0.2 规定了圆柱体试件的尺寸以及粗骨料的最大粒径。

A.0.3 规定了试模、试验用振动台、捣棒等用具和压板的技术要求。

A.0.4 规定了圆柱体试件制作的方法。

1 规定了在试验室制作混凝土试件时，试件的成型方法应根据拌合物的稠度确定，当混凝土拌合物的稠度大于70 mm，但对于黏度较大的混凝土拌合物，虽然坍落度大于70 mm，也可用振动振实方式成型，以充分密实，避免分层离析为原则：对拌合物稠度大于70 mm的加气量较大的混凝土，由于采用人工插捣方法不宜混凝土排气，其强度与实际结构混凝土相差较大，也可采用振动振实方法成型。

1）说明了采用人工插捣制作试件的步骤。

2）说明了采用插入式振捣棒制作试件的步骤，强调应分两层浇注；在插捣次数上，做了原则规定：每6000 mm^{2}插捣一次。按此要求计算，直径为200mm、150mm和100 mm的试件的插捣次数分别为5次、3次和1次。之所以没有写进正文，是因为插捣次数和时间应以充分密实，避免分层离析为原则，应根据实际情况，增加或减少插捣次数和时间。

3）说明了采用振动台振实制作试件的步骤。

2 与立方体试件不同，成型后混凝土表面应比试模顶面低1～2 mm，以便对端面的平整处理。

A.0.5 说明了试件找平层处理的方法。

1 拆模前用于试件端面找平层的水泥浆，宜与试件中混凝土的水灰比相同。找平层处理后24 h才能拆模。

2 规定了试件端面找平层处理后应与试件的纵轴垂直及端面的平整度。

3 规定了不进行端面找平层处理时应将试件的上端面磨平。

A.0.6 规定了试件的养护，其要求与立方体试件的养护相同，符合本标准第5.2节的规定。

附 录 B
圆柱体试件抗压强度试验

B.0.1 说明了本方法的适用范围。

圆柱体和立方体试件按抗压强度划分的抗压强度等级的相互关系，见ISO按抗压强度划分的抗压强度等级表(见表4)。

表4 ISO按抗压强度划分的抗压强度等级表

混凝土强度等级	混凝土强度标准值(MPa)	
	圆柱体试件 ϕ150 mm×300 mm	立方体试件 150 mm×150 mm×150 mm
C2/2.5	2.0	2.5
C4/5	4.0	5.0
C6/7.5	6.0	7.5
C8/10	8.0	10.0
C10/12.5	10.0	12.5
C12/15	12.0	15.0
C16/20	16.0	20.0
C20/25	20.0	25.0
C25/30	25.0	30.0
C30/35	30.0	35.0
C35/40	35.0	40.0
C40/45	40.0	45.0
C45/50	45.0	50.0
C50/55	50.0	55.0

B.0.2 说明了测定圆柱体试件抗压强度试验的试件应符合的规定。

B.0.3 说明了压力试验机应符合的条件。

B.0.4 规定了圆柱体试件抗压强度试验步骤。

B.0.5 规定了圆柱体试件试验结果计算和确定方法。

对于高强混凝土，国外的有关试验表明，试件抗压强度从72 MPa至126 MPa，在采用ϕ100 mm×200 mm非标准试件时，其尺寸换算系数为0.95。而ASTM建议高强混凝土ϕ100 mm×200 mm非标准试件的尺寸换算系数为0.96。本标准规定了ϕ100 mm×200 mm非标准试件的尺寸换算系数一律为0.95。

B.0.6 规定了圆柱体抗压强度试验报告的内容。

附 录 C
圆柱体试件静力受压弹性模量试验

圆柱体试件静力受压弹性模量试验方法与棱柱体试件的试验方法基本一致,只是试件形状不一样。

C.0.1 说明了本试验方法适用圆柱体试件的静力受压弹性模量试验。

C.0.2 说明了测定静力受压弹性模量试验的试件应符合的规定及数量。

C.0.3 说明了试验设备应符合的规定。

C.0.4 规定了静力受压弹性模量试验的试验步骤。

C.0.5 规定了静力受压弹性模量试验的计算方法和如何确定静力受压弹性模量值。

C.0.6 规定了试验报告的内容。

附 录 D
圆柱体试件劈裂抗拉强度试验

圆柱体试件劈裂抗拉强度试验方法与立方体试件的试验方法基本一致,只是试件形状不一样。

D.0.1 说明了本试验方法适用于圆柱体试件的劈裂抗拉强度试验。

D.0.2 说明了测定劈裂抗拉强度试验的圆柱体试件应符合的规定。

D.0.3 说明了试验设备应符合的规定。

D.0.4 规定了劈裂抗拉强度试验的试验步骤。由于劈裂抗拉强度试验的对中较困难,而且由于对中误差,也会导致较大的试验误差。试验步骤中规定了为保证对中精度和提高试验效率,可把垫条和试件安装在定位架上使用,并给出了定位架示意图。

D.0.5 规定了劈裂抗拉强度试验的计算方法和如何确定劈裂抗拉强度值。

D.0.6 规定了试验报告的内容。

中华人民共和国国家标准
普通混凝土长期性能和耐久性能试验方法

GBJ 82—85

第一章　总则

第1.0.1条　为了在确定混凝土性能特征值,检查或控制现浇混凝土工程或预制构件的质量时,有一个统一的混凝土长期性能和耐久性试验方法,特制订本标准。

第1.0.2条　本标准适用于工业与民用建筑和一般构筑物中所用普通混凝土的基本性能试验。

第二章　试件的制作及养护

第2.0.1条　本试验方法标准中规定的长期性能和耐久性试验用试件,除抗渗、疲劳试验以外均以3块为一组。

制作每组长期性能及耐久性试验的试件及其相应的对比所用的拌合物应根据不同要求从同一盘搅拌或同一车运送的混凝土中取出,或在试验室用机械或人工单独拌制。用以检验现浇混凝土工程或预制构件质量的试件分组及取样原则,应按现行《钢筋混凝土工程施工及验收规范》及其他有关规定执行。

第2.0.2条　试验室拌制混凝土制作试件时,其材料用量应以重量计,称量的精度为:水泥、水和外加剂均为±0.5%;骨料为±1%。

第2.0.3条　所有试件均应在拌制或取样后立即制作。

确定混凝土设计特征值、标号或进行材料性能研究时,试件的成型方法应按混凝土的稠度而定。坍落度不大于70mm的混凝土,宜用震动台振实,大于70mm的宜用捣棒人工捣实。检验现浇混凝土工程和预制构件质量的混凝土,试件的成型方法应与实际施工采用的方法相同。

棱柱体试件宜采用卧式成型,埋有钢筋的试件在灌注混凝土及捣实时应特别注意钢筋和试模之间的混凝土能保持灌注密实及捣实良好。

用离心法、压浆法、真空作业法及喷射法等特殊方法成型的混凝土,其试件的制作应按相应的规定进行。

第2.0.4条　制作试件用的试模应由铸铁或钢制成,应具有足够的刚度并拆装方便。试模的内表面应机械加工,其不平度应为每100mm不超过0.05mm,组装后各相邻面的不垂直度不应超过±0.5度。

在制作试件前应将试模清擦干净,并应涂以脱模剂。

第2.0.5条　用震动台成型时,应将混凝土拌合物一次装入试模,装料时应用抹刀沿试模内壁略加插捣并应使混凝土拌合物高出试模上口。振动时应防止试模在震动台上自由跳动。振动应持续到混凝土表面出浆为止,刮除多余的混凝土并用抹刀抹平。

试验室用震动台的振动频率应为50±3Hz,空载时振幅为0.5mm。

第2.0.6条　人工插捣时,混凝土拌合物应分两层装入试模,每层的装料厚度应大致相等。插捣用的钢制捣棒应为:长600mm,直径16mm,端部磨圆。插捣按螺旋方向从边缘向中心均匀进行。插捣底层时,捣棒应达到试模底面;插捣上层时,捣棒应穿入下层深度约20～30mm。插捣时捣棒应保持垂直,不得倾斜,并用抹刀沿试模内壁插入数次。每层的插捣次数应根据试件的截面而定,一般为每100cm^2截面积不应少于12次。插捣完后,刮除多余的混凝土,并用抹刀抹平。

第2.0.7条　按各试验方法的具体规定,长期性能及耐久性试验的试件有标准养护、同条件养护及自然养护等几种养护形式。

中华人民共和国国家计划委员会1985-11-25批准　　**1986-07-01实施**

采用标准养护的试件成型后应覆盖表面，以防止水分蒸发，并应在室温为20±5℃情况下静置一至二昼夜，然后编号拆模。

拆模后的试件应立即在温度为20±3℃、湿度为90%以上的标准养护室中养护。在标准养护室内试件应放在架上，彼此间隔应为10～20mm，并应避免用水直接淋刷试件。

当无标准养护室时，混凝土试件可在20±3℃的不流动水中养护。水的pH值不应小于7。

采用与构筑物或构件同条件养护的试件成型后即应覆盖，试件的拆模时间可与实际构件的拆模时间相同，拆模后，试件仍需保持同条件养护。

试验需要进行自然放置并晾干的试件应放置在干燥通风的室内，每块试件之间至少留有10～20mm的间隙。

第三章 抗冻性能试验

第一节 慢冻法

第3.1.1条 本方法适用于检验以混凝土试件所能经受的冻融循环次数为指标的抗冻标号。

第3.1.2条 慢冻法混凝土抗冻性能试验应采用立方体试件。试件的尺寸应根据混凝土中骨料的最大粒经按表3.1.2-1选定。

慢冻法所用试件尺寸选用表 表3.1.2-1

试件尺寸，mm	骨料最大粒径，mm
100×100×100	30
150×150×150	40
200×200×200	60

每次试验所需的试件组数应符合表3.1.2-2的规定，每组试件应为3块。

慢冻法试验所需的试件组数 表3.1.2-2

设计抗冻标号	D25	D50	D100	D150	D200	D250	D300
检查强度时的冻融循环次数	25	50	50及100	100及150	150及200	200及250	250及300
鉴定28天强度所需试件组数	1	1	1	1	1	1	1
冻融试件组数	1	1	2	2	2	2	2
对比试件组数	1	1	2	2	2	2	2
总计试件组数	3	3	5	5	5	5	5

第3.1.3条 慢冻法混凝土抗冻性能试验所用设备应符合下列规定：

一、冷冻箱(室)装有试件后能使箱(室)内温度保持在－15～－20℃的范围以内。

二、融解水槽 装有试件后能使水温保持在15～20℃的范围以内。

三、框　　篮 用钢筋焊成，其尺寸应与所装的试件相适应。

四、案　　秤 称量10kg，感量为5g。

五、压力试验机 精度至少为±2%，其量程应能使试件的预期破坏荷载值不小于全量程的20%，也不大于全量程的80%。

试验机上、下压板及试件之间可各垫以钢垫板，钢垫板两承压面均应机械加工。

与试件接触的压板或垫板的尺寸应大于试件承压面，其不平度应为每100mm不超过0.02mm。

第3.1.4条 慢冻法混凝土抗冻性能试验应按下列规定进行：

一、如无特殊要求，试件应在28天龄期时进行冻融试验。试验前4天应把冻融试件从养护地点取出，进行外观检查，随后放在15～20℃水中浸泡，浸泡时水面至少应高出试件顶面20mm，冻融试件浸泡

4天后进行冻融试验。对比试件则应保留在标准养护室内，直到完成冻融循环后，与抗冻试件同时试压。

二、浸泡完毕后，取出试件，用湿布擦除表面水分、称重、按编号置入框篮后即可放入冷冻箱(室)开始冻融试验。在箱(室)内，框篮应架空，试件与框篮接触处应垫以垫条，并保证至少留有20mm的空隙，框篮中各试件之间至少保持50mm的空隙。

三、抗冻试验冻结时温度应保持在－15～－20℃。试件在箱内温度到达－20℃时放入，装完试件如温度有较大升高，则以温度重新降至－15℃时起算冻结时间，每次从装完试件到重新降至－15℃所需的时间不应超过2h。冷冻箱(室)内温度均以其中心处温度为准。

四、每次循环中试件的冻结时间应按其尺寸而定，对100mm×100mm×100mm及150mm×150mm×150mm试件的冻结时间不应小于4h，对200mm×200mm×200mm试件不应小于6h。

如果在冷冻箱(室)内同时进行不同规格尺寸试件的冻结试验，其冻结时间应按最大尺寸试件计。

五、冻结试验结束后，试件即可取出并应立即放入能使水温保持在15～20℃的水槽中进行融化。此时，槽中水面应至少高出试件表面20mm，试件在水中融化的时间不应小于4h。融化完毕即为该次冻融循环结束，取出试件送入冷冻箱(室)进行下一次循环试验。

六、应经常对冻融试件进行外观检查。发现有严重破坏时应进行称重，如试件的平均失重率超过5%，即可停止其冻融循环试验。

七、混凝土试件达到表3.1.2-2规定的冻融循环次数后，即应进行抗压强度试验。

抗压试验前应称重并进行外观检查，详细记录试件表面破损，裂缝及边角缺损情况。

如果试件表面破损严重，则应用石膏找平后再进行试压。

八、在冻融过程中，如因故需中断试验，为避免失水和影响强度，应将冻融试件移入标准养护室保存，直至恢复冻融试验为止。此时应将故障原因及暂停时间在试验结果中注明。

第3.1.5条 混凝土冻融试验后应按下式计算其强度损失率：

$$\Delta f_c=\frac{f_{co}-f_{cn}}{f_{co}}\times 100 \quad\cdots\cdots (3.1.5\text{-}1)$$

式中：Δf_c——N次冻融循环后的混凝土强度损失率，以3个试件的平均值计算，%；

f_{co}——对比试件的抗压强度平均值，MPa；

f_{cn}——经N次冻融循环后的三个试件抗压强度平均值，MPa。

混凝土试件冻融后的重量损失率可按下式计算：

$$\Delta W_n=\frac{G_0-G_n}{G_0}\times 100 \quad\cdots\cdots (3.1.5\text{-}2)$$

式中：ΔW_n——N冻融循环后的重量损失率，以3个试件的平均值计算，%；

G_0——冻融循环试验前的试件重量，kg；

G_n——N次冻融循环后的试件重量，kg。

混凝土的抗冻标号，以同时满足强度损失率不超过25%，重量损失率不超过5%时的最大循环次数来表示。

第二节 快冻法

第3.2.1条 本方法适用于在水中经快速冻融来测定混凝土的抗冻性能。快冻法抗冻性能的指标可用能经受快速冻融循环的次数或耐久性系数来表示。

本方法特别适用于抗冻性要求高的混凝土。

第3.2.2条 本试验采用100mm×100mm×400mm的棱柱体试件。混凝土试件每组3块，在试验过程中可连续使用，除制作冻融试件外，尚应制备同样形状尺寸，中心埋有热电偶的测温试件，制作测温试件所用混凝土的抗冻性能应高于冻融试件。

第3.2.3条 快冻法测定混凝土抗冻性能试验所用设备应符合下列规定。

一、快速冻融装置　能使试件静置在水中不动，依靠热交换液体的温度变化而连续、自动地按照本方法第 3.2.4 条第五款的要求进行冻融的装置。满载运转时冻融箱内各点温度的极差不得超过 2℃。

二、试件盒　由 1～2mm 厚的钢板制成。其净截面尺寸应为 110mm×110mm，高度应比试件高出 50～100mm。试件底部垫起后盒内水面应至少能高出试件顶面 5mm。

三、案称　称量 10kg 感量 5g，或称量 20kg，感量 10g。

四、动弹性模量测定仪　共振法或敲击法动弹性模量测定仪。

五、热电偶、电位差计　能在 20～－20℃范围内测定试件中心温度。测量精度不低于±0.5℃。

第 3.2.4 条　快冻法混凝土抗冻性能试验应按下列规定进行：

一、如无特殊规定，试件应在 28 天龄期时开始冻融试验。冻融试验前四天应把试件从养护地点取出，进行外观检查，然后在温度为 15～20℃的水中浸泡（包括测温试件）。浸泡时水面至少应高出试件顶面 20mm，试件浸泡 4 天后进行冻融试验。

二、浸泡完毕后，取出试件，用湿布擦除表面水分，称重，并按本标准第四章的规定测定其横向基频的初始值。

三、将试件放入试件盒内，为了使试件受温均衡，并消除试件周围水分结冰引起的附加压力，试件的侧面与底部应垫放适当宽度与厚度的橡胶板，在整个试验过程中，盒内水位高度应始终保持高出试件顶面 5mm 左右。

四、把试件盒放入冻融箱内。其中装有测温试件的试件盒应放在冻融箱的中心位置。此时即可开始冻融循环。

五、冻融循环过程应符合下列要求：

1. 每次冻融循环应在 2～4h 内完成，其中用于融化的时间不得小于整个冻融时间的 1/4。

2. 在冻结和融化终了时，试件中心温度应分别控制在－17±2℃和 8±2℃。

3. 每块试件从 6℃降至－15℃所用的时间不得少于冻结时间的 1/2。每块试件从－15℃升至 6℃所用的时间也不得少于整个融化时间的 1/2，试件内外的温差不宜超过 28℃。

4. 冻和融之间的转换时间不宜超过 10min。

六、试件一般应每隔 25 次循环作一次横向基频测量，测量前应将试件表面浮渣清洗干净，擦去表面积水，并检查其外部损伤及重量损失。横向基频的测量方法及步骤应按本标准第四章的规定执行。测完后，应即把试件掉一个头重新装入试件盒内。试件的测量、称量及外观检查应尽量迅速，以免水分损失。

七、为保证试件在冷液中冻结时温度稳定均衡，当有一部分试件停冻取出时，应另用试件填充空位。

如冻融循环因故中断，试件应保持在冻结状态下，并最好能将试件保存在原容器内用冰块围住。如无这一可能，则应将试件在潮湿状态下用防水材料包裹，加以密封，并存放在－17℃±2℃的冷冻室或冰箱中。

试件处在融解状态下的时间不宜超过两个循环。特殊情况下，超过两个循环周期的次数，在整个试验过程中只允许 1～2 次。

八、冻融到达以下 3 种情况之一即可停止试验：

1. 已达到 300 次循环；

2. 相对动弹性模量下降到 60%以下；

3. 重量损失率达 5%。

第 3.2.5 条　混凝土试件的相对动弹性模量可按下式计算：

$$P=\frac{f_n^2}{f_0^2}\times 100 \quad (3.2.5\text{-}1)$$

式中：P——经 N 次冻融循环后试件的相对动弹性模量，以 3 个试件的平均值计算，%；

f_n——N 次冻融循环后试件的横向基频,Hz;

f_0——冻融循环试验前测得的试件横向基频初始值,Hz。

混凝土试件冻融后的重量损失率应按下式计算:

$$\Delta W_n = \frac{G_0 - G_n}{G_0} \times 100 \quad \cdots\cdots (3.2.5\text{-}2)$$

式中:ΔW_n——N 次冻融循环后试件的重量损失率,以 3 个试件的平均值计算,%;

G_0——冻融循环试验前的试件重量,kg;

G_n——N 次冻融循环后的试件重量,kg。

混凝土耐快速冻融循环次数应以同时满足相对动弹性模量值不小于 60%和重量损失率不超过 5%时的最大循环次数来表示。

混凝土耐久性系数应按下式计算:

$$K_n = P \times N / 300 \quad \cdots\cdots (3.2.5\text{-}3)$$

式中:K_n——混凝土耐久性系数;

N——达到第 3.2.4 条第八款要求时的冻融循环次数;

P——经 N 次冻融循环后试件的相对动弹性模量。

第四章 动弹性模量试验

第 4.0.1 条 本方法适用于测定混凝土的动弹性模量,以检验混凝土在经受冻融或其他侵蚀作用后遭受破坏的程度,并以此来评定它们的耐久性能。

第 4.0.2 条 本试验采用截面为 100mm×100mm 的棱柱体试件,其高宽比一般为 3~5。

第 4.0.3 条 混凝土动弹性模量试验所用设备应符合下列规定:

一、混凝土动弹性模量测定仪——有以下两种形式:

1. 共振法混凝土动弹性模量测定仪(简称共振仪)

输出频率可调范围为 100~20000Hz,输出功率应能激励试件使产生受迫振动,以便能用共振的原理定出试件的基频振动频率(基频)。

在无专用仪器的情况下,可用通用仪器进行组合,其基本原理示意如图 4.0.3。

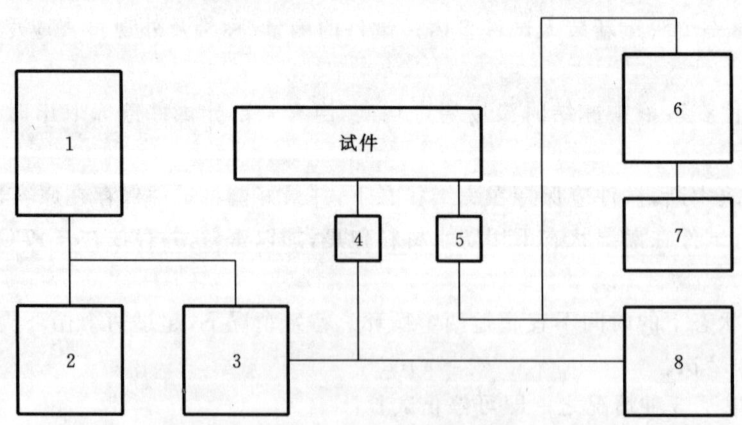

图 4.0.3 共振法混凝土动弹性模量测定基本原理示意图

1—振荡器;2—频率计;3—放大器;4—激振换能器;
5—接收换能器;6—放大器;7—电表;8—示波器

通用仪器组合后,其输出频率的可调范围应与所测试件尺寸、容重及混凝土品种相匹配,一般为 100~20000Hz,输出功率也应使能激励试件产生受迫振动。

2. 敲击法混凝土动弹性模量测定仪

应能从试件受敲击后的复杂振动状态中析出基频振动，并通过计数显示系统显示出试件基频振动周期。仪器相应的频率测量范围应为30～30000Hz。

二、试件支承体　硬橡胶韧型支座或约20mm厚的软泡沫塑料垫。

三、案秤　称量10kg，感量5g；或称量20kg，感量10g。

第4.0.4条　混凝土动弹性模量试验应按下列步骤进行：

一、测定试件的重量和尺寸。试件重量的测量精度应在±0.5%以内，尺寸的测量精度应在±1%以内。每个试件的长度和截面尺寸均取3个部位测量的平均值。

二、将试件安放在支承体上，并定出换能器或敲击及接收点的位置，以共振法测量试件的横向基频振动频率时，其支承和换能器的安装位置可见图(4.0.4-1)。以敲击法测量试件的横向基频振动频率时其支承、敲击点和接收换能器的安装位置可见图(4.0.4-2)。

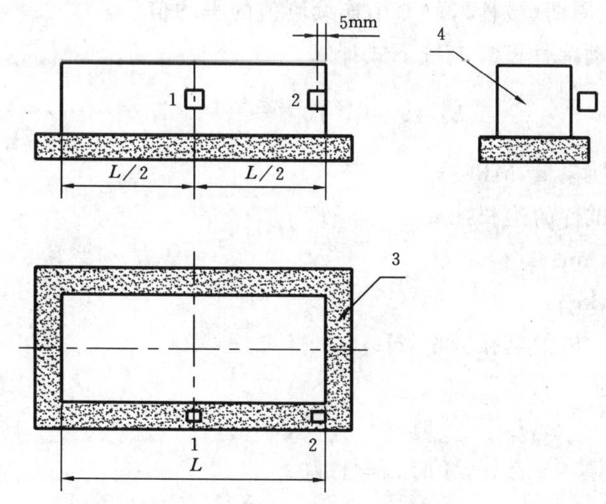

图 4.0.4-1　共振法测量动弹性模量

1—激振换能器；2—接收换能器；3—软泡沫塑料垫；

4—试件(测量时试件成型面朝上)

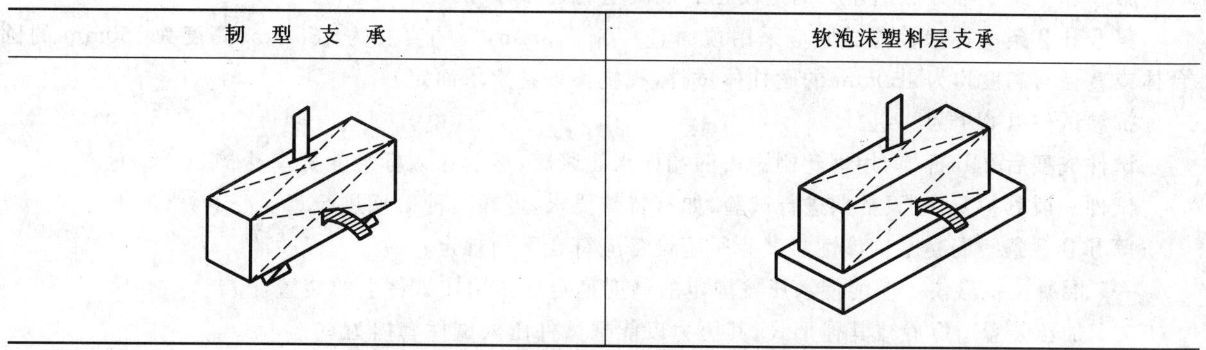

图 4.0.4-2　敲击法测量动弹性模量示意图

⇨ 敲击方向及位置　➡ 接收方向和位置(测量时支承点、敲击点和接收点均应避开成型面)

三、用共振法测量混凝土动弹性模量时，先调整共振仪的激振动功率和接收增益旋钮至适当位置，变换激振频率，同时注意观察指示电表的指针偏转，当指针偏转为量大时，即表示试件达到共振状态，这时所显示的激振频率即为试件的基频振动频率。每一测量应重复测读两次以上，如两次连续测值之差不超过0.5%，取这两个测值的平均值作为该试件的测试结果。

采用以示波器显示的仪器时，示波器的图形调成一个正圆时的频率即为共振频率。

当仪器同时具有指示电表和示波器时，以电表指针达最大值时的频率作为共振率。

在测试过程中，如发现两个以上峰值时，宜采用以下方法测出其真实的共振峰：

1. 将输出功率固定，反复调整仪器输出频率，从指示电表上比较幅值的大小，幅值最大者为真实的共振峰。

2. 把接收换能器移至距端部 0.224 倍试件长处，此时如指示电表示值为零，即为真实的共振峰值。

四、用敲击法测量混凝土动弹性模量时，用击锤激振。敲击时敲击力的大小以能激起试件振动为度，击锤下落后应任其自由弹起，此时即可从仪器数码管中读出试件的基频振动周期，试件的基频振动频率应按下式计算：

$$f=\frac{1}{T}\times10^{6} \qquad (4.0.4)$$

式中：f——试件横向振动时的基振频率，Hz；

T——试件基频振动周期（微秒），取 6 个连续测值的平均值。

第 4.0.5 条 混凝土动弹性模量应按下式计算：

$$E_{d}=9.46\times10^{-4}\frac{WL^{3}f^{2}}{a^{4}}\times K \qquad (4.0.5)$$

式中：E_d——混凝土动弹性模量，MPa；

a——正方形截面试件的边长，mm；

L——试件的长度，mm；

W——试件的重量，kg；

f——试件横向振动时的基振频率，Hz；

K——试件尺寸修正系数：

$L/a=3$ 时，$k=1.68$；

$L/a=4$ 时，$k=1.40$；

$L/a=5$ 时，$k=1.26$。

混凝土动弹性模量以 3 个试件的平均值作为试验结果，计算精确到 100MPa（1000kgf/cm^2）。

第五章 抗渗性能试验

第 5.0.1 条 本方法适用于测定硬化后混凝土的抗渗标号。

第 5.0.2 条 抗渗性能试验应采用顶面直径为 175mm，底面直径为 185mm，高度为 150mm 的圆台体或直径与高度均为 150mm 的圆柱体试件（视抗渗设备要求而定）。

抗渗试件以 6 个为一组。

试件成型后 24h 拆模，用钢丝刷刷去两端面水泥浆膜，然后送入标准养护室养护。

试件一般养护至 28 天龄期进行试验，如有特殊要求，可在其他龄期进行。

第 5.0.3 条 混凝土抗渗性能试验所用设备应符合下列规定：

一、混凝土抗渗仪 应能使水压按规定的制度稳定地作用在试件上的装置。

二、加压装置 螺旋或其他形式，其压力以能把试件压入试件套内为宜。

第 5.0.4 条 混凝土抗渗性能试验应按下列步骤进行：

一、试件养护至试验前一天取出，将表面晾干，然后在其侧面涂一层熔化的密封材料，随即在螺旋或其他加压装置上，将试件压入经烘箱预热过的试件套中，稍冷却后，即可解除压力，连同试件套装在抗渗仪上进行试验。

二、试验从水压为 0.1MPa（1kgf/cm^2）开始。以后每隔 8h 增加水压 0.1MPa（1kgf/cm^2），并且要随时注意观察试件端面的渗水情况。

三、当 6 个试件中有 3 个试件端面呈有渗水现象时，即可停止试验，记下当时的水压。

四、在试验过程中，如发现水从试件周边渗出，则应停止试验，重新密封。

第 5.0.5 条 混凝土的抗渗标号以每组 6 个试件中 4 个试件未出现渗水时的最大压力计算，其计算式为：

$$S=10H-1 \quad (5.0.5)$$

式中：S——抗渗标号；

H——6 个试件中 3 个渗水时的水压力，MPa。

第六章 收缩试验

第 6.0.1 条 本方法适用于测定混凝土试件在规定的温湿度条件下，不受外力作用所引起的长度变化，即收缩。本方法也可用以测定在其他条件下混凝土的收缩与膨胀。

第 6.0.2 条 测定混凝土收缩时以 100mm×100mm×515mm 的棱柱体试件为标准试件，它适用于骨料最大粒径不超过 30mm 的混凝土。

混凝土骨料最大粒径大于 30mm 时可采用截面为 150mm×150mm（骨料最大粒径不超过 40mm）或截面为 200mm×200mm（骨料最大粒径不超过 60mm）的棱柱试件。

采用混凝土收缩仪时应用外形为 100mm×100mm×515mm 的棱柱体标准试件。试件两端应预埋测头或留有埋设测头的凹槽。测头应由不锈钢或其他不锈的材料制成，并应具有图 6.0.2 的外形。

非标准试件采用接触式引伸仪时，所用试件的长度应至少比仪器的测量标距长出一个截面边长。测钉应粘贴在试件两测面的轴线上。

使用混凝土收缩仪时，制作试件的试模应具有能固定测头或预留凹槽的端板。使用接触式引伸仪时，可用一般棱柱体试模制作试件。试件成型时如用机油作隔离剂则所用机油的粘度不应过大，以免阻碍以后试件的湿度交换，影响测值。

如无特殊规定，试件应带模养护 1～2 天（视当时混凝土实际强度而定）。拆模后应立即粘或埋好测头或测钉，送至温度为 20±3℃，湿度为 90%以上的标准养护室养护。

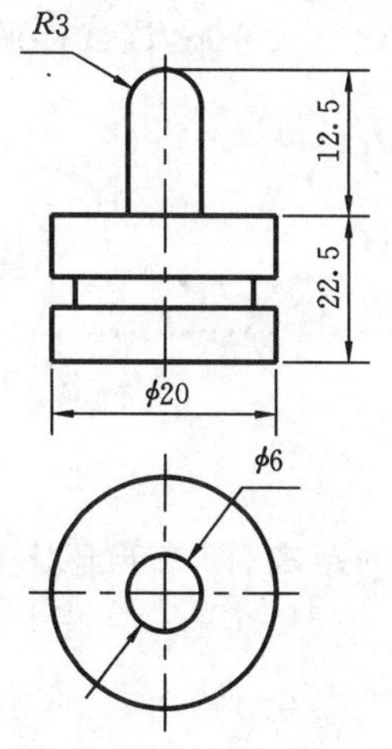

a. 预埋测头

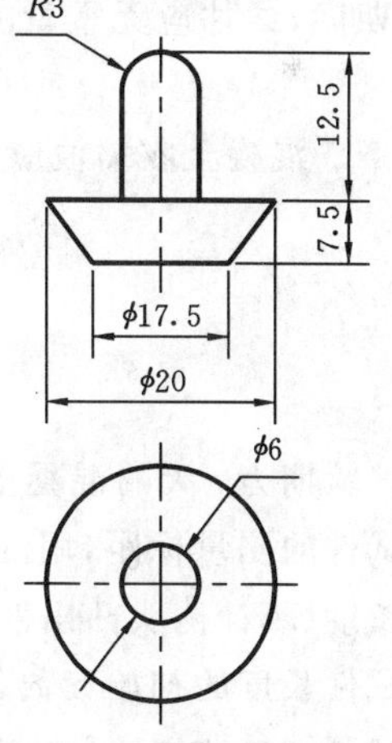

b. 后埋测头

图 6.0.2 收缩测头

第 6.0.3 条 混凝土收缩试验所用设备应符合下列规定：

一、变形测量装置 可以有以下两种形式：

1. 混凝土收缩仪 测量标距为 540mm，装有精度为 0.01mm 的百分表或测微器；

2. 其他形式的变形测量仪表 其测量标距不应小于 100mm 及骨料最大粒径的 3 倍。并至少能达到相对变形为 20×10^{-6}的测量精度。

测量混凝土变形的装置应具有殷钢或石英玻璃制作的标准杆以便在测量前及测量过程中校核仪表的读数。

二、恒温恒湿室　能使室温保持在20±2℃，相对湿度保持在60±5%。

第6.0.4条　混凝土收缩试验应按下列步骤进行。

一、测定代表某一混凝土收缩性能的特征值时，试件应在3天龄期(从搅拌混凝土加水时算起)从标准养护室取出并立即移入恒温恒湿室测定其初始长度，此后至少应按以下规定的时间间隔测量其变形读数：

1、3、7、14、28、45、60、90、120、150、180天(从移入恒温恒湿室内算起)。

测定混凝土在某一具体条件下的相对收缩值时(包括在徐变试验时的混凝土收缩变形测定)应按要求的条件安排试验，对非标准养护试件如需移入恒温恒湿室进行试验，应先在该室内预置4h，再测其初始值，以使它们具有同样的温度基准。测量时并应记下试件的初始干湿状态。

二、测量前应先用标准杆校正仪表的零点，并应在半天的测定过程中至少再复核1～2次(其中一次在全部试件测读完后)。如复核时发现零点与原值的偏差超过±0.01mm，调零后应重新测定。

三、试件每次在收缩仪上放置的位置、方向均应保持一致。为此，试件上应标明相应的记号。试件在放置及取出时间应轻稳仔细，勿使碰撞表架及表杆，如发生碰撞，则应取下试件，重新以标准杆复核零点。

用接触式引伸仪测定时，也应注意使每次测量时试件与仪表保持同样的方向性。每次读数应重复3次。

四、试件在恒温恒湿室内放置在不吸水的搁架上，底面架空，其总支承面积不应大于100乘试件截面边长(mm)，每个试件之间应至少留有30mm的间隙。

五、需要测定混凝土自缩值的试件，在3天龄期时从标准养护室取出后应立即密封处理，密封处理可采用金属套或蜡封，采用金属套时试件装入后应盖严焊死，不得留有任何能使内外湿度交换的缝隙。外露测头的周围也应用石蜡反复封堵严实。采用蜡封时至少应涂蜡3次，每次涂蜡前应用浸蜡的纱布或蜡纸包缠严实，蜡封完毕后应套以塑料袋加以保护。

自缩试验期间，试件应无重量变化，如在180天试验间隔期内重量变化超过10g，该试件的试验结果无效。

第6.0.5条　混凝土收缩值应按下式计算：

$$\varepsilon_{st}=\frac{L_0-L_t}{L_b} \qquad (6.0.5)$$

式中：ε_{st}——试验期为t天的混凝土收缩值，t从测定初始长度时算起；

L_b——试件的测量标距，用混凝土收缩仪测定时应等于两测头内侧的距离，即等于混凝土试件的长度(不计测头凸出部份)减去2倍测头埋入深度，mm；

L_0——试件长度的初始读数，mm；

L_t——试件在试验期为t时测得的长度读数，mm。

作为相互比较的混凝土收缩值为不密封试件于3天龄期自标准养护室移入恒温恒湿室中放置180天所测得的收缩值。

取3个试件值的算术平均值作为该混凝土的收缩值，计算精确到10×10^{-6}。

第七章　受压徐变试验

第7.0.1条　本方法适用于测定混凝土试件在长期恒定轴向压力作用下的变形性能。

第7.0.2条　徐变试验应采用棱柱体试件，每组3块。试件的截面尺寸应根据混凝土中骨料的最大粒径按表7.0.2选定。

徐变试验试件尺寸选用表　　表 7.0.2

试件最小边长　mm	骨料最大粒径　mm
100	30
150	40
200	60

试件的长度至少应比拟采用的测量标距长出一个截面边长。

采用外装式变形测量装置时，徐变试验两侧面应有安装测量仪表的测头，测头宜采用埋入式。在对粘结的工艺及材料确有把握时允许采用胶粘。采用内埋式应变测量装置时，应注意使测头埋设在试件中部并保持其轴线与试件长轴一致。

采用埋入式测头时，试模的侧壁应具有能在成型时使测头定位的装置。

如无特殊要求，试件拆模后应立即送入标准养护养室养护到 7 天龄期(自混凝土搅拌加水开始起算)。然后移入恒温恒湿室待试。

作对比或检验混凝土的徐变性能时，试件应在 28 天龄期时加荷。

当研究某一混凝土的徐变特性时，应至少制备 4 组徐变试件，并分别在龄期为 7、14、28、90 天时加荷。

如需确定在具体使用条件下的混凝土徐变值，则应根据具体情况确定试件的养护及试验制度。

制作徐变试件时应同时制作相应的棱柱体抗压试件及收缩试件以供确定试验荷载大小及测定收缩之用，收缩试件应与徐变试件相同，并装有与徐变试件相同的测量装置。抗压试件及收缩试件应随徐变试件一并养护。

第 7.0.3 条　混凝土徐变试验所用设备应符合下列规定。

一、徐变仪　其基本形式如图 7.0.3 所示，它包括上、下压板、弹簧持荷装置以及 2～3 根承力丝杆。弹簧及丝杆的数量、尺寸应按徐变仪所要求的试验吨位而定。在试验荷载下，丝杆的拉应力一般不应大于材料屈服点的 30%，弹簧的工作压力不应超过允许极限荷载的 80%，但工作时弹簧的压缩变形也不得小于 20mm，以使它具有足够的调整能力。

有条件时也可采用两个试件串叠受荷，以提高设备的利用率。

二、加荷装置　包括加荷架、千斤顶及测力装置。

加荷架　由接长杆及顶板组成，用以承受加荷时的反力。加荷时加荷架与徐变仪丝杆顶部相连。

千斤顶　一般起重千斤顶，其吨位应大于所要求的试验荷载。

测力装置　标准箱(压力环)或其他形式的压力测定装置，其测量精度应达到所加荷载的 2%，其量程应能使试验压力值不小于全量程的 20%，也不大于全量程的 80%。

三、变形测量装置　可采用外装的带接长杆的千分表，差动式应变计或移动式的接触式引伸仪，它应能保证所测量的应变值至少具有 20×10^{-6} 的精度。

四、恒温恒湿室　能使室温保持在 20±2℃，相对湿度保持在 60±5%。

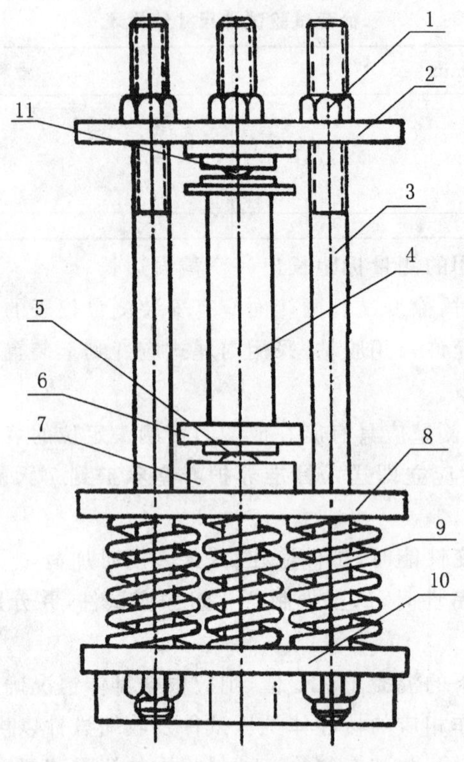

图 7.0.3 徐变仪

1—螺母;2—上压板;3—丝杆;4—件试;
5—球绞;6—垫板;7—定心;8—下压板;
9—弹簧;10—底盘;11—球绞

第7.0.4条 混凝土受压徐变试验应按下列步骤进行。

一、试验前应充分作好准备工作,需要粘贴测头或测点的应在一天以前粘好,仪表安装好后应仔细检查,不得有任何松动或异常现象。加荷用的千斤顶、测力计等也应予以检查。

二、把同条件养护的棱柱体抗压强度试件取出,试压,取得混凝土的棱柱体抗压强度。

三、把徐变试件放在徐变仪的下压板上,此时试件、加荷千斤顶,测力计及徐变仪的轴线应重合。再次检查变形测量仪表的调零情况,记下初始读数。

四、试件放好后,开始加荷。如无特殊要求,试验时取徐变应力为所测得的棱柱体抗压强度的40%。如果采用外装仪表或接触式引伸仪,用千斤顶先加压至徐变应力的20%进行对中。此时,两侧的变形相差应小于其平均值的10%,如超出此值,应松开千斤顶,重新调整后,再加荷到徐变应力的20%,检查对中的情况。对中完毕后,应立即继续加荷直到徐变应力,读出两边的变形值。此时,两边变形的平均值即为在徐变荷载下的初始变形值。从对中完毕到测初始变形值之间的加荷及测量时间不得超过一分钟。拧紧承力螺杆上端的螺帽,放松千斤顶,观察两边变形值的变化情况。此时,试件两侧的读数相差应不超过平均值的10%,否则应予以调整,调整应在试件持荷的情况下进行,调整过程中所产生的变形增值应计入徐变变形之中。再加荷到徐变应力,检查两侧变形读数,其总和与加荷前读数相比,误差不应超过2%。否则应予以补足。

五、按下列试验周期(由试件加荷时起算)测定混凝土试件的变形值:1、3、7、14、28、45、60、90、120、150、180、360天。

在测读变形读数的同时应测定同条件放置收缩试件的收缩值。

六、试件受压后应定期检查荷载的保持情况,一般在7、28、60、90天各校核一次,如荷载变化大于2%,应予以补足。

第7.0.5条 混凝土的徐变值应按下式计算：

$$\varepsilon_{ct}=\frac{\Delta L_t-\Delta L_o}{L_b}-\varepsilon_t \quad\cdots\cdots\cdots\cdots (7.0.5\text{-}1)$$

式中：ε_{ct}——加荷 t 天后的混凝土徐变值；

ΔL_t——加荷 t 天后混凝土的总变形值，mm；

ΔL_0——加荷时测得的混凝土初始变形值，mm；

ΔL_b——测量标距，mm；

ε_t——同龄期混凝土的收缩值。

作为供对比的混凝土徐变值为标准养护的混凝土试件，在28天龄期时经受0.4倍棱柱抗压强度的恒定荷载360天的徐变值。

二、混凝土的徐变度应按下式计算：

$$C_t=\frac{\varepsilon_{ct}}{\delta} \quad\cdots\cdots\cdots\cdots (7.0.5\text{-}2)$$

式中：C_t——加荷 t 天混凝土徐变度，(1/MPa)；

δ——徐变应力，MPa。

混凝土的徐变系数可按下式计算：

$$\varphi_e=\frac{\varepsilon_{ct}}{\varepsilon_o} \quad\cdots\cdots\cdots\cdots (7.0.5\text{-}3)$$

式中：φ_e——加荷 t 天的混凝土徐变系数；

ε_o——混凝土在加荷时测得的初始应变值，即

$$\varepsilon_o=\frac{\Delta L_o}{L_b}$$

第八章 碳化试验

第8.0.1条 本方法适用于测定在一定浓度的二氧化碳气体介质中混凝土试件的碳化程度，以评定该混凝土的抗碳化能力。

第8.0.2条 碳化试验应采用棱柱混凝土试件，以3块为一组，试件的最小边长应符合表8.0.2的要求。棱柱体的高宽比应不小于3。

碳化试验试件尺寸选用表 表8.0.2

试件最小边长 (mm)	骨料最大粒径 (mm)
100	30
150	40
200	60

无棱柱体试件时，也可用立方体试件代替，但其数量应相应增加。

试件一般应在28天龄期进行碳化，采用掺合料的混凝土可根据其特性决定碳化前的养护龄期。碳化试验的试件宜采用标准养护。但应在试验前2天从标准养护室取出。然后在60℃温度下烘48h。

经烘干处理后的试件，除留下一个或相对的两个侧面外，其余表面应用加热的石蜡予以密封。在侧面上顺长度方向用铅笔以10mm间距画出平行线，以预定碳化深度的测量点。

第8.0.3条 混凝土碳化试验所用设备应符合下列规定。

一、碳化箱 带有密封盖的密闭容器，容器的容积至少应为预定进行试验的试件体积的两倍。箱内应有架空试件的铁架，二氧化碳引入口，分析取样用的气体引出口，箱内气体对流循环装置，温湿度测量以及为保持箱内恒温恒湿所需的设施。必要时，可设玻璃观察口以对箱内的温度进行读数。

二、气体分析仪 能分析箱内气体中的二氧化碳浓度，精确到1%。

三、二氧化碳供气装置　包括气瓶、压力表及流量计。

第8.0.4条　混凝土碳化试验应按下列步骤进行。

一、将经过处理的试件放入碳化箱内的铁架上，各试件经受碳化的表面之间的间距至少应不小于50mm。

二、将碳化箱盖严密封。密封可采用机械办法或油封，但不得采用水封以免影响箱内的湿度调节。开动箱内气体对流装置，徐徐充入二氧化碳，并测定箱内的二氧化碳浓度，逐步调节二氧化碳的流量，使箱内的二氧化碳浓度保持在20±3%。在整个试验期间可用去湿装置或放入硅胶，使箱内的相对湿度控制在70±5%的范围内。碳化试验应在20±5℃的温度下进行。

三、每隔一定时期对箱内的二氧化碳浓度、温度及湿度作一次测定。一般在第一、二天每隔2h测定一次，以后每隔4h测定一次。并根据所测得的二氧化碳浓度随时调节其流量。去湿用的硅胶应经常更换。

四、碳化到了3、7、14及28天时，各取出试件，破型以测定其碳化深度。棱柱体试件在压力试验机上用劈裂法从一端开始破型。每次切除的厚度约为试件宽度的一半，用石蜡将破型后试件的切断面封好，再放入箱内继续碳化，直到下一个试验期。如采用立方体试件，则在试件中部劈开。立方体试件只作一次检验，劈开后不再放回碳化箱重复使用。

五、将切除所得的试件部份刮去断面上残存的粉末，随即喷上(或滴上)浓度为1%的酚酞酒精溶液(含20%的蒸馏水)。经30s后，按原先标划的每10mm一个测量点用钢板尺分别测出两侧面各点碳化深度。如果测点处的碳化分界线上刚好嵌有粗骨料颗粒，则可取该颗粒两侧处碳化深度的平均值作为该点的深度值。碳化深度测量精确至1mm。

第8.0.5条　混凝土在各试验龄期时的平均碳化深度应按下式计算，精确到0.1mm：

$$\overline{d}_t=\frac{\sum_{i=1}^{n} d_i}{n} \qquad (8.0.5)$$

式中：$\overline{d}_t$——试件碳化t天后的平均碳化深度，mm；

d_i——两个侧面上各测点的碳化深度，mm；

n——两个侧面上的侧点总数。

在以标准条件下(即二氧化碳浓度为20±3%，温度为20±5℃，湿度为70±5%)的3个试件碳化28天的碳化深度平均值作为供相互对比用的混凝土碳化值，以此值来对比各种混凝土的抗碳化能力及对钢筋的保护作用。

以各龄期计算所得的碳化深度绘制碳化时间与碳化深度的关系曲线，以表示在该条件下的混凝土碳化发展规律。

第九章　混凝土中钢筋锈蚀试验

第9.0.1条　本方法适用于测定在给定条件下混凝土中钢筋的锈蚀程度，以对比不同混凝土对钢筋的保护作用。

本方法不适用于在侵蚀性介质中使用的混凝土内钢筋锈蚀试验。

第9.0.2条　混凝土中钢筋锈蚀试验应采用100mm×100mm×300mm的棱柱体试件，每组3块。适用于骨料最大粒径不超过30mm的混凝土。

试件中埋置的钢筋用直径为6mm的普通低碳钢热扎盘条调直制成，其表面不得有锈坑及其他严重缺陷。每根钢筋长为299±1mm。用砂轮将其一端磨出长约30mm的平面，用钢字打上标记，然后用12%盐酸溶液进行酸洗，经清水漂净后，用石灰水中和，并再用清水冲洗干净，擦干后在干燥器中至少存放4h，然后用分析天平称取每根钢筋的初重(精确至0.001g)，存放在干燥器中备用。

试件成型前应将套有定位板的钢筋放入试模，定位板应紧贴试模的两个端板，为防止试模上的隔离剂沾污钢筋。安放完毕后应用丙酮擦净钢筋表面。

试件成型1～2昼夜后编号拆模，然后用钢丝刷将试件两端部混凝土刷毛，用1∶2水泥砂浆抹上20mm厚的保护层，就地潮湿养护(或用塑料薄膜盖好)一昼夜，移入标准养护室养护。

第9.0.3条 混凝土中钢筋锈蚀试验所用设备应符合下列规定。

一、混凝土碳化试验装置 包括碳化箱、供气装置及气体分析仪。其要求应符合第8.0.3条的规定。

二、钢筋定位板 木质五合板或薄木板锯成，尺寸为100mm×100mm，板上并应钻有穿插钢筋的圆孔(见图9.0.3)。

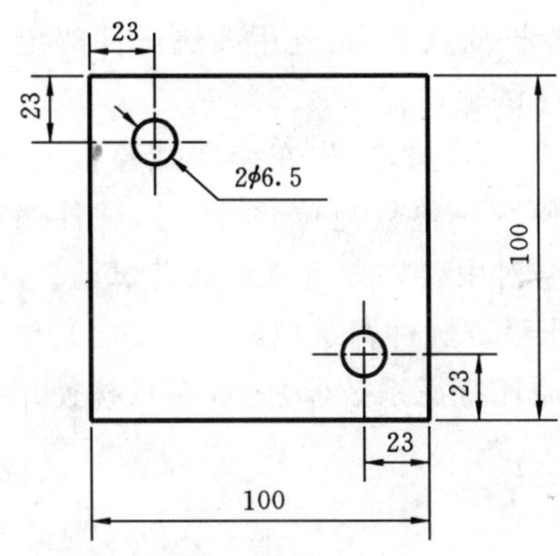

图9.0.3 定位板

三、分析天平 称量1kg，感量0.001g。

第9.0.4条 混凝土中钢筋锈蚀试验应按下列步骤进行。

一、作钢筋锈蚀试验以前试件应先进行碳化，碳化一般在28天龄期时开始，采有掺合料的混凝土可根据其特性决定碳化前的混凝土养护龄期。碳化应在二氧化碳浓度为20%±3%；相对湿度70±5%，温度为20±5℃的条件下进行，碳化时间应为28天。

二、试件碳化处理后再移入标准养护室养护。在养护室中，试件间隔的距离不应小于50mm，并应避免试件直接淋水。在潮湿条件下存放56天后取出，破型，先测出碳化深度，然后进行钢筋锈蚀程度的测定。

三、取出试件中的钢筋，刮去钢筋上沾附的混凝土，用12%盐酸溶液进行酸洗，经清水漂净后，用石灰水中和，最后再以清水冲洗干净。擦干后在干燥器中至少存放4h，用分析天平称重(精确至0.001g)，计算锈蚀失重。

第9.0.5条 钢筋锈蚀的失重率在按下式计算：

$$L_W=\frac{g_0-g}{g_0}\times 100 \qquad (9.0.5)$$

式中：L_W——钢筋锈蚀失重率，%；

g_0——钢筋未锈前重量，g；

g——钢筋锈蚀后的重量，g。

计算精确至0.01%。

第十章 抗压疲劳强度试验

第10.0.1条 本方法适用于测定在给定循环次数为200万次作用下的混凝土抗压疲劳强度值。

第10.0.2条 疲劳试验所用试件应根据骨料最大粒径及疲劳试验机的允许吨位采用100mm×100mm×300mm或150mm×150mm×450mm的棱柱体试件。每组试件不应少于9个，其中3个做棱柱体压强度试验，其余的做抗疲劳试验。

第10.0.3条 混凝土抗压疲劳强度试验所用设备应符合下列规定。

一、疲劳试验机 其吨位应能使试件预期的疲劳破坏荷载不小于全量程的20%，也不大于全量的80%。脉冲频率以4Hz为宜。

二、上、下钢垫板 应具有足够的刚度，其尺寸应大于试件的承压面，不平度要求为每100mm不超过0.02mm。

第10.0.4条 混凝土抗压疲劳试验应按下列步骤进行。

一、全部试件在标准养护室养护至28天龄期后取出，在室温下(不低于10℃)存放到3个月龄期进行抗压疲劳试验。

二、试件在龄期约3个月时从养护地点取出，先用3块试件测定其棱柱体抗压强度，其余试件按测得的棱柱体抗压强度值进行疲劳强度试验。

三、每一试件进行抗压疲劳强度试验前，应先在疲劳试验机上进行静压变形对中，对中时应力取40%的棱柱体抗压强度(荷载可近似取一整数吨位)。此时，试件两侧变形值之差不得大于平均值的10%，否则应调整试件位置，直至符合对中要求方可进行疲劳试验。

四、疲劳强度试验荷载采用受压稳定脉冲荷载(如图10.0.4)。试验荷载循环次数定为200万次。下限应力与上限应力的比值称为荷载循环特征系数(ρ)。该系数按使用要求取值，如无要求时取0.15。

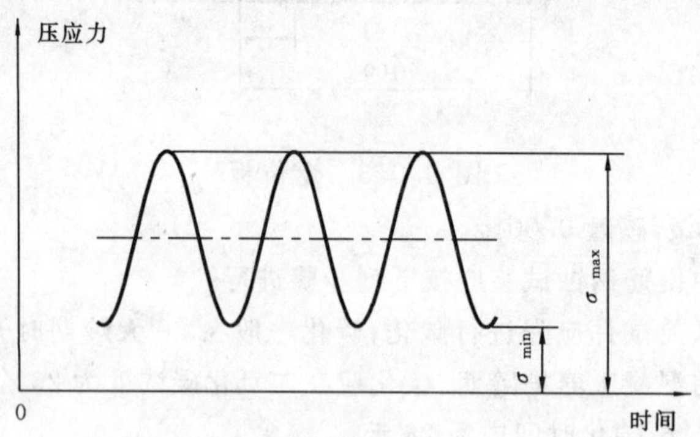

图10.0.4 疲劳试验脉冲荷载示意

五、进行第一个试件的抗压疲劳强度试验时，可参照表10.0.4来取决脉冲上限应力σ_{max}(换算成荷载时可取到整数吨位)。若试件在此应力状态下经200万次循环后没有破坏，则取另一个试件，将上限应力增加0.05棱柱体抗压强值(ρ值保持不变)，再进行200万次循环试验。如果仍未破坏，另取一试件再增加0.05棱柱体抗压强度值进行试验。以此类推，直到第n个试件在荷载不足200万次破坏为止。将第$n-1$个试件的上限应力定为此组试件所能承受的初定疲劳极限应力。

如第一个试件循环不足200万次便破坏，则另取一个试件将上限应力减少0.05棱柱体抗压强度值(ρ值保持不变)进行200万次循环试验，如仍不足200万次即已破坏，则再取一个试件，再降低荷载0.05棱柱体抗压强度值进行试验，以此类推，直至第m个试件经受荷载循环200万次不破坏为止，并把第m个试件上限应力定为该组试件所能承受的初定疲劳极限应力。

疲劳试验第一个试件建议采用的脉冲上限应力值 表10.0.4

试验所用的ρ值	0.15	0.25	0.35	0.45
第一个试件建议取用的σ_{max}	$0.6f'_{cp}$	$0.65f'_{cp}$	$0.7f'_{cp}$	$0.75f'_{cp}$

注：1. 对高标号混凝土建议取用的σ_{max}值尚可适当提高。

2. 表中的f_{cp}为由试件测得的棱柱体抗压强度。

六、对取得的初定疲劳极限应力进行验证，其方法如下：

取一试件，以上限应力为已测得的初定疲劳极限应力值进行200万次循环试验，如试件仍不破坏，则可确认该初定值即为该组试件的抗压疲劳极限应力；

若该验证试件在上限应力为初定疲劳极限应力状态下循环不足200万次即破坏，则应再取一试件将上限应力减少0.05棱柱体抗压强度值进行200万次循环试验，以此类推，直至试件能经受200万次循环为止，并以该试件所承受的上限应力定为该组试件的抗压疲劳极限应力。

七、全部试验应连续进行，不宜中断。

第10.0.5条 经验证后的抗压疲劳极限应力即为该混凝土在给定ρ值下的抗压疲劳强度。

进行材料疲劳性能对比时取ρ为0.15的抗压疲劳强度作为其特征值。

如需计算在其他条件下的抗压疲劳折减系数、则可按下式计算：

$$K_{fi}=\frac{K_\rho}{K_n}\times\frac{f_{fi}}{f'_{cp}} \qquad (10.0.5)$$

式中：K_{fi}——疲劳强度折减系数；

f_{fi}——$\rho=0.15$，$n=200$万次试验得出的疲劳强度，MPa；

f'_{cp}——同组试件的混凝土棱柱体抗压强度，MPa；

K_n——与疲劳荷载重复次数有关的修正系数，当$n=200$万次时，$K_n=1.00$，当$n=700$万次时，$K_n=1.10$；

K_ρ——与荷载循环特征系数ρ有关的修正系数，可按下表取值。

K_ρ系数取值表 表10.0.5

ρ	0.15	0.25	0.35	0.45	0.55	0.65
K_ρ	1	1.07	1.15	1.25	1.35	1.44

附录　本规范用词说明

一、执行本规范条文时，对于要求严格程度的用词说明如下，以便在执行中区别对待：

1. 表示很严格，非这样作不可的作词：

正面词采用“必须”；

反面词采用“严禁”。

2. 表示严格，在正常情况下均应这样作的用词：

正面词采用“应”；

反面词采用“不应”或“不得”。

3. 表示允许稍有选择，在条件许可时，首先应这样作的用词：

正面词采用“宜”或“可”；

反面词采用“不宜”。

二、条文中指明必须按其他有关标准和规范执行的写法为，“应按……执行”或“应符合……要求或规定”。非必须按所指定的标准和规范执行的写法的，“可参照……”。

附加说明：

本标准主编单位，参加单位和主要起草人名单

主编单位：中国建筑科学研究院混凝土研究所
参加单位：铁道部科学研究院铁道建筑研究所
湖南大学土木系
中国建筑第四工程局建筑科学研究所
太原工学院土木系
长沙铁道学院铁道工程系
黑龙江省低温建筑研究所
主要起草人：吴兴祖　张耀芳　皮心喜　丁林宝
尹志府　马芸芳　张绍麟　崔静忠
黄伯瑜　钟美秦　陆建雯　姚庭舟
贾绿薇　冯克良

中华人民共和国国家标准
混凝土强度检验评定标准

GBJ 107—87

第一章　总则

第1.0.1条　为了统一混凝土强度的检验评定方法，促进企业提高管理水平，确保混凝土强度的质量，特制定本标准。

第1.0.2条　本标准适用于普通混凝土和轻骨料混凝土抗压强度的检验评定。

有特殊要求的混凝土，其强度的检验评定尚应符合现行国家标准的有关规定。

第1.0.3条　混凝土强度的检验评定，除应遵守本标准的规定外，尚应符合现行国家标准的有关规定。

注：对按《钢筋混凝土结构设计规范(TJ10—74)设计的工程，使用本标准进行混凝土强度检验评定时，应按本标准附录一的规定，将设计采用的混凝土标号换算为混凝土强度等级，施工时的配制强度也应按同样原则进行换算。

第二章　一般规定

第2.0.1条　混凝土的强度等级应按立方体抗压强度标准值划分。混凝土强度等级采用符号C与立方体抗压强度标准值(以N/mm^2计)表示。

第2.0.2条　立方体抗压强度标准值系指对按标准方法制作和养护的边长为150mm的立方体试件，在28d龄期，用标准试验方法测得的抗压强度总体分布中的一个值，强度低于该值的百分率不超过5%。

第2.0.3条　混凝土强度应分批进行检验评定。一个验收批的混凝土应由强度等级相同、龄期相同以及生产工艺条件和配合比基本相同的混凝土组成。对施工现场的现浇混凝土，应按单位工程的验收项目划分验收批，每个验收项目应按照现行国家标准《建筑安装工程质量检验评定标准》确定。

第2.0.4条　预拌混凝土厂、预制混凝土构件厂和采用现场集中搅拌混凝土的施工单位，应按本标准规定的统计方法评定混凝土强度。对零星生产的预制构件的混凝土或现场搅拌的批量不大的混凝土，可按本标准规定的非统计方法评定。

第2.0.5条　为满足混凝土强度等级和混凝土强度评定的要求，应根据原材料、混凝土生产工艺及生产质量水平等具体条件，选择适当的混凝土施工配制强度。混凝土的施工配制强度可按照本标准附录二的规定，结合本单位的具体情况确定。

第2.0.6条　预拌混凝土厂、预制混凝土构件厂和采用现场集中搅拌混凝土的施工单位，应定期对混凝土强度进行统计分析，控制混凝土质量。可按本标准附录三的规定，确定混凝土的生产质量水平。

第三章　混凝土的取样，试件的制作、养护和试验

第3.0.1条　混凝土试样应在混凝土浇筑地点随机抽取，取样频率应符合下列规定：

一、每100盘，但不超过$100m^3$的同配合比的混凝土，取样次数不得少于一次；

二、每一工作班拌制的同配合比的混凝土不足100盘时其取样次数不得少于一次。

注：预拌混凝土应在预拌混凝土厂内按上述规定取样。混凝土运到施工现场后，尚应按本条的规定抽样检验。

第3.0.2条　每组三个试件应在同一盘混凝土中取样制作，其强度代表值的确定，应符合下列规定：

一、取三个试件强度的算术平均值作为每组试件的强度代表值；

中华人民共和国国家计划委员会1987-07-09批准　　　　1988-03-01实施

二、当一组试件中强度的最大值或最小值与中间值之差超过中间值的15%时，取中间值作为该组试件的强度代表值；

三、当一组试件中强度的最大值和最小值与中间值之差均超过中间值的15%时，该组试件的强度不应作为评定的依据。

第3.0.3条 当采用非标准尺寸试件时，应将其抗压强度折算为标准试件抗压强度。折算系数按下列规定采用：

一、对边长为100mm的立方体试件取0.95；

二、对边长为200mm的立方体试件取1.05。

第3.0.4条 每批混凝土试样应制作的试件总组数，除应考虑本标准第四章规定的混凝土强度评定所必需的组数外，还应考虑为检验结构或构件施工阶段混凝土强度所必需的试件组数。

第3.0.5条 检验评定混凝土强度用的混凝土试件，其标准成型方法、标准养护条件及强度试验方法均应符合现行国家标准《普通混凝土力学性能试验方法》的规定。

第3.0.6条 当检验结构或构件拆模、出池、出厂、吊装、预应力筋张拉或放张，以及施工期间需短暂负荷的混凝土强度时，其试件的成型方法和养护条件应与施工中采用的成型方法和养护条件相同。

第四章 混凝土强度的检验评定

第一节 统计方法评定

第4.1.1条 当混凝土的生产条件在较长时间内能保持一致，且同一品种混凝土的强度变异性能保持稳定时，应由连续的三组试件组成一个验收批，其强度应同时满足下列要求：

$$m_{f_{cu}} \geqslant f_{cu,k} + 0.7\sigma_0 \quad (4.1.1\text{-}1)$$

$$f_{cu,min} \geqslant f_{cu,k} - 0.7\sigma_0 \quad (4.1.1\text{-}2)$$

当混凝土强度等级不高于C20时，其强度的最小值尚应满足下式要求：

$$f_{cu,min} \geqslant 0.85 f_{cu,k} \quad (4.1.1\text{-}3)$$

当混凝土强度等级高于C20时，其强度的最小值尚应满足下式要求：

$$f_{cu,min} \geqslant 0.90 f_{cu,k} \quad (4.1.1\text{-}4)$$

式中：$m_{f_{cu}}$——同一验收批混凝土立方体抗压强度的平均值，N/mm^2；

$f_{cu,k}$——混凝土立方体抗压强度标准值，N/mm^2；

σ_0——验收批混凝土立方体抗压强度的标准差，N/mm^2；

$f_{cu,min}$——同一验收批混凝土立方体抗压强度的最小值，N/mm^2。

第4.1.2条 验收批混凝土立方体抗压强度的标准差，应根据前一个检验期内同一品种混凝土试件的强度数据，按下列公式确定：

$$\sigma_0 = \frac{0.59}{m}\sum_{i=1}^{m}\Delta_{f_{cu},i} \quad (4.1.2)$$

式中：$\Delta_{f_{cu},i}$——第i批试件立方体抗压强度中最大值与最小值之差；

m——用以确定验收批混凝土立方体抗压强度标准差的数据总批数。

注：上述检验期不应超过三个月，且在该期间内强度数据的总批数不得少于15。

第4.1.3条 当混凝土的生产条件在较长时间内不能保持一致，且混凝土强度变异性不能保持稳定时，或在前一个检验期内的同一品种混凝土没有足够的数据用以确定验收批混凝土立方体抗压强度的标准差时，应由不少于10组的试件组成一个验收批，其强度应同时满足下列公式的要求：

$$m_{f_{cu}} - \lambda_1 S_{f_{cu}} \geqslant 0.9 f_{cu,k} \quad (4.1.3\text{-}1)$$

$$f_{cu,min} \geqslant \lambda_2 f_{cu,k} \quad (4.1.3\text{-}2)$$

式中：　$S_{f_{cu}}$——同一验收批混凝土立方体抗压强度的标准差，N/mm²。当$S_{f_{cu}}$的计算值小于$0.06f_{cu,k}$时，取$S_{f_{cu}}=0.06f_{cu,k}$；

λ_1,λ_2——合格判定系数，按表4.1.3取用。

混凝土强度的合格判定系数　　表4.1.3

试件组数	10～14	15～24	≥25
λ_1	1.70	1.65	1.60
λ_2	0.90	0.85	

第4.1.4条　混凝土立方体抗压强度的标准差$S_{f_{cu}}$可按下列公式计算：

$$S_{f_{cu}}=\sqrt{\frac{\sum_{i=1}^{n}f_{cu,i}^2-nm_{f_{cu}}^2}{n-1}} \quad (4.1.4)$$

式中：$f_{cu,i}$——第i组混凝土试件的立方体抗压强度值，N/mm²；

n——一个验收批混凝土试件的组数。

第二节　非统计方法评定

第4.2.1条　按非统计方法评定混凝土强度时，其强度应同时满足下列要求：

$$m_{f_{cu}}\geqslant 1.15f_{cu,k} \quad (4.2.1\text{-}1)$$

$$f_{cu,min}\geqslant 0.95f_{cu,k} \quad (4.2.1\text{-}2)$$

第三节　混凝土强度的合格性判断

第4.3.1条　当检验结果能满足第4.1.1条或第4.1.3条或第4.2.1条的规定时，则该批混凝土强度判为合格；当不能满足上述规定时，该批混凝土强度判为不合格。

第4.3.2条　由不合格批混凝土制成的结构或构件，应进行鉴定。对不合格的结构或构件必须及时处理。

第4.3.3条　当对混凝土试件强度的代表性有怀疑时，可采用从结构或构件中钻取试件的方法或采用非破损检验方法，按有关标准的规定对结构或构件中混凝土的强度进行推定。

第4.3.4条　结构或构件拆模、出池、出厂、吊装、预应力筋张拉或放张，以及施工期间需短暂负荷时的混凝土强度，应满足设计要求或现行国家标准的有关规定。

附录一 混凝土标号与混凝土强度等级的换算关系

一、《钢筋混凝土结构设计规范》(TJ10—74)的混凝土标号可按附表 1.1 换算为混凝土强度等级。

混凝土标号与强度等级的换算 附表 1.1

混凝土标号	100	150	200	250	300	400	500	600
混凝土强度等级	C8	C13	C18	C23	C28	C38	C48	C58

二、当按 TJ10—74 规范设计，在施工中按本标准进行混凝土强度检验评定时，应先将设计规定的混凝土标号按附表 1.1 换算为混凝土强度等级，并以其相应的混凝土立方体抗压强度标准值 $f_{cu,k}$(N/mm^2)按本标准第四章的规定进行混凝土强度的检验评定。混凝土的配制强度可按换算后的混凝土强度等级和强度标准差采用插值法由附表 2.1 确定。

附录二　混凝土施工配制强度

混凝土施工配制强度(N/mm²)　　附表 2.1

强度等级 \ 强度标准差σ,N/mm²	2.0	2.5	3.0	4.0	5.0	6.0
C7.5	10.8	11.6	12.4	14.1	15.7	17.4
C10	13.3	14.1	14.9	16.6	18.2	19.9
C15	18.3	19.1	19.9	21.6	23.2	24.9
C20	24.1	24.1	24.9	26.6	28.2	29.9
C25	29.1	29.1	29.9	31.6	33.2	34.9
C30	34.9	34.9	34.9	36.6	38.2	39.9
C35	39.9	39.9	39.9	41.6	43.2	44.9
C40	44.9	44.9	44.9	46.6	48.2	49.9
C45	49.9	49.9	49.9	51.6	53.2	54.9
C50	54.9	54.9	54.9	56.6	58.2	59.9
C55	59.9	59.9	59.9	61.6	63.2	64.9
C60	64.9	64.9	64.9	66.6	68.2	69.9

注：混凝土强度标准差应按本标准附录三的规定确定。

附录三 混凝土生产质量水平

（一）混凝土的生产质量水平，可根据统计周期内混凝土强度标准差和试件强度不低于要求强度等级的百分率，按附表3.1划分。

对预拌混凝土厂和预制混凝土构件厂，其统计周期可取一个月；对在现场集中搅拌混凝土的施工单位，其统计周期可根据实际情况确定。

混凝土生产质量水平　　附表3.1

评定指标	生产质量水平 / 混凝土强度等级 / 生产单位	优良		一般		差	
		低于C20	不低于C20	低于C20	不低于C20	低于C20	不低于C20
混凝土强度标准差σ (N/mm²)	预拌混凝土厂和预制混凝土构件厂	≤3.0	≤3.5	≤4.0	≤5.0	>4.0	>5.0
	集中搅拌混凝土的施工现场	≤3.5	≤4.0	≤4.5	≤5.5	>4.5	>5.5
强度不低于要求强度等级的百分率P (%)	预拌混凝土厂和预制混凝土构件厂及集中搅拌混凝土的施工现场	≥95		>85		≤85	

（二）在统计周期内混凝土强度标准差和不低于规定强度等级的百分率，可按下列公式计算：

$$\sigma=\sqrt{\frac{\sum_{i=1}^{N}f_{cu,i}^{2}-N\mu_{f_{cu}}^{2}}{N-1}} \quad \text{（附 3.2-1）}$$

$$P=\frac{N_0}{N}\times100\% \quad \text{（附 3.2-2）}$$

式中：$f_{cu,i}$——统计周期内第 i 组混凝土试件的立方体抗压强度值，N/mm²；

N——统计周期内相同强度等级的混凝土试件组数，$N\geqslant25$；

$\mu_{f_{cu}}$——统计周期内 N 组混凝土试件立方体抗压强度的平均值；

N_0——统计周期内试件强度不低于要求强度等级的组数。

（三）盘内混凝土强度的变异系数不宜大于5%，其值可按下列公式确定：

$$\delta_b=\frac{\sigma_b}{\mu_{f_{cu}}}\times100\% \quad \text{（附 3.3）}$$

式中：δ_b——盘内混凝土强度的变异系数；

σ_b——盘内混凝土强度的标准差，N/mm²。

（四）盘内混凝土强度的标准差可按下列规定确定：

1. 在混凝土搅拌地点连续地从15盘混凝土中分别取样，每盘混凝土试样各成型一组试件，根据试件强度按下列公式计算：

$$\sigma_b=0.04\sum_{i=1}^{15}\Delta_{f_{cu},i} \quad \text{（附 3.4-1）}$$

式中：$\Delta_{f_{cu,i}}$——第 i 组三个试件强度中最大值与最小值之差，N/mm^2。

2. 当不能连续从15盘混凝土中取样时，盘内混凝土强度标准差可利用正常生产连续积累的强度资料进行统计，但试件组数不应少于30组，其值可按下列公式计算：

$$\sigma_b=\frac{0.59}{n}\sum_{i=1}^{n}\Delta_{f_{cu,i}} \cdots\cdots\cdots\cdots (附3.4\text{-}2)$$

式中：n——试件组数。

附录四　习用的非法定计量单位与法定计量单位的换算关系表

序号	量的名称	非法定计量单位		法定计量单位		单位换算关系
		名　称	符　号	名　称	符　号	
1	力、重力	千克力	kgf	牛顿	N	1kgf=9.806 65N
		吨力	tf	千牛顿	kN	1tf=9.806 65kN
2	应力、材料强度	千克力每平方毫米	kgf/mm^2	牛顿每平方毫米（兆帕斯卡）	N/mm^2 (MPa)	$1kgf/mm^2=9.806\ 65N/mm^2(MPa)$
		千克力每平方厘米	kgf/cm^2	牛顿每平方毫米（兆帕斯卡）	N/mm^2 (MPa)	$1kgf/cm^2=0.098\ 06\ 65N/mm^2(MPa)$
		吨力每平方米	tf/m^2	千牛顿每平方米（千帕斯卡）	kN/m^2 (kPa)	$1tf/m^2=9.806\ 65kN/m^2(kPa)$

注：本标准中，混凝土强度的计量单位系按 $1kgf/cm^2\approx0.1N/mm^2$ 换算。

附录五 本标准用词说明

(一)为便于在执行本标准条文时区别对待,对要求严格程度的用词说明如下:

1. 表示很严格,非这样作不可的用词:

正面词采用"必须",反面词采用"严禁"。

2. 表示严格,在正常情况下均应这样作的用词:

正面词采用"应",反面词采用"不应"或"不得"。

3. 对表示允许稍有选择,在条件许可时首先应这样作的用词:

正面词采用"宜"或"可",反面词采用"不宜"。

(二)条文中指定应按其他有关标准、规范执行时,写法为"应符合……的规定"或"应按……执行"。

附加说明：

本标准主编单位、参加单位和主要起草人名单

主 编 单 位：中国建筑科学研究院
参 加 单 位：北京市建筑工程总公司
无锡市住宅设计室
中国建筑第四工程局科研所
西安冶金建筑学院
北京市第一建筑构件厂
上海市混凝土制品一厂
中国建筑第三工程局科研所
广西壮族自治区第五建筑工程公司
山西省第一建筑工程公司综合加工厂
沈阳市建筑工程研究所
上海铁路局第一工程段
主要起草人：韩素芳 陈基发 杜益彦
耿维恕 钟炯垣 尚世贤
熊宗铭 李学义 胡企才
张国民 韩春根 徐栋厚
沈国桢 马玉英 许玉坤
刘天贵 史志华 张桂芬

中华人民共和国交通行业标准

JTG E30—2005

公路工程水泥及水泥混凝土试验规程

Test Methods of Cement and Concrete for Highway Engineering

2005-03-03 发布　　2005-08-01 实施

中华人民共和国交通部　发布

中华人民共和国交通部公告

第3号

关于发布《公路工程水泥及水泥混凝土试验规程》（JTG E30—2005）、《公路工程岩石试验规程》（JTG E41—2005）、《公路工程集料试验规程》（JTG E42—2005）的公告

现发布《公路工程水泥及水泥混凝土试验规程》（JTG E30—2005）、《公路工程岩石试验规程》（JTG E41—2005）和《公路工程集料试验规程》（JTG E42—2005），自2005年8月1日起施行。原《公路工程水泥混凝土试验规程》（JTJ 053—94）、《公路工程石料试验规程》（JTJ 054—94）和《公路工程集料试验规程》（JTJ 058—2000）同时废止。

《公路工程水泥及水泥混凝土试验规程》（JTG E30—2005）与《公路工程集料试验规程》（JTG E42—2005）由交通部公路科学研究所主编，《公路工程岩石试验规程》（JTG E41—2005）由中交第二公路勘察设计研究院主编。规程的管理权和解释权归交通部，日常的具体解释和管理工作由主编单位负责。

请各有关单位在实践中注意积累资料，总结经验，及时将发现的问题和修改意见函告规程主编单位（交通部公路科学研究所，北京市海淀区西土城路8号，邮政编码：100088；中交第二公路勘察设计研究院，武汉市汉阳区鹦鹉大道498号，邮政编码：430052），以便修订时参考。

特此公告。

中华人民共和国交通部

二〇〇五年三月三日

前　言

原中华人民共和国行业标准《公路工程水泥混凝土试验规程》(JTJ 053—94)于1994年7月5日发布,1994年12月1日实施,规程所涉及的各项试验方法与当时的相关国家标准保持一致或等效。该规程自颁布实施以来,在我国公路工程建设中得到广泛应用,对指导和规范公路工程水泥及水泥混凝土试验起到了重要作用。

近几年来,随着世界经济贸易及政治形势的变化,世界各国对采用国际标准提出了新的要求,推动了各国将本国标准同国际接轨的进程。我国十分重视与国际标准的接轨工作,1993年国家质量监督检验检疫总局颁布了《采用国际标准和国外先进标准管理办法》,2001年11月21日再次发布命令,实施《采用国际标准管理办法》。该办法指出,采用国际标准和国外先进标准是我国的一项重要技术政策,是技术引进的重要组成部分,应同我国的技术引进、技术改造和新产品开发相结合。

1994年国家建材局下达水泥标准修订项目计划任务书,中国建筑材料科学研究院等单位于1995年开展“ISO 679水泥强度检验方法(国际法)”和“ISO标准砂(国际标准砂)”的试验研究工作,于1999年提出了主要内容与ISO 679:1989完全一致的国家标准《水泥胶砂强度检验方法(ISO法)》(GB/T 17671—1999)。由于水泥强度检验方法是水泥的最基本试验方法,所以这项试验方法的修订引起一系列相关标准方法的修订。接着建设部也组织中国建筑科学研究院等单位对水泥混凝土拌和物性能及硬化混凝土力学指标有关的试验方法进行修订。

原《公路工程水泥混凝土试验规程》是在国家标准和其它通用行业标准的基础上结合公路工程的特点编制的行业标准。因此,在国家标准和通用行业标准变化的情况下,对现行《公路工程水泥混凝土试验规程》(JTJ 053—94)中有关试验条件、仪器设备乃至整个试验方法进行相应的修订是非常必要的。

本次修订遵循了以下几个原则:

1. 试验方法的选取:基本保持现行试验规程的格局,根据相关标准的修订情况,综合考虑本行业的需求和一般实验室仪器设备的可行性选取。

2. 试验方法中凡是已有国家标准(包括即将制定完成的国家标准)的,以其为基础进行修订;尚无国家标准或国家标准不能适应行业要求的,积极采用国外或其它行业的先进标准。

3. 在主要内容上与通用标准保持一致。

根据上述修订原则及相关标准的修订情况,本次修订的主要内容有:

(1)为便于设计、施工等标准规范的引用,重新调整试验方法编号;

(2)“水泥胶砂强度检验方法(ISO法)”及规程中所有与其相关的内容;

(3)“水泥标准稠度用水量、凝结时间、安定性检验方法”及其相关内容;

(4)增加水泥浆体流动性试验方法;

(5)增加水泥胶砂干缩试验方法;

(6)水泥混凝土试验方法中与现行国标不一致的内容;

(7)增加水泥混凝土拌和物泌水试验方法;

(8)增加碾压混凝土拌和物稠度试验及试件制作方法;

(9)增加水泥砂浆抗压强度试验方法。

本规程由交通部公路科学研究所负责解释。希望各单位在使用中注意总结经验,在执行中有何意见和建议，请及时函告交通部公路科学研究所（地址：北京市海淀区西土城路8号，邮政编码：100088，电话：010－62079598，传真：010－62079556，电子邮件：km. niu@ rioh. cn）或中建标公路工程委员会秘书处（地址：北京市海淀区西土城路8号，邮政编码：100088，电话：010－62079195，传真：010－62079195，电子邮件：SHC@ rioh. cn）。

原规程主编单位：交通部第二公路勘察设计院（现中交第二公路勘察设计研究院）
交通部公路科学研究所

原规程主要起草人：周俊卿　蔡正咏　李世绮　夏玲玲　李苏平

本规程修订单位：交通部公路科学研究所

本规程主要起草人：牛开民　田　波　夏玲玲　刘　英

中华人民共和国行业标准

公路工程水泥及水泥混凝土试验规程

JTG E30—2005

Test Methods of Cement and Concrete for Highway Engineering

1　总则

1.0.1　为规范公路工程中所使用水泥及水泥混凝土各种性能及特征值的测定,特制定本规程。

1.0.2　本规程适用于公路工程用水泥及水泥混凝土性能试验。

1.0.3　本规程使用的仪器设备,均应经相应的计量部门或检测机构检定合格。

1.0.4　计量单位应采用国家法定计量单位。

1.0.5　本规程所使用的筛孔除特殊说明外,均指方孔筛。

1.0.6　现行相关标准的内容通过在本规程中引用而构成为本规程的条文。本规程发布时,所引用版本均为有效。当所引用版本更新时,应探讨使用最新版本的可能性。

条文说明

为标准化本规程所采用国家标准或国际标准的用语,本规程使用:“等同”、“修改”、“非等效”。本规程中所使用“等同”是指标准与国家标准或国际标准在技术内容和文本结构上完全相同;或者与国家标准或国际标准的技术内容上相同,但可以包含小的编辑性修改。“修改”是指标准与国家标准或国际标准在技术内容上允许存在差异,这些差异应清楚地表明并给出解释。“非等效”是指与国家标准或国际标准在技术内容和文本结构上不同,同时他们之间的差异也没有被清楚地表述。

为方便引用,列出表 1.0-1 供参考。

表 1.0-1　本规程和其它方法对照表

本规程	国 标	ISO	ASTM	建 材	其 它
T 0501	GB 12573—1990				
T 0502	GB/T 1345—2005				
T 0503	GB/T 208—1994		ASTM C188—1989		
T 0504	GB 8074—1987		ASTM C204—2000		
T 0505	GB/T 1346—2001		ISO 9597—1989		
T 0506	GB/T 17671—1999	ISO 679—1989			
T 0507	GB/T 2419—2005				
T 0508			ASTM C939—1997		
T 0509					
T 0510				JC/T 421—2004	
T 0511			ASTM C596—2001	JC/T 603—2004	
T 0512				JC/T 738—2004	
T 0521		ISO 2736-1—1986			

表 1.0-1 （续）

本规程	国 标	ISO	ASTM	建 材	其 它
T 0522		ISO 4109—1980	ASTM C143/C143M—2000		
T 0523		ISO 4110—1979			
T 0524					
T 0525		ISO 6276—1982			
T 0526		ISO 4848—1980	ASTM C231—1997		
T 0527			ASTM C403—1999		
T 0528			ASTM C232—1999		
T 0529					
T 0551		ISO 2736-2—1986	ASTM C192/C192M—2000 ASTM C31/C31M—2000		
T 0552					
T 0553		ISO 4012—1978			
T 0554			ASTM C39/C39M—2001		
T 0555					
T 0556					
T 0557		ISO 6784—1982	ASTM C469—1994		
T 0558		ISO 4013—1978	ASTM C78—2002		
T 0559					
T 0560		ISO 4108—1980			
T 0561		ISO 4108—1980	ASTM C496—1996		
T 0562					AASTHO T140
T 0563					
T 0564			ASTM C215—1997		
T 0565			ASTM C666—1997		
T 0566					
T 0567			ASTM C944—1999	JC/T 421—1991	
T 0568					
T 0569					DL/T 5150—2001
T 0570			ASTM C109/C109M—2001		

2 术语、符号

2.1 术语

2.1.1 细度 fineness

描述水泥粗细程度的参数。用规定筛网上所得筛余物的质量占试样原始质量的百分数或用比表面积来表示水泥样品的细度。

2.1.2 凝结时间 setting time

从加水开始，到水泥浆失去可塑性所需时间。

2.1.3 安定性 soundness

表征水泥硬化后体积变化均匀性的物理指标。雷氏法是观察由两个试针的相对位移所指示的水泥标准稠度净浆体积膨胀程度，而试饼法是观察水泥标准稠度净浆试饼体积膨胀程度。

2.1.4 标准稠度用水量 normal consistency

简称稠度，是指水泥净浆达到规定稠度时的加水量，以水泥质量百分率表示，用于测定水泥浆凝结时间和安定性的用水量。

2.1.5 水泥胶砂 cement mortar

一定比例的水泥、砂和水的混合物。水泥可以是不同类型的；砂可以是标准砂或 ISO 砂；一般用水量会根据不同要求而改变。

2.1.6 碾压混凝土 roller-compacted concrete

一种振动碾压成型的干硬性水泥混凝土。

2.1.7 坍落度 slump

一定形状的新拌水泥混凝土拌和物在自重作用下的下沉量。

2.1.8 坍落扩展度 slump spread

当新拌水泥混凝土拌和物的坍落度大于 220mm 时，拌和物最终扩展后的直径。

2.1.9 含气量 air content

按规定试验方法，所测得水泥混凝土拌和物单位体积所含气体的百分率。

2.1.10 泌水 bleeding

新拌水泥混凝土拌和物在静置状态下表面水分渗出现象。

2.1.11 水泥混凝土拌和物表观密度 cement concrete apparent specific density

单位体积新拌水泥混凝土拌和物的质量。

2.1.12 抗压强度 compressive strength

立方体试件或标准圆柱体试件单位面积上所能承受的最大压力。

2.1.13 抗弯拉强度 flexural strength

按规定试验方法测得水泥混凝土小梁试件所能承受的最大弯拉应力。

2.1.14 轴心抗压强度 axial compressive strength

棱柱体试件或圆柱体试件轴向单位面积所能承受的最大压力。

2.1.15 抗压弹性模量 compressive modulus of elasticity

棱柱体试件或圆柱体试件轴向承受的一定压力时产生单位变形所需应力。

2.1.16 抗弯拉弹性模量 flexural modulus

棱柱体试件承受的一定弯拉应力时产生单位变形所需应力。

2.1.17 抗冻性 resistance to freezing and thawing

水泥混凝土抵抗冻融循环的能力。

2.1.18 干缩性 drying shrinkages

一定环境下水泥混凝土失水后尺寸的收缩性能。

2.1.19 抗渗性 resistance to hydraulic pressure

水泥混凝土抵抗一定水压力的能力。

2.1.20 渗水高度 depth under hydraulic pressure

水泥混凝土在一定水压力下的渗水高度。

2.1.21 ISO 砂 ISO standerd sand

特指符合 GB/T 17671—1999 要求的试验用砂，其多级粒径为 0.08mm ~ 0.5mm，0.5mm ~ 1.0mm，1.0mm ~ 2.0mm。

2.1.22 集料的公称最大粒径 normal maximum size of aggregate

指集料可能全部通过或允许有少量不通过（一般容许筛余不超过 10%）的最小标准筛筛孔尺寸。

通常公称最大粒径比集料最大粒径小一个粒级。

2.2 符号

符号	意义	符号	意义
B_a	拌和物泌水量	f_{ts}	水泥混凝土立方体劈裂抗拉强度
C	水泥混凝土强度等级专用符号	G	水泥胶砂单位面积的磨损量
E_c	水泥混凝土抗压弹性模量	G_c	水泥混凝土单位面积的磨损量
E_d	水泥混凝土动弹性模量	K_n	经 n 次冻融循环后的试件相对耐久性指数
E_f	水泥混凝土抗弯拉弹性模量	P	经 n 次冻融循环后试件的相对动弹性模量
F	水泥试样的筛余百分数	P_t	t 天龄期的水泥混凝土水分蒸发率
f'	水泥混凝土断块抗压强度	R_c	水泥胶砂的抗压强度
f_{1h}	促凝压蒸 1h 快硬湿筛砂浆抗压强度	R_f	水泥胶砂的抗折强度
$f_{1.5h}$	促凝压蒸 1.5h 快硬水泥胶砂抗压强度	S	水泥混凝土抗渗等级
f_{PR}	单位面积贯入阻力	S_c	水泥的比表面积
f_{cc}	水泥混凝土圆柱体抗压强度	S_d	龄期 d 天的水泥混凝土干缩率
f_{cp}	水泥混凝土棱柱体轴心抗压强度	S_k	水泥混凝土相对渗透系数
f_{ct}	水泥混凝土圆柱体劈裂抗拉强度	S_t	水泥胶砂的干缩率
f_{cu}	水泥混凝土立方体抗压强度	W_n	n 次冻融循环后的试件质量变化率
f_f	水泥混凝土抗弯拉强度	ρ	水泥的密度
$f_{m,cu}$	水泥砂浆立方体抗压强度	ρ_h	拌和物密度

3 水泥试验

T 0501—2005 水泥取样方法

(Test Method for Sampling of Cement)

1 目的、适用范围和引用标准

本方法规定了水泥取样的工具、部位、数量及步骤等。

本方法适用于硅酸盐水泥、普通硅酸盐水泥、矿渣硅酸盐水泥、粉煤灰硅酸盐水泥、火山灰硅酸盐水泥、复合硅酸盐水泥、道路硅酸盐水泥及指定采用本方法的其它品种水泥。

引用标准:

GB 175—1999 《硅酸盐水泥、普通硅酸盐水泥》

GB 1344—1999 《矿渣硅酸盐水泥、火山灰质硅酸盐水泥及粉煤灰硅酸盐水泥》

GB 12958—1999 《复合硅酸盐水泥》

GB 13693—1992 《道路硅酸盐水泥》

2 仪器设备

(1)袋装水泥取样器(图 T0501-1)。

(2)散装水泥取样器(图 T0501-2)。

3 取样步骤

3.1 取样数量应符合各相应水泥标准的规定。

3.2　分割样

3.2.1　袋装水泥：每 1/10 编号从一袋中取至少 6kg。

3.2.2　散装水泥：每 1/10 编号在 5min 内取至少 6kg。

3.3　袋装水泥取样器：采用图 T0501-1 的取样管取样。随机选择 20 个以上不同的部位，将取样管插入水泥适当深度，用大拇指按住气孔，小心抽出取样管。将所取样品放入洁净、干燥、不易受污染的容器中。

3.4　散装水泥取样器：采用图 T0501-2 的槽形管式取样器取样，通过转动取样器内管控制开关，在适当位置插入水泥一定深度，关闭后小心抽出。将所取样品放入洁净、干燥、不易受污染的容器中。

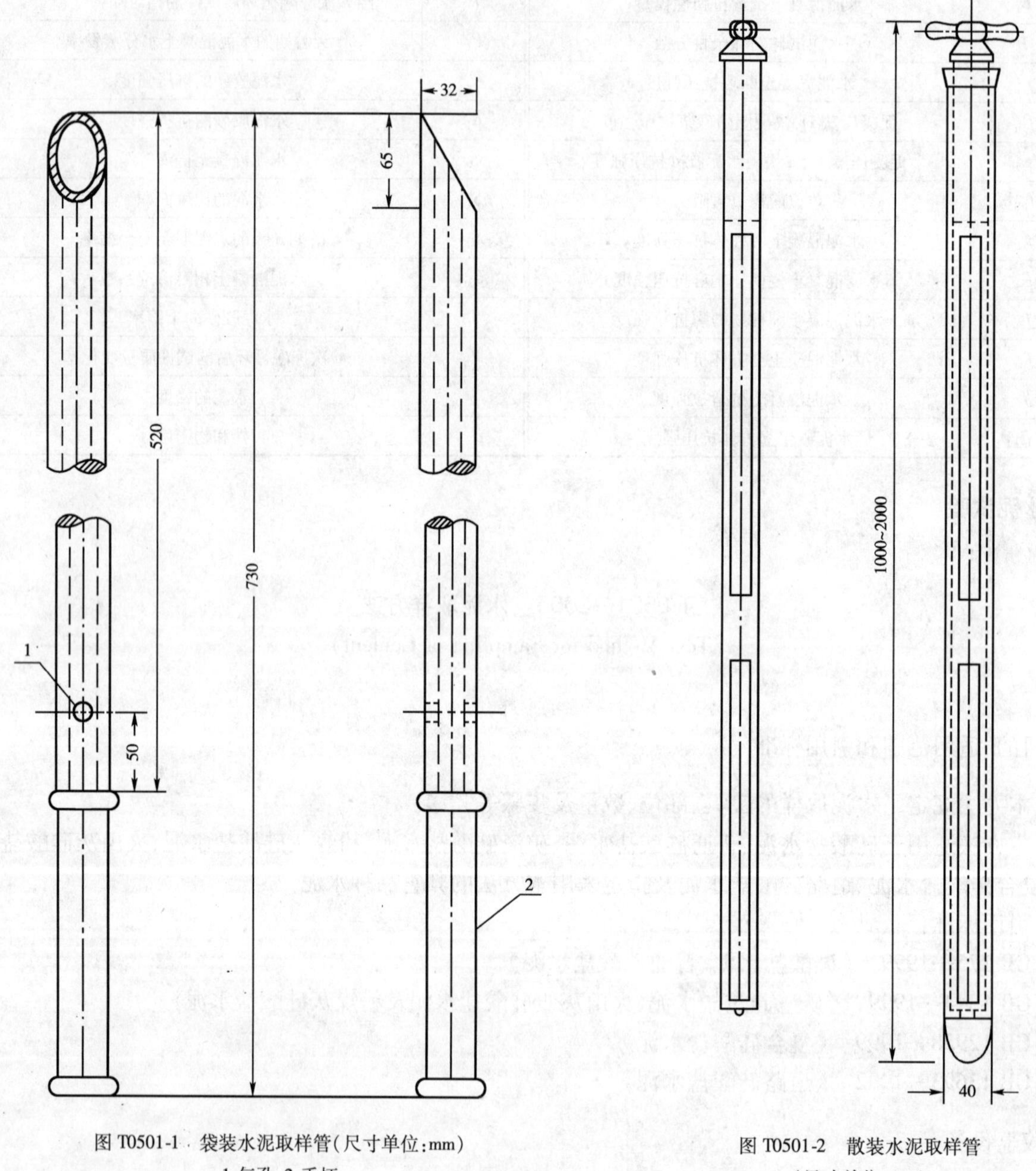

图 T0501-1　袋装水泥取样管（尺寸单位：mm）
1-气孔；2-手柄

图 T0501-2　散装水泥取样管
（尺寸单位：mm）

4　样品制备

4.1　样品缩分

样品缩分可采用二分器，一次或多次将样品缩分到标准要求的规定量。

4.2 试验样及封存样

将每一编号所取水泥混合样通过 0.9mm 方孔筛,均分为试验样和封存样。

4.3 分割样

每一编号所取 10 个分割样应分别通过 0.9mm 方孔筛,不得混杂。

5 样品的包装与贮存

5.1 样品取得后应存放在密封的金属容器中,加封条。容器应洁净、干燥、防潮、密闭、不易破损、不与水泥发生反应。

5.2 封存样应密封保管 3 个月。试验样与分割样亦应妥善保管。

5.3 在交货与验收时,水泥厂和用户共同取实物试样,封存样由买卖双方共同签封。以抽取实物试样的检验结果为验收依据时,水泥厂封存样保存期为 40d;以同编号水泥的检验报告为验收依据时,水泥厂封存样保存期为 3 个月。

5.4 存放样品的容器应至少在一处加盖清晰、不易擦掉的标有编号、取样时间、地点、人员的密封印,如只在一处标志应在器壁上。

5.5 封存样应贮存于干燥、通风的环境中。

6 取样单

样品取得后,均应由负责取样操作人员填写如表 T0501-1 所示的取样单。

表 T 0501-1 ×××水泥厂取样单

水泥编号	水泥品种及标号	取样人签字	取样日期	备注

条文说明

本方法参照 GB 12573—1990、GB 175—1999、GB 1344—1999、GB 12958—1999、GB 13693—1992 制定。由于公路方面一般不涉及水泥生产过程中的试样提取,所以本方法中删去 GB 12573—1990 中有关生产过程中取样方法,仅保留袋装水泥、散装水泥取样方法。

为了确保封存样品的质量不下降,可将水泥样品用食品塑料薄膜袋装好,并扎紧袋口,放入白口铁签封。选用食品塑料薄膜袋的原因在于其表面没有增塑剂,不会形成难溶于水的物质。

表 T0501-2 中列出我国通用的六种水泥和道路硅酸盐水泥的代号和执行标准等。

表 T0501-2 水泥的分类

水泥名称	代号	混合料掺量(%)					执行标准
		矿渣	火山灰	粉煤灰	石灰石	窑灰	
硅酸盐水泥	P.I	0	/	/	0	/	GB 175—1999
	P.II	<5			<5		
普通硅酸盐水泥	P.O	6~15,活性材料 6~10,非活性混合材料					
矿渣硅酸盐水泥	P.S	20~70	/				GB 1344—1999
粉煤灰硅酸盐水泥	P.F	/		20~40	/		
火山灰硅酸盐水泥	P.P		20~50	/			
复合硅酸盐水泥	P.C	15~50,两种或两种以上混合材料					GB 12958—1999
道路硅酸盐水泥	/						GB 13693—1992

T 0502—2005　水泥细度检验方法(80μm 筛筛析法)

(Test Method for Fineness of Cement ——the 80μm Sieve)

1　目的、适用范围和引用标准

本方法规定用 80μm 筛检验水泥细度的测试方法。

本方法适用于硅酸盐水泥、普通硅酸盐水泥、矿渣硅酸盐水泥、粉煤灰硅酸盐水泥、火山灰硅酸盐水泥、复合硅酸盐水泥、道路硅酸盐水泥及指定采用本方法的其它品种水泥。

引用标准:

GB/T 6003.1—1997　　《金属丝编织网试验筛》

JC/T 728—1996　　《水泥物理检验仪器　标准筛》

2　仪器设备

(1)试验筛

①试验筛由圆形筛框和筛网组成,分负压筛和水筛两种,其结构尺寸见图 T0502-1 和图 T0502-2。负压筛应附有透明筛盖,筛盖与筛上口应有良好的密封性。

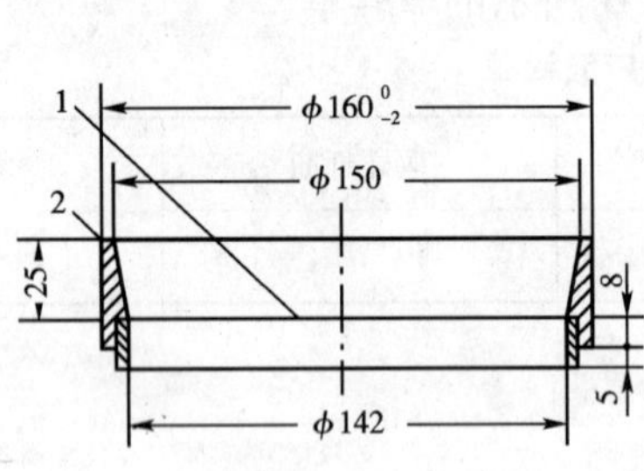

图 T0502-1　负压筛(尺寸单位:mm)
1-筛网;2-筛框

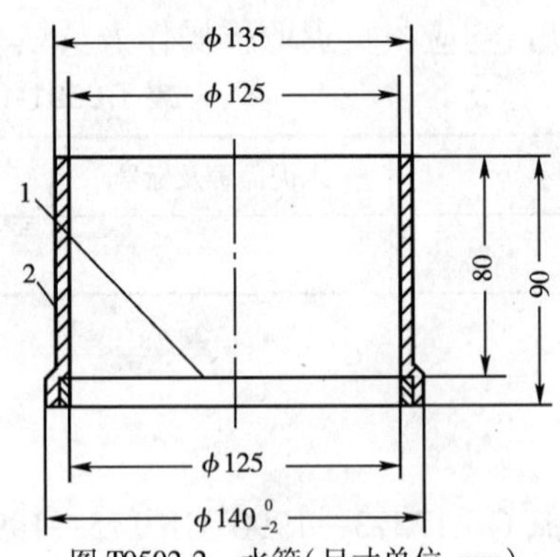

图 T0502-2　水筛(尺寸单位:mm)
1-筛网;2-筛框

②筛网应紧绷在筛框上,筛网和筛框接触处,应用防水胶密封,防止水泥嵌入。

(2)负压筛析仪

①负压筛析仪由筛座、负压筛、负压源及收尘器组成,其中筛座由转速为 30r/min ± 2r/min 的喷气嘴、负压表、控制板、微电机及壳体等部分构成,见图 T0502-3。

②筛析仪负压可调范围为 4000Pa ~ 6000Pa。

③喷气嘴上口平面与筛网之间距离为 2mm ~ 8mm。

④喷气嘴的上开口尺寸见图 T0502-4。

⑤负压源和收尘器,由功率 ≥600W 的工业吸尘器和小型旋风收尘筒等组成或用其它具有相当功能的设备。

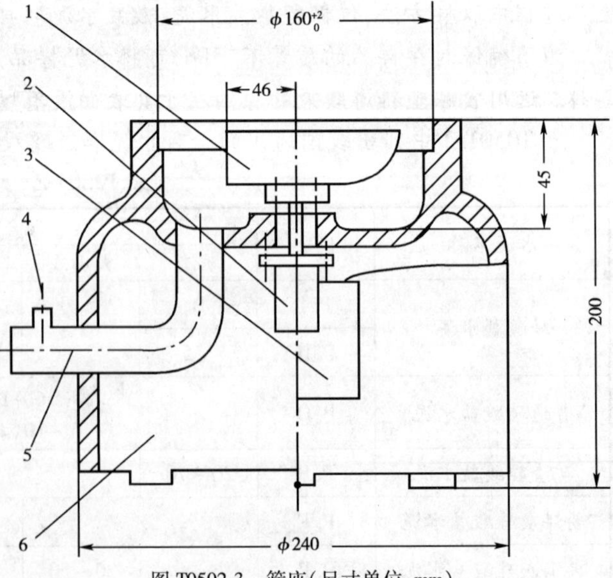

图 T0502-3　筛座(尺寸单位:mm)
1-喷气嘴;2-微电机;3-控制板开口;4-负压表接口;5-负压源及收尘器接口;6-壳体

(3)水筛架和喷头

水筛架和喷头的结构尺寸应符合 JC/T 728—

1996《水泥物理检验仪器　标准筛》的规定，但其中水筛架上筛座内径为 140 $^{0}_{-3}$mm。

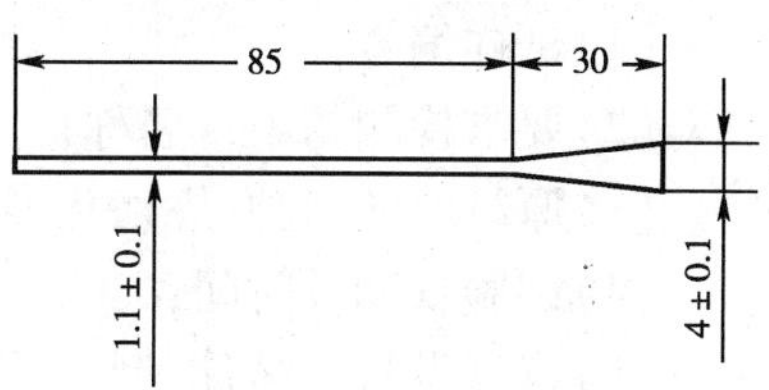

图 T0502-4　喷气嘴上开口
（尺寸单位：mm）

（4）天平

量程应大于 100g，感量不大于 0.05g。

3　样品处理

水泥样品应充分拌匀，通过 0.9mm 方孔筛，记录筛余物情况，要防止过筛时混进其它水泥。

4　试验步骤

4.1　负压筛法

4.1.1　筛析试验前，应把负压筛放在筛座上，盖上筛盖，接通电源，检查控制系统，调节负压至 4000Pa ~6000Pa 范围内。

4.1.2　称取试样 25g，置于洁净的负压筛中，放在筛座上，盖上筛盖，开动筛析仪连续筛析 2min，在此期间如有试样附着在筛盖上，可轻轻地敲击筛盖使试样落下。筛毕，用天平称量筛余物。

4.1.3　当工作负压小于 4000Pa 时，应清理吸尘器内水泥，使负压恢复正常。

4.2　水筛法

4.2.1　筛析试验前，使水中无泥、砂，调整好水压及水筛架的位置，使其能正常运转。喷头底面和筛网之间距离为 35mm ~75mm。

4.2.2　称取试样 25g，置于洁净的水筛中，立即用淡水冲洗至大部分细粉通过后，放在水筛架上，用水压为 0.05MPa ±0.02MPa 的喷头连续冲洗 3min。筛毕，用少量水把筛余物冲至蒸发皿中，等水泥颗粒全部沉淀后，小心倒出清水，烘干并用天平称量筛余物。

4.3　试验筛的清洗

试验筛必须保持洁净，筛孔通畅，使用 10 次后要进行清洗。金属筛框、铜丝网筛洗时应用专门的清洗剂，不可用弱酸浸泡。

5　试验结果

5.1　水泥试样筛余百分数按式（T0502-1）计算：

$$F=\frac{R_s}{m}\times 100 \qquad (T0502\text{-}1)$$

式中：F——水泥试样的筛余百分数（%）；

R_s——水泥筛余物的质量（g）；

m——水泥试样的质量（g）。

计算结果精确到 0.1%。

5.2　筛余结果的修正

为使试验结果可比，应采用试验筛修正系数方法来修正 5.1 款的计算结果。修正系数的测定，按 T 0502 附录进行。

合格评定时，每个样品应称取两个试样分别筛析，取筛余平均值为筛析结果。若两次筛余结果绝对误差大于 0.5% 时（筛余值大于 5.0% 时可放至 1.0%），应再做一次试验，取两次相近结果的算术平均值作为最终结果。

5.3　负压筛法与水筛法测定的结果发生争议时，以负压筛法为准。

6　试验报告

试验报告应包括以下内容：

(1)试样编号;

(2)要求检测的项目名称;

(3)原材料的品种、规格和产地;

(4)试验日期及时间;

(5)仪器设备的名称、型号及编号;

(6)环境温度和湿度;

(7)试验采用方法;

(8)执行标准;

(9)水泥试样的筛余百分数;

(10)要说明的其它内容。

T 0502 附录　水泥试验筛的标定方法

A.1　原理

用标准样品在试验筛上的测定值,与标准样品的标准值的比值来反映试验筛孔的准确度。

A.2　水泥细度标准样品

应符合 GSB 14—1511 要求,或相同等级的标准样品。有争议时以 GSB 14—1511 标准样品为准。

A.3　标定操作

将标准样装入干燥洁净的密闭广口瓶内,盖上盖子摇动 2min,消除结块。静置 2min 后,用一根干燥洁净的搅棒搅匀样品。按本方法第 4 条试验步骤测定标准样在试验筛上的筛余百分数。每个试验筛的标定应称取两个标准样品连续进行,中间不得插做其它样品试验。

A.4　标定结果

两个样品结果的算术平均值为最终值,但当两个样品筛余结果相差大于 0.3% 时,应称第三个样品进行试验,并取接近的两个结果进行平均作为最终结果。

A.5　试验筛修正系数按式(T0502A-1)计算:

$$C = F_n / F_t \qquad \text{(T0502A-1)}$$

式中:C——试验筛修正系数;

F_n——标准样品的筛余标准值(%);

F_t——标准样品在试验筛上的筛余值(%)。

修正系数计算精确至 0.01。

注:修正系数 C 在 0.80 ~ 1.20 范围内时,试验筛可继续使用,C 可作为结果修正系数;当 C 值超出 0.80 ~ 1.20 范围时,试验筛应予淘汰。

A.6　水泥试样筛余百分数结果修正按式(T0502A-2)计算:

$$F_C = C \cdot F \qquad \text{(T0502A-2)}$$

式中:F_C——水泥试样修正后的筛余百分数(%);

C——试验筛修正系数;

F——水泥试样修正前的筛余百分数(%)。

条文说明

本方法参照 GB/T 1345—2005 修改。其原理是采用 80μm(180 目)筛对水泥试样进行筛析试验,用筛网上所得筛余物的质量占试样原始质量的百分数来表示水泥样品的细度。

相对于原规程,由于手工干筛干扰因素较多,结果不稳定,所以本方法删去手工干筛。在实际操作中水压法的水压稳定至关重要,当水压较高时,样品会溅在筛框上,导致筛余结果偏低;反之,水压偏低,则会引起筛余偏高。可通过一定稳压措施得到稳定水流。

对于负压法而言,应保持负压筛水平,避免外界振动和冲击。当筛网有堵塞现象时,可将筛网反置,反吹空筛一段时间,再用刷子清刷;也可用吸尘器抽吸。

一般而言,水泥石强度并不一定随水泥细度的增加、组份水化活性的提高而提高。但颗粒越细,水化活性越高。水泥细度通常用筛余或比表面积来衡量。除了进行上述指标的控制,对于细度而言粒度分布也是重要因素。粒度分布是指组成水泥的所有颗粒中,不同粒径颗粒所占的百分比。粒度分布的测定不仅是控制水泥颗粒细度的一种有效的方法,更重要的是它将对粉磨、分级等环节的优化提供准确的依据。有研究表明,3μm~30μm 的颗粒是担负水泥强度增长的主要粒级,其它粒度区段的颗粒对水泥强度的增长作用较小,大于 60μm 的颗粒甚至仅起填料作用。

GB 175—1999 中规定硅酸盐水泥、普通硅酸盐水泥的 80μm 筛筛余量不大于 10%。

T 0503—2005 水泥密度测定方法

(Standerd Test Method for Cement Density)

1 目的、适用范围和引用标准

本方法规定了水泥密度的测量方法。

本方法适用于硅酸盐水泥、普通硅酸盐水泥、矿渣硅酸盐水泥、粉煤灰硅酸盐水泥、火山灰硅酸盐水泥、复合硅酸盐水泥、道路硅酸盐水泥的密度及指定采用本方法的其它粉状物料密度的测定。

引用标准:

GB 253—1989《煤油》

2 仪器设备

(1)李氏瓶。检定水泥密度用的李氏瓶应符合关于公差、符号、长度以及均匀刻度的要求,容积为 220mL~250mL,带有长 180mm~200mm、直径约 10mm 的细颈,细颈上刻度读数由 0mL 至 24mL,且 0~1mL 和 18mL~24mL 之间应具有 0.1mL 刻度线,见图 T0503-1。

(2)恒温水槽或其它保持恒温的盛水玻璃容器。

(3)天平:量程大于 100g,感量不大于 0.01g。

(4)温度计:分度值不大于 0.1℃。

(5)滤纸。

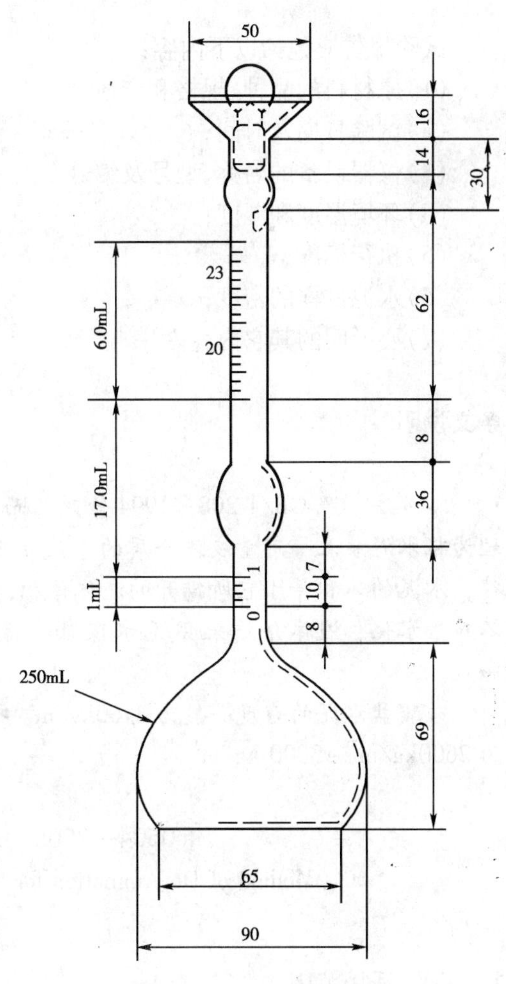

图 T0503-1 测定密度的仪器

(李氏密度瓶)(尺寸单位:mm)

3 试验方法

3.1 将无水煤油注入李氏瓶中,液面至 0mL 到 1mL 刻度线内(以弯月液面的下部为准)。盖上瓶塞并放入恒温水槽内,使刻度部分浸入水中(水温应控制在李氏瓶刻度上的温度),恒温 30min,记下第一次读数。

3.2 从恒温水槽中取出李氏瓶,用滤纸将李氏瓶内零点以上没有煤油的部分仔细擦净。

3.3 水泥预先通过0.9mm的方孔筛,在110℃±5℃温度下干燥1 h,并且在干燥器内冷却至室温。称取水泥60g,精确至0.01g,用小匙借助洗净烘干的玻璃漏斗装入李氏瓶中,反复摇动,直至没有气泡排出,再次放入恒温水槽,在相同温度下恒温30min,记下第二次读数。

3.4 两次读数时,恒温水槽温差不大于0.2℃。

4 试验结果

4.1 水泥密度按式(T0503-1)计算

$$\rho = 1000 \times \frac{P}{V} \tag{T0503-1}$$

式中:ρ——水泥的密度(kg/m^3);

P——装入密度瓶的水泥质量(g);

V——在试验所确定温度条件下被水泥所排出的液体体积,即李氏密度瓶第二次读数减去第一次读数(cm^3)。

4.2 密度须以两次试验结果的平均值确定,计算精确至$10kg/m^3$。两次试验结果之差不得超过$20kg/m^3$。

5 试验报告

试验报告应包括以下内容:

(1)原材料的品种、规格和产地;

(2)试验日期及时间;

(3)仪器设备的名称、型号及编号;

(4)环境温度和湿度;

(5)执行标准;

(6)水泥试样的密度;

(7)要说明的其它内容。

条文说明

本方法参照GB/T 208—1994修改,而GB/T 208—1994参照ASTM C 188—1989制定。其工作原理为将水泥装入一定量液体介质的李氏瓶内,并使液体介质充分地浸透水泥颗粒。根据阿基米德定律,水泥的体积等于它所排开的液体体积,从而算出水泥单位体积的质量即为密度。为使测定的水泥不产生水化,液体介质采用无水煤油。操作过程中,应保证水泥在装入时和瓶内液体的温度相一致。

硅酸盐水泥的密度一般为$3100kg/m^3$~$3200kg/m^3$,普通硅酸盐水泥在$3100kg/m^3$左右,矿渣水泥为$2600kg/m^3$~$3000\ kg/m^3$。

T 0504—2005 水泥比表面积测定方法(勃氏法)

(Method of Determination for Specific Surface of Cement——Blaine Method)

1 目的、适用范围

本方法规定采用勃氏法进行水泥比表面积测定。

本方法适用于硅酸盐水泥、普通硅酸盐水泥、矿渣硅酸盐水泥、粉煤灰硅酸盐水泥、火山灰硅酸盐水泥、复合硅酸盐水泥、道路硅酸盐水泥以及指定采用本方法的其它粉状物料。本方法不适用于测定多孔材料及超细粉状物料。

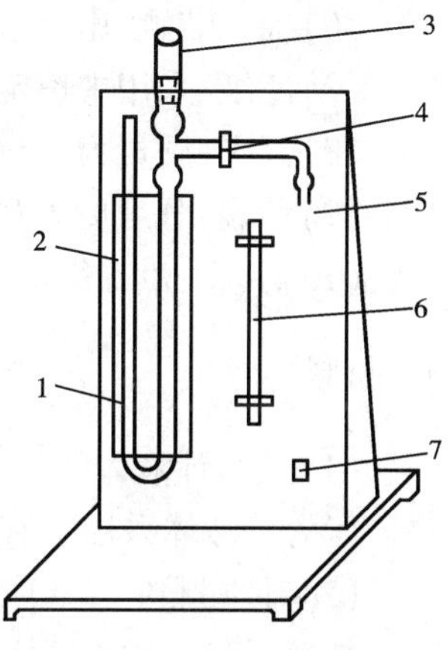

图 T0504-1　Blaine 透气仪示意图

1-U 形压力计;2-平面镜;3-透气圆筒;4-活塞;5-背面接微型电磁泵;6-温度计;7-开关

2　仪器设备

(1)Blaine 透气仪:如图 T0504-1、图 T0504-2 所示,由透气圆筒、压力计、抽气装置等三部分组成。

(2)透气圆筒:内径为 $12.70^{+0.05}_{0}$mm,由不锈钢制成。圆筒内表面的粗糙度 $R_a = 1.60\mu m$,圆筒的上口边应与圆筒主轴垂直,圆筒下部锥度应与压力计上玻璃磨口锥度一致,两者应严密连接。在圆筒内壁,距离圆筒上口边 55mm ±10mm 处有一突出的宽度为0.5mm ~ 1mm 的边缘,以放置金属穿孔板。

(3)穿孔板:由不锈钢或其它不受腐蚀的金属制成,厚度为$1.0^{\ 0}_{-0.1}$mm。在其面上,等距离地打有 35 个直径 1 mm 的小孔,穿孔板应与圆筒内壁密合。穿孔板两平面应平行。

(4)捣器:用不锈钢制成,插入圆筒时,其间隙不大于 0.1mm。捣器的底面应与主轴垂直,侧面有一个扁平槽,宽度 3.0mm ±0.3mm。捣器的顶部有一个支持环,当捣器放入圆筒时,支持环与圆筒上口边接触,这时捣器底面与穿孔圆板之间的距离为 15.0mm ±0.5mm。

(5)压力计:U 形压力计尺寸如图 T0504-2a)所示,由外径为 9mm 的具有标准厚度的玻璃管制成。压力计一个臂的顶端有一锥形磨口与透气圆筒紧密连接,在连接透气圆筒的压力计臂上刻有环形线。从压力计底部往上 280mm ~ 300mm 处有一个出口管,管上装有一个阀门,连接抽气装置。

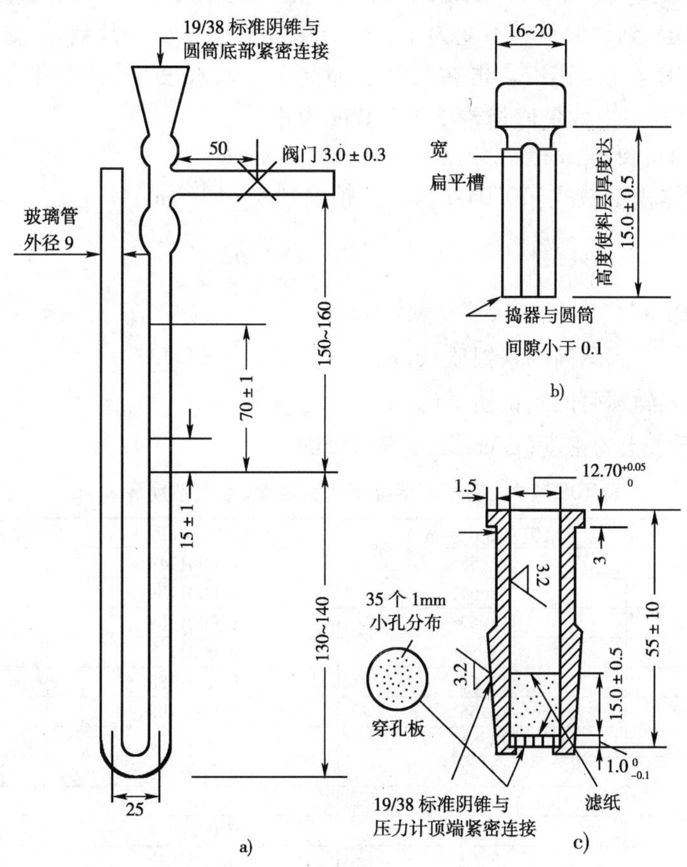

图 T0504-2　Blaine 透气仪结构及主要尺寸(尺寸单位:mm)

a)U 形压力计;b)捣器;c)透气圆筒

(6)抽气装置:用小型电磁泵,也可用抽气球。

(7)滤纸:采用中速定量滤纸。

(8)天平:感量为1mg。

(9)秒表:分度值为0.5s。

(10)其它:烘干箱、干燥箱和毛刷等。

3 材料

(1)压力计液体

压力计液体采用带有颜色的蒸馏水。

(2)基本材料

基本材料采用中国水泥质量监督检验中心制备的标准试样。

4 仪器校准

4.1 漏气检查

将透气圆筒上口用橡皮塞塞紧,接到压力计上。用抽气装置从压力计一臂中抽出部分气体,然后关闭阀门,观察是否漏气。如发现漏气,用活塞油脂加以密封。

4.2 试料层体积的测定

4.2.1 水银排代法:将两片滤纸沿圆筒壁放入透气圆筒内,用一个直径略比透气圆筒小的细长棒往下按,直到滤纸平整放在金属的穿孔板上。然后装满水银,用一小块薄玻璃板轻压水银表面,使水银面与圆筒口平齐,并须保证在玻璃板和水银表面之间没有气泡或空洞存在。从圆筒中倒出水银,称量,精确至0.05g。重复几次测定,到数值基本不变为止。然后从圆筒中取出一片滤纸,试用约3.3g的水泥,按照本方法5.3款的要求压实水泥层[注]。再在圆筒上部空间注入水银,同上述方法除去气泡、压平、倒出水银称量,重复几次,直到水银称量值相差小于0.05g为止。

注:应制备坚实的水泥层,如水泥太松或不能压到要求体积时,应调整水泥的试用量。

4.2.2 圆筒内试料层体积V按式(T0504-1)计算,精确到$5\times10^{-9}m^3$:

$$V = 10^{-6}\times(P_1 - P_2)/\rho_{水银} \tag{T0504-1}$$

式中:V——试料层体积(m^3);

P_1——未装水泥时,充满圆筒的水银质量(g);

P_2——装水泥后,充满圆筒的水银质量(g);

$\rho_{水银}$——试验温度下水银的密度(g/cm^3),见表T0504-1。

表T0504-1 在不同温度下水银密度、空气粘度η和$\sqrt{\eta}$

室温(℃)	水银密度(g/cm^3)	空气粘度η(Pa·s)	$\sqrt{\eta}$
8	13.58	0.0001749	0.01322
10	13.57	0.0001759	0.01326
12	13.57	0.0001768	0.01330
14	13.56	0.0001778	0.01333
16	13.56	0.0001788	0.01337
18	13.55	0.0001798	0.01341
20	13.55	0.0001808	0.01345
22	13.54	0.0001818	0.01348
24	13.54	0.0001828	0.01352
26	13.53	0.0001837	0.01355
28	13.53	0.0001847	0.01359
30	13.52	0.0001857	0.01363
32	13.52	0.0001867	0.01366
34	13.51	0.0001876	0.01370

4.2.3 试料层体积的测定,至少应进行两次。每次应单独压实,若两次数值相差不超过 $5\times10^{-9}m^3$,则取两者的平均值,精确至 $10^{-10}m^3$,并记录测定过程中圆筒附近的温度。每隔一季度至半年应重新校正试料层体积。

5 试验步骤

5.1 试样准备

5.1.1 将110℃±5℃下烘干并在干燥器中冷却到室温的标准试样,倒入100mL的密闭瓶内,用力摇动2min,将结块成团的试样振碎,使试样松散。静置2min后,打开瓶盖,轻轻搅拌,使在松散过程中落到表面的细粉,分布到整个试样中。

5.1.2 水泥试样,应先通过0.9mm方孔筛,再在110℃±5℃下烘干,并在干燥器中冷却至室温。

5.2 确定试样量

校正试验用的标准试样量和被测定水泥的质量,应达到在制备的试料层中的空隙率为0.500±0.005(50.0%±0.5%),计算式为:

$$W=\rho V(1-\varepsilon) \tag{T0504-2}$$

式中:W——需要的试样量(kg),精确至1mg;

ρ——试样密度(kg/m^3);

V——按本方法4.2测定的试料层体积(m^3);

ε——试料层空隙率[注]。

注:空隙率是指试料层中孔的体积与试料层总的体积之比,一般水泥采用0.500±0.005(50.0%±0.5%)。如有些粉料按式(T0504-2)算出的试样量在圆筒的有效体积中容纳不下或经捣实后未能充满圆筒的有效体积,则允许适当地改变空隙率。

5.3 试料层制备

将穿孔板放入透气圆筒的突缘上,用一根直径比圆筒略小的细棒把一片滤纸[注]送到穿孔板上,边缘压紧。称取按本方法5.2确定的水泥量,精确到0.001g,倒入圆筒。轻敲圆筒的边,使水泥层表面平坦。再放入一片滤纸,用捣器均匀捣实试料直至捣器的支持环紧紧接触圆筒顶边并旋转两周,慢慢取出捣器。

注:穿孔板上的滤纸,应是与圆筒内径相同、边缘光滑的圆片。穿孔板上滤纸片如比圆筒内径小时,会有部分试样粘于圆筒内壁高出圆板上部;当滤纸直径大于圆筒内径时会引起滤纸片皱起使结果不准。每次测定需用新的滤纸片。

5.4 透气试验

5.4.1 把装有试料层的透气圆筒连接到压力计上,要保证紧密连接不致漏气[注],并不振动所制备的试料层。

注:为避免漏气,可先在圆筒下锥面涂一薄层活塞油脂,然后把它插入压力计顶端锥形磨口处,旋转两周。

5.4.2 打开微型电磁泵慢慢从压力计一臂中抽出空气,直到压力计内液面上升到扩大部下端时关闭阀门。当压力计内液体的弯月液面下降到第一个刻度线时开始计时,当液体的弯月面下降到第二条刻度线时停止计时,记录液面从第一条刻度线下降到第二刻度线所需的时间,以秒表(s)记录,并记下试验时的温度(℃)。

6 试验结果

6.1 当被测物料的密度、试料层中空隙率与标准试样相同,试验时温差不大于±3℃时,可按式(T0504-3)计算:

$$S_c=\frac{S_s\sqrt{T}}{\sqrt{T_s}} \tag{T0504-3}$$

如试验时温差大于 ±3℃时,则按式(T0504-4)计算:

$$S_c = \frac{S_s\sqrt{T}\sqrt{\eta_s}}{\sqrt{T_s}\sqrt{\eta}} \tag{T0504-4}$$

式中:S_c——被测试样的比表面积(m^2/kg);

S_s——标准试样的比表面积(m^2/kg);

T——被测试样试验时,压力计中液面降落测得的时间(s);

T_s——标准试样试验时,压力计中液面降落测得的时间(s);

η——被测试样试验温度下的空气粘度(Pa·s);

η_s——标准试样试验温度下的空气粘度(Pa·s)。

6.2 当被测试样的试料层中空隙率与标准试样试料层中空隙率不同,试验时温差不大于 ±3℃时,可按式(T0504-5)计算:

$$S_c = \frac{S_s\sqrt{T}(1-\varepsilon_s)\sqrt{\varepsilon^3}}{\sqrt{T_s}(1-\varepsilon)\sqrt{\varepsilon_s^3}} \tag{T0504-5}$$

如试验时温差大于 ±3℃时,则按式(T0504-6)计算:

$$S_c = \frac{S_s\sqrt{T}(1-\varepsilon_s)\sqrt{\varepsilon^3}\sqrt{\eta_s}}{\sqrt{T_s}(1-\varepsilon)\sqrt{\varepsilon_s^3}\sqrt{\eta}} \tag{T0504-6}$$

式中:ε——被测试样试料层中的空隙率;

ε_s——标准试样试料层中的空隙率。

6.3 当被测试样的密度和空隙率均与标准试样不同,试验时温差不大于 ±3℃时,可按式(T0504-7)计算:

$$S_c = \frac{S_s\sqrt{T}(1-\varepsilon_s)\sqrt{\varepsilon^3}\rho_s}{\sqrt{T_s}(1-\varepsilon)\sqrt{\varepsilon_s^3}\rho} \tag{T0504-7}$$

如试验时温差大于 ±3℃时,则按式(T0504-8)计算:

$$S_c = \frac{S_s\sqrt{T}(1-\varepsilon_s)\sqrt{\varepsilon^3}\rho_s\sqrt{\eta_s}}{\sqrt{T_s}(1-\varepsilon)\sqrt{\varepsilon_s^3}\rho\sqrt{\eta}} \tag{T0504-8}$$

式中:ρ——被测试样的密度(kg/m^3);

ρ_s——标准试样的密度(kg/m^3)。

6.4 比表面积值的单位为 m^2/kg,精确至 $1m^2/kg$。

6.5 水泥比表面积应由两次透气试验结果的平均值确定,精确至 $1m^2/kg$。如两次试验结果相差 2% 以上时,应重新试验。

7 试验报告

试验报告应包括以下内容:

(1)原材料的品种、规格和产地;

(2)试验日期及时间;

(3)仪器设备的名称、型号及编号;

(4)环境温度和湿度;

(5)水泥试样的比表面积;

(6)执行标准;
(7)要说明的其它内容。

条文说明

本方法和 GB 8074—1987(neq ASTM C 204:1981) 等效。水泥比表面积是指单位质量的水泥粉末所具有的总面积,以 m^2/kg 表示。其原理根据一定量的空气通过具有一定空隙率和固定厚度的水泥层时,所受阻力不同而引起流速的变化来测定水泥的比表面积。在一定空隙率的水泥层中,孔隙的大小和数量是颗粒尺寸的函数,同时也决定了通过料层的气流速度。通常水泥比表面积大于 $300m^2/kg$。

测定比表面积应注意以下几个方面:

1. 试样捣实:由于试料层内空隙分布均匀程度对比表面积结果有影响,因此捣实试样应按规定统一操作。

2. 空隙率大小:试料层空隙率,对一般硅酸盐水泥为 0.5,但对掺有多孔材料的水泥或过细的水泥,需要调整。但在测定需要相互比较的试料时,空隙率不宜改变太多。

3. 透气仪各部分接头应保持紧密。

T 0505—2005 水泥标准稠度用水量、凝结时间、安定性检验方法

(Standard Test Methods for Water Requirement of Normal Consistency, Setting Time and Soundness of the Portland Cements)

1 目的、适用范围和引用标准

本方法规定了水泥标准稠度用水量、凝结时间和体积安定性的测试方法。

本方法适用于硅酸盐水泥、普通硅酸盐水泥、矿渣硅酸盐水泥、粉煤灰硅酸盐水泥、火山灰硅酸盐水泥、复合硅酸盐水泥、道路硅酸盐水泥及指定采用本方法的其它品种水泥。

引用标准:

JC/T 727—1996 《水泥物理检验仪器 净浆标准稠度与凝结时间测定仪》
JC/T 729—1996 《水泥物理检验仪器 水泥净浆搅拌机》
GB/T 1346—2001 《水泥标准稠度用水量、凝结时间、安定性检验方法》

2 仪器设备

(1)水泥净浆搅拌机:符合 JC/T 729 的要求。

(2)标准法维卡仪:如图 T0505-1 所示,标准稠度测定用试杆(见图 T0505-1c))有效长度为 50mm ± 1mm、由直径为 ϕ10mm ± 0.05mm 的圆柱形耐腐蚀金属制成。测定凝结时间时取下试杆,用试针(见图 T0505-1d)、T0501-1e))代替试杆。试杆由钢制成,其有效长度初凝针为 50mm ± 1mm、终凝针为 30mm ± 1mm、直径为 ϕ1.13mm ± 0.05mm 的圆柱体。滑动部分的总质量为 300g ± 1g。与试杆、试针联结的滑动杆表面应光滑,能靠重力自由下落,不得有紧涩和旷动现象。

盛装水泥净浆的试模(见图 T0505-1a))应由耐腐蚀的、有足够硬度的金属制成。试模深 40mm ± 0.2mm、顶内径 ϕ65mm ± 0.5mm、底内径 ϕ75mm ± 0.5mm 的截顶圆锥体,每只试模应配备一个大于试模、厚度大于等于 2.5mm 的平板玻璃底板。

(3)代用法维卡仪:符合 JC/T 727 的要求。

(4)沸煮箱:有效容积约为 410mm × 240mm × 310mm,箅板结构应不影响试验结果,箅板与加热器之间的距离大于 50mm。箱的内层由不易锈蚀的金属材料制成,能在 30min ± 5min 内将箱内的试验用

水由室温升至沸腾并可保持沸腾状态3h以上,整个试验过程中不需补充水量。

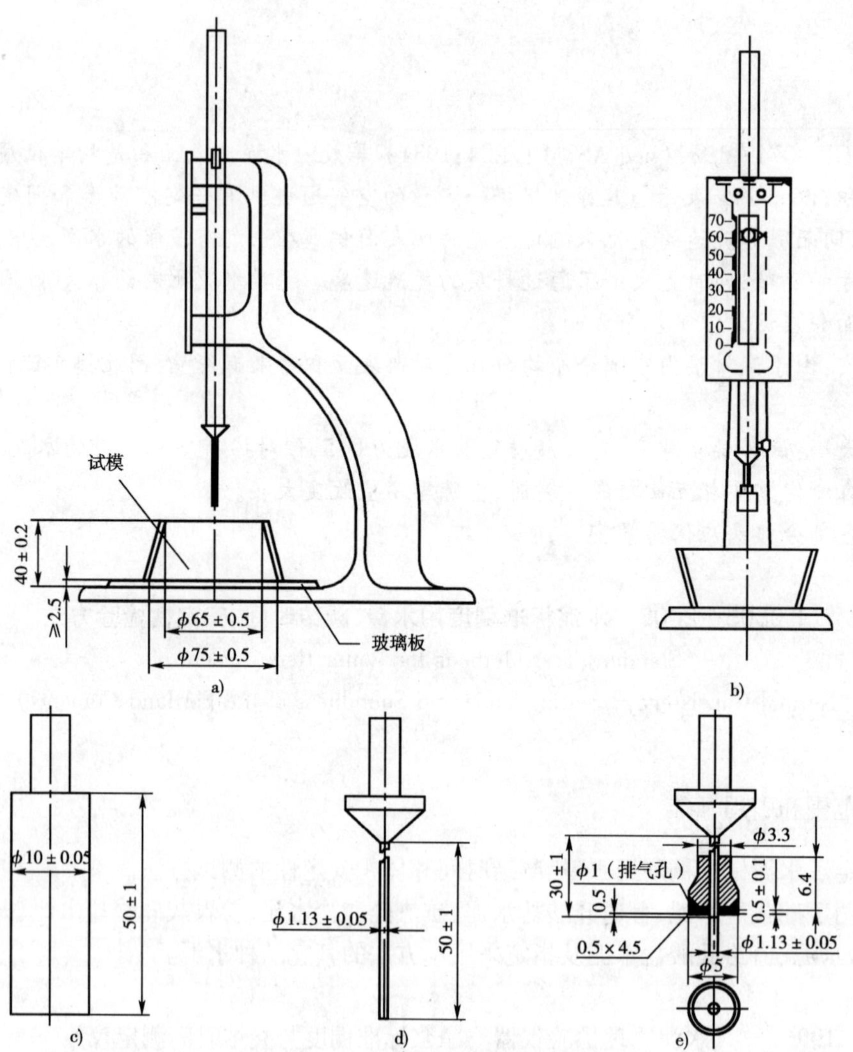

图 T0505-1　测定水泥标准稠度和凝结时间用的维卡仪(尺寸单位:mm)

a)初凝时间测定用立式试模侧视图;b)终凝时间测定用反转试模前视图;c)标准稠度试杆;d)初凝用试针;e)终凝用试针

(5)雷氏夹膨胀仪:由铜质材料制成,其结构如图 T0505-2。当一根指针的根部先悬挂在一根金属丝或尼龙丝上,另一根指针的根部再挂上300g质量的砝码时,两根指针的针尖距离增加应在17.5mm±2.5mm范围以内,即$2x=17.5\text{mm}\pm2.5\text{mm}$,当去掉砝码后针尖的距离能恢复至挂砝码前的状态。雷氏夹受力示意图如图 T0505-3。

(6)量水器:分度值为0.1mL,精度1%。

(7)天平:量程1000g,感量1g。

(8)湿气养护箱:应能使温度控制在20℃±1℃,相对湿度大于90%。

(9)雷氏夹膨胀值测定仪:如图 T0505-4 所示,标尺最小刻度0.5mm。

(10)秒表:分度值1s。

3　试样及用水

3.1　水泥试样应充分拌匀,通过0.9mm方孔筛并记录筛余物情况,但要防止过筛时混进其它水泥。

3.2　试验用水必须是洁净的淡水,如有争议时可用蒸馏水。

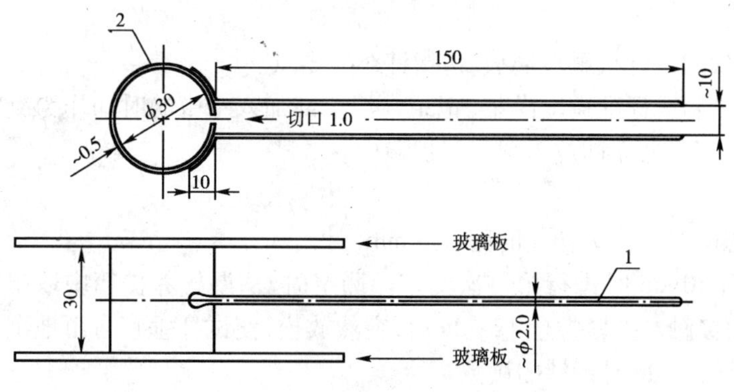

图 T0505-2　雷氏夹示意图(尺寸单位:mm)
1-指针;2-环模

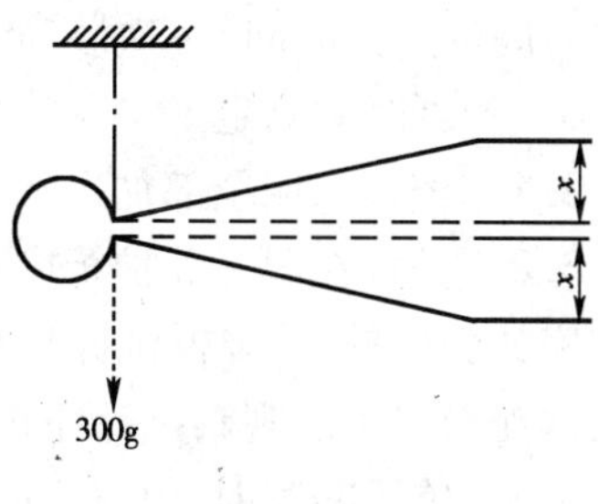

图 T0505-3　雷氏夹受力示意图

4　实验室温度、相对湿度

4.1　实验室的温度为20℃ ±2℃,相对湿度大于50%。

4.2　水泥试样、拌和水、仪器和用具的温度应与实验室内室温一致。

5　标准稠度用水量测定(标准法)

5.1　试验前必须做到

(1)维卡仪的金属棒能够自由滑动。

(2)调整至试杆接触玻璃板时指针对准零点。

(3)水泥净浆搅拌机运行正常。

5.2　水泥净浆拌制

用水泥净浆搅拌机搅拌,搅拌锅和搅拌叶片先用湿布擦过,将拌和水倒入搅拌锅中,然后5s ~10s内小心将称好的500g水泥加入水中,防止水和水泥溅出;拌和时,先将锅放在搅拌机的锅座上,升至搅拌位置,启动搅拌机,低速搅拌120s,停15s,同时将叶片和锅壁上的水泥浆刮入锅中间,接着高速搅拌120s停机。

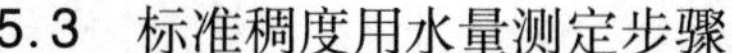

5.3　标准稠度用水量测定步骤

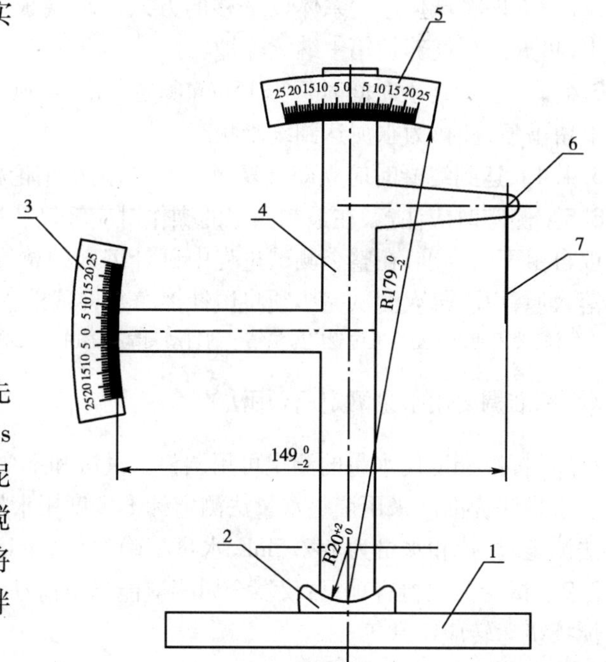

图 T0505-4　雷氏膨胀值测量仪(尺寸单位:mm)
1-底座;2-模子座;3-测弹性标尺;4-立柱;5-测膨胀值标尺;6-悬臂;7-悬丝

5.3.1　拌和结束后,立即将拌制好的水泥净浆装入已放在玻璃板上的试模中,用小刀插捣,轻轻振动数次,刮去多余的净浆。

5.3.2　抹平后迅速将试模和底板移到维卡仪上,并将其中心定在试杆下,降低试杆直到与水泥净浆表面接触,拧紧螺丝1s ~2s后,突然放松,使试杆垂直自由地沉入水泥净浆中。在试杆停止沉入或释放试杆30s时记录试杆到底板的距离,升起试杆后,立即擦净。

5.3.3　整个操作应在搅拌后1.5min内完成。以试杆沉入净浆并距底板6mm ±1mm的水泥净浆为标准稠度净浆。其拌和水量为该水泥的标准稠度用水量(P),按水泥质量的百分比计。

5.3.4　当试杆距玻璃板小于5mm时,应适当减水,重复水泥浆的拌制和上述过程;若距离大于7mm时,则应适当加水,并重复水泥浆的拌制和上述过程。

6 凝结时间测定

6.1 测定前准备工作:调整凝结时间测定仪的试针接触玻璃板,使指针对准零点。

6.2 试件的制备:以标准稠度用水量按5.2制成标准稠度净浆(记录水泥全部加入水中的时间作为凝结时间的起始时间)一次装满试模,振动数次刮平,立即放入湿气养护箱中。

6.3 初凝时间测定

6.3.1 记录水泥全部加入水中至初凝状态的时间作为初凝时间,用"min"计。

6.3.2 试件在湿气养护箱中养护至加水后30min时进行第一次测定。测定时,从湿气养护箱中取出试模放到试针下,降低试针与水泥净浆表面接触。拧紧螺丝1s~2s后,突然放松,使试杆垂直自由地沉入水泥净浆中。观察试针停止沉入或释放试针30s时指针的读数。

6.3.3 临近初凝时,每隔5min测定一次。当试针沉至距底板4mm±1mm时,为水泥达到初凝状态。

6.3.4 达到初凝时应立即重复测一次,当两次结论相同时才能定为达到初凝状态。

6.4 终凝时间测定

6.4.1 由水泥全部加入水中至终凝状态的时间为水泥的终凝时间,用"min"计。

6.4.2 为了准确观察试件沉入的状况,在终凝针上安装了一个环形附件(见图T0505-1e))。在完成初凝时间测定后,立即将试模连同浆体以平移的方式从玻璃板下翻转180°,直径大端向上、小端向下放在玻璃板上,再放入湿气养护箱中继续养护。

6.4.3 临近终凝时间时每隔15min测定一次,当试针沉入试件0.5mm时,即环形附件开始不能在试件上留下痕迹时,为水泥达到终凝状态。

6.4.4 达到终凝时应立即重复测一次,当两次结论相同时才能定为达到终凝状态。

6.5 测定时应注意,在最初测定的操作时应轻轻扶持金属柱,使其徐徐下降,以防止试针撞弯,但结果以自由下落为准;在整个测试过程中试针沉入的位置至少要距试模内壁10mm。每次测定不能让试针落入原针孔,每次测试完毕须将试针擦净并将试模放回湿气养护箱内,整个测试过程要防止试模振动。

注:使用能得出与标准中规定方法结果的自动测试仪器时,不必翻转试件。

7 标准稠度用水量测定(代用法)

7.1 标准稠度用水量的测定可用调整水量法和不变水量法两种方法中的任一种,如发生争议时,以调整水量法为准。采用调整水量法测定标准稠度用水量时,拌和水量应按经验确定加水量;采用不变水量法测定时,拌和水量为142.5mL,水量精确到0.5 mL。

7.2 试验前须检查项目:仪器金属棒应能自由滑动;试锥降至锥模顶面位置时,指针应对准标尺零点;搅拌机运转应正常等。

7.3 水泥净浆拌制同5.2。

7.4 标准稠度用水量测定

7.4.1 拌和结束后,立即将拌好的净浆装入锥模内,用小刀插捣,振动数次后,刮去多余净浆,抹平后迅速放到试锥下面固定位置上。将试锥降至净浆表面处,拧紧螺丝1s~2s后,突然放松,让试锥垂直自由沉入净浆中,到试锥停止下沉或释放试锥30s时记录试锥下沉深度。整个操作应在搅拌后1.5min内完成。

7.4.2 用调整水量法测定时,以试锥下沉深度28mm±2mm时的净浆为标准稠度净浆。其拌和水量为该水泥的标准稠度用水量(P),按水泥质量的百分比计。如下沉深度超出范围,须另称试样,调整水量,重新试验,直至达到28mm±2mm时为止。

7.4.3 用不变水量法测定时,根据测得的试锥下沉深度S(mm),按式(T0505-1)(或仪器上对应标尺)计算得到标准稠度用水量P(%):

$$P = 33.4 - 0.185S \tag{T0505-1}$$

当试锥下沉深度小于13mm时,应改用调整水量法测定。

8 安定性测定(标准法)

8.1 测定前的准备工作

每个试样需要两个试件,每个雷氏夹需配备质量约75g～80g的玻璃板两块。凡与水泥净浆接触的玻璃板和雷氏夹表面都要稍稍涂上一层油。

8.2 雷氏夹试件的制备方法

将预先准备好的雷氏夹放在已稍擦油的玻璃板上,并立刻将已制好的标准稠度净浆装满雷氏夹。装浆时一只手轻轻扶持雷氏夹,另一只手用宽约10mm的小刀插捣数次然后抹平,盖上稍涂油的玻璃板,接着立刻将雷氏夹移至湿气养护箱内养护24h±2h。

8.3 沸煮

8.3.1 调整好沸煮箱内的水位,使之在整个沸煮过程中都能没过试件,不需中途添补试验用水,同时保证在30min±5min内水能沸腾。

8.3.2 脱去玻璃板取下试件,先测量雷氏夹指针尖端间的距离A,精确到0.5mm,接着将试件放入水中箅板上,指针朝上,试件之间互不交叉,然后在30min±5min内加热水至沸腾,并恒沸3h±5min。

8.4 结果判别

沸煮结束后,即放掉箱中的热水,打开箱盖,待箱体冷却至室温,取出试件进行判别。

测量雷氏夹指针尖端间的距离C,精确至0.5mm,当两个试件煮后增加距离($C-A$)的平均值不大于5.0mm时,即认为该水泥安定性合格;当两个试件的($C-A$)值相差超过4.0mm时,应用同一样品立即重做一次试验。再如此,则认为该水泥为安定性不合格。

9 安定性测定(代用法)

9.1 测定前的准备工作

每个样品需准备两块约100mm×100mm的玻璃板。凡与水泥净浆接触的玻璃板都要稍稍涂上一层隔离剂。

9.2 试饼的成型方法

将制好的净浆取出一部分分成两等份,使之呈球形,放在预先准备好的玻璃板上,轻轻振动玻璃板并用湿布擦净的小刀由边缘向中央抹动,做成直径70mm～80mm、中心厚约10mm、边缘渐薄、表面光滑的试饼,接着将试饼放入湿气养护箱内养护24h±2h。

9.3 沸煮

9.3.1 调整好沸煮箱内的水位,使之在整个沸煮过程中都能没过试件,不需中途添补试验用水,同时保证水在30min±5min内能沸腾。

9.3.2 脱去玻璃板取下试件,先检查试饼是否完整(如已开裂、翘曲,要检查原因,确定无外因时,该试饼已属不合格品,不必沸煮),在试饼无缺陷的情况下将试饼放在沸煮箱的水中箅板上,然后在30min±5min内加热至水沸腾,并恒沸3h±5min。

9.4 结果判别

沸煮结束后,即放掉箱中的热水,打开箱盖,待箱体冷却至室温,取出试件进行判别。目测试饼未发现裂缝,用钢直尺检查也没有弯曲(使钢直尺和试饼底部紧靠,以两者间不透光为不弯曲)的试饼为安定性合格;反之为不合格。当两个试饼判别结果有矛盾时,该水泥的安定性为不合格。

10 试验报告

试验报告应包括以下内容:

(1)要求检测的项目名称;

(2)试样编号;

(3)试验日期及时间;

(4)仪器设备的名称、型号及编号;

(5)环境温度和湿度;

(6)执行标准;

(7)使用检测方法;

(8)水泥试样的标准稠度用水量、凝结时间、安定性;

(9)要说明的其它内容。

条文说明

本方法参照 GB/T 1346—2001 修改,而 GB 1346—2001 又与 ISO 9597:1989 等效(eqv)。相对于原方法(GB 1346—1989),在标准稠度方面新方法规定,采用试杆法为标准法,相应试锥法为代用法;在安定性方面,采用雷氏法为标准法,而试饼法为代用法,当有矛盾时,以标准法为准。

在新标准中,由于仪器设备的改变,所以初凝时间由"试针沉至距底板 2mm ~ 3mm,即为水泥达到初凝状态"修改为"试针沉至距底板 4mm ± 1mm,即为水泥达到初凝状态"。终凝时间的测定修订改用安装环形附件的专用试针,使得终凝时间的测定更为直观。

在水泥净浆加水搅拌后,可能发生异常凝结现象。这种早期凝结又分为假凝和瞬凝。假凝的主要特征是加水凝固后,净浆没有明显温度升高,净浆重新搅拌后可恢复塑性。产生假凝的原因在于,当水泥加入水中时,半水石膏和无水石膏比 C_3A 能更快溶解,形成硫酸钙过饱和溶液,同时转化为二水石膏结晶析出,带来假凝。此外还与水泥中存在的碱有关。

瞬凝的主要特征是当水泥加入水中时,大量放热,很快失去流动性。产生的原因主要是 C_3A 含量过高,而水泥中为掺入石膏或掺入的石膏中 SO_3 过低引起的。

对于水泥早期凝固的测定方法,可参照本方法进行。在完成净浆成型后,用标准维卡仪试杆下端对准距圆模边缘直径三分之一处,在净浆完成搅拌 20s 后,测定试杆下沉 30s 时的深度为初始针入度;在净浆完成搅拌 5min 后,测定试杆下沉 30s 时的深度为终期针入度;完成终期针入度测定后,将圆模中的净浆连同剩余净浆放回搅拌机中搅拌 1min,再次测定得到的针入度,为再拌针入度。对于快凝水泥可以采用针入度来表征凝结时间的快慢。

T 0506—2005 水泥胶砂强度检验方法(ISO 法)

(Method of Testing Cememts for Determination of Strength——ISO method)

1 目的、适用范围和引用标准

本方法规定水泥胶砂强度检验基准方法的仪器、材料、胶砂组成、试验条件、操作步骤和结果计算。其抗压强度结果与 ISO 679:1989 结果等同。

本方法适用于硅酸盐水泥、普通硅酸盐水泥、矿渣硅酸盐水泥、粉煤灰硅酸盐水泥、复合硅酸盐水泥、道路硅酸盐水泥以及石灰石硅酸盐水泥的抗折与抗压强度检验。采用其它水泥时必须研究本方法的适用性。

引用标准:

ISO 679—1989 《水泥的试验方法 水泥强度的测定》

GB/T 6003.3—1997 《金属丝编织网试验筛》

GB/T 17671—1999 《水泥胶砂强度检验方法(ISO 法)》

JC/T 681—1997　　《行星式水泥胶砂搅拌机》
JC/T 682—1997　　《水泥胶砂试件成型振实台》
JC/T 683—1997　　《40mm×40mm 水泥抗压夹具》
JC/T 723—1996　　《水泥物理检验仪器　胶砂振动台》
JC/T 724—1996　　《水泥物理检验仪器　电动抗折试验机》
JC/T 726—1997　　《水泥胶砂试模》

2　仪器设备

(1)胶砂搅拌机

胶砂搅拌机属行星式,其搅拌叶片和搅拌锅作相反方向的转动。叶片和锅由耐磨的金属材料制成,叶片与锅底、锅壁之间的间隙为叶片与锅壁最近的距离。制造质量应符合 JC/T 681—1997 的规定。

(2)振实台

振实台(图 T0506-1)应符合 JC/T 682—1997 的规定。由装有两个对称偏心轮的电动机产生振动,使用时固定于混凝土基座上。基座高约400mm,混凝土的体积约0.25m^3,重约600kg。为防止外部振动影响振实效果,可在整个混凝土基座下放一层厚约5mm 天然橡胶弹性衬垫。

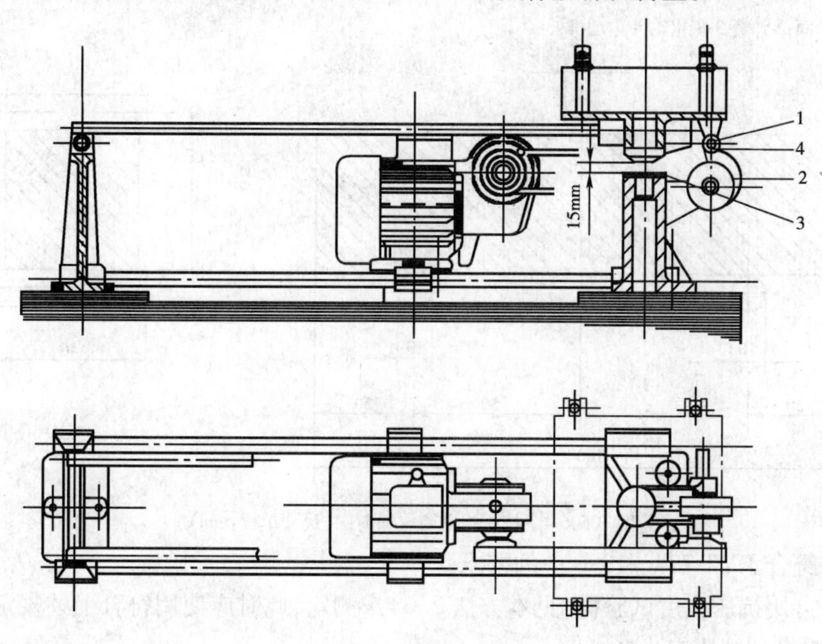

图 T0506-1　典型振实台

1-突头;2-凸轮;3-止动器;4-随动器

将仪器用地脚螺丝固定在基座上,安装后设备成水平状态,仪器底座与基座之间要铺一层砂浆以确保它们完全接触。

(3)代用振动台

使用该设备最终得到的28d 抗压强度与按 ISO 679 规定方法得到的强度之差在5%内为合格。使用代用振动台,其频率为2800 次/min ~3000 次/min,振动台为全波振幅0.75mm ±0.02mm。代用胶砂振动台(图 T0506-2)应符合 JC/T 723—1996 的规定和 GB/T 17671—1999 中第 11 章的要求。

(4)试模及下料漏斗

①试模为可装卸的三联模,由隔板、端板、底座等部分组成,制造质量应符合 JC/T 726—1997《水泥胶砂试模》的规定。可同时成型三条截面为 40mm ×40mm ×160mm 的棱形试件。

②下料漏斗(图 T0506-3)由漏斗和模套两部分组成。漏斗用厚为 0.5mm 的白铁皮制作,下料口宽度一般为4mm ~5mm。模套高度为20mm,用金属材料制作。套模壁与模型内壁应重叠,超出内壁不应

大于 1mm。

(5)抗折试验机和抗折夹具

抗折试验机应符合 JC/T 724—1982(1996)中的要求,一般采用双杠杆式,也可采用性能符合要求的其它试验机。加荷与支撑圆柱必须用硬质钢材制造。通过三根圆柱轴的三个竖向平面应该平行,并在试验时继续保持平行和等距离垂直试件的方向,其中一根支撑圆柱能轻微地倾斜使圆柱与试件完全接触,以便荷载沿试件宽度方向均匀分布,同时不产生任何扭转应力,如图 T0506-4。

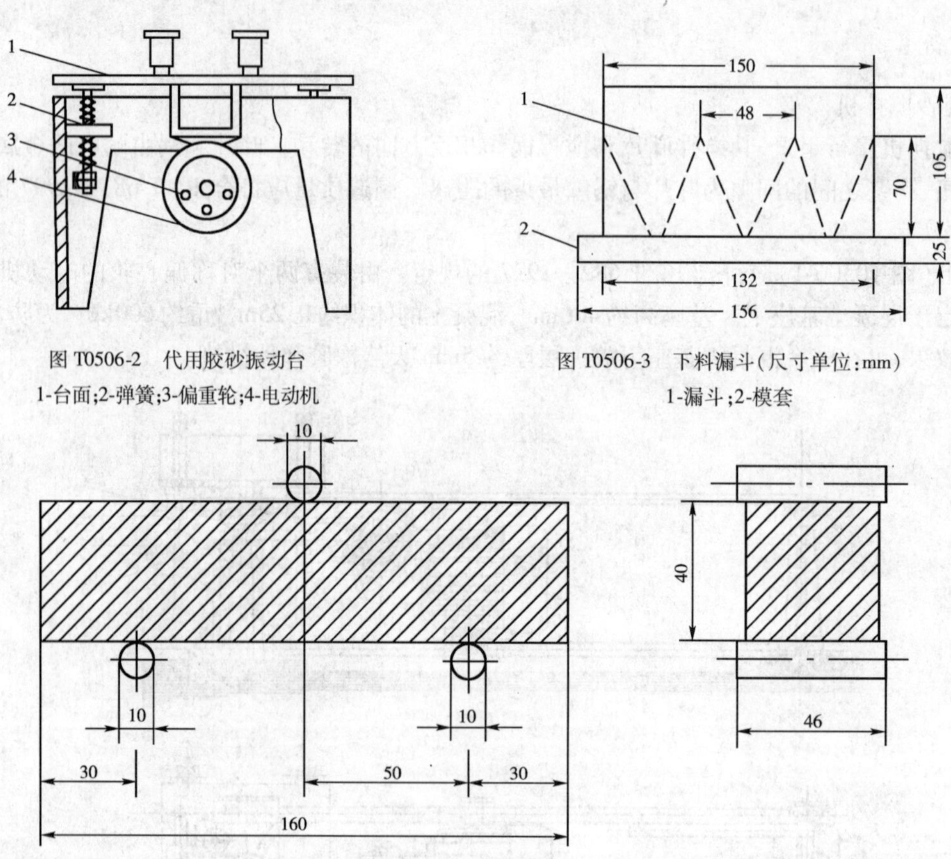

图 T0506-2　代用胶砂振动台

1-台面;2-弹簧;3-偏重轮;4-电动机

图 T0506-3　下料漏斗(尺寸单位:mm)

1-漏斗;2-模套

图 T0506-4　抗折强度测定加荷图(尺寸单位:mm)

抗折夹具应符合 JC/T 724—1996 中的要求。

抗折强度也可用抗压强度试验机(见本方法 2.6)来测定,此时应使用符合上述规定的夹具。

(6)抗压试验机和抗压夹具

①抗压试验机的吨位以 200kN ~ 300kN 为宜。抗压试验机,在较大的 4/5 量程范围内使用时,记录的荷载应有 ±1.0% 的精度,并具有按 2400N/s ± 200N/s 速率的加荷能力,应具有一个能指示试件破坏时荷载的指示器。

压力机的活塞竖向轴应与压力机的竖向轴重合,而且活塞作用的合力要通过试件中心。压力机的下压板表面应与该机的轴线垂直并在加荷过程中一直保持不变。

②当试验机没有球座,或球座已不灵活或直径大于 120mm 时,应采用抗压夹具,由硬质钢材制成,受压面积为 40mm × 40mm,并应符合 JC/T 683—1997 的规定。

注:1. 试验机的最大荷载以 200kN ~ 300kN 为佳,可以有两个以上的荷载范围,其中最低荷载范围的最大值大致为最高范围里的最大值的 1/5。

2. 采用具有加荷速度自动调节方法和具有结果记录装置的压力机是合适的。

3. 可以润滑球座以便与试件接触更好,但应确保在加荷期间不致因此而发生压板的位移。在高压下有效的润滑剂不宜使用,以避免压板的移动。

4. “竖向”、“上”、“下”等术语是对传统的试验机而言。

(7)天平:感量为1g。

3 材料

3.1 水泥试样从取样到试验要保持24h以上时,应将其储存在基本装满和气密的容器中,这个容器不能和水泥反应。

3.2 ISO标准砂。各国生产的ISO标准砂都可以用来按本方法测定水泥强度。中国ISO标准砂符合ISO 679中5.1.3要求,其质量控制按GB/T 17671—1999的11章进行。

3.3 试验用水为饮用水。仲裁试验时用蒸馏水。

4 温度与相对湿度

4.1 试件成型实验室应保持实验室温度为20℃±2℃(包括强度实验室),相对湿度大于50%。水泥试样、ISO砂、拌和水及试模等的温度应与室温相同。

4.2 养护箱或雾室温度20℃±1℃,相对湿度大于90%,养护水的温度20℃±1℃。

4.3 试件成型实验室的空气温度和相对湿度在工作期间每天应至少记录一次。养护箱或雾室温度和相对湿度至少每4h记录一次。

5 试件成型

5.1 成型前将试模擦净,四周的模板与底座的接触面上应涂黄油,紧密装配,防止漏浆,内壁均匀地刷一薄层机油。

5.2 水泥与ISO砂的质量比为1∶3,水灰比0.5。

5.3 每成型三条试件需称量的材料及用量为:水泥450g±2g;ISO砂1350g±5g;水225mL±1mL。

5.4 将水加入锅中,再加入水泥,把锅放在固定架上并上升至固定位置。然后立即开动机器,低速搅拌30s后,在第二个30s开始的同时均匀将砂子加入。当砂是分级装时,应从最粗粒级开始,依次加入,再高速搅拌30s。

停拌90s。在停拌中的第一个15s内用胶皮刮具将叶片和锅壁上的胶砂刮入锅中。在高速下继续搅拌60s。各个阶段时间误差应在±1s内。

5.5 用振实台成型时,将空试模和模套固定在振实台上,用适当的勺子直接从搅拌锅中将胶砂分为两层装入试模。装第一层时,每个槽里约放300g砂浆,用大播料器垂直架在模套顶部,沿每个模槽来回一次将料层播平,接着振实60次。再装入第二层胶砂,用小播料器播平,再振实60次。移走摸套,从振实台上取下试模,并用刮尺以90°的角度架在试模顶的一端,沿试模长度方向以横向锯割动作慢慢向另一端移动,一次将超出试模的胶砂刮去。并用同一直尺在近乎水平的情况下将试件表面抹平。

5.6 当用代用振动台成型时,在搅拌胶砂的同时将试模及下料漏斗卡紧在振动台台面中心。将搅拌好的全部胶砂均匀地装于下料漏斗中,开动振动台120s±5s停车。振动完毕,取下试模,用刮平尺按5.5方法刮去多余胶砂并抹平试件。

5.7 在试模上作标记或加字条标明试件的编号和试件相对于振实台的位置。两个龄期以上的试件,编号时应将同一试模中的三条试件分在两个以上的龄期内。

5.8 试验前或更换水泥品种时,须将搅拌锅、叶片和下料漏斗等抹擦干净。

6 养护

6.1 编号后,将试模放入养护箱养护,养护箱内箅板必须水平。水平放置时刮平面应朝上。对于24h龄期的,应在破型试验前20min内脱模。对于24h以上龄期的,应在成型后20h~24h内脱模。脱模时要非常小心,应防止试件损伤。硬化较慢的水泥允许延期脱模,但须记录脱模时间。

6.2 试件脱模后即放入水槽中养护,试件之间间隙和试件上表面的水深不得小于5mm。每个养护池中只能养护同类水泥试件,并应随时加水,保持恒定水位,不允许养护期间全部换水。

6.3 除 24h 龄期或延迟 48h 脱模的试件外,任何到龄期的试件应在试验(破型)前 15min 从水中取出。抹去试件表面沉淀物,并用湿布覆盖。

7 强度试验

7.1 各龄期(试件龄期从水泥加水搅拌开始算起)的试件应在下列时间内进行强度试验:

龄期	试验时间
——24h	24h ± 15min;
——48h	48h ± 30min;
——72h	72h ± 45min;
——7d	7d ± 2h;
——28d	28d ± 8h。

7.2 抗折强度试验

7.2.1 以中心加荷法测定抗折强度。

7.2.2 采用杠杆式抗折试验机试验时,试件放入前,应使杠杆成水平状态,将试件成型侧面朝上放入抗折试验机内。试件放入后调整夹具,使杠杆在试件折断时尽可能地接近水平位置。

7.2.3 抗折试验加荷速度为 50 N/s ± 10N/s,直至折断,并保持两个半截棱柱试件处于潮湿状态直至抗压试验。

7.2.4 抗折强度按式(T0506-1)计算:

$$R_f = \frac{1.5F_f \cdot L}{b^3} \tag{T0506-1}$$

式中:R_f——抗折强度(MPa);

F_f——破坏荷载(N);

L——支撑圆柱中心距(mm);

b——试件断面正方形的边长,为 40mm。

抗折强度计算值精确到 0.1MPa。

7.2.5 抗折强度结果取三个试件平均值,精确至 0.1 MPa。当三个强度值中有超过平均值 ±10% 的,应剔除后再平均,以平均值作为抗折强度试验结果。

7.3 抗压强度试验

7.3.1 抗折试验后的断块应立即进行抗压试验。抗压试验须用抗压夹具进行,试件受压面为试件成型时的两个侧面,面积为 40mm × 40mm。试验前应清除试件受压面与加压板间的砂粒或杂物。试件的底面靠紧夹具定位销,断块试件应对准抗压夹具中心,并使夹具对准压力机压板中心,半截棱柱体中心与压力机压板中心差应在 ±0.5mm 内,棱柱体露在压板外的部分约为 10mm。

7.3.2 压力机加荷速度应控制在 2400N/s ± 200N/s 速率范围内,在接近破坏时更应严格掌握。

7.3.3 抗压强度按式(T0506-2)计算:

$$R_c = \frac{F_c}{A} \tag{T0506-2}$$

式中:R_c——抗压强度(MPa);

F_c——破坏荷载(N);

A——受压面积,40mm × 40mm = 1600mm^2。

抗压强度计算值精确到0.1MPa。

7.3.4 抗压强度结果为一组6个断块试件抗压强度的算术平均值,精确至0.1 MPa。如果6个强度值中有一个值超过平均值±10%的,应剔除后以剩下的5个值的算术平均值作为最后结果。如果5个值中再有超过平均值±10%的,则此组试件无效。

8 试验报告

试验报告应包括以下内容:

(1)要求检测的项目名称;

(2)原材料的品种、规格和产地;

(3)试验日期及时间;

(4)仪器设备的名称、型号及编号;

(5)环境温度和湿度;

(6)执行标准;

(7)不同龄期对应的水泥试样的抗折强度、抗压强度,报告中应包括所有单个强度结果(包括舍去的试验结果)和计算出的平均值;

(8)要说明的其它内容。

条文说明

本方法参照GB/T 17671—1999修改。GB 177—1985虽然没有作废,但不再被GB 175—1999《硅酸盐水泥、普通硅酸盐水泥》,GB 1344—1999《矿渣硅酸盐水泥、火山灰质硅酸盐水泥及粉煤灰硅酸盐水泥》,GB 12958—1999《复合硅酸盐水泥》引用。虽然GB/T 17671—1999为推荐性标准,但因被上述强制性标准的引用而成为强制性标准。

对于火山灰水泥而言,在水灰比0.5和灰砂比1∶3条件下,流动度可能有很大变化,所以GB 1344—1999《矿渣硅酸盐水泥、火山灰质硅酸盐水泥及粉煤灰硅酸盐水泥》中规定:"按GB/T 17671—1999进行。但火山灰水泥进行胶砂强度检验的用水量按0.50水灰比和胶砂流动度不小于180mm来确定。当流动度小于180mm时,须以0.01的倍数递增的方法将水灰比调整到胶砂流动度不小于180mm。"

为区别ISO方法与硬练法、GB 177—1985方法,特列出表T0506-1,其主要区别在于检验方法中的胶砂组成,即水灰比、灰砂比和砂。

GB 177—1985方法和ISO法相比较,GB 177存在以下缺点:

1.水泥强度试验中水泥成分过多,强度值对水泥浆与砂子胶结性能的反应不够敏感。这样低密度、低活性的水泥在结果上可以得到更多的好处。

2.胶砂的用水量偏低,这样有利于那些需水量较大的水泥,造成事实的不公平。

3.和国际上通行标准不统一,不利于贸易和交流。

而ISO方法检验出的水泥强度更接近水泥在水泥混凝土中的实际作用。

根据中国建筑材料科学研究院的研究表明,我国水泥的旧版GB强度等级大体上比ISO等级低一个等级。如GB 425对应ISO 32.5,GB 525大致对应ISO 42.5。新版GB 175已于1999年12月1日实施,规定水泥强度采用GB/T 17671—1999《水泥胶砂强度检验方法(ISO法)》测试,同时GB 175—1999规定普通硅酸盐水泥的强度等级见表T0506-2。

为方便查询,表T0506-3中列出GB中各龄期水泥强度。

表 T0506-1 不同强度试验方法的比较

内 容		硬练法	GB 177—1985(软练法)	ISO
砂	砂源	福建平源		厦门
	粒径范围(mm)	单级 0.5~0.85	单级 0.25~0.65 混合	级配砂:0.08~0.5(1/3),0.5~1.0(1/3),1.0~2.0(1/3)
胶砂性质	水灰比	0.3~0.4	0.44~0.46	0.50
	灰砂比	1:3	1:2.5	1:3
试件形状	抗折	8 字形	4cm×4cm×16cm	4cm×4cm×16cm
	抗压	7.07cm×7.07cm	4cm×6.25cm	4cm×4cm
搅拌	转速(r/min)		搅拌锅:65±3 搅拌叶:137±6	搅拌叶:140±10(自转) 285±10(自转) 62±5(公转) 125±10(公转)
	工作程序加料顺序		加水和水泥,干拌,搅拌中加水,搅拌 180s	加水,加水泥,低速 30s,再低速 30s 的同时加入砂,高速 30s,停 90s,高速 60s
温湿条件		实验室:21℃±4℃ R.H. >50%; 养护箱:20℃±3℃ R.H. >90%		实验室:20℃±2℃ R.H. ≥50%; 养护箱:20℃±1℃ R.H. ≥90%
	养护水	20℃±2℃		20℃±1℃;饱和 $Ca(OH)_2$
破型试验	压力机	/	精度±2%,速度 5000N/s±500N/s	精度±1%,速度 2400N/s±200N/s
	取件时间	/		破型前 15min 取出
强度计算	抗压强度	/	剔除最大、最小试验结果,以剩下 4 个结果平均	6 个测定值的算术平均值为试验结果。如有超出平均值精度±10%者剔除,再以剩余 5 个结果平均。再有超出,该组无效

表 T0506-2 水泥强度等级

水泥品种	强度等级							
硅酸盐水泥	/	/	42.5	42.5R	52.5	52.5R	62.5	62.5R
普通硅酸盐水泥、矿渣硅酸盐水泥、火山灰硅酸盐水泥、粉煤灰硅酸盐水泥、复合硅酸盐水泥	32.5	32.5R	42.5	42.5R	52.5	52.5R	/	/

表 T0506-3 水泥强度

品种	强度等级	抗压强度(MPa)		抗折强度(MPa)	
		3d	28d	3d	28d
硅酸盐水泥	42.5	17.0	42.5	3.5	6.5
	42.5R	22.0	42.5	4.0	6.5
	52.5	23.0	52.5	4.0	7.0
	52.5R	27.0	52.5	5.0	7.0
	62.5	28.0	62.5	5.0	8.0
	62.5R	32.0	62.5	5.5	8.0
普通硅酸盐水泥	32.5	11.0	32.5	2.5	5.5
	32.5R	16.0	32.5	3.5	5.5
	42.5	16.0	42.5	3.5	6.5
	42.5R	21.0	42.5	4.0	6.5
	52.5	22.0	52.5	4.0	6.5
	52.5R	26.0	52.5	5.0	7.0
矿渣硅酸盐水泥 火山灰硅酸盐水泥 粉煤灰硅酸盐水泥	32.5	10.0	32.5	2.5	5.5
	32.5R	15.0	32.5	3.5	5.5
	42.5	15.0	42.5	3.5	6.5
	42.5R	19.0	42.5	4.0	6.5
	52.5	21.0	52.5	4.0	7.0
	52.5R	23.0	52.5	4.5	7.0
复合硅酸盐水泥	32.5	11.0	32.5	2.5	5.5
	32.5R	16.0	32.5	3.5	5.5
	42.5	16.0	42.5	3.5	6.5
	42.5R	21.0	42.5	4.0	6.5
	52.5	22.0	52.5	4.0	7.0
	52.5R	26.0	52.5	5.0	7.0

T 0507—2005 水泥胶砂流动度测定方法

(Test Method for Fluidity of Cement Mortar)

1 目的、适用范围和引用标准

本方法规定水泥胶砂流动度测定方法的仪器和操作步骤。

本方法适用于火山灰硅酸盐水泥、复合硅酸盐水泥和掺有火山灰的普通硅酸盐水泥、矿渣硅酸盐水泥及指定采用本方法的其它品种水泥的胶砂流动度测定。

引用标准：

GB/T 17671—1999　　《水泥胶砂强度检验方法(ISO 法)》
JC/T 681—1997　　　《行星式水泥胶砂搅拌机》

2　仪器设备

(1)胶砂搅拌机:应符合 JC/T 681—1997 的有关规定。

(2)水泥胶砂流动度测定仪(简称跳桌):技术要求及其安装方法应符合 T 0507 附录的规定。

(3)试模:用金属材料制成,由截锥圆模和模套组成。

截锥圆模内壁须光滑,尺寸为:高度 60 mm ±0.5mm;上口内径 70 mm ±0.5mm;下口内径 100 mm ±0.5mm;下口外径 120mm,模壁厚度大于 5mm。模套与截锥圆模配合使用。

(4)捣棒:用金属材料制成,直径为 20 mm ±0.5mm,长度约 200mm,捣棒底面与侧面成直角,其下部光滑,上部手柄滚花。

(5)卡尺:量程不小于 300mm,分度值不大于 0.5mm。

(6)小刀:刀口平直,长度大于 80mm。

(7)秒表:分度值为 1s。

3　试样制备

3.1　材料准备

胶砂材料用量按相应标准要求或试验设计确定。水泥试样,标准砂和试验用水及试验条件应符合 GB/T 17671—1999 中第四条的有关规定。

3.2　胶砂制备

按 GB/T 17671—1999 中有关规定进行。

4　试验步骤

4.1　如跳桌在 24h 内未被使用,先空跳一个周期 25 次。

4.2　在制备胶砂的同时,用潮湿棉布擦拭跳桌台面、试模内壁、捣棒以及与胶砂接触的用具,将试模放在跳桌台面中央并用潮湿棉布覆盖。

4.3　将拌好的胶砂分两层迅速装入流动试模,第一层装至截锥圆模高度约 2/3 处,用小刀在相互垂直的两个方向上各划 5 次,用捣棒由边缘至中心均匀捣压 15 次,之后装第二层胶砂,装至高出截锥圆模约 20mm,用小刀在相互垂直的两个方向上各划 5 次,再用捣棒由边缘至中心均匀捣压 10 次。捣压后应使胶砂略高于截锥圆模。捣压深度,第一层捣至胶砂高度的 1/2,第二层捣实不超过已捣实底层表面。捣压顺序见图 T0507-1、图 T0507-2。装胶砂和捣压时,用手扶稳试模,不要使其移动。

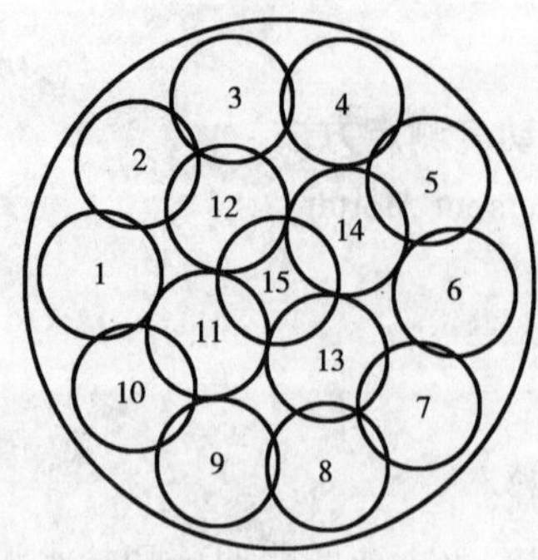

图 T0507-1　第一层捣压顺序

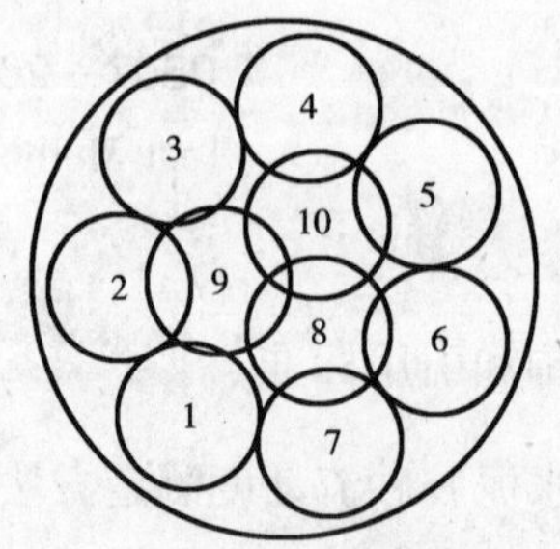

图 T0507-2　第二层捣压顺序

4.4　捣压完毕,取下模套,用小刀由中间向边缘分两次以近水平的角度将高出截锥圆模的胶砂刮去并抹平,擦去落在桌面上的胶砂。将截锥圆模垂直向上轻轻提起,立刻开动跳桌,每秒钟一次,在 25s ±1s 内完成 25 次跳动。

4.5 跳动完毕,用卡尺测量胶砂底面最大扩散直径及与其垂直方向的直径,计算平均值,精确至 1mm,即为该水量下的水泥胶砂流动度。

流动度试验,从胶砂拌和开始到测量扩散直径结束,须在 6min 内完成。

4.6 电动跳桌与手动跳桌测定的试验结果发生争议时,以电动跳桌为准。

5 试验报告

试验报告应包括以下内容:

(1)要求检测的项目名称;

(2)原材料的品种、规格和产地;

(3)试样编号;

(4)试验日期及时间;

(5)仪器设备的名称、型号及编号;

(6)环境温度和湿度;

(7)执行标准;

(8)使用砂的类型;

(9)水泥胶砂流动度;

(10)要说明的其它内容。

T 0507 附录 跳桌及其安装

本附录规定了跳桌的技术要求和安装方法,适用于跳桌的结构设计和性能检定。

A.1 技术要求

A.1.1 跳桌(图 T0507A-1)主要由跳动部分和机架部分组成。

A.1.2 跳动部分是由圆盘桌面和推杆构成。总质量为 4.35kg ±0.15kg,且以推杆为中心均匀分布。圆盘桌面直径 300mm ±1mm,是由硬度不低于 200HB 的铸钢制成,边缘厚约 5mm。其上表面应光滑平整,并镀硬铬。表面粗糙度 R_a 在 0.8μm ~1.6μm 之间。桌面中心有直径为 125mm 的刻圆,用以确定锥形试模的位置。从圆盘外缘指向中心有 8 条线,相隔 45°分布。桌面有 6 根幅射状筋,相隔 60°均匀分布。圆盘表面的平面度不超过 0.10mm。跳动部分下落瞬间,托轮不应与凸轮接触。跳桌落距为 10.0mm ±0.2mm。推杆与机架孔的公差间隙为 0.05mm ~0.10mm。

A.1.3 凸轮(图 T0507A-2)由钢制成,其外表面轮廓应符合等速螺旋线,表面硬度不低于洛氏 55HRC。当推杆和凸轮接触时不应察觉出有跳动,上升过程中保持圆盘桌面平稳,不抖动。

A.1.4 机架是由铸铁制成的坚固整体,有三根相隔 120°分布的增强筋延伸整个机架高度。机架孔周围环状精磨。机架孔的轴线应与圆盘上表面垂直。当圆盘下落和机架接触时,接触面应保持光滑,并与圆盘上表面成平行状态,同时在 360°范围内完全接触。

A.1.5 转动轴与转速为 60r/min 的同步电机连接,其转动机构能保证跳桌在(25 ±1)s 内完成 25 次跳动。

A.1.6 跳桌底座有 3 个直径为 12mm 的孔,以便与混凝土基座连接,三个孔均匀分布在直径为 200mm 的圆上。

A.2 安装和保养

A.2.1 跳桌宜通过膨胀螺栓安装在已硬化的水平混凝土基座上。基座由容重至少 2240kg/m^3 的混凝土浇筑而成,基部约为 400mm ×400mm 见方,高约 690mm。

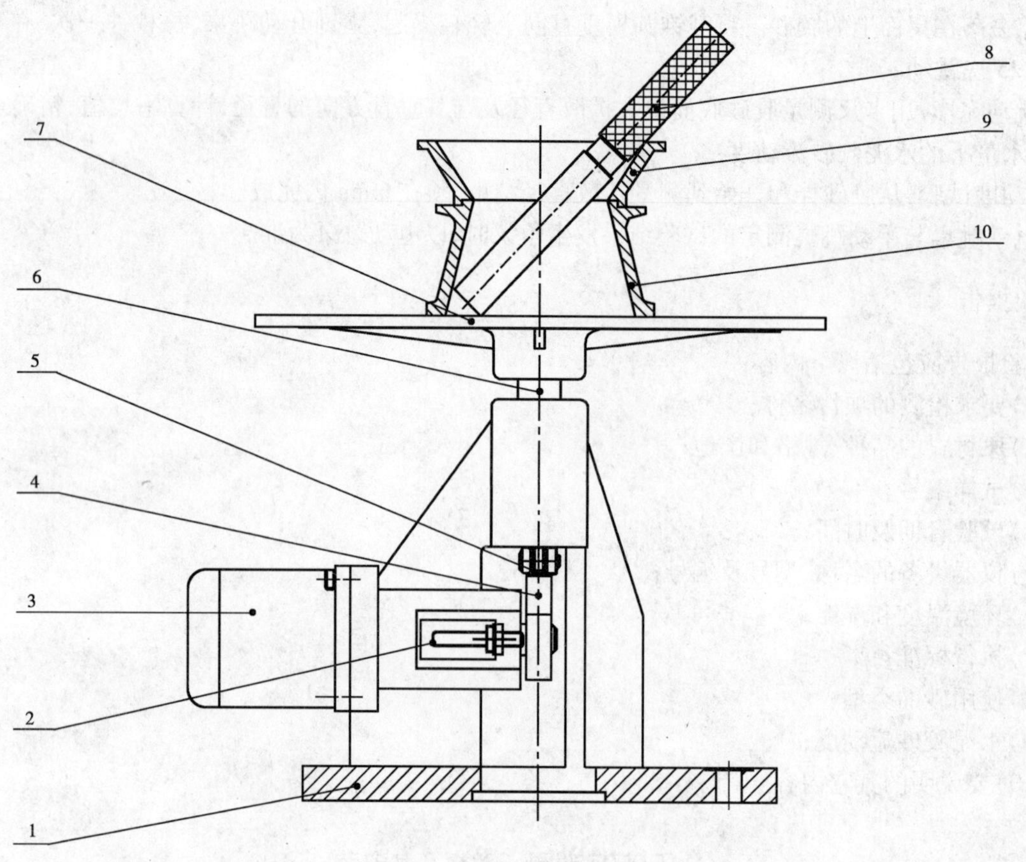

图 T0507A-1　跳桌

1-机架;2-接近开关;3-电机;4-凸轮;5-滑轮;6-推杆;7-圆盘桌面;8-捣棒;9-模套;10-截锥圆模

A.2.2　推杆应保持清洁,并稍涂润滑油。圆盘与机架接触面不应有油。凸轮表面上涂油可减少操作的摩擦。

A.3　检定

安装好的跳桌用流动度标准样(JBW 01-1-1)进行检定,测得的流动度值与标准样给定流动度相差在规定范围内,则跳桌的使用性能合格。

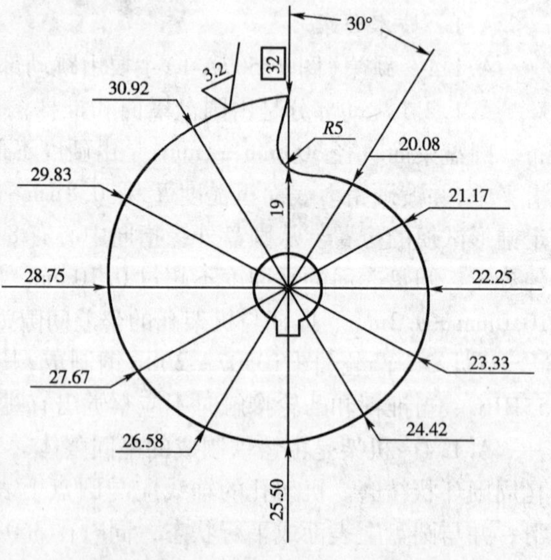

图 T0507A-2　凸轮示意图(尺寸单位:mm)

条文说明

本方法参照 GB/T 2419—2005《水泥胶砂流动度检验方法》修改。与旧版标准相比,主要修改部分为:采用技术参数与 EN 459-2—2001 相同的水泥胶砂流动度跳桌,但跳动次数为 25 次;水泥胶砂流动度检验用砂为 ISO 砂,胶砂组成按相应标准要求或试验设计确定。

T 0508—2005　水泥浆体流动度测定方法(倒锥法)

(Standard Test Method for Flow of Grout for Cement Mortar——Flow Cone Method)

1　目的、适用范围和引用标准

本方法规定公称最大粒径小于 2.36mm 的水泥浆体流动度测定方法的仪器和操作步骤。本方法适于流出时间小于35s的水泥浆体。

本方法适用于硅酸盐水泥、普通硅酸盐水泥、矿渣硅酸盐水泥、粉煤灰硅酸盐水泥、火山灰硅酸盐水泥、复合硅酸盐水泥、道路硅酸盐水泥浆体及指定采用本方法的其它浆体流动度的测定。

引用标准：

JC/T 681—1997 《行星式水泥胶砂搅拌机》

2 仪器设备

(1)倒锥：具体尺寸见图T0508-1，材料可以是玻璃、不锈钢、铝或其它金属。

(2)容器：容积最小2000mL。

(3)支架：用金属材料制成，用于支撑倒锥。

(4)水平尺。

(5)秒表：分度值为0.2s。

(6)胶砂搅拌机。

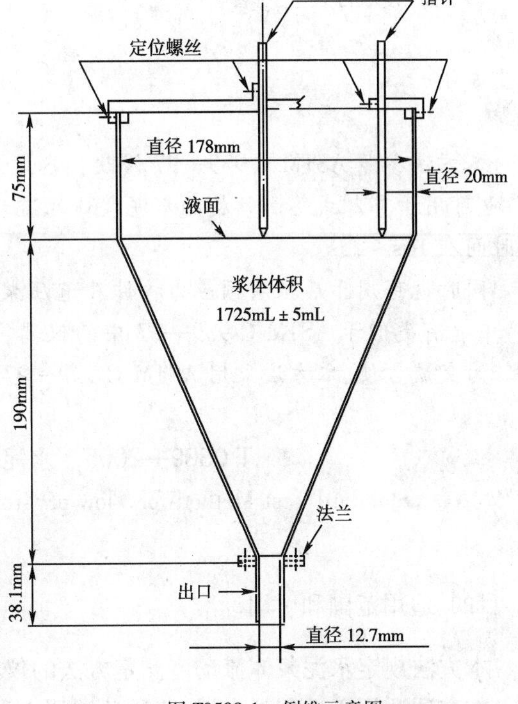

图T0508-1 倒锥示意图

3 仪器的标定

3.1 试验前确保倒锥稳定，并用水准仪检查是否垂直。往倒锥中加入水，调整指示器的位置确保容积为1725mL±5mL。

3.2 用手指堵住倒锥的出口，在手指松开的同时，按下秒表，在流出水流变得间断的同时再次按下秒表。如果在20℃±2℃的温度下，流出时间为8.0s±0.2s，则倒锥可以使用。

4 试验步骤

4.1 室内温度应保持在20℃±2℃。

4.2 使用前1min，用水润湿倒锥。用手指或其它塞子堵住出口。

4.3 徐徐将浆体加入倒锥中，在接近指针时要减慢速度，直到体积为1725mL±5mL。

4.4 在松开手指或塞子的同时按下秒表，在流出浆体变得间断的同时再次按下秒表。此时间为浆体流出时间。最后观察出口，如果出口透亮的话，则说明倒锥方法可用；否则不可用。

4.5 同一种材料至少进行两次试验，且浆体不得重复使用。

4.6 试验应在搅拌结束1min内完成。

4.7 使用完成后应将倒锥清洗干净。

5 试验结果

试验结果以两次以上试验结果的平均值为准，平均值修约到最近的0.2s上。每次试验的结果应在平均值±1.8s以内。

6 试验报告

试验报告应包括以下内容：

(1)要求检测的项目名称；

(2)原材料的品种、规格和产地；

(3)试验日期及时间；

(4)仪器设备的名称、型号及编号；

(5)环境温度和湿度；

(6)执行标准；

(7)材料配合比；

(8)水泥浆体流动度；

(9)要说明的其它内容。

条文说明

本方法参照 ASTM C 939—97 修改。本方法可适用于水泥混凝土路面脱空封堵时浆体流动性的评价，也可用于贯入式路面结构的水泥浆体的流动性评价。对于水泥混凝土路面脱空封堵时，一般浆体适用时间在 16s ~ 25s。

同时也可用于后张法预应力构件孔道压浆。值得注意的是，JTJ 041—2000《公路桥涵施工技术规范》中也有类似于 ASTM C 939—97 中的仪器，但该仪器的部分尺寸在英制换算公制过程中进行了取整。为交流方便，本方法采用 ASTM C 939—97 中所示仪器尺寸。

T 0509—2005　水泥浆体流动度测定方法(筒球法)

Standard Test Method for Flow of Grout for Cement Mortar(Ball & Canister Method)

1　目的、适用范围和引用标准

本方法规定水泥浆体流动度测定方法的仪器和操作步骤。

本方法适用于硅酸盐水泥、普通硅酸盐水泥、矿渣硅酸盐水泥、粉煤灰硅酸盐水泥、火山灰硅酸盐水泥、复合硅酸盐水泥、道路硅酸盐水泥浆体及指定采用本方法的其它浆体流动度的测定。

引用标准：

JC/T 681—1997　《行星式水泥胶砂搅拌机》

2　仪器设备

(1)流动度筒：具体尺寸见图 T0509-1，材料可以为透明的有机玻璃。长方体透明塑料容器的内壁尺寸为 102.4mm × 102.4mm × 500mm，壁厚 8mm，容器内装直径为 25.6mm 的玻璃球 160 个，如图所示共 10 层，其空隙率为 44.4%。

(2)容器：容积最小 2000mL，分度值不大于 5mL。

(3)支架：用金属材料制成，用于支撑流动度筒。

(4)水平尺。

(5)秒表：分度值不大于 0.2s。

(6)胶砂搅拌机。

3　仪器的标定

试验前确保流动度筒稳定，并用水准仪检查是否垂直。

4　试验步骤

4.1　室内温度应保持在 20℃ ±2℃。

4.2　在使用前，将筒和球用水润湿。

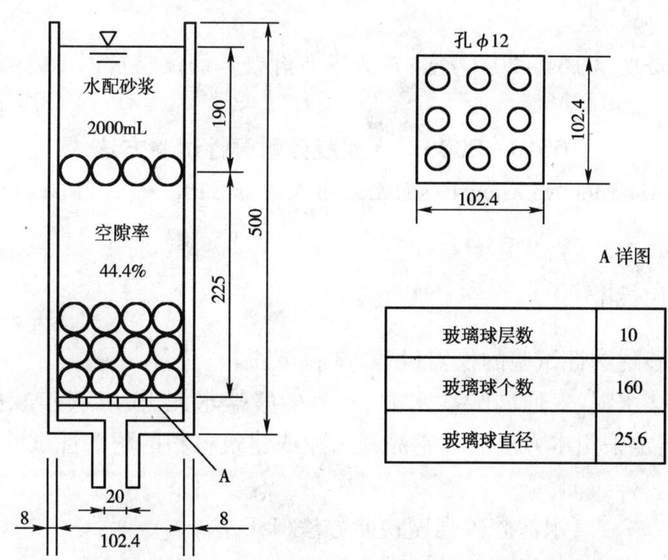

玻璃球层数	10
玻璃球个数	160
玻璃球直径	25.6

图 T0509-1　砂浆筒球流动仪示意图(尺寸单位:mm)

4.3　快速将 2000mL ±5mL 浆体加入筒中,同时按下秒表。

4.4　当灌入浆体中部出现明显分层时再次按下秒表,此时间为砂浆流动度。

4.5　同一种材料至少进行两次试验,浆体不得重复使用。

4.6　试验应在搅拌结束 1min 内完成。

4.7　使用完成后应将筒、球清洗干净。

5　试验结果

5.1　试验结果以两次以上试验结果的平均值为准,平均值修约到最近的 0.2s 上。每次试验的结果应在平均值 ±2s 以内。

5.2　压力灌浆时,浆体出现上、下层分离,即砂粒下沉,水泥浆上浮。为了区分浆体的保水性和均匀性,可采用上、下分层差值来表征,精确至 1mm。

6　试验报告

试验报告应包括以下内容:

(1)要求检测的项目名称、执行标准;

(2)原材料的品种、规格和产地;

(3)试验日期及时间;

(4)仪器设备的名称、型号及编号;

(5)环境温度和湿度;

(6)材料配合比;

(7)水泥浆体流动度;

(8)分层差值;

(9)要说明的其它内容。

条文说明

T 0507 是常规评价胶砂流动性的方法,而 T 0508、T 0509 是用于评价水泥浆体流动性的方法,更接近于公路部门的实际情况,利用 T 0508、T 0509 得到的浆体流动度,还应根据现场温度、风力等条件作适当修正。

振动灌浆砂浆的流动度以16s~20s为宜;压力灌浆时浆体的流动度以18s~25s为宜。

T 0510—2005 水泥胶砂耐磨性试验方法

(Standard Test Method for Abrasion Resistance of Mortar Surfaces by Rotating-Cutter Method)

1 目的、适用范围和引用标准

本方法规定水泥胶砂耐磨性试验的仪器设备、试验步骤。

本方法适用于硅酸盐水泥、普通硅酸盐水泥、矿渣硅酸盐水泥、粉煤灰硅酸盐水泥、道路硅酸盐水泥、复合硅酸盐水泥及指定采用本方法的其它品种水泥或建筑材料的耐磨性试验。

引用标准:

GB/T 17671—1999　《水泥胶砂强度检验方法(ISO法)》

JC/T 681—1997　《行星式胶砂搅拌机》

2 仪器设备

(1)水泥胶砂耐磨试验机:水泥胶砂耐磨试验机性能应符合T 0510附录的要求。

(2)试模:

①水泥胶砂耐磨性试验用试模由侧板、端板、底座、紧固装置及定位销组成,如图T0510-1所示。各组件可以拆卸组装。试模模腔有效容积为150mm×150mm×30mm。

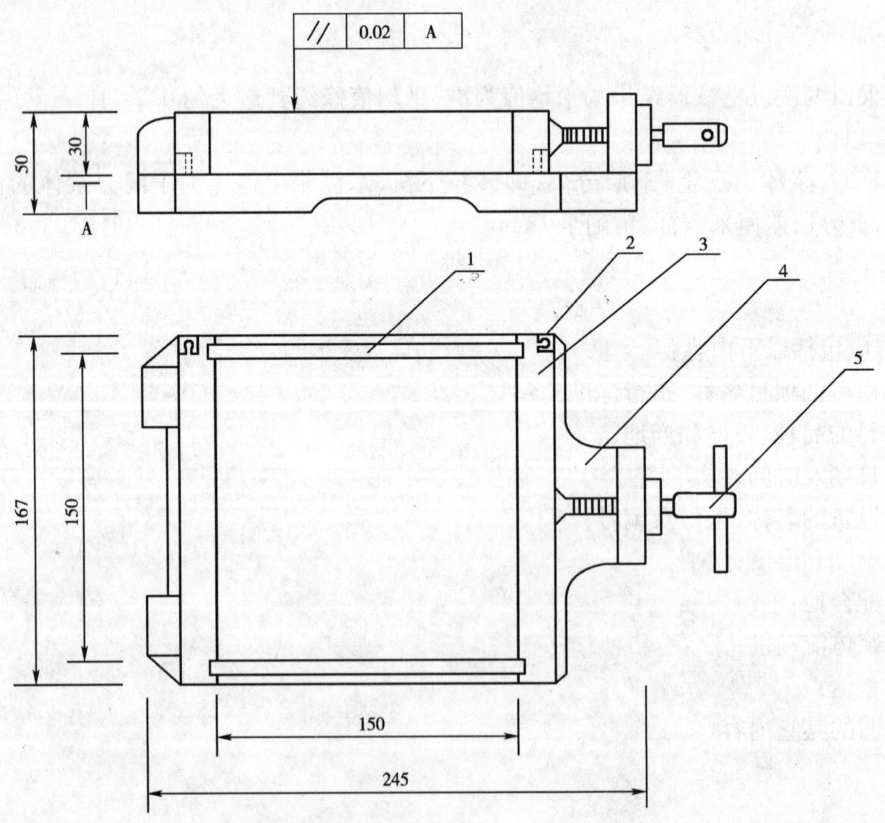

图 T0510-1　试模示意图(尺寸单位:mm)

1-侧板;2-端板;3-底座;4-紧固装置;5-定位销

②侧板与端板由45号钢制成,表面粗糙度 R_a 不大于6.3μm,组装后模框上下面的平行度不大于

0.02mm,模框应有成组标记。

③底座用 HT20-40 灰口铸铁加工,底座上表面粗糙度 R_a 不大于 6.3μm,平面度不大于 0.03mm,底座非加工面经涂漆无流痕。

④侧板、端板与底座紧固后,最大翘起量应不大于 0.05mm,其模腔对角线长度误差不大于 0.1mm。

⑤紧固装置应灵活,放松螺旋时侧板应能方便地从端板中取出或装入。

⑥试模总质量:6 kg ~ 6.5kg。

(3)模套:结构与尺寸如图 T0510-2 所示。

(4)干燥箱:温度不低于 105℃且带有鼓风装置。

(5)胶砂搅拌机:应符合 JC/T 681—1997《行星式胶砂搅拌机》的规定。

(6)胶砂振动台:应符合 GB/T 17671—1999《水泥胶砂强度检验方法(ISO 法)》中 11.7 条代用振动台的规定。

(7)天平:量程不小于 2000g,感量不大于 2g。

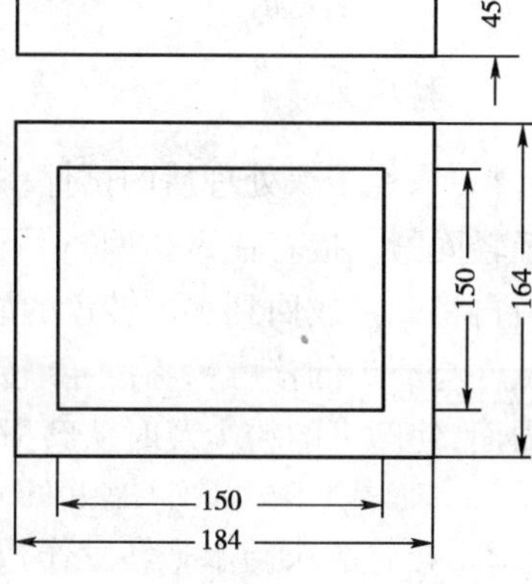

图 T0510-2 模套(尺寸单位:mm)

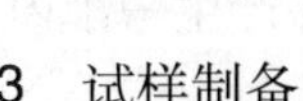

3 试样制备

3.1 水泥试样应充分拌匀,通过 0.9mm 方孔筛,在试验前一天送到实验室贮存。

3.2 试验用砂采用符合 GB/T 17671—1999《水泥胶砂强度检验方法(ISO 法)》规定的粒度范围在 0.5mm ~ 1.0mm 的标准砂。

3.3 试验用水应是洁净的饮用水。

4 试件成型及养护

4.1 成型室及养护箱的温度、湿度要求:

成型室:20℃ ±2℃,相对湿度 >50%;

养护箱:20℃ ±1℃,相对湿度 >90%;

养护水:20℃ ±1℃。

试样、标准砂和试验用水以及试模的温度应与室温相同。

4.2 成型前将试模擦净,模板与底座的接触面应涂黄油,紧密装配,防止漏浆,内壁均匀刷上一薄层机油。

4.3 试件的灰砂比为 1: 2.5,硅酸盐水泥、普通硅酸盐水泥、矿渣水泥的水灰比为0.44;火山灰水泥、粉煤灰水泥为 0.46。每一试样需成型 3 块试件,分别搅拌成型。每成型 1 块试件应称水泥 400g,标准砂 1000g。

4.4 将水加入锅中,再加入水泥,把锅放在固定架上。然后立即开动机器,低速搅拌 30s 后,在第二个 30s 开始的同时均匀将砂子加入。当各级砂是分装时,应从最粗粒级开始依次加入。

停拌 90s,在停拌中的第一个 15s 内用胶皮刮具将叶片和锅壁上的胶砂刮入锅中。在高速下继续搅拌 60s。在各个阶段时间误差应在 ±1s 内。

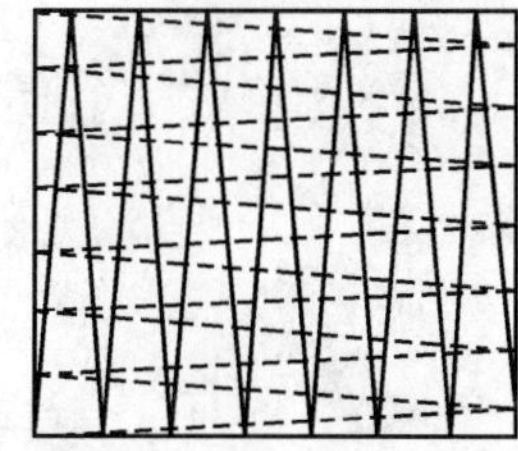
图 T0510-3 胶砂插划方法

4.5 在胶砂搅拌的同时,将试模及模套卡紧在振动台台面中心位置,并将拌和好的全部胶砂均匀地装入试模内,开动振动台,约 10s 时,开始用小刀插划胶砂,横划 14 次,竖划 14 次,另外在试件四角分别用小刀插 10 次,整个插捣工作在 90s 内完成。插划胶砂方法如图T0510-3所示。振动 120s ±5s 后自动停机。

4.6 振毕,取下试模,去掉模套,刮平、编号。放入养护箱中养护至 24 h ±0.25h(从加水开始算起),取出脱模。脱模时应防止试件损伤,硬化较慢的水泥允许延长脱模时间,但需记录脱模时间。

4.7 脱模后,立即将试件放入20℃ ±1℃水中养护,试件间应留有间隙,水面至少高出试件20mm,养护水应每两周更换一次,试件在水槽中养护到27d龄期取出,立即擦干立放,在空气中自然干燥24h,在60℃ ±5℃的烘箱中烘干4h,然后冷却至室温。

注:对于道路硅酸盐水泥,耐磨指标是一个极为重要的指标。经过试验验证将试件在60℃ ±5℃的烘箱中烘干延长至24h,试验结果的重复性更好。

5 试验步骤

5.1 取经干燥处理后的试件,将刮平面朝下,放至耐磨试验机的水平转盘上,做好定位标记,并用夹具轻轻固紧。接着在300N负荷下预磨30转,取下试件扫净粉粒称量,该质量作为试件的原始质量 m_1;然后再将试件放回到水平转盘的原来位置上放平、固紧(注意不要在试件与转盘之间残留颗粒以免影响试件与磨头的接触),再磨40转,取下试件扫净粉粒称质量 m_2。整个磨损过程应将吸尘器对准试件磨损面,使磨下的粉尘及时从磨损面上被吸走。

注:预磨是为了改善试件与磨头的接触情况和去掉表层净浆,所以预磨转数可以视试件的强度及表面的平整度而改变。

5.2 花轮磨头与水平转盘作相反方向转动,磨头沿着试件表面环形轨迹磨削,使试件表面产生一个内径约为30mm,外径约为130mm的环形磨损面。

5.3 花轮片磨损质量损失0.5g时,应将同一组的花轮片内外调换位置,再磨损0.5g时,应予淘汰。

6 试验结果计算

6.1 每一试件单位面积的磨损量按式(T0510-1)计算,精确至0.001kg/m²,计算式为:

$$G=\frac{m_1-m_2}{0.0125} \tag{T0510-1}$$

式中:G——单位面积的磨损量(kg/m²);

m_1——试件的原始质量(kg);

m_2——试件磨损后的质量(kg);

0.0125——磨损面积(m²)。

6.2 取三块试件结果的平均值作为试件的磨损量。其中磨损量超过平均值15%的应予以剔除,剔除一块时,取余下两块试件结果的平均值,剔除两块时,应重新做试验。

7 试验报告

试验报告应包括以下内容:

(1)要求检测的项目名称;

(2)原材料的品种、规格和产地;

(3)试验日期及时间;

(4)仪器设备的名称、型号及编号;

(5)环境温度和湿度;

(6)执行标准;

(7)水泥胶砂的磨损量;

(8)要说明的其它内容。

T 0510 附录 水泥胶砂耐磨性试验机

A.1 结构

水泥胶砂耐磨性试验机由直立主轴、水平转盘、传动机构和控制系统组成。主轴和转盘不在同一轴线上,主轴和转盘同时按相反方向转动,主轴下端配有磨头连结装置,可以装卸磨头。

A.2 技术要求

A.2.1 主轴与水平转盘垂直度,测量长度 80mm 时偏离度不大于 0.04mm。

A.2.2 水平转盘转速 17.5r/min ±0.5r/min,主轴与转盘转速比为 35:1。

A.2.3 主轴与转盘的中心距为 40mm ±0.2mm。

A.2.4 负荷分为 200N、300N、400N 三档,误差不大于 ±1%。

A.2.5 主轴升降行程不小于 80mm,磨头最低点距水平转盘工作面不大于 25mm。

A.2.6 水平转盘上配有能夹紧试件的卡具,卡头单向行程为 150_{-1}^{+4}mm。卡夹宽度不小于 50mm。夹紧试件后应保证试件不上浮或翘起。

A.2.7 花轮磨头(如图 T0510A-1)由三组花轮组成,按星形排列成等分三角形,花轮与轴心最小距离为 16mm,最大距离为 25mm。每组花轮由两片花轮片装配而成,其间隔为 2.6 mm ~ 2.8mm。花轮片直径为 $\phi25_{0}^{+0.02}$mm,厚度为 $3_{0}^{+0.02}$mm,边缘上均匀分布 12 个矩形齿,齿宽为 3.3mm,齿高为 3mm,由不小于 HRC 60 硬质钢制成。

A.2.8 机器上装有必要的电器控制器,具有 0 ~ 999 转盘数字自动控制显示装置,其转数误差小于 1/4 转,并装有电源电压监测表及自动停车报警装置,电器绝缘性能良好,噪声小于 90dB。

A.2.9 吸尘器装置:随时将磨下的粉尘吸走。

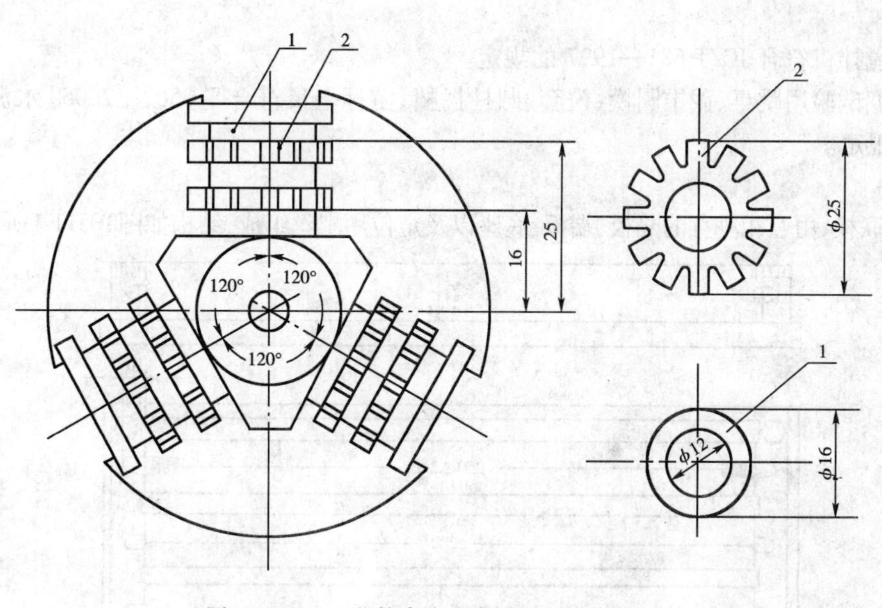

图 T0510A-1 花轮磨头示意图(尺寸单位:mm)

1-垫片;2-刀片

条文说明

本方法参照 JC/T 421—2004《水泥胶砂耐磨性试验方法》修改。与旧版标准相比,主要修改部分为:胶砂搅拌机采用 JC/T 681—1997《行星式胶砂搅拌机》;胶砂振动台采用 GB/T 17671—1999《水泥胶砂强度检验方法(ISO 法)》中代用振动台;试验用砂用符合 GB/T 17671—1999《水泥胶砂强度检验方法(ISO 法)》规定的粒度范围在 0.5mm ~ 1.0mm 的标准砂;预磨负荷改为 300N。

T 0511—2005　水泥胶砂干缩试验方法

(Standard Test Method for Drying Shrinkage of Cement Mortar)

1　目的、适用范围和引用标准

本方法规定水泥胶砂干缩试验的胶砂组成、仪器设备及试验步骤。

本方法适用于硅酸盐水泥、普通硅酸盐水泥、矿渣硅酸盐水泥、粉煤灰硅酸盐水泥、复合硅酸盐水泥、道路硅酸盐水泥及指定采用本方法的其它品种水泥。

引用标准

GB/T 17671—1999　　《水泥胶砂强度检验方法(ISO 法)》

JC/T 681—1997　　《行星式胶砂搅拌机》

T 0507—2005　　《水泥胶砂流动度测定方法》

2　方法原理

本方法是采用上端装有球形钉头的25mm×25mm×280mm、灰砂比为1∶2的胶砂试件,在一定温度、一定湿度的空气中养护后,用比长仪测量不同龄期试件的长度变化来确定水泥胶砂的干缩性能。

3　仪器设备

(1)胶砂搅拌机符合 JC/T 681—1997 的规定。

(2)流动度试验用跳桌、截锥圆模、模套、圆柱捣棒、游标卡尺符合 T 0507—2005《水泥胶砂流动度测定方法》的规定。

(3)试模

试模为三联模,由互相垂直的隔板、端板、底座以及定位用螺丝组成,结构如图T0511-1所示。各组件可以拆卸,组装后每联内壁尺寸为25mm×25mm×280mm。端板有3个安置测量钉头的小孔,其位置应保证成型后试件的测量钉头在试件的轴线上。

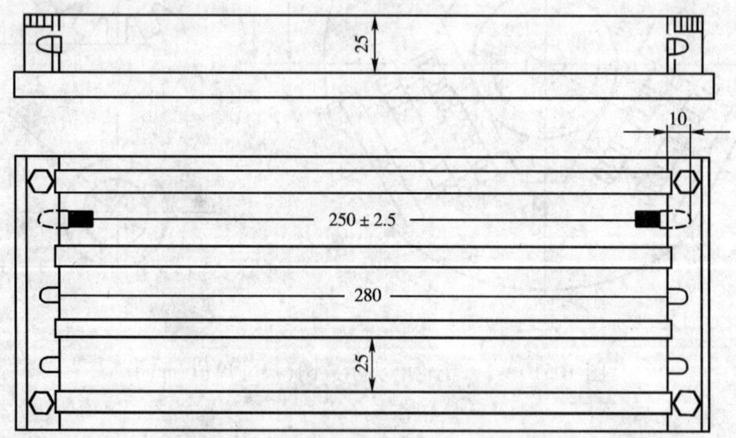

图 T0511-1　三联试模(尺寸单位:mm)

(4)测量钉头用不锈钢或铜制成,规格如图 T0511-2 所示。成型试件时测量钉头伸入试模端板的深度为10mm±1mm。

(5)隔板和端板用钢制成,表面粗糙度 R_a 不大于6.3μm。

(6)底座用 HT20-40 灰口铸铁加工,底座上表面粗糙度 R_a 不大于6.3μm,底座非加工面经涂漆无流痕。

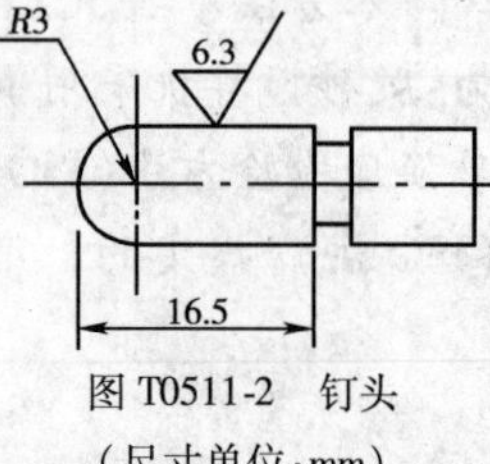

图 T0511-2　钉头
(尺寸单位:mm)

(7)捣棒

捣棒包括方捣棒和缺口捣棒两种,均为金属材料。方捣棒受压面积为23mm×23mm。缺口捣棒用于捣固测量头两侧的胶砂,规格如图T0511-3所示。

(8)刮板

用不易锈蚀和不被水泥浆腐蚀的金属材料制成,规格见图T0511-4。

(9)水泥胶砂干缩养护湿度控制箱

用不易被药品腐蚀的塑料制成,其最小单元能养护6条试件并自成密封系统,最小单元的结构如图T0511-5所示。有效容积为340mm×220mm×200mm,有5根放置试件的箅条,分为上、下两部分,箅条宽10mm,高15mm,相互间隔45mm,箅条上部放置试件的空间高为65mm,箅条下部用于放置控制单元湿度用的药品盘,药品盘由塑料制成,大小应能从单元下部自由进出,容积约2.5L。

(10)测长设备

①比长仪

由百分表、支架及校正杆组成,百分表分度值为0.01mm,最大基长不小于300mm,量程为10mm,校正杆中部与手接触部分应套上绝热层。

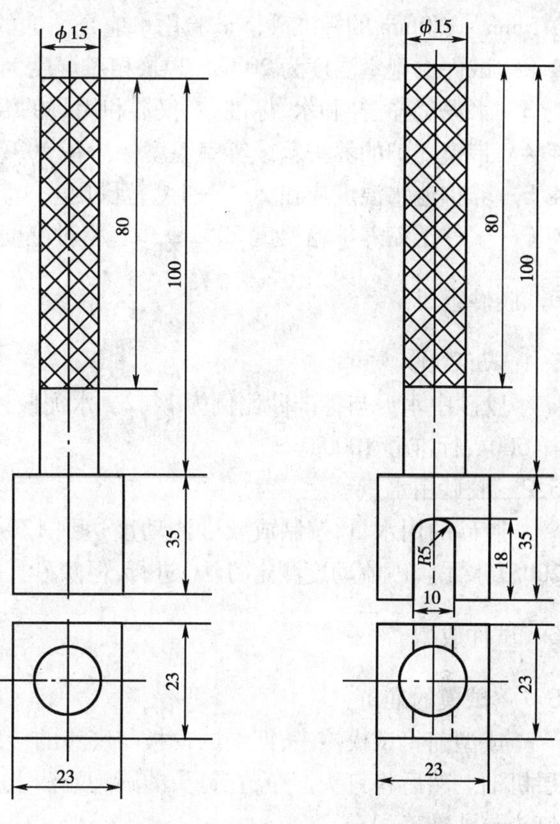

图 T0511-3 捣棒(尺寸单位:mm)

②允许用其它形式的测长仪,但精度必须符合上述要求,在仲裁检验时,应以比长仪为准。

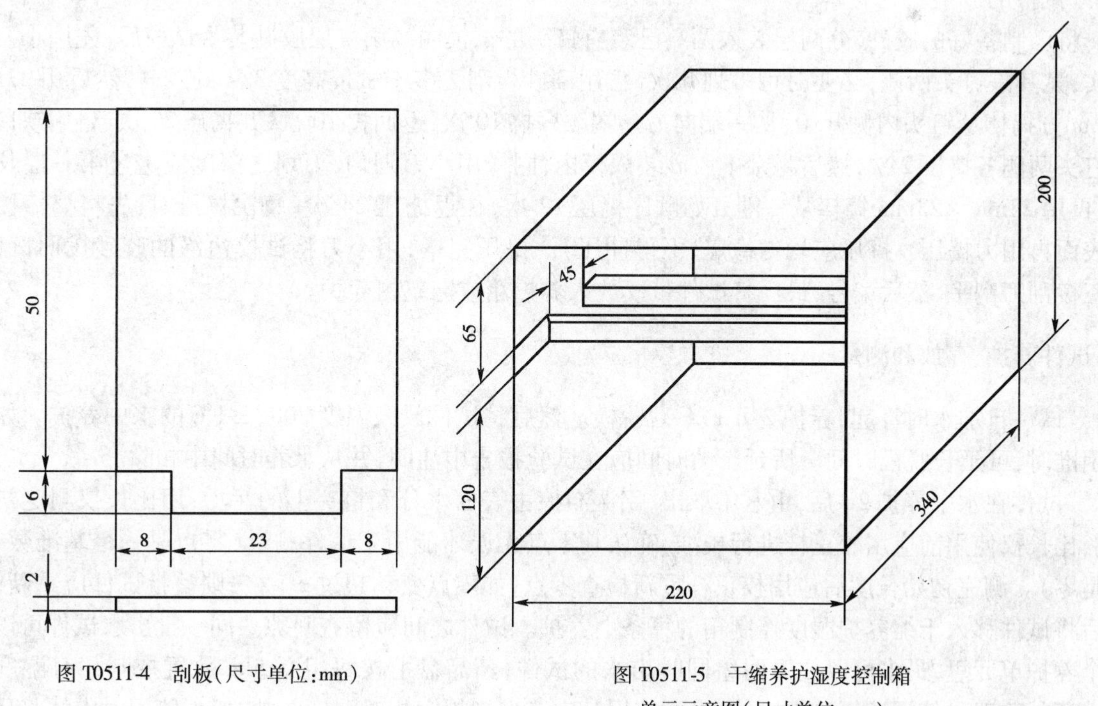

图 T0511-4 刮板(尺寸单位:mm)

图 T0511-5 干缩养护湿度控制箱单元示意图(尺寸单位:mm)

4 试验材料

4.1 试验用砂采用符合GB/T 17671—1999《水泥胶砂强度检验方法(ISO法)》规定的粒度范围在

0.5mm～1.0mm 的标准砂。试验用水应是洁净的饮用水。

4.2 试件成型室温度为 20℃ ±2℃，相对湿度大于 50%。

4.3 水泥试样、拌和水、标准砂、仪器和用具的温度应与实验室一致。

4.4 带模养护的养护箱或雾室温度保持在 20℃ ±1℃，相对湿度大于 90%。

4.5 养护池水温度应在 20℃ ±1℃范围内。

4.6 试件干缩养护箱温度 20℃ ±3℃，相对湿度 50% ±4%。

5 胶砂组成

5.1 灰砂比

胶砂中水泥与标准砂比例为 1：2。水泥胶砂的干缩性测定应成型 3 条试件，成型时应称取水泥试样 500g，标准砂 1000g。

5.2 胶砂用水量

胶砂的用水量，按制成胶砂流动度达到 130mm～140mm 来确定。胶砂流动度的测定按 T 0507—2005《水泥胶砂流动度测定方法》进行，但灰砂比应按本方法 5.1 要求。

6 试件成型

6.1 试模的准备

成型前将试模擦净，四周的模板与底座的接触面上应涂黄油，紧密装配，防止漏浆，内壁均匀刷一薄层机油。然后将钉头擦净，在钉头的圆头端沾上少许黄油，将钉头嵌入试模孔中，并在孔内左右转动，使钉头与孔准确配合。

6.2 胶砂的制备

胶砂制备按 GB/T 17671—1999 中 6.3 条规定进行。

6.3 试件的成型

将已制备好的胶砂，分两层装入两端已装有钉头的试模内。第一层胶砂装入试模后，先用小刀来回划实，尤其是钉头两侧，必要时可多划几次，再用刮砂板刮去多于试模高度 3/4 的胶砂，然后用 23mm×23mm 方捣棒从钉头内侧开始，从一端向另一端顺序捣 10 次，返回捣 10 次，共捣压 20 次，再用缺口捣棒在钉头两侧各捣压 2 次，然后将余下胶砂装入模内，同样用小刀划匀，刀划之深度应透过第一层胶砂表面，再用 23mm×23mm 捣棒从一端开始顺序捣压 12 次，往返捣压 24 次（每次捣压时，先将捣棒接触胶砂表面再用力捣压。捣压应均匀稳定，不得冲压）。捣压完毕，用小刀将试模边缘的胶砂拨回试模内，用三棱刮刀刮平，然后编号，最后将试件带模放入养护箱或雾室内养护。

7 试件养护、存放和测量

7.1 试件自加水时算起，养护 24h ±2h 后脱模。然后将试件放入温度 20℃ ±1℃的水中养护。如脱模有困准时，可延长脱模时间。所延长的时间应在试验报告中注明，并从水养时间中扣除。

7.2 试件在水中养护 2d 后，由水中取出，用湿布擦去表面水分和钉头上的污垢，用比长仪测定初始长度。比长仪使用前应用校正杆进行校准，确认其零点无误才能用于试件测量（零点是一个基准数，不一定是零）。测完初始长度后应用校正杆重新检查零点，如零点变动超过 ±1 格，则整批试件应重新测定。然后将试件移入干缩养护湿度控制箱的箅条上养护。试件之间应留有间隙。同一批出水试件可以放在一个养护单元里，最多可以放置两组同时出水的试件，药品盘上按每组 0.5kg 放置控制相对湿度的药品。药品一般可使用硫氰酸钾固体，也可使用其它能控制规定相对湿度的盐，但不能用对人体与环境有害的物质。关紧单元门闩使其密闭与外部隔绝。箱体周围环境温度控制在 20℃ ±3℃，此时药品应能使单元内相对湿度为 50% ±4%。

干缩试件也可放在能满足规定相对湿度和温度的条件下养护，但应在试验报告中作特别说明，在结论有矛盾时以干缩养护湿度控制箱养护的结果为准。

7.3　从试件放入箱中时算起，在放置4d、11d、18d、25d时，(即从成型时算起为7d、14d、21d、28d时)，分别取出测量长度。

注：测量龄期可以根据不同品种水泥干缩率随龄期变化的曲线图作必要的增减或变动。

7.4　试件长度测量应在17℃~25℃的实验室里进行，比长仪应在实验室温度下恒温后才能使用。

7.5　每次测量时试件在比长仪中的上、下位置都应相同。读数时应左右旋转试件，使试件钉头和比长仪正确接触，指针摆动不得大于0.02mm。读数应记录至0.001mm。

测量结束后，应用校正杆校准零点，当零点变动超过0.01mm，整批试件应重新测量。

8　试验结果

8.1　水泥胶砂试件各龄期干缩率S_t(%)按式(T0511-1)计算，计算精确至0.001%。

$$S_t = \frac{L_0 - L_r}{250} \times 100 \tag{T0511-1}$$

式中：L_0——初始测量读数(mm)；

L_r——某龄期的测量读数(mm)；

250——试件有效长度(mm)。

8.2　结果处理

以三条试件的干缩率的平均值作为试件的干缩结果，计算精确至0.001%，如有一条干缩率超过中间值15%时取中间值作为试样的干缩结果；当有两条试件超过中间值15%时应重新做试验。

9　试验报告

试验报告应包括以下内容：

(1)要求检测的项目名称；

(2)原材料的品种、规格和产地；

(3)试验日期及时间；

(4)仪器设备的名称、型号及编号；

(5)环境温度和湿度；

(6)原材料的品种、规格、产地；

(7)执行标准；

(8)指定龄期的水泥胶砂试件干缩率；

(9)要说明的其它内容。

条文说明

本方法参照JC/T 603—2004《水泥胶砂干缩试验方法》修订，相对于旧标准在以下几个方面做出修改：(1)胶砂搅拌机采用JC/T 681—1997《行星式胶砂搅拌机》；(2)试验用砂采用符合GB/T 17671—1999《水泥胶砂强度检验方法(ISO法)》规定的粒度范围在0.5mm~1.0mm的标准砂。

养护相对湿度采用50%，是由于水泥在相对湿度50%时收缩明显，这一点与水泥混凝土收缩时采用的60%相对湿度有所不同，在使用中应予注意。

T 0512—2005 水泥胶砂强度快速试验方法(1.5h促凝压蒸法)

(1.5-hour Accelerated Strength Test by Accelerating-Autoclaving Method for Cement Mortar)

1 目的、适用范围和引用标准

本方法规定了促凝压蒸1.5h的水泥胶砂快硬强度的仪器设备及试验步骤。在事先已有满足精度要求的强度推定经验式的条件下,可通过本方法快速推定水泥胶砂28d龄期(抗压、抗折)强度。

本方法适用于硅酸盐水泥、普通硅酸盐水泥、矿渣硅酸盐水泥、粉煤灰硅酸盐水泥、复合硅酸盐水泥、道路硅酸盐水泥以及石灰石硅酸盐水泥的抗折与抗压强度检验。

本方法不能用于评定水泥强度等级。

引用标准:

GB/T 6003.3—1997 《试验筛》

GB/T 17671—1999 《水泥胶砂强度检验方法(ISO法)》

JC/T 681—1997 《行星式水泥胶砂搅拌机》

JC/T 682—1997 《水泥胶砂试件成型振实台》

JC/T 683—1997 《40mm×40mm 水泥抗压夹具》

JC/T 723—1996 《水泥物理检验仪器 胶砂振动台》

JC/T 724—1996 《水泥物理检验仪器 电动抗折试验机》

JC/T 726—1997 《水泥胶砂试模》

T 0506—2005 《水泥胶砂强度检验方法(ISO法)》

2 仪器设备

(1)抗压试验机或万能试验机应符合T 0506—2005《水泥胶砂强度检验方法(ISO法)》的2.6。

(2)压蒸仪:采用电热手提式高压消毒器,如图T 0512-1所示。主体和盖为优质铸铝合金制成,盖上装有安全阀和压力表,铝质内桶的尺寸为ϕ280mm×280mm(本试验不用内桶,另加工制作1个高度不低于150mm的箅架),电热管额定功率为2kW,工作蒸汽压力为140kPa~160kPa,相应温度约为126℃~128℃。当采用外加热型高压消毒器时,配用2kW电炉。将试件带模放入盛有沸水的压蒸仪中压蒸养护时,从加盖、压阀后至蒸汽压力升至工作压力的时间为20min ~30min。

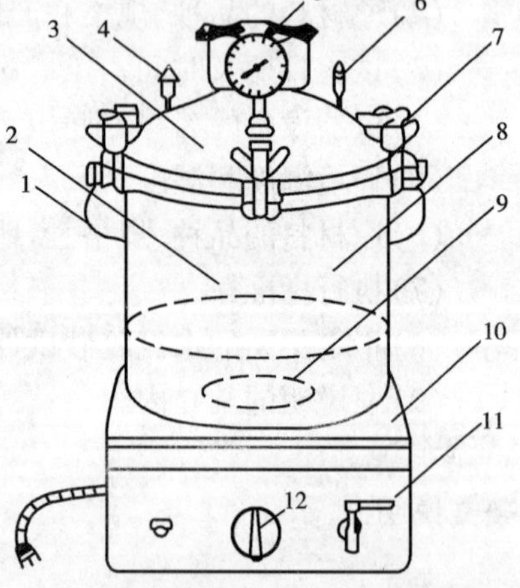

图 T0512-1 压蒸仪

1-提手;2-箅架;3-盖;4-放汽阀;5-压力表;6-安全阀;7-紧固螺栓;8-主体;9-电热管;10-电流控制箱;11-放水龙头;12-开关

如采用其它规格的压蒸设备,需在试验报告中注明。

(3)台秤:量程5kg,感量为5g。

(4)天平:量程不小于100g,感量不大于0.1g。

(5)试模盖板:由钢板制成,200mm×150mm ×10mm,上下板面光洁、平整。

(6)秒表,分度值为1s。

(7)0.9mm方孔筛。

(8)水泥胶砂搅拌机、胶砂振动台、规格为40mm×40mm×160mm的三联钢模、下料漏斗、刮平刀及40mm×40mm抗压夹具等,均应符合T 0506—2005《水泥胶砂强度检验方法(ISO法)》的要求。

3 材料和试剂

(1)水泥:水泥试样应充分拌匀,通过0.9mm方孔筛并记录筛余物。

（2）砂：采用 ISO 标准砂。应符合 GB/T 17671—1999 的质量要求。

（3）水：必须是洁净的淡水。

4 试验步骤

4.1 试验准备

4.1.1 把试模擦净，四周的模板与底座的接触面应涂上黄油，紧密装配，防止漏浆，内壁均匀刷一薄层机油。将准备好的试模连同下料漏斗一起固定在水泥胶砂振动台上。

4.1.2 将压蒸仪中的水加至离箅约 50mm 的高度并烧开，检查压蒸仪是否漏气，如有漏气现象，必须采取相应的改善措施（更换密封胶圈或采取其它措施）。

4.1.3 称取试验材料：一组三个试件的材料用量如表 T0512-1 所示。

表 T0512-1 三个试件的材料用量

材料名称	用 量	材料名称	用 量
水泥	450g ± 2g	CS 促凝剂	5g ± 0.1g
ISO 砂	1350g ± 5g	水	225mL ± 1mL

4.1.4 配制 CS 促凝剂溶液：将 CS 促凝剂 5g 加入规定量的拌和水中，充分搅拌使之溶化。

4.1.5 CS 专用促凝剂：采用化学纯或分析纯的无水碳酸钠 Na_2CO_3 和无水硫酸钠 Na_2SO_4 按表 T0512-2 的质量比合成。为提高促凝剂的分散均匀性，宜事先将所用化学试剂研细，再采用塑料袋按每次试验用量 5g 密封分装，于阴凉干燥处保存，防止受潮结块。

表 T0512-2 促凝剂配方（质量比例）

名 称	Na_2CO_3（%）	Na_2SO_4（%）	$NaAlO_2$（%）
CS	75	25	/
CAS	60	25	15

4.2 拌制水泥胶砂

将称好的水泥与 ISO 砂倒入砂浆搅拌锅内，开动搅拌机，拌和 5s 后徐徐加入促凝剂溶液，25s ~ 30s 内加完。自开动机器搅拌 3min ± 5s 后停车。将粘在叶片上的胶砂刮下，取下搅拌锅，准备成型试件。

4.3 成型试件

按 T 0506—2005《水泥胶砂强度检验方法（ISO 法）》的有关规定进行。

4.4 试件压蒸养护

4.4.1 试件成型后即加盖事先刷过机油的钢盖板，并将试件带模放至水已烧沸的压蒸仪中压蒸养护。加盖、压阀后立即记录压蒸养护的始、末时间。试件的压蒸养护时间从压蒸仪加盖、压安全阀时起计为 1.5h，允许偏差为 ± 2min。

4.4.2 压蒸过程中应经常观察压力表示值，记录自压蒸仪加盖、压阀至蒸汽压力达到 140kPa ~ 160kPa 并开始释放蒸汽的时间。每次试验时的升压时间应基本相同，为 25min ± 5min。压蒸过程中如发生漏汽或安全阀座堵塞等致使蒸汽压力产生异常现象时，应及时处理，且所作试验无效；当实验室的电压变化较大致使升压时间不稳定时，应采用稳压电源。

4.4.3 压蒸养护到规定时间时，将压蒸仪从电炉上搬下，提阀放汽，在确认压蒸仪内无蒸汽压力后，开盖取出试模，立即拆模，待试件冷却约 10min 后，即测定快硬胶砂的抗压强度。

4.5 测定快硬胶砂抗压强度

4.5.1 检查压力机和抗压夹具的球座，必须转动灵活，防止试件偏心受压。

4.5.2 清除试件受压面与抗压夹具加压板上的砂粒或杂物，并使夹具对准压力机中心。

4.5.3 将试件两端轮流进行抗压试验。试验时，以试件的侧面为受压面，试件端头伸出夹具约 10mm，加荷速度约为 2400 N/s ± 200 N/s，均匀加荷直至试件破坏。

4.6 抗折试验见 T 0506—2005《水泥胶砂强度检验方法(ISO 法)》中的 7.2。

5 试验结果计算

5.1 抗折试验

抗折强度结果取三块试件平均值,精确至 0.1MPa。当三个强度值中有超过平均值 ±10% 的,应剔除后再平均,以平均值作为抗折强度试验结果。

5.2 按下式计算快硬水泥胶砂抗压强度

$$f_{1.5h}=\frac{F_c}{A} \tag{T0512-1}$$

式中:$f_{1.5h}$——快硬水泥胶砂抗压强度(MPa);

F_c——试件的破坏荷载(N);

A——试件受压面积,即 40mm×40mm(mm^2)。

抗压强度计算值精确至 0.1MPa。抗压强度结果为 6 个抗压强度测定值的算术平均值,如果 6 个强度值中有一个值超过平均值 ±10% 的,应剔除后再以剩下的 5 个结果平均。如果 5 个值中再有超过平均值 ±10% 的,则此组试件无效。

5.3 推定标准养护 28d 龄期的水泥胶砂抗压、抗折强度

5.3.1 采用事先通过试验建立的强度推定经验式,根据快硬水泥胶砂抗压强度试验结果,推算出标准养护 28d 龄期的水泥胶砂抗压强度和抗折强度。

注:进行预备试验建立强度推定经验式及推定精度校核的方法应符合 T 0512 附录的规定。

5.3.2 推定标准养护 28d 龄期的水泥胶砂抗压强度 R_c 和抗折强度 R_f 时,所测快硬水泥胶砂强度 $f_{1.5h}$ 的测值应在建立强度推定经验式试验所得 $R_{28}=a+bf_{1.5h}$ 或 $R_{28}=A\cdot f_{1.5h}^{B}$ 回归线的范围内,不得外推;快速试验的水泥样品,其品种、牌名须与事先建立强度推定式试验所用水泥相同。

6 试验报告

试验报告应包括以下内容:

(1)要求检测的项目名称;

(2)试验日期及时间;

(3)仪器设备的名称、型号及编号;

(4)环境温度和湿度;

(5)执行标准;

(6)1.5h 的水泥胶砂抗压、抗折强度;

(7)推定 28d 的水泥胶砂抗压、抗折强度;

(8)要说明的其它内容。

T 0512 附录 水泥胶砂强度推定经验式的建立方法及精度要求

A.1 目的和适用范围

建立水泥胶砂 28d 龄期强度推定经验式,用于 1.5h 促凝压蒸法快速测定水泥胶砂强度试验。

A.2 仪器设备

A.2.1 符合 T 0506《水泥胶砂强度检验方法(ISO 法)》所用仪器设备要求。

A.2.2 符合 T 0512《水泥胶砂强度快速试验(1.5h 促凝压蒸法)》所用仪器设备要求。

A.3 材料与试剂

A.3.1 水泥、ISO 砂、水、促凝剂,其技术要求与 T 0512 相同。

A.3.2 预备试验采用的水泥样品数不宜少于 30 个,不同样品的水泥胶砂 28d 抗压强度最高、最

低值之差不宜小于 20MPa。

A.4 试验步骤

A.4.1 试验准备,与 T 0512 相同。

A.4.2 每种水泥样品均同时取两份试样,分别按照 T 0506、T 0512 的有关规定测定水泥胶砂 28d 龄期抗压强度 R_{c28}、抗折强度 R_{f28} 及促凝压蒸 1.5h 的快硬强度 $f_{1.5h}$。

A.5 试验结果计算

A.5.1 建立 28d 水泥胶砂强度推定经验式

将各个水泥样品的 R_{c28}、R_{f28}、$f_{1.5h}$ 试验结果汇总,进行数据回归分析,建立直线型($y=a+bX$)或幂函数型($y=AX^{B}$)的水泥胶砂抗压、抗折强度推定经验式。所建强度推定式的相关性必须高度显著(一般情况下相关系数不小于 0.85,水泥样品等级单一时不作规定),偏差 C_v 不宜超过 8%,最大不应超过 10%。

A.5.2 验证强度经验式的推定精度

预备试验建立的强度经验式须经试用验证其推定精度,确认推定精度满足实用要求后方可正式采用。采用中的推定式,也须经常进行推定精度校核。在试验数据不少于 20~30 组的条件下,根据经验式得出的 28d 强度推定值($\hat{R}_{c28}$ 或 $\hat{R}_{f28}$)与试验实测值(R_{c28} 或 R_{f28})的平均误差百分率 $\bar{V}$ 不宜超过 8%,最大不应超过 10%。当发现推定精度有异常变化时,应分析原因,必要时应对此经验式进行适当修正或重新建立新的经验式。

平均误差百分率 $\bar{V}$ 按下式统计:

$$\bar{V}=\left[\sum_{i=1}^{n}(|Y_i-\hat{Y}_i|/Y_i)/n\right]\times 100 \quad (T0512A\text{-}1)$$

式中:$\bar{V}$——平均误差百分率(%);

Y_i——试验实测的水泥胶砂 28d 强度(R_{c28} 或 R_{f28})(MPa);

$\hat{Y}_i$——根据水泥胶砂快硬强度 $f_{1.5h}$ 推定的 28d 强度(MPa);

n——试验组数。

A.5.3 统计试验误差

(1)按下式计算组内试验误差 V_t 及其平均值 $\bar{V}_t$:

$$(V_t)_i=(1/d_2)\times(R_t/\bar{R})\times 100 \quad (T0512A\text{-}2)$$

$$\bar{V}_t=\sum_{i=1}^{n}(V_t)_i/n \quad (T0512A\text{-}3)$$

式中:$(V_t)_i$——任意一组试验的组内试验误差(%);

$\bar{V}_t$——n 组试验的平均组内试验误差(%);

d_2——极差系数:一组 3 个数据(R_{f28} 及 $f_{1.5h}$)时,$d_2=1.693$,$i/d_2=0.591$;一组 6 个数据(R_{c28})时,$d_2=2.534$,$i/d_2=0.395$;

R_t——组内极差(1 组几个试件强度的最大值与最小值之差)(MPa);

$\bar{R}$——1 组几个试件强度(f_{28}、f_{f28} 或 $f_{1.5h}$)的平均值(MPa);

n——试验组数。

(2)按下式计算多天变异系数 V_d 及其平均值 $\bar{V}_d$:

$$(V_d)_i=(S/\bar{R})\times 100 \quad (T0512A\text{-}4)$$

$$\bar{V}_d=\sum_{i=1}^{m}(V_d)_i/m \quad (T0512A\text{-}5)$$

式中:$(V_d)_i$——任意一个水泥样品的多天试验变异系数(%);

$\bar{V}_d$——m 个水泥样品的平均多天变异系数(%);

R_i——任意一个水泥样品任意一次试验的强度结果(MPa);

$\bar{R}$——同一水泥样品不同天 n 次重复试验强度结果的平均值(MPa);

n——同一水泥样品不同天重复试验的次数；

m——不同水泥样品的个数；

S——同一水泥样品不同天重复试验强度结果的标准差(MPa)。

$$S=\sqrt{\left[\sum_{i=1}^{n}R_{i}^{2}-\left(\sum_{i=1}^{n}R_{i}\right)^{2}/n\right]/(n-1)} \tag{T0512A-6}$$

在试验数据不少于30组的条件下，R_{c28}、R_{f28}或$f_{1.5h}$的平均组内试验误差$\bar{V}_t$应小于5%；平均多天试验变异系数$\bar{V}_d$应小于10%。否则，应分析原因，采取相应改进措施。

条文说明

本试验快速推定的水泥胶砂28d龄期强度，可供水泥生产厂及使用单位及时检测水泥质量或用于混凝土配合比设计，不作为仲裁水泥等级合格与否的依据。

由于水泥强度的标准检验方法，需要28d以后才能确定等级，远远不能满足水泥生产控制和水泥使用的要求，所以提出本方法。原标准是基于GB/T 177—1985《水泥胶砂强度检验方法》提出的，由于水泥强度已经采用GB/T 17671《水泥胶砂强度检验方法(ISO法)》，所以本方法也调整为采用T 0506—2005《水泥胶砂强度检验方法(ISO法)》的相应方法推断水泥强度。

4 水泥混凝土拌合物试验

T 0521—2005 水泥混凝土拌合物的拌和与现场取样方法

(Standard Practice for Making and Curing Concrete Test Specimens in the Laboratory)

1 目的、适用范围和引用标准

本方法规定了在常温环境中室内水泥混凝土拌合物的拌和与现场取样方法。

轻质水泥混凝土、防水水泥混凝土、碾压水泥混凝土等其它特种水泥混凝土的拌和与现场取样方法，可以参照本方法进行，但因其特殊性所引起的对试验设备及方法的特殊要求，均应遵照对这些水泥混凝土的有关技术规定进行。

引用标准：

JG/T 3020—1994 《混凝土试验用振动台》

2 仪器设备

(1)搅拌机：自由式或强制式。

(2)振动台：标准振动台，符合《混凝土试验用振动台》的要求。

(3)磅秤：感量满足称量总量1%的磅秤。

(4)天平：感量满足称量总量0.5%的天平。

(5)其它：铁板、铁铲等。

3 材料

3.1 所有材料均应符合有关要求，拌和前材料应放置在温度20℃±5℃的室内。

3.2 为防止粗集料的离析，可将集料按不同粒径分开，使用时再按一定比例混合。试样从抽取至试验完毕过程中，不要风吹日晒，必要时应采取保护措施。

4 拌和步骤

4.1 拌和时保持室温20℃ ±5℃。

4.2 拌合物的总量至少应比所需量高20%以上。拌制混凝土的材料用量应以质量计,称量的精确度:集料为±1%,水、水泥、掺合料和外加剂为±0.5%。

4.3 粗集料、细集料均以干燥状态[注]为基准,计算用水量时应扣除粗集料、细集料的含水量。

注:干燥状态是指含水率小于0.5%的细集料和含水率小于0.2%的粗集料。

4.4 外加剂的加入

对于不溶于水或难溶于水且不含潮解型盐类,应先和一部分水泥拌和,以保证充分分散。

对于不溶于水或难溶于水但含潮解型盐类,应先和细集料拌和。

对于水溶性或液体,应先和水拌和。

其它特殊外加剂,应遵守有关规定。

4.5 拌制混凝土所用各种用具,如铁板、铁铲、抹刀,应预先用水润湿,使用完后必须清洗干净。

4.6 使用搅拌机前,应先用少量砂浆进行涮膛,再刮出涮膛砂浆,以避免正式拌和混凝土时水泥砂浆粘附筒壁的损失。涮膛砂浆的水灰比及砂灰比,应与正式的混凝土配合比相同。

4.7 用搅拌机拌和时,拌合量宜为搅拌机公称容量1/4~3/4之间。

4.8 搅拌机搅拌

按规定称好原材料,往搅拌机内顺序加入粗集料、细集料、水泥。开动搅拌机,将材料拌和均匀,在拌和过程中徐徐加水,全部加料时间不宜超过2min。水全部加入后,继续拌和约2min,而后将拌合物倾出在铁板上,再经人工翻拌1min~2min,务必使拌合物均匀一致。

4.9 人工拌和

采用人工拌和时,先用湿布将铁板、铁铲润湿,再将称好的砂和水泥在铁板上拌匀,加入粗集料,再混和搅拌均匀。而后将此拌合物堆成长堆,中心扒成长槽,将称好的水倒入约一半,将其与拌合物仔细拌匀,再将材料堆成长堆,扒成长槽,倒入剩余的水,继续进行拌和,来回翻拌至少6遍。

4.10 从试样制备完毕到开始做各项性能试验不宜超过5min(不包括成型试件)。

5 现场取样

5.1 新混凝土现场取样:凡由搅拌机、料斗、运输小车以及浇制的构件中采取新拌混凝土代表性样品时,均须从三处以上的不同部位抽取大致相同份量的代表性样品(不要抽取已经离析的混凝土),集中用铁铲翻拌均匀,而后立即进行拌合物的试验。拌合物取样量应多于试验所需数量的1.5倍,其体积不小于20L。

5.2 为使取样具有代表性,宜采用多次采样的方法,最后集中用铁铲翻拌均匀。

5.3 从第一次取样到最后一次取样不宜超过15min。取回的混凝土拌合物应经过人工再次翻拌均匀,而后进行试验。

条文说明

水泥混凝土拌合物的性能与拌和过程密切相关,为规范室内拌和水泥混凝土拌合物和现场混凝土拌合物取样,特制定本方法。

由于配合比计算时,一般都以原料干燥状态为基准,所以,应事先测得原材料的含水量,然后在拌和加水时扣除。

T 0522—2005　水泥混凝土拌合物稠度试验方法(坍落度仪法)

(Standard Test Method for Determination of the Consistency)

1　目的、适用范围和引用标准

本方法规定了采用坍落度仪测定水泥混凝土拌合物稠度的方法和步骤。

本方法适用于坍落度大于10mm,集料公称最大粒径不大于31.5mm的水泥混凝土的坍落度测定。

引用标准:

JG 3019—1994　《水泥混凝土试模》

JG 3021—1994　《水泥混凝土坍落度仪》

GB/T 50080—2002　《普通混凝土拌合物性能试验方法标准》

T 0521—2005　《水泥混凝土拌合物的拌和与现场取样方法》

2　仪器设备

(1)坍落筒:如图T0522-1所示,符合《水泥混凝土坍落度仪》中有关技术要求。坍落筒为铁板制成的截头圆锥筒,厚度不小于1.5mm,内侧平滑,没有铆钉头之类的突出物,在筒上方约2/3高度处有两个把手,近下端两侧焊有两个踏脚板,保证坍落筒可以稳定操作,坍落筒尺寸如表T0522-1。

(2)捣棒:符合《水泥混凝土坍落度仪》(JG 3021)中有关技术要求,为直径16mm,长约600mm并具有半球形端头的钢质圆棒。

(3)其它:小铲、木尺、小钢尺、镘刀和钢平板等。

表T0522-1　坍落筒尺寸

集料公称最大粒径(mm)	筒的名称	筒的内部尺寸(mm)		
		底面直径	顶面直径	高度
<31.5	标准坍落筒	200±2	100±2	300±2

3　试验步骤

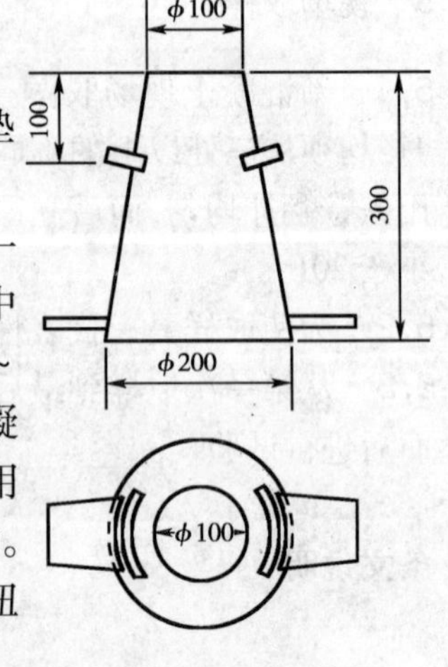

图T0522-1　坍落度试验用坍落筒

(尺寸单位:mm)

3.1　试验前将坍落筒内外洗净,放在经水润湿过的平板上(平板吸水时应垫以塑料布),踏紧踏脚板。

3.2　将代表样分三层装入筒内,每层装入高度稍大于筒高的1/3,用捣棒在每一层的横截面上均匀插捣25次。插捣在全部面积上进行,沿螺旋线由边缘至中心,插捣底层时插至底部,插捣其它两层时,应插透本层并插入下层约20mm~30mm,插捣须垂直压下(边缘部分除外),不得冲击。在插捣顶层时,装入的混凝土应高出坍落筒口,随插捣过程随时添加拌合物。当顶层插捣完毕后,将捣棒用锯和滚的动作,清除掉多余的混凝土,用镘刀抹平筒口,刮净筒底周围的拌合物。而后立即垂直地提起坍落筒,提筒在5s~10s内完成,并使混凝土不受横向及扭力作用。从开始装料到提出坍落度筒整个过程应在150s内完成。

3.3　将坍落筒放在锥体混凝土试样一旁,筒顶平放木尺,用小钢尺量出木尺底面至试样顶面最高点的垂直距离,即为该混凝土拌合物的坍落度,精确至1mm。

3.4　当混凝土试件的一侧发生崩坍或一边剪切破坏,则应重新取样另测。如果第二次仍发生上述情况,则表示该混凝土和易性不好,应记录。

3.5　当混凝土拌合物的坍落度大于220mm时，用钢尺测量混凝土扩展后最终的最大直径和最小直径，在这两个直径之差小于50mm的条件下，用其算术平均值作为坍落扩展度值；否则，此次试验无效。

3.6　坍落度试验的同时，可用目测方法评定混凝土拌合物的下列性质，并予记录。

3.6.1　棍度：按插捣混凝土拌合物时难易程度评定。分"上"、"中"、"下"三级。

"上"：表示插捣容易；

"中"：表示插捣时稍有石子阻滞的感觉；

"下"：表示很难插捣。

3.6.2　含砂情况：按拌合物外观含砂多少而评定，分"多"、"中"、"少"三级。

"多"：表示用镘刀抹拌合物表面时，一两次即可使拌合物表面平整无蜂窝；

"中"：表示抹五、六次才可使表面平整无蜂窝；

"少"：表示抹面困难，不易抹平，有空隙及石子外露等现象。

3.6.3　粘聚性：观测拌合物各组分相互粘聚情况。评定方法是用捣棒在已坍落的混凝土锥体侧面轻打，如锥体在轻打后逐渐下沉，表示粘聚性良好；如锥体突然倒坍、部分崩裂或发生石子离析现象，即表示粘聚性不好。

3.6.4　保水性：指水分从拌合物中析出情况，分"多量"、"少量"、"无"三级评定。

"多量"：表示提起坍落筒后，有较多水分从底部析出；

"少量"：表示提起坍落筒后，有少量水分从底部析出；

"无"：表示提起坍落筒后，没有水分从底部析出。

4　试验结果

混凝土拌合物坍落度和坍落扩展度值以毫米（mm）为单位，测量精确至1mm，结果修约至最接近的5mm。

5　试验报告

试验报告应包括以下内容：

（1）要求检测的项目名称、执行标准；

（2）原材料的品种、规格和产地以及混凝土配合比；

（3）试验日期及时间；

（4）仪器设备的名称、型号及编号；

（5）环境温度和湿度；

（6）搅拌方式；

（7）水泥混凝土拌合物坍落度（坍落扩展度值）；

（8）要说明的其它内容，如棍度、含砂情况、粘聚性和保水性。

条文说明

本方法基本上根据GB/T 50080—2002、ASTM C 143和ISO 4109—1980修改。在评价水泥混凝土拌合物的稠度方面，坍落度试验是重要指标之一。随着近年来流态混凝土的推广，本方法中增加了坍落扩展度来评价其稠度。同时还增加了其它评价水泥混凝土拌合物工作性能的指标：棍度、含砂情况、粘聚性和保水性。

坍落度试验可以认为是测量水泥混凝土在自重作用下流动的抗剪性。ISO 4103—1979中规定了拌合物稠度分级，见表T0522-2。

表 T0522-2 水泥混凝土的稠度分级

级　别	坍落度(mm)	级　别	坍落度(mm)
特干硬	–	低　塑	50 ~ 90
很干稠	–	塑　性	100 ~ 150
干　稠	10 ~ 40	流　态	>160

T 0523—2005　水泥混凝土拌合物稠度试验方法(维勃仪法)

(Standard Test Method for Determination of the Consistency——Vebe Test)

1　目的、适用范围和引用标准

本方法规定用维勃稠度仪来测定水泥混凝土拌合物稠度的方法和步骤。

本方法适用于集料公称最大粒径不大于 31.5mm 的水泥混凝土及维勃时间在 5s ~ 30s 之间的干稠性水泥混凝土的稠度测定。

引用标准:

JG 3043—1997　《维勃稠度仪》

JG 3021—1994　《水泥混凝土坍落度仪》

T 0521—2005　《水泥混凝土拌合物的拌和与现场取样方法》

2　仪器设备

(1)稠度仪(维勃仪):如图 T0523-1 所示,符合《维勃稠度仪》(JG 3043)的规定。

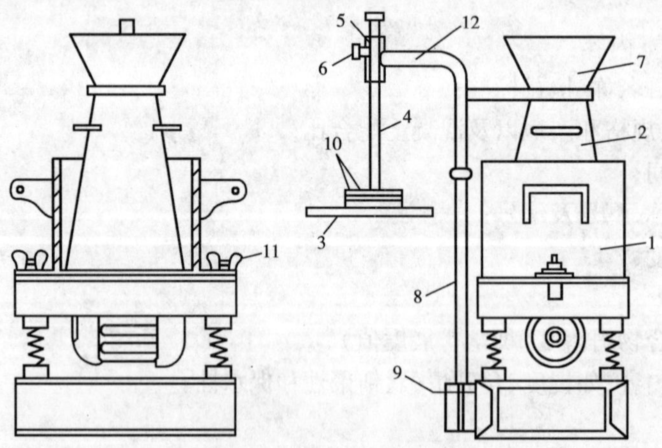

图 T0523-1　稠度计(维勃仪)

1-容器;2-坍落度筒;3-圆盘;4-滑杆;5-套筒;6-螺钉;7-漏斗;8-支柱;9-定位螺丝;10-荷重块;11-元宝螺母;12-旋转架

①容器 1:为金属圆筒,内径 240mm ± 5mm,高 200mm ± 2mm,壁厚 3mm,底厚 7.5mm。容器应不漏水并有足够刚度,上有把手,底部外伸部分可用螺母将其固定在振动台上。

②坍落度筒 2:为截头圆锥,筒底部直径 200mm ± 2mm,顶部直径 100mm ± 2mm,高度 300mm ± 2mm,壁厚不小于 1.5mm,上下开口并与锥体轴线垂直,内壁光滑,筒外安有把手。

③圆盘 3:用透明塑料制成,上装有滑杆 4。滑棒可以穿过套筒 5 垂直滑动。套筒装在一个可用螺钉 6 固定位置的旋转悬臂上。悬臂上还装有一个漏斗 7。坍落筒在容器中放好后,转动旋臂,使漏斗底

部套在坍落筒上口。旋臂装在支柱 8 上,可用定位螺丝 9 固定位置。滑棒和漏斗的轴线应与容器的轴线重合。

圆盘直径 230mm ± 2mm,厚 10mm ± 2mm,圆盘、滑棒及荷重块组成的滑动部分总质量为 2750g ± 50g。滑棒刻度可用来测量坍落度值。

④振动台:工作频率 50Hz,空载振幅 0.5mm,上有固定容器的螺栓。

(2)捣棒、镘刀等符合 JG 3021 的要求。

(3)秒表:分度值为 0.5s。

3 试验步骤

3.1 将容器 1 用螺母固定在振动台上,放入润湿的坍落筒 2,把漏斗 7 转到坍落筒上口,拧紧螺丝 9,使漏斗对准坍落筒口上方。

3.2 按坍落度试验步骤,分三层经漏斗装入拌合物,用捣棒每层捣 25 次,捣毕第三层混凝土后,拧松螺丝 6,把漏斗转回到原先的位置,并将筒模顶上的混凝土刮平,然后轻轻提起筒模。

3.3 拧紧螺丝 9,使圆盘可定向地向下滑动,仔细转圆盘到混凝土上方,并轻轻与混凝土接触。检查圆盘是否可以顺利滑向容器。

3.4 开动振动台并按动秒表,通过透明圆盘观察混凝土的振实情况,当圆盘底面刚为水泥浆布满时,迅即按停秒表和关闭振动台,记下秒表所记时间,精确至 1s。

3.5 仪器每测试一次后,必须将容器、筒模及透明圆盘洗净擦干,并在滑棒等处涂薄层黄油,以备下次使用。

4 试验结果

秒表所表示时间即为混凝土拌合物稠度的维勃时间,精确到 1s。以两次试验结果的平均值作为混凝土拌合物稠度的维勃时间。

5 试验报告

试验报告应包括以下内容:

(1)项目名称、执行标准;

(2)原材料的品种、规格和产地以及混凝土配合比;

(3)试验日期及时间;

(4)仪器设备的名称、型号及编号;

(5)环境温度和湿度;

(6)搅拌方式;

(7)混凝土拌合物维勃时间;

(8)要说明的其它内容。

条文说明

本方法根据 ISO 4110—1979 修改,与国标 GB/T 50080—2002 等同。维勃试验是将新拌水泥混凝土装入坍落度筒内后再拔去坍落度筒,并将透明圆盘放在圆锥混凝土顶面,然后在规定频率和振幅下振动,直到透明圆盘的下表面完全布满水泥浆为止。但试验中由于水泥浆润湿圆盘底不均匀,判断试验终点较难。

ISO 4103—1979 中规定了拌合物稠度分级,见表 T0523-1。

表 T0523-1　水泥混凝土的稠度分级

级　　别	维勃时间(s)	级　　别	维勃时间(s)
特干硬	≥31	低　塑	10~5
很干稠	30~21	塑　性	≤4
干　稠	20~11	流　态	-

T 0524—2005　碾压混凝土拌合物稠度试验方法(改进 VC 法)

(Standard Test Method for Determination of the Consistency of Roll Compacted Concrete —— Modified Vebe Test)

1　目的、适用范围和引用标准

本方法规定了碾压混凝土拌合物稠度测定的仪器设备和试验步骤。

本方法适用于实验室及现场测定路面碾压混凝土拌合物的稠度,为碾压混凝土配合比设计及现场质量控制提供依据。

引用标准:

JG 3043—1997　《维勃稠度仪》

JG 3021—1994　《水泥混凝土坍落度仪》

T 0521—2005　《水泥混凝土拌合物的拌和与现场取样方法》

2　仪器设备

(1)维勃稠度仪:该仪器由以下各部分组成(见图 T0524-1)。

①振动台:工作频率 50Hz ±3Hz,空载(含筒)振幅 0.5mm ±0.1mm。

②容量筒:金属制成,内径 240mm,内高 200mm,壁厚约 3mm,底厚约 7mm。容量筒应不漏水并有足够刚度,上有把手,底部外伸部分可用螺母固定在振动台上。

③透明圆盘:用透明有机玻璃制成,上装有滑杆。压板直径 230mm ±2mm,厚 10 mm ±2mm,荷重和滑杆的总质量为 2.75kg ±0.05kg,滑杆可通过套筒垂直滑动。滑杆及套筒的轴线与容器轴线重合。

④配重砝码:两块,共 8700g。

(2)捣棒:直径 16mm,长 600mm,一端为弹头形;橡皮锤、镘刀等符合 T 0522 中第 2 条的要求。

(3)秒表:分度值为 0.5s。

(4)磅秤:量程大于 50kg。

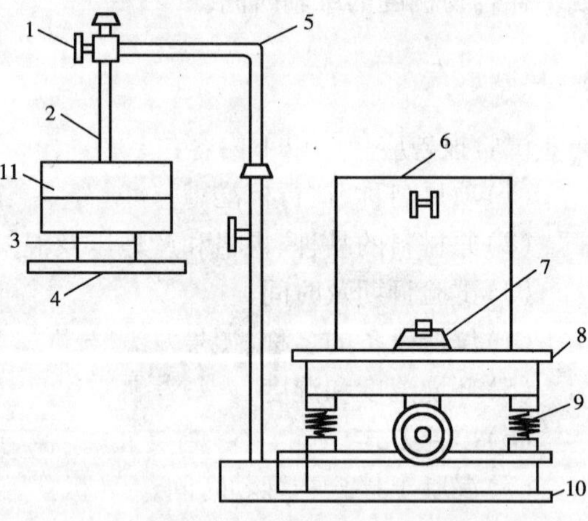

图 T0524-1　维勃工作度测定仪简图

1-螺栓;2-滑杆;3-砝码;4-圆盘;5-转向弯杆;6-容量筒;7-固定螺栓;8-台面;9-弹簧;10-底座;11-配重砝码

3　试验步骤

3.1　试验前用湿布擦拭容量筒内壁及透明圆盘的上、下面。

3.2　取质量均匀、有代表性的水泥混凝土试样约 25kg。

3.3　用铁勺等工具将试样分两层轻轻装入容量筒内,底层应超过半筒,上层应高出筒口。装料时应避免自由下倒,以防试样离析;每装一层用捣棒从容量筒周边向中心螺旋形均匀插捣 25 次。插捣底层时,捣棒应贯穿整个深度但不触及筒底；插捣上层时，捣棒应插入底层表面以下 1cm ~2cm。每层插捣后，用橡皮锤均匀敲击容量筒周围 10 次，以消除插捣产生的孔洞；上层插捣完毕后，用金属镘刀除去高出筒口的试样，并将表面抹平。

3.4 将装有试样的容量筒固定于振动台上，并把透明圆盘连同荷重及配重砝码加到拌合物表面。

3.5 开动振动台，同时按下秒表，注意观察透明圆盘下试样表面出浆情况。记下从振动开始到圆盘下的试样半面积出浆所经过的时间。此时间即为混凝土的改进 *VC* 值(s)，记录精确至 1s。

3.6 当圆盘下的试模半面积出浆时，只记录 *VC* 值，但不关闭振动台，使其继续振至 60s 时再停机。停机后，提取圆盘及配重砝码，对试样表面的平整情况及出浆程度进行评分。评分标准参考表 T0524-1。

表 T0524-1 试样表面评分标准值

评　分	5	4	3	2	1
表面评分	平整出浆很好	平整出浆较好	平整基本出浆	有缺陷出浆不足	不平整且无浆

4 试验结果

每个试样重复两次试验，以两次测值的平均值为试验结果，精确至 1s。如果两次测值与平均值的误差均超过 20%，试验结果无效。

5 试验报告

试验报告应包括以下内容：

(1)要求检测的项目名称、执行标准；

(2)原材料的品种、规格和产地以及混凝土配合比；

(3)试验日期及时间；

(4)仪器设备的名称、型号及编号；

(5)环境温度和湿度；

(6)搅拌方式；

(7)碾压混凝土拌合物的改进 *VC* 值；

(8)试样表面评分值；

(9)要说明的其它内容。

条文说明

由于碾压混凝土拌合料属超干硬性混凝土，普通混凝土的稠度测定方法(坍落度仪法、维勃仪法)均不适用。根据资料，马歇尔击实法、土工击实法及改进 *VC* 法均可用于碾压混凝土拌合物稠度的评定，对三种方法的大量对比试验表明，改进 *VC* 法的试验时间短，精度高，并且与混凝土的施工性能有较好的相关关系，更适于稠度较大的路用碾压混凝土。

稠度是路面碾压混凝土配合比设计的重要指标，也是影响路面平整度和压实度的关键因素。稠度较低，路面容易压实，但平整度难以保证；提高稠度可改善平整度，但稠度过大，路面压实度难以达到要求。根据经验，路面碾压改进 *VC* 值在 35s ~45s 之间较为适宜。

T 0525—2005 水泥混凝土拌合物表观密度试验方法

(Standerd Test Method for Determination of Apparent Specific Density of Fresh Concrete)

1 目的、适用范围和引用标准

本方法规定了水泥混凝土拌合物表观密度测定的试验步骤。

本方法适用于测定水泥混凝土拌合物捣实后的密度，以备修正、核实水泥混凝土配合比计算中的材料用量。当已知所用原材料密度时，还可以算出拌合物近似含气量。

引用标准：

T 0521—2005 《水泥混凝土拌合物的拌和与现场取样方法》

GB/T 50080—2002 《普通混凝土拌合物性能试验方法标准》

2 仪器设备

（1）试样筒

试样筒为刚性金属圆筒，两侧装有把手，筒壁坚固且不漏水。对于集料公称最大粒径不大于31.5mm的拌合物采用5L的试样筒，其内径与内高均为186mm±2mm，壁厚为3mm。对于集料公称最大粒径大于31.5mm的拌合物所采用试样筒，其内径与内高均应大于集料公称最大粒径的4倍。

（2）捣棒：符合T 0522的规定。

（3）磅秤：量程100kg，感量为50g。

（4）振动台：应符合T 0521的规定。

（5）其它：金属直尺、镘刀、玻璃板等。

3 试验步骤

3.1 试验前用湿布将试样筒内外擦拭干净，称出质量（m_1），精确至50g。

3.2 当坍落度不小于70mm时，宜用人工捣固：

对于5L试样筒，可将混凝土拌合物分两层装入，每层插捣次数为25次。

对于大于5L的试样筒，每层混凝土高度不应大于100mm，每层插捣次数按每10 000mm^2截面不小于12次计算。用捣棒从边缘到中心沿螺旋线均匀插捣。捣棒应垂直压下，不得冲击，捣底层时应至筒底，捣上两层时，须插入其下一层约20mm～30mm。每捣毕一层，应在量筒外壁拍打5～10次，直至拌合物表面不出现气泡为止。

3.3 当坍落度小于70mm时，宜用振动台振实，应将试样筒在振动台上夹紧，一次将拌合物装满试样筒，立即开始振动，振动过程中如混凝土低于筒口，应随时添加混凝土，振动直至拌合物表面出现水泥浆为止。

3.4 用金属直尺齐筒口刮去多余的混凝土，用镘刀抹平表面，并用玻璃板检验，而后擦净试样筒外部并称其质量（m_2），精确至50g。

4 试验结果计算

4.1 按下式计算拌合物表观密度ρ_h：

$$\rho_h = \frac{m_2 - m_1}{V} \times 1000 \qquad (T0525\text{-}1)$$

式中：ρ_h——拌合物表观密度（kg/m^3）；

m_1——试样筒质量（kg）；

m_2——捣实或振实后混凝土和试样筒总质量（kg）；

V——试样筒容积（L）。

试验结果计算精确到10 kg/m^3。

4.2 以两次试验结果的算术平均值作为测定值，精确到10 kg/m^3，试样不得重复使用。

注：应经常校正试样筒容积：将干净的试样筒和玻璃板合并称其质量，再将试样筒加满水，盖上玻璃板，勿使筒内存有气泡，擦干外部水分，称出水的质量，即为试样筒容积。

5 试验报告

试验报告应包括以下内容：

(1)要求检测的项目名称,执行标准；

(2)原材料的品种、规格和产地以及混凝土配合比；

(3)试验日期及时间；

(4)仪器设备的名称、型号及编号；

(5)环境温度和湿度；

(6)搅拌方式；

(7)水泥混凝土拌合物表观密度；

(8)要说明的其它内容。

条文说明

本方法参照 GB/T 50080—2002《普通混凝土拌合物性能试验方法标准》修订。水泥混凝土拌合物的密度是在一定压实方法下的密度,其实质为水泥混凝土拌合物的毛体积密度。水泥混凝土拌合物的压实方法,根据不同坍落度而不同。

水泥混凝土拌合物表观密度用于修正、核实混凝土配合比计算中的材料用量,假定拌合物表观密度参考表如下。

表 T0525-1 拌合物表观密度参考

混凝土强度等级	C7.5 ~ C15	C20 ~ C30	C35 ~ C40	> C40
假定拌合物表观密度(kg/m^3)	2300 ~ 2350	2350 ~ 2400	2400 ~ 2450	2450

当已知所用原材料密度时,还可以算出拌合物近似含气量。

T 0526—2005 水泥混凝土拌合物含气量试验方法(混合式气压法)

(Standard Test Method for Air Content of Freshly Mixed Concrete by the Volumetric Method)

1 目的、适用范围和引用标准

本方法规定了采用混合式气压法测定水泥混凝土拌合物含气量的仪器设备和试验步骤。

本方法适用于集料公称最大粒径不大于 31.5mm、含气量不大于 10% 且有坍落度的水泥混凝土。

引用标准：

T 0521—2005 《水泥混凝土拌合物的拌和与现场取样方法》

2 仪器设备

(1)混合式气压法含气量测定仪：包括量钵和量钵盖,钵体与钵盖之间有密封圈,如图 T0526-1 所示。

(2)测定仪附件：校正管、100mL 量筒、注水器、水平尺、插捣棒。

(3)压力表：量程为 0.25MPa；分度值为 0.01MPa。

(4)台秤：量程 50kg,感量为 50g。

(5)橡皮锤：应带有质量约 250g 的橡皮锤头。

(6)振动台:符合 T 0521 中的技术要求。

3 试验步骤

3.1 标定仪器

3.1.1 量钵容积的标定

先称量含气量测定仪量钵和玻璃板总重,然后将量钵加满水,用玻璃板沿量钵顶面平推,使量钵内盛满水且玻璃板下无气泡。擦干钵体外表面后连同玻璃板一起称重。两次质量的差值除以该温度下水的密度即为量钵的容积 V。

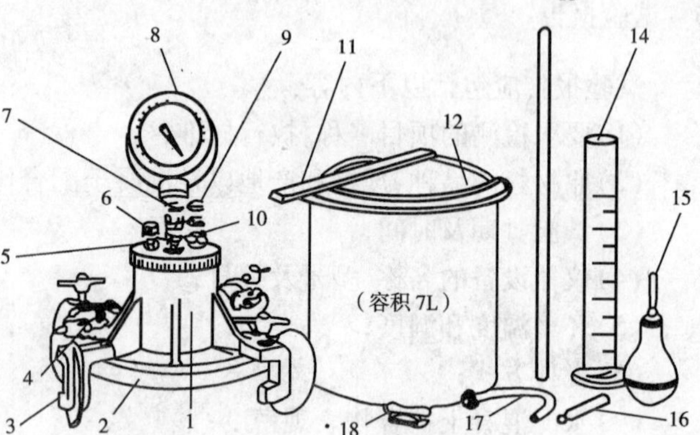

图 T0526-1 混合式气压法含气量测定仪

1-气室;2-上盖;3-夹子;4-小龙头;5-出水口;6-微调阀;7-排气阀;8-压力表;9-手泵;10-阀门杆;11-刮尺;12-量钵;13-捣棒;14-量筒;15-注水器;16-校正管(2);17-校正管(1);18-水平尺

3.1.2 含气量 0% 点的标定

把量钵加满水,将校正管(2)接在钵盖下面小龙头的端部。将钵盖轻放在量钵上,用夹子夹紧使其气密良好并用水平仪检查仪器的水平。打开小龙头,松开排气阀,用注水器从小龙头处加水,直至排气阀出水口冒水为止。然后拧紧小龙头和排气阀,此时钵盖和钵体之间的空隙被水充满。用手泵向气室充气,使表压稍大于 0.1MPa,然后用微调阀调整表压使其为 0.1MPa。按下阀门杆 1 ~2 次,使气室的压力气体进入量钵内,读压力表读数,此时指针所示压力相当于含气量 0%。

3.1.3 含气量 1% ~10% 的标定

含气量 0% 标定后,将校正管(1)接在钵盖小龙头的上端,然后按一下阀门杆,慢慢打开小龙头,量钵中的水就通过校正管(1)流到量筒中。当量筒中的水为量钵容积的 1% 时,关闭小龙头。

打开排气阀,使量钵内的压力与大气压平衡,然后重新用手泵加压,并用微调阀准确地调到 0.1MPa。按 1 ~2 次阀门杆,此时测得的压力表读值相当于含气量 1%,同样方法可测得含气量 2%、3% ~10% 的压力表读值。

以压力表读值为横坐标,含气量为纵坐标,绘制含气量与压力表读值关系曲线。

3.2 混凝土拌合物含气量测定

3.2.1 擦净量钵与钵盖内表面,并使其水平放置。将新拌混凝土拌合物均匀适量地装入量钵内,用振动台振实,振动时间 15s ~30s 为宜。也可用人工捣实,将拌合物分三层装料,每层插捣 25 次,插捣上层时捣棒应插入下层 10mm ~20mm。

3.2.2 刮去表面多余的混凝土拌合物,用镘刀抹平,并使其表面光滑无气泡。

3.2.3 擦净钵体和钵盖边缘,将密封圈放于钵体边缘的凹槽内,盖上钵盖,用夹子夹紧,使之气密良好。

3.2.4 打开小龙头和排气阀,用注水器从小龙头处往量钵中注水,直至水从排气阀出水口流出,再关紧小龙头和排气阀。

3.2.5 关好所有的阀门,用手泵打气加压,使表压稍大于 0. 1MPa,用微调阀准确地将表压调到 0.1MPa。

3.2.6 按下阀门杆 1 ~2 次,待表压指针稳定后,测得压力表读数 P_{01}。

3.2.7 开启排气阀,压力仪表应归零,对容器中试样再测定一次压力值 P_{02}。

3.2.8 如果 P_{01} 和 P_{02} 的相对误差小于 0.2%,以两次测值的算术平均值,按压力与含气量关系曲线查得所测混凝土样品的仪器测定含气量 A_1 值(精确至 0.1%)作为试验结果;如果不满足,则应进行第三次试验,测得压力值 P_{03}。当 P_{03} 与 P_{01}、P_{02} 中较接近一个值的相对误差不大于 0.2% 时,则取两值的算术平均值,按压力与含气量关系曲线查得所测混凝土样品的仪器测定含气量 A_1 值(精确至 0.1%)作为试验结果。当仍大于 0.2% 时,须重作试验。

3.3 集料含气量 C 测定

3.3.1 在容器中先注入1/3高度的水，然后把集料慢慢倒入容器。水面升高25mm左右就应轻轻插捣10次，并略予搅动，以排除夹杂进去的空气；加料过程中应始终保持水面高出集料的顶面；集料全部加入后，应浸泡约5min，再用橡皮锤轻敲容器外壁，排净气泡，除去水面气泡，加水至满，擦净容器上口边缘；装好密封圈，加盖拧紧螺栓。

3.3.2 关闭操作阀和排气阀，开启进气阀，用气泵向气室内注入空气，打开操作阀，使气室内的压力略大于0.1MPa，待压力表显示值稳定后，打开排气阀，并用操作阀调整压力至0.1MPa，然后关紧所有阀门。

3.3.3 开启操作阀，使气室里的压缩空气进入容器，待压力表显示稳定后记录显示值 P_{g1}，然后开启排气阀，压力仪表应归零。

3.3.4 重复3.3.2、3.3.3步骤，对容器内的试样再检测一次，记为 P_{g2}。

3.3.5 如果 P_{g1} 和 P_{g2} 的相对误差小于0.2%，以两次测值的平均值，按压力与含气量关系曲线查得集料的含气量 C(精确至0.1%)作为试验结果。如果不满足，则应进行第三次试验，测得压力值 P_{g3}。当 P_{g3} 与 P_{g1}、P_{g2} 中较接近一个值的相对误差不大于0.2%时，则取两值的算术平均值，按压力与含气量关系曲线查得集料的含气量 C(精确至0.1%)作为试验结果。当仍大于0.2%时，须重作试验。

4 试验结果

含气量按下式计算：

$$A = A_1 - C \tag{T0526-1}$$

式中：A——混凝土拌合物含气量(%)；

A_1——仪器测定含气量(%)；

C——集料含气量(%)。

结果精确至0.1%。

5 试验报告

试验报告应包括以下内容：

(1)要求检测的项目名称，执行标准；

(2)原材料的品种、规格和产地以及混凝土配合比；

(3)试验日期及时间；

(4)仪器设备的名称、型号及编号；

(5)环境温度和湿度；

(6)搅拌方式；

(7)水泥混凝土拌合物含气量；

(8)要说明的其它内容。

条文说明

本方法参照ASTM C 231—78修改，但在本方法中没有采用ASTM C 231—78中的气压式含气量测定仪，而采用混合式含气量测定仪。混合式含气量测定仪与气压式含气量测定仪区别在于，混凝土试样顶面与锥盖间的空间用水注满，由于水不可压缩，从而减少了试验误差。

含气量测试方法可分为水压法和气压法，由于水压法操作比较繁琐且检测数据不准，所以没有列入本方法。混合式方法属压力法测定拌合物含气量，这个方法的基本原理是混凝土受到一定压力时，通过测定其体积变化的大小，并使用Boyle's原理计算含气量。

上述方法只能测定总含气量,而不能区分引入空气与截入空气。GBJ 80—85 中列出了最大含气量,对于有抗冻要求和抗盐要求的混凝土路面的含气量应尽量靠近最大限值。

T 0527—2005 水泥混凝土拌合物凝结时间试验方法

(Standard Test Method for Time of Setting of Concrete Mixtures by Penetration Resistance)

1 目的、适用范围和引用标准

本方法规定了测定水泥混凝土拌合物凝结时间的方法,以控制现场施工流程。

本方法适用于各通用水泥和常见外加剂以及不同水泥混凝土配合比、坍落度值不为零的水泥混凝土拌合物的凝结时间测定。

引用标准:

GB/T 50080—2002 《普通混凝土拌合物性能试验方法标准》

GB/T 6005—1997 《试验筛 金属丝编织网、穿孔板和电成型薄板筛孔的基本尺寸》

JG 3021—1994 《水泥混凝土坍落度仪》

T 0521—2005 《水泥混凝土拌合物的拌和与现场取样方法》

2 仪器设备

(1)贯入阻力仪:如图 T0527-1 所示,最大测量值不小于 1000N,刻度盘分度值为 10N。

(2)测针:长约 100mm,平面针头圆面积为 100mm^2、50mm^2 和 20mm^2 三种,在距离贯入端 25mm 处刻有标记。

(3)试模:上口径为 160mm,下口径为 150mm,净高 150mm 的刚性容器,并配有盖子。

(4)捣棒:直径 16mm,长 650mm,符合 JG 3021 的规定。

(5)标准筛:孔径 4.75mm,符合 GB/T 6005—1997《试验筛 金属丝编织网、穿孔板和电成型薄板筛孔的基本尺寸》规定的金属方孔筛。

(6)其它:铁制拌合板、吸液管和玻璃片。

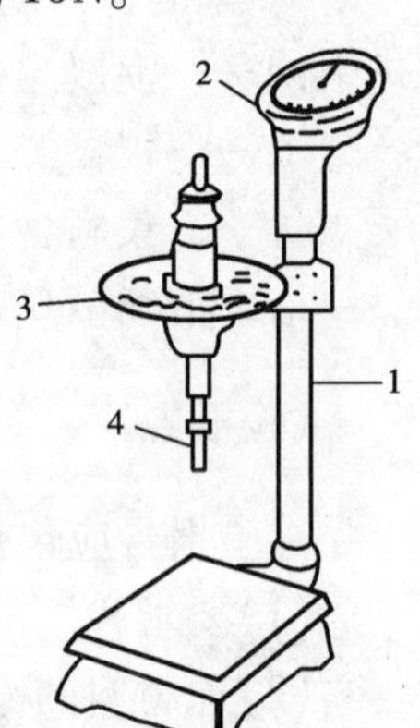

图 T0527-1 贯入阻力仪示意图 1-主体;2-刻度盘;3-手轮;4-测针

3 试样制备

3.1 取混凝土拌合物代表样,用 4.75mm 筛尽快地筛出砂浆,再经人工翻拌后,装入一个试模。每批混凝土拌合物取一个试样,共取三个试样,分装三个试模。

3.2 对于坍落度不大于 70mm 的混凝土宜用振动台振实砂浆,振动应持续到表面出浆为止且应避免过振;对于坍落度大于 70mm 的宜用捣棒人工捣实,沿螺旋方向由外向中心均匀插捣 25 次,然后用橡皮锤轻击试模侧面以排除在捣实过程中留下的空洞。进一步整平砂浆的表面,使其低于试模上沿约 10mm,砂浆试样筒应立即加盖。

3.3 试件静置于温度 20℃ ±2℃或尽可能与现场相同的环境中,并在以后的试验中,环境温度始终保持 20℃ ±2℃。在整个测试过程中,除在吸取泌水或贯入试验外,试筒应始终加盖。

3.4 约 1h 后,将试件一侧稍微垫高约 20mm,使其倾斜静置约 2min,用吸管吸去泌水。以后每到测试前约 2min,同上步骤用吸管吸去泌水(低温或缓凝的混凝土拌合物试样,静置与吸水间隔时间可适当延长)。若在贯入测试前还有泌水,也应吸干。

4 试验步骤

4.1 将试件放在贯入阻力仪底座上,记录刻度盘上显示的砂浆和容器总质量。

4.2　根据试样的贯入阻力大小，选择适宜的测针。一般当砂浆表面测孔边出现微裂缝时，应立即改换较小截面积的测针，如表 T0527-1。

表 T0527-1　测针选用参考

单位面积贯入阻力(MPa)	0.2～3.5	3.5～20.0	20.0～28.0
平头测针圆面积(mm^2)	100	50	20

4.3　先使测针端面刚刚接触砂浆表面，然后转动手轮，使测针在 10s±2s 内垂直且均匀地插入试样内，深度为 25 mm±2mm，记下刻度盘显示的增量，精确至 10N。并记下从开始加水拌和起所经过的时间(精确至 1min)及环境温度(精确至 0.5℃)。

测定时，测针应距试模边缘至少 25mm，测针贯入砂浆各点间净距至少为所用测针直径的两倍且不小于 15mm。三个试模每次各测 1～2 点，取其算术平均值为该时间的贯入阻力值。

4.4　每个试样作贯入阻力试验应在 0.2MPa～28MPa 间，且不小于六次，最后一次的单位面积贯入阻力应不低于 28MPa。从加水拌和时算起，常温下普通混凝土 3h 后开始测定，以后每次间隔为 0.5h；早强混凝土或在气温较高的情况下，则宜在 2h 后开始测定，以后每隔 0.5h 测一次；缓凝混凝土或在低温情况下，可在 5h 后开始测定，每隔 2h 测一次。在临近初凝、终凝时可增加测定次数。

5　试验结果

5.1　单位面积贯入阻力 f_{PR} 按下式计算：

$$f_{PR}=\frac{P}{A} \tag{T0527-1}$$

式中：f_{PR}——单位面积贯入阻力(MPa)；

P——测针贯入深度为 25mm 时的贯入压力(N)；

A——贯入测针截面面积(mm^2)。

计算应精确至 0.1MPa。

5.2　以单位面积贯入阻力为纵坐标，测试时间为横坐标，绘制单位面积贯入阻力与测试时间关系曲线。经 3.5MPa 及 28MPa 画两条平行于横坐标的直线，则直线与曲线相交点的横坐标即为初凝及终凝时间。见示意图 T0527-2。

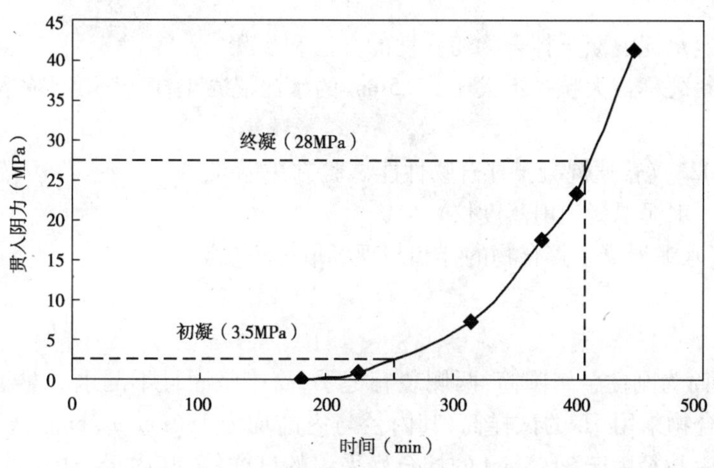

图 T0527-2　时间-贯入阻力曲线

5.3　凝结时间取三个试样的平均值。三个测值中的最大值或最小值，如果有一个与中间值之差超过中间值的 10%，则以中间值为试验结果；如果最大值和最小值与中间值之差均超过中间值的 10% 时，则此试验无效。

凝结时间用 h：min 表示，并精确至 5min。

6 试验报告

试验报告应包括以下内容：

(1)要求检测的项目名称、执行标准；

(2)原材料的品种、规格和产地以及混凝土配合比；

(3)试验日期及时间；

(4)仪器设备的名称、型号及编号；

(5)环境温度和湿度；

(6)每次贯入阻力试验时对应的环境温度、时间、贯入压力、测针面积和计算出来的贯入阻力值；

(7)贯入阻力和时间曲线、初凝时间和终凝时间；

(8)要说明的其它内容。

条文说明

本方法参照 GB/T 50080—2002 和 ASTM C 403/C 403M—1999 制订，但在所使用测针方面，没有采用 ASTM C 403 的横截面积($654mm^2$、$323mm^2$、$161mm^2$、$65mm^2$、$32mm^2$、$16mm^2$)，而是采用 $100mm^2$、$50mm^2$、$20mm^2$ 系列。本方法和 ASTM C 403 都认为在贯入 1in(25mm)时的压力与面积比，为 3.5MPa 达到初凝，而压力与面积比为 28MPa 达到终凝对应标准。

初凝时间大致相当于混凝土拌合物不再适于正常浇灌的时间，终凝时间接近于硬化开始的时间。凝结基本上由 C_3S 的水化作用所控制。在初凝以前新拌混凝土拌合物将失去一定的坍落度，而终凝之后一段时间内将获得适当的强度。

T 0528—2005　水泥混凝土拌合物泌水试验方法

(Standard Test Method for Bleeding of Freshly Mixed Concrete)

1 目的、适用范围和引用标准

本方法规定了测定水泥混凝土拌合物泌水性的方法和步骤。

本方法适用于集料公称最大粒径不大于 31.5mm 的水泥混凝土拌合物泌水的测定。

引用标准：

GB/T 50080—2002 《普通混凝土拌合物性能试验方法标准》

JG 3021—1994 《水泥混凝土坍落度仪》

T 0521—2005 《水泥混凝土拌合物的拌和与现场取样方法》

2 仪器设备

(1)试样筒：试样筒为刚性金属圆筒，两侧装有把手，筒壁坚固且不漏水。对于集料公称最大粒径不大于 31.5mm 的拌合物采用 5L 的试样筒，其内径与内高均为 186mm ± 2mm，壁厚为 3mm，并配有盖子。对于集料公称最大粒径大于 31.5mm 的拌合物采用的试样筒，其内径与内高均应大于集料公称最大粒径的 4 倍。

(2)台秤：量程为 50kg，感量为 50g。

(3)量筒：容量为 10mL、50 mL、100 mL 的量筒及吸管，量筒分度值均为 1 mL。

(4)捣棒：符合 JG 3021—1994 的规定。

(5)秒表：分度值为 1s。

3 试验步骤

3.1 试验中室温应保持在20℃ ±2℃。

3.2 应用湿布湿润试样筒内壁后立即称量,记录试样筒的质量。再将混凝土试样装入试样筒,混凝土的装料及捣实方法如下:

3.2.1 坍落度不大于70mm,用振动台振实。将试样一次装入试样筒内,开启振动台,振动应持续到表面出浆为止,且应避免过振;并使混凝土拌合物低于试样筒表面30mm ±3mm,并用抹刀抹平,抹平后立即称量并记录试样筒与试样的总质量,开始计时。

3.2.2 坍落度大于70mm,用捣棒捣实。混凝土拌合物应分两层装入,每层的插捣次数为25次;捣棒由边缘向中心均匀地插捣,插捣底层时捣棒应贯穿整个深度,插捣第二层时,捣棒应插透本层至下一层的表面;每一层捣完后用橡皮锤轻轻敲击容器外壁5 ~10次,直到拌合物表面插捣孔消失并不见大气泡为止;并使混凝土拌合物表面低于试样筒表面30mm ±3mm,并用抹刀抹平,抹平后立即称量并记录试样筒与试样的总质量,开始计时。

3.3 保持试样筒水平且不振动,试验过程中除了吸水操作外,应始终盖好盖子。

3.4 拌合物加水拌和开始计时,从计时开始后的60min内,每10min吸取一次试样表面渗出的水。60min后,每30min吸取一次试样表面渗出的水,直到认为不再泌水为止。为便于吸水,每次吸水前2min,将一片35mm厚的垫块垫入筒底一侧使其倾斜;吸水后,恢复水平。吸出的水放入量筒中,记录每次吸水的水量并计算吸水累计总量,精确到1mL。当吸水累计总量用质量表述时,用 W_w 表示。

4 试验结果

4.1 泌水量按下式计算:

$$B_a = \frac{V}{A} \tag{T0528-1}$$

式中:B_a——泌水量(mL/mm^2);

V——吸水累计总量(mL);

A——试件外露表面面积(mm^2)。

计算精确至$0.01mL/mm^2$。泌水量取三个试样的平均值。如果其中一个与中间值之差超过中间值的15%,则以中间值为试验结果。如果最大值和最小值与中间值之差均超过中间值的15%,则试验无效。

4.2 泌水率按下式计算:

$$B = \frac{W_w}{(W/m)(m_1 - m_0)} \times 100 \tag{T0528-2}$$

式中:B——泌水率(%);

W_w——累计吸水总量(g);

m——拌合混凝土时,拌合物总质量(g);

W——拌合混凝土时,拌合物所需总用水量(g);

m_1——泌水前试样筒及试样总质量(g);

m_0——试样筒质量(g)。

计算精确至1%。泌水率取三个试样的平均值。如果其中一个与中间值之差超过中间值的15%,则以中间值为试验结果。如果最大值和最小值与中间值之差均超过中间值的15%,则试验无效。

5 试验报告

试验报告应包括以下内容:

(1)要求检测的项目名称、执行标准;
(2)原材料的品种、规格和产地以及混凝土配合比;
(3)试验日期及时间;
(4)仪器设备的名称、型号及编号;
(5)环境温度和湿度;
(6)搅拌方式;
(7)水泥混凝土拌合物总用水量和总质量;
(8)试样筒质量、试样筒和试样总质量;
(9)每次吸水时间和对应的吸水量;
(10)泌水量和泌水率;
(11)要说明的其它内容。

条文说明

本方法参照 GB/T 50080—2002 和 ASTM C 232—92 修改。泌水(Bleeding)通常是由于新拌混凝土内部集料颗粒沉淀所引起,集料颗粒不能保持所有拌合水。

T 0529—2005 水泥混凝土拌合物配合比分析试验方法

(Standard Test Method for Analysis the Constitute of Concrete Mixture)

1 目的、适用范围和引用标准

本方法规定了水泥混凝土拌合物配合比分析试验的仪器设备和试验步骤。

本方法适用于用水洗分析法测定普通水泥混凝土拌合物中四组分(水泥、水、砂、石)的含量,但不适用于集料含泥量波动较大以及用特细砂和山砂配制的水泥混凝土。

引用标准:

JTG E42—2005 《公路工程集料试验规程》
T 0521—2005 《水泥混凝土拌合物的拌和与现场取样方法》
T 0525—2005 《水泥混凝土拌合物表观密度试验方法》
T 0503—2005 《水泥密度测定方法 》
GB/T 50080—2002 《普通混凝土拌合物性能试验方法标准》

2 仪器设备

(1)广口瓶:容积为 2000 mL 的玻璃瓶,并配有玻璃盖板。
(2)台秤:量程为 50kg,感量为 50g;
(3)电子秤:量程不小于 5kg,感量不大于 1g;
(4)试样筒:符合 T 0525 要求的容积为 5L 和 10L 的试样筒并配有玻璃盖板;
(5)标准筛:孔径为 4.75mm 和 0.15mm 标准筛各一个。

3 在进行本试验前,应对混凝土下列原材料进行相关项目的试验与测定:

3.1 水泥表观密度试验,按 T 0503《水泥密度测定方法》进行。
3.2 粗集料、细集料的表观密度试验,按《公路工程集料试验规程》试验。
3.3 细集料修正系数按下述方法测定:

向广口瓶中注水至筒口，再一边加水一边徐徐推进玻璃板，注意玻璃板下不带有任何气泡，盖严后擦净板面和广口瓶壁的余水，如玻璃板下有气泡，必须排除。测定广口瓶、玻璃板和水的总质量。取具有代表性的两个细集料试样，每个试样的质量为2kg，精确至1g。分别倒入盛水的广口瓶中，充分搅拌、排气后浸泡约半小时；然后向广口瓶中注水至筒口，再一边加水一边徐徐推进玻璃板，注意玻璃板下不得带有任何气泡，盖严后擦净板面和瓶壁的余水，称得广口瓶、玻璃板、水和细集料的总质量。则细集料在水中的质量为：

$$m_{ys} = m_{ks} - m_p \tag{T0529-1}$$

式中：m_{ys}——细集料在水中的质量(g)；

m_{ks}——细集料和广口瓶、水及玻璃板的总质量(g)；

m_p——广口瓶、玻璃板和水的总质量(g)。

应以两个试样试验结果的算术平均值作为测定值，计算应精确至1g。

然后用0.15mm的标准筛将细集料过筛，用以上同样的方法测得大于0.15mm细集料在水中的质量：

$$m_{ysl} = m_{ksl} - m_p \tag{T0529-2}$$

式中：m_{ysl}——大于0.15mm的细集料在水中的质量(g)；

m_{ksl}——大于0.15mm的细集料和广口瓶、水及玻璃板的总质量(g)；

m_p——广口瓶、玻璃板和水的总质量(g)。

应以两个试样试验结果的算术平均值作为测定值，计算应精确至1g。

细集料修正系数为：

$$C_s = \frac{m_{ys}}{m_{ysl}} \tag{T0529-3}$$

式中：C_s——细集料修正系数；

m_{ys}——细集料在水中的质量(g)；

m_{ysl}——大于0.15mm的细集料在水中的质量(g)。

计算精确至0.01。

4 水泥混凝土拌合物的取样

4.1 水泥混凝土拌合物的取样应按T 0521的规定进行。

4.2 当水泥混凝土中粗集料的公称最大粒径≤37.5mm时，混凝土拌合物的取样量≥50kg，混凝土中粗集料公称最大粒径>37.5mm时，混凝土拌合物的取样量≥100kg。

4.3 进行混凝土配合比(水洗法)分析时，当混凝土中粗集料公称最大粒径≤37.5mm时，每份取12kg试样；当混凝土中粗集料的公称最大粒径>37.5mm时，每份取15kg试样。剩余的混凝土拌合物试样，按T 0525的规定，进行拌合物表观密度的测定，并测量其体积V。

5 试验步骤

5.1 整个试验过程的环境温度应在15℃~25℃之间，从最后加水至试验结束，温差不应超过2℃；试验至少进行两次。

5.2 用试样筒称取质量为m_0的混凝土拌合物试样，精确至50g并应符合第4条中的有关规定；然后按下式计算混凝土拌合物试样的体积：

$$V = \frac{m_0}{\rho_h} \tag{T0529-4}$$

式中：V——试样的体积(cm^3)；

m_0——试样的质量(g)；

ρ_h——混凝土拌合物的表观密度(g/cm³)。

5.3　把试样筒中混凝土拌合物和水的混合物全部移到4.75mm筛上水洗过筛,水洗时,要用水将筛上粗集料仔细冲洗干净,粗集料上不得粘有砂浆,筛子应备有不透水的底盘,以收集全部冲洗过筛的砂浆与水的混合物,称量洗净的粗集料试样质量 m_g。粗集料表观密度符号为 ρ_g,单位 g/cm³。

5.4　将全部冲洗过筛的砂浆与水的混合物全部移到试样筒中,加水至试样筒三分之二高度,用棒搅拌,以排除其中的空气;如水面上有不能破裂的气泡,可以加入少量的异丙醇试剂以消除气泡;让试样静止10min以使固体物质沉积于容器底部。加水至满,再一边加水一边徐徐推进玻璃板,注意玻璃板下不得带有任何气泡,盖严后应擦净板面和筒壁的余水。称出砂浆与水的混合物和试样筒、水及玻璃板的总质量。应按下式计算砂浆在水中的质量:

$$m'_m = m_k - m_D \tag{T0529-5}$$

式中:m'_m——砂浆在水中的质量(g);

m_k——砂浆与水的混合物和试样筒、水及玻璃板的总质量(g);

m_D——试样筒、玻璃板和水的总质量(g)。

计算应精确至1g。

5.5　将试样筒中的砂浆与水的混合物在0.15mm筛上冲洗,然后将在0.15mm筛上洗净的细集料全部移至广口瓶中,加水至满,再一边加水一边徐徐推进玻璃板,注意玻璃板下不得带有任何气泡,盖严后应擦净板面和瓶壁的余水;称出细集料试样、广口瓶、水及玻璃板总质量,应按下式计算细集料在水中的质量:

$$m'_s = C_s(m_{ks} - m_p) \tag{T0529-6}$$

式中:m'_s——细集料在水中的质量(g);

C_s——细集料修正系数;

m_{ks}——细集料试样、广口瓶、水及玻璃板总质量(g);

m_p——广口瓶、玻璃板和水的总质量(g)。

计算应精确至1g。

6　试验结果

混凝土拌合物中四种组分的结果计算及确定应按下述方法进行:

6.1　混凝土拌合物试样中四种组分的质量应按以下公式计算:

6.1.1　试样中的水泥质量应按下式计算:

$$m_c = (m'_m - m'_s) \times \frac{\rho}{\rho - 1} \tag{T0529-7}$$

式中:m_c——试样中的水泥质量(g);

m'_m——砂浆在水中的质量(g);

m'_s——细集料在水中的质量(g);

ρ——水泥的密度(g/cm³)。

计算应精确至1g。

6.1.2　试样中细集料的质量应按下式计算

$$m_s = m'_s \times \frac{\rho_s}{\rho_s - 1} \tag{T0529-8}$$

式中:m_s——试样中细集料的质量(g);

m'_s——细集料在水中的质量(g);

ρ_s——处于干燥状态下的细集料的密度(g/cm³)。

计算应精确至1g。

6.1.3　试样中的水的质量应按下式计算

$$m_w = m_0 - (m_g + m_s + m_c) \qquad (T0529\text{-}9)$$

式中：　m_w——试样中的水的质量(g)；

m_0——拌合物试样质量(g)；

m_g、m_s、m_c——分别为试样中粗集料、细集料和水泥的质量(g)。

计算应精确至1g。

6.1.4　混凝土拌合物试样中粗集料的质量应按第5.3条中得出的粗集料质量 m_g，单位g。

6.2　混凝土拌合物中水泥、水、粗集料、细集料的单位用量，分别按下式计算

$$C = \frac{m_c}{V} \times 1000 \qquad (T0529\text{-}10)$$

$$W = \frac{m_w}{V} \times 1000 \qquad (T0529\text{-}11)$$

$$G = \frac{m_g}{V} \times 1000 \qquad (T0529\text{-}12)$$

$$S = \frac{m_s}{V} \times 1000 \qquad (T0529\text{-}13)$$

式中：　C、W、G、S——分别为水泥、水、粗集料、细集料的单位用量(kg/m^3)；

m_c、m_w、m_g、m_s——分别为试样中水泥、水、粗集料、细集料的质量(g)；

V——试样体积(cm^3)。

计算应精确至1kg/m^3。

6.3　以两个试样试验结果的算术平均值作为测定值，两次试验结果差值的绝对值应符合下列规定：水泥≤6kg/m^3；水≤4kg/m^3；砂≤20kg/m^3；石≤30kg/m^3，否则此次试验无效。

7　试验报告

试验报告应包括以下内容：

(1)要求检测的项目名称、执行标准；

(2)原材料的品种、规格和产地；

(3)仪器设备的名称、型号及编号；

(4)环境温度和湿度；

(5)试样的质量；

(6)水泥的密度；

(7)粗集料和细集料的表观密度；

(8)试样中水泥、水、细集料和粗集料的质量；

(9)水泥混凝土拌合物中水泥、水、粗集料和细集料的单位用量；

(10)水泥混凝土拌合物水灰比；

(11)其它要说明的问题。

条文说明

本方法参照GB/T 50080—2002编制，为了确认水泥混凝土拌合物的水灰比以及配合比特增加此方法。

5 硬化水泥混凝土性能试验

T 0551—2005 水泥混凝土试件制作与硬化水泥混凝土现场取样方法

(Standard Practice for Making and Curing Concrete Test Specimens in the Laboratory)

1 目的、适用范围和引用标准

本方法规定了在常温环境中室内试验时水泥混凝土试件制作与硬化水泥混凝土现场取样方法。

轻质水泥混凝土、防水水泥混凝土、碾压混凝土等其它特种水泥混凝土的制作与硬化水泥混凝土现场取样方法,可以参照本方法进行,但因其特殊性所引起的对试验设备及方法的特殊要求,均应遵照对这些水泥混凝土试件制作和取样的有关技术规定进行。

引用标准:

GB/T 2611—1992 《试验机通用技术要求》

GB/T 3722—1992 《液压式压力试验机》

GB/T 50081—2002 《普通混凝土力学性能试验方法标准》

JG 3019—1994 《混凝土试模》

JG/T 3020—1994 《混凝土试验用振动台》

JG 3021—1994 《水泥混凝土坍落度仪》

T 0521—2005 《水泥混凝土拌合物的拌和与现场取样方法》

2 仪器设备

(1)搅拌机:自由式或强制式。

(2)振动台:标准振动台,应符合《混凝土试验用振动台》要求。

(3)压力机或万能试验机:压力机除符合《液压式压力试验机》(GB/T 3722)及《试验机通用技术要求》(GB/T 2611)中的要求外,其测量精度为±1%,试件破坏荷载应大于压力机全量程的20%且小于压力机全量程的80%。同时应具有加荷速度指示装置或加荷速度控制装置。上下压板平整并有足够刚度,可以均匀地连续加荷卸荷,可以保持固定荷载,开机停机均灵活自如,能够满足试件破型吨位要求。

(4)球座:钢质坚硬,面部平整度要求在100mm距离内高低差值不超过0.05mm,球面及球窝粗糙度 $R_a=0.32\mu m$,研磨、转动灵活。不应在大球座上作小试件破型,球座最好放置在试件顶面(特别是棱柱试件),并凸面朝上,当试件均匀受力后,一般不宜再敲动球座。

(5)试模

①非圆柱试模:应符合《混凝土试模》(JG 3019—1994),内表面刨光磨光(粗糙度 $R_a=3.2\mu m$)。内部尺寸允许偏差为±0.2%;相邻面夹角为90°±0.3°。试件边长的尺寸公差为1mm。

②圆柱试模:直径误差小于 $\frac{1}{200}$d,高度误差应小于 $\frac{1}{100}$h。试模底板的平面度公差不超过0.02mm。组装试模时,圆筒纵轴与底板应成直角,允许公差为0.5°。

为了防止接缝处出现渗漏,要使用合适的密封剂,如黄油。并采用紧固方法使底板固定在模具上。

常用的几种试件尺寸(试件内部尺寸)规定如表T0551-1。所有试件承压面的平面度公差不超过0.000 5d(d为边长)。

(6)捣棒:符合《水泥混凝土坍落度仪》(JG 3021)中有关技术要求,为直径16mm、长约600mm并具有半球形端头的钢质圆棒。

表 T0551-1　试件尺寸

试件名称	标准尺寸(mm)	非标准尺寸(mm)
立方体抗压强度试件	150×150×150(31.5)	100×100×100(26.5) 200×200×200(53)
圆柱抗压强度试件	ϕ150×300(31.5)	ϕ100×200(26.5) ϕ200×400(53)
芯样抗压强度试件	$\phi150\times l_m$(31.5)	$\phi100\times l_m$(26.5)
立方体劈裂抗拉强度试件	150×150×150(31.5)	100×100×100(26.5)
圆柱劈裂抗拉强度试件	ϕ150×300(31.5)	ϕ100×200(26.5) ϕ200×400(53)
芯样劈裂强度试件	$\phi150\times l_m$(31.5)	$\phi100\times l_m$(26.5)
轴心抗压强度试件	150×150×300(31.5)	200×200×400(53) 100×100×300(26.5)
抗压弹性模量试件	150×150×300(31.5)	200×200×400(53) 100×100×300(26.5)
圆柱抗压弹性模量试件	ϕ150×300(31.5)	ϕ100×200(26.5) ϕ200×400(53)
抗弯拉强度试件	150×150×600(31.5) 150×150×550(31.5)	100×100×400(26.5)
抗弯拉弹性模量试件	150×150×600(31.5) 150×150×550(31.5)	100×100×400(26.5)
水泥混凝土干缩试件	100×100×515(19)	150×150×515(31.5) 200×200×515(50)
抗渗试件	上口直径 175mm,下口直径 185mm,高 150mm 的锥台	上下直径与高度均为 150mm 的圆柱体

注:括号中的数字为试件中集料公称最大粒径,单位 mm。标准试件的最短尺寸大于公称最大粒径 4 倍。

(7)压板:用于圆柱试件的顶端处理,一般为厚 6mm 以上的毛玻璃,压板直径应比试模直径大 25mm 以上。

(8)橡皮锤:应带有质量约 250g 的橡皮锤头。

(9)钻孔取样机:钻机一般用金刚石钻头,从结构表面垂直钻取,钻机应具有足够的刚度,保证钻取的芯样周面垂直且表面损伤最少。钻芯时,钻头应作无显著偏差的同心运动。

(10)锯:用于切割适于抗弯拉试验的试件。

(11)游标卡尺。

3　非圆柱体试件成型

3.1　水泥混凝土的拌合参照 T 0521—2005《水泥混凝土拌合物的拌和与现场取样方法》。成型前试模内壁涂一薄层矿物油。

3.2　取拌合物的总量至少应比所需量高 20% 以上,并取出少量混凝土拌合物代表样,在 5min 内进行坍落度或维勃试验,认为品质合格后,应在 15min 内开始制件或作其它试验。

3.3　对于坍落度小于 25mm 时[注],可采用 ϕ25mm 的插入式振捣棒成型。将混凝土拌合物一次装入试模,装料时应用抹刀沿各试模壁插捣,并使混凝土拌合物高出试模口;振捣时振捣棒距底板 10mm ~ 20mm,且不要接触底板。振捣直到表面出浆为止,且应避免过振,以防止混凝土离析,一般振捣时间为

20s。振捣棒拔出时要缓慢,拔出后不得留有孔洞。用刮刀刮去多余的混凝土,在临近初凝时,用抹刀抹平。试件抹面与试模边缘高低差不得超过0.5mm。

注:这里不适于用水量非常低的水泥混凝土;同时不适于直径或高度不大于100mm的试件。

3.4　当坍落度大于25mm且小于70mm时,用标准振动台成型。将试模放在振动台上夹牢,防止试模自由跳动,将拌合物一次装满试模并稍有富余,开动振动台至混凝土表面出现乳状水泥浆时为止,振动过程中随时添加混凝土使试模常满,记录振动时间(约为维勃秒数的2~3倍,一般不超过90s)。振动结束后,用金属直尺沿试模边缘刮去多余混凝土,用镘刀将表面初次抹平,待试件收浆后,再次用镘刀将试件仔细抹平,试件抹面与试模边缘的高低差不得超过0.5mm。

3.5　当坍落度大于70mm时,用人工成型。拌合物分厚度大致相等的两层装入试模。捣固时按螺旋方向从边缘到中心均匀地进行。插捣底层混凝土时,捣棒应到达模底;插捣上层时,捣棒应贯穿上层后插入下层20mm~30mm处。插捣时应用力将捣棒压下,保持捣棒垂直,不得冲击,捣完一层后,用橡皮锤轻轻击打试模外端面10~15下,以填平插捣过程中留下的孔洞。

每层插捣次数100cm^{2}截面积内不得少于12次。试件抹面与试模边缘高低差不得超过0.5mm。

4　圆柱体试件制作

4.1　水泥混凝土的拌和参照T 0521—2005《水泥混凝土拌合物的拌和与现场取样方法》。成型前试模内壁涂一薄层矿物油。

4.2　取拌合物的总量至少应比所需量高20%以上,并取出少量混凝土拌合物代表样,在5min内进行坍落度或维勃试验,认为品质合格后,应在15min内开始制件或作其它试验。

4.3　对于坍落度小于25mm时[注],可采用ϕ25mm的插入式振捣棒成型。拌合物分厚度大致相等的两层装入试模。以试模的纵轴为对称轴,呈对称方式填料。插入密度以每层分三次插入。振捣底层时,振捣棒距底板10mm~20mm且不要接触底板;振捣上层时,振捣棒插入该层底面下15mm深。振捣直到表面出浆为止,且应避免过振,以防止混凝土离析。一般时间为20s。捣完一层后,如有棒坑留下,可用橡皮锤敲击试模侧面10~15下。振捣棒拔出时要缓慢。用刮刀刮去多余的混凝土,在临近初凝时,用抹刀抹平,使表面略低于试模边缘1mm~2mm。

注:这里不适于用水量非常低的水泥混凝土;同时不适于直径或高度不大于100mm的试件。

4.4　当坍落度大于25mm且小于70mm时,用标准振动台成型。将试模放在振动台上夹牢,防止试模自由跳动,将拌合物一次装满试模并稍有富余,开动振动台至混凝土表面出现乳状水泥浆时为止。振动过程中随时添加混凝土使试模常满,记录振动时间(约为维勃秒数的2~3倍,一般不超过90s)。振动结束后,用金属直尺沿试模边缘刮去多余混凝土,用镘刀将表面初次抹平,待试件收浆后,再次用镘刀将试件仔细抹平,使表面略低于试模边缘1mm~2mm。

4.5　当坍落度大于70mm时,用人工成型。

对于试件直径为200mm时,拌合物分厚度大致相等的三层装入试模。以试模的纵轴为对称轴,呈对称方式填料。每层插捣25下,捣固时按螺旋方向从边缘到中心均匀地进行。插捣底层时,捣棒应到达模底,插捣上层时,捣棒插入该层底面下20mm~30mm处。插捣时应用力将捣棒压下,不得冲击,捣完一层后,如有棒坑留下,可用橡皮锤敲击试模侧面10~15下。用镘刀将试件仔细抹平,使表面略低于试模边缘1mm~2mm。

而对于试件直径为100mm或150mm时,分两层装料,各层厚度大致相等。试件直径为150mm时,每层插捣15下;试件直径为100mm时,每层插捣8下。捣固时按螺旋方向从边缘到中心均匀地进行。插捣底层时,捣棒应到达模底,插捣上层时,捣棒插入该层底面下15mm深。用镘刀将试件仔细抹平,使表面略低于试模边缘1mm~2mm。

当所确定的插捣次数使混凝土拌合物产生离析现象时,可酌情减少插捣次数至拌合物不产生离析的程度。

4.6 对试件端面应进行整平处理,但加盖层的厚度应尽量薄。

4.6.1 拆模前当混凝土具有一定强度后,用水洗去上表面的浮浆,并用干抹布吸去表面水之后,抹上干硬性水泥净浆,用压板均匀地盖在试模顶部。加盖层应与试件的纵轴垂直。为防止压板和水泥浆之间的粘结,应在压板下垫一层薄纸。

4.6.2 对于硬化试件的端面处理,可采用硬石膏或硬石膏和水泥的混合物,加水后平铺在端面,并用压板进行整平。在材料硬化之前,应用湿布覆盖试件。

注:也可采用下面任一方法抹顶:

①使用硫磺与矿质粉末的混合物(如耐火粘土粉、石粉等)在180℃~210℃间加热(温度更高时将使混合物烘成橡胶状,使强度变弱),摊铺在试件顶面,用试模钢板均匀按压,放置两小时以上即可进行强度试验;

②用环氧树脂拌水泥,根据需要硬化时间加入乙二胺,将此浆膏在试件顶面大致摊平,在钢板面上垫一层薄塑料膜,再均匀地将浆膏压平;

③在有充分时间时,也可用水泥浆膏抹顶,使用矾土水泥的养生时间在18h以上,使用硅酸盐水泥的养生时间在3d以上。

4.6.3 对不采用端部整平处理的试件,可采用切割的方法达到端面和纵轴垂直。

整平后的端面应与试件的纵轴相垂直,端面的平整度公差在±0.1mm以内。

5 养护

5.1 试件成型后,用湿布覆盖表面(或其它保持湿度办法),在室温20℃±5℃,相对湿度大于50%的环境下,静放一个到两个昼夜,然后拆模并作第一次外观检查、编号,对有缺陷的试件应除去,或加工补平。

5.2 将完好试件放入标准养护室进行养护,标准养护室温度20℃±2℃,相对湿度在95%以上,试件宜放在铁架或木架上,间距至少10mm~20mm,试件表面应保持一层水膜,并避免用水直接冲淋。当无标准养护室时,将试件放入温度20℃±2℃的不流动的$Ca(OH)_2$饱和溶液中养护。

5.3 标准养护龄期为28d(以搅拌加水开始),非标准的龄期为1d、3d、7d、60d、90d、180d。

6 硬化水泥混凝土现场试样的钻取或切割取样

6.1 芯样的钻取

6.1.1 钻取位置:在钻取前应考虑由于钻芯可能导致的对结构的不利影响,应尽可能避免在靠近混凝土构件的接缝或边缘处钻取,且基本上不应带有钢筋。

6.1.2 芯样尺寸:芯样直径应为混凝土所用集料公称最大粒径的4倍,一般为150mm±10mm或100mm±10mm。

对于路面,芯样长径比宜为1.9~2.1。对于长径比超过2.1的试件,可减少钻芯深度;也可先取芯样长度与路面厚度相等,再在室内加工成为长径比为2的试件;对于长径比不足1.8的试件,可按不同试验项目分别进行修正。

6.1.3 标记:钻出后的每个芯样应立即清楚地编号,并记录所取芯样在混凝土结构中的位置。

6.2 切割

对于现场采取的不规则混凝土试块,可按表T0551-1所列棱柱体尺寸进行切割,以满足不同试验的需求。

6.3 检查

6.3.1 外观检查

每个芯样应详细描述有关裂缝、接缝、分层、麻面或离析等不均匀性,必要时应记录以下事项:

(1)集料情况:估计集料的最大粒径、形状及种类,粗细集料的比例与级配。

(2)密实性:检查并记录存在的气孔、气孔的位置、尺寸与分布情况,必要时应拍下照片。

6.3.2 测量

(1)平均直径d_m:在芯样高度的中间及两个1/4处按两个垂直方向测量三对数值确定芯样的平均

直径 d_m,精确至 1.0mm。

(2)平均长度 L_m:取芯样直径两端侧面测定钻取后芯样的长度及加工后的长度,其尺寸差应在 0.25mm 之内,取平均值作为试件平均长度 L_m,精确至 1.0mm。

(3)平均长、高、宽:对于切割棱柱体,分别测量所有边长,精确至 1.0mm。

条文说明

为规范混凝土试件的制作过程,特制定本方法。本方法规定了非圆柱试件和圆柱试件的试件尺寸,并规定标准试件的横截面最短尺寸应大于公称最大粒径 4 倍。

在试件成型时,本方法根据混凝土坍落度的不同,将成型方法分为小于 25mm、25mm ~ 70mm 和大于 70mm,分别提出不同成型方法。

对于圆形试件,由于要求两个端面保持平行,所以本方法给出试件端面处理方法,对端面进行整平处理。

由于硬化水泥混凝土的性能试验都涉及到压力机,而且压力机的工作性能显著影响着性能试验的最终结果,所以特别提出对压力机的要求。

在养护条件方面,标准养护室温度由 20℃ ± 3℃ 提高为 20℃ ± 2℃。由水中养护变为不流动的 $Ca(OH)_2$ 饱和液中养护,温度为 20℃ ± 2℃。

T 0552—2005　碾压混凝土抗弯拉试件的制作方法

(Standard Practice for Making Roller-Compacted Concrete Specimens in the Laboratory)

1　目的、适用范围和引用标准

本方法规定了碾压混凝土抗弯拉试件制作的步骤。

本方法适于路面碾压混凝土抗弯拉试件成型。

引用标准:

JG 3019—1994 《水泥混凝土试模》

JG/T 3020—1994 《混凝土试验用振动台》

JG 3021—1994 《水泥混凝土坍落度仪》

2　仪器设备

2.1　改制平板振动器如图 T0552-1 所示。频率 50Hz ± 3Hz,振幅 1 mm,功率 1.1kW,质量约 25kg。平板振动器下的压板应具有一定的刚度,其边长比试模尺寸小约 5mm。

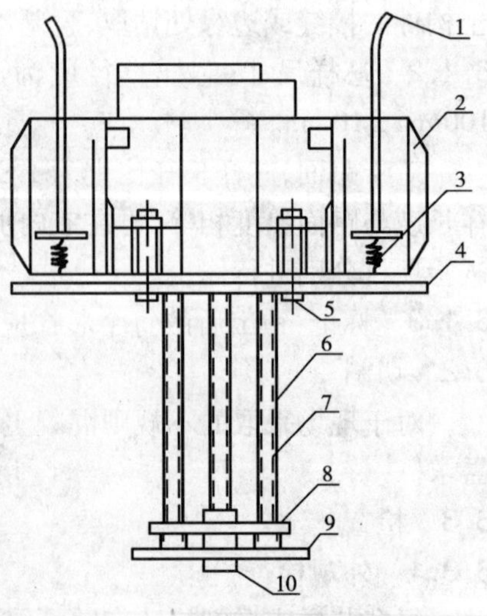

图 T0552-1　改制平板振动器的结构示意图

1-扶手;2-振捣器;3-弹簧;4-底板;5-螺栓;6-套管;7-螺杆;8-弹簧成型板;9-成型压板;10-压板连接螺栓

2.2　试模:内壁尺寸 100mm × 100mm × 400mm 或 150mm × 150mm × 550mm 或 150mm × 150mm × 600mm,铸铁制成;内表面磨光,拆装方便,内部尺寸允许偏差为:棱边长度不超过 1mm,直角不超过0.5°。模板应有足够的刚度,在加压振动作用下,不易变形。

2.3　套模:铸铁或钢制成,内轮廓尺寸与试模相同,高度约 100mm,不易变形并能固定于试模上。

2.4　压板:如图 T0552-2。板的长度与宽度分别比试模内壁尺寸小约 5mm,厚度不小于 15mm,上部焊有限位杆(可用钢筋或角钢)。

3 试件的制作

3.1 试验准备

3.1.1 检查改进平板振动器等试验器具,确认具有良好的工作状态。

3.1.2 检查试模外形,应采用外形整齐并能拼装紧固的试模;将试模和套模擦净,内壁涂一薄层矿物油,并将套模紧固在试模上。

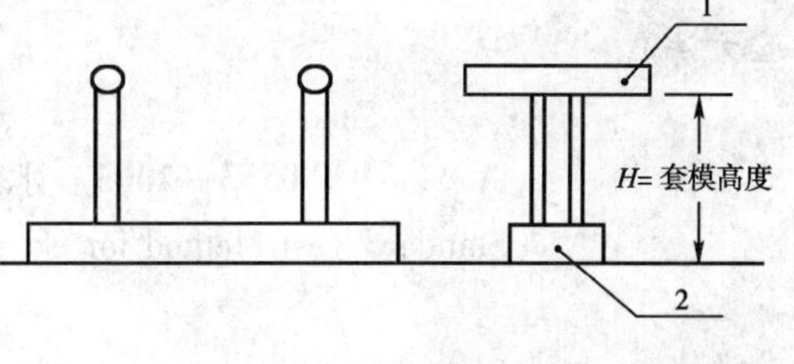

图 T0552-2 压板结构示意图
1-限位杆;2-压头

3.1.3 将试模编号,测定、记录试模内腔(长、宽、深)尺寸,应以 3 个不同部位(中间和两端)的平均值为结果,测量精确至 0.1mm。

3.1.4 根据碾压混凝土的理论密度及试模内腔容积,按 95% 的压实率计算成型一个试件所需的试样质量。

3.2 试件成型

3.2.1 按所需试样用量称取有代表性的碾压混凝土试样,将试样分两层装入试模。装模时,应注意不使试样产生离析。每次试样入模后,先用镘刀沿试模内壁上下插捣一周,再用捣棒插捣。100mm × 100mm ×400mm 的试件,每层插捣 50 下;150mm × 150mm × 550mm 或 150mm × 150mm × 600mm 的试件,每层插捣 100 下。插捣按螺旋方向从边缘到中间均匀地进行。插捣下层时应插捣至模底,插捣上层时应插入下层 2cm 左右。插捣时应用力均匀,不得冲击。

3.2.2 将压板置于试样表面,把改制平板振动器放在压板上,打开振动器开关,振至试样与试模口齐平为止,图 T0552-3。

3.2.3 去掉压板和套模,用镘刀将试样表面抹光。

3.3 确认试件压实率

进行试件强度试验前,用游标卡尺测定其尺寸,高度和宽度至少测量 3 处取平均值,长度至少测量两处取平均值,用尺寸的平均值求出试件体积;将试件称重,最后求出试件的实测压实率。

$$P = [(G/V)/\rho_0] \times 100 \qquad (T0552\text{-}1)$$

式中:p——试件实测压实率(%);

G——试件质量(kg);

V——试件体积(m^3);

ρ_0——碾压混凝土理论密度(kg/m^3)。

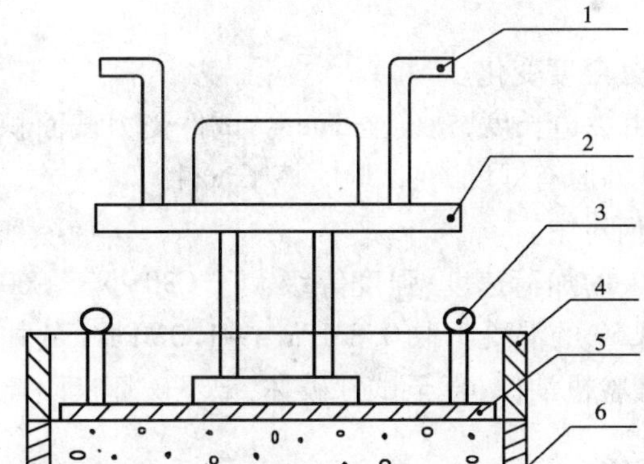

试验结果精确至 0.1%。如果试件的实测压实率与设计值(95%)的误差超过 1%,应适当调整试样,以使试件实测压实率达到规定要求。

图 T0552-3 试件成型示意图
1-把手;2-平板振捣器;3-限位杆;4-套模;5-压板;6-试模;7-地面

条文说明

本方法参照国家八五攻关项目《高等级公路碾压混凝土路面成套技术》等成果制定。由于碾压混凝土抗弯拉试件的制作方法有所不同,特别强调在一定压实率下的试件成型,所以单独列为一个方法。对于其它成型方法可参照 ASTM C 1176—1992 Standard Practice for Making Roller-Compacted Concrete in Cylinder Molds Using a Vibrating Table(使用振动台在筒模中制作碾压混凝土)和 C 1170—91 Standard Test Methods for Determining Consistency and Density of Roller-Compacted Concrete Using a Vibrating Table(使用振动台测定碾压混凝土的稠度和密度的试验方法)。

T 0553—2005　水泥混凝土立方体抗压强度试验方法

(Standard Test Method for Compressive Strength of Cubic Concrete Specimens)

1　目的、适用范围和引用标准

本方法规定了测定水泥混凝土抗压极限强度的方法和步骤。本方法可用于确定水泥混凝土的强度等级,作为评定水泥混凝土品质的主要指标。

本方法适于各类水泥混凝土立方体试件的极限抗压强度试验。

引用标准:

GB/T 2611—1992　《试验机通用技术要求》

GB/T 3722—1992　《液压式压力试验机》

T 0551—2005　《水泥混凝土试件制作与硬化水泥混凝土现场取样方法》

2　仪器设备

(1)压力机或万能试验机:应符合 T 0551 中 2.3 的规定。

(2)球座:应符合 T 0551 的 2.4 规定。

(3)混凝土强度等级大于等于 C60 时,试验机上、下压板之间应各垫一钢垫板,平面尺寸应不小于试件的承压面,其厚度至少为 25mm。钢垫板应机械加工,其平面度允许偏差 ±0.04mm;表面硬度大于等于 55HRC;硬化层厚度约 5mm。试件周围应设置防崩裂网罩。

3　试件制备和养护

3.1　试件制备和养护应符合 T 0551 中相关规定。

3.2　混凝土抗压强度试件尺寸符合 T 0551 中表 T0551-1 规定。

3.3　集料公称最大粒径符合 T 0551 中表 T0551-1 规定。

3.4　混凝土抗压强度试件应同龄期者为一组,每组为 3 个同条件制作和养护的混凝土试块。

4　试验步骤

4.1　至试验龄期时,自养护室取出试件,应尽快试验,避免其湿度变化。

4.2　取出试件,检查其尺寸及形状,相对两面应平行。量出棱边长度,精确至 1mm。试件受力截面积按其与压力机上下接触面的平均值计算。在破型前,保持试件原有湿度,在试验时擦干试件。

4.3　以成型时侧面为上下受压面,试件中心应与压力机几何对中。

4.4　强度等级小于 C30 的混凝土取 0.3MPa/s ~0.5MPa/s 的加荷速度;强度等级大于 C30 小于 C60 时,则取 0.5MPa/s ~0.8MPa/s 的加荷速度;强度等级大于 C60 的混凝土取 0.8MPa/s ~1.0MPa/s 的加荷速度。当试件接近破坏而开始迅速变形时,应停止调整试验机油门,直至试件破坏,记下破坏极限荷载 F(N)。

5　试验结果

5.1　混凝土立方体试件抗压强度按下式计算:

$$f_{cu} = \frac{F}{A} \tag{T0553-1}$$

式中：f_{cu}——混凝土立方体抗压强度(MPa)；

F——极限荷载(N)；

A——受压面积(mm^2)。

5.2　以3个试件测值的算术平均值为测定值，计算精确至0.1MPa。三个测值中的最大值或最小值中如有一个与中间值之差超过中间值的15%，则取中间值为测定值；如最大值和最小值与中间值之差均超过中间值的15%，则该组试验结果无效。

5.3　混凝土强度等级小于C60时，非标准试件的抗压强度应乘以尺寸换算系数(见表T0553-1)，并应在报告中注明。当混凝土强度等级大于等于C60时，宜用标准试件，使用非标准试件时，换算系数由试验确定。

表T0553-1　立方体抗压强度尺寸换算系数

试件尺寸(mm)	尺寸换算系数	试件尺寸(mm)	尺寸换算系数
100×100×100	0.95	200×200×200	1.05

6　试验报告

试验报告应包括以下内容：

(1)要求检测的项目名称和执行标准；

(2)原材料的品种、规格和产地；

(3)仪器设备的名称、型号及编号；

(4)环境温度和湿度；

(5)水泥混凝土立方体抗压强度值；

(6)要说明的其它内容。

条文说明

本方法参照ISO 4012—1978修改。我国抗压强度方法基本上沿用ISO 4012—1978和ISO 3893—1977的方法。对于抗压试件的形状，ASTM C 39—96中采用圆柱试件，ISO 4012—1978中圆柱试件和立方体试件并用。我国和英国等欧洲国家采用立方体。

GBJ 107—87将普通水泥混凝土按立方体抗压标准值分为C7.5、C10、C15、C20、C25、C30、C35、C40、C45、C50、C55、C60共12个等级。

T 0554—2005　水泥混凝土圆柱体轴心抗压强度试验方法

(Standard Test Method for Compressive Strength of Cylindrical Concrete Specimens)

1　目的、适用范围和引用标准

本方法规定了测定圆柱体水泥混凝土极限抗压强度的方法。

本方法适用于各类水泥混凝土的圆柱体试件及现场芯样的极限抗压强度试验。

引用标准：

GB/T 2611—1992　《试验机通用技术要求》

GB/T 3722—1992　《液压式压力试验机》

T 0551—2005　《水泥混凝土试件制作与硬化水泥混凝土现场取样方法》

2 仪器设备

(1)压力机或万能试验机:应符合 T 0551 中 2.3 的规定。

(2)球座:应符合 T 0551 的 2.4 规定。

(3)混凝土强度等级大于等于 C60 时,试验机上、下压板之间应各垫一钢垫板,平面尺寸应不小于试件的承压面,其厚度至少为 25mm。钢垫板应机械加工,其平面度允许偏差 ±0.04mm;表面硬度大于等于 55HRC;硬化层厚度约 5mm。试件周围应设置防崩裂网罩。

(4)游标卡尺:量程 300mm,分度值 0.02mm。

3 试件制备和养护

3.1 试件制备和养护应符合 T 0551 中相关规定。

3.2 混凝土抗压强度试件尺寸符合 T 0551 中表 T0551-1 规定。

3.3 集料公称最大粒径也应符合 T 0551 中表 T0551-1 规定。

3.4 对于现场芯样,长径比大于等于 1。适宜的长径比为 1.9 ~ 2.1,最大长径比不能超过 2.1。芯样最小直径为 100mm,直径至少是公称最大粒径的 2 倍。

3.5 混凝土抗压强度试件要求同龄期者为一组,每组为三个同条件制作和养护的混凝土试块。

4 试验步骤

4.1 圆柱试件在试验前,务必进行端面整平。

4.2 在破型前,保持试件原有湿度,在试验时擦干试件。测量其尺寸及外观。首先测量沿试件高度中央部位相互垂直的两个方向的直径,分别记为 d_1,d_2。再分别测量相互垂直两个方向直径端点的四个高度。

4.3 将试件置于上下压板之间,试件轴中心应与压力机几何对中。

4.4 强度等级小于 C30 的混凝土取 0.3MPa/s ~ 0.5MPa/s 的加荷速度;强度等级大于 C30 小于 C60 时,则取 0.5MPa/s ~ 0.8MPa/s 的加荷速度;强度等级大于 C60 的混凝土取 0.8MPa/s ~ 1.0MPa/s 的加荷速度。当试件接近破坏而开始迅速变形时,应停止调整试验机油门,直至试件破坏,记下破坏极限荷载 F(N)。

5 试验结果

5.1 圆柱体试件抗压强度按下式计算:

$$f_{cc} = \frac{4F}{\pi d^2} \quad \text{(T0554-1)}$$

式中:f_{cc}——混凝土圆柱体抗压强度(MPa);

F——极限荷载(N);

d——试件计算直径(mm)。

其中 d 按下式计算:

$$d = \frac{d_1 + d_2}{2}$$

式中:d_1、d_2——为两个垂直方向的直径(mm),精确至 0.1mm。

5.2 以 3 个试件测值的算术平均值为测定值。三个测值中的最大值或最小值中有一个与中间值之差超过中间值的 15%,则取中间值为测定值;如最大值和最小值与中间值之差均超过中间值的 15%,则该组试验结果无效。结果计算精确至 0.1MPa。

5.3 混凝土强度等级小于 C60 时,非标准试件的抗压强度应乘以尺寸换算系数(见表 T0554-1),并应在报告中注明。当混凝土强度等级大于等于 C60 时,宜用标准试件,使用非标准试件时,换算系数由试验确定。

表 T0554-1 圆柱体抗压强度尺寸换算系数

试件尺寸(mm)	尺寸换算系数	试件尺寸(mm)	尺寸换算系数
ϕ100×200	0.95	ϕ200×400	1.05

5.4 对于现场采取的非标准芯样,有如下修正:

对于长径比不为 2 的试件,按表 T0554-2 修正。

表 T0554-2 抗压强度尺寸修正系数

长度与直径比,L/d	修正系数	说明
2.00	1.00	当 L/d 为表列中间值时,修正系数可用插入法求得
1.75	0.98	
1.50	0.96	
1.25	0.93	
1.00	0.87	

注:本修正系数适用于强度介于 14MPa~40MPa 之间的混凝土。

6 试验报告

试验报告应包括以下内容:

(1)要求检测的项目名称、执行标准;

(2)原材料的品种、规格和产地;

(3)仪器设备的名称、型号及编号;

(4)环境温度和湿度;

(5)混凝土圆柱体抗压强度;

(6)要说明的其它内容。

条文说明

本方法参照 ISO 4012—1978、ASTM C 39—96 和 ASTM C 42/C 42M—99 修改。对于圆柱试件目前有 ASTM C 39 和 ISO 4012—1978 两种方法。为了和立方体抗压试件的试验方法一致,本方法采用 ISO 4012—1978 中的加载速率,而 ASTM C 39—96 加载速率较慢为 0.14 MPa/s~0.34 MPa/s,但基本上 ISO 4012—1978 的速率包括了 ASTM C 39—96 的速率。

由于在公路工程中,混凝土芯样常为圆柱体,所以本方法中补充了圆柱芯样的抗压强度。

ISO 4012—1978 的圆柱体和立方体试件抗压强度等级参照下表。

表 T0554-3 圆柱体和立方体试件强度等级

混凝土强度等级	28d 抗压强度(MPa)	
	圆柱体 ϕ150mm×300mm	立方体 150mm×150mm×150mm
C2/2.5	2.0	2.5
C4/5	4.0	5.0
C6/7.5	6.0	7.5
C8/10	8.0	10.0
C10/12.5	10.0	12.5

续上表

28d 抗压强度(MPa)		
混凝土强度等级	圆柱体 φ150mm×300mm	立方体 150mm×150mm×150mm
C12/15	12.0	15.0
C16/20	16.0	20.0
C20/25	20.0	25.0
C25/30	25.0	30.0
C30/35	30.0	35.0
C35/40	35.0	40.0
C40/45	40.0	45.0
C45/50	45.0	50.0
C50/55	50.0	55.0

标准立方体试件150mm×150mm×150mm的抗压强度一般比标准圆柱体试件φ150mm×300mm的抗压强度要高,约为1.25倍,通过上表可以近似得到标准立方体试件和标准圆柱体试件强度之间的换算关系,这个换算关系不能用于水泥混凝土强度等级评定时的转换依据。

对于现场的非标准芯样的修正采用ASTM C 42/C 42M—1999相应规定。

T 0555—2005 水泥混凝土棱柱体轴心抗压强度试验方法

(Standard Test Method for Static Strength of Concrete in Compression of Prism Concrete Specimens)

1 目的、适用范围和引用标准

本方法规定了测定棱柱体水泥混凝土轴心抗压强度的方法。

本方法适用于各类水泥混凝土的棱柱体试件。

引用标准:

GB/T 2611—1992 《试验机通用技术要求》

GB/T 3722—1992 《液压式压力试验机》

T 0551—2005 《水泥混凝土试件制作与硬化水泥混凝土现场取样方法》

2 仪器设备

(1)压力机或万能试验机:应符合T 0551中2.3的规定。

(2)球座:应符合T 0551的2.4规定。

(3)混凝土强度等级大于等于C60时,试验机上、下压板之间应各垫一钢垫板,平面尺寸应不小于试件的承压面,其厚度至少为25mm。钢垫板应机械加工,其平面度允许偏差±0.04mm;表面硬度大于等于55HRC;硬化层厚度约5mm。试件周围应设置防崩裂网罩。

(4)钢尺:分度值为1mm。

3 试件制备和养护

3.1 试件制备和养护应符合T 0551中相关规定。

3.2 混凝土轴心抗压强度试件尺寸符合T 0551中表T0551-1规定。

3.3 集料公称最大粒径符合T 0551中表T0551-1规定。

3.4 混凝土轴心抗压强度试件以同龄期者为一组,每组为3根同条件制作和养护的混凝土试件。

4 试验步骤

4.1 至试验龄期时,自养护室取出试件,用湿布覆盖,避免其湿度变化。在试验时擦干试件,测量其高度和宽度,精确至1mm。

4.2 在压力机下压板上放好试件,几何对中。

4.3 强度等级小于C30的混凝土取0.3MPa/s~0.5MPa/s的加荷速度;强度等级大于C30小于C60时,则取0.5MPa/s~0.8MPa/s的加荷速度;强度等级大于C60的混凝土取0.8MPa/s~1.0MPa/s的加荷速度。当试件接近破坏而开始迅速变形时,应停止调整试验机油门,直至试件破坏,记下破坏极限荷载F(N)。

5 试验结果

5.1 混凝土棱柱体轴心抗压强度f_{cp}按下式计算:

$$f_{cp}=\frac{F}{A} \tag{T0555-1}$$

式中:f_{cp}——混凝土棱柱体轴心抗压强度(MPa);

F——极限荷载(N);

A——受压面积(mm^2)。

结果计算精确至0.1MPa。

5.2 以3个试件测值的算术平均值为测定值。3个试件中最大值或最小值中如有一个与中间值之差超过中间值的15%,则取中间值为测定值;如最大值和最小值与中间值之差均超过中间值的15%,则该组试验结果无效。

5.3 采用非标准尺寸试件测得的轴心抗压强度,应乘以尺寸换算系数,对200mm×200mm截面试件为1.05;对100mm×100mm截面试件为0.95。当混凝土强度等级大于等于C60时,宜用标准试件。

6 试验报告

试验报告应包括以下内容:

(1)要求检测的项目名称、执行标准;

(2)原材料的品种、规格和产地;

(3)仪器设备的名称、型号及编号;

(4)环境温度和湿度;

(5)混凝土轴心抗压强度值;

(6)要说明的其它内容。

条文说明

水泥混凝土棱柱体轴心抗压强度值用于抗压弹性模量试验,不能用于混凝土强度等级评定。一般轴心抗压强度值小于立方体抗压强度值。

T 0556—2005 水泥混凝土棱柱体抗压弹性模量试验方法

(Standard Test Method for Static Modulus of Elasticity of Concrete in Compression of Prism Concrete Specimens)

1 目的、适用范围和引用标准

本方法规定了测定水泥混凝土在静力作用下的受压弹性模量方法,水泥混凝土的受压弹性模量取轴心抗压强度1/3时对应的弹性模量。

本方法适用于各类水泥混凝土的直角棱柱体试件。

引用标准：

GB/T 2611—1992 《试验机通用技术要求》

GB/T 3722—1992《液压式压力试验机》

JB/T 54251—1994 《杠杆千分表产品质量分等》

T 0551—2005 《水泥混凝土试件制作与硬化水泥混凝土现场取样方法》

T 0555—2005 《水泥混凝土棱柱体轴心抗压强度试验方法》

2 仪器设备

(1)压力机或万能试验机：应符合 T 0551 中 2.3 的规定。

(2)球座：应符合 T 0551 的 2.4 规定。

(3)微变形测量仪：符合《杠杆千分表产品质量分等》中技术要求，千分表 2 个(0 级或 1 级)；或精度不低于 0.001mm 的其它仪表，如引伸仪。

(4)微变形测量仪固定架两对，标距为 150mm，如图 T0556-1 和图 T0556-2。

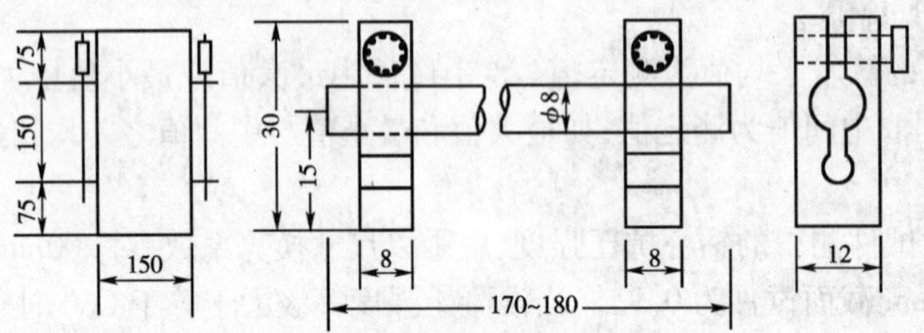

图 T0556-1 千分表座示意图(一对)(尺寸单位：mm)

(5)钢尺(量程 600mm，分度值为 1mm)、502 胶水、铅笔和秒表等。

3 试件制备

3.1 试件尺寸与棱柱体轴心抗压强度试件尺寸相同，符合 T 0551 中表 T0551-1 规定。

3.2 每组为同龄期同条件制作和养护的试件 6 根，其中 3 根用于测定轴心抗压强度，提出弹性模量试验的加荷标准，另 3 根则作弹性模量试验。

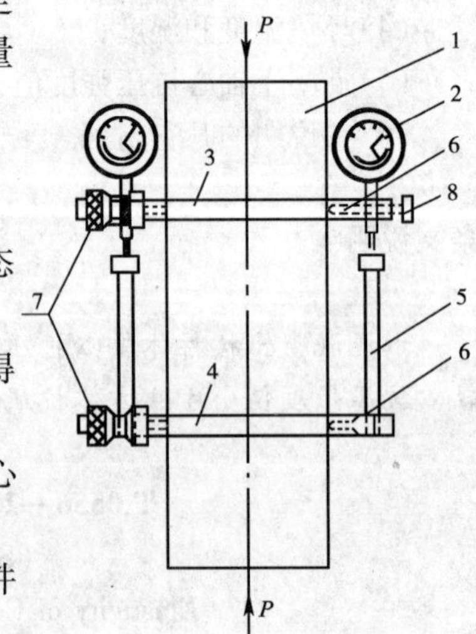

图 T0556-2 框式千分表座示意图(一对)

1-试件；2-量表；3-上金属环；4-下金属环；5-接触杆；6-刀口；7-金属环固定螺丝；8-千分表固定螺丝

4 试验步骤

4.1 试件取出后，用湿毛巾覆盖并及时进行试验，保持试件干湿状态不变。

4.2 擦净试件，量出尺寸并检查外形，尺寸量测精确至 1mm，试件不得有明显缺损，端面不平时须预先抹平。

4.3 取 3 根试件按 T 0554 规定进行轴心抗压强度试验，计算棱柱体轴心抗压强度值 f_{cp}。

4.4 取另 3 根试件作抗压弹性模量试验，微变形量测仪应安装在试件两侧的中线上并对称于试件两侧。

注：1. 90s 包括 60s 持荷时间，30s 读数时间。

2. 60s 为持荷时间。

4.5 将试件移于压力机球座上，几何对中。加荷方法见图 T0556-3。

4.6 调整试件位置

开动压力机，当上压板与试件接近时，调整球座，使接触均衡。加

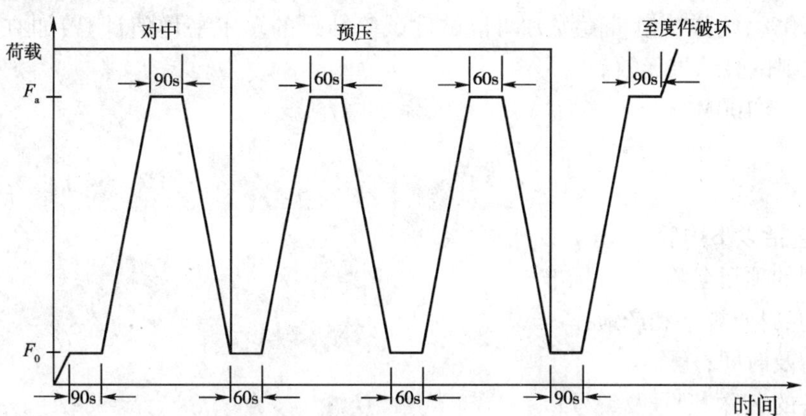

图 T0556-3　弹性模量加荷方法示意图

荷至基准应力为0.5MPa对应的初始荷载值 F_0，保持恒载 60s 并在以后的 30s 内记录两侧变形量测仪的读数 $\varepsilon_0^{左}$，$\varepsilon_0^{右}$。应立即以 0.6MPa/s ±0.4MPa/s 的加荷速率连续均匀加荷至 1/3 轴心抗压强度 f_{cp} 对应的荷载值 F_a，保持恒载 60s 并在以后的 30s 内记录两侧变形量测仪的读数 $\varepsilon_a^{左}$，$\varepsilon_a^{右}$。

4.7　以上读数应和它们的平均值相差在 20% 以内，否则应重新对中试件后重复 4.6 中的步骤。如果无法使差值降低到 20% 以内，则此次试验无效。

4.8　预压

确认 4.7 后，以相同的速度卸荷至基准应力 0.5MPa 对应的初始荷载值 F_0 并持荷 60s。以相同的速度加荷至荷载值 F_a，再保持 60s 恒载，最后以相同的速度卸荷至初始荷载值 F_0，至少进行两次预压循环。

4.9　测试

在完成最后一次预压后，保持 60s 初始荷载值 F_0，在后续的 30s 内记录两侧变形量测仪的读数 $\varepsilon_0^{左}$，$\varepsilon_0^{右}$，再用同样的加荷速度加荷至荷载值 F_a，再保持 60s 恒载，并在后续的 30s 内记录两侧变形量测仪的读数 $\varepsilon_a^{左}$，$\varepsilon_a^{右}$。

4.10　卸除微变形量测仪，以同样的速度加荷至破坏，记下破坏极限荷载 F(N)。如果试件的轴心抗压强度与 f_{cp} 之差超过 f_{cp} 的 20% 时，应在报告中注明。

5　试验结果

5.1　混凝土抗压弹性模量 E_c 按下式计算：

$$E_c = \frac{F_a - F_0}{A} \times \frac{L}{\Delta n} \qquad (T0556\text{-}1)$$

式中：E_c——混凝土抗压弹性模量(MPa)；

F_a——终荷载(N)($\frac{1}{3}f_{cp}$ 时对应的荷载值)；

F_0——初荷载(N)(0.5MPa 时对应的荷载值)；

L——测量标距(mm)；

A——试件承压面积(mm^2)；

Δn——最后一次加荷时，试件两侧在 F_a 及 F_0 作用下变形差平均值(mm)：

$$\Delta n = (\varepsilon_a^{左} + \varepsilon_a^{右})/2 - (\varepsilon_0^{左} + \varepsilon_0^{右})/2;$$

ε_a——F_a 时标距间试件变形(mm)；

ε_0——F_0 时标距间试件变形(mm)。

5.2　以 3 根试件试验结果的算术平均值为测定值。如果其循环后的任一根与循环前轴心抗压强度与之差超过后者的20%,则弹性模量值按另两根试件试验结果的算术平均值计算;如有两根试件试验结果超出上述规定,则试验结果无效。

结果计算精确至100MPa。

6　试验报告

试验报告应包括以下内容:

(1)要求检测的项目名称、执行标准;

(2)原材料的品种、规格和产地;

(3)试验日期及时间;

(4)仪器设备的名称、型号及编号;

(5)环境温度和湿度;

(6)抗压弹性模量值;

(7)要说明的其它内容。

条文说明

对于抗压试验中假定试件处于纯单向受压状态,但实际上由于试件端部与支撑板的摩擦作用,在试件顶端产生"禁锢"作用,即顶端处于三轴应力状态下,而试件仅在中间一小段真正处于单向受压状态。为减少顶端产生"禁锢"作用,可适当增加试件高度,也就是加长了单向受压区间,那么在此段量测应力、应变之间的关系也就变简单了。在粗略估计材料模量时,可采用顶面法,即认为整个试件处于纯单向受压状态,而忽略"禁锢"作用。

T 0557—2005　水泥混凝土圆柱体抗压弹性模量试验方法

(Standard Test Method for Static Modulus of Elasticity of Concrete in Compression of Cylindrical Concrete Specimens)

1　目的、适用范围和引用标准

本方法规定了在静力作用下测定水泥混凝土圆柱体抗压弹性模量的方法,水泥混凝土的受压弹性模量取轴心抗压强度1/3时对应的弹性模量。

本方法适用于各类水泥混凝土的圆柱体试件。

引用标准:

GB/T 2611—1992　《试验机通用技术要求》

GB/T 3722—1992　《液压式压力试验机》

JB/T 54251—1994　《杠杆千分表产品质量分等》

T 0551—2005　《水泥混凝土试件制作与硬化水泥混凝土现场取样方法》

T 0553—2005　《水泥混凝土圆柱体轴心抗压强度试验方法》

2　仪器设备

(1)压力机或万能试验机:应符合T 0551中2.3的规定。

(2)球座:应符合T 0551的2.4规定。

(3)微变形测量仪:符合《杠杆千分表产品质量分等》中技术要求,千分表2个(0级或1级);或分度值不大于0.001mm的其它仪表,如引伸仪。

(4)微变形测量仪固定架两对,标距为150mm。

(5)钢尺(量程600mm,分度值为1mm)、502胶水、铅笔和秒表等。

3 试件制备

3.1 试件尺寸与圆柱体抗压强度试件相同,尺寸符合T 0551中表T0551-1。

3.2 每组为6根同龄期同条件制作和养护的试件,其中3根用于测定圆柱体抗压强度,提出弹性模量试验的加荷标准,另3根用于弹性模量试验。

4 试验步骤

4.1 试件取出后,用湿毛巾覆盖并及时进行试验,保持试件干湿状态不变。

4.2 擦净试件,测量其尺寸及外观。首先测量沿试件高度中央部位相互垂直的两个方向的直径,分别记为d_1,d_2。再分别测量相互垂直两个方向直径端点的四个高度。试件不得有明显缺损,端面须预先进行端部处理。

4.3 取3根试件按T 0554进行圆柱体抗压强度试验,计算圆柱体抗压强度f_{cc}。

4.4 取另3根作抗压弹性模量试件,变形量测仪应安装在试件两侧的母线上。

4.5 将试件移于压力机球座上。

4.6 对中

开动压力机,当上压板与试件接近时,调整球座,使接触均衡。加荷至基准应力为0.5MPa对应的初始荷载值F_0,保持恒载60s并在以后的30s内记录两侧变形量测仪的读数$\varepsilon_0^{左}$,$\varepsilon_0^{右}$。应立即以0.6MPa/s±0.4 MPa/s的加荷速率连续均匀加荷至1/3圆柱体抗压强度f_{cc}对应的荷载值F_a,保持恒载60s并在以后的30s内记录两侧变形量测仪的读数$\varepsilon_a^{左}$,$\varepsilon_a^{右}$。

4.7 以上读数应和它们的平均值相差在20%以内,否则应重新对中试件后重复4.6中的步骤。如果无法使差值降低到20%以内,则此次试验无效。

4.8 预压

确认4.7后,以0.6MPa/s±0.4MPa/s的速度卸荷至基准应力0.5MPa对应的初始荷载值F_0,并持荷60s。以相同的速度加荷至荷载值F_a,再保持60s恒载,最后以相同的速度卸荷至初始荷载值F_0,至少进行两次预压循环。

4.9 测试

在完成最后一次预压后,保持60s初始荷载值F_0,在后续的30s内记录两侧变形量测仪的读数$\varepsilon_0^{左}$,$\varepsilon_0^{右}$,再用0.6 MPa/s±0.4 MPa/s的加荷速度加荷至荷载值F_a,再保持60s恒载,并在后续的30s内记录两侧变形量测仪的读数$\varepsilon_a^{左}$,$\varepsilon_a^{右}$。

4.10 卸除变形量测仪,以0.6MPa/s±0.4MPa/s速度加荷至破坏,记下破坏极限荷载F(N)。如果试件的圆柱体抗压强度与f_{cc}之差超过f_{cc}的20%时,应在报告中注明。

5 试验结果计算

5.1 试件直径计算:

$$d = \frac{d_1 + d_2}{2}$$

式中: d——试件计算直径(mm),精确至0.1mm;

d_1,d_2——两个垂直方向的直径(mm)。

5.2 混凝土受压弹性模量E_c按下式计算:

$$E_c = \frac{4(F_a - F_0)}{\pi d^2} \times \frac{L}{\Delta n} \qquad (T0557\text{-}1)$$

式中：E_c——混凝土抗压弹性模量（MPa）；

F_a——终荷载（N）（$\frac{1}{3}f_{cc}$时对应的荷载值）；

F_0——初荷载（N）（0.5MPa 时对应的荷载值）；

L——测量标距（mm）；

d——试件的计算直径（mm）。

Δn——最后一次加荷时，试件两侧在 F_a 及 F_0 作用下变形差平均值（mm）：

$$\Delta n = (\varepsilon_a^{左} + \varepsilon_a^{右})/2 - (\varepsilon_0^{左} + \varepsilon_0^{右})/2;$$

ε_a——F_a 时标距间试件变形（mm）；

ε_0——F_0 时标距间试件变形（mm）。

5.3 以 3 根试件试验结果的算术平均值为测定值。如果其中有一根试件的轴心抗压强度值与用以确定检验控制荷载的轴心抗压强度值之差超过后者的 20% 时，则弹性模量值按另两根试件试验结果的算术平均值计算；如有两根试件超出上述规定，则试验结果无效。

结果计算精确至 100MPa。

6 试验报告

试验报告应包括以下内容：

（1）要求检测的项目名称、执行标准；

（2）原材料的品种、规格和产地；

（3）试验日期及时间；

（4）仪器设备的名称、型号及编号；

（5）环境温度和湿度；

（6）抗压弹性模量值；

（7）要说明的其它内容。

条文说明

本试验参照 ISO 6784—1982 修改。ASTM C 496 中也有圆柱体抗压模量测试方法，为比较 ISO 和 ASTM 的差异，特列出表 T0557-1 如下。

表 T0557-1 ISO 和 ASTM 的差异

项目	ASTM	ISO
加载程序	以 0.24MPa/s 的速率加载，需加载两次，第一次预加载，不记录，而第二次以 241kPa/s ± 34kPa/s 一直加载；分别记录下纵向变形为 50 个微应变时的荷载以及 40% 极限荷载时的应变	0.6MPa/s ± 0.4MPa/s 加载到破坏荷载的 1/3，保持 60s，记录后续 30s 的应变，再卸载，至少循环 2 次，如果偏差大于 20%，应作废
模量	极限强度的 40% 和 50 个微应变之间的割线模量	预压（0.5MPa），以 1/3 极限强度对应的割线模量为所求模量

T 0558—2005 水泥混凝土抗弯拉强度试验方法

(Standard Test Method for Determination of
Flexural Strength of Concrete Specimens——Using Simple Beam with Third-Point Loading)

1 目的、适用范围和引用标准

本方法规定了测定水泥混凝土抗弯拉极限强度的方法,以提供设计参数,检查水泥混凝土施工品质和确定抗弯拉弹性模量试验加荷标准。

本方法适用于各类水泥混凝土棱柱体试件。

引用标准:

GB/T 2611—1992 《试验机通用技术要求》

GB/T 3722—1992 《液压式压力试验机》

T 0551—2005 《水泥混凝土试件制作与硬化水泥混凝土现场取样方法》

2 仪器设备

(1)压力机或万能试验机:应符合 T 0551 中 2.3 的规定。

(2)抗弯拉试验装置(即三分点处双点加荷和三点自由支承式混凝土抗弯拉强度与抗弯拉弹性模量试验装置):如图 T0558-1 所示。

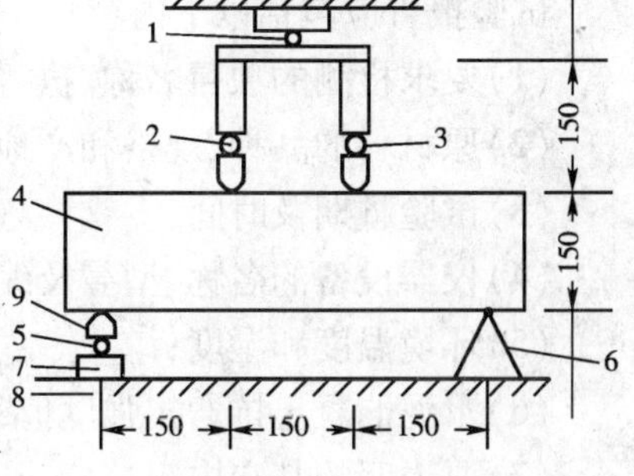

图 T0558-1 抗弯拉试验装置

(尺寸单位:mm)

1、2-一个钢球;3、5-两个钢球;4-试件;6-固定支座;7-活动支座;8-机台;9-活动船形垫块

3 试件制备和养护

3.1 试件尺寸应符合 T 0551 中表 T0551-1 的规定,同时在试件长向中部 1/3 区段内表面不得有直径超过 5mm、深度超过 2mm 的孔洞。

3.2 混凝土抗弯拉强度试件应取同龄期者为一组,每组 3 根同条件制作和养护的试件。

4 试验步骤

4.1 试件取出后,用湿毛巾覆盖并及时进行试验,保持试件干湿状态不变。在试件中部量出其宽度和高度,精确至 1mm。

4.2 调整两个可移动支座,将试件安放在支座上,试件成型时的侧面朝上,几何对中后,务必使支座及承压面与活动船形垫块的接触面平稳、均匀,否则应垫平。

4.3 加荷时,应保持均匀、连续。当混凝土的强度等级小于 C30 时,加荷速度为0.02MPa/s ~0.05MPa/s;当混凝土的强度等级大于等于 C30 且小于 C60 时,加荷速度为0.05MPa/s ~0.08MPa/s;当混凝土的强度等级大于等于 C60 时,加荷速度为 0.08 MPa/s ~0.10MPa/s。当试件接近破坏而开始迅速变形时,不得调整试验机油门,直至试件破坏,记下破坏极限荷载 F(N)。

4.4 记录下最大荷载和试件下边缘断裂的位置。

5 试验结果

5.1 当断面发生在两个加荷点之间时,抗弯拉强度 f_f 按下式计算:

$$f_f = \frac{FL}{bh^2} \tag{T0558-1}$$

式中:f_f——抗弯拉强度(MPa);

F——极限荷载(N);

L——支座间距离(mm);

b——试件宽度(mm);

h——试件高度(mm)。

5.2　以3个试件测值的算术平均值为测定值。3个试件中最大值或最小值中如有一个与中间值之差超过中间值的15%,则把最大值和最小值舍去,以中间值作为试件的抗弯拉强度;如最大值和最小值与中间值之差值均超过中间值15%,则该组试验结果无效。

3个试件中如有一个断裂面位于加荷点外侧,则混凝土抗弯拉强度按另外两个试件的试验结果计算。如果这两个测值的差值不大于这两个测值中较小值的15%,则以两个测值的平均值为测试结果,否则结果无效。

如果有两根试件均出现断裂面位于加荷点外侧,则该组结果无效。

注:断面位置在试件断块短边一侧的底面中轴线上量得。

抗弯拉强度计算精确到0.01MPa。

5.3　采用100mm×100mm×400mm非标准试件时,在三分点加荷的试验方法同前,但所取得的抗弯拉强度值应乘以尺寸换算系数0.85。当混凝土强度等级大于等于C60时,应采用标准试件。

6　试验报告

试验报告应包括以下内容:

(1)要求检测的项目名称、执行标准;

(2)原材料的品种、规格和产地;

(3)试验日期及时间;

(4)仪器设备的名称、型号及编号;

(5)环境温度和湿度;

(6)水泥混凝土抗弯拉强度值;

(7)要说明的其它内容。

条文说明

本方法参照ISO 4013—1978修改制定。在路面结构设计中,常用到抗弯拉强度指标。在本方法中,仅采用ISO 4013—1978中的加荷点为两个的加载法,将梁一分为三;同时ISO 4013—1978中还有一个在梁顶面单点加载的方法,将梁一分为二。ASTM C 78也采用了加荷点为两个的加载法,将梁一分为三。

抗弯拉试验装置对于抗弯拉试验结果有着显著影响,所以在试验过程中必须使用符合规定的装置,使所有加荷头与试件均匀接触,并避免产生扭矩,使得试件不是折坏,而是折、扭复合破坏。

T 0559—2005　水泥混凝土抗弯拉弹性模量试验方法

(Standard Test Method for Determination of Flexural Modulus of Concrete Specimens)

1　目的、适用范围和引用标准

本方法规定了测定水泥混凝土抗弯拉弹性模量的方法和步骤。抗弯拉弹性模量是以1/2抗弯拉强度时的加荷模量为准。

本方法适用于各类水泥混凝土棱柱小梁试件。

引用标准:

GB/T 2611—1992 《试验机通用技术要求》

GB/T 3722—1992 《液压式压力试验机》

JB/T 54251—1994 《杠杆千分表产品质量分等》

T 0551—2005 《水泥混凝土试件制作与硬化水泥混凝土现场取样方法》

T 0558—2005 《水泥混凝土抗弯拉强度试验》

2 仪器设备

(1)压力机、抗弯拉试验装置:仪器设备应符合 T 0558 的规定。

(2)千分表:一个。分度值为 0.001mm,0 级或 1 级。

(3)千分表架:一个。图 T0559-1 为金属刚性框架,正中为千分表插座,两端有三个圆头长螺杆,可以调整高度。

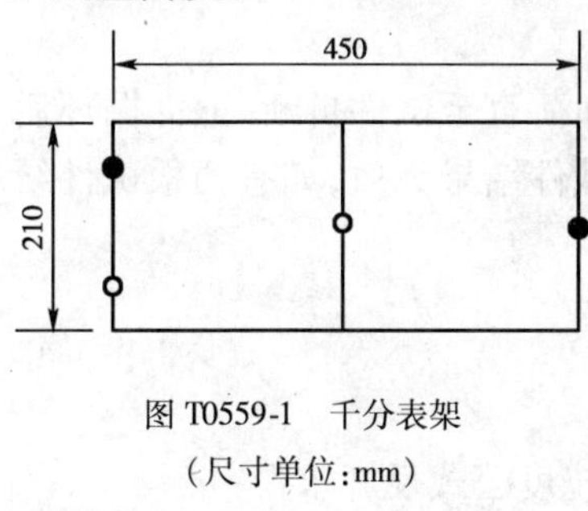

图 T0559-1 千分表架
(尺寸单位:mm)

(4)毛玻璃片(每片约 $1.0cm^2$)、502 胶水、平口刮刀、丁字尺、直尺、钢卷尺和铅笔等。

3 试件制备

3.1 试件尺寸符合 T 0551 中表 T0551-1 的规定,同时在试件长向中部 1/3 区段内表面不得有直径超过 5mm、深度超过 2mm 的孔洞。

3.2 每组 6 根同龄期同条件制作的试件,3 根用于测定抗弯拉强度,3 根则用作抗弯拉弹性模量试验。

4 试验步骤

4.1 至试验龄期时,自养护室取出试件,用湿布覆盖,避免其湿度变化。清除试件表面污垢,修平与装置接触的试件部分(对抗弯拉强度试件即可进行试验)。在试件上下面(即成型时两侧面)划出中线和装置位置线,在千分表架共四个脚点处,用干毛巾先擦干水分,再用 502 胶水粘牢小玻璃片,量出试件中部的宽度和高度,精确至 1mm。

4.2 将试件安放在支座上,使成型时的侧面朝上,千分表架放在试件上,压头及支座线垂直于试件中线且无偏心加载情况,而后缓缓加上约 1kN 压力,停机检查支座等各接缝处有无空隙(必要时需加金属薄垫片),应确保试件不扭动,而后安装千分表,其触点及表架触点稳立在小玻璃片上,如图 T0559-2。

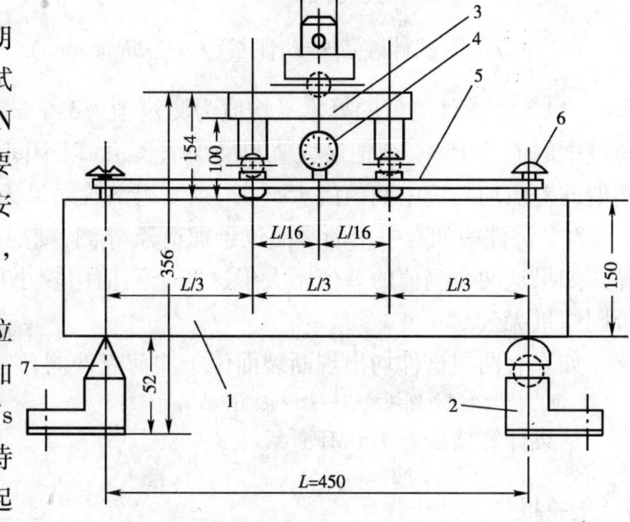

图 T0559-2 抗弯拉弹性模量试验装置示意图
(尺寸单位:mm)

1-试件;2-可移动支座;3-加荷支座;4-千分表;5-千分表架;6-螺杆;7-固定支座

4.3 取抗弯拉极限荷载平均值的 1/2 为抗弯拉弹性模量试验的荷载标准(即 $F_{0.5}$),进行 5 次加卸荷载循环,由 1kN 起,以 0.15kN/s ~ 0.25kN/s 的速度加荷,至 3kN 刻度处停机(设为 F_0),保持约 30s(在此段加荷时间中,千分表指针应能起动,否则应提高 F_0 至 4kN 等),记下千分表读数 Δ_0,而后继续加至 $F_{0.5}$,保持约 30s,记下千分表读数 $\Delta_{0.5}$;再以同样速度卸荷至 1kN,保持约 30s,为第一次循环,如图 T0559-3。

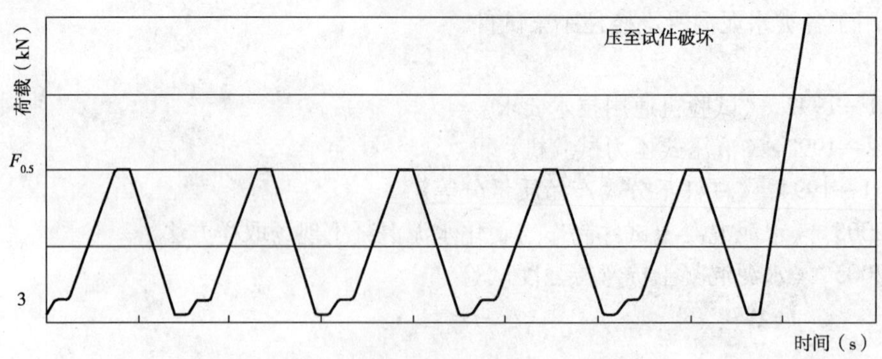

图 T0559-3　抗弯拉弹性模量试验加荷示意图

4.4　同第一次循环，共进行五次循环，取第五次循环的挠度值为准。如第五次与第四次循环挠度值相差大于0.5μm时，须进行第六次循环，直到两次相邻循环挠度值之差符合上述要求为止，取最后一次挠度值为准。

4.5　当最后一次循环完毕，检查各读数无误后，立即去掉千分表，继续加荷直至试件折断，记下循环后抗弯拉强度 f'_f，观察断裂面形状和位置。如断面在三分点外侧，则此根试件结果无效；如有两根试件结果无效，则该组试验无效。

5　试验结果

5.1　混凝土抗弯拉弹性模量 E_f 按简支梁在三分点各加荷载$\frac{F_{0.5}}{2}$的跨中挠度公式反算求得：

$$E_f = \frac{23L^3(F_{0.5} - F_0)}{1296J\left|\Delta_{0.5} - \Delta_0\right|} \tag{T0559-1}$$

式中：　E_f——混凝土抗弯拉弹性模量（MPa）；

$F_{0.5}$、F_0——终荷载及初荷载（N）；

$\Delta_{0.5}$、Δ_0——对应 $F_{0.5}$ 及 F_0 的千分表读数（mm）；

L——试件支座间距离（$L = 450$mm）；

J——试件断面转动惯量，$J = \frac{1}{12}bh^3$（mm^4）。

5.2　以 3 个试件测值的算术平均值为测定值。3 个试件中最大值或最小值中如有一个与中间值之差超过中间值的 15%，则把最大值和最小值舍去，以中间值作为试件的抗弯拉强度。如有两个测值与中间值的差值均超过中间值的 15% 时，则该组试验结果无效。

3 个试件中如有一个断裂面位于加荷点外侧，则混凝土抗弯拉强度按另外两个试件的试验结果计算。如果这两个测值的差值不大于这两个测值中较小值的 15%，则以两个测值的平均值为测试结果，否则结果无效。

如果有两根试件均出现断裂面位于加荷点外侧，则该组结果无效。

注：断面位置在试件断块短边一侧的底面中轴线上量得。

结果计算精确至 100MPa。

6　试验报告

试验报告应包括以下内容：

(1) 要求检测的项目名称、执行标准；

(2) 原材料的品种、规格和产地；

(3)试验日期及时间;

(4)仪器设备的名称、型号及编号;

(5)环境温度和湿度;

(6)抗弯拉模量;

(7)断裂位置

(8)要说明的其它内容。

条文说明

关于混凝土抗弯拉模量试验,现有的各种试验方法中都没有相近的方法。本方法是沿用 JTJ 053—94 中的老方法,该方法是中国公路学会道路工程学会水泥混凝土路面学组委员会于 1991 年 1 月讨论确定的。混凝土抗弯拉模量试验和计算采用抗弯拉极限荷载平均值的 1/2 为抗弯拉模量试验的标准荷载,并经反复加荷变形稳定后的割线模量。常见水泥混凝土抗弯拉模量见表 T0559-1。

表 T0559-1　水泥混凝土抗弯拉模量

水泥混凝土抗弯拉强度(MPa)	4.0~4.5	4.5~5.5
水泥混凝土抗弯拉模量(MPa)	27 000~31 000	28 000~35 000

T 0560—2005　水泥混凝土立方体劈裂抗拉强度试验方法

(Standard Test Method for Splitting Tensile Strength of Cubic Concrete Specimens)

1　目的、适用范围和引用标准

本方法规定了测定水泥混凝土立方体试件的劈裂抗拉强度的方法和步骤。

本方法适用于各类水泥混凝土的立方体试件。

引用标准:

GB/T 3722—1992　《液压式压力试验机》

GB/T 2611—1992　《试验机通用技术要求》

T 0551—2005　《水泥混凝土试件制作与硬化水泥混凝土现场取样方法》

2　仪器设备

(1)压力机或万能试验机:应符合 T 0551 中 2.3 的规定。

(2)劈裂钢垫条和三合板垫层(或纤维板垫层),如图 T0560-1 所示。钢垫条顶面为半径 75mm 的弧形,长度不短于试件边长。木质三合板或硬质纤维板垫层的宽度为 20mm,厚为 3mm~4mm,长度不小于试件长度,垫层不得重复使用。

(3)钢尺:分度值为 1mm。

3　试件制备和养护

3.1　试件尺寸符合 T 0551 中表 T0551-1 的规定。

3.2　本试件应同龄期者为一组,每组为 3 个同条件制作和养护的混凝土试块。

4　试验步骤

4.1　至试验龄期时,自养护室取出试件,用湿布覆盖,避免其湿度变化。检查外观,在试件中部划出劈

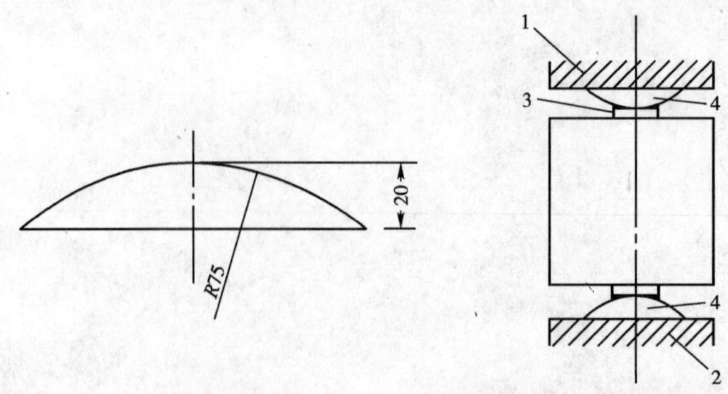

图 T0560-1　劈裂试验用钢垫条(尺寸单位:mm)

1-上压板;2-下压板;3-垫层;4-垫条

裂面位置线,劈裂面与试件成型时的顶面垂直。尺寸测量精确至1mm。

4.2　试件放在球座上,几何对中,放妥垫层垫条,其方向与试件成型时顶面垂直。

4.3　当混凝土的强度等级小于 C30 时,加荷速度为 0.02MPa/s ~0.05MPa/s;当混凝土的强度等级大于等于 C30 且小于 C60 时,加荷速度为 0.05 MPa/s ~0.08MPa/s;当混凝土的强度等级大于等于 C60 时,加荷速度为 0.08MPa/s ~0.10MPa/s。当试件接近破坏而开始迅速变形时,不得调整试验机油门,直至试件破坏,记下破坏极限荷载 F(N)。

5　试验结果计算

5.1　混凝土立方体劈裂抗拉强度 f_{ts} 按下式计算:

$$f_{ts} = \frac{2F}{\pi A} = 0.637\frac{F}{A} \quad (T0560\text{-}1)$$

式中:f_{ts}——混凝土立方体劈裂抗拉强度(MPa);

F——极限荷载(N);

A——试件劈裂面面积(mm^2),为试件横截面面积。

5.2　劈裂抗拉强度测定值的计算及异常数据的取舍原则为:以 3 个试件测值的算术平均值为测定值。如 3 个试件中最大值或最小值中如有一个与中间值的差值超过中间值的 15% 时,则取中间值为测定值;如有两个测值与中间值的差值均超过上述规定时,则该组试验结果无效。计算结果精确到 0.01MPa。

6　试验报告

试验报告应包括以下内容

(1)要求检测的项目名称、执行标准;

(2)原材料的品种、规格和产地;

(3)试验日期及时间;

(4)仪器设备的名称、型号及编号;

(5)环境温度和湿度;

(6)立方体试件的劈裂抗拉强度值;

(7)要说明的其它内容。

条文说明

本方法参照 ISO 4108—1980 修改。由于直接拉伸试验的对中比较困难,所以采用间接拉伸法(劈裂拉伸)得到混凝土的抗拉强度,一般劈裂强度高于直接拉伸强度。

T 0561—2005 水泥混凝土圆柱体劈裂抗拉强度试验方法

(Standard Test Method for Splitting Tensile Strength of Cylindrical Concrete Specimens)

1 目的、适用范围和引用标准

本方法规定了测定圆柱试件和现场钻芯取样的劈裂抗拉强度方法。

本方法适用于各类水泥混凝土的圆柱试件和现场芯样。

引用标准:

GB/T 2611—1992 《试验机通用技术要求》

GB/T 3722—1992 《液压式压力试验机》

T 0551—2005 《水泥混凝土试件制作与硬化水泥混凝土现场取样方法》

2 仪器设备

(1)压力机或万能试验机:应符合 T 0551 中 2.3 的规定。

(2)劈裂夹具、木质三合板垫层、钢垫条,如图 T0561-1 所示。钢垫条为平面,厚度不小于 10mm,长度不短于试件边长。木质三合板或硬质纤维板垫层的宽度为 20mm,厚为 3mm ~ 4mm,长度不小于试件长度,垫层不得重复使用。支架为钢支架。

(3)钢尺:分度值为 1mm。

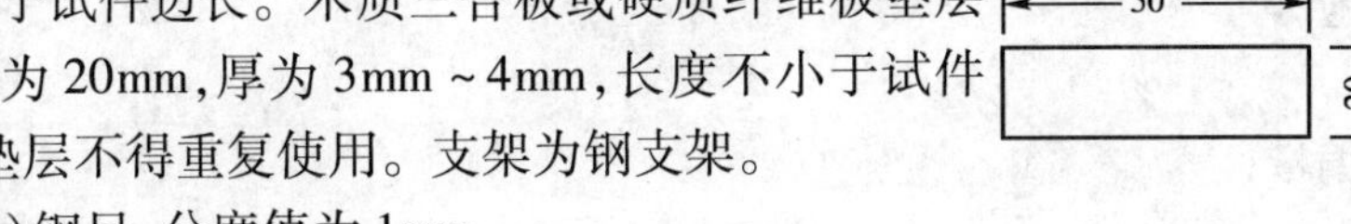

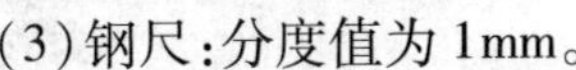

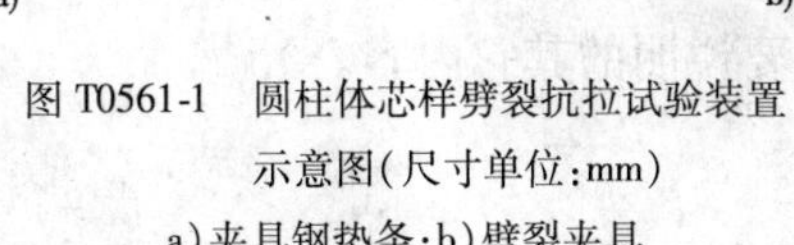

图 T0561-1 圆柱体芯样劈裂抗拉试验装置示意图(尺寸单位:mm)

a)夹具钢垫条;b)劈裂夹具

1、7-压力机压板;2、6-夹具钢垫条;3-木质或纤维垫层;4-试件;5-侧杆

3 试件制备和养护

3.1 试件尺寸符合 T 0551 中表 T0551-1 的规定。

3.2 本试件应同龄期者为一组,每组为 3 个同条件制作和养护的混凝土试件。

3.3 对于现场芯样,长径比大于等于 1。适宜的长径比在 1.9 ~ 2.1 之间,最大长径比不能超过 2.1。芯样最小直径为 100mm,直径至少是公称最大粒径的 2 倍。芯样在进行强度试验前需进行调湿,一般应在标准养护室养护 24h。

4 圆柱试件的劈裂试验步骤

4.1 至试验龄期时,自养护室取出试件,用湿布覆盖,避免其湿度变化。测量出直径、高度并检查外形,尺寸量测至 1mm。

4.2 在试件中部划出劈裂面位置线。圆柱体的母线公差为 0.15mm。这两条母线应位于同一轴向平面内,彼此相对,两条线的末端在试件的端面上相连,应为通过圆心的直径,以明确标明承压面。将试件、劈裂夹具、垫条和垫层如图 T0561-1b)所示放在压力机上,借助夹具两侧杆,将试件对中。开动压力机,当压力机压板与夹具垫条接近时,调整球座使压力均匀接触试件。当压力到 5kN 时,将夹具的侧杆抽掉。

4.3 当混凝土的强度等级小于 C30 时,加荷速度为 0.02 MPa/s ~ 0.05MPa/s;当混凝土的强度等级大于等于 C30 且小于 C60 时,加荷速度为 0.05 MPa/s ~ 0.08MPa/s;当混凝土的强度等级大于等于 C60 时,加荷速度为 0.08 MPa/s ~ 0.10MPa/s。当试件接近破坏而开始迅速变形时,不得调整试验机油门,直至试件破坏,记下破坏极限荷载 F(N)。

5 试验结果

5.1 圆柱体劈裂抗拉强度f_{ct}按下式计算：

$$f_{ct} = \frac{2F}{\pi d_m \times l_m} \tag{T0561-1}$$

式中：f_{ct}——圆柱体劈裂抗拉强度（MPa）；

F——极限荷载（N）；

d_m——圆柱体截面的平均直径（mm）；

l_m——圆柱体平均长度（mm）。

5.2 劈裂抗拉强度测定值的计算及异常数据的取舍原则为：以 3 个试件测值的算术平均值为测定值。如 3 个试件中最大值或最小值中有一个与中间值的差值超过中间值的 15% 时，则取中间值为测定值；如有两个测值与中间值的差值均超过上述规定时，则该组试验结果无效。

结果计算精确至 0.01MPa。

6 试验报告

试验报告应包括以下内容：

（1）要求检测的项目名称、执行标准；

（2）原材料的品种、规格和产地；

（3）试验日期及时间；

（4）仪器设备的名称、型号及编号；

（5）环境温度和湿度；

（6）圆柱体劈裂抗拉强度值；

（7）要说明的其它内容。

条文说明

本方法参照 ISO 4108—1980 修改。本方法同时有 ASTM C 496 和 ISO 4108—1980 两种方法，其中 ASTM C 496 加荷速度为 0.01 MPa/s ~0.02MPa/s。

对于水泥混凝土路面而言，由于设计中采用抗弯拉强度，而在施工过程中却常常通过钻芯得到圆柱试件的劈裂强度，所以迫切需要得到抗弯拉强度和劈裂强度之间的换算关系。但由于目前在试件尺寸、加载速率等方面在世界范围内还不统一，所以得到的抗弯拉强度和劈裂强度之间的换算关系还比较离散，尚不能得出确信的换算关系。为此，希望各有关部门积累相关数据，待条件成熟后，再给出抗弯拉强度和劈裂强度之间的换算关系。

T 0562—2005 水泥混凝土抗弯拉试件断块抗压强度试验方法

（Standard Test Method for Compressive Strength of Hydraulic-Cement Concrete ——Using Portions of Prisms Broken in Flexure）

1 目的、适用范围和引用标准

本方法规定了测定水泥混凝土抗弯拉试件断块试件抗压强度的方法和步骤。

本方法适于各种水泥混凝土抗弯拉试件断块的抗压强度测定。

引用标准：

GB/T 2611—1992 《试验机通用技术要求》

GB/T 3722—1992 《液压式压力试验机》

T 0551—2005 《水泥混凝土试件制作与硬化水泥混凝土现场取样方法》

T 0558—2005 《水泥混凝土抗弯拉强度试验方法》

2 仪器设备

(1)压力机或万能试验机:应符合 T 0551 中 2.3 的规定。

(2)球座:应符合 T 0551 的 2.4 规定。

(3)试件压板:如图 T0562-1 所示。

上压板为 150mm 见方的钢板,厚度大于或等于 40mm,淬火并刨平($Ra=2.5\mu m$);导向轴使上下压板两侧对准在一个垂直面上;下压板长度应能使两侧板与试件间保留 10mm ~ 13mm 的空隙,厚度、硬度等与上压板相同。

3 试件制备

3.1 本试件为进行抗弯拉强度试验后小梁的断块,其长度较梁高至少长 50mm,无显著裂纹及凹凸不平等缺陷。

3.2 以成型时两侧面做为破型时上下加压面。

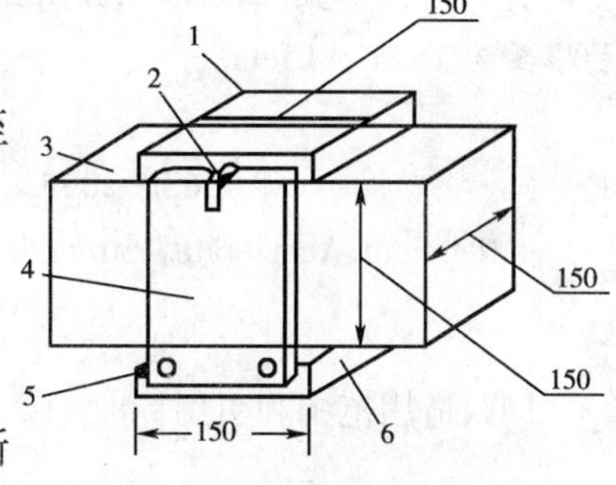

图 T0562-1 试件压板

(尺寸单位:mm)

1-上压板;2-导向轴;3-试件;4-导向侧板;5-定位螺丝;6-下压板

4 试验步骤

4.1 在完成抗弯拉试验后,应尽快试验,并对试件进行编号,描述断块情况。

4.2 试件安置压板中(如图 T0562-1),将压板放置机台上,几何对中。

4.3 强度等级小于 C30 的混凝土取 0.3MPa/s ~ 0.5MPa/s 的加荷速度;强度等级大于 C30 小于 C60 时,则取 0.5MPa/s ~ 0.8MPa/s 的加荷速度;强度等级大于 C60 的混凝土取 0.8MPa/s ~ 1.0MPa/s 的加荷速度。当试件接近破坏而开始迅速变形时,不得调整试验机油门,直至试件破坏,记下破坏极限荷载 F(N)。

5 试验结果

5.1 混凝土断块抗压强度 f' 按下式计算:

$$f' = \frac{F}{A} \tag{T0562-1}$$

式中:f'——混凝土断块抗压强度(MPa);

F——极限荷载(N);

A——上压板面积(mm^2)。

5.2 每根试件两断块试验结果的平均值(或一块)为该根试件的抗压强度。每组 3 根试件抗压强度测定值的计算及异常数据取舍原则为:以 3 个试件测值的算术平均值为测定值。三个试件中最大值或最小值中如有一个与中间值的差值超过中间值的 15% 时,则取中间值为测定值;如有两个测值与中间值的差值均超过上述规定时,则该组试验结果无效。

结果计算精确至 0.1MPa。

6 试验报告

试验报告应包括以下内容：

(1)要求检测的项目名称、执行标准；

(2)原材料的品种、规格和产地；

(3)仪器设备的名称、型号及编号；

(4)环境温度和湿度；

(5)断块抗压强度值；

(6)要说明的其它内容。

条文说明

本方法参照 AASHTO T 140 制定。本方法得到的抗压强度不宜用作混凝土强度等级评定。特别需要说明的是，为完成本试验必须有试验压板，上下压板应保持平行，压板两侧对准在一个垂直面上，确保受压面为 15cm × 15cm。

T 0563—2005 水泥混凝土强度快速试验方法(1h 促凝压蒸法)

(1-hour Accelerated Strength Test by Accelerating-Autoclaving Method for Cement Concrete)

1 目的、适用范围和引用标准

本方法规定了快速测定水泥混凝土强度的方法和步骤。在事先已建立同材料的水泥混凝土强度推定式的条件下，通过测定新拌水泥混凝土湿筛砂浆试样促凝压蒸 1h 后的快硬强度，可即时预测出该水泥混凝土试样潜在的标准养护 28d 龄期(抗压和抗弯拉)强度，用于水泥混凝土现场质量管理或配合比设计及其调整。

本方法适用于硅酸盐水泥、普通硅酸盐水泥、矿渣硅酸盐水泥、粉煤灰硅酸盐水泥、火山灰硅酸盐水泥、复合硅酸盐水泥、道路硅酸盐水泥及指定采用本方法的其它品种水泥及掺加常用外加剂的质量均匀的新拌水泥混凝土。

引用标准：

GB/T 2611—1992 《试验机通用技术要求》

GB/T 3722—1992 《液压式压力试验机》

T 0512—2005 《水泥胶砂强度快速试验方法(1.5h 促凝压蒸法)》

T 0551—2005 《水泥混凝土试件制作与硬化水泥混凝土现场取样方法》

T 0552—2005 《水泥混凝土立方体抗压强度试验方法》

T 0557—2005 《水泥混凝土抗弯拉强度试验方法》

2 仪器设备与材料

(1)压力机或万能试验机：符合 T 0551 中 2.3 的规定。

(2)混凝土湿筛砂浆振动筛分、成型两用机(简称两用机)：由机体、筛子、振动台、下料漏斗等部件组成，如图 T0563-1 和图 T0563-2 所示。

机体由 0.5kW 电机带动凸轮产生连续简谐振动，频率为 2800 次/min ~3000 次/min，振幅为 1mm ±0.1mm。筛子孔径为 ϕ4.75mm。

将机体平放，装上筛子(图 T0563-1)，可筛分混凝土中的砂浆；卸下筛子，将机体翻转 90°使之直立，装上振动台面、试模及下料漏斗(图 T0563-2),可振动成型湿筛砂浆试件。

(3)专用压蒸仪

采用装有压力表的 ϕ240mm 压蒸锅,如图 T0563-3 所示。压力表表盘尺寸为 ϕ55mm,量程为 0 ~250kPa。

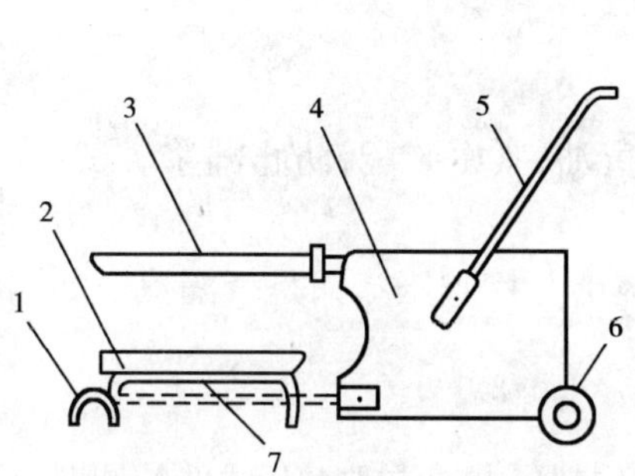

图 T0563-1 两用机筛分工作状态

1-筛分支撑;2-接料盘;3-筛子;4-机体;5-成型支撑;6-胶轮;7-接料盘架

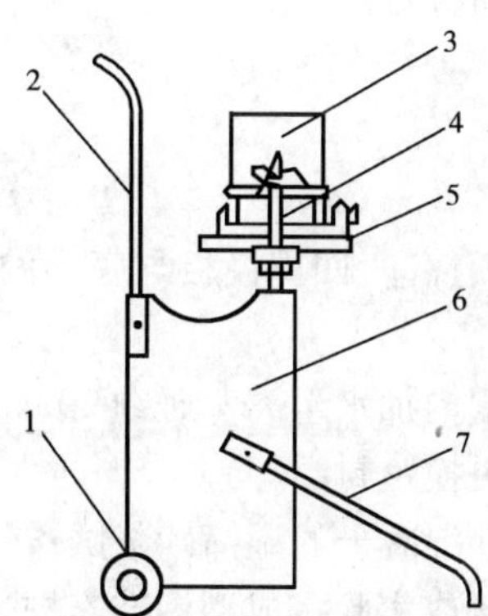

图 T0563-2 两用机成型工作状态

1-胶轮;2-筛分支撑;3-下料漏斗;4-试模;5-振动台面;6-机体;7-成型支撑

压蒸仪配用 1.5kW 电炉加热。将试件带模放入盛有沸水的压蒸仪内压蒸养护时,正常情况下,加盖安全阀约 15min 后,锅内蒸汽压力达到并稳定在 100 kPa ± 10kPa,温度约为 120℃。

(4)湿筛砂浆专用试模

包括可装卸的三联钢模和钢盖板。钢模组装后内壁互相垂直,有效尺寸为 31.6mm × 31.6mm × 50mm。试模结构如图 T0563-4 所示,尺寸精度要求如表 T0563-1。

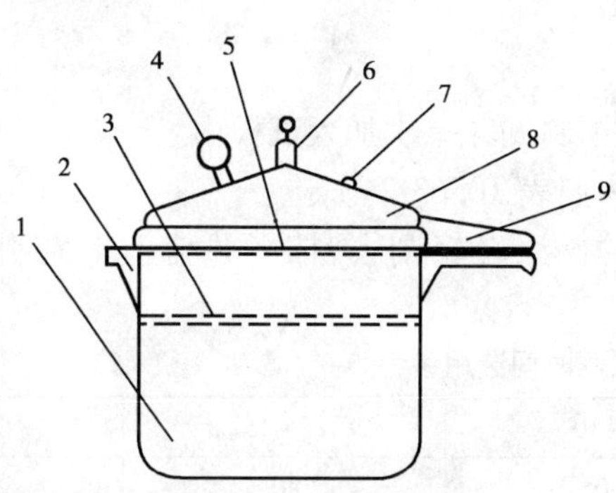

图 T0563-3 专用压蒸仪结构

1-锅体;2-小手柄;3-蒸屉;4-压力表;5-密封圈;6-限压阀;7-易熔塞;8-锅盖;9-把手

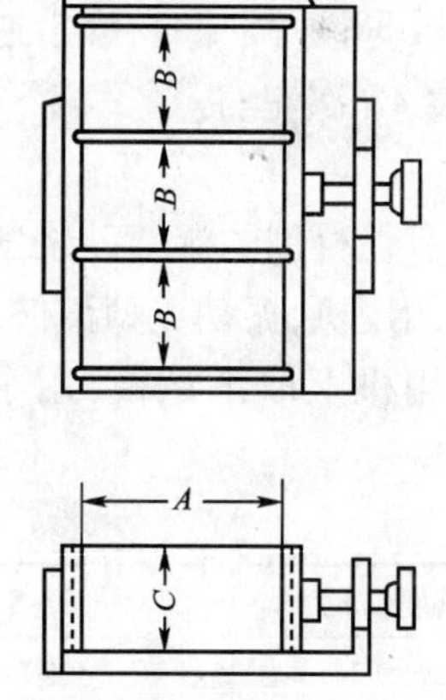

图 T0563-4 试模结构

(5)台秤:量程 5kg,感量为 5g。

(6)天平:量程 100g,感量为 0.1g。

(7)砂浆搅拌锅、拌合铲、小刀、方形搪瓷盘(或铁皮制作的料盘,尺寸约 250mm × 400mm)、秒表等。

表 T0563-1 试 模 尺 寸

符号	制造尺寸(mm)	磨损后允许尺寸(mm)
A	50	/
B	31.6 −0.1	31.6 +0.1
C	31.6 +0.1	31.6 −0.1

(8)专用促凝剂

CS或CAS专用促凝剂,每次试验用量5g,采用分析纯或化学纯的化学试剂按表T0512-2的配方配成。一般情况下用CS促凝剂,当混凝土掺用粉煤灰或缓凝型外加剂时,可用CAS促凝剂。为提高促凝剂的均匀分散性,应事先将所用化学试剂(白色颗粒)分别研细,再按一次用量以塑料袋密封分装,应在阴凉干燥处存放,防止受潮结块。

3 试验步骤

3.1 试验准备

3.1.1 将试模擦净,四周模板与底座的接触面上涂抹黄油,紧密装配,防止漏浆。试模内壁均匀刷一薄层机油。

3.1.2 压蒸锅内加水至离蒸屉约20mm的高度,将水烧沸并检查压蒸锅是否漏汽。如漏汽,须采取相应改善措施(更换密封圈等)。

3.2 筛取新拌混凝土的湿筛砂浆试样

3.2.1 在现场或实验室成型标准养护28d龄期混凝土(抗压、抗弯拉强度)试件的同时,取有代表性的新拌混凝土试样约4kg～5kg均匀摊放在两用机的筛子中。筛面及其它用具的表面均应事先用湿布擦拭。

3.2.2 开动两用机,手持小铲轻轻翻拌筛内的混凝土拌合物,筛至粗集料表面不沾砂浆并基本不见砂浆落入接料盘为止。为防止试样中水分损失,筛分工作应力求快速。

3.2.3 混凝土筛分完毕后,立即将接料盘中的湿筛砂浆试样拌匀,并用经湿布擦拭的拌合锅称取500g砂浆试样。

3.3 在砂浆试样中加入促凝剂

将砂浆试样摊平,均匀撒入规定量的促凝剂,按动秒表开始记时并立即用湿布擦过的拌合铲迅速将砂浆翻拌、拨压30s。翻拌时,锅沿逆时针方向转动,铲沿顺时针方向翻拌、拨压,每翻拌一次,约拨压3～4次,共反复15次左右。

3.4 成型试件

3.4.1 将加有促凝剂的湿筛砂浆试样通过两用机的下料漏斗一次加入试模中。

3.4.2 开动两用机,振动成型试件。振动成型时间参照表T0563-2选定。

3.4.3 从两用机上取下试模,用小刀将高出试模的砂浆轻轻刮去、抹平并盖上事先刷过机油的钢盖板。

表T0563-2 振动成型时间选用参考

混凝土坍落度(cm)	0～5	6～10	11～15	>15
试件振动成型时间(s)	60	50	40	30

3.5 试件压蒸养护

3.5.1 从加入促凝剂起至5min时,将带模的试件放入水已烧沸的压蒸仪内压蒸养护。压蒸时间从加盖、压阀后起计,一般为1h。采用快硬水泥时,可缩短为30min～40min;使用缓凝型外加剂或掺粉煤灰混合料时,可延长至1.5h。适宜的压蒸时间应通过试验确定。

3.5.2 记录压蒸过程中的升压时间(加盖锅盖后至蒸汽压力达到100kPa±10kPa并且开始释放蒸汽时)各次试验应基本相同,为15min左右。如发现异常,应查找原因并及时处理,重新进行试验。

3.5.3 压蒸养护到规定时间(允许误差为±2min)时,切断电源,将压蒸锅从电炉上搬下,去阀放汽,在确认锅内无蒸汽压力后,开盖取出试模,立即拆模进行试件抗压强度试验。

3.6 测定快硬砂浆抗压强度

3.6.1 检查并放正压力机球座,球座应转动灵活,防止试件局部或偏心受压。

3.6.2 清除试件端面和压力机加压板上的砂粒或杂物,将试件直立放在加压板的中心,均匀加荷,直至试件破坏。

4 试验结果

4.1 按下式计算快硬湿筛砂浆抗压强度

$$f_{1h} = \frac{F}{A} \tag{T0563-1}$$

式中：f_{1h}——促凝压蒸 1h 快硬湿筛砂浆抗压强度(MPa)；

F——破坏荷载(N)；

A——试件受压面积($1000mm^2$)。

注：压蒸养护时间为 0.5h 或 1.5h 时，强度相应记为$f_{0.5h}$或$f_{1.5h}$。

以三个试件测值的算术平均值作为试验结果。如任一测值与中间值的差值超过中间值的 15%，则取中间值为试验结果；当有两个测值与中间值的差值超过上述规定时，则该组试验结果无效。

4.2 推定混凝土强度

4.2.1 采用事先建立且推定精度满足使用要求的混凝土抗压、抗弯拉强度推定经验式(见式 T0563-2 至式 T0563-5)，根据快硬湿筛砂浆抗压强度试验结果 f_{1h}，推定标准养护 28d 龄期的混凝土抗压强度$\hat{f}_{28}$及抗弯拉强度$\hat{f}_{f28}$。

$$\hat{f}_{28} = a_1 + b_1 f_{1h} \tag{T0563-2}$$

$$\hat{f}_{f28} = a_2 + b_2 f_{1h} \tag{T0563-3}$$

$$或\hat{f}_{28} = A_1 f_{1h}^{B_1} \tag{T0563-4}$$

$$\hat{f}_{f28} = A_2 f_{1h}^{B_2} \tag{T0563-5}$$

式中：$\hat{f}_{28}$——混凝土试件标准养护 28d 龄期的抗压强度(MPa)；

$\hat{f}_{f28}$——混凝土试件标准养护 28d 龄期的抗弯拉强度(MPa)；

f_{1h}——促凝压蒸 1h 的快硬湿筛砂浆试件抗压强度(MPa)；

a_1、b_1、a_2、b_2 或 A_1、B_1、A_2、B_2——待定系数(与原材料性质有关，通过试验确定)。

注：进行预备试验建立混凝土强度推定经验式的方法应符合本规程 T 0563 附录的规定。

4.2.2 确定标准养护 28d 抗压、抗弯拉强度时，快硬湿筛砂浆强度的测值应在预备试验所得强度经验式的回归线范围内，不得外推。

5 试验报告

试验报告应包括以下内容：

(1)要求检测的项目名称、执行标准；

(2)原材料的品种、规格和产地；

(3)仪器设备的名称、型号及编号；

(4)环境温度和湿度；

(5)1h 快硬强度和推定 28d 龄期时的强度；

(6)要说明的其它内容。

T 0563 附录 混凝土强度推定经验式的建立方法及精度要求

A.1 目的和适用范围

建立混凝土(抗压、抗弯拉)强度推定经验式，用于 1h 促凝压蒸法快速推定混凝土强度试验。

A.2　仪器设备与材料

A.2.1　T 0563《水泥混凝土强度快速试验方法(1h 促凝压蒸法)》所用仪器设备及促凝剂。

A.2.2　T 0553《水泥混凝土立方体抗压强度试验方法》、T 0558《水泥混凝土抗弯拉强度试验方法》所用仪器设备。

A.3　试验步骤

A.3.1　在实验室采用与现场混凝土相同的原材料,设计 4 ~6 种灰水比(如 1.50、1.75、2.00、2.25、2.50 等)的混凝土配合比。最大、最小灰水比之差不应小于 1,且现场混凝土的灰水比必须包括在此灰水比范围中。混凝土的石子用量或砂率适中,坍落度与施工要求相同。

A.3.2　按照设计配合比相继拌制各级混凝土,每种配合比均同时取样分别按本规程测定促凝压蒸 1h 湿筛砂浆抗压强度 f_{1h}、混凝土 28d 抗压强度 f_{28} 及抗弯拉强度 f_{f28}。一般情况下,建立一个推定经验式的数据不宜少于 30 组,因此,各个配合比的重复试验次数不宜少于 5 ~8 次。

如直接取现场混凝土进行预备试验,应注意取样混凝土的标号等级范围(尽量取不同等级标号)及材料的均一性。

A.4　试验结果计算

A.4.1　建立混凝土强度推定经验式

将各组快硬湿筛砂浆抗压强度及相应的混凝土 28d 抗压、抗弯拉强度试验结果汇总,进行数据回归分析,得出直线型($Y = a + bX$)或幂函数型($y = AX^B$)混凝土抗压、抗弯拉强度推定经验式。

所建混凝土强度推定式的相关性必须高度显著(一般情况下,室内试验的相关系数可达 0.95 左右,现场试验可达 0.85 左右;在现场混凝土标号单一的情况下,相关系数有可能达不到显著性程度),回归离差系数一般不应超过 10%,最大不应超过 15%。

A.4.2　验证混凝土强度经验式的推定精度

所建混凝土强度推定经验式须经现场试用验证其推定精度,在确认推定精度满足要求后方可正式采用。使用中的经验式,也须经常校核推定精度。

1. 在现场成型标准养护 28d 龄期混凝土抗压、抗弯拉强度试件的同时,取相同混凝土试样进行湿筛砂浆促凝压蒸 1h 快硬强度试验,根据所建强度经验式推定混凝土 28d 抗压强度或抗弯拉强度。

2. 按 T 0512 附录的方法统计 28d 龄期混凝土强度实测值与快速推定值的平均误差百分率 $\bar{v}$。

3. 在现场试验数据不少于 20 ~30 组的条件下,$\bar{V}$ 不宜超过 10%,最大不应超过 15%。否则,应分析原因,必要时对所建经验式进行适当修正或重新建立新的强度经验式。

A.4.3　统计试验误差

在试验数据不少于 20 ~30 组的条件下,混凝土强度及湿筛砂浆快硬强度的平均组内试验误差 $\bar{V}_t$ 不应大于 5%,平均多天试验变异系数 $\bar{v}_d$ 不应大于 10%。否则,应分析原因,采取相应改进措施。

注:① $\bar{V}_t$ 及 $\bar{V}_d$ 的统计计算方法见 T 0512 附录。

②关于“混凝土强度推定经验式的建立及其推定精度计算方法”的详细内容,见《1h 推定混凝土强度新技术》(人民交通出版社出版)。

条文说明

1983 年国家计划委员会将此方法列为施工新技术重点推广项目之一,并下达交通部公路科研所“1h 推定混凝土强度新技术应用的研究”课题任务。在 1983 ~1987 年的应用研究工作中,通过推广应用并不断总结经验,以及着重进行完善试验方法、提高混凝土强度推定精度的试验研究,研制成混凝土湿筛砂浆振动筛分、成型两用机(简称两用机),改手工筛分、成型湿筛砂浆为机械操作,减轻了试验劳动强度并显著提高了试验精度。同时,还研制成 JQY—20 型可携式轻便压力机,为施工现场采用此方法加强混凝土质量控制创造了方便条件。本方法自列入《公路工程水泥混凝土试验规程》(JTJ 053—83)实施以来已取得良好的实际效果。

以往此法主要用于混凝土抗压强度的推定,近来此法也用于混凝土抗弯拉强度的推定。例如,湖北省公路局在316、107国道等水泥混凝土路面工程施工中将此法用于推定混凝土28d抗弯拉强度,1989年通过鉴定获得专家好评;广西第五建筑工程公司于1989年12月至1990年5月在南宁机场道面混凝土施工中将此法用于推定混凝土抗弯拉强度,平均推定误差仅3%,施工中混凝土28d抗弯拉强度平均值为6.59MPa,离差系数仅3.4%。实践证明,此法用于推定混凝土的抗弯拉强度不仅推定精度好,而且在一定条件下可提高施工质量的控制水平。

T 0564—2005 水泥混凝土动弹性模量试验方法(共振仪法)

(Standard Test Method for Fundamental Transverse Resonant Frequencies of Concrete Specimens)

1 目的、适用范围和引用标准

本方法规定了采用共振仪测定水泥混凝土动弹性模量的方法和步骤。

本方法适于各种符合尺寸要求的水泥混凝土试件的动弹性模量测定。测定水泥混凝土的动弹性模量,以检验水泥混凝土在经受冻融或其它侵蚀作用后遭受破坏的程度,评定其耐久性能。

引用标准:

T 0551—2005 《水泥混凝土试件制作与硬化水泥混凝土现场取样方法》

2 仪器设备

(1)共振法混凝土动弹性模量测定仪(简称共振仪):输出频率可调范围为100Hz~20kHz,输出功率应能激励试件产生受迫振动,以便能用共振的原理测定出试件的基频振动频率。

在无专用仪器的情况下,可将各类仪器组合进行试验。

共振仪输出频率的可调范围应与所测试件的尺寸、密度及混凝土品种相匹配,一般为100Hz~20kHz,输出功率也应能激励试件产生受迫振动,其基本原理示意如图T0564-1所示。

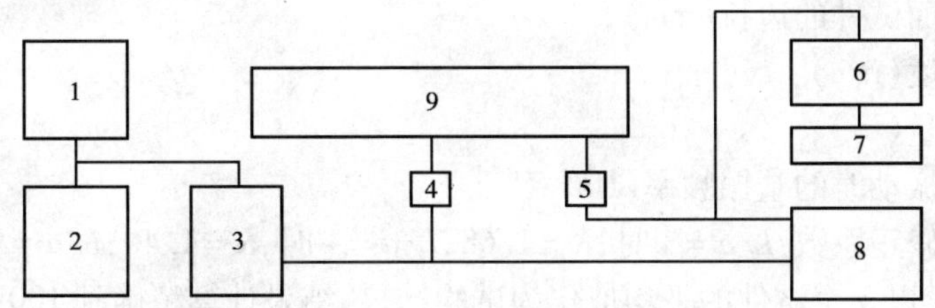

图T0564-1 共振法混凝土动弹性模量测定工作原理图

1-振荡器;2-频率计;3-放大器;4-激振换能器;5-拾振换能器;6-放大器;7-微安表;8-示波器;9-试件

(2)试件支承件:硬橡胶韧型支座或约20mm厚的软泡沫塑料垫。

(3)台秤:量程20kg,感量为10g。

3 试件制备

本试验采用截面为100mm×100mm的棱柱体试件,其长宽比一般为3~5。标准试件尺寸为100mm×100mm×400mm。

4 试验步骤

4.1 试验前测定试件的质量和尺寸。3个试件质量与其平均值的允许偏差为±0.5%,尺寸与其平均值的允许偏差为1%。每个试件的长度和截面尺寸均取3个部位的平均值。

4.2　将试件安放在支承体上,并定出以共振法测量试件横向基频振动频率时,激振换能器和拾振器的位置,如图 T0564-2 所示。将激振器和拾振器的测杆轻轻地压在试件的表面上(测杆与试件接触面一般涂一薄层黄油或凡士林),测杆压力的大小以不出现噪音为宜。

4.3　用共振仪进行测定时,可根据试件共振频率的大小,选择相应的频率测量范围。调整激振功率和接受增益旋钮至适当位置,以粗调迅速找到试件的共振点后,再进行细调。当微安表和示波器指示的幅度值一致增加,达到最大的幅度时即为共振。此时,从数字计数器上读出的频率,就是试件的自振频率。

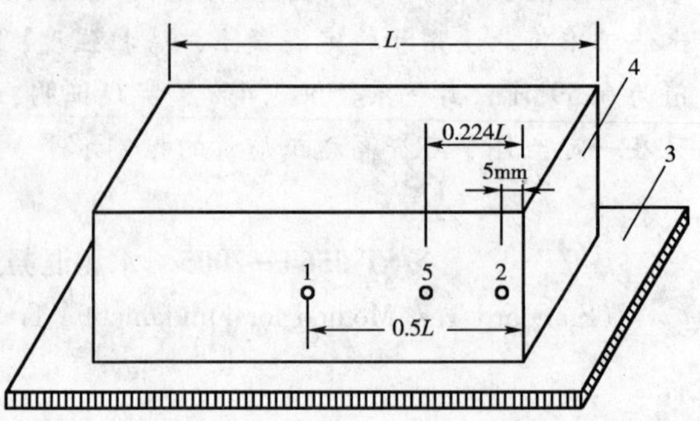

图 T0564-2　测示位置示意图

1-激振器位置;2-拾振器位置;3-泡沫塑料垫;4-试件(测量时试件成型面朝上);5-节点

4.4　用组合仪器进行测定时,采用示波器作显示仪器,示波器的图形调成一个正圆时的频率作为共振频率。当仪器同时具有指示电表和示波器时,以电表指针达到最大值时的频率作为共振频率。

4.5　观测时,应重复测试两次,测试结果的波动范围,以小于 ±0.5% 为宜。以两次试验的平均值作为该试件的测值。

注:在测试过程中,如发现两个以上的峰值时,建议采用以下方法找出真实共振峰:

①将输出功率固定,反复调整仪器输出频率,从微安表上比较幅值的大小,幅值最大者为真实的共振峰。

②可把拾振器测杆移至节点处(距端部 0.224 倍的试件长度),如微安表指针为零,即为真实共振峰。

5　试验结果

混凝土动弹性模量应按下式计算:

$$E_{\mathrm{d}} = 9.46 \times 10^{-4} \frac{WL^3 f^2}{a^4} \times K \tag{T0564-1}$$

式中:E_{d}——混凝土动弹性模量(MPa);

a——正方形截面试件的边长(mm);

L——试件的长度(mm);

W——试件的质量(kg);

f——试件横向振动时的基振频率(Hz);

K——试件尺寸修正系数:$L/a=3$ 时,$K=1.68$;$L/a=4$ 时,$K=1.40$;$L/a=5$ 时,$K=1.26$。

混凝土动弹性模量以 3 个试件的平均值作为试验结果,结果计算精确到 100MPa。

6　试验报告

试验报告应包括以下内容:

(1)要求检测的项目名称、执行标准;

(2)原材料的品种、规格和产地;

(3)仪器设备的名称、型号及编号;

(4)环境温度和湿度;

(5)混凝土动弹性模量;

(6)要说明的其它内容。

条文说明

本规程参照 ASTM C 215—97 修改。动弹性模量测量是一种无破损检测方法,对于持续的化学侵蚀、重复的冻融循环、老化及其它一些因素而导致的模量逐渐变化的测量极为有效。动弹性模量测量的原理是借助在混凝土中传播的波,在泊松比、密度和材料长度不变的条件下,波速(基频=波速/材料长度)和材料的弹性模量符合一定的函数关系。于是通过共振法测得材料的基频,就可以推知材料的弹性模量,为区别于常规的弹性模量,故称之为动弹性模量。普通的动弹性模量在14 000MPa~42 000MPa间。除了本方法测得的横向基频外,采用类似的方法也可测得纵向基频,详见ASTM C 215—97。

T 0565—2005 水泥混凝土抗冻性试验方法(快冻法)

(Standerd Test Method for Resistance of Concrete to Rapid Freezing and Thawing)

1 目的、适用范围和引用标准

本方法规定用快冻法测定水泥混凝土抵抗水和负温共同反复作用的能力。

本方法适用于以动弹性模量、质量损失率和相对耐久性指数作为评定指标的水泥混凝土抗冻性试验。本方法特别适用于抗冻性要求高的水泥混凝土。

引用标准:

T 0551—2005 《水泥混凝土试件制作与硬化水泥混凝土现场取样方法》

T 0564—2005 《水泥混凝土动弹性模量试验方法(共振仪法)》

2 仪器设备

(1)快速冻融试验装置:能使试件固定在水中不动,依靠热交换液体的温度变化而连续、自动地按照本方法第4条的要求进行冻融的装置。满载运行时冻融箱内各点温度的极差不得超过2℃。

(2)试件盒:橡胶盒(也可用不锈钢板制成),净截面尺寸为110mm×110mm,高500mm。

(3)动弹性模量测定仪:共振法频率测量范围100Hz~20kHz。其它设备应符合T 0563的要求。

(4)台秤:量程不小于20kg,感量不大于10g。

(5)热电偶电位差计:能测量试件中心温度,测量范围-20℃~20℃,允许偏差为±0.5℃。

3 试样制备

3.1 试样制备应符合T 0551的规定。

采用100mm×100mm×400mm的棱柱体混凝土试件,每组3根,在试验过程中可连续使用。除制作冻融试件外,尚应制备中心可插入热电偶电位差计测温的同样形状、尺寸的标准试件,其抗冻性能应高于冻融试件。

3.2 也可以是现场切割的试件,尺寸为100mm×100mm×400mm。

4 试验步骤

4.1 按T 0551《水泥混凝土试件制作与硬化水泥混凝土现场取样方法》规定进行试件的制作和养护。试验龄期如无特殊要求一般为28d。在规定龄期的前4d,将试件放在20℃±2℃的饱和石灰水中浸泡,水面至少高出试件20mm(对水中养护的试件,到达规定龄期时,可直接用于试验)。浸泡4d后进行冻融试验。

4.2 浸泡完毕,取出试件,用湿布擦去表面水分。按T 0564《水泥混凝土动弹性模量试验方法(共振仪法)》测横向基频,并称其质量,作为评定抗冻性的起始值,并做必要的外观描述。

4.3 将试件放入橡胶试件盒中,加入清水,使其没过试件顶面约1mm~3mm(如采用金属试件盒,则应在试件的侧面与底部垫放适当宽度与厚度的橡胶板或多根直径3mm的电线,用于分离试件和底部)。将装有试件的试件盒放入冻融试验箱的试件架中。

4.4 按规定进行冻融循环试验,应符合下列要求:

4.4.1 每次冻融循环应在2h ~5h完成,其中用于融化的时间不得小于整个冻融时间的1/4。

4.4.2 在冻结和融化终了时,试件中心温度应分别控制在 -18℃ ±2℃和5℃ ±2℃。中心温度应以测温标准试件实测温度为准。

4.4.3 在试验箱内,各个位置上的每个试件从3℃降至 -16℃所用的时间,不得少于整个受冻时间的1/2,每个试件从 -16℃升至3℃所用的时间也不得少于整个融化时间的1/2,试件内外温差不宜超过28℃。

4.4.4 冻和融之间的转换时间不应超过10min。

4.5 通常每隔25次冻融循环对试件进行一次横向基频的测试并称重,也可根据试件抗冻性高低来确定测试的间隔次数。测试时,小心将试件从试件盒中取出,冲洗干净,擦去表面水,进行称重及横向基频的测定,并做必要的外观描述。测试完毕后,将试件调头重新装入试件盒中,注入清水,继续试验。试件在测试过程中,应防止失水,待测试件须用湿布覆盖。

4.6 如果试验因故中断,应将试件在受冻状态下保存在原试验箱内。如果达不到这个要求,试件处在融解状态下的时间不宜超过两个循环。

4.7 冻融试验到达以下三种情况的任何一种时,即可停止试验。

(1)冻融至300次循环。

(2)试件的相对动弹性模量下降至60%以下。

(3)试件的质量损失率达5%。

5 试验结果

5.1 相对动弹性模量 P 按下式计算:

$$P = \frac{f_n^2}{f_0^2} \times 100 \tag{T0565-1}$$

式中:P——经 n 次冻融循环后试件的相对动弹性模量(%);

f_n——冻融 n 次循环后试件的横向基频(Hz);

f_0——试验前试件的横向基频(Hz)。

以3个试件的平均值为试验结果,结果精确至0.1%。

5.2 质量变化率 W_n 按下式计算:

$$W_n = \frac{m_0 - m_n}{m_0} \times 100 \tag{T0565-2}$$

式中:W_n——n 次冻融循环后的试件质量变化率(%);

m_0——冻融试验前的试件质量(kg);

m_n——n 次冻融循环后的试件质量(kg)。

以3个试件的平均值为试验结果,精确至0.1%。

5.3 相对耐久性指数 K_n 按下式计算:

$$K_n = P \times N/300 \tag{T0565-3}$$

式中:K_n——经 n 次冻融循环后的试件相对耐久性指数(%);

N——达到本试验4.7款规定的冻融循环次数;

P——经 n 次冻融循环后3个试件的相对动弹模量平均值(%)。

精确至0.1%。

5.4 当 P 不大于60%或质量损失率达5%时的冻融循环次数 n,即为试件的最大抗冻循环次数。

5.5 冻融循环结束时试件的抗弯拉强度(可选)

当试件外观完整时,可按照 T 0558—2005《水泥混凝土抗弯拉强度试验方法》进行抗弯拉强度试验。

6 试验报告

试验报告应包括以下内容:

(1)要求检测的项目名称、执行标准;

(2)原材料的品种、规格和产地;

(3)仪器设备的名称、型号及编号;

(4)环境温度和湿度;

(5)试件的质量变化率、最大抗冻循环次数和相对耐久性指数;

(6)冻融循环结束时试件的抗弯拉强度(可选);

(7)要说明的其它内容。

条文说明

本方法参照 ASTM C 666—97 修改。ASTM C 666—97 中提出两种方法:在水中快冻(A 法)和在空气中快冻(B 法),无论 A 法还是 B 法均要求在水中融化。相对于本快冻法,ASTM C 671 中提出每两星期冻融循环一次的方法,在试验期间测定试件的线性膨胀,直到试件达到临界膨胀点或达到规定循环次数。由于混凝土面板在接缝处水分的聚集,所以在使用 10~15 年内会因冻融循环在接缝处产生耐久性裂缝(D 裂缝)。在 GBJ 82—85 中还有一个抗冻试验方法,称之为慢冻法,它要求试件在 -15℃~-20℃条件下保持不小于 4h(150×150×150mm 或 100×100×100mm),然后在水中融化不小于 4h。且慢冻法定义混凝土同时满足强度损失率不超过 25%、重量损失率不超过 5% 的最大循环次数为混凝土抗冻标号。而在快冻法中,没有这个概念。

本方法参考美国材料试验协会 ASTM C 666—97 标准,将试件融化终了的中心温度定为 5℃±2℃,同时试件从融到冻,从冻到融所用时间也相应地规定为:从 3℃降至 -16℃所用时间不得少于整个受冻时间的 1/2,试件从 -16℃升到 3℃所用的时间不得少于整个融化时间的 1/2。

有时在试验结束后,试件没有明显的剥落现象,但由于多次循环,试件出现许多微裂纹并吸入水分,所以可能导致试件质量增加,而不是减少,为此本方法将质量损失率 W_n 改为质量变化率 W_n。

由于需要对试件进行无损检测,所以引入动态弹性模量评价冻融循环对试件的影响,但现有试验表明动态弹性模量和试件的抗弯拉强度相关性较差,所以本方法提出冻融循环结束时试件的抗弯拉强度作为备选指标。

T 0566—2005 水泥混凝土干缩性试验方法

(Standard Test Method for Drying Shrinkages of Cement Concrete)

1 目的、适用范围和引用标准

本方法规定了在恒温、恒湿条件下,测定水泥混凝土试件由于失水引起的轴向长度变形的方法。

本方法适用于不同水泥混凝土干缩性能的比较,本方法规定集料公称最大粒径不大于 26.5mm。

引用标准:

T 0551—2005 《水泥混凝土试件制作与硬化水泥混凝土现场取样方法》

2 仪器设备

(1)试模:规格为 100mm×100mm×400mm 或 100mm×100mm×515mm 的金属试模,两个端板的中心有放置测钉的孔,用于安装测钉。

(2)测钉:以不锈的金属制成,如图 T0566-1 所示。

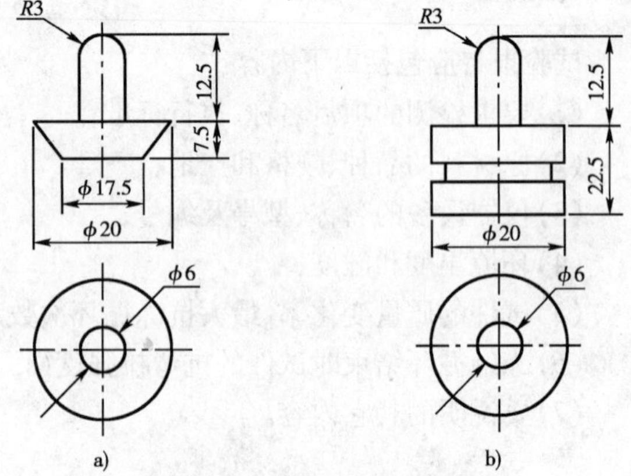

图 T0566-1　轴心收缩仪测钉(尺寸单位:mm)

a)后埋测钉;b)预埋测钉

(3)测长仪器:

①测量标距为 540mm~600mm,允许偏差为 0.01mm 的测微计(附有标准棒)。

②其它测长仪,至少达到 0.002% 的相对测量精度。

③测量混凝土变形的装置应具有殷钢或石英玻璃制作的标准杆,以便在测量前及测量过程中校核仪器的读数。

(4)干缩室(箱):室(箱)内控温度为 20℃±2℃,相对湿度为60%±5%。室(箱)内配有温度、湿度自动记录仪,记录温度、湿度变化。置于恒温室中的干缩箱内须放干燥剂去湿。

3 试验步骤

3.1　干缩率试验以三个试件为一组。混凝土的拌合、成型按 T 0551 的规定进行。

3.2　如果采用预埋测钉,将干净的测钉安置在试模两头端板的中心孔中。成型试件的过程中,应防止测钉脱落。试件成型后送养护室养护,约 2h~4h 后抹平表面,并防止水珠滴在试件表面。试件应带模养护 1d~2d(视当时混凝土实际强度而定)。

3.3　如果采用后埋测钉,成型试件后,试件应带模养护 1d~2d(视当时混凝土实际强度而定)。拆模后,立即用环氧树脂或其它化学粘结剂加固轴心测钉。

3.4　试件应在 3d 龄期(从搅拌混凝土加水时算起)从标准养护室取出,并立即移入干缩室内测定初始长度(含测头)。初始长度应重复测定三次,取算术平均值作为基准长度的测定值。

3.5　从移入干缩室日起计算,在 1、3、7、14、28、60、90、120、150、180d 测定试件的长度。

3.6　测量前应先用标准杆校正仪器的零点,并应在半天的测定过程中至少校核 1~2 次(其中一次在全部试件测读完后)。如复核时发现零点与原值的偏差超过 ±0.01mm,应调零后重新测定。

3.7　试件每次在收缩仪上放置的位置、方向应保持一致。为此,应在试件上标明相应的记号。试件在放置及取出时应仔细,不能碰撞表架及表杆,否则应重新校核零点。

每次读数应重复 3 次。

3.8　试件经测长和称量后,将底面架空置于不吸水的硬质网格垫板上,连同垫板放在试件架上,试件之间的间距应不小于 30mm。

注:湿试件和干试件应分开储存。

3.9　需要测定混凝土自收缩的试件,在 3d 龄期时从标准养护室取出立即密封处理。密封处理可采用金属套或蜡封,采用金属套时试件装入后应盖严焊死,不得留有任何缝隙。外露的测头周围应用石蜡封堵。蜡封时至少应涂蜡 3 次,每次涂蜡前应用浸蜡的纱布裹严,蜡封完毕后应套塑料布。

收缩试验期间,试件应无质量变化,在 180d 内质量变化不超过 10g,否则无效。

4 试验结果计算

某一龄期混凝土的干缩率按下式计算:

$$S_d = \frac{(X_{01} - X_{t1})}{L_0} \times 100 \tag{T0566-1}$$

式中：S_d——龄期 d 天的混凝土干缩率(%)；

L_0——试件的测量标距，等于混凝土试件的长度(不计测头凸出部分)减去 2 倍测头埋入深度(mm)；

X_{01}——试件的初始长度(含测头)(mm)；

X_{t1}——龄期 t 天时干缩长度测值(含测头)(mm)。

取 3 个试件干缩率的算术平均值作为试验结果，干缩率计算精确至 0.000 1%。

5 试验报告

试验报告应包括以下内容：

(1)要求检测的项目名称、执行标准；

(2)原材料的品种、规格和产地；

(3)仪器设备的名称、型号及编号；

(4)环境温度和湿度；

(5)干缩率；

(6)要说明的其它内容。

条文说明

本方法参照 GBJ 82—85 修改。干缩率是公路工程水泥混凝土的主要性能之一，与所用原材料和配合比等许多因素有关，必须通过试验进行测定。

目前也有将棱柱体混凝土试件竖起来，以千分表固定在混凝土试件上端测定干缩变形的办法，但这种测试方法必须考虑混凝土初期由自重引起的变形。

T 0567—2005 水泥混凝土耐磨性试验方法

(Standard Test Method for Abrasion Resistance of Concrete Surfaces)

1 目的、适用范围和引用标准

本方法规定了水泥混凝土耐磨性试验的方法和步骤。

本方法适用于检验水泥混凝土的耐磨性，按规定的磨损方式磨削，以试件磨损面上单位面积的磨损量作为评定水泥混凝土耐磨性的相对指标。

引用标准：

T 0510—2005 《水泥胶砂耐磨性试验方法》

T 0551—2005 《水泥混凝土试件制作与硬化水泥混凝土现场取样方法》

2 仪器设备

(1)混凝土磨耗试验机：应符合 T 0510 附录《水泥胶砂磨耗试验机》的有关规定，并同时符合以下条件：

①水平转盘上的卡具，应能卡紧 150mm×150mm×150mm 立方体试件或直径为 ϕ150mm 的钻孔取芯试件，卡紧后试件不上浮和翘起。

②磨头与水平转盘间有效净空为 160mm ~180mm。

(2)磨头花轮刀片:应符合 T 0510 附录中有关花轮刀片的规定。

(3)试模:模腔有效容积为 150mm×150mm×150mm,符合表 T0551-1 的规定。

(4)烘箱:调温范围为 50℃~200℃,控制温度允许偏差为±5℃。

(5)电子秤:量程大于 10kg,感量不大于 1g。

3 试样

混凝土磨耗试验采用 150mm×150mm×150mm 立方体标准试件,每组 3 个试件。试件的成型和养护按 T 0551 的规定进行。

4 试验步骤

4.1 试件养护至 27d 龄期从养护地点取出,擦干表面水分放在室内空气中自然干燥 12h,再放入 60℃±5℃烘箱中,烘 12h 至恒重。

4.2 试件烘干处理后放至室温,刷净表面浮尘。

4.3 将试件放至耐磨试验机的水平转盘上(磨削面应与成型时的顶面垂直),用夹具将其轻轻紧固。在 200N 负荷下磨 30 转,然后取下试件刷净表面粉尘称重,记下相应质量 m_1,该质量作为试件的初始质量。然后在 200N 负荷下磨 60 转,然后取下试件刷净表面粉尘称重,并记录剩余质量 m_2。

整个磨损过程应将吸尘器对准试件磨损面,使磨下的粉尘被及时吸走。如果混凝土具有高耐磨性,可再增加旋转次数,并应特别注明。

4.4 每组花轮刀片只进行一组试件的磨耗试验,进行第二组磨耗试验时,必须更换一组新的花轮刀片。

5 试验结果

5.1 按下式计算每一试件的磨损量,以单位面积的磨损量来表示。

$$G_c = \frac{m_1 - m_2}{0.0125} \tag{T0567-1}$$

式中: G_c——单位面积的磨损量(kg/m^2);

m_1——试件的初始质量(kg);

m_2——试件磨损后的质量(kg);

0.0125——试件磨损面积(m^2)。

5.2 以 3 块试件磨损量的算术平均值作为试验结果,结果计算精确至 0.001kg/m^2。当其中一块磨损量超过平均值 15% 时,应予以剔除,取余下两块试件结果的平均值作为试验结果,如两块磨损量均超过平均值 15% 时,应重新试验。

6 试验报告

试验报告应包括以下内容:

(1)要求检测的项目名称、执行标准;

(2)原材料的品种、规格和产地;

(3)仪器设备的名称、型号及编号;

(4)环境温度和湿度;

(5)单位面积的磨损量;

(6)要说明的其它内容。

条文说明

本方法和 ASTM C 944—95 在试验原理上是一致的，均采用旋转磨耗法，以一定时间内试件的质量损失率作为磨损量。然而采用 JC/T 421—91 规定的磨耗试验机和 ASTM C 944—95 有所区别，所以在配重和磨耗时间方面有所不同。

美国已制订了混凝土和水泥砂浆耐磨性试验方法。ASTM C 77—89a 包括三种方法（转盘式、琢毛滚轮式和滚珠式）。

1990 年中国建筑材料科学研究院研制成功的新型磨耗试验机已通过鉴定，所制订的“水泥胶砂耐磨性试验方法”已被批准作为国家专业标准（编号 JC/T 425—91）。

中国建筑材料科学研究院对为配合道路水泥国家标准的制订而研制成功的新型耐磨耗试验机和已被批准作为国家专业标准的试验方法已进行大量试验工作；对水泥胶砂耐磨性试验机和已作为国家专业标准的试验方法也已进行了大量的试验工作；对水泥胶砂耐磨性试验已取得比较成熟的经验，为混凝土耐磨性试验创造了重要条件。如果这种新型磨耗试验机能同时检测混凝土和水泥胶砂两者的耐磨性能，则可一机两用，取得事半功倍的效果。

1992 年交通部公路科学研究所用 TMS—240 型“水泥胶砂耐磨试验机”（对试件固定部分作了加工改制），进行不同配合比水泥胶砂和混凝土的耐磨性试验，结果表明，两者的磨损量均与强度有很密切的关系（相关系数为 0.91 ~ 0.94），可以达到一机两用的预期目的。本试验方法以室内试验为主，用普遍采用的边长为 150mm 立方体作为混凝土抗磨标准试件，易于进行大量比较试验，通用性较好。

T 0568—2005　水泥混凝土抗渗性试验方法

(Standard Test Method for Permeation Resistance of Cement Concrete under Hydraulic Pressure)

1　目的、适用范围和引用标准

本方法规定了水泥混凝土抗渗性试验的方法和步骤。

本方法适用于检测水泥混凝土硬化后的防水性能以及测定其抗渗等级。

引用标准：

T 0551—2005　《水泥混凝土试件制作与硬化水泥混凝土现场取样方法》

2　仪器设备

（1）水泥混凝土渗透仪：应能使水压按规定方法稳定地作用在试件上。

（2）成型试模：上口直径 175mm，下口直径 185mm，高 150mm 的锥台或上下直径与高度均为 150mm 的圆柱体。

（3）螺旋加压器、烘箱、电炉、浅盘、铁锅、钢丝刷等。

（4）密封材料：如石蜡，内掺松香约 2%。

3　试件制备

3.1　制备和养生符合 T 0551 的规定。试块养护期不少于 28d，不超过 90d。

3.2　试件成型后 24h 拆模，用钢丝刷刷净两端面水泥浆膜，标准养护龄期为 28d。

4　试验步骤

4.1　试件到龄期后取出，擦干表面，用钢丝刷刷净两端面，待表面干燥后，在试件侧面滚涂一层熔化的密封材料,然后立即在螺旋加压器上压入经过烘箱或电炉预热过的试模中,使试件底面和试模底平齐,待试模变冷后,即可解除压力,装在渗透仪上进行试验。

如在试验过程中,水从试件周边渗出,说明密封不好,要重新密封。

4.2 试验时,水压从 0.1MPa 开始,每隔 8h 增加水压 0.1MPa,并随时注意观察试件端面情况,一直加至 6 个试件中有 3 个试件表面发现渗水,记下此时的水压力,即可停止试验。

注:当加压至设计抗渗等级,经 8h 后第三个试件仍不渗水,表明混凝土已满足设计要求,也可停止试验。

5 试验结果

混凝土的抗渗等级以每组 6 个试件中 4 个未发现有渗水现象时的最大水压力表示。抗渗等级按下式计算:

$$S = 10H - 1 \tag{T0568-1}$$

式中:S——混凝土抗渗等级;

H——第三个试件顶面开始有渗水时的水压力(MPa)。

注:混凝土抗渗等级分级为 S2、S4、S6、S8、S10、S12,若压力加至 1.2MPa,经过 8h,第三个试件仍未渗水,则停止试验,试件的抗渗等级以 S12 表示。

6 试验报告

试验报告应包括以下内容:

(1)要求检测的项目名称、执行标准;

(2)原材料的品种、规格和产地;

(3)仪器设备的名称、型号及编号;

(4)环境温度和湿度;

(5)抗渗等级;

(6)要说明的其它内容。

条文说明

本方法参照 GBJ 82—85《普通混凝土长期性和耐久性能试验方法》中的第五章修改,本方法可用于评价水泥混凝土的耐久性。

T 0569—2005 水泥混凝土渗水高度试验方法

(Standard Test Method for Permeation Depth of Cement Concrete under Hydraulic Pressure)

1 目的、适用范围和引用标准

本方法规定了在给定时间和水压力条件下水泥混凝土渗水高度的测定方法。

本方法适用于室内相对比较水泥混凝土的密实性,计算相对渗透系数。也可用于比较水泥混凝土的抗渗性。

引用标准:

T 0551—2005 《水泥混凝土试件制作与硬化水泥混凝土现场取样方法》

2 仪器设备

(1)梯形板:尺寸如图 T0569-1 所示,画有十条等间距垂直于上下端的直线。亦可采用尺寸约为 200mm×200mm 的玻璃或其它透明材料,将十条等间距线画在上面。

(2)钢尺:分度值为 1mm。

(3)成型试模:上口直径 175mm,下口直径 185mm,高 150mm 的锥台或上下直径与高度均为 150mm 的圆柱体。

(4)钟表:分度值为 min。

(5)螺旋加压器、烘箱、电炉、浅盘、铁锅、钢丝刷等。

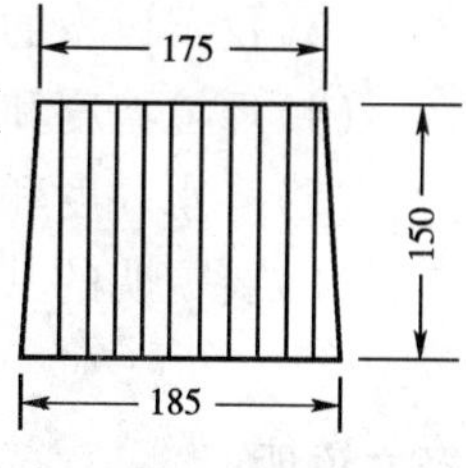

图 T0569-1 梯形玻璃板

(尺寸单位:mm)

3 试件制备

试件到龄期后取出,擦干表面,用钢丝刷刷净两端面,待表面干燥后,在试件侧面滚涂一层熔化的密封材料,然后立即在螺旋加压器上压入经过烘箱或电炉预热过的试模中,使试件底面和试模底平齐,待试模变冷后,即可解除压力,装在渗透仪上进行试验。

如在试验过程中,水从试件周边渗出,说明密封不好,要重新密封。

比较不同水泥品种的混凝土时,试件养护至 28d;比较水泥品种相同的混凝土时,试件可养护至 14d。

4 试验步骤

4.1 试验时,水压控制恒定为 0.8 MPa ±0.05MPa,同时开始记录时间(精确到 min),24h 后停止试验,取出试件。

注:1. 在恒压过程中,如果试件顶端出现渗水,应立即停止试验,并记录下时间。此时该试件的渗水高度即为试件高度。

2. 当混凝土较为密实时,压力可改为 1.0 MPa 或 1.2MPa 。

4.2 将试件放在压力机上,沿纵断面将试件劈裂成两半,待看清水痕后(约过 2 min ~ 3min)用墨汁描出水痕,即为渗水轮廓,笔迹不宜太粗。

4.3 将梯形玻璃板放在试件劈裂面上,用尺测量十条线的渗水高度(精确至 1mm)。

5 结果计算

5.1 以 10 个测点处渗水高度的算术平均值作为该试件的渗水高度;然后再计算 6 个试件的渗水高度的算术平均值,作为该组试件的平均渗水高度。

如试件的渗水高度均匀(3 个试件渗水高度值中最大值与最小值之差不大于 3 个数的平均值的 30%)时,允许从 6 个试件中先取 3 个试件进行试验,其渗水高度取 3 个试件的算术平均值。

根据试验所得渗水高度大小,相对比较混凝土的密实性。

5.2 相对渗透系数:

$$S_k = \frac{mD_m^2}{2TH} \tag{T0569-1}$$

式中:S_k——相对渗透系数(mm/s);

D_m——平均渗水高度(cm);

H——水压力,以水柱高度表示(cm);

T——恒压经历的时间(h);

m——混凝土的吸水率,一般为 0.03。

注:1MPa 的水压力,以水柱高度表示为 10 200cm。

6 试验报告

试验报告应包括以下内容:

(1)要求检测的项目名称、执行标准;

(2)原材料的品种、规格和产地;

(3)仪器设备的名称、型号及编号;

(4)环境温度和湿度;

(5)渗水高度和相对渗透系数;

(6)要说明的其它内容。

条文说明

本方法参考 DL/T 5150—2001《水工混凝土试验规程》中的4.22节修改。

T 0570—2005 水泥砂浆立方体抗压强度试验方法

(Standard Test Method for Compressive Strength of Cubic Mortar Specimens)

1 目的、适用范围和引用标准

本试验规定了测定水泥砂浆抗压极限强度的方法,以确定水泥砂浆的强度等级,作为评定水泥砂浆品质的主要指标。

本试验适用于各类水泥砂浆的70.7mm×70.7mm×70.7mm立方体试件。

引用标准:

JG/T 3020—1994 《混凝土试验用振动台》

GB/T 3722—1992 《液压式压力试验机》

GB/T 2611—1992 《试验机通用技术要求》

JG 3019—1994 《水泥混凝土试模》

JG 3021—1994 《水泥混凝土坍落度仪》

2 仪器设备

(1)试模为70.7mm×70.7mm×70.7mm立方体,由铸铁或钢制成,应具有足够的刚度并拆装方便。试模的内表面应机械加工,其不平度应为每100mm不超过0.05mm,组装后各相邻面的不垂直度不应超过±0.5°。

(2)捣棒:直径10mm、长350mm的钢棒,端部应磨圆。

(3)压力试验机:符合JG/T 3020中压力机的要求。

(4)垫板:试验机上、下压板及试件之间可垫以钢垫板,垫板的尺寸应大于试件的承压面,其不平度应为每100mm不超过0.02mm。

3 试件制备及养护

3.1 制作砌筑砂浆试件时,将无底试模放在普通粘土砖上(砖的吸水率不小于10%,含水率不大于2%),试模内壁事先涂刷薄层机油或脱模剂。

3.2 使用前预先在普通粘土砖上铺上吸水性较好的纸,如湿的新闻纸(或其它未粘过胶凝材料的纸),纸的大小要以能盖过砖的四边为准。砖的使用面要求平整,凡砖四个垂直面粘过水泥或其它胶结材料后,不允许再使用。

3.3 向试模内一次注满砂浆,用捣棒均匀由外向里按螺旋方向插捣25次,为了防止低稠度砂浆插捣后可能留下孔洞,允许用油灰刀沿模壁插数次,使砂浆高出试模顶面6mm~8mm。

3.4 当砂浆表面开始出现麻斑状态时(约15min~30min),将高出部分的砂浆沿试模顶面削去抹平。

3.5　试件制作后应在20℃ ±5℃温度环境下放置一昼夜(24h ±2h),当气温较低时,可适当延长时间,但不应超过两昼夜,然后对试件进行编号并拆模。试件拆模后,应在标准养护条件下继续养护至28d,然后进行试压。

3.6　标准养护的条件

3.6.1　水泥混合砂浆:标准养护的条件为温度20℃ ±2℃,相对湿度60% ~80%。

3.6.2　水泥砂浆和微沫砂浆:标准养护的条件为温度20℃ ±2℃,相对湿度90%以上。

3.6.3　养护期间,试件彼此间隔10mm以上。

4　试验步骤

4.1　试件从养护地点取出后,应尽快进行试验,以免试件内部的温、湿度发生显著变化。先将试件擦拭干净,测量尺寸,并检查其外观。试件尺寸测量精确至1mm,如果实测尺寸与公称尺寸之差不超过1mm,按公称尺寸进行计算。

4.2　将试件安放在试验机的下压板上(或下垫板上),试件的承压面应与成型时的顶面垂直,试件中心应与试验机下压板(或下垫板)中心对准。

开动试验机,当上压板与试件(或下垫板)接近时,调整球座,使接触面均衡受压。承压试验应连续而均匀加荷,加荷速度为0.5kN/s ~5kN/s(砂浆强度5MPa及5MPa以下时,取下限为宜,砂浆强度5MPa以上取上限为宜),保持试验机油门,直至试件破坏。

5　试验结果计算

5.1　立方体抗压强度

$$f_{m,cu} = \frac{F_u}{A} \tag{T0570-1}$$

式中:$f_{m,cu}$——砂浆立方体抗压强度(MPa);

F_u——破坏荷载(N);

A——试件承压面积(mm^2)。

5.2　结果处理

以6个试件的算术平均值作为该组试件的抗压强度,精确至0.1 MPa。

6　试验报告

试验报告应包括以下内容:

(1)要求检测的项目名称、执行标准;

(2)原材料的品种、规格和产地;

(3)仪器设备的名称、型号及编号;

(4)环境温度和湿度;

(5)立方体抗压强度;

(6)要说明的其它内容。

条文说明

本方法参照ASTM C 109/C 109M—98制订。但在ASTM C 109/C 109M—98中采用的试件为50mm×50mm×50mm立方体。

三、混凝土结构、施工与质量检测

UDC

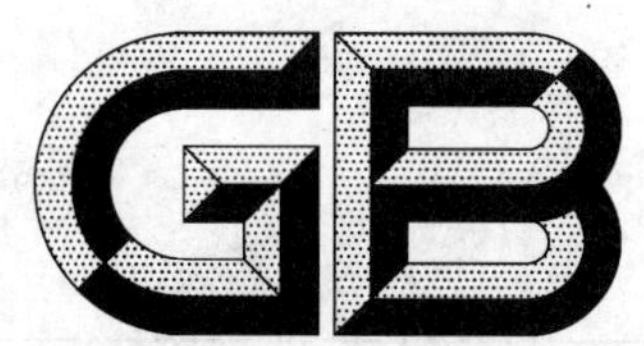

中华人民共和国国家标准

P　　　　GB 50152—92

混凝土结构试验方法标准

Standard Methods for Testing of Concrete Structures

主编部门：中华人民共和国原城乡建设环境保护部

批准部门：中　华　人　民　共　和　国　建　设　部

1992-01-07 发布　　　　1992-07-01 实施

国家技术监督局
中华人民共和国建设部　联合发布

第一章　总　　则

第 1.0.1 条　为确保混凝土结构试验的质量，正确评价混凝土结构的基本性能，统一混凝土结构的试验方法，特制定本标准。

第 1.0.2 条　本标准适用于工业与民用建筑和一般构筑物的钢筋混凝上结构、预应力混凝土结构的荷载试验。不适用于有特殊要求的研究性试验，以及处于高温、负温、侵蚀性介质等环境条件下的结构试验。

第 1.0.3 条　在执行本标准时，还应符合现行国家标准《混凝土结构设计规范》GBJ 10—89、《建筑结构荷载规范》GBJ 9—87 以及其它有关标准、规范的规定。

第二章　试验结构构件的制作及材料基本力学性能

第 2.0.1 条　试验结构构件的材料、截面几何尺寸和施工质量应符合现行国家标准《混凝土结构工程施工及验收规范》、《预制混凝土构件质量检验评定标准》及有关标准、规范的要求。

制作研究性试验结构构件时，应保证量测仪表用预埋件和预留孔洞的正确位置和减少截面的削弱，并应采取措施防止施工中损坏预埋传感元件。在构件承受较大集中荷载的部位应采取钢筋网片或钢板等局部加强。

第 2.0.2 条　试验结构构件的钢筋应取试件作屈服强度、抗拉强度、伸长率和冷弯等力学性能试验。钢筋试件的拉力试验应符合现行国家标准《金属拉力试验法》的要求。

当需要确定构件的钢筋应力时，应测定钢筋的弹性模量，并绘制应力—应变曲线。

第 2.0.3 条　对研究性试验，在制作试验结构构件时应采用同批拌合物制作混凝土立方体试件，并与试验结构构件同条件养护。

当需要测定混凝土的应力、弹性模量或轴心抗压强度时，应制作棱柱体试件，并宜绘制混凝土的应力—应变曲线。

当进行抗裂性试验研究时，应同时制作用来测定抗拉强度的混凝土立方体试件。

立方体试件和棱柱体试件的制作、养护和试验应符合现行国家标准《普通混凝土力学性能试验方法》的要求。

第 2.0.4 条　当采用新品种的钢筋或水泥制作试验结构构件时，材料的质量应符合国家现行有关标准、规范的要求。

第 2.0.5 条　对成批生产的预制构件的抽样检验，其试验构件的钢筋和混凝土的力学性能指标，试验前应由送检单位提供。

第 2.0.6 条　当需要进一步确定试验结构构件的材料实际强度时，可在构件试验完成后，从构件受力较小部位截取试件进行材料力学性能试验。

第三章　量测仪表、加载设备及试验装置

第一节　量 测 仪 表

第 3.1.1 条　混凝土结构试验用的量测仪表，应符合本节精度等级的规定，并应有主管计量部门定

期检验的合格证书。

第 3.1.2 条　各种位移量测仪表的精度、误差等应符合下列规定：

一、钢直尺、千分表、百分表和大量程百分表的误差允许值应符合表 3.1.2 的规定；

表 3.1.2　钢直尺、百分表、千分表、大量程百分表误差允许值

名称		任意段示值误差(μm)				示值总误差值(μm)				回程误差(μm)			示　值 变动性
		分段(mm)				量程(mm)				量程(mm)			
		0.1	0.2	1.0	10.0	1.5×10^n	3×10^n	5×10^n	10×10^n	3×10^n	5×10^n	10×10^n	(μm)
钢直尺				±50	±80	±100	±100	±150	±200				
千分表	新制的		3						5	2			0.3
	已使用的		4						6	2.5			0.5
百分表	新制的	9		12			15	18	22	5			3
	已使用的	—		18			20	25	30	—			5
大量程百分表				15			30	40	50	7　8　10			5

注：① 表中 n 系指数，千分表 $n=-1$，百分表 $n=0$，大量程百分表 $n=1$，钢直尺 $n=2$；

② 表中所列百分表的误差允许值是百分表的准确度等级为 1 级时的误差允许值。

二、水准仪和经纬仪的精度分别不应低于 3 级精度(DS_3)和 2 级精度(DS_2)；

三、位移传感器的准确度不应低于 1.0 级；位移传感器的指示仪表的最小分度值不宜大于所测总位移的 1.0%，示值误差应为±1.0%F.S.；

四、倾角仪的最小分度值不宜大于 5″；电子倾角计的示值误差应为±1.0%F.S.。

注：F.S. 表示量测仪表的满量程。

第 3.1.3 条　各种应变量测仪表的精度、误差等应分别满足下列规定：

一、由符合本标准第 3.1.2 条规定的千分表、百分表和位移传感器等构成的应变量测装置，其标距误差应为±1.0%，最小分度值不宜大于被测总应变的 1.0%；

二、双杠杆应变计的示值误差和标距误差均应为±1.0%，最小分度值不宜大于被测总应变的 2.0%；

三、静态电阻应变仪的精度不应低于 B 级，最小分度值不宜大于 10×10^{-6}；

动态电阻应变仪的精度不应低于 B 级，基准量程不宜小于 200×10^{-4}，输出灵敏度不宜低于 0.1 mA/10^{-6}或 0.1 mV/10^{-6}，载波频率不宜低于 10 倍被测应变的频率；

电阻应变计的精度不应低于 C 级；对于疲劳试验精度不应低于 B 级。

第 3.1.4 条　观测裂缝宽度的仪表，其最小分度值不宜大于 0.05 mm。

第 3.1.5 条　各种力值量测仪表的精度、误差等应分别满足下列规定：

一、弹簧式拉力、压力测力计的最小分度值不应大于 2.0%F.S.，示值误差应为±1.5%；

二、负荷传感器的精度不应低于 C 级，对于长期试验，精度不应低于 B 级，负荷传感器的指示仪表的最小分度值不宜大于被测力值总量的 1.0%，示值误差应为±1.0%F.S.。

第 3.1.6 条　各种记录仪表精度、误差等应分别满足下列规定：

一、X-Y 函数记录仪的准确度不应低于 1.0 级；

二、光线示波器应符合现行标准《光线示波器》的规定；

三、笔式记录器的准确度不应低于 1.0 级；

四、磁带记录器的信噪比不应小于 35 dB，带速误差应为±0.7%，线性误差不应大于 0.5%。

第二节　加载设备

第 3.2.1 条　混凝土结构试验用的各种试验机应满足本标准第 3.2.7 条规定的精度等级要求，并应有主管计量部门定期检验的合格证书。经修理的试验机应重新检验，领取新的合格证书。当使用其它加载设备对试验结构构件施加荷载时，加载量误差应为±3.0%，对于现场试验的误差应为±5.0%。

第 3.2.2 条　采用各种重物产生的重力作试验荷载时，称量重物的衡器示值误差应为±1.0%，重物应满足下列规定：

一、对于吸水性重物，使用过程中应有防止这些重物含水量变化的措施，并应在试验结束后立即抽样复查加载量的准确性；

二、铁块、混凝土块等块状重物应逐块或逐级分堆称量，最大块重应满足加载分级的需要，并不宜大于 25 kg；

三、红砖等小型块状材料，宜逐级分堆称量；对于块体大小均匀，含水量一致又经抽样核实块重确系均匀的小型块材，可按平均块重计算加载量；

四、散粒状材料应装袋或装入放在试验构件表面上的无底箱中，并逐级称量。

第 3.2.3 条　采用静水压力作均布试验荷载时，水中不应含有泥砂等杂物，可采用水柱高度或精度不低于 1.0 级水表计算加载量。

第 3.2.4 条　采用气压作均布试验荷载时，充气胶囊不宜伸出试验结构构件的外边缘。确定加载量时，应考虑充气囊与结构表面接触的实际作用面积，按气囊中的气压值计算确定。

第 3.2.5 条　采用千斤顶加载，宜按本标准第 3.1.5 条规定的力值量测仪表直接测定它的加载量。

当条件受到限制而需用油压表测定油压千斤顶的加载量时，油压表精度不应低于 1.5 级，并应对配套的千斤顶进行标定，绘出标定曲线，曲线的重复性误差应为±5%。

当采用相互并联的数个同规格液压加载器施加静荷载时，可只在一个加载器上测定作用力，并计算总的加载量。此时，各加载器的实测摩阻系数与平均值的偏差应为±2.0%，各加载器间的高差不应大于 5 m。

第 3.2.6 条　采用卷扬机、倒链等机具加载时，应采用串联在绳索中的力值量测仪表直接测定加载量，当绳索需通过导向轮或滑轮组对结构加载时，力值量测仪表宜串联在靠近试验结构一端的绳索中。

第 3.2.7 条　加载用的各种试验机精度、误差等应分别满足下列规定：

一、万能试验机、拉力试验机、压力试验机的精度不应低于 2 级；

二、结构疲劳试验机静态测力误差应为±2%。

三、电液伺服结构试验系统的荷载、位移量测误差应为±1.5%F.S.。

第三节　试验装置

第 3.3.1 条　试验装置的设计和配置应满足下列要求：

一、试验结构构件的跨度、支承方式、支撑等条件和受力状态应符合设计计算简图，且在整个试验过程中保持不变；

二、试验装置不应分担试验结构构件承受的试验荷载，且不应阻碍结构构件的变形自由发展；

三、试验装置应有足够刚度，最大试验荷载作用下应有足够承载力(包括疲劳强度)和稳定性。

第 3.3.2 条　试验结构构件的支座应分别按下列规定设置：

一、单跨简支结构构件和连续梁的支座除一端支座应为固定铰支座外，其它支座应为滚动铰支座；安装时，各支座轴线应彼此平行并垂直于试验结构构件的纵轴线，各支座轴线间的距离取为结构构件的试验跨度；

滚动铰支座和固定铰支座的构造分别如图 3.3.2-1 和图 3.3.2-2 所示；铰支座的长度不应小于试验结构构件在支承处的宽度，上垫板宽度 c 宜与试验结构构件的设计支承长度一致，厚度不应小于 $c/6$。钢滚轴直径宜按表 3.3.2 取用；

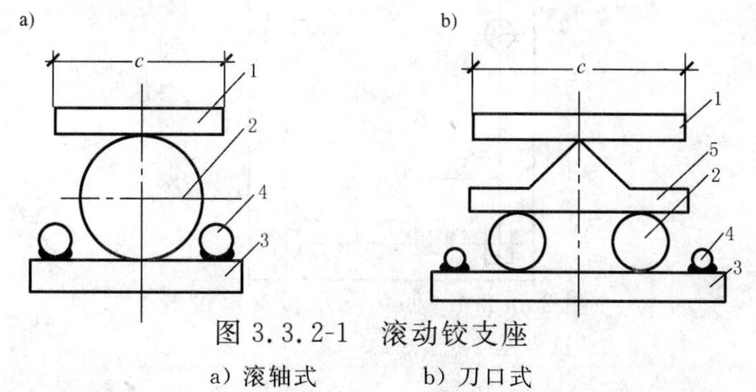

图 3.3.2-1　滚动铰支座

a）滚轴式　　b）刀口式

1—上垫板；2—钢滚轴；3—下垫板；4—限位钢筋；5—刀口式垫板

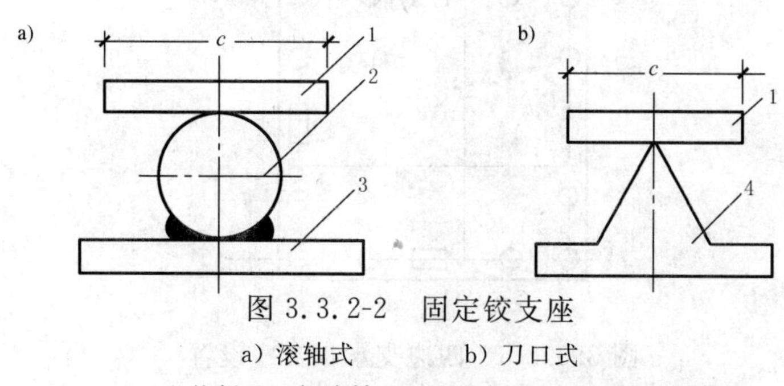

图 3.3.2-2　固定铰支座

a）滚轴式　　b）刀口式

1—上垫板；2—钢滚轴；3—下垫板；4—刀口式垫板

表 3.3.2　钢滚轴直径表

滚轴荷载(kN/mm)	钢滚轴直径(mm)
＜2.0	50
2.0～4.0	60～80
4.0～6.0	80～100

二、悬臂梁的嵌固端支座宜按图 3.3.2-3 设置。上支座中心线和下支座中心线至梁端的距离应分别为设计嵌固长度 c 的 1/6 和 6/5，拉杆应有足够强度和刚度；

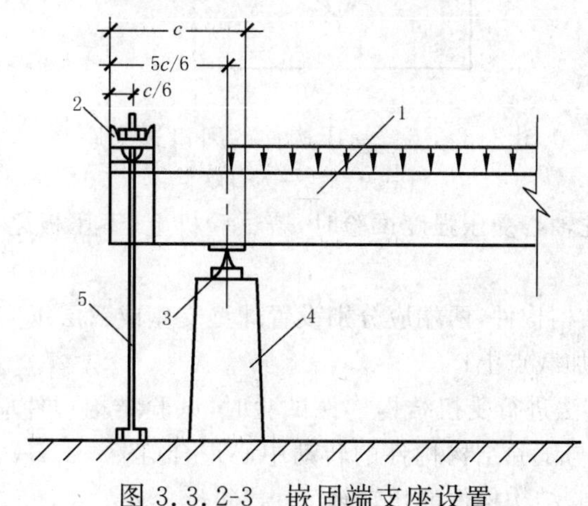

图 3.3.2-3　嵌固端支座设置

1—试验构件；2—上支座刀口；3—下支座刀口；4—支墩；5—拉杆

三、四角支承和四边简支支承双向板的支座应分别按图 3.3.2-4 和图 3.3.2-5 的形式设置。四边支承板的滚珠间距宜取板在支承处厚度 h 的 3～5 倍；

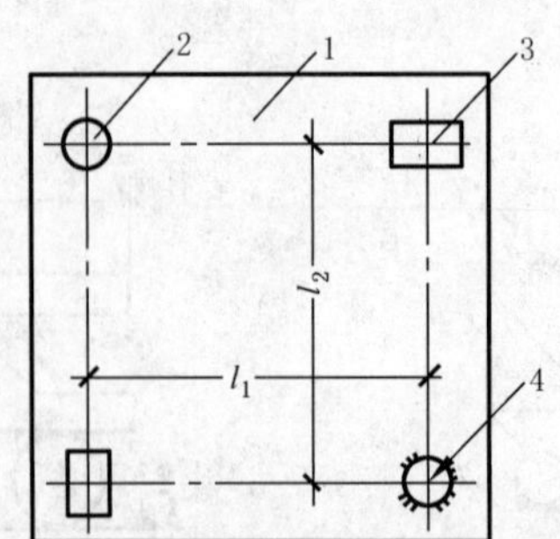

图 3.3.2-4　四角支承板支座设置

1—试验板；2—滚珠；3—滚轴；4—固定滚珠

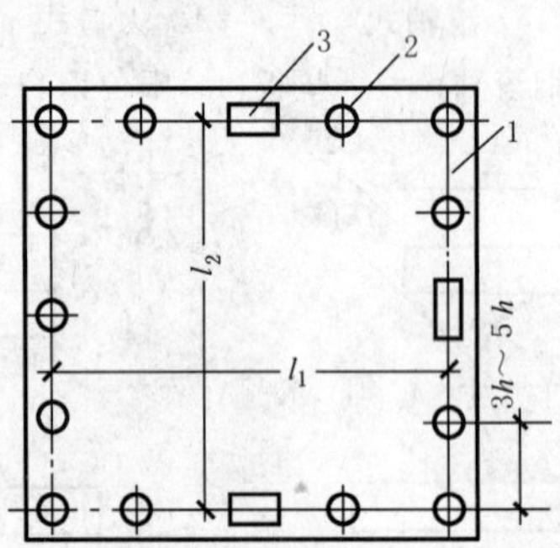

图 3.3.2-5　四边支承板支座设置

1—试验板；2—滚珠；3—滚轴

四、轴心受压和偏心受压试验结构构件两端应分别设置刀口式支座（图 3.3.2-6），刀口的长度不应小于试验结构构件截面宽度；安装时上下刀口应在同一平面内，刀口的中心线应垂直于试验结构构件发生纵向弯曲的所在平面，并应与试验机或荷载架的中心线重合；刀口中心线与试验结构构件截面形心间的距离应取为加载偏心距 e_0；

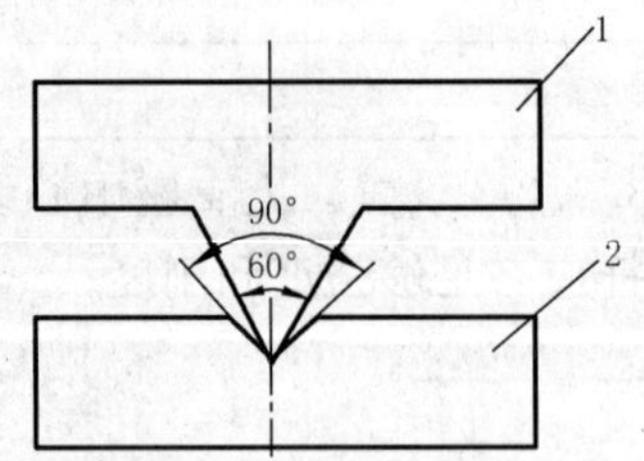

图 3.3.2-6　受压构件的刀口式支座

1—刀口；2—刀口座

当在压力试验机上作短柱轴心受压强度试验时，若试验机上、下压板之一已有球铰，短柱两端可不再设置刀口式支座；

对于双向偏心受压试验结构构件，两端应分别设置球型支座或双层正交刀口；球铰中心应与加载点重合，双层刀口的交点应落在加载点上；

五、当采用偏心距加载方法进行受扭结构构件试验时，试验结构构件应架设在两个自由转动的支座上，转动支座的转动中心应与试验结构构件的转动中心重合（图 3.3.2-7）；安装时，两支座的转动平面应彼此平行，并应垂直于试验结构构件的扭转轴。

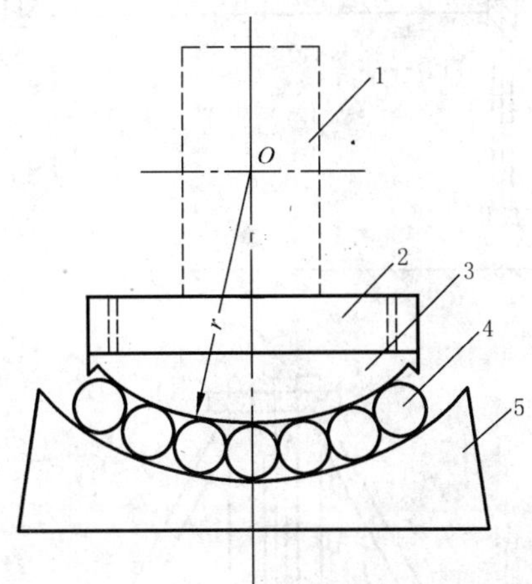

图 3.3.2-7 受扭试验转动支座

1—受扭试验构件；2—垫板；3—转动支座盖板；4—滚轴；5—转动支座

第 3.3.3 条 各种传递试验荷载的方法和装置应分别遵守下列规定：

一、采用重物的重力作均布试验荷载时，重物在单向试验结构构件受荷面上应分堆堆放，沿试验结构构件的跨度方向的每堆长度不应大于试验结构构件跨度的 1/6；对于跨度为 4 m 和 4 m 以下的试验结构构件，每堆长度不应大于构件跨度的 1/4；堆间宜留 50～150 mm 的间隙（见本标准附录一附图1.1）；

对于双向受力板的试验，堆放重物在两个跨度方向上的每堆长度和间隙均应满足上述要求；

当采用装有散粒材料的无底箱子加载时，沿试验结构构件跨度方向放置的箱数不应少于两个；

二、集中试验荷载作用点下的试验结构构件表面上，应设置足够厚度的钢垫板，钢垫板的面积应由混凝土局部受压承载力验算决定；对于柱等试验构件，必要时还可增设钢柱帽，防止柱端局部压坏；

三、对于梁、桁架等简支试验结构构件，当采用千斤顶等施加集中荷载时，加载设备不应影响试验结构构件跨度方向的自由变形（见本标准附录一附图 1.4）；

四、采用分配梁传递试验荷载时，分配比例不宜大于 4∶1；分配梁应为单跨简支，其支座构造应和简支试验结构构件的支座构造相同；

五、当采用卧梁将集中力分散为沿混凝土墙板的端截面长度方向的均布线荷载时，卧梁应有足够刚度。对于混凝土强度等级为 C_{20} 或 C_{20} 以下的试验结构构件，工字形或箱形截面的钢制卧梁，截面高度不应小于 1.2a；当在同一个卧梁上作用一个以上相同的集中力时，集中力间距宜取 3a，且不宜大于 2 m；当需要几种不同的线荷载时，卧梁应分段设置；

六、采用杠杆施加试验荷载时，杠杆的三支点应明确，并应在一直线上，杠杆的放大比不宜大于 5。

注：a 为最外边一个集中力作用点距试件端部的距离。

（见本标准附录一附图 1.9）。

第 3.3.4 条 当试验 V 形折板等开口薄壁构件时，应设置专门的卡具。

第 3.3.5 条 在试验平面外稳定性较差的屋架、桁架、薄腹梁等结构时，应按结构的实际工作条件设置平面外支撑（图 3.3.5）。平面外支撑应有足够的刚度和承载力，且应可靠地锚固，并不应阻碍试验结构构件在平面内的变形发展。

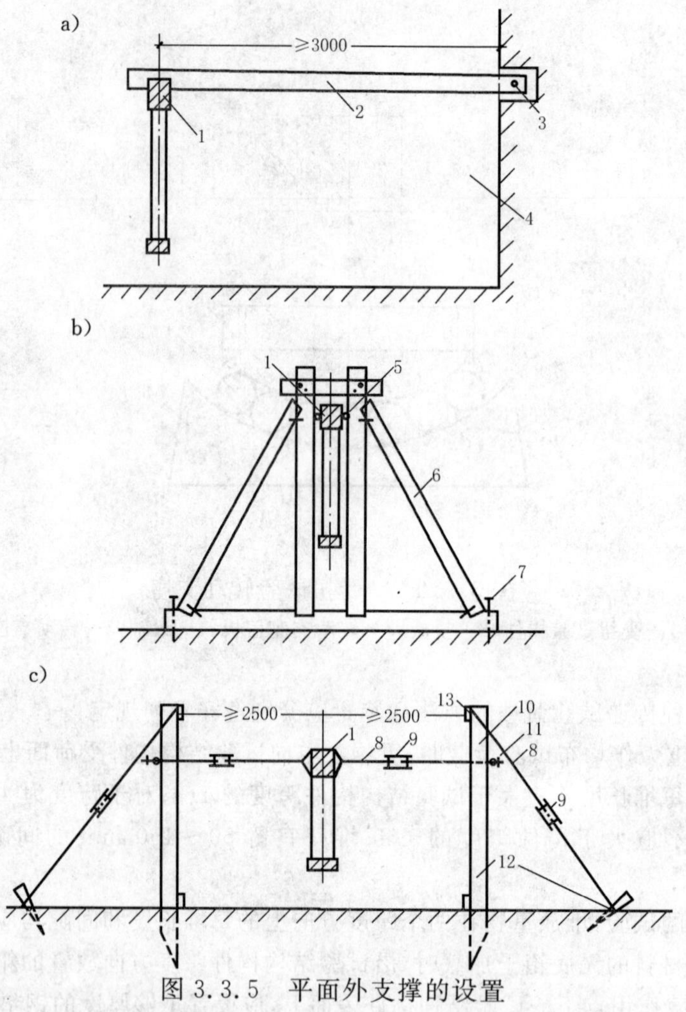

图 3.3.5　平面外支撑的设置

a) 利用已建结构物作支撑；b) 利用支撑作支撑；c) 利用地锚作支撑

1—试验结构；2—横杆；3—稍联结；4—已建结构物；5—滚轴；6—支撑架；7—与地锚固件；8—钢铰线或钢筋；9—花兰螺丝；10—立柱；11—可调高度的柱结点；12—地锚；13—立柱间的纵向支撑

第 3.3.6 条　试验结构构件支座下的支墩和地基应分别符合下列规定：

一、支墩和地基应有足够刚度，在试验荷载作用下的总压缩变形不宜超过试验结构构件挠度的 1/10；对于连续梁，四角支承和四边支承双向板等结构试验需要两个以上支墩时，各支墩的刚度应相同；

二、单向简支试验结构构件的两个铰支座的高差应符合结构构件支座设计高差的要求，其偏差不宜大于试验结构构件跨度的 1/200；双向板支墩在两个跨度方向的高差和偏差均应满足上述要求；连续梁各中间支墩应采用可调式支墩，并宜安装力值量测仪表，按支座反力的大小调节支墩高度。

第四章　试验荷载和加载方法

第一节　加载图式和加载方案

第 4.1.1 条　试验结构构件宜采用与其实际工作状态相一致的正位试验。

当需要采用异位（卧位、反位）试验时，应防止试验结构构件在就位过程中产生裂缝，不可恢复的挠曲或其它附加变形，并应考虑构件自重的作用方向与实际作用方向不一致的影响。

第 4.1.2 条　当屋架、桁架等结构仅作刚度、抗裂、裂缝宽度试验时，可采用两榀结构卧位对顶或平列正位并安放屋面板或檩条和垂直支撑后进行加载试验。

第 4.1.3 条 试验结构构件的加载图式应符合计算简图。当试验条件受限制时，可采用控制截面（或部位）上产生与某一相同作用效应的等效荷载进行加载，但应考虑等效荷载对结构构件试验结果的影响。

第 4.1.4 条 当一种加载图式不能反映试验要求的几种极限状态时，应采用几种不同的加载图式分别在几个试验结构构件上进行试验。

如果在一种试验结构构件上做过第一种加载图式试验后经采取措施能确保对第二种加载图式的试验结果不会带来影响时，可在同一试件上先后进行两种不同加载图式的试验。

第 4.1.5 条 对试验结构构件施加荷载的装置和方法应根据结构构件的类型、加载图式及设备条件进行选择。对于常见的各种结构构件，加载装置可按本标准附录一采用。

第二节 试验荷载的确定

第 4.2.1 条 在进行混凝土结构试验前，应根据试验要求分别确定下列试验荷载值：

一、对结构构件的挠度、裂缝宽度试验，应确定正常使用极限状态试验荷载值（简称为使用状态试验荷载值）；

二、对结构构件的抗裂试验，应确定开裂试验荷载值；

三、对结构构件的承载力试验，应确定承载能力极限状态试验荷载值，简称为承载力试验荷载值。

第 4.2.2 条 试验结构构件的使用状态短期试验荷载值应按下列方法确定：

一、检验性试验

结构构件使用状态短期试验荷载值应根据结构构件控制截面上的荷载短期效应组合的设计值 S_s 和试验加载图式经换算确定。

荷载短期效应组合的设计值 S_s 应按国家标准《建筑结构荷载规范》GBJ 9—87 计算确定，或由设计文件提供。

二、研究性试验

结构构件的使用状态短期试验荷载值应根据结构构件控制截面上的正常使用极限状态短期内力计算值 S_s^c 和试验加载图式经换算确定。

正常使用极限状态短期内力计算值可根据材料的实测强度和结构构件的几何参数实测值、结构构件的重要性系数、荷载分项系数、承载力检验系数允许值综合分析确定。

第 4.2.3 条 试验结构构件的开裂试验荷载计算值应根据结构构件的开裂内力计算值和试验加载图式经换算确定。

开裂内力计算值应按下列方法计算：

一、检验性试验

正截面抗裂检验的开裂内力计算值应按下式计算：

$$S_{cr}^c=[\nu_{cr}]S_s \tag{4.2.3-1}$$

$$[\nu_{cr}]=0.95\frac{\sigma_{pc}+\gamma f_{tk}}{\sigma_{sc}} \tag{4.2.3-2}$$

式中：S_{cr}^c——正截面抗裂检验的开裂内力计算值；

$[\nu_{cr}]$——构件抗裂检验系数允许值；

σ_{sc}——荷载的短期效应组合下抗裂验算边缘的混凝土法向应力（N/mm^2）；

γ——受拉区混凝土塑性影响系数，应按现行国家标准《混凝土结构设计规范》的有关规定取用；

f_{tk}——试验时的混凝土抗拉强度标准值（N/mm^2），应根据设计的混凝土立方体抗压强度值，按现行国家标准《混凝土结构设计规范》规定的指标取用；

σ_{pc}——试验时在抗裂验算边缘的混凝土预压应力计算值(N/mm^2),应按现行国家标准《混凝土结构设计规范》的有关规定确定;计算预压应力值时,混凝土的收缩、徐变引起的预应力损失值应考虑时间因素的影响;

S_s——荷载短期效应组合的设计值。

二、研究性试验

正截面抗裂试验的开裂内力计算值应按下列公式计算:

(一)轴心受拉构件

$$N_{cr}^{c}=(f_t^{o}+\sigma_{pc})A_o^{o} \tag{4.2.3-3}$$

(二)受弯构件

$$M_{cr}^{c}=(\nu f_t^{o}+\sigma_{pc})W_o^{o} \tag{4.2.3-4}$$

(三)偏心受拉和偏心受压构件

$$N_{cr}^{c}=\frac{\nu f_t^{o}+\sigma_{pc}}{\dfrac{e_0}{W_o^{o}}\pm\dfrac{1}{A_o^{o}}} \tag{4.2.3-5}$$

式中:N_{cr}^{c}——轴心受拉、偏心受拉和偏心受压构件正截面开裂轴向力计算值;

M_{cr}^{c}——受弯构件正截面开裂弯矩计算值;

A_o^{o}——由实际几何尺寸计算的构件换算截面面积;

W_o^{o}——由实际几何尺寸计算的换算截面受拉边缘的弹性抵抗矩;

e_0——轴向力对截面重心的偏心矩;

f_t^{o}——混凝土的抗拉强度实测值。

注:公式(4.2.3-5)右边项中,当轴向力为拉力时取正号;为压力时取负号。

第4.2.4条 试验结构构件的承载力试验荷载计算值应根据构件达到承载能力极限状态时的内力计算值和试验加载图式经换算确定。

结构构件达到承载能力极限状态时的内力计算值应按下列方法计算:

一、检验性试验

(一)当按设计规范规定进行检验时,应按下式计算:

$$S_{u1}^{c}=\gamma_o[\nu_u]S \tag{4.2.4-1}$$

式中:S_{u1}^{c}——当按设计规范规定进行检验时,结构构件达到承载力极限状态时的内力计算值,也可称为承载力检验值(包括自重产生的内力);

γ_o——结构构件的重要性系数;

$[\nu_u]$——结构构件承载力检验系数允许值,按现行国家标准《预制混凝土构件质量检验评定标准》GBJ 321—90取用;

S——荷载效应组合的设计值(内力组合设计值)

(二)当设计要求按实配钢筋的构件承载力进行检验时应按下式计算:

$$S_{u2}^{c}=\gamma_o\eta[\gamma_u]S \tag{4.2.4-2}$$

$$\eta=\frac{R(f_c,f_s,A_s^{a}\cdots)}{\gamma_o S} \tag{4.2.4-3}$$

式中:S_{u2}^{c}——当设计要求按实配钢筋的构件承载力进行检验时,结构构件达到承载力极限状态时的内力计算值,也可称为承载力检验值(包括自重产生的内力);

$R(\cdot)$——按实配钢筋面积A_s^{a}确定的构件承载力计算值;

η——构件承载力检验的修正系数。

二、研究性试验

结构构件达到承载能力极限状态时的内力计算值应根据材料的实测强度、构件的实测几何参数按下式进行计算：

$$S_{u3}^{c}=R(f_{c}^{o},f_{s}^{o},a^{o}\cdots) \tag{4.2.4-4}$$

第 4.2.5 条 试验结构构件的自重应按实际尺寸与材料的自重确定或直接测定。常用材料的自重应按现行国家标准《建筑结构荷载规范》GBJ 9—87 的规定取用。

第三节 加 载 程 序

第 4.3.1 条 结构试验宜进行预加载，预加载值不宜超过结构构件开裂试验荷载计算值的 70%。

第 4.3.2 条 试验荷载应按下列规定分级加载和卸载：

一、在达到使用状态短期试验荷载值以前，每级加载值不宜大于使用状态短期试验荷载值的 20%；超过使用状态短期试验荷载值后，每级加载值不宜大于使用状态短期试验荷载值的 10%；

二、对于研究性试验，加载到达开裂试验荷载计算值的 90%后，每级加载值不宜大于使用状态短期试验荷载值的 5%；

对于检验性试验，荷载接近抗裂检验荷载时，每级荷载不宜大于该荷载值的 5%；

当试件开裂以后，每级加载值应恢复本条第一款正常加载的有关规定；

三、对于研究性试验，加载到达承载力试验荷载计算值的 90%以后，每级加载值不宜大于使用状态短期试验荷载值的 5%；

对于检验性试验，加载接近承载力检验荷载时，每级荷载不宜大于承载力检验荷载设计值的 5%；

当采用液压加载时，可连续慢速加载直至构件破坏；

四、每级卸载值可取为使用状态短期试验荷载值的 20%～50%；每级卸载后在构件上的试验荷载剩余值宜与加载时的某一荷载值相对应。

第 4.3.3 条 每级加载或卸载后的荷载持续时间应符合下列规定：

一、每级荷载加载或卸载后的持续时间不应少于 10 min，且宜相等；

二、对变形和裂缝宽度的结构构件试验，在使用状态短期试验荷载作用下的持续时间不应少于 30 min；

三、对使用阶段不允许出现裂缝的结构构件的抗裂研究性试验，在开裂试验荷载计算值作用下的持续时间应为 30 min；对检验性试验，在抗裂检验荷载作用下宜持续 10 min～15 min；

如荷载达到开裂试验荷载计算值时试验结构构件已经出现裂缝，可不按上述规定持续作用；

四、对新结构构件、跨度较大的屋架、桁架及薄腹梁等试验，在使用状态短期试验荷载作用下的持续时间不宜少于 12 h。

第 4.3.4 条 残余变形的量测应在经过下列加载或卸载程序和变形恢复持续时间后进行：

一、按本标准第 4.3.2 条第一款和第 4.3.3 条第一款逐级加载至使用状态短期试验荷载值，并按第 4.3.3 条第二款或第四款的规定持续一定时间，然后根据第 4.3.2 条第四款和第 4.3.3 条第一款的规定卸载，全部卸载后还应经过变形恢复持续时间；

二、变形恢复持续时间，对于一般结构构件为 45 min，对于新结构构件和跨度较大的结构构件为 18 h。

第 4.3.5 条 当试验要求获得结构构件的承载力实测值和破坏特征时，应加载至试验结构构件破坏。

第 4.3.6 条 试验结构构件的自重和作用在其上的加载设备的重力，应作为试验荷载的一部分。加载设备产生的重力应经实测，且不宜大于使用状态试验荷载的 20%。

第 4.3.7 条 施加于试验结构构件各个加载部位上的每级荷载，应按同一个比例加载和卸载。

第 4.3.8 条 当试验要求在结构构件上按规定比例施加竖向和水平荷载时，试验开始施加水平荷载应考虑自重的影响，以保持要求的比例。

第五章　试验前的准备工作

第 5.0.1 条　结构构件试验前应制订试验计划。试验计划宜包括下列内容：

一、概述；

二、试验目的和要求；

三、试验结构构件的设计和制作；检验构件的抽样；

四、试验对象的考察和检查；

五、试验结构构件的安装就位和试验装置；

六、试验荷载、加载方法和加载设备；

七、试验量测的内容、方法和测点仪表布置图；

八、辅助试验的内容；

九、安全与防护措施；

十、试验进度计划；

十一、试验的组织；

十二、试验资料整理和数据分析的要求。

第 5.0.2 条　结构构件应在气温较稳定的环境下进行试验，不宜在 0℃以下气温进行试验。对于在 0℃以下气温存放的结构构件，试验前应先移入具有 0℃以上气温的室内，直至与室温相同为止。

第 5.0.3 条　对研究性试验的结构构件，其混凝土立方体抗压强度值与设计要求值的允许偏值宜为±10%。

第 5.0.4 条　试验对象的考察与检查宜包括下列内容：

一、收集试验对象的原始设计资料、设计图纸和计算书；施工与试件制作记录；原材料的物理力学性能试验报告等文件资料。对预应力混凝土构件，应有施工阶段预应力张拉的全部详细数据与资料；

二、对已经生产或使用中的结构构件，应调查收集生产和使用条件下试验对象的实际工作情况；

三、对结构构件的跨度、截面、钢筋的位置、保护层厚度等实际尺寸及初始挠曲、变形、原始裂缝、包括预应力混凝土结构在预应力传递区段或预拉区的裂缝和缺陷等应作详细量测，作出书面记录，绘制详图。需要时宜摄影或录像记录。对钢筋的位置、实际规格、尺寸和保护层厚度也可在试验结束后进行量测。

第 5.0.5 条　试验前宜将试件表面刷白，并分格画线，分格大小可按构件尺寸确定。

第 5.0.6 条　结构试验用的各类量测仪表的量程应满足结构构件最大测值的要求，最大测值不宜大于选用仪表最大量程的 80%。

第 5.0.7 条　试验结构构件、设备及量测仪表均应有防风、防雨、防晒和防摔等保护设施。

第六章　变形的量测

第一节　试验结构构件的整体变形

第 6.1.1 条　需要控制变形的结构构件，应量测其整体变形。

第 6.1.2 条　量测结构构件整体变形时，测点布置应符合下列要求：

一、对受弯或偏心受压构件的挠度测点应布置在构件跨中或挠度最大的部位截面的中轴线上(图 6.1.2-1)；

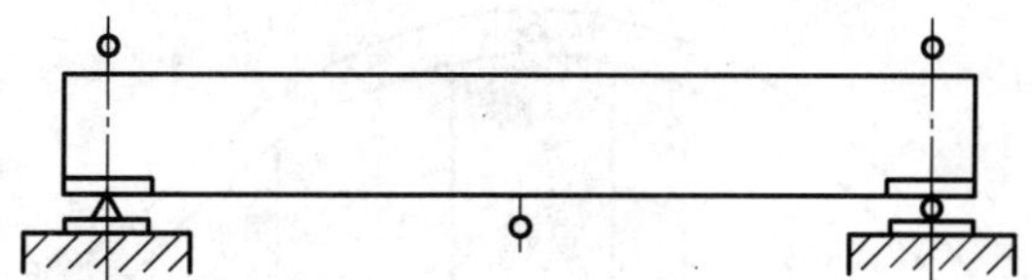

图 6.1.2-1　受弯构件挠度量测测点布置

二、对宽度大于 600 mm 的受弯或偏心受压构件，挠度测点应沿构件两侧对称布置；对具有边肋的单向板，除应量测构件边肋挠度外，还宜量测板宽中央的最大挠度(图 6.1.2-2)；

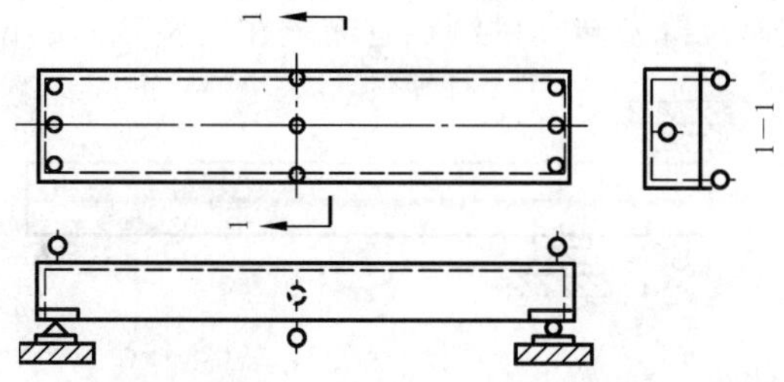

图 6.1.2-2　宽度大于 600 mm 受弯构件挠度量测测点布置

三、对双向板、空间薄壳结构等双向受力结构，挠度测点应沿两个跨度方向或主曲率方向的跨中或挠度最大的部位布置(图 6.1.2-3)；

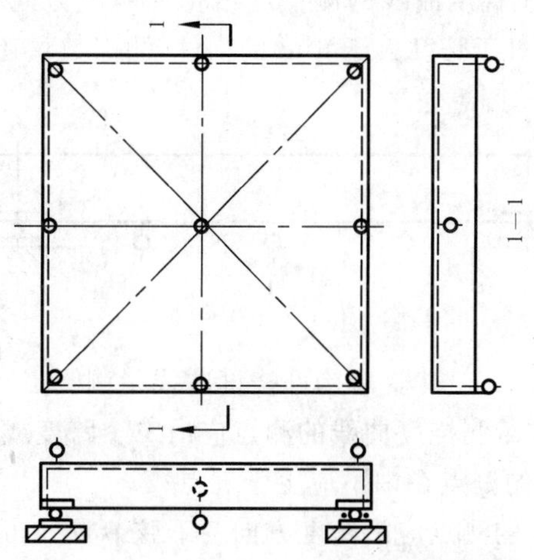

图 6.1.2-3　双向板挠度量测测点布置

四、对屋架、桁架挠度测点应布置在下弦杆跨中或最大挠度的节点位置上，需要时亦宜在上弦杆节点处布置测点(图 6.1.2-4)；

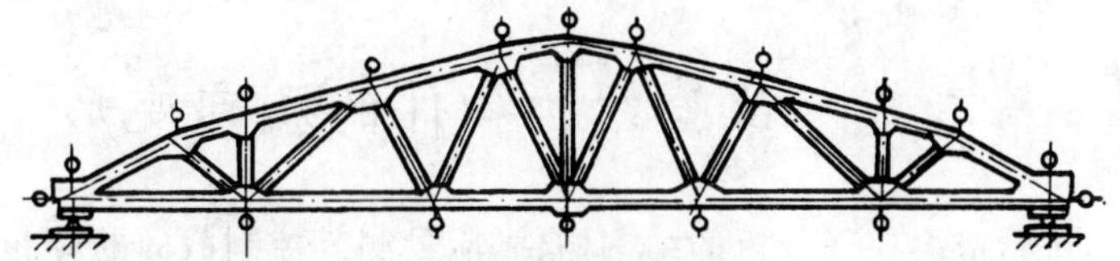

图 6.1.2-4　屋架挠度量测测点布置

五、在量测结构构件挠度时，还应在结构构件支座处布置测点；

六、对于屋架、桁架和具有侧向推力的结构构件，还应在跨度方向的支座两端布置水平测点，量测结构在荷载作用下沿跨度方向的水平位移(图 6.1.2-4，图 6.1.2-5)；

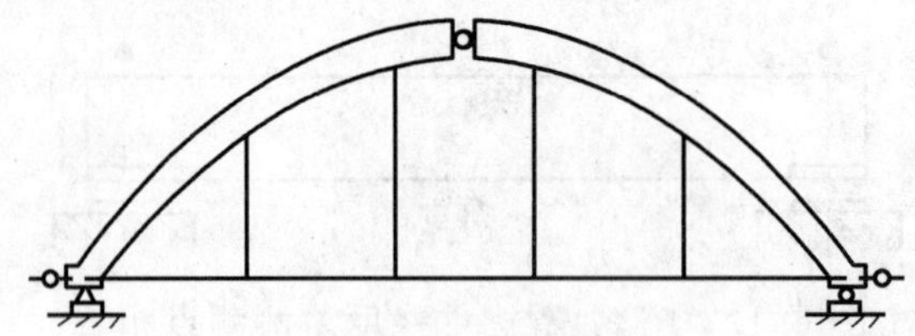

图 6.1.2-5　量测有侧向推力结构水平位移的测点布置

七、对具有固端联结的悬臂式结构构件，应量测结构构件自由端的位移和支座沉降及支座处截面转动所产生的角变位；量测支座沉降及转动的测点宜布置在支座截面的位置(图 6.1.2-6)。

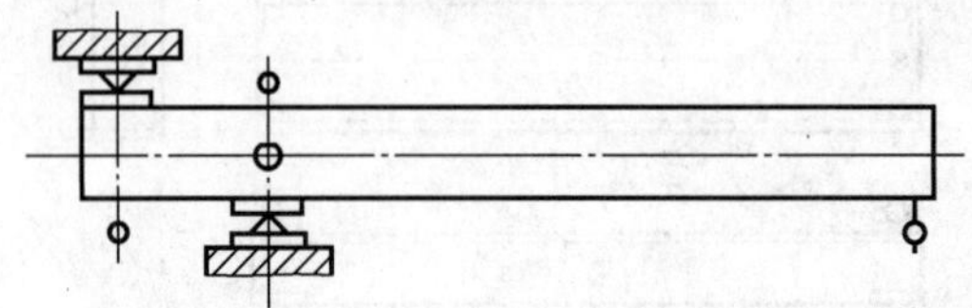

图 6.1.2-6　具有固端联结的悬臂式结构整体变形量测的测点布置

⌀—挠度计；Ʊ—倾角仪

第 6.1.3 条　量测结构构件挠度曲线的测点布置应符合下列要求：

一、受弯及偏心受压构件量测挠度曲线的测点应沿构件跨度方向布置，包括量测支座沉降和变形的测点在内，测点不应少于五点；对于跨度大于 6 m 的构件，测点数量还应适当增多(图 6.1.3-1)；

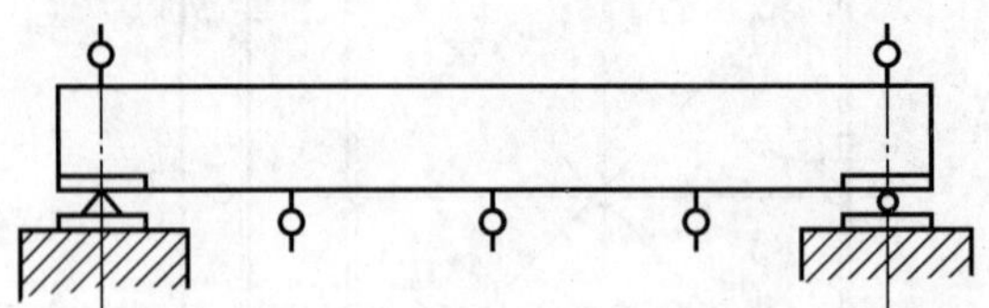

图 6.1.3-1　受弯构件挠度曲线量测测点布置

二、对双向板、空间薄壳结构量测挠度曲线的测点应沿二个跨度或主曲率方向布置，且任一方向的测点数包括量测支座沉降和变形的测点在内不应少于五点；

三、屋架、桁架量测挠度曲线的测点应沿跨度方向各下弦节点处布置(图 6.1.2-4)。

第 6.1.4 条　量测变形的仪表应安装在独立不动的仪表架上，现场试验应考虑地基变形对仪表支架的影响，当采用张线式安装时，应有消除张线温度影响的措施。

第 6.1.5 条　对预应力混凝土结构构件，应量测结构构件在预应力作用下的反拱值，测点可按整体变形量测要求进行布置。

第 6.1.6 条　当需要量测结构构件的极限变形时，宜采用位移传感器和自动记录仪器进行量测。

第二节　试验结构构件的局部变形

第 6.2.1 条　需要进行应力应变分析的结构构件，应量测其控制截面的应变。

第 6.2.2 条　量测结构构件应变时，测点布置应符合下列要求：

一、对受弯构件应首先在弯矩最大的截面上沿截面高度布置测点，每个截面不宜少于二个(图 6.2.2-1a)；当需要量测沿截面高度的应变分布规律时，布置测点数不宜少于五个；在同一截面的受拉区主筋上应布置应变测点(图 6.2.2-1b)；

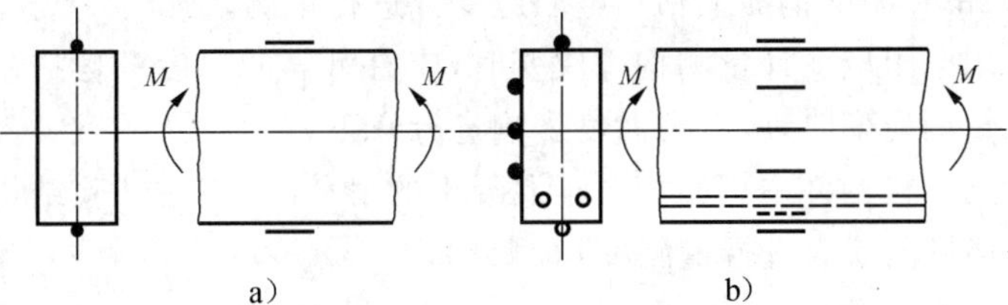

图 6.2.2-1 受弯构件截面应变量测测点布置

二、对轴心受力构件，应在构件量测截面两侧或四侧沿轴线方向相对布置测点，每个截面不应少于二个（图 6.2.2-2）；

三、对偏心受力构件，量测截面上测点不应少于二个（图 6.2.2-2）。如需量测截面应变分布规律时，测点布置与受弯构件相同（图 6.2.2-1）；

四、对于双向受弯构件，在构件截面边缘布置的测点不应少于四个（图 6.2.2-3）；

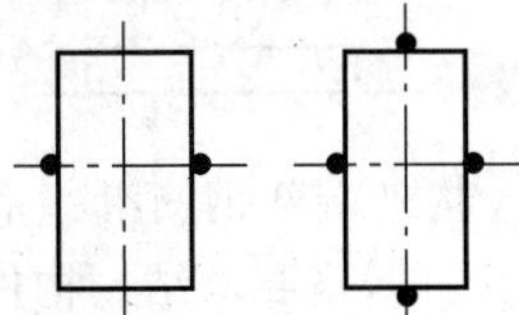
图 6.2.2-2 轴心受力构件应变量测测点布置

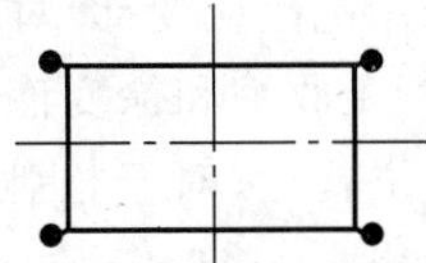
图 6.2.2-3 双向受弯构件应变量测测点布置

五、对同时受剪力和弯矩作用的构件，当需要量测主应力大小和方向及剪应力时，应布置 45°或 60°的平面三向应变测点（图 6.2.2-4）；

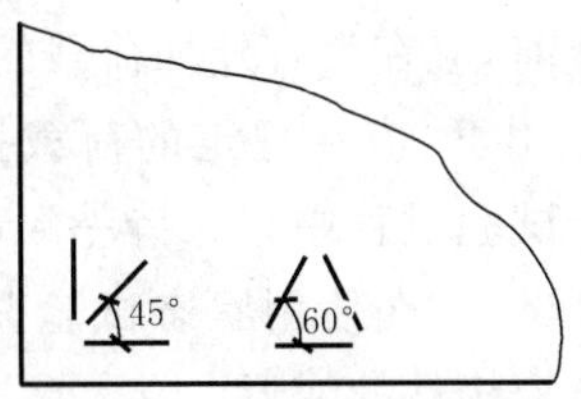

图 6.2.2-4 三向应变量测测点布置

六、对受扭构件，应在构件量测截面的两长边方向的侧面对应部位上布置与扭转轴线成 45°方向的测点（图 6.2.2-5）；测点数量应根据研究目的确定。

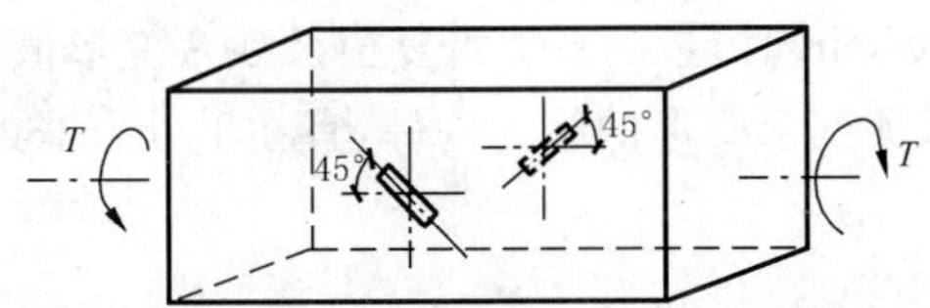

图 6.2.2-5 受纯扭构件应变量测测点布置

第 6.2.3 条 量测结构构件局部变形可采用千分表、杠杆应变仪、手持式应变仪或电阻应变计等各种量测应变的仪表或传感元件；

量测混凝土应变时，应变计的标距应大于混凝土粗骨料最大粒径的 3 倍。

第 6.2.4 条 当采用电阻应变计量测构件内部钢筋应变时，宜事先进行贴片，并作可靠的防护处理。

对于采用机械式应变仪量测构件内部钢筋应变时，则应在测点位置处的混凝土保护层部位预留孔洞或预埋测点；也可在预留孔洞的钢筋上粘贴电阻应变计进行量测。

第6.2.5条 当采用电阻应变计量测构件应变时，应有可靠的温度补偿措施。在温度变化较大的地方采用机械式应变仪量测应变时，应考虑温度影响进行修正。

第6.2.6条 当量测结构构件中钢筋相对于混凝土的滑移时，应在试验结构构件端部安装最小分度值为0.001 mm的位移量测仪表进行量测(图6.2.6)。

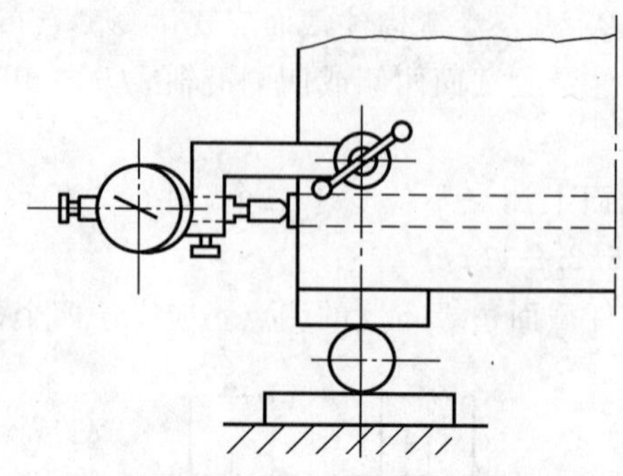

图6.2.6 构件端部钢筋滑移量测方法

第6.2.7条 对于预应力混凝土结构构件，当要求结构构件的有效预应力值时，应量测钢筋张拉和放张时的应力和结构构件控制截面上的混凝土实际预压应变值，在存放阶段，还应继续跟踪量测混凝土收缩和徐变变形；量测钢筋张拉应力值宜采用电阻应变计，对于结构构件控制截面上的混凝土预压应变值，宜采用机械式应变仪进行量测；对于混凝土收缩和徐变值应采用适于长期量测的机械式仪表量测，测点应布置在受拉预应力钢筋重心的水平位置上；对于松弛引起的预应力损失值应用力值量测仪表量测。

第三节 试验结构构件变形的量测时间

第6.3.1条 结构构件在试验加载前，应在没有外加荷载的条件下测读仪表的初始读数。

第6.3.2条 试验时在每级荷载作用下，应在规定的荷载持续时间结束时量测结构构件的变形。结构构件各部位测点的测读程序在整个试验过程中宜保持一致，各测点间读数时间间隔不宜过长。

第6.3.3条 对于结构构件的刚度试验，在使用状态试验荷载作用下30 min的持续时间内，宜在5 min、10 min、15 min、30 min时量测结构构件的变形。

对在使用状态试验荷载作用下需要持续时间不少于12 h的结构构件，在整个荷载持续时间内，宜在10 min、30 min、60 min、2 h、6 h和12 h时分六次测读，并宜绘制结构构件的变形—时间关系曲线。

第6.3.4条 当量测一般结构构件的残余变形时，在全部荷载卸载后的45 min时间内，宜在5 min、10 min、15 min、30 min、45 min时，量测变形恢复值及残余变形值。

对需要在卸载后持续18h量测残余变形的结构构件，宜在10 min、30 min、1 h、2 h、6 h、12 h和18 h时量测变形。

第七章 抗裂试验与裂缝量测

第一节 试验结构构件的抗裂试验

第7.1.1条 结构构件进行抗裂试验时，应在加载过程中仔细观察和判别试验结构构件中第一次出现的垂直裂缝或斜裂缝，并在构件上绘出裂缝位置，标出相应的荷载值。

当需要时，除应确定开裂荷载的实测值外，还应量测试验结构构件拉应力最大处的混凝土应变值以确定相应荷载下混凝土的应力状态。

第 7.1.2 条 垂直裂缝的观测位置应在结构构件的拉应力最大区段及薄弱环节，斜裂缝的观测位置应在弯矩和剪力均较大的区段及截面的宽度、高度等外形尺寸改变处。

对预应力混凝土构件，还应观测预拉区和端部锚固区的裂缝出现和开展。

第 7.1.3 条 对于正截面出现裂缝的试验结构构件，可采用下列方法确定开裂荷载实测值：

一、放大镜观察法

用放大倍率不低于四倍的放大镜观察裂缝的出现；

当在加载过程中第一次出现裂缝时，应取前一级荷载值作为开裂荷载实测值；当在规定的荷载持续时间内第一次出现裂缝时，应取本级荷载值与前一级荷载的平均值作为开裂荷载实测值；当在规定的荷载持续时间结束后第一次出现裂缝时，应取本级荷载值作为开裂荷载实测值。

二、荷载-挠度曲线判别法

测定试验结构构件的最大挠度，取其荷载-挠度曲线上斜率首次发生突变时的荷载值作为开裂荷载实测值；

三、连续布置应变计法

在截面受拉区最外层表面，沿受力主筋方向在拉应力最大区段的全长范围内连续搭接布置应变计（图 7.1.3）监测应变值的发展，取任一应变计的应变增量有突变时的荷载值作为开裂荷载实测值。

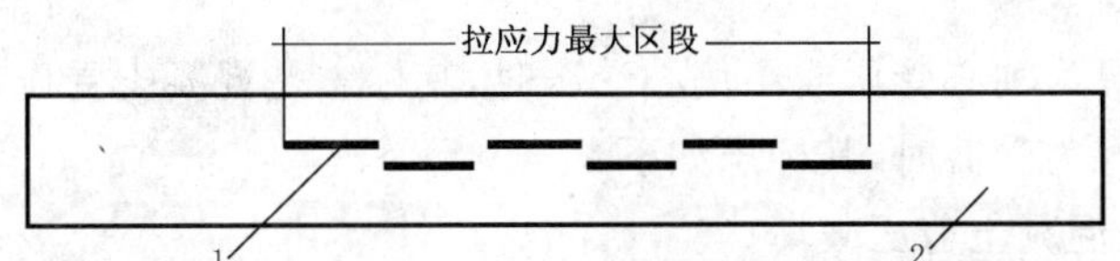

图 7.1.3 监测垂直裂缝出现的应变计布置

1—应变计；2—试件的受拉面

第 7.1.4 条 对斜截面出现裂缝的构件，可采用放大倍率不低于四倍的放大镜观察裂缝的出现；开裂荷载实测值的取值方法与第 7.1.3 条相同。

也可在垂直于主要斜裂缝的方向布置数个应变计监测斜裂缝的出现（图 7.1.4），取任一应变计应变增量有突变时的荷载值作为开裂荷载实测值。

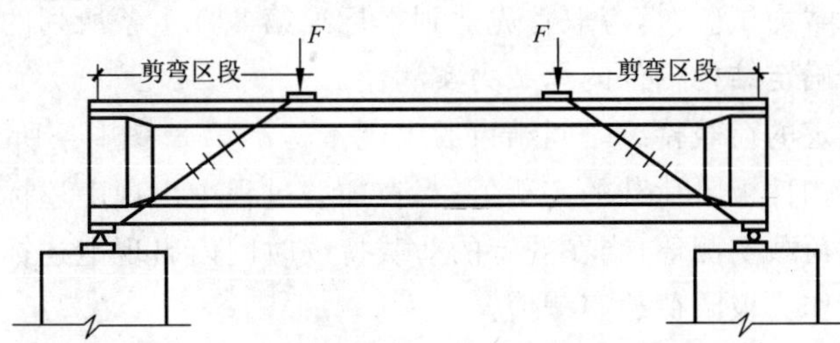

图 7.1.4 监测斜裂缝出现的应变计布置示意

第 7.1.5 条 应记录结构构件抗裂试验的实际日期和混凝土的实际强度，以确定混凝土的预压应力值。

混凝土的预压应力值可用消压试验法确定。

第二节 试验结构构件裂缝的量测

第 7.2.1 条 试验结构构件开裂后应立即对裂缝的发生发展情况进行详细观测，并应量测使用状态试验荷载值作用下的最大裂缝宽度及各级荷载作用下的主要裂缝宽度、长度及裂缝间距，并应在试件上标出，绘制裂缝展开图。

第7.2.2条 垂直裂缝的宽度应在结构构件的侧面相应于受拉主筋高度处量测；斜裂缝的宽度应在斜裂缝与箍筋交汇处或斜裂缝与弯起钢筋交汇处量测。

对无腹筋的结构构件应在裂缝最宽处量测斜裂缝宽度。

第7.2.3条 在各级荷载持续时间结束时，应选三条或三条以上较大裂缝宽度进行量测，取其中的最大值为最大裂缝宽度。

第7.2.4条 最大裂缝宽度应在使用状态短期试验荷载值持续作用30 min结束时进行量测。

第八章 承载力的确定

第8.0.1条 对试验结构构件进行承载力试验时，在加载或持载过程中出现下列标志之一即认为该结构构件已达到或超过承载能力极限状态：

一、结构构件受力情况为轴心受拉、偏心受拉、受弯、大偏心受压时，其标志如下：

1. 对有明显物理流限的热轧钢筋，其受拉主钢筋应力达到屈服强度，受拉应变达到0.01；

对无明显物理流限的钢筋，其受拉主钢筋的受拉应变达到0.01；

2. 受拉主钢筋拉断；

3. 受拉主钢筋处最大垂直裂缝宽度达到1.5 mm；

4. 挠度达到跨度的1/50；对悬臂结构，挠度达到悬臂长的1/25；

5. 受压区混凝土压坏。

二、结构构件受力情况为轴心受压或小偏心受压时，其标志是混凝土受压破坏。

三、结构构件受力情况为受剪时，其标志如下：

1. 斜裂缝端部受压区混凝土剪压破坏；

2. 沿斜截面混凝土斜向受压破坏；

3. 沿斜截面撕裂形成斜拉破坏；

4. 箍筋或弯起钢筋与斜裂缝交会处的斜裂缝宽度达到1.5 mm。

四、结构构件受力情况为第一、三款情况时，对于钢筋和混凝土粘结锚固，其标志如下：钢筋末端相对于混凝土的滑移值达到0.2 mm。

注：进行加载试验时，在试验荷载值不变的条件下，钢筋应变或挠度不停的增加表示钢筋已经屈服；

第8.0.2条 进行承载力试验时，应取首先达到本标准第8.0.1条所列的标志之一时的荷载值，包括自重和加载设备重力来确定结构构件的承载力实测值。

第8.0.3条 当在规定的荷载持续时间结束后出现本标准第8.0.1条所列的标志之一时，应以此时的荷载值作为试验结构构件极限荷载的实测值；当在加载过程中出现上述标志之一时，应取前一级荷载值作为结构构件的极限荷载实测值；当在规定的荷载持续时间内出现上述标志之一时，应取本级荷载值与前一级荷载的平均值作为极限荷载实测值。

注：当采用试验机或配有液压千斤顶的设备对受压构件加荷载时，应取整个破坏试验过程中所达到的最大荷载值作为极限荷载实测值。

第九章 试验资料的整理分析

第一节 试验原始资料整理

第9.1.1条 试验原始资料应包括下列内容：

一、试验对象的考察与检查；

二、材料的力学性能试验结果；

三、试验计划与方案及实施过程中的一切变动情况记录；

四、测读数据记录及裂缝图；

五、描述试验异常情况的记录；

六、破坏形态的说明及图例照片。

注：常用试验记录表格可按本标准附录二采用。

第 9.1.2 条 对测读数据应进行必要的运算、换算，统一计量单位，并应严格核对。

试验结构构件控制部位上安装的关键性仪表的测读数据，在试验进行过程中应及时整理、校核。

第二节 变形量测的试验结果整理

第 9.2.1 条 确定简支梁、板、屋架、桁架等在各级荷载作用下的短期挠度实测值，支座沉降、自重、加载设备重力加和载图式改变的影响按下列公式计算：

$$a^{\circ}_{s,i}=(a^{\circ}_{q,i}+a^{c}_{g})\psi \tag{9.2.1-1}$$

$$a^{\circ}_{q,i}=v^{\circ}_{m,i}-\frac{1}{2}(v^{\circ}_{l,i}+v^{\circ}_{r,i}) \tag{9.2.1-2}$$

$$a^{c}_{g}=\frac{M_g}{M_b}\cdot a^{\circ}_{b} \tag{9.2.1-3}$$

式中：$a^{\circ}_{s,i}$——经修正后的第 i 级试验荷载作用下的构件跨中短期挠度实测值(mm)；

$a^{\circ}_{q,i}$——消除支座沉降后在第 i 级外加试验荷载作用下的构件跨中短期挠度实测值(mm)；

a^{c}_{g}——梁、板等构件自重和加载设备重力产生的跨中挠度值(mm)；

ψ——用等效集中荷载代替实际的均布荷载进行试验时的加载图式修正系数，按表9.2.1取用；

$v^{\circ}_{m,i}$——第 i 级外加试验荷载作用下构件跨中位移实测值(包括支座沉降)(mm)；

$v^{\circ}_{l,i}$、$v^{\circ}_{r,i}$——第 i 级外加试验荷载作用下构件左、右端支座沉降位移实测值(mm)；

表 9.2.1 加载图式修正系数 Ψ

名称	加载图式	修正系数 Ψ
均布荷载	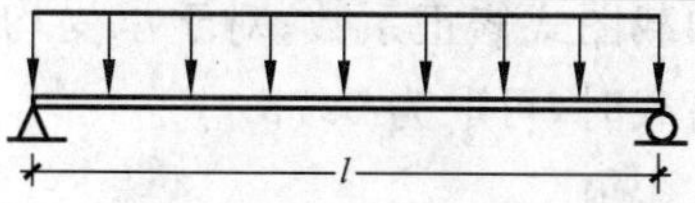 l	1.0
二集中力四分点等效荷载	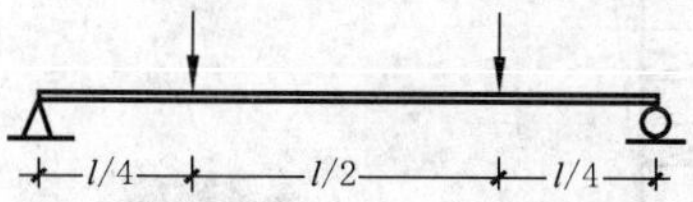 l/4 l/2 l/4	0.91
二集中力三分点等效荷载	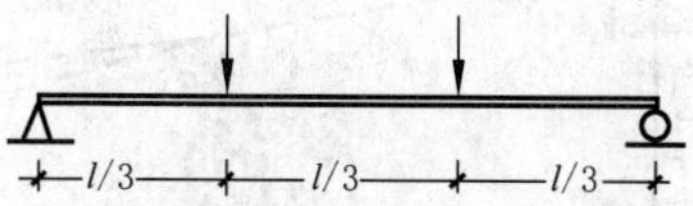 l/3 l/3 l/3	0.98
四集中力八分点等效荷载	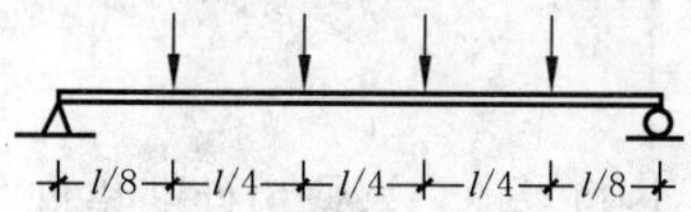 l/8 l/4 l/4 l/4 l/8	0.97
八集中力十六分点等效荷载	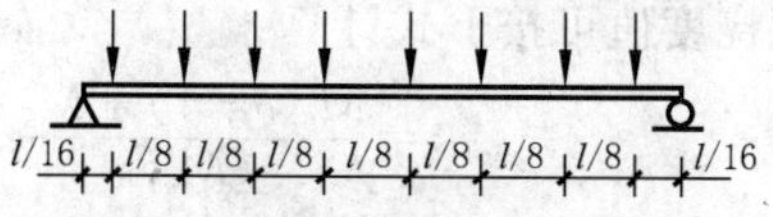 l/16 l/8 l/8 l/8 l/8 l/8 l/8 l/8 l/16	1.0

M_g——构件自重和加载设备重力产生的跨中弯矩值(kN·m)；

M_b——从外加试验荷载开始至构件出现裂缝的前一级荷载为止的加载值产生的跨中弯矩值(kN·m)；

a_b^o——从外加试验荷载开始至构件出现裂缝的前一级荷载为止的加载值产生的跨中挠度实测值(mm)。

注：① 当量测的构件挠度试验值不是跨中挠度值时，支座沉降的影响应按距离的比例或图解法修正；

② 屋架、桁架自重产生的挠度可按荷载—挠度曲线作图法求解。

第 9.2.2 条 确定悬臂构件自由端在各级试验荷载作用下的短期挠度实测值，应考虑支座转角、支座沉降、自重、加载设备重力的影响，按下列公式计算(图 9.2.2)：

$$a_{s,ca,i}^o=(a_{q,ca,i}^o+a_{g,ca}^c)\psi_{ca} \tag{9.2.2-1}$$

$$a_{q,ca,i}^o=v_{1,i}^o-v_{2,i}^o-l\cdot \mathrm{tg}\alpha \tag{9.2.2-2}$$

$$a_{g,ca}^c=\frac{M_{g,ca}}{M_{b,ca}}a_{b,ca}^o \tag{9.2.2-3}$$

式中：$a_{s,ca,i}^o$——经修正后的第 i 级试验荷载作用下悬臂构件自由端的短期挠度实测值(mm)；

$a_{q,ca,i}^o$——消除支座转角和支座沉降影响后在第 i 级外加试验荷载作用下悬臂构件自由端短期挠度实测值(mm)；

$v_{1,i}^o$——外加试验荷载作用下悬臂构件自由端位移实测值(包括转角产生的位移和支座沉降)(mm)；

$v_{2,i}^o$——外加试验荷载作用下悬臂构件固定端支座沉降实测值(mm)；

α——悬臂构件固定端的截面转角；

l——悬臂构件的外伸长度(mm)；

$a_{g,ca}^c$——悬臂构件自重和加载设备重力产生的挠度值(mm)；

$M_{g,ca}$——悬臂构件自重和加载设备重力产生的固端弯矩(kN·m)

$M_{b,ca}$——从外加试验荷载开始至悬臂构件出现裂缝前一级荷载为止的加载值产生的固定端弯矩值(kN·m)；

$a_{b,ca}^o$——从外加试验荷载开始至悬臂构件出现裂缝前一级荷载为止的加载值产生的自由端挠度实测值(mm)；

ψ_{ca}——悬臂构件的加载图式修正系数；对于承受均布荷载的悬臂构件，当在自由端用一个集中力作为等效荷载时，可取为 0.75。

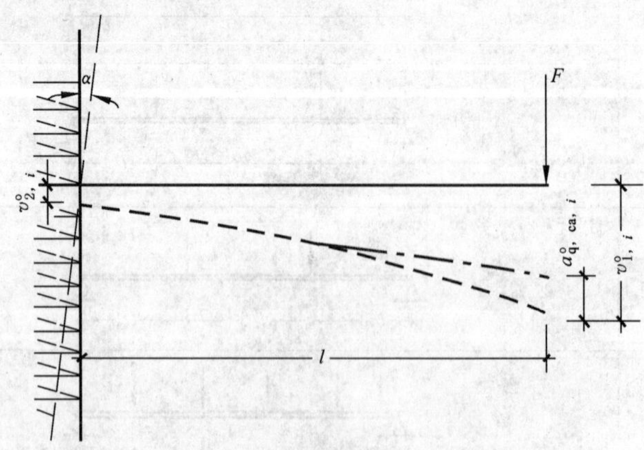

图 9.2.2 悬臂构件的挠度、位移和转角

第 9.2.3 条 构件长期挠度值可按下式计算：

$$a_l^c=\frac{M_l(\theta-1)+M_s}{M_s}a_s^o \tag{9.2.3}$$

式中：a_l^c——构件长期挠度值(mm)；

a_s^o——在正常使用试验荷载下构件短期挠度实测值(mm)；

M_l——按荷载长期效应组合计算的弯矩值(kN·m)；

M_s——按荷载短期效应组合计算的弯矩值(kN·m)；

θ——考虑荷载长期效应组合对挠度增大的影响系数，按《混凝土结构设计规范》(GBJ 10—89)的规定采用。

第 9.2.4 条　对于研究性试验，当要求将理论计算结果与试验结果进行比较时，应计算出在各级试验荷载下的结构构件短期挠度计算值与在该级试验荷载下构件短期挠度实测值的比值，及这些比值的平均值、标准差或变异系数。

第 9.2.5 条　下列各种变形曲线可根据试验目的绘制，并作必要说明：

一、荷载—挠度曲线；

二、各级试验荷载作用下结构构件的挠度曲线；

三、使用状态试验荷载作用下的挠度—时间关系曲线；

四、截面或支座的荷载—转角曲线；

五、其他。

第三节　抗裂试验与裂缝量测的试验结果整理

第 9.3.1 条　对检验性试验，抗裂检验系数实测值应按下列公式计算：

一、在荷载短期效应组合下结构构件的抗裂检验系数实测值

$$\nu_{cr,s}^{o}=\frac{S_{cr}^{o}}{S_s} \tag{9.3.1-1}$$

式中：$\nu_{cr,s}^{o}$——在荷载的短期效应组合下构件的抗裂检验系数实测值；

S_{cr}^{o}——构件的开裂内力实测值，根据构件开裂荷载实测值(包括自重)确定；

S_s——按荷载的短期效应组合的设计值(包括自重)。

二、对裂缝控制等级为二级的结构构件，在荷载长期效应组合下的抗裂检验系数实测值

$$\nu_{cr,1}^{c}=\frac{S_{cr}^{o}}{S_1} \tag{9.3.1-2}$$

式中：$\nu_{cr,1}^{c}$——荷载的长期效应组合下，结构构件的抗裂检验系数实测值；

S_1——按荷载的长期效应组合的设计值(包括自重)。

第 9.3.2 条　对研究性试验，当要求将理论计算结果与试验结果进行比较时，应计算出结构构件开裂内力计算值与开裂内力实测值的比值，及这些比值的平均值、标准差或变异系数。

第 9.3.3 条　对需要作裂缝宽度检验的结构构件，应给出使用状态短期试验荷载下的最大裂缝宽度 w_{max} 和最大裂缝所在位置及裂缝展开图。

第 9.3.4 条　裂缝试验资料可根据试验目的按下列要求整理：

一、各级试验荷载下的最大裂缝宽度和最大裂缝所在位置，并说明裂缝的种类；

二、绘制各级试验荷载作用下的裂缝产生、发展的展开图；

三、统计出各级试验荷载作用下的裂缝宽度平均值、裂缝间距平均值。

第 9.3.5 条　对预应力混凝土结构构件，在确定预应力钢筋的有效预应力实测值时应从预应力钢筋张拉控制应力实测值中扣除各项预应力损失实测值。在先张法构件中还应扣除混凝土弹性回缩引起的预应力损失实测值。

在确定由预加应力产生的混凝土法向应力实测值时，应从放松或张拉预应力钢筋时产生的混凝土法向应力实测值中扣除第二批预应力损失引起的混凝土法向应力降低值。

第四节　承载力试验结果整理

第 9.4.1 条　对检验性试验，结构构件的承载力检验系数实测值应按下式计算：

$$\nu_u^o = \frac{S_u^o}{S} \tag{9.4.1}$$

式中：ν_u^o——结构构件的承载力检验系数实测值；

S_u^o——结构构件达到本标准第 8.0.1 条所列标志之一时的内力实测值(包括自重)；

S——荷载效应组合的设计值。

第 9.4.2 条　对研究性试验，当要求将理论计算结果与试验结果进行比较时，应计算出按材料强度实测值和结构构件几何参数实测值确定的构件承载力计算值与结构构件达到本标准第 8.0.1 条所列标志之一时的内力实测的比值，及这些比值的平均值、标准差或变异系数。

第 9.4.3 条　结构构件的应力、应变可根据下列要求分析整理：

一、各级试验荷载作用下结构构件按制截面上的应力、应变分布；

二、结构构件按制截面上最大应力(应变)-荷载关系曲线；

三、结构构件的混凝土极限应变、钢筋的极限应变；

四、结构构件复杂应力区的剪应力、主应力和主应力方向。

第 9.4.4 条　对结构构件的破坏过程及其特征，应根据本标准第 8.0.1 条对结构构件标志的规定进行分析和描述，并辅以图示或照片。

第五节　试验结果的误差及统计分析

第 9.5.1 条　对试验结果应进行误差分析。试验数据的末位数字所代表的计量单位应与所用仪表的最小分度值相一致。

第 9.5.2 条　对单次量测的直接量测结果的误差，可取所用量测仪表的精度作为基本的试验误差；对于间接量测结果的误差，应按误差传递法则进行间接量测值的误差分析。

第 9.5.3 条　对有一定数量的同一类结构构件的直接量测试验结果，其统计特征值应按下列公式计算：

平均值

$$m_x = \frac{1}{n}\sum_{i=1}^{n} x_i \tag{9.5.3-1}$$

标准差

$$s = \sqrt{\frac{\sum_{i=1}^{n}(x_i - m_x)^2}{n-1}} \tag{9.5.3-2}$$

变异系数(以百分率计)

$$\delta = \frac{s}{m_x}100\% \tag{9.5.3-3}$$

式中：x_i——各个试验结构构件的实测值；

n——试验结构构件的数量。

第 9.5.4 条　对试验结果作回归分析时，宜采用最小二乘法拟合试验曲线，求出经验公式，并应进行相关分析和方差分析，确定经验公式的误差范围。

第十章　专 门 试 验

第一节　低周反复荷载作用下混凝土结构构件力学性能试验

第 10.1.1 条　本节适用于混凝土结构构件在低周反复荷载作用下的力学性能试验。

第 10.1.2 条　加载设备和试验装置应符合下列要求：

一、加载设备和试验装置应根据构件的最大荷载和要求的变形来配置；

二、抗侧力装置(如反力墙)应有足够的抗弯、抗剪刚度；

三、推拉千斤顶应有足够的冲程，两端应设铰座；

四、对以剪切变形为主的试验构件，当构件顶端截面不允许产生转角时，可采用图 10.1.2-1 的试验装置；千斤顶宜安装在试件的 1/2 高度上，平行联杆机构的杆件和 L 型杠杆均应有足够的刚度，连接铰应作精密加工，且应减小间隙；

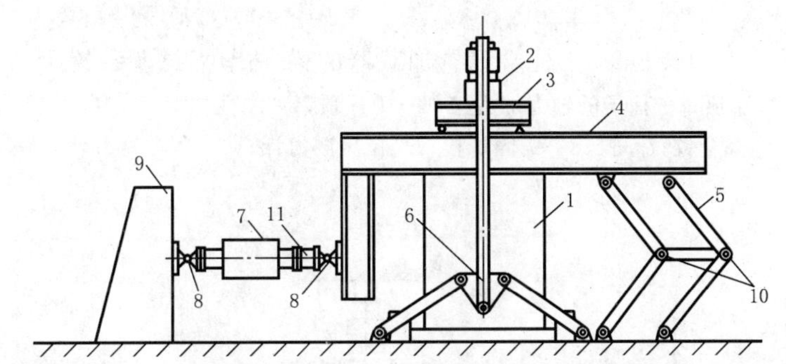

图 10.1.2-1　以剪切变形为主的结构构件的低周反复试验装置

1—试件；2—竖向荷载千斤顶；3—分配梁；4—L 型杠杆；5—平行联杆机构；
6—仿重力荷载架；7—推拉千斤顶；8—铰；9—反力墙；10—连结铰；11—测力计

五、对以弯剪受力为主的试验构件，可采用图 10.1.2-2 的试验装置，其中，垂直荷载的施加宜采用仿重力荷载架装置，尽可能减小滚动摩擦力对推力的抵消作用；

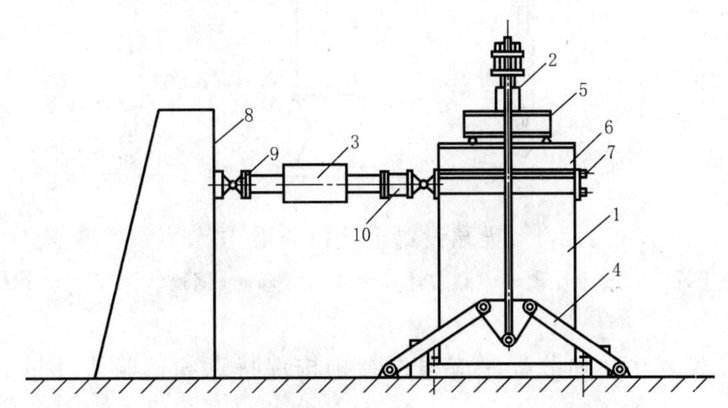

图 10.1.2-2　以剪弯受力为主的结构构件的低周反复试验装置

1—试件；2—竖向荷载千斤顶；3—推拉千斤顶；4—仿重力荷载架；5—分配梁；6—卧架；
7—螺栓；8—反力架；9—铰；10—测力计

六、对于梁-柱节点试验，当需要考虑柱本身的荷载-变形（F-u）效应时，可采用图 10.1.2-3 所示的试验装置；试验装置各杆应有足够的抗弯刚度，并应减小各铰联结的摩阻力；梁-柱节点试验也可采用图 10.1.2-4 所示的试验装置。

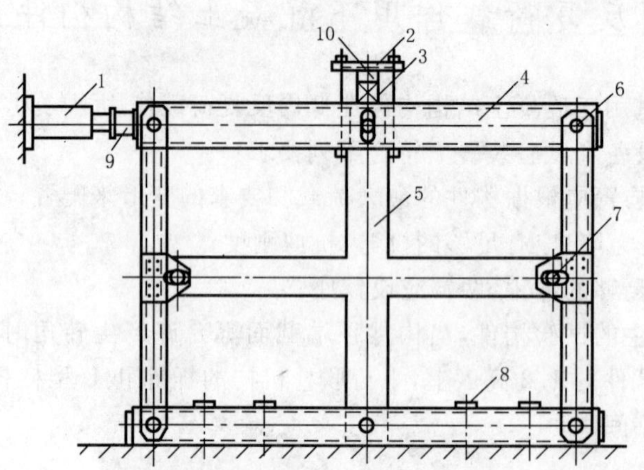

图 10.1.2-3　柱端设置加载器的梁-柱节点试验装置

1—推拉千斤顶；2—柱子的轴力加力架；3—千斤顶；4—刚性构架；5—梁、柱节点试件；6—铰；7—铰；8—锚固螺栓；9—拉压测力计；10—压力测力计

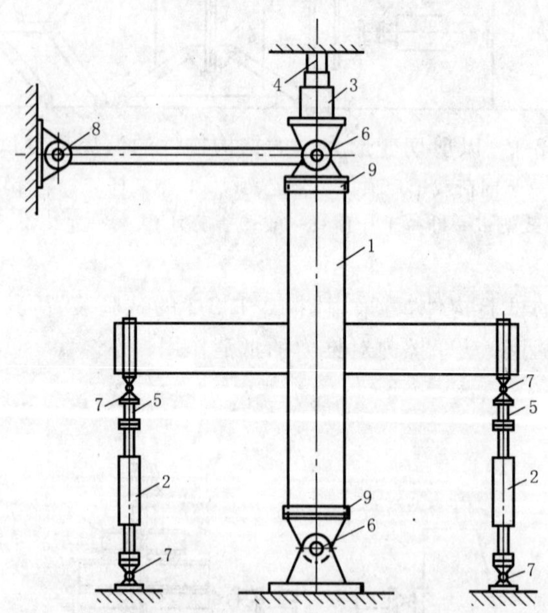

图 10.1.2-4　梁端设置千斤顶的梁-柱节点试验装置

1—试件；2—推拉千斤顶；3—千斤顶；4—测力计；5—测力计；6—柱端铰；7—铰；8—拉压杆的铰；9—柱帽

第 10.1.3 条　加载方法和加载程序应根据结构构件特点和试验研究目的确定，并应符合下列规定：

一、试验时应首先施加轴向荷载，并应在施加反复试验荷载时保持轴向荷载值稳定；

反复试验荷载的加载程序宜采用荷载-变形混合控制方法；在结构构件达到屈服荷载前，宜采用荷载（或应力）控制；在结构构件达到屈服荷载后，宜采用变形（应变）控制；

二、在结构构件的荷载达到屈服荷载前，宜取屈服荷载值的 0.5 倍、0.75 倍和 1.0 倍作为回载控制点；在结构构件的荷载达到屈服荷载后，宜取屈服变形的倍数点作为回载控制点；

三、反复加载次数应根据试验目的确定。一般情况下每一级控制荷载或控制变形下的反复加载次数宜取为三次。若在某一级控制荷载下结构构件的残余变形很小，则可在该级控制荷载下进行一次反复加载；

当研究承载力退化率时，在相应于某一位移延性系数下进行反复加载次数不宜少于五次；

当研究刚度退化率时，在选定的荷载作用下进行反复加载次数不宜少于五次；

试验中应保证反复加载过程的连续性，每次循环时间宜一致。

第 10.1.4 条 量测仪表的基本性能应满足本标准第三章有关规定要求，并宜采用可连续量测和自动记录试验全过程的仪表；

第 10.1.5 条 试验量测内容应根据试验目的确定，宜包括以下项目：

一、荷载值及支座反力值；

二、结构构件受拉和受压主钢筋的应变；

三、结构构件受力箍筋的应变；

四、各级荷载下构件的变形(包括挠度、截面转角、支座转动、曲率、剪切变形等)；

五、结构构件主钢筋在锚固区的粘结滑移；

六、裂缝的出现及裂缝宽度。

第 10.1.6 条 试验数据的整理分析宜包括以下项目：

一、开裂荷载的取值方法与本标准第七章相同；

二、屈服荷载和屈服变形应取试验结构构件的受拉主钢筋应力达到屈服强度时的试验荷载作为屈服荷载，其相应的变形作为屈服变形；

三、极限荷载应取试验结构构件所能承受的最大荷载作为极限荷载(图 10.1.6)；

四、破损荷载和极限变形宜取极限荷载下降 15％时所对应的荷载作为破损荷载，其相应的变形为极限变形(图 10.1.6)；

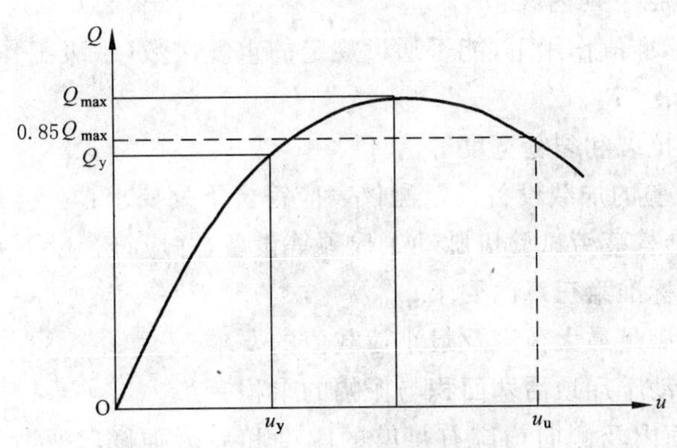

图 10.1.6 荷载-变形关系曲线

五、在低周反复荷载试验中，应取荷载-变形关系曲线各级的第一循环的峰点(回载顶点)连接的包络线作为骨架曲线；对非对称配筋结构构件的骨架曲线，应分别在第一象限和第三象限表示；

六、试验结构构件的延性系数应按下式计算：

$$\mu=\frac{u_u}{u_y} \tag{10.1.6-1}$$

式中：μ——试验结构构件的延性系数；

u_u——在荷载下降段相应于破损荷载的变形；

u_y——相应于屈服荷载的变形。

七、试验结构构件的承载力退化可用承载力降低系数表示，承载力降低系数应按下式计算：

$$\lambda_i=\frac{Q_{j,\min}^i}{Q_{j,\max}^1} \tag{10.1.6-2}$$

式中：$Q_{j,\min}^i$——位移延性系数为 j 时，第 i 次加载循环的峰点荷载值；

$Q_{j,\max}^1$——位移延性系数为 j 时，第一次加载循环的峰点荷载值。

八、试验结构构件的刚度退化可用环线刚度表示，环线刚度应按下式计算：

$$K_1=\frac{\sum_{i=1}^{n}Q_j^i}{\sum_{i=1}^{n}u_j^i} \tag{10.1.6-3}$$

式中：K_1——环线刚度；

Q_j^i——位移延性系数为 j 时，第 i 次循环的峰点荷载值；

u_j^i——位移延性系数为 j 时，第 i 次循环的峰点变形值；

n——循环次数。

九、应画出滞回环的形状并求出面积，再根据此形状和面积对试验结构构件的破坏机制作出判断。

第二节　混凝土受弯构件等幅疲劳试验

第 10.2.1 条　本节适用于混凝土受弯构件在等幅稳定的多次重复荷载作用下正截面和斜截面的疲劳性能试验。

混凝土的疲劳性能试验应符合现行国家标准《普通混凝土长期性能和耐久性能试验方法》的有关规定。钢筋的疲劳性能试验应参照现行国家标准《金属轴向疲劳试验方法》的有关规定。

第 10.2.2 条　混凝土受弯构件疲劳试验应包括如下内容

对于研究性试验，应测定试验结构构件的疲劳强度、变形和裂缝；

对于检验性试验，应包括下列内容：

一、检验在吊车荷载标准值作用下，能否通过规定的重复次数（中级工作制吊车梁为 2×10^6 次，重级工作制吊车梁为 4×10^6 次）；

二、量测构件的挠度、抗裂和裂缝宽度等。

第 10.2.3 条　疲劳试验的加载设备及量测仪表应符合下列要求：

一、疲劳试验宜采用结构疲劳试验机脉动千斤顶等设备，并应符合以下要求：

1. 荷载精度应满足本标准第三章的要求；

2. 荷载量程　应同时满足最大荷载及最小荷载值的要求；

3. 脉冲量　应大于脉动千斤顶活塞面积与振幅的乘积。

二、荷载架在荷载平面内及侧向均应有足够的刚度和疲劳强度。疲劳试验台座必须满足强度的要求。

三、疲劳试验支座，除满足计算简图及本标准第三章试验支座的要求外，还应具有防止疲劳试验过程中试件滑移、脱落的功能（图 10.2.3）；

四、为防止疲劳试验过程中和破坏时试验结构构件侧向移动或倾覆，应设置侧向支撑。

五、试验中用的量测仪表，应符合本标准第三章的要求，并在疲劳试验过程中应与试验结构构件脱离接触。在疲劳试验过程中的动态量测，应采用动态量测仪器。

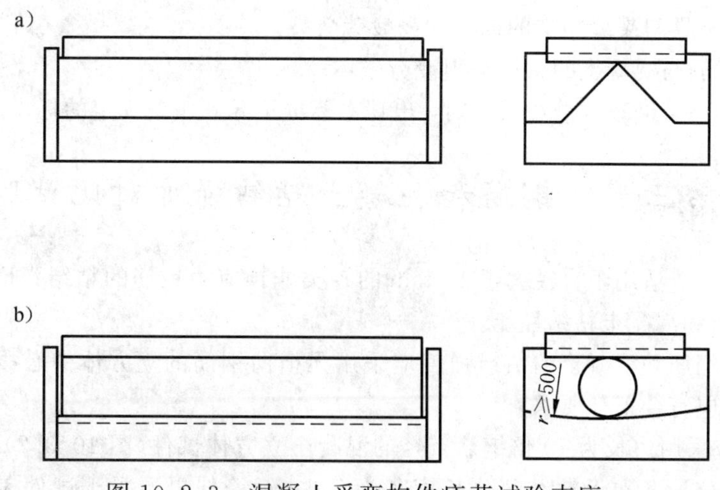

图 10.2.3 混凝土受弯构件疲劳试验支座

a) 固定铰支座；b) 滚动铰支座

第 10.2.4 条 制定试验方案应包括下列内容：

一、对于检验性的正截面、斜截面疲劳试验，应分别根据设计文件中吊车荷载最不利作用位置时的吊车荷载标准值产生的效应值，分别确定试验时的加载位置、最大荷载值和最小荷载值。选择规格合适的脉动千斤顶；

二、确定重复加载的次数、加载程序和加载频率。加载频率不应大于试验结构构件或荷载架自振频率的 80％，同时不应小于其自振频率的 130％；

三、根据试验目的，拟定仪表布置方案(见本标准第三章和第六章的有关条款)；

四、制定疲劳试验过程中的安全防护措施，除按本标准第十章的要求外，应设置可靠的自动停车装置。

第 10.2.5 条 疲劳试验应按下述程序进行：

一、疲劳试验前，应对钢筋、混凝土进行所需的材料力学性能试验；

二、先作 2 次或 3 次加载卸载循环的静载试验。荷载分级可采取最大荷载值 Q_{max} 的 20％为一级。加载时宜分五级加到最大荷载，但在经过荷载最小值时应增加一级；卸载时宜分五级卸载到零，但在经过最小荷载值时应增加一级；对于允许出现裂缝的试验结构构件，在第一循环加载过程中，裂缝出现前，应适当加密荷载等级；

在每级加载或卸载时，读取仪表读数，观测裂缝等；

三、疲劳试验宜按下列次序加载：

调节计数器──→开动试验机(待机器达到正常状态)──→加最小荷载──→调节加载频率──→加最大荷载──→反复调节最大、最小荷载至规定值；

疲劳试验过程中应保持荷载的稳定性，其误差不应超过最大荷载的±3％；

四、根据试验要求宜在重复加载到 10×10^3、100×10^3、500×10^3、1×10^6、2×10^6 及 4×10^6 次时，停机进行一个循环的静载试验，读仪表读数和观测裂缝等；加卸载方法同前述；

宜在加载到 10×10^3、20×10^3、50×10^3、100×10^3、200×10^3、500×10^3、1×10^6、1.5×10^5、2×10^6、3×10^6 及 4×10^6 次时，读取动应变和动挠度；

五、当疲劳破坏发生时，应记下疲劳破坏的次数、破坏特征、荷载值等。钢筋发生疲劳断裂时，应打开混凝土，观察钢筋断裂的情况。

第 10.2.6 条 混凝土受弯构件疲劳破坏标志可根据下列情况判别：

一、正截面疲劳破坏的标志是某一根纵向受拉钢筋疲劳断裂，或受压区混凝土疲劳破坏；

二、斜截面疲劳破坏的标志是某一根与临界斜裂缝相交的腹筋（箍筋或弯筋）疲劳断裂，或混凝土剪压疲劳破坏，或与临界斜裂缝相交的纵向钢筋疲劳断裂；

三、在锚固区钢筋与混凝土的粘结锚固疲劳破坏；

四、在停机进行一个循环的静载试验时，出现本标准第8.0.1条规定的标志之一。

第三节　钢筋和混凝土粘结强度对比试验

第10.3.1条　本节适用于直径大于10 mm的各类非预应力钢筋的粘结强度对比试验，并根据对比试验结果评价钢筋和混凝土粘结性能。

第10.3.2条　钢筋和混凝土的粘结强度应采用无横向钢筋的立方体中心拔出试件（简称拔出试件）确定。拔出试件应符合下列要求：

一、拔出试件应采用边长为10倍钢筋直径的混凝土立方体试件（图10.3.2）。钢筋放置在立方体的中轴线上，埋入部分长度和无粘结部分长度各为5 d。钢筋伸出混凝土试件表面的长度：自由端为20 mm，加载端应根据垫板厚度、穿孔球铰高度及加载装置的夹具长度确定，但不宜小于300 mm；

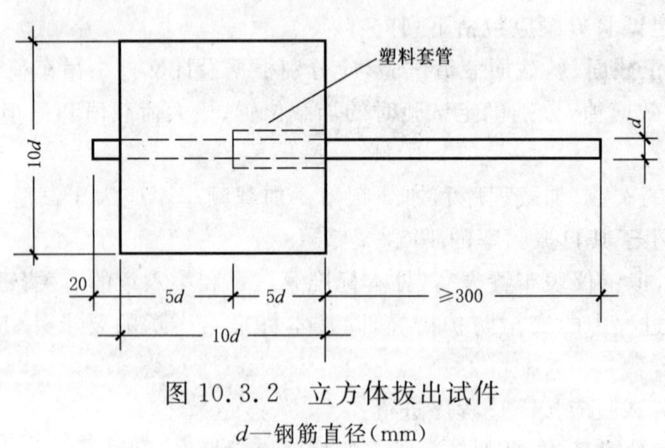

图10.3.2　立方体拔出试件

d—钢筋直径（mm）

二、钢筋表面不应有锈蚀、油污及不正常的横肋轧制标记，安装百分表的钢筋端面应加工成垂直于钢筋轴的平滑表面；

在混凝土中无粘结部分的钢筋应套上硬质的光滑塑料套管，套管末端与钢筋之间空隙应封闭；

三、试件的混凝土应采用普通骨料，粗骨料最大颗粒粒径不得大于1.25倍钢筋直径；

试件的混凝土强度等级为C30，混凝土立方体抗压强度允许偏差应为±3MPa。

四、拔出试件数量每组应制作六个。应同时制作混凝土立方体试件，每组三个，其振捣方法与养护条件应与拔出试件一致；

五、试件应在钢模或不变形的试模中成型。模板上应预留钢筋位置孔。宜用振动台振捣；

试件的浇注面应与钢筋纵轴平行。钢筋应与混凝土承压面垂直，并水平设置在模板内。钢筋的两纵肋平面应放置在水平面上；

六、试件应在标准养护室内进行养护。在试件龄期为28 d时进行试验。

第10.3.3条　试验装置承压垫板的边长不应小于拔出试件的边长，其厚度不应小于15 mm。垫板中心孔径应为2倍钢筋直径（图10.3.3）。

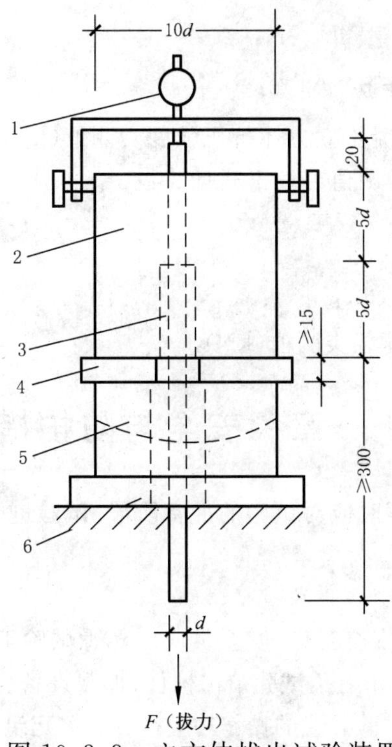

图 10.3.3　立方体拔出试验装置

1—百分表或位移传感器；2—试件；3—塑料套管；4—承压垫板；5—穿孔球铰；6—试验机垫板

第 10.3.4 条　加载速度应根据各种钢筋的直径确定，每种钢筋施加荷载的速度应按下式计算：

$$V_F = 0.03d^2 \tag{10.3.4}$$

式中：V_F——加载速度(kN/min)；

d——钢筋直径(mm)。

加载速度应均匀，不应施加冲击荷载。

第 10.3.5 条　粘结强度试验的试验机精度不应低于 2 级，最小分度值不应大于粘结破坏时的最大荷载值的 2%。

试验机的最大荷载值不应小于钢筋试件的破坏荷载值。

第 10.3.6 条　拔出试验量测的项目应包括下列内容：

一、钢筋自由端开始滑移时的荷载值 F_{so}；

二、与各级荷载值相应的钢筋自由端的滑移值 S；

三、钢筋粘结破坏时的最大荷载值 F_u；

四、粘结破坏时钢筋自由端的最大滑移值 S_u。

第 10.3.7 条　凡出现以下情况之一的试件，其试验结果不能作为确定钢筋粘结强度的依据：

一、试件的混凝土强度不符合本标准要求；

二、钢筋与混凝土承压面不垂直，偏斜较大，致使试件提前劈裂破坏。

第 10.3.8 条　各级荷载作用下的粘结应力可按下列公式计算：

$$\tau_F = \frac{F}{\pi d l_a} \cdot \alpha \tag{10.3.8-1}$$

$$\alpha = \frac{30}{f_{cu}^{o}} \tag{10.3.8-2}$$

$$l_a = 5d \tag{10.3.8-3}$$

式中：τ_F——钢筋和混凝土的粘结应力(kN/mm²)；

F——外加荷载值(kN)；

d——钢筋直径(mm);

l_a——钢筋的埋入长度(mm);

α——混凝土抗压强度修正系数;

f_{cu}^{o}——试件龄期为28 d时混凝土立方体抗压强度实测值(kN/mm²)。

第10.3.9条 钢筋粘结强度实测值可按下式计算:

$$\tau_u^o = \frac{F_u^o}{\pi d l_a} \cdot \alpha \tag{10.3.9}$$

式中:τ_u^o——钢筋粘结强度实测值(kN/mm²);

F_u^o——钢筋粘结破坏的最大荷载实测值(kN)。

第十一章 安全与防护措施

第11.0.1条 在制定试验方案时应对试验的准备阶段、试验进行阶段和试验后拆除构件阶段提出安全与防护技术措施。

试验前应对工作人员进行安全交底。

结构试验应设安全员负责检查安全工作,安全员应由熟悉试验工作的人员担任。

第11.0.2条 在试验准备工作中有关试验结构构件、加载设备、荷载架等的吊装,电气设备、电气线路等的安装以及试验后拆除构件和试验装置的操作均应符合有关建筑安装工程的安全技术规程的规定。

第11.0.3条 试验使用的设备应有操作规程,并应严格遵守。

第11.0.4条 试验用的加载设备、荷载架、支座、支墩等应有足够的安全储备,现场试验的地基应有足够的承载力和刚度。

第11.0.5条 试验屋架、桁架等大型结构构件时,必须根据安全要求设置侧向安全架,侧向安全架不应妨碍试验结构构件的正常工作。

在试验中,工作人员测读仪表、观察裂缝和进行加载等操作均应有安全可靠的工作台或脚手架。工作台和脚手架不应妨碍试验结构构件的正常工作。

第11.0.6条 在试验过程中应注意人身和仪表的安全。试验地区宜设置明显标志。

当荷载达到承载力试验荷载计算值的85%时,宜拆除可能损坏的仪表。对于需要保留下来量测结构破坏阶段的结构反应的仪表,应采取有效的保护措施。

第11.0.7条 试验时应防止试验结构构件和设备的倒塌,并应设置安全托架或支墩。安全托架或支墩和试验结构构件宜保持尽可能小的距离,但不应妨碍试验结构构件的变形。试验用的千斤顶、分配梁和仪表等应吊在支架上(图11.0.7)。

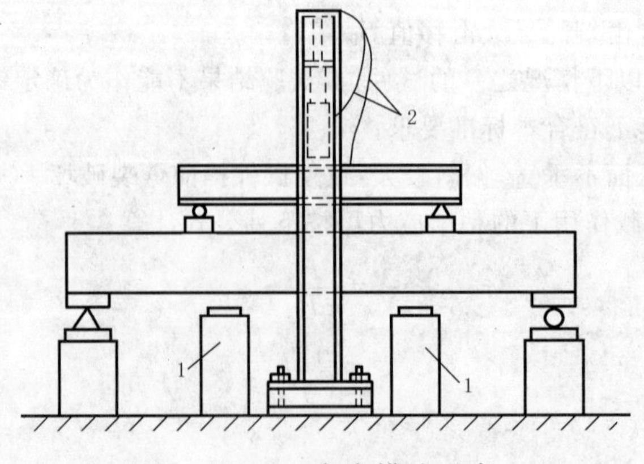

图11.0.7 安全措施示意

1—安全支墩;2—保护索

对可能发生突然破坏的试验结构构件进行试验时应采取特别防护措施以防止物体飞出危及人身、仪表和设备的安全。

附　录　一
加　载　装　置

常见的结构构件加载装置示意图如下：

（一）简支板用重物加载装置(附图 1.1)

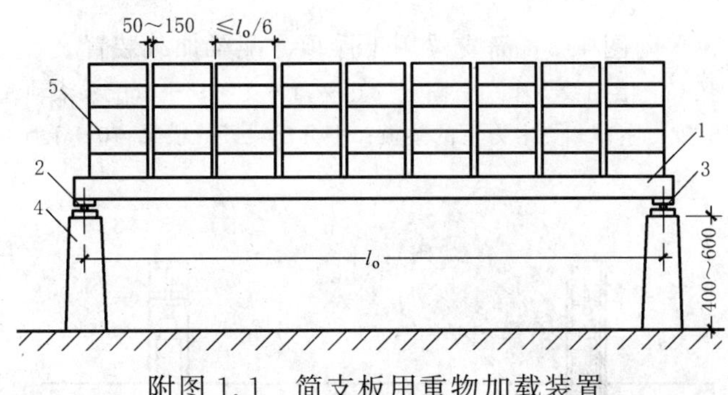

附图 1.1　简支板用重物加载装置

1—试验板；2—滚动铰支座；3—固定铰支座；4—支墩；5—重物

（二）杠杆加载装置(附图 1.2)

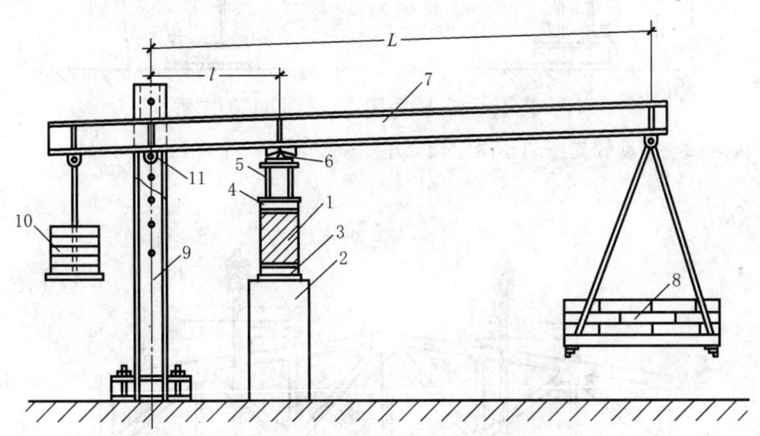

附图 1.2　杠杆加载装置

1—试件；2—支墩；3—试件铰支座；4—分配梁铰支座；5—分配梁；6—刀口支点；7—杠杆；8—加载重物；9—杠杆拉杆；10—平衡杠杆自重的平衡重；11—钢梢(支点)

（三）简支梁用千斤项分配梁加载装置(附图 1.3)

（四）简支梁用千斤顶加载装置(附图 1.4)

（五）桁架用千斤顶加载装置(附图 1.5)；

（六）柱用试验机加载装置(附图 1.6)；

（七）柱用荷载架加载装置(附图 1.7)；

（八）柱卧位试验加载装置(附图 1.8)；

（九）墙板轴向加载装置(附图 1.9)；

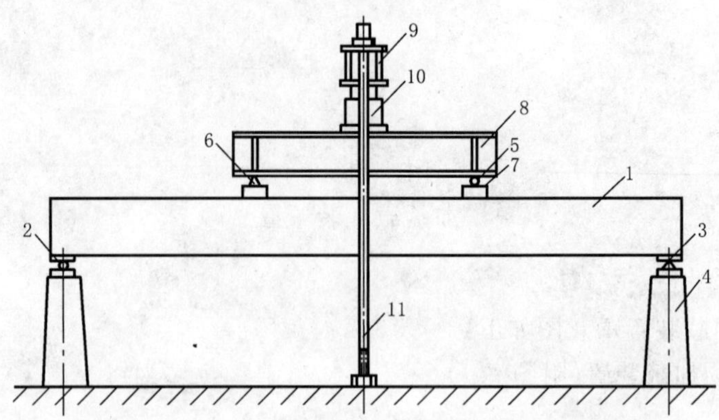

附图 1.3　简支梁用千斤顶分配梁加载装置

1—试验梁；2—滚动铰支座；3—固定铰支座；4—支墩；5—分配梁滚动铰支座；6—分配梁固定铰支座；7—集中力下的垫板；8—分配梁；9—横梁；10—千斤顶；11—拉杆

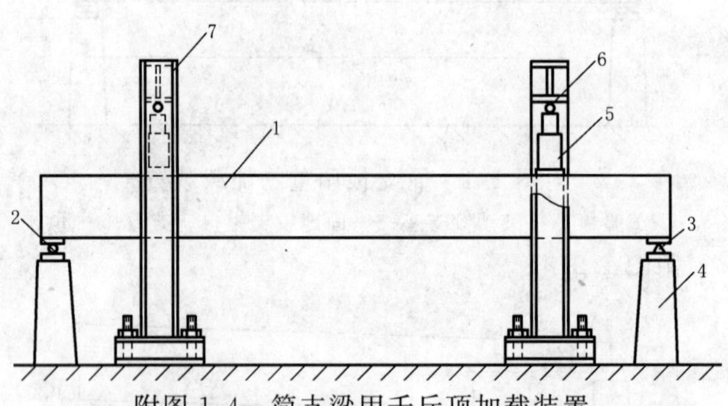

附图 1.4　简支梁用千斤顶加载装置

1—试验梁；2—滚动铰支座；3—固定铰支座；4—支墩；5—千斤顶；6—滚轴；7—荷载架

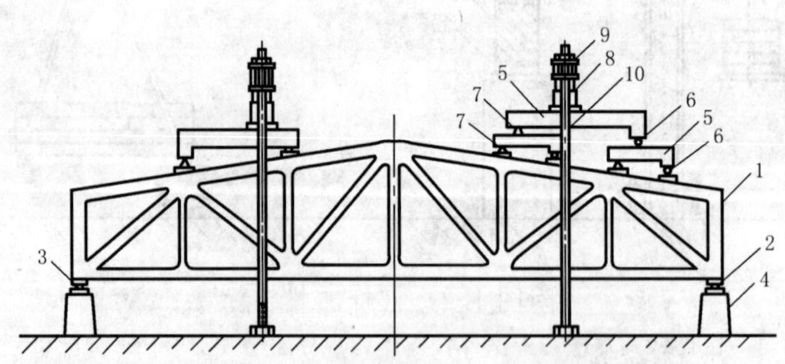

附图 1.5　桁架用千斤顶加载装置

1—试验桁架；2—固定铰支座；3—滚动铰支座；4—支墩；5—分配梁；6—分配梁滚动铰支座；7—分配梁固定铰支座；8—千斤顶；9—横梁；10—拉杆

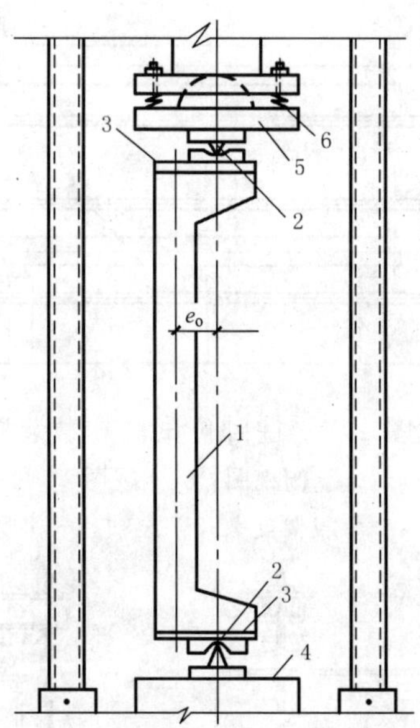

附图 1.6　柱用试验机加载装置

1—试验柱;2—刀口;3—垫板;4—试验机下压板;5—试验机上压板;6—调节试验机压板的弹簧

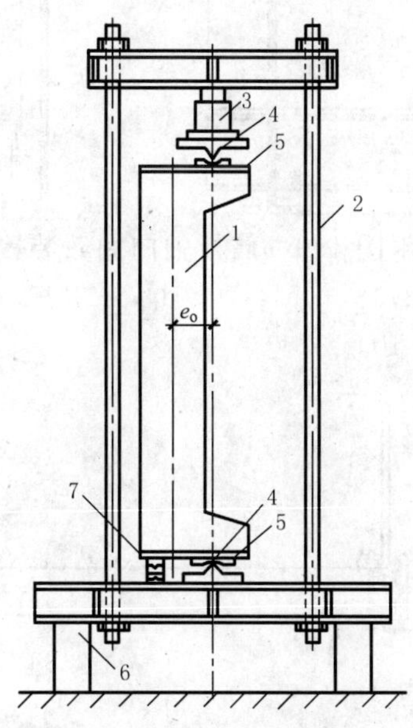

附图 1.7　柱用荷载架加载装置

1—试验柱;2—荷载架;3—千斤顶;4—刀口;5—垫板;6—支墩;7—临时垫木

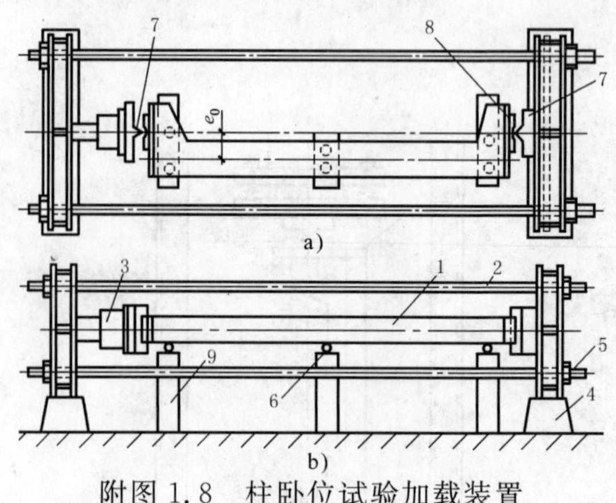

附图 1.8 柱卧位试验加载装置

a) 俯视图；b) 侧视图

1—试验柱；2—荷载架；3—千斤顶；4—荷载架支墩；5—滚轴；6—滚珠；7—刀口；8—垫板；9—试件支墩

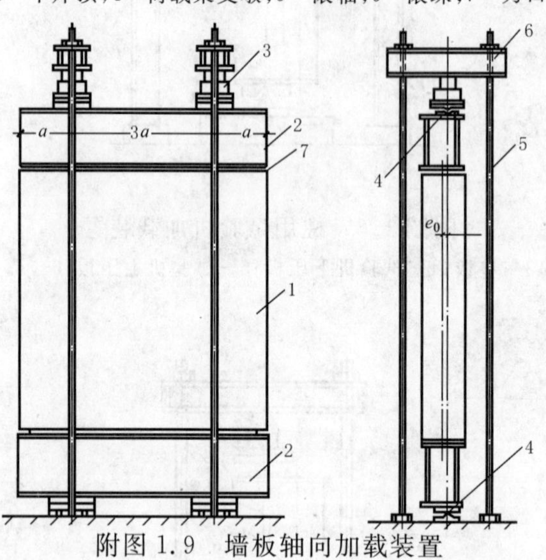

附图 1.9 墙板轴向加载装置

1—试验墙板；2—卧梁；3—千斤顶；4—刀口；5—拉杆；6—横梁；7—砂浆垫层

（十）受扭构件加载装置(附图 1.10)。

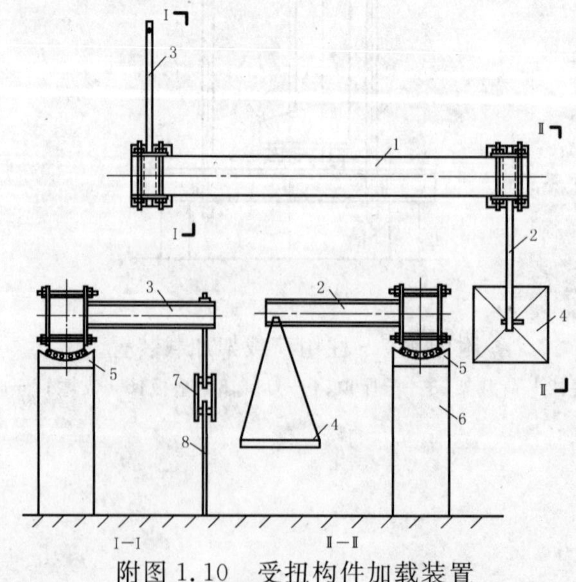

附图 1.10 受扭构件加载装置

1—受扭构件；2—加载臂；3—平衡臂；4—吊盘；5—自由转动支座；6—支墩；7—花兰螺丝；8—拉杆

附　录　二

常用试验记录表格

附表 2.1　试验　仪表测读数据记录表

试验日期＿＿＿＿＿＿气候＿＿＿＿＿＿温度＿＿＿＿＿＿试件名称＿＿＿＿＿＿试件编号＿＿＿＿＿＿

荷载				温度	测读时间	测点号：				测点号：				测点号：				测点号：				测点号：				备注
荷载级数	加载时间	加载值	累计值			仪器号：				仪器号：				仪器号：				仪器号：				仪器号：				
						特　性：				特　性：				特　性：				特　性：				特　性：				
						读数	读数差	累计	换算	读数	读数差	累计	换算	读数	读数差	累计	换算	读数	读数差	累计	换算	读数	读数差	累计	换算	
加载示意图及仪表布置图																										

测读＿＿＿＿＿＿记录＿＿＿＿＿＿整理＿＿＿＿＿＿校核＿＿＿＿＿＿负责＿＿＿＿＿＿

附表 2.2　裂缝记录表

试件名称＿＿＿＿＿＿　　　　年　月　日

试件编号＿＿＿＿＿＿　　　　第　页　共　页

裂缝编号													间距		备注
时间	分级	累计	高度	宽度	高度	宽度	高度	宽度	高度	宽度	高度	宽度	编号	距离	
裂缝草图															

测读＿＿＿＿＿＿记录＿＿＿＿＿＿整理＿＿＿＿＿＿校核＿＿＿＿＿＿负责人＿＿＿＿＿＿

附　录　三
本标准用词说明

一、为便于在执行本标准条文时区别对待，对要求严格程度不同的用词说明如下：

1．表示很严格，非这样作不可的：

正面词采用“必须”，

反面词采用“严禁”。

2．表示严格，在正常情况均应这样作的：

正面词采用“应”，

反面词采用“不应”或“不得”。

3．表示允许稍有选择，在条件许可时首先应这样作的：

正面词采用“宜”或“可”，

反面词采用“不宜”。

二、条文中指定应按其它有关标准、规范执行时，写法为“应符合……的规定”或“应按……执行”。

附加说明：

本标准主编单位、参加单位和主要起草人名单

主编单位：中国建筑科学研究院。

参加单位：哈尔滨建筑工程学院、同济大学、清华大学、湖南大学、太原工业大学。

主要起草人：沈在康、潘景龙

（以下按姓氏笔画为序）

王娴明、王济川、王晋生、金英俊、姚振纲、洪婉儿、姚剑平。

中华人民共和国国家标准
混凝土质量控制标准

GB 50164—92

Standard of Quality Control of Concrete

第一章　总则

第1.0.1条　为加强混凝土生产和施工过程的质量控制，促进技术进步，确保混凝土的质量，制订本标准。

第1.0.2条　本标准适用于工业与民用建筑的普通混凝土质量控制。

第1.0.3条　混凝土的质量控制应包括初步控制、生产控制和合格控制。实施混凝土质量控制应符合下列规定：

一、通过对原材料的质量检验与控制、混凝土配合比的确定与控制、混凝土生产和施工过程各工序的质量检验与控制、以及合格性检验控制，使混凝土质量符合规定要求。

二、在生产和施工过程中进行质量检测，计算统计参数，应用各种质量管理图表，掌握动态信息，控制整个生产和施工期间的混凝土质量，并遵循升级循环的方式，制订改进与提高质量的措施，完善质量控制过程，使混凝土质量稳定提高。

三、必须配备相应的技术人员和必要的检验及试验设备，建立和健全必要的技术管理与质量控制制度。

第1.0.4条　对混凝土的质量控制，除应遵守本标准的规定外，尚应符合现行有关标准的规定。

第二章　混凝土的质量要求

第一节　混凝土拌合物

第2.1.1条　混凝土拌合物的各项质量指标应按下列规定检验：

一、各种混凝土拌合物均应检验其稠度；

二、掺引气型外加剂的混凝土拌合物应检验其含气量；

三、根据需要应检验混凝土拌合物的水灰比、水泥含量及均匀性。

（Ⅰ）稠度

第2.1.2条　混凝土拌合物的稠度应以坍落度或维勃稠度表示，坍落度适用于塑性和流动性混凝土拌合物，维勃稠度适用于干硬性混凝土拌合物。其检测方法应按现行国家标准《普通混凝土拌合物性能试验方法》的规定进行。

第2.1.3条　混凝土拌合物根据其坍落度大小，可分为4级，并应符合表2.1.3的规定。

混凝土按坍落度的分级　　表2.1.3

级　别	名　称	坍落度（mm）
T_1	低塑性混凝土	10～40
T_2	塑性混凝土	50～90
T_3	流动性混凝土	100～150
T_4	大流动性混凝土	≥160

注：坍落度检测结果，在分级评定时，其表达取舍至临近的10mm。

中华人民共和国建设部1992-09-29发布　　1993-05-01实施

第2.1.4条 混凝土拌合物根据其维勃稠度大小，可分为4级，并应符合表2.1.4的规定。

混凝土按维勃稠度的分级 表2.1.4

级别	名称	维勃稠度(s)
V_0	超干硬性混凝土	≥31
V_1	特干硬性混凝土	30～21
V_2	干硬性混凝土	20～11
V_3	半干硬性混凝土	10～5

第2.1.5条 坍落度或维勃稠度的允许偏差应分别符合表2.1.5-1和表2.1.5-2的规定。

坍落度允许偏差 表2.1.5-1

坍落度(mm)	允许偏差(mm)
≤40	±10
50～90	±20
≥100	±30

维勃稠度允许偏差 表2.1.5-2

维勃稠度(s)	允许偏差(s)
≤10	±3
11～20	±4
21～30	±6

（Ⅱ）含气量

第2.1.6条 掺引气型外加剂混凝土的含气量应满足设计和施工工艺的要求。根据混凝土采用粗骨料的最大粒径，其含气量的限值不宜超过表2.1.6规定。

掺引气型外加剂混凝土含气量的限值 表2.1.6

粗骨料最大粒径(mm)	混凝土含气量(%)
10	7.0
15	6.0
20	5.5
25	5.0
40	4.5

第2.1.7条 混凝土拌合物含气量的检测方法应按现行国家标准《普通混凝土拌合物性能试验方法》的规定进行。检测结果与要求值的允许偏差范围应为±1.5%。

（Ⅲ）水灰比和水泥含量

第2.1.8条 混凝土的最大水灰比和最小水泥用量应符合现行国家标准《混凝土结构工程施工及验收规范》的规定。

第2.1.9条 混凝土拌合物的水灰比和水泥含量的检测方法应按现行国家标准《普通混凝土拌合物性能试验方法》的规定进行。实测的水灰比和水泥含量，应符合设计要求。

（Ⅳ）均匀性

第2.1.10条 混凝土拌合物应拌合均匀，颜色一致，不得有离析和泌水现象。

第2.1.11条 混凝土拌合物均匀性的检测方法应按现行国家标准《混凝土搅拌机性能试验方法》的规定进行。

第2.1.12条 检查混凝土拌合物均匀性时，应在搅拌机卸料过程中，从卸料流的1/4至3/4之间部位采取试样，进行试验，其检测结果应符合下列规定：

一、混凝土中砂浆密度两次测值的相对误差不应大于0.8%；

二、单位体积混凝土中粗骨料含量两次测值的相对误差不应大于5%。

第二节　混凝土强度

第2.2.1条　普通混凝土按立方体抗压强度标准值(N/mm^2)划分为C7.5、C10、C15、C20、C25、C30、C35、C40、C45、C50、C55、C60等12个强度等级。

第2.2.2条　混凝土强度的检测，应按现行国家标准《普通混凝土力学性能试验方法》的规定进行。

第2.2.3条　混凝土强度，除应按《混凝土强度检验评定标准》规定分批进行合格评定外，尚应对一个统计周期内的相同等级和龄期的混凝土强度进行统计分析，统计计算强度均值($\mu_{f_{cu}}$)、标准差(σ)及强度不低于要求强度等级值的百分率(P)，以确定企业的生产管理水平；其中$\mu_{f_{cu}}$应符合本标准的第2.2.7条规定，σ和P应满足表2.2.3的要求。

第2.2.4条　对商品混凝土厂和预制混凝土构件厂，其统计周期可取一个月；对在现场集中搅拌混凝土的施工单位其统计周期可根据实际情况确定。

混凝土生产管理水平　　表2.2.3

生产质量水平		优良		一般	
评定指标 ＼ 生产场所 ＼ 混凝土强度等级		<C20	≥C20	<C20	≥C20
混凝土强度标准差σ (N/mm^2)	商品混凝土厂和预制混凝土构件厂	≤3.0	≤3.5	≤4.0	≤5.0
	集中搅拌混凝土的施工现场	≤3.5	≤4.0	≤4.5	≤5.5
强度不低于规定强度等级值的百分率P(%)	商品混凝土厂、预制混凝土构件厂及集中搅拌混凝土的施工现场	≥95		>85	

第2.2.5条　混凝土强度标准差(σ)和强度不低于规定强度等级值的百分率(P)，可按下列公式计算：

一、标准差：

$$\sigma=\sqrt{\frac{\sum_{i=1}^{N}f_{cu,i}^{2}-N\cdot\mu_{f_{cu}}^{2}}{N-1}} \quad (2.2.5\text{-}1)$$

二、百分率：

$$P=\frac{N_0}{N}\times100\% \quad (2.2.5\text{-}2)$$

式中：$f_{cu,i}$——统计周期内第i组混凝土试件的立方体抗压强度值，N/mm^2；

N——统计周期内相同强度等级的混凝土试件组数，该值不得少于25组；

$\mu_{f_{cu}}$——统计周期内N组混凝土试件立方体抗压强度的平均值，N/mm^2；

N_0——统计周期内试件强度不低于要求强度等级值的组数。

第2.2.6条　盘内混凝土强度的变异系数(δ_b)不宜大于5%，其值可按下列公式确定：

$$\delta_b=\frac{\sigma_b}{\mu_{f_{cu}}}\times100\% \quad (2.2.6\text{-}1)$$

盘内混凝土强度均值($\mu_{f_{cu}}$)及其标准差(σ_b)可利用正常生产连续积累的强度资料按下列公式确定：

$$\mu_{f_{cu}}=\frac{\sum_{i=1}^{n}f_{cu,i}}{n} \quad (2.2.6\text{-}2)$$

$$\sigma_b=\frac{0.59}{n}\sum_{i=1}^{n}\Delta_{f_{cu,i}} \quad (2.2.6\text{-}3)$$

式中：δ_b——盘内混凝土强度的变异系数；

σ_b——盘内混凝土强度的标准差，N/mm^2；

$\mu_{f_{cu}}$——n 组混凝土试件立方体抗压强度的平均值，N/mm^2；

$\Delta_{f_{cu}}$——第 i 组三个试件中强度最大值与最小值之差，N/mm^2；

n——试件组数，该值不得少于 30 组；

$f_{cu,i}$——第 i 组混凝土试件立方体抗压强度值。

第 2.2.7 条 按月或季统计计算的强度平均值($\mu_{f_{cu}}$)宜满足下式要求：

$$f_{cu,k}+1.4\sigma\leqslant\mu_{f_{cu}}\leqslant f_{cu,k}+2.5\sigma \quad (2.2.7)$$

式中：μ_f——按月或季统计的强度平均值，N/mm^2；

$f_{cu,k}$——混凝土立方体抗压强度标准值，N/mm^2；

σ——按月或季统计的强度标准差(N/mm^2)，确定标准差的试件组数不得少于 25 组。

注：对有早龄期强度和特殊要求的混凝土，其强度平均值可不受该上限限制。

第三节 混凝土耐久性

第 2.3.1 条 根据混凝土试件所能承受的反复冻融循环(慢冻法)次数，混凝土的抗冻性划分为 D10、D15、D25、D50、D100、D150、D200、D250 和 D300 等 9 个等级。

第 2.3.2 条 根据混凝土试件在抗渗试验时所能承受的最大水压力，混凝土的抗渗性可划分为 S_4、S_6、S_8、S_{10}、S_{12} 等 5 个等级。

第 2.3.3 条 混凝土的抗冻性和抗渗性试验方法应按现行国家标准《普通混凝土长期性能和耐久性能试验方法》的规定进行。实测的混凝土抗冻性或抗渗性指标，不应低于设计要求。

第 2.3.4 条 混凝土拌合物中的氯化物总含量(以氯离子重量计)应符合下列规定：

一、对素混凝土，不得超过水泥重量的 2%；

二、对处于干燥环境或有防潮措施的钢筋混凝土，不得超过水泥重量的 1%；

三、对处在潮湿而不含有氯离子环境中的钢筋混凝土，不得超过水泥重量的 0.3%；

四、对在潮湿并含有氯离子环境中的钢筋混凝土，不得超过水泥重量的 0.1%；

五、预应力混凝土及处于易腐蚀环境中的钢筋混凝土，不得超过水泥重量的 0.06%。

第三章 混凝土质量的初步控制

第 3.0.1 条 混凝土质量的初步控制应包括组成材料的质量检验与控制和混凝土配合比的合理确定。

第一节 组成材料的质量控制

(Ⅰ)水泥

第 3.1.1 条 配制混凝土用的水泥应符合现行国家标准《硅酸盐水泥、普通硅酸盐水泥》、《矿碴硅酸盐水泥、火山灰质硅酸盐水泥、粉煤灰硅酸盐水泥》和《快硬硅酸盐水泥》的规定。

当采用其他品种水泥时，应符合国家现行标准的有关规定。

第 3.1.2 条 应根据工程特点、所处环境以及设计、施工的要求,选用适当品种和标号的水泥。

第 3.1.3 条 对所用水泥应检验其安定性和强度。有要求时,尚应检验其他性能。其检验方法应符合现行国家标准《水泥胶砂强度检验方法》、《水泥细度检验方法(筛析法)》、《水泥比表面积测定方法(勃氏法)》、《水泥标准稠度用水量、凝结时间、安定性检验方法》和《水泥化学分析方法》的规定。

注:根据需要可采用水泥快速检验方法预测水泥 28d 强度,作为混凝土生产控制和进行配合比设计的依据。

第 3.1.4 条 水泥应按不同品种、标号及牌号按批分别存储在专用的仓罐或水泥库内。如因存储不当引起质量有明显降低或水泥出厂超过三个月(快硬硅酸盐水泥为一个月)时,应在使用前对其质量进行复验,并按复验的结果使用。

(Ⅱ)骨料

第 3.1.5 条 普通混凝土所用的骨料应符合国家现行标准的规定。

第 3.1.6 条 骨料的选用应符合下列要求:

一、粗骨料最大粒径应符合下列要求:

1. 不得大于混凝土结构截面最小尺寸的 1/4,并不得大于钢筋最小净距的 3/4;对于混凝土实心板,其最大粒径不宜大于板厚的 1/2,并不得超过 50mm;

2. 泵送混凝土用的碎石,不应大于输送管内径的 1/3;卵石不应大于输送管内径的 2/5;

二、泵送混凝土用的细骨料,对 0.315mm 筛孔的通过量不应少于 15%,对 0.16mm 筛孔的通过量不应少于 5%;

三、泵送混凝土用的骨料还应符合泵车技术条件的要求。

第 3.1.7 条 骨料质量应按下列规定进行检验:

一、来自采集场(生产厂)的骨料应附有质量证明书,根据需要应按批检验其颗粒级配、含泥量及粗骨料的针片状颗粒含量;

二、对无质量证明书或其他来源的骨料,应按批检验其颗粒级配、含泥量及粗骨料的针片状颗粒含量。必要时还应检验其他质量指标。

三、对海砂,还应按批检验其氯盐含量,其检验结果应符合有关标准的规定。

四、对含有活性二氧化硅或其他活性成分的骨料,应进行专门试验,待验证确认对混凝土质量无有害影响时,方可使用。

第 3.1.8 条 骨料在生产、采集、运输与存储过程中,严禁混入影响混凝土性能的有害物质。

骨料应按品种、规格分别堆放,不得混杂。在其装卸及存储时,应采取措施,使骨料颗粒级配均匀,保持洁净。

(Ⅲ)水

第 3.1.9 条 拌制各种混凝土的用水应符合国家现行标准《混凝土拌合用水标准》的规定。

第 3.1.10 条 不得使用海水拌制钢筋混凝土和预应力混凝土。不宜用海水拌制有饰面要求的素混凝土。

(Ⅳ)掺合料

第 3.1.11 条 用于混凝土中的掺合料,应符合现行国家标准《用于水泥和混凝土中的粉煤灰》、《用于水泥中的火山灰质混合材料》和《用于水泥中的粒化高炉矿渣》的规定。

当采用其他品种的掺合料时,其烧失量及有害物质含量等质量指标应通过试验,确认符合混凝土质量要求时,方可使用。

第 3.1.12 条 选用的掺合料,应使混凝土达到预定改善性能的要求或在满足性能要求的前提下取代水泥。其掺量应通过试验确定,其取代水泥的最大取代量应符合有关标准的规定。

第 3.1.13 条 掺合料在运输与存储中,应有明显标志。严禁与水泥等其他粉状材料混淆。

(Ⅴ)外加剂

第 3.1.14 条 用于混凝土的外加剂的质量应符合现行国家标准《混凝土外加剂》的规定。

第 3.1.15 条 选用外加剂时，应根据混凝土的性能要求、施工工艺及气候条件，结合混凝土的原材料性能、配合比以及对水泥的适应性等因素，通过试验确定其品种和掺量。

第 3.1.16 条 选用的外加剂应具有质量证明书，需要时还应检验其氯化物、硫酸盐等有害物质的含量，经验证确认对混凝土无有害影响时方可使用。

第 3.1.17 条 不同品种外加剂应分别存储，做好标记，在运输与存储时不得混入杂物和遭受污染。

第二节 混凝土配合比的确定与控制

第 3.2.1 条 混凝土配合比应按国家现行标准《普通混凝土配合比设计技术规定》和《混凝土强度检验评定标准》的规定，通过设计计算和试配确定。当配合比的确定采用早期推定混凝土强度时，其试验方法应按国家现行标准规定进行。

在施工过程中，不得随意改变配合比。

第 3.2.2 条 泵送混凝土配合比应考虑泵送的垂直和水平距离、弯头设置、泵送设备的技术条件等因素，按有关规定进行设计，并应符合现行国家标准《混凝土结构工程施工及验收规范》的规定。

第 3.2.3 条 混凝土配合比使用过程中，应根据混凝土质量的动态信息，及时进行调整。

第四章 混凝土质量的生产控制

第 4.0.1 条 混凝土质量的生产控制应包括混凝土组成材料的计量、混凝土拌合物的搅拌、运输、浇筑和养护等工序的控制。

第 4.0.2 条 施工(生产)单位应根据设计要求，提出混凝土质量控制目标，建立混凝土质量保证体系，制订必要的混凝土生产质量管理制度。

第 4.0.3 条 在生产过程中应对在各工序中取得的质量数据，定期(每月、季、年)进行统计分析，并应采用各种质量统计管理图表，根据生产过程的质量动态，及时采取措施和对策。

第 4.0.4 条 施工(生产)单位必须积累完整的混凝土生产全过程的技术资料和质量检测资料，并应分类整理存档。

第一节 计量

第 4.1.1 条 在计量工序中，整个生产期间每盘混凝土各组成材料计量结果的偏差应符合表4.1.1的规定。

注：混凝土各组成材料的计量应按重量计，水和液体外加剂可按体积计。

混凝土组成材料计量结果的允许偏差　　表 4.1.1

组成材料	允许偏差
水泥、掺合料	±2%
粗、细骨料	±3%
水、外加剂	±2%

第 4.1.2 条 每一工作班正式称量前，应对计量设备进行零点校核。

第 4.1.3 条 生产过程中应测定骨料的含水率，每一工作班不应少于一次，当含水率有显著变化时，应增加测定次数，依据检测结果及时调整用水量和骨料用量。

第 4.1.4 条 计量器具应定期检定，经中修、大修或迁移至新的地点后，也应进行检定。

第二节 搅拌

第 4.2.1 条 在搅拌工序中，拌制的混凝土拌合物的均匀性应符合本标准第 2.1.12 条的规定。

第 4.2.2 条 混凝土搅拌的最短时间应符合现行国家标准《混凝土结构工程施工及验收规范》的规

定。

混凝土的搅拌时间，每一工作班至少应抽查两次。

第4.2.3条 混凝土搅拌完毕后，应按下列要求检测混凝土拌合物的各项性能：

一、混凝土拌合物的稠度应在搅拌地点和浇筑地点分别取样检测。每一工作班不应少于一次。评定时应以浇筑地点的测值为准。

在预制混凝土构件厂(场)，如混凝土拌合物从搅拌机出料起至浇筑入模的时间不超过15min时，其稠度可仅在搅拌地点取样检测。

在检测坍落度时，还应观察混凝土拌合物的粘聚性和保水性。

二、根据需要，尚应检测混凝土拌合物的其他质量指标，检测结果应符合本标准第二章第一节的规定。

第三节 运输

第4.3.1条 在运输工序中，应控制混凝土运至浇筑地点后，不离析、不分层、组成成分不发生变化，并能保证施工所必需的稠度。

第4.3.2条 运送混凝土的容器和管道，应不吸水、不漏浆，并保证卸料及输送通畅。容器和管道在冬期应有保温措施，夏季最高气温超过40℃时，应有隔热措施。

第4.3.3条 混凝土从搅拌机卸出后到浇筑完毕的延续时间不宜超过表4.3.3的规定。

混凝土从搅拌机卸出到浇筑完毕的延续时间 表4.3.3

气温	延续时间 (min)			
	采用搅拌车		采用其他运输设备	
	≤C30	>C30	≤C30	>C30
≤25℃	120	90	90	75
>25℃	90	60	60	45

注：掺有外加剂或采用快硬水泥时延续时间应通过试验确定。

第4.3.4条 混凝土运送至浇筑地点，如混凝土拌合物出现离析或分层现象，应对混凝土拌合物进行二次搅拌。

第4.3.5条 混凝土运至指定卸料地点时，应检测其稠度。所测稠度值应符合设计和施工要求。其允许偏差值应符合本标准的第2.1.5条规定。

第4.3.6条 混凝土拌合物运至浇筑地点时的温度，最高不宜超过35℃；最低不宜低于5℃。

第4.3.7条 采用泵送混凝土时，应保证混凝土泵的连续工作，受料斗内应有足够的混凝土，泵送间歇时间不宜超过15min。

第四节 浇筑前的检查

第4.4.1条 浇筑混凝土前，应检查和控制模板、钢筋、保护层和预埋件等的尺寸、规格、数量和位置，其偏差值应符合现行国家标准《混凝土结构工程施工及验收规范》的规定。此外，还应检查模板支撑的稳定性以及接缝的密合情况。

第4.4.2条 模板和隐蔽项目应分别进行预检和隐检验收，符合要求时，方可进行浇筑。

第五节 浇筑

第4.5.1条 在浇筑工序中，应控制混凝土的均匀性和密实性。

第4.5.2条 混凝土拌合物运至浇筑地点后，应立即浇筑入模。在浇筑过程中，如混凝土拌合物的均匀性和稠度发生较大变化，应及时处理。

第 4.5.3 条 柱、墙等结构竖向浇筑高度超过 3m 时，应采用串筒、溜管或振动溜管浇筑混凝土。

第 4.5.4 条 混凝土应振捣成型，根据施工对象及混凝土拌合物性质应选择适当的振捣器，并确定振捣时间。

第 4.5.5 条 混凝土在浇筑及静置过程中，应采取措施防止产生裂缝。由于混凝土的沉降及干缩产生的非结构性的表面裂缝，应在混凝土终凝前予以修整。

第 4.5.6 条 在浇筑混凝土时，应制作供结构或构件出池、拆模、吊装、张拉、放张和强度合格评定用的试件。需要时还应制作抗冻、抗渗或其他性能试验用的试件。

第六节 养护

第 4.6.1 条 在养护工序中，应控制混凝土处在有利于硬化及强度增长的温度和湿度环境中。使硬化后的混凝土具有必要的强度和耐久性。

第 4.6.2 条 施工(生产)单位应根据施工对象、环境、水泥品种、外加剂以及对混凝土性能的要求，提出具体的养护方案，并应严格执行规定的养护制度。

第 4.6.3 条 自然养护混凝土时，应每天记录大气气温的最高和最低温度以及天气的变化情况，并记录养护方式和制度。

对采用薄膜或养护剂养护的混凝土，应经常检查薄膜或养护剂的完整情况和混凝土的保湿效果。

第 4.6.4 条 蒸汽养护的温度检查，应符合下列要求：

一、在升温和降温阶段，应每小时测温一次。恒温阶段每两小时测温一次；

二、加温养护的混凝土结构或构件在出池或撤除养护措施前，应进行温度测量。当表面与外界温差不大于 20℃时，方可撤除养护措施或构件出池。

第 4.6.5 条 大体积混凝土的养护，应进行热工计算确定其保温、保湿或降温措施，并应设置测温孔或埋设热电偶等测定混凝土内部和表面的温度，使温差控制在设计要求的范围以内，当无设计要求时，温差不宜超过 25℃。

第 4.6.6 条 冬期浇筑的混凝土，应养护到具有抗冻能力的临界强度后，方可撤除养护措施。混凝土的临界强度应符合下列规定：

一、用硅酸盐水泥或普通硅酸盐水泥配制的混凝土，应为设计要求的强度等级标准值的 30%；

二、用矿碴硅酸盐水泥配制的混凝土，应为设计要求的强度等级标准值的 40%；

三、在任何情况下，混凝土受冻前的强度不得低于 $5N/mm^2$。

第 4.6.7 条 冬期施工时，模板和保温层应在混凝土冷却到 5℃后方可拆除。当混凝土温度与外界温度相差大于 20℃时，拆模后的混凝土应临时覆盖，使其缓慢冷却。

附录　本标准用词说明

一、为便于在执行本标准条文时区别对待，对要求严格程度不同的用词说明如下：

1. 表示很严格、非这样作不可的：

正面词采用“必须”；

反面词采用“严禁”。

2. 表示严格，在正常情况下均应这样作的：

正面词采用“应”；

反面词采用“不应”或“不得”。

3. 表示允许稍有选择，在条件许可时首先应这样作的：

正面词采用“宜”或“可”；

反面词采用“不宜”。

二、条文中指定应按其他有关标准、规范执行时，写法为“应符合……的规定”或“应按……执行”。

附加说明

本标准主编单位、参加单位和主要起草人名单

主 编 单 位:中国建筑科学研究院

参 加 单 位:西安冶金建筑学院

北京市第一建筑构件厂

上海市建工材料公司

中建三局深圳工程地盘管理公司

上海市建筑构件研究所

中国科学院系统科学研究所

主要起草人:韩素芳　耿维恕　钟炯垣　曹天霞

胡企才　彭冠群　许鹤力　吴传义

UDC

中华人民共和国国家标准

P　　　　　　　　　　　　　　　　　　　　**GB** 50204—2002

混凝土结构工程施工质量验收规范

Code for acceptance of constructional quality of concrete structures

主编部门：中国建筑科学研究院
批准部门：中华人民共和国建设部

2002-03-15 发布　　　　　　　　　　　　　　2002-04-01 实施

中华人民共和国建设部
国家质量监督检验检疫总局　联合发布

前　　言

本规范是根据建设部《关于印发一九九八年工程建设国家标准制订、修订计划(第二批)的通知》(建标[1998]244号)的要求,由中国建筑科学研究院会同有关单位对《建筑工程质量检验评定标准》GBJ 301—88中第五章、《预制混凝土构件质量检验评定标准》GBJ 321—90和《混凝土结构工程施工及验收规范》GB 50204—92修订而成的。

在修订过程中,编制组开展了专题研究和工程试点应用,进行了比较广泛的调查研究,总结了我国混凝土结构工程施工质量验收的实践经验,坚持了"验评分离、强化验收、完善手段、过程控制"的指导原则,并以多种方式广泛征求了有关单位的意见,最后经审查定稿。

本规范规定的主要内容有:混凝土结构工程及其分项工程施工质量验收标准、内容和程序;施工现场质量管理和质量控制要求;涉及结构安全的见证及抽样检测。

本规范将来可能需要进行局部修订,有关局部修订的信息和条文内容将刊登在《工程建设标准化》杂志上。

本规范以黑体字标志的条文为强制性条文,必须严格执行。

为了提高规范质量,请各单位在执行本规范过程中,注意总结经验,积累资料,随时将有关的意见和建议反馈给中国建筑科学研究院(通讯地址:北京市北三环东路30号;邮政编码:100013;E-mail:code_ibs_cabr@263.net.cn),以供今后修订时参考。

本规范主编单位、参编单位和主要起草人:

主编单位:中国建筑科学研究院。

参编单位:北京建工集团有限责任公司、北京城建集团有限责任公司混凝土分公司、北京市建设工程质量监督总站、上海市第一建筑有限公司、中国建筑第一工程局第五建筑公司、国家建筑工程质量监督检验中心、中国人民解放军工程质量监督总站、北京市建委开发办公室。

主要起草人:徐有邻、程志军、白生翔、韩素芳、艾永祥、李东彬、张元勃、路来军、马兴宝、高小旺、马洪晔、蒋寅、彭尚银、周磊坚、翟传明。

1 总则

1.0.1 为了加强建筑工程质量管理，统一混凝土结构工程施工质量的验收，保证工程质量，制定本规范。

1.0.2 本规范适用于建筑工程混凝土结构施工质量的验收，不适用于特种混凝土结构施工质量的验收。

1.0.3 混凝土结构工程的承包合同和工程技术文件对施工质量的要求不得低于本规范的规定。

1.0.4 本规范应与国家标准《建筑工程施工质量验收统一标准》GB 50300—2001 配套使用。

1.0.5 混凝土结构工程施工质量的验收除应执行本规范外，尚应符合国家现行有关标准的规定。

2 术语

2.0.1 混凝土结构 concrete structure

以混凝土为主制成的结构，包括素混凝土结构、钢筋混凝土结构和预应力混凝土结构等。

2.0.2 现浇结构 cast-in-situ concrete structure

系现浇混凝土结构的简称，是在现场支模并整体浇筑而成的混凝土结构。

2.0.3 装配式结构 prefabricated concrete structure

系装配式混凝土结构的简称，是以预制构件为主要受力构件经装配、连接而成的混凝土结构。

2.0.4 缺陷 defect

建筑工程施工质量中不符合规定要求的检验项或检验点，按其程度可分为严重缺陷和一般缺陷。

2.0.5 严重缺陷 serious defect

对结构构件的受力性能或安装使用性能有决定性影响的缺陷。

2.0.6 一般缺陷 common defect

对结构构件的受力性能或安装使用性能无决定性影响的缺陷。

2.0.7 施工缝 construction joint

在混凝土浇筑过程中，因设计要求或施工需要分段浇筑而在先、后浇筑的混凝土之间所形成的接缝。

2.0.8 结构性能检验 inspection of structural performance

针对结构构件的承载力、挠度、裂缝控制性能等各项指标所进行的检验。

3 基本规定

3.0.1 混凝土结构施工现场质量管理应有相应的施工技术标准、健全的质量管理体系、施工质量控制和质量检验制度。

混凝土结构施工项目应有施工组织设计和施工技术方案，并经审查批准。

3.0.2 混凝土结构子分部工程可根据结构的施工方法分为两类：现浇混凝土结构子分部工程和装配式混凝土结构子分部工程；根据结构的分类，还可分为钢筋混凝土结构子分部工程和预应力混凝土结构子分部工程等。

混凝土结构子分部工程可划分为模板、钢筋、预应力、混凝土、现浇结构和装配式结构等分项工程。

各分项工程可根据与施工方式相一致且便于控制施工质量的原则，按工作班、楼层、结构缝或施工段划分为若干检验批。

3.0.3 对混凝土结构子分部工程的质量验收，应在钢筋、预应力、混凝土、现浇结构或装配式结构等相关分项工程验收合格的基础上，进行质量控制资料检查及观感质量验收，并应对涉及结构安全的材料、试件、施工工艺和结构的重要部位进行见证检测或结构实体检验。

3.0.4 分项工程的质量验收应在所含检验批验收合格的基础上，进行质量验收记录检查。

3.0.5 检验批的质量验收应包括如下内容：

1 实物检查，按下列方式进行：

1）对原材料、构配件和器具等产品的进场复验，应按进场的批次和产品的抽样检验方案执行；

2）对混凝土强度、预制构件结构性能等，应按国家现行有关标准和本规范规定的抽样检验方案执行；

3）对本规范中采用计数检验的项目，应按抽查总点数的合格点率进行检查。

2 资料检查，包括原材料、构配件和器具等的产品合格证（中文质量合格证明文件、规格、型号及性能检测报告等）及进场复验报告、施工过程中重要工序的自检和交接检记录、抽样检验报告、见证检测报告、隐蔽工程验收记录等。

3.0.6 检验批合格质量应符合下列规定：

1 主控项目的质量经抽样检验合格；

2 一般项目的质量经抽样检验合格；当采用计数检验时，除有专门要求外，一般项目的合格点率应达到80%及以上，且不得有严重缺陷；

3 具有完整的施工操作依据和质量验收记录。

对验收合格的检验批，宜作出合格标志。

3.0.7 检验批、分项工程、混凝土结构子分部工程的质量验收可按本规范附录A记录，质量验收程序和组织应符合国家标准《建筑工程施工质量验收统一标准》GB 50300—2001的规定。

4 模板分项工程

4.1 一般规定

4.1.1 模板及其支架应根据工程结构形式、荷载大小、地基土类别、施工设备和材料供应等条件进行设计。模板及其支架应具有足够的承载能力、刚度和稳定性，能可靠地承受浇筑混凝土的重量、侧压力以及施工荷载。

4.1.2 在浇筑混凝土之前，应对模板工程进行验收。

模板安装和浇筑混凝土时，应对模板及其支架进行观察和维护。发生异常情况时，应按施工技术方案及时进行处理。

4.1.3 模板及其支架拆除的顺序及安全措施应按施工技术方案执行。

4.2 模板安装

主控项目

4.2.1 安装现浇结构的上层模板及其支架时，下层楼板应具有承受上层荷载的承载能力，或加设支架；上、下层支架的立柱应对准，并铺设垫板。

检查数量：全数检查。

检验方法：对照模板设计文件和施工技术方案观察。

4.2.2 在涂刷模板隔离剂时，不得沾污钢筋和混凝土接槎处。

检查数量：全数检查。

检验方法：观察。

一般项目

4.2.3 模板安装应满足下列要求：

1 模板的接缝不应漏浆；在浇筑混凝土前，木模板应浇水湿润，但模板内不应有积水；

2 模板与混凝土的接触面应清理干净并涂刷隔离剂，但不得采用影响结构性能或妨碍装饰工程施工的隔离剂；

3 浇筑混凝土前，模板内的杂物应清理干净；

4 对清水混凝土工程及装饰混凝土工程，应使用能达到设计效果的模板。

检查数量：全数检查。

检验方法：观察。

4.2.4 用作模板的地坪、胎模等应平整光洁，不得产生影响构件质量的下沉、裂缝、起砂或起鼓。

检查数量：全数检查。

检验方法：观察。

4.2.5 对跨度不小于 4 m 的现浇钢筋混凝土梁、板，其模板应按设计要求起拱；当设计无具体要求时，起拱高度宜为跨度的 1/1 000～3/1 000。

检查数量：在同一检验批内，对梁，应抽查构件数量的 10%，且不少于 3 件；对板，应按有代表性的自然间抽查 10%，且不少于 3 间；对大空间结构，板可按纵、横轴线划分检查面，抽查 10%，且不少于 3 面。

检验方法：水准仪或拉线、钢尺检查。

4.2.6 固定在模板上的预埋件、预留孔和预留洞均不得遗漏，且应安装牢固，其偏差应符合表 4.2.6 的规定。

检查数量：在同一检验批内，对梁、柱和独立基础，应抽查构件数量的 10%，且不少于 3 件；对墙和板，应按有代表性的自然间抽查 10%，且不少于 3 间；对大空间结构，墙可按相邻轴线间高度 5m 左右划分检查面，板可按纵横轴线划分检查面，抽查 10%，且均不少于 3 面。

检验方法：钢尺检查。

4.2.7 现浇结构模板安装的偏差应符合表 4.2.7 的规定。

检查数量：在同一检验批内，对梁、柱和独立基础，应抽查构件数量的 10%，且不少于 3 件；对墙和板，应按有代表性的自然间抽查 10%，且不少于 3 间；对大空间结构，墙可按相邻轴线间高度 5m 左右划分检查面，板可按纵、横轴线划分检查面，抽查 10%，且均不少于 3 面。

表 4.2.6 预埋件和预留孔洞的允许偏差

项　　目		允许偏差(mm)
预埋钢板中心线位置		3
预埋管、预留孔中心线位置		3
插　　筋	中心线位置	5
	外露长度	+10，0
预埋螺栓	中心线位置	2
	外露长度	+10，0
预留洞	中心线位置	10
	尺　　寸	+10，0

注：检查中心线位置时，应沿纵、横两个方向量测，并取其中的较大值。

表 4.2.7 现浇结构模板安装的允许偏差及检验方法

项　　目		允许偏差(mm)	检验方法
轴线位置		5	钢尺检查
底模上表面标高		±5	水准仪或拉线、钢尺检查
截面内部尺寸	基　　础	±10	钢尺检查
	柱、墙、梁	+4，−5	钢尺检查
层高垂直度	不大于 5 m	6	经纬仪或吊线、钢尺检查
	大于 5 m	8	经纬仪或吊线、钢尺检查
相邻两板表面高低差		2	钢尺检查
表面平整度		5	2 m 靠尺和塞尺检查

注：检查轴线位置时，应沿纵、横两个方向量测，并取其中的较大值。

4.2.8 预制构件模板安装的偏差应符合表4.2.8的规定。

检查数量：首次使用及大修后的模板应全数检查；使用中的模板应定期检查，并根据使用情况不定期抽查。

表4.2.8 预制构件模板安装的允许偏差及检验方法

项目		允许偏差(mm)	检验方法
长度	板、梁	±5	钢尺量两角边，取其中较大值
	薄腹梁、桁架	±10	
	柱	0，−10	
	墙板	0，−5	
宽度	板、墙板	0，−5	钢尺量一端及中部，取其中较大值
	梁、薄腹梁、桁架、柱	+2，−5	
高(厚)度	板	+2，−3	钢尺量一端及中部，取其中较大值
	墙板	0，−5	
	梁、薄腹梁、桁架、柱	+2，−5	
侧向弯曲	梁、板、柱	l/1 000且≤15	拉线、钢尺量最大弯曲处
	墙板、薄腹梁、桁架	l/1 500且≤15	
板的表面平整度		3	2 m靠尺和塞尺检查
相邻两板表面高低差		1	钢尺检查
对角线差	板	7	钢尺量两个对角线
	墙板	5	
翘曲	板、墙板	l/1 500	调平尺在两端量测
设计起拱	薄腹梁、桁架、梁	±3	拉线、钢尺量跨中

注：l为构件长度(mm)。

4.3 模板拆除

主控项目

4.3.1 底模及其支架拆除时的混凝土强度应符合设计要求；当设计无具体要求时，混凝土强度应符合表4.3.1的规定。

检查数量：全数检查。

检验方法：检查同条件养护试件强度试验报告。

表4.3.1 底模拆除时的混凝土强度要求

构件类型	构件跨度(m)	达到设计的混凝土立方体抗压强度标准值的百分率(%)
板	≤2	≥50
	>2，≤8	≥75
	>8	≥100
梁、拱、壳	≤8	≥75
	>8	≥100
悬臂构件	—	≥100

4.3.2 对后张法预应力混凝土结构构件，侧模宜在预应力张拉前拆除；底模支架的拆除应按施工技术

方案执行,当无具体要求时,不应在结构构件建立预应力前拆除。

检查数量:全数检查。

检验方法:观察。

4.3.3 后浇带模板的拆除和支顶应按施工技术方案执行。

检查数量:全数检查。

检验方法:观察。

一般项目

4.3.4 侧模拆除时的混凝土强度应能保证其表面及棱角不受损伤。

检查数量:全数检查。

检验方法:观察。

4.3.5 模板拆除时,不应对楼层形成冲击荷载。拆除的模板和支架宜分散堆放并及时清运。

检查数量:全数检查。

检验方法:观察。

5 钢筋分项工程

5.1 一般规定

5.1.1 当钢筋的品种、级别或规格需作变更时,应办理设计变更文件。

5.1.2 在浇筑混凝土之前,应进行钢筋隐蔽工程验收,其内容包括:

1 纵向受力钢筋的品种、规格、数量、位置等;

2 钢筋的连接方式、接头位置、接头数量、接头面积百分率等;

3 箍筋、横向钢筋的品种、规格、数量、间距等;

4 预埋件的规格、数量、位置等。

5.2 原材料

主控项目

5.2.1 钢筋进场时,应按现行国家标准《钢筋混凝土用热轧带肋钢筋》GB 1499 等的规定抽取试件作力学性能检验,其质量必须符合有关标准的规定。

检查数量:按进场的批次和产品的抽样检验方案确定。

检验方法:检查产品合格证、出厂检验报告和进场复验报告。

5.2.2 对有抗震设防要求的框架结构,其纵向受力钢筋的强度应满足设计要求;当设计无具体要求时,对一、二级抗震等级,检验所得的强度实测值应符合下列规定:

1 钢筋的抗拉强度实测值与屈服强度实测值的比值不应小于1.25;

2 钢筋的屈服强度实测值与强度标准值的比值不应大于1.3。

检查数量:按进场的批次和产品的抽样检验方案确定。

检验方法:检查进场复验报告。

5.2.3 当发现钢筋脆断、焊接性能不良或力学性能显著不正常等现象时,应对该批钢筋进行化学成分检验或其他专项检验。

检验方法:检查化学成分等专项检验报告。

一般项目

5.2.4 钢筋应平直、无损伤,表面不得有裂纹、油污、颗粒状或片状老锈。

检查数量:进场时和使用前全数检查。

检验方法：观察。

5.3 钢筋加工

主控项目

5.3.1 受力钢筋的弯钩和弯折应符合下列规定：

1 HPB235 级钢筋末端应作 180°弯钩，其弯弧内直径不应小于钢筋直径的 2.5 倍，弯钩的弯后平直部分长度不应小于钢筋直径的 3 倍；

2 当设计要求钢筋末端需作 135°弯钩时，HRB335 级、HRB400 级钢筋的弯弧内直径不应小于钢筋直径的 4 倍，弯钩的弯后平直部分长度应符合设计要求；

3 钢筋作不大于 90°的弯折时，弯折处的弯弧内直径不应小于钢筋直径的 5 倍。

检查数量：按每工作班同一类型钢筋、同一加工设备抽查不应少于 3 件。

检验方法：钢尺检查。

5.3.2 除焊接封闭环式箍筋外，箍筋的末端应作弯钩，弯钩形式应符合设计要求；当设计无具体要求时，应符合下列规定：

1 箍筋弯钩的弯弧内直径除应满足本规范第 5.3.1 条的规定外，尚应不小于受力钢筋直径；

2 箍筋弯钩的弯折角度：对一般结构，不应小于 90°；对有抗震等要求的结构，应为 135°；

3 箍筋弯后平直部分长度：对一般结构，不宜小于箍筋直径的 5 倍；对有抗震等要求的结构，不应小于箍筋直径的 10 倍。

检查数量：按每工作班同一类型钢筋、同一加工设备抽查不应少于 3 件。

检验方法：钢尺检查。

一般项目

5.3.3 钢筋调直宜采用机械方法，也可采用冷拉方法。当采用冷拉方法调直钢筋时，HPB235 级钢筋的冷拉率不宜大于 4%，HRB335 级、HRB400 级和 RRB400 级钢筋的冷拉率不宜大于 1%。

检查数量：按每工作班同一类型钢筋、同一加工设备抽查不应少于 3 件。

检验方法：观察，钢尺检查。

5.3.4 钢筋加工的形状、尺寸应符合设计要求，其偏差应符合表 5.3.4 的规定。

检查数量：按每工作班同一类型钢筋、同一加工设备抽查不应少于 3 件。

检验方法：钢尺检查。

表 5.3.4 钢筋加工的允许偏差

项　目	允许偏差(mm)
受力钢筋顺长度方向全长的净尺寸	±10
弯起钢筋的弯折位置	±20
箍筋内净尺寸	±5

5.4 钢筋连接

主控项目

5.4.1 纵向受力钢筋的连接方式应符合设计要求。

检查数量：全数检查。

检验方法：观察。

5.4.2 在施工现场，应按国家现行标准《钢筋机械连接通用技术规程》JGJ 107、《钢筋焊接及验收规程》JGJ 18 的规定抽取钢筋机械连接接头、焊接接头试件作力学性能检验，其质量应符合有关规程的规定。

检查数量：按有关规程确定。

检验方法：检查产品合格证、接头力学性能试验报告。

一 般 项 目

5.4.3 钢筋的接头宜设置在受力较小处。同一纵向受力钢筋不宜设置两个或两个以上接头。接头末端至钢筋弯起点的距离不应小于钢筋直径的 10 倍。

检查数量：全数检查。

检验方法：观察，钢尺检查。

5.4.4 在施工现场，应按国家现行标准《钢筋机械连接通用技术规程》JGJ 107、《钢筋焊接及验收规程》JGJ 18 的规定对钢筋机械连接接头、焊接接头的外观进行检查，其质量应符合有关规程的规定。

检查数量：全数检查。

检验方法：观察。

5.4.5 当受力钢筋采用机械连接接头或焊接接头时，设置在同一构件内的接头宜相互错开。

纵向受力钢筋机械连接接头及焊接接头连接区段的长度为 35 倍 d（d 为纵向受力钢筋的较大直径）且不小于 500 mm，凡接头中点位于该连接区段长度内的接头均属于同一连接区段。同一连接区段内，纵向受力钢筋机械连接及焊接的接头面积百分率为该区段内有接头的纵向受力钢筋截面面积与全部纵向受力钢筋截面面积的比值。

同一连接区段内，纵向受力钢筋的接头面积百分率应符合设计要求；当设计无具体要求时，应符合下列规定：

1 在受拉区不宜大于 50%；

2 接头不宜设置在有抗震设防要求的框架梁端、柱端的箍筋加密区；当无法避开时，对等强度高质量机械连接接头，不应大于 50%；

3 直接承受动力荷载的结构构件中，不宜采用焊接接头；当采用机械连接接头时，不应大于 50%。

检查数量：在同一检验批内，对梁、柱和独立基础，应抽查构件数量的 10%，且不少于 3 件；对墙和板，应按有代表性的自然间抽查 10%，且不少于 3 间；对大空间结构，墙可按相邻轴线间高度 5 m 左右划分检查面，板可按纵横轴线划分检查面，抽查 10%，且均不少于 3 面。

检验方法：观察，钢尺检查。

5.4.6 同一构件中相邻纵向受力钢筋的绑扎搭接接头宜相互错开。绑扎搭接接头中钢筋的横向净距不应小于钢筋直径，且不应小于 25 mm。

钢筋绑扎搭接接头连接区段的长度为 1.3 l_l（l_l 为搭接长度），凡搭接接头中点位于该连接区段长度内的搭接接头均属于同一连接区段。同一连接区段内，纵向钢筋搭接接头面积百分率为该区段内有搭接接头的纵向受力钢筋截面面积与全部纵向受力钢筋截面面积的比值（图 5.4.6）。

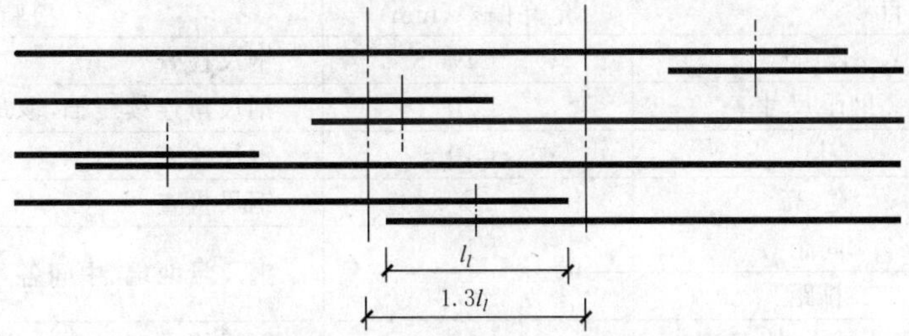

图 5.4.6 钢筋绑扎搭接接头连接区段及接头面积百分率

注：图中所示搭接接头同一连接区段内的搭接钢筋为两根，当各钢筋直径相同时，接头面积百分率为 50%。

同一连接区段内，纵向受拉钢筋搭接接头面积百分率应符合设计要求；当设计无具体要求时，应符合下列规定：

1　对梁类、板类及墙类构件，不宜大于25%；

2　对柱类构件，不宜大于50%；

3　当工程中确有必要增大接头面积百分率时，对梁类构件，不应大于50%；对其他构件，可根据实际情况放宽。

纵向受力钢筋绑扎搭接接头的最小搭接长度应符合本规范附录B的规定。

检查数量：在同一检验批内，对梁、柱和独立基础，应抽查构件数量的10%，且不少于3件；对墙和板，应按有代表性的自然间抽查10%，且不少于3间；对大空间结构，墙可按相邻轴线间高度5 m左右划分检查面，板可按纵、横轴线划分检查面，抽查10%，且均不少于3面。

检验方法：观察，钢尺检查。

5.4.7　在梁、柱类构件的纵向受力钢筋搭接长度范围内，应按设计要求配置箍筋。当设计无具体要求时，应符合下列规定：

1　箍筋直径不应小于搭接钢筋较大直径的0.25倍；

2　受拉搭接区段的箍筋间距不应大于搭接钢筋较小直径的5倍，且不应大于100 mm；

3　受压搭接区段的箍筋间距不应大于搭接钢筋较小直径的10倍，且不应大于200 mm；

4　当柱中纵向受力钢筋直径大于25 mm时，应在搭接接头两个端面外100 mm范围内各设置两个箍筋，其间距宜为50 mm。

检查数量：在同一检验批内，对梁、柱和独立基础，应抽查构件数量的10%，且不少于3件；对墙和板，应按有代表性的自然间抽查10%，且不少于3间；对大空间结构，墙可按相邻轴线间高度5 m左右划分检查面，板可按纵、横轴线划分检查面，抽查10%，且均不少于3面。

检验方法：钢尺检查。

5.5　钢筋安装

主控项目

5.5.1　钢筋安装时，受力钢筋的品种、级别、规格和数量必须符合设计要求。

检查数量：全数检查。

检验方法：观察，钢尺检查。

一般项目

5.5.2　钢筋安装位置的偏差应符合表5.5.2的规定。

检查数量：在同一检验批内，对梁、柱和独立基础，应抽查构件数量的10%，且不少于3件；对墙和板，应按有代表性的自然间抽查10%，且不少于3间；对大空间结构，墙可按相邻轴线间高度5 m左右划分检查面，板可按纵、横轴线划分检查面，抽查10%，且均不少于3面。

表5.5.2　钢筋安装位置的允许偏差和检验方法

<table>
<tr><th colspan="3">项　目</th><th>允许偏差(mm)</th><th>检验方法</th></tr>
<tr><td rowspan="2">绑扎钢筋网</td><td colspan="2">长、宽</td><td>±10</td><td>钢尺检查</td></tr>
<tr><td colspan="2">网眼尺寸</td><td>±20</td><td>钢尺量连续三档，取最大值</td></tr>
<tr><td rowspan="2">绑扎钢筋骨架</td><td colspan="2">长</td><td>±10</td><td>钢尺检查</td></tr>
<tr><td colspan="2">宽、高</td><td>±5</td><td>钢尺检查</td></tr>
<tr><td rowspan="5">受力钢筋</td><td colspan="2">间距</td><td>±10</td><td rowspan="2">钢尺量两端、中间各一点，取最大值</td></tr>
<tr><td colspan="2">排距</td><td>±5</td></tr>
<tr><td rowspan="3">保护层厚度</td><td>基础</td><td>±10</td><td>钢尺检查</td></tr>
<tr><td>柱、梁</td><td>±5</td><td>钢尺检查</td></tr>
<tr><td>板、墙、壳</td><td>±3</td><td>钢尺检查</td></tr>
</table>

续表 5.5.2

项　目		允许偏差(mm)	检验方法
绑扎箍筋、横向钢筋间距		±20	钢尺量连续三档,取最大值
钢筋弯起点位置		20	钢尺检查
预埋件	中心线位置	5	钢尺检查
	水平高差	+3,0	钢尺和塞尺检查

注:1　检查预埋件中心线位置时,应沿纵、横两个方向量测,并取其中的较大值;

2　表中梁类、板类构件上部纵向受力钢筋保护层厚度的合格点率应达到90%及以上,且不得有超过表中数值1.5倍的尺寸偏差。

6　预应力分项工程

6.1　一般规定

6.1.1　后张法预应力工程的施工应由具有相应资质等级的预应力专业施工单位承担。

6.1.2　预应力筋张拉机具设备及仪表,应定期维护和校验。张拉设备应配套标定,并配套使用。张拉设备的标定期限不应超过半年。当在使用过程中出现反常现象时或在千斤顶检修后,应重新标定。

注:1　张拉设备标定时,千斤顶活塞的运行方向应与实际张拉工作状态一致;

2　压力表的精度不应低于1.5级,标定张拉设备用的试验机或测力计精度不应低于±2%。

6.1.3　在浇筑混凝土之前,应进行预应力隐蔽工程验收,其内容包括:

1　预应力筋的品种、规格、数量、位置等;

2　预应力筋锚具和连接器的品种、规格、数量、位置等;

3　预留孔道的规格、数量、位置、形状及灌浆孔、排气兼泌水管等;

4　锚固区局部加强构造等。

6.2　原材料

主 控 项 目

6.2.1　预应力筋进场时,应按现行国家标准《预应力混凝土用钢绞线》GB/T 5224等的规定抽取试件作力学性能检验,其质量必须符合有关标准的规定。

检查数量:按进场的批次和产品的抽样检验方案确定。

检验方法:检查产品合格证、出厂检验报告和进场复验报告。

6.2.2　无粘结预应力筋的涂包质量应符合无粘结预应力钢绞线标准的规定。

检查数量:每60 t为一批,每批抽取一组试件。

检验方法:观察,检查产品合格证、出厂检验报告和进场复验报告。

注:当有工程经验,并经观察认为质量有保证时,可不作油脂用量和护套厚度的进场复验。

6.2.3　预应力筋用锚具、夹具和连接器应按设计要求采用,其性能应符合现行国家标准《预应力筋用锚具、夹具和连接器》GB/T 14370等的规定。

检查数量:按进场批次和产品的抽样检验方案确定。

检验方法:检查产品合格证、出厂检验报告和进场复验报告。

注:对锚具用量较少的一般工程,如供货方提供有效的试验报告,可不作静载锚固性能试验。

6.2.4　孔道灌浆用水泥应采用普通硅酸盐水泥,其质量应符合本规范第7.2.1条的规定。孔道灌浆用外加剂的质量应符合本规范第7.2.2条的规定。

检查数量:按进场批次和产品的抽样检验方案确定。

检验方法:检查产品合格证、出厂检验报告和进场复验报告。

注:对孔道灌浆用水泥和外加剂用量较少的一般工程,当有可靠依据时,可不作材料性能的进场复验。

一 般 项 目

6.2.5 预应力筋使用前应进行外观检查，其质量应符合下列要求：

1 有粘结预应力筋展开后应平顺，不得有弯折，表面不应有裂纹、小刺、机械损伤、氧化铁皮和油污等；

2 无粘结预应力筋护套应光滑、无裂缝，无明显褶皱。

检查数量：全数检查。

检验方法：观察。

注：无粘结预应力筋护套轻微破损者应外包防水塑料胶带修补，严重破损者不得使用。

6.2.6 预应力筋用锚具、夹具和连接器使用前应进行外观检查，其表面应无污物、锈蚀、机械损伤和裂纹。

检查数量：全数检查。

检验方法：观察。

6.2.7 预应力混凝土用金属螺旋管的尺寸和性能应符合国家现行标准《预应力混凝土用金属螺旋管》JG/T 3013 的规定。

检查数量：按进场批次和产品的抽样检验方案确定。

检验方法：检查产品合格证、出厂检验报告和进场复验报告。

注：对金属螺旋管用量较少的一般工程，当有可靠依据时，可不作径向刚度、抗渗漏性能的进场复验。

6.2.8 预应力混凝土用金属螺旋管在使用前应进行外观检查，其内外表面应清洁，无锈蚀，不应有油污、孔洞和不规则的褶皱，咬口不应有开裂或脱扣。

检查数量：全数检查。

检验方法：观察。

6.3 制作与安装

主 控 项 目

6.3.1 预应力筋安装时，其品种、级别、规格、数量必须符合设计要求。

检查数量：全数检查。

检验方法：观察，钢尺检查。

6.3.2 先张法预应力施工时应选用非油质类模板隔离剂，并应避免沾污预应力筋。

检查数量：全数检查。

检验方法：观察。

6.3.3 施工过程中应避免电火花损伤预应力筋；受损伤的预应力筋应予以更换。

检查数量：全数检查。

检验方法：观察。

一 般 项 目

6.3.4 预应力筋下料应符合下列要求：

1 预应力筋应采用砂轮锯或切断机切断，不得采用电弧切割；

2 当钢丝束两端采用镦头锚具时，同一束中各根钢丝长度的极差不应大于钢丝长度的 1/5 000，且不应大于 5 mm。当成组张拉长度不大于 10 m 的钢丝时，同组钢丝长度的极差不得大于 2 mm。

检查数量：每工作班抽查预应力筋总数的 3%，且不少于 3 束。

检验方法：观察，钢尺检查。

6.3.5 预应力筋端部锚具的制作质量应符合下列要求：

1 挤压锚具制作时压力表油压应符合操作说明书的规定，挤压后预应力筋外端应露出挤压套筒1～5 mm；

2 钢绞线压花锚成形时，表面应清洁、无油污，梨形头尺寸和直线段长度应符合设计要求；

3 钢丝镦头的强度不得低于钢丝强度标准值的98%。

检查数量：对挤压锚，每工作班抽查5%，且不应少于5件；对压花锚，每工作班抽查3件；对钢丝镦头强度，每批钢丝检查6个镦头试件。

检验方法：观察，钢尺检查，检查镦头强度试验报告。

6.3.6 后张法有粘结预应力筋预留孔道的规格、数量、位置和形状除应符合设计要求外，尚应符合下列规定：

1 预留孔道的定位应牢固，浇筑混凝土时不应出现移位和变形；

2 孔道应平顺，端部的预埋锚垫板应垂直于孔道中心线；

3 成孔用管道应密封良好，接头应严密且不得漏浆；

4 灌浆孔的间距：对预埋金属螺旋管不宜大于30 m；对抽芯成形孔道不宜大于12 m；

5 在曲线孔道的曲线波峰部位应设置排气兼泌水管，必要时可在最低点设置排水孔；

6 灌浆孔及泌水管的孔径应能保证浆液畅通。

检查数量：全数检查。

检验方法：观察，钢尺检查。

6.3.7 预应力筋束形控制点的竖向位置偏差应符合表6.3.7的规定。

表 6.3.7 束形控制点的竖向位置允许偏差

截面高(厚)度(mm)	$h \leqslant 300$	$300 < h \leqslant 1\,500$	$h > 1\,500$
允许偏差(mm)	±5	±10	±15

检查数量：在同一检验批内，抽查各类型构件中预应力筋总数的5%，且对各类型构件均不少于5束，每束不应少于5处。

检验方法：钢尺检查。

注：束形控制点的竖向位置偏差合格点率应达到90%及以上，且不得有超过表中数值1.5倍的尺寸偏差。

6.3.8 无粘结预应力筋的铺设除应符合本规范第6.3.7条的规定外，尚应符合下列要求：

1 无粘结预应力筋的定位应牢固，浇筑混凝土时不应出现移位和变形；

2 端部的预埋锚垫板应垂直于预应力筋；

3 内埋式固定端垫板不应重叠，锚具与垫板应贴紧；

4 无粘结预应力筋成束布置时应能保证混凝土密实并能裹住预应力筋；

5 无粘结预应力筋的护套应完整，局部破损处应采用防水胶带缠绕紧密。

检查数量：全数检查。

检验方法：观察。

6.3.9 浇筑混凝土前穿入孔道的后张法有粘结预应力筋，宜采取防止锈蚀的措施。

检查数量：全数检查。

检验方法：观察。

6.4 张拉和放张

主 控 项 目

6.4.1 预应力筋张拉或放张时，混凝土强度应符合设计要求；当设计无具体要求时，不应低于设计的混凝土立方体抗压强度标准值的75%。

检查数量：全数检查。

检验方法：检查同条件养护试件试验报告。

6.4.2 预应力筋的张拉力、张拉或放张顺序及张拉工艺应符合设计及施工技术方案的要求，并应符合下列规定：

1 当施工需要超张拉时，最大张拉应力不应大于国家现行标准《混凝土结构设计规范》GB 50010的规定；

2 张拉工艺应能保证同一束中各根预应力筋的应力均匀一致；

3 后张法施工中，当预应力筋是逐根或逐束张拉时，应保证各阶段不出现对结构不利的应力状态；同时宜考虑后批张拉预应力筋所产生的结构构件的弹性压缩对先批张拉预应力筋的影响，确定张拉力；

4 先张法预应力筋放张时，宜缓慢放松锚固装置，使各根预应力筋同时缓慢放松；

5 当采用应力控制方法张拉时，应校核预应力筋的伸长值。实际伸长值与设计计算理论伸长值的相对允许偏差为±6%。

检查数量：全数检查。

检验方法：检查张拉记录。

6.4.3 预应力筋张拉锚固后实际建立的预应力值与工程设计规定检验值的相对允许偏差为±5%。

检查数量：对先张法施工，每工作班抽查预应力筋总数的1%，且不少于3根；对后张法施工，在同一检验批内，抽查预应力筋总数的3%，且不少于5束。

检验方法：对先张法施工，检查预应力筋应力检测记录；对后张法施工，检查见证张拉记录。

6.4.4 张拉过程中应避免预应力筋断裂或滑脱；当发生断裂或滑脱时，必须符合下列规定：

1 对后张法预应力结构构件，断裂或滑脱的数量严禁超过同一截面预应力筋总根数的3%，且每束钢丝不得超过一根；对多跨双向连续板，其同一截面应按每跨计算；

2 对先张法预应力构件，在浇筑混凝土前发生断裂或滑脱的预应力筋必须予以更换。

检查数量：全数检查。

检验方法：观察，检查张拉记录。

一般项目

6.4.5 锚固阶段张拉端预应力筋的内缩量应符合设计要求；当设计无具体要求时，应符合表6.4.5的规定。

检查数量：每工作班抽查预应力筋总数的3%，且不少于3束。

检验方法：钢尺检查。

表6.4.5 张拉端预应力筋的内缩量限值

锚具类别		内缩量限值(mm)
支承式锚具(镦头锚具等)	螺帽缝隙	1
	每块后加垫板的缝隙	1
锥塞式锚具		5
夹片式锚具	有顶压	5
	无顶压	6～8

6.4.6 先张法预应力筋张拉后与设计位置的偏差不得大于5 mm，且不得大于构件截面短边边长的4%。

检查数量：每工作班抽查预应力筋总数的3%，且不少于3束。

检验方法：钢尺检查。

6.5 灌浆及封锚

主控项目

6.5.1 后张法有粘结预应力筋张拉后应尽早进行孔道灌浆，孔道内水泥浆应饱满、密实。

检查数量：全数检查。

检验方法：观察，检查灌浆记录。

6.5.2 锚具的封闭保护应符合设计要求；当设计无具体要求时，应符合下列规定：

1 应采取防止锚具腐蚀和遭受机械损伤的有效措施；

2 凸出式锚固端锚具的保护层厚度不应小于 50 mm；

3 外露预应力筋的保护层厚度：处于正常环境时，不应小于 20 mm；处于易受腐蚀的环境时，不应小于 50 mm。

检查数量：在同一检验批内，抽查预应力筋总数的 5%，且不少于 5 处。

检验方法：观察，钢尺检查。

一般项目

6.5.3 后张法预应力筋锚固后的外露部分宜采用机械方法切割，其外露长度不宜小于预应力筋直径的 1.5 倍，且不宜小于 30 mm。

检查数量：在同一检验批内，抽查预应力筋总数的 3%，且不少于 5 束。

检验方法：观察，钢尺检查。

6.5.4 灌浆用水泥浆的水灰比不应大于 0.45，搅拌后 3 h 泌水率不宜大于 2%，且不应大于 3%。泌水应能在 24 h 内全部重新被水泥浆吸收。

检查数量：同一配合比检查一次。

检验方法：检查水泥浆性能试验报告。

6.5.5 灌浆用水泥浆的抗压强度不应小于 30 N/mm^2。

检查数量：每工作班留置一组边长为 70.7 mm 的立方体试件。

检验方法：检查水泥浆试件强度试验报告。

注：1 一组试件由 6 个试件组成，试件应标准养护 28 d；

2 抗压强度为一组试件的平均值，当一组试件中抗压强度最大值或最小值与平均值相差超过 20%时，应取中间 4 个试件强度的平均值。

7 混凝土分项工程

7.1 一般规定

7.1.1 结构构件的混凝土强度应按现行国家标准《混凝土强度检验评定标准》GBJ 107 的规定分批检验评定。

对采用蒸汽法养护的混凝土结构构件，其混凝土试件应先随同结构构件同条件蒸汽养护，再转入标准条件养护共 28 d。

当混凝土中掺用矿物掺合料时，确定混凝土强度时的龄期可按现行国家标准《粉煤灰混凝土应用技术规范》GBJ 146 等的规定取值。

7.1.2 检验评定混凝土强度用的混凝土试件的尺寸及强度的尺寸换算系数应按表 7.1.2 取用；其标准成型方法、标准养护条件及强度试验方法应符合普通混凝土力学性能试验方法标准的规定。

表 7.1.2 混凝土试件尺寸及强度的尺寸换算系数

骨料最大粒径(mm)	试件尺寸(mm)	强度的尺寸换算系数
≤31.5	100×100×100	0.95
≤40	150×150×150	1.00
≤63	200×200×200	1.05

注：对强度等级为C60及以上的混凝土试件，其强度的尺寸换算系数可通过试验确定。

7.1.3 结构构件拆模、出池、出厂、吊装、张拉、放张及施工期间临时负荷时的混凝土强度，应根据同条件养护的标准尺寸试件的混凝土强度确定。

7.1.4 当混凝土试件强度评定不合格时，可采用非破损或局部破损的检测方法，按国家现行有关标准的规定对结构构件中的混凝土强度进行推定，并作为处理的依据。

7.1.5 混凝土的冬期施工应符合国家现行标准《建筑工程冬期施工规程》JGJ 104 和施工技术方案的规定。

7.2 原材料

主 控 项 目

7.2.1 水泥进场时应对其品种、级别、包装或散装仓号、出厂日期等进行检查，并应对其强度、安定性及其他必要的性能指标进行复验，其质量必须符合现行国家标准《硅酸盐水泥、普通硅酸盐水泥》GB 175 等的规定。

当在使用中对水泥质量有怀疑或水泥出厂超过三个月(快硬硅酸盐水泥超过一个月)时，应进行复验，并按复验结果使用。

钢筋混凝土结构、预应力混凝土结构中，严禁使用含氯化物的水泥。

检查数量：按同一生产厂家、同一等级、同一品种、同一批号且连续进场的水泥，袋装不超过200 t为一批，散装不超过500 t为一批，每批抽样不少于一次。

检验方法：检查产品合格证、出厂检验报告和进场复验报告。

7.2.2 混凝土中掺用外加剂的质量及应用技术应符合现行国家标准《混凝土外加剂》GB 8076、《混凝土外加剂应用技术规范》GB 50119 等和有关环境保护的规定。

预应力混凝土结构中，严禁使用含氯化物的外加剂。钢筋混凝土结构中，当使用含氯化物的外加剂时，混凝土中氯化物的总含量应符合现行国家标准《混凝土质量控制标准》GB 50164 的规定。

检查数量：按进场的批次和产品的抽样检验方案确定。

检验方法：检查产品合格证、出厂检验报告和进场复验报告。

7.2.3 混凝土中氯化物和碱的总含量应符合现行国家标准《混凝土结构设计规范》GB 50010 和设计的要求。

检验方法：检查原材料试验报告和氯化物、碱的总含量计算书。

一 般 项 目

7.2.4 混凝土中掺用矿物掺合料的质量应符合现行国家标准《用于水泥和混凝土中的粉煤灰》GB 1596 等的规定。矿物掺合料的掺量应通过试验确定。

检查数量：按进场的批次和产品的抽样检验方案确定。

检验方法：检查出厂合格证和进场复验报告。

7.2.5 普通混凝土所用的粗、细骨料的质量应符合国家现行标准《普通混凝土用碎石或卵石质量标准及检验方法》JGJ 53、《普通混凝土用砂质量标准及检验方法》JGJ 52 的规定。

检查数量：按进场的批次和产品的抽样检验方案确定。

检验方法:检查进场复验报告。

注:1 混凝土用的粗骨料,其最大颗粒粒径不得超过构件截面最小尺寸的1/4,且不得超过钢筋最小净间距的3/4。

2 对混凝土实心板,骨料的最大粒径不宜超过板厚的1/3,且不得超过40 mm。

7.2.6 拌制混凝土宜采用饮用水;当采用其他水源时,水质应符合国家现行标准《混凝土拌合用水标准》JGJ 63的规定。

检查数量:同一水源检查不应少于一次。

检验方法:检查水质试验报告。

7.3 配合比设计

主控项目

7.3.1 混凝土应按国家现行标准《普通混凝土配合比设计规程》JGJ 55的有关规定,根据混凝土强度等级、耐久性和工作性等要求进行配合比设计。

对有特殊要求的混凝土,其配合比设计尚应符合国家现行有关标准的专门规定。

检验方法:检查配合比设计资料。

一般项目

7.3.2 首次使用的混凝土配合比应进行开盘鉴定,其工作性应满足设计配合比的要求。开始生产时应至少留置一组标准养护试件,作为验证配合比的依据。

检验方法:检查开盘鉴定资料和试件强度试验报告。

7.3.3 混凝土拌制前,应测定砂、石含水率并根据测试结果调整材料用量,提出施工配合比。

检查数量:每工作班检查一次。

检验方法:检查含水率测试结果和施工配合比通知单。

7.4 混凝土施工

主控项目

7.4.1 结构混凝土的强度等级必须符合设计要求。用于检查结构构件混凝土强度的试件,应在混凝土的浇筑地点随机抽取。取样与试件留置应符合下列规定:

1 每拌制100盘且不超过100 m^3 的同配合比的混凝土,取样不得少于一次;

2 每工作班拌制的同一配合比的混凝土不足100盘时,取样不得少于一次;

3 当一次连续浇筑超过1000 m^3 时,同一配合比的混凝土每200 m^3 取样不得少于一次;

4 每一楼层、同一配合比的混凝土,取样不得少于一次;

5 每次取样应至少留置一组标准养护试件,同条件养护试件的留置组数应根据实际需要确定。

检验方法:检查施工记录及试件强度试验报告。

7.4.2 对有抗渗要求的混凝土结构,其混凝土试件应在浇筑地点随机取样。同一工程、同一配合比的混凝土,取样不应少于一次,留置组数可根据实际需要确定。

检验方法:检查试件抗渗试验报告。

7.4.3 混凝土原材料每盘称量的偏差应符合表7.4.3的规定。

表7.4.3 原材料每盘称量的允许偏差

材料名称	允许偏差
水泥、掺合料	±2%
粗、细骨料	±3%
水、外加剂	±2%

注:1 各种衡器应定期校验,每次使用前应进行零点校核,保持计量准确;

2 当遇雨天或含水率有显著变化时，应增加含水率检测次数，并及时调整水和骨料的用量。

检查数量：每工作班抽查不应少于一次。

检验方法：复称。

7.4.4 混凝土运输、浇筑及间歇的全部时间不应超过混凝土的初凝时间。同一施工段的混凝土应连续浇筑，并应在底层混凝土初凝之前将上一层混凝土浇筑完毕。

当底层混凝土初凝后浇筑上一层混凝土时，应按施工技术方案中对施工缝的要求进行处理。

检查数量：全数检查。

检验方法：观察，检查施工记录。

一般项目

7.4.5 施工缝的位置应在混凝土浇筑前按设计要求和施工技术方案确定。施工缝的处理应按施工技术方案执行。

检查数量：全数检查。

检验方法：观察，检查施工记录。

7.4.6 后浇带的留置位置应按设计要求和施工技术方案确定。后浇带混凝土浇筑应按施工技术方案进行。

检查数量：全数检查。

检验方法：观察，检查施工记录。

7.4.7 混凝土浇筑完毕后，应按施工技术方案及时采取有效的养护措施，并应符合下列规定：

1 应在浇筑完毕后的 12 h 以内对混凝土加以覆盖并保湿养护；

2 混凝土浇水养护的时间：对采用硅酸盐水泥、普通硅酸盐水泥或矿渣硅酸盐水泥拌制的混凝土，不得少于 7 d；对掺用缓凝型外加剂或有抗渗要求的混凝土，不得少于 14 d；

3 浇水次数应能保持混凝土处于湿润状态；混凝土养护用水应与拌制用水相同；

4 采用塑料布覆盖养护的混凝土，其敞露的全部表面应覆盖严密，并应保持塑料布内有凝结水；

5 混凝土强度达到 1.2 N/mm^2 前，不得在其上踩踏或安装模板及支架。

注：1 当日平均气温低于 5 ℃时，不得浇水；

2 当采用其他品种水泥时，混凝土的养护时间应根据所采用水泥的技术性能确定；

3 混凝土表面不便浇水或使用塑料布时，宜涂刷养护剂；

4 对大体积混凝土的养护，应根据气候条件按施工技术方案采取控温措施。

检查数量：全数检查。

检验方法：观察，检查施工记录。

8 现浇结构分项工程

8.1 一般规定

8.1.1 现浇结构的外观质量缺陷，应由监理（建设）单位、施工单位等各方根据其对结构性能和使用功能影响的严重程度，按表 8.1.1 确定。

表 8.1.1 现浇结构外观质量缺陷

名称	现　象	严重缺陷	一般缺陷
露筋	构件内钢筋未被混凝土包裹而外露	纵向受力钢筋有露筋	其他钢筋有少量露筋
蜂窝	混凝土表面缺少水泥砂浆而形成石子外露	构件主要受力部位有蜂窝	其他部位有少量蜂窝
孔洞	混凝土中孔穴深度和长度均超过保护层厚度	构件主要受力部位有孔洞	其他部位有少量孔洞

续表 8.1.1

名称	现　象	严重缺陷	一般缺陷
夹渣	混凝土中夹有杂物且深度超过保护层厚度	构件主要受力部位有夹渣	其他部位有少量夹渣
疏松	混凝土中局部不密实	构件主要受力部位有疏松	其他部位有少量疏松
裂缝	缝隙从混凝土表面延伸至混凝土内部	构件主要受力部位有影响结构性能或使用功能的裂缝	其他部位有少量不影响结构性能或使用功能的裂缝
连接部位缺陷	构件连接处混凝土缺陷及连接钢筋、连接件松动	连接部位有影响结构传力性能的缺陷	连接部位有基本不影响结构传力性能的缺陷
外形缺陷	缺棱掉角、棱角不直、翘曲不平、飞边凸肋等	清水混凝土构件有影响使用功能或装饰效果的外形缺陷	其他混凝土构件有不影响使用功能的外形缺陷
外表缺陷	构件表面麻面、掉皮、起砂、沾污等	具有重要装饰效果的清水混凝土构件有外表缺陷	其他混凝土构件有不影响使用功能的外表缺陷

8.1.2　现浇结构拆模后，应由监理（建设）单位、施工单位对外观质量和尺寸偏差进行检查，作出记录，并应及时按施工技术方案对缺陷进行处理。

8.2　外观质量

主 控 项 目

8.2.1　现浇结构的外观质量不应有严重缺陷。

对已经出现的严重缺陷，应由施工单位提出技术处理方案，并经监理（建设）单位认可后进行处理。对经处理的部位，应重新检查验收。

检查数量：全数检查。

检验方法：观察，检查技术处理方案。

一 般 项 目

8.2.2　现浇结构的外观质量不宜有一般缺陷。

对已经出现的一般缺陷，应由施工单位按技术处理方案进行处理，并重新检查验收。

检查数量：全数检查。

检验方法：观察，检查技术处理方案。

8.3　尺寸偏差

主 控 项 目

8.3.1　现浇结构不应有影响结构性能和使用功能的尺寸偏差。混凝土设备基础不应有影响结构性能和设备安装的尺寸偏差。

对超过尺寸允许偏差且影响结构性能和安装、使用功能的部位，应由施工单位提出技术处理方案，并经监理（建设）单位认可后进行处理。对经处理的部位，应重新检查验收。

检查数量：全数检查。

检验方法：量测，检查技术处理方案。

一 般 项 目

8.3.2　现浇结构和混凝土设备基础拆模后的尺寸偏差应符合表 8.3.2-1、表 8.3.2-2 的规定。

检查数量：按楼层、结构缝或施工段划分检验批。在同一检验批内，对梁、柱和独立基础，应抽查构件数量的 10%，且不少于 3 件；对墙和板，应按有代表性的自然间抽查 10%，且不少于 3 间；对大空间结构，墙可按相邻轴线间高度 5m 左右划分检查面，板可按纵、横轴线划分检查面，抽查 10%，且均不少于 3 面；对电梯井，应全数检查。对设备基础，应全数检查。

表 8.3.2-1　现浇结构尺寸允许偏差和检验方法

项　目			允许偏差(mm)	检验方法
轴线位置	基础		15	钢尺检查
	独立基础		10	
	墙、柱、梁		8	
	剪力墙		5	
垂直度	层　高	≤5 m	8	经伟仪和吊线、钢尺检查
		>5 m	10	经纬仪或吊线、钢尺检查
	全高(H)		H/1 000 且≤30	经纬仪、钢尺检查
标高	层　高		±10	水准仪或拉线、钢尺检查
	全　高		±30	
截面尺寸			+8，−5	钢尺检查
电梯井	井筒长、宽对定位中心线		+25，0	钢尺检查
	井筒全高(H)垂直度		H/1 000 且≤30	经纬仪、钢尺检查
表面平整度			8	2 m 靠尺和塞尺检查
预埋设施中心线位置	预埋件		10	钢尺检查
	预埋螺栓		5	
	预埋管		5	
预留洞中心线位置			15	钢尺检查

注：检查轴线、中心线位置时，应沿纵、横两个方向量测，并取其中的较大值。

表 8.3.2-2　混凝土设备基础尺寸允许偏差和检验方法

项　目		允许偏差(mm)	检验方法
坐标位置		20	钢尺检查
不同平面的标高		0，−20	水准仪或拉线、钢尺检查
平面外形尺寸		±20	钢尺检查
凸台上平面外形尺寸		0，−20	钢尺检查
凹穴尺寸		+20，0	钢尺检查
平面水平度	每　米	5	水平尺、塞尺检查
	全　长	10	水准仪或拉线、钢尺检查
垂直度	每　米	5	经纬仪或吊线、钢尺检查
	全　高	10	
预埋地脚螺栓	标高(顶部)	+20，0	水准仪或拉线、钢尺检查
	中心距	±2	钢尺检查

续表 8.3.2-2

项　　目		允许偏差(mm)	检验方法
预埋地脚螺栓孔	中心线位置	10	钢尺检查
	深　度	+20,0	钢尺检查
	孔垂直度	10	吊线、钢尺检查
预埋活动地脚螺栓锚板	标　高	+20,0	水准仪或拉线、钢尺检查
	中心线位置	5	钢尺检查
	带槽锚板平整度	5	钢尺、塞尺检查
	带螺纹孔锚板平整度	2	钢尺、塞尺检查

注：检查坐标、中心线位置时，应沿纵、横两个方向量测，并取其中的较大值。

9　装配式结构分项工程

9.1　一般规定

9.1.1　预制构件应进行结构性能检验。结构性能检验不合格的预制构件不得用于混凝土结构。

9.1.2　叠合结构中预制构件的叠合面应符合设计要求。

9.1.3　装配式结构外观质量、尺寸偏差的验收及对缺陷的处理应按本规范第 8 章的相应规定执行。

9.2　预制构件

主 控 项 目

9.2.1　预制构件应在明显部位标明生产单位、构件型号、生产日期和质量验收标志。构件上的预埋件、插筋和预留孔洞的规格、位置和数量应符合标准图或设计的要求。

检查数量：全数检查。

检验方法：观察。

9.2.2　预制构件的外观质量不应有严重缺陷。对已经出现的严重缺陷，应按技术处理方案进行处理，并重新检查验收。

检查数量：全数检查。

检验方法：观察，检查技术处理方案。

9.2.3　预制构件不应有影响结构性能和安装、使用功能的尺寸偏差。对超过尺寸允许偏差且影响结构性能和安装、使用功能的部位，应按技术处理方案进行处理，并重新检查验收。

检查数量：全数检查。

检验方法：量测，检查技术处理方案。

一 般 项 目

9.2.4　预制构件的外观质量不宜有一般缺陷。对已经出现的一般缺陷，应按技术处理方案进行处理，并重新检查验收。

检查数量：全数检查。

检验方法：观察，检查技术处理方案。

9.2.5　预制构件的尺寸偏差应符合表 9.2.5 的规定。

检查数量：同一工作班生产的同类型构件，抽查 5%且不少于 3 件。

表 9.2.5 预制构件尺寸的允许偏差及检验方法

项 目		允许偏差(mm)	检验方法
长 度	板、梁	+10,−5	钢尺检查
	柱	+5,−10	
	墙、板	±5	
	薄腹梁、桁架	+15,−10	
宽度、高(厚)度	板、梁、柱、墙板、薄腹梁、桁架	±5	钢尺量一端及中部,取其中较大值
侧向弯曲	梁、柱、板	$l/750$ 且≤20	拉线、钢尺量最大侧向弯曲处
	墙板、薄腹梁、桁架	$l/1\,000$ 且≤20	
预埋件	中心线位置	10	钢尺检查
	螺栓位置	5	
	螺栓外露长度	+10,−5	
预留孔	中心线位置	5	钢尺检查
预留洞	中心线位置	15	钢尺检查
主筋保护层厚度	板	+5,−3	钢尺或保护层厚度测定仪量测
	梁、柱、墙板、薄腹梁、桁架	+10,−5	
对角线差	板、墙板	10	钢尺量两个对角线
表面平整度	板、墙板、柱、梁	5	2 m 靠尺和塞尺检查
预应力构件预留孔道位置	梁、墙板、薄腹梁、桁架	3	钢尺检查
翘曲	板	$l/750$	调平尺在两端量测
	墙板	$l/1\,000$	

注:1 l 为构件长度(mm);

2 检查中心线、螺栓和孔道位置时,应沿纵、横两个方向量测,并取其中的较大值;

3 对形状复杂或有特殊要求的构件,其尺寸偏差应符合标准图或设计的要求。

9.3 结构性能检验

9.3.1 预制构件应按标准图或设计要求的试验参数及检验指标进行结构性能检验。

检验内容:钢筋混凝土构件和允许出现裂缝的预应力混凝土构件进行承载力、挠度和裂缝宽度检验;不允许出现裂缝的预应力混凝土构件进行承载力、挠度和抗裂检验;预应力混凝土构件中的非预应力杆件按钢筋混凝土构件的要求进行检验。对设计成熟、生产数量较少的大型构件,当采取加强材料和制作质量检验的措施时,可仅作挠度、抗裂或裂缝宽度检验;当采取上述措施并有可靠的实践经验时,可不作结构性能检验。

检验数量:对成批生产的构件,应按同一工艺正常生产的不超过 1 000 件且不超过 3 个月的同类型产品为一批。当连续检验 10 批且每批的结构性能检验结果均符合本规范规定的要求时,对同一工艺正常生产的构件,可改为不超过 2000 件且不超过 3 个月的同类型产品为一批。在每批中应随机抽取一个构件作为试件进行检验。

检验方法:按本标准附录 C 规定的方法采用短期静力加载检验。

注:1 "加强材料和制作质量检验的措施"包括下列内容:

1) 钢筋进场检验合格后,在使用前再对用作构件受力主筋的同批钢筋按不超过 5 t 抽取一组试件,并经检验合格;对经逐盘检验的预应力钢丝,可不再抽样检查;

2) 受力主筋焊接接头的力学性能,应按国家现行标准《钢筋焊接及验收规程》JGJ 18 检验合格后,再抽取一组试件，并经检验合格；

3）混凝土按 5 m^3 且不超过半个工作班生产的相同配合比的混凝土，留置一组试件，并经检验合格；

4）受力主筋焊接接头的外观质量、入模后的主筋保护层厚度、张拉预应力总值和构件的截面尺寸等，应逐件检验合格。

2 “同类型产品”是指同一钢种、同一混凝土强度等级、同一生产工艺和同一结构形式的构件。对同类型产品进行抽样检验时，试件宜从设计荷载最大、受力最不利或生产数量最多的构件中抽取。对同类型的其他产品，也应定期进行抽样检验。

9.3.2 预制构件承载力应按下列规定进行检验：

1 当按现行国家标准《混凝土结构设计规范》GB 50010 的规定进行检验时，应符合下列公式的要求：

$$\gamma_u^0 \geqslant \gamma_0 [\gamma_u] \quad (9.3.2\text{-}1)$$

式中：γ_u^0——构件的承载力检验系数实测值，即试件的荷载实测值与荷载设计值（均包括自重）的比值；

γ_0——结构重要性系数，按设计要求确定，当无专门要求时取 1.0；

$[\gamma_u]$——构件的承载力检验系数允许值，按表 9.3.2 取用。

表 9.3.2 构件的承载力检验系数允许值

受力情况	达到承载能力极限状态的检验标志		$[\gamma_u]$
轴心受拉、偏心受拉、受弯、大偏心受压	受拉主筋处的最大裂缝宽度达到 1.5 mm，或挠度达到跨度的 1/50	热轧钢筋	1.20
		钢丝、钢绞线、热处理钢筋	1.35
	受压区混凝土破坏	热轧钢筋	1.30
		钢丝、钢绞线、热处理钢筋	1.45
	受拉主筋拉断		1.50
受弯构件的受剪	腹部斜裂缝达到 1.5 mm，或斜裂缝末端受压混凝土剪压破坏		1.40
	沿斜截面混凝土斜压破坏，受拉主筋在端部滑脱或其他锚固破坏		1.55
轴心受压、小偏心受压	混凝土受压破坏		1.50

注：热轧钢筋系指 HPB235 级、HRB335 级、HRB400 级和 RRB400 级钢筋。

2 当按构件实配钢筋进行承载力检验时，应符合下列公式的要求：

$$\gamma_u^0 \geqslant \gamma_0 \eta [\gamma_u] \quad (9.3.2\text{-}2)$$

式中：η——构件承载力检验修正系数，根据现行国家标准《混凝土结构设计规范》GB 50010 按实配钢筋的承载力计算确定。

承载力检验的荷载设计值是指承载能力极限状态下，根据构件设计控制截面上的内力设计值与构件检验的加载方式，经换算后确定的荷载值（包括自重）。

9.3.3 预制构件的挠度应按下列规定进行检验：

1 当按现行国家标准《混凝土结构设计规范》GB 50010 规定的挠度允许值进行检验时，应符合下列公式的要求：

$$a_s^0 \leqslant [a_s] \quad (9.3.3\text{-}1)$$

$$[a_s] = \frac{M_k}{M_q(\theta - 1) + M_k}[a_f] \quad (9.3.3\text{-}2)$$

式中：a_s^0——在荷载标准值下的构件挠度实测值；

$[a_s]$——挠度检验允许值；

$[a_f]$——受弯构件的挠度限值，按现行国家标准《混凝土结构设计规范》GB 50010 确定；

M_k——按荷载标准组合计算的弯矩值；

M_q——按荷载准永久组合计算的弯矩值；

θ——考虑荷载长期作用对挠度增大的影响系数，按现行国家标准《混凝土结构设计规范》GB 50010确定。

2 当按构件实配钢筋进行挠度检验或仅检验构件的挠度、抗裂或裂缝宽度时，应符合下列公式的要求：

$$a_s^0 \leqslant 1.2\, a_s^c \tag{9.3.3-3}$$

同时，还应符合公式(9.3.3-1)的要求。

式中：a_s^c——在荷载标准值下按实配钢筋确定的构件挠度计算值，按现行国家标准《混凝土结构设计规范》GB 50010 确定。

正常使用极限状态检验的荷载标准值是指正常使用极限状态下，根据构件设计控制截面上的荷载标准组合效应与构件检验的加载方式，经换算后确定的荷载值。

注：直接承受重复荷载的混凝土受弯构件，当进行短期静力加荷试验时，a_s^c 值应按正常使用极限状态下静力荷载标准组合相应的刚度值确定。

9.3.4 预制构件的抗裂检验应符合下列公式的要求：

$$\gamma_{cr}^0 \geqslant [\gamma_{cr}] \tag{9.3.4-1}$$

$$[\gamma_{cr}] = 0.95\frac{\sigma_{pc} + \gamma f_{tk}}{\sigma_{ck}} \tag{9.3.4-2}$$

式中：γ_{cr}^0——构件的抗裂检验系数实测值，即试件的开裂荷载实测值与荷载标准值（均包括自重）的比值；

$[r_{cr}]$——构件的抗裂检验系数允许值；

σ_{pc}——由预加力产生的构件抗拉边缘混凝土法向应力值，按现行国家标准《混凝土结构设计规范》GB 50010 确定；

γ——混凝土构件截面抵抗矩塑性影响系数，按现行国家标准《混凝土结构设计规范》GB 50010 计算确定；

f_{tk}——混凝土抗拉强度标准值；

σ_{ck}——由荷载标准值产生的构件抗拉边缘混凝土法向应力值，按现行国家标准《混凝土结构设计规范》GB 50010 确定。

9.3.5 预制构件的裂缝宽度检验应符合下列公式的要求：

$$w_{s,max}^0 \leqslant [\omega_{max}] \tag{9.3.5}$$

式中：$w_{s,max}^0$——在荷载标准值下，受拉主筋处的最大裂缝宽度实测值(mm)；

$[w_{max}]$——构件检验的最大裂缝宽度允许值，按表 9.3.5 取用。

表 9.3.5 构件检验的最大裂缝宽度允许值(mm)

设计要求的最大裂缝宽度限值	0.2	0.3	0.4
$[w_{max}]$	0.15	0.20	0.25

9.3.6 预制构件结构性能的检验结果应按下列规定验收：

1 当试件结构性能的全部检验结果均符合本标准第 9.3.2～9.3.5 条的检验要求时，该批构件的结构性能应通过验收。

2 当第一个试件的检验结果不能全部符合上述要求，但又能符合第二次检验的要求时，可再抽两个试件进行检验。第二次检验的指标，对承载力及抗裂检验系数的允许值应取本规范第 9.3.2 条和第 9.3.4 条规定的允许值减 0.05；对挠度的允许值应取本规范第 9.3.3 条规定允许值的 1.10 倍。当第二次抽取的两个试件的全部检验结果均符合第二次检验的要求时，该批构件的结构性能可通过验收。

3 当第二次抽取的第一个试件的全部检验结果均已符合本规范第 9.3.2～9.3.5 条的要求时，该批构件的结构性能可通过验收。

9.4 装配式结构施工

主控项目

9.4.1 进入现场的预制构件，其外观质量、尺寸偏差及结构性能应符合标准图或设计的要求。

检查数量：按批检查。

检验方法：检查构件合格证。

9.4.2 预制构件与结构之间的连接应符合设计要求。

连接处钢筋或埋件采用焊接或机械连接时，接头质量应符合国家现行标准《钢筋焊接及验收规程》JGJ 18、《钢筋机械连接通用技术规程》JGJ 107 的要求。

检查数量：全数检查。

检验方法：观察，检查施工记录。

9.4.3 承受内力的接头和拼缝，当其混凝土强度未达到设计要求时，不得吊装上一层结构构件；当设计无具体要求时，应在混凝土强度不小于 10 N/mm^2 或具有足够的支承时方可吊装上一层结构构件。

已安装完毕的装配式结构，应在混凝土强度到达设计要求后，方可承受全部设计荷载。

检查数量：全数检查。

检验方法：检查施工记录及试件强度试验报告。

一般项目

9.4.4 预制构件码放和运输时的支承位置和方法应符合标准图或设计的要求。

检查数量：全数检查。

检验方法：观察检查。

9.4.5 预制构件吊装前，应按设计要求在构件和相应的支承结构上标志中心线、标高等控制尺寸，按标准图或设计文件校核预埋件及连接钢筋等，并作出标志。

检查数量：全数检查。

检验方法：观察，钢尺检查。

9.4.6 预制构件应按标准图或设计的要求吊装。起吊时绳索与构件水平面的夹角不宜小于 45°，否则应采用吊架或经验算确定。

检查数量：全数检查。

检验方法：观察检查。

9.4.7 预制构件安装就位后，应采取保证构件稳定的临时固定措施，并应根据水准点和轴线校正位置。

检查数量：全数检查。

检验方法：观察，钢尺检查。

9.4.8 装配式结构中的接头和拼缝应符合设计要求；当设计无具体要求时，应符合下列规定：

1 对承受内力的接头和拼缝应采用混凝土浇筑，其强度等级应比构件混凝土强度等级提高一级；

2 对不承受内力的接头和拼缝应采用混凝土或砂浆浇筑，其强度等级不应低于 C15 或 M15；

3 用于接头和拼缝的混凝土或砂浆，宜采取微膨胀措施和快硬措施，在浇筑过程中应振捣密实，并应采取必要的养护措施。

检查数量：全数检查。

检验方法：检查施工记录及试件强度试验报告。

10 混凝土结构子分部工程

10.1 结构实体检验

10.1.1 对涉及混凝土结构安全的重要部位应进行结构实体检验。结构实体检验应在监理工程师（建设单位项目专业技术负责人）见证下，由施工项目技术负责人组织实施。承担结构实体检验的试验室应具有相应的资质。

10.1.2 结构实体检验的内容应包括混凝土强度、钢筋保护层厚度以及工程合同约定的项目；必要时可检验其他项目。

10.1.3 对混凝土强度的检验，应以在混凝土浇筑地点制备并与结构实体同条件养护的试件强度为依据。混凝土强度检验用同条件养护试件的留置、养护和强度代表值应符合本规范附录 D 的规定。

对混凝土强度的检验，也可根据合同的约定，采用非破损或局部破损的检测方法，按国家现行有关标准的规定进行。

10.1.4 当同条件养护试件强度的检验结果符合现行国家标准《混凝土强度检验评定标准》GBJ 107 的有关规定时，混凝土强度应判为合格。

10.1.5 对钢筋保护层厚度的检验，抽样数量、检验方法、允许偏差和合格条件应符合本规范附录 E 的规定。

10.1.6 当未能取得同条件养护试件强度、同条件养护试件强度被判为不合格或钢筋保护层厚度不满足要求时，应委托具有相应资质等级的检测机构按国家有关标准的规定进行检测。

10.2 混凝土结构子分部工程验收

10.2.1 混凝土结构子分部工程施工质量验收时，应提供下列文件和记录：

1 设计变更文件；

2 原材料出厂合格证和进场复验报告；

3 钢筋接头的试验报告；

4 混凝土工程施工记录；

5 混凝土试件的性能试验报告；

6 装配式结构预制构件的合格证和安装验收记录；

7 预应力筋用锚具、连接器的合格证和进场复验报告；

8 预应力筋安装、张拉及灌浆记录；

9 隐蔽工程验收记录；

10 分项工程验收记录；

11 混凝土结构实体检验记录；

12 工程的重大质量问题的处理方案和验收记录；

13 其他必要的文件和记录。

10.2.2 混凝土结构子分部工程施工质量验收合格应符合下列规定：

1 有关分项工程施工质量验收合格；

2 应有完整的质量控制资料；

3 观感质量验收合格；

4 结构实体检验结果满足本规范的要求。

10.2.3 当混凝土结构施工质量不符合要求时，应按下列规定进行处理：

1 经返工、返修或更换构件、部件的检验批，应重新进行验收；

2 经有资质的检测单位检测鉴定达到设计要求的检验批，应予以验收；

3 经有资质的检测单位检测鉴定达不到设计要求，但经原设计单位核算并确认仍可满足结构安全和使用功能的检验批，可予以验收；

4 经返修或加固处理能够满足结构安全使用要求的分项工程，可根据技术处理方案和协商文件进行验收。

10.2.4 混凝土结构工程子分部工程施工质量验收合格后，应将所有的验收文件存档备案。

附　录　A
质量验收记录

A.0.1 检验批质量验收可按表 A.0.1 记录。

表 A.0.1　检验批质量验收记录

工程名称		分项工程名称		验收部位	
施工单位		专业工长		项目经理	
分包单位		分包项目经理		施工班组长	
施工执行标准名称及编号					
检查项目	质量验收规范的规定	施工单位检查评定记录		监理(建设)单位验收记录	
主控项目 1					
主控项目 2					
主控项目 3					
主控项目 4					
主控项目 5					
主控项目					
一般项目 1					
一般项目 2					
一般项目 3					
一般项目 4					
一般项目 5					
一般项目					
施工单位检查评定结果	项目专业质量检查员　　年　月　日				
监理(建设)单位验收结论	监理工程师(建设单位项目专业技术负责人)　　年　月　日				

A.0.2 分项工程质量验收可按表 A.0.2 记录。

表 A.0.2　分项工程质量验收记录

工程名称		结构类型		检验批数	
施工单位		项目经理		项目技术负责人	
分包单位		分包单位负责人		分包项目经理	
序号	检验批部位、区段	施工单位检查评定结果	监理(建设)单位验收结论		
1					
2					
3					

续表 A.0.2

工程名称		结构类型		检验批数	
施工单位		项目经理		项目技术负责人	
分包单位		分包单位负责人		分包项目经理	
序号	检验批部位、区段	施工单位检查评定结果	监理(建设)单位验收结论		
4					
5					
6					
7					
8					
检查结论	项目专业技术负责人 年 月 日		验收结论	监理工程师 (建设单位项目专业技术负责人) 年 月 日	

A.0.3 混凝土结构子分部工程质量验收可按表 A.0.3 记录。

表 A.0.3 混凝土结构子分部工程质量验收记录

工程名称		结构类型		层数	
施工单位		技术部门负责人		质量部门负责人	
分包单位		分包单位负责人		分包技术负责人	
序号	分项工程名称	检验批数	施工单位检查评定	验收意见	
1	钢筋分项工程				
2	预应力分项工程				
3	混凝土分项工程				
4	现浇结构分项工程				
5	装配式结构分项工程				
质量控制资料					
结构实体检验报告					
观感质量验收					
验收单位	分包单位	项目经理		年 月 日	
	施工单位	项目经理		年 月 日	
	勘察单位	项目负责人		年 月 日	
	设计单位	项目负责人		年 月 日	
	监理(建设)单位	总监理工程师 (建设单位项目专业负责人)		年 月 日	

附　录　B
纵向受力钢筋的最小搭接长度

B.0.1　当纵向受拉钢筋的绑扎搭接接头面积百分率不大于25%时，其最小搭接长度应符合表B.0.1的规定。

表 B.0.1　纵向受拉钢筋的最小搭接长度

钢筋类型		混凝土强度等级			
		C15	C20～C25	C30～C35	≥C40
光圆钢筋	HPB235级	45 *d*	35 *d*	30 *d*	25 *d*
带肋钢筋	HRB335级	55 *d*	45 *d*	35 *d*	30 *d*
	HRB400级、RRB400级	—	55 *d*	40 *d*	35 *d*

注：两根直径不同钢筋的搭接长度，以较细钢筋的直径计算。

B.0.2　当纵向受拉钢筋搭接接头面积百分率大于25%，但不大于50%时，其最小搭接长度应按本附录表B.0.1中的数值乘以系数1.2取用；当接头面积百分率大于50%时，应按本附录表B.0.1中的数值乘以系数1.35取用。

B.0.3　当符合下列条件时，纵向受拉钢筋的最小搭接长度应根据本附录B.0.1条至B.0.2条确定后，按下列规定进行修正：

1　当带肋钢筋的直径大于25 mm时，其最小搭接长度应按相应数值乘以系数1.1取用；

2　对环氧树脂涂层的带肋钢筋，其最小搭接长度应按相应数值乘以系数1.25取用；

3　当在混凝土凝固过程中受力钢筋易受扰动时（如滑模施工），其最小搭接长度应按相应数值乘以系数1.1取用；

4　对末端采用机械锚固措施的带肋钢筋，其最小搭接长度可按相应数值乘以系数0.7取用；

5　当带肋钢筋的混凝土保护层厚度大于搭接钢筋直径的3倍且配有箍筋时，其最小搭接长度可按相应数值乘以系数0.8取用；

6　对有抗震设防要求的结构构件，其受力钢筋的最小搭接长度对一、二级抗震等级应按相应数值乘以系数1.15采用；对三级抗震等级应按相应数值乘以系数1.05采用。

在任何情况下，受拉钢筋的搭接长度不应小于300 mm。

B.0.4　纵向受压钢筋搭接时，其最小搭接长度应根据本附录B.0.1条至B.0.3条的规定确定相应数值后，乘以系数0.7取用。在任何情况下，受压钢筋的搭接长度不应小于200 mm。

附　录　C
预制构件结构性能检验方法

C.0.1　预制构件结构性能试验条件应满足下列要求：

1　构件应在0 ℃以上的温度中进行试验；

2　蒸汽养护后的构件应在冷却至常温后进行试验；

3　构件在试验前应量测其实际尺寸，并检查构件表面，所有的缺陷和裂缝应在构件上标出；

4　试验用的加荷设备及量测仪表应预先进行标定或校准。

C.0.2　试验构件的支承方式应符合下列规定：

1　板、梁和桁架等简支构件，试验时应一端采用铰支承，另一端采用滚动支承。铰支承可采用角钢、半圆型钢或焊于钢板上的圆钢，滚动支承可采用圆钢；

2 四边简支或四角简支的双向板，其支承方式应保证支承处构件能自由转动，支承面可以相对水平移动；

3 当试验的构件承受较大集中力或支座反力时，应对支承部分进行局部受压承载力验算；

4 构件与支承面应紧密接触；钢垫板与构件、钢垫板与支墩间，宜铺砂浆垫平；

5 构件支承的中心线位置应符合标准图或设计的要求。

C.0.3 试验构件的荷载布置应符合下列规定：

1 构件的试验荷载布置应符合标准图或设计的要求；

2 当试验荷载布置不能完全与标准图或设计的要求相符时，应按荷载效应等效的原则换算，即使构件试验的内力图形与设计的内力图形相似，并使控制截面上的内力值相等，但应考虑荷载布置改变后对构件其他部位的不利影响。

C.0.4 加载方法应根据标准图或设计的加载要求、构件类型及设备条件等进行选择。当按不同形式荷载组合进行加载试验（包括均布荷载、集中荷载、水平荷载和竖向荷载等）时，各种荷载应按比例增加。

1 荷重块加载

荷重块加载适用于均布加载试验。荷重块应按区格成垛堆放，垛与垛之间间隙不宜小于 50 mm。

2 千斤顶加载

千斤顶加载适用于集中加载试验。千斤顶加载时，可采用分配梁系统实现多点集中加载。千斤顶的加载值宜采用荷载传感器量测，也可采用油压表量测。

3 梁或桁架可采用水平对顶加载方法，此时构件应垫平且不应妨碍构件在水平方向的位移。梁也可采用竖直对顶的加载方法。

4 当屋架仅作挠度、抗裂或裂缝宽度检验时，可将两榀屋架并列，安放屋面板后进行加载试验。

C.0.5 构件应分级加载。当荷载小于荷载标准值时，每级荷载不应大于荷载标准值的 20%；当荷载大于荷载标准值时，每级荷载不应大于荷载标准值的 10%；当荷载接近抗裂检验荷载值时，每级荷载不应大于荷载标准值的 5%；当荷载接近承载力检验荷载值时，每级荷载不应大于承载力检验荷载设计值的 5%。

对仅作挠度、抗裂或裂缝宽度检验的构件应分级卸载。

作用在构件上的试验设备重量及构件自重应作为第一次加载的一部分。

注：构件在试验前，宜进行预压，以检查试验装置的工作是否正常，同时应防止构件因预压而产生裂缝。

C.0.6 每级加载完成后，应持续 10～15 min；在荷载标准值作用下，应持续 30 min。在持续时间内，应观察裂缝的出现和开展，以及钢筋有无滑移等；在持续时间结束时，应观察并记录各项读数。

C.0.7 对构件进行承载力检验时，应加载至构件出现本规范表 9.3.2 所列承载能力极限状态的检验标志。当在规定的荷载持续时间内出现上述检验标志之一时，应取本级荷载值与前一级荷载值的平均值作为其承载力检验荷载实测值；当在规定的荷载持续时间结束后出现上述检验标志之一时，应取本级荷载值作为其承载力检验荷载实测值。

注：当受压构件采用试验机或千斤顶加载时，承载力检验荷载实测值应取构件直至破坏的整个试验过程中所达到的最大荷载值。

C.0.8 构件挠度可用百分表、位移传感器、水平仪等进行观测。接近破坏阶段的挠度，可用水平仪或拉线、钢尺等测量。

试验时，应量测构件跨中位移和支座沉陷。对宽度较大的构件，应在每一量测截面的两边或两肋布置测点，并取其量测结果的平均值作为该处的位移。

当试验荷载竖直向下作用时，对水平放置的试件，在各级荷载下的跨中挠度实测值应按下列公式计算：

$$a_t^o = a_q^o + a_g^o \tag{C.0.8-1}$$

$$a_{\mathrm{q}}^{\circ}=\nu_{\mathrm{m}}^{\circ}-\frac{1}{2}(\nu_{l}^{\circ}+\nu_{\mathrm{r}}^{\circ}) \tag{C. 0. 8-2}$$

$$a_{\mathrm{g}}^{\circ}=\frac{M_{\mathrm{g}}}{M_{\mathrm{b}}}a_{\mathrm{b}}^{\circ} \tag{C. 0. 8-3}$$

式中：a_{t}°——全部荷载作用下构件跨中的挠度实测值(mm)；

a_{q}°——外加试验荷载作用下构件跨中的挠度实测值(mm)；

a_{g}°——构件自重及加荷设备重产生的跨中挠度值(mm)；

ν_{m}°——外加试验荷载作用下构件跨中的位移实测值(mm)；

ν_{l}°、ν_{r}°——外加试验荷载作用下构件左、右端支座沉陷位移的实测值(mm)；

M_{g}——构件自重和加荷设备重产生的跨中弯矩值(kN·m)；

M_{b}——从外加试验荷载开始至构件出现裂缝的前一级荷载为止的外加荷载产生的跨中弯矩值(kN·m)；

a_{b}°——从外加试验荷载开始至构件出现裂缝的前一级荷载为止的外加荷载产生的跨中挠度实测值(mm)。

C.0.9 当采用等效集中力加载模拟均布荷载进行试验时，挠度实测值应乘以修正系数 ψ。当采用三分点加载时 ψ 可取为 0.98；当采用其他形式集中力加载时，ψ 应经计算确定。

C.0.10 试验中裂缝的观测应符合下列规定：

1 观察裂缝出现可采用放大镜。若试验中未能及时观察到正截面裂缝的出现，可取荷载—挠度曲线上的转折点(曲线第一弯转段两端点切线的交点)的荷载值作为构件的开裂荷载实测值；

2 构件抗裂检验中，当在规定的荷载持续时间内出现裂缝时，应取本级荷载值与前一级荷载值的平均值作为其开裂荷载实测值；当在规定的荷载持续时间结束后出现裂缝时，应取本级荷载值作为其开裂荷载实测值；

3 裂缝宽度可采用精度为 0.05 mm 的刻度放大镜等仪器进行观测；

4 对正截面裂缝，应量测受拉主筋处的最大裂缝宽度；对斜截面裂缝，应量测腹部斜裂缝的最大裂缝宽度。确定受弯构件受拉主筋处的裂缝宽度时，应在构件侧面量测。

C.0.11 试验时必须注意下列安全事项：

1 试验的加荷设备、支架、支墩等，应有足够的承载力安全储备；

2 对屋架等大型构件进行加载试验时，必须根据设计要求设置侧向支承，以防止构件受力后产生侧向弯曲和倾倒；侧向支承应不妨碍构件在其平面内的位移；

3 试验过程中应注意人身和仪表安全；为了防止构件破坏时试验设备及构件坍落，应采取安全措施(如在试验构件下面设置防护支承等)。

C.0.12 构件试验报告应符合下列要求：

1 试验报告应包括试验背景、试验方案、试验记录、检验结论等内容，不得漏项缺检；

2 试验报告中的原始数据和观察记录必须真实、准确，不得任意涂抹篡改；

3 试验报告宜在试验现场完成，及时审核、签字、盖章，并登记归档。

附　录　D
结构实体检验用同条件养护试件强度检验

D.0.1 同条件养护试件的留置方式和取样数量，应符合下列要求：

1 同条件养护试件所对应的结构构件或结构部位，应由监理(建设)、施工等各方共同选定；

2 对混凝土结构工程中的各混凝土强度等级，均应留置同条件养护试件；

3 同一强度等级的同条件养护试件，其留置的数量应根据混凝土工程量和重要性确定，不宜少于

10 组，且不应少于 3 组；

4 同条件养护试件拆模后，应放置在靠近相应结构构件或结构部位的适当位置，并应采取相同的养护方法。

D.0.2 同条件养护试件应在达到等效养护龄期时进行强度试验。

等效养护龄期应根据同条件养护试件强度与在标准养护条件下 28 d 龄期试件强度相等的原则确定。

D.0.3 同条件自然养护试件的等效养护龄期及相应的试件强度代表值，宜根据当地的气温和养护条件，按下列规定确定：

1 等效养护龄期可取按日平均温度逐日累计达到 600 ℃·d 时所对应的龄期，0 ℃及以下的龄期不计入；等效养护龄期不应小于 14 d，也不宜大于 60 d；

2 同条件养护试件的强度代表值应根据强度试验结果按现行国家标准《混凝土强度检验评定标准》GBJ 107 的规定确定后，乘折算系数取用；折算系数宜取为 1.10，也可根据当地的试验统计结果作适当调整。

D.0.4 冬期施工、人工加热养护的结构构件，其同条件养护试件的等效养护龄期可按结构构件的实际养护条件，由监理（建设）、施工等各方根据本附录第 D.0.2 条的规定共同确定。

附 录 E
结构实体钢筋保护层厚度检验

E.0.1 钢筋保护层厚度检验的结构部位和构件数量，应符合下列要求：

1 钢筋保护层厚度检验的结构部位，应由监理（建设）、施工等各方根据结构构件的重要性共同选定；

2 对梁类、板类构件，应各抽取构件数量的 2%且不少于 5 个构件进行检验；当有悬挑构件时，抽取的构件中悬挑梁类、板类构件所占比例均不宜小于 50%。

E.0.2 对选定的梁类构件，应对全部纵向受力钢筋的保护层厚度进行检验；对选定的板类构件，应抽取不少于 6 根纵向受力钢筋的保护层厚度进行检验。对每根钢筋，应在有代表性的部位测量 1 点。

E.0.3 钢筋保护层厚度的检验，可采用非破损或局部破损的方法，也可采用非破损方法并用局部破损方法进行校准。当采用非破损方法检验时，所使用的检测仪器应经过计量检验，检测操作应符合相应规程的规定。

钢筋保护层厚度检验的检测误差不应大于 1 mm。

E.0.4 钢筋保护层厚度检验时，纵向受力钢筋保护层厚度的允许偏差，对梁类构件为 +10 mm，−7 mm；对板类构件为 +8 mm，−5 mm。

E.0.5 对梁类、板类构件纵向受力钢筋的保护层厚度应分别进行验收。

结构实体钢筋保护层厚度验收合格应符合下列规定：

1 当全部钢筋保护层厚度检验的合格点率为 90%及以上时，钢筋保护层厚度的检验结果应判为合格；

2 当全部钢筋保护层厚度检验的合格点率小于 90%但不小于 80%，可再抽取相同数量的构件进行检验；当按两次抽样总和计算的合格点率为 90%及以上时，钢筋保护层厚度的检验结果仍应判为合格；

3 每次抽样检验结果中不合格点的最大偏差均不应大于本附录 E.0.4 条规定允许偏差的1.5 倍。

本规范用词用语说明

1　为了便于在执行本规范条文时区别对待，对要求严格程度不同的用词说明如下：

（1）表示很严格，非这样做不可的用词：

正面词采用“必须”；反面词采用“严禁”。

（2）表示严格，在正常情况下均应这样做的用词：

正面词采用“应”；反面词采用“不应”或“不得”。

（3）表示允许稍有选择，在条件许可时首先这样做的用词：

正面词采用“宜”；反面词采用“不宜”。

表示有选择，在一定条件下可以这样做的，采用“可”。

2　规范中指定应按其他有关标准、规范执行时，写法为：“应符合……的规定”或“应按……执行”。

中华人民共和国国家标准

混凝土结构工程施工质量验收规范

GB 50204—2002

条 文 说 明

1 总则

1.0.1 编制本规范的目的是为了统一和加强混凝土结构工程施工质量的验收，保证工程质量。本规范不包括混凝土结构设计、使用和维护等方面的内容。

1.0.2 本规范的适用范围为工业与民用房屋和一般构筑物的混凝土结构工程，包括现浇结构和装配式结构。本规范所指混凝土结构包括素混凝土结构、钢筋混凝土结构和预应力混凝土结构，与现行国家标准《混凝土结构设计规范》GB 50010 的范围一致。

本规范的主要内容是在《建筑工程质量检验评定标准》GBJ 301—88 中第五章、《预制混凝土构件质量检验评定标准》GBJ 321—90 和《混凝土结构工程施工及验收规范》GB 50204—92 的基础上修订而成的。

1.0.3 本规范是对混凝土结构工程施工质量的最低要求，应严格遵守。因此，承包合同(如质量要求等)和工程技术文件(如设计文件、企业标准、施工技术方案等)对工程质量的要求不得低于本规范的规定。

当承包合同和设计文件对施工质量的要求高于本规范的规定时，验收时应以承包合同和设计文件为准。

1.0.4 国家标准《建筑工程施工质量验收统一标准》GB 50300—2001 规定了房屋建筑各专业工程施工质量验收规范编制的统一准则。本规范是根据该标准规定的原则编写的，适用于该标准"主体结构"分部工程中"混凝土结构"子分部工程的验收。执行本规范时，尚应遵守该标准的相关规定。

1.0.5 混凝土结构工程的施工质量应满足现行国家标准《混凝土结构设计规范》GB 50010 和施工项目设计文件提出的各项要求。

混凝土结构施工质量的验收综合性强、牵涉面广，不仅有原材料方面的内容(如水泥、钢筋等)，尚有半成品、成品方面的内容(如构配件、预应力锚具等)，也与其他施工技术和质量评定方面的标准密切相关。因此，凡本规范有规定者，应遵照执行；凡本规范无规定者，尚应按照有关现行标准的规定执行。

2 术语

本章给出了本规范有关章节中引用的 8 个术语。由于本规范应与《建筑工程施工质量验收统一标准》GB 50300—2001 配套使用，在该标准中出现的与本规范相关的术语不再列出。

在编写本章术语时，主要参考了《建筑结构设计术语和符号标准》GB/T 50083—97、《工程结构设计基本术语和通用符号》GBJ 132—90 等国家标准中的相关术语。

本规范的术语是从混凝土结构工程施工质量验收的角度赋予其涵义的，但涵义不一定是术语的定义。同时，还给出了相应的推荐性英文术语，该英文术语不一定是国际上通用的标准术语，仅供参考。

3 基本规定

3.0.1 根据国家标准《建筑工程施工质量验收统一标准》GB 50300—2001 的有关规定，本条对混凝土结构施工现场和施工项目的质量管理体系和质量保证体系提出了要求。施工单位应推行生产控制和合格控制的全过程质量控制。对施工现场质量管理，要求有相应的施工技术标准、健全的质量管理体系、施工质量控制和质量检验制度；对具体的施工项目，要求有经审查批准的施工组织设计和施工技术方案。上述要求应能在施工过程中有效运行。

施工组织设计和施工技术方案应按程序审批，对涉及结构安全和人身安全的内容，应有明确的规定和相应的措施。

3.0.2 根据不同的施工方法和结构分类，列举了混凝土结构子分部工程的具体名称。子分部工程验收前，应根据具体的施工方法和结构分类确定应验收的分项工程。

在建筑工程施工质量验收体系中，混凝土结构子分部工程划分为六个分项工程：模板、钢筋、预应力、混凝土、现浇结构和装配式结构。

本规范中"结构缝"系指为避免温度胀缩、地基沉降和地震碰撞等而在相邻两建筑物或建筑物的两部分之间设置的伸缩缝、沉降缝和防震缝等的总称。

检验批是工程质量验收的基本单元。检验批通常按下列原则划分：

1 检验批内质量均匀一致，抽样应符合随机性和真实性的原则；

2 贯彻过程控制的原则，按施工次序、便于质量验收和控制关键工序质量的需要划分检验批。

3.0.3 子分部工程验收时，除所含分项均应验收合格外，尚应对涉及结构安全的材料、试件、施工工艺和结构的重要部位进行见证检测或结构实体检验，以确保混凝土结构的安全。对施工工艺的见证检测，系指根据工程质量控制的需要，在施工期间由参与验收的各方在现场对施工工艺进行的检测。有关施工工艺的见证检测内容在本规范中有明确规定，如预应力筋张拉时实际预应力值的检测。本条规定的子分部工程验收内容中，见证检测和结构实体检验可以在检验批或分项工程验收的相应阶段内进行。

3.0.4 分项工程验收时，除所含检验批均应验收合格外，尚应有完整的质量验收记录。

3.0.5 检验批验收的内容包括按规定的抽样方案进行的实物检查和资料检查。本条列出了实物检查的方式和资料检查的内容。

3.0.6 本条给出了检验批质量验收合格的条件：主控项目和一般项目检验均应合格，且资料完整。检验批验收合格后，在形成验收文件的同时宜作出合格标志，以利于施工现场管理和作为后续工序施工的条件。检验批的合格质量主要取决于主控项目和一般项目的检验结果。主控项目是对检验批的基本质量起决定性影响的检验项目，这种项目的检验结果具有否决权。由于主控项目对工程质量起重要作用，从严要求是必需的。

对采用计数检验的一般项目，以前要求的合格点率为70%及以上，本规范提高了相应要求，通常为80%及以上，且在允许存在的20%以下的不合格点中不得有严重缺陷。本规范中少量采用计数检验的一般项目，合格点率要求为90%及以上，同时也不得有严重缺陷，这在本规范有关章节中有具体规定。根据《建筑工程施工质量验收统一标准》GB 50300—2001 的规定，检验批质量验收时可选择经实践检验有效的抽样方案。本规范的一般项目所采用的计数检验，基本上采用了原规范的方案。对于这种计数抽样方案，尚可根据质量验收的需要和抽样检验理论作进一步完善。

3.0.7 本条规定了检验批、分项工程、混凝土结构子分部工程的质量验收记录和施工质量验收程序、组织。其中，检验批的检查层次为：生产班组的自检、交接检；施工单位质量检验部门的专业检查和评定；监理单位（建设单位）组织的检验批验收。

在施工过程中，前一工序的质量未得到监理单位（建设单位）的检查认可，不应进行后续工序的施工，以免质量缺陷累积，造成更大损失。

根据有关规定和工程合同的约定，对工程质量起重要作用或有争议的检验项目，应由各方参与进行见证检测，以确保施工过程中的关键质量得到控制。

4 模板分项工程

模板分项工程是为混凝土浇筑成型用的模板及其支架的设计、安装、拆除等一系列技术工作和完成实体的总称。由于模板可以连续周转使用,模板分项工程所含检验批通常根据模板安装和拆除的数量确定。

4.1 一般规定

4.1.1 本条提出了对模板及其支架的基本要求,这是保证模板及其支架的安全并对混凝土成型质量起重要作用的项目。多年的工程实践证明,这些要求对保证混凝土结构的施工质量是必需的。本条为强制性条文,应严格执行。

4.1.2 浇筑混凝土时,模板及支架在混凝土重力、侧压力及施工荷载等作用下胀模(变形)、跑模(位移)甚至坍塌的情况时有发生。为避免事故,保证工程质量和施工安全,提出了对模板及其支架进行观察、维护和发生异常情况时及时进行处理的要求。

4.1.3 模板及其支架拆除的顺序及相应的施工安全措施对避免重大工程事故非常重要,在制订施工技术方案时应考虑周全。模板及其支架拆除时,混凝土结构可能尚未形成设计要求的受力体系,必要时应加设临时支撑。后浇带模板的拆除及支顶易被忽视而造成结构缺陷,应特别注意。本条为强制性条文,应严格执行。

4.2 模板安装

4.2.1 现浇多层房屋和构筑物的模板及其支架安装时,上、下层支架的立柱应对准,以利于混凝土重力及施工荷载的传递,这是保证施工安全和质量的有效措施。

本规范中,凡规定全数检查的项目,通常均采用观察检查的方法,但对观察难以判定的部位,应辅以量测检查。

4.2.2 隔离剂沾污钢筋和混凝土接槎处可能对混凝土结构受力性能造成明显的不利影响,故应避免。

4.2.3 无论是采用何种材料制作的模板,其接缝都应保证不漏浆。木模板浇水湿润有利于接缝闭合而不致漏浆,但因浇水湿润后膨胀,木模板安装时的接缝不宜过于严密。模板内部和与混凝土的接触面应清理干净,以避免夹渣等缺陷。本条还对清水混凝土工程及装饰混凝土工程所使用的模板提出了要求,以适应混凝土结构施工技术发展的要求。

4.2.4 本条对用作模板的地坪、胎模等提出了应平整光洁的要求,这是为了保证预制构件的成型质量。

4.2.5 对跨度较大的现浇混凝土梁、板,考虑到自重的影响,适度起拱有利于保证构件的形状和尺寸。执行时应注意本条的起拱高度未包括设计起拱值,而只考虑模板本身在荷载下的下垂,因此对钢模板可取偏小值,对木模板可取偏大值。

本规范中,凡规定抽样检查的项目,应在全数观察的基础上,对重要部位和观察难以判定的部位进行抽样检查。抽样检查的数量通常采用“双控”的方法,即在按比例抽样的同时,还限定了检查的最小数量。

4.2.6 对预埋件的外露长度,只允许有正偏差,不允许有负偏差;对预留洞内部尺寸,只允许大,不允许小。在允许偏差表中,不允许的偏差都以“0”来表示。

本规范中,尺寸偏差的检验除可采用条文中给出的方法外,也可采用其他方法和相应的检测工具。

4.2.7～4.2.8 规定了现浇混凝土结构模板及预制混凝土构件模板安装尺寸的检查数量、允许偏差及检验方法。还应指出,按本规范第 3.0.7 条的规定,对一般项目,在不超过 20%的不合格检查点中不得有影响结构安全和使用功能的过大尺寸偏差。对有特殊要求的结构中的某些项目,当有专门标准规定或设计要求时,尚应符合相应的要求。

由于模板对保证构件质量非常重要,且不合格模板容易返修成合格品,故允许模板进行修理,合格后方可投入使用。施工单位应根据构件质量检验得到的模板质量反馈信息,对连续周转使用的模板定期检查并不定期抽查。

4.3 模板拆除

4.3.1 由于过早拆模、混凝土强度不足而造成混凝土结构构件沉降变形、缺棱掉角、开裂、甚至塌陷的情况时有发生。为保证结构的安全和使用功能,提出了拆模时混凝土强度的要求。该强度通常反映为同条件养护混凝土试件的强度。考虑到悬臂构件更容易因混凝土强度不足而引发事故，对其拆模时的混凝土强度应从严要求。

4.3.2 对后张法预应力施工，模板及其支架的拆除时间和顺序应根据施工方式的特点和需要事先在施工技术方案中确定。当施工技术方案中无明确规定时，应遵照本条的规定执行。

4.3.3 由于施工方式的不同，后浇带模板的拆除及支顶方法也各有不同，但都应能保证结构的安全和质量。由于后浇带较易出现安全和质量问题，故施工技术方案应对此作出明确的规定。

4.3.4 由于侧模拆除时混凝土强度不足可能造成结构构件缺棱掉角和表面损伤，故应避免。

4.3.5 拆模时重量较大的模板倾砸楼面或模板及支架集中堆放可能造成楼板或其他构件的裂缝等损伤，故应避免。

5 钢筋分项工程

钢筋分项工程是普通钢筋进场检验、钢筋加工、钢筋连接、钢筋安装等一系列技术工作和完成实体的总称。钢筋分项工程所含的检验批可根据施工工序和验收的需要确定。

5.1 一般规定

5.1.1 在施工过程中，当施工单位缺乏设计所要求的钢筋品种、级别或规格时，可进行钢筋代换。为了保证对设计意图的理解不产生偏差，规定当需要作钢筋代换时应办理设计变更文件，以确保满足原结构设计的要求，并明确钢筋代换由设计单位负责。本条为强制性条文，应严格执行。

5.1.2 钢筋隐蔽工程反映钢筋分项工程施工的综合质量，在浇筑混凝土之前验收是为了确保受力钢筋等的加工、连接和安装满足设计要求，并在结构中发挥其应有的作用。

5.2 原材料

5.2.1 钢筋对混凝土结构构件的承载力至关重要，对其质量应从严要求。普通钢筋应符合现行国家标准《钢筋混凝土用热轧带肋钢筋》GB 1499、《钢筋混凝土用热轧光圆钢筋》GB 13013 和《钢筋混凝土用余热处理钢筋》GB 13014 的要求。钢筋进场时，应检查产品合格证和出厂检验报告，并按规定进行抽样检验。本条为强制性条文，应严格执行。

由于工程量、运输条件和各种钢筋的用量等的差异，很难对各种钢筋的进场检查数量作出统一规定。实际检查时，若有关标准中对进场检验数量作了具体规定，应遵照执行；若有关标准中只有对产品出厂检验数量的规定，则在进场检验时，检查数量可按下列情况确定：

1 当一次进场的数量大于该产品的出厂检验批量时，应划分为若干个出厂检验批量，然后按出厂检验的抽样方案执行；

2 当一次进场的数量小于或等于该产品的出厂检验批量时，应作为一个检验批量，然后按出厂检验的抽样方案执行；

3 对连续进场的同批钢筋，当有可靠依据时，可按一次进场的钢筋处理。

本条的检验方法中，产品合格证、出厂检验报告是对产品质量的证明资料，通常应列出产品的主要性能指标；当用户有特别要求时，还应列出某些专门检验数据。有时，产品合格证、出厂检验报告可以合并。进场复验报告是进场抽样检验的结果，并作为判断材料能否在工程中应用的依据。

本规范中，涉及原材料进场检查数量和检验方法时，除有明确规定外，都应按以上叙述理解、执行。

5.2.2 根据现行国家标准《混凝土结构设计规范》GB 50010 的规定，按一、二级抗震等级设计的框架结构中的纵向受力钢筋，其强度实测值应满足本条的要求，其目的是为了保证在地震作用下，结构某些部位出现塑性铰以后，钢筋具有足够的变形能力。本条为强制性条文，应严格执行。

5.2.3 在钢筋分项工程施工过程中，若发现钢筋性能异常，应立即停止使用，并对同批钢筋进行专项检验。

5.2.4 为了加强对钢筋外观质量的控制，钢筋进场时和使用前均应对外观质量进行检查。弯折钢筋不得敲直后作为受力钢筋使用。钢筋表面不应有颗粒状或片状老锈，以免影响钢筋强度和锚固性能。本条也适用于加工以后较长时期未使用而可能造成外观质量达不到要求的钢筋半成品的检查。

5.3 钢筋加工

5.3.1～5.3.2 对各种级别普通钢筋弯钩、弯折和箍筋的弯弧内直径、弯折角度、弯后平直部分长度分别提出了要求。受力钢筋弯钩、弯折的形状和尺寸，对于保证钢筋与混凝土协同受力非常重要。根据构件受力性能的不同要求，合理配置箍筋有利于保证混凝土构件的承载力，特别是对配筋率较高的柱、受扭的梁和有抗震设防要求的结构构件更为重要。

对规定抽样检查的项目，应在全数观察的基础上，对重要部位和观察难以判定的部位进行抽样检查。抽样检查的数量通常采用"双控"的方法。这与本规范第4.2.5条的说明是一致的。

5.3.3 盘条供应的钢筋使用前需要调直。调直宜优先采用机械方法，以有效控制调直钢筋的质量；也可采用冷拉方法，但应控制冷拉伸长率，以免影响钢筋的力学性能。

5.3.4 本条提出了钢筋加工形状、尺寸偏差的要求。其中，箍筋内净尺寸是新增项目，对保证受力钢筋和箍筋本身的受力性能都较为重要。

5.4 钢筋连接

5.4.1 本条提出了纵向受力钢筋连接方式的基本要求，这是保证受力钢筋应力传递及结构构件的受力性能所必需的。目前，钢筋的连接方式已有多种，应按设计要求采用。

5.4.2 近年来，钢筋机械连接和焊接的技术发展较快，国家现行标准《钢筋机械连接通用技术规程》JGJ 107、《钢筋焊接及验收规程》JGJ 18对其应用、质量验收等都有明确的规定，验收时应遵照执行。对钢筋机械连接和焊接，除应按相应规定进行型式、工艺检验外，还应从结构中抽取试件进行力学性能检验。

5.4.3 受力钢筋的连接接头宜设置在受力较小处，同一钢筋在同一受力区段内不宜多次连接，以保证钢筋的承载、传力性能。本条还对接头距钢筋弯起点的距离作出了规定。

5.4.4 本条对施工现场的机械连接接头和焊接接头提出了外观质量要求。对全数检查的项目，通常均采用观察检查的方法，但对观察难以判定的部位，可辅以量测检查。

5.4.5 本条给出了受力钢筋机械连接和焊接的应用范围、连接区段的定义以及接头面积百分率的限制。

5.4.6 为了保证受力钢筋绑扎搭接接头的传力性能，本条给出了受力钢筋搭接接头连接区段的定义、接头面积百分率的限制以及最小搭接长度的要求。在本规范附录B中给出了各种条件下确定受力钢筋最小搭接长度的方法。

5.4.7 搭接区域的箍筋对于约束搭接传力区域的混凝土、保证搭接钢筋传力至关重要。根据现行国家标准《混凝土结构设计规范》GB 50010的规定，给出了搭接长度范围内的箍筋直径、间距等构造要求。

5.5 钢筋安装

5.5.1 受力钢筋的品种、级别、规格和数量对结构构件的受力性能有重要影响，必须符合设计要求。本条为强制性条文，应严格执行。

5.5.2 本条规定了钢筋安装位置的允许偏差。梁、板类构件上部纵向受力钢筋的位置对结构构件的承载能力和抗裂性能等有重要影响。由于上部纵向受力钢筋移位而引发的事故通常较为严重，应加以避免。本条通过对保护层厚度偏差的要求，对上部纵向受力钢筋的位置加以控制，并单独将梁、板类构件上部纵向受力钢筋保护层厚度偏差的合格点率要求规定为90％及以上。对其他部位，表中所列保护层厚度的允许偏差的合格点率要求仍为80％及以上。

6 预应力分项工程

预应力分项工程是预应力筋、锚具、夹具、连接器等材料的进场检验、后张法预留管道设置或预应力筋布置、预应力筋张拉、放张、灌浆直至封锚保护等一系列技术工作和完成实体的总称。由于预应力施工工艺复杂，专业性较强，质量要求较高，故预应力分项工程所含检验项目较多，且规定较为具体。根据具体情况，预应力分项工程可与混凝土结构一同验收，也可单独验收。

6.1 一般规定

6.1.1 后张法预应力施工是一项专业性强、技术含量高、操作要求严的作业，故应由获得有关部门批准的预应力专项施工资质的施工单位承担。预应力混凝土结构施工前，专业施工单位应根据设计图纸，编制预应力施工方案。当设计图纸深度不具备施工条件时，预应力施工单位应予以完善，并经设计单位审核后实施。

6.1.2 本条规定了预应力张拉设备的校验和标定要求。张拉设备(千斤顶、油泵及压力表等)应配套标定，以确定压力表读数与千斤顶输出力之间的关系曲线。这种关系曲线对应于特定的一套张拉设备，故配套标定后应配套使用。由于千斤顶主动工作和被动工作时，压力表读数与千斤顶输出力之间的关系是不一致的，故要求标定时千斤顶活塞的运行方向应与实际张拉工作状态一致。

6.1.3 预应力隐蔽工程反映预应力分项工程施工的综合质量，在浇筑混凝土之前验收是为了确保预应力筋等的安装符合设计要求并在混凝土结构中发挥其应有的作用。本条对预应力隐蔽工程验收的内容作出了具体规定。

6.2 原材料

6.2.1 常用的预应力筋有钢丝、钢绞线、热处理钢筋等，其质量应符合相应的现行国家标准《预应力混凝土用钢丝》GB/T 5223、《预应力混凝土用钢绞线》GB/T 5224、《预应力混凝土用热处理钢筋》GB 4463等的要求。预应力筋是预应力分项工程中最重要的原材料，进场时应根据进场批次和产品的抽样检验方案确定检验批，进行进场复验。由于各厂家提供的预应力筋产品合格证内容与格式不尽相同，为统一及明确有关内容，要求厂家除了提供产品合格证外，还应提供反映预应力筋主要性能的出厂检验报告，两者也可合并提供。进场复验可仅作主要的力学性能试验。本章中，涉及原材料进场检查数量和检验方法时，除有明确规定外，都应按本规范第 5.2.1 条的说明理解、执行。本条为强制性条文，应严格执行。

6.2.2 无粘结预应力筋的涂包质量对保证预应力筋防腐及准确地建立预应力非常重要。涂包质量的检验内容主要有涂包层油脂用量、护套厚度及外观。当有工程经验，并经观察确认质量有保证时，可仅作外观检查。

6.2.3 目前国内锚具生产厂家较多，各自形成配套产品，产品结构尺寸及构造也不尽相同。为确保实现设计意图，要求锚具、夹具和连接器按设计规定采用，其性能和应用应分别符合国家现行标准《预应力筋用锚具、夹具和连接器》GB/T 14370 和《预应力筋用锚具、夹具和连接器应用技术规程》JGJ 85 的规定。锚具、夹具和连接器的进场检验主要作锚具(夹具、连接器)的静载试验，材质、机加工尺寸等只需按出厂检验报告中所列指标进行核对。

6.2.4 孔道灌浆一般采用素水泥浆。由于普通硅酸盐水泥浆的泌水率较小，故规定应采用普通硅酸盐水泥配制水泥浆。水泥浆中掺入外加剂可改善其稠度、泌水率、膨胀率、初凝时间、强度等特性，但预应力筋对应力腐蚀较为敏感，故水泥和外加剂中均不能含有对预应力筋有害的化学成分。

孔道灌浆所采用水泥和外加剂数量较少的一般工程，如果由使用单位提供近期采用的相同品牌和型号的水泥及外加剂的检验报告，也可不作水泥和外加剂性能的进场复验。

6.2.5 预应力筋进场后可能由于保管不当引起锈蚀、污染等，故使用前应进行外观质量检查。对有粘结预应力筋，可按各相关标准进行检查。对无粘结预应力筋，若出现护套破损，不仅影响密封性，而且增加预应力摩擦损失，故应根据不同情况进行处理。

6.2.6 当锚具、夹具及连接器进场入库时间较长时，可能造成锈蚀、污染等，影响其使用性能，故使用前应重新对其外观进行检查。

6.2.7～6.2.8 目前，后张预应力工程中多采用金属螺旋管预留孔道。金属螺旋管的刚度和抗渗性能是很重要的质量指标，但试验较为复杂。当使用单位能提供近期采用的相同品牌和型号金属螺旋管的检验报告或有可靠工程经验时，也可不作这两项检验。由于金属螺旋管经运输、存放可能出现伤痕、变形、锈蚀、污染等,故使用前应进行外观质量检查。

6.3 制作与安装

6.3.1 预应力筋的品种、级别、规格和数量对保证预应力结构构件的抗裂性能及承载力至关重要,故必须符合设计要求。本条为强制性条文,应严格执行。

6.3.2 先张法预应力施工时,油质类隔离剂可能沾污预应力筋,严重影响粘结力,并且会污染混凝土表面,影响装修工程质量,故应避免。

6.3.3 预应力筋若遇电火花损伤,容易在张拉阶段脆断,故应避免。施工时应避免将预应力筋作为电焊的一极。受电火花损伤的预应力筋应予以更换。

6.3.4 预应力筋常采用无齿锯或机械切断机切割。当采用电弧切割时,电弧可能损伤高强度钢丝、钢绞线,引起预应力筋拉断,故应禁止采用。对同一束中各根钢丝下料长度的极差(最大值与最小值之差)的规定,仅适用于钢丝束两端均采用镦头锚具的情况,目的是为了保证同一束中各根钢丝的预加力均匀一致。本章中,对规定抽样检查的项目,应在全数观察的基础上,对重要部位和观察难以判定的部位进行抽样检查。

6.3.5 预应力筋的端部锚具制作质量对可靠地建立预应力非常重要。本条规定了挤压锚、压花锚、镦头锚的制作质量要求。本条对镦头锚制作质量的要求,主要是为了检测钢丝的可镦性,故规定按钢丝的进场批量检查。

6.3.6 浇筑混凝土时,预留孔道定位不牢固会发生移位,影响建立预应力的效果。为确保孔道成型质量,除应符合设计要求外,还应符合本条对预留孔道安装质量作出的相应规定。对后张法预应力混凝土结构中预留孔道的灌浆孔及泌水管等的间距和位置要求,是为了保证灌浆质量。

6.3.7 预应力筋束形直接影响建立预应力的效果,并影响结构构件的承载力和抗裂性能,故对束形控制点的竖向位置允许偏差提出了较高要求。本条按截面高度设定束形控制点的竖向位置允许偏差,以便于实际控制。

6.3.8 实际工程中常将无粘结预应力筋成束布置,以便于施工控制,但其数量及排列形状应能保证混凝土能够握裹预应力筋。此外,内埋式挤压锚具在使用中常出现垫板重叠、垫板与锚具脱离等现象,故本条作出了相应规定。

6.3.9 后张法施工中,当浇筑混凝土前将预应力筋穿入孔道时,预应力筋需经合模、混凝土浇筑、养护并达到设计要求的强度后才能张拉。在此期间,孔道内可能会有浇筑混凝土时渗进的水或从喇叭管口流入的养护水、雨水等,若时间过长,可能引起预应力筋锈蚀,故应根据工程具体情况采取必要的防锈措施。

6.4 张拉和放张

6.4.1 过早地对混凝土施加预应力,会引起较大的收缩和徐变预应力损失,同时可能因局部承压过大而引起混凝土损伤。本条规定的预应力筋张拉及放张时混凝土强度,是根据现行国家标准《混凝土结构设计规范》GB 50010 的规定确定的。若设计对此有明确要求,则应按设计要求执行。

6.4.2 预应力筋张拉应使各根预应力筋的预加力均匀一致,主要是指有粘结预应力筋张拉时应整束张拉,以使各根预应力筋同步受力,应力均匀;而无粘结预应力筋和扁锚预应力筋通常是单根张拉的。预应力筋的张拉顺序、张拉力及设计计算伸长值均应由设计确定,施工时应遵照执行。实际施工时,为了部分抵消预应力损失等,可采取超张拉方法,但最大张拉应力不应大于现行国家标准《混凝土结构设计规范》GB 50010 的规定。后张法施工中,梁或板中的预应力筋一般是逐根或逐束张拉的,后批张拉的预应力筋所产生的混凝土结构构件的弹性压缩对先批张拉预应力筋的预应力损失的影响与梁、板的截面,预应力筋配筋量及束长等因数有关,一般影响较小时可不计。如果影响较大,可将张拉力统一增加一定值。实际张拉时通常采用张拉力控制方法,但为了确保张拉质量,还应对实际伸长值进行校核,相对允许偏差±6%是基于工程实践提出的,有利于保证张拉质量。

6.4.3 预应力筋张拉锚固后,实际建立的预应力值与量测时间有关。相隔时间越长,预应力损失值越大，故检验值应由设计通过计算确定。

预应力筋张拉后实际建立的预应力值对结构受力性能影响很大，必须予以保证。先张法施工中可以用应力测定仪器直接测定张拉锚固后预应力筋的应力值；后张法施工中预应力筋的实际应力值较难测定，故可用见证张拉代替预加力值测定。见证张拉系指监理工程师或建设单位代表现场见证下的张拉。

6.4.4 由于预应力筋断裂或滑脱对结构构件的受力性能影响极大，故施加预应力过程中，应采取措施加以避免。先张法预应力构件中的预应力筋不允许出现断裂或滑脱，若在浇筑混凝土前出现断裂或滑脱，相应的预应力筋应予以更换。后张法预应力结构构件中预应力筋断裂或滑脱的数量，不应超过本条的规定。本条为强制性条文，应严格执行。

6.4.5 实际工程中，由于锚具种类、张拉锚固工艺及放张速度等各种因素的影响，内缩量可能有较大波动，导致实际建立的预应力值出现较大偏差。因此，应控制锚固阶段张拉端预应力筋的内缩量。当设计对张拉端预应力筋的内缩量有具体要求时，应按设计要求执行。

6.4.6 对先张法构件，施工时应采取措施减小张拉后预应力筋位置与设计位置的偏差。本条对最大偏移值作出了规定。

6.5 灌浆及封锚

6.5.1 预应力筋张拉后处于高应力状态，对腐蚀非常敏感，所以应尽早进行孔道灌浆。灌浆是对预应力筋的永久性保护措施，故要求水泥浆饱满、密实，完全裹住预应力筋。灌浆质量的检验应着重于现场观察检查，必要时采用无损检查或凿孔检查。

6.5.2 封闭保护应遵照设计要求执行，并在施工技术方案中作出具体规定。后张预应力筋的锚具多配置在结构的端面，所以常处于易受外力冲击和雨水浸入的状态；此外，预应力筋张拉锚固后，锚具及预应力筋处于高应力状态，为确保暴露于结构外的锚具能够永久性地正常工作，不致受外力冲击和雨水浸入而造成破损或腐蚀，应采取防止锚具锈蚀和遭受机械损伤的有效措施。

6.5.3 锚具外多余预应力筋常采用无齿锯或机械切断机切断。实际工程中，也可采用氧-乙炔焰切割方法切断多余预应力筋，但为了确保锚具正常工作及考虑切断时热影响可能波及锚具部位，应采取锚具降温等措施。考虑到锚具正常工作及可能的热影响，本条对预应力筋外露部分长度作出了规定。切割位置不宜距离锚具太近，同时也不应影响构件安装。

6.5.4 本条规定灌浆用水泥浆水灰比的限值，其目的是为了在满足必要的水泥浆稠度的同时，尽量减小泌水率，以获得饱满、密实的灌浆效果。水泥浆中水的泌出往往造成孔道内的空腔，并引起预应力筋腐蚀。2%左右的泌水一般可被水泥浆吸收，因此应按本条的规定控制泌水率。如果有可靠的工程经验，也可以提供以往工程中相同配合比的水泥浆性能试验报告。

6.5.5 对灌浆质量，首先应强调其密实性，因为密实的水泥浆能为预应力筋提供可靠的防腐保护。同时，水泥浆与预应力筋之间的粘结力也是预应力筋与混凝土共同工作的前提。本条参考国外的有关规定并考虑目前预应力筋的实际应用强度，规定了标准尺寸水泥浆试件的抗压强度不应小于30MPa。

7 混凝土分项工程

混凝土分项工程是从水泥、砂、石、水、外加剂、矿物掺合料等原材料进场检验、混凝土配合比设计及称量、拌制、运输、浇筑、养护、试件制作直至混凝土达到预定强度等一系列技术工作和完成实体的总称。混凝土分项工程所含的检验批可根据施工工序和验收的需要确定。

7.1 一般规定

7.1.1 混凝土强度的评定应符合现行国家标准《混凝土强度检验评定标准》GBJ 107 的规定。但应指出，对掺用矿物掺合料的混凝土，由于其强度增长较慢，以28d为验收龄期可能不合适，此时可按国家现行标准《粉煤灰混凝土应用技术规范》GBJ 146、《粉煤灰在混凝土和砂浆中应用技术规程》JGJ 28 等的规定确定验收龄期。

7.1.2 混凝土试件强度的试验方法应符合普通混凝土力学性能试验方法标准的规定。混凝土试件的尺寸应根据骨料的最大粒径确定。当采用非标准尺寸的试件时，其抗压强度应乘以相应的尺寸换算系数。

7.1.3 由于同条件养护试件具有与结构混凝土相同的原材料、配合比和养护条件，能有效代表结构混凝土的实际质量。在施工过程中，根据同条件养护试件的强度来确定结构构件拆模、出池、出厂、吊装、张拉、放张及施工期间临时负荷时的混凝土强度，是行之有效的方法。

7.1.4 当混凝土试件强度评定不合格时，可根据国家现行有关标准采用回弹法超声回弹综合法、钻芯法、后装拔出法等推定结构的混凝土强度。应指出，通过检测得到的推定强度可作为判断结构是否需要处理的依据。

7.1.5 室外日平均气温连续5d稳定低于5℃时，混凝土分项工程应采取冬期施工措施，具体要求应符合国家现行标准《建筑工程冬期施工规程》JGJ 104的有关规定。

7.2 原材料

7.2.1 水泥进场时，应根据产品合格证检查其品种、级别等，并有序存放，以免造成混料错批。强度、安定性等是水泥的重要性能指标，进场时应作复验，其质量应符合现行国家标准《硅酸盐水泥、普通硅酸盐水泥》GB 175、《矿渣硅酸盐水泥、火山灰质硅酸盐水泥及粉煤灰硅酸盐水泥》GB 1344、《复合硅酸盐水泥》GB 12958等的要求。水泥是混凝土的重要组成成分，若其中含有氯化物，可能引起混凝土结构中钢筋的锈蚀，故应严格控制。本条为强制性条文，应严格执行。

7.2.2 混凝土外加剂种类较多，且均有相应的质量标准，使用时其质量及应用技术应符合国家现行标准《混凝土外加剂》GB 8076、《混凝土外加剂应用技术规范》GBJ 50119、《混凝土速凝剂》JC 472、《混凝土泵送剂》JC 473、《混凝土防水剂》JC 474、《混凝土防冻剂》JC 475、《混凝土膨胀剂》JC 476等的规定。外加剂的检验项目、方法和批量应符合相应标准的规定。若外加剂中含有氯化物，同样可能引起混凝土结构中钢筋的锈蚀，故应严格控制。本章中，涉及原材料进场检查数量和检验方法时，除有明确规定外，都应按本规范第5.2.1条的说明理解、执行。本条为强制性条文，应严格执行。

7.2.3 混凝土中氯化物、碱的总含量过高，可能引起钢筋锈蚀和碱骨料反应，严重影响结构构件受力性能和耐久性。现行国家标准《混凝土结构设计规范》GB 50010中对此有明确规定，应遵照执行。

7.2.4 混凝土掺合料的种类主要有粉煤灰、粒化高炉矿渣粉、沸石粉、硅灰和复合掺合料等，有些目前尚没有产品质量标准。对各种掺合料，均应提出相应的质量要求，并通过试验确定其掺量。工程应用时，尚应符合国家现行标准《粉煤灰混凝土应用技术规范》GBJ 146、《粉煤灰在混凝土和砂浆中应用技术规程》JGJ 28、《用于水泥与混凝土中粒化高炉矿渣粉》GB/T 18046等的规定。

7.2.5 普通混凝土所用的砂子、石子应分别符合《普通混凝土用砂质量标准及检验方法》JGJ 52、《普通混凝土用碎石或卵石质量标准及检验方法》JGJ 53的质量要求，其检验项目、检验批量和检验方法应遵照标准的规定执行。

7.2.6 考虑到今后生产中利用工业处理水的发展趋势，除采用饮用水外，也可采用其他水源，但其质量应符合国家现行标准《混凝土拌合用水标准》JGJ 63的要求。

7.3 配合比设计

7.3.1 混凝土应根据实际采用的原材料进行配合比设计并按普通混凝土拌合物性能试验方法等标准进行试验、试配，以满足混凝土强度、耐久性和工作性（坍落度等）的要求，不得采用经验配合比。同时，应符合经济、合理的原则。

7.3.2 实际生产时，对首次使用的混凝土配合比应进行开盘鉴定，并至少留置一组28d标准养护试件，以验证混凝土的实际质量与设计要求的一致性。施工单位应注意积累相关资料，以利于提高配合比设计水平。

7.3.3 混凝土生产时，砂、石的实际含水率可能与配合比设计时存在差异，故规定应测定实际含水率并相应地调整材料用量。

7.4 混凝土施工

7.4.1 本条针对不同的混凝土生产量，规定了用于检查结构构件混凝土强度试件的取样与留置要求。本条为强制性条文，应严格执行。

应指出的是，同条件养护试件的留置组数除应考虑用于确定施工期间结构构件的混凝土强度外，还应根据本规范第10章及附录D的规定，考虑用于结构实体混凝土强度的检验。

7.4.2 由于相同配合比的抗掺混凝土因施工造成的差异不大，故规定了对有抗渗要求的混凝土结构应按同一工程、同一配合比取样不少于一次。由于影响试验结果的因素较多，需要时可多留置几组试件。抗渗试验应符合现行国家标准《普通混凝土长期性能和耐久性能试验方法》GBJ 82的规定。

7.4.3 本条提出了对混凝土原材料计量偏差的要求。各种衡器应定期校验，以保持计量准确。生产过程中应定期测定骨料的含水率，当遇雨天施工或其他原因致使含水率发生显著变化时，应增加测定次数，以便及时调整用水量和骨料用量，使其符合设计配合比的要求。

7.4.4 混凝土的初凝时间与水泥品种、凝结条件、掺用外加剂的品种和数量等因素有关，应由试验确定。当施工环境气温较高时，还应考虑气温对混凝土初凝时间的影响。规定混凝土应连续浇筑并在底层初凝之前将上一层浇筑完毕，主要是为了防止扰动已初凝的混凝土而出现质量缺陷。当因停电等意外原因造成底层混凝土已初凝时，则应在继续浇筑混凝土之前，按照施工技术方案对混凝土接槎的要求进行处理，使新旧混凝土结合紧密，保证混凝土结构的整体性。

7.4.5 混凝土施工缝不应随意留置，其位置应事先在施工技术方案中确定。确定施工缝位置的原则为：尽可能留置在受剪力较小的部位；留置部位应便于施工。承受动力作用的设备基础，原则上不应留置施工缝；当必须留置时，应符合设计要求并按施工技术方案执行。

7.4.6 混凝土后浇带对避免混凝土结构的温度收缩裂缝等有较大作用。混凝土后浇带位置应按设计要求留置，后浇带混凝土的浇筑时间、处理方法等也应事先在施工技术方案中确定。

7.4.7 养护条件对于混凝土强度的增长有重要影响。在施工过程中，应根据原材料、配合比、浇筑部位和季节等具体情况，制订合理的施工技术方案，采取有效的养护措施，保证混凝土强度正常增长。

8 现浇结构分项工程

现浇结构分项工程以模板、钢筋、预应力、混凝土四个分项工程为依托，是拆除模板后的混凝土结构实物外观质量、几何尺寸检验等一系列技术工作的总称。现浇结构分项工程可按楼层、结构缝或施工段划分检验批。

8.1 一般规定

8.1.1 对现浇结构外观质量的验收，采用检查缺陷，并对缺陷的性质和数量加以限制的方法进行。本条给出了确定现浇结构外观质量严重缺陷、一般缺陷的一般原则。各种缺陷的数量限制可由各地根据实际情况作出具体规定。当外观质量缺陷的严重程度超过本条规定的一般缺陷时，可按严重缺陷处理。在具体实施中，外观质量缺陷对结构性能和使用功能等的影响程度，应由监理（建设）单位、施工单位等各方共同确定。对于具有重要装饰效果的清水混凝土，考虑到其装饰效果属于主要使用功能，故将其表面外形缺陷、外表缺陷确定为严重缺陷。

8.1.2 现浇结构拆模后，施工单位应及时会同监理（建设）单位对混凝土外观质量和尺寸偏差进行检查，并作出记录。不论何种缺陷都应及时进行处理，并重新检查验收。

8.2 外观质量

8.2.1 外观质量的严重缺陷通常会影响到结构性能、使用功能或耐久性。对已经出现的严重缺陷，应由施工单位根据缺陷的具体情况提出技术处理方案，经监理（建设）单位认可后进行处理，并重新检查验收。本条为强制性条文，应严格执行。

8.2.2 外观质量的一般缺陷通常不会影响到结构性能、使用功能，但有碍观瞻。故对已经出现的一般缺陷，也应及时处理，并重新检查验收。

8.3 尺寸偏差

8.3.1 过大的尺寸偏差可能影响结构构件的受力性能、使用功能，也可能影响设备在基础上的安装、使用。验收时，应根据现浇结构、混凝土设备基础尺寸偏差的具体情况，由监理(建设)单位、施工单位等各方共同确定尺寸偏差对结构性能和安装使用功能的影响程度。对超过尺寸允许偏差且影响结构性能和安装、使用功能的部位，应由施工单位根据尺寸偏差的具体情况提出技术处理方案，经监理(建设)单位认可后进行处理，并重新检查验收。本条为强制性条文，应严格执行。

8.3.2 本条给出了现浇结构和设备基础尺寸的允许偏差及检验方法。在实际应用时，尺寸偏差除应符合本条规定外，还应满足设计或设备安装提出的要求。尺寸偏差的检验方法可采用表 8.3.2-1 和表 8.3.2-2中的方法，也可采用其他方法和相应的检测工具。

9 装配式结构分项工程

装配式结构分项工程以模板、钢筋、预应力、混凝土四个分项工程为依托，是预制构件产品质量检验、结构性能检验、预制构件的安装等一系列技术工作和完成结构实体的总称。本章所指预制构件包括在预制构件厂和施工现场制作的构件。装配式结构分项工程可按楼层、结构缝或施工段划分检验批。

9.1 一般规定

9.1.1 装配式结构的结构性能主要取决于预制构件的结构性能和连接质量。因此，应按本规范第 9.2 节及附录 C 的规定对预制构件进行结构性能检验，合格后方能用于工程。本条为强制性条文，应严格执行。

9.1.2 预制底部构件与后浇混凝土层的连接质量对叠合结构的受力性能有重要影响，叠合面应按设计要求进行处理。

9.1.3 预制构件经装配施工后，形成的装配式结构与现浇结构在外观质量、尺寸偏差等方面的质量要求一致，故可按本规范第 8 章的相应规定进行检查验收。

9.2 预制构件

9.2.1 本条提出了对构件标志和构件上的预埋件、插筋和预留孔洞的规格、位置和数量的要求，这些要求是构件出厂、事故处理以及对构件质量进行验收所必需的。

9.2.2～9.2.4 预制构件制作完成后，施工单位应对构件外观质量和尺寸偏差进行检查，并作出记录。不论何种缺陷都应及时按技术处理方案进行处理，并重新检查验收。

9.2.5 本条给出了预制构件尺寸的允许偏差及检验方法。对形状复杂的预制构件，其细部尺寸的允许偏差可参考表 9.2.5 中的数值确定。尺寸偏差的检验方法可采用表 9.2.5 中的方法，也可采用其他方法和相应的检测工具。

9.3 结构性能检验

9.3.1 本条对预制构件结构性能检验的检验批、检验数量、检验内容和检验方法作出了规定，明确指出了试验参数及检验指标应符合标准图或设计的要求。本条还给出了简化或免作结构性能检验的条件。

9.3.2 本条为预制构件承载力检验的要求。根据混凝土结构设计规范对混凝土结构用钢筋的选择，考虑到配置钢丝、钢绞线及热处理钢筋的预应力构件具有较好的延性，故对此类构件受力主筋处的最大裂缝宽度达到 1.5mm 或挠度达到跨度的 1/50 时的承载力检验系数允许值调整为 1.35。根据混凝土结构设计规范对混凝土材料分项系数的调整，混凝土强度设计值降低，因此与混凝土破坏相关的承载力检验系数允许值均增加了 0.05。

在加载试验过程中，应取首先达到的标志所对应的检验系数允许值进行检验。

9.3.3 本条为预制构件挠度检验的要求。挠度检验公式(9.3.3-1)和(9.3.3-3)分别为根据混凝土结构设计规范规定的使用要求和按实际构件配筋情况确定的挠度检验要求。

9.3.4 本条为预应力预制构件抗裂检验的要求。检验指标的计算公式是根据预应力混凝土构件的受力原理，并按留有一定检验余量的原则而确定的。

9.3.5　本条为预制构件裂缝宽度检验的要求。混凝土结构设计规范中将允许出现裂缝的构件最大裂缝宽度限值规定为:0.2、0.3 和 0.4mm。在构件检验时,考虑标准荷载与准永久荷载的关系,换算为最大裂缝宽度的检验允许值。

9.3.6　本条给出了预制构件结构性能检验结果的验收合格条件。根据我国的实际情况,结构性能检验尚难于增加抽检数量。为了提高检验效率,结构性能检验的三项指标均采用了复式抽样检验方案。由于量测精度所限,故不再对裂缝宽度检验作二次抽检的要求。

当第一次检验的构件有某些项检验实测值不满足相应的检验指标要求,但能满足第二次检验指标要求时,可进行第二次抽样检验。

本次修订调整了承载力及抗裂检验二次抽检的条件,原为检验系数的 0.95 倍,现改为检验系数的允许值减 0.05。这样可与附录 C 中的加载程序实现同步,明确并简化了加载检验。

应该指出的是,抽检的每一个试件,必须完整地取得三项检验结果,不得因某一项检验项目达到二次抽样检验指标要求就中途停止试验而不再对其余项目进行检验,以免漏判。

9.4　装配式结构施工

9.4.1　预制构件作为产品,进入装配式结构的施工现场时,应按批检查合格证件,以保证其外观质量、尺寸偏差和结构性能符合要求。

9.4.2　预制构件与结构之间的钢筋连接对装配式结构的受力性能有重要影响。本条提出了对接头质量的要求。

9.4.3　装配式结构施工时,尚未形成完整的结构受力体系。本条提出了对接头混凝土尚未达到设计强度时,施工中应该注意的事项。

9.4.4　预制构件往往因码放或运输时支垫不当而引起非设计状态下的裂缝或其他缺陷,实际操作时应根据标准图或设计的要求进行支垫。

9.4.5　为了保证预制构件安装就位准确,吊装前应在预制构件和相应的安装位置上作出必要的控制标志。

9.4.6　预制构件吊装时,绳索夹角过小容易引起非设计状态下的裂缝或其他缺陷。本条规定了预制构件吊装时应该注意的事项。

9.4.7　预制构件安装就位后,应有一定的临时固定措施,否则容易发生倾倒、移位等事故。

9.4.8　本条对装配式结构接头、拼缝的填充材料及其浇筑、养护提出了要求。

10　混凝土结构子分部工程

10.1　结构实体检验

10.1.1　根据国家标准《建筑工程施工质量验收统一标准》GB 50300—2001 规定的原则,在混凝土结构子分部工程验收前应进行结构实体检验。结构实体检验的范围仅限于涉及安全的柱、墙、梁等结构构件的重要部位。结构实体检验采用由各方参与的见证抽样形式,以保证检验结果的公正性。

对结构实体进行检验,并不是在子分部工程验收前的重新检验,而是在相应分项工程验收合格、过程控制使质量得到保证的基础上,对重要项目进行的验证性检查,其目的是为了加强混凝土结构的施工质量验收,真实地反映混凝土强度及受力钢筋位置等质量指标,确保结构安全。

10.1.2　考虑到目前的检测手段,并为了控制检验工作量,结构实体检验主要对混凝土强度、重要结构构件的钢筋保护层厚度两个项目进行。当工程合同有约定时,可根据合同确定其他检验项目和相应的检验方法、检验数量、合格条件,但其要求不得低于本规范的规定。当有专门要求时,也可以进行其他项目的检验,但应由合同作出相应的规定。

10.1.3～10.1.4　试验研究和工程调查表明,与结构实体混凝土组成成分、养护条件相同的同条件养护试件,其强度可作为检验结构实体混凝土强度的依据。本规范给出了利用同条件养护试件强度判定结构实体混凝土强度合格与否的一般方法。同条件养护试件强度的判定,仍按现行国家标准《混凝土强度检验评定标准》GBJ 107 的有关规定执行。这里所指的混凝土强度检验,除应对现浇结构进行之外,还应包括装配式结构中的现浇部分。

10.1.5 钢筋的混凝土保护层厚度关系到结构的承载力、耐久性、防火等性能,故除在施工过程中应进行尺寸偏差检查外,还应对结构实体中钢筋的保护层厚度进行检验。钢筋保护层厚度的检验,应按本规范附录 E 的规定执行。这种检验既针对现浇结构,也针对装配式结构。

10.1.6 随着检测技术的发展,已有相当多的方法可以检测混凝土强度和钢筋保护层厚度。实际应用时,可根据国家现行有关标准采用回弹法、超声回弹综合法、钻芯法、后装拔出法等检测混凝土强度,可优先选择非破损检测方法,以减少检测工作量,必要时可辅以局部破损检测方法。当采用局部破损检测方法时,检测完成后应及时修补,以免影响结构性能及使用功能。

必要时,可根据实际情况和合同的规定,进行实体的结构性能检验。

10.2 混凝土结构子分部工程验收

10.2.1 本条列出了混凝土结构子分部工程施工质量验收时应提供的主要文件和记录,反映了从基本的检验批开始,贯彻于整个施工过程的质量控制结果,落实了过程控制的基本原则,是确保工程质量的重要证据。

10.2.2 根据国家标准《建筑工程施工质量验收统一标准》GB 50300—2001 的规定,给出了混凝土结构子分部工程质量的合格条件。其中,观感质量验收应按本规范第 8 章、第 9 章的有关混凝土结构外观质量的规定检查。

10.2.3 根据国家标准《建筑工程施工质量验收统一标准》GB 50300—2001 的规定,给出了当施工质量不符合要求时的处理方法。这些不同的验收处理方式是为了适应我国目前的经济技术发展水平,在保证结构安全和基本使用功能的条件下,避免造成不必要的经济损失和资源浪费。

10.2.4 本条提出了对验收文件存档的要求。这不仅是为了落实在设计使用年限内的责任,而且在有必要进行维护、修理、检测、加固或改变使用功能时,可以提供有效的依据。

附 录 A
质量验收记录

A.0.1 检验批的质量验收记录应由施工项目专业质量检查员填写,监理工程师(建设单位项目专业技术负责人)组织项目专业质量检查员等进行验收。

本条给出的检验批质量验收记录表也可作为施工单位自行检查评定的记录表格。

A.0.2 各分项工程质量应由监理工程师(建设单位项目专业技术负责人)组织项目专业技术负责人等进行验收。

分项工程的质量验收在检验批验收合格的基础上进行。一般情况下,两者具有相同或相近的性质,只是批量大小可能存在差异,因此,分项工程质量验收记录是各检验批质量验收记录的汇总。

A.0.3 混凝土结构子分部工程质量应由总监理工程师(建设单位项目专业负责人)组织施工项目经理和有关勘察、设计单位项目负责人进行验收。

由于模板在子分部工程验收时已不在结构中,且结构实体外观质量、尺寸偏差等项目的检验反应了模板工程的质量,因此,模板分项工程可不参与混凝土结构子分部工程质量的验收。

附 录 B
纵向受力钢筋的最小搭接长度

B.0.1～B.0.3 根据现行国家标准《混凝土结构设计规范》GB 50010 的规定,绑扎搭接受力钢筋的最小搭接长度应根据钢筋强度、外形、直径及混凝土强度等指标经计算确定，并根据钢筋搭接接头面积百分率等进行修正。为了方便施工及验收，给出了确定纵向受拉钢筋最小搭接长度的方法以及受拉钢筋搭接长度的最低限值。

B.0.4 本条给出了确定纵向受压钢筋最小搭接长度的方法以及受压钢筋搭接长度的最低限值。

附 录 C
预制构件结构性能检验方法

C.0.1 考虑到低温对混凝土性能的影响，明确规定构件应在0℃以上的温度中进行试验。蒸汽养护后出池的构件，因混凝土性能尚未处于稳定状态，故不能立即进行试验，而应冷却至常温后方可进行。

C.0.2 承受较大集中力或支座反力的构件，为避免可能引起的局部受压破坏，应对试验可能达到的最大荷载值作充分的估计，并按混凝土结构设计规范进行局部受压承载力验算。预制构件局部受压处配筋构造应予加强，以保证安全。

C.0.3 本条给出了荷载布置的一般要求和荷载等效布置的原则。

C.0.4 当进行不同形式荷载的组合加载（包括均布荷载、集中荷载、水平荷载、竖向荷载等）试验时，各种荷载应按比例增加，以符合设计要求。

C.0.5 在正常使用极限状态检验时，每级加载值不应大于荷载标准值的20％或10％；当接近抗裂荷载检验值时，每级加载值不宜大于荷载标准值的5％。当进入承载力极限状态检验时，每级加载值不宜大于荷载设计值的5％。这给加载等级设计以更大的灵活性，可适应检验指标调整带来的影响，并可与复式抽样检验实现同步加载检验。

C.0.6 为了反映混凝土材料的塑性特征，规定了加载后的持荷时间。

C.0.7 本条明确规定了承载力检验荷载实测值的取值方法。此处“规定的荷载持续时间结束后”，系指本级荷载持续时间结束后至下一级荷载加荷完成前的一段时间。

C.0.8 公式（C.0.8-1）中，a_q^0 为外加试验荷载作用下构件跨中的挠度实测值，其取值应避免混入构件自重和加荷设备重产生的挠度。公式（C.0.8-3）中，M_b 和 a_b^0 均为开裂前一级的外加试验荷载产生的相应值，计算时应避免任意取值。此时，近似认为挠度随荷载增加仍呈线性变化。

C.0.9 本条对挠度实测值的修正作出了规定。等效集中力加载时，虽控制截面上的主要内力值相等，但变形及其他内力值仍有差异，因此应考虑加载形式不同引起的变化。

C.0.10 本条给出了预制构件裂缝观测的要求和开裂荷载实测值的确定方法。

C.0.11 构件加载试验时，应采取可靠措施保证试验人员和仪表设备的安全。本条给出了试验时的安全注意事项。

C.0.12 结构性能检验试验报告的原则要求是真实、准确、完整。本条给出了对试验报告的具体要求，应遵照执行。

附 录 D
结构实体检验用同条件养护试件强度检验

D.0.1 本附录规定的结构实体检验，可采用对同条件养护试件强度进行检验的方法进行。这是根据试验研究和工程调查确定的。

本条根据对结构性能的影响及检验结果的代表性，规定了结构实体检验用同条件养护试件的留置方式和取样数量。同条件养护试件应由各方在混凝土浇筑入模处见证取样。同一强度等级的同条件养护试件的留置数量不宜少于10组，以构成按统计方法评定混凝土强度的基本条件；留置数量不应少于3组，是为了按非统计方法评定混凝土强度时，有足够的代表性。

D.0.2 本条规定在达到等效养护龄期时，方可对同条件养护试件进行强度试验，并给出了结构实体检验用同条件养护试件龄期的确定原则：同条件养护试件达到等效养护龄期时，其强度与标准养护条件下28d龄期的试件强度相等。

同条件养护混凝土试件与结构混凝土的组成成分、养护条件等相同，可较好地反映结构混凝土的强度。由于同条件养护的温度、湿度与标准养护条件存在差异，故等效养护龄期并不等于28d，具体龄期可由试验研究确定。

D.0.3 试验研究表明，通常条件下，当逐日累计养护温度达到600℃·d时，由于基本反映了养护温度对混凝土强度增长的影响，同条件养护试件强度与标准养护条件下28d龄期的试件强度之间有较好的对应关系。当气温为0℃及以下时，不考虑混凝土强度的增长，与此对应的养护时间不计入等效养护龄期。当养护龄期小于14d时，混凝土强度尚处于增长期；当养护龄期超过60d时，混凝土强度增长缓慢，故等效养护龄期的范围宜取为14d～60d。

结构实体混凝土强度通常低于标准养护条件下的混凝土强度，这主要是由于同条件养护试件养护条件与标准养护条件的差异，包括温度、湿度等条件的差异。同条件养护试件检验时，可将同组试件的强度代表值乘以折算系数1.10后，按现行国家标准《混凝土强度检验评定标准》GBJ 107评定。折算系数1.10主要是考虑到实际混凝土结构及同条件养护试件可能失水等不利于强度增长的因素，经试验研究及工程调查而确定的。各地区也可根据当地的试验统计结果对折算系数作适当的调整，但需增大折算系数时应持谨慎态度。

D.0.4 在冬期施工条件下，或出于缩短养护期的需要，可对结构构件采取人工加热养护。此时，同条件养护试件的留置方式和取样数量仍应按本附录第D.0.1条的规定确定，其等效养护龄期可根据结构构件的实际养护条件和当地实践经验（包括试验研究结果），由监理（建设）、施工等各方根据第D.0.2条的规定共同确定。

附 录 E
结构实体钢筋保护层厚度检验

E.0.1～E.0.2 对结构实体钢筋保护层厚度的检验，其检验范围主要是钢筋位置可能显著影响结构构件承载力和耐久性的构件和部位，如梁、板类构件的纵向受力钢筋。由于悬臂构件上部受力钢筋移位可能严重削弱结构构件的承载力，故更应重视对悬臂构件受力钢筋保护层厚度的检验。

“有代表性的部位”是指该处钢筋保护层厚度可能对构件承载力或耐久性有显著影响的部位。对梁柱节点等钢筋密集的部位，检验存在困难，在抽取钢筋进行检测时可避开这种部位。

对板类构件，应按有代表性的自然间抽查。对大空间结构的板，可先按纵、横轴线划分检查面，然后抽查。

E.0.3 保护层厚度的检测，可根据具体情况，采用保护层厚度测定仪器量测，或局部开槽钻孔测定，但应及时修补。

E.0.4 考虑施工扰动等不利因素的影响，结构实体钢筋保护层厚度检验时，其允许偏差在钢筋安装允许偏差的基础上作了适当调整。

E.0.5 本条明确规定了结构实体检验中钢筋保护层厚度的合格点率应达到90%及以上。考虑到实际工程中钢筋保护层厚度可能在某些部位出现较大偏差，以及抽样检验的偶然性，当一次检测结果的合格点率小于90%但不小于80%时，可再次抽样，并按两次抽样总和的检验结果进行判定。本条还对抽样检验不合格点最大偏差值作出了限制。

中国工程建设标准化协会标准

超声回弹综合法检测混凝土强度技术规程

Technical specification for detecting strength of concrete by ultrasonic-rebound combined method

CECS 02:2005

主编单位:中国建筑科学研究院
批准单位:中国工程建设标准化协会
施行日期:2005年12月1日

前　言

根据中国工程建设标准化协会(2000)建标协字第15号文《关于印发中国工程建设标准化协会2000年第一批推荐性标准制、修订计划的通知》的要求,对原规程进行了修订。

本规程在《超声回弹综合法检测混凝土强度技术规程》CECS 02:88的基础上,吸收了国内外超声检测仪器的最新成果和超声检测技术的新经验,结合我国工程建设中混凝土质量检测的实际需要进行了修订。

本规程的主要内容是:1 总则,2 术语、符号,3 回弹仪,4 混凝土超声波检测仪器,5 测区回弹值和声速值的测量及计算,6 结构混凝土强度推定。

本规程主要修订的内容是:规定了混凝土回弹仪的检定方法;增加了超声波角测、平测及其声速计算方法;扩大了测强曲线的适用范围;改变了结构混凝土强度的推定方法。

根据国家计委计标[1986]1649号文《关于请中国工程建设标准化委员会负责组织推荐性工程建设标准试点工作的通知》的要求,现批准发布协会标准《超声回弹综合法检测混凝土强度技术规程》,编号为CECS 02:2005,推荐给工程建设设计、施工和使用单位采用。自本规程施行之日起,原规程CECS 02:88废止。

本规程由中国工程建设标准化协会混凝土结构专业委员会CECS/TC 5归口管理,由中国建筑科学研究院结构研究所(北京北三环东路30号,邮政编码:100013)负责解释。在使用中,如发现需要修改或补充之处,请将意见和资料径寄解释单位。

主编单位:中国建筑科学研究院

参编单位:陕西省建筑科学研究设计院、广西区建筑科学研究设计院、湖南大学土木工程学院、贵州中建建筑科研设计院、浙江省建筑科学设计研究院、山东省乐陵市回弹仪厂。

主要起草人:邱平、张治泰、张荣成、李杰成、黄政宇、袁海军、张晓、徐国孝、王明堂。

中国工程建设标准化协会
2005年11月1日

1　总则

1.0.1　为了统一采用中型回弹仪、混凝土超声波检测仪综合检测并推断混凝土结构中普通混凝土抗压强度的方法,做到技术先进、安全可靠、经济合理、方便使用,制定本规程。

1.0.2　在正常情况下,混凝土强度的验收和评定应按现行有关国家标准执行。当对结构中的混凝土有强度检测要求时,可按本规程进行检测,并推定结构混凝土的强度,作为混凝土结构处理的一个依据。

1.0.3 本规程不适用于检测因冻害、化学侵蚀、火灾、高温等已造成表面疏松、剥落的混凝土。

1.0.4 按本规程进行工程检测的人员,应通过专业培训并持有相应的资格证书。

1.0.5 采用超声回弹综合法检测及推定混凝土强度,除应遵守本规程外,尚应符合国家现行有关强制性标准的规定。

2 术语、符号

2.1 术语

2.1.1 检测单元 detective element

按照检测要求确定的混凝土结构的组成单元。

2.1.2 测区 detecting region

在进行结构或构件混凝土强度检测时确定的检测区域。

2.1.3 测点 detecting point

测区内的检测点。

2.1.4 超声回弹综合法 ultrasonic-rebound combined method

根据实测声速值和回弹值综合推定混凝土强度的方法。本方法采用带波形显示器的低频超声检测仪,并配置频率为50～100kHz的换能器,测量混凝土中的超声波声速值,以及采用弹击锤冲击能量为2.207J的混凝土回弹仪,测量回弹值。

2.1.5 超声波速度 velocity of ultrasonic wave

在混凝土中,超声脉冲波单位时间内的传播距离。

2.1.6 波幅 amplitude of wave

超声脉冲波通过混凝土被换能器接收后,由超声波检测仪显示的首波信号的幅度。

2.1.7 测区混凝土抗压强度换算值 conversion value for the compression strength of concrete at detecting region

根据测区混凝土中的声速代表值和回弹仪代表值,通过测强曲线换算所得的该测区现龄期混凝土的抗压强度值。

2.1.8 混凝土抗压强度推定值 inferable value for compression strength of concrete

根据测区混凝土抗压强度换算值推定的结构或构件中现龄期混凝土的抗压强度值。

2.2 主要符号

e_r——相对误差;

$f^c_{cu,i}$——结构或构件第 i 个测区的混凝土抗压强度换算值;

$f_{cu,e}$——结构混凝土抗压强度推定值;

$f^c_{cu,min}$——结构或构件最小的测区混凝土抗压强度换算值;

f^o_{cu}——混凝土立方体试件的抗压强度实测值;

f^o_{cor}——混凝土芯样试件的抗压强度实测值;

l_i——第 i 个测点的超声测距;

$m_{f^c_{cu}}$——结构或构件测区混凝土抗压强度换算值的平均值;

n——测区数,测点数,立方体试件数,芯样试件数;

R_i——第 i 个测点的有效回弹值;

R——测区回弹代表值;

R_a——修正后的测区回弹代表值;

$R_{a\alpha}$——测试角度为 α 时的测区回弹修正值;

R_a^t、R_a^b——测量混凝土浇筑顶面或底面时的测区回弹修正值；

$s_{f_{cu}^c}$——结构或构件测区混凝土抗压强度换算值的标准差；

T_k——空气的摄氏温度；

t_i——第 i 个测点的声时读数；

t_0——声时初读数；

ν——测区混凝土中声速代表值；

ν_a——修正后的测区混凝土中声速代表值；

ν_k——空气中声速计算值；

ν^o——空气中声速实测值；

ν_i——第 i 个测点的混凝土中声速值；

α——回弹仪测试角度；

β——超声测试面的声速修正系数；

η——修正系数；

λ——平测声速修正系数。

3 回弹仪

3.1 一般规定

3.1.1 所采用的回弹仪应符合国家计量检定规程《混凝土回弹仪》JJG 817 的要求，并通过技术鉴定，必须具有产品合格证和检定证，并应具有中国计量器具制造 CMC 许可证标志。

3.1.2 所采用的回弹仪应符合下列标准状态的要求：

1 水平弹击时，在弹击锤脱钩的瞬间，回弹仪弹击锤的冲击能量应为 2.207J；

2 弹击锤与弹击杆碰撞的瞬间，弹击拉簧应处于自由状态，检定器上指针滑块刻线应置于“0”处；

3 在洛氏硬度 HRC 为 60±2 的钢砧上，回弹仪的率定值为 80±2。

3.1.3 回弹仪使用时，环境温度应为－4～40℃。

3.2 检定要求

3.2.1 回弹仪有下列情况之一时，应经检定单位检定后方可使用：

1 新回弹仪启用前。

2 超过检定有效期。

3 累计弹击次数超过 6000 次。

4 经常规保养后，钢砧率定值不合格。

5 遭受严重撞击或其他损害。

3.2.2 回弹仪应由有资格的检定单位按照现行国家计量检定规程《混凝土回弹仪》JJG 817 的规定进行检定。

3.2.3 在下列情况之一时，回弹仪应在钢砧上进行率定试验；

1 回弹仪当天使用前、后。

2 测试过程中对回弹仪性能有怀疑时。

当回弹仪率定值不在 80±2 范围内时，应按本规程 3.3 节的要求，对回弹仪进行常规保养后再进行率定。若再次率定仍达不到要求，则应送检定单位检定。

3.2.4 回弹仪率定试验宜在干燥、室温 5～35℃条件下进行。率定时，钢砧应稳固地平放在刚度大的物体上。测定回弹值时，取连续向下弹击三次的稳定回弹值计算平均值。弹击杆应分三次旋转，每次宜旋转 90°。每旋转一次弹击杆，率定平均值应为 80±2。

3.3 维护保养

3.3.1 回弹仪有下列情况之一时,应进行常规保养:

1 弹击超过 2000 次。

2 对检测值有怀疑时。

3 钢砧上的率定值不符合要求。

3.3.2 回弹仪的常规保养应符合下列规定:

1 使弹击锤脱钩后取出机芯,卸下弹击杆,取出缓冲压簧,并取出弹击拉簧和拉簧座;

2 清洗机芯各零部件,重点清洗中心导杆、弹击锤和弹击杆的内孔和冲击面。清洗后在中心导杆上薄薄涂抹钟表油,其他零部件均不得抹油;

3 清理机壳内壁,卸下刻度尺,并检查指针,其摩擦力应为 0.5～0.8N;

4 不得旋转尾盖上已定位紧固的调零螺丝;

5 不得自制或更换零部件;

6 保养后按本规程 3.2.4 条的要求进行率定试验。

3.3.3 回弹仪使用完毕后,应使弹击杆伸出机壳,清除弹击杆、杆前端球面、刻度尺表面和外壳上的污垢、尘土。回弹仪不使用时,应将弹击杆压入仪器内,经弹击后用按钮锁住机芯,将回弹仪装入仪器箱,平放在干燥阴凉处。

4 混凝土超声波检测仪器

4.1 一般规定

4.1.1 所采用的混凝土超声检测仪应通过技术鉴定,必须具有产品合格证和检定证。

4.1.2 用于混凝土的超声波检测仪可分为下列两类:

1 模拟式:接收的信号为连续模拟量,可由时域波形信号测读声学参数;

2 数字式:接收的信号转化为离散数字量,具有采集、储存数字信号、测读声学参数和对数字信号处理的智能化功能。

4.1.3 所采用的超声波检测仪应符合现行行业标准《混凝土超声波检测仪》JG/T 5004 的要求,并在计量检定有效期内使用。

4.1.4 超声波检测仪应满足下列要求:

1 具有波形清晰、显示稳定的示波装置;

2 声时最小分度值为 0.1μs;

3 具有最小分度值为 1dB 的信号幅度调整系统;

4 接收放大器频响范围 10～500kHz,总增益不小于 80dB,接收灵敏度(信噪比 3:1 时)不大于 50μV;

5 电源电压波动范围在标称值±10%情况下能正常工作;

6 连续正常工作时间不少于 4h。

4.1.5 模拟式超声波检测仪还应满足下列要求:

1 具有手动游标和自动整形两种声时测读功能;

2 数字显示稳定,声时调节在 20～30μs 范围内,连续静置 1h 数字变化不超过±0.2μs。

4.1.6 数字式超声波检测仪还应满足下列要求:

1 具有采集、储存数字信号并进行数据处理的功能;

2 具有手动游标测读和自动测读两种方式。当自动测读时,在同一测试条件下,在 1h 内每 5min 测读一次声时值的差异不超过±0.2μs;

3 自动测读时,在显示器的接收波形上,有光标指示声时的测读位置。

4.1.7 超声波检测仪器使用时,环境温度应为 0～40℃。

4.2 换能器技术要求

4.2.1 换能器的工作频率宜在50～100kHz范围内。

4.2.2 换能器的实测主频与标称频率相差不应超过±10%。

4.3 校准和保养

4.3.1 超声波检测仪的声时计量检验，应按“时-距”法测量空气中声速实测值 ν^{o}（附录E），并与按下列公式计算的空气中声速计算值 ν_k 相比较，二者的相对误差不应超过±0.5%。

$$\nu_k = 331.4\sqrt{1+0.00367T_k} \tag{4.3.1}$$

式中：331.4——0℃时空气中的声速值(m/s)；

ν_k——温度为 T_k 时空气中的声速计算值(m/s)；

T_k——测试时空气的温度(℃)。

4.3.2 检测时，应根据测试需要在仪器上配置合适的换能器和高频电缆线，并测定声时初读数 t_0。检测过程中如更换换能器或高频电缆线，应重新测定 t_0。

4.3.3 超声波检测仪应定期保养。

5 测区回弹值和声速值的测量及计算

5.1 一般规定

5.1.1 测试前宜具备下列资料：

1 工程名称和设计、施工、建设、委托单位名称；

2 结构或构件名称、施工图纸和混凝土设计强度等级；

3 水泥的品种、强度等级和用量，砂石的品种、粒径，外加剂或掺合料的品种、掺量和混凝土配合比等；

4 模板类型，混凝土浇筑、养护情况和成型日期；

5 结构或构件检测原因的说明。

5.1.2 检测数量应符合下列规定：

1 按单个构件检测时，应在构件上均匀布置测区，每个构件上测区数量不应少于10个；

2 同批构件按批抽样检测时，构件抽样数不应少于同批构件的30%，且不应少于10件；对一般施工质量的检测和结构性能的检测，可按照现行国家标准《建筑结构检测技术标准》GB/T 50344的规定抽样。

3 对某一方向尺寸不大于4.5m且另一方向尺寸不大于0.3m的构件，其测区数量可适当减少，但不应少于5个。

5.1.3 按批抽样检测时，符合下列条件的构件可作为同批构件：

1 混凝土设计强度等级相同；

2 混凝土原材料、配合比、成型工艺、养护条件和龄期基本相同；

3 构件种类相同；

4 施工阶段所处状态基本相同。

5.1.4 构件的测区布置宜满足下列规定：

1 在条件允许时，测区宜优先布置在构件混凝土浇筑方向的侧面；

2 测区可在构件的两个对应面、相邻面或同一面上布置；

3 测区宜均匀布置，相邻两测区的间距不宜大于2m；

4 测区应避开钢筋密集区和预埋件；

5 测区尺寸宜为200mm×200mm；采用平测时宜为400mm×400mm；

6 测试面应清洁、平整、干燥，不应有接缝、施工缝、饰面层、浮浆和油垢，并应避开蜂窝、麻面部位。必要时，可用砂轮片清除杂物和磨平不平整处，并擦净残留粉尘。

5.1.5 结构或构件上的测区应编号,并记录测区位置和外观质量情况。

5.1.6 对结构或构件的每一测区,应先进行回弹测试,后进行超声测试。

5.1.7 计算混凝土抗压强度换算值时,非同一测区内的回弹值和声速值不得混用。

5.2 回弹测试及回弹值计算

5.2.1 回弹测试时,应始终保持回弹仪的轴线垂直于混凝土测试面。宜首先选择混凝土浇筑方向的侧面进行水平方向测试。如不具备浇筑方向侧面水平测试的条件,可采用非水平状态测试,或测试混凝土浇筑的顶面或底面。

5.2.2 测量回弹值应在构件测区内超声波的发射和接收面各弹击 8 点;超声波单面平测时,可在超声波的发射和接收测点之间弹击 16 点。每一测点的回弹值,测读精确度至 1。

5.2.3 测点在测区范围内宜均匀布置,但不得布置在气孔或外露石子上。相邻两测点的间距不宜小于 30mm;测点距构件边缘或外露钢筋、铁件的距离不应小于 50mm,同一测点只允许弹击一次。

5.2.4 测区回弹代表值应从该测区的 16 个回弹值中剔除 3 个较大值和 3 个较小值,根据其余 10 个有效回弹值按下列公式计算:

$$R=\frac{1}{10}\sum_{i=1}^{10}R_i \tag{5.2.4}$$

式中 R——测区回弹代表值,取有效测试数据的平均值,精确至 0.1;

R_i——第 i 个测点的有效回弹值。

5.2.5 非水平状态下测得的回弹值,应按下列公式修正:

$$R_a=R+R_{a\alpha} \tag{5.2.5}$$

式中 R_a——修正后的测区回弹代表值;

$R_{a\alpha}$——测试角度为 α 时的测区回弹修正值,按表 5.2.5 的规定采用。

表 5.2.5 非水平状态下测试时的回弹修正值 $R_{a\alpha}$

测试角度 / $R_{a\alpha}$ / R	回弹仪向上				回弹仪向下			
	+90°	+60°	+45°	+30°	−30°	−45°	−60°	−90°
20	−6.0	−5.0	−4.0	−3.0	+2.5	+3.0	+3.5	+4.0
25	−5.5	−4.5	−3.8	−2.8	+2.3	+2.8	+3.3	+3.8
30	−5.0	−4.0	−3.5	−2.5	+2.0	+2.5	+3.0	+3.5
35	−4.5	−3.8	−3.3	−2.3	+1.8	+2.3	+2.8	+3.3
40	−4.0	−3.5	−3.0	−2.0	+1.5	+2.0	+2.5	+3.0
45	−3.8	−3.3	−2.8	−1.8	+1.3	+1.8	+2.3	+2.8
50	−3.5	−3.0	−2.5	−1.5	+1.0	+1.5	+2.0	+2.5

注:1 当测试角度等于 0 时,修正值为 0;R 小于 20 或大于 50 时,分别按 20 或 50 查表;

2 表中未列数值,可采用内插法求得,精确至 0.1。

5.2.6 在混凝土浇筑的顶面或底面测得的回弹值,应按下列公式修正:

$$R_a=R+(R_a^t+R_a^b) \tag{5.2.6}$$

式中 R_a^t——测量混凝土浇筑顶面时的回弹修正值,按表 5.2.6 的规定采用。

R_a^b——测量混凝土浇筑底面时的回弹修正值,按表 5.2.6 的规定采用。

表 5.2.6 测试混凝土浇筑顶面或底面时的回弹修正值 R_a^t、R_a^b

测试面 / R 或 R_a	顶面 R_a^t	底面 R_a^b
20	+2.5	−3.0
25	+2.0	−2.5
30	+1.5	−2.0
35	+1.0	−1.5
40	+0.5	−1.0
45	0	−0.5
50	0	0

注：1 当测试角度等于 0 时，修正值为 0；R 小于 20 或大于 50 时，分别按 20 或 50 查表；

2 当先进行角度修正时，采用修正后的回弹代表值 R_a；

3 表中未列数值，可采用内插法求得，精确至 0.1。

5.2.7 测试时回弹仪处于非水平状态，同时测试面又非混凝土浇筑方向的侧面，则应对测得的回弹值先进行角度修正，然后对角度修正后的值再进行顶面或底面修正。

5.3 超声测试及声速值计算

5.3.1 超声测点应布置在回弹测试的同一测区内，每一测区布置 3 个测点。超声测试宜优先采用对测或角测，当被测构件不具备对测或角测条件时，可采用单面平测(附录 B)。

5.3.2 超声测试时，换能器辐射面应通过耦合剂与混凝土测试面良好耦合。

5.3.3 声时测量应精确至 0.1μs，超声测距测量应精确至 1.0mm，且测量误差不应超过±1%。声速计算应精确至 0.01km/s。

5.3.4 当在混凝土浇筑方向的侧面对测时，测区混凝土中声速代表值应根据该测区中 3 个测点的混凝土中声速值，按下列公式计算：

$$\nu = \frac{1}{3}\sum_{i=1}^{3}\frac{l_i}{t_i - t_0} \tag{5.3.4}$$

式中 ν——测区混凝土中声速代表值(km/s)；

l_i——第 i 个测点的超声测距(mm)。角测时测距按本规程附录 B 第 B.1 节计算；

t_i——第 i 个测点的声时读数(μs)；

t_0——声时初读数(μs)。

5.3.5 当在混凝土浇筑的顶面或底面测试时，测区声速代表值应按下列公式修正：

$$\nu_a = \beta \cdot \nu \tag{5.3.5}$$

式中 ν_a——修正后的测区混凝土中声速代表值(km/s)；

β——超声测试面的声速修正系数，在混凝土浇筑的顶面和底面对测或斜测时，β=1.034；在混凝土浇筑的顶面或底面平测时，测区混凝土中声速代表值应按本规程附录 B 第 B.2 节计算和修正。

6 结构混凝土强度推定

6.0.1 本规程规定的强度换算方法适用于符合下列条件的普通混凝土：

1 混凝土用水泥应符合现行国家标准《硅酸盐水泥、普通硅酸盐水泥》GB 175、《矿渣硅酸盐水泥、火山灰质硅酸盐水泥及粉煤灰硅酸盐水泥》GB 1344 和《复合硅酸盐水泥》GB 12958 的要求；

2 混凝土用砂、石骨料应符合现行行业标准《普通混凝土用砂石质量标准及检验方法》JGJ 52 的要求；

3 可掺或不掺矿物掺合料、外加剂、粉煤灰、泵送剂；

4 人工或一般机械搅拌的混凝土或泵送混凝土；

5 自然养护；

6 龄期 7～2000d；

7 混凝土强度 10～70MPa。

6.0.2 结构或构件中第 i 个测区的混凝土抗压强度换算值，可按本规程第 5.2 节和第 5.3 节的规定求得修正后的测区回弹代表值 R_{ai} 和声速代表值 ν_{ai} 后，优先采用专用测强曲线或地区测强曲线换算而得。

6.0.3 当无专用和地区测强曲线时，按本规程附录 D 通过验证后，可按附录 C 规定的全国统一测区混凝土抗压强度换算表换算，也可按下列全国统一测区混凝土抗压强度换算公式计算：

1 当粗骨料为卵石时

$$f^{c}_{cu,i}=0.0056\nu_{ai}^{1.439}R_{ai}^{1.769} \quad (6.0.3\text{-}1)$$

2 当粗骨料为碎石时

$$f^{c}_{cu,i}=0.0162\nu_{ai}^{1.656}R_{ai}^{1.410} \quad (6.0.3\text{-}2)$$

式中 $f^{c}_{cu,i}$——结构或构件第 i 个测区混凝土抗压强度换算值(MPa)，精确至 0.1MPa。

6.0.4 专用测强曲线或地区测强曲线应按本规程附录 A 的规定制定，并经工程质量监督主管部门组织审定和批准实施，专用或地区测强曲线的抗压强度相对误差 e_r 应符合下列规定：

专用测强曲线相对误差 $e_r \leqslant 12\%$；

地区测强曲线相对误差 $e_r \leqslant 14\%$；

其中，相对误差 e_r 应按式(A.0.8-2)计算。

6.0.5 当结构或构件中的测区数不少于 10 个时，各测区混凝土抗压强度换算值的平均值和标准差应按下列公式计算：

$$m_{f^{c}_{cu}}=\frac{1}{n}\sum_{i=1}^{n}f^{c}_{cu,i} \quad (6.0.5\text{-}1)$$

$$s_{f^{c}_{cu}}=\sqrt{\frac{\sum_{i=1}^{n}(f^{c}_{cu,i})^2-n(m_{f^{c}_{cu}})^2}{n-1}} \quad (6.0.5\text{-}2)$$

式中 $f^{c}_{cu,i}$——结构或构件第 i 个测区的混凝土抗压强度换算值(MPa)；

$m_{f^{c}_{cu}}$——结构或构件测区混凝土抗压强度换算值的平均值(MPa)，精确至 0.1MPa；

$s_{f^{c}_{cu}}$——结构或构件测区混凝土抗压强度换算值的标准差(MPa)，精确至 0.01MPa；

n——测区数。对单个检测的构件，取一个构件的测区数；对批量检测的构件，取被抽检构件测区数的总和。

6.0.6 当结构或构件所采用的材料及其龄期与制定测强曲线所采用的材料及其龄期有较大差异时，应采用同条件立方体试件或从结构或构件测区中钻取的混凝土芯样试件的抗压强度进行修正。试件数量不应少于 4 个。此时，采用式(6.0.3)计算测区混凝土抗压强度换算值应乘以下列修正系数 η。

1 采用同条件立方体试件修正时：$\eta=\frac{1}{n}\sum_{i=1}^{n}f^{o}_{cu,i}/f^{c}_{cu,i}$ (6.0.6-1)

2 采用混凝土芯样试件修正时：$\eta=\frac{1}{n}\sum_{i=1}^{n}f^{o}_{cor,i}/f^{c}_{cu,i}$ (6.0.6-2)

式中 η——修正系数，精确至小数点后两位；

$f^{c}_{cu,i}$——对应于第 i 个立方体试件或芯样试件的混凝土抗压强度换算值(MPa)，精确至 0.1MPa；

$f^{o}_{cu,i}$——第 i 个混凝土立方体(边长 150mm)试件的抗压强度实测值(MPa),精确至 0.1MPa;

$f^{o}_{cor,i}$——第 i 个混凝土芯样(ϕ100×100mm)试件的抗压强度实测值(MPa),精确至 0.1MPa;

n——试件数。

6.0.7 结构或构件混凝土抗压强度推定值 $f_{cu,e}$,应按下列规定确定:

1 当结构或构件的测区抗压强度换算值中出现小于 10.0MPa 的值时,该构件的混凝土抗压强度推定值,$f_{cu,e}$取小于 10MPa。

2 当结构或构件中测区少于 10 个时:

$$f_{cu,e}=f^{c}_{cu,min} \tag{6.0.7-1}$$

式中 $f^{c}_{cu,min}$——结构或构件最小的测区混凝土抗压强度换算值(MPa),精确至 0.1MPa。

3 当结构或构件中测区数不少于 10 个或按批量检测时:

$$f_{cu,e}=m_{f^{c}_{cu}}-1.645s_{f^{c}_{cu}} \tag{6.0.7-2}$$

6.0.8 对按批量检测的构件,当一批构件的测区混凝土抗压强度标准差出现下列情况之一时,该批构件应全部按单个构件进行强度推定:

1 一批构件的混凝土抗压强度平均值 $m_{f^{c}_{cu}}<25.0$MPa,标准差 $s_{f^{c}_{cu}}>4.50$MPa;

2 一批构件的混凝土抗压强度平均值 $m_{f^{c}_{cu}}=25.0\sim50.0$MPa,标准差 $s_{f^{c}_{cu}}>5.50$MPa;

3 一批构件的混凝土抗压强度平均值 $m_{f^{c}_{cu}}>50.0$MPa,标准差 $s_{f^{c}_{cu}}>6.50$MPa

附录 A
建立专用或地区混凝土强度曲线的基本要求

A.0.1 采用中型回弹仪,并应符合本规程第 3.1 节的各项要求。

A.0.2 采用低频超声波检测仪,并应符合本规程第 4.1 节的各项要求。

A.0.3 选用的换能器应符合本规程第 4.2 节的各项要求。

A.0.4 混凝土用水泥应符合现行国家标准《硅酸盐水泥、普通硅酸盐水泥》GB 175、《矿渣硅酸盐水泥、火山灰质硅酸盐水泥及粉煤灰硅酸盐水泥》GB 1344 和《复合硅酸盐水泥》GB 12958 的要求,混凝土用砂、石应符合现行行业标准《普通混凝土用砂石质量标准及检验方法》JGJ 52 的要求。

A.0.5 选用本地区常用水泥、粗骨料、细骨料,按常用配合比制作混凝土强度等级为 C10~C60 的、边长 150m 的立方体试件。

A.0.6 试件准备应按下列步骤进行:

1 试模应采用符合相关标准要求的钢模;

2 每一混凝土强度等级的试件数宜为 21 块,采用同一盘混凝土均匀装模振动成型;

3 试件拆模后如采用自然养护,宜先放置在水池或湿砂堆中养护 7d,然后按"品"字形堆放在不受日晒雨淋处,以备在各龄期测试用;如采用蒸气养护,则试件的养护制度应与构件预设的养护制度相同;

4 试件的测试龄期宜分为 7d、14d、28d、60d、90d、180d 和 365d;

5 对同一强度等级的混凝土,在每个测试龄期测 3 个试件(一组)。

A.0.7 试件的测试应按下列步骤进行:

1 整理条件。将被测试件 4 个浇筑侧面上的尘土、污物等擦拭干净,以同一强度等级混凝土的 3 个试件作为一组,依次编号;

2 在试件测试面上标示超声测点。取试件浇筑方向的侧面为测试面,在两个相对测试面上分别画出相对应的 3 个测点(图 A.0.7);

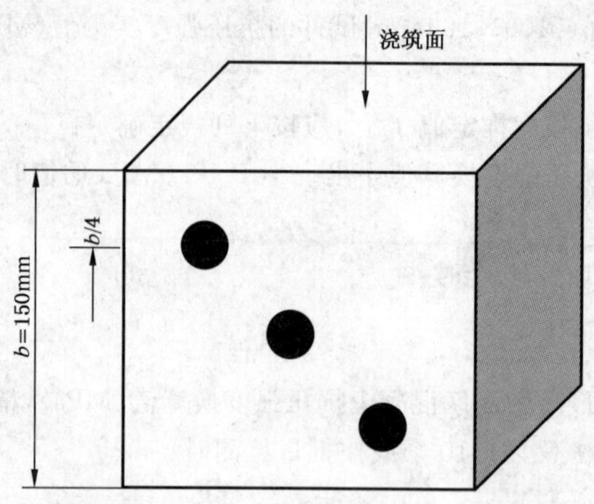

图 A.0.7　声时测量测点布置示意

3　测量试件的超声测距。采用钢卷尺或钢板尺，在两个超声测试面的两侧边缘处逐点测量两测试面的垂直距离，取两边缘对应垂直距离的平均值作为测点的超声测距值 l_1、l_2、l_3；

4　测量试件的声时值。在试件两个测试面的对应测点位置涂抹耦合剂，将一对发射和接收换能器耦合在对应测点上，并始终保持两个换能器的轴线在同一直线上。逐点测读声时读数 t_1、t_2、t_3，精确至 0.1μs；

5　计算声速值。分别计算 3 个测点的声速值 ν_i。取 3 个测点声速的平均值作为该试件的混凝土中声速代表值 ν，即

$$\nu=\frac{1}{3}\sum_{i=1}^{3}\frac{l_i}{t_i-t_0} \tag{A.0.7}$$

式中　ν——试件混凝土中声速值(km/s)，精确至 0.01km/s；

l_i——第 i 个测点的超声测距(mm)，精确至 1mm；

t_i——第 i 个测点混凝土中声时读数(μs)，精确至 0.1/μs；

t_0——声时初读数(μs)。

6　测量回弹值。应先将试件超声测试面的耦合剂擦拭干净，再置于压力机上下承压板之间，使另外一对侧面朝向便于回弹测试的方向，然后加压至 30～50kN 并保持此压力。分别在试件两个相对侧面上按本规程第 5.2.1 条规定的水平测试方法各测 8 点回弹值，精确至 1。剔除 3 个较大值和 3 个较小值，取余下 10 个有效回弹值的平均值作为该试件的回弹代表值 R，计算精确至 0.1。

7　抗压强度试验。回弹值测试完毕后，卸荷将回弹测试面放置在压力机承压板正中，按现行国家标准《普通混凝土力学性能试验方法标准》GB/T 50081 的规定速度连续均匀加荷至破坏。计算抗压强度实测值 f_{cu}^{o}，精确至 0.1MPa。

A.0.8　测强曲线应按下列步骤进行计算：

1　数据整理汇总。将各试件测试所得的声速值 ν、回弹值 R 和试件抗压强度实测值 f_{cu}^{o} 汇总；

2　回归分析。宜采用下列形式的回归方程式计算：

$$f_{cu}^{c}=\alpha\nu^{b}R^{c} \tag{A.0.8-1}$$

式中　α——常数项；

b、c——回归系数；

f_{cu}^{c}——混凝土试件抗压强度换算值(MPa)。

3　误差计算。测强曲线的相对误差 e_r 应按下列公式计算：

$$e_r = \sqrt{\frac{\sum_{i-1}^{n}\left(\frac{f_{cu,i}^{o}}{f_{cu,i}^{c}}-1\right)^2}{n}} \times 100\% \tag{A.0.8-2}$$

式中　e_r——相对误差；

$f_{cu,i}^{o}$——第 i 个立方体试件的抗压强度实测值(MPa)；

$f_{cu,i}^{c}$——第 i 个立方体试件按式(A.0.8-1)计算的抗压强度换算值(MPa)。

A.0.9　回归方程式的误差如符合本规程第 6.0.4 的要求，则经有关部门批准后，可作为专用或地区测强曲线。

A.0.10　可根据回归方程(A.0.8-1)，按系列回弹仪代表值和声速代表值计算出混凝土抗压强度换算值，列出“测区混凝土抗压强度换算表($f_{cu}^{c}-\nu_a-R_a$)”，供速查用。

A.0.11　测区混凝土抗压强度换算表只限于在建立测强曲线的立方体试件强度范围内使用，不得外延。

附录 B
超声波角测、平测和声速计算方法

B.1　超声波角测方法

B.1.1　当结构或构件被测部位只有两个相邻表面可供检测时，可采用角测方法测量混凝土中声速。每个测区布置 3 个测点，换能器布置如图 B.1.1 所示。

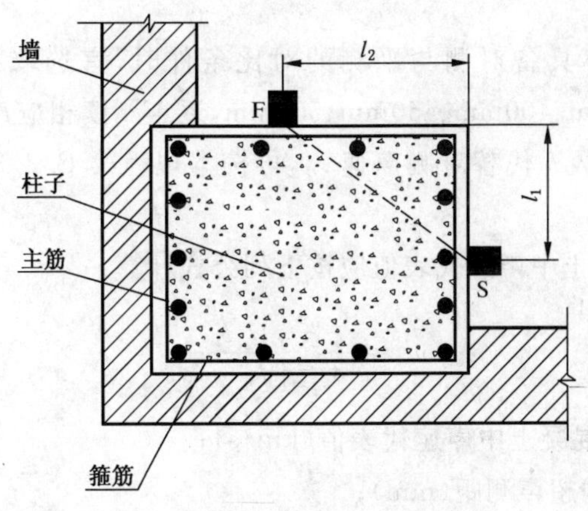

图 B.1.1　超声波角测示意

B.1.2　布置超声角测点时，换能器中心与构件边缘的距离 l_1、l_2 不宜小于 200m。

B.1.3　角测时超声测距应按下列公式计算：

$$l_i = \sqrt{l_{1i}^2 + l_{2i}^2} \tag{B.1.3}$$

式中　l_i——角测第 i 个测点换能器的超声测距(mm)；

l_{1i}、l_{2i}——角测第 i 个测点换能器与构件边缘的距离(mm)。

B.1.4　角测时，混凝土中声速代表值应按下列公式计算：

$$\nu = \frac{1}{3}\sum_{i=1}^{3}\frac{l_i}{t_i - t_0} \tag{B.1.4}$$

式中　ν——角测时混凝土中声速代表值(km/s)；

t_i——角测第 i 个测点的声时读数(μs)；

t_0——声时初读数(μs)。

B.2 超声波平测方法

B.2.1 当结构或构件被测部位只有一个表面可供检测时,可采用平测方法测量混凝土中声速。每个测区布置3个测点。换能器布置如图B.2.1所示。

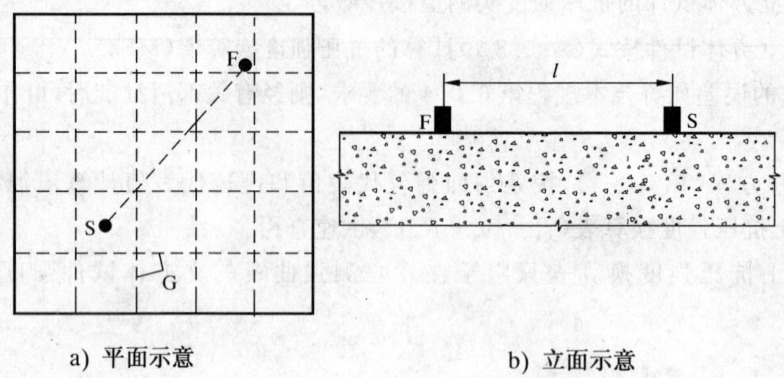

a) 平面示意　　b) 立面示意

图B.2.1 超声波平测示意

F—发射换能器;S—接收换能器;G——钢筋轴线

B.2.2 布置超声平测点时,宜使发射和接收换能器的连线与附近钢筋轴线成40°~50°,超声测距 l 宜采用350~450mm。

B.2.3 宜采用同一构件的对测声速 ν_d 与平测声速 ν_p 之比求得修正系数 $\lambda(\lambda=\nu_d/\nu_p)$,对平测声速进行修正。

B.2.4 当被测结构或构件不具备对测与平测的对比条件时,宜选取有代表性的部位,以测距 $l=$ 200mm、250mm、300mm、350mm、400mm、450mm、500mm,逐点测读相应声时值 t,用回归分析方法求出直线方程 $l=a+bt$。以回归系数 b 代替对测声速 ν_d,再按本规程第B.2.3条的规定对各平测声速进行修正。

B.2.5 平测时,修正后的混凝土中声速代表值应按下列公式计算:

$$\nu_a=\frac{\lambda}{3}\sum_{i=1}^{3}\frac{l_i}{t_i-t_0} \tag{B.2.5}$$

式中 ν_a——修正后的平测时混凝土中声速代表值(km/s);

l_i——平测第 i 个测点的超声测距(mm);

t_i——平测第 i 个测点的声时读数(μs);

λ——平测声速修正系数。

B.2.6 平测声速可采用直线方程 $l=a+bt$,根据混凝土浇筑的顶面或底面平测数据求得,修正后混凝土中声速代表值应按下列公式计算:

$$\nu=\frac{\lambda\beta}{3}\sum_{i=1}^{3}\frac{l_i}{t_i-t_0} \tag{B.2.5}$$

式中 β——超声测试面的声速修正系数,顶面平测 $\beta=1.05$,底面平测 $\beta=0.95$。

附录C

测区混凝土抗压强度换算表

C.0.1 采用卵石的测区混凝土抗压强度换算(见表C.0.1)。

表 C.0.1 测区混凝土抗压强度换算表(卵石)

f^c_{cu} (v_a / R_a)	3.80	3.82	3.84	3.86	3.88	3.90	3.92	3.94	3.96	3.98	4.00	4.02	4.04
23.0	—	—	10.0	10.0	10.1	10.2	10.3	10.3	10.4	10.5	10.6	10.6	10.7
24.0	10.6	10.6	10.7	10.8	10.9	11.0	11.1	11.1	11.2	11.3	11.4	11.5	11.5
25.0	11.4	11.4	11.5	11.6	11.7	11.8	11.9	12.0	12.1	12.1	12.2	12.3	12.4
26.0	12.2	12.3	12.4	12.5	12.5	12.6	12.7	12.8	12.9	13.0	13.1	13.2	13.3
27.0	13.0	13.1	13.2	13.3	13.4	13.5	13.6	13.7	13.8	13.9	14.0	14.1	14.2
28.0	13.9	14.0	14.1	14.2	14.3	14.4	14.5	14.6	14.7	14.8	14.9	15.1	15.2
29.0	14.8	14.9	15.0	15.1	15.2	15.3	15.4	15.6	15.7	15.8	15.9	16.0	16.1
30.0	15.7	15.8	15.9	16.0	16.2	16.3	16.4	16.5	16.6	16.8	16.9	17.0	17.1
31.0	16.6	16.7	16.9	17.0	17.1	17.3	17.4	17.5	17.6	17.8	17.9	18.0	18.2
32.0	17.6	17.7	17.8	18.0	18.1	18.2	18.4	18.5	18.7	18.8	18.9	19.1	19.2
33.0	18.6	18.7	18.8	19.0	19.1	19.3	19.4	19.6	19.7	19.8	20.0	20.1	20.3
34.0	19.6	19.7	19.9	20.0	20.2	20.3	20.5	20.6	20.8	20.9	21.1	21.2	21.4
35.0	20.6	20.8	20.9	21.1	21.2	21.4	21.5	21.7	21.9	22.0	22.2	22.3	22.5
36.0	21.7	21.8	22.0	22.1	22.3	22.5	22.6	22.8	23.0	23.1	23.3	23.5	23.6
37.0	22.7	22.9	23.1	23.2	23.4	23.6	23.8	23.9	24.1	24.3	24.5	24.6	24.8
38.0	23.8	24.0	24.2	24.4	24.6	24.7	24.9	25.1	25.3	25.5	25.7	25.8	26.0
39.0	24.9	25.1	25.3	25.5	25.7	25.9	26.1	26.3	26.5	26.7	26.9	27.1	27.2
40.0	26.1	26.3	26.5	26.7	26.9	27.1	27.3	27.5	27.7	27.9	28.1	28.3	28.5
41.0	27.3	27.5	27.7	27.9	28.1	28.3	28.5	28.7	28.9	29.1	29.3	29.6	29.8
42.0	28.4	28.7	28.9	29.1	29.3	29.5	29.7	30.0	30.2	30.4	30.6	30.8	31.1
43.0	29.7	29.9	30.1	30.3	30.6	30.8	31.0	31.2	31.5	31.7	31.9	32.2	32.4
44.0	30.9	31.1	31.3	31.6	31.8	32.1	32.3	32.5	32.8	33.0	33.2	33.5	33.7
45.0	32.1	32.4	32.6	32.9	33.1	33.4	33.6	33.9	34.1	34.3	34.6	34.8	35.1
46.0	33.4	33.7	33.9	34.2	34.4	34.7	34.9	35.2	35.4	35.7	36.0	36.2	36.5
47.0	34.7	35.0	35.2	35.5	35.8	36.0	36.3	36.6	36.8	37.1	37.4	37.6	37.9
48.0	36.0	36.3	36.6	36.8	37.1	37.4	37.7	37.9	38.2	38.5	38.8	39.1	39.3
49.0	37.4	37.6	37.9	38.2	38.5	38.8	39.1	39.4	39.6	39.9	40.2	40.5	40.8
50.0	38.7	39.0	39.3	39.6	39.9	40.2	40.5	40.8	41.1	41.4	41.7	42.0	42.3
51.0	40.1	40.4	40.7	41.0	41.3	41.6	41.9	42.2	42.5	42.9	43.2	43.5	43.8
52.0	41.5	41.8	42.1	42.4	42.8	43.1	43.4	43.7	44.0	44.4	44.7	45.0	45.3
53.0	42.9	43.2	43.6	43.9	44.2	44.6	44.9	45.2	45.5	45.9	46.2	46.5	46.9
54.0	44.4	44.7	45.0	45.4	45.7	46.1	46.4	46.7	47.1	47.4	47.8	48.1	48.5
55.0	45.8	46.2	46.5	46.9	47.2	47.6	47.9	48.3	48.6	49.0	49.3	49.7	50.0

注:1 表中未列数值可采用内插法求得,精确至 0.1MPa;

2 表中 v_a(km/s)为修正后的测区声速代表值,R_a 为修正后的测区回弹代表值;

3 采用对测和角测时,表中 v_a 用 v 代替;当在侧面水平回弹时,表中 R_a 用 R 代替;

4 f^c_{cu} 为测区混凝土抗压强度换算值,也可按公式(6.0.3-1)计算。

续表 C.0.1

R_a \ f_{cu}^c \ ν_a	4.06	4.08	4.10	4.12	4.14	4.16	4.18	4.20	4.22	4.24	4.26	4.28	4.30
21.0	—	—	—	—	—	—	—	—	—	—	—	—	10.0
22.0	10.0	10.0	10.1	10.2	10.2	10.3	10.4	10.5	10.5	10.6	10.7	10.8	10.8
23.0	10.8	10.9	10.9	11.0	11.1	11.2	11.2	11.3	11.4	11.5	11.6	11.6	11.7
24.0	11.6	11.7	11.8	11.9	12.0	12.0	12.1	12.2	12.3	12.4	12.5	12.5	12.6
25.0	12.5	12.6	12.7	12.8	12.9	12.9	13.0	13.1	13.2	13.3	13.4	13.5	13.6
26.0	13.4	13.5	13.6	13.7	13.8	13.9	14.0	14.1	14.2	14.3	14.4	14.4	14.5
27.0	14.3	14.4	14.5	14.6	14.7	14.8	14.9	15.0	15.1	15.2	15.3	15.4	15.6
28.0	15.3	15.4	15.5	15.6	15.7	15.8	15.9	16.0	16.1	16.3	16.4	16.5	16.6
29.0	16.2	16.4	16.5	16.6	16.7	16.8	16.9	17.1	17.2	17.3	17.4	17.5	17.6
30.0	17.3	17.4	17.5	17.6	17.7	17.9	18.0	18.1	18.2	18.4	18.5	18.6	18.7
31.0	18.3	18.4	18.5	18.7	18.8	18.9	19.1	19.2	19.3	19.5	19.6	19.7	19.9
32.0	19.3	19.5	19.6	19.7	19.9	20.0	20.2	20.3	20.4	20.6	20.7	20.9	21.0
33.0	20.4	20.6	20.7	20.9	21.0	21.1	21.3	21.4	21.6	21.7	21.9	22.0	22.2
34.0	21.5	21.7	21.8	22.0	22.1	22.3	22.4	22.6	22.8	22.9	23.1	23.2	23.4
35.0	22.7	22.8	23.0	23.1	23.3	23.5	23.6	23.8	24.0	24.1	24.3	24.4	24.6
36.0	23.8	24.0	24.2	24.3	24.5	24.7	24.8	25.0	25.2	25.4	25.5	25.7	25.9
37.0	25.0	25.2	25.4	25.5	25.7	25.9	26.1	26.2	26.4	26.6	28.8	27.0	27.2
38.0	26.2	26.4	26.6	26.8	27.0	27.1	27.3	27.5	27.7	27.9	28.1	28.3	28.5
39.0	27.4	27.6	27.8	28.0	28.2	28.4	28.6	28.8	29.0	29.2	29.4	29.6	29.8
40.0	28.7	28.9	29.1	29.3	29.5	29.7	29.9	30.1	30.3	30.5	30.8	31.0	31.2
41.0	30.0	30.2	30.4	30.6	30.8	31.0	31.3	31.5	31.7	31.9	32.1	32.3	32.6
42.0	31.3	31.5	31.7	32.0	32.2	32.4	32.6	32.8	33.1	33.3	33.5	33.8	34.0
43.0	32.6	32.8	33.1	33.3	33.5	33.8	34.0	34.2	34.5	34.7	34.9	35.2	35.4
44.0	34.0	34.2	34.4	34.7	34.9	35.2	35.4	35.7	35.9	36.2	36.4	36.6	36.9
45.0	35.3	35.6	35.8	36.1	36.4	36.6	36.9	37.1	37.4	37.6	37.9	38.1	38.4
46.0	36.7	37.0	37.3	37.5	37.8	38.1	38.3	38.6	38.8	39.1	39.4	39.6	39.9
47.0	38.2	38.4	38.7	39.0	39.3	39.5	39.8	40.1	40.4	40.6	40.9	41.2	41.5
48.0	39.6	39.9	40.2	40.5	40.7	41.0	41.3	41.6	41.9	42.2	42.5	42.7	43.0
49.0	41.1	41.4	41.7	42.0	42.3	42.6	42.8	43.1	43.4	43.7	44.0	44.3	44.6
50.0	42.6	42.9	43.2	43.5	43.8	44.1	44.4	44.7	45.0	45.3	45.6	45.9	46.3
51.0	44.1	44.4	44.7	45.0	45.4	45.7	46.0	46.3	46.6	46.9	47.3	47.6	47.9
52.0	45.6	46.0	46.3	46.6	46.9	47.3	47.6	47.9	48.3	48.6	48.9	49.2	49.6
53.0	47.2	47.5	47.9	48.2	48.6	48.9	49.2	49.6	49.9	50.2	50.6	50.9	51.3
54.0	48.8	49.1	49.5	49.8	50.2	50.5	50.9	51.2	51.6	51.9	52.3	52.6	53.0
55.0	50.4	50.8	51.1	51.5	51.8	52.2	52.6	52.9	53.3	53.7	54.0	54.4	54.7

续表 C.0.1

R_a \ f_{cu}^c \ v_a	4.32	4.34	4.36	4.38	4.40	4.42	4.44	4.46	4.48	4.50	4.52	4.54	4.56
20.0	—	—	—	—	—	—	—	—	—	—	—	—	10.0
21.0	10.0	10.1	10.2	10.2	10.3	10.4	10.4	10.5	10.6	10.6	10.7	10.8	10.8
22.0	10.9	11.0	11.0	11.1	11.2	11.3	11.3	11.4	11.5	11.6	11.6	11.7	11.8
23.0	11.8	11.9	11.9	12.0	12.1	12.2	12.3	12.3	12.4	12.5	12.6	12.7	12.7
24.0	12.7	12.8	12.9	13.0	13.1	13.1	13.2	13.3	13.4	13.5	13.6	13.7	13.7
25.0	13.7	13.8	13.8	13.9	14.0	14.1	14.2	14.3	14.4	14.5	14.6	14.7	14.8
26.0	14.6	14.7	14.8	14.9	15.0	15.1	15.2	15.3	15.4	15.5	15.6	15.7	15.8
27.0	15.7	15.8	15.9	16.0	16.1	16.2	16.3	16.4	16.5	16.6	16.7	16.8	16.9
28.0	16.7	16.8	16.9	17.0	17.1	17.3	17.4	17.5	17.6	17.7	17.8	17.9	18.0
29.0	17.8	17.9	18.0	18.1	18.2	18.4	18.5	18.6	18.7	18.8	19.0	19.1	19.2
30.0	18.9	19.0	19.1	19.2	19.4	19.5	19.6	19.7	19.9	20.0	20.1	20.3	20.4
31.0	20.0	20.1	20.3	20.4	20.5	20.7	20.8	20.9	21.1	21.2	21.3	21.5	21.6
32.0	21.1	21.3	21.4	21.6	21.7	21.9	22.0	22.1	22.3	22.4	22.6	22.7	22.9
33.0	22.3	22.5	22.6	22.8	22.9	23.1	23.2	23.4	23.5	23.7	23.8	24.0	24.1
34.0	23.5	23.7	23.9	24.0	24.2	24.3	24.5	24.6	24.8	25.0	25.1	25.3	25.4
35.0	24.8	24.9	25.1	25.3	25.4	25.6	25.8	25.9	26.1	26.3	26.4	26.6	26.8
36.0	26.0	26.2	26.4	26.6	26.7	26.9	27.1	27.3	27.4	27.6	27.8	28.0	28.1
37.0	27.3	27.5	27.7	27.9	28.1	28.3	28.4	28.6	28.8	29.0	29.2	29.4	29.5
38.0	28.7	28.8	29.0	29.2	29.4	29.6	29.8	30.0	30.2	30.4	30.6	30.8	31.0
39.0	30.0	30.2	30.4	30.6	30.8	31.0	31.2	31.4	31.6	31.8	32.0	32.2	32.4
40.0	31.4	31.6	31.8	32.0	32.2	32.4	32.6	32.9	33.1	33.3	33.5	33.7	33.9
41.0	32.8	33.0	33.2	33.4	33.7	33.9	34.1	34.3	34.5	34.8	35.0	35.2	35.4
42.0	34.2	34.4	34.7	34.9	35.1	35.4	35.6	35.8	36.0	36.3	36.5	36.7	37.0
43.0	35.7	35.9	36.1	36.4	36.6	36.9	37.1	37.3	37.6	37.8	38.1	38.3	38.5
44.0	37.1	37.4	37.6	37.9	38.1	38.4	38.6	38.9	39.1	39.4	39.6	39.9	40.1
45.0	38.6	38.9	39.2	39.4	39.7	39.9	40.2	40.5	40.7	41.0	41.2	41.5	41.8
46.0	40.2	40.4	40.7	41.0	41.3	41.5	41.8	42.1	42.3	42.6	42.9	43.2	43.4
47.0	41.7	42.0	42.3	42.6	42.9	43.1	43.4	43.7	44.0	44.3	44.5	44.8	45.1
48.0	43.3	43.6	43.9	44.2	44.5	44.8	45.1	45.4	45.6	45.9	46.2	46.5	46.8
49.0	44.9	45.2	45.5	45.8	46.1	46.4	46.7	47.0	47.3	47.6	48.0	48.3	48.6
50.0	46.6	46.9	47.2	47.5	47.8	48.1	48.4	48.8	49.1	49.4	49.7	50.0	50.3
51.0	48.2	48.5	48.9	49.2	49.5	49.8	50.2	50.5	50.8	51.1	51.5	51.8	52.1
52.0	49.9	50.2	50.6	50.9	51.2	51.6	51.9	52.3	52.6	52.9	53.3	53.6	53.9
53.0	51.6	52.0	52.3	52.7	53.0	53.3	53.7	54.0	54.4	54.7	55.1	55.4	55.8
54.0	53.4	53.7	54.1	54.4	54.8	55.1	55.5	55.9	56.2	56.6	56.9	57.3	57.7
55.0	55.1	55.5	55.9	56.2	56.6	57.0	57.3	57.7	58.1	58.5	58.8	59.2	59.6

续表 C.0.1

ν_a / f_{cu}^c / R_a	4.58	4.60	4.62	4.64	4.66	4.68	4.70	4.72	4.74	4.76	4.78	4.80	4.82
20.0	10.0	10.1	10.1	10.2	10.3	10.3	10.4	10.5	10.5	10.6	10.6	10.7	10.8
21.0	10.9	11.0	11.1	11.1	11.2	11.3	11.3	11.4	11.5	11.5	11.6	11.7	11.7
22.0	11.9	11.9	12.0	12.1	12.2	12.2	12.3	12.4	12.5	12.5	12.6	12.7	12.8
23.0	12.8	12.9	13.0	13.1	13.1	13.2	13.3	13.4	13.5	13.6	13.6	13.7	13.8
24.0	13.8	13.9	14.0	14.1	14.2	14.3	14.4	14.4	14.5	14.6	14.7	14.8	14.9
25.0	14.9	15.0	15.0	15.1	15.2	15.3	15.4	15.5	15.6	15.7	15.8	15.9	16.0
26.0	15.9	16.0	16.1	16.2	16.3	16.4	16.5	16.6	16.7	16.8	16.9	17.0	17.1
27.0	17.0	17.1	17.2	17.4	17.5	17.6	17.7	17.8	17.9	18.0	18.1	18.2	18.3
28.0	18.2	18.3	18.4	18.5	18.6	18.7	18.8	19.0	19.1	19.2	19.3	19.4	19.5
29.0	19.3	19.4	19.6	19.7	19.8	19.9	20.1	20.2	20.3	20.4	20.5	20.7	20.8
30.0	20.5	20.6	20.8	20.9	21.0	21.2	21.3	21.4	21.6	21.7	21.8	22.0	22.1
31.0	21.7	21.9	22.0	22.2	22.3	22.4	22.6	22.7	22.8	23.0	23.1	23.3	23.4
32.0	23.0	23.1	23.3	23.4	23.6	23.7	23.9	24.0	24.2	24.3	24.5	24.6	24.8
33.0	24.3	24.4	24.6	24.7	24.9	25.1	25.2	25.4	25.5	25.7	25.8	26.0	26.1
34.0	25.6	25.8	25.9	26.1	26.2	26.4	26.6	26.7	26.9	27.1	27.2	27.4	27.6
35.0	26.9	27.1	27.3	27.5	27.6	27.8	28.0	28.1	28.3	28.5	28.7	28.8	29.0
36.0	28.3	28.5	28.7	28.9	29.0	29.2	29.4	29.6	29.8	29.9	30.1	30.3	30.5
37.0	29.7	29.9	30.1	30.3	30.5	30.7	30.9	31.1	31.2	31.4	31.6	31.8	32.0
38.0	31.2	31.4	31.6	31.8	32.0	32.2	32.4	32.5	32.7	32.9	33.1	33.3	33.5
39.0	32.6	32.8	33.0	33.3	33.5	33.7	33.9	34.1	34.3	34.5	34.7	34.9	35.1
40.0	34.1	34.3	34.6	34.8	35.0	35.2	35.4	35.6	35.9	36.1	36.3	36.5	36.7
41.0	35.7	35.9	36.1	36.3	36.6	36.8	37.0	37.2	37.5	37.7	37.9	38.1	38.4
42.0	37.2	37.4	37.7	37.9	38.1	38.4	38.6	38.9	39.1	39.3	39.6	39.8	40.0
43.0	38.8	39.0	39.3	39.5	39.8	40.0	40.3	40.5	40.8	41.0	41.2	41.5	41.7
44.0	40.4	40.7	40.9	41.2	41.4	41.7	41.9	42.2	42.4	42.7	43.0	43.2	43.5
45.0	42.0	42.3	42.6	42.8	43.1	43.4	43.6	43.9	44.2	44.4	44.7	45.0	45.2
46.0	43.7	44.0	44.3	44.5	44.8	45.1	45.4	45.6	45.9	46.2	46.5	46.8	47.0
47.0	45.4	45.7	46.0	46.3	46.5	46.8	47.1	47.4	47.7	48.0	48.3	48.6	48.9
48.0	47.1	47.4	47.7	48.0	48.3	48.6	48.9	49.2	49.5	49.8	50.1	50.4	50.7
49.0	48.9	49.2	49.5	49.8	50.1	50.4	50.7	51.0	51.3	51.7	52.0	52.3	52.6
50.0	50.6	51.0	51.3	51.6	51.9	52.2	52.6	52.9	53.2	53.5	53.9	54.2	54.5
51.0	52.5	52.8	53.1	53.4	53.8	54.1	54.4	54.8	55.1	55.4	55.8	56.1	56.5
52.0	54.3	54.6	55.0	55.3	55.7	56.0	56.3	56.7	57.0	57.4	57.7	58.1	58.4
53.0	56.1	56.5	56.9	57.2	57.6	57.9	58.3	58.6	59.0	59.4	59.7	60.1	60.4
54.0	58.0	58.4	58.8	59.1	59.5	59.9	60.2	60.6	61.0	61.3	61.7	62.1	62.5
55.0	60.0	60.3	60.7	61.1	61.5	61.8	62.2	62.6	63.0	63.4	63.8	64.1	64.5

续表 C.0.1

ν_a / f_{cu}^c / R_a	4.84	4.86	4.88	4.90	4.92	4.94	4.96	4.98	5.00	5.02	5.04	5.06	5.08
20.0	10.8	10.9	11.0	11.0	11.1	11.2	11.2	11.3	11.4	11.4	11.5	11.6	11.6
21.0	11.8	11.9	12.0	12.0	12.1	12.2	12.2	12.3	12.4	12.5	12.5	12.6	12.7
22.0	12.8	12.9	13.0	13.1	13.1	13.2	13.3	13.4	13.4	13.5	13.6	13.7	13.8
23.0	13.9	14.0	14.0	14.1	14.2	14.3	14.4	14.5	14.5	14.6	14.7	14.8	14.9
24.0	15.0	15.1	15.1	15.2	15.3	15.4	15.5	15.6	15.7	15.8	15.9	16.0	16.0
25.0	16.1	16.2	16.3	16.4	16.5	16.6	16.7	16.8	16.9	17.0	17.1	17.2	17.3
26.0	17.2	17.3	17.5	17.6	17.7	17.8	17.9	18.0	18.1	18.2	18.3	18.4	18.5
27.0	18.4	18.5	18.7	18.8	18.9	19.0	19.1	19.2	19.3	19.4	19.5	19.7	19.8
28.0	19.7	19.8	19.9	20.0	20.1	20.2	20.4	20.5	20.6	20.7	20.8	21.0	21.1
29.0	20.9	21.0	21.2	21.3	21.4	21.5	21.7	21.8	21.9	22.0	22.2	22.3	22.4
30.0	22.2	22.3	22.5	22.6	22.7	22.9	23.0	23.1	23.3	23.4	23.5	23.7	23.8
31.0	23.5	23.7	23.8	24.0	24.1	24.2	24.4	24.5	24.7	24.8	25.0	25.1	25.2
32.0	24.9	25.0	25.2	25.3	25.5	25.6	25.8	25.9	26.1	26.2	26.4	26.5	26.7
33.0	26.3	26.5	26.6	26.8	26.9	27.1	27.2	27.4	27.6	27.7	27.9	28.0	28.2
34.0	27.7	27.9	28.0	28.2	28.4	28.5	28.7	28.9	29.0	29.2	29.4	29.6	29.7
35.0	29.2	29.4	29.5	29.7	29.9	30.0	30.2	30.4	30.6	30.8	30.9	31.1	31.3
36.0	30.7	30.9	31.0	31.2	31.4	31.6	31.8	32.0	32.1	32.3	32.5	32.7	32.9
37.0	32.2	32.4	32.6	32.8	33.0	33.2	33.3	33.5	33.7	33.9	34.1	34.3	34.5
38.0	33.7	33.9	34.1	34.4	34.6	34.8	35.0	35.2	35.4	35.6	35.8	36.0	36.2
39.0	35.3	35.5	35.8	36.0	36.2	36.4	36.6	36.8	37.0	37.2	37.5	37.7	37.9
40.0	37.0	37.2	37.4	37.6	37.8	38.1	38.3	38.5	38.7	38.9	39.2	39.4	39.6
41.0	38.6	38.8	39.1	39.3	39.5	39.8	40.0	40.2	40.5	40.7	40.9	41.2	41.4
42.0	40.3	40.5	40.8	41.0	41.2	41.5	41.7	42.0	42.2	42.5	42.7	42.9	43.2
43.0	42.0	42.2	42.5	42.7	43.0	43.3	43.5	43.8	44.0	44.3	44.5	44.8	45.0
44.0	43.7	44.0	44.3	44.5	44.8	45.0	45.3	45.6	45.8	46.1	46.4	46.6	46.9
45.0	45.5	45.8	46.1	46.3	46.6	46.9	47.1	47.4	47.7	48.0	48.2	48.5	48.8
46.0	47.3	47.6	47.9	48.2	48.4	48.7	49.0	49.3	49.6	49.9	50.2	50.4	50.7
47.0	49.2	49.4	49.7	50.0	50.3	50.6	50.9	51.2	51.5	51.8	52.1	52.4	52.7
48.0	51.0	51.3	51.6	51.9	52.2	52.5	52.8	53.2	53.5	53.8	54.1	54.4	54.7
49.0	52.9	53.2	53.5	53.9	54.2	54.5	54.8	55.1	55.4	55.8	56.1	56.4	56.7
50.0	54.8	55.2	55.5	55.8	56.1	56.5	56.8	57.1	57.5	57.8	58.1	58.5	58.8
51.0	56.8	57.1	57.5	57.8	58.1	58.5	58.8	59.2	59.5	59.9	60.2	60.5	60.9
52.0	58.8	59.1	59.5	59.8	60.2	60.5	60.9	61.2	61.6	61.9	62.3	62.7	63.0
53.0	60.8	61.2	61.5	61.9	62.2	62.6	63.0	63.3	63.7	64.1	64.4	64.8	65.2
54.0	62.8	63.2	63.6	64.0	64.3	64.7	65.1	65.5	65.8	66.2	66.6	67.0	67.4
55.0	64.9	65.3	65.7	66.1	66.5	66.8	67.2	67.6	68.0	68.4	68.8	69.2	69.6

续表 C.0.1

R_a \ f_{cu}^c \ ν_a	5.10	5.12	5.14	5.16	5.18	5.20	5.22	5.24	5.26	5.28	5.30	5.32	5.34
20.0	11.7	11.8	11.8	11.9	12.0	12.0	12.1	12.2	12.2	12.3	12.4	12.4	12.5
21.0	12.7	12.8	12.9	13.0	13.0	13.1	13.2	13.3	13.3	13.4	13.5	13.5	13.6
22.0	13.8	13.9	14.0	14.1	14.2	14.2	14.3	14.4	14.5	14.5	14.6	14.7	14.8
23.0	15.0	15.1	15.1	15.2	15.3	15.4	15.5	15.6	15.6	15.7	15.8	15.9	16.0
24.0	16.1	16.2	16.3	16.4	16.5	16.6	16.7	16.8	16.9	17.0	17.1	17.2	17.2
25.0	17.3	17.4	17.5	17.6	17.7	17.8	17.9	18.0	18.1	18.2	18.3	18.4	18.5
26.0	18.6	18.7	18.8	18.9	19.0	19.1	19.2	19.3	19.4	19.5	19.7	19.8	19.9
27.0	19.9	20.0	20.1	20.2	20.3	20.4	20.6	20.7	20.8	20.9	21.0	21.1	21.2
28.0	21.2	21.3	21.4	21.6	21.7	21.8	21.9	22.0	22.2	22.3	22.4	22.5	22.6
29.0	22.6	22.7	22.8	22.9	23.1	23.2	23.3	23.5	23.6	23.7	23.8	24.0	24.1
30.0	24.0	24.1	24.2	24.4	24.5	24.6	24.8	24.9	25.0	25.2	25.3	25.5	25.6
31.0	25.4	25.5	25.7	25.8	26.0	26.1	26.2	26.4	26.5	26.7	26.8	27.0	27.1
32.0	26.8	27.0	27.2	27.3	27.5	27.6	27.8	27.9	28.1	28.2	28.4	28.5	28.7
33.0	28.4	28.5	28.7	28.8	29.0	29.2	29.3	29.5	29.6	29.8	30.0	30.1	30.3
34.0	29.9	30.1	30.2	30.4	30.6	30.7	30.9	31.1	31.2	31.4	31.6	31.8	31.9
35.0	31.5	31.6	31.8	32.0	32.2	32.4	32.5	32.7	32.9	33.1	33.3	33.4	33.6
36.0	33.1	33.3	33.4	33.6	33.8	34.0	34.2	34.4	34.6	34.8	34.9	35.1	35.3
37.0	34.7	34.9	35.1	35.3	35.5	35.7	35.9	36.1	36.3	36.5	36.7	36.9	37.1
38.0	36.4	36.6	36.8	37.0	37.2	37.4	37.6	37.8	38.0	38.2	38.5	38.7	38.9
39.0	38.1	38.3	38.5	38.7	39.0	39.2	39.4	39.6	39.8	40.0	40.3	40.5	40.7
40.0	39.8	40.1	40.3	40.5	40.7	41.0	41.2	41.4	41.7	41.9	42.1	42.3	42.6
41.0	41.6	41.9	42.1	42.3	42.6	42.8	43.0	43.3	43.5	43.8	44.0	44.2	44.5
42.0	43.4	43.7	43.9	44.2	44.4	44.7	44.9	45.2	45.4	45.7	45.9	46.2	46.4
43.0	45.3	45.5	45.8	46.0	46.3	46.6	46.8	47.1	47.3	47.6	47.9	48.1	48.4
44.0	47.2	47.4	47.7	48.0	48.2	48.5	48.8	49.0	49.3	49.6	49.8	50.1	50.4
45.0	49.1	49.3	49.6	49.9	50.2	50.5	50.7	51.0	51.3	51.6	51.9	52.1	52.4
46.0	51.0	51.3	51.6	51.9	52.2	52.5	52.8	53.0	53.3	53.6	53.9	54.2	54.5
47.0	53.0	53.3	53.6	53.9	54.2	54.5	54.8	55.1	55.4	55.7	56.0	56.3	56.6
48.0	55.0	55.3	55.6	55.9	56.3	56.6	56.9	57.2	57.5	57.8	58.1	58.5	58.8
49.0	57.1	57.4	57.7	58.0	58.3	58.7	59.0	59.3	59.6	60.0	60.3	60.6	61.0
50.0	59.1	59.5	59.8	60.1	60.5	60.8	61.1	61.5	61.8	62.2	62.5	62.8	63.2
51.0	61.2	61.6	61.9	62.3	62.6	63.0	63.3	63.7	64.0	64.4	64.7	65.1	65.4
52.0	63.4	63.7	64.1	64.5	64.8	65.2	65.5	65.9	66.3	66.6	67.0	67.3	67.7
53.0	65.5	65.9	66.3	66.7	67.0	67.4	67.8	68.2	68.5	68.9	69.3	69.7	70.0
54.0	67.7	68.1	68.5	68.9	69.3	69.7	—	—	—	—	—	—	—
55.0	70.0	—	—	—	—	—	—	—	—	—	—	—	—

C.0.2 采用碎石的测区混凝土抗压强度换算(见表C.0.2)。

表C.0.2 测区混凝土抗压强度换算(碎石)

ν_a / f_{cu}^c / R_a	3.80	3.82	3.84	3.86	3.88	3.90	3.92	3.94	3.96	3.98	4.00	4.02	4.04
20.0	10.1	10.2	10.3	10.3	10.4	10.5	10.6	10.7	10.8	10.9	11.0	11.1	11.2
21.0	10.8	10.9	11.0	11.1	11.2	11.3	11.4	11.5	11.6	11.7	11.8	11.9	12.0
22.0	11.5	11.6	11.7	11.8	11.9	12.0	12.1	12.2	12.3	12.5	12.6	12.7	12.8
23.0	12.3	12.4	12.5	12.6	12.7	12.8	12.9	13.0	13.1	13.3	13.4	13.5	13.6
24.0	13.0	13.2	13.3	13.4	13.5	13.6	13.7	13.8	14.0	14.1	14.2	14.3	14.4
25.0	13.8	13.9	14.1	14.2	14.3	14.4	14.5	14.7	14.8	14.9	15.0	15.2	15.3
26.0	14.6	14.7	14.9	15.0	15.1	15.2	15.4	15.5	15.6	15.8	15.9	16.0	16.2
27.0	15.4	15.5	15.7	15.8	15.9	16.1	16.2	16.3	16.5	16.6	16.8	16.9	17.0
28.0	16.2	16.3	16.5	16.6	16.8	16.9	17.1	17.2	17.4	17.5	17.6	17.8	17.9
29.0	17.0	17.2	17.3	17.5	17.6	17.8	17.9	18.1	18.2	18.4	18.5	18.7	18.8
30.0	17.9	18.0	18.2	18.3	18.5	18.6	18.8	19.0	19.1	19.3	19.4	19.6	19.8
31.0	18.7	18.9	19.0	19.2	19.4	19.5	19.7	19.9	20.0	20.2	20.4	20.5	20.7
32.0	19.6	19.7	19.9	20.1	20.3	20.4	20.6	20.8	20.9	21.1	21.3	21.5	21.7
33.0	20.4	20.6	20.8	21.0	21.1	21.3	21.5	21.7	21.9	22.1	22.2	22.4	22.6
34.0	21.3	21.5	21.7	21.9	22.1	22.2	22.4	22.6	22.8	23.0	23.2	23.4	23.6
35.0	22.2	22.4	22.6	22.8	23.0	23.2	23.4	23.6	23.8	24.0	24.2	24.4	24.6
36.0	23.1	23.3	23.5	23.7	23.9	24.1	24.3	24.5	24.7	24.9	25.1	25.4	25.6
37.0	24.0	24.2	24.4	24.6	24.9	25.1	25.3	25.5	25.7	25.9	26.1	26.4	26.6
38.0	24.9	25.1	25.4	25.6	25.8	26.0	26.2	26.5	26.7	26.9	27.1	27.4	27.6
39.0	25.9	26.1	26.3	26.5	26.8	27.0	27.2	27.5	27.7	27.9	28.1	28.4	28.6
40.0	26.8	27.0	27.3	27.5	27.7	28.0	28.2	28.5	28.7	28.9	29.2	29.4	29.7
41.0	27.7	28.0	28.2	28.5	28.7	29.0	29.2	29.5	29.7	30.0	30.2	30.5	30.7
42.0	28.7	29.0	29.2	29.5	29.7	30.0	30.2	30.5	30.7	31.0	31.3	31.5	31.8
43.0	29.7	29.9	30.2	30.5	30.7	31.0	31.2	31.5	31.8	32.0	32.3	32.6	32.8
44.0	30.7	30.9	31.2	31.5	31.7	32.0	32.3	32.5	32.8	33.1	33.4	33.6	33.9
45.0	31.6	31.9	32.2	32.5	32.7	33.0	33.3	33.6	33.9	34.2	34.4	34.7	35.0
46.0	32.6	32.9	33.2	33.5	33.8	34.1	34.4	34.6	34.9	35.2	35.5	35.8	36.1
47.0	33.6	33.9	34.2	34.5	34.8	35.1	35.4	35.7	36.0	36.3	36.6	36.9	37.2
48.0	34.7	35.0	35.3	35.6	35.9	36.2	36.5	36.8	37.1	37.4	37.7	38.0	38.4
49.0	35.7	36.0	36.3	36.6	36.9	37.2	37.6	37.9	38.2	38.5	38.8	39.2	39.5
50.0	36.7	37.0	37.3	37.7	38.0	38.3	38.6	39.0	39.3	39.6	40.0	40.3	40.6
51.0	37.7	38.1	38.4	38.7	39.1	39.4	39.7	40.1	40.4	40.8	41.1	41.4	41.8
52.0	38.8	39.1	39.5	39.8	40.2	40.5	40.8	41.2	41.5	41.9	42.2	42.6	42.9
53.0	39.8	40.2	40.5	40.9	41.2	41.6	42.0	42.3	42.7	43.0	43.4	43.7	44.1
54.0	40.9	41.3	41.6	42.0	42.3	42.7	43.1	43.4	43.8	44.2	44.5	44.9	45.3
55.0	42.0	42.4	42.7	43.1	43.5	43.8	44.2	44.6	45.0	45.3	45.7	46.1	46.5

注:1 表内未列数值可采用内插法求得,精确至0.1MPa;

2 表中ν_a(km/s)为修正后的测区声速代表值,R_a为修正后的测区回弹代表值;

3 采用对测和角测时,表中ν_a用ν代替;当在侧面水平回弹时,表中R_a用R代替;

4 f_{cu}^c(MPa)为测区混凝土抗压强度换算值,也可按公式(6.0.3-2)计算。

续表 C.0.2

R_a \ f_{cu}^c \ v_a	4.06	4.08	4.10	4.12	4.14	4.16	4.18	4.20	4.22	4.24	4.26	4.28	4.30
20.0	11.3	11.3	11.4	11.5	11.6	11.7	11.8	11.9	12.0	12.1	12.2	12.3	12.4
21.0	12.1	12.2	12.3	12.3	12.4	12.5	12.6	12.7	12.9	13.0	13.1	13.2	13.3
22.0	12.9	13.0	13.1	13.2	13.3	13.4	13.5	13.6	13.7	13.8	13.9	14.0	14.2
23.0	13.7	13.8	13.9	14.0	14.2	14.3	14.4	14.5	14.6	14.7	14.8	15.0	15.1
24.0	14.6	14.7	14.8	14.9	15.0	15.1	15.3	15.4	15.5	15.6	15.8	15.9	16.0
25.0	15.4	15.5	15.7	15.8	15.9	16.0	16.2	16.3	16.4	16.6	16.7	16.8	17.0
26.0	16.3	16.4	16.6	16.7	16.8	17.0	17.1	17.2	17.4	17.5	17.6	17.8	17.9
27.0	17.2	17.3	17.5	17.6	17.7	17.9	18.0	18.2	18.3	18.5	18.6	18.7	18.9
28.0	18.1	18.2	18.4	18.5	18.7	18.8	19.0	19.1	19.3	19.4	19.6	19.7	19.9
29.0	19.0	19.2	19.3	19.5	19.6	19.8	19.9	20.1	20.3	20.4	20.6	20.7	20.9
30.0	19.9	20.1	20.3	20.4	20.6	20.8	20.9	21.1	21.2	21.4	21.6	21.8	21.9
31.0	20.9	21.0	21.2	21.4	21.6	21.7	21.9	22.1	22.3	22.4	22.6	22.8	23.0
32.0	21.8	22.0	22.2	22.4	22.5	22.7	22.9	23.1	23.3	23.5	23.6	23.8	24.0
33.0	22.8	23.0	23.2	23.4	23.5	23.7	23.9	24.1	24.3	24.5	24.7	24.9	25.1
34.0	23.8	24.0	24.2	24.4	24.6	24.8	25.0	25.2	25.3	25.5	25.7	25.9	26.1
35.0	24.8	25.0	25.2	25.4	25.6	25.8	26.0	26.2	26.4	26.6	26.8	27.0	27.2
36.0	25.8	26.0	26.2	26.4	26.6	26.8	27.0	27.3	27.5	27.7	27.9	28.1	28.3
37.0	26.8	27.0	27.2	27.4	27.7	27.9	28.1	28.3	28.6	28.8	29.0	29.2	29.5
38.0	27.8	28.0	28.3	28.5	28.7	29.0	29.2	29.4	29.7	29.9	30.1	30.4	30.6
39.0	28.9	29.1	29.3	29.6	29.8	30.0	30.3	30.5	30.8	31.0	31.2	31.5	31.7
40.0	29.9	30.1	30.4	30.6	30.9	31.1	31.4	31.6	31.9	32.1	32.4	32.6	32.9
41.0	31.0	31.2	31.5	31.7	32.0	32.2	32.5	32.7	33.0	33.3	33.5	33.8	34.0
42.0	32.0	32.3	32.6	32.8	33.1	33.3	33.6	33.9	34.1	34.4	34.7	35.0	35.2
43.0	33.1	33.4	33.7	33.9	34.2	34.5	34.7	35.0	35.3	35.6	35.9	36.1	36.4
44.0	34.2	34.5	34.8	35.0	35.3	35.6	35.9	36.2	36.5	36.7	37.0	37.3	37.6
45.0	35.3	35.6	35.9	36.2	36.5	36.8	37.0	37.3	37.6	37.9	38.2	38.5	38.8
46.0	36.4	36.7	37.0	37.3	37.6	37.9	38.2	38.5	38.8	39.1	39.4	39.7	40.0
47.0	37.5	37.8	38.1	38.5	38.8	39.1	39.4	39.7	40.0	40.3	40.6	41.0	41.3
48.0	38.7	39.0	39.3	39.6	39.9	40.3	40.6	40.9	41.2	41.5	41.9	42.2	42.5
49.0	39.8	40.1	40.5	40.8	41.1	41.4	41.8	42.1	42.4	42.8	43.1	43.4	43.8
50.0	41.0	41.3	41.6	42.0	42.3	42.6	43.0	43.3	43.7	44.0	44.4	44.7	45.0
51.0	42.1	42.5	42.8	43.2	43.5	43.8	44.2	44.5	44.9	45.3	45.6	46.0	46.3
52.0	43.3	43.6	44.0	44.3	44.7	45.1	45.4	45.8	46.1	46.5	46.9	47.2	47.6
53.0	44.5	44.8	45.2	45.6	45.9	46.3	46.7	47.0	47.4	47.8	48.1	48.5	48.9
54.0	45.7	46.0	46.4	46.8	47.2	47.5	47.9	48.3	48.7	49.1	49.4	49.8	50.2
55.0	46.8	47.2	47.6	48.0	48.4	48.8	49.2	49.6	49.9	50.3	50.7	51.1	51.5

续表 C.0.2

R_a \ f_{cu}^c \ ν_a	4.32	4.34	4.36	4.38	4.40	4.42	4.44	4.46	4.48	4.50	4.52	4.54	4.56
20.0	12.5	12.6	12.7	12.8	12.9	13.0	13.0	13.1	13.2	13.3	13.4	13.5	13.6
21.0	13.4	13.5	13.6	13.7	13.8	13.9	14.0	14.1	14.2	14.3	14.4	14.5	14.6
22.0	14.3	14.4	14.5	14.6	14.7	14.8	14.9	15.0	15.1	15.3	15.4	15.5	15.6
23.0	15.2	15.3	15.4	15.5	15.7	15.8	15.9	16.0	16.1	16.2	16.4	16.5	16.6
24.0	16.1	16.2	16.4	16.5	16.6	16.7	16.9	17.0	17.1	17.3	17.4	17.5	17.6
25.0	17.1	17.2	17.3	17.5	17.6	17.7	17.9	18.0	18.1	18.3	18.4	18.5	18.7
26.0	18.1	18.2	18.3	18.5	18.6	18.7	18.9	19.0	19.2	19.3	19.5	19.6	19.7
27.0	19.0	19.2	19.3	19.5	19.6	19.8	19.9	20.1	20.2	20.4	20.5	20.7	20.8
28.0	20.0	20.2	20.3	20.5	20.7	20.8	21.0	21.1	21.3	21.4	21.6	21.8	21.9
29.0	21.1	21.2	21.4	21.5	21.7	21.9	22.0	22.2	22.4	22.5	22.7	22.9	23.0
30.0	22.1	22.3	22.4	22.6	22.8	22.9	23.1	23.3	23.5	23.6	23.8	24.0	24.2
31.0	23.1	23.3	23.5	23.7	23.8	24.0	24.2	24.4	24.6	24.8	24.9	25.1	25.3
32.0	24.2	24.4	24.6	24.8	24.9	25.1	25.3	25.5	25.7	25.9	26.1	26.3	26.5
33.0	25.3	25.5	25.7	25.8	26.0	26.2	26.4	26.6	26.8	27.0	27.2	27.4	27.6
34.0	26.4	26.6	26.8	27.0	27.2	27.4	27.6	27.8	28.0	28.2	28.4	28.6	28.8
35.0	27.5	27.7	27.9	28.1	28.3	28.5	28.7	28.9	29.2	29.4	29.6	29.8	30.0
36.0	28.6	28.8	29.0	29.2	29.4	29.7	29.9	30.1	30.3	30.6	30.8	31.0	31.2
37.0	29.7	29.9	30.1	30.4	30.6	30.8	31.1	31.3	31.5	31.8	32.0	32.2	32.5
38.0	30.8	31.1	31.3	31.5	31.8	32.0	32.3	32.5	32.7	33.0	33.2	33.5	33.7
39.0	32.0	32.2	32.5	32.7	33.0	33.2	33.5	33.7	34.0	34.2	34.5	34.7	35.0
40.0	33.1	33.4	33.6	33.9	34.2	34.4	34.7	34.9	35.2	35.5	35.7	36.0	36.2
41.0	34.3	34.6	34.8	35.1	35.4	35.6	35.9	36.2	36.4	36.7	37.0	37.3	37.5
42.0	35.5	35.8	36.0	36.3	36.6	36.9	37.1	37.4	37.7	38.0	38.3	38.5	38.8
43.0	36.7	37.0	37.3	37.5	37.8	38.1	38.4	38.7	39.0	39.3	39.6	39.8	40.1
44.0	37.9	38.2	38.5	38.8	39.1	39.4	39.7	40.0	40.3	40.6	40.9	41.2	41.5
45.0	39.1	39.4	39.7	40.0	40.3	40.6	40.9	41.2	41.6	41.9	42.2	42.5	42.8
46.0	40.4	40.7	41.0	41.3	41.6	41.9	42.2	42.5	42.9	43.2	43.5	43.8	44.1
47.0	41.6	41.9	42.2	42.6	42.9	43.2	43.5	43.9	44.2	44.5	44.8	45.2	45.5
48.0	42.9	43.2	43.5	43.8	44.2	44.5	44.8	45.2	45.5	45.8	46.2	46.5	46.9
49.0	44.1	44.5	44.8	45.1	45.5	45.8	46.2	46.5	46.9	47.2	47.5	47.9	48.2
50.0	45.4	45.7	46.1	46.4	46.8	47.1	47.5	47.9	48.2	48.6	48.9	49.3	49.6
51.0	46.7	47.0	47.4	47.8	48.1	48.5	48.8	49.2	49.6	49.9	50.3	50.7	51.0
52.0	48.0	48.3	48.7	49.1	49.5	49.8	50.2	50.6	50.9	51.3	51.7	52.1	52.5
53.0	49.3	49.7	50.0	50.4	50.8	51.2	51.6	52.0	52.3	52.7	53.1	53.5	53.9
54.0	50.6	51.0	51.4	51.8	52.2	52.5	52.9	53.3	53.7	54.1	54.5	54.9	55.3
55.0	51.9	52.3	52.7	53.1	53.5	53.9	54.3	54.7	55.1	55.6	56.0	56.4	56.8

续表 C.0.2

ν_a / f_{cu}^c / R_a	4.58	4.60	4.62	4.64	4.66	4.68	4.70	4.72	4.74	4.76	4.78	4.80	4.82
20.0	13.7	13.8	13.9	14.0	14.1	14.2	14.3	14.4	14.5	14.6	14.7	14.8	14.9
21.0	14.7	14.8	14.9	15.0	15.1	15.3	15.4	15.5	15.6	15.7	15.8	15.9	16.0
22.0	15.7	15.8	15.9	16.1	16.2	16.3	16.4	16.5	16.6	16.7	16.9	17.0	17.1
23.0	16.7	16.9	17.0	17.1	17.2	17.3	17.5	17.6	17.7	17.8	18.0	18.1	18.2
24.0	17.8	17.9	18.0	18.2	18.3	18.4	18.5	18.7	18.8	18.9	19.1	19.2	19.3
25.0	18.8	19.0	19.1	19.2	19.4	19.5	19.6	19.8	19.9	20.1	20.2	20.3	20.5
26.0	19.9	20.0	20.2	20.3	20.5	20.6	20.8	20.9	21.1	21.2	21.3	21.5	21.6
27.0	21.0	21.1	21.3	21.4	21.6	21.7	21.9	22.0	22.2	22.4	22.5	22.7	22.8
28.0	22.1	22.2	22.4	22.6	22.7	22.9	23.0	23.2	23.4	23.5	23.7	23.9	24.0
29.0	23.2	23.4	23.5	23.7	23.9	24.0	24.2	24.4	24.6	24.7	24.9	25.1	25.2
30.0	24.3	24.5	24.7	24.9	25.0	25.2	25.4	25.6	25.8	25.9	26.1	26.3	26.5
31.0	25.5	25.7	25.9	26.0	26.2	26.4	26.6	26.8	27.0	27.2	27.4	27.5	27.7
32.0	26.7	26.8	27.0	27.2	27.4	27.6	27.8	28.0	28.2	28.4	28.6	28.8	29.0
33.0	27.8	28.0	28.2	28.4	28.6	28.8	29.1	29.3	29.5	29.7	29.6	30.1	30.3
34.0	29.0	29.2	29.5	29.7	29.9	30.1	30.3	30.5	30.7	30.9	31.2	31.4	31.6
35.0	30.2	30.5	30.7	30.9	31.1	31.3	31.6	31.8	32.0	32.2	32.5	32.7	32.9
36.0	31.5	31.7	31.9	32.2	32.4	32.6	32.8	33.1	33.3	33.5	33.8	34.0	34.2
37.0	32.7	32.9	33.2	33.4	33.7	33.9	34.1	34.4	34.6	34.9	35.1	35.3	35.6
38.0	34.0	34.2	34.5	34.7	34.9	35.2	35.4	35.7	35.9	36.2	36.4	36.7	37.0
39.0	35.2	35.5	35.7	36.0	36.2	36.5	36.8	37.0	37.3	37.5	37.8	38.1	38.3
40.0	36.5	36.8	37.0	37.3	37.6	37.8	38.1	38.4	38.6	38.9	39.2	39.5	39.7
41.0	37.8	38.1	38.3	38.6	38.9	39.2	39.5	39.7	40.0	40.3	40.6	40.9	41.1
42.0	39.1	39.4	39.7	40.0	40.2	40.5	40.8	41.1	41.4	41.7	42.0	42.3	42.6
43.0	40.4	40.7	41.0	41.3	41.6	41.9	42.2	42.5	42.8	43.1	43.4	43.7	44.0
44.0	41.8	42.1	42.4	42.7	43.0	43.3	43.6	43.9	44.2	44.5	44.8	45.1	45.4
45.0	43.1	43.4	43.7	44.0	44.4	44.7	45.0	45.3	45.6	45.9	46.3	46.6	46.9
46.0	44.5	44.8	45.1	45.4	45.8	46.1	46.4	46.7	47.1	47.4	47.7	48.0	48.4
47.0	45.8	46.2	46.5	46.8	47.2	47.5	47.8	48.2	48.5	48.8	49.2	49.5	49.9
48.0	47.2	47.5	47.9	48.2	48.6	48.9	49.3	49.6	50.0	50.3	50.7	51.0	51.4
49.0	48.6	49.0	49.3	49.7	50.0	50.4	50.7	51.1	51.4	51.8	52.2	52.5	52.9
50.0	50.0	50.4	50.7	51.1	51.5	51.8	52.2	52.6	52.9	53.3	53.7	54.0	54.4
51.0	51.4	51.8	52.2	52.5	52.9	53.3	53.7	54.0	54.4	54.8	55.2	55.6	56.0
52.0	52.8	53.2	53.6	54.0	54.4	54.8	55.2	55.5	55.9	56.3	56.7	57.1	57.5
53.0	54.3	54.7	55.1	55.5	55.9	56.3	56.7	57.1	57.5	57.9	58.3	58.7	59.1
54.0	55.7	56.1	56.5	56.9	57.4	57.8	58.2	58.6	59.0	59.4	59.8	60.2	60.7
55.0	57.2	57.6	58.0	58.4	58.9	59.3	59.7	60.1	60.5	61.0	61.4	61.8	62.2

续表 C.0.2

ν_a / f_{cu}^c / R_a	4.84	4.86	4.88	4.90	4.92	4.94	4.96	4.98	5.00	5.02	5.04	5.06	5.08
20.0	15.1	15.2	15.3	15.4	15.5	15.6	15.7	15.8	15.9	16.0	16.1	16.2	16.3
21.0	16.1	16.2	16.3	16.5	16.6	16.7	16.8	16.9	17.0	17.1	17.2	17.4	17.5
22.0	17.2	17.3	17.5	17.6	17.7	17.8	17.9	18.1	18.2	18.3	18.4	18.5	18.7
23.0	18.3	18.5	18.6	18.7	18.8	19.0	19.1	19.2	19.3	19.5	19.6	19.7	19.9
24.0	19.5	19.6	19.7	19.9	20.0	20.1	20.3	20.4	20.5	20.7	20.8	21.0	21.1
25.0	20.6	20.8	20.9	21.0	21.2	21.3	21.5	21.6	21.8	21.9	22.0	22.2	22.3
26.0	21.8	21.9	22.1	22.2	22.4	22.5	22.7	22.8	23.0	23.1	23.3	23.5	23.6
27.0	23.0	23.1	23.3	23.5	23.6	23.8	23.9	24.1	24.3	24.4	24.6	24.7	24.9
28.0	24.2	24.4	24.5	24.7	24.9	25.0	25.2	25.4	25.5	25.7	25.9	26.0	26.2
29.0	25.4	25.6	25.8	25.9	26.1	26.3	26.5	26.6	26.8	27.0	27.2	27.4	27.5
30.0	26.7	26.8	27.0	27.2	27.4	27.6	27.8	28.0	28.1	28.3	28.5	28.7	28.9
31.0	27.9	28.1	28.3	28.5	28.7	28.9	29.1	29.3	29.5	29.7	29.9	30.1	30.3
32.0	29.2	29.4	29.6	29.8	30.0	30.2	30.4	30.6	30.8	31.0	31.2	31.4	31.6
33.0	30.5	30.7	30.9	31.1	31.3	31.5	31.8	32.0	32.2	32.4	32.6	32.8	33.0
34.0	31.8	32.0	32.2	32.5	32.7	32.9	33.1	33.3	33.6	32.8	34.0	34.2	34.5
35.0	33.1	33.4	33.6	33.8	34.0	34.3	34.5	34.7	35.0	35.2	35.4	35.7	35.9
36.0	34.5	34.7	35.0	35.2	35.4	35.7	35.9	36.1	36.4	36.6	36.9	37.1	37.4
37.0	35.8	36.1	36.3	36.6	36.8	37.1	37.3	37.6	37.8	38.1	38.3	38.6	38.8
38.0	37.2	37.5	37.7	38.0	38.2	38.5	38.7	39.0	39.3	39.5	39.8	40.1	40.3
39.0	38.6	38.9	39.1	39.4	39.7	39.9	40.2	40.5	40.7	41.0	41.3	41.5	41.8
40.0	40.0	40.3	40.5	40.8	41.1	41.4	41.7	41.9	42.2	42.5	42.8	43.1	43.3
41.0	41.4	41.7	42.0	42.3	42.6	42.8	43.1	43.4	43.7	44.0	44.3	44.6	44.9
42.0	42.8	43.1	43.4	43.7	44.0	44.3	44.6	44.9	45.2	45.5	45.8	46.1	46.4
43.0	44.3	44.6	44.9	45.2	45.5	45.8	46.1	46.4	46.7	47.1	47.4	47.7	48.0
44.0	45.8	46.1	46.4	46.7	47.0	47.3	47.6	48.0	48.3	48.6	48.9	49.2	49.6
45.0	47.2	47.6	47.9	48.2	48.5	48.9	49.2	49.5	49.8	50.2	50.5	50.8	51.2
46.0	48.7	49.0	49.4	49.7	50.1	50.4	50.7	51.1	51.4	51.8	52.1	52.4	52.8
47.0	50.2	50.6	50.9	51.2	51.6	51.9	52.3	52.6	53.0	53.3	53.7	54.0	54.4
48.0	51.7	52.1	52.4	52.8	53.2	53.5	53.9	54.2	54.6	55.0	55.3	55.7	56.0
49.0	53.3	53.6	54.0	54.4	54.7	55.1	55.5	55.8	56.2	56.6	56.9	57.3	57.7
50.0	54.8	55.2	55.5	55.9	56.3	56.7	57.1	57.4	57.8	58.2	58.6	59.0	59.4
51.0	56.3	56.7	57.1	57.5	57.9	58.3	58.7	59.1	59.5	59.9	60.3	60.6	61.0
52.0	57.9	58.3	58.7	59.1	59.5	59.9	60.3	60.7	61.1	61.5	61.9	62.3	62.7
53.0	59.5	59.9	60.3	60.7	61.1	61.5	61.9	62.4	62.8	63.2	63.6	64.0	64.4
54.0	61.1	61.5	61.9	62.3	62.8	63.2	63.6	64.0	64.5	64.9	65.3	65.7	66.2
55.0	62.7	63.1	63.5	64.0	64.4	64.8	65.3	65.7	66.1	66.6	67.0	67.5	67.9

续表 C.0.2

ν_a f_{cu}^{c} R_a	5.10	5.12	5.14	5.16	5.18	5.20	5.22	5.24	5.26	5.28	5.30	5.32	5.34
20.0	16.4	16.5	16.6	16.7	16.8	17.0	17.1	17.2	17.3	17.4	17.5	17.6	17.7
21.0	17.6	17.7	17.8	17.9	18.0	18.2	18.3	18.4	18.5	18.6	18.7	18.9	19.0
22.0	18.8	18.9	19.0	19.1	19.3	19.4	19.5	19.6	19.8	19.9	20.0	20.1	20.3
23.0	20.0	20.1	20.3	20.4	20.5	20.6	20.8	20.9	21.0	21.2	21.3	21.4	21.6
24.0	21.2	21.4	21.5	21.6	21.8	21.9	22.1	22.2	22.3	22.5	22.6	22.8	22.9
25.0	22.5	22.6	22.8	22.9	23.1	23.2	23.4	23.5	23.7	23.8	24.0	24.1	24.3
26.0	23.8	23.9	24.1	24.2	24.4	24.5	24.7	24.9	25.0	25.2	25.3	25.5	25.6
27.0	25.1	25.2	25.4	25.6	25.7	25.9	26.0	26.2	26.4	26.5	26.7	26.9	27.0
28.0	26.4	26.6	26.7	26.9	27.1	27.2	27.4	27.6	27.8	27.9	28.1	28.3	28.5
29.0	27.7	27.9	28.1	28.3	28.4	28.6	28.8	29.0	29.2	29.4	29.5	29.7	29.9
30.0	29.1	29.3	29.5	29.6	29.8	30.0	30.2	30.4	30.6	30.8	31.0	31.2	31.4
31.0	30.5	30.6	30.8	31.0	31.2	31.4	31.6	31.8	32.1	32.3	32.5	32.7	32.9
32.0	31.8	32.1	32.3	32.5	32.7	32.9	33.1	33.3	33.5	33.7	33.9	34.2	34.4
33.0	33.3	33.5	33.7	33.9	34.1	34.3	34.6	34.8	35.0	35.2	35.4	35.7	35.9
34.0	34.7	34.9	35.1	35.4	35.6	35.8	36.1	36.3	36.5	36.7	37.0	37.2	37.4
35.0	36.1	36.4	36.6	36.8	37.1	37.3	37.6	37.8	38.0	38.3	38.5	38.8	39.0
36.0	37.6	37.8	38.1	38.3	38.6	38.8	39.1	39.3	39.6	39.8	40.1	40.3	40.6
37.0	39.1	39.3	39.6	39.8	40.1	40.4	40.6	40.9	41.1	41.4	41.7	41.9	42.2
38.0	40.6	40.8	41.1	41.4	41.6	41.9	42.2	42.4	42.7	43.0	43.2	43.5	43.8
39.0	42.1	42.4	42.6	42.9	43.2	43.5	43.7	44.0	44.3	44.6	44.9	45.1	45.4
40.0	43.6	43.9	44.2	44.5	44.8	45.0	45.3	45.6	45.9	46.2	46.5	46.8	47.1
41.0	45.2	45.5	45.8	46.1	46.3	46.6	46.9	47.2	47.5	47.8	48.1	48.4	48.7
42.0	46.7	47.0	47.3	47.6	47.9	48.3	48.6	48.9	49.2	49.5	49.8	50.1	50.4
43.0	48.3	48.6	48.9	49.2	49.6	49.9	50.2	50.5	50.8	51.2	51.5	51.8	52.1
44.0	49.9	50.2	50.5	50.9	51.2	51.5	51.9	52.2	52.5	52.8	53.2	53.5	53.8
45.0	51.5	51.8	52.2	52.5	52.8	53.2	53.5	53.9	54.2	54.5	54.9	55.2	55.6
46.0	53.1	53.5	53.8	54.2	54.5	54.9	55.2	55.6	55.9	56.3	56.6	57.0	57.3
47.0	54.8	55.1	55.5	55.8	56.2	56.5	56.9	57.3	57.6	58.0	58.4	58.7	59.1
48.0	56.4	56.8	57.1	57.5	57.9	58.3	58.6	59.0	59.4	59.7	60.1	60.5	60.9
49.0	58.1	58.5	58.8	59.2	59.6	60.0	60.4	60.7	61.1	61.5	61.9	62.3	62.7
50.0	59.8	60.1	60.5	60.9	61.3	61.7	62.1	62.5	62.9	63.3	63.7	64.1	64.5
51.0	61.4	61.8	62.2	62.6	63.0	63.5	63.9	64.3	64.7	65.1	65.5	65.9	66.3
52.0	63.1	63.6	64.0	64.4	64.8	65.2	65.6	66.0	66.5	66.9	67.3	67.7	68.1
53.0	64.9	65.3	65.7	66.1	66.6	67.0	67.4	67.8	68.3	68.7	69.1	69.6	70.0
54.0	66.6	67.0	67.5	67.9	68.3	68.8	69.2	69.7	—	—	—	—	—
55.0	68.3	68.8	69.2	69.7	—	—	—	—	—	—	—	—	—

附录 D
综合法测定混凝土强度曲线的验证方法

D.0.1 当缺少专用或地区测强曲线时，可采用本规程规定的全国统一测强曲线，但使用前应进行验证。

D.0.2 测强曲线可按下列方法进行验证：

1 选用本地区常用的混凝土原材料，按最佳配合比配制强度等级为 C15、C20、C30、C40、C50、C60 的混凝土，制作边长为 150mm 的立方体试件各 3 组(共 18 组)，7d 潮湿养护后再用自然养护；

2 采用符合本规程第 3.1 节各项要求的回弹仪和符合本规程第 4.1 节各项要求的超声波检测仪；

3 按龄期为 28d、60d 和 90d 进行综合法测试和试件抗压试验；

4 根据每个试件测得的回弹值 R_a、声速值 ν_a，由附录 C 表 C.0.1 或表 C.0.2 查出该试件的抗压的抗压强换算值 f^c_{cu}；

5 将试件抗压试验所得的抗压强度实测值 f^c_{cu} 和按附录 C 和表 C.0.1 或表 C.0.2 查得的相应抗压强度换算值 $f^c_{cu,i}$，代入式(A.0.8-2)进行计算，如所得相对误差 $e_r \leqslant 15\%$，则可使用本规程规定的全国统一测强曲线；如所得相对误差 $e_r > 15\%$，则应另行建立专用或地区测强曲线。

附录 E
用实测空气声速法校准超声仪

E.0.1 空气中声速的测试步骤如下：

取常用平面换能器一对，接于超声波仪器上，开机预热 10min。在空气中将两个换能器的辐射面对准，依次改变两个换能器辐射面之间的距离 l(如 50、60、70、80、90、100、110、120mm……)，在保持首波幅度一致的条件下，读取各间距所对应的声时值 t_1、t_2、t_3……t_n。同时测量空气温度 T_K，精确至0.5℃。

测量时应注意下列事项：

1 两个换能器辐射面的轴线始终保持在同一直线上；

2 换能器辐射面间距的测量误差不应超过±1%，且测量精度为 0.5mm；

3 换能器辐射面宜悬空相对放置；若置于地板或桌面上，必须在换能器下面垫以吸声材料。

E.0.2 实测空气中声速可采用下列两种方法之一计算：

1 以换能器辐射面间距为纵坐标，声时读数为横坐标，将各组数据点绘在直角坐标图上。穿越各点形成一直线，算出该直线的斜率，即为空气中声速实测值 ν^o。

2 以各测点的测距 l 和对应的声时 t 求回归直线方程 $l = a + bt$。回归系数 b 便是空气中声速实测值 ν^o。

E.0.3 空气中声速计算值 ν_k 可按式(4.3.1)求得。

E.0.4 误差计算。

空气中声速计算值 ν_k 与空气中声速实测值 ν^o 之间的相对误差 e_r，可按下列公式计算：

$$e_r = (\nu_k - \nu^o)/\nu_k \times 100\% \tag{E.0.4}$$

按式(E.0.4)计算所得的 e_r 值不应超过±0.5%。否则，应检查仪器各部位的连接后重测，或更换超声波检测仪。

附录 F
超声回弹综合法检测记录表

工程名称：__________ 构件名称：__________

设　备：回弹仪______；率定值______；超声仪______；换能器______ kHz；t_0 ______；环境温度______℃；

回弹测试面______；测试角度______°；超声测试方式：对测（侧，顶，底）；平测（侧，顶，底）；角测______

共　页第　页

<table>
<tr><th rowspan="2">构件编号</th><th rowspan="2">测区</th><th colspan="8">测点回弹值 R_i</th><th rowspan="2">测区回弹代表值 R</th><th colspan="3">测点测距 l_i/声时 t_i</th><th rowspan="2">测区声速代表值 v (km/s)</th><th rowspan="2">备注</th></tr>
<tr><th>1</th><th>2</th><th>3</th><th>4</th><th>5</th><th>6</th><th>7</th><th>8</th><th>1</th><th>2</th><th>3</th></tr>
<tr><td></td><td>1</td><td></td><td></td><td></td><td></td><td></td><td></td><td></td><td></td><td></td><td></td><td></td><td></td><td></td><td></td></tr>
<tr><td></td><td>2</td><td></td><td></td><td></td><td></td><td></td><td></td><td></td><td></td><td></td><td></td><td></td><td></td><td></td><td></td></tr>
<tr><td></td><td>3</td><td></td><td></td><td></td><td></td><td></td><td></td><td></td><td></td><td></td><td></td><td></td><td></td><td></td><td></td></tr>
<tr><td></td><td>4</td><td></td><td></td><td></td><td></td><td></td><td></td><td></td><td></td><td></td><td></td><td></td><td></td><td></td><td></td></tr>
<tr><td></td><td>5</td><td></td><td></td><td></td><td></td><td></td><td></td><td></td><td></td><td></td><td></td><td></td><td></td><td></td><td></td></tr>
<tr><td></td><td>6</td><td></td><td></td><td></td><td></td><td></td><td></td><td></td><td></td><td></td><td></td><td></td><td></td><td></td><td></td></tr>
<tr><td></td><td>7</td><td></td><td></td><td></td><td></td><td></td><td></td><td></td><td></td><td></td><td></td><td></td><td></td><td></td><td></td></tr>
<tr><td></td><td>8</td><td></td><td></td><td></td><td></td><td></td><td></td><td></td><td></td><td></td><td></td><td></td><td></td><td></td><td></td></tr>
<tr><td></td><td>9</td><td></td><td></td><td></td><td></td><td></td><td></td><td></td><td></td><td></td><td></td><td></td><td></td><td></td><td></td></tr>
<tr><td></td><td>10</td><td></td><td></td><td></td><td></td><td></td><td></td><td></td><td></td><td></td><td></td><td></td><td></td><td></td><td></td></tr>
</table>

复核：　　计算：　　记录：　　检验：　　测试日期：　　年　月　日

附录 G
结构混凝土抗压强度计算表

构件名称和编号：

共　页第　页

<table>
<tr><th colspan="2" rowspan="2">计算项目</th><th colspan="10">测区</th></tr>
<tr><th>1</th><th>2</th><th>3</th><th>4</th><th>5</th><th>6</th><th>7</th><th>8</th><th>9</th><th>10</th></tr>
<tr><td rowspan="5">回弹值</td><td>测区代表值</td><td></td><td></td><td></td><td></td><td></td><td></td><td></td><td></td><td></td><td></td></tr>
<tr><td>角度修正值</td><td></td><td></td><td></td><td></td><td></td><td></td><td></td><td></td><td></td><td></td></tr>
<tr><td>角度修正后</td><td></td><td></td><td></td><td></td><td></td><td></td><td></td><td></td><td></td><td></td></tr>
<tr><td>浇筑面修正值</td><td></td><td></td><td></td><td></td><td></td><td></td><td></td><td></td><td></td><td></td></tr>
<tr><td>浇筑面修正后</td><td></td><td></td><td></td><td></td><td></td><td></td><td></td><td></td><td></td><td></td></tr>
<tr><td rowspan="3">声速值 (km/s)</td><td>测区代表值</td><td></td><td></td><td></td><td></td><td></td><td></td><td></td><td></td><td></td><td></td></tr>
<tr><td>修正系数 β、λ</td><td></td><td></td><td></td><td></td><td></td><td></td><td></td><td></td><td></td><td></td></tr>
<tr><td>修正后的值</td><td></td><td></td><td></td><td></td><td></td><td></td><td></td><td></td><td></td><td></td></tr>
</table>

续表

<table>
<tr><td rowspan="2">计算项目</td><td colspan="10">测区</td></tr>
<tr><td>1</td><td>2</td><td>3</td><td>4</td><td>5</td><td>6</td><td>7</td><td>8</td><td>9</td><td>10</td></tr>
<tr><td>强度修正系数值 η</td><td></td><td></td><td></td><td></td><td></td><td></td><td></td><td></td><td></td><td></td></tr>
<tr><td>测区强度换算值(MPa)</td><td></td><td></td><td></td><td></td><td></td><td></td><td></td><td></td><td></td><td></td></tr>
<tr><td>强度推定值(MPa)
$n=$</td><td colspan="3">$m_{f_{cu}^c}=$ MPa</td><td colspan="3">$s_{f_{cu}^c}=$ MPa</td><td colspan="4">$f_{cu,e}=$ MPa</td></tr>
<tr><td>使用的测区强度换算表</td><td colspan="4">规程,地区,专用</td><td colspan="6">备注</td></tr>
</table>

复核:　　　　　　　　计算:　　　　　　　　计算日期:　　年　　月　　日

本规程用词说明

1 为便于在执行本规程条文时区别对待,对要求严格程度不同的用词说明如下:

1)表示很严格,非这样做不可的:

正面词采用“必须”;

反面词采用“严禁”。

2)表示严格,在正常情况下均应这样做的:

正面词采用“应”;

反面词采用“不应”或“不得”。

3)表示允许稍有选择,在条件许可时首先应这样做的:

正面词采用“宜”;

反面词采用“不宜”;

4)表示有选择,在一定条件下可以这样做的:

正面词采用“可”;

反面词采用“不可”。

2 条文中指明应按其他有关标准执行时,写法为“应按……执行”或“应符合……的要求(或规定)”。非必须按所指定标准执行时,写法为“可参照……执行”。

中国工程建设标准化协会标准

超声回弹综合法检测混凝土强度技术规程

CECS 02:2005

条文说明

1 总则

1.0.1 本条所指回弹仪系标准状态下弹击锤冲击能量为2.207J,示值系统为指针直读式或数字显示与指针直读一致的数字式回弹仪。低频超声波检测仪系指工作频率范围为10～500kHz的模拟式、数字式低频超声仪。普通混凝土系指密度为2400kg/m^{3}左右的混凝土。

超声回弹综合法(以下简称综合法)是20世纪60年代研究开发出来的一种无损检测方法。由于测试精度较高,已在我国建工、市政、铁路、公路系统已广泛应用。实践证明,以超声波穿透试件内部的声速值和反映试件表面硬度的回弹值来综合检测结构混凝土的抗压强度,与单一方法比较,其精度高,适应范围广。

1.0.2 在正常情况下,混凝土质量检查应按现行国家标准《混凝土结构工程施工质量验收规范》GB 50204和《混凝土强度检验评定标准》GBJ 107的规定,采用标准试件的抗压强度来检验混凝土的强度质量,不允许采用本规程的方法取代国家标准的要求。

但是,由于种种原因导致试件与结构的混凝土质量不一致,或混凝土试件强度评定不合格,以及对使用中的结构需要检测届时的混凝土强度时,可按本规程的规定对结构或构件的混凝土强度进行检测推定,并作为判断结构是否需要处理的一个依据。

1.0.3 本规程适用于密度为2400kg/m^{3}左右的结构混凝土。不适用于下列情况的结构混凝土:混凝土在硬化期间遭受冻害,或结构遭受化学侵蚀、火灾、高温损伤,这些情况不符合结构混凝土性能表里基本一致的前提。此时,直接按本规程方法检测已不适用,但可采用从结构中钻取混凝土芯样的方法来检测。

1.0.4 按本规程进行测试操作、数据处理及强度推定,都是技术性较强的工作,操作人员如未经专门的技术培训,将严重影响混凝土强度检测结果的可靠性。因此,采用综合法进行工程检测的人员,应通过专门的技术培训,并持有相应的资质证书。

1.0.5 凡本规程涉及的其他有关方面问题,如施工现场测试、高空作业、现场用电等,均应遵守国家现行有关强制性标准的规定。

2 术语、符号

编写本章术语时,主要参考了现行国家标准《工程结构设计基本术语和通用符号》GBJ 132等规定。

关于检测单元,对于房屋建筑结构,是指按各层轴线间或同层平面内轴线间的混凝土梁、板、柱、墙等结构单元。对于铁路、公路的桥梁、桥墩,可将整榀桥梁(墩)视为一个检测单元。布置测区时,需要考虑分段浇筑的龄期,均匀布置,且每个单元设10个以上测区。对于大体积混凝土结构,可按混凝土体积、混凝土龄期等,均匀布置测区,且每个单元设10个以上测区。

3 回弹仪

3.1 一般规定

3.1.1～3.1.3 与现行行业标准《回弹法检测混凝土抗压强度技术规程》JGJ/T 23第3章第3.1节一致。

3.1.3 综合法采用的回弹仪系由机械零部件组成，检测环境和测试条件不满足检测要求将会带来测试偏差。当环境温度低于-4℃时，混凝土中的自由水结冰，体积增大，将导致回弹值偏高而产生较大的测试误差。

3.2 检定要求

3.2.1～3.2.3 与现行行业标准《回弹法检测混凝土抗压强度技术规程》JGJ/T 23 第 3 章第 2 节一致。

3.3 维护保养

3.3.1～3.3.3 与现行行业标准《回弹法检测混凝土抗压强度技术规程》JGJ/T 23 第 3 章第 3 节一致。

4 混凝土超声波检测仪器

4.1 一般规定

4.1.1 当前，用于混凝土检测的超声波检测仪有多种型号，其技术性能应符合现行行业标准《混凝土超声波检测仪》JG/T 5004 的规定。为了确保测试数据的可靠性，无论使用哪种型号的超声波检测仪器，都必须通过正式技术鉴定，并具有产品合格证和仪器检定证。超声波检测仪送计量单位进行检定后，有效期为一年。

4.1.2 原规程编制过程中，我国尚无数字式混凝土超声波检测仪，有关超声检测设备的技术要求是按当时模拟式非金属超声仪的技术性能提出的。近年来，国内先后研制生产了性能好、功能多的数字式非金属超声波检测仪。为了使本规程能适应这两类混凝土超声波检测仪的使用，在修订时，除了保留两类仪器的共性要求外，还分别对模拟式和数字式超声波检测仪的技术性能提出了要求。这两类混凝土超声波检测仪的特点是：

1 模拟式仪器的接收信号为连续模拟量，通过时域波形由人工读取声学参数。其中，声时采用游标或整形关门信号关断计数电路来测读脉冲波从发射到计数电路被关断所经历的时间，并经译码器和数码管显示出来。波幅读数是通过人工调节，读取衰减器的“dB”数或首波高度“格”数。

2 数字式仪器是将所接收的信号经高速 A/D 转换为离散的数字量并直接输入计算机，通过相关软件进行分析处理，自动读取声时、波幅和主频值并显示于仪器屏幕上。具有对数字信号采集、处理、存储等高度智能化的功能。

4.1.3 超声波检测仪应按现行行业标准《混凝土超声波检测仪》JG/T 5004 的要求进行质量检定，每项指标均应满足规定的要求，并在规定的检定有效期内使用。

4.1.4 两类超声波检测仪应满足下列通用技术要求：

1 混凝土强度检测主要利用超声波传播速度，获得可靠的声速值是靠准确测量声时和声传播路程。因此，为了准确测量声时，超声仪需具有稳定、清晰的波形显示系统。

2 声时最小分度是声时测量精度的决定因素，因此超声检测仪应满足这个要求。

3 由于不同首波高度下测量的声时值存在一定差异，因此在声时测量中宜采用衰减器先将首波调至一定高度后再进行测读。超声波检测仪应具有最小分度为 1dB 的衰减器。

4 仪器接收放大器的频响范围应与混凝土超声检测中所采用的换能器的频率相适应。检测混凝土所采用的换能器一般为 20～250kHz（混凝土强度检测为 50～100kHz），所以接收放大器在此频响范围内可以满足电气性能要求。对仪器不能单纯追求接收放大器的增益，应同时考虑其噪声水平，采用信噪比达到 3∶1 时的接收灵敏度较为适当，可以直观地反映出仪器的真实测试灵敏度。

5 仪器对电源电压有一个适应范围，当电压在此范围内波动时，仪器的技术指标仍能满足规定的要求。

4.1.5 对于模拟式超声波检测仪，除了满足上述要求外还应满足下列技术要求：

1 模拟式超声波检测仪必须具备手动游标读数功能，以便准确判读首波声时。自动整形声时读数功能一般仅能适应强信号、弱噪声条件。当信号较弱或信噪比较低时，自动整形读取的声时偏大甚至丢波，会造成很大的测试误差，应谨慎使用。

2 模拟式仪器数码显示的稳定性是准确测量声时的基础。现场测试时一般要求仪器连续工作4h以上，在此工作期间，仪器性能必须保持一定的稳定性。

4.1.6 对数字式超声波检测仪还应满足以下技术要求：

1 采集、存储数字信号并按检测要求对数据进行计算处理，是数字式超声波检测仪应具有的基本功能。

2 数字式仪器以采用自动判读为主，在大距离测试或信噪比极低的情况下，需要用手动游标读数。不管手动还是自动判读声时，在同一测试条件下，测读数值都应具有一定的重复性。复复性越好，说明声时读数越准确可靠，故应建立一个声时测量重复性的检查方法。在重复测试中，首波起始点的样本偏差点数乘以样本时间间隔，即为声时读数的差异。

3 在自动判读声时的过程中，仪器屏幕上应显示判读的位置，这样可及时检查自动读数是否有误。

4.1.7 综合法采用的超声仪由电子元器件组成，检测环境和测试条件如不满足检测要求，就会带来测试偏差。当环境温度低于0℃时，混凝土中的自由水结冰，体积增大，可导致声速值偏高而产生较大测试误差。当环境温度高于40℃时，超过了仪器例行的使用温度，因电子元件性能改变，也会产生测试误差。

4.2 换能器技术要求

4.2.1 大量模拟试验表明，由于超声脉冲波的频散效应，采用不同频率换能器测量的混凝土中声速有所不同，且声速有随换能器频率增高而增大的趋势。当换能器工作频率为50～100kHz时，所测声速偏差较小，所以本规程对换能器的工作频率作了限制。

4.2.2 换能器的实际频率与标称频率应尽量一致。若实际频率与标称频率差异过大，则测读的声时值会产生较大误差，以致测出的声速值难以反映混凝土的真实强度值。

4.3 校准和保养

4.3.1 由物理学可知，在常温下空气中的声速值除了随温度变化而有一定变化外，受其他因素的影响很小。因此，用测量空气中声速的方法定期检验仪器性能，是一种简单易行的方法。此方法不仅可检验仪器的计时机构是否可靠，还验证了仪器操作者的声时读取方法是否正确。

4.3.2 在声时测量过程中有一个声时初读数 t_0，而 t_0 除了与仪器的传输电路有关外还与换能器的构造和高频电缆长度有关。因此，每次检测时，应先对所用仪器和按需要配置的换能器、电缆线进行 t_0 测量。

4.3.3 为确保仪器处于正常状态，应定期对超声仪进行保养。仪器工作时应注意防尘、防震；仪器应存放在阴凉、干燥的环境中；对较长时间不用的仪器，应定期通电排除潮气。

5 测区回弹值和声速值的测量及计算

5.1 一般规定

5.1.1 本条第1、2、5款资料系检测结构或构件混凝土强度时应具有的必要资料。如需对结构进行鉴定计算，委托方还应提供设计（建筑、结构）图纸。

5.1.2 单个构件是指各层轴线间或同层平面内轴线间的混凝土梁、板、柱、墙等构件，检测时随混凝土龄期和混凝土设计强度等级不同而划分检测批。采用超声回弹综合法检测混凝土构件的强度时，检测构件的编号为框架柱（A—1）、框架梁（A—3—4）、混凝土板（A—B—3—4），以轴线间对应的构件为检测构件。本条规定了超声回弹综合法检测结构或构件测区布置的基本原则。所谓测区是指在结构或构件上同时进行超声、回弹测试的一个检测单元。

本规程规定，构件抽样数不应少于同批构件的30%，此规定严于现行国家标准《建筑结构检测技术标准》GB/T 50344的规定。当用于一般施工质量检测和结构性能检测时，可按照《建筑结构检测技术标准》GB/T 50344—2004规定的A、B检测类型抽样，见表1。

表1　建筑结构抽样检验的最小样本容量

检测批容量	检测类别和样本最小容量			检测批容量	检测类别和样本最小容量		
	A	B	C		A	B	C
2～8	2	2	3	501～1200	32	80	125
9～15	2	3	5	1201～3200	50	125	200
16～25	3	5	8	3201～10000	80	200	315
26～50	5	8	13	10001～35000	125	315	500
51～90	5	13	20	35001～150000	200	500	800
91～150	8	20	32	150001～500000	315	800	1250
151～280	13	32	50	＞500000	500	1250	2000
281～500	20	50	80				

5.1.3　按批抽样检测时，符合1～4款条件的构件才可作为同批构件。

5.1.4、5.1.5　规定了在被测构件或结构上布置测区的具体要求。

5.1.6、5.1.7　提出了对综合法测试顺序和测区混凝土强度计算的规定。

5.2　回弹测试及回弹值计算

5.2.1　因建立测强曲线时是将回弹仪置于水平方向测试混凝土试件的成型侧面，所以在一般情况下，均应按此要求进行现场回弹测试。当结构或构件不能满足这一要求时，也可将回弹仪置于非水平方面（如测试屋架复杆、基础坡面等），或混凝土成型的表面、底面（如测试混凝土顶板，或已安装好的预制构件）进行测试，但测试时回弹仪的轴线方向应始终与结构或构件的测试面垂直。回弹值按本规程第5.2.5条和5.2.6条的规定进行修正。

5.2.2、5.2.3　规定了测区的测点数量和位置。

5.2.4　本条规定了测区回弹代表值的计算方法。从16个回弹值中剔除3个较大值和3个较小值，取余下10个回弹值的平均值作为测区回弹代表值。此种计算方法与其他国家有所不同，本方法的测试和计算十分简捷，不必在测试现场计算和补点，且标准差较小。按此法计算，与建立测强曲线时的计算方法一致，不会引入新的误差。

5.2.5、5.2.6　由于现场检测条件的限制，有时只能沿非水平方向检测混凝土浇筑方向的侧面，或者沿水平方向检测构件浇灌的表面或底面，此时对所测得的回弹值需按不同测试角度或不同测试面进行修正。

5.2.7　当回弹仪测试采用非水平方向且测试面为非混凝土浇筑方向的侧面时，回弹值应先进行角度修正，再对按角度修正后的回弹值进行测试面修正。测区回弹值取最后的修正结果。

5.3　超声测试及声速值计算

5.3.1　3个超声测点应布置在回弹测试的同一测区内。超声测试应采用对测或角测，当被测构件不具备对测或角测条件时（如地下室外墙、底板），可采用单面平测法。平测时两个换能器的连线应与附近钢筋的轴线保持40°～50°夹角，以避免钢筋的影响。大量实践证明，平测时测距宜采用350～450mm，以使接收信号首波清晰易辩认。角测和平测的具体测试方法见附录B。

5.3.2　使用耦合剂是为了保证换能器辐射面与混凝土测试面达到完全面接触，排除其间的空气和杂物。同时，每一测点均应使耦合层达到最薄，以保持耦合状态一致，这样才能保证声时测量条件的一致性。

5.3.3　本条对声时读数和测距量测的精度提出了严格要求。因为声速值准确与否，完全取决于声时和测距量测是否准确可靠。

5.3.4、5.3.5　规定了测区混凝土中声速代表值的计算和修正方法。测区混凝土中声速代表值是取超声测距除以测区内3个测点混凝土中声时平均值。当超声测点在浇筑方向的侧面对测或斜测时，声速不做修正。如只能沿构件浇筑的表面和底面对测时，测得的声速偏低，试验表明，沿此方向测得的声速需要乘以修正系数 1.034。当只能在构件浇筑的表面或底面平测时，由于混凝土浇筑表面浮浆多，相对于侧面来说砂浆含量多石子含量小，因此测得的声速偏低；由于混凝土浇筑、振捣过程中石子下沉而导致底面层石子含量增多，因此测得的声速偏高。对比试验表明，与在侧面平测的声速相比较，在浇筑表面平测的声速约偏低 5%左右，在浇筑底面平测的声速约偏高 5%左右。

6 结构混凝土强度推定

6.0.1 本规程的强度换算适用于符合本条规定的普通混凝土。当与本条的规定有差异时，可从被测构件上钻取不少于 4 个 ϕ100×100mm 混凝土芯样进行修正。

6.0.2 结构或构件的测区混凝土抗压强度换算值，是由相应测区修正后的回弹代表值和声速代表值按测强曲线计算得出的。为提高混凝土强度换算值的准确性和可靠性，应优先采用专用或地区测强曲线进行计算。当无专用或地区测强曲线时，通过验证试验后可按本规程附录 C 进行抗压强度换算值的计算。

本规程修订后的全国统一测强曲线收集补充了一批泵送混凝土、长龄期和高强混凝土等方面的测试数据。数据来源有：

1 原综合法规程的测强数据

根据查阅到的原测强曲线的数据资料，当时是按不同水泥（矿渣硅酸盐、普通硅酸盐）、粗骨料（卵石、碎石）和超声仪器（JC-2 型、CTS-25 型、SC-2 型、英国 PUNDIT 型）测试的数据计算处理的，且对原数据强度进行了 5%的调整。

2 收集了北京泵送混凝土数据

从北京市 70 多个站中选择了在近郊东、南、北区分布的 20 个商品混凝土供应站，为制定北京地区泵送混凝土测强曲线提供了 2363 组数据（北京地区的泵送混凝土地方标准已发布实施）。

3 收集了长龄期和高强混凝土数据

陕西省建科院提供了 17、52 年的长龄期混凝土数据；贵州中建院提供了 16、18、22 年的长龄期混凝土数据；浙江院提供了高强和泵送混凝土数据；中国建研院收集了高强和泵送混凝土数据；广西区建科院和安徽省建研院提供了综合法测强数据等。

4000 多组数据的综合分析计算表明，本规程中卵石和碎石的测强曲线适用于：掺或不掺外加剂、粉煤灰、泵送剂；人工或一般机械搅拌、成型的混凝土、泵送混凝土；龄期为 7～2000d 的混凝土；强度为10～70MPa 的结构或构件混凝土的强度检测推定。综合法测强曲线的系数值和统计分析指标见表 2。

表 2 综合法测强曲线的系数值和统计分析指标

序号	骨料种类	试件数量	回归系数			相关系数 r	标准差 s	相对误差（%）	平均相对误差（%）
			a	b	c				
1	卵石	4157	0.005599	1.438657	1.768646	0.9148	5.51	15.7	13.1
2	碎石	4390	0.016183	1.655800	1.406373	0.9122	5.33	15.3	12.5

6.0.3 试验表明，由于卵石和碎石的表面状态完全不同，混凝土内部界面的粘结状况也不相同。在相同的配合比时，碎石因表面粗糙，与砂浆界面粘结较好，因而混凝土的强度较高；卵石因表面光滑影响粘结，混凝土强度低。不同石子品种中超声波声速不相同，即使是同一石子品种而产地不同，声速也有差别。许多科研单位进行了大量的试验结果表明，当石子品种不同时，应分别建立测强曲线。本规程按不同品种的粗骨料，分别建立了强度换算公式。

6.0.4 由于我国幅员辽阔，材料分散，混凝土品种繁多，生产工艺又不断改进，所建立的全国统一曲线很难适应全国各地的情况。因此，凡有条件的省、自治区、直辖市，可采用本地区常用的有代表性的材料、成型养护工艺和龄期为基本条件，制作一定数量的混凝土立方体试件，进行超声、回弹和抗压试验，建立本地区测强曲线或大型工程专用测强曲线。这种测强曲线,对于本地区或本工程来说,它的适应性和强度推定误差均优于全国统一曲线。本规程规定,专用测强曲线相对误差 $e_r \leqslant 12\%$;地区测强曲线相对误差 $e_r \leqslant 14\%$。

6.0.5 结构或构件混凝土强度的平均值和标准差是用各测区的混凝土强度换算值来计算。当按批推定混凝土强度时,如测区混凝土强度标准差超过本规程 6.0.6 条规定,说明该批构件的混凝土制作条件不尽相同,混凝土强度质量均匀性差,不能按批推定混凝土强度。

6.0.6 当现场检测条件与测强曲线的适用条件有较大差异时,需用同条件立方体试件或在测区钻取的混凝土芯样试件进行修正。修正的方法有修正系数法和修正量法,本规程采用修正系数法。在确定修正系数时,试件数量不应少于 4 个。工程实践和理论分析表明,修正系数估计的准确程度与确定修正系数的试件数量 n 有关,修正系数的标准差与试件数量的平方根$\sqrt{n}$成反比。作为确定修正系数的试件取 3 个太少,但由于取芯工作量大,且不宜在结构上钻取过多数量的芯样,因此,综合考虑修正系数估计的准确度和取芯工作量,规定取样数量不少于 4 个。然后按公式(6.0.6-1)或(6.0.6-2)计算修正系数。

如从被测构件中钻取的混凝土芯样尺寸不符合本条的规定,则采用式(6.0.6-2)计算 η 时尚应按现行协会标准《钻芯法检测混凝土强度技术规程》CECS 03 的规定考虑芯样强度与立方体试件强度的换算关系。

6.0.7 按本规程检测推定的混凝土抗压强度不等于施工现场取样成型并标准养护 28d 所得的试件抗压强度。因此,在正常情况下混凝土强度的验收与评定,应按现行国家标准执行。

当构件测区数少于 10 个小时,应按式(6.0.7-1)计算推定抗压强度。当构件测区数不少于 10 个时,应按式(6.0.7-2)计算推定抗压强度。当按批推定构件混凝土抗压强度时,也应按式(6.0.7-2)计算,但此时的强度平均值和标准差应采用该检验批中所有抽检构件的测区强度来计算。

当结构或构件的测区抗压强度换算值中出现小于 10.0MPa 的值时,该构件混凝土抗压强度推定值 $f_{cu,e}$应取小于 10MPa。

如测区换算值小于 10.0MPa 或大于 70.0MPa,因超出了本规程强度换算方法的适用范围,故该测区的混凝土抗压强度应表述为"<10.0MPa",或">70.0MPa"。如构件测区中有小于 10.0MPa 的测区,因不能计算构件混凝土的强度标准差,则该构件混凝土的推定强度应表述为"10.0MPa";如构件测区中有大于 70.0MPa 的测区,也不能计算构件混凝土的强度标准差,此时,构件混凝土抗压强度的推定值取该构件各测区中最小的测区混凝土抗压强度换算值。

6.0.8 对按批量检测的构件,如该批构件的混凝土质量不均匀,测区混凝土强度标准差大于规定的范围,则该批构件应全部按单个构件进行强度推定。

本条中,混凝土抗压强度平均值 $m_{f_{cu}^c} \leqslant 50$MPa 时标准差 $s_{f_{cu}^c}$ 的限值,系按原规程的规定。$m_{f_{cu}^c} >$ 50MPa 时 $s_{f_{cu}^c}$ 的限值,是参考北京地区四个大型商品混凝土搅拌站生产的 C50～C60 混凝土的标养抗压强度统计数据确定的,见表 3。

表 3　C50～C60 混凝土标养抗压强度统计数据

序	单位名称	试件组数	平均值(MPa)	标准差(MPa)
1	中思成	1340	63.8	6.32
2	科实恒			
3	城建四公司			
4	建工六建公司			

注:每组三个试件取其平均值。

由表可见,C50～C60 混凝土的抗压强度标准差为 6.32MPa。所以,当结构或构件混凝土抗压强度平均值大于 50.0MPa 时,限制 $s_{f^c_{cu}}$ 不大于 6.50MPa 是合适的。

附录 A
建立专用或地区混凝土强度曲线的基本要求

建立专用或地区测强曲线的目的,是为了使测强曲线的使用条件尽可能地符合本地区或某一专项工程的实际情况,以减少工程检测中的验证和修正工作量,同时也可避免因修正不当带入新的误差因素,从而提高综合法检测混凝土强度的准确性和可靠性。因此,建立专用或地区测强曲线时,除了采用专项工程的混凝土原材料或本地区常用原材料,以及混凝土配合比外,还应严格控制试件的制作、养护及超声、回弹和抗压强度试验等每一操作环节,并注意观察、记录试验过程中的异常现象(如试件测试面是否平整、试件是否为标准立方体、测试时试件表面干湿状态、抗压破坏是否有偏心受压、混凝土中的石子含量偏多或偏少及分布是否均匀等),对明显异常的数据,应认真分析其原因再确定取舍。根据声速代表值、回弹代表值和试件抗压强度实测值进行回归分析、相关分析和误差分析,可得到混凝土强度曲线。根据回归方程的误差分析结果,也可针对误差特别大的个别数据进行分析判断,若系试验过程中带进的较大误差,可以剔除该数据后再进行回归分析。总之,建立测强曲线是一个技术性很强的工作,必须认真仔细、严肃对待。

除本规程附录 A 中式(A.0.8-1)推荐的回归方程形式外,如有其他更好的形式,只要满足第 6.0.4 条的要求都可以采用。

附录 B
超声波角测、平测和声速计算方法

B.1 超声波角测方法

B.1.1 有时被测构件旁边存在墙体、管道等障碍物,只有两个相邻表面可供检测,此时仍然可以进行综合测强,即在两个相邻表面的对应位置布置超声测点,采用丁角方法测量混凝土声速。

B.1.2 为使超声波能充分反映构件内部混凝土的质量,同时还要尽可能避开钢筋的影响,布置超声测点时最好使换能器尽量离开构件边缘远一些(图 B.1.1)。计算分析表明,换能器中心点与构件边缘的距离只要不小于 200mm,即使混凝土声速小到 3.50~3.80km/s 也不会受钢筋的影响。在检测中可能会遇到一个表面较窄、另一表面较宽的构件,所以布置测点时不要求 l_1 与 l_2 相等,但二者相差不宜大于 2 倍。

B.1.3、B.1.4 大量对比试验表明,可采用 F、S 换能器中心点与构件边缘的距离 l_1、l_2,按几何学原理计算超声测距 l;用此测距 l 与角测的声时值计算所得的声速值,与对测的声速值没有明显差异,不需作任何修正。

B.2 超声波平测方法

B.2.1 原规程没有规定平测方法,但在实际工程检测中有时遇到被测构件只能提供一个测试表面(如道路、机场跑道、楼板、隧道、挡土墙等)。为了使本规程能适应各种类型构件的测试需要,这次修订增加了平测方法。所谓超声波平测法,就是将发射和接收换能器耦合于被测构件的同一表面上进行声时测量。因平测法只能反映浅层混凝土的质量,所以厚度较大的板式结构(如混凝土承台、筏板等)不宜用平测法,可沿结构表面每隔一定距离钻一个 ϕ40mm~ϕ50mm 的超声测试孔,采用径向振动式换能器进行声速测量。

B.2.2 因为板式结构或构件的表面内侧常分布有钢筋网片,为了避开钢筋的影响,布置超声测点时应使发射和接收换能器的连线与测点附近钢筋的轴线保持一定夹角,一般可取 40°~50°。大量实践证明,平测时测距过小或过大，超声接收信号的首波起始点难以辨认，测读的声时误差较大。一般将发射、接收换能器中对中距离保持在350～450mm，首波起始点较易辨认，便于进行声时测量。

B.2.3 模拟试验和在工程检测中所做的平测与对测比较表明，平测声速 v_p 与对测声速 v_d 之间存在差异，且差异并非固定值。平测声速受测试表面质量好坏的影响较大。当测试部位混凝土质量表里一致(表面光洁、平整且未受任何损伤)时，平测与对测的声速值差异不大，一般 $v_d/v_p=1.00\sim1.03$；如果混凝土测试表面粗糙、疏松或存在微裂缝，则 v_p 与 v_d 之间的差异较大，一般 $v_d/v_p=1.04\sim1.15$。在工程检测中，如有条件在同一测试部位(如剪力墙门洞附近)做平测和对测比较，则可求出实测修正系数 λ，可按 λ 对平测声速进行修正。

B.2.4 当无条件做对比测试时，可选取结构或构件有代表性的部位，改变发射和接收换能器之间的测距，逐点读取相应声时值，然后以测距 l_i 与对应的 t_i 求回归直线 $l=a+bt$，其中回归系数 b 相当于对测时的混凝土声速 v_d，然后以 v_d 与各测点平测声速 v_p 的平均值进行比较，即可求出该状态下的平测声速修正系数 λ。

下面是几个平测实例的回归分析结果(表4)：

表4 几个平测实例的回归分析结果

测点	测距(mm)	200	250	300	350	400	450	500	平均值
1	声时(μs)	54.6	63.4	72.2	85.0	97.8	109.8	113.8	
	平测声速(km/s)	3.66	3.94	4.16	4.12	4.09	4.10	4.39	4.07
	回归方程	$l=-48.85+4.68t$　$r=0.9947$　$\lambda=4.68/4.07=1.151$							
2	声时(μs)	54.6	71.8	82.6	97.8	114.6	120.6	126.0	
	平测声速(km/s)	3.66	3.48	3.63	3.58	3.49	3.73	3.97	3.65
	回归方程	$l=-28.74+3.97t$　$r=0.9872$　$\lambda=3.97/3.65=1.088$							
3	声时(μs)	73.8	91.4	105.8	127.4	129.8	139.4	157.0	
	平测声速(km/s)	2.71	2.74	2.84	2.75	3.08	3.23	3.18	2.93
	回归方程	$l=83.97+3.68t$　$r=0.9862$　$\lambda=3.68/2.93=1.257$							
4	声时(μs)	48.2	64.6	80.6	87.4	98.6	111.4	125.0	
	平测声速(km/s)	4.15	3.87	3.72	4.00	4.06	4.04	4.00	3.98
	回归方程	$l=-6.84+4.06t$　$r=0.9954$　$\lambda=4.06/3.98=1.020$							

注：测点2表面较好，修正系数 $\lambda=1.02$；测点1表面较差，$\lambda=1.151$；测点3表面较疏松，且有不规则微裂缝，$\lambda=1.257$。

B.2.5 平测时混凝土声速的计算，应根据所测构件测试面的实际情况求出修正系数 λ 并对声速进行修正，然后进行混凝土抗压强度计算。

附录C
测区混凝土抗压强度换算

本规程测强曲线中新增加了长龄期混凝土、高强混凝土和泵送混凝土的数据，故适用于符合第6.0.2条规定条件的普通混凝土。大量研究表明，混凝土粗骨料的品种和材质对综合法测强有较大影响，但全国不同地区的粗骨料岩石种类和材质差异很大，不可能逐一建立测强曲线，因此本规程提供的全国统一综合法测强曲线，只有卵石和碎石两个品种。当该两种测强曲线能适应某些地区的材质条件时，混凝土强度的测试误差较小，当与某些地区的材质条件不能适应时，混凝土强度的测试误差将很大，因此，使用该曲线前必须选通过验证的，不得盲目套用。

测区混凝土的抗压强度换算,可根据同一测区的声速修正代表值和回弹修正代表值直接从强度换算表中查得,也可采用强度换算曲线公式计算。如出现测区换算强度值小于 10.0MPa 或大于 70.0MPa,即超出换算曲线的适应范围时,该测区的抗压强度应表述为“<10.0MPa”或“>70.0MPa”。

附录 D
综合法测定混凝土强度曲线的验证方法

当缺乏专用或地区测强曲线而需采用本规程规定的全国统一测强曲线时,应先按本附录的规定进行验证。

附录 E
用实测空气声速法校准超声仪

由物理学可知,空气中的声速除了随温度而变化外,受其他因素的影响很小。所以,采用测量空气中声速的方法定期检验仪器的性能,是一种简单易行的方法。该方法不仅检验仪器的计时机构是否可靠,还检验了仪器操作者的声时读取方法是否正确。一般说来,只要超声仪正常,操作人员的测试操作也准确无误,测试结果的相对误差 e_r 不应超过±0.5%。如果出现 e_r 超过±0.5%的情况,应首先复核测试操作是否正确,否则属于仪器计时系统不正常。

附录 F
超声回弹综合法检测记录表

附录 G
结构混凝土抗压强度计算表

两种表格供现场检测和数据汇总,以及留档存查之用。

附录 F 中,测区回弹代表值 R 应取 10 个测点有效回弹值 R_i 的平均值;测区声速代表值 v 应取 3 个测点声速值 $\left(v_i=\dfrac{l_i}{t_i-t_0}\right)$ 的平均值。

对测区数多于 10 个的构件,仍可利用附录 F、附录 G 中的表,只需在测区栏的序号上加一个“十”位数字而成为 11,12,……20 等即可。

中华人民共和国行业标准

回弹法检测混凝土抗压强度技术规程

JGJ/T 23—2001

Technical Specification for Inspection of Concrete Compressive Strength by Rebound Method

前　　言

根据建设部建标[1999]309号文的要求,规程编制组经广泛调查研究,认真总结实践经验,并在广泛征求意见的基础上,修订了本规程。

本规程的主要技术内容是:1　总则;2　术语、符号;3　回弹仪;4　检测技术;5　回弹值计算;6　测强曲线;7　混凝土强度的计算。

本规程修订的主要技术内容是:1. 规定了混凝土回弹仪的检定方法应按照国家现行标准《混凝土回弹仪》JJG 817执行;2. 检测泵送混凝土制作的构件强度时应予修正;3. 扩大了统一测强曲线的适用范围;4. 改变了构件强度推定值的方法。

本规程由建设部建筑工程标准技术归口单位中国建筑科学研究院归口管理,授权由主编单位负责具体解释。

本规程主编单位是:陕西省建筑科学研究设计院(地址:西安市环城西路北段272号　邮政编码:710082)

本规程参加单位是:陕西省建设工程质量安全监督总站、浙江省建筑科学设计研究院、中国建筑科学研究院、山东省乐陵市回弹仪厂、四川省建筑科学研究院、江苏省建筑科学研究院。

本规程主要起草人是:陈丽霞、文恒武、李玉林、徐国孝、邱平、王明堂、彭泽杨、魏超琪、刘敬思。

1　总则

1.0.1　为统一使用回弹仪检测普通混凝土抗压强度的方法,保证检测精度,制定本规程。

1.0.2　本规程适用于工程结构普通混凝土抗压强度(以下简称混凝土强度)的检测。

当对结构的混凝土强度有检测要求时,可按本规程进行检测,检测结果可作为处理混凝土质量问题的一个依据。

本规程不适用于表层与内部质量有明显差异或内部存在缺陷的混凝土结构或构件的检测。

1.0.3　使用回弹仪进行工程检测的人员,应通过主管部门认可的专业培训,并应持有相应的资格证书。

1.0.4　使用回弹法检测及推定混凝土强度,除应遵守本规程外,尚应符合国家现行的有关强制性标准的规定。

中华人民共和国建设部2001-06-29发布　　2001-10-01实施

2 术语、符号

2.1 术语

2.1.1 测区 test area

检测结构或构件混凝土抗压强度时的一个检测单元。

2.1.2 测点 test point

在测区内进行的一个检测点。

2.1.3 测区混凝土强度换算值 conversion value of concrete compressive strength of test area

由测区的平均回弹值和碳化深度值通过测强曲线计算得到的该检测单元的现龄期混凝土抗压强度值。

2.2 符号

R_i——第 i 个测点的回弹值。

R_m——测区或试件的平均回弹值。

$R_{m\alpha}$——回弹仪非水平状态检测时，测区的平均回弹值。

R_m^t——回弹仪在水平方向检测混凝土浇筑表面时，测区的平均回弹值。

R_m^b——回弹仪在水平方向检测混凝土浇筑底面时，测区的平均回弹值。

R_a^t——回弹仪检测混凝土浇筑表面时，回弹值的修正值。

R_a^b——回弹仪检测混凝土浇筑底面时，回弹值的修正值。

$R_{a\alpha}$——非水平状态检测时，回弹值的修正值。

d_i——第 i 次测量的碳化深度值。

d_m——测区的平均碳化深度值。

$f_{cu,i}^c$——测区混凝土强度换算值。

$f_{cu,i}$——泵送混凝土测区混凝土强度换算值。

$m_{f_{cu}^c}$——测区混凝土强度换算值的平均值。

$f_{cu,min}^c$——构件中最小的测区混凝土强度换算值。

$s_{f_{cu}^c}$——同批构件测区混凝土强度换算值的标准差。

$f_{cu,e}$——构件混凝土强度推定值。

η——修正系数。

K——泵送混凝土测区混凝土强度换算值的修正值。

3 回弹仪

3.1 技术要求

3.1.1 测定回弹值的仪器，宜采用示值系统为指针直读式的混凝土回弹仪。

3.1.2 回弹仪必须具有制造厂的产品合格证及检定单位的检定合格证，并应在回弹仪的明显位置上具有下列标志：名称、型号、制造厂名（或商标）、出厂编号、出厂日期和中国计量器具制造许可证标志 CMC 及许可证证号等。

3.1.3 回弹仪应符合下列标准状态的要求：

1 水平弹击时，弹击锤脱钩的瞬间，回弹仪的标准能量应为 2.207J；

2 弹击锤与弹击杆碰撞的瞬间，弹击拉簧应处于自由状态，此时弹击锤起跳点应相应于指针指示刻度尺上“0”处；

3 在洛氏硬度 HRC 为 60±2 的钢砧上，回弹仪的率定值应为 80±2。

3.1.4 回弹仪使用时的环境温度应为－4～40 ℃。

3.2 检定

3.2.1 回弹仪具有下列情况之一时应送检定单位检定：

1 新回弹仪启用前；

2 超过检定有效期限(有效期为半年)；

3 累计弹击次数超过6000次；

4 经常规保养后钢砧率定值不合格；

5 遭受严重撞击或其他损害。

3.2.2 回弹仪应由法定部门并按照国家现行标准《混凝土回弹仪》JJG 817对回弹仪进行检定。

3.2.3 回弹仪在工程检测前后，应在钢砧上作率定试验，并应符合本规程第3.1.3条的规定。

3.2.4 回弹仪率定试验宜在干燥、室温为5～35 ℃的条件下进行。率定时，钢砧应稳固地平放在刚度大的物体上。测定回弹值时，取连续向下弹击三次的稳定回弹平均值。弹击杆应分四次旋转，每次旋转宜为90°。弹击杆每旋转一次的率定平均值应为80±2。

3.3 保养

3.3.1 回弹仪具有下列情况之一时应进行常规保养：

1 弹击超过2 000次；

2 对检测值有怀疑时；

3 在钢砧上的率定值不合格。

3.3.2 常规保养应符合下列规定：

1 使弹击锤脱钩后取出机芯，然后卸下弹击杆，取出里面的缓冲压簧，并取出弹击锤、弹击拉簧和拉簧座；

2 机芯各零部件应进行清洗，重点清洗中心导杆、弹击锤和弹击杆的内孔和冲击面。清洗后应在中心导杆上薄薄涂抹钟表油，其他零部件均不得抹油；

3 应清理机壳内壁，卸下刻度尺，并应检查指针，其摩擦力应为0.5～0.8 N；

4 不得旋转尾盖上已定位紧固的调零螺丝；

5 不得自制或更换零部件；

6 保养后应按本规程第3.2.4条的要求进行率定试验。

3.3.3 回弹仪使用完毕后应使弹击杆伸出机壳，清除弹击杆、杆前端球面、以及刻度尺表面和外壳上的污垢、尘土。回弹仪不用时，应将弹击杆压入仪器内，经弹击后方可按下按钮锁住机芯，将回弹仪装入仪器箱，平放在干燥阴凉处。

4 检测技术

4.1 一般规定

4.1.1 结构或构件混凝土强度检测宜具有下列资料：

1 工程名称及设计、施工、监理(或监督)和建设单位名称；

2 结构或构件名称、外形尺寸、数量及混凝土强度等级；

3 水泥品种、强度等级、安定性、厂名；砂、石种类、粒径；外加剂或掺合料品种、掺量；混凝土配合比等；

4 施工时材料计量情况，模板、浇筑、养护情况及成型日期等；

5 必要的设计图纸和施工记录；

6 检测原因。

4.1.2 结构或构件混凝土强度检测可采用下列两种方式，其适用范围及结构或构件数量应符合下列规定：

1 单个检测：适用于单个结构或构件的检测；

2　批量检测：适用于在相同的生产工艺条件下，混凝土强度等级相同，原材料、配合比、成型工艺、养护条件基本一致且龄期相近的同类结构或构件。按批进行检测的构件，抽检数量不得少于同批构件总数的 30％且构件数量不得少于 10 件。抽检构件时，应随机抽取并使所选构件具有代表性。

4.1.3　每一结构或构件的测区应符合下列规定：

1　每一结构或构件测区数不应少于 10 个，对某一方向尺寸小于 4.5 m 且另一方向尺寸小于 0.3 m的构件，其测区数量可适当减少，但不应少于 5 个；

2　相邻两测区的间距应控制在 2 m 以内，测区离构件端部或施工缝边缘的距离不宜大于 0.5 m，且不宜小于 0.2 m；

3　测区应选在使回弹仪处于水平方向检测混凝土浇筑侧面。当不能满足这一要求时，可使回弹仪处于非水平方向检测混凝土浇筑侧面、表面或底面；

4　测区宜选在构件的两个对称可测面上，也可选在一个可测面上，且应均匀分布。在构件的重要部位及薄弱部位必须布置测区，并应避开预埋件；

5　测区的面积不宜大于 0.04 m^2；

6　检测面应为混凝土表面，并应清洁、平整，不应有疏松层、浮浆、油垢、涂层以及蜂窝、麻面，必要时可用砂轮清除疏松层和杂物，且不应有残留的粉末或碎屑；

7　对弹击时产生颤动的薄壁、小型构件应进行固定。

4.1.4　结构或构件的测区应标有清晰的编号，必要时应在记录纸上描述测区布置示意图和外观质量情况。

4.1.5　当检测条件与测强曲线的适用条件有较大差异时，可采用同条件试件或钻取混凝土芯样进行修正，试件或钻取芯样数量不应少于 6 个。钻取芯样时每个部位应钻取一个芯样，计算时，测区混凝土强度换算值应乘以修正系数。

修正系数应按下列公式计算：

$$\eta=\frac{1}{n}\sum_{i=1}^{n} f_{\mathrm{cu},i}/f_{\mathrm{cu},i}^{\mathrm{c}} \tag{4.1.5-1}$$

或

$$\eta=\frac{1}{n}\sum_{i=1}^{n} f_{\mathrm{cor},i}/f_{\mathrm{cu},i}^{\mathrm{c}} \tag{4.1.5-2}$$

式中：η——修正系数，精确到 0.01；

$f_{\mathrm{cu},i}$——第 i 个混凝土立方体试件（边长为 150 mm）的抗压强度值，精确到 0.1 MPa；

$f_{\mathrm{cor},i}$——第 i 个混凝土芯样试件的抗压强度值，精确到 0.1 MPa；

$f_{\mathrm{cu},i}^{\mathrm{c}}$——对应于第 i 个试件或芯样部位回弹值和碳化深度值的混凝土强度换算值，可按本规程附录 A 采用；

n——试件数。

4.1.6　泵送混凝土制作的结构或构件的混凝土强度的检测应符合下列规定：

1　当碳化深度值不大于 2.0 mm 时，每一测区混凝土强度换算值应按本规程附录 B 修正。

2　当碳化深度值大于 2.0 mm 时，可按本规程第 4.1.5 条的规定进行检测。

4.2　回弹值测量

4.2.1　检测时，回弹仪的轴线应始终垂直于结构或构件的混凝土检测面，缓慢施压，准确读数，快速复位。

4.2.2　测点宜在测区范围内均匀分布，相邻两测点的净距不宜小于 20 mm；测点距外露钢筋、预埋件的距离不宜小于 30 mm。测点不应在气孔或外露石子上，同一测点只应弹击一次。每一测区应记取 16 个回弹值，每一测点的回弹值读数估读至 1。

4.3 碳化深度值测量

4.3.1 回弹值测量完毕后，应在有代表性的位置上测量碳化深度值，测点表不应少于构件测区数的30%，取其平均值为该构件每测区的碳化深度值。当碳化深度值极差大于2.0 mm时，应在每一测区测量碳化深度值。

4.3.2 碳化深度值测量，可采用适当的工具在测区表面形成直径约15 mm的孔洞，其深度应大于混凝土的碳化深度。孔洞中的粉末和碎屑应除净，并不得用水擦洗。同时，应采用浓度为1%的酚酞酒精溶液滴在孔洞内壁的边缘处，当已碳化与未碳化界线清楚时，再用深度测量工具测量已碳化与未碳化混凝土交界面到混凝土表面的垂直距离，测量不应少于3次，取其平均值。每次读数精确至0.5 mm。

5 回弹值计算

5.0.1 计算测区平均回弹值，应从该测区的16个回弹值中剔除3个最大值和3个最小值，余下的10个回弹值应按下式计算：

$$R_m=\frac{\sum_{i=1}^{10}R_i}{10} \tag{5.0.1}$$

式中：R_m——测区平均回弹值，精确至0.1；

R_i——第i个测点的回弹值。

5.0.2 非水平方向检测混凝土浇筑侧面时，应按下式修正：

$$R_m=R_{m\alpha}+R_{a\alpha} \tag{5.0.2}$$

式中：$R_{m\alpha}$——非水平状态检测时测区的平均回弹值，精确至0.1；

$R_{a\alpha}$——非水平状态检测时回弹值修正值，可按本规程附录C采用。

5.0.3 水平方向检测混凝土浇筑顶面或底面时，应按下列公式修正：

$$R_m=R_m^t+R_a^t \tag{5.0.3-1}$$

$$R_m=R_m^b+R_a^b \tag{5.0.3-2}$$

式中：R_m^t、R_m^b——水平方向检测混凝土浇筑表面、底面时，测区的平均回弹值，精确至0.1；

R_a^t、R_a^b——混凝土浇筑表面、底面回弹值的修正值，应按本规程附录D采用。

5.0.4 当检测时回弹仪为非水平方向且测试面为非混凝土的浇筑侧面时，应先按本规程附录C对回弹值进行角度修正，再按本规程附录D对修正后的值进行浇筑面修正。

6 测强曲线

6.1 一般规定

6.1.1 混凝土强度换算值可采用以下三类测强曲线计算：

1 统一测强曲线：由全国有代表性的材料、成型养护工艺配制的混凝土试件，通过试验所建立的曲线；

2 地区测强曲线：由本地区常用的材料、成型养护工艺配制的混凝土试件，通过试验所建立的曲线；

3 专用测强曲线：由与结构或构件混凝土相同的材料、成型养护工艺配制的混凝土试件，通过试验所建立的曲线。

6.1.2 对有条件的地区和部门，应制定本地区的测强曲线或专用测强曲线，经上级主管部门组织审定和批准后实施。各检测单位应按专用测强曲线、地区测强曲线、统一测强曲线的次序选用测强曲线。

6.2 统一测强曲线

6.2.1 符合下列条件的混凝土应采用本规程附录A进行测区混凝土强度换算：

1 普通混凝土采用的材料、拌和用水符合现行国家有关标准；

2 不掺外加剂或仅掺非引气型外加剂；

3 采用普通成型工艺；

4 采用符合现行国家标准《混凝土结构工程施工及验收规范》GB 50204 规定的钢模、木模及其他材料制作的模板；

5 自然养护或蒸气养护出池后经自然养护 7 d 以上，且混凝土表层为干燥状态；

6 龄期为 14～1 000 d；

7 抗压强度为 10～60 MPa。

6.2.2 制订测区混凝土强度换算表所依据的统一测强曲线，其强度误差值应符合下列规定：

1 平均相对误差(δ)不应大于±15.0%；

2 相对标准差(e_r)不应大于 18.0%。

6.2.3 当有下列情况之一时，测区混凝土强度值不得按本规程附录 A 换算，但可制定专用测强曲线或通过试验进行修正，专用测强曲线的制定方法宜符合附录 E 的有关规定：

1 粗集料最大粒径大于 60 mm；

2 特种成型工艺制作的混凝土；

3 检测部位曲率半径小于 250 mm；

4 潮湿或浸水混凝土。

6.2.4 当构件混凝土抗压强度大于 60 MPa 时，可采用标准能量大于 2.207 J 的混凝土回弹仪，并应另行制订检测方法及专用测强曲线进行检测。

6.3 地区和专用测强曲线

6.3.1 地区和专用测强曲线的强度误差值应符合下列规定：

1 地区测强曲线：平均相对误差(δ)不应大于±14.0%；

相对标准差(e_r)不应大于 17.0%；

2 专用测强曲线：平均相对误差(δ)不应大于±12.0%；

相对标准差(e_r)不应大于 14.0%；

3 平均相对误差(δ)和相对标准差(e_r)的计算应符合本规程附录 E 的规定。

6.3.2 地区和专用测强曲线应与制定该类测强曲线条件相同的混凝土相适应，不得超出该类测强曲线的适用范围。应经常抽取一定数量的同条件试件进行校核，当发现有显著差异时，应及时查找原因，并不得继续使用。

7 混凝土强度的计算

7.0.1 结构或构件第 i 个测区混凝土强度换算值，可按本规程第 5 章所求得的平均回弹值(R_m)及按本规程第 4.3.2 条所求得的平均碳化深度值(d_m)由本规程附录 A 查表得出，泵送混凝土还应按本规程第 4.1.6 条计算。当有地区测强曲线或专用测强曲线时，混凝土强度换算值应按地区测强曲线或专用测强曲线换算得出。

7.0.2 结构或构件的测区混凝土强度平均值可根据各测区的混凝土强度换算值计算。当测区数为 10 个及以上时，应计算强度标准差。平均值及标准差应按下列公式计算：

$$m_{f_{cu}^c}=\frac{\sum_{i=1}^{n}f_{cu,i}^c}{n} \tag{7.0.2-1}$$

$$s_{f_{cu}^c}=\sqrt{\frac{\sum_{i=1}^{n}(f_{cu,i}^c)^2-n(m_{f_{cu}^c})^2}{n-1}} \tag{7.0.2-2}$$

式中：$m_{f_{cu}^c}$——结构或构件测区混凝土强度换算值的平均值(MPa)，精确至 0.1 MPa；

n——对于单个检测的构件，取一个构件的测区数；对批量检测的构件，取被抽检构件测区数之和；

$s_{f^c_{cu}}$——结构或构件测区混凝土强度换算值的标准差(MPa)，精确至 0.01 MPa。

7.0.3 结构或构件的混凝土强度推定值($f_{cu,e}$)应按下列公式确定：

1 当该结构或构件测区数少于 10 个时：

$$f_{cu,e}=f^c_{cu,min} \tag{7.0.3-1}$$

式中：$f^c_{cu,min}$——构件中最小的测区混凝土强度换算值。

2 当该结构或构件的测区强度值中出现小于 10.0 MPa 时：

$$f_{cu,e}<10.0\ \text{MPa} \tag{7.0.3-2}$$

3 当该结构或构件测区数不少于 10 个或按批量检测时，应按下列公式计算：

$$f_{cu,e}=m_{f^c_{cu}}-1.645\ s_{f^c_{cu}} \tag{7.0.3-3}$$

注：结构或构件的混凝土强度推定值是指相应于强度换算值总体分布中保证率不低于 95% 的结构或构件中的混凝土抗压强度值。

7.0.4 对按批量检测的构件，当该批构件混凝土强度标准差出现下列情况之一时，则该批构件应全部按单个构件检测：

1 当该批构件混凝土强度平均值小于 25 MPa 时：

$$s_{f^c_{cu}}>4.5\ \text{MPa};$$

2 当该批构件混凝土强度平均值不小于 25 MPa 时：

$$s_{f^c_{cu}}>5.5\ \text{MPa}。$$

7.0.5 检测后应填写检测报告，并应符合本规程附录 F 的规定。

附 录 A
测区混凝土强度换算表

平均回弹值 R_m	测区混凝土强度换算值 $f^c_{cu,i}$(MPa)												
	平均碳化深度值 d_m(mm)												
	0	0.5	1.0	1.5	2.0	2.5	3.0	3.5	4.0	4.5	5.0	5.5	≥6.0
20.0	10.3	10.1	—	—	—	—	—	—	—	—	—	—	—
20.2	10.5	10.3	10.0	—	—	—	—	—	—	—	—	—	—
20.4	10.7	10.5	10.2	—	—	—	—	—	—	—	—	—	—
20.6	11.0	10.8	10.4	10.1	—	—	—	—	—	—	—	—	—
20.8	11.2	11.0	10.6	10.3	—	—	—	—	—	—	—	—	—
21.0	11.4	11.2	10.8	10.5	10.0	—	—	—	—	—	—	—	—
21.2	11.6	11.4	11.0	10.7	10.2	—	—	—	—	—	—	—	—
21.4	11.8	11.6	11.2	10.9	10.4	10.0	—	—	—	—	—	—	—
21.6	12.0	11.8	11.4	11.0	10.6	10.2	—	—	—	—	—	—	—
21.8	12.3	12.1	11.7	11.3	10.8	10.5	10.1	—	—	—	—	—	—
22.0	12.5	12.2	11.9	11.5	11.0	10.6	10.2	—	—	—	—	—	—
22.2	12.7	12.4	12.1	11.7	11.2	10.8	10.4	10.0	—	—	—	—	—
22.4	13.0	12.7	12.4	12.0	11.4	11.0	10.7	10.3	10.0	—	—	—	—
22.6	13.2	12.9	12.5	12.1	11.6	11.2	10.8	10.4	10.2	—	—	—	—

续表

平均回弹值 R_m	测区混凝土强度换算值 $f^c_{cu,i}$(MPa)												
	平均碳化深度值 d_m(mm)												
	0	0.5	1.0	1.5	2.0	2.5	3.0	3.5	4.0	4.5	5.0	5.5	≥6.0
22.8	13.4	13.1	12.7	12.3	11.8	11.4	11.0	10.6	10.3	—	—	—	—
23.0	13.7	13.4	13.0	12.6	12.1	11.6	11.2	10.8	10.5	10.1	—	—	—
23.2	13.9	13.6	13.2	12.8	12.2	11.8	11.4	11.0	10.7	10.3	10.0	—	—
23.4	14.1	13.8	13.4	13.0	12.4	12.0	11.6	11.2	10.9	10.4	10.2	—	—
23.6	14.4	14.1	13.7	13.2	12.7	12.2	11.8	11.4	11.1	10.7	10.4	10.1	—
23.8	14.6	14.3	13.9	13.4	12.8	12.4	12.0	11.5	11.2	10.8	10.5	10.2	—
24.0	14.9	14.6	14.2	13.7	13.1	12.7	12.2	11.8	11.5	11.0	10.7	10.4	10.1
24.2	15.1	14.8	14.3	13.9	13.3	12.8	12.4	11.9	11.6	11.2	10.9	10.6	10.3
24.4	15.4	15.1	14.6	14.2	13.6	13.1	12.6	12.2	11.9	11.4	11.1	10.8	10.4
24.6	15.6	15.3	14.8	14.4	13.7	13.3	12.8	12.3	12.0	11.5	11.2	10.9	10.6
24.8	15.9	15.6	15.1	14.6	14.0	13.5	13.0	12.6	12.2	11.8	11.4	11.1	10.7
25.0	16.2	15.9	15.4	14.9	14.3	13.8	13.3	12.8	12.5	12.0	11.7	11.3	10.9
25.2	16.4	16.1	15.6	15.1	14.4	13.9	13.4	13.0	12.6	12.1	11.8	11.5	11.0
25.4	16.7	16.4	15.9	15.4	14.7	14.2	13.7	13.2	12.9	12.4	12.0	11.7	11.2
25.6	16.9	16.6	16.1	15.7	14.9	14.4	13.9	13.4	13.0	12.5	12.2	11.8	11.3
25.8	17.2	16.9	16.3	15.8	15.1	14.6	14.1	13.6	13.2	12.7	12.4	12.0	11.5
26.0	17.5	17.2	16.6	16.1	15.4	14.9	14.4	13.8	13.5	13.0	12.6	12.2	11.6
26.2	17.8	17.4	16.9	16.4	15.7	15.1	14.6	14.0	13.7	13.2	12.8	12.4	11.8
26.4	18.0	17.6	17.1	16.6	15.8	15.3	14.8	14.2	13.9	13.3	13.0	12.6	12.0
26.6	18.3	17.9	17.4	16.8	16.1	15.6	15.0	14.4	14.1	13.5	13.2	12.8	12.1
26.8	18.6	18.2	17.7	17.1	16.4	15.8	15.3	14.6	14.3	13.8	13.4	12.9	12.3
27.0	18.9	18.5	18.0	17.4	16.6	16.1	15.5	14.8	14.6	14.0	13.6	13.1	12.4
27.2	19.1	18.7	18.1	17.6	16.8	16.2	15.7	15.0	14.7	14.1	13.8	13.3	12.6
27.4	19.4	19.0	18.4	17.8	17.0	16.4	15.9	15.2	14.9	14.3	14.0	13.4	12.7
27.6	19.7	19.3	18.7	18.0	17.2	16.6	16.1	15.4	15.1	14.5	14.1	13.6	12.9
27.8	20.0	19.6	19.0	18.2	17.4	16.8	16.3	15.6	15.3	14.7	14.2	13.7	13.0
28.0	20.3	19.7	19.2	18.4	17.6	17.0	16.5	15.8	15.4	14.8	14.4	13.9	13.2
28.2	20.6	20.0	19.5	18.6	17.8	17.2	16.7	16.0	15.6	15.0	14.6	14.0	13.3
28.4	20.9	20.3	19.7	18.8	18.0	17.4	16.9	16.2	15.8	15.2	14.8	14.2	13.5
28.6	21.2	20.6	20.0	19.1	18.2	17.6	17.1	16.4	16.0	15.4	15.0	14.3	13.6
28.8	21.5	20.9	20.2	19.4	18.5	17.8	17.3	16.6	16.2	15.6	15.2	14.5	13.8
29.0	21.8	21.1	20.5	19.6	18.7	18.1	17.5	16.8	16.4	15.8	15.4	14.6	13.9
29.2	22.1	21.4	20.8	19.9	19.0	18.3	17.7	17.0	16.6	16.0	15.6	14.8	14.1

续表

平均回弹值 R_m	测区混凝土强度换算值 $f^c_{cu,i}$(MPa)												
	平均碳化深度值 d_m(mm)												
	0	0.5	1.0	1.5	2.0	2.5	3.0	3.5	4.0	4.5	5.0	5.5	≥6.0
29.4	22.4	21.7	21.1	20.2	19.3	18.6	17.9	17.2	16.8	16.2	15.8	15.0	14.2
29.6	22.7	22.0	21.3	20.4	19.5	18.8	18.2	17.5	17.0	16.4	16.0	15.1	14.4
29.8	23.0	22.3	21.6	20.7	19.8	19.1	18.4	17.7	17.2	16.6	16.2	15.3	14.5
30.0	23.3	22.6	21.9	21.0	20.0	19.3	18.6	17.9	17.4	16.8	16.4	15.4	14.7
30.2	23.6	22.9	22.2	21.2	20.3	19.6	18.9	18.2	17.6	17.0	16.6	15.6	14.9
30.4	23.9	23.2	22.5	21.5	20.6	19.8	19.1	18.4	17.8	17.2	16.8	15.8	15.1
30.6	24.3	23.6	22.8	21.9	20.9	20.2	19.4	18.7	18.0	17.5	17.0	16.0	15.2
30.8	24.6	23.9	23.1	22.1	21.2	20.4	19.7	18.9	18.2	17.7	17.2	16.2	15.4
31.0	24.9	24.2	23.4	22.4	21.4	20.7	19.9	19.2	18.4	17.9	17.4	16.4	15.5
31.2	25.2	24.4	23.7	22.7	21.7	20.9	20.2	19.4	18.6	18.1	17.6	16.6	15.7
31.4	25.6	24.8	24.1	23.0	22.0	21.2	20.5	19.7	18.9	18.4	17.8	16.9	15.8
31.6	25.9	25.1	24.3	23.3	22.3	21.5	20.7	19.9	19.2	18.6	18.0	17.1	16.0
31.8	26.2	25.4	24.6	23.6	22.5	21.7	21.0	20.2	19.4	18.9	18.2	17.3	16.2
32.0	26.5	25.7	24.9	23.9	22.8	22.0	21.2	20.4	19.6	19.1	18.4	17.5	16.4
32.2	26.9	26.1	25.3	24.2	23.1	22.3	21.5	20.7	19.9	19.4	18.6	17.7	16.6
32.4	27.2	26.4	25.6	24.5	23.4	22.6	21.8	20.9	20.1	19.6	18.8	17.9	16.8
32.6	27.6	26.8	25.9	24.8	23.7	22.9	22.1	21.3	20.4	19.9	19.0	18.1	17.0
32.8	27.9	27.1	26.2	25.1	24.0	23.2	22.3	21.5	20.6	20.1	19.2	18.3	17.2
33.0	28.2	27.4	26.5	25.4	24.3	23.4	22.6	21.7	20.9	20.3	19.4	18.5	17.4
33.2	28.6	27.7	26.8	25.7	24.6	23.7	22.9	22.0	21.2	20.5	19.6	18.7	17.6
33.4	28.9	28.0	27.1	26.0	24.9	24.0	23.1	22.3	21.4	20.7	19.8	18.9	17.8
33.6	29.3	28.4	27.4	26.4	25.2	24.2	23.3	22.6	21.7	20.9	20.0	19.1	18.0
33.8	29.6	28.7	27.7	26.6	25.4	24.4	23.5	22.8	21.9	21.1	20.2	19.3	18.2
34.0	30.0	29.1	28.0	26.8	25.6	24.6	23.7	23.0	22.1	21.3	20.4	19.5	18.3
34.2	30.3	29.4	28.3	27.0	25.8	24.8	23.9	23.2	22.3	21.5	20.6	19.7	18.4
34.4	30.7	29.8	28.6	27.2	26.0	25.0	24.1	23.4	22.5	21.7	20.8	19.8	18.6
34.6	31.1	30.2	28.9	27.4	26.2	25.2	24.3	23.6	22.7	21.9	21.0	20.0	18.8
34.8	31.4	30.5	29.2	27.6	26.4	25.4	24.5	23.8	22.9	22.1	21.2	20.2	19.0
35.0	31.8	30.8	29.6	28.0	26.7	25.8	24.8	24.0	23.2	22.3	21.4	20.4	19.2
35.2	32.1	31.1	29.9	28.2	27.0	26.0	25.0	24.2	23.4	22.5	21.6	20.6	19.4
35.4	32.5	31.5	30.2	28.6	27.3	26.3	25.4	24.4	23.7	22.8	21.8	20.8	19.6
35.6	32.9	31.9	30.6	29.0	27.6	26.6	25.7	24.7	24.0	23.0	22.0	21.0	19.8
35.8	33.3	32.3	31.0	29.3	28.0	27.0	26.0	25.0	24.3	23.3	22.2	21.2	20.0

续表

平均回弹值 R_m	测区混凝土强度换算值 $f^c_{cu,i}$(MPa)												
	平均碳化深度值 d_m(mm)												
	0	0.5	1.0	1.5	2.0	2.5	3.0	3.5	4.0	4.5	5.0	5.5	≥6.0
36.0	33.6	32.6	31.2	29.6	28.2	27.2	26.2	25.2	24.5	23.5	22.4	21.4	20.2
36.2	34.0	33.0	31.6	29.9	28.6	27.5	26.5	25.5	24.8	23.8	22.6	21.6	20.4
36.4	34.4	33.4	32.0	30.3	28.9	27.9	26.8	25.8	25.1	24.1	22.8	21.8	20.6
36.6	34.8	33.8	32.4	30.6	29.2	28.2	27.1	26.1	25.4	24.4	23.0	22.0	20.9
36.8	35.2	34.1	32.7	31.0	29.6	28.5	27.5	26.4	25.7	24.6	23.2	22.2	21.1
37.0	35.5	34.4	33.0	31.2	29.8	28.8	27.7	26.6	25.9	24.8	23.4	22.4	21.3
37.2	35.9	34.8	33.4	31.6	30.2	29.1	28.0	26.9	26.2	25.1	23.7	22.6	21.5
37.4	36.3	35.2	33.8	31.9	30.5	29.4	28.3	27.2	26.5	25.4	24.0	22.9	21.8
37.6	36.7	35.6	34.1	32.3	30.8	29.7	28.6	27.5	26.8	25.7	24.2	23.1	22.0
37.8	37.1	36.0	34.5	32.6	31.2	30.0	28.9	27.8	27.1	26.0	24.5	23.4	22.3
38.0	37.5	36.4	34.9	33.0	31.5	30.3	29.2	28.1	27.4	26.2	24.8	23.6	22.5
38.2	37.9	36.8	35.2	33.4	31.8	30.6	29.5	28.4	27.7	26.5	25.0	23.9	22.7
38.4	38.3	37.2	35.6	33.7	32.1	30.9	29.8	28.7	28.0	26.8	25.3	24.1	23.0
38.6	38.7	37.5	36.0	34.1	32.4	31.2	30.1	29.0	28.3	27.0	25.5	24.4	23.2
38.8	39.1	37.9	36.4	34.4	32.7	31.5	30.4	29.3	28.5	27.2	25.8	24.6	23.5
39.0	39.5	38.2	36.7	34.7	33.0	31.8	30.6	29.6	28.8	27.4	26.0	24.8	23.7
39.2	39.9	38.5	37.0	35.0	33.3	32.1	30.8	29.8	29.0	27.6	26.2	25.0	24.0
39.4	40.3	38.8	37.3	35.3	33.6	32.4	31.0	30.0	29.2	27.8	26.4	25.2	24.2
39.6	40.7	39.1	37.6	35.6	33.9	32.7	31.2	30.2	29.4	28.0	26.6	25.4	24.4
39.8	41.2	39.6	38.0	35.9	34.2	33.0	31.4	30.5	29.7	28.2	26.8	25.6	24.7
40.0	41.6	39.9	38.3	36.2	34.5	33.3	31.7	30.8	30.0	28.4	27.0	25.8	25.0
40.2	42.0	40.3	38.6	36.5	34.8	33.6	32.0	31.1	30.2	28.6	27.3	26.0	25.2
40.4	42.4	40.7	39.0	36.9	35.1	33.9	32.3	31.4	30.5	28.8	27.6	26.2	25.4
40.6	42.8	41.1	39.4	37.2	35.4	34.2	32.6	31.7	30.8	29.1	27.8	26.5	25.7
40.8	43.3	41.6	39.8	37.7	35.7	34.5	32.9	32.0	31.2	29.4	28.1	26.8	26.0
41.0	43.7	42.0	40.2	38.0	36.0	34.8	33.2	32.3	31.5	29.7	28.4	27.1	26.2
41.2	44.1	42.3	40.6	38.4	36.3	35.1	33.5	32.6	31.8	30.0	28.7	27.3	26.5
41.4	44.5	42.7	40.9	38.7	36.6	35.4	33.8	32.9	32.0	30.3	28.9	27.6	26.7
41.6	45.0	43.2	41.4	39.2	36.9	35.7	34.2	33.3	32.4	30.6	29.2	27.9	27.0
41.8	45.4	43.6	41.8	39.5	37.2	36.0	34.5	33.6	32.7	30.9	29.5	28.1	27.2
42.0	45.9	44.1	42.2	39.9	37.6	36.3	34.9	34.0	33.0	31.2	29.8	28.5	27.5
42.2	46.3	44.4	42.6	40.3	38.0	36.6	35.2	34.3	33.3	31.5	30.1	28.7	27.8
42.4	46.7	44.8	43.0	40.6	38.3	36.9	35.5	34.6	33.6	31.8	30.4	29.0	28.0

续表

平均回弹值 R_m	测区混凝土强度换算值 $f^c_{cu,i}$(MPa)												
	平均碳化深度值 d_m(mm)												
	0	0.5	1.0	1.5	2.0	2.5	3.0	3.5	4.0	4.5	5.0	5.5	≥6.0
42.6	47.2	45.3	43.4	41.1	38.7	37.3	35.9	34.9	34.0	32.1	30.7	29.3	28.3
42.8	47.6	45.7	43.8	41.4	39.0	37.6	36.2	35.2	34.3	32.4	30.9	29.5	28.6
43.0	48.1	46.2	44.2	41.8	39.4	38.0	36.6	35.6	34.6	32.7	31.3	29.8	28.9
43.2	48.5	46.6	44.6	42.2	39.8	38.3	36.9	35.9	34.9	33.0	31.5	30.1	29.1
43.4	49.0	47.0	45.1	42.6	40.2	38.7	37.2	36.3	35.3	33.3	31.8	30.4	29.4
43.6	49.4	47.4	45.4	43.0	40.5	39.0	37.5	36.6	35.6	33.6	32.1	30.6	29.6
43.8	49.9	47.9	45.9	43.4	40.9	39.4	37.9	36.9	35.9	33.9	32.4	30.9	29.9
44.0	50.4	48.4	46.4	43.8	41.3	39.8	38.3	37.3	36.3	34.3	32.8	31.2	30.2
44.2	50.8	48.8	46.7	44.2	41.7	40.1	38.6	37.6	36.6	34.5	33.0	31.5	30.5
44.4	51.3	49.2	47.2	44.6	42.1	40.5	39.0	38.0	36.9	34.9	33.3	31.8	30.8
44.6	51.7	49.6	47.6	45.0	42.4	40.8	39.3	38.3	37.2	35.2	33.6	32.1	31.0
44.8	52.2	50.1	48.0	45.4	42.8	41.2	39.7	38.6	37.6	35.5	33.9	32.4	31.3
45.0	52.7	50.6	48.5	45.8	43.2	41.6	40.1	39.0	37.9	35.8	34.3	32.7	31.6
45.2	53.2	51.1	48.9	46.3	43.6	42.0	40.4	39.4	38.3	36.2	34.6	33.0	31.9
45.4	53.6	51.5	49.4	46.6	44.0	42.3	40.7	39.7	38.6	36.4	34.8	33.2	32.2
45.6	54.1	51.9	49.8	47.1	44.4	42.7	41.1	40.0	39.0	36.8	35.2	33.5	32.5
45.8	54.6	52.4	50.2	47.5	44.8	43.1	41.5	40.4	39.3	37.1	35.5	33.9	32.8
46.0	55.0	52.8	50.6	47.9	45.2	43.5	41.9	40.8	39.7	37.5	35.8	34.2	33.1
46.2	55.5	53.3	51.1	48.3	45.5	43.8	42.2	41.1	40.0	37.7	36.1	34.4	33.3
46.4	56.0	53.8	51.5	48.7	45.9	44.2	42.6	41.4	40.3	38.1	36.4	34.7	33.6
46.6	56.5	54.2	52.0	49.2	46.3	44.6	42.9	41.8	40.7	38.4	36.7	35.0	33.9
46.8	57.0	54.7	52.4	49.6	46.7	45.0	43.3	42.2	41.0	38.8	37.0	35.3	34.2
47.0	57.5	55.2	52.9	50.0	47.2	45.2	43.7	42.6	41.4	39.1	37.4	35.6	34.5
47.2	58.0	55.7	53.4	50.5	47.6	45.8	44.1	42.9	41.8	39.4	37.7	36.0	34.8
47.4	58.5	56.2	53.8	50.9	48.0	46.2	44.5	43.3	42.1	39.8	38.0	36.3	35.1
47.6	59.0	56.6	54.3	51.3	48.4	46.6	44.8	43.7	42.5	40.1	38.4	36.6	35.4
47.8	59.5	57.1	54.7	51.8	48.8	47.0	45.2	44.0	42.8	40.5	38.7	36.9	35.7
48.0	60.0	57.6	55.2	52.2	49.2	47.4	45.6	44.4	43.2	40.8	39.0	37.2	36.0
48.2	—	58.0	55.7	52.6	49.6	47.8	46.0	44.8	43.6	41.1	39.3	37.5	36.3
48.4	—	58.6	56.1	53.1	50.0	48.2	46.4	45.1	43.9	41.5	39.6	37.8	36.6
48.6	—	59.0	56.6	53.5	50.4	48.6	46.7	45.5	44.3	41.8	40.0	38.1	36.9
48.8	—	59.5	57.1	54.0	50.9	49.0	47.1	45.9	44.6	42.2	40.3	38.4	37.2
49.0	—	60.0	57.5	54.4	51.3	49.4	47.5	46.2	45.0	42.5	40.6	38.8	37.5

续表

平均回弹值 R_m	测区混凝土强度换算值 $f^c_{cu,i}$(MPa)												
	平均碳化深度值 d_m(mm)												
	0	0.5	1.0	1.5	2.0	2.5	3.0	3.5	4.0	4.5	5.0	5.5	≥6.0
49.2	—	—	58.0	54.8	51.7	49.8	47.9	46.6	45.4	42.8	41.0	39.1	37.8
49.4	—	—	58.5	55.3	52.1	50.2	48.3	47.1	45.8	43.2	41.3	39.4	38.2
49.6	—	—	58.9	55.7	52.5	50.6	48.7	47.4	46.2	43.6	41.7	39.7	38.5
49.8	—	—	59.4	56.2	53.0	51.0	49.1	47.8	46.5	43.9	42.0	40.1	38.8
50.0	—	—	59.9	56.7	53.4	51.4	49.5	48.2	46.9	44.3	42.3	40.4	39.1
50.2	—	—	—	57.1	53.8	51.9	49.9	48.5	47.2	44.6	42.6	40.7	39.4
50.4	—	—	—	57.6	54.3	52.3	50.3	49.0	47.7	45.0	43.0	41.0	39.7
50.6	—	—	—	58.0	54.7	52.7	50.7	49.4	48.0	45.4	43.4	41.4	40.0
50.8	—	—	—	58.5	55.1	53.1	51.1	49.8	48.4	45.7	43.7	41.7	40.3
51.0	—	—	—	59.0	55.6	53.5	51.5	50.1	48.8	46.1	44.1	42.0	40.7
51.2	—	—	—	59.4	56.0	54.0	51.9	50.5	49.2	46.4	44.4	42.3	41.0
51.4	—	—	—	59.9	56.4	54.4	52.3	50.9	49.6	46.8	44.7	42.7	41.3
51.6	—	—	—	—	56.9	54.8	52.7	51.3	50.0	47.2	45.1	43.0	41.6
51.8	—	—	—	—	57.3	55.2	53.1	51.7	50.3	47.5	45.4	43.3	41.8
52.0	—	—	—	—	57.8	55.7	53.6	52.1	50.7	47.9	45.8	43.7	42.3
52.2	—	—	—	—	58.2	56.1	54.0	52.5	51.1	48.3	46.2	44.0	42.6
52.4	—	—	—	—	58.7	56.5	54.4	53.0	51.5	48.7	46.5	44.4	43.0
52.6	—	—	—	—	59.1	57.0	54.8	53.4	51.9	49.0	46.9	44.7	43.3
52.8	—	—	—	—	59.6	57.4	55.2	53.8	52.3	49.4	47.3	45.1	43.6
53.0	—	—	—	—	60.0	57.8	55.6	54.2	52.7	49.8	47.6	45.4	43.9
53.2	—	—	—	—	—	58.3	56.1	54.6	53.1	50.2	48.0	45.8	44.3
53.4	—	—	—	—	—	58.7	56.5	55.0	53.5	50.5	48.3	46.1	44.6
53.6	—	—	—	—	—	59.2	56.9	55.4	53.9	50.9	48.7	46.4	44.9
53.8	—	—	—	—	—	59.6	57.3	55.8	54.3	51.3	49.0	46.8	45.3
54.0	—	—	—	—	—	—	57.8	56.3	54.7	51.7	49.4	47.1	45.6
54.2	—	—	—	—	—	—	58.2	56.7	55.1	52.1	49.8	47.5	46.0
54.4	—	—	—	—	—	—	58.6	57.1	55.6	52.5	50.2	47.9	46.3
54.6	—	—	—	—	—	—	59.1	57.5	56.0	52.9	50.5	48.2	46.6
54.8	—	—	—	—	—	—	59.5	57.9	56.4	53.2	50.9	48.5	47.0
55.0	—	—	—	—	—	—	59.9	58.4	56.8	53.6	51.3	48.9	47.3
55.2	—	—	—	—	—	—	—	58.8	57.2	54.0	51.6	49.3	47.7
55.4	—	—	—	—	—	—	—	59.2	57.6	54.4	52.0	49.6	48.0
55.6	—	—	—	—	—	—	—	59.7	58.0	54.8	52.4	50.0	48.4

续表

平均回弹值 R_m	测区混凝土强度换算值 $f^c_{cu,i}$(MPa)												
	平均碳化深度值 d_m(mm)												
	0	0.5	1.0	1.5	2.0	2.5	3.0	3.5	4.0	4.5	5.0	5.5	≥6.0
55.8	—	—	—	—	—	—	—	—	58.5	55.2	52.8	50.3	48.7
56.0	—	—	—	—	—	—	—	—	58.9	55.6	53.2	50.7	49.1
56.2	—	—	—	—	—	—	—	—	59.3	56.0	53.5	51.1	49.4
56.4	—	—	—	—	—	—	—	—	59.7	56.4	53.9	51.4	49.8
56.6	—	—	—	—	—	—	—	—	—	56.8	54.3	51.8	50.1
56.8	—	—	—	—	—	—	—	—	—	57.2	54.7	52.2	50.5
57.0	—	—	—	—	—	—	—	—	—	57.6	55.1	52.5	50.8
57.2	—	—	—	—	—	—	—	—	—	58.0	55.5	52.9	51.2
57.4	—	—	—	—	—	—	—	—	—	58.4	55.9	53.3	51.6
57.6	—	—	—	—	—	—	—	—	—	58.9	56.3	53.7	51.9
57.8	—	—	—	—	—	—	—	—	—	59.3	56.7	54.0	52.3
58.0	—	—	—	—	—	—	—	—	—	59.7	57.0	54.4	52.7
58.2	—	—	—	—	—	—	—	—	—	—	57.4	54.8	53.0
58.4	—	—	—	—	—	—	—	—	—	—	57.8	55.2	53.4
58.6	—	—	—	—	—	—	—	—	—	—	58.2	55.6	53.8
58.8	—	—	—	—	—	—	—	—	—	—	58.6	55.9	54.1
59.0	—	—	—	—	—	—	—	—	—	—	59.0	56.3	54.5
59.2	—	—	—	—	—	—	—	—	—	—	59.4	56.7	54.9
59.4	—	—	—	—	—	—	—	—	—	—	59.8	57.1	55.2
59.6	—	—	—	—	—	—	—	—	—	—	—	57.5	55.6
59.8	—	—	—	—	—	—	—	—	—	—	—	57.9	56.0
60.0	—	—	—	—	—	—	—	—	—	—	—	58.3	56.4

注：本表系按全国统一曲线制定。

附　录　B
泵送混凝土测区混凝土强度换算值的修正值

<table>
<tr><td>碳化深度值(mm)</td><td colspan="5">抗压强度值(MPa)</td></tr>
<tr><td rowspan="2">0.0; 0.5;1.0</td><td>f^c_{cu}(MPa)</td><td>≤40.0</td><td>45.0</td><td>50.0</td><td>55.0～60.0</td></tr>
<tr><td>K(MPa)</td><td>+4.5</td><td>+3.0</td><td>+1.5</td><td>0.0</td></tr>
<tr><td rowspan="2">1.5;2.0</td><td>f^c_{cu}(MPa)</td><td>≤30.0</td><td>35.0</td><td colspan="2">40.0～60.0</td></tr>
<tr><td>K(MPa)</td><td>+3.0</td><td>+1.5</td><td colspan="2">0.0</td></tr>
</table>

注：表中未列入的 $f^c_{cu,i}$ 值可用内插法求得其修正值，精确至 0.1 MPa。

附 录 C

非水平状态检测时的回弹值修正值

$R_{m\alpha}$	检测角度							
	向上				向下			
	90°	60°	45°	30°	−30°	−45°	−60°	−90°
20	−6.0	−5.0	−4.0	−3.0	+2.5	+3.0	+3.5	+4.0
21	−5.9	−4.9	−4.0	−3.0	+2.5	+3.0	+3.5	+4.0
22	−5.8	−4.8	−3.9	−2.9	+2.4	+2.9	+3.4	+3.9
23	−5.7	−4.7	−3.9	−2.9	+2.4	+2.9	+3.4	+3.9
24	−5.6	−4.6	−3.8	−2.8	+2.3	+2.8	+3.3	+3.8
25	−5.5	−4.5	−3.8	−2.8	+2.3	+2.8	+3.3	+3.8
26	−5.4	−4.4	−3.7	−2.7	+2.2	+2.7	+3.2	+3.7
27	−5.3	−4.3	−3.7	−2.7	+2.2	+2.7	+3.2	+3.7
28	−5.2	−4.2	−3.6	−2.6	+2.1	+2.6	+3.1	+3.6
29	−5.1	−4.1	−3.6	−2.6	+2.1	+2.6	+3.1	+3.6
30	−5.0	−4.0	−3.5	−2.5	+2.0	+2.5	+3.0	+3.5
31	−4.9	−4.0	−3.5	−2.5	+2.0	+2.5	+3.0	+3.5
32	−4.8	−3.9	−3.4	−2.4	+1.9	+2.4	+2.9	+3.4
33	−4.7	−3.9	−3.4	−2.4	+1.9	+2.4	+2.9	+3.4
34	−4.6	−3.8	−3.3	−2.3	+1.8	+2.3	+2.8	+3.3
35	−4.5	−3.8	−3.3	−2.3	+1.8	+2.3	+2.8	+3.3
36	−4.4	−3.7	−3.2	−2.2	+1.7	+2.2	+2.7	+3.2
37	−4.3	−3.7	−3.2	−2.2	+1.7	+2.2	+2.7	+3.2
38	−4.2	−3.6	−3.1	−2.1	+1.6	+2.1	+2.6	+3.1
39	−4.1	−3.6	−3.1	−2.1	+1.6	+2.1	+2.6	+3.1
40	−4.0	−3.5	−3.0	−2.0	+1.5	+2.0	+2.5	+3.0
41	−4.0	−3.5	−3.0	−2.0	+1.5	+2.0	+2.5	+3.0
42	−3.9	−3.4	−2.9	−1.9	+1.4	+1.9	+2.4	+2.9
43	−3.9	−3.4	−2.9	−1.9	+1.4	+1.9	+2.4	+2.9
44	−3.8	−3.3	−2.8	−1.8	+1.3	+1.8	+2.3	+2.8
45	−3.8	−3.3	−2.8	−1.8	+1.3	+1.8	+2.3	+2.8
46	−3.7	−3.2	−2.7	−1.7	+1.2	+1.7	+2.2	+2.7
47	−3.7	−3.2	−2.7	−1.7	+1.2	+1.7	+2.2	+2.7
48	−3.6	−3.1	−2.6	−1.6	+1.1	+1.6	+2.1	+2.6
49	−3.6	−3.1	−2.6	−1.6	+1.1	+1.6	+2.1	+2.6
50	−3.5	−3.0	−2.5	−1.5	+1.0	+1.5	+2.0	+2.5

注：① $R_{m\alpha}$小于 20 或大于 50 时，均分别按 20 或 50 查表；

② 表中未列入的相应于 $R_{m\alpha}$ 的修正值 $R_{m\alpha}$，可用内插法求得，精确至 0.1。

附 录 D

不同浇筑面的回弹值修正值

R_m^t 或 R_m^b	表面修正值 (R_a^t)	底面修正值 (R_a^b)	R_m^t 或 R_m^b	表面修正值 (R_a^t)	底面修正值 (R_a^b)
20	+2.5	−3.0	23	+2.2	−2.7
21	+2.4	−2.9	24	+2.1	−2.6
22	+2.3	−2.8	25	+2.0	−2.5

续表

R_m^t 或 R_m^b	表面修正值 (R_a^t)	底面修正值 (R_a^b)	R_m^t 或 R_m^b	表面修正值 (R_a^t)	底面修正值 (R_a^b)
26	+1.9	−2.4	39	+0.6	−1.1
27	+1.8	−2.3	40	+0.5	−1.0
28	+1.7	−2.2	41	+0.4	−0.9
29	+1.6	−2.1	42	+0.3	−0.8
30	+1.5	−2.0	43	+0.2	−0.7
31	+1.4	−1.9	44	+0.1	−0.6
32	+1.3	−1.8	45	0	−0.5
33	+1.2	−1.7	46	0	−0.4
34	+1.1	−1.6	47	0	−0.3
35	+1.0	−1.5	48	0	−0.2
36	+0.9	−1.4	49	0	−0.1
37	+0.8	−1.3	50	0	0
38	+0.7	−1.2			

注：① R_m^t 或 R_m^b 小于 20 或大于 50 时，均分别按 20 或 50 查表；

② 表中有关混凝土浇筑表面的修正系数，是指一般原浆抹面的修正值；

③ 表中有关混凝土浇筑表面的修正系数，是指构件底面与侧面采用同一类模板在正常浇筑情况下的修正值；

④ 表中未列入的相应于 R_m^t 或 R_m^b 的 R_a^t 和 R_a^b 值，可用内插法求得，精确至 0.1。

附　录 E
专用测强曲线的制定方法

E.0.1 制定专用测强曲线的试件应与欲测结构或构件在原材料（含品种、规格）的成型工艺与养护方法等方面条件相同。

E.0.2 试件的制作、养护应符合下列规定：

1 按最佳配合比设计 5 个强度等级，每一强度等级每一龄期制作 6 个 150 mm 立方体试件，同一龄期试件宜在同一天内成型完毕。

2 在成型后的第二天，应将试件移至与被测结构或构件相同的条件下养护，试件拆模日期宜与结构或构件的拆模日期相同。

E.0.3 试件的测试应符合下列规定：

1 到达龄期的试件表面应擦净，以浇筑侧面的两个相对面置于压力机的上下承压板之间，加压 30～80 kN（低强度试件取低值加压）。

2 在试件保持 30～80 kN 的压力下，用符合本规程第 2.1.3 条规定的标准状态的回弹仪和本规程第 3.2.1 条规定的操作方法，在试件的另外两个相对侧面上分别选择均匀分布的 8 个点按本规程第 3.2.2条的要求进行弹击。

3 从每一试件的 16 个回弹值分别剔除其中 3 个最大值和 3 个最小值，然后再求余下的 10 个回弹值的平均值，计算精确至 0.1，即得该试件的平均回弹值 R_m。

4 将试件加荷直至破坏，然后计算试件的抗压强度值 f_{cu}(MPa)，精确至 0.1 MPa。

E.0.4 专用测强曲线的计算应符合下列规定：

1 专用测强曲线的回归方程式，应按每一试件求得的 R_m 和 f_{cu}(MPa)数据，采用最小二乘法原理计算。

2 回归方程宜采用下式：

$$f_{cu}^{c}=AR_{m}^{B} \tag{E.0.4-1}$$

3 用下式计算回归方程式的强度平均相对误差 δ 和强度相对标准差 e_r，当 δ 和 e_r 均符合第 5.3.1 条规定时，即可报请上级主管部门审批。

$$\delta=\pm\frac{1}{n}\sum_{i=1}^{n}\left|\frac{f_{cu,i}}{f_{cu,i}^{c}}-1\right|\times100 \tag{E.0.4-2}$$

$$e_r=\sqrt{\frac{1}{n-1}\sum_{i=1}^{n}(\frac{f_{cu,i}}{f_{cu,i}^{c}}-1)^2}\times100 \tag{E.0.4-3}$$

式中：δ——回归方程式的强度平均相对误差(%)，精确至 0.1；

e_r——回归方程式的强度相对标准差(%)，精确至 0.1；

$f_{cu,i}$——由第 i 个试件抗压试验得出的混凝土抗压强度值(MPa)，精确至 0.1MPa；

$f_{cu,i}^{c}$——由同一试件的平均回弹值 R_m 按回归方程式算出的混凝土的强度换算值(MPa)，精确至 0.1MPa；

n——制定回归方程式的试件数。

E.0.5 当需制定具有较宽龄期范围的专用测强曲线时，应在试验及回归分析时引入碳化深度变量，并求得碳化深度修正系数。

附 录 F
回弹法检测混凝土抗压强度报告

编号(　　)第＿＿＿＿号　　　　　　　　　第＿＿＿＿页共＿＿＿＿页

混凝土生产单位＿＿＿＿＿＿＿＿　委　托　单　位＿＿＿＿＿＿＿＿

输　送　方　式＿＿＿＿＿＿＿＿　设　计　单　位＿＿＿＿＿＿＿＿

监　理　单　位＿＿＿＿＿＿＿＿　监　督　单　位＿＿＿＿＿＿＿＿

工　程　名　称＿＿＿＿＿＿＿＿　结构或构件名称＿＿＿＿＿＿＿＿

施　工　日　期＿＿＿＿＿＿＿＿　检　测　原　因＿＿＿＿＿＿＿＿

检　测　环　境＿＿＿＿＿＿＿＿　检　测　依　据＿＿＿＿＿＿＿＿

回弹仪生产厂＿＿＿＿＿＿＿＿　回　弹　仪　编　号＿＿＿＿＿＿＿＿

检　测　日　期＿＿＿＿＿＿＿＿　回弹仪检定证号＿＿＿＿＿＿＿＿

检　测　结　果

构件		混凝土抗压强度换算值(MPa)			现龄期混凝土强度推定值(MPa)	备注
名称	编号	平均值	标准差	最小值		

(有需要说明的问题或表格不够请续页)

批准：＿＿审核：＿＿

主检＿＿上岗证书号＿＿主检＿＿上岗证书号＿＿

出具报告日期＿＿年＿＿月＿＿日　　单位公章＿＿

本规程用词说明

1　为便于在执行本规程条文时区别对待，对于要求严格程度不同的用词说明如下：

1）表示很严格，非这样做不可的：

正面词采用“必须”；

反面词采用“严禁”。

2）表示严格，在正常情况下均应这样做的：

正面词采用“应”；

反面词采用“不应”或“不得”。

3）表示允许稍有选择，在条件许可时首先应这样做的：

正面词采用“宜”；

反面词采用“不宜”。

表示有选择，在一定条件下可以这样做的，采用“可”。

2　条文中指明应按其他有关标准执行的写法为：“应按……执行”或“应符合……规定（或要求）”。

中华人民共和国行业标准

回弹法检测混凝土抗压强度技术规程

JGJ/T 23—2001

条 文 说 明

前 言

《回弹法检测混凝土抗压强度技术规程》(JGJ/T 23—2001),经建设部2001年6月29日以建标[2001]134号文批准,业已发布。

本规程第一版的主编单位是陕西省建筑科学研究设计院,参加单位是中国建筑科学研究院、浙江省建筑科学设计研究院、四川省建筑科学研究院、贵州中建建筑科学研究设计院、重庆市建筑科学研究院、天津建筑仪器试验机公司。

为便于广大设计、施工、科研、学校等单位的有关人员在使用本规程时能正确理解和执行条文规定,本规程修订组按章、节、条顺序编制了本规程的条文说明,供使用者参考。

在使用中如发现本条文说明有不妥之处,请将意见函寄陕西省建筑科学研究设计院《回弹法检测混凝土抗压强度技术规程》修订组。

1 总则

1.0.1 统一回弹仪检测方法,保证检测精度是本规程制定的目的。回弹法在我国使用已达四十余年,国外在使用回弹法时精度并不高,有的只能定性判断混凝土质量,不能定量给出具体的强度数值。但回弹法在我国却越用越广泛,这不仅是因为回弹法简便、灵活、符合国情,更是由于我国已解决了回弹法使用精度不高和不能普遍推广的关键问题,为了解决使用回弹法时出现的混乱状况,如有的按照国外进口仪器使用说明书使用,有的不知回弹仪要检定成标准状态,有的不测量碳化深度值等等。因此有必要统一检测方法,保证检测精度,使其在监督、检验结构工程和混凝土质量中发挥应有的作用。

此外,本条所指的普通混凝土系指现行国家标准《混凝土结构工程施工及验收规范》中第4.1.1条规定的由水泥、普通碎(卵)石、砂和水配制的质量密度为1950~2500 kg/m^3 的普通混凝土。

1.0.2 在正常情况下,混凝土强度的检验与评定应按现行国家标准《混凝土结构工程施工及验收规范》及《混凝土强度检验评定标准》执行。不允许因为有了本规程而不按上述《规范》、《标准》制作规定数量的试件供常规检验之用。但是,当出现标准养护试件或同条件试件数量不足或未按规定制作试件时;当所制作的标准试件或同条件试件与所成型的构件在材料用量、配合比、水灰比等方面有较大差异,已不能代表构件的混凝土质量时;当标准试件或同条件试件的试压结果,不符合现行标准、规范规定的对结构或构件的强度合格要求,并且对该结果持有怀疑时。总之,当对结构中混凝土实际强度有检测要求时,可按本规程进行检测,检测结果可作为处理混凝土质量的一个依据。

由于回弹法是通过回弹仪检测混凝土表面硬度从而推算出混凝土强度的方法,因此不适用于表层与内部质量有明显差异或内部存在缺陷的混凝土结构或构件的检测。当混凝土表面遭受了火灾、冻伤、受化学物质侵蚀或内部有缺陷时,就不能直接采用回弹法检测。

1.0.3 由于本规程规定的方法与国外传统方法显著不同,若不进行统一培训,则会对同一结构或构件混凝土强度的推定结果存在着因人而异的混乱现象，因此本条规定凡从事本项检测的人员均应培训并持有相应的资格证书，且培训、宣贯应通过主管部门认可。

1.0.4 凡本规程涉及的其它有关方面，例如钻芯取样，高空、深坑作业时的安全技术和劳动保护等，均应遵守相应的标准、规范或规程。

3 回弹仪

3.1 技术要求

3.1.1 目前国内常用于检测混凝土抗压强度的回弹仪，其标准状态下的冲击能量为2.207 J、示值系统为指针直读式。对原规程中“采用其它示值系统（例如数显式、自动记录式、信息遥记式和微机式等）的同类冲击能量的回弹仪，经鉴定认可，如性能稳定并有可靠的检验示值准确性的方法，亦允许使用”的内容予以删除。原因是：一、检定混凝土回弹仪已制订了国家计量检定规程，属于计量仪器范畴。而在已批准执行的回弹仪计量检定规程中并无上述（除直读式外）几种示值系统回弹仪的检定方法。二、目前只有极少数数字式回弹仪规定了检验非直读式回弹仪的示值准确性的方法，但是大部分使用非指针直读式仪器却无法按计量检定规程检定，从而影响了回弹法检测结果。本规程要求在条件许可的前提下，首先应使用指针直读式，若使用其它示值系统的仪器，要符合国家计量检定规程JJG 817的要求。亦即该类型仪器能将回弹仪主体（指针直读式仪器）部分与其它功能（如自动记录、打印、计算）部分分开，将主体部分按计量规程检定，并要检定直读式仪器的示值与自记式、数显示值一致。有计算功能的还要检查其计算过程是否符合本规程的相关规定。

3.1.2 由于回弹仪为计量仪器，因此在回弹仪明显的位置上要标明名称、型号、制造厂名、生产编号及生产日期，尤其要有中国计量器具制造许可证标志CMC及许可证证号等。

3.1.3 回弹仪的质量及测试性能直接影响混凝土强度推定结果的准确性。例如，国际标准化组织制订的“硬化后的混凝土——用回弹仪测定回弹值”（国际标准草案）指出“同一型号的各个回弹仪会得出不同的回弹值，因此为了比较结果，应该使用同一回弹仪进行试验，如果混凝土用同一回弹仪，则应该在有代表性的混凝土表面或标准钢砧上进行相当数量的试验，以便定出预期差值的大小”。

根据多年对回弹仪的测试性能试验研究，认为：回弹仪的标准状态是统一仪器性能的基础，是使回弹法广泛应用于现场的关键所在；只有采用质量统一，性能一致的回弹仪，才能保证测试结果的可靠性，并能在同一水平上进行比较。在此基础上，提出了下列回弹仪标准状态的各项具体指标：

1 水平弹击时，弹击锤脱钩的瞬间，回弹仪的标准能量E，即弹击拉簧恢复原始状态所作的功为：

$$E=\frac{1}{2}KL^2=\frac{1}{2}\times 784.532\times 0.075^2=2.207\ \mathrm{J}$$

式中：K——弹击拉簧的刚度（N/m）；

L——弹击拉簧工作时拉伸长度（m）。

2 弹击锤与弹击杆碰撞瞬间，弹击拉簧应处于自由状态，此时弹击锤起跳点应相应于刻度尺上的“0”处。要满足这两个要求，必须使弹击拉簧的工作长度为0.0615 m；弹击拉簧的冲击长度（即拉伸长度）为0.075 m。此时，弹击锤应相应于刻度尺上的“100”处脱钩，也即在“0”处起跳。

试验表明，当弹击拉簧的工作长度、拉伸长度及弹击锤的起跳点不符合以上规定的要求，即不符合回弹仪工作的标准状态时，则各仪器在同一试块上测得的回弹值的极差高达7.82分度值，经调为标准状态后，极差为1.72分度值。

3 检验回弹仪的率定值是否符合80±2的作用是：检验回弹仪的标准能量是否为2.207 J；回弹仪的测试性能是否稳定；机芯的滑动部分是否有污垢等。

当钢砧率定值达不到80±2时，不允许沿用国外的方法，即将混凝土试块上的回弹值予以修正；更不允许旋转调零螺丝人为地使其达到80±2值。试验表明上述方法不符合回弹仪测试性能，并破坏了零点起跳亦即使回弹仪处于非标准状态。此时，可按本规程3.3节要求进行常规保养，若保养后仍不合格，可送检定单位检修。

3.1.4 环境温度异常时，对回弹仪的性能有影响，故规定了其使用时的环境温度。

3.2 检定

3.2.1 目前国内外回弹仪生产不能保证每台新回弹仪均为标准状态，特别是一些国外进口仪器不按我国有关标准生产及检定，因此新回弹仪在使用前必须检定。

回弹仪送检定单位检定的有限期限为半年或累计弹击 6000 次为限，这样规定比较符合我国目前使用回弹仪的情况。其中 6000 次的规定，是参照国内外现有试验资料而定的，一般如不超过这一界限，正常质量的弹击拉簧不会产生显著的塑性变形而影响其工作性能。

3.2.2 本条明确指出，检定混凝土回弹仪的单位应由当地技术监督部门授权，并按照国家计量检定规程《混凝土回弹仪》JJG 817 进行。开展检定工作要备有回弹仪检定器、拉簧刚度测量仪等设备。目前有的地区或部门不具备检定回弹仪的资格及条件，甚至不懂得回弹仪的标准状态，沿用国外调整调零螺丝以使其钢砧率定值达到 80±2 的错误方法；有的没有检定设备也开展检定工作，以至影响了回弹法的正确推广应用。因此，有必要强调检定单位的资格和统一检定回弹仪的方法。

3.2.3 本条是为了保证在使用过程中及时发现和纠正回弹仪的非标准状态。

3.2.4 本条对回弹仪率定试验环境增加了干燥的要求，并将室温要求的规定与计量规程《混凝土回弹仪》JJG 817 一致。

3.3 保养

3.3.1 本条主要规定了回弹仪常规保养的步骤及要求。

3.3.2 进行常规保养时，必须先使弹击锤脱钩后再取出机芯，否则会使弹击杆突然伸出造成伤害。取机芯时要将指针轴向上轻轻抽出，以免造成指针片折断。此外各零部件清洗完后，不能在指针轴上抹油。否则，使用中由于指针轴的污垢，将使指针摩擦力变化，直接影响了检测结果。

3.3.3 回弹仪每次使用完毕后，应及时清除表面污垢。不用时，应将弹击杆压入仪器内，必须经弹击后方可按下按钮锁住机芯，如果未经弹击而锁住机芯，将使弹击拉簧在不工作时仍处于受拉状态，极易因疲劳而损坏。存放时回弹仪应平放在干燥阴凉处。如存放地点潮湿将会使仪器锈蚀。

4 检测技术

4.1 一般规定

4.1.1 本条列举的 1～5 项资料，是为了对被检测的构件有全面、系统的了解。此处对水泥安定性必须了解合格与否。如水泥安定性不合格则不能检测，如不能确切提供水泥安定性合格与否则应在检测报告上说明，以免产生由于后期混凝土强度因水泥安定性不合格而降低或丧失所引起的事故责任不清的问题。另外，混凝土成型日期也应了解清楚，这样可以推算出检测时构件混凝土的龄期。

4.1.2 由于回弹法测试具有快速、简便的特点，能在短期内进行较多数量的检测，以取得代表性较高的总体混凝土强度质量，故作此规定。原规定按批进行检测的构件，抽检数量不得少于同批构件总数的 30％且测区数量不得少于 100 个。但是对于较小的构件，只需布置 5 个测区如果强调不少于 100 个测区的话，则被测构件数量过大。因此将其改为构件数量不得少于 10 件。

此外，抽取试样应严格遵守“随机”的原则，并宜由建设单位、监理单位、施工单位会同检测单位共同商定抽样的范围、数量和方法。

4.1.3 原规程对长度不小于 3 m 的构件，规定其测区数不少于 10 个，对长度小于 3 m 且高度低于 0.6 m的构件，规定其测区数可适当减少，但不应少于 5 个。现将“长度”、“高度”分别改为构件“某一方向尺寸”、“另一方向尺寸”这样的表述更为确切，例如柱子就应按高度决定其测区数。此外经多年实践，认为长度不小于 3 m 的构件其测区数不允许少于 10 个测区数的规定过于严格，加大了检测工作量。一般民用建筑，尤其是砖混住宅，梁、柱尺寸不大，不必拘于原规定测区数。因此改作某一方向尺寸小于 4.5 m，另一方向尺寸小于 0.3 m 时，作为是否需要 10 个测区数的界线。

检测构件布置测区时，相邻两测区的间距及测区离构件端部或施工缝的距离应遵守本条规定。测区布置时，要选在构件两个对称的可测面上，但不强调一个测区要在构件的两相对检测面上布置基本对称的检测面。可以一个测区布置在构件的一个检测面上。

检测时必须为混凝土原浆面，已经粉刷的需将粉刷层除净，注意不可误将砂浆粉刷层当作混凝土原浆面进行检测。如果养护不当混凝土表面会产生疏松层，尤其在气候干燥地区更应注意，应将疏松层清除后方可检测，否则会造成误判。

对于薄壁小型构件，如果约束力不够回弹时产生颤动，会造成回弹能量损失，使检测结果偏低。因此必须加以可靠支撑使之有足够的约束力方可检测。

4.1.4 在记录纸上描述测区在构件上的位置和外观质量(例如有无裂缝)，目的是备推定和分析处理结构或构件混凝土强度时参考。

4.1.5 原规定当检测条件与测强曲线的适用条件有较大差异时，例如龄期、湿度、成型工艺的差异；有的地区在混凝土表面涂养护剂，以致造成混凝土内外差异等等，可以采用同条件试件或钻取混凝土芯样进行修正，试件数量应不少于 6 个。实践表明，作为取得修正系数的试件或芯样数量取 3 个太少了。尤其是芯样强度离散性较大，数量太少的话代表性不够，但由于取芯工作量大，又不宜在构件上取过多数量以致影响其结构安全性，因此规定数量不少于 6 个。需要指出的是，此处每一个芯样表面均需有构件混凝土原浆面，以便读取回弹值、碳化深度值后再制作芯样试件。不可以将较长芯样沿长度方向截取为几个芯样来计算修正系数。芯样的钻取、加工、计算可参照《钻芯法检测混凝土强度技术规程》规定执行。

4.1.6 近年来，随着大中城市泵送混凝土使用的普及，发现采用回弹法按附录 A 推定的测区混凝土强度值低于其实际强度值。这是因为泵送混凝土流动性大，粗骨料粒径较小，砂率增加，混凝土的砂浆包裹层偏厚，表面硬度较低所致。现根据浙江、四川、陕西、北京等地泵送混凝土自然养护的试件共 530 组进行分析对比，求出本规程附录 B 的修正值。经实测工程取芯验证表明，修正后的测区混凝土强度换算值符合实际强度。

本规程附录 B 的修正值，只适用于碳化深度值为 0.0～2.0 mm。当碳化深度值大于 2.0 mm 时，是否需要修正，尚待进一步研究。但是，由于泵送混凝土需满足预拌混凝土(GB 14902)各项技术指标要求，混凝土质量比较均匀。而且工程中一旦出现混凝土试块抗压强度不合格，一般都会立即用回弹法检测，此时，混凝土龄期较短，碳化深度值相对较小，一般不超过 2.0 mm。当出现超过 2.0 mm 碳化深度值的情况时，可按 4.1.5 条进行检测。

4.2 回弹值测量

4.2.1 检测时应注意回弹仪的轴线应始终垂直于混凝土检测面，并且缓慢施压不能冲击，否则回弹值读数不准确。

4.2.2 本条规定每一测区记取 16 点回弹值，它不包含弹击隐藏在薄薄一层水泥浆下的气孔或石子上的数值，这两种数值与该测区的正常回弹值偏差很大，很好判断。同一测点只允许弹击一次，若重复弹击则后者回弹值高于前者，这是因为经弹击后该局部位置较密实，再弹击时吸收的能量较小从而使回弹值偏高，这种作法不允许存在。

4.3 碳化深度值测量

4.3.1 本规程附录 A 中测区混凝土强度换算值由回弹值及碳化深度值两个因素确定，因此需要具体确定每一个测区的碳化深度值，故增加了条文中的方法。当出现测区间碳化深度值极差大于 2.0 mm 情况时，可能预示该结构或构件混凝土强度不均匀，因此要求每一测区需测量碳化深度值。

4.3.2 由于现在所用水泥掺合料品种繁多，有些水泥水化后不能立即呈现碳化与未碳化的界线，需等待一段时间方显现。因此本条规定了量测碳化深度时，需待碳化与未碳化界线清楚时再进行量测的内容。碳化深度值的测量准确与否与回弹值一样，直接影响推定混凝土强度的精度，因此在测量碳化深度值时应为垂直距离，并非孔洞中显现的非垂直距离。测量碳化深度值时最好用专用测量仪器。

5 回弹值计算

5.0.1 本条规定的测区平均回弹值计算方法与瑞士、匈牙利、罗马尼亚、保加利亚、波兰、前苏联、日本、美国、英国、德国等国方法不同，虽然其舍弃值的统计依据稍差，但经计算对比，本方法标准差较小，测试和计算过程十分简捷，不必立即在现场计算和补点，而且和建立测强曲线时的取舍方法一致，不会引进新的误差。

5.0.2～5.0.3 由于现场检测条件的限制，有时不能满足水平方向检测混凝土浇筑侧面的要求，需按照规定修正。附录C及附录D系参考国外有关标准和国内试验资料而制定的。

5.0.4 当检测时回弹仪为非水平方向且测试面为非混凝土的浇筑侧面时，应先按附录C对回弹值进行角度修正，然后用上述按角度修正后的回弹值查附录D再行修正，两次修正后的值可理解为水平方向检测混凝土浇筑侧面的回弹值。这种先后修正的顺序不能颠倒，更不允许用分别修正后的值直接与原始回弹值相加(减)。

6 测强曲线

6.1 一般规定

6.1.1 我国地域辽阔，气候悬殊，混凝土材料品种繁多，工程分散，施工条件和水平不一。欲在全国城乡建设工程中推广采用回弹法，除统一仪器标准，统一测试技术，统一数据处理，统一强度推定方法外，还应尽力提高测强公式的精度，发挥各地区技术的作用。各地除可使用统一测强曲线外，也可以因地制宜结合具体条件和工程对象，制定和采用专用测强曲线和地区测强曲线。

6.1.2 对有条件的地区如能建立本地区测强曲线或专用测强曲线，这两类曲线在经过上级主管部门组织专业技术人员不少于三分之二的鉴定委员会审查和批准后，方可实施。并按专用测强曲线、地区测强曲线、统一测强曲线的次序选用。

6.2 统一测强曲线

6.2.1 统一测强曲线已经过15年试用，效果较好。为了进一步扩大使用范围和提高精度，本规程修编组对较高强度的适用性进行了验证。原规程所列测区混凝土强度换算表中抗压强度，适用于10～50MPa，经西安、杭州、广州、中山、四川等省市共164个试件验证50～60 MPa的适用性后，其验证平均相对误差为±7.73%，相对标准差11.13%。因此抗压强度适用范围可以延至10～60 MPa。

6.2.2 本条明确指出了全国统一测强曲线的误差值。

6.2.3 试验表明，粗骨料的粒径和级配对回弹法测强的影响不大，虽然根据目前国内回弹法的资料粗骨料的最大粒径为40 mm，但为了与一般混凝土工程用的粗骨料最大粒径相适应，参考国外资料，将粗骨料最大粒径放宽至60 mm外；构件生产中，有的并非一般机械成型工艺可以完成，例如混凝土轨枕，上、下管道等，就需采用加压振动或离心法成型工艺，超出了制订统一测强曲线的使用范围；对于测试面为非平面的结构或构件上测得的回弹值与在平面上测得的回弹值关系，国内目前尚无试验资料，现参照国外资料，对于测试部位的曲率半径小于250 mm的结构或构件不能采用统一测强曲线；混凝土表面湿度对回弹法测强影响很大，经研究已得出混凝土表面湿度与回弹值之间的相关关系，由于此项研究工作较为复杂牵涉面较广，目前尚未找出精度符合要求的不同湿度修正系数。因此建议制定专用测强曲线或通过试验进行修正。

6.2.4 高层建筑的日益增多，使得高强混凝土的使用亦日益增多。对现场结构或构件高强混凝土的检测，能量为2.207 J的中型回弹仪已不适用。目前我国已有几个单位分别研制出了能量大于2.207 J的高强混凝土回弹仪，但尚无统一的检测高强混凝土的方法及相应的标准等，只能各自制定使用方法及专用测强曲线。

6.3 地区和专用测强曲线

6.3.1 地区和专用测强曲线的强度误差值均小于全国统一测强曲线，具体误差值见本规定。

6.3.2 地区和专用测强曲线制定并批准实施使用后，应注意其使用范围只能在制定该曲线时的试件条件范围内，例如龄期、原材料、外加剂、强度区间等等，不允许超出该使用范围。这些测强曲线均为经验公式制定，因此决不能仅仅根据测强公式而任意外推，以免得出错误的计算结果。此外，尚应经常抽取一定数量的同条件试件进行校核，如发现误差较大时，应停止使用并应及时查找原因。

7 混凝土强度的计算

7.0.1 构件的每一测区的混凝土强度换算值，是由每一测区的平均回弹值及平均碳化深度值按统一测强曲线查出。如有地区测强曲线或专用测强曲线则应按相应测强曲线使用。对于泵送混凝土，按上述规定查出测区强度值后还应注意要按本规程第4.1.6条计算。

7.0.2 此处应注意计算测区混凝土强度平均值及标准差时，不要用手工计算，可采用带有方差统计运算功能的计算器或其它计算工具计算。

7.0.3 原规程规定单个构件取最小值为强度推定值。批量检测时取两公式中较大值为推定值。实际上，以最小值为结构或构件强度推定值的保证率并不是恒定的95%，而是浮动的，有的较95%高，有的低于95%保证率但基本在85%以上。当构件测区数≥10个时，从数理统计角度来看，欲满足95%保证率取最小值亦不合适。为此对构件测区数≥10个时将公式改为现在完全按数理统计公式求得95%保证率的方法，对构件测区数小于10个时，因样本太少，仍取最小值。此外，当构件中出现测区强度无法查出(即 $f^{c}_{cu}<10.0$ 或 $f^{c}_{cu}>60.0$)情况时，因无法计算平均值及方差值，也只能以最小值作为该构件强度推定值，当出现 $f^{c}_{cu}<10.0$ MPa情况时，该构件强度推定值为<10.0 MPa。经近年实际检测331个构件统计计算表明：最小值与95%保证率换算值的比值约为0.986。按95%保证率换算的强度值略低于最小值。

一般情况下，结构或构件由于制作、养护等方面原因，其强度值要低于同条件试件强度值。本规程定义强度推定值为结构或构件本身的强度值，而实际应用时，多数错误的将该值直接与标准养护150 mm立方体试件强度对比，造成回弹法检测的强度值偏低的印象。这里除了前述原因外，尚有不同保证率的差异。因此工程建设单位、施工单位、设计单位、监督、监理单位应注意这一差别：按本规程给出的强度值为结构或构件中的混凝土强度且具有95%保证率，在处理混凝土质量问题时予以考虑。

7.0.4 当测区间的标准差过大时，说明已有某些偶然因素起作用，例如构件不是同一强度等级，龄期差异较大等，不属于同一母体，因此不能按批进行推定。

7.0.5 检测报告是工程测试的最后结果，是处理混凝土质量的依据，鉴于以往使用中检测报告格式较为混乱，因此要求按统一格式出具。本检测结果为构件混凝土强度，该强度与标准养护或同条件养护试件强度存有差异，因此不能据此结果对构件的设计强度等级给出合格与否的结论。此外，为加强管理，凡进行回弹法检测的人员均应有上岗证，使用的回弹仪应有检定合格证，在检测报告中应逐项填写。

中华人民共和国行业标准

普通混凝土配合比设计规程

JGJ 55—2000

Specification for mix proportion design of ordinary concrete

前　言

根据建设部建标[1999]309号文《关于印发"一九九九年工程建设城建、建工行业标准制定、修订计划"的通知》的要求，标准编制组在广泛调查研究，认真总结实践经验，参考有关国际标准和国外先进标准，并在广泛征求意见基础上，对原行业标准《普通混凝土配合比设计规程》(JGJ/T 55—96)进行了修订。

本规程的主要技术内容是：1.总则；2.术语、符号；3.混凝土配制强度的确定；4.混凝土配合比设计中的基本参数；5.混凝土配合比的计算；6.混凝土配合比的试配、调整与确定；7.有特殊要求的混凝土配合比设计。

修订的主要内容是：1.根据现行国家标准《建筑结构设计术语和符号标准》(GB/T 50083)的要求，修改了有关符号和术语；2.与1996年以后颁布的相关标准规范进行了协调配套，并借鉴了国际先进经验；3.在全国六个大区进行了大量的水泥和混凝土强度试验的基础上，与实施的水泥新标准相适应，修改了混凝土强度公式中的回归系数α_a(A)和α_b(B)；4.增加了混凝土配合比使用过程的调整和重新进行配合比设计条件的规定；5.增加了采用快测强度或早龄期强度推定28d强度等规定。

本规程由建设部建筑工程标准技术归口单位中国建筑科学研究院归口管理。授权由主编单位负责具体解释。

本规程主编单位是：中国建筑科学研究院(地址：北京市北三环东路30号中国建筑科学研究院，邮编100013)。

本规程参加单位是：北京建工集团有限责任公司、北京城建集团有限责任公司混凝土公司、沈阳北方建设集团、上海徐汇区建工质量监督站、上海建工材料工程有限公司、山西四建集团有限公司、中建三局建筑技术研究设计院、北京住总构件厂、深圳安托山混凝土有限公司、中国建筑材料科学研究院、广东省建筑科学研究院、四川省建筑科学研究院和陕西省建筑科学研究设计院。

本规程主要起草人员是：韩素芳、许鹤力、艾永祥、路来军、张秀芳、徐欣、丁整伟、陈尧亮、佘振阳、魏荣华、韩秉刚、朱艾路、杨晓梅、陈社生、李玮、刘树财、白显明。

1　总则

1.0.1　为统一普通混凝土配合比设计方法，满足设计和施工要求，确保混凝土工程质量且达到经济合理，制定本规程。

1.0.2　本规程适用于工业与民用建筑及一般构筑物所采用的普通混凝土的配合比设计。

中华人民共和国建设部2000-12-28发布　　2001-04-01实施

1.0.3 普通混凝土的配合比应根据原材料性能及对混凝土的技术要求进行计算，并经试验室试配、调整后确定。

1.0.4 进行普通混凝土配合比设计时，除应遵守本规程的规定外，尚应符合国家现行有关强制性标准的规定。

2 术语、符号

2.1 术语

2.1.1 普通混凝土 ordinary concrete

干密度为 2000～2800kg/m^3 的水泥混凝土。

2.1.2 干硬性混凝土 stiff concrete

混凝土拌合物的坍落度小于 10mm 且须用维勃稠度(s)表示其稠度的混凝土。

2.1.3 塑性混凝土 plastic concrete

混凝土拌合物坍落度为 10～90mm 的混凝土。

2.1.4 流动性混凝土 pasty concrete

混凝土拌合物坍落度为 100～150mm 的混凝土。

2.1.5 大流动性混凝土 flowing concrete

混凝土拌合物坍落度等于或大于 160mm 的混凝土。

2.1.6 抗渗混凝土 impermeable concrete

抗渗等级等于或大于 P6 级的混凝土。

2.1.7 抗冻混凝土 frost-resistant concrete

抗冻等级等于或大于 F50 级的混凝土。

2.1.8 高强混凝土 high-strength concrete

强度等级为 C60 及其以上的混凝土。

2.1.9 泵送混凝土 pumped concrete

混凝土拌合物的坍落度不低于 100mm 并用泵送施工的混凝土。

2.1.10 大体积混凝土 mass concrete

混凝土结构物实体最小尺寸等于或大于 1 m，或预计会因水泥水化热引起混凝土内外温差过大而导致裂缝的混凝土。

2.2 符号

$f_{cu,0}$——混凝土配制强度(MPa)；

$f_{cu,k}$——混凝土立方体抗压强度标准值(MPa)；

f_{ce}——水泥 28d 抗压强度实测值(MPa)；

$f_{ce,g}$——水泥强度等级值(MPa)；

m_{wa}——掺外加剂时每立方米混凝土中的用水量(kg)；

m_{c0}——基准配合比混凝土每立方米的水泥用量(kg)；

m_{g0}——基准配合比混凝土每立方米的粗骨料用量(kg)；

m_{s0}——基准配合比混凝土每立方米的细骨料用量(kg)；

m_{w0}——基准配合比混凝土每立方米的用水量(kg)；

m_c——每立方米混凝土的水泥用量(kg)；

m_g——每立方米混凝土的粗骨料用量(kg)；

m_s——每立方米混凝土的细骨料用量(kg)；

m_w——每立方米混凝土的用水量(kg)；

m_{cp}——每立方米混凝土拌合物的假定重量(kg)；

γ_c——水泥强度等级值的富余系数；

β——外加剂的减水率(%)；

β_s——砂率(%)；

ρ_c——水泥密度(kg/m^3)；

ρ_g——粗骨料的表观密度(kg/m^3)；

ρ_s——细骨料的表观密度(kg/m^3)；

ρ_w——水的密度(kg/m^3)；

α——混凝土的含气量百分数；

$\rho_{c,t}$——混凝土表观密度实测值(kg/m^3)；

$\rho_{c,c}$——混凝土表观密度计算值(kg/m^3)；

δ——混凝土配合比校正系数。

3 混凝土配制强度的确定

3.0.1 混凝土配制强度应按下式计算：

$$f_{cu,0} \geqslant f_{cu,k} + 1.645\sigma \tag{3.0.1}$$

式中：$f_{cu,o}$——混凝土配制强度(MPa)；

$f_{cu,k}$——混凝土立方体抗压强度标准值(MPa)；

σ——混凝土强度标准差(MPa)。

3.0.2 遇有下列情况时应提高混凝土配制强度：

1 现场条件与试验室条件有显著差异时；

2 C30 级及其以上强度等级的混凝土，采用非统计方法评定时。

3.0.3 混凝土强度标准差宜根据同类混凝土统计资料计算确定，并应符合下列规定：

1 计算时，强度试件组数不应少于 25 组；

2 当混凝土强度等级为 C20 和 C25 级，其强度标准差计算值小于 2.5MPa 时，计算配制强度用的标准差应取不小于 2.5MPa；当混凝土强度等级等于或大于 C30 级，其强度标准差计算值小于 3.0MPa 时，计算配制强度用的标准差应取不小于 3.0MPa；

3 当无统计资料计算混凝土强度标准差时，其值应按现行国家标准《混凝土结构工程施工及验收规范》(GB 50204)的规定取用。

4 混凝土配合比设计中的基本参数

4.0.1 每立方米混凝土用水量的确定，应符合下列规定：

1 干硬性和塑性混凝土用水量的确定：

1) 水灰比在 0.40～0.80 范围时，根据粗骨料的品种、粒径及施工要求的混凝土拌合物稠度，其用水量可按表 4.0.1-1、4.0.1-2 选取。

表 4.0.1-1 干硬性混凝土的用水量(kg/m^3)

拌合物稠度		卵石最大粒径(mm)			碎石最大粒径(mm)		
项目	指标	10	20	40	16	20	40
维勃稠度(s)	16～20	175	160	145	180	170	155
	11～15	180	165	150	185	175	160
	5～10	185	170	155	190	180	165

表 4.0.1-2 塑性混凝土的用水量(kg/m³)

拌合物稠度		卵石最大粒径(mm)				碎石最大粒径(mm)			
项目	指标	10	20	31.5	40	16	20	31.5	40
坍落度(mm)	10～30	190	170	160	150	200	185	175	165
	35～50	200	180	170	160	210	195	185	175
	55～70	210	190	180	170	220	205	195	185
	75～90	215	195	185	175	230	215	205	195

注：1. 本表用水量系采用中砂时的平均取值。采用细砂时，每立方米混凝土用水量可增加 5～10kg；采用粗砂时，则可减少 5～10kg。

2. 掺用各种外加剂或掺合料时，用水量应相应调整。

2）水灰比小于 0.40 的混凝土以及采用特殊成型工艺的混凝土用水量应通过试验确定。

2　流动性和大流动性混凝土的用水量宜按下列步骤计算：

1）以本规程表 4.0.1-2 中坍落度 90mm 的用水量为基础，按坍落度每增大 20mm 用水量增加 5kg，计算出未掺外加剂时的混凝土的用水量；

2）掺外加剂时的混凝土用水量可按下式计算：

$$m_{wa}=m_{w0}(1-\beta) \tag{4.0.1}$$

式中：m_{wa}——掺外加剂混凝土每立方米混凝土的用水量(kg)；

m_{w0}——未掺外加剂混凝土每立方米混凝土的用水量(kg)；

β——外加剂的减水率(%)。

3）外加剂的减水率应经试验确定。

4.0.2　当无历史资料可参考时，混凝土砂率的确定应符合下列规定：

1　坍落度为 10～60mm 的混凝土砂率，可根据粗骨料品种、粒径及水灰比按表 4.0.2 选取。

表 4.0.2　混凝土的砂率(%)

水灰比(W/C)	卵石最大粒径(mm)			碎石最大粒径(mm)		
	10	20	40	16	20	40
0.40	26～32	25～31	24～30	30～35	29～34	27～32
0.50	30～35	29～34	28～33	33～38	32～37	30～35
0.60	33～38	32～37	31～36	36～41	35～40	33～38
0.70	36～41	35～40	34～39	39～44	38～43	36～41

注：① 本表数值系中砂的选用砂率，对细砂或粗砂，可相应地减少或增大砂率；

② 只用一个单粒级粗骨料配制混凝土时，砂率应适当增大；

③ 对薄壁构件，砂率取偏大值；

④ 本表中的砂率系指砂与骨料总量的重量比。

2　坍落度大于 60mm 的混凝土砂率，可经试验确定，也可在表 4.0.2 的基础上，按坍落度每增大 20mm，砂率增大 1%的幅度予以调整。

3　坍落度小于 10 mm 的混凝土，其砂率应经试验确定。

4.0.3　外加剂和掺合料的掺量应通过试验确定，并应符合国家现行标准《混凝土外加剂应用技术规范》(GBJ 119)、《粉煤灰在混凝土和砂浆中应用技术规程》(JGJ 28)、《粉煤灰混凝土应用技术规程》(GBJ 146)、《用于水泥与混凝土中粒化高炉矿渣粉》(GB/T 18046)等的规定。

4.0.4　当进行混凝土配合比设计时，混凝土的最大水灰比和最小水泥用量，应符合表4.0.4中的规定。

表4.0.4　混凝土的最大水灰比和最小水泥用量

<table>
<tr><th colspan="2" rowspan="2">环境条件</th><th rowspan="2">结构物类别</th><th colspan="3">最大水灰比</th><th colspan="3">最小水泥用量(kg)</th></tr>
<tr><th>素混凝土</th><th>钢筋混凝土</th><th>预应力混凝土</th><th>素混凝土</th><th>钢筋混凝土</th><th>预应力混凝土</th></tr>
<tr><td colspan="2">1.干燥环境</td><td>·正常的居住或办公用房屋内部件</td><td>不作规定</td><td>0.65</td><td>0.60</td><td>200</td><td>260</td><td>300</td></tr>
<tr><td rowspan="2">2.潮湿环境</td><td>无冻害</td><td>·高湿度的室内部件
·室外部件
·在非侵蚀性土和(或)水中的部件</td><td>0.70</td><td>0.60</td><td>0.60</td><td>225</td><td>280</td><td>300</td></tr>
<tr><td>有冻害</td><td>·经受冻害的室外部件
·在非侵蚀性土和(或)水中且经受冻害的部件
·高湿度且经受冻害的室内部件</td><td>0.55</td><td>0.55</td><td>0.55</td><td>250</td><td>280</td><td>300</td></tr>
<tr><td colspan="2">3.有冻害和除冰剂的潮湿环境</td><td>·经受冻害和除冰剂作用的室内和室外部件</td><td>0.50</td><td>0.50</td><td>0.50</td><td>300</td><td>300</td><td>300</td></tr>
</table>

注：1. 当用活性掺合料取代部分水泥时，表中的最大水灰比及最小水泥用量即为替代前的水灰比和水泥用量。

2. 配制C15级及其以下等级的混凝土，可不受本表限制。

4.0.5　长期处于潮湿和严寒环境中的混凝土，应掺用引气剂或引气减水剂。引气剂的掺入量应根据混凝土的含气量并经试验确定，混凝土的最小含气量应符合表4.0.5的规定；混凝土的含气量亦不宜超过7%。混凝土中的粗骨料和细骨料应作坚固性试验。

表4.0.5　长期处于潮湿和严寒环境中混凝土的最小含气量

粗骨料最大粒径(mm)	最小含气量(%)
40	4.5
25	5.0
20	5.5

注：含气量的百分比为体积比。

5　混凝土配合比的计算

5.0.1　进行混凝土配合比计算时，其计算公式和有关参数表格中的数值均系以干燥状态骨料为基准。当以饱和面干骨料为基准进行计算时，则应做相应的修正。

注：干燥状态骨料系指含水率小于0.5%的细骨料或含水率小于0.2%的粗骨料。

5.0.2　混凝土配合比应按下列步骤进行计算：

1　计算配制强度 $f_{cu,0}$ 并求出相应的水灰比；

2　选取每立方米混凝土的用水量，并计算出每立方米混凝土的水泥用量；

3　选取砂率，计算粗骨料和细骨料的用量，并提出供试配用的计算配合比。

5.0.3　混凝土强度等级小于C60级时，混凝土水灰比宜按下式计算：

$$W/C=\frac{\alpha_a \cdot f_{ce}}{f_{cu,0}+\alpha_a \cdot \alpha_b \cdot f_{ce}} \tag{5.0.3-1}$$

式中：α_a、α_b——回归系数；

f_{ce}——水泥28d抗压强度实测值(MPa)。

1　当无水泥28d抗压强度实测值时，公式(5.0.3-1)中的 f_{ce} 值可按下式确定：

$$f_{ce}=\gamma_c \cdot f_{ce,g} \tag{5.0.3-2}$$

式中：γ_c——水泥强度等级值的富余系数，可按实际统计资料确定；

$f_{ce,g}$——水泥强度等级值(MPa)。

2 f_{ce}值也可根据3d强度或快测强度推定28d强度关系式推定得出。

5.0.4 回归系数 α_a 和 α_b 宜按下列规定确定：

1 回归系数 α_a 和 α_b 应根据工程所使用的水泥、骨料，通过试验由建立的水灰比与混凝土强度关系式确定；

2 当不具备上述试验统计资料时，其回归系数可按表5.0.4采用。

表 5.0.4 回归系数 α_a、α_b 选用表

石子品种 / 系数	碎石	卵石
α_a	0.46	0.48
α_b	0.07	0.33

5.0.5 每立方米混凝土的用水量(m_{w0})可按本规程第4.0.1条的规定确定。

5.0.6 每立方米混凝土的水泥用量(m_{c0})可按下式计算：

$$m_{c0}=\frac{m_{w0}}{W/C} \tag{5.0.6}$$

5.0.7 混凝土的砂率可按本规程第4.0.2条的规定选取。

5.0.8 粗骨料和细骨料用量的确定，应符合下列规定：

1 当采用重量法时，应按下列公式计算：

$$m_{c0}+m_{g0}+m_{s0}+m_{w0}=m_{cp} \tag{5.0.8-1}$$

$$\beta_s=\frac{m_{s0}}{m_{g0}+m_{s0}}\times 100\% \tag{5.0.8-2}$$

式中：m_{c0}——每立方米混凝土的水泥用量(kg)；

m_{g0}——每立方米混凝土的粗骨料用量(kg)；

m_{s0}——每立方米混凝土的细骨料用量(kg)；

m_{w0}——每立方米混凝土的用水量(kg)；

β_s——砂率(%)；

m_{cp}——每立方米混凝土拌合物的假定重量(kg)，其值可取2 350～2 450kg。

2 当采用体积法时，应按下列公式计算：

$$\frac{m_{c0}}{\rho_c}+\frac{m_{g0}}{\rho_g}+\frac{m_{s0}}{\rho_s}+\frac{m_{w0}}{\rho_w}+0.01\alpha=1 \tag{5.0.8-3}$$

$$\beta_s=\frac{m_{s0}}{m_{g0}+m_{s0}}\times 100\% \tag{5.0.8-4}$$

式中：ρ_c——水泥密度(kg/m^3)，可取2 900～3 100kg/m^3；

ρ_g——粗骨料的表观密度(kg/m^3)；

ρ_s——细骨料的表观密度(kg/m^3)；

ρ_w——水的密度(kg/m^3)，可取1 000kg/m^3；

α——混凝土的含气量百分数，在不使用引气型外加剂时，α可取为1。

3 粗骨料和细骨料的表观密度(ρ_g、ρ_s)应按现行行业标准《普通混凝土用碎石或卵石质量标准及检验方法》(JGJ 53)和《普通混凝土用砂质量标准及检验方法》(JGJ 52)规定的方法测定。

6 混凝土配合比的试配、调整与确定

6.1 试配

6.1.1 进行混凝土配合比试配时应采用工程中实际使用的原材料。混凝土的搅拌方法，宜与生产时使

用的方法相同。

6.1.2 混凝土配合比试配时，每盘混凝土的最小搅拌量应符合表 6.1.2 的规定；当采用机械搅拌时，其搅拌量不应小于搅拌机额定搅拌量的 1/4。

表 6.1.2 混凝土试配的最小搅拌量

骨料最大粒径(mm)	拌合物数量(L)
31.5 及以下	15
40	25

6.1.3 按计算的配合比进行试配时，首先应进行试拌，以检查拌合物的性能。当试拌得出的拌合物坍落度或维勃稠度不能满足要求，或粘聚性和保水性不好时，应在保证水灰比不变的条件下相应调整用水量或砂率，直到符合要求为止。然后提出供混凝土强度试验用的基准配合比。

6.1.4 混凝土强度试验时至少应采用三个不同的配合比。当采用三个不同的配合比时，其中一个应为本规程第 6.1.3 条确定的基准配合比，另外两个配合比的水灰比，宜较基准配合比分别增加和减少 0.05；用水量应与基准配合比相同，砂率可分别增加和减少 1%。

当不同水灰比的混凝土拌合物坍落度与要求值的差超过允许偏差时，可通过增、减用水量进行调整。

6.1.5 制作混凝土强度试验试件时，应检验混凝土拌合物的坍落度或维勃稠度、粘聚性、保水性及拌合物的表观密度，并以此结果作为代表相应配合比的混凝土拌合物的性能。

6.1.6 进行混凝土强度试验时，每种配合比至少应制作一组(三块)试件，标准养护到 28d 时试压。

需要时可同时制作几组试件，供快速检验或较早龄期试压，以便提前定出混凝土配合比供施工使用。但应以标准养护 28d 强度或按现行国家标准《粉煤灰混凝土应用技术规程》(GBJ 146)、现行行业标准《粉煤灰在混凝土和砂浆中应用技术规程》(JGJ 28)等规定的龄期强度的检验结果为依据调整配合比。

6.2 配合比的调整与确定

6.2.1 根据试验得出的混凝土强度与其相对应的灰水比(C/W)关系，用作图法或计算法求出与混凝土配制强度($f_{cu,0}$)相对应的灰水比，并应按下列原则确定每立方米混凝土的材料用量：

1 用水量(m_w)应在基准配合比用水量的基础上，根据制作强度试件时测得的坍落度或维勃稠度进行调整确定；

2 水泥用量(m_c)应以用水量乘以选定出来的灰水比计算确定；

3 粗骨料和细骨料用量(m_g 和 m_s)应在基准配合比的粗骨料和细骨料用量的基础上，按选定的灰水比进行调整后确定。

6.2.2 经试配确定配合比后，尚应按下列步骤进行校正：

1 应根据本规程第 6.2.1 条确定的材料用量按下式计算混凝土的表观密度计算值 $\rho_{c,c}$：

$$\rho_{c,c}=m_c+m_g+m_s+m_w \tag{6.2.2-1}$$

2 应按下式计算混凝土配合比校正系数 δ：

$$\delta=\frac{\rho_{c,t}}{\rho_{c,c}} \tag{6.2.2-2}$$

式中：$\rho_{c,t}$——混凝土表观密度实测值(kg/m^3)；

$\rho_{c,c}$——混凝土表观密度计算值(kg/m^3)。

3 当混凝土表观密度实测值与计算值之差的绝对值不超过计算值的 2% 时，按本规程第 6.2.1 条确定的配合比即为确定的设计配合比；当二者之差超过 2% 时，应将配合比中每项材料用量均乘以校正系数 δ，即为确定的设计配合比。

6.2.3 根据本单位常用的材料，可设计出常用的混凝土配合比备用；在使用过程中，应根据原材料情况及混凝土质量检验的结果予以调整。但遇有下列情况之一时，应重新进行配合比设计：

1 对混凝土性能指标有特殊要求时；

2 水泥、外加剂或矿物掺合料品种、质量有显著变化时；

3 该配合比的混凝土生产间断半年以上时。

7 有特殊要求的混凝土配合比设计

7.1 抗渗混凝土

7.1.1 抗渗混凝土所用原材料应符合下列规定：

1 粗骨料宜采用连续级配，其最大粒径不宜大于 40mm，含泥量不得大于 1.0%，泥块含量不得大于 0.5%；

2 细骨料的含泥量不得大于 3.0%，泥块含量不得大于 1.0%；

3 外加剂宜采用防水剂、膨胀剂、引气剂、减水剂或引气减水剂；

4 抗渗混凝土宜掺用矿物掺合料。

7.1.2 抗渗混凝土配合比的计算方法和试配步骤除应遵守本规程第 5 章和第 6 章的规定外，尚应符合下列规定：

1 每立方米混凝土中的水泥和矿物掺合料总量不宜小于 320kg；

2 砂率宜为 35%～45%；

3 供试配用的最大水灰比应符合表 7.1.2 的规定。

表 7.1.2 抗渗混凝土最大水灰比

抗 渗 等 级	最大水灰比	
	C20～C30 混凝土	C30 以上混凝土
P6	0.60	0.55
P8～P12	0.55	0.50
P12 以上	0.50	0.45

7.1.3 掺用引气剂的抗渗混凝土，其含气量宜控制在 3%～5%。

7.1.4 进行抗渗混凝土配合比设计时，尚应增加抗渗性能试验；并应符合下列规定：

1 试配要求的抗渗水压值应比设计值提高 0.2MPa；

2 试配时，宜采用水灰比最大的配合比作抗渗试验，其试验结果应符合下式要求：

$$P_t \geqslant \frac{P}{10} + 0.2 \tag{7.1.4}$$

式中：P_t——6 个试件中 4 个未出现渗水时的最大水压值(MPa)；

P——设计要求的抗渗等级值。

3 掺引气剂的混凝土还应进行含气量试验，试验结果应符合本规程第 7.1.3 条的规定。

7.2 抗冻混凝土

7.2.1 抗冻混凝土所用原材料应符合下列规定：

1 应选用硅酸盐水泥或普通硅酸盐水泥，不宜使用火山灰质硅酸盐水泥；

2 宜选用连续级配的粗骨料，其含泥量不得大于 1.0%，泥块含量不得大于 0.5%；

3 细骨料含泥量不得大于 3.0%，泥块含量不得大于 1.0%；

4 抗冻等级 F100 及以上的混凝土所用的粗骨料和细骨料均应进行坚固性试验，并应符合现行行业标准《普通混凝土用碎石或卵石质量标准及检验方法》(JGJ 53)及《普通混凝土用砂质量标准及检验方法》(JGJ 52)的规定；

5 抗冻混凝土宜采用减水剂，对抗冻等级 F100 及以上的混凝土应掺引气剂，掺用后混凝土的含气量应符合本规程第 4.0.5 条的规定。

7.2.2 抗冻混凝土配合比的计算方法和试配步骤除应遵守本规程第5章和第6章的规定外，供试配用的最大水灰比尚应符合表7.2.2的规定。

7.2.3 进行抗冻混凝土配合比设计时，尚应增加抗冻融性能试验。

表 7.2.2 抗冻混凝土的最大水灰比

抗冻等级	无引气剂时	掺引气剂时
F50	0.55	0.60
F100	—	0.55
F150及以上	—	0.50

7.3 高强混凝土

7.3.1 配制高强混凝土所用原材料应符合下列规定：

1 应选用质量稳定、强度等级不低于42.5级的硅酸盐水泥或普通硅酸盐水泥；

2 对强度等级为C60级的混凝土，其粗骨料的最大粒径不应大于31.5mm，对强度等级高于C60级的混凝土，其粗骨料的最大粒径不应大于25mm；针片状颗粒含量不宜大于5.0%，含泥量不应大于0.5%，泥块含量不宜大于0.2%；其他质量指标应符合现行行业标准《普通混凝土用碎石或卵石质量标准及检验方法》(JGJ 53)的规定；

3 细骨料的细度模数宜大于2.6，含泥量不应大于2.0%，泥块含量不应大于0.5%。其他质量指标应符合现行行业标准《普通混凝土用砂质量标准及检验方法》(JGJ 52)的规定；

4 配制高强混凝土时应掺用高效减水剂或缓凝高效减水剂；

5 配制高强混凝土时应掺用活性较好的矿物掺合料，且宜复合使用矿物掺合料。

7.3.2 高强混凝土配合比的计算方法和步骤除应按本规程第5章规定进行外，尚应符合下列规定：

1 基准配合比中的水灰比，可根据现有试验资料选取；

2 配制高强混凝土所用砂率及所采用的外加剂和矿物掺合料的品种、掺量，应通过试验确定；

3 计算高强混凝土配合比时，其用水量可按本规程第4章的规定确定；

4 高强混凝土的水泥用量不应大于550kg/m^3；水泥和矿物掺合料的总量不应大于600kg/m^3。

7.3.3 高强混凝土配合比的试配与确定的步骤应按本规程第6章的规定进行。当采用三个不同的配合比进行混凝土强度试验时，其中一个应为基准配合比，另外两个配合比的水灰比，宜较基准配合比分别增加和减少0.02～0.03；

7.3.4 高强混凝土设计配合比确定后，尚应用该配合比进行不少于6次的重复试验进行验证，其平均值不应低于配制强度。

7.4 泵送混凝土

7.4.1 泵送混凝土所采用的原材料应符合下列规定：

1 泵送混凝土应选用硅酸盐水泥、普通硅酸盐水泥、矿渣硅酸盐水泥和粉煤灰硅酸盐水泥，不宜采用火山灰质硅酸盐水泥；

2 粗骨料宜采用连续级配，其针片状颗粒含量不宜大于10%；粗骨料的最大粒径与输送管径之比宜符合表7.4.1的规定；

表 7.4.1 粗骨料的最大粒径与输送管径之比

石子品种	泵送高度(m)	粗骨料最大粒径与输送管径比
碎　石	<50	≤1∶3.0
	50～100	≤1∶4.0
	>100	≤1∶5.0

续表 7.4.1

石子品种	泵送高度(m)	粗骨料最大粒径与输送管径比
卵　石	<50	⩽1∶2.5
	50～100	⩽1∶3.0
	>100	⩽1∶4.0

3　泵送混凝土宜采用中砂，其通过 0.315mm 筛孔的颗粒含量不应少于 15%；

4　泵送混凝土应掺用泵送剂或减水剂，并宜掺用粉煤灰或其他活性矿物掺合料，其质量应符合国家现行有关标准的规定。

7.4.2　泵送混凝土试配时要求的坍落度值应按下式计算：

$$T_t = T_p + \Delta T \tag{7.4.2}$$

式中：T_t——试配时要求的坍落度值；

T_p——入泵时要求的坍落度值；

ΔT——试验测得在预计时间内的坍落度经时损失值。

7.4.3　泵送混凝土配合比的计算和试配步骤除应按本规程第 5 章和第 6 章规定进行外，尚应符合下列规定：

1　泵送混凝土的用水量与水泥和矿物掺合料的总量之比不宜大于 0.60；

2　泵送混凝土的水泥和矿物掺合料的总量不宜小于 300kg/m³；

3　泵送混凝土的砂率宜为 35%～45%；

4　掺用引气型外加剂时，其混凝土含气量不宜大于 4%。

7.5　大体积混凝土

7.5.1　大体积混凝土所用的原材料应符合下列规定：

1　水泥应选用水化热低和凝结时间长的水泥，如低热矿渣硅酸盐水泥、中热硅酸盐水泥、矿渣硅酸盐水泥、粉煤灰硅酸盐水泥、火山灰质硅酸盐水泥等；当采用硅酸盐水泥或普通硅酸盐水泥时，应采取相应措施延缓水化热的释放；

2　粗骨料宜采用连续级配，细骨料宜采用中砂；

3　大体积混凝土应掺用缓凝剂、减水剂和减少水泥水化热的掺合料。

7.5.2　大体积混凝土在保证混凝土强度及坍落度要求的前提下，应提高掺合料及骨料的含量，以降低每立方米混凝土的水泥用量。

7.5.3　大体积混凝土配合比的计算和试配步骤应按本规程第 5 章和第 6 章的规定进行，并宜在配合比确定后进行水化热的验算或测定。

本规程用词说明

1. 为便于在执行本规程条文时区别对待，对要求严格程度不同的用词说明如下：

1）表示很严格，非这样做不可的：

正面词采用“必须”；反面词采用“严禁”。

2）表示严格，在正常情况下均应这样做的：

正面词采用“应”；反面词采用“不应”或“不得”。

3）表示允许稍有选择，在条件许可时首先应这样做的：

正面词采用“宜”；反面词采用“不宜”。

表示有选择，在一定条件下可以这样做的，采用“可”。

2. 条文中指定按其他有关标准执行的写法为“应按……执行”或“应符合……的规定”。

中华人民共和国行业标准

普通混凝土配合比设计规程 JGJ 55—2000

条 文 说 明

前 言

《普通混凝土配合比设计规程》(JGJ 55—2000),经建设部 2000 年 12 月 28 日以建标[2000]302 号文批准,业已发布。

为便于广大设计、施工、科研、学校等单位的有关人员在使用本规程时能正确理解和执行条文规定,本规程修订组按章、节、条的顺序编制了条文说明,供国内使用者参考。

在使用中如发现本条文说明有欠妥之处,请将意见函寄中国建筑科学研究院《普通混凝土配合比设计规程》修订组。

1 总则

1.0.3 本条提出了配合比设计的步骤和要求,配合比设计必须要经过计算、试配和调整三个阶段,以根据所使用的原材料实际品质,科学地确定合理的配合比。

2 术语、符号

2.1 术语

本节给出了各种混凝土的定义,它们是:

2.1.1 普通混凝土的干密度范围是与国际上的 CEB-FIP 模式规范(混凝土结构)相一致的。凡用普通砂、石制作的混凝土,其干密度均不会超出 2 000～2 800kg/m^3 这一范围。

根据我国砂、石情况统计分析,规定的 2 000～2 800kg/m^3 的范围在我国是合适的。

2.1.6 抗渗混凝土的定义给出了需作抗渗试验的最小抗渗等级,P6 以下的抗渗要求对普通混凝土来说比较容易满足,作为特殊要求的混凝土,进行配合比设计时应当从 P6 开始。

2.1.7 抗冻混凝土的定义给出了需作抗冻试验的最小抗冻等级,F50 以下的抗冻要求,一般混凝土很容易满足,在配合比设计方面不用增加特殊的要求或步骤。

2.1.8 高强混凝土的等级规定是参照 CEB-FIP 模式规范的规定和目前我国混凝土技术发展水平订定的。在 CEB-FIP 模式规范中明确定义高强混凝土为“具有特征强度高于 50MPa 的混凝土”。这个定义用的标准试件为 ϕ150mm×300mm 圆柱体,如果换算成以边长 150mm 的立方体试件为基准,它相当于特征强度高于 60MPa 的混凝土,本规程将 C60 及以上强度等级的混凝土定为高强混凝土。

2.1.9 泵送混凝土的定义规定了泵送时的最小坍落度不低于 100mm,是参考新修订的《混凝土外加剂应用技术规范》而修改的。

2.1.10 大体积混凝土的定义增加了“实体最小尺寸”的“部位”概念,使某些开孔的或变截面结构能比较确切地予以判别,并增加了在最小尺寸达不到 1m,但预计会因水泥水化热引起混凝土内外温差较大而导致裂缝的结构也应按大体积混凝土考虑。

3 混凝土配制强度的确定

3.0.1 为了使所配制的混凝土在工程中使用时,其强度标准值具有不小于 95%的强度保证率,配合比设计时的混凝土配制强度应比设计要求的强度标准值为高，本条根据混凝土强度等级的定义以及其他规范、标准的规定提出了配制强度的取值及计算方法。

3.0.2 本条是指配制强度计算公式中的“大于”符号的使用条件。

3.0.3 本条是与3.0.1条相辅的，它提出了计算混凝土配制强度所必需的强度标准差的确定原则。

4 混凝土配合比设计中的基本参数

4.0.1 JGJ 55—81中就给出了混凝土用水量选用表，经近二十年的应用，证明基本上符合实际。本次修订增加了粗骨料最大粒径为31.5mm的塑性混凝土的用水量。

4.0.3 随着混凝土技术的发展，外加剂和掺合料的应用日益普遍。因此，其掺量也是混凝土配合比设计时需要选定的一个重要参数，但因外加剂的型号、品种甚多，性能各异，掺合料的品种逐渐增加，有的正在制定标准，无法在本规程中统一规定。本条仅作原则规定，具体掺量按有关产品标准或专门的应用规程中的规定确定。

4.0.4 JGJ 55—81规定没有反映混凝土配合比设计中的耐久性问题。近年来人们对这一问题的认识日益提高，国外各标准中也均把耐久性问题列为混凝土的一个重要性能指标。已经认为不是对特殊要求的混凝土才要考虑耐久性，而应对所有混凝土均应予以考虑。因此，本条规定所有混凝土在配合比设计时都应当按该混凝土使用时所处的环境条件，考虑其满足耐久性要求所必要的水灰比及水泥用量值。

表4.0.4是采用了欧洲混凝土协会(CEB)和国际预应力混凝土协会(FIP)1990年模式规范中的规定，它分类细致、科学，控制指标合理。在CEB-FIP模式规范中，对混凝土所处的环境分为5类9级，并就每级环境对混凝土提出了相应的要求(最大水灰比和最小水泥用量限值)。本规程仅规定了其中的3类4级，即(1)干燥环境，(2)潮湿环境(分2级)和(3)有冻害和除冰剂的潮湿环境。另外的2类5级，即(4)海水环境(分2级)，(5)侵蚀性化学环境(分3级)，因已超出普通混凝土的范畴，应在各有关专业标准中予以规定。

4.0.5 引气剂能提高混凝土的耐久性(抗冻性和抗渗性)，但其掺量必须适量，掺用量过小，混凝土中形成的封闭微孔过少，起不到改善耐久性的作用；掺用量过大，则会降低混凝土的强度，对耐久性也会产生相反的影响。本条规定的最大及最小含气量与《混凝土外加剂应用技术规范》(GBJ 119)的规定是一致的。

5 混凝土配合比的计算

5.0.1 混凝土配合比可以以干燥状态骨料为基准给出，也可以以饱和面干骨料为基准给出。目前我国绝大多数地区均采用干燥状态骨料为基准的配合比，根据这一情况，本规程也以干燥状态的骨料为基准进行配合比计算，并规定骨料干燥状态的具体指标。

5.0.3 当混凝土强度等级大于等于C60级时，灰水比与混凝土强度的线性关系较差，分散性较大，因此，鲍罗米公式仅适合C60级以下的混凝土。f_{ce}为水泥的28d实际强度。编制JGJ 55—81时，考虑到有时难以取得水泥的实际强度，给出了水泥的强度等级值富余系数γ_c，并在当时具体情况下建议在无统计资料时，γ_c可取等于1.13。现普遍反映，目前的水泥质量水平差异甚大，而且不是一个1.13所能概括。因此，本规程保留水泥强度等级值的富余系数γ_c，$f_{ce}=\gamma_c \cdot f_{ce,g}$，但不给出具体推荐数值，要求各地可按水泥的品种、产地、牌号统计得出。考虑到目前使用3d强度或快测强度公式推定28d强度的情况较多，因此，本规程增加了根据已有的3d强度或快测强度推定28d强度关系式推定f_{ce}值，但要注意留足强度富余。

5.0.4 由于我国水泥胶砂强度检验方法全面采用国际标准，与原方法测定同一个样本水泥得出的强度不同，这就影响到求混凝土水灰比的鲍罗米公式中的回归系数$\alpha_a(A)$和$\alpha_b(B)$，为此，在全国六个大区；华东、华北、东北、西北、西南和华南组织了三十一个试验单位进行大量试验，共用84个品牌水泥进行了1184次水泥强度和3768次混凝土强度试验，对其28d强度试验结果进行统计分析，求出在使用水泥新标准条件下鲍罗米公式中的回归系数 α_a 和 α_b，可供全国参考使用。

参加混凝土及水泥试验工作的除参编单位外，还有北京一建商品混凝土公司、北京二建搅拌站、北京六建中心试验室、北京六建商品混凝土公司、中建一局三公司试验室、北京住总水泥公司试验室、北京住总三公司试验室、河北省第四建筑总公司、石家庄建设集团公司、山东省建科院、深圳华泰企业公司、杭州华威混凝土有限公司、浙江省建筑构配件公司、沈阳市三建、辽宁省二建和济南四建集团公司试验室等单位；此外，吴兴祖、王庚林、姚德正、于大忠和赵德光等五位同志在标准编制过程中均给予许多支持和指导，在此一并表示感谢。

6 混凝土配合比的试配、调整与确定

6.1 试配

6.1.4 本条规定了试配时采用三个配合比的确定原则。考虑到在该三个配合比中的水灰比变化范围内，其坍落度可能会有变化，此时仅用变动砂率可能调不过来，所以允许适当增、减用水量予以调整。

6.1.6 本条规定了以标养 28d 强度作为调整确定设计配合比的依据。但又考虑到施工生产中，水泥进厂(场)后等待混凝土 28d 强度试验结果时间较长，目前多数单位以快速试验或较早龄期(3d 或 7d)试压强度，和对混凝土强度进行动态控制的规律，调整确定混凝土配合比。所以本条增加"需要时可同时制作一组或几组试件，供快速检验或较早龄期试压，以便提前定出混凝土配合比供施工使用"。但此时应考虑快测推定带来的误差，留足强度富余。

6.2 配合比的调整与确定

6.2.1 本条中的计算法是指用三个(或多个)灰水比与其对应的强度，按线性比例关系求出与按本规程 3.0.1 条确定的配制强度 $f_{cu,0}$ 对应的灰水比，或选定三个(或多个)强度中的一个所对应的灰水比，该强度值应等于或稍大于混凝土配制强度 $f_{cu,0}$。

7 有特殊要求的混凝土配合比设计

7.1 抗渗混凝土

7.1.1 本条对配制抗渗混凝土所用的原材料作了一些特殊的规定，它们是：

取消了水泥强度等级的限制，因为采用水泥新标准后，水泥最低强度等级为 32.5 级，约相当于原 425 号水泥，再规定就没有意义了；

骨料含泥及泥块对混凝土抗渗都特别不利，其含量应予以限制；

正确使用防水剂、膨胀剂和引气剂都对提高混凝土的抗渗性能有好处，减水剂在保持要求的混凝土性能前提下，可以减少混凝土的单位用水量，对其抗渗性也有好处，所以推荐使用这些外加剂；

矿物掺合料能改善混凝土的孔结构，提高混凝土耐久性能，故抗渗混凝土都宜掺用矿物掺合料。

7.1.2 本条对抗渗混凝土配合比的计算和试配作了一些特殊的规定，它们是：

水泥用量及砂率不宜过小，以避免缺浆而影响混凝土的密实性，本次修订将砂率提高到 45%；

抗渗混凝土的灰砂比以前一直规定为 1：2.0～1：2.5，但近年来由于混凝土强度等级不断提高，合理灰砂比的范围有所变化，尤其对水泥用量较大的高强混凝土，灰砂比有时会达到 1：1.0，而且这类混凝土抗渗性能很好，因此，本次修订取消对灰砂比的限制；

抗渗混凝土配合比设计时，先按常规计算满足强度要求所必需的水灰比，再用表 7.1.2 检验是否满足抗渗要求，其原则是试配用的三个水灰比都要小于表中规定的限制，以便于以后配合比的确定。

7.1.4 抗渗混凝土试配时应进行抗渗试验，但试配时采用了三个(或多个)水灰比的配合比，如果都作抗渗试验则显然工作量太大，因此本条规定用水灰比最大的配合比作抗渗试验，如果该配合比能获通过，则其他的配合比就可以认为都能达到要求。如有经验，亦可采用基准配合比的混凝土作抗渗试验。

抗渗混凝土试配时所取的抗渗等级应比设计要求提高(0.2MPa)，即具有必要的富余以保证所确定的配合比在验收时有足够的保证率。

7.2　**抗冻混凝土**

7.2.1　本条对配制抗冻混凝土所用的原材料作了一些特殊的规定，它们是：

水泥推荐使用混合材掺量少的硅酸盐水泥或普通硅酸盐水泥，而火山灰质硅酸盐水泥的需水量大，对抗冻性不利，不宜使用；

骨料中含有的泥及泥块均对混凝土抗冻性不利，对其含量应予以限制；

经常有因骨料坚固性不好而影响混凝土抗冻性的情况（尤其是使用一些风化比较严重的骨料），因此对抗冻要求较高的混凝土，其骨料应作坚固性检验。

7.2.2　抗冻混凝土配合比设计时，先按常规计算出满足强度要求所必需的水灰比，再用表 7.2.2 检验是否满足抗冻要求，其原则是试配用的三个水灰比都要小于表中规定的限制，以便于以后配合比的确定。

7.2.3　抗冻混凝土试配时应进行抗冻试验，原 JGJ/T 55—96 规定试验所用试件是采用水灰比最大的混凝土制作，本次修订取消了对此的限制，主要考虑混凝土的抗冻融性较容易满足要求，若有经验，可用基准配合比混凝土的试件作抗冻试验。

7.3　**高强混凝土**

7.3.1　本条对配制高强混凝土所用的原材料作了一些特殊的规定，它们是：

取消了原 JGJ/T 55—96 对水泥活性的限制。通过优选优质外加剂和掺合料，应用 42.5 级的硅酸盐水泥或普通硅酸盐水泥，可以配制出高强混凝土；

粗骨料和其他非均质原材料一样，颗粒形状相同的情况下，颗粒强度与粒径成反比，即加工的粒径越小，内部缺陷越少，在混凝土中受力越均匀，颗粒强度越高。粒形越接近圆形，受力状态亦越好。高强混凝土的强度逐渐趋近或超过粗骨料强度，粗骨料粒径应随混凝土的强度提高而减少，针片状含量也应减少；

细骨料的细度模数低于 2.6 时，配制混凝土的需水量会增加，粗细骨料中的含泥量、泥块含量同样会加大用水量和外加剂用量，加大混凝土干缩，降低混凝土耐久性和强度。所以，随着混凝土强度的提高，含泥量和泥块含量限值降低；

高效减水剂是高强混凝土的特征组分，活性矿物掺合料的使用，可调整水泥颗粒级配，起到增密、增塑、减水效果和火山灰效应，改善骨料界面效应，提高混凝土性能。随着混凝土强度的提高，在保持胶结材料不超过限值时必须提高减水剂的减水率。

7.3.2　鲍罗米公式（即 5.0.3-1 式）在 C60 及以上等级的混凝土强度，其线性关系较差，离散性也较大，因为这种高强混凝土一般都要采取一些增密措施，其强度变化规律已经与鲍罗米公式相差较远，它们的水灰比只能按现有试验资料确定，然后通过试配予以调整。

高强混凝土因水泥用量较多，其砂率可由试验确定。

7.3.3　高强混凝土试配时所用三个配合比的水灰比差值不能保持一般的 0.05，否则其低水灰比值将会到达不可操作区，而高水灰比值则进入了非高强区，均失去了对高强混凝土的代表性。因此，规定这一差值可缩小，但缩小差值后有时三个强度的线性关系不易得到反映，此时就只能按试验结果凭经验确定设计配合比。

7.3.4　一些对普通强度等级混凝土影响不大的因素，对高强混凝土强度的影响往往比较显著，因此最后还应经过一定数量的重复试验验证，以确保它的稳定性。

7.4　**泵送混凝土**

7.4.1　本条对配制泵送混凝土所用的原材料作了一些特殊的规定，它们是：

水泥不宜采用火山灰质硅酸盐水泥，因为它需水量大，易泌水；

粗骨料最大粒径与输送管径之比与《混凝土泵送施工技术规程》一致；

粉煤灰的掺入能减少混凝土对管壁的摩阻力，改善其可泵性，这在不少工程中已经证实，但掺用的粉煤灰应符合Ⅰ、Ⅱ级的要求，质量差的粉煤灰掺入后会使混凝土用水量增加，对强度和耐久性都不利。

7.4.2 在确定试配用坍落度时一定还要考虑坍落度的经时损失，本条规定了具体的修正方法。

7.4.3 本条为泵送混凝土配合比计算时的一些要求，它们是：

水灰比不能太大，否则浆体的粘度太小，制成的混凝土容易离析；

水泥用量（含矿物掺合料）不宜过小，否则含浆量不足，即使在同样坍落度情况下，混凝土显得干涩，不利于泵送；

混凝土含气量过大，在泵送时这些空气在混凝土中形成无数细小的可压缩体，吸收泵压达到高峰阶段的能量，降低泵送效率，严重时会引起堵泵；

本条规定对泵送混凝土含气量的限值是4%，但规定的程度为“不宜”，因为在此限值时对泵送效果虽有影响，但一般情况下还不会引起堵泵，并且目前不少因耐久性要求需要掺用引气剂的混凝土也需要采用泵送施工，故用“不宜”比较合适。

7.5 大体积混凝土

7.5.1 从配合比设计的角度来说，对大体积混凝土主要采取四条措施：

1 采用水化热低的水泥；

2 采用能降低早期水化热的混凝土外加剂；

3 采用掺合料；

4 采用一切措施增加骨料和掺合料用量，降低水泥用量。

前三项在本条中予以规定，后一项反映在7.5.2条中。

7.5.3 大体积混凝土除7.5.1及7.5.2的规定外，配合比设计的其他方法、步骤均无特殊要求。

中华人民共和国行业标准

贯入法检测砌筑砂浆抗压强度技术规程

Technical specification for testing compressive strength of masonry mortar by penetration resistance method

JGJ/T 136—2001
J 131—2001

批准部门：中华人民共和国建设部
施行日期：2002 年 1 月 1 日

关于发布行业标准《贯入法检测砌筑砂浆抗压强度技术规程》的通知

建标[2001]219 号

根据建设部《关于印发〈一九九九年工程建设城建、建工行业标准制订、修订计划〉的通知》(建标[1999]309 号)的要求，由中国建筑科学研究院主编的《贯入法检测砌筑砂浆抗压强度技术规程》，经审查，批准为行业标准，该标准编号为 JGJ/T 136—2001，自 2002 年 1 月 1 日起施行。

本标准由建设部建筑工程标准技术归口单位中国建筑科学研究院负责管理，中国建筑科学研究院负责具体解释。

中华人民共和国建设部
2001 年 10 月 31 日

前　　言

根据建设部建标[1999]309 号文的要求，规程编制组经广泛调查研究，认真总结实践经验，参考有关国际标准和国外先进标准，并在广泛征求意见的基础上，制定了本规程。

本规程的主要技术内容是：1　总则；2　术语、符号；3　检测仪器；4　检测技术；5　砂浆抗压强度计算；6 检测报告；附录 A　贯入仪校准；附录 B　贯入深度测量表校准；附录 C　砂浆抗压强度贯入检测记录表；附录 D　砂浆抗压强度换算表；附录 E　专用测强曲线制定方法等。

本规程由建设部建筑工程标准技术归口单位中国建筑科学研究院归口管理，授权由主编单位负责具体解释。

本规程主编单位是：中国建筑科学研究院
(地址：北京市北三环东路 30 号，邮政编码：100013)。

本规程参加单位是：福建省建筑科学研究院、安徽省建筑科学研究设计院、河北省建筑科学研究院。

本规程主要起草人员是：张仁瑜、叶健、邹道金、路彦兴、陈松。

1 总则

1.0.1 为了规范贯入法检测砌筑砂浆抗压强度技术，保证砌体工程现场检测的质量，制定本规程。

1.0.2 本规程适用于工业与民用建筑砌体工程中砌筑砂浆抗压强度的现场检测，并作为推定抗压强度的依据。本规程不适用于遭受高温、冻害、化学侵蚀、火灾等表面损伤的砂浆检测，以及冻结法施工的砂浆在强度回升期阶段的检测。

1.0.3 对砌筑砂浆抗压强度进行检测时，除应执行本规程外，尚应符合国家现行的有关强制性标准的规定。

2 术语、符号

2.1 术语

2.1.1 贯入法检测 test of penetration resistance method

根据测钉贯入砂浆的深度和砂浆抗压强度间的相关关系，采用压缩工作弹簧加荷，把一测钉贯入砂浆中，由测钉的贯入深度通过测强曲线来换算砂浆抗压强度的检测方法。

2.1.2 测孔 pin hole

贯入试验时，贯入测钉在灰缝上所形成的孔。

2.1.3 砂浆抗压强度换算值 calculating compressive strength of masonry mortar

由构件的贯入深度平均值通过测强曲线计算得到的砌筑砂浆抗压强度值。相当于被测构件在该龄期下同条件养护的边长为70.7mm一组立方体试块的抗压强度平均值。

2.2 符号

d_i^0——第 i 个测点的贯入深度测量表的不平整度读数；

d_i'——第 i 个测点的贯入深度测量表读数；

d_i——第 i 个测点的贯入深度值；

$f_{2,j}^c$——第 j 个构件的砂浆抗压强度换算值；

$f_{2,\min}^c$——同批构件中砂浆抗压强度换算值的最小值；

$f_{2,e}^c$——砂浆抗压强度推定值；

$f_{2,e1}^c$——砂浆抗压强度推定值之一；

$f_{2,e2}^c$——砂浆抗压强度推定值之二；

m_{d_j}——第 j 个构件的贯入深度平均值；

$m_{f_2^c}$——同批构件砂浆抗压强度换算值的平均值；

$s_{f_2^c}$——同批构件砂浆抗压强度换算值的标准差；

$\delta_{f_2^c}$——同批构件砂浆抗压强度换算值的变异系数。

3 检测仪器

3.1 仪器及性能

3.1.1 贯入法检测使用的仪器应包括贯入式砂浆强度检测仪（简称贯入仪，图3.1.1）、贯入深度测量表。

3.1.2 贯入仪及贯入深度测量表必须具有制造厂家的产品合格证、中国计量器具制造许可证及法定计量部门的校准合格证，并应在贯入仪的明显位置具有下列标志：名称、型号、制造厂名、商标、出厂日期和中国计量器具制造许可证标志CMC等。

3.1.3 贯入仪应满足下列技术要求：

——贯入力应为800±8N；

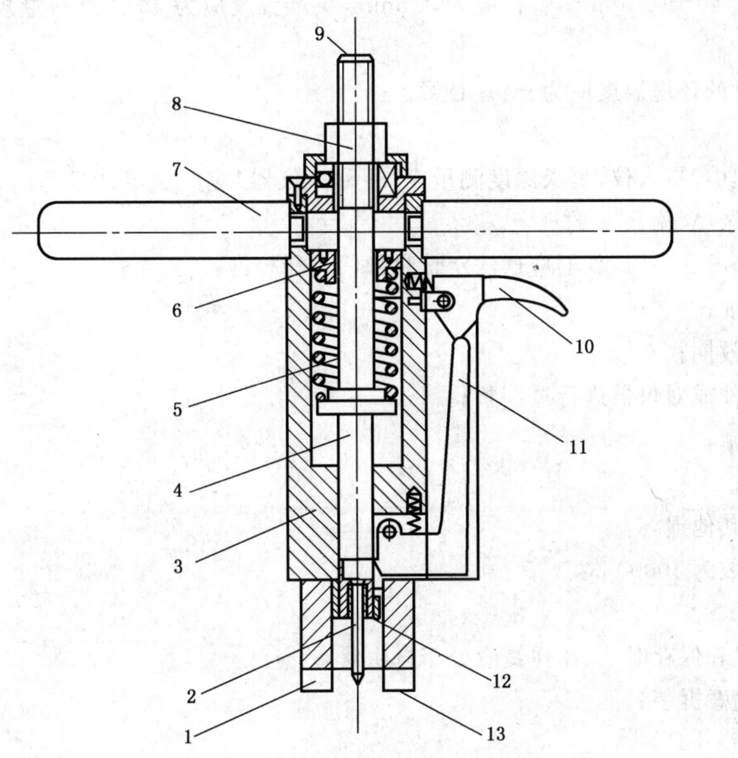

图 3.1.1　贯入仪构造示意图

1—扁头；2—测钉；3—主体；4—贯入杆；5—工作弹簧；6—调整螺母；7—把手；
8—螺母；9—贯入杆外端；10—扳机；11—挂钩；12—贯入杆端面；13—扁头端面

——工作行程应为 20±0.10mm。

3.1.4　贯入深度测量表(图 3.1.4)应满足下列技术要求：

——最大量程应为 20±0.02mm；

——分度值应为 0.01mm。

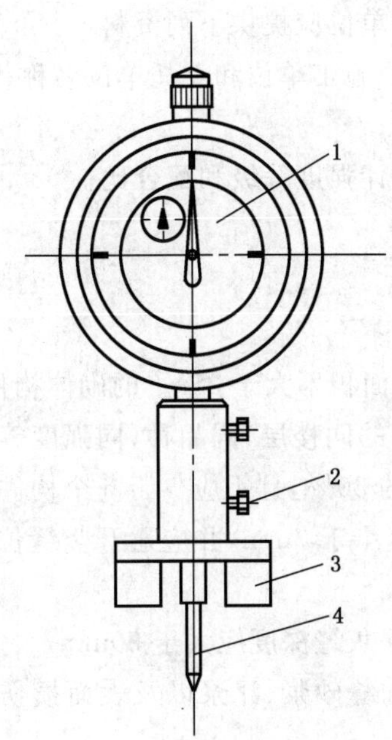

图 3.1.4　贯入深度测量表示意图

1—百分表；2—锁紧螺钉；3—扁头；4 —测头

3.1.5 测钉长度应为40±0.10mm，直径应为3.5mm，尖端锥度应为45°。测钉量规的量规槽长度应为$39.5^{+0.10}_{0}$mm。

3.1.6 贯入仪使用时的环境温度应为－4～40℃。

3.2 校准基本要求

3.2.1 正常使用过程中，贯入仪、贯入深度测量表（通称为仪器）应由法定计量部门每年至少校准一次。校准应符合本规程附录A、附录B的规定。

3.2.2 当遇到下列情况之一时，仪器应送法定计量部门进行校准：

——新仪器启用前；

——超过校准有效期；

——更换主要零件或对仪器进行过调整；

——检测数据异常；

——零部件松动；

——遭遇撞击或其他损坏；

——累计贯入次数为10000次。

3.3 其他要求

3.3.1 贯入仪在闲置和保存时，工作弹簧应处于自由状态。

3.3.2 贯入仪不得随意拆装。

4 检测技术

4.1 基本要求

4.1.1 检测人员应通过相应专业培训。检测过程中应做到正确和安全操作。

4.1.2 用贯入法检测的砌筑砂浆应符合下列要求：

——自然养护；

——龄期为28d或28d以上；

——自然风干状态；

——强度为0.4～16.0MPa。

4.1.3 检测砌筑砂浆抗压强度时，委托单位应提供下列资料：

——建设单位、设计单位、监理单位、施工单位和委托单位名称；

——工程名称、结构类型、有关图纸；

——原材料试验资料、砂浆品种、设计强度等级和配合比；

——砌筑日期、施工及养护情况；

——检测原因。

4.2 测点布置

4.2.1 检测砌筑砂浆抗压强度时，应以面积不大于25m^{2}的砌体构件或构筑物为一个构件。

4.2.2 按批抽样检测时，应取龄期相近的同楼层、同品种、同强度等级砌筑砂浆且不大于250m^{3}砌体为一批，抽检数量不应少于砌体总构件数的30%，且不应少于6个构件。基础砌体可按一个楼层计。

4.2.3 被检测灰缝应饱满，其厚度不应小于7mm，并应避开竖缝位置、门窗洞口、后砌洞口和预埋件的边缘。

4.2.4 多孔砖砌体和空斗墙砌体的水平灰缝深度应大于30mm。

4.2.5 检测范围内的饰面层、粉刷层、勾缝砂浆、浮浆以及表面损伤层等，应清除干净；应使待测灰缝砂浆暴露并经打磨平整后再进行检测。

4.2.6 每一构件应测试16点。测点应均匀分布在构件的水平灰缝上，相邻测点水平间距不宜小于240mm，每条灰缝测点不宜多于2点。

4.3 贯入检测

4.3.1 贯入检测应按下列程序操作：

1 将测钉插入贯入杆的测钉座中，测钉尖端朝外，固定好测钉；

2 用摇柄旋紧螺母，直至挂钩挂上为止，然后将螺母退至贯入杆顶端；

3 将贯入仪扁头对准灰缝中间，并垂直贴在被测砌体灰缝砂浆的表面，握住贯入仪把手，扳动扳机，将测钉贯入被测砂浆中。

4.3.2 每次试验前，应清除测钉上附着的水泥灰渣等杂物，同时用测钉量规检验测钉的长度；测钉能够通过测钉量规槽时，应重新选用新的测钉。

4.3.3 操作过程中，当测点处的灰缝砂浆存在空洞或测孔周围砂浆不完整时，该测点应作废，另选测点补测。

4.3.4 贯入深度的测量应按下列程序操作：

1 将测钉拔出，用吹风器将测孔中的粉尘吹干净；

2 将贯入深度测量表扁头对准灰缝，同时将测头插入测孔中，并保持测量表垂直于被测砌体灰缝砂浆的表面，从表盘中直接读取测量表显示值 d'_i 并记录在本规程附录 C 的记录表中，贯入深度应按下式计算：

$$d_i = 20.00 - d'_i \tag{4.3.4}$$

式中 d'_i——第 i 个测点贯入深度测量表读数，精确至 0.01mm；

d_i——第 i 个测点贯入深度值，精确至 0.01mm。

3 直接读数不方便时，可用锁紧螺钉锁定测头，然后取下贯入深度测量表读数。

4.3.5 当砌体的灰缝经打磨仍难以达到平整时，可在测点处标记，贯入检测前用贯入深度测量表测读测点处的砂浆表面不平整度读数 d_i^0，然后再在测点处进行贯入检测，读取 d'_i，则贯入深度应按下式计算：

$$d_i = d_i^0 - d'_i \tag{4.3.5}$$

式中 d_i——第 i 个测点贯入深度值，精确至 0.01mm；

d_i^0——第 i 个测点贯入深度测量表的不平整度读数，精确至 0.01mm；

d'_i——第 i 个测点贯入深度测量表读数，精确至 0.01mm。

5 砂浆抗压强度计算

5.0.1 检测数值中，应将 16 个贯入深度值中的 3 个较大值和 3 个较小值剔除，余下的 10 个贯入深度值可按下式取平均值；

$$m_{d_j} = \frac{1}{10}\sum_{i=1}^{10} d_i \tag{5.0.1}$$

式中 m_{d_j}——第 j 个构件的砂浆贯入深度平均值，精确至 0.01mm；

d_i——第 i 个测点的贯入深度值，精确至 0.01mm。

5.0.2 根据计算所得的构件贯入深度平均值 m_{d_j}，可按不同的砂浆品种由本规程附录 D 查得其砂浆抗压强度换算值 $f^c_{2,j}$。其他品种的砂浆可按本规程附录 E 的要求建立专用测强曲线进行检测。有专用测强曲线时，砂浆抗压强度换算值的计算应优先采用专用测强曲线。

5.0.3 在采用本规程附录 D 的砂浆抗压强度换算表时，应首先进行检测误差验证试验，试验方法可按本规程附录 E 的要求进行，试验数量和范围应按检测的对象确定，其检测误差应满足本规程第 E.0.10 条的规定，否则应按本规程附录 E 的要求建立专用测强曲线。

5.0.4 按批抽检时，同批构件砂浆应按下列公式计算其平均值和变异系数：

$$m_{f_2^c}=\frac{1}{n}\sum_{j=1}^{n}f_{2,j}^{c} \quad (5.0.4\text{-}1)$$

$$s_{f_2^c}=\sqrt{\frac{\sum_{j=1}^{n}(m_{f_2^c}-f_{2,j}^{c})^2}{n-1}} \quad (5.0.4\text{-}2)$$

$$\delta_{f_2^c}=s_{f_2^c}/m_{f_2^c} \quad (5.0.4\text{-}3)$$

式中 $m_{f_2^c}$——同批构件砂浆抗压强度换算值的平均值，精确至 0.1MPa；

$f_{2,j}^{c}$——第 j 个构件的砂浆抗压强度换算值，精确至 0.1MPa；

$s_{f_2^c}$——同批构件砂浆抗压强度换算值的标准差，精确至 0.1MPa；

$\delta_{f_2^c}$——同批构件砂浆抗压强度换算值的变异系数，精确至 0.1。

5.0.5 砌体砌筑砂浆抗压强度推定值 $f_{2,e}^{c}$ 应按下列规定确定：

1 当按单个构件检测时，该构件的砌筑砂浆抗压强度推定值应按下式计算：

$$f_{2,e}^{c}=f_{2,j}^{c} \quad (5.0.5\text{-}1)$$

式中 $f_{2,e}^{c}$——砂浆抗压强度推定值，精确至 0.1MPa；

$f_{2,j}^{c}$——第 j 个构件的砂浆抗压强度换算值，精确至 0.1MPa。

2 当按批抽检时，应按下列公式计算：

$$f_{2,e1}^{c}=m_{f_2^c} \quad (5.0.5\text{-}2)$$

$$f_{2,e2}^{c}=\frac{f_{2,\min}^{c}}{0.75} \quad (5.0.5\text{-}3)$$

式中 $f_{2,e1}^{c}$——砂浆抗压强度推定值之一，精确至 0.1MPa；

$f_{2,e2}^{c}$——砂浆抗压强度推定值之二，精确至 0.1MPa；

$m_{f_2^c}$——同批构件砂浆抗压强度换算值的平均值，精确至 0.1MPa；

$f_{2,\min}^{c}$——同批构件中砂浆抗压强度换算值的最小值，精确至 0.1MPa。

应取公式(5.0.5-2)和(5.0.5-3)中的较小值作为该批构件的砌筑砂浆抗压强度推定值 $f_{2,e}^{c}$。

5.0.6 对于按批抽检的砌体，当该批构件砌筑砂浆抗压强度换算值变异系数不小于 0.3 时，则该批构件应全部按单个构件检测。

6 检测报告

6.0.1 砌筑砂浆抗压强度的检测报告，应包括下列主要内容：

——建设单位名称；

——委托单位名称；

——设计单位名称；

——施工单位名称；

——监理单位名称；

——工程名称和结构类型或构件名称；

——施工日期；

——检测原因；

——检测环境；

——检测依据(所用标准名称及编号)；

——仪器名称、型号、编号及校准证号；

——所测砌筑砂浆的强度设计等级和抗压强度推定值；

——出具报告的单位名称(盖章),有关检测人员签字;

——检测及出具报告的日期;

——其他需要说明的事项,对于无法用文字表达清楚的内容,应附简图。

附录 A
贯入仪校准

A.1 贯入力校准

A.1.1 贯入力的校准应在弹簧拉压试验机上进行,校准时贯入仪的工作弹簧应处于自由状态(图 A.1.1)。

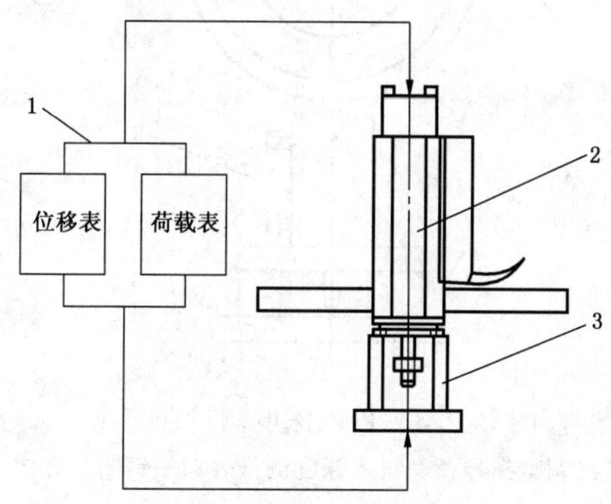

图 A.1.1 贯入力校准

1—弹簧拉压试验机;2—贯入仪;3—U 形架

A.1.2 弹簧拉压试验机的性能应符合下列规定:

——位移分度值应为 0.01mm;

——负荷分度值应为 0.1N;

——位移误差应为±0.01mm;

——负荷误差应小于 0.5%(示值误差)。

A.1.3 贯入力的校准应按下列步骤进行:

1 将 U 形架平放在试验机工作台上,然后将贯入仪的贯入杆外端置于 U 形架的 U 形槽中;

2 将弹簧拉压试验机压头与贯入杆端面接触;

3 下压 20±0.10mm,弹簧拉压试验机读数应为 800±8N。

A.2 工作行程校准

A.2.1 贯入仪贯入杆外端应先放在 U 形架的 U 形槽中,并用深度游标卡尺测量贯入仪在工作弹簧处于自由状态时的贯入杆端面至扁头端面的距离 l_0。

A.2.2 给贯入仪工作弹簧加荷,直至挂钩挂上为止,并应将螺母退至贯入杆外端。

A.2.3 应再将贯入仪贯入杆外端放在 U 形架的 U 形槽中,并用深度游标卡尺测量贯入仪在挂钩状态时的贯入杆端面至扁头端面的距离 l_1。

A.2.4 两个距离的差(l_1-l_0)即为工作行程,并应满足 20±0.10mm。

附录 B
贯入深度测量表校准

B.0.1 贯入深度测量表上的百分表应经法定计量部门检定。

B.0.2 在百分表检定合格后，应再校准贯入深度测量表的测头外露长度。

注：测头外露长度是指贯入深度测量表处于自由状态时，百分表指针对零位时的测头外露长度。

B.0.3 将测头外露部分压在钢制长方体量块上，直至扁头端面和量块表面重合（图 B.0.3）。此时贯入深度测量表的读数应为 20±0.02mm。

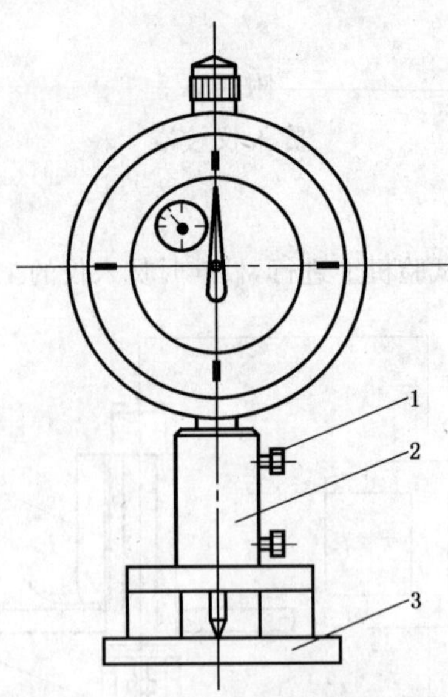

图 B.0.3 贯入深度测量表校准

1—校准调整螺母；2—贯入深度测量表；3—钢制长方体量块

附录 C
砂浆抗压强度贯入检测记录表

工程名称： 构件名称及编号：

贯入仪：型号及编号

砂浆品种： 检测环境：

共 页 第 页

序号	不平整度读数 d_i^0(mm)	贯入深度测量表读数 d'_i(mm)	贯入深度 d_i(mm)	序号	不平整度读数 d_i^0(mm)	贯入深度测量表读数 d'_i(mm)	贯入深度 d_i(mm)
1				9			
2				10			
3				11			
4				12			
5				13			
6				14			
7				15			
8				16			
备注							
贯入深度平均值 $m_{d_j}=\frac{1}{10}\sum_{i=1}^{10}d_i=$ 砂浆抗压强度换算值 $f_{2,j}=$							

复核： 检测： 检测日期： 年 月 日

附录 D

砂浆抗压强度换算表

表 D　砂浆抗压强度换算表(MPa)

贯入深度 d_i(mm)	砂浆抗压强度换算值 $f^c_{2,j}$(MPa)		贯入深度 d_i(mm)	砂浆抗压强度换算值 $f^c_{2,j}$(MPa)	
	水泥混合砂浆	水泥砂浆		水泥混合砂浆	水泥砂浆
2.90	15.6	—	7.10	2.2	2.6
3.00	14.5	—	7.20	2.2	2.5
3.10	13.5	15.5	7.30	2.1	2.4
3.20	12.6	14.5	7.40	2.0	2.3
3.30	11.8	13.5	7.50	2.0	2.3
3.40	11.1	12.7	7.60	1.9	2.2
3.50	10.4	11.9	7.70	1.9	2.1
3.60	9.8	11.2	7.80	1.8	2.1
3.70	9.2	10.5	7.90	1.8	2.0
3.80	8.7	10.0	8.00	1.7	2.0
3.90	8.2	9.4	8.10	1.7	1.9
4.00	7.8	8.9	8.20	1.6	1.9
4.10	7.3	8.4	8.30	1.6	1.8
4.20	7.0	8.0	8.40	1.5	1.8
4.30	6.6	7.6	8.50	1.5	1.7
4.40	6.3	7.2	8.60	1.5	1.7
4.50	6.0	6.9	8.70	1.4	1.6
4.60	5.7	6.6	8.80	1.4	1.6
4.70	5.5	6.3	8.90	1.4	1.6
4.80	5.2	6.0	9.00	1.3	1.5
4.90	5.0	5.7	9.10	1.3	1.5
5.00	4.8	5.5	9.20	1.3	1.5
5.10	4.6	5.3	9.30	1.2	1.4
5.20	4.4	5.0	9.40	1.2	1.4
5.30	4.2	4.8	9.50	1.2	1.4
5.40	4.0	4.6	9.60	1.2	1.3
5.50	3.9	4.5	9.70	1.1	1.3
5.60	3.7	4.3	9.80	1.1	1.3
5.70	3.6	4.1	9.90	1.1	1.2
5.80	3.4	4.0	10.00	1.1	1.2
5.90	3.3	3.8	10.10	1.0	1.2
6.00	3.2	3.7	10.20	1.0	1.2
6.10	3.1	3.6	10.30	1.0	1.1
6.20	3.0	3.4	10.40	1.0	1.1
6.30	2.9	3.3	10.50	1.0	1.1
6.40	2.8	3.2	10.60	0.9	1.1
6.50	2.7	3.1	10.70	0.9	1.1
6.60	2.6	3.0	10.80	0.9	1.0
6.70	2.5	2.9	10.90	0.9	1.0
6.80	2.4	2.8	11.00	0.9	1.0
6.90	2.4	2.7	11.10	0.8	1.0
7.00	2.3	2.6	11.20	0.8	1.0

续表 D

贯入深度 d_i(mm)	砂浆抗压强度换算值 $f^c_{2,j}$(MPa)		贯入深度 d_i(mm)	砂浆抗压强度换算值 $f^c_{2,j}$(MPa)	
	水泥混合砂浆	水泥砂浆		水泥混合砂浆	水泥砂浆
11.30	0.8	0.9	14.60	0.5	0.5
11.40	0.8	0.9	14.70	0.5	0.5
11.50	0.8	0.9	14.80	0.5	0.5
11.60	0.8	0.9	14.90	0.4	0.5
11.70	0.8	0.9	15.00	0.4	0.5
11.80	0.7	0.9	15.10	0.4	0.5
11.90	0.7	0.8	15.20	0.4	0.5
12.00	0.7	0.8	15.30	0.4	0.5
12.10	0.7	0.8	15.40	0.4	0.5
12.20	0.7	0.8	15.50	0.4	0.5
12.30	0.7	0.8	15.60	0.4	0.5
12.40	0.7	0.8	15.70	0.4	0.5
12.50	0.7	0.8	15.80	0.4	0.5
12.60	0.6	0.7	15.90	0.4	0.4
12.70	0.6	0.7	16.00	0.4	0.4
12.80	0.6	0.7	16.10	0.4	0.4
12.90	0.6	0.7	16.20	0.4	0.4
13.00	0.6	0.7	16.30	0.4	0.4
13.10	0.6	0.7	16.40	0.4	0.4
13.20	0.6	0.7	16.50	0.4	0.4
13.30	0.6	0.7	16.60	0.4	0.4
13.40	0.6	0.6	16.70	—	0.4
13.50	0.6	0.6	16.80	—	0.4
13.60	0.5	0.6	16.90	—	0.4
13.70	0.5	0.6	17.00	—	0.4
13.80	0.5	0.6	17.10	—	0.4
13.90	0.5	0.6	17.20	—	0.4
14.00	0.5	0.6	17.30	—	0.4
14.10	0.5	0.6	17.40	—	0.4
14.20	0.5	0.6	17.50	—	0.4
14.30	0.5	0.6	17.60	—	0.4
14.40	0.5	0.6	17.70	—	0.4
14.50	0.5	0.5	—	—	—

注:① 表内数据在应用时不得外推;

② 表中未列数据,可用内插法求得,精确至 0.1MPa。

附录 E
专用测强曲线制定方法

E.0.1 制定专用测强曲线的试件应与检测砌体在原材料、成型工艺与养护方法等方面相同。

E.0.2 可按常用配合比设计 7 个强度等级,强度等级为 M0.4、M1、M2.5、M5、M7.5、M10、M15,也可按实际需要确定强度等级的数量,但实测抗压强度范围不得超出 0.4～16.0MPa。

E.0.3 每一强度等级制作不应少于 72 个尺寸为 70.7mm×70.7mm×70.7mm 的立方体试块,并应用同盘砂浆制作。采用普通粘土砖作底砖时,应按现行行业标准《建筑砂浆基本性能试验方法》(JGJ 70)的规定制作试块。

E.0.4 拆模后，试块应摊开进行自然养护，并应保证各个试块的养护条件相同。

E.0.5 同龄期同强度等级且同盘制作的试块表面应擦净，以六块试块进行抗压强度试验，同时以六块试块进行贯入深度试验。

E.0.6 应按现行行业标准《建筑砂浆基本性能试验方法》(JGJ 70)的规定进行砂浆试块的抗压强度试验，并应取六块试块的抗压强度平均值为代表值 f_2(MPa)，精确至 0.1MPa。

E.0.7 贯入试验时，应先将砂浆试块固定，按照本规程第 4 章的规定在砂浆试块的成型侧面进行贯入试验，每块试块应进行一次贯入试验，取六块试块的贯入深度平均值为代表值 m_d(mm)，精确至 0.01mm。

E.0.8 也可采用同盘砂浆砌筑砌体，同时制作试块进行同条件养护，在砌体灰缝上进行贯入试验，用同条件养护砂浆试块进行抗压强度试验。

E.0.9 专用测强曲线的计算应符合下列规定：

1 专用测强曲线的回归方程式，应按每一组试块的 f_2 和对应一组的 m_d 数据，采用最小二乘法进行计算。

2 回归方程式宜采用下式：

$$f_2^c = \alpha \cdot m_d \beta \quad \text{(E.0.9)}$$

式中 α、β——测强曲线回归系数；

m_d——贯入深度平均值；

f_2^c——砂浆抗压强度换算值。

E.0.10 建立的测强曲线尚应进行一定数量的误差验证试验，其平均相对误差不应大于 18%，相对标准差不应大于 20%。

本规程用词说明

1 为便于在执行本规程条文时区别对待，对要求严格程度不同的用词说明如下：

(1) 表示很严格，非这样做不可的

正面词采用“必须”，反面词采用“严禁”；

(2) 表示严格，在正常情况下均应这样做的

正面词采用“应”，反面词采用“不应”或“不得”；

(3) 表示允许稍有选择，在条件许可时首先应这样做的正面词采用“宜”，反面词采用“不宜”。

表示有选择，在一定条件下可以这样做的，采用“可”。

2 条文中指明应按其他有关标准执行的写法为，“应按……执行”或“应符合……要求(或规定)”。

中华人民共和国行业标准

JGJ/T 136—2001

贯入法检测砌筑砂浆抗压强度技术规程

条文说明

前　言

《贯入法检测砌筑砂浆抗压强度技术规程》(JGJ/T 136—2001),经建设部 2001 年 10 月 31 日以建标[2001]219 号文批准,业已发布。

为便于广大设计、施工、科研、质检、学校等单位的有关人员在使用本规程时能正确理解和执行条文规定,《贯入法检测砌筑砂浆抗压强度技术规程》编制组按章、节、条顺序编制了本规程的条文说明,供使用者参考。在使用中如发现本条文说明有不妥之处,请将意见函寄中国建筑科学研究院(地址:北京市北三环东路 30 号,邮政编码:100013)。

1　总则

1.0.1　砌体中砌筑砂浆的抗压强度检测,一直没有较好的原位无损检测方法。在进行新建工程质量事故处理和既有建筑物鉴定时,往往缺乏必要的手段和依据。贯入法检测砌筑砂浆抗压强度技术在全国各地得到了广泛的应用,解决了许多工程质量问题,取得了良好的社会效益和经济效益。为了保证砌体工程现场检测的质量,迫切需要制定一本行业规程来规范和指导检测工作。

1.0.2　贯入法检测技术适用于工业与民用建筑砌体工程中的砌筑砂浆抗压强度检测。当砂浆遭受高温、冻害、化学侵蚀、表面粉蚀、火灾等时,将与建立测强曲线的砂浆在性能上有差异,且砂浆的内外质量可能存在较大不同,因而不再适用。

1.0.3　在正常情况下,砌筑砂浆强度的检验和评定应按国家现行标准《砌体工程施工及验收规范》(GB 50203)、《建筑工程质量检验评定标准》(GBJ 301)、《建筑砂浆基本性能试验方法》(JGJ 70)、《砌体基本力学性能试验方法标准》(GBJ 129)等执行。不允许用本规程取代制作试块的规定。但是,当砌筑砂浆的强度不符合有关标准规范要求或对其有怀疑时,可按本规程进行检测,并作为抗压强度检测的依据。

3　检测仪器

3.1　仪器及性能

3.1.1　贯入式砂浆强度检测仪是针对砌体中灰缝砂浆检测的特殊要求,并通过试验研究而设计的。贯入深度测量表是用机械式百分表改制而成,机械式百分表精度高且可靠耐用。为了砌体灰缝检测的需要,贯入仪专门设计了扁头。

3.1.2　保证检测仪器的性能指标满足本规程的要求,限制粗制滥造和假冒伪劣仪器的使用。

3.1.3　贯入仪的基本性能是通过试验确定的。试验证明,选用贯入力为 800N 是比较合适的,可以保证在检测较高和较低强度的砂浆时都有很好的精度,同时能够满足砂浆强度为 0.4～16.0MPa 的检测要求。

3.2　校准基本要求

3.2.1～3.2.2　仪器的校准是为了保证仪器在标准状态下进行检测,仪器的标准状态是统一仪器性能的基础,是贯入法广泛应用的关键所在,只有采用质量统一、性能一致的仪器,才能保证检测结果的可靠性,并能在同一水平上进行比较。才能使一台仪器建立的测强曲线适用于所有同类仪器。由于仪器在使用过程中,因检修、零件松动、工作弹簧松弛等都可能改变其标准状态,因而应按本节的要求由法定计量部门对仪器进行校准。以确保仪器的检测精度。

3.3 其他要求

3.3.1 贯入仪在使用后,应将工作弹簧释放,使其处于自由状态时闲置和保管。若长时间使工作弹簧处于压缩状态时,将有可能改变工作弹簧的性能,使检测结果产生误差。

4 检测技术

4.1 基本要求

4.1.2 砂浆的含水量对检测结果有一定的影响,规定砂浆为自然风干状态可以避免含水量不同造成的影响。

4.2 测点布置

4.2.1～4.2.2 规定贯入法检测时构件的划分原则和取样原则。现场检测往往是工程质量事故的鉴定,取样数量应比正常抽检数量多。

4.2.3～4.2.6 在《砌体工程施工及验收规范》(GB 50203—98)第4.2.3条中规定,砖砌体的水平灰缝厚度和竖向灰缝宽度一般为10mm,但不应小于8mm,也不应大于12mm。贯入仪的扁头厚度便是依据上述规定而设计为6mm。当灰缝厚度小于7mm时,扁头便有可能伸不进灰缝而导致无法检测。为了检测方便,一般应选用灰缝较厚的部位进行检测。

贯入法是用来检测砌筑砂浆强度的,故测区内的灰缝砂浆应该外露。如外露灰缝不够整齐,还应该进行打磨至平整后才能进行检测,否则将对贯入深度的测量带来误差,且主要是负偏差。对于砂浆表面粉蚀,遭受高温、冻害、化学侵蚀、火灾等的砂浆,可以将损伤层磨去后再进行检测。

为了全面准确地反映构件中砌筑砂浆的强度,在一个构件内的测点应均匀分布。

4.3 贯入检测

4.3.2 测钉在试验中会受到磨损而变短,测钉的使用次数视所测砂浆的强度而定。测钉是否废弃,可用随贯入仪所附的测钉量规来测量,当测钉能够通过测钉量规槽时便应废弃。

4.3.4 贯入试验后的测孔内,由于贯入试验会积有一些粉尘,要用吹风器将测孔内的粉尘吹干净。否则将导致贯入深度测量结果偏浅。

贯入深度测量表直接测量的并不是贯入深度,而是相当于20.00mm长测钉的外露长度,故测钉的实际贯入深度 $d_i=20.00\text{mm}-d'_i$。例如:贯入深度测量表的读数为15.89mm,则贯入深度为20.00－15.89＝4.11mm。

4.3.5 在砌体灰缝表面不平整时进行检测,将可能导致强度检测结果偏低。在检测时先测量测点处的不平整度并进行扣除,将较大幅度提高检测精度。公式 $d_i=d_i^0-d'_i$ 是由 $d_i=(20.00-d'_i)-(20.00-d_i^0)$ 简化得出的。

5 砂浆抗压强度计算

5.0.1 在一个测区内检测16个测点,在数据处理时将3个较大值和3个较小值剔除,是为了减少试验的粗大误差,在贯入试验时由于操作不正确、测试面状态不好和碰上砂浆内的孔洞或小石子等都会影响贯入深度,通过数据直接剔除基本上可以消除这些误差,比二倍标准差或三倍标准差剔除方法简单实用。

5.0.2～5.0.3 由于测强曲线是根据试验结果建立的,砂浆强度换算表中未列的数据表示未曾进行过试验,故在查表换算砂浆的抗压强度时,其强度范围不得超出表中所列数据范围。否则,可能带来较大的误差。本规程所建立的测强曲线的试验数据,取自北京、安徽、河北、浙江、山东等。当砂浆在材料、养护等方面存在差异时,可能导致较大的检测误差,故在使用时应先进行检测误差验证,检测误差满足要求时才能使用附录D的砂浆抗压强度换算表。专用测强曲线往往是针对某一地区、甚至是某一工程所用材料和施工条件所建立的测强曲线，具有针对性强，检测精度高，因而应优先使用。

随着建筑技术的发展，许多砂浆新品种不断出现，如干拌砂浆、掺加各种塑化剂的砂浆等，对于这些砂浆品种可单独建立专用测强曲线，若满足附录E的要求便可以使用。

5.0.5 主要参考《砌体工程施工及验收规范》(GB 50203—98)第3.4.4条推导得出的。砌筑砂浆抗压强度推定值因龄期、养护条件等与标准试块不同，两者的结果并不完全相同。故称为“推定值”。

5.0.6 同批砌筑砂浆的抗压强度换算值的变异系数不小于0.3时，按照《砌筑砂浆配合比设计规程》(JGJ 98—2000)第5.1.3条的规定，变异系数超过0.3时，已属较差施工水平，可以认为它们已不属于同一母体，不能构成为同批砂浆，故应按单个构件检测。

砌筑砂浆抗压强度推定值相当于被测构件在该龄期下的同条件养护试块所对应的砂浆强度等级。

附录D
砂浆抗压强度换算表

附录D中所列砂浆抗压强度换算表，是在大量试验的基础上，通过对试验结果进行回归分析建立的测强曲线，根据测强曲线计算的砂浆抗压强度换算表，试验数据来自北京、安徽、河北、浙江、山东等省市，测强曲线的回归效果见表1。

表1 测强曲线的回归结果

砂浆品种	测强曲线	相关系数	平均相对误差(%)	相对标准差(%)
水泥混合砂浆	$f^{c}_{2,j}=159.2906m_{d_j}^{-2.1801}$	−0.97	17.0	21.7
水泥砂浆	$f^{c}_{2,j}=181.0213m_{d_j}^{-2.1730}$	−0.97	19.9	24.9

上述测强曲线在检验概率 $\alpha=0.95$ 的条件下，均具有显著的相关性。

建立测强曲线时采用试块—试块方式，即同条件试块中，一组进行抗压强度试验，对应的另一组进行贯入试验。